우리말 불교개념 사전

5

| 수행론 |

우리말 불교개념 사전 5 | 수행론 |

초판인쇄 2024년 05월 17일
초판발행 2024년 05월 24일

편 자 고영섭
발 행 인 윤석현
발 행 처 박문사
책임편집 최인노
등록번호 제2009-11호

우편주소 서울시 도봉구 우이천로 353 성주빌딩
대표전화 02) 992 / 3253
전 송 02) 991 / 1285
홈페이지 http://jnc.jncbms.co.kr
전자우편 bakmunsa@hanmail.net

ISBN 979-11-92365-58-9 04220 정가 49,900원
979-11-92365-53-4 (SET)

우리말 불교개념 사전

5

| 수행론 |

동국대학교 세계불교학연구소
고 영 섭 편

박문사

일러두기:

1. 이 사전은 인간관(1책), 세계관(2책), 수행론(2책)으로 분류한 123개 개념을 전5책에 담은 우리말 불교개념 사전이다.
2. 빠알리어표기는 첫 음의 경우 격음을 지양해 경음으로 표기하였다.
   Pali – 빠알리어
3. 범어표기는 첫 음의 경우 경음을 지양해 평음으로 표기하였다.
   Sanskrit – 산스크리트
4. 티베트어표기는 첫 음의 경우 경음을 지양해 격음으로 표기하였다.
   Tibetan – 티베탄
5. 이미 우리말로 굳어진 한자어의 음은 한자로 표기하지 않았다.
6. 각 원고 말미에는 집필자의 이름과 소속을 덧붙였다.
7. 기타

| 서문 |

무릇 사전은 한 문명을 이해하는 척도이자 한 학문을 인식하는 지도이다. 지도가 공간의 표상을 일정한 형식을 이용해 표현한 것이라면, 척도는 자료를 수집할 때 관찰된 현상에 하나의 값을 할당시키기 위하여 사용하는 측정과 평가의 기준이다. 이처럼 문명 이해의 척도이자 학문 인식의 지도인 온전한 사전의 유무는 해당 문명의 정도와 해당 학문의 수준을 가늠해 준다.

붓다에 대한 연구인 전승 불학과 붓다의 가르침에 대한 연구인 근현대 불교학 사이에는 연속과 단절이 존재한다. 전승 불학에서는 계정혜학과 불선유학의 연속성이 확인되지만 근현대 불교학에서는 계정혜학과 불선유학의 지속성이 확인되지 않는다. 연속성 속에서는 전승 불학의 특징과 특성이 강하게 발휘되지만 불연속성 속에서는 근현대 불교학의 특징과 특성이 강하게 발휘된다. 이 때문에 이 시대를 사는 인문학도와 불교학도는 전승 불학과 근현대 불교학의 연속과 불연속을 통섭해 이들의 강점과 장점을 원용하고 변용해 새로운 인문학과 불교학을 전개해야 할 과제를 지니고 있다.

민족 사학인 동국대학교는 우리나라에서 가장 오래된 배움터이다. 고구려 소수림왕 2년(372)년에 수도 집안에 들어온 순도가 전해온 불교를 공인하면서부터 그가 머문 초문사가 대학의 역사가 시작된 곳이기 때문이다. 우리나라의 고대 고구려 백제 신라 가야 사국의 교육은 대개 유학을 중심으로 한 관학과 불학을 중심으로 한 사학을 중심으로 전개해 왔다. 정부 주도의 관학과 달리 특히 민간 주도의 사학은 불교 사찰의 강원을 중심으로 교육이 이루어져 왔다. 신라 중기에 선법이 전래되면서부터는 선원에서도 교육이 이루어져 왔다.

고려시대 정종 때에는 관학과 함께 사학인 불교를 공부하는 이들을 위해 장학재단 광학보가 설치되었다. 조선후기에는 강원과 선원 및 염불원의 삼원을 중심으로 삼문 수행이 이루어졌다. 대한시대에 들어서 전국 16개 중법산 이상의 사찰에서 출자하여 중앙의 불교 사찰 원흥사에서 명진학교(1906)를 개교하였다. 명진학교는 이후 불교사범학교(1910~1914), 불교고등강숙

(1914~1915), 불교중앙학림(1915~1922), 불교학원(1922~1928), 불교전수학교(1928~1930), 중앙불교전문학교(1930~1940), 혜화전문학교(1940~1946), 동국대학(1946~1953), 동국대학교(1953~현재)로 이름을 바꾸어가며 이어져 오고 있다.

2003년 당시 편자는 우리 불교학의 지형을 제고하기 위해 불교학과의 젊은 교수들 중심으로 단권의 『우리말 불교개념 사전』을 기획하였다. 그런데 이 사실이 서윤길 대학원장님에게 알려지면서 이 기획을 동국대학교의 개교 100주년을 준비하는 사업으로 확대하자는 제안을 받았다. 그 결과 홍기삼 총장님의 동의 아래 학교출판부의 원고료 지원과 사전 간행 지원이라는 전향적인 방향으로 확장되었다. 그리하여 동국대학교의 뿌리가 된 불교학과 창설 100주년을 준비하기 위해 불교학과 교수들 중심으로 『우리말 불교개념 사전』을 편찬하기 위한 준비위원회가 구성되었다.

준비위에서는 이렇게 분류와 책수 및 집필 형식을 확정하고 108명의 박사 필자들에게 125개의 표제어를 150~200매 분량으로 청탁하였다. 이러한 일련의 준비 과정은 지난 한 세기 동대를 중심으로 한 국내 불교연구의 성과를 집대성하는 작업이었다. 이 때문에 당시 우리나라 인문학계에서는 이제까지 들은 적이 없는 『우리말 불교개념 사전』 편찬의 의미와 가치에 대해 큰 관심을 가지고 있었다. 그때 사전 간행을 위한 원고청탁서에는 이 사전의 집필 방향과 편찬 내용이 잘 나타나 있다.

불교에는 수행의 실제를 이론화한 무수한 개념들이 있습니다. 그 개념들은 깊고 넓은 시공간적 의미를 머금고 있기 때문에 인간(존재)과 세계(우주)와 수행(해탈)에 대한 불교의 깊고 넓은 의미 영역에 대한 올바른 이해를 위해서는 '개념사전'이라는 이정표가 필수적으로 요청됩니다. 먼저 각 개념들에 대한 온전한 이해를 위해서는 해당 개념의 1) 어원적 근거 및 개념 풀이, 2) 역사적 맥락 및 텍스트별 용례, 3) 인접 개념과의 관계 및 현대적 논의, 4) 출전 근거와 참고 문헌 등에 대한 탐색이 전제되어야만 합니다. 이들 네 축에 입각한 유기적이고도 포괄적인 이해 위에서 비로소 불교를 온전히 파악할 수 있게 됩니다.

불교사전은 불교를 이해하는 척도가 됩니다. 하지만 종래의 불교사전은 소항목 중심에다 단순한 개념 풀이에 머물러 있어 1) 어원적 근거 및 개념 풀이, 2) 역사적 맥락 및 텍스트별 맥락의 용례, 3) 인접 개념과의 관계 및 현대적 논의, 4) 출전 근거와 참고 문헌 등을 집중적으로 제시한 전문 사전은 아직까지 존재하지 않았습니다. 몇몇 불교사전들 일부에서 위의 몇 축이 제시되었다 해도 지극히 얕은 수준에서 산발적으로 나열되었을 뿐, 이들 네 축이 유기적으로 제시되거나 체계적으로 해명된 예의 사전은 없었습니다. 따라서 종래의 사전들은 단편적이고 주변적인 글자풀이의 수준에 머물러 있어 해당 개념에 대한 종합적 이해가 이루어질 수 없었습니다.

우리가 준비하는 『우리말 불교개념 사전』은 해당 개념마다 불교고전어인 범/파/장/한문과 중국어 및 영어에 이르는 어원적 근거, 각 개념의 시대별 및 텍스트별 용례 분석과 설명을 제시하는 역사적 용례, 해당 개념과 유관한 개념과의 동이 구분을 통한 인접 개념과의 관계 및 현대적 의미, 출전 근거(1차 자료)와 참고 문헌(2차 자료 이상)의 제시를 통하여 종래에는 찾아볼 수 없었던 전혀 새로운 의미의 사전이 될 것입니다.

이러한 네 가지 특징을 담은 새로운 형식의 『우리말 불교개념 사전』은 이미 오래전부터 요청되어 왔습니다. 하지만 우리 불교학계의 인적 물적 인프라의 미약 등으로 인해 아직까지 이루어지지 못했습니다. 『우리말 불교개념 사전』은 이러한 요구를 충실히 담아 불교개념에 대한 본질적 이해와 유기적 이해를 아울러 가능하게 해 줄 것으로 믿습니다.

편자는 기획과 편찬준비위원회를 대표하여 동료 교수들과 함께 수습된 원고를 모아서 '인간관'과 '세계관'과 '수행론'의 분류 아래 총5책 123개의 원고를 엮었다. '인간관'을 다룬 제1책에는 '붓다' 등 26개 개념, '세계관'을 다룬 제2책과 제3책에는 각기 '연기' 등 25개 개념과 '보법' 등 23개 개념, 그리고 '수행론'을 다룬 제4책과 제5책에는 '일념삼천' 등 23개 개념과 '삼도' 등 26개 개념을 담았다.

기존의 사전과는 차별성을 갖는 상위 범주 네 축과 하위 범주 포함 여덟 축의 구조는 이 사전의 독자적인 면모라고 할 수 있다. 이 사전은 불교정신에 기초해 창학한 민족 사학 동국대학교의 불교학과가 창설 100주년을 맞이하여 준비하는 『우리말 불교개념 사전』이라는 점에서 '동대 전인교육 백년'과 '불교연구 백년의 성취'를 아울러 담아내고 있다.

동국대학교 창학 100주년과 불교학과 창설 100주년을 기념하여 준비한 『우리말 불교개념 사전』(전5책)이 우여곡절 끝에 기획과 집필 및 교정과 간행에 이르기까지 예정보다 크게 늦어 118주년이 되는 금년에서야 겨우 간행할 수 있었다. 그 사이 원고를 집필을 해 주신 여러 필자들과 이미 세상을 떠나신 필자들께 감사와 위로의 마음을 전하고 싶다. 처음 『우리말 불교개념 사전』 편찬의 발의와 기획을 도맡았던 편자는 이 막중한 책임을 피할 수 없어 늦게나마 불사를 마무리하고자 폐기한 사전 원고를 출판부에서 넘겨 받았다. 그 원고의 교정을 거듭한 끝에 편자와 동국대학교 불교대학 세계불교학연구소 이름으로 편찬을 마무리하기로 했다.

『우리말 불교개념 사전』 편찬을 위해 물심양면으로 지원해 주신 당시 동국대학교 홍기삼 총장님, 대학원 서윤길 원장님, 출판부 이철교 부장님, 그리고 편찬위원인 불교학과 박인성, 우제선, 신성현, 지창규, 고영섭, 김종욱 교수님께 감사를 드린다. 또 사전 원고를 읽고 꼼꼼히 교정해 준 동국대 연구교수 오지연 박사, 불교학과 박사반 박경미 원생에게도 감사를 드린다. 아울러 이 사전이 세상에 나올 수 있게 인내하며 출판해 주신 윤석현 박문사 사장님, 인연을 맺어주신 권석동 부장께도 감사를 드린다.

2024년 2월 9일
동국대학교 불교대학 세계불교학연구소
소장 고영섭 합장

차 례

삼도

범 trimārga	빠 timagga	장 lam gsum	한 三道

삼도란 세 가지 종류의 도(道)라는 뜻이다. 삼도는 크게 두 가지 종류가 있다. 하나는 성문이나 보살의 세 가지 수행단계를 말한다. 즉 견도(見道)·수도(修道)·무학도(無學道)이다. 다른 하나는 중생이 미혹한 생존을 끝없이 되풀이하는 과정을 세 부분으로 나눈 것을 말한다. 즉 번뇌도(煩惱道)·업도(業道)·고도(苦道)이다. 이 둘을 구별하기 위해 전자를 성문삼도(聲聞三道), 후자를 윤회삼도(輪廻三道)라고 부른다.[1] 이 외에도 간혹 삼승(三乘: 聲聞·緣覺·菩薩)을 삼도라고 부르는 경우도 있다.[2] 또한 삼도를 삼지(三地)라고도 하는데, 견지(見地)·수지(修地 혹은 分別地)·무학지(無學地)가 그것이다.[3] 여기서는 전자의 성문삼도에 대해서만 다룬다.

1 釋一如 編, 『三藏法數』(新莊: 慈雲山莊·三慧學處, 1994), 89하-90상; William Edward Soothill & Lewis Hodous. ed., 『中英佛學辭典(*A Dictionary of Chinese Buddhist Terms*)』(高雄: 佛光出版社, 1962), 79면

2 『中英佛學辭典』, 79면

3 『雜阿毘曇心論』5 (『大正藏』28권, 910하). "略說三地 見地修地無學地."

그런데 여기서 표제어인 '삼도'의 어원을 추적하는 것은 전혀 의미가 없다. 그리고 그 어원을 추적할 수 있는 것도 아니다. 견도·수도·무학도의 수행체계를 편의상 '삼도'라는 숫자의 이름, 즉 명수(名數)로 분류했을 뿐이기 때문이다. 그러므로 삼도의 실제 내용인 견도·수도·무학도의 어원과 그 개념을 찾지 않으면 안 된다.

I. 어원적 근거 및 개념풀이

'견도(見道)'는 범어 darśana-mārga를 번역한 말이며, 빠알리어로는 dassana-magga이고, 서장어로는 mthoṅ-baḥi lam이다. 범어 darśana는 '보다(to see)'라는 어근 dṛś에서 파생된 명사로서 능동·수동·사역의 세 가지 형태로 쓰인다. 그래서 영어로는 세 가지 형태로 번역된다. 즉 능동형으로 쓰일 때는 '본다'는 뜻의 seeing, looking at, beholding, sight of 등으로 번역되고, 수동형으로 쓰일 때는 '보여 지다'는 뜻의 becoming or being visible, appearance(출현), presence(출석) 등으로 번역되며, 사역형으로 쓰일 때는 '보여 짐'이라는 뜻의 showing으로 번역된다.[4] 한문으로는 견(見)·능견(能見)·가견(可見)·심견(深見)·지견(知見)·견조(見照)·관(觀)·관찰(觀察)·시(視)·도(都)·현견(現見)·현현(顯現) 등으로 번역된다.[5]

범어 darśana는 원래 시각적 인식, 즉 시각(視覺, sight) 혹은 시력(視力, vision)을 의미한다. 그러나 시간의 경과로 인도의 문헌에 나타남에 따라, 이 용어는 그 의미가 지적(知的) 혹은 직관적인 이해는 물론 철학적 이론이나 체계를 포함하는 것으로 확대되었다. 후기 범어 문헌에서 이 말은 서양에서 사용되는 의미의 철학 및 체계를 함의(含意)하게 되었다. 그래도 대체로, 범어뿐만 아니라 빠알리어의 상당어구의 적용은 문헌에 기록된 세 가지 형태가 있음을 나타내는 것으로 보인다. 즉 ① 시각 혹은 시력, ② 실재에 대한 지적 혹은 직관적인 이해, 그리고 ③ 철학적 체계이다.[6]

---

4 A.A. Macdonell, *A Practical Sanskrit Dictionary*(=PSD), London: Oxford University Press, 1924, 117면
5 荻原雲來 編,『漢譯對照 梵和大辭典』(新裝版; 東京: 講談社, 1986), 570면
6 G. P. Malalasekera ed., *Encyclopaedia of Buddhism*(=EB), Colombo: The Government of Ceylon, 1971, Vol. Ⅳ, 312면

그리고 범어 darśana는 불교경전에서 실질적 적용에서 분리된, 이론적 체계라는 의미를 전달하지 않음은 명백하다. 그래서 범어와 빠알리어 두 형식에서 모두 이 용어는 변함없이 올바른 견해나 올바른 시각이라는 의미로 사용되었다. 즉 실재에 합치하는 견해(yathābhūta)이다. 이 점은 붓다의 세계를 향한 첫 설법에서부터 아주 명확하게 된다. 그때 붓다는 지혜와 실재에 대한 올바른 견해 두 가지가 자신에게 떠올랐다[7]고 주장한 것으로 전해진다.[8]

한편 범어 mārga는 영어로 path(작은 길), road(도로), way(길, 진로), course(행로) 등으로 번역되고, 한문으로는 도(道)로 번역된다. 그러나 아비다르마(Abhidharma, 阿毘達磨)에서의 도(道, mārga)란 번뇌와 심상속(心相續)의 구생(俱生) 관계를 단절시켜 해탈로 나아가는 길이라는 뜻으로 풀이된다.

요컨대 범어 darśana와 mārga가 결합한 darśana-mārga를 아비달마불교에서는 견도(見道)라고 번역했는데, 그 뜻은 사제(四諦)를 명료하게 주시하여 견혹(見惑)을 끊는 단계라고 풀이하고 있다. 한마디로 견도는 견소단(見所斷)의 번뇌를 끊는 과정을 말한다.

'수도(修道)'는 범어 bhāvanā-mārga를 번역한 말이며, 빠알리어로는 bhāvanā-magga이고, 서장어로는 bsgom-paḥi lam이다. 범어와 빠알리어 bhāvanā는 어근 bhū에서 파생된 bhāva 혹은 bhāveti에서 나온 여성 명사이다. bhāva는 특히 불교적 의미에서는 함축성 있는 단어인데, '사색이나 정신상태에 의한 수행 혹은 산출'이라는 뜻을 갖고 있다. 그리고 bhāveti는 어근 bhū의 사역동사로서, '생성 원인', '산출', '수행' 등의 뜻을 갖고 있다. 이러한 bhāva와 bhāveti에서 유래된 bhāvanā는 여러 가지 뜻을 갖고 있기 때문에 매우 다양하게 영역(英譯)되고 있다. 이를테면 producing(산출), dwelling on something(어떤 것을 깊이 생각함), putting one's thoughts to(자신의 생각을 집중함), application(전념), developing by means of thought or meditation(사색이나 명상에 의한 계발), cultivation by mind(마음의 수련), culture(수행) 등이다.[9] 이 외에도 bhāvanā는 effecting(실행), conception

7 Vinaya Piṭaka(=Vin.), Vol. Ⅰ, 11면; Saṁyutta Nikāya(=S.). Vol. Ⅴ, 423면: cf. ñāṇañ ca pana me dassanam udapādi

8 EB, Vol. Ⅳ, 313-4면

9 T.W. Rhys Davids & William Stede, *The Pali Text Society's Pali-English*

(개념), imagination(상상), idea(관념), fancy(공상), supposition(추측) 등으로도 영역된다.[10] 한문으로는 수(修)·수습(修習)·수행(修行)·수도(修道)·수집(修集)·수정(修定)·소수(所修)·근수(勤修)·정수(正修)·수식(修息)·교습(教習)·수습(數習)·훈습(薰習)·행(行)·정행(正行) 등으로 번역된다.[11]

범어이면서 빠알리어인 bhāvanā는 이처럼 다양하게 영역되고 있지만, 빠알리문헌은 물론 범어문헌에서 마음의 계발이라는 의미를 함축하고 있다. 이는 아주 일반적인 술어로, 대개 명상으로 번역되며, '마음의 계발(kammaṭṭhāna)'의 여러 가지 방법, 즉 명상의 방편들 및 명상의 두 양식, 즉 정서와 마음의 평온[samatha, 三昧]으로 인도하고, 전념[jhāna, 禪定]의 상태를 체험하거나 통찰[vipassanā, 觀法], 즉 내면적 시력으로 덧없고, 갈등을 일으키며, 실체 없이 존재하는[anicca, dukkha, anatta] 모든 현상계의 진실한 본성을 꿰뚫어 보는 것으로 인도하는 것[12]이라고 한다.

요컨대 범어 bhāvanā와 mārga가 결합한 bhāvanā-mārga를 아비달마불교에서는 수도(修道)라고 번역했는데, 그 뜻은 앞의 견도에서 사제를 명료하게 주시하여 견혹을 끊은 후, 다시 수행을 되풀이하여 수혹(修惑)을 끊는 단계라고 풀이한다. 한마디로 수도는 수소단(修所斷)의 번뇌를 끊는 과정을 말한다.

'무학도(無學道)'는 범어 aśaikṣa(aśaikṣya)-mārga를 번역한 말이며, 빠알리어로는 asekha-magga 혹은 asekkha-magga이고, 서장어로는 mi-slob-paḥi lam이다. 범어 aśaikṣa는 a와 śaikṣa의 합성어이다. 빠알리어 asekha 역시 a와 sekha의 합성어이다. 빠알리어 sekha는 siks 혹은 sikkhati에서 파생된 단어로, '훈련에 속하는', '훈련에 관련된', '미완성'의 뜻을 갖고 있다. 즉 아직 배우고 있는 사람, 아직 아라한과에 이르지 못한 사람을 가리킨다.[13] 빠알리어 sikkhati[Vedic śikṣati]는 '배우다', '훈련하다'라는 뜻이다. 그러므로 a와 sekha의 합성어인 asekha는 훈련이나 숙련 및 숙달이 필요치 않는, 아직 배우는 자나 익히는 자가 아닌 사람을 말한다. 자주 아라한(阿羅漢, arhat)이라는 의미로 쓰인다.[14] 범어 aśaikṣa와 빠알리어 asekha는 이제

Dictionary(=PED), London: PTS, 1921-1925, 89면
10 PSD, 204면
11 『漢譯對照 梵和大辭典』, 956면
12 EB, Vol. Ⅲ, 14-5면
13 PED, 89면

종교적 수행이 필요하지 않는 사람을 뜻한다.[15] 즉 아라한과를 증득한 사람을 일컫는 말이다. 이것을 한문으로는 무학도(無學道)·무학과(無學果)·무학위(無學位)·무학지(無學地) 등으로 번역된다. 무학도는 유학도(有學道)와 대칭되는 말로서, 진제(眞諦)의 이치를 모두 증득하고 일체 번뇌로부터 벗어나 더 이상 배울 것이 없는 경지를 일컫는 말이다.

요컨대 범어 aśaikṣa와 mārga가 결합한 aśaikṣa-mārga를 아비달마불교에서는 무학도(無學道)라고 번역했는데, 그 뜻은 모든 번뇌를 끊어 더 닦을 것이 없는 아라한의 경지라고 풀이하고 있다. 즉 무학도는 견소단·수소단의 일체의 번뇌를 남김없이 끊었을 때 나타나는 경지를 말한다.

이상에서 논의한 어원적 근거를 바탕으로 견도·수도·무학도의 개념을 아비달마적 관점에서 좀 더 자세히 풀이하면 다음과 같다.

견도는 사제(四諦)를 명료하게 주시하여 견혹(見惑)을 끊는 단계이고, 수도는 견도에서 사제를 명료하게 주시하여 견혹을 끊은 후, 다시 수행을 되풀이하여 수혹(修惑)을 끊는 단계이며, 무학도는 모든 번뇌를 끊어 더 닦을 것이 없는 아라한의 경지를 말한다. 다시 말해서 견도는 견소단(見所斷)의 번뇌를 끊는 과정이고, 수도는 수소단(修所斷)의 번뇌를 끊는 과정이다. 견도에서 끊는 번뇌를 견도소단(見道所斷) 또는 견소단(見所斷)이라고 하며, 줄여서 견혹(見惑)이라고 한다. 수도에서 끊는 번뇌를 수도소단(修道所斷) 또는 수소단(修所斷)이라고 하며, 줄여서 수혹(修惑)이라고 한다. 그런데 무학도는 견소단·수소단의 일체의 번뇌를 남김없이 끊었을 때 나타나는 경지이다. 그러므로 실제로 번뇌를 끊는 수행의 과정은 견도와 수도뿐이다. 엄격히 말해서 무학도는 수행의 도(道)가 아니라 그 목표이다. 무학은 더 이상 배울 것이 없게 되었다는 뜻이다.

아비달마의 수행체계에 의하면, 온갖 번뇌의 소멸은 오로지 사제(四諦)에 대한 직접적이고도 즉각적인 통찰에 의해서만 가능하다. 이것을 현관(現觀, abhisamaya)이라고 한다. 여기에는 견도와 수도 두 가지가 있다. 견도란 일찍이 관찰한 적이 없었던 것을 관찰하는 것을 말하는데, 이것에 의해 이지적(理知的) 번뇌, 즉 미리혹(迷理惑) 혹은 견혹(見惑)이 끊어진다. 수도란 견도를 닦은 이후 더욱 정진하여 그것을 반복적으로 익히는 것[修習]

14 PED, 89면
15 EB, Vol. II, 125면, 168면

을 말하는데, 이것에 의해 정의적(情意的) 번뇌, 즉 미사혹(迷事惑) 혹은 수혹(修惑)이 끊어진다. 그리고 이지적 번뇌는 마치 해머를 내리치는 순간 바위가 깨어지는 것처럼 단박에 끊어지기 때문에, 견도는 오로지 무루(無漏)이다. 그러나 정의적인 번뇌는 연근의 심줄이 끊어지는 것처럼 강성한 것[上上品]에서부터 시작하여 미약한 것[下下品]에 이르기까지 아홉 단계에 걸쳐 점진적으로 끊어지기 때문에, 수도는 유루(有漏)와 무루(無漏) 모두에 통한다.[16]

『구사론』제22에 "마땅히 알아야 할 것이니, 견도는 오로지 무루이지만, 수도는 두 가지와 통한다. 그 까닭은 무엇인가? 견도는 삼계(三界)의 견혹을 능히 신속하게 대치하기 때문에, 구품(九品)의 견소단을 단박에 끊기 때문이다. 세간도[즉 有漏道]는 능히 이러한 견혹을 감당할 만한 능력을 갖지 않기 때문에 견도위 중의 도는 오로지 무루인 것이다. 그러나 수도는 이와는 다르기 때문에 두 가지 종류와 통하는 것이다"[17]라고 말한다.

견도는 견제(見諦)·견제도(見諦道)라고도 하는데, 처음으로 무루지(無漏智)를 얻어 사제(四諦)를 현관(現觀)하고 그 이치를 비추어 수행하는 지위이다. 견도에 도달하기 이전은 범부이고, 견도에 들어간 뒤는 성자이므로 견도·수도·무학도를 성도(聖道, ārya-mārga)라고 한다. 수도는 견도 뒤에 다시 구체적인 사상(事象)에 대처하여 되풀이해서 수습(修習)하는 단계이므로 견도와 수도를 합하여 유학도(有學道 śaikṣa)라고 한다. 이에 대해 무학도는 무학위(無學位)·무학과(無學果)·무학지(無學地)라고도 하며, 이미 궁극적 최고의 깨달음에 들어가 배울 것이 없는 경지에 도달한 지위이다. 아비달마불교에서는 삼현(三賢)·사념주(四念住)·사선근(四善根) 등의 준비적 수행을 닦은 사람이 비로소 무루지를 얻어 견도에 들어간다고 한다. 대승에서는 초지(初地)에서 견도에 들어간다고 하고, 제2지 이상은 수도, 제10지와 불과(佛果)를 무학도라고 한다. 밀교에서는 정보리심(淨菩提心)이 처음으로 생기는 자리를 견도라고 한다. 무루지로서 도리를 명확히 가려내는 것을 결택(決擇)이라고 하는데, 견도는 결택의 일부분이므로 결택분(決擇分 nirvedhabhāgīyas)이라고 한다.[18]

---

16 권오민, 『아비달마불교』(서울: 민족사, 2003), 223-4면

17 『俱舍論』22(『大正藏』29권, 113하): 見道應知唯是無漏. 修道通二. 所以者何. 見道速能治三界故. 頓斷九品見所斷故. 非世間道有此堪能. 故見位中道唯無漏. 修道有異故通二種

18 李智冠 編, 『伽山佛敎大辭林』1권 (서울: 가산불교문화연구원, 1998), 568면

수도는 견도에서 사제의 이치를 비추어 본 뒤 다시 수습(修習)하여 수혹(修惑)을 끊는 지위이다. 『대비바사론(大毘婆沙論)』 권51에 "문 : 이것은 어떠한 뜻인가? 답 : 이것은 바로 견도는 날래고 예리한 도[猛利道]라 잠시 동안 앞에 나타나 있어도 일시에 구품의 번뇌를 끊거니와 수도는 날래고 예리한 도[不猛利道]가 아니기 때문에 자주자주 닦아 익히기를 오래도록 하여야 비로소 구품의 번뇌를 끊는 것이다. 마치 날카로운 칼과 무딘 칼이 동일한 물건을 끊을 때에 날카로운 칼로는 단번에 끊지만 무딘 칼로는 점차로 끊는 것처럼 잠시 동안 보고서 끊는 것을 견도에서 끊는 것[見所斷]이라 하고, 자주자주 닦으면서 끊는 것을 수도에서 끊는 것[修所斷]이라고 한다"[19]라고 말한다.

무학도는 무학위(無學位) 혹은 무학지(無學地)라고도 부른다. 즉 아라한과(阿羅漢果)를 증득하여 더 이상 배울 것이 없는 무승과도(無勝果道)를 말한다.[20] 무학도에 대해 대·소승의 학설은 약간의 차이가 있다. 소승에서는 아라한과를 '무학도'라 하고, 나머지 사향(四向) 삼과(三果)를 '유학도'라 한다. 대승에서는 보살지에서 제10법운지(法雲地) 이후에 얻는 불과(佛果)를 '무학도'라 한다. 또 이것은 근기의 둔함과 날카로움에 따라 '시해탈도'와 '불시해탈도'로 구분된다. '시해탈도'란 아라한 중 근기가 둔한 자가 '때를 기다려야만 해탈할 수 있는 것'을 말하고, '불시해탈도'란 아라한 중에서 근기가 날카로운 자가 시간에 얽매이지 않고 해탈을 이루는 것을 말한다. 『대비바사론』 권93에 "무학도에는 둘이 있으니 첫째 시해탈도, 둘째 불시해탈도이다. 제3의 도가 없으므로 중간 정도의 근기는 없다"[21]

『구사론』 권25에 "논하여 말한다. 뛰어난 종성을 추구하여 근기의 단련을 닦는 자가 무학위 중에서 각각의 종성을 바꾸는 데에는 각기 아홉 가지의 무간도와 아홉 가지의 해탈도가 있으니, 이는 마치 응과를 획득할 때와 같다. 그 까닭은 무엇인가? 무학의 둔근종성은 오랫동안 익혀야 하므로 적은 공력으로 능히 근기를 바꿀 수 있는 것이 아니니, 유학도와 무학도에 의해 성취된 근기는 견고하기 때문이다"[22]라고 하였다.

---

19 『大毘婆沙論』 51(『大正藏』27권, 267상). "問此說何義. 答此說見道是猛利道, 暫現在前一時能斷九品煩惱. 修道是不猛利道. 數數修習久時方斷九品煩惱. 如利頓二刀同截一物. 利者頓斷鈍者漸斷. 暫見斷者名見所斷. 數修斷者名修所斷."

20 『大毘婆沙論』 68(『大正藏』27권, 351중). "無學位無勝果道故."

21 『大毘婆沙論』93(『大正藏』27권, 483상). "無學道 亦有二 一時解脫道 二不時解脫道 無第三道 故無中根."

또한 『구사론』 권24에 "금강유정은 바로 끊어야 할 혹[斷惑] 중의 최후의 무간도이며, 이것에 의해 생겨난 진지(盡智)[23]는 바로 단혹 중의 최후의 해탈도이다. 즉 이러한 해탈도는 모든 누(漏, 즉 번뇌)가 다하는 멸진의 득과 최초로 구생(俱生)하는 것이기 때문에 '진지'라고 부르게 된 것이다. 이와 같은 진지가 이미 생겨나는 단계에 이르렀을 때 바로 무학(無學)의 아라한과를 성취하니, 이미 무학의 응과법(應果法)을 획득하였기 때문으로, 또 다른 과위를 획득하기 위해 마땅히 닦아야 할 학(學)이 여기서는 더 이상 존재하지 않기 때문에 '무학'이라는 명칭을 획득하게 된 것이다"[24]라고 말한다.

이러한 일체의 번뇌를 해탈하여 진지무생지(盡智無生智)를 증득하여 다시 배울 것이 없는 승과(勝果)의 도를 무학도라고 부른다. 즉 아라한과를 말한다. 무학의 아라한과는 이둔(利鈍)의 구별이 있는데, 둔근자(鈍根者)는 반드시 시간을 기다려 해탈하기 때문에 시애심해탈(時愛心解脫) 또는 시해탈(時解脫)이라고 부르고, 이근자(利根者)는 반드시 시간을 기다릴 필요가 없기 때문에 부동심해탈(不動心解脫) 또는 불시해탈(不時解脫)이라고 부른다. 또한 혜해탈(慧解脫)과 구해탈(俱解脫)의 구별이 있는데, 혜(慧)의 힘으로 말미암아 번뇌장(煩惱障)에서 해탈을 얻는 자를 혜해탈이라 부르고, 혜(慧)와 정(定)의 힘으로 말미암아 번뇌를 비롯한 퇴법(退法) 등의 다섯 가지 종류의 구별이 있는데, 불시해탈의 부동법종성(不動法種性)을 합하여 육종성(六種性)이라고 부른다. 불퇴법(不退法)은 다시 부동법(不動法)을 비롯한 불퇴법의 하나를 나누어 칠성(七聖)이고, 그것은 독각(獨覺)을 비롯한 대각(大覺)의 두 가지 종류가 있다. 혹은 혜해탈과 구해탈의 두 가지 종류를 더하여 총 구무학(九無學)이라고 한다.

---

22 『俱舍論』25(『대정장』29권, 131상). "論日 求勝種性修練根者 無學位中 轉一一性各 九無間九解脫道 如得應果 所以者何 彼鈍根性 由久串習 非少功力可能令轉 學無學道所成堅故."

23 이 문장의 바로 직전에 "이러한 선정은 이미 유정지의 제9품의 혹을 능히 끊었으므로, 이러한 '번뇌멸진[惑盡]'의 득(得)과 함께 작용하는 진지(盡智)를 일으키게 한다(此定既能斷有頂地第九品惑. 能引此惑盡得俱行盡智令起)"라고 했다. 여기서 말하는 '번뇌의 멸진'은 택멸을 말하며, '진지'는 번뇌를 소멸한 뒤 '생이 이미 다하였다'고 아는 것을 말한다. (『大正藏』29권, 126하; 권오민 역주, 『아비달마구사론』(서울: 동국역경원, 2002), 1104면)

24 『俱舍論』 24(『大正藏』29권, 126중). "第九無間道 名金剛喻定盡得俱盡智 成無學應果. 金剛喻定是斷惑中最後無間道所生. 盡智是斷惑中最後解脫道. 由此解脫道與諸漏盡得最初俱生故名盡智. 如是盡智至已生時便成無學阿羅漢果. 已得無學應果法故. 爲得別果所應修學此無有故得無學名."

『구사론』제25에는 "이같이 성자의 명칭에 비록 일곱 가지가 있을지라도 실제적인 차별은 오로지 여섯 가지일 뿐이다. 즉 견도 중에 두 종류의 성자가 있다. 첫째는 수신행(隨信行)이고, 둘째는 수법행(隨法行)이다. 이러한 성자가 수도에 이르게 되면 다시 별도의 두 가지 명칭을 설정한다. 첫째는 신해(信解)이고, 둘째는 견지(見至)이다. 이러한 성자가 무학(無學)에 이르게 되면 다시 두 종류의 명칭을 내세운다. 이를테면 시해탈(時解脫)과 불시해탈(不時解脫)이 바로 그것이다"[25]라고 말한다.

위에서 살펴본 삼도를 사향사과(四向四果)에 대비시켜 보면, 예류향(預流向)은 견도에, 예류과(預流果)에서 아라한향(阿羅漢向)까지는 수도에, 아라한과(阿羅漢果)는 곧 무학도에 속한다. 또한 이것을 유식(唯識)의 오위(五位)에 배대(配對)하면, 통달위(通達位)는 견도에, 수도위(修道位)는 수도에, 구경위(究竟位)는 무학도에 해당된다. 십지(十地)에 배대하면, 초지(初地)는 견도에, 제2지에서 제9지까지는 수도에, 제10지에서 불지(佛地)까지는 무학도에 속한다.[26]

Ⅱ. 역사적 전개

불교는 크게 두 가지의 계통으로 성립되어 있다. 하나는 법상(法相) 및 교의(敎義)의 체계이고, 다른 하나는 수도(修道) 및 행법(行法)의 체계이다. 양자는 서로 환류하면서 하나의 원을 이루고 있다. 교의를 떠난 수행은 있을 수 없고, 수행에 기초를 두지 않은 교의도 있을 수 없다. 불교는 단순한 철학·사상인 것이 아니라, 수행의 체계 즉 수도론의 커다란 의미를 지니고 있는 것이다. 그 때문에 어떠한 불교에 있어서도 수도론은 존재한다.[27]

그런데 '삼도'는 아비달마불교의 실천도 혹은 수행도이다. 이 삼도의 수행도는 아비달마불교에서 체계화되었다. 그렇다고 해서 삼도의 수행도가 초기불교에 전혀 없었던 것은 아니다. 비록 아비달마불교에서처럼 견도와

25 『俱舍論』25(『大正藏』29권, 131중하). "此名雖七事別唯六. 謂見道中有二聖者. 一隨信行. 二隨法行. 此至修道別立二名. 一信解. 二見至. 此至無學復立二名. 謂時解脫不時解脫."

26 望月信亨 編, 『望月佛教大辭典』增補增訂版 (東京: 世界聖典刊行協會, 1974), 1625면

27 다케무라 마키오(竹村牧男) 지음, 정승석 옮김, 『유식의 구조』(서울: 민족사, 1989), 155면

수도에 대한 번쇄한 이론으로 정립되지는 않았지만, 삼도의 수행 체계에 대한 맹아(萌芽)는 초기경전에서도 나타난다. 그리고 아비달마불교에서 체계적으로 조직된 삼도의 수행도는 대승불교에도 일부 반영되었다. 이를테면 유식(唯識)의 오위(五位)와 십지(十地) 등이 그것이다. 이와 같이 삼도의 수행도는 초기문헌에서부터 대승불교 문헌에 이르기까지 나타난다.

1. 초기불교에서의 삼도

불교에서는 이상을 향해 나아가는 수행이 무엇보다도 중요하기 때문에 초기경전에서는 여러 가지 수행법이 제시되어 있다. 이를테면 부파불교에서 7항목 37종의 수행법으로 종합 정리한 삼십칠보리분(三十七菩提分 bodhipakkhiya dhamma) 혹은 삼십칠조도품(三十七助道品)이 그것이다. 이것은 깨달음에 이르는 서른일곱 가지 부분이라는 의미이다. 이것은 ① 사념처(四念處, cattāri satipaṭṭhānāni), ② 사정근(四正勤, cattāri sammappadhānāni), ③ 사여의족(四如意足, cattāri iddhipādā), ④ 오근(五根, pañcinriyāni), ⑤ 오력(五力, pañca balāni), ⑥ 칠각지(七覺支, satta bojjhanga), ⑦ 팔정도(八正道, ariya aṭṭhaṅgika magga, 八支聖道) 등 7항목으로 조직되어 있다. 하지만 초기불교에서는 7항목의 각각이 하나의 독립된 수행법으로 행해졌다. 따라서 7항목 37종 모두를 행할 필요는 없다. 그 중 어느 하나만으로도 성자로서의 네 가지 깨달음[四果]를 얻을 수 있다.

특히 초기경전에서는 일승도(一乘道, ekāyana magga)가 제시되어 있다. 일승도란 어느 한 가지 수행법만으로도 깨달음의 이상에 도달할 수 있는 길이라는 의미이다. 다시 말해서 일승도는 그것만으로 초보의 수행에서 최고의 깨달음에 이르는 수행까지를 일관되게 행하는 수행법이다. 초기경전에서 일승도로 제시된 것은 사념처, 사여의족, 오근 외에도 오온(五蘊, pañca khandha)이나 사제(四諦, cattāri ariyasaccāni)를 관찰하는 수행법 등이 있다.

이와 같이 어느 한 항목의 수행법만으로도 충분하지만, 다시 몇 개의 항목을 단계적으로 수행하는 경우도 있다. 최초의 불제자가 된 다섯 비구는 초전법륜(初轉法輪)의 설법을 통해 사제(四諦)·팔정도(八正道)의 가르침을 듣고, 오온을 관찰 사유함으로써 아라한의 깨달음을 얻었다고 한다. 또 하나 정형적으로 제시되는 수행법으로, 먼저 호흡을 바르게 하고, 그 다음 사념처를 관찰하는데 나아가며, 그것이 충분히 얻어졌으면 다시 칠각지(七覺支)의 수행에 들어가, 칠각지에의 숙달이 끝날 때 비로소 명(明, vijja)의 지혜와 해탈(解脫, vimutti)이 얻어져 깨달음에 이른다고 하는 것이 있다.[28]

이러한 여러 가지 수행법은 점차 체계적으로 정리된다. 이를테면 『중아함』(中阿含) 182 『마읍경(馬邑經)』과 이에 대응하는 맛지마 니까야(Majjhima Nikāya, 中部) 39 『마읍대경(馬邑大經, Mahā-assapura sutta)』에 기술된 17단계의 수행도정(修行道程)이 그것이다. 즉 ① 참괴구족(慚愧具足, hirottappena samannāgata), ② 신행청정(身行淸淨, parisuddha- kāyasamācāra), ③ 어행청정(語行淸淨, parisuddha-vacī-samācāra), ④ 의행청정(意行淸淨, parisuddha-manosamācāra), ⑤ 활명청정(活命淸淨, parisuddha-ājīva), ⑥ 수호근문(守護根門, indriyesu-guttadvāra), ⑦ 어식지량(於食知量, bhojane mattaññū), ⑧ 경오정진(警寤精進, jāgariyam anuyutta), ⑨ 정념정지구족(正念正知具足, sati-sampajaññena samannāgata), ⑩ 독주원리(獨住遠離, vivitta senāsana) 혹은 오개사단(五蓋捨斷, pañcanīvaraṇa-pahāna), ⑪ 초선(初禪, paṭhamajjhāna), ⑫ 제이선(第二禪, dutiyajjhāna), ⑬ 제삼선(第三禪, tatiyajjhāna), ⑭ 제사선(第四禪, catutthajjhāna), ⑮ 숙주수념지(宿住隨念智, pubbenivesānussati-ñāṇa), ⑯ 천안지(天眼智, sattānaṁ cutūpapāta-ñāṇa, 有情死生智), ⑰ 누진지(漏盡智, āsavānaṁ khaya-ñāṇa) 등이다. 이 경전에 나타난 수행의 도정은 앞에서 살펴본 삽십칠보리분과는 직접 관계가 없이 독자적인 입장에서 수행의 출발로부터 최후의 깨달음에 이르기까지의 도정을 단계적으로 묶어서 서술하고 있다.

그런데 삼도의 수행체계와 가장 유사한 수행법은 『전법륜경(轉法輪經)』에 제시되어 있다. 붓다는 이 『전법륜경』에 제시된 수행법에 의해 깨달음을 얻게 되었다고 서술되어 있다. 이 경전에 의하면, 붓다는 사제(四諦)의 삼전십이행법륜(三轉十二行法輪), 즉 사제의 관법을 통해 견도(見道)·수도(修道)·정각(正覺)의 3단계를 거쳐 나아갔다고 되어 있다. 그것은 먼저 제1단계로서, '이것이 고(苦)임을 알고, 이것이 고의 집(集)임을 알고, 이것이 고의 멸(滅)임을 알고, 이것이 고의 소멸에 이르게 하는 도(道)임을 안다'고 하는 사제의 충실한 이론적 이해를 제시하고, 다음 제2단계로서, '고는 널

28 이 修行道程이 서술되어 있는 경전으로는 『雜阿含經』29권(810경); 相應部 54, 13 등이 있다.

리 알아야 할 것이요, 집은 끊어 버려야 할 것이요, 멸은 실증해야 할 것이요, 도는 닦아야 할 것이다'고 하여 사제가 여실히 실천 체험되어져야 할 것임을 서술하였으며, 최후의 제3단계로서, '고를 두루 앎을 마치고, 집을 끊어 버림을 마치고, 멸을 실증함을 마치고, 도를 닦음을 마친다'고 하여 사제의 실천 체험의 완결을 서술하고 있다. 이 가운데 첫 번째 단계가 견도이고, 두 번째 단계가 수도에 해당하며, 세 번째 단계가 정각의 깨달음이다. 어쨌든 사람이 최고의 인격자가 되기 위해서는 이와 같은 3단계를 거쳐야 한다는 것이다. 이러한 3단계의 수행법이 부파불교에 이르러 견도·수도·무학도라는 삼도의 수행체계로 정리된 것으로 보인다.

2. 부파불교에서의 삼도

아비달마 문헌에 나타난 삼도의 실천도는 너무나 번쇄하고 난해하다. 여기서는 『구사론』의 「현성품」(賢聖品, 범 Pudgala-mārga-nirdeśa)에 나타난 삼도의 수행체계를 요약 정리하면 대략 다음과 같다. 먼저 방편도(方便道)의 여러 수행을 통해 사제를 통찰하는 능력을 증진시켜 성자의 단계에 나아가고, 이 성자의 단계에서 사제 통찰의 정도와 번뇌의 소멸 정도에 따라 더 높은 성자의 단계로 나아가 최후에 아라한과를 얻는 것을 그 목적으로 하고 있다.

방편도의 단계는 문(聞)·사(思)·수(修)의 삼혜를 닦고, 몸을 청정하게 하는 신기청정(身器淸淨)의 단계와 삼현위(三賢位), 사선근(四善根)의 단계로 구성된다. 여기까지의 수행을 예비단계라고 부른다.[29] 그리고 성자의 단계는 유학위(有學位)와 무학위(無學位)로 나누어지며, 유학위는 다시 견도(見道)와 수도(修道)로 나누어진다. 이 유학위와 무학위는 구체적으로 사향사과(四向四果)의 성자의 단계를 보여준다. 유부 아비달마의 수행도와 성자의 계위를 도표로 표시하면 다음(<표 1>)과 같다.[30]

---

29 견도를 위한 예비적 단계의 수행에 대해서는 권오민, 『아비달마불교』(서울: 민족사, 2002), 229-247면 참조.

30 권오민, 위의 책, 274면 참조.

<표 1> 아비달마의 수행도와 성자의 계위

- 方便道
  - 三慧: 聞所成慧·思所成慧·修所成慧
  - 身器清淨: 身心遠離·喜足少欲·四聖種
  - 三賢位 (內凡位) ― 資糧位 (順解脫分)
    - 五停心位: 不淨·數息·慈悲·緣起·界分別觀
    - 別相念住: 身·受·心·法의 不淨·無常·苦·非我
    - 總相念住: 有爲諸法의 無常·苦·空·非我
  - 四善根 (外凡位) ― 四諦16行相의 관찰 ― 加行位 (順決擇分)
    - 煖善根
    - 頂善根
    - 忍善根
      - 下忍
      - 中忍
      - 上忍
    - 世第一法

- 四向四果
  - 預流向: 苦法智忍 등 15찰나의 斷 ― 見道位 ― 有學
  - 修道位 ― 有學
    - 預流果: 제16찰나의 斷(極七返生)
    - 一來向: 欲界 修惑 上上品에서 中中品의 斷
    - 一來果: 欲界 修惑 中下品의 斷
    - 不還向: 欲界 修惑 下上品과 下中品의 斷
    - 不還果: 欲界 修惑 下下品의 斷
    - 阿羅漢向: 上二界 修惑 中 下7地와 有頂地의 前8品
  - 阿羅漢果: 有頂地의 제9품 斷 ― 無學道 ― 無學

3. 대승불교에서의 삼도

유식학(唯識學)의 수행체계도 삼도의 구조로 편성되어 있다. 그 이유는 유식학이 유부의 아비달마를 대승적으로 변용시켰기 때문이다.[31] 유가행(瑜伽行) 수습의 단계들이 발전하여 유식사상에서 소위 오위설(五位說)로 정착되었지만, 부파불교 시대부터 이미 이와 유사한 내용들이 설해지고 있었던 것이다. 즉 『구사론』의 현성품(賢聖品)에 의하면, 붓다의 가르침에 대한 청문(聽聞)과 사유(思惟)로 말미암아 마음이 해탈의 방향으로 굳어지는 단계인 순해탈분(順解脫分 : 三賢位)과 번뇌가 없어진 세계로 방향이 정해

31 李芝洙, 「'Abhidharma-kośa, 俱舍論)'의 *存在分析-界品*(dhātu-nirdeśa)을 중심으로」, 『佛敎學報』 제37집 (서울: 불교문화연구원, 2000), 147-8면

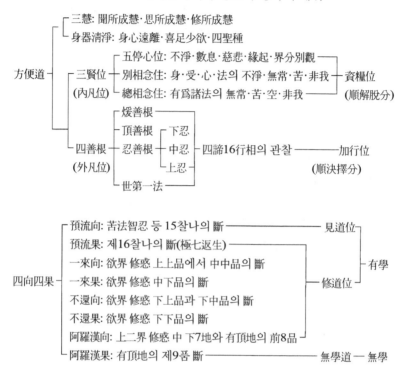

지는 단계인 순결택분(順決擇分 : 四善根位)의 경지에 도달하고, 거기에서 다시 견도와 수도의 단계를 거친 다음에 마지막으로 아라한이 되는 것이 소승의 성현들이 거치는 수습단계(修習段階)였던 것이다. 여기에서 보면 유가에서 지향하는 목표와 소승에서 바라는 이상이 비록 다를지라도 그 수습 과정 자체는 완전히 같은 것으로 여겨진다.

아무튼 이 유가의 5단계는 후에 『성유식론(成唯識論)』등에서 말하는 오위(五位), 즉 자량위(資糧位), 가행위(加行位), 통달위(通達位), 수습위(修習位) 및 구경위(究竟位)에 각각 해당되는데, 지심(止心 śamatha)과 관찰(觀察 vipaśyanā)은 가행위에서 근원적인 사유의 단계로 실수(實修)되고, 다시 견도위에서는 지심이, 수습위에서는 관찰이 진리의 체현이라는 궁극적인 결과로 얻어지는 것을 말한다. 이와 같이 유식사상에서 말하는 수행이란 모든 인식활동으로 얻어진 번뇌를 정화하고, 이의 본성인 진여성(眞如性)을 깨달아 열반과 해탈을 증득하는데 그 목적을 두고 있다. 오위에 대하여 좀 더 자세히 살펴보자.[32]

첫째, 자량위는 수행의 첫걸음으로서 옛날에 먼 길을 가려면 노자(路資)와 식량(食糧)을 준비해 가듯이 진리인 붓다의 말씀을 깊이 신해(信解)하고서 대승의 순해탈분, 즉 십주(十住), 십행(十行), 십회향(十廻向) 등 삼십심(三十心)을 닦는 단계를 말한다. 이 위치에서 중요한 것은, ㉠좋은 벗[善友]을 만나는 것이고, ㉡지혜를 얻고자 하는 자신의 굳은 의지[作意]가 필요하며, ㉢이러한 여건들을 충분히 갖추고[資糧] 출발하여, ㉣신해(信解)로서 부처님께서 보여 주신 가르침을 강한 정신으로 믿고 이해하는 것이 우선 필요하다는 것이다.

둘째, 가행위(加行位)에서는 먼저 대상이 존재하지 않는다는 것을 알고, 이어서 대상이 존재하지 않기 때문에 그것을 받아들이는 심식도 역시 존재하지 않는다는 것을 아는 능취와 소취라는 상대적인 개념을 없애고 진실한 견해를 일으켜서 번뇌가 없는 세계로 나아가는데 진력하는 대승불교에 있어서 순결택분을 닦는 단계를 말한다. 또한 이 단계에서부터는 근원적인 사유가 시작되는데, 진리의 세계로부터 유포된 가르침을 듣고 그 내용을 지식수단에 의해서 잘 검토하여 의미를 명확하게 하는 데에 그치는 것이

32 오위(五位)에 대한 설명은 불교교재편찬위원회 편, 『불교사상의 이해』(서울: 불교시대사, 1997), 188-192면에서 발췌 요약한 것이다.

아니라, 붓다의 가르침은 본래 언어로 표현할 수 없는 진리 그 자체이기 때문에 그것을 이해하기 위해서는 붓다의 체험을 다시 체험하는 일이 필요한데, 근원적인 사유란 이 추가체험에 이르는 과정을 말하는 것이다.

셋째, 통달위(通達位)는 견도위(見道位)라고도 하는데, 여기에서는 보살들이 모든 것을 있는 그대로 존재의 성품과 형상을 통달하여 체득한 경지를 말한다. 이를테면 이 위치에 이르기 위하여 꾸준히 자량과 가행의 단계를 거치면서 수행한 결과 진리에 계합되는 안목 등이 생겨서 진여를 체달하고 달관하게 된 것을 일컫는 것이다. 이렇게 진리를 체달한 경지이기 때문에 이를 또한 환희지(歡喜地)라고도 하며, 이는 보살의 초지(初地)이기도 한 것이다.

넷째, 수습위(修習位)에서는 통달위에서 아직도 정화하지 못한 부분을 더욱 정화하기 위하여 수행하는 단계로서 긴 기간에 걸쳐서 끊임없는 수도와 그로 인하여 체득되는 무분별지의 발현에 의하여 아뢰야식 중에 있는 번뇌와 주·객체의 잠재력을 함께 단절하고, 의지할 바를 대전환하여 부처님의 경지를 직증(直證)하는 것을 말한다. 여기에서는 구체적으로 걸쳐서 나머지 번뇌의 소멸을 위하여 전식득지(轉識得智)라는 수행을 계속하는 단계를 말한다.

다섯째, 구경위(究竟位)란 이렇게 보살들이 수많은 기간에 걸쳐서 수행을 한 결과 마침내 마음이 최고의 이상적인 경지에 머무르는 것을 가리키는 것으로써, 여기에서는 지금까지 우리 중생들이 일상생활에서 신체적인 감각이나 의식 등의 주관적인 인식활동을 통하여 얻는 모든 알음알이들이 완전히 제거되어 다시는 번뇌나 망상과 같은 삿된 생각들이 결코 일어나지 않는 깨달음의 경지를 말하는 것이다.

Ⅲ. 인접 개념과의 관계

삼단(三斷)을 삼소단(三所斷)이라고도 하는데, 세 가지 종류의 끊음이라는 뜻이다. 즉 끊음[斷]과 끊지 않음[非斷]을 구분하는 세 가지 종류라는 말이다. 첫째는 견소단(見所斷, darśana-heya)이고, 둘째는 수소단(修所斷, bhāvanā-heya)이며, 셋째는 비소단(非所斷, aheya)이다. 『구사론』 권2에 "18계(界) 중의 몇 가지가 견소단이고, 몇 가지가 수소단이며, 몇 가지가 비소단인가? 게송으로 말하겠다. 열다섯 가지의 계는 오로지 수소단이고, 뒤의 세 가지 계[三界]는 세 가지 모두와 통하며, 불염법(不染法)과 제6처가 아닌 것에서 법과 색법은 결정코 견소단이 아니다"[33]라고 말하는 것이 그것이다.

견소단은 견도 즉 무루혜(無漏慧)에 의한 사제(四諦)의 관찰로 끊어지는 법이고, 수소단은 수도 즉 선정을 통한 반복된 관찰로 끊어지는 법이며, 비소단은 무위택멸(無爲擇滅)처럼 끊어지지 않는 법을 말한다.[34] 대개 끊는다는 것은 계박(繫縛)을 끊음으로써 이계(離繫)를 증득하는 것을 일컫는다. 그 중에서 견도소단(見道所斷)의 법을 견소단이라 부르고, 수도소단(修道所斷)의 법을 수소단이라 부르며, 견수소단(見修所斷)이 아닌 법을 비소단이라고 부른다.[35]

견소단(見所斷, darśana-prahātavya)은 삼소단(三所斷: 見所斷·修所斷·非所斷)의 하나이다. 견도소단(見道所斷)·견단(見斷)·견제단(見諦斷)·견제소단(見諦所斷)이라고도 한다. 이것은 사성제(四聖諦)의 도리에 대한 무지이므로 견도에 의해 끊어지는 번뇌들이다. 『구사론』 권2에 "88가지 수면과 그것에 동반하는 법, 그리고 행에 따르는 득이 모두 견소단이다."[36] 『구사론』 권19에 "10수면 중의 살가야견(薩迦耶見, satkāya-dṛṣṭi, 有身見)은 오로지 1부에만 존재하니, 이를테면 견고소단이 바로 그것으로, 변집견도 역시 그러하다. 계금취는 2부에 모두 존재하니, 이를테면 견고소단·견집소단·견멸소단·견도소단이 바로 그것으로, 견취와 의(疑)도 역시 그러하다. 그리고 그 밖의 탐 등의 네 가지[탐·진·만·무명]는 각기 5부와 통하니, 이를테면 견사제소단(見四諦所斷)과 수소단이 바로 그것이다"[37]라고 하였다.

견도에서 사제를 명료하게 주시하여 끊는 번뇌 곧 견혹(見惑)은 88가지이다. 이것을 팔십팔사(八十八使) 혹은 팔십팔수면(八十八隨眠)이라고도 한

---

33 『俱舍論』 2(『大正藏』29권, 10중). "十八界中幾見所斷. 幾修所斷. 幾非所斷. 頌日 十五唯修斷 後三界通三 不染非六生 色定非見斷."

34 『俱舍論』 2(『大正藏』29권, 99중); 권오민 역주, 『아비달마구사론』(서울: 동국역경원, 2002), 1권, 82면

35 『望月佛教大辭典』5권, 1611하

36 『俱舍論』2(『大正藏』29권, 10중). "八十八隨眠 及彼俱有法隨行得 皆見所斷."

37 『俱舍論』19(『大正藏』29권, 99중). "十隨眠中 薩迦耶見 唯在一部 謂見苦所斷 邊執見亦爾 戒禁取通在二部 謂見苦見道所斷邪見通四部 謂見苦集滅道所斷 見取疑亦爾 餘貪等四 各通五部 謂見四諦 及修所斷."

다. 88혹은 탐(貪)·진(瞋)·치(癡)·만(慢)·의(疑)·유신견(有身見)·변집견(邊執見)·사견(邪見)·견취견(見取見)·계금취견(戒禁取見) 등 10가지 번뇌가 삼계(三界 : 욕계·색계·무색계) 각각에 사제를 적용시킨 것이다. 즉 욕계(欲界)에서 고제(苦諦)에 탐·진·치·만·의·유신견·변집견·사견·견취견·계금취견 등 10가지, 집제(集諦)와 멸제(滅諦)에 각각 탐·진·치·만·의·사견·견취견 등 7가지, 도제(道諦)에 탐·진·치·만·의·사견·견취견·계금취견 등 8가지가 있으니 총 32가지이다. 색계(色界)에서 고제에 진을 제외한 탐·치·만·의·사견·견취견 등 9가지, 집제와 멸제에 각각 탐·치·만·의·사견·견취견 등 6가지가, 도제에 탐·치·만·의·사견·견취견·계금취견 등 7가지가 있으니 총 28가지이다. 무색계는 색계와 같이 28가지이다. 따라서 삼계의 견혹은 합계 88이 된다. 『구사론』에서는 견소단의 혹(惑 : 번뇌·수면)으로 88가지 수면을 들지만 유식 학파는 112가지를 들고 있다.[38]

수소단(修所斷, bhāvanā-prahātavya)은 수도소단(修道所斷)·수도단(修道斷), 혹은 줄여서 수단(修斷)이라고도 부른다. 즉 수도위(修道位)에서 끊는 번뇌를 말한다. 『구사론』 권2에 "88수면(睡眠)과 그것과 구유(俱有)하는 법과, 아울러 수행(隨行)하는 득(得)은 모두 견소단이고, 그 밖의 나머지 온갖 유루법은 모두 수소단이며, 일체의 무루법은 비소단이다"[39]라고 말한다. 『구사론』 권19에 "지(智)에 의해 해손되는 온갖 수면으로서 일체 지(地)에 포섭되는 것은 모두 오로지 수소단이다. 모든 성자와 모든 이생(異生)이 각기 상응하는 바에 따라 모두 무루지와 세속지를 자주 되풀이하여 익힘으로 말미암아 끊어지기 때문이다"[40]라고 말하는 것이 그것이다. 이러한 인소해(忍所害)의 수면은 하팔지(下八地)에 있으므로 범부와 성인의 구별은 비록 견수이단(見修二斷)에 통하지만, 지해소의 수면은 일체의 지(地)에서 범부와 성인이 공통으로 근본(根本)은 물론 후득(後得)의 이지(二智)를 수없이 닦음으로 말미암아 끊을 수 있음을 밝히고 있다.

---

38 『成唯識論』9(『大正藏』31권, 50중). "諦觀見所斷 百十二分別隨眠 名相見道"; 『顯揚聖教論』1(『大正藏』31권, 485중). "見所斷有百一十二煩惱 修所斷有十六煩惱 如是見修所斷合有百二十八煩惱"라고 하였다.

39 『俱舍論』2(『大正藏』29권, 10중). "八十八隨眠及彼俱有法并隨行得. 皆見所斷. 諸餘有漏皆修所斷. 一切無漏皆非所斷."

40 『俱舍論』19(『大正藏』29권, 99하). "智所害諸隨眠. 一切地攝唯修所斷. 以諸聖者及諸異生. 如其所應皆由數習無漏世俗智所斷故."

또한 『대승아비달마잡집론(大乘阿毘達磨雜集論)』 권4에 견소단과의 구별을 설하고 있는데, "견도를 얻은 뒤, 견소단과 서로 다른 여러 가지 유루법(有漏法)은 이러한 수소단의 뜻이다. 견소단과 서로 다르다는 것은 이른바 분별소기(分別所起)의 염오(染汚)의 견해 등을 제거하고 남은 유루법이다. 유루법이라 말하는 것은 또한 결택분(決擇分)에 수순(隨順)하여 선(善)을 포섭하는데, 거칠고 무거운 것을 따르기 때문이다. 일체의 일분(一分)은 이러한 수소단인데, 일분은 견소단을 비롯한 무루법(無漏法)을 제거한다"라고 말한다. 만약 75법으로 나아가 분별하면, 선악의 흩어짐은 물론 정공(定共)의 무표색(無表色)이고, 나머지 오근오경(五根五境), 소번뇌지법(小煩惱地法)의 10과 부정지법(不定地法)의 악작(惡作)과 함께 14불상응(不相應) 가운데 얻는 것과 사상(四相)을 제거한 나머지 9종 모두 합하면 오로지 수소단이다. 또한 도공(道共)의 무표(無表)와 삼무위(三無爲)는 오로지 비소단(非所斷)이다. 더불어 의(疑)의 오로지 견소단을 제거한 나머지 심왕(心王), 대지법(大地法)의 10, 대선지법(大善地法)의 10, 대번뇌지법(大煩惱地法)의 6, 불선지법(不善地法)의 2, 부정지법(不定地法) 중의 수면(睡眠)과 탐진치(貪瞋癡)의 4, 불상응(不相應) 중의 득(得)과 사상(四相)의 5, 더불어 심사(尋伺)의 중(中), 구생기(俱生起) 혹은 그 소연(所緣)은 모두 수소단에 포섭된다. 대승유식종(大乘唯識宗)에 있는 것은 수소단의 미사(迷事)의 수면은 수도위와 십지(十地)에서 끊어진다. 미사(迷事)에서의 집(執)은 … 십지에서의 후득지(後得智)로써 끊는다. 수소단의 두 가지 장애의 종류는 금강유정(金剛喻定)이 현전할 때 단박 끊어진다.

『성유식론(成唯識論)』 권10에 "번뇌장(煩惱障) 중에서 … (中略) … 수소단의 종류는 금강유정 현제 앞의 시간의 일체를 단박 끊는다. 그 장애의 현기(現起)는 지전(地前)이 점복(漸伏)하여 초지(初地) 이상에서 능히 단박에 항복시켜 영원히 행한다. 아라한은 이와 같다. … (中略) … 소지장(所知障)의 종(種)은 초지의 초심(初心)이 단번에 일체의 견소단을 끊고, 수소단은 십지의 수도 중에서 점차로 끊어 나아가 바르게 금강유정기의 한 찰나 가운데 모두 끊어 없앤다"라고 말하는 것이 그것이다

비소단(非所斷, aheya)은 비단(非斷)·부단(不斷)·무단(無斷)이라고도 부른다. 끊어야 할 것이 아니라는 뜻이다. 삼단 중 하나이다. 즉 이것은 체무루(體無漏)이므로 끊어야 하는 것이 아니라는 말이다. 『품류족론(品類足論)』

권6에 “비소단의 법이란 무엇인가. 이른바 무루법(無漏法)이다”라고 말한다. 『구사론』권4에 “모든 무루법을 비소단이라 부른다”라고 말한다. 또한 “성도소인(聖道所引)의 택멸(擇滅)의 얻음과 도제(道諦)의 얻음은 비소단이다”라고 말하는 것이 그것이다. 이러한 무루법의 성질은 과실이 없으므로 계박(繫縛)이 아니며, 그렇기 때문에 비소단이라 부른다고 밝히고 있다. 『구사론』 등에서는 18계 중의 나중의 세 가지 계와 대지법(大地法) 중의 심사(尋伺), 대선지법(大善地法)의 10, 불상응행(不相應行) 중의 득(得)과 사상(四相), 22근(根) 중의 신등(信等)의 오근(五根), 더불어 의희락사(意喜樂捨)의 사근(四近) 등의 무루에 속하는 것과 삼무루근(三無漏根)과 더불어 색법(色法) 중의 도공(道共)의 무표(無表)는 모두 비소단이다. 『유가사지론』 권66에서는 비소단은 자성정(自性淨)과 이단(已斷)이라는 두 가지 뜻을 설하는데, “무엇이 비소단의 법인가. 이를테면 일체유학(一切有學)의 출세간의 법과 일체무학(一切無學)의 상속 중의 소유한 제법(諸法)이다. 이 가운데 만약 출세의 법이 일체의 시(時)에 있어서 자성정(自性淨)이면 그 때문에 비소단이라고 부르지만, 나머지 세간법(世間法)은 이미 끊었기 때문에 비소단이라 부른다”라고 말한다. 『대승아비달마잡집론』 권4에 “무엇이 비소단인가. 몇 가지가 비소단인가. 무슨 뜻을 갖고 있기에 비소단을 관하라고 하는가. 이를테면 모든 무루법은 결택분(決擇分)의 선(善)을 제거한 것이 비소단이다. 무루법이란 출세의 성도(聖道)와 후소득(後所得)과 함께 무위법(無爲法), 십계(十界), 사처(四處), 제온(諸蘊)의 일분(一分)인데, 이것이 비소단이다. 문: 어떠한 색성(色聲)이 이러한 비소단인가. 답 : 무학신(無學身) 중의 선의 신업(身業)과 어업(語業)의 자성이 이러한 비소단이다. 집착하여 이루어진 아(我)를 버리기 위하여 비소단을 관찰한다”라고 말한다. 이러한 출세무루(出世無漏)의 유위(有爲)·무위(無爲)의 제법(諸法)은 자성정(自性淨)이기 때문에 또한 비소단이라고 하는 것이다.”[41]

Ⅳ. 삼도에 대한 현대적 논의

삼도의 수행체계는 아비달마불교 시대에 확립되었다. 견도·수도·무학

41 『望月佛敎大辭典』5권, 4311중

도의 수행체계에 대한 맹아(萌芽)는 초기경전에서도 나타난다. 하지만 아비달마에서처럼 견도와 수도에 대한 번쇄한 이론으로 정립되지는 않았다.[42] 아비달마불교에서 연구되기 시작한 삼도의 수행체계는 설일체유부(說一切有部, 범 Sarvāstivāda, 이하 '有部')의 『구사론』에서 거의 완벽한 체계로 정리되었다. 이렇게 조직된 수행체계는 대승불교에서도 일부 계승되었다. 유식(唯識)의 오위설(五位說)과 십지설(十地說) 등이 그 대표적인 예라고 할 수 있다. 이와 같이 삼도의 수행체계는 아비달마 논서의 발달과 함께 점차 체계적으로 다듬어졌으며, 바수반두(Vasubandhu, 世親)의 『구사론』에 이르러 그 절정을 이룬다.

『구사론』은 어떠한 부파의 견해에도 얽매이지 않았다고 했지만, 바수반두는 경량부(經量部, Sautrāntika)의 입장에서 당시의 비바사(毘婆沙, Vibhāṣa, 廣解)를 비판하였다. 그래서 카슈미르 계의 정통 유부에서는 『구사론』을 인정하지 않았다. 상가바드라(Saṅghabhadra, 衆賢)는 『아비달마순정리론(阿毘達磨順正理論, 이하 '順正理論')』과 『아비달마장현종론(阿毘達磨藏顯宗論, 이하 '顯宗論')』 2권을 지어 『구사론』을 비판하였다. 그러나 바수반두는 이에 대한 대결을 피했다고 한다. 그리고 『순정리론』과 『현종론』보다 상당히 후대에 저술된 것으로 추정되는 『아비다르마디빠(Abhidharmadīpa, '아비달마의 등불'의 의미)』도 정통 유부의 입장에서 바수반두의 견해를 비판하였다. 이러한 비판에도 불구하고 『구사론』의 권위와 명성은 거의 그대로 유지되었다. 특히 인도·중국·한국·일본 등 북방불교에서는 유부의 교의학서(敎義學書)나 불교교의의 기초학의 교과서로서 그 명성을 떨치고 있다.[43]

특히 『구사론』에 대한 학문적 연구는 유럽과 일본의 학계에서 활발하게 이루어지고 있다. 유럽에서 근대적인 『구사론』 연구의 기점은 프랑스의 동양학자 뷔르누프(Eugène Burnouf, 1801-1852)가 1820년 영국인 호지슨(B.H. Hodgson, 1800-1894)이 네팔에서 수집하여 파리 아시아협회에 소장되어 있던 야쇼미뜨라(Yaśomitra, 稱友)의 『스푸따르타(Sphuṭārthā)』 범본을 중요한 자료로 삼아 『인도불교사서설(Introduction al'Histoire Buddhisme Indien)』을 1844년 저술한 것에서 비롯된다. 그 후 『구사론』과 그 주석서에 대한 범본과 위구르어역 및 서장어역 등이 교정·출판되면서 활기를 띠기

42 水野弘元, 『原始佛教』(京都: 平樂寺書店, 1956), 213면
43 櫻部建·上山春平 지음, 정호영 옮김, 『아비달마의 철학』(서울: 민족사, 1989), 139-144면

시작하였고 영어나 불어 등으로 번역되기도 하였다. 이러한 학문적 업적이 높이 평가되면서 전 세계의 많은 학자들이 범어와 서장어로 씌어진 『구사론』과 그 주석서들에 대한 연구가 활발하게 진행되고 있다.

하지만 현재 전 세계적으로 진행되고 있는 아비달마에 대한 연구는 거의 대부분 문헌학적인 연구이거나 존재의 분석에 대한 연구라고 할 수 있다. 이에 비하면, 아비달마의 수행 이론에 관한 연구는 상대적으로 미약한 상태라고 할 수 있다. 아비달마의 수행 이론에 관한 연구가 부진한 까닭은 무엇인가? 첫째 이유는 『구사론』의 세계적인 권위자로 알려져 있는 사쿠라베 하지메(櫻部建)가 지적한 바와 같이 '아비달마의 수행체계는 이론을 위한 이론'으로 느껴질 만큼 그 실용성을 인정받지 못하고 있기 때문일 것이다.[44]

또 다른 이유는 대승불교적 시각에 의한 아비달마교학 자체에 대한 불신 때문일 것이다. 다시 말해서 대승불교에서 삼도라는 수행체계를 외면하게 된 것은 무학도 혹은 구경위에 이르기까지는 긴 시간이 요구된다고 하기 때문이다. "특히 유식(唯識)에서는 오위(五位)를 3지(祇)에 걸쳐 닦는다고 생각하고 있다. 불교에서 말하는 1지(1아승지)가 거의 무한한 시간을 의미하고 있다. 다시 그것을 세 번 거듭하여야 비로소 오위의 수행이 달성된다고 말하는 것이다. 3아승지의 시간이 걸린다고 하는 것은 통달위 직전까지, 이후 제7지까지, 제8지로부터 불과(佛果)에 이르기까지 각각 1아승지의 시간을 필요로 한다는 것이다."[45]

한편 설일체유부와는 다른 전통의 아비담마 논서를 전승하고 있는 남방상좌부 불교에서는 빠알리어로 씌어진 파리 칠론(七論)[46]과 그 주석서에 대한 연구가 매우 활발하게 이루어지고 있다. 또한 티베트불교에서도 불교교학 연구라고 하면 의례히 법에 대한 연구, 즉 아비다르마 연구라고 할 정도로 널리 연찬되고 있다. 일본의 불교학계에서도 아비달마에 관한 연구의 중요성을 인식하고, 이에 대한 연구에 매진하여 괄목할만한 연구 업적을

44 櫻部建·上山春平 지음, 정호영 옮김, 『아비달마의 철학』(서울: 민족사, 1989), 122면, 232-233면

45 다케무라 미키오 지음, 정승석 옮김, 『유식의 구조』(서울: 민족사, 1989), 156면

46 빠알리어 論藏의 七論은 각기 그 성립 연대가 그다지 확실하게 알려지지 않으며, 그 순서조차 분명하지 않지만 일반적으로 설명되고 있는 순서는 다음과 같다. 즉 (1) Dhammasaṅgani(法聚論 혹은 法集論), (2) Vibhaṅga(分別論), (3) Dhātukathā(界論), (4) Puggalapaññatti(人施設論), (5) Kathāvatthu(論事), (6) Yamaka(雙論), (7) Patthāna(發趣論) 등이다.

내놓고 있다.

이에 비하면 국내의 아비달마에 관한 연구와 관심은 미미할 뿐만 아니라 그 연구의 역사도 일천하다고 할 수 있다. 중국에서 최초로 진제(眞諦, 536년)에 의해 『구사석론(俱舍釋論)』이 번역되고, 그 이후 현장(玄奘, 600-664)에 의해 『구사론』이 번역되었다. 전자를 '구구사(舊俱舍)'라고 하고, 후자를 '신구사(新俱舍)'라고 부른다. 현장의 문하에서는 이 신역을 중심으로 구사론에 대한 연찬이 활발하게 이루어졌다. 당시 중국의 교학은 유학승들을 통해 곧바로 국내에 소개되었다. 하지만 한국불교사에서 유부교학(有部教學)에 대한 연구 흔적은 일부 발견되지만, 자세한 기록은 남아 있지 않다. 그리고 유부교학에 대한 한국 고승의 저서도 전해지는 것이 없다. 더욱이 고려·조선시대에는 구사학에 대한 연구 흔적조차 찾아 볼 수 없다.

현대적 학문으로서의 아비달마교학에 대한 연구는 김동화 박사가 1971년에 쓴 『구사학(俱舍學)』[47]이 시초라고 할 수 있다. 그 이후에도 아비달마교학에 대한 연구에 전념하는 학자는 극소수에 불과하다. 아비달마교학에 대한 연구 자체가 너무 난해한 것도 하나의 원인이겠지만, 대승불교적 시각에서 아비달마교학 자체를 소승이라고 폄하하는 풍토 속에서 그 의의를 찾지 못하고 있기 때문일 것이다. 최근에는 이지수(동국대 인도철학과) 교수와 권오민(경상대 철학과) 교수 등이 이 분야의 연구에 전념하여 괄목할만한 연구 업적을 내놓고 있다.

마성스님 (동국대)

47 金東華, 『俱舍學: 小乘佛教의 有哲學思想』, 雷虛 金東華 全集 5 (서울: 雷虛佛教學術院, 2001)

증지

범 yogijñāna, yogipratyakṣa
장 rnal 'byor shes pa, rnal 'byor mngon sum 한 證知

I. 개념의 어원과 정의

yogijñāna는 yogin과 jñāna라는 두 명사가 결합된 복합어이다. yogin은 yoga에서 파생된 명사로 요가를 행하는 자, 즉 수행자(修行者)이며, jñāna는 지(知), 즉 인식이다. yogin과 결합될 경우, 이 인식은 수습(修習, bhāvanā)을 통해 성취된 증지를 의미한다. yogijñāna가 요가에 어원을 둔 용어의 복합어라는 사실은 이것이 유가·유식학파(yogācāravādin)와 깊은 연관이 있음을 시사한다. 사실 불교철학사에서 yogijñāna가 실질적으로 정의되고 논의된 것은 유가·유식학파의 후기 흐름인 쁘라마나학파에서 이다.

불교 쁘라마나학파에서 요가행자의 증지에 대해 최초로 정의를 내린 사람은 이 학파의 창시자인 디그나가(Dignāga, ca. 480-540)이다. 디그나가는 바른 인식(pramāṇa)의 하나인 현량(現量, pratyakṣa)의 종류를 구분하는 가운데 증지를 다음과 같이 정의한다:

> 증지는 요가행자들의 사(師)의 교설을 떠난, 대상만의 지이다.[1]

이 정의에서 스승의 교설은 아가마(āgama)로 언어로 표현되어 있다. 때문에 후기 주석가들에 따르면 증지는 아가마에서 표현되는 어떤 개념(vikalpa)과도 결합되지 않은 대상 자체만을 요가행자가 인식하는 것이다.[2] 이것은 디그나가가 증지를 무분별지로 규정했다는 것을 의미한다.

디그나가의 증지에 대한 정의는 다르마끼르띠(Dharmakīrti, ca. 600-660)에 의해 계승, 전개된다.『니야야빈두 (Nyāyabindhu)』에서 그는 이것을 다음과 같이 기술한다:

> 요가행자의 증지는 진실한 대상에 대한 수습가행(修習加行)의 변제(邊際)에서 생긴 것이다.[3]

여기서 수습은 지(止, śamatha)와 관(觀, vipaśyanā)을 의미한다.[4] 구체적으로, 요가행자는 삼법인이나 사성제와 같은 진실한 대상을 성문지(śrutamayajñāna)에 의해 포착하고, 사량지(yukticintāmayajñāna)에 의해 확립한 후, 지와 관을 통해서 증득한다. 이때 수행자는 다른 잡념에 흔들리지 않고 수습하는 대상에 마음을 집중하여 삼매에 들어야 한다.『니야야빈두 (Nyāyabindhu)』의 주석가인 다르못따라(Dharmottara, ca. 750-810)는 이 때 삼매에 드는 방법으로 수습되는 대상을 마음에 거듭거듭 반복하여 참구하는 것을 제시한다.[5]

다르마끼르띠가 이 정의에서 밝히는 것은 이러한 요가행자의 수습에 가행→변제→현량의 세 단계가 있다는 점이다. 수습의 대상은 한 번에 일시적으로 요가행자의 지에 드러나는 것이 아니라 다찰나(多刹那)에 걸쳐 점차적으로 획득된다. 이것은 인식대상이 수행자의 지에 선명현현하는데 차제(krama)가 있다는 것을 뜻한다.

---

1 PS I.6: yogināṃ gurunirdeśāvyatibhinnārthamātradṛk. 또한 참조 티베트본 PSV 95a, 5-95b, 2, 특히 rnal-ḥbyor rnams kyi bla-mas bstan, ma ḥdres-pa yi don tsam mthoṅ.

2 参조 Hattori (1968): n. 1.49.

3 NB I .11: bhūtārthabhāvanāprakarṣaparyantajaṃ yogijñānam.

4 参조 PVBh 327,17: tathā ca śamathavipaśyanāyuganaddhavāhīmargo yoga iti vacanaṃ.

5 NBT 67,5: bhūtasya bhāvanā punaḥ punas cetasi viniveśanam.

다르마끼르띠는 수습의 차제를 가행(prakarṣa)이라 부른다. 가행은 수행자의 수습이 점차 강화되고 증장되는 과정으로, 그의 지에 수습되는 대상의 행상(行相, ākāra)이 점차 뚜렷하게 드러나는 단계이다. 이러한 가행의 과정이 정점에 이른 일찰나가 변제(paryanta)이며, 수습을 행하는 요가행자의 지에 수습대상의 선명하게 드러나기 일 찰나 직전의 단계이다. 이것을 쁘라마나학파의 논사들은 마치 운모에 가려져 있는 물체를 보는 것에 비유한다. 이 변제의 단계에서 대상은 인식되기는 하지만 온전하게 확연히 드러나는 것은 아니다. 현량(pratyakṣa)은 더 이상 가행의 증장 없이, 수습되는 대상이 완전한 선명성을 가지고 현현하는 상태이다. 이 단계에서 요가행자는 자신의 손바닥에 있는 물건을 보듯이 수습되는 대상을 뚜렷하게 인식하는 것이 가능하다. 이때의 지를 증지라 하며, 이 증지는 바로 앞에 있는 대상을 눈으로 보는 것 같아서 분별지에서 보이는 모호성이 사라지게 된다.

Ⅱ. 증지에 관한 이해의 역사적 전개

1. 증지와 현량의 두 조건

증지의 정의에서 보이는 두드러진 특징은 이 지가 현량의 한 종류라는 점이다. 쁘라마나학파는 무분별성(avikalpatva)과 무착오성(abhrāntatva)을 현량이 되기 위한 두 가지 조건으로 규정하고 있다. 그렇다면 증지는 이 두 가지 조건을 어떻게 충족시키는가. 바로 이것이 증지와 관련하여 다르마끼르띠의 이후 8-9세기의 인도 종교철학계의 논사들 사이에서 주요 쟁점이 되었던 문제이다.

1) 증지와 무분별성

증지는 제법무아와 같은 개념을 인식대상으로 한다. '이 세상에 있는 모든 것은 무아이다'라는 것은 외계에 실재하는 것이 아니라 인식자가 분별한 것이다. 디그나가와 다르마끼르띠가 증지를 현량의 한 종류로 분류하는 한, 증지 분별을 여읜 자상(svalakṣaṇa)을 인식대상으로 해야 하지만 위와 같이 실제로는 그렇지 않게 된다. 이 경우 문제의 핵심은 분별된 것에 대한 수습을 통해서 어떻게 무분별지가 발생할 수 있는가 하는 것이다. 만약 분별된 것을 통해 분별되지 않은 것이 발생할 수 있다고 한다면, 쁘라마나학파에서 양분하는 개념의 세계와 실재의 세계의 구분은 사라지게 된다.

그렇다면 불교 논사들이 말하는 증지가 무분별지인 근거는 무엇이며, 그것을 어떻게 증명할 수 있는가? 이러한 논제와 관련하여 다르마끼르띠는 분별지와 무분별지를 구분하는 기준이 무엇인지 탐구한다. 그와 그의 주석가들이 하고자 하는 것은 불교학파와 대론학파인 힌두학파 모두가 인정하는 이들 두 가지 知의 구분기준을 제시한 후, 증지가 무분별지의 영역에만 포함된다는 것을 증명하는 것이다. 다르마끼르띠가 그의 『쁘라마나바르띠까(Pramāṇavārttika)』「현량」장 제283 송(頌)에서 밝히고 있는 분별지와 무분별지의 구분기준은 지의 선명현현성(sphuṭābhatva)이다.

> 분별과 결합된 [지]는 대상을 선명하게 현현하지 못한다. 꿈에도 기억은 일어난다. 그러나 그 [기억]은 그와 같은 대상 [즉 선명현현하는 대상]을 가지지 못한다.[6]

두 가지의 구분기준이 지의 선명현현성이라는 점은 이 송에 대한 다르못따라의 주석에서 잘 나타나 있다.

> 마치 이전에 생겼다 사라진 지가 현재 순간에 존재하지 않듯이, 이전에 소멸된 지의 대상이 된 것도 현재 순간에 실재로서 존재하지 않는다. 그래서 분별지는 대상의 실재하지 않는 형상을 인식함으로써 [눈앞에] 놓여있지 않은 대상을 포착하기 때문에 선명현현하지 않다.[7]

다르못따라는 분별지가 눈앞에 현전하지 않은 것을 인식대상으로 삼기 때문에 선명현현하지 못한다고 밝힌다. 예를 들면, 순간 T_1에 있는 지 C_1의 대상 O_1은 그 지 C_1이 소멸될 때 함께 소멸된다. 그러나 분별지의 대상인

6 PV III.283: na vikalpānubaddhasyāsti sphuṭārthāvabhāsitā, svapne 'pi smaryate smārtaṃ na ca tat tādṛgarthavat.

7 NB 69,5-7: yathā ca pūrvotpannaṃ vinaṣṭaṃ jñānaṃ sampraty asat, tadvat pūrvavinaṣṭajñānaviṣayatvam api samprati nāsti vastunaḥ. tad asadrūpaṃ vastuno gṛhṇad asannihitārthagrāhitvād asphuṭābham vikalpakaṃ.

공상(共相, sāmānyalakṣaṇa)은 개념을 통해서 획득된 것으로 시간의 차이와 관계없이 항시 존재한다. 다시 말하자면, 인식자는 실재하는 '소'를 그의 눈앞에 있을 때에만 볼 수 있지만, 언어로서의 '소'는 실제로 있지 않아도 생각할 수 있다. 따라서 공상은 실질적인 의미에서 존재하지 않고, 다만 대상 O_1이 남긴 습기(vāsāna)인 종성(jāti)의 형태로 T_1이 아닌 다른 순간들 T_2, T_3, 내지 T_n 등에서 그 존재가 지속된다. 이러한 이유로 분별지의 대상은 인식자의 앞에 현존하는 것이 아니기 때문에 그것의 행상(行相)은 뚜렷하게 드러나는 것이 아니다. 즉, 선명현현성이란 현존하는 대상의 현현성이고, 분별된 것의 현현성은 현존하지 않는 대상이 선명하지 않게 드러나는 것에 불과하다.

위의 다르못따라의 『띠까 (Ṭikā)』에 주석을 한 11세기 불교논사 두루베까미스라(Durvekamiśra)는 이에 바탕을 두고 언어의 형상과 결합된 분별지는 선명현현성과 모순관계(virodha)에 있다고 파악한다.[8] 그는 논증식(prayoga)을 통해 다음과 같이 증명한다.

> Vyāpti: 언어적 약속이 있을 때 보이는 것으로서 대상과 결합되는 知는 무엇이나 선명현현하지 않다. 예를 들면, 오래전에 보이다 [현재의 순간에는] 사라진 대상에 대한 분별지와 같이.
>
> Pakṣadharmatā: 그런데 분별지는 언어적 약속이 있을 때 보이는 것으로서 인식되고 있는 대상과 결합되어 있다.[9]

이 논증식의 결론은 분별지가 선명현현하지 않다는 것이다. 무분별지는 현전하는 것을 대상으로 하기 때문에 선명현현하나, 분별지는 언어와 결합되어 생성되기 때문에 선명현현하지 않다.

증지는 비록 현전하는 것을 인식대상으로 하지 않지만, 수습의 효과로 인해서 변제 단계 직후에 선명현현함이 직접 경험을 통해서 알려진다. 바짜스빠띠미스라(Vācaspatimiśra, 10세기 말)의 예에서 볼 수 있듯이, 선명현현함이 경험된다는 것은 힌두논사들도 인정하는 것이다.[10] 이렇게 선명

---

8 Dhp 69,15: śabdākārasaṃsargo hi sphuṭābhatvavirodhīti.

9 Dhp 69,30-70,10: prayogaḥ - yat saṅketakāladṛṣṭatayā vastusaṃsparśajñānaṃ na tat sphuṭābham, yathā ciradṛṣṭanaṣṭavastuvikalpaḥ. saṅketakāladṛṣṭatayāc ca dṛśyamānavastusaṃsparśī vikalpaḥ.

현현성을 통해 증지가 무분별지의 영역에 포함된다는 것에 근거해서 다르마끼르띠의 주석가들은 이 지가 현량의 한 조건인 무분별성에 어긋나지 않다는 것을 논증한다.

2) 증지와 무착오성

선명현현성이 무분별성의 논증에 필수 불가결한 것이라고 한다면, 선명현현하는 것은 무엇이나 현량이 되는가? 애욕과 근심 혹은 공포에 의해 마음이 전도된 사람은 심지어 실재하지 않은 것들조차도 마치 눈앞에 있는 것처럼 본다.[11] 예를 들면, 뱀을 두려워하는 사람은 어두운 길에서 뱀이 눈앞에 없는 경우에도 새끼줄을 보고 뱀을 본 것처럼 놀란다. 이처럼 지의 선명현현성은 눈앞에 현존하지 않는 대상과 관련해서도 가능하다. 그렇다면 실재하는 것이든 실재하지 않은 것이든, 다시 말하자면, 공간상으로는 눈앞에 있든 멀리 떨어져 있든 그리고 시간상으로는 현 순간에 있든 혹은 과거나 미래의 순간에 있든지 간에 수습되어지는 모든 대상은 선명현현할 때에 현량이 되는가? 이 문제를 해소하기 위해서 다르마끼르띠의 주석가들은 증지가 현량임을 설명할 때에 이 지가 분별이 아니라는 것과 착오(bhrānta)가 없다는 것을 함께 논증한다.

증지가 수습을 통해서 대상을 인식하는 것이라면, 이것은 세간의 감관지와 동일하지 않다.[12] 따라서 힌두 논사들이 내세우는 쟁점은 증지의 바른 인식으로서의 타당성을 어떻게 확립할 수 있는가하는 것이다. 어떤 지가 현량이 되기 위해서는 인식자가 바라는 기대를 충족시켜 주어야 한다. 하지만 증지의 경우 대상이 눈앞에 현존하는 것이 아니기 때문에 어떤 기대도 충족시킬 수 없다.[13] 달리 말하자면, 수행자의 지는 현존하지 않는 무언가를 현존하는 것으로 드러내는 것이므로, 결국 어떤 것이 아닌 것(-X)을 어떤 것(X)으로 인식하는 착오이지 않는가 하는 문제가 발생하는 것이다.

---

10 참조 NK_2 104, 26-27: satyam, śrutānumānagocarāriṇī bhāvanā viśadābhavijñānahetur.

11 참조 PV III.282: kāmaśokabhayonmādacaurasvapnādyupaplutāḥ, abhūtān api paśyanti purato 'vasthitān iva.

12 참조 PVBh 113,26-27: athāpi syād, yadi tat pratyakṣaṃ katham anyenāgatiḥ. yasya hi bhāvī sutas tadanubhūyamānatayā dṛṣṭas tenāpratīyamānatāyāṃ katham abhrāntatā.

13 無錯誤性이란 因果效力을 갖추고 있는 실재의 본성에 어긋나지 않는 것이다. Dhp 41,4-42,1: abhrātam arthakriyākṣame vasturūpe 'viparyayas tam ucyate를 참조.

이 문제에 대한 다르마끼르띠의 대답은 그의 논서에서 발견되지 않는다. 다만 『쁘라마나바르띠까』에서 수습하는 지에 드러나는 대상에는 실재하는 것과 실재하지 않는 것이 있는데 증지는 실재하는 대상을 파악하기 때문에 오류가 없다고 언급하고 있으며,[14] 『쁘라마나비니쉬짜야』에서는 수행자가 성문지와 사량지에 의해서 대상을 확정하고 그 후 수습을 통해 확정된 대상을 파악하기 때문에 증지에 착오가 없다고 밝히고 있을 뿐이다.[15] 그렇지만 스타인켈너(E. Steinkellner)와 이와따(岩田孝)가 그들의 논문에서 지적하고 있듯이,[16] 이러한 다르마끼르띠의 언급은 지가 처음부터 바른 것이라고 판단된 대상만을 인식하기 때문에 착오가 없다는 것을 의미한다. 따라서 앞서 지적한 문제를 근본적으로 해결했다고 볼 수 없다.

다르마끼르띠가 정의한 증지에 대해 비판하고, 이 지가 착오임을 주장한 내용은 아래의 니야야논사 바사르바즈냐(Bhāsarvajña)의 반론에 잘 나타나 있다.

> 만약 [불교도가] 보고, 듣고, 추론된 [대상의] 형상이 수습을 통해서 매우 뚜렷하게 현현한다고 [주장한다면], 그렇다고 할지라도 수행자의 증지는 확실히 착오임에 틀림없을 것이다. 왜냐하면 꿈 등에서의 知와 같이, 현존하지 않는 것이 현존하는 형태로 나타나기 때문이다.[17]

이 반론이 시사하는 것은 바른 인식은 현재의 순간에 있는 대상을 파악하는 것이지만, 증지는 과거, 미래의 것까지 파악하는 것이므로 착오라는 것이다. 만약 과거나 미래에 있는 대상의 형상이 현재의 순간에서 직접 지각된다면 이것은 다음과 같은 논리적 오류에 빠지고 말 것이다:[18]

---

14 참조 PV III. 285-286: tasmād bhūtam abhūtaṃ vā yad yad evātibhāvyate, bhāvanāpariniṣpattau tat sphuṭākalpadhīphalam. tatra pramāṇaṃ saṃvādi yat prāṅ nirṇītavastuvat, tad bhāvanājaṃ pratyakṣam iṣṭam śeṣā upaplavāḥ.

15 참조 PVin I 72,30-74,4. 또한 岩田孝(1976): 360.

16 Steinkellner(1978): 127-128과 岩田孝(1976): 360을 참조.

17 NBhus 172,15-17: dṛṣṭaśrutānumitākāraś ca yadi bhāvanābalataḥ spaṣṭa eva pratibhāti, tathā sati bhrāntam eva yogipratyakṣaṃ syād, avidyamānasya vidyamānākāratayā pratibhāsanāt, svapnādijñānavat.물론 이러한 반론은 쁘라즈나까라굽타의 반론에서도 볼 수 있듯이 證知와 관련된 논쟁에서 바사르바가 처음 시작한 것은 아니다.

18 두 가지 분석에 대해서는 岩田孝(1976): 359를 참조. 이 분석은 쁘라즈냐까라굽타의

① 현재에 직접 지각되어지고 있는 대상의 형상은 현재의 순간에 있는 것이므로 과거, 미래에 있는 대상의 형상이 현재의 것으로 되고 말 것이다.
② 반대로 과거나 미래에 있는 것의 형상이 현재의 것이라고 한다면, 그것은 현재에 존재하는 것으로 되지만 과거, 미래에 있는 것의 형상이 어떻게 현재에 존재할 수 있는가?

쁘라마나학파 논사들은 바사르바즈냐의 반론에 대하여 우선 '현재에 존재한다'는 것이 어떤 의미인가를 살펴보는 것으로 논박을 시작한다.[19] 이와따가 그의 논문에서 인용하고 있듯이,[20] 쁘라즈냐까라굽타(Prajñākaragupta)는 그의 『바샤 (Bhāṣya)』에서 수행자에게 있어 '존재한다'는 의미를 다음과 같이 규정한다.

> [대상이] 직접 경험되고 있는 것(sākṣatkaraṇa), 그것만이 그 대상이 존재한다는 뜻이다.…… [세간에서] '현존한다(vartamāna)'고 생각되는 것 [예를 들면, 항아리 등]에 관해서 조차도. …… 그것들이 직접 경험되고 있는 것에 의해서만 그것들의 존재성이 인지되고, 그것 이외의 것 [예컨대, 현재와의 결합(vartamānakālasaṃbandha) 등]에 의해서는 아니다.[21]

부처님께서 법(法)을 펴신 이래 불교에서는 무아설을 주창하여 사물의 실체(dravya)를 인정하지 않는다. 따라서 존재를 어떻게 정의할 것인가가 불교 논사들이 해결해야 할 당면 과제가 되었다. 쁘라마나학파에서는 아비다르마의 공능(kāritra)의 개념을 계승, 발전시켜 존재를 인과효력(arthakriyāsāmarthya)으로 정의한다. 이 개념은 존재란 '작용'으로 '결과를 생산함'을 뜻한다. 쁘라즈냐의 해석에 따르면 이것은 대상이 인식자에게 직접적으로 경험되는

「쁘라마나싯디」장 頌183의 주석에 자세히 나타나 있다 (PVBh 110ff.).

19 인도 제 학파가 존재(sattva)를 서로 달리 정의한다는 것은 주지의 사실이다. 예를 들면, 니야야-바이세시카학파가 존재를 보편적 실재에의 내재(sattāsamavāya) 혹은 특수 본질로서의 실재(svarūpasattva)라고 정의하는 반면 미망사학파에서는 바른 인식의 對象性(pramāṇaviṣayatva)으로 정의한다. 인도 제학파의 존재의 정의에 대해서는 BS 85-95와 KSA 67,11-14를 참조.

20 岩田孝(1976): 359를 참조.

21 PVBh 112,1-9. 또한 岩田孝(1976): 359를 참조.

것이다. 따라서 쁘라마나학파에서 '존재한다는 것'은 니야야학파나 미망사학파가 주장하는 것처럼 '어떤 것이 현재의 시간에 있다'는 의미가 아니다. 그것은 '허망하지 않은 것(avisaṃvādana)'으로 인식자의 기대를 충족시키는 것이다.

쁘라즈냐는 수행자가 '과거나 미래에 속하는 대상을 지각하는 것'을 '현재에 인식되지 않고 있는 대상을 지각하는 것'으로 바꾸어 분석한다.[22] 그러나 여기서 '현재에 인식되고 있지 않은 대상'이란 범부들에게 적용되는 것으로, 수습을 행하고 있는 요가행자에게 적용되는 것은 아니다.[23] 그 이유는 이미 앞서서 보았듯이, 범부들의 기준에서 과거나 미래에 존재하는 것도 수행자에게는 수습의 가행, 변제를 통해 현 순간에 존재하는 것으로 인식하는 것이 가능하기 때문이다. 즉, 요가행자는 범부와는 달리 다른 구조의 시간의 축 위에 서있기 때문에 시간을 초월하여 과거나 미래의 대상을 현재에 지각할 수 있다.[24] 이런 의미에서 증지는 현존하지 않는 것을 현존하는 것으로 보는 착오가 아니다.

다르마끼르띠의 주석가들은 요가행자의 증지가 현량이 되기 위한 두 가지 조건인 무분별성과 무착오성을 충족시키고 있으므로 이것이 현량이라는 사실에 의문의 여지가 없다고 한다.

2. 증지의 증득 가능성 논증

증지와 관련해서 다르못따라와 쁘라즈냐까라굽타와 같은 논사들이 이 지가 현량이 되기 위한 조건을 어떻게 충족시키는가를 설명하는데 주목했다면, 같은 8-9세기이지만 유가·중관학파에 속하는 샨따라끄쉬따(Śāntarakṣita, ca. 725-788)와 까말라쉴라(Kamalaśīla, ca. 740-795) 사제는 다른 각도에서 이 지에 접근하고 있다. 앞서 언급한 논사들이 인식론의 입장에서 인식의 성격 규정과 관련해서 증지를 다룬 것과는 달리, 이들은 붓다가 일체지자(sarvajña)임을 논증하는 핵심 원리로서 이 개념을 고찰하고 보다 근본적

22 참조 岩田孝(1976): 359-358.

23 참조 PVBh 113,7-8: tasmād atītādi paśyatīti ko 'rthaḥ. anyenādṛśyamānaṃ paśyati dṛśyamānatayā vartamānam eva tāvatā tad iti na doṣaḥ.

24 여기서는 다루지 않았지만 수행자가 공간을 초월하여 인식하는 것도 시간을 초월하여 인식하는 것과 동일한 맥락이다.

인 문제로 들어가 증지의 증득이 과연 가능한지를 살핀다.

먼저 까말라쉴라는 수습이 증지를 발생시킨다는 사실을 다음의 논증식을 통해서 거론한다.

> Vyāpti: 주의를 가지고, 중단되지 않으며, 오랜 시간 행해진 수습은 무엇이나 손바닥 위에 있는 아말라까 열매를 보고 있는 것과 같이 그것의 대상을 현현하는 지의 결과를 가진다. 예를 들면, 상사병이 걸린 사람에게 [위의] 세 가지로 한정된 상사가 사랑하는 여인을 대상으로 하는 지에 선명현현성을 일으키듯이.
>
> Pakṣadharmatā: 그런데 [위의] 세 가지로 한정된 제법무아의 수습은 그러하다.[25]

이 논증식에서 까말라쉴라가 밝히는 수습의 특징은 ①주의를 가지고, ②부단하게, ③오랜 시간 동안 행해진다는 것이다. 이것은 앞서 살펴보았던 다르마끼르띠의 정의에서 나오는 가행의 설명에 해당하는 것으로, 수습이 다찰나에 걸쳐 점진적으로 이루어지는 것을 의미한다. 이 세 가지 특징을 갖는 수습을 통해서 수행자는 선명현현하는 지를 얻게 되며, 이미 살펴본 것처럼 그 대상이 제법무아와 같이 진실한 것일 경우 현량이 된다.

그러면 까말라쉴라가 제기했던 문제로 돌아가 살펴보자. 이러한 수습이 어떻게 가능한가. 앞의 Pakṣadharmatā에서의 제법무아에 대한 수습이 가능하다는 것을 어떻게 확정지을 수 있는가. 증지를 증득하기 위해 수행자는 왜 수습을 하며, 그것도 다른 수습이 아닌 제법무아에 대한 수습을 하는가.

먼저 까말라쉴라는 그의 『빤지까 (Pañjikā)』에서 다음의 11가지 반론을 소개하고, 이를 논박하여 제법무아의 수습이 가능하다는 것을 밝힌다.

① 사려 있는 사람은 행위를 할 때, 그 행위에 대한 목적을 가지지만, 수습의 경우는 목적이 없다.

② 목적이 있다 하더라도, 수습을 통해 소멸되어야 할 과오(doṣa)의 본성

---

25 TSP 57,18-58,3: yā sādaranairantaryadīrghakālāsevitā bhāvanā, sā sarvā karatalāmalakāyamānālambananirbhāsajñānaphalā, tadyathā kāmāturasya kāminībhāvanā viśeṣaṇatrayavatī kāminīviṣayavijñānaviśadābhatāhetuḥ. tathā ca samastavastunairātmyabhāvanāviśeṣaṇatrayaśālinīti.

이 알려지지 않았기 때문에 수습은 가능하지 않다.

③ 과오의 본성을 안다고 하더라도, 이것이 항구하기 때문에 수습이 불가능하다.

④ 그 본성이 항구하지 않다고 하는 경우에도, 그것이 원인 없이 자재하기 때문에 수습이 가능하지 않다.

⑤ 원인이 있다고 하더라도, 그 원인이 무엇인지 확정되지 않기 때문에 수습은 가능하지 않다.

⑥ 원인이 무엇인지 확정되었을 경우에도, 그 원인이 항구하기 때문에 수습은 가능하지 않다.

⑦ 그 원인이 항구하지 않다고 하더라도, 그것이 중생의 본성이어서 버리는 것이 불가능하기 때문에 수습이 가능하지 않다.

⑧ 과오가 중생의 본성이 아니라고 할 경우에도, 이것을 소멸시키는 수단이 없기 때문에 수습이 가능하지 않다.

⑨ 수단이 있다 하더라도, 그 수단이 무엇인지 알지 못하기 때문에 수습은 가능하지 않다.

⑩ 수단을 안다 하더라도, 그 수단을 통해서 도달할 수 있는 경지가 정해져 있어 증지의 단계까지 이르는 것이 불가능하기 때문에 수습은 무의미하다.

⑪ 증지의 경지에 도달하는 것이 가능하다 하더라도, 다시 퇴전하기 때문에 수습은 무의미하다.

까말라쉴라가 소개하는 이러한 반론들은 앞서 제시했던 논증식의 증인(hetu)이 불성립인(asiddhahetu)임을 보이고자 하는 것이다. 이 반론의 내용을 분류해 볼 때, ①은 수습을 하게 하는 동기의 문제, ②부터 ⑨까지는 증지증득의 가능성 문제, ⑩은 증지에의 도달의 문제, 그리고 ⑪은 불퇴전의 문제로 분류될 수 있다.

먼저 까말라쉴라는 요가행자는 왜 수습을 하는가의 문제에 대해 답하면서 아래의 이유를 들고 있다. 바짜스빠띠는 『니야야까니까 (Nyāyakaṇikā)』를 통해 그의 주장을 간단히 정리하여 다음과 같이 보여주고 있다.

> 왜냐하면 [주의를 가지고, 중단됨이 없이, 오랜 시간 행해진] 이 세 가지로 한정된 수습은 윤회하는 세상의 고의 근원을 두려워하면서 성문지에 확

고부동한 사람에게, 그리고 일체의 고의 근원을 소멸시키는 자비심을 내어 [세상의] 모든 고를 자신의 것으로 받아들여 보시 등의 바라밀행을 통해 내적 장애를 극복한 사람들에게 가능하기 때문이다.[26]

불교에서 바라보고 파악하는 이 세계는 고해이다. 태어나는 것이 고고, 늙어가는 것이 고며, 죽는 것이 고다. 한마디로 생사윤회가 고다. 여기서 까말라쉴라가 주장하는 것은 수행자는 스스로 혹은 성문지를 통해 이 세계가 고라는 것을 자각할 때에 고에 대한 두려움 때문이든 아니면 고를 겪는 다른 사람에 대한 자비심 때문이든 간에 고를 소멸시키기를 원한다는 것이다. 이것이 바로 수행자가 수습을 하는 동기이다. 까말라쉴라는 고란 무상한 것이므로 수습을 통해서 이것을 제거하는 것이 가능하다고 말한다.

그러나 까말라쉴라의 주장에는 여전히 해결해야 할 점이 있다. 수행자는 왜 다른 방법이 아닌 제법무아의 수습을 통하여 고를 제거하고, 그 결과 대상을 선명현현하게 하여 증지를 증득하는가. 만약 이 질문이 타당하게 답변되지 않는다면, 위의 논증식의 결론, 즉 제법무아의 수습이 선명현현하는 지를 발생시킨다는 것이 참이라는 것을 증명할 수 없다. 이를 위해 그는 아래의 논증식을 든다.

> Vyāpti: 어느 곳에 어떤 것 [X]와 모순 관계에 있는 것 [Y]가 존재한다면, 그곳에 그것과 다른 것 [즉, X]는 결코 존재할 수 없다. 예를 들면, 환한 등불이 가득한 곳에서의 어둠과 같이.
>
> Pakṣadharmatā: 그런데 무아견을 철저히 체득한 사람에게 있어 과오의 덩어리와 모순되는 무아견이 존재한다.[27]

---

26 NK 115,5-8: sambhavati hi bhāvanāviśeṣaṇatrayavatī sāṃsārikaduḥkhanimittād bibhyatāṃ śrāvakabodhipratiniyatānāṃ nikhiladuḥkhanimittaśamanīkāruṇikānāṃ ca sakalān eva duḥkhina ātmatayābhyupagacchatāṃ dānādipāramitābhyāsatanūkṛtān-tarmalānām. 또한 참조 TSP 57,18-58,4: tatra na tāvad anarthitvaṃ siddham. tathā hi ye tāvaj jātyādiduḥkhotpīḍitamānasāḥ saṃsārād uttrastamanasas tadupaśamam ātmanaḥ prārthayante, teṣāṃ śrāvakādibodhaniyatānāṃ saṃsārād bhayam eva nairātmyabhāvanārthitvanimittam. 그리고 NK 110,4-7: na caite svasya pareṣāṃ vā nāpaninīṣitāḥ, śrāvakabodhipratiniyatena vā naisargikakaruṇāparādhīnacetasā vā puruṣadhaureyakeṇa paraduḥkhaduḥkhinā pratikūlavedanīyatvāt.

27 TSP 55,5-9: yatra yadviruddhavastusamavadhānaṃ na tatra tadaparam avasthitim āsādayati, yathā dīprapradīpaprabhāprasarasaṃsargiṇi dharaṇitale timiram. asti ca

이 논증식에서 말하는 과오란 탐, 진, 치 등의 번뇌와 수번뇌이다. 고를 발생시키는 원인임과 동시에 그 자체로 고의 일부가 되는 과오는 아(我)에 기반을 둔다. 아견이 있으면 과오가 있고, 아견이 없으면 그것이 없는 것이 경험되기 때문에 아견과 과오사이에는 긍정의 수반관계(anvaya)와 부정의 수반관계(vyatireka)가 성립한다.

그러면 어떻게 아견을 없애고 그 결과 고해에서 벗어날 수 있는가. 이것을 위한 수단은 무엇인가. 까말라쉴라는 이와 관련해서 불교 논리학에서 중요한 개념인 모순관계(virodha)를 든다. 여기서 모순관계란 동일한 유법(dharmin)에 동시에 존재하는 것이 불가능한 두 사실 사이의 관계이다. 아견과 무아견은 모순관계에 있으므로 한 명의 동일한 수행자에게 이 두 가지 견이 동시에 공존한다는 것은 불가능하다. 때문에 까말라쉴라는 고를 없애는 방법으로 아견에 모순되는 무아견의 체득을 제시한다. 수행자가 제법무아를 증득할 때, 그에게는 아견도 또 그것에서 비롯된 고도 없게 된다.[28]

제법무아의 수습이 가능하다고 하자. 그러나 그 수습을 통하여 수행자가 증지를 얻는다는 보장이 어디에 있으며, 또 설령 얻었다고 하더라도 도달된 경지로부터 퇴전하지 않는다고 어떻게 말할 수 있는가. 이 문제는 앞서 대론자의 반론 중 ⑩과 ⑪에 해당되는 것이다. 이 반론을 위해서 대론자가 든 예를 보면, 높이뛰기는 뛰어오를 수 있는 한계가 있고, 구리와 같은 금속은 장시간 뜨거운 열을 받아 녹았다 하더라도 열을 더 이상 가하지 않을 경우, 다시 굳어진다. 마찬가지로 수습의 경우도 도달될 수 있는 한계가 있어서 선명현현하는 증지에 이르는 것이 불가능하며, 비록 증지에 이르렀다 하더라도 무한히 수습하지 않고 멈추는 한, 다시 이르기 이전의 상태로 되돌아간다고 대론자는 주장한다. 이러한 반론에 대해 까말라쉴라는 다음의 네 가지 이유를 들어 반론자를 논파한다.

> 왜냐하면 선행하는 각 순간에서 수습을 통해 체득된 것은 [수행자의] 본

---

doṣagaṇaviruddhanairātmyadarśanasamavadhānaṃ pratyakṣīkṛtanairātmyadarśane puṃsi.

28 TSP 55,5-9: yatra yadviruddhasamavadhānam, na tatra tad aparam avasthitim āsādayati, yathā dīprapradīpaprabhāprasarasaṃsargiṇi dharaṇitale timiram. asti ca doṣagaṇaviruddhanairātmyadarśanasamavadhānaṃ pratyakṣīkṛtanairātmyadarśane puṃsītі viruddhopalabdhiḥ.

> 성이 되어 소멸되지 않기 때문이며, 후행하는 각 순간에서의 정진이 [수행자에게] 새로운 특성을 부여하는 것이 확정되어 있기 때문이며, [수습의 가행이 이루어질 수 있는] 지속하는 토대가 존재하기 때문이고, 지혜 등은 선행하는 것과 동일한 종류의 종자로부터 발생되기 때문이다.[29]

높이뛰기의 경우는 이전에 뛴 높이가 있다고 하더라도 도약자가 다시 지면으로 내려오기 때문에 또 다른 도약을 위해서는 새로운 힘과 노력이 필요하다. 하지만 까말라쉴라가 밝히는 수습은 마치 금의 원석을 제련하는 과정과 같다. 원석이 제련되는 동안 그 원석 속에 있던 금은 추출된다. 그리고 제련이 멈추더라도 추출된 금이 다시 원석으로 돌아가는 일은 없다. 마찬가지로 수습의 경우에도 이전에 했던 정진의 힘이 사라지는 것이 아니라 이후의 순간에 요가행자의 본성으로 유지된다. 각 찰나에서 가행이 이루어져 궁극에는 선명현현하는 지를 발생시키는 것이 가능하다. 따라서 수행자는 제법무아와 같은 진실한 대상을 그의 마음속에서 계속 참구하는 한 증지를 증득하게 된다.

또 증지의 증득 이후에 퇴전하는 일도 없다. 지혜의 종자는 지혜를 낳기 때문에 아견에 근거한 과오는 무아견을 체득하는 순간 그 종자가 소멸된다. 과오의 소멸은 구리와 같이 열을 가할 때에는 녹았다가 열을 가하지 않으면 다시 굳어지는 그러한 것이 아니다. 이것은 씨앗을 불에 태워 재로 만드는 것과 같다. 마치 불에 탄 씨앗이 싹을 틔울 수가 없는 것과 같이 증지를 증득한 사람에게 과오는 다시 생기할 수 없다.

이와 같이 까말라쉴라는 제법무아에 대한 수습의 가능성을 논증한다. 이를 통해 각 순간 수행자의 인식에 주어진 대상의 특수한 속성(atiśaya)은 가행을 통해 점차 강화되어, 그것의 마지막 단계인 변제에서 증지를 일으킨다.

3. 증지의 대상

증지에 관한 논의 중 후기까지 가장 쟁점이 되었던 것은 이 지의 대상(viṣaya)에 관한 것이다. 다르마끼르띠와 그의 주석가들은 증지의 대상으

---

29 TSP 61,18-62,1: pūrvapūrvābhyāsāhitasya svabhāvatvenānapāyād uttarottaraprayatnasyāpūrvaviśeṣādhānaikaniṣṭḥatvāt, sthirāśrayatvāt, pūrvasajātīyabījaprabhavatvāc, ca prajñādeḥ.

로 제법무아나 제행찰나와 같은 진실한 것(bhūtārtha)을 들고 있으나, 제법무아 등은 분별된 것이기 때문에 자상(svalakṣaṇa)을 취하는 현량의 대상이 될 수 없다. 따라서 쁘라마나학파에서 증지를 현량의 한 종류로 분류하면서, 그것의 대상이 분별된 것이라고 진술한 것은 상호 모순을 내포하게 된다. 이러한 상호 모순은 힌두 논사들 사이에서 증지에 관한 비판의 주요 대상이 되었고, 불교 논사들 사이에서도 풀어야 할 선행과제가 되었다. 증지의 대상에 대한 논쟁은 인도철학사에서 최고의 논사들 중 두 사람으로 알려지고 있는 바짜스빠띠와 즈냐나스리의 논쟁에서 잘 드러나고 있다.

1) 바짜스빠띠의 공상설(共相說)

바짜스빠띠가 그의 논서『니야야까니까』에서 제기하고자 하는 핵심문제는 증지의 대상이 자상(svalakṣaṇa)이 아니라는 것이다. 다르마끼르띠와 그의 주석가들에 의하면 증지의 대상은 성문지에 의해 포착되고, 사량지에 의해 확립된 후, 수습을 통해 증득된 것이다. 구체적으로 이것은 무아성이나 찰나성 등의 개념이며, 쁘라마나학파가 구분하는 대상의 두 종류 중에서 공상(sāmānayalakṣaṇa)에 해당된다. 이것은 증지의 대상이 결코 외계의 실재(vastu)가 아님을 의미한다. 바짜스빠띠는 이 점을 다음과 같이 밝힌다:

> 그러므로 [증지의 대상이 실재와] 인과관계나 동일관계에 있지 않기 때문에 그것으로부터 일탈하지 않는다고 하는 것은 있을 수 없다. 실재는 지와 다르기 때문에 [이 둘 사이에] 동일관계는 없다. 수습의 가행을 통해 생긴 과, 이것은 [실재와] 동일관계에 있지도 않고, 인과관계에 있지도 않기 때문에 실로 [실재가] 대상이 되어 생긴 결과가 아니다.[30]

증지와 관련된 논의에서 바짜스빠띠는 미망사학파의 외계실재론을 기본적인 입장으로 취하고 있다. 감관지(indriyajñāna)의 경우에는 외계의 실재(vastu)를 접촉하고 이것의 형상(rūpa)에 대한 지를 가지게 되므로 한 찰나 앞에 있는 실재가 현 찰나의 인식의 원인이 된다. 그러나 증지의 경우에

30 NK 558,12-559,2: tan na tadātmyād asyāvyabhicāraḥ, nāpi tatkāryatvāt. bhāvanāprakarṣakāryaṃ khalv etan na viṣayakāryam.

는 그 대상이 찰나성 등의 교설이고, 외계에는 찰나성이라 불릴 수 있는 어떤 실재도 없기 때문에 이 지는 실재와 어떤 인과관계도 가질 수가 없다. 또 불교도의 주장대로 찰나성의 존재를 인정한다 하더라도 그것은 실재의 본성으로서 이지 실재 그 자체로서는 아니다. 즉, 불교도가 증지의 대상으로 제시하는 찰나성 등은 마음의 작용을 통해 분별된 개념일 뿐이다. 이것은 증지의 대상이 외계의 실재와는 동일할 수 없다는 것을 의미한다. 그렇다면 문제는 이러한 개념이 어떻게 현량의 대상이 될 수 있는가 하는 것이다.

바짜스빠띠가 내세우는 증지의 대상과 관련된 또 다른 쟁점은 붓다가 일체지자라는 교설과 연관이 있다. 불교도는 증지의 대상으로 제법무아 등을 제시하고 있는데, 여기서 '제법무아'는 '제법'을 전제로 하기 때문에 증지의 대상은 일체를 대상으로 한다고 할 수 있다. 그렇다면 요가행자는 어떻게 모든 것을 인식대상으로 하여 그것들을 자신의 식(識)에 드러낼 수 있는가 하는 의문이 생긴다.

이러한 의문에 대해서 바짜스빠띠는 구체적으로 다음과 같이 문제를 제기한다. 요가행자가 모든 것을 인식한다는 것은 시간상으로 현재의 순간에 있는 것뿐만 아니라 과거와 미래의 순간에 있는 것들까지 자신의 지에 드러낸다는 것이다. 그러나 어떻게 이것이 가능한가. 바짜스빠띠의 입장에서 어떤 것이 현량의 대상이 된다는 것은 이것이 감관에 의존한다는 것을 의미한다.[31] 구체적으로, 현량의 대상은 오직 감관의 작용을 통해 인식되는 현재의 찰나에 있는 것(vidyamāna)이다.[32] 그는 이것이 마치 어떤 특정 연료가 연기의 원인이라 하더라도 불에 의존하지 않고서는 아무리 여러 번 시도해도 연기를 피울 수가 없는 것과 같다고 말한다. 현재의 찰나에 있는 것과는 달리, 과거나 미래의 찰나에 있는 것들은 감관에 의존할 있는 것이 아니기 때문에 수습과 같은 어떤 방법을 사용하더라도 결코 현량을 일으킬 수 없다. 이런 점에서 바짜스빠띠미스라는 불교도가 제법이 증지의 대상이라고 말하는 것은 타당하지 않다고 주장한다.

31 NK 561,2-3: arthasyālambanapratyayatvaṃ vijñānaṃ pratīndriyāpekatvena vyāptam. 존재하는 것과의 감관의 접촉이 있을 때에 지각이 발생한다는 미망사학파의 입장에 대해서는 참조 MS I.1.4: satsaṃprayoge puruṣasyendriyāṇāṃ buddhijanma tat pratyakṣam animittaṃ vidyamānopalambhanatvāt. 또한 참조 Hattori (1968): 161-162, n. 6.1.

32 See ŚV IV.20: yato 'sti tatra dharmo 'yaṃ vidyamānopalambhanam, tasmāt tena prasiddhena gamyatām animitātat.

나아가 바짜스빠띠는 증지는 모든 것을 인식대상으로 하는 반면 일반 사람들의 지는 이것을 인식대상으로 하지 않는다는 불교도의 주장에도 문제를 제기한다. 왜 요가행자만이 모든 것을 인식할 수 있는가. 이에 대해 불교도는 번뇌의 존재 여부에 따라 서로 차이가 있다고 말한다.[33] 즉, 원래는 모든 사람이 제법을 인식할 수 있지만, 범부는 마음이 번뇌로 덮여있기 때문에 이것이 불가능하다는 것이다. 반면 요가행자는 마음이 번뇌로 덮여있지 않기 때문에 가능하다고 한다. 하지만 바짜스빠띠는 이러한 불교도의 견해에 반대 의견을 피력한다. 불교도에 따르면 번뇌의 제거에 따라 사람들은 인식 정도에 차이를 보인다고 할 수 있다. 하지만 번뇌를 제거하는 것이 모든 것을 실재하는 것으로 만들 수 있는가 하는 의문이 남게 된다.

> 그러나 [요가행자]가 [번뇌 등의 제거]를 통해서 실재하지 않는 것을 실재하는 것으로 변하게 하는 기술을 가진다고 주장하는 것은 타당하지 않다. 그 이유는 번뇌 등이 진실을 가린다고 하는 것은 적합하지만, 개념을 실재하는 것으로 변화시키는 것과 관계가 있다고 하는 것은 적합하지 않기 때문이다.[34]

바짜스빠띠미스라는 불교도의 오해가 '어떤 것을 선명히 인식하는 것'과 '실재하는 것을 인식하는 것' 이 두 가지를 구별하지 못하는데서 초래된다고 본다. 번뇌를 제거하는 것은 마음을 청정히 하여 사성제와 같은 진리를 구현하는 것과는 관련이 있을지 몰라도 분별된 것과 같은 실재하지 않는 것을 실재하는 것으로 되게 하는 것과는 무관하다. 또 요가행자가 제법무아에 대한 수습을 지속하여 마음에서 번뇌를 제거하고, 그 결과 그것을 그의 지에 선명히 드러낼 수 있다 하더라도 제법무아는 여전히 실재하지 않는 공상일 뿐이다. 이렇게 바짜스빠띠는 불교도가 증지의 대상을 자상으로 확정하는 것은 불가능하다고 주장한다.

33 참조 TSP 53,3-4: kleśajñeyāvaraṇaprahāṇato hi sarvajatvam. tatra kleśā eva rāgādayo bhūtadarśanapratibandhabhvāt kleśāvaraṇam ucyante.

34 NK 565,2-5: na punar asmād asadarthanirāṇmakauśalam asya yujyate. tattvāvarakatā hi sulabhā kleśādīnām, na punar vikalpanirṇāmapratibandhatā.

2) 즈냐나스리의 제법설(諸法說)

인도철학사에서 증지에 대한 논의는 즈냐나스리의 『유가사결정론』에서 절정을 이룬다. 『유가사결정론』에서 즈냐나스리는 지의 대상을 법(dharma)과 유법(dharmin)으로 구분하는 것에서 증지에 대한 논의를 시작한다. 법과 유법은 두 말할 나위 없이 인도 인식논리학에서 존재(sattva)를 설명하는 한 쌍의 중요한 개념이다. 일반적으로 유법은 속성이나 현상이 깃들어 있는 것을 뜻하며 법은 속성이나 현상을 의미한다. 증지를 다루는 문맥에서 유법이 실재(vastu)인 반면에 법은 무아성이나 찰나성과 같은 실재의 본성(tattva)이다.

즈냐나스리는 감관지가 유법을 인식대상으로 하는 것과 달리 요가행자의 지는 법을 대상으로 한다고 주장한다. 그 근거로 유법은 소멸하거나 변이하는 것이어서 신뢰할 수 없지만, 찰나성과 같은 법은 결코 파괴되는 것이 아니므로 진실하다는 점을 들고 있다.[35] 이 점은 다르마끼르띠가 『쁘라마나바르띠까』등에서 증지의 대상이 진실한 것(bhūtārtha)이라고 밝힌 것과 같은 맥락이다. 이에 의거하면 증지가 개별적인 실재를 인식하는 것이 아니라는 점이 분명하다. 이것은 앞서 바짜스빠띠가 공상설에서 외계의 실재는 증지에 자신의 행상을 부여할 수 있는 원인이 아니므로 이 지의 인식대상이 될 수 없다고 제기한 것과 동일한 것이다.

그러나 만약 증지의 대상이 실재가 아니라고 한다면, 수습을 통해서 요가행자가 찰나성을 증득했다 하더라도 찰나인 실재를 인식하지 못하게 될 것이다. 따라서 실재의 인식 없이는 그것의 본성을 여실히 안다고 주장할 수도 없게 되고 말 것이다. 즈냐나스리는 이 문제를 가탁(假託, adhyavasāya)의 개념을 통해서 해결하고자 한다. 이 개념은 이미 다르마끼르띠의 『쁘라마나비니쉬짜야』나 『헤뚜빈두』에서 나타난 것으로, 이후 다르못따라 등에 의해 계승, 체계화되었다. 가탁은 인식자가 실질적인 행위를 할 수 있도록 대상을 확정하는 분별(vikalpa)의 기능이나 능력을 의미한다. 이것은 바로 대상의 행상을 직접 드러내지 않고 간접적으로 생기시키는 지의 작용이다. 직접지의 경우 이 지에 직접 현현하는 것은 자상이므로 공상이 가탁되는 것이고, 반대로 분별지의 경우 이 지에 직접 드러나는 것은 공상이므로 자

35 참조 YNP 324,9-12: asthiraṃ hi vastu pradhvaṃsavikārābhyāṃ grasyata iti tatra na saṃvādaḥ, vastudharmās tu kṣaṇikatvādayo na kadācid vicchidyanta iti tadviṣayaḥ sphuṭībhāvaḥ sarvadā sālambana eva.

상이 가탁되는 것이다.

증지의 대상은 앞에서 언급한 대로 찰나성과 같은 법이다. 이것은 모든 찰나인 것들에 공통되는 것이기 때문에 공상이다. 증지에 있어 가탁작용은 이 지에 직접 현현하지 않는 찰나인 유법의 자상을 간접적으로 드러나게 하는 것이다. 증지의 직접적인 인식대상인 찰나성은 구체적으로 모든 것은 찰나라는 것이다. 이것은 증지의 대상이 현재의 순간에 있는 찰나인 것뿐만 아니라 과거나 미래의 순간에 있는 것들까지 포함한다는 것을 뜻한다. 따라서 현재의 순간에 있는 증지에 찰나성의 행상이 현현한다는 것은 현재의 순간에 있는 유법이 드러날 뿐만 아니라 과거와 미래의 순간에 있는 유법들도 이 지에 가탁되는 것이다. 이것은 공간적으로 멀고, 가까운 등의 차이에 있어서도 마찬가지이다.[36] 이렇게 즈냐나스리는 모든 순간에 있는 실재들이 현재의 순간에 있는 증지에 가탁되어 현재에 존재하는 것이 되기 때문에 요가행자가 그것들을 간접적으로 인식하는 것이 가능하다고 말한다.

물론 이러한 논의에 문제점이 없는 것은 아니다. 불교도가 주장한대로 증지가 현량의 한 종류이고, 현량에 공상이 가탁된다고 한다면, 증지에 가탁된 것은 실재의 자상이 될 수 없다. 그렇다면 어떻게 증지에 찰나인 것들이 가탁된다고 할 수 있는가. 사실 이 문제는 우리가 이미 보아왔던 문제, 즉 증지의 대상이 법이고, 이것은 공상인데 어떻게 이 지가 현량이라 할 수 있는가와 동일한 것이다. 이것은 즈냐나스리에 선행하는 쁘라즈냐까라굽타와 같은 다르마끼르띠의 주석가들이 해결하고자 했던 것이다. 이에 앞서 소개했으므로 여기에서는 생략하기로 한다.

바로 앞서 논의된 것 중에서 반드시 지적되어야 할 것은 어떻게 증지에 현현하지도 않는 과거나 미래의 순간에 있는 실재들이 단순히 가탁된 것이라 해서 이 지의 인식대상이 될 수 있는가 하는 점이다. 즉 앞서 바짜스빠띠가 주장한대로, 감관에 의존하지 않는 과거나 미래의 것들이 어떻게 증지라는 현량의 인식대상이 될 수 있는가 하는 점이다. 즈냐나스리는 이 문제를 해결하기 위해 지(知)가 생기할 때에 “인식대상이 되는 것”과 “감관에 의존하는 것”사이에 확정된 주연관계가 있는가를 살핀다. 바짜스빠띠의

36 YNP 332,1-3: yady api ca vartamāne ’pi jñānākārasyaiva sphuraṇaṃ tathāpi vartamānatayaivādhyavasyas tatra. eva dūrāsannādibhede ’pi veditavyam adhyavasāya에 대한 즈냐나스리의 견해에 대해서는 참조 YNP 331,23-333,4.

주장이 틀리지 않기 위해서는 전자는 후자에 주연되어야 한다. 달리 표현하면, 지가 발생하기 위해서는 반드시 감관의 작용이 있어야 한다. 이 문제에 대한 즈냐나스리의 결론은 이 둘 사이에 주연관계는 성립되지 않는다는 것이다.[37] 그가 이 주장을 뒷받침하기 위해 든 예는 감관에 의존하지 않고도 다른 사람의 마음을 인식하는 것이 가능하다는 것이다.[38] 그의 주장을 반론자의 것과 대비해서 살펴보면 다음과 같다:

반론자의 주장: 모든 지는 감관에 의존한다.

즈냐나스리의 주장: 어떤 지는 감관에 의존하지 않는다, 타심지(他心知)와 같이.

경험상 모든 경우는 아니라 하더라도 어떤 경우에는 감관의 작용을 통하지 않고도 다른 사람의 마음을 알 수 있다는 것이 인정된다. 예를 들어 오늘 오후에 시골에 계신 부모님이 오시겠다고 생각하고 있을 때에 과연 오시는 것이 경험되는 경우가 있다. 이러한 예외를 통해 지의 발생이 반드시 감관에 의존하는 것은 아니라는 점을 확인할 수 있다. 따라서 바짜스빠띠의 주장처럼 "인식대상이 되는 것"이 "감관에 의존하는 것"에 주연되는 것은 아니기 때문에 반론자의 주장에서 '모든 지'라는 것은 성립되지 않는다. 이것은 반론자가 과거나 미래의 것에 대한 지(知)가 반드시 감관에 의존해야 한다고 주장할 수 있는 근거가 없음을 보여준다.

아울러 즈냐나스리는 감관에 의존하여 지가 발생한다는 것을 설명하기 위하여 바짜스빠띠가 예로 든 불에 의존하는 연기의 발생도 적절하지 못한 것으로 간주한다. 그는 반론자의 견해를 반박하기 위하여 다음과 같이 말한다:

만약 그렇다면, 형상을 [파악하는] 지가 눈에 의존하는 경우에서의 바로 이러한 종류의 [눈 등의] 인(因)의 집합은 특정한 움직임이 발에 의존하는 경우에 조금도 부정되지 않는다. 그렇다면, 어떻게 연기의 예는 발이 없는

37 참조 YNP 333,6-8: tatrālambanapratyayatvendriyāpekṣatvayor vyāpyavyāpakabhāvam aprasādhya pramāṇena vyāpakaviruddhopalabdhiṃ sphuṭayatīti mahadvaidagdhyam.
38 See YNP 333,16: etad api paracittajñānasaṃbhavena prativyūḍham. 짜르바까와 미망사학파를 제외한 모든 인도 학파에서 타심의 인식 가능성을 인정한다. 참조 YNP 333,16-17: iṣṭāś ca paracittavedinaś cārvākamīmāṃsakavyatiriktaiḥ.

뱀 등이 움직이는 것을 부정할 수 없겠는가?[39]

여기서 즈냐나스리가 밝히고 싶은 것은 知의 발생이 바짜스빠띠가 예로 든 '연기의 발생'과 같은 것이 아니라 '특정한 움직임'과 같다는 것이다. 특정 연료의 경우 불이 없으면 연기가 발생하지 않지만 뱀의 경우 발이 없이도 움직이는 것이 가능하다. 만약 바짜스빠띠의 주장대로 불에 의존하지 않는 연기가 없는 것처럼 감관에 의존하지 않는 지가 없다고 한다면, 지는 자신의 인식대상이 있다고 하더라도 그 대상을 보고, 소리 내는 것 등으로 그 기능이 매우 제한되고 말 것이다. 이런 이유로 즈냐나스리는 감관에 의존함이 없이도 지가 발생할 수 있다고 밝힌다. 감관지의 경우는 감관에 의존해서 외계의 대상에 대한 지가 발생하지만, 증지의 경우는 감관의 작용 없이 심상속에 의존하여 지(知)가 발생한다. 심상속에 의존하는 지(知)는 즈냐나스리 이전의 불교 존사들이 이미 밝힌 바와 같이 찰나성과 같은 법에 대해 주의를 가지고, 중단하지 않으며, 오랜 시간동안 수습을 행하면 생기한다. 이와 같이 즈냐나스리는 증지가 감관에 의존함이 없이 일체를 인식대상으로 삼는다고 설명한다.

마지막으로 즈냐나스리는 번뇌를 제거하는 것이 공상을 자상으로 변화시키는 것이 아니라는 바짜스빠띠의 반론을 논파한다. 바짜스빠띠의 견해를 요약하면, 번뇌를 제거하는 것과 분별하지 않는 것 사이에는 불가분의 관계가 없다는 것이다. 번뇌의 하나인 탐욕이 일어나는 것을 보면 어떤 것을 인식한 후 그것이 '좋다' 혹은 '싫다'라는 판별이 있고나서 그것을 가지거나 버리려하는 마음이 생긴다. 이것은 행상을 분별하는 것이 번뇌가 일어나는 것보다 선행한다는 것을 뜻한다. 그렇다면 번뇌가 분별을 일으키는 것이 아니므로 수습을 통해서 번뇌를 제거한다 하더라도 무분별지를 얻을 수 없다.

이 반론에 대해서 즈냐나스리는 수습을 통해 번뇌를 제거하는 것이 무분별지를 증득하는 것과 불가분의 관계가 있다는 점을 밝힌다. 그의 관점에서 볼 때, 모든 장애는 근본번뇌인 무명에서 비롯된다.[40] 무명이 있는 한 진

---

39 YNP 333,19-21: yady evaṃ rūpajñānasya vīkṣaṇāpekaṇe yādṛśī sāmagrī sā na saṃcaraṇaviśeṣasya caraṇāpekṣaṇe kalayāpi hīyate, tat kathaṃ na dhūmadṛṣṭāntaś caraṇavirahiṇām uragādīnāṃ gamananiṣedhyāya prabhur abhūt.

40 참조 YNP 341,12-13: niścayasya sātmībhāvābhāvād anādyavidyāvāsanāvaśīkṛtena cetasā niṣcayānucitasyaiva vyavahārasya pravartanāt.

실한 것이 가려지고, 그 결과 아상(我相)과 법상(法相)이 생겨난다. 이 아상과 법상은 각각 주관과 객관의 측면이 되어 분별된 세계를 열게 되며,[41] 이 세계는 보는 것과 보이는 것, 듣는 것과 들리는 것, 내지 생각하는 것과 생각되는 것으로 구성된다. 그러므로 그에게 있어서 근본번뇌를 제거하지 않고 모든 실재의 형상에 대해 분별하지 않는다는 것은 단지 미망에 의해 조작된 것에 불과하다.[42]

그렇다면 번뇌는 어떻게 제거하는가. 이미 말한 것처럼 무아성이나 찰나성과 같은 진실한 것을 지(知)에 선명히 현현시키는 것이다. 진실한 것을 현증하기 이전에는 아라는 행상이 분리되는 것이 가능하기 때문에 세속적인 마음이 동요한다. 이렇게 마음의 동요가 있는 한, 범부는 아(我)에 집착하여 그것이 지속한다고 미망함으로써 탐욕 등의 번뇌를 일으킨다. 반면에 요가행자는 찰나성과 같은 진실한 것에 대해 수습함으로써 찰나의 차이를 인식하고, 아가 지속한다고 미망하는 번뇌로부터 벗어난다. 이 수습이야말로 분별의 토대인 미망을 없애고 무분별의 세계를 여는 것이다. 그러므로 즈냐나스리는 다음과 같이 결론짓는다:

> 따라서 미망 등이 완전히 정복되면 될수록 노력에 의해 과오가 [심상속으로부터] 배제됨으로써 [수습의 대상이 되는] 그러한 행상에 대한 지들이 있을 때에, 만약 어떠한 모순되는 것이 없다면, 변제의 단계에서 모든 행상과 모든 실재에 대해 확정을 갖는 [지들이] 있을 것이다.[43]

Ⅲ. 현대 불교학계에서의 연구

요가행자의 증지는 그 중요성에 비해 현대 불교학계에서의 연구가 미진하다고 할 수 있다. 먼저 대표적인 선행 연구로 들 수 있는 것은 Steinkellner (1978)와 이와따(1976, 1984)의 연구이다. 이들의 논문은 다르마끼르띠가

---

41 무명과 같은 번뇌가 분별을 선행하는 것은 참조 YNP 336,21-22: na ca tadvikalpavaikalyaṃ kleśānantareṇa.

42 참조 YNP 336,24: anabhyāse tu sarvasadrūpāvikalpanaṃ mohakṛtam eva.

43 YNP 336,25-27: tato yathā yathā mohādiparijayaḥ tathā tathā yatnena vaiguṇyavyāvṛttyā tāvatsv ākāreṣu yadā dhiyo vyavasāyabhājaḥ paryante sarvākāreṣu sarvavastuṣu ca yadi syur na kaṣcid virodhaḥ.

제시한 증지의 현량성을 그의 주석가들, 특히 다르못따라와 쁘라즈냐까라굽타의 이론을 통해서 밝히고 있다.

다음으로 들 수 있는 것은 Pemwieser와 Prévèreau의 학위논문이다. Pemwieser(1991)의 논문은 디그나가와 다르마끼르띠의 증지에 대한 간략한 소개와 함께 *Tattvasaṅgrahapañjikā*, *Nyāyakaṇikā* 그리고 *Tarkarahasya*에 대한 번역을 포함하고 있다. 반면에 Prévèreau(1994)의 논문은 증지를 다르마끼르띠의 문헌 속에서 이해하고자 한다.

증지를 단독의 주제로 다루는 것은 아니지만 부분적으로 다루는 저서들도 있다. 가장 널리 인용되는 것으로는 Hattori(1968), 도사키(戸崎宏正)(1985), Kajiyama(1989) 그리고 Dreyfus(1997)의 것을 들 수 있다. 이 이외에도 다른 개념들, 특히 일체지를 다루는 논문에서 증지는 필연적으로 소개되고 있다. Buehnemann(1980)과 Mcclintock(2000)의 논문 등이 여기에 해당된다.

최근에 요가행자의 증지에 대한 연구는 본격적으로 이루어지기 시작하고 있다. 이것은 2005년 8월에 비엔나에서 개최된 제4차 세계 다르마끼르띠 학회에서 이 개념에 대한 별도의 패널이 이루어졌다는 점에서도 확인된다. 이 패널에서는 필자를 비롯하여 Franco, Funayama, Dunne 등이 참여했다.

증지의 연구에 있어 남은 과제 중에서 가장 중요한 것은 즈냐나스리의 『유가사결정론』에 대한 번역을 완료하는 것이다. 이 문헌은 증지에 대한 가장 포괄적인 논의를 담고 있음에도 불구하고 아직 제대로 된 연구가 이루어지고 있지 않다. 또한 즈냐나스리 이후 티벳에서 증지의 연구가 어떻게 이루어지고 있었는지를 살펴보는 것도 가치가 있을 것이다. 더불어 중국불교의 수행론에서 제시하는 개념들, 예를 들면 영지와 증지를 비교해 보는 것도 좋은 연구가 될 것이다.

우제선(동국대)

우리말 불교개념 사전

지관

범 śamatha-vipaśyanā 빠 samatha-vipassanā 한 止觀

Ⅰ. 어원적 근거 및 개념풀이

불교수행은 서로 밀접한 관계를 이루고 있는 지관(止觀)이라는 두 가지 방법으로 구성되어 있다. 지관(止觀)은 빠알리어 'samatha-vipassanā', 범어 'śamatha-vipaśyanā'의 한역어이다.[1] 이들 중에 지(止)는 고요함을 계발하는 '사마타 수행[Samatha-bhāvanā, 止]'으로 집중을 계발하는 '사마디 수행[Samādhi-bhāvanā, 定]'이라고도 부르며, 관(觀)은 내적통찰을 계발하는 '위빠사나 수행[Vipassanā-bhāvanā, 內觀]'으로 지혜를 계발하는 '반야수행[Paññā-bhāvanā, 慧]'이라고도 부른다.

사마타 수행은 주로 집중력을 얻는 것을 목적으로 하는데, 마음을 한 곳으로 모아 관찰의 대상이 한 곳에서 다른 곳으로 동요되는 것을 막는다. 또

1 지관(止觀)으로 한역된 용어가 언제나 'samatha(śamatha)'와 'vipassanā(vipaśyanā)'는 아니다. 경전에 따라서는 sati를 止로, yoga를 觀으로 한역한 경우도 있다. (佛教語大辭典, 195면, 506면 참조)

한, 이 수행을 통하면 다섯 가지 장애[五蓋, pañcanīvaraṇa]들이 사라지고 선정의 요소들(jhānaṅga)을 계발하게 된다. 따라서 사마타[止] 수행은 집중을 통하여 고요함과 평온함을 계발하고, 그로 인해 장애들이 제거된 선정을 성취하는 수행이다. 그리고 이 수행은 마음계발의 다음 단계인 위빠사나[觀] 수행을 위한 준비과정이라고 볼 수 있다. 위빠사나 수행은 현상의 진정한 모습을 있는 그대로 보아 지혜를 얻는 것을 목적으로 한다. 따라서 위빠사나는 불교만이 가지고 있는 독특한 수행방법이며 불교수행의 절정이라고 볼 수 있다. 이는 다른 어떤 종교에서도 찾아 볼 수 없으며, 불교수행이 다른 수행과 차이를 보이는 가장 큰 특징 중의 하나이다.

사마타 수행은 다른 종교 체계에서도 보인다. 사마타는 불교뿐만 아니라 불교의 생성 이전에도 널리 알려져 있던 수행방법이다. 붓다께서는 위빠사나의 초석을 다지기 위해 모든 가능한 방법을 채택하였고 필요에 따라 변화를 주었다. 『아리야빠리예사나경(Ariyapariyesanāsutta)』[2]의 설명에 따르면 깨달음을 얻기 이전의 붓다는 두 스승으로부터 무소유처정(無所有處定)과 비상비비상처정(非想非非想處定)을 지도받았다. 하지만, 이러한 선정을 체험하고도 깨달음을 얻지 못한 붓다는 스승들을 떠나 홀로 깨달음을 성취한다. 붓다를 번뇌의 소멸로 이끈 수행과정은 색계 선정 네 가지와 무색계 선정 네 가지, 그리고 상수멸정(想受滅定, Saññāvedayitanirodha)이다. 붓다는 기존에 존재하던 여덟 가지 선정에 상수멸정 하나를 더 체험함으로써 깨달음을 성취한 것이다. 즉, 사마타만으로 얻어지는 선정의 진행에 만족하지 않고 이 선정의 과정에서 현상의 생멸을 관찰하는 위빠사나를 통해 무상, 고, 무아를 통찰한 것으로 보인다. 이 경에서 붓다는 최초 다섯 비구들에게 설법했던 예를 들며 수행승들에게 악마(Māra)를 눈멀게 하고 번뇌를 소멸시키는 길로써 팔선정과 함께 상수멸정의 성취를 설명하신다. 또한 『찟따상윳따(Cittasaṃyutta)』[3]를 통해 사마타(samatha)와 위빠사나(vipassanā), 두 가지의 조화가 상수멸정을 성취하는 데 많은 도움을 준다는 설명은 사마타 수행[Samatha-bhāvanā, 止]과 위빠사나 수행[Vipassanā-bhāvanā, 內觀]의 병행이 무엇보다도 중요한 수행과정이며 불교수행에서 추구하는 높은 단계임을 알 수 있다. 『앙굿따라니까야(Anguttara-Nikāya)』

2 M. I. 163f.
3 S. IV. 295. (Vism. 705ff 비고)

는 사마타와 위빠사나 수행의 이익에 대해 다음과 같이 설명한다.

> '비구들이여, 사마타[samatha, 止] 수행을 하면 어떤 이익을 얻습니까? 마음[citta, 心]이 계발됩니다. 마음이 계발되면 어떤 이익을 얻습니까? 모든 탐욕[rāga, 貪]을 제거합니다. 비구들이여, 위빠사나[Vipassanā, 觀] 수행을 하면 어떤 이익을 얻습니까? 지혜[paññā, 慧]가 계발됩니다. 지혜가 계발되면 어떤 이익을 얻습니까? 모든 무지(無知, avijjā)를 제거합니다. 비구들이여, 탐욕에 의해 오염된 마음은 자유롭지 못하고 무지에 의해 오염된 지혜는 계발되지 않습니다. 비구들이여, 탐욕에서 벗어남으로 마음의 해탈[cetovimutti, 心解脫]을 얻고 무지에서 벗어남으로 지혜의 해탈[paññāvimutti, 慧解脫]을 얻습니다.'[4]

이처럼 사마타를 통한 선정의 힘이 아니면 지혜가 생길 수 없고 지혜가 없이는 해탈이 불가능하다는 점은 초기경전뿐만 아니라 남, 북방 불교에서 모두 다 강조하고 있다. 『법구경(法句經, Dhammapada)』[5]은 '거기에 지혜가 없는 자에게 선정은 없고 선정을 행하지 않은 자에게 지혜는 없으니, 선정과 지혜가 함께 있을 때 그는 열반에 가까이 있다.'라고 말하며 사마타와 위빠사나의 조화가 열반으로 이끈다는 것을 설명하고 있다. 이처럼 사마타[止]와 위빠사나[觀]라는 술어는 초기경전의 거의 대부분에 함께 붙어서 나타나며 붓다께서는 이 둘을 부지런히 닦을 것을 강조하셨다. 그래서 중국에서도 지관(止觀)수행[6]이 크게 성행하였으며 우리나라의 보조국사께서 정혜쌍수(定慧雙修)를 주창하신 것도 이의 한 맥락이라고 볼 수 있다. 그러므로 사마타[止]와 위빠사나[觀]라는 두 가지 방법은 불교수행을 바르게 이해하기 위해 필요하다.

---

4 A. I. 61.

5 Dhammapada, 372.

6 吉祥 편집, 1998. 2,413면 : ① 마음을 단련하여 일체의 외경이나 어지러운 생각에 움직이지 않고, 마음을 특정의 대상에 쏟는 것을 지(止)라고 하며 그것에 의해 바른 지혜를 끌어내어 대상으로 보는 것은 관(觀)이라고 함… ② 천태종의 근본교의. 지는 마음의 동요를 멈추고 본원(本源)의 진리에 머무는 것. 관은 부동(不動)의 마음이 지혜에 움직여 사물을 진리에 입각하여 바르게 관찰하는 것. 지는 정에 해당하며 관은 혜에 해당한다… 그 형식에 3종류가 있다. 점차지관(漸次止觀), 부정지관(不定止觀), 원돈지관(圓頓止觀)… ③ 마하지관(摩訶止觀)의 준말.

Ⅱ. 사마타의 개념

1. 사마타(samatha, 止)에 대해서

‘지(止)’는 빠알리어 ‘사마타(samatha)’의 한역어이다. ‘사마타’는 [<śam bsk. śamatha] ‘√śam (to be quiet, 고요해지다)’에서 파생된 남성명사로서 원 의미는 ‘고요함, 맑음’ 등의 의미이며, ‘calm(고요, 평온한)’, ‘tranquility (고요한, 조용한)’, ‘peace(평화, 평온)’ 또는 ‘serenity(평온, 맑음, 청명)’ 등으로 영역된다.[7] 수행자가 고요한 상태에 도달하기 위해서는 스스로 많은 노력을 해야 하기에 사마타는 많은 노력에 의해 도달한 마음의 고요함을 나타낸다. 그리고 이 과정을 통하면 모든 해로운 상태[不善法]가 ‘가라앉고’, ‘그친다’는 의미로 중국에서는 ‘止’로 옮겼다. 따라서 사마타는 해석에 따라 ‘평온’, ‘마음의 평온’, ‘안정’, ‘지(止)’, ‘지식(止息)’, ‘적지(寂止)’, ‘열망의 부재’, ‘사마타(奢摩他)’, ‘멸쟁(滅諍)’, ‘멸법(滅法)’, ‘계율상 문제의 해결’ 등의 다양한 의미를 가지고 있다.[8]

또한, 산스크리트에서 역시 ‘śamatha’는 ‘quiet(조용한, 고요한)’, ‘tranquillity (고요한, 조용한)’, ‘absence of passion(열정의 부재)’ 등으로 영역되었으며[9] 빠알리어와 마찬가지로 정신적인 평온함의 의미로 사용되었다.[10] 사마타는 ‘사마디(samādhi, 三昧, 집중)’, ‘마음의 한 정점[心一境性, cittassa ekaggatā]’ 그리고 ‘선정(禪定, jhāna)’과 동의어처럼 사용되고 있다. 따라서 ‘사마타(samatha)’, ‘사마디(samādhi)’, ‘선정(jhāna)’은 서로 매우 밀접한 관계를 유지하고 있다. 경전의 설명에 따르면 사마타 수행을 통하면 여덟 가지 선정의 경지[samāpatti, 等持]에 도달할 수 있다. 이들은 네 가지 색계 선정과 네 가지 무색계 선정이다. 이런 경지들은 마음이 하나의 대상으로 집중되어 떨림이나 동요가 가라앉기에 고요함[사마타, cetosamatha]이

7 T. W. Rhys Davids & William Stede, 1986. 682면, Robert Caesar Childers. 1987. 429면, Nyanatiloka. 1987. 157면, Bhikkhu Ñāṇamoli. 1994. 109면, Buddhadatta. A. P. 1989. 264면.

8 전재성, 1994. 745면; 雲井昭善. 1997. p.901; 吉祥 편집, 1998.2, 409면 : ① 정지 ② 발걸음을 멈추는 것 ③ 머무르다 ④ 평안 ⑤ 삼매, 선정 ⑥ 정(定)이 있는 7가지 이름 중의 하나 ⑦ 수식관의 3단계 ⑧ 16행상(行相)의 하나.

9 Monier Williams. 1988. 1,054면.

10 이는 마치 산스크리트 ‘śrama(사문)’를 빠알리어 samana로 바꿔 사용한 것과 같다.

라 부른다.[11] 초기경전에서 사마타(samatha)는 용례에 따라 '제행의 소멸(sabbasaṅkharasamatha)'이라는 의미로 활용되기도 하는데, 이때는 갈애가 제거되고 탐욕에서 벗어난 열반을 의미한다.[12]

1) 사마타(samatha, 止)와 사마디(samādhi, 三昧)의 관계

'사마타'와 동의어로 사용되는 '사마디(samādhi, 三昧)'는[13] 'sam + ā + dhā'가 합성된 것으로 '마음을 확고히 세운다'는 의미의 'dha'를 어근으로 파생된 여러 용어들 중의 하나다. 경전 상에서 이 용어는 집중의 깊은 상태를 얻기 위해 채택된 실천방법일 뿐만 아니라 마음이 깊게 집중되어진 상태를 나타내기도 한다. 우리는 먼저 이 용어를 팔정도의 여덟 번째 기능인 '바른 집중[正定, sammā-samādhi]'으로 만나볼 수 있다. 여러 경전 내에서 바른 집중은 네 가지 선정을 성취하는 것으로 설명하고 있다. '바른(sammā)'이라는 용어가 붙은 것은 바른 집중의 반대인 '바르지 못한 집중(Micchā-samādhi)'이 있기 때문이다. 이는 해로운(akusala) 마음과 관련하여 집중하는 것을 말한다. 예를 들어 나쁜 행위를 하기 위해 집중하는 것이 해당된다. 하지만, 일반적으로 경전 내에서 집중(samādhi)이라는 용어가 홀로 쓰일 때에는 유익한(kusala) 마음과 관련한 바른 것을 나타낸다. 『상윳따니까야(Saṃyutta-Nikāya)』의 설명에 따르면 이렇게 유익한 집중은 수행자가 현상을 있는 그대로 이해할 수 있도록 도와준다. '비구들이여, 집중을 계발하라! 비구들이여, 집중된 비구는 현상을 있는 그대로 볼 수 있다.'[14]

'사마디(samādhi, 집중)'라는 용어는 불교수행과 관련한 특정의 수행용어로서 사용되는 경향을 보이고 있다. 『맛지마-니까야(Majjhima-nikāya, 中部)』[15]의 설명에 따르면 비구니 담마딘나(Dhammadinnā)는 재가자 위사카(Visākha)와의 대화를 통하여 '사마디(samādhi, 집중)는 마음의 한 정점[cittassa ekaggata, 心一境性, 마음의 집중]이다'라고 말한다. 이러한 초기경전의 설명은 후대의 전통적인 해석에서 충실하게 받아들여졌고, 다른 두

---

11 DhsA. 144, Expos. 191.

12 S. I. 136.

13 Nyanatiloka. 1987. 157면: 'Tranquility', serenity, is a synonym of samādhi (concentration), cittekaggatā (one-pointedness of mind) and avikkhepa (undistractedness).

14 S. III. 13 : samādhim bhikkhave bhāvetha samāhito bhikkhave bhikkhu yathābhūtam pajānati.

15 M. I. 301.

개의 용어인 '사마디(samādhi, 집중)'와 '마음의 한 정점(cittassa ekaggata)'은 서로 매우 밀접한 의미로 활용되게 되었다. 이러한 해석은 아비담마(Abhidhamma, 論藏, 阿毘達磨)전통에 와서 확고한 지지를 받게 된다.[16] 아비담마에서 사마디와 사마타는 동의어로 쓰이고 8가지 선정의 경지[samāpatti, 等持]와 마음의 집중[心一境, cittassa ekaggatā]으로 정의된다. 『법의 모음(Dhammasaṅgani, 法集論)』[17]과 『앗따살리니(Atthasālinī)』[18]를 통해 이러한 정의는 쉽게 찾아진다. 특히, 『앗따살리니』에서 붓다고사(Buddhaghosa)는 '마음의 한 정점은 마음이 하나로 집중된 것으로 이것이 사마디(집중)의 이름이다.'[19]라고 설명한다. 하지만, '사마디(집중)'와 '마음의 한 정점'을 동의어로 보는 것은 약간의 주의를 필요로 한다.

'마음의 한 정점'에서 '에까가따(ekaggatā)'는 '하나(eka)'를 '최정점(agga)'으로 가진다는 의미이다. 이것은 의심할 여지없이 정신적인 성질의 것이다. 이것은 의식의 모든 형태에 공통[sabba-citta-sādhāraṇa]으로 적용될 수 있는 것으로, 마음이 다른 여러 대상들로 산만하게 분산되는 것에 저항하여 오직 한 가지 대상만을 알고 있는 상태를 말한다. 따라서 'ekaggatā[一境性]'의 기본적인 의미만을 고려했을 때 이는 모든 주의, 선별된 것, 초점을 맞추거나 집중된 의식 등의 시작을 말하며, 이러한 작용은 모든 존재들의 개별적 능력에 따라 다르게 나타난다.

초기경전에서 '에까가따(ekaggatā, 一境性)'와 매우 유사한 '에꼬디바와(ekodibhāva)'[20]가 있다. 이 용어는 '마음을 한 점에 고정시킨 상태[心一境相]'라는 의미로 집중이 더욱 강해지는 두 번째 선정을 얻어야만 나타나는 것으로 설명된다.[21] 『앙굿따라니까야』[22]는 어떠한 형태로든 '일으킨 생각(vitakka)'이 남아있는 상태에서 'ekodibhāva[一境相]'와 같은 집중의 특징은 나타나지 않는다고 설명한다. 이러한 설명은 'ekodibhāva'가 '일으킨 생각

---

16 『분별론』(分別論, Vibhanga), 『아비달마집론』(阿毘達磨集論), 『아비달마구사론』(阿毘達磨俱舍論), 『아비담맛타상가하』(Abhidhammatthasaṅgaha), 『청정도론』과 같은 문헌들에서는 心一境性(cittassa ekaggata)이 第一禪에서부터 있는 것으로 간주한다.
17 Dhammasaṅgani. 11면, 24면, 28면.
18 Atthasālinī. 118면.
19 cittass ekaggatābhāvo citta ekaggatā, samādhissa etam nāmaṃ. 비교) Patis. I. 31~32, 45, 47, 64, 67, 97f.
20 skt. ekotibhāva.
21 M. III. 93; M. I. 159; D. I. 182; M. I. 347; M. I. 399 비교) M. I. 294.
22 A. I. 254.

[vitakka, 尋]'과 '머무는 생각[vicāra, 伺]'이 사라지는 두 번째 선정에 관련하여 나타난다는 것이다. 즉, 사마디(집중)라는 용어는 '에깟가따(ekaggatā)'와 '에꼬디바와(ekodibhāva)'로 분화되어 시대에 따라 다르게 이해되었다.

그러므로 '사마디(samādhi, 집중)'와 '마음의 한 정점[cittassa ekaggata]'을 동의어로 사용할 때에는 더욱 세심한 주의를 필요로 한다. 왜냐하면, 경전 상에서 집중을 '마음의 한 정점'으로 사용할 때에 '한 정점'은 사마디의 일반적인 의미가 아닌 마음의 집중이라는 전문적인 의미로서 사용하였기 때문이다. 만약 이 용어가 사마디(집중)와 같이 넓은 의미로 사용될 수 있다면 팔정도에서 말하는 '바른 집중[Sammā-samādhi]'을 대신하여 다른 일곱 가지 바른 길과 조화를 이룰 수 있어야 한다. 그러므로 '한 정점[ekaggata]'은 '사마디(집중)'을 정의 내리기 위한 특별한 의미 중의 하나다.

아비담마의 정의에 따르면 '사마디(samādhi, 집중)'는 변덕스럽고 불안정한 것으로 잘 알려져 있는 마음이 확고하게 확립되어 안정된 상태를 이루고 있다는 의미로 사용된다.[23] 이처럼 다양한 자료들을 통해 더욱더 선명해지는 것은 '사마디'라는 용어가 사용된 문맥에 따라 상당히 다양하게 나타난다는 것이다. 기본적으로 이 용어는 수행을 통하는 실천적인 의미와 그 실천을 통해 얻어진 결과로서의 의미를 모두 가지고 있다. 이것이 실천의 의미로 사용될 때에는 모든 정신상태에 공통적으로 적용되는 역할로 '한 정점'과 같은 의미를 지니며, 이것이 실천을 통하여 도달된 정신 상태나 결과의 의미로 사용될 때에는 매우 높은 수준의 정신적 평온함, 고요함 등과 같은 의미를 지닌다. 그러므로 사마디(samādhi, 집중)는 '마음을 한 정점으로 만듦으로 인해 도달되는 정신적 평온함'이라고 설명될 수 있다.

2) 사마타(samatha, 止)와 선정(jhāna, 禪定)의 관계

사마타와 선정의 관계를 살펴보면 사마타가 왜 '가라앉고', '그친다'는 의미로 중국에서 '止'로 옮겼는지 이해할 수 있다. 지속적인 사마타 수행을 통하여 수행자는 다섯 가지 장애를 제거하고 첫 번째 선정에 들게 된다. 『보장가 상윳따(Bojjnaṅgasaṃyutta)』[24]의 설명에 따르면, 일반사람들에게

23 Dhammasaṅgani 10, S. II. 95.

나타나는 다섯 가지 장애는 마치 맑은 물에 자신의 모습을 비춰보려는 자에게 '염료가 섞인[kāmarāga]', '불에 끓는[byāpāda]', '수초로 덮인 [thīna-middha]', '바람에 물결치는[uddhacca-kukkucca]', '진흙으로 탁한 [vicikicchā]' 물과 같아서 자신의 모습을 있는 그대로[yathābhūta] 분명히 보거나 알지 못한다고[na pajānati] 설명하고 있다.[25] 따라서 수행자의 마음에 이러한 다섯 가지 장애들이 나타나지 않을 때, 수행자는 맑은 물에 비치는 자신의 모습을 보듯이 자신의 마음에서 일어나는 현상을 있는 그대로 보고 알 수 있다. 경전에서 설명하는 이들 다섯 가지 장애는 1) 감각적 욕망[kāmacchanda], 2) 성냄[byāpāda, 악의], 3) 혼침과 졸음[thīna-middha], 4) 들뜸과 회한[uddhacca-kukkucca] 그리고 5) 회의적 의심[vicikicchā]이다. 수행자가 사마타 수행을 통하여 첫 번째 선정에 들게 되면 이들 다섯 가지 장애들은 중지하고 다음과 같은 다섯 가지의 선정 요소들이 나타난다. 이들은 1) 일으킨 생각[vitakka, 尋], 2) 머무는 생각[vicāra, 伺], 3) 희열[pīti, 喜], 4) 즐거움[sukha, 樂], 5) 집중[ekaggata, 心一境相]이다. 즉, 장애들이 중지함으로써[止] 수행자는 선정의 요소들과 함께 더 깊은 수행으로 나아가는 것이다. 따라서 선정의 요소들도 선정의 상태에서 항상 하는 것은 아니라 수행이 발전될수록 점차적으로 중지[止]한다. 『까싸빠 상윳따(Kassapasaṃyutta)』, 『깐다라까 경(Kandaraka sutta)』, 『까야가따사띠 경(Kāyagatāsati sutta)』, 『아누빠다 경(Anupada sutta)』 등의 경전들은 선정의 성취에 따른 선정 요소(jhāna-aṅga, 禪支)들의 중지[止]를 보여준다.[26]

'그는 마음의 번뇌들이며 또 지혜를 약화시키는 이 다섯 가지 장애들을 버리고, 1) 감각적 욕망에서 벗어나고 불선한 법으로부터 떠나서, 일으킨 생각(vitakka)이며 머무는 생각(vicāra)이며, 벗어남(viveka)에서 일어난 희열(pīti)과 즐거움(sukha)인 첫 번째 선정을 성취하며 머무른다. 2) 일으킨 생각(vitakka)과 머무는 생각(vicāra)이 가라앉음[止]으로써 내적인 고요와 마음이 한곳으로 집중된, 생각과 숙고가 없는 집중에서 생겨나는 희열(pīti)과 즐거움(sukha)을 갖춘, 두 번째 선정을 성취하며 머무른다. 3) 희열(pīti)이 사라짐으로써[止], 평정(upekhā)과 마음챙김(sati, 주시, 마음지킴, 새김,

24 S. V. 63, 140.
25 S. V. 121ff, A. III. 230.
26 S. II. 211; M. I. 347; D. I. 71; M. III. 94.

> 수동적 주의집중, 기억)과 바른 알아차림(sampajāno)으로 머문다. 그리고 몸으로 즐거움(sukha)을 느낀다. 성인들은 이것을 일컬어 '평정(upekhā)과 마음챙김(sati)이 있는 즐거움으로써 머무는 자'라고 말하는 세 번째 선정을 성취하며 머무른다. 4) 즐거움(sukha)과 괴로움(dukkha)이 끊어짐[止]으로써 그리고 예전의 정신적인 즐거움(somanassa)과 정신적인 괴로움(domanassā)이 제거됨[止]으로써 괴롭지도 않고 즐겁지도 않은(adukkhaṃ asukhaṃ), 맑고 청정한 평정(upekhā)과 마음챙김(sati)인 네 번째 선정을 성취하며 머무른다.'

이와 같이 선정의 진행과정은 첫 번째 선정에서 나타난 선정의 요소들이 수행의 발전에 따라 점차적으로 상승했다 소멸하는 것을 보여준다. 첫 번째 선정에서 나타난 즐거운 느낌(sukha)은 두 번째 선정에서 집중(samādhi)을 통하여 부각되고, 세 번째 선정에서 온몸으로 느껴지는 절정의 시기를 지나 네 번째 선정에서 소멸하게 된다.[27] 특히 네 번째 선정은 느낌의 다섯 가지 요소들에서 육체적으로 즐거운 느낌(sukha vedanā), 육체적으로 괴로운 느낌(dukkha vedanā), 정신적인 즐거운 느낌(somanassa vedanā), 정신적인 괴로운 느낌(domanassa vedanā)의 네 가지 느낌들이 모두 소멸하게 되는 것을 보여준다. 더 나아가 『웨다나상윳따(Vedanāsaṃyutta)』는 색계의 4선뿐만 아니라 무색계까지 이어지는 중지의 과정을 설명하고 있다. 이 경전의 설명에 따르면 수행자가 두 번째 선정을 얻음으로 구행(口行, vacisaṅkhāra), 네 번째 선정을 얻음으로 신행(身行, kāyasaṅkhāra), 그리고 무색계 선정들을 거쳐 마지막으로 상수멸정의 얻음으로 의행(意行, cittasaṅkhāra)이 중지한다.

> '비구들이여, 나는 점진적인 행(saṅkhā)의 중지[소멸, nirodha]를 설한다. 첫 번째 선정을 얻은 자에게 언어는 중지(소멸)되었다(niruddhā honti). 두 번째 선정을 얻은 자에게 일으킨 생각(vitakka)과 머무는 생각(vicāra)은 중지되었다. 세 번째 선정을 얻은 자에게 희열(pīti)은 중지되었다. 네 번째 선정을 얻은 자에게 들숨과 날숨은 중지되었다. 공무변처정을 얻은 자에게 물질에 대한 지각은 중지되었다. 식무변처정을 얻은 자에게 공무변처정은 중

27 M. III. 299f.

> 지되었다. 무소유처정을 얻은 자에게 식무변처정은 중지되었다. 비상비비상처정을 얻은 자에게 무소유처정은 중지되었다. 상수멸정을 얻은 자에게 지각과 느낌은 중지되었다. 번뇌를 제거한 비구에게 탐심(rāga)은 중지되었다. 성냄(dosa)은 중지되었다. 어리석음은 중지되었다(moho niruddho hoti). … 첫 번째 선정을 얻은 자에게 언어는 가라앉았다(vācā vūpasanthā hoti). 두 번째 선정을 얻은 자에게 일으킨 생각과 머무는 생각은 가라앉았다. … 탐심, 성냄, 어리석음은 가라앉았다(moho vūpasanto hoti). … 첫 번째 선정을 얻은 자에게 언어는 고요해졌다(vācā paṭippassaddhā hoti). 두 번째 선정을 얻은 자에게 일으킨 생각과 머무는 생각은 고요해졌다. … 탐심, 성냄, 어리석음은 고요해졌다(moho paṭippassaddho hoti).'[28]

즉 선정의 과정을 통해 언어적인 사유와 숙고, 육체적인 느낌과 호흡, 그리고 의식(意識, 意行)의 활동마저도 점차적으로 중지하게 된다는 것이다. 더 나아가 이러한 선정을 통한 점진적 중지의 과정은 결국 탐, 진, 치의 중지로 이끈다.[29] 여기서 흥미로운 것은 선정을 통한 지속적인 중지의 과정이 상수멸정을 거쳐 탐, 진, 치의 중지[소멸]로 연결되어 있다는 것이다. 만약 선정의 과정을 통하여 삼행[口, 身, 意行]의 요소들이 중지하는 것이 아니라 가라앉으면(vūpasammati) 탐, 진, 치 역시 가라앉고 삼행의 요소들이 중지하는 것이 아니라 고요해지면(paṭippassambhati) 탐, 진, 치 역시 고요해진다. 그러므로 탐, 진, 치의 소멸을 위해서는 삼행의 과정이 가라앉거나 고요해지는 것이 아니라 '중지(nirodha)'해야 한다. 그러므로 사마타 수행을 통한 선정의 성취과정은 불교 수행의 최종 목표인 탐, 진, 치의 중지[소멸]와 매우 밀접한 관계를 맺고 있다. 이러한 과정을 통하여 사마타와 선정의 관계를 비교해 보았을 때 사마타가 왜 '가라앉고', '그친다'는 의미에서 중국에서는 '止'로 옮겨졌는지 이해할 수 있다.

3) 사마디(samādhi, 三昧)와 선정(jhāna, 禪定)의 관계

'사마디(집중)'는 종종 '선정(jhāna)'과 동등하게 취급되기도 한다. 선정은 산스크리트 'dhyāna'와 같은 용어로 '생각하다', '숙고하다' 등의 의미

---

28 S. IV. 217f, S. IV. 294f.
29 M. I. 302f, D. III. 233; Papañcasūdanī. II. 365; Vimuttimagga. 323.

를 지닌 어근 'dhi'로부터 파생되었다. 그리고 빠알리어 'jhāna'는 '숙고하다', '명상하다', '생각하다'의 의미를 지닌 'jhāyati'라는 동사형에서 나온 중성명사이다. 붓다고사는『청정도론』을 통하여 이 용어의 두 가지 가능한 해석을 설명한다.

> '첫 번째로 일어나기 때문에 처음이라 했다. 대상을 정려(靜慮, upanijjhāna, 고요히 생각)하기 때문에, 반대되는 것을 태우기(jhāpana) 때문에 선(禪, jhāna)이라고 한다.'[30]

냐나몰리(Bhikkhu Ñāṇamoli)는 이 문장을 '대상을 빛내기 때문에, 반대되는 것을 태우기 때문에 선정(jhāna)이라고 부른다.'라고 번역하고 있다.[31] 냐나몰리가 'upanijjhāna'를 빛으로 번역한 것에 대해서는 앎의 상징으로 빛을 사용한 것인지 아니면 빛이나 조명을 만드는 불과 연관을 짓기 위해 빛을 사용한 것인지 명확하지는 않다. 또한, 붓다고사의 위와 같은 정의에 대해 헤네폴라 구나라타나(ven. Henepola Gunaratana)는 다음과 같이 말한다.

> '위대한 주석가 붓다고사는 빠알리어 jhāna를 두 가지 동사의 형태로 추적하고 있다. 하나는 '생각하다', '명상하다'의 의미를 지닌 동사 'jhāyati'[32]에서 어원적으로 바르게 파생되었다고 보는 것이고, 다른 하나는 어원적인 의미보다는 '밝게 비춘다'는 의도를 담고 있다는 것이다. 이 부분에 대해 부연설명을 하자면, jhāna는 '관찰', '응시'와 '태우다'라는 두 가지 의미를 가지고 있고 이들은 수행의 과정과 밀접한 연관성이 있다. 수행자가 마음을 대상에 고정시킴으로 수행자는 다섯 가지 장애와 같은 낮은 정신적인 장애를 줄여나가거나 제거하게 된다. 그리고 그 대상에 더욱 마음을 전념할 수 있도록 선정의 요소라는 높은 요소들이 계발된다. 또한 위빠사나를 통하여 현상의 특징을 관찰함으로 수행자들은 결국 네 가지 과(果)라는 출세간의 선정에 도달하게 되고, 이 선정으로 오염들을 태워 제거하여 해방의 경험을 얻는다.'[33]

---

30 Vism. 150. 대림스님, 2004. 1권 387면.
31 Bhikkhu Ñyāṇamoli, 1976. 156면.
32 sk. dhyayati, dhyai ① 명상하다, 사념하다, ② 태우다, 소모하다.

이와 같은 설명을 통해 붓다고사의 어원적 설명의도가 정당화되는 것처럼 보이나 'jhāna'가 '태우다', '불 위에 놓다'의 의미를 지닌 'jhāyati'의 동사형에서 파생되었다고 보기에는 여전히 무리가 따른다. 그러나 붓다고사의 이와 같은 설명은 어떤 용어에 대한 새로운 논의뿐만 아니라 활기 있는 의미를 유추하는 좋은 시도가 되었다. '선정(jhāna)'이라는 용어가 '생각하다', '숙고하다'의 의미를 지닌 동사형 'jhāyati'에서 파생되었다는 것은 『디가니까야(Dīgha-nikāya, 長部)』에서 『악간냐 경(Aggañña sutta)』의 동사활용을 보면 더욱 선명하게 이해할 수 있다.[34] 따라서 '선정(jhāna)'이라는 용어가 '명상수행'을 의미한다는 것은 명확하다. 그리고 사마디(samādhi, 집중)라는 용어 역시 명상 수행의 의미를 나타내기 위해 사용되었다. 그러므로 이 두 용어는 다르지만 서로 자연스럽게 연결되어 있다. 이 두 용어의 연결성에 대해서는 『대념처경(大念處經, Mahāsatipaṭṭhāna sutta)』에 자세히 설명된다. 붓다께서는 바른 집중(Sammā-samādhi)을 네 가지 선정의 얻음과 같다고 설명하신다.

> '비구들이여, 바른 집중(Sammā-samādhi, 正定)이란 무엇인가? 여기 비구는 감각적 욕망에서 벗어나고 불선한 법으로부터 떠나서, 일으킨 생각이며 머무는 생각이며, 벗어남에서 일어난 희열과 즐거움인 첫 번째 선정을 성취하며 머무른다. 일으킨 생각과 머무는 생각이 가라앉음으로써 내적인 고요와 마음이 한곳으로 집중된, 생각과 숙고가 없는 집중에서 생겨나는 희열과 즐거움을 갖춘, 두 번째 선정을 성취하며 머무른다. 희열이 사라짐으로써, 평정과 마음챙김과 바른 알아차림으로 머문다. 그리고 몸으로 즐거움을 느낀다. 성인들은 이것을 일컬어 평정과 마음챙김이 있는 즐거움으로써 머무는 자라고 말하는 세 번째 선정을 성취하며 머무른다. 즐거움과 괴로움이 끊어짐으로써 그리고 예전의 정신적인 즐거움과 정신적인 괴로움이 제거됨으로써 괴롭지도 않고 즐겁지도 않은, 맑고 청정한 평정과 마음챙김인 네 번째 선정을 성취하며 머무른다. 이것을 바른 집중이라고 한다.'[35]

이 경전뿐만 아니라 붓다는 여러 경전을 통해 네 가지 선정을 바른 집중

33 Henepola Gunaratana, 2002. 35ff.
34 D. III. 94.
35 D. II. 313, Maurice Walshe, 1996. 349면.

이라고 설명하고 있다. 하지만, 선정과 집중이 부분적으로 공통성을 보인다고 해서 이 두 용어를 동의어로 보는 것에는 또 다른 오해의 소지가 있다. 먼저 위 경전에서 설명된 선정(jhāna)의 성취가 바른 집중과 같다는 내용은 집중(samādhi)이 오직 마음을 한 정점(ekaggata)에 두는 것과 같다고 보는 좁은 견해와 같다. 따라서 경전에서 사용된 기술적인 설명이 그 용어가 가지고 있는 모든 의미를 포함한다고 보기는 어렵다. 왜냐하면, 불교경전 내에서 사마디[samādhi, 집중, 定]는 선정에 비해 매우 넓은 의미를 가지고 있기 때문이다. 또한, 위의 경전에서 붓다는 사마디의 일반적인 의미를 사용한 것이 아니라 팔정도에서 여덟 번째 요소인 '바른 집중(Sammā-samādhi)'을 선정과 비교하고 있다. 그러므로 사마디와 선정을 사용하는 문맥에 대한 고려 없이 이들을 완전하게 동일하다고 보는 것은 적절하지 못하다.

'바른 집중(Sammā-samādhi)'은 불교경전에서 사용되는 사마디(집중)란 용어의 한 쓰임에 불과하다. 왜냐하면, 사마디라는 용어는 선정보다 더 넓은 범위와 다양한 수준을 나타내고 있기 때문이다. 우리가 일반적으로 말하는 '삼학(三學, tisikkhā)'은 '계(戒, sīla)', '정(定, samādhi)', '혜(慧, paññā)'를 말하고 이는 팔정도를 포함하고 있다. 이 부류를 살펴보면 '정(定)'에는 '바른 노력[正精進]', '바른 마음챙김[正念]', '바른 집중[正定]'이 포함되어 있다. 그러므로 선정의 요소를 설명하는 '바른 집중'은 '사마디(집중)'라는 커다란 범위 안에 속한다. 그뿐만 아니라 『암밧타경(Ambaṭṭha sutta)』[36]에 따르면 문맥상에서 '사마디(samādhi, 집중)'는 '행위(caraṇa)'라는 말로 대체하여 사용될 수 있다. 여기서 '행위'는 '감관에 대한 보호(indriyesu guttadvāratā)', '마음챙김과 알아차림(sati-sampajañña)', '만족(santuṭṭhi)', '다섯 가지 정신적인 장애(nīvaraṇa)에 대한 극복', 그리고 '네 가지 선정(jhāna)'의 계발이다. 이는 '사마디'라는 용어가 '선정(jhāna)'이 가지고 있는 의미를 포함할 뿐만 아니라 그 보다 더 넓게 활용된다는 것을 보여준다. 그러므로 사마디와 선정은 완전한 동의어로 사용될 수 없으며 선정이 사마디의 한 형태라고 보는 것이 더욱 적절하다.

『청정도론(淸淨道論)』을 통하여 사마디(samādhi)는 세 가지 종류로 구분되어 설명되고 있다. 이들은 '예비-사마디(parikamma samādhi, 豫備定,

---

36 D. I. 87ff.

preparatory concentration)', '근접-사마디(upacāra samādhi, 近接定, access concentration)' 그리고 '몰입-사마디(appanā samādhi, 安止定, absorption concentration)'이다.[37] '예비-사마디'는 정신적 활동을 시작하려고 할 때에 집중하려는 시도를 말한다. 이는 일상생활에서 어떤 대상에 주의를 기울일 때에 일어나는 집중력과 유사하다. '근접-사마디'는 사마타 수행과 위빠사나 수행 모두에 이용된다. 위빠사나 수행을 할 때에는 '근접-사마디'와 '찰나-사마디(khaṇika samādhi, 刹那定)'로 구분되어 설명되기도 한다. 이 사마디는 집중의 대상에 강한 집중력을 유지하는 것으로 위빠사나 수행의 경우는 '찰나-사마디'만으로도 대상을 있는 그대로 관찰할 수 있다 한다. 하지만, 사마타 수행의 경우는 이 사마디는 첫 번째 선정을 얻기 직전까지만 활동한다. 그리고 선정의 성취와 함께 '몰입-사마디'로 이어져 나간다. '몰입-사마디'는 선정의 성취와 함께 유지되는 사마디로 수행자는 이를 통해 색계와 무색계정을 얻는다.[38] 하지만, 이러한 사마디의 구분은 초기경전(Pāli-Nikāya)에서 보이지 않으며 『청정도론』 등의 후대문헌과 주석서 전통에서부터 구분되어지기 시작한 것이다.

2. 사마타 수행의 주제[kammaṭṭhāna, 業處]

『청정도론』에서 붓다고사는 사마타 수행의 관찰대상으로 40가지 수행주제를 제시하고 있다.[39] 사마타의 '수행주제'로 알려져 있는 빠알리어 '깜맛타나(Kammaṭṭhāna)'는 수행의 주제뿐만 아니라 그들을 실천하는 방법으로도 잘 알려져 있다. 하지만 '깜맛타나(Kammaṭṭhāna)'라는 용어가 어떻게 이러한 의미로 사용하게 되었는지에 대해서는 명확한 근거가 없다. 이와 같은 의미로 사용된 것은 후대 문헌인 『청정도론』과 주석서의 전통에서부터이다. 초기경전(Pāli-Nikāya)에서 '깜맛타나(Kammaṭṭhāna)'가 사마타를 위한 수행주제로 사용된 경우는 찾아보기 어렵다. '깜맛타나(Kammaṭṭhāna)'라는 용어는 'Kamma'와 '(t)ṭhāna'의 합성으로 구성되어 있으며 본래의 의미는 '행위(kamma)'의 '장소, 조건, 위치(ṭhāna)'이다. 이

37 Vism. 85.
38 Vism. 126, Bhikkhu Ñyāṇamoli. 1976. p.131; Atthasālinī 162면~179면; The Expositor p.216~239.
39 Vism. 110f.

용어는 초기경전인 『수바경(Subha sutta)』[40]을 통해 'gharāvāsa[집에서 삶]'와 'pabbajjā[출가]'와 합성되어 '직업'의 의미로 사용되었다. 예를 들어 'gharāvāsa kammaṭṭhāna[가장의 직업]'는 농업(kasī)이나 상인(vaṇijjā)과 같은 재가자의 직업을 의미한다.

비록 '깜맛타나(Kammaṭṭhāna)'가 네 가지 주요 니까야[四部]에서 수행의 주제를 나타내는 의미로 사용되지는 않았지만 『소부(小部, Khuddaka Nikāya)』의 『자따가(Jātaka, 本生譚)』에서는 비교적 종교적 의미로 사용되었다. 경전은 '깜맛타나(Kammaṭṭhāna)에 종사하는 자는 곧 아라한을 성취하게 된다'[41]라고 설명한다. 깜맛타나를 통한 아라한의 성취는 성인이 되기 위해 수행이 필요하다는 의미로 확대될 수 있다. 따라서 깜맛타나(Kammaṭṭhāna)가 시대의 흐름에 따라 점차 수행의 실천(kammaṭṭhāne anuyutto)이란 의미로 사용되기 시작했다고 유추할 수 있다.

『청정도론』과 주석문헌의 전통에 들어오면서 깜맛타나(Kammaṭṭhāna)라는 용어는 그 일반적인 의미를 잃고 수행의 주제를 나타내는 기술적인 용어로 자리 잡게 되었다. 이때 '깜마(kamma)'는 '행위'라는 의미에서 '전적으로 헌신하는 행위'로 의미가 확장되어진 것 같다. 따라서 이 용어는 수행의 실천을 통하여, 정신적인 진보를 위해 전적으로 헌신하는 행위를 나타내고 있다고 볼 수 있다. 그리고 결국 수행을 위한 중요한 역할로 수행의 주제를 나타내는 용어로 자리 잡게 된 것이다.[42] 『청정도론』은 이 수행을 마흔 개의 주제로 설명하고 있다. 이들은 다음과 같이 일곱 개의 범주로 나눌 수 있다.

1) 십편(十遍, dasa kasiṇāni)

1) 지편(地遍, 흙 카시나, paṭhavī kasiṇa)[1], 2) 수편(水遍, 물 카시나, āpo kasiṇa)[2], 3) 화편(火遍, 불 카시나, tejo kasiṇa)[3], 4) 풍편(風遍, 바람 카시나, vāyo kasiṇa)[4], 5) 청편(青遍, 청색 카시나, nīla kasiṇa)[5], 6) 황편(黃遍, 황색 카시나, pīta kasiṇa)[6], 7) 적편(赤遍, 적색 카시나, lohita kasiṇa)[7], 8) 백편(白遍, 백색 카시나, odāta kasiṇa)[8], 9) 광명편(光明遍, 빛 카시나, āloka kasiṇa)[9], 10) 한정허공편(限定虛空遍, 한정 공간 카시나,

40 M. II. 197.
41 Jātaka. III. 36.
42 Vism. 97, 187, 189, 277, DhpA. I. 248, 336.

paricchinnākāsa kasiṇa)[10].

2) 십부정(十不淨, dasa asubhā, 죽어 버려진 시체를 대상으로 한 수행법)

1) [시체의] 부품(uddhumātaka asubha)[11], 2) 검푸르게 변함(vinilaka asubha)[12], 3) 곪아터짐 (vipubbaka asubha)[13], 4) 잘라짐(vicchiddaka asubha)[14], 5) 뜯어 먹힘(vikkhayitaka asubha)[15], 6) 흩어짐(vikkhittaka asubha)[16], 7) 잘게 흩어짐(hatavikkhittaka asubha)[17], 8) 피가 묻어 있음(lohutaka asubha)[18], 9) 벌레가 가득함(puluvaka asubha)[19], 10) 해골(atthika asubha)[20].

3) 십수념(十隨念, dasa-anussati)

1) 불수념(佛隨念, 佛에 대한 반복적인 念, buddhānussati)[21], 2) 법수념(法隨念, 法에 대한 반복적인 念, dhammānussati)[22], 3) 승수념(僧隨念, 僧에 대한 반복적인 念, sanghānussati)[23], 4) 계수념(戒隨念, 계에 대한 반복적인 念, sīlānussati)[24], 5) 사수념(捨隨念, 보시[捨]에 대한 반복적인 念, cāgānussati)[25], 6) 천수념(天隨念, 천신(天神)에 대한 반복적인 念, devatānussati)[26], 7) 사수념(死隨念, 죽음에 대한 반복적인 念, maraṇānussati)[27], 8) 신지념(身至念, 몸에 대한 반복적인 念, kāyagatāsati)[28], 9) 입출식념(入出息念, 호흡에 대한 반복적인 念, ānāpānasati)[29], 10) 적지수념(寂止隨念, 평온함에 대한 반복적인 念, upasamānussati)[30].

4) 사무량심, 사범주(四無量心, 四梵住, catasso apamañña, brahmavihārā)

1) 자(慈, mettā : 자애 - 모든 존재들의 행복을 기원하는 마음)[31], 2) 비(悲, karuṇā : 연민 - 모든 존재들이 고통에서 벗어나기를 기원하는 마음)[32], 3) 희(喜, muditā : 더불어 기뻐함 - 다른 존재들이 행복한 것을 함께 기뻐하는 마음)[33], 4) 사(捨, upekkhā : 평정/평온 - 모든 존재들은 자신의 행위(업)의 결과를 받는다는 마음)[34].

5) 사무색(四無色, cattāro ārupa)

1) 공무변처(空無邊處定, ākāsānañcāyatana)[35], 2) 식무변처(識無邊處定, viññāṇanāyatana)[36], 3) 무소유처(無所有處定, ākiñcaññāyatana)[37], 4) 비상비비상처(非想非非想處定, nevasaññānāsaññāyatana) [38].

6) 식염상(食厭想, 一想, āhāre paṭikūlasaññā)

식염상(食厭想, 一想, āhāre paṭikūlasaññā)[39]은 음식에 대하여 혐오스러움을 생각하는 수행.

7) 사계차별(四界差別, 一差別, catudhātuvavatthāna)

사계차별(四界差別, 一差別, catudhātuvavatthāna)[40]은 지(地), 수(水), 화(火), 풍(風)의 네 가지 요소를 구별하는 수행.

또한 『청정도론』은 인간의 성향을 여섯 부류로 나누어 그 성향에 맞는 수행을 소개하고 있다. 먼저 첫 번째는 '탐행(貪行)'으로, 탐욕(貪欲, rāga-cariyā)이 많은 성향의 사람은 '십부정(十不淨)'[11]~[20]과 '신지념(身至念)'[28]의 수행이 적합하다고 한다. 두 번째는 '진항(瞋行)'으로, 화내기 쉬운(dosa-cariyā) 성향의 사람은 '사범주(四梵住)'[31]~[34], '청편(青遍)'[5], '황편(黃遍)'[6], '적편(赤遍)'[7], '백편(白遍)'[8]을 대상으로 하는 수행이 적합하고, 세 번째 '치항(痴行)'은 우둔한 성향(moha-cariyā)의 사람으로 '입출식념(入出息念)'[29]이 적합하고, 네 번째 '신항(信行)' 즉, 신앙이 깊은 성향(saddhā-cariyā)의 사람은 [佛, 法, 僧, 戒, 捨, 天에 대한] '육수념(六隨念)'[21]~[26]이 적합하다. 다섯 번째 '각항(覺行)'은 지혜가 날카로운 성향(buddhi-cariyā)의 사람으로 '사수념(死隨念)'[27], '적지수념(寂止隨念)'[30], '식염상(食厭想)'[39], '계차별(界差別)'[40]이 적합하고, 여섯 번째로 '심항(尋行)'은 사변적인 성향(vitakka-cariyā)이 강한 사람으로 '입출식념(入出息念)'[29]의 수행 대상이 적합하다.[43]

이들 중 '사범주(四梵住)'[31]~[34], '육수념(六隨念)'[21]~[26], '사수념(死隨念)'[27]은 사마타 수행뿐만 아니라 위빠사나 수행을 할 때에도 보조적으로 사용되며, '입출식념(入出息念)'[29], '신지념(身至念)'[28], '계차별(界差別)'[40]은 위빠사나 수행에도 직접 사용된다. 따라서 깜맛타나는 사마타 수행의 주제일 뿐만 아니라 부분적으로 위빠사나 수행의 주제로도 활용된다. 또한, 『청정도론』은 수행자가 '팔수념(八隨念 : 불, 법, 승, 계, 사, 천, 사, 적지)'[21]~[27][30], '식염상(食厭想)'[39] 그리고 '사계차별(四界差別)'[40]을 대상으로 수행을 하면 초선 이전의 집중상태인 '욕계정(欲界定)'

43 Vism. 109.

까지 얻을 수 있고 '신지념(身至念)'[28]과 '십부정(十不淨)'[11]~[20]을 수행하면 '초선(初禪)'을 얻을 수 있으며 '자, 비, 희(慈,悲,喜)'의 세 가지 무량심[31]~[33]을 수행하면 '초선에서 삼선까지', '십편(十遍)'[1]~[10]과 '입출식념(入出息念)'[29]을 수행하면 '초선에서 사선(四禪)까지'의 선정을 얻을 수 있다. 또한, '사'무량심(捨-無量心)[34]을 수행하면 '사선(四禪)'을 얻을 수 있으며 마지막으로 사무색(四無色)[35]~[38]을 대상으로 수행하면 '사무색계정(四無色界定)'을 얻을 수 있다고 설명한다.

Ⅲ. 위빠사나의 개념

1. 위빠사나(Vipassanā, 觀)에 대해서

'관(觀)'은 빠알리어 '위빠사나(vipassanā. Skt. vipaśyana)'의 한역어이다. '위빠사나'는 '위(vi)'와 '빠사나(passanā)'의 합성으로 이루어진 여성명사로, 접두사 '위(vi)'는 '빠스(paś)'라는 어근을 가진 동사 '빠사띠(passati, 보다)'와 결합하여 일반적인 '봄'이 아니라 '분명하게 봄', '통하여 봄', '꿰뚫어 봄' 등으로 강조된 의미를 가지고 있다. 따라서 '위빠사나'는 본다는 의미가 강조된 'insight(통찰)', 'intuition(직관적 통찰)', 'inward- vision(내적 관찰)', 'introspection(내적 성찰)' 등으로 영역되어 사용된다.[44] 때때로 '위(vi)'가 접두사로 사용될 때에는 '다양한(vividha)'의 의미를 나타내기도 한다. 하지만 '위빠사나'의 '위(vi)'는 다양하다는 의미보다는 '뛰어나다(visesa)'는 의미로 '빠사나(passanā)'와의 합성을 통해 '뛰어난 봄', '특별한 관찰' 등을 나타내는 불교적 전문용어로 이해하는 것이 적절하다. 또한 '위(vi)'는 'separation(분리, 분류)', 'difference(다름, 차이)', 'opposition (반대, 대립)'[45], 'intensity(강렬, 열렬, 강화)'의 의미로 사용되기도 한다.[46] 이에 마헤시 티와리(Mahesi Tiwary)는 위빠사나의 '위(vi)'가 담고 있는 뜻

---

44 Rhys Davids, T. W. and Stede, William. 1993. 627면; Caesar Chilbers, Robert. 1987. 580면, 전재성, 1994. 666면; Nyanatiloka, 1987. 197면; 雲井昭善, 1997. 809면; Bhikkhu Ñāṇamoli, 1994. 96면; Buddhadatta. A. P. 1989. 239면.

45 Chilbers, Robert, 1987. 565면.

46 D. Andersen, A Pali Glossary, vol.Ⅱ. 232면.

은 'minutely(면밀하게, 정밀하게, 끊임없이)', 'perfectly(완전히, 완벽히)', 'exactly(정확하게, 엄밀하게)', 'sincerely(충심으로, 성의를 다해)', 'inwardly (안으로)', 'intrinsically(본질적으로)' 등 이라고 설명하고 있다.[47] 또한 산스크리트로는 'vipaśyanā'를 사용한다. 이는 '바른 지혜(Right knowledge)'라는 의미를 지니고 있다.[48] 이와 유사한 의미로 산스크리트 경전에서 더욱 자주 보이는 용어는 'vidarśanā'이다. 이는 'vi'와 '보다'는 의미를 지닌 'dṛiś'가 합성되어 '선명하게 보여진다'라는 의미로 브라흐만 전통 수행의 영향을 받아 수동적인 특성을 지닌다.[49]

'위빠사나(Vipassanā)'는 다른 종교에서는 볼 수 없는 불교용어이다. 일반적으로 '사마타'와 조화를 이루어 '사마타-위빠사나'로 널리 알려져 있는데, 이는 불교 안에서 서로 밀접한 관계를 이루고 있는 두 가지 마음 계발 방법을 말한다. 수행자는 고요함을 계발하는 사마타 수행(Samatha-bhāvanā, 止)과 내적 통찰을 계발하는 위빠사나 수행(Vipassanā-bhāvanā, 內觀)의 조화를 이루어 수행한다. 사마타 수행을 이끄는 집중(samādhi)이 없으면 대상을 있는 그대로 보는 지혜는 생기지 않는다. 집중은 지혜를 이끄는 중요한 기반이 된다. 수행자는 사마타 수행을 통하여 [일시적으로] 번뇌를 억누르고, 또 위빠사나 수행을 통하여 [지혜와 함께] 번뇌를 잘라 내버리게 된다.

위빠사나의 목적은 발생하는 현상들을 있는 그대로 보는 지혜를 얻는 것이다(yathābhūta-ñāṇadassana). 즉, 무상(無常), 고(苦), 무아(無我)라는 관점에서 모든 현상을 관찰하는 것이라고 할 수 있다. 우리에게 널리 알려진 『법구경(法句經, Dhammapada)』은 다음과 같이 설명한다.

> '조건에 의해 생겨난 모든 현상[諸行]은 영원하지 않다[無常]라고 지혜에 의해 볼 때, 그는 괴로움에 대해 싫어하게 된다. 이것이 청정함에 이르는 길이다. 조건에 의해 생겨난 모든 현상[諸行]은 괴로움[苦]이다라고 지혜에 의해 볼 때, 그는 괴로움에 대해 싫어하게 된다. 이것이 청정함에 이르는 길이다. 모든 법들은 영원한 자아가 없다[無我]라고 지혜에 의해 볼 때, 그는 괴

47 Mahesi Tiwary, 81면.
48 Monier Williams, 1951. 974면.
49 Monier Williams, 1951. 966면 : vi- √dṛiś (only pass.) to be clearly visible, become apparent, appear.

로움에 대해 싫어하게 된다. 이것이 청정함에 이르는 길이다.'[50]

법구경은 세 가지 법의 특성[三法印]인 무상, 고, 무아에 대해 지혜로써 관찰하는 것이 바로 청정[열반]에 이르는 길임을 설명하고 있다. 지혜로써 관찰한다는 말은 다름 아닌 위빠사나라고 이해할 수 있다. 또한, 붓다께서는 이처럼 현상을 있는 그대로 꿰뚫어보는 위빠사나를 위해서 집중(samādhi)이 기본요소(upanisā)로 매우 중요하다고 설명하고 있다. 『앙굿따라 니까야』[51]는 바른 집중이 없으면(sammāsamādhimhi asati) 수행자는 바른 집중을 부여하지 못하고(sammāsamādhivipannassa), 이는 현상을 있는 그대로 볼 수 있는 내적 통찰로 이끌지 못해 결국 해탈의 지혜를 얻지 못한다고 설명한다. 또한 『상윳따니까야』[52]는 '현상을 있는 그대로 볼 수 있는 지혜의 가장 가까운 원인은 집중이다(yathābhūtañāṇadassanassa upanisā samādhi).'라고 설명한다. 그러므로 위빠사나는 '지혜'라고 불리는 경험적 내적 통찰을 만들어내는 훈련과정이라고 볼 수 있다.

불교뿐만 아니라 다른 종교에서도 현상에 대한 지혜를 얻는 것을 목적으로 하는 수행을 찾아볼 수 있다. 일례로 우빠니샤드(Upaniṣade)는 실체에 대한 지혜를 얻는 것을 목적으로 한다. 하지만, 이들이 추구하는 깨달음이나 지혜의 내용은 불교의 것과 많은 차이를 보인다. 이들에게 지혜는 브라흐만(Brahman)과 아트만(Ātman)이 서로 다른 것이 아닌 하나라고 보는 것이며, 결국 이 지혜를 통하여 나[自]와 너[他], 자연과 우주가 하나가 되는 범아일여(梵我一如)의 삶을 추구한다. 이를 위해서는 수행자가 현상을 관찰하는 방향이 내적으로 진행되는 것이 아니라 외적으로 진행되어야 한다. 이런 모든 과정은 수행자에게 일어나는 현상을 있는 그대로 보는 것이 아니라 정신적으로 만들어내는 것이다. 즉, 형이상학적인 신비주의에 가깝다고 볼 수 있다. 또한, 수행자가 최종적으로 얻는 지혜는 스스로의 노력에 의해서 얻어지는 것이 아니라 [수행자가 준비되었을 때] 신이나 수승한 힘의 은총으로 얻어지는 일종의 선물과 같은 것이다. 따라서 수행자는 자신 스스로의 노력보다 외부적인 힘에 의존하게 되고 수동적인 수행을 해 나아갈 수밖에 없는 것이다.

---

50 Dhammapada. 277~279.
51 A. III. 200, III. 19f, Woodward. F. L, 1979. 14면 (Gradual sayings. III).
52 S. II. 30, Bhikkhu Bodhi, 2000. I. 554면.

하지만, 위빠사나는 관찰의 능력을 계발하기 위해 수행자 스스로의 신중하고 지속적인 노력이 필요하다. 이 모든 과정은 체계적으로 분석되고 설명될 수 있기에 위빠사나는 어떠한 형이상학적인 가정에도 기준하지 않으며 정신적으로 만들어 내거나 외부의 힘에 의지하는 신비적인 성향 역시 찾아볼 수 없다. 그러므로 위빠사나는 내적 통찰을 통하여 스스로를 해방으로 이끄는 불교만의 독특한 수행체계이다.

1) 위빠사나(Vipassanā, 觀)와 염처(念處, Satipaṭṭhāna)

앞에서 설명했듯이, 불교의 수행은 크게 두 가지 방법으로 구성되어 있다. 하나는 고요함을 계발하는 사마타 수행이고, 다른 하나는 내적 통찰을 계발하는 위빠사나 수행이다. 사마타 수행[止]은 바른 집중(sammā-samādhi)이라는 이름 아래 선정의 성취와 더불어 설명하였고, 위빠사나 수행[觀]은 사념처(四念處, Satipaṭṭhāna)와 함께 살펴보고자 한다.

'염처 수행(Satipaṭṭhāna)'은 불교에서 깨달음과 지혜를 얻기 위한 삼십칠조도품(三十七助道品) 가운데 첫 번째 수행 방법이다. 이 수행은 장부(長部, Dīgha-nikāya)의 『대념처경(大念處經, Mahāsatipaṭṭhāna sutta)』[53]을 통해 상세하게 설명된다. 『대념처경』은 『염처경(念處經, Satipaṭṭhāna sutta)』[54]과 함께 수행자가 청정을 이루고 슬픔과 비탄을 넘어서 육체적, 정신적 괴로움을 벗어나 결국 열반을 얻을 수 있도록 이끌어주는 네 가지 수행방법을 설명하고 있는 경전이다. 이 경전은 비교적 구체적인 방법을 통하여 수행자가 자신의 몸[身, kāya], 느낌[受, vedanā], 마음[心, citta], 법(法, dhamma)의 네 가지를 지속적으로 관찰할 수 있도록 설명하고 있으며, 이러한 구분에 의해 사념처(四念處, cattāro satipaṭṭhanā)라고 불린다. 경전은 네 가지의 염처수행 범주 안에 총 21가지의 수행방법을 제시한다. 첫 번째로, 1) 신념처(身念處, kāyānupassanā)는 '몸에 대한 마음챙김'에 대해 14가지 방법을 들어 수행자가 몸에 대해서 몸을 따라가며 관찰할 수 있도록 설명한다. '비구들이여, 여기서 어떤 비구가 몸에서 몸을 따라 관찰하면서 머문다. 열심히, 분명한 앎을 지니고, 마음챙김을 지니고, 세상에 대한 탐착심과 싫어하는 마음을 제어하면서….' 두 번째로, 2) '느낌에 대한 마음챙김'

53 D. II. 290ff.
54 M. I. 55ff.

인 수념처(受念處, 受觀, vedanānupassanā)는 9가지 느낌을 대상으로 [1가지 방법으로] 관찰한다고 설명한다. '그는 느낌에서 느낌을 따라 관찰하며 머문다. 열심히, 분명한 앎을 지니고, 마음챙김을 지니고, 세상에 대한 탐착심과 싫어하는 마음을 제어하면서….' 세 번째로, 3) '마음에 대한 마음챙김'인 심념처(心念處, cittānupassanā)는 16가지 마음을 대상으로 [1가지 방법으로] 관찰한다고 설명한다. '그는 마음에서 마음을 따라 관찰하며 머문다. 열심히, 분명한 앎을 지니고, 마음챙김을 지니고, 세상에 대한 탐착심과 싫어하는 마음을 제어하면서….' 그리고 네 번째로, 4) '법에 대한 마음챙김'인 법념처(法念處, dhammānupassanā)는 5가지 방법으로 설명한다. '그는 법에서 법을 따라 관찰하며 머문다. 열심히, 분명한 앎을 지니고, 마음챙김을 지니고, 세상에 대한 탐착심과 싫어하는 마음을 제어하면서….' 이처럼 사념처는 수행자가 자신의 몸[身, kāya], 느낌[受, vedanā], 마음[心, citta], 법(法, dhamma)을 통하여 나타나는 현상의 일어남과 사라짐을 관찰함으로 현상의 생멸을 통해 무상을 깨닫도록 도와주는 수행방법이다. 그리고 이와 같은 수행은 팔정도의 일곱 번째인 기능인 '바른 마음챙김[正念, sammā-sati]'의 수행방법으로도 널리 알려져 있다.

위빠사나[觀] 수행과 사념처 수행 사이에는 유사점과 차이점을 볼 수 있다. 위빠사나는 '직관적 통찰' 또는 '내적 관찰'을 의미하며 지혜를 계발하는 '반야수행(Paññā-bhāvanā, 慧)'이다. 따라서 팔정도(八正道)를 '계(戒, sīla)', '정(定, samādhi)', '혜(慧, paññā)'의 '삼학(三學, tisikkhā)'으로 구분했을 때 '계(戒)', '정(定)'의 갖춤으로 얻어진 '혜(慧)' 안에 해당한다. '혜(慧)'의 범주 안에 해당하는 팔정도의 요소는 1) 바른 견해[sammā- diṭṭhi, 正見][55]와 2) 바른 생각[sammā-sankappa, 正思惟][56]이다. 『바른 견해의 경(Sammādiṭṭhi sutta)』은 바른 견해와 위빠사나의 유사성에 대해 다음과 같

55 『大念處經』은 정견(正見)을 사성제를 바르게 아는 것이라고 설명한다 : '비구들이여, 바른 견해란 무엇인가? 비구들이여, '괴로움'에 대해서 아는 것, '괴로움의 발생'에 대해서 아는 것, '괴로움의 소멸'에 대해서 아는 것, '괴로움의 소멸에 이르는 길'에 대해서 아는 것, 이것을 바른 견해라고 한다.' (D. II. 311f) 비고) A. I. 27 : '정견(正見)을 가지고 있는 사람이 그 무엇을 자아라고 간주하는 것은 불가능한 일이다.' 참고) D. II. 66f; M. I. 486; M. III. 71f; S. III. 68; S. III, 139; A. I. 286.

56 『大念處經』은 바른 생각(正思惟)을 다음과 같이 설명한다. : '비구들이여, 바른 생각이란 무엇인가? 감각적인 욕망이 없는 마음가짐[出離], 나쁜 의도[惡意]가 없는 마음가짐, 남을 해치려는 의도가 없는 마음가짐, 이것이 바른 생각이다.' (D. II. 312).

이 설명한다.

> '존자여, 고귀한 제자가 이와 같이 번뇌를 분명히 알고, 번뇌의 발생을 분명히 알고, 번뇌의 소멸을 분명히 알고[anicca, 無常], 번뇌의 소멸로 이르는 길을 분명히 알면, 그는 모든 탐욕[貪]의 잠재성향을 제거하고 성냄[瞋]의 잠재성향을 제거하고 '내가 있다'라는 견해의 잠재성향을 제거[無我, anattā]하고 무지[痴]를 제거하고 명지를 일으켜 지금 여기에서 고통[dukkha, 苦]의 끝을 얻습니다. 이처럼 고귀한 제자는 바른 견해[sammā-diṭṭhi, 正見]를 지니고, 견해를 바르게 세우고, 법에 대한 믿음을 가지고 진정한 법을 얻습니다.'[57]

또한 『칸다상윳따(Khandhasaṃyutta)』는 '바른 견해[sammā-diṭṭhi, 正見]'를 오온(五蘊)이 무상하다고 보는 것이라고 설명한다. 즉, 바른 견해는 현상을 있는 그대로 보아 탐욕을 제거하고 해탈을 이루도록 도와준다.

> '비구들이여, 어떤 비구가 무상한(無常) 물질[色]을 [무상한 느낌[受]을…, 무상한 인식을[想]을…, 무상한 형성[行]을…, 무상한 의식[識]을…] 무상하다고 본다면, 그는 바른 견해[正見, sammā-diṭṭhi]를 가지고 있는 것이다. 그는 이처럼 바르게 보아 혐오하여 멀리하게 된다. [오온에 대한] 기쁨의 제거가 탐욕의 제거로, 탐욕의 제거가 기쁨의 제거로 이끈다. 기쁨과 탐욕의 제거로 마음의 해탈을 이루고 이는 잘 해탈된 것을 말한다. …'[58]

이처럼 경전은 팔정도를 통하여 얻어진 '바른 견해[正見, sammā-diṭṭhi]'를 지니면 무상(無常, anicca), 고(苦, dukkha), 무아(無我, anattā)를 터득하고 탐(貪), 진(瞋), 치(痴)를 소멸할 수 있다고 설명한다. 즉, 무상, 고, 무아를 보는 위빠사나는 삼학(三學)의 구분 중 '계(戒)', '정(定)'의 갖춤으로 얻어진 '지혜[paññā, 慧]'의 범주[正見, 正思惟] 안에 속하는 것이다. 하지만, 오늘날 위빠사나의 수행법으로 널리 알려져 있는 사념처(四念處, Satipaṭṭhāna)는 '지혜'의 범주가 아닌 '집중[samāshi, 定]'의 범주 안에 속한다. 왜냐하면,

---

57 M. I. 55, Bhikkhu Bodhi, 1995. 144면.
58 S. III. 51.

경전은 팔정도의 '바른 마음챙김[sammā-sati, 正念]'으로 사념처를 설명하고 있기 때문이다.

> '비구들이여, 그러면 무엇이 바른 마음챙김[正念]인가? 비구들이여, 여기서 어떤 비구가 몸에서 몸을 따라 관찰하며 머문다. 열심히, 분명한 앎을 지니고, 마음챙김을 지니고, 세상에 대한 탐착심과 싫어하는 마음을 제어하면서 머문다. … 느낌에서 느낌을 따라 관찰하며 머문다. … 마음에서 마음을 따라 관찰하며 머문다. … 법에서 법을 따라 관찰하며 머문다. 열심히, 분명한 앎을 지니고, 마음챙김을 지니고, 세상에 대한 탐착심과 싫어하는 마음을 제어하면서 머문다. 이것을 바른 마음챙김이라고 한다.'[59]

예를 들어, 계(戒, sīla)를 갖추고 이제 막 수행을 시작한 초행자도 집중[samāshi, 定]의 범주 안에 속하는 사념처를 수행을 할 수 있다. 그러나 이 자체를 가지고 그를 위빠사나 수행자라고 부르기에는 다소 무리가 따른다. 왜냐하면, 그가 [경전의 설명에 따라] 몸의 호흡이나 느낌을 통해 몸에서 몸을, 느낌에서 느낌을 따라 관찰하는 것은 가능하나, 그 관찰 속에서 [무상, 고, 무아의] 현상을 있는 그대로 볼 수 있는 능력은 아직 키워지지 않았기 때문이다. 즉, 위빠사나를 위해서는 '계(戒)', '정(定)'뿐만 아니라 '혜(慧)'를 포함하는 팔정도의 조화가 필요한 것이다. 그러므로 사념처 수행 자체만을 위빠사나 수행이라고 보는 데는 무리가 있다.

우리는 후대문헌으로 오면서 사념처 수행이 위빠사나 수행의 길로 표현되는 부분들을 찾아볼 수 있다. 오늘날 위빠사나 수행의 대명사로 알려져 있는 '마하시 사야도(ven. Mahasi Sayadaw)'의 가르침에 따르면 사념처와 위빠사나는 동의어처럼 사용된다.[60] 그리고 고엔카지(S.N. Goenka) 역시 '위빠사나 수행은 사념처 수행과 같다'[61]고 설명한다. 이들 마하시 사야도와 고엔카지는 오늘날 세계적으로 많은 명성을 얻고 있는 수행지도자이다. 이 의미는 오늘날 많은 수행자들이 이들의 가르침에 따라 사념처 수행 자체를 위빠사나 수행이라고 보고 있다는 것이다. 이러한 주장을 하게 되는 이

---

59 D. II. 313.

60 Mahasi Sayadaw, 1990 그리고 1984.

61 Goenka. S. N, 1993. 69면, introduction. xi, xiii, : the practice of vipassanā is the same as the practice of Satipaṭṭhāna.

유는 사념처 수행과 위빠사나 수행 사이에 많은 유사점들이 있기 때문이다.

첫 번째 유사점은 사념처의 '아누빠사나(anupassanā)'와 '위빠사나(vipassanā)' 사이의 언어적 연계성이다. 『대념처경』의 수행방법으로 나타나는 네 가지 염처는 빠알리어로 [몸, 느낌, 마음, 법에 대한] '아누빠사나(anupassanā)'이다. 즉, '염처[satipaṭṭhāna, 마음챙김의 확립]'는 '아누빠사나(anupassanā)'와 같은 의미로 사용되었다. '아누빠사나'는 '~을 따라서, ~와 결합하여' 등의 의미를 가진 접두사 '아누(anu)'와 '보다'라는 뜻의 '빠사띠(passati)'가 결합된 '아누빠사띠(anupassati)'로부터 나온 명사형으로 '따라가며 보기, 관찰, 응시'[62] 등의 뜻을 가지고 있다. 그러므로 몸, 느낌, 마음, 법에 대한 '아누빠사나'는 이들에 대한 '마음챙김'의 확립이라는 의미로 '따라가며 보는 것'을 나타낸다. 그리고 위빠사나 역시 접두사 '위(vi)'와 '보다'라는 뜻의 '빠사띠(passati)'의 결합으로부터 나온 명사형으로 '분명하게 봄', '통하여 봄', '꿰뚫어 봄'으로 보는 것을 나타낸다.[63] 그러므로 '아누빠사나'와 '위빠사나'는 모두 지금 일어나는 현상에 대한 주의 깊은 관찰을 의미한다.

그리고 『청정도론』[64]에서 붓다고사는 열여덟 가지의 '주요한 위빠사나[mahā-vipassanā]'를 설명한다. 이들은 '아누빠사나(anupassanā)' 열여섯 가지와 '여실지견(yathā-bhūta-ñāṇadassana)' 하나, 그리고 '위빠사나(vipassanā)' 하나로 구성되어 있다. 이들은 1) 무상을 따라 관찰하여(aniccānupassanā) 영원하다는 인식을 버림, 2) 고통을 따라 관찰하여(dukkhānupassanā) 즐겁다는 인식을 버림, 3) 무아를 따라 관찰하여(anattānupassanā) 자아라는 인식을 버림, 4) 혐오를 따라 관찰하여 (nibbidānupassanā) 기쁨을 버림, 5) 탐욕 없음을 따라 관찰하여(virāgānupassanā) 탐욕을 버림, 6) 소멸을 따라 관찰하여(nirodhānupassanā) 일어남을 버림, 7) 포기를 따라 관찰하여(paṭinissaggānupassanā) 가짐을 버림, 8) 제거를 따라 관찰하여(khayānupassanā) 빽빽하다는 인식을 버림, 9) 사라짐을 따라 관찰하여(vayānupassanā) [업의] 축적을 버림, 10) 변화를 따라 관찰하여(vipariṇāmānupassanā) 일정하다는

62 Rhys Davids, T. W. and Stede, William. 1993. 33면, 38면f : (anu + passati) to look at, contemplate. [반복하여] 보다, 관찰, 응시하다. Sk. anudarśana.

63 Rhys Davids, T. W. and Stede, William. 1993. p.627. : vi + passati. Skt. vipaśyana. from vi + root 'paś', to see

64 Vism. 694; Bhikkhu Ñāṇamoli, 1976. 813면f.

인식을 버림, 11) 표상 없음을 따라 관찰하여(animittānupassanā) 표상을 버림, 12) 욕망 없음을 따라 관찰하여(appaṇihitānupassanā) 욕망을 버림, 13) 공(空)을 따라 관찰하여(suññatānupassanā) [집착의] 경향을 버림, 14) 뛰어난 지혜의 법을 위빠사나하여(adhipaññā-dhamma-vipassanā) 실재가 있다는 [집착의] 경향을 버림, 15) 여실지견을 하여(yathā-bhūta-ñāṇadassana) 혼동의 [집착의] 경향을 버림, 16) 위험을 따라 관찰하여(ādinavānupassanā) [형성에] 집착하는 경향을 버림, 17) 숙고를 따라 관찰하여(paṭisankhānupassanā) 숙고하지 않음을 버림, 18) 전환을 따라 관찰하여(vivaṭṭānupassanā) 속박의 경향을 버림이다.

이들 열여덟 가지의 '위빠사나'를 살펴보면 붓다고사는 다양한 '아누빠사나'를 '주요한 위빠사나'의 범주 안에 넣었다. 이를 통해 『청정도론』의 제작시기 [AD 5세기]에 '아누빠사나(anupassanā)'와 '위빠사나(mahā-vipassanā)'는 [활용에 따라] 동의어처럼 사용되었다는 것을 유추할 수 있다. 그러므로 염처의 '아누빠사나(anupassanā)'와 '위빠사나(vipassanā)'는 서로 언어적 유사성을 지니고 있다.

또 다른 유사성은 열반(nibbāna)으로 향하는 염처와 위빠사나의 목적이다. 월폴라 라훌라(Ven. Walpola Rahula)는 '염처(satipaṭṭhāna)'와 '위빠사나(vipassanā)'를 열반으로 이끄는 불교수행의 핵심으로 설명하고 있다.

> '붓다께서는 사물을 있는 그대로 통찰할 수 있고, 마음을 완전한 해방으로 이끌며, 궁극적 진리를 깨닫고, 열반으로 이끄는 위빠사나(vipassanā, Skt. vipaśyanā 또는 vidarśanā)라는 새로운 수행법을 발견하셨다. 이것은 불교수행의 핵심이며 불교의 정신 계발방법이다. 이것은 마음챙김(sati), 알아차림, 직관, 관찰에 바탕한 분석적인 방법이다… 그리고 붓다께서 설하신 불교수행에 관한 가르침 중에 가장 중요한 것은 『염처경(Satipaṭṭhāna-sutta)』이다.'[65]

따라서 '염처(satipaṭṭhāna)'와 '위빠사나(vipassanā)'는 모두 열반의 성취를 목표로 하고 있는 수행법이다. 수행자가 염처수행을 할 때에는 몸, 느낌, 마음, 법을 통해 일어나는 현상을 있는 그대로 보기 위해 노력한다. 따

65 Walpola Rahula. 1996. 68면f.

라서 수행자는 일어나는 현상과 사라지는 현상 모두를 면밀하게 관찰하게 된다. 이러한 과정에는 어떠한 형이상학적인 가정도 개입될 수가 없다. 이와 유사하게 위빠사나 수행을 할 때에도 수행자는 현상을 있는 그대로 관찰하기에 '무상(無常, anicca)', '고(苦, dukkha)', '무아(無我, anattā)'의 성질로 보게 된다. 냐나포니까 테라(Nyanaponika Thera) 역시 염처와 위빠사나의 유사성을 다음과 같이 설명한다.

> '염처[satipaṭṭhāna, 마음챙김의 확립]수행의 주요대상으로 선택된 몸[느낌, 마음, 법]에 대한 관찰은 초행자의 첫 번째 단계에서부터 최고 목표에 다다르기까지의 수행 전체를 통해 위빠사나를 체계적으로 계발시킨다.'[66]

이처럼 염처수행과 위빠사나는 매우 밀접한 관계를 맺고 있다. 또한『사띠빳타나 상윳따(Satipaṭṭhānasaṃyutta)』는 염처수행의 중요성과 그 목적에 대해서 다음과 같이 설명한다.

> '벗이여, 네 가지 염처수행[catunnaṃ satipaṭṭhānānam]이 계발되고 실천되지 않는다면 여래(如來)의 반열반(般涅槃) 후에 참된 법은 오랫동안 지속되지 못할 것입니다. 그리고 네 가지 염처수행이 계발되고 실천된다면 여래의 반열반 후에 참된 법은 오랫동안 지속될 것입니다.'[67]

> '벗이여, 네 가지 염처수행의 계발을 완성한 자는 배울 것이 남아있지 않은 자[無學, 阿羅漢, arahat]입니다. 무엇이 네 가지입니까? 여기 어떤 비구가 몸에서 몸을 따라 관찰하면서 머뭅니다. 열심히, 분명한 앎을 지니고, 마음챙김을 지니고, 세상에 대한 탐착심과 싫어하는 마음을 제어하면서 … 느낌에서 느낌을 따라 관찰하면서 머뭅니다. … 마음에서 마음을 따라 관찰하면서 머뭅니다. … 법에서 법을 따라 관찰하면서 머뭅니다. 이 네 가지 염처수행의 계발을 완성한 자는 배울 것이 남아있지 않은 자입니다.'[68]

> '한때 세존께서는 우루웰라의 네란자라 강 언덕에 아자빨라니그로다 나

66 Nyanaponika Thera, 1996. 105면.
67 S. V. 172, Bhikkhu Bodhi. 2000. p.1,651. 비고) S. V. 165f.
68 S. V. 175, Bhikkhu Bodhi. 2000. 1,653면.

무 아래에서 첫 번째 완전한 깨달음(pathamābhisambuddho)을 얻고 머무셨다. 그때 홀로 수행하시는 세존의 마음에 다음과 같은 생각이 떠올랐다. 이 길은 유일한 길이니 수행자가 청정을 이루고, 슬픔과 비탄을 넘어서 육체적, 정신적 괴로움을 벗어나 결국 열반을 얻을 수 있도록 이끌어주는 수행 방법으로 그것은 네 가지 염처수행이다.'[69]

또한 『앙굿따라 니까야』 역시 나쁜 요소들을 제거하는 염처수행의 이로움에 대해서 설명하고 있다.

'비구들이여, 오계를 지키는 데 연약하게 하는 것을 제거하기 위해서는 네 가지 염처수행을 해야만 한다. 무엇이 네 가지인가? 여기서 어떤 비구가 몸에서 몸을 따라 관찰하면서 머문다. 열심히, 분명한 앎을 지니고, 마음챙김을 지니고, 세상에 대한 탐착심과 싫어하는 마음을 제어하면서 … 느낌 … 마음 … 법 … '[70]

위와 같은 방법으로 경전은 1) 다섯 가지 장애[pañcannaṃ nīvaraṇānaṃ, 五蓋], 2) 다섯 가지 욕망[pañcannaṃ kāmaguṇānaṃ, 五慾], 3) 다섯 가지 취착의 모임[pañcannaṃ upādānakkhandhānaṃ, 五取蘊], 4) 다섯 가지 낮은 속박[pañcannaṃ orambhāgiyānaṃ saṃyojanānaṃ, 五下分結], 5) 다섯 가지 진행[pañcannaṃ gatīnaṃ, 五趣], 6) 다섯 가지 인색[pañcannaṃ macchariyānaṃ, 五慳吝], 7) 다섯 가지 높은 속박[pañcannaṃ uddhambhāgiyānaṃ saṃyojanānaṃ. 五上分結], 8) 다섯 가지 마음의 쇠약[pañcannaṃ cetokhilānaṃ, 五心栽], 9) 다섯 가지 마음의 속박[pañcannaṃ cetaso vinibandhānaṃ, 五心繫縛] 등을 제거하는 방법으로 네 가지 염처수행을 제시하고 있다.

이러한 경전은 염처수행이 수행자들로 하여금 계율을 잘 지키도록 도와주는 것뿐만 아니라 열반을 성취할 수 있도록 이끌어준다고 설명하고 있다. 그러므로 염처수행은 매우 광범위하게 활용되고 있다. 이러한 염처수행을 통하여 수행자는 결국에 탐, 진, 치를 제거하게 되고 이는 다시 위빠사나 수행의 역할이기도 하다. 따라서 염처수행과 위빠사나는 서로 같은 목

69 S. V. 167, Bhikkhu Bodhi. 2000. 1,647면.
70 A. IV. 457ff.

적을 가지고 있으며 염처수행은 위빠사나를 계발하는 데 매우 중요한 역할을 한다. 이러한 의미에서 이들은 서로 유사성을 지니고 있다. 하지만, 이러한 유사성에도 불구하고 모든 염처 수행자들이 위빠사나 수행자들이라고 말하기는 여전히 어렵다. 왜냐하면, 이전에 설명했듯이 염처수행의 범위는 이제 수행을 시작한 초행자에서부터 높은 단계에 도달한 수행자까지의 넓은 범위를 포함하기 때문이다.

『대념처경』의 주석서인 『수망갈라윌아시니(Sumaṅgalavilāsinī)』에서 붓다고사는『대념처경』의 도입부에 설명되는 '비구들이여, 이 길은 유일한 길이니'[ekāyano ayaṃ bhikkhave maggo]의 '유일한 길'을 설명하는 과정에서 사념처 수행은 성인[ariyasāvaka]을 위한 수행방법이 아니라 성인의 경지에 도달하기 위한 예비단계의 방법을 나타내는 것이라고 한다. 이는 즉 염처수행이 성인[ariyapuggala]에 이르기 전의 수행자들이 행하는 수행법이라는 얘기이다.

> '왜냐하면, 여기서는 길의 예비단계를 의미하기 때문이다. 여기서 몸 등의 네 가지 대상의 기능인 염처는 예비단계의 길을 의미하고 출세간적이 아니다. 그는 여러 번 행하고, 그의 행은 여러 번이다.'[71]

이와 더불어 붓다고사는 삼장[법사] 출라나가 장로(cūḷanāga-tthero)와 삼장[법사] 출라수마 장로(cūḷasuma-tthero)와의 일화를 예로 들어 사념처 수행의 대상에 대해 설명하고 있다. 이 일화 속에서 제자인 출라나가 장로는 염처 수행을 '예비의 길'로 세간의 수행자를 위한 길이라고 주장했고 스승인 출라수마 장로는 염처 수행을 '혼합된 길'로 세간(puthujjana)과 출세간(ariyasāvaka)에 있는 모든 수행자들을 위한 길이라고 주장했다. 하지만, 스승인 출라수마 장로는 이 방법이 출세간을 위한 방법이라면 이미 출세간을 얻은 수행자들이 7년, 6년, 5년…[72]을 닦으며 성인(anāgāmī, arahat)이 되기 위해 머무른다는 것은 옳지 않다는 것을 파악하고, 제자 출라나가 장로를 찾아가 자신이 주장했던 '혼합된 길'이 틀렸으며 사념처 수행은 세간의 수행자를 위한 방법이라고 전한다.

---

71 SV (DA). III. 744.
72 D. II. 314.

'친구 출라나가여, 나에 의해 일컬어진 혼합된 길은 가능하지 않다. 너에 의해 일컬어진 사념처가 예비단계의 길이라는 것이 가능하다.'[73]

이처럼 주석서의 설명에서도 보이듯이 염처수행의 범위는 다양하게 이해될 수 있고,[74] 또한 초행자에서부터 높은 단계에 도달한 수행자까지 넓은 범위의 대상들을 포함하고 있다. 그러므로 염처수행이 위빠사나 수행과 같다고 보는 것보다는 염처수행이 위빠사나를 일으키는 데 중요한 역할을 한다고 보는 것이 더욱 적절할 것이다. 수행자는 염처수행을 통하여 위빠사나 지혜를 얻어 몸, 느낌, 마음 법을 통하여 일어나는 현상을 있는 그대로 볼 수 있는 것이다.

2) 위빠사나 수행의 전개

『청정도론』[75]의 내용은 모두 일곱 가지 청정으로 구성되어 있으며 뒤에 다섯 가지 청정은 지혜의 계발 즉, 위빠사나 수행의 단계를 나타낸다. 일곱 가지 청정은 1) 계청정(戒清淨, sīlavisuddhi), 2) 마음청정[心清淨, cittavisuddhi], 3) 견청정(見清淨, diṭṭhivisuddhi), 4) 의심제거의 청정[度疑清淨, kankhāvitaraṇavisuddhi], 5) 도와 비도의 지견청정[道非道智見清淨, maggāmaggañāṇadassanāvisuddhi], 6) 도에 대한 지견의 청정[行道智見清淨, paṭipadā-ñāṇadassanāvisuddhi] 그리고 7) 지견의 청정[智見清淨, ñāṇadassanāvisuddhi]이다.

(1) 계청정(戒清淨, sīlavisuddhi)과 마음청정[心清淨, cittavisuddhi]

첫 번째인 '계청정'은 계를 엄밀히 지키는 것을 말하고, 두 번째인 '마음청정'은 마흔 개의 수행주제(四十業處)를 대상으로 하여 얻어진 '근접-사마

---

73 SV (DA). III. 745, 비고) R.M.L. Gethin. 1992. 65면.

74 붓다고사는 이처럼 사념처의 수행은 세간의 수행자를 위한 것이며 수념처를 위한 대상으로서의 느낌들 역시 세간적이라고 설명한 연후에 정작 9가지 종류의 느낌들을 설명하는 부분에 있어서는, 느낌을 『살아야타나위방가경 Saḷāyatanavibhanga Sutta (M. III. 217f)』과 비교하여 세간적(gehasita)인 것과 출세간적인(nekkhammasita) 것으로 나누어 관찰된다고 설명하였다. 결과적으로 붓다고사는 스스로 세간적인 방법 안에서 출세간적인 의미의 느낌들을 관찰한다는 모순점을 드러냈다. 비고) SV (DA). III. 775.

75 Vism. 639~671.

디[upacāra samādhi, 近接定]'와 여덟 가지 선정의 증득[samāpatti, 等至]을 말한다. 세 번째 '견청정'에서부터 일곱 번째 '지견의 청정'까지의 다섯 가지 청정은 '계(戒)'와 '정(定)'의 갖춤으로 얻어진 '혜(慧)'의 단계라고 볼 수 있다. 그러므로 청정도론 역시 '삼학(三學, tisikkhā)'이 조화를 이루어 전개되는 위빠사나 수행을 설명하고 있다.

(2) 견청정(見淸淨, diṭṭhivisuddhi)

'견청정'에서는 1) '마음과 몸을 구별하는 지혜[nāmarūpaparicchedañāṇa, 名色區別知]'가 설명되고 있다. 이는 정신적인 현상과 물질[육체] 적인 현상이 서로 다른 현상이라는 지혜를 얻는 것으로 마하시 사야도의 가르침에 따르면 사념처 수행을 통해 얻어지는 첫 번째 지혜이다.

(3) 의심제거의 청정[度疑淸淨, kankhāvitaraṇavisuddhi]

'의심제거의 청정'은 정신과 물질에 대한 조건(paccaya)을 파악함으로 삼세에 대한 의심을 극복하여 얻어진 지혜를 말하며, 이를 통해 수행자는 2) '조건을 파악하는 지혜[paccayapariggahañāṇa, 緣把握知]'를 얻는다.[76]

(4) 도와 비도의 지견청정[道非道智見淸淨, maggāmaggañāṇadassanāvisuddhi]

'도와 비도의 지견청정'은 도와 도가 아닌 것을 구별하는 지혜로 이를 얻기 위해서는 과거, 미래, 현재로 분리된 법들을 깔라빠로 함께 모아서 수행(sammasana)하는 조직적인 위빠사나(naya-vipassanā)가 필요하다. 이 청정을 통해서는 3) '현상의 무상·고·무아에 대한 사유지혜[sammasanañāṇa, 思惟知]'와 4-1) '일어남과 사라짐을 따라 관찰하는 지혜[udayabbayānupassanāñāṇa, 生滅隨觀知]'의 전반부를 얻게 된다. 또한, 이 위빠사나에 의해 열 가지 번뇌[vipassanūpakkilesā, 十觀隨染][77]가 생기게 된다.

(5) 도에 대한 지견의 청정[行道智見淸淨, paṭipadā- ñāṇadassanāvisuddhi]

'도에 대한 지견의 청정'에는 위빠사나 수행의 절정에 이르게 하는 9가지 지혜

76 Vism. 598.

77 Vism. 633ff. ① 광명(光明, ochāsa) ② 지혜(知, ñāṇa) ③ 희열(喜, pīti) ④ 경안(輕安, passaddhi) ⑤ 즐거움(樂, sukha) ⑥ 결심(勝解, adhimokkha) ⑦ 노력(努力, paggaho) ⑧ 확립(現起, upaṭṭhāna) ⑨ 평온(捨, upekkhā) ⑩욕구(欲求, nikanti).

가 있다. 이들은 이전에 위빠사나에 의해 생긴 번뇌들에서 벗어난 4-2) ① '일어남과 사라짐을 따라 관찰하는 지혜[生滅隨觀知, udayabbayānupassanāñāṇa]', 5) ② '소멸을 따라 관찰하는 지혜[壞隨觀智, bhaṅgānupassanāñāṇa]', 6) ③ '두려움으로 나타나는 지혜[怖畏隨觀智, bhayatu-paṭṭhānañāṇa]', 7) ④ '위험함을 따라 관찰하는 지혜[過患隨觀智, ādīnavānupassanāñāṇa]', 8) ⑤ '싫어함을 따라 관찰하는 지혜[厭離隨觀智, nibbhedānupassanāñāṇa]', 9) ⑥ '해탈하고자 하는 지혜[脫欲智, muccitukamyatā-ñāṇa]', 10) ⑦ '성찰을 따라 관찰하는 지혜[省察隨觀智, paṭisaṅkhānupassanāñāṇa]', 11) ⑧ '모든 현상에 대해 평온한 지혜[行捨智, saṅkhārupekkhāñāṇa]'이다.[78] 그리고 12) ⑨ '진리에 수순하는 지혜[隨順智, saccānulomikañāṇa]'

(6) 지견의 청정[智見淸淨, ñāṇadassanāvisuddhi]

마지막인 '지견의 청정'에는 다섯 가지 지혜들이 나타나는데, 이들은 '도에 대한 지견의 청정'과 '지견의 청정' 사이에서 발생하여 도(道)로 전향하고 있는 13) ① '고뜨라부[種姓, 범부에서 성인으로의 변환]의 지혜(gotrabhūñāṇa)'와 8가지 성인[四雙八輩]을 나타내는 14)~17) ②~⑤ '네 가지 도과(道果)의 지혜'이다. 이처럼 청정도론을 통하여 나타나는 체계적인 위빠사나 수행은 수행의 진전에 따라 경험하고 알게 되는 현상을 분명하게 제시하고 있다.

Ⅳ. 지관개념의 형성과 전개[79]

초기불교를 지나 부파불교에 들어서면서 지관의 개념은 점차 깊이 있어진다. 불멸 후 100년, 불교교단은 상좌부(上座部)와 대중부(大衆部)로 근본분열하여 20여 개의 부파로 나누어진다. 부파의 논서들 중 『아비달마집이문족론(阿毘達摩集異門足論)』은 지관에 대해 '선정도 있고 지혜도 있어야만

78 청정도론은 ⑧ '모든 현상에 대해 평온한 지혜' 안에 '[선정, 도에서] 일어남으로(出定) 이끄는 위빠사나(出起觀智, vuṭṭhāgāminī-vipassanā)'를 설명하고 있다. 이를 또 하나의 지혜(ñāṇa)로 보기도 한다.

79 초기불교에서부터 대승의 부파불교에 걸쳐 천태지관까지 나타나는 지관의 개념과 전개에 대해서는 오지연(1999)의 연구를 통해 상세히 설명되고 있다.

열반을 얻는다'[80]는 정혜균등(定慧均等)의 기본입장을 계승하고 있다. 또한 설일체유부(說一切有部, Sarvāstivādin)의 세친(世親, Vasubandhu)은 『아비달마구사론(阿毘達摩俱舍論)』을 통해 색계의 사선(四禪)으로 지관의 균등을 행한다고 설명하며 사선의 중요성을 강조한다.[81] 이처럼 지관균행이라는 근본취지는 부파불교에도 유지된다.

분석적이고 출가자 중심인 부파불교에 대항하여 일어난 대승불교의 '반야부' 계통의 경전은 '육바라밀'을 중심으로 지관이라는 용어 대신에 '선정바라밀'과 '반야바라밀'을 설명한다.[82] 이는 항상 머물러있지도 사라지지도 않는 법의 성품을 알고 선정이나 어느 것에도 집착하지 않아 모든 존재가 불생불멸한다는 참모습을 알 때 선정과 지혜바라밀이 이루어진다고 한다. 이처럼 대승불교에 들어서면서 지관의 사상은 모든 중생을 구제하는 보살사상으로 발전되어 넓어지고 심화 된다.

지관의 실천은 유가행파에서 더욱 중요하게 부각된다. 『해심밀경』의 「분별유가품(分別瑜伽品)」[83]에는 지관수행이 집중적으로 나타나는데, 이들은 사마타[止]만 수행하면 식(識)이 중단됨이 없는 상속심(相續心)인 것으로 오해하기 쉽고, 위빠사나[觀]만 닦으면 마음 밖에 무엇이 실재한다는 망상에 집착하게 될 수 있기 때문에 지관[84]을 함께 행해야만 된다고 설명한다. 이를 통해 수행자는 문(聞), 사(思), 수(修)의 지혜를 얻어 청정한 마음과 청정한 지혜를 갖게 된다. 이러한 유가행파는 보살의 서원을 지니고 붓다의 교설을 지관의 대상으로 하는 대승적 실천이라는 특징을 지닌다.

이러한 인도불교의 사상들은 중국 남북조 시대에 들어 다양하게 발전한다. 성실학파(成實學派)의 성실론은 '사념처'의 신, 수, 심념처는 지(止)의 수행이고 법념처는 관(觀)의 수행이라고 구분하며 '칠각지'와 '팔정도'도 모두 지와 관으로 양분하여 설명한다. 특히 지관을 닦아 얻어지는 해탈은 점차적으로 이루어지기 때문에 부지런히 착한 법을 닦아 수행해야만 청정한 해탈을 얻는다고 한다. 또한 지론학파(地論學派)는 지와 관의 대상이 진

---

80 私利子 設, 『아비달마집이문족론(阿毘達摩集異門足論)』 3 「이법품」 3(『대정장』 26권, 375중하). "要有定有慧 方證於涅盤."

81 『阿毘達摩俱舍論』 28 「分別定品」 (『대정장』 29권, 145중)

82 구마라집 역, 『대품반야경』 14 「佛母品」 48(『대정장』 8권, 323중)

83 현장 역, 『해심밀경』 3 제6(『대정장』 16권, 697하)

84 지를 有相止, 尋求止, 伺察止로 관을 有相觀, 尋求觀, 伺察觀으로 나누어 설명한다.

제(眞諦)와 속제(俗諦)로 구성되어있으며 『대승의장』을 통하여 지관뿐만 아니라 사(舍, upekkha)를 포함한 지관론을 전개한다. '사(舍)'는 삼매와 지혜가 평등한 것을 말하며 '사상(舍相)'은 지와 관의 모습마저 버려 열반에 들어가 불성을 밝게 보는 것을 말한다. 이러한 사상은 천태의 점차지관(漸次止觀)에 영향을 주며, 『대승기신론(大乘起信論)』은 이 시대에 지관사상을 전개하는 데 많은 영향을 준다. 지관수행은 범부의 마음을 다스려 보살의 마음으로 올리는 것으로, 지(止)는 모든 경계의 모습이 그치는 것[奢摩他觀]을, 관(觀)은 인연으로 나고 사라지는 모습을 분별하는 것[毘鉢舍那觀]을 말한다고 설명한다.[85] 이는 심일경성(心一境性)을 지(止)로 존재의 분별을 여실히 관찰하는 것을 관(觀)으로 설명하여 초기불교부터 시작된 지관의 의미와 그 맥락을 같이한다. 이러한 기신론의 수행론은 중국불교에 많은 영향을 끼친다.

중국불교사에서 실천적 법화사상을 분명히 드러낸 혜사[86]는 『무쟁삼매법문』[87]을 통하여 깨달음이나 중생교화가 모두 한 생각에 이루어진다는 돈각(頓覺) 사상에 입각하여 지관균등(止觀均等)의 실천을 강조한다. 특히, 사념처를 대승적으로 관하는 방법을 중요시하며 불도를 이루는 데 가장 중요한 것은 선정바라밀이라고 강조한다. 또한, 번뇌를 끊음에 먼저 사마타[止, 定]로 움직여 제어한 후에 위빠사나[觀, 智]로 완전히 뽑아낸다고 설명하는데, 이는 선정의 기름[定]으로 지혜[智]를 불태워야만 반야[慧]의 등불을 밝힐 수 있다는 것이다. 따라서 선정이 없는 지혜나 지혜가 없는 선정을 강하게 부정한다. 혜사의 이와 같은 가르침은 천태 지의에로 이어지면서 원돈사상(圓頓思想)으로 활발히 전개된다.

천태 지의는 혜사의 뜻을 계승하여 수(隋)의 통일시기[88]에 걸쳐 불교의 교학과 실천을 종합적으로 체계화시킨다. 특히, 돈(頓), 점(漸), 부정(不定)의 삼종지관(三種止觀)을 기반으로 천태관문(天台觀門)을 세우는데,[89] 원돈지관(圓頓止觀)은 원만한 깨달음을 단박에 이룬다는 의미로 어디서나 존재의 실상을 단박에 꿰뚫어보아 진실 아님이 없다는 것이다. 점차지관(漸次止

---

85 眞諦 譯, 『大乘起信論』(『대정장』 44권, 575하)
86 남악 慧思(515~577), 남북조 말 혼란기에 활동. 천태지의 사상에 커다란 영향을 줌.
87 『무쟁삼매법문』 상(『대정장』 46권, 627하, 629상, 635중)
88 AD. 581~617년.
89 『법화현의』 10 上(『대정장』 33권, 800상)

觀)은 쉬운 상황에서 점차로 행하여 번뇌와 망상을 그쳐 존재의 실상을 본다는 의미이며, 부정지관(不定止觀)은 원돈과 점차의 법은 일정한 것이 아니라 두 가지 방법이 서로 함께 하거나 뒤바뀔 수 있다는 것이다. 이들 돈, 점, 부정은 수행의 방법에는 차이가 있으나 대승의 뜻인 존재의 참모습을 비춘다는 수행의 결과에 대해서는 공통적이다. 이들은 원돈지관으로 회통하는데 이러한 원돈지관의 사상은 『차제선문(次第禪門)』, 『육묘법문(六妙法門)』, 『천태소지관(天台小止觀)』, 『마하지관(摩訶止觀)』을 통하여 자리 잡아 간다. 『마하지관』을 통하여 완성을 이루는 천태지관 사상은 선정과 지혜의 균등을 강조하였다. 그리고 천태지관은 후에 화엄종이나 선종의 중요한 지침서가 된다.

Ⅴ. 지관개념의 현대적 논의

지관(止觀)의 개념과 실천에 대해서는 국내외의 여러 학자들에 의해 다양한 논의가 이루어져 왔다. 특히 초기, 부파불교와 남방 상좌부불교의 자료를 기준으로 하는 사마타와 위빠사나(止-觀, samatha-vipassanā) 수행의 상관관계는 국내의 여러 학회를 통해 많은 논의가 진행되고 있다. 이들은 전통적으로 '정혜쌍수(定慧雙修, samathavipassanā-yuganandha)', '지관균등(止觀均等)', '지관합수(止觀合修)' 등으로 설명되어온 지관수행이 구체적으로 어떤 순서에 의해 진행되느냐에 논의의 초점을 맞추고 있다. 그 중, 크게 세 가지 주장으로 정리해 살펴보면 다음과 같다.

먼저 조준호는 한역 아함과 초기경전(Pāli-Nikāya)을 근거로 하는 논문을 통하여 지관의 차제 관계를 주장한다. 그는 지관(止觀)이 서로 평등한 위치를 갖는다는 전통적인 설명은 재고되어야 하며 지(止, samatha)를 통하여 염(念, sati)이 갖추어져야만 관(觀, vipassanā)이 가능하기 때문에, 지(止, samatha)를 닦은 이후에 관(觀, vipassanā)을 계발하는 차제 수행만이 가능하다고 설명한다. 특히, 온전한 관(觀, 위빠사나)은 '네 번째 선정[四禪]'을 얻어야만 가능하다고 주장하며 사선(四禪) 이후에 사념처(四念處) 수행을 설명한다. 이와 같은 주장에 따르면 수행자가 지(止)와 관(觀)을 동시에 계발한다거나 관(觀, 위빠사나)을 먼저 닦고 지(止, samatha)를 나중에 계발하는 것은 불가능하다.[90]

이에 대하여 임승택은 초기경전(Pāli-Nikāya)과 주석문헌을 기준으로 관(觀, vipassanā)은 '첫 번째 선정[初禪]'을 얻기 이전의 단계에서부터 일곱 번째 선정인 '아무것도 없는 경지[無所有處]'에 이르기까지 모두 가능하다고 설명한다. 즉, 선정(禪定, jhāna)을 얻은 후에 관(觀, 위빠사나)을 계발하는 것뿐만 아니라 선정(禪定)을 얻기 이전에도 관(觀)이 가능하다는 것이다. 특히, 온전한 관(觀, 위빠사나)을 위해서는 '일으킨 생각[vitakka, 尋]'을 수반하는 '첫 번째 선정'의 상태가 가장 적합하다고 주장한다. 이와 같은 설명에 따르면 지관(止觀, samatha-vipassanā)은 상호 간에 회통이 가능한 원리를 지니며 수행자가 지관(止觀)을 함께 계발한다거나 관(觀)을 먼저 닦고 지(止, samatha)를 계발하는 것이 가능하다.[91]

김재성은 초기경전, 주석문헌 그리고 『청정도론』을 바탕으로 상좌부 전통에서 지관(止觀)을 설명한다. 관(觀, vipassanā)은 '첫 번째 선정[初禪]'을 얻기 이전의 단계에서부터 '선정을 얻은 이후'까지 모두 가능하며 수행자는 지관(止觀)을 함께 계발하거나 지(止, samatha)가 없이 관(觀, vipassanā)만을 계발하는 것도 가능하다고 설명한다. 특히, 지(止)를 통한 선정(禪定, jhāna)의 성취 없이 순수하게 관(觀, 위빠사나)만을 행하는 순관행(純觀行)을 주장한다. 이와 같은 설명에 따르면 수행자는 찰나정(刹那定)의 도움으로 지(止)를 닦지 않고 관(觀)만을 통해 깨달음을 얻는 것이 가능하다.[92]

이처럼 최근 한국불교학계에서 활발히 논의된 지관의 관계는 참고한 자료와 보는 시각에 따라 다양하게 이해되고 있다. 이러한 다양한 관점은 경전의 근거를 통한 깊이 있는 연구가 지속적으로 진행되도록 했으며 한국불교 안에서 지관을 이해하려는 지평을 넓히고 있다.

이러한 논의를 통해 우리는 불교의 지관개념이 시대에 따라 점차적으로 변화했음을 알 수 있다. 수행자가 찰라 마다 일어나는 현상들을 계속 관찰하여 집중이 이루어지면 거친 대상들은 사라지고 고요와 안정을 이루게 된다. 이 고요와 안정 속에서 그 수행자는 더 정확하게 현상들을 관찰하게 되며[93] 점차 더 고도의 고요와 안정이 이루게 된다.[94] 이 고요와 안정 속에서

90 조준호, 『한국선학』 제1호, 2000; 『한국선학』 제3호, 2001; 『보조사상』 제16집, 2001; 『한국불교학』 제35집, 2004. 비교) 김준호, 『한국선학회』 창간호.

91 임승택, 『인도철학』 제11집 제1호, 2001; 『불교학연구』 제5호, 2002; 『불교학연구』 제6호, 2003; 『불교연구』 제20집, 2004.

92 김재성, 『불교평론』, 2002 겨울; 『한국종교연구』 제5집, 2003; 『불교학연구회 여름워크샵 발표』, 2002년 7월; 『불교학연구』 제4호, 2002.

수행자는 무상, 고, 무아를 관찰하는 지혜를 얻을 수 있다. 하지만, 고요와 안정을 얻지 못하고 집중이 거친 상태에서는 고도의 관찰이 이루어지지 못한다.[95] 이와 같이 형성되고 향상되어지는 고요와 안정을 사마타(止)라고 부르며 이 토대 위에서 정확한 위빠사나(觀)가 이루어진다. 이렇게 볼 때에 이 둘의 관계는 서로 보완관계에 있지 양분관계에 있지 않다.[96] 이것이 초기경전에서 설명하는 지관의 관계이다. 그러나 붓다 시대에 집중을 통하여 '고요함, 안정'을 얻는 것으로 이해되던 사마타(止)는 『청정도론』과 상좌부 전통을 거쳐 그 의미가 더욱 분석되고 구체화되었고 오늘날은 '고요함, 안정'의 의미보다 '마흔 개의 수행주제(kammaṭṭhāna)'를 통하여 '근접-사마디(upacāra-samādhi, 近接定)'와 '몰입-사마디(appanā-samādhi, 安止定)'를 얻는 방법으로 설명된다. 이와 같은 상좌부 전통의 사마타(止)와 위빠사나(觀) 수행개념을 분명하게 하기 위해, 두 수행간의 특징과 차이점의 비교를 바탕으로 경전과 주석서 그리고 현대학자나 수행지도자들의 저술들을 참고하여 제시한 일중(一中)의 비교분석은 다음과 같다.[97]

구 분	사마타(止) 수행	위빠사나(觀) 수행
어원의 의미	고요, 평온, 마음집중(定)	내적통찰, 내관, 지혜(慧)
관찰 대상	단일한 대상 (하나)	찰라마다 변하는 대상 (다수)
수행 주제	40가지의 수행주제(kammaṭṭhāna)	신수심법 4념처(satipaṭṭhāna) 혹은 5온
수행 목적	삼매(samādhi), 선정(jhāna) 개발	무상·고·무아를 아는 지혜(paññā) 개발
수행 방법	한 대상에 마음을 집중, 고정시키는 방법	수시로 변하는 대상을 관찰하는 방법
주요 수행도구	사띠(마음챙김), 사마디(마음집중)	사띠, 사마디, 삼빠자나 (분명한 앎)

93 S. III. 13.
94 S. IV. 217f, S. IV, 294f.
95 S. V. 121ff, A. III. 230.
96 A. I. 61.
97 일중스님, 2003, 213면.

다룰 번뇌의 단계	마음에 드러나는 번뇌(pariyuṭṭhāna)	심층에 잠재된 번뇌(anusaya)
중간과정의 결과	5개(五蓋) 제거, 근접삼매,	10 통찰지혜의 점진적 개발,
후반과정의 결과	몰입삼매 (색계 4선과 무색계 4선)	열반, 10족쇄 소멸, 성인 4과위 성취
얻어지는 청정	심청정(心清淨)	혜청정(慧清淨)
최종 결실	5신통(신족, 타심, 천이, 숙명, 천안), 심해탈	누진통, 혜해탈, 아라한

정준영 (서울불교대학원대)

유식오위

범 pañcāvasthā 장 lam lnga 한 五位

『성유식론』은 20송에서 25송에 이르기까지 삼성설과 삼무성설을 주석한 후, 수행의 계위를 다루는 26송 이하를 주석하기에 앞서서 '누가 몇 가지 단계에서 어떻게 유식을 깨닫는가?' 하는 질문을 던진다[1]. 이 질문에 대해 『성유식론』은 '대승의 두 가지 종성을 가진 자가 돈오적인 방식이 아닌 점진적인 방법으로 유식을 인식한다'고 대답한다. 여기에서 '유식오위'라는 용어가 전문술어로서 최초로 등장한다. 그것은 자량위, 가행위, 통달위, 수습위, 구경위로 구성되는 다섯 단계를 말한다. 자량위란 유식의 가르침을 깊이 믿는 단계다. 가행위는 인식대상과 인식주체를 점진적으로 제거하여 진실한 견해를 끌어내는 단계를 말한다. 통달위는 여실하게 진리를 통달하는 단계를 일컫는다. 수습위는 자신이 본 진리에 따라 반복해서 수습하여 나머지 장애를 끊는 단계를 가리킨다. 구경위는 무상정등보리에 머무는 것으로서, 모든 장애로부터 벗어난 완전한 지혜로써 미래세가 다하도록

1 『성유식론』(『대정장』 31, 48중5)

중생들을 교화하고 그들로 하여금 유식을 인식하도록 하는 단계다. 이처럼 유가행파는 초기불교 이래의 주류 수행론을 계승하여 점진적이고 단계적인 수행계위론을 세우고 있으며, 그것이 완성된 형태를 갖춘 것이 유식오위설이라 할 수 있다.

I. 어원적 근거 및 개념 풀이

『성유식론』에 나타난 유식오위는 이전의 유가행파의 5도설과는 용어 뿐 아니라 그 내용에서도 미묘한 차이를 보이고 있다. 『성유식론』 이전의 논서로서 유가행파의 5도설을 체계적으로 다루고 있으면서 산스크리트와 티벳어를 확인할 수 있는 『대승아비달마집론』의 용어와 그에 대응하는 산스크리트 및 티벳어 그리고 『구사론』의 수행계위를 나타내는 용어를 정리하면 표로 다음과 같다.

『성유식론』		자량위 (資糧位, *saṃbhārāvasthā)	가행위 (加行位, *prayogāvasthā)	통달위 (通達位, *prativedhāvasthā)	수습위 (修習位, *bhāvanāvasthā)	구경위 (究竟位, *niṣṭhāvasthā)
『아비달마집론』	한역어	자량도 (資糧道)	가행도 (加行道)	견도 (見道)	수도 (修道)	구경도 (究竟道)
	산스크리트	saṃbhāramārga	prayogamārga	darśanamārga	bhāvanāmārga	niṣṭhāmārga
	티벳어	tshogs kyi lam	sbyor ba'i lam	mthong ba'i lam	bsgom pa'i lam	mthar phyin pa'i lam
『구사론』	한역어	순해탈분 (順解脫分)	순결택분 (順決擇分)	견도 (見道)	수도 (修道)	무학도 (無學道)
	산스크리트	mokṣabhāgīya	nirvedhabhāgīya	darśanamārga	bhāvanāmārga	aśaikṣamārga
	티벳어	thar pa'i cha dang mthun pa	nges par 'byed pa'i cha dang mthun pa	mthong ba'i lam	bsgom pa'i lam	mi slob pa'i lam

자량(資糧, saṃbhāra)이란 saṃ-√bhṛ(모으다)라는 동사에서 파생된 단어로서, 사전적 정의로는 '어떤 행위를 하기 위해, 혹은 어떤 목적을 이루기 위해 필요한 것을 모으는 것', '준비물', '재료' 등을 의미한다. 인도 정통파 문헌에서는 특히 제식에 필요한 준비물을 모으는 것을 가리킨다. 반면 불전 특히 대승불전에서 자량은 보리자량(菩提資糧)[2] 혹은 이종자량(二種資糧)[3]이라는 술어로 나타난다. 이는 깨달음을 얻기 위한 준비물로서 복덕(puṇya)과 지혜(jñāna) 두 가지로 요약되는 6바라밀을 모으는 것이다. 마치 긴 여행을 떠나는 사람이 필요한 준비물을 잘 준비해야 하듯이, 깨달음을 얻기 위한 긴 여정을 무사히 마치기 위해서는 그에 걸맞는 준비가 필요하다. 이러한 준비물을 복덕과 지혜라는 두 요소로 압축하여 그것을 자량이라고 한 것이다. 한역으로는 취(聚), 구(具), 자(資), 자구(資具), 중구(衆具), 적집(積集) 등으로 번역한다. 티벳어의 'tshogs' 또한 '모임', '쌓음'의 의미다. 이 자량의 단계를 수행 계위의 첫 단계로 배치한 것은 유가행파에서 비롯한다.

대응하는 설일체유부의 용어인 순해탈분(mokṣabhāgīya)에서 '순~분'에 해당하는 산스크리트 'bhāgīya'는 부분을 의미하는 'bhāga'에서 파생된 단어로서 '~에 속하다', '~과 연결되다'는 뜻에서 확장되어, '~sthānīya'와 유사하게, '~과 비슷하다', '~에 도움이 되다', '~을 촉진하다'는 의미를 가진다.[4] '~을 촉진하다'는 의미를 취하면 순해탈분을 '해탈을 촉진하는 단계'를 의미한다.

가행(加行, prayoga)이란 결합이라는 기본적인 의미에서 확장되어 '어떤 일에 착수하는 것', '적용', '수단', '연습', 이론에 대비되는 '실천' 등의 의미를 가진다. 한역에서 방편(方便)이라고 번역한 것은 수단의 의미를 취한 것이고 가행(加行), 근행(勤行), 수행(修行), 정행(正行) 등으로 번역한 것은 실천의 의미를 취한 것으로 보인다. 티벳어의 'sbyor ba' 역시 '결합'이라는 기본적인 의미를 가지고 있으며 '준비'라는 의미도 갖고 있다. 『구사론』에서는 선(善)의 종류에 노력이 없이(ayatna) 선천적으로 얻는 것[upapatti-

2 『대반야경』(『대정장』 5, 263하3; 『대정장』 6, 732하9; 1042상7 등); 『승천왕반야바라밀경』(『대정장』 8, 705중8).

3 『대반야경』(『대정장』 7, 534하7) ; 『대보적경』(『대정장』 11, 247중17; 307중1) ; 『설무구칭경』(『대정장』 14, 566중4) ; 『금광명최승왕경』(『대정장』 16, 430하8) 등.

4 안성두[2003; 250, n.2] 참조.

pratilambhika, 生得]과 노력을 통해(yatna) 얻는 것[prāyogika, 加行得]을 대비시키고 있다. 가행이라는 용어는 노력이라는 의미도 포함하고 있는 것이다. 가행도를 견도 직전의 단계로 술어화한 것은 <보살지>에서 유래하는 유가행파의 독자적인 용어법이다.

대응하는 설일체유부의 용어인 순결택분(nirvedhabhāgīya)에서 결택(nirvedha)이란 성도(聖道)를 의미한다. 결택의 부분은 견도의 일부를 가리킨다. 그러므로 순해탈분과 마찬가지로 순결택분은 '견도[의 일부][5]를 촉진하는 단계'를 뜻한다.

통달(通達, *prativedha)이란 용어는 이전의 유가행파 문헌에서는 5위로 정형화된 수행 계위의 명칭으로 사용되지 않았던 『성유식론』의 독특한 술어다. '꿰뚫다', '관통하다'는 의미의 어근 √vyadh로부터 파생한 명사 'prativedha'는 어떤 사태에 대한 명확한 이해를 의미하고 또한 진여 혹은 법계 등 궁극적인 진리에 대한 통찰의 의미를 가진다. 『성유식론』이 견도라는 용어 대신 통달위라는 용어를 사용한데 대해서는 어떤 주석서에도 설명이 없어 그 의도를 명확히 하기에는 곤란한 점이 있다. 그러나 견도에서 발생하는 해탈적 인식이 궁극적 진리에 대한 직접적인 '봄'의 의미를 가진다고 할 때, 역시 직접적인 통찰의 의미를 내포하는 통달이라는 용어로 사용된 것은 충분히 수긍할 수 있다. 티벳어 'mthong ba'는 '봄'의 의미를 가진 낱말이다. 따라서 통달위 혹은 견도란 '진리를 직접 보는, 혹은 체험하는 단계'를 의미한다.

수습(修習, bhāvanā)이란 산스크리트 동사 어근 √bhū(있다, 되다)의 사역형으로부터 파생한 명사로서 '생겨나게 하는 작용', '생성'을 기본적인 의미로 갖는다. 의식 현상에 이를 적용하면 '마음속에 뭔가를 만들어 내는 것', '개념', '상상'을 의미하고, 불전에서는 '명상' 특히 '반복적인 명상'을 의미한다. 티벳어 'bsgom pa' 역시 기본적으로 '상상'이라는 의미에서 '마음속에 어떤 것을 산출하는 것', '명상'이라는 의미를 함께 가진다. 기본적으로 수습위 곧 수도는 견도 단계에서 체험한 진리를 반복해서 닦는 단계를 가리킨다.

구경(究竟, niṣṭhā)이란 '상태', '조건' 등의 기본적인 의미에서 확장되어

---

5 AKBh 346,5 ; darśanamārgaikadeśa를 견도가 곧 [聖道의] 일부로 해석하는냐(동격한정복합어), 견도의 일부(격한정복합어)로 해석하느냐에 따른 이견이 있다. 후자에 따르면 견도의 첫찰나인 苦法智忍을 가리킨다.

'완성', '정점', '결론' 등의 의미를 가지는 단어다. 티벳어 thar phyin 또한 '끝에 도달하다'는 의미를 가진다. 그러나 이 용어 역시 설일체유부의 무학도(aśaikṣamārga)와 용어상으로 대응하는 것은 아니다. 이 또한 유가행파 수행계위의 독특한 술어다.

위(位)로 한역되는 산스크리트 avasthā는 '내려가다'라는 의미에서 확장되어 '특정한 상태에 머무는 것'의 의미를 가지는 단어다.

Ⅱ. 역사적 및 텍스트별 용례

유식 5위는 기본적으로 아비달마 불교의 수행 단계론을 『십지경』의 수행 단계론과 결합시켜 대승화한 것이다. 따라서 설일체유부의 그것과는 용어상으로나 개념상으로 현격한 차이를 보이고 있다. 그러나 유가행파의 5단계 계위론을 이해하는데 아비달마 불교, 특히 설일체유부에 대한 수행계위론의 성립에 관한 선이해는 필수불가결하다.

1. 설일체유부의 수행계위설

『구사론』「현성품」[6]에 따라 설일체유부의 수행도론을 간략히 요약하면 다음과 같다.

수행자는 우선 계를 지켜 신체를 청정하게 하여 수습에 적합한 자가 된다[身器清淨]. 이는 몸과 마음을 선하지 않는 것으로부터 멀리하고 소욕지족하며 4성종(聖種)이 되는 것이다. 4성종이란 첫째 의복에 만족하는 자, 둘째 음식에 만족하는 자, 셋째 와구에 만족하는 자, 넷째 수습을 즐기고 번뇌를 끊는 것을 즐기는 자를 말한다. 앞 세 가지는 소욕지족의 구체적 내용에 해당하며, 마지막 사항은 수행에 대한 태도를 나타내고 있다. 이상은 3학 중 계학에 해당한다.

다음으로 몸과 마음이 청정하게 되면 순해탈분의 수행으로 나아간다. 순해탈분은 3현위(賢位)라고도 한다. 순해탈분에서는 먼저 부정관(不淨觀)이나 지식념(持息念)에 의해 집중적 명상[止, śamatha]를 완성한다. 이때 부정

6 『구사론』(『대정장』 29, 116하23); 櫻部建·小谷信千代(1999) 참조.

관은 탐욕이 많은 사람이, 지식념은 분별[尋, vitarka]이 많은 사람이 닦게 된다. 이상이 3현위의 첫 단계로서 3학 중 정학에 해당한다.

지(止)를 완성한 수행자는 다음으로 분석적 명상[觀, vipaśanā]을 닦기 위해 4념처(念處)를 수습하게 된다. 4념처 수습 이후는 모두 3학 중 혜학에 해당한다. 4념처란 몸·느낌·마음·법을 대상으로 하여 각각 그것의 개별적인 특징[別相]과 공통적인 특징[總相]을 관찰하는 것이다. 처음에는 별상염주에 의해 4념처를 개별적으로 관찰한다. 별상염주는 3현위의 두 번째 단계다. 다음으로 총상염주에 의해 4념처의 대상 모두를 무상·고·공·무아로서 관찰한다. 이것이 3현위의 세 번째 단계가 된다.

이어서 순결택분으로 나아간다. 순결택분에서의 수행은 전체 수행의 과정에서 가장 중요한 위치를 차지한다고 볼 수 있다. 이 이후에 최초로 범부에서 성인으로의 근본적인 변화가 일어나는 전환점이기 때문이다. 순결택분위는 4선근위라고도 한다. 앞서 3현위에서 행한 총상염주에 의해 순결택분 최초의 선근인 난선근(煖善根, ūṣmagata-kuśalamūla)이 발생한다. 이 단계에서는 4제를 16행상으로 관찰한다. 난이란 불에 비유되는 견도에 가까워짐에 따라 따뜻함을 느끼는 상태를 말한다. 이 난선근이 하·중·상의 세 단계를 거쳐 성장하여 마지막 단계에서 정[頂善根, mūrdhāna-kuśalamūla]이 발생한다. 정이란 마치 산 정상에 있는 것과 같아서 오래 머물 수 없고, 더 나아가 봉우리를 넘든지 그렇지 않으면 다시 산에서 되돌아 내려오는 것과 같은 상태로 비유된다. 정선근도 또한 세 단계를 거쳐 성장하여 마지막 단계에서 인선근(忍善根, kṣānti-kuśalamūla)이 발생한다. 인이란 진리를 참고 물러남이 없다는 뜻이다. 인 또한 세 단계로 구성된다. 인위의 첫 두 단계는 4제 모두를 인식대상으로 하지만 세 번째 단계의 인은 오직 욕계에 속하는 고제만을 인식대상으로 하여 한 찰나만 존재한다. 이는 그 직후에 발생하는 세제일법(世第一法)도 역시 마찬가지다. 욕계의 고제만을 인식대상으로 하여 한 찰나만 존재하는 것이다.

세제일법 직후에 세제일법과 마찬가지로 욕계의 고제를 인식대상으로 하여 최초의 무루심(無漏心)인 고법지인(苦法智忍, duḥkhe dharmajñānakṣānti)이 발생한다. 그리고 그 다음 찰나에 역시 욕계의 고제를 인식대상으로 하여 고법지(苦法智, duḥkhe dhamajñāna)가 발생한다. 고법지인과 고법지는 각각 무간도(ānantaryamārga)와 해탈도(vimuktimārga)로서 두 찰나에 걸쳐 욕계의 고제와 관련한 수면(隨眠)을 끊게 된다. 이는 먼저 도둑을 쫓은 후 문을 걸어 잠그는 것에 비유된다. 고법지 직후에는 상2계 곧 색계와 무색계에 속하는 고제를 인식대상으로 하여 고류지인(苦類智忍, duḥkhe anvayajñānakṣānti)와 고류지(苦類智, duḥkhe anvayajñāna)가 발생한다. 이 둘도 역시 무간도와 해탈도로서 상2계의 고제와 관련한 수면을 끊는 것이다. 이와 같이 네 찰나에 걸쳐 3계의 고제를 완전히 인식함으로써 3계의 고제와 관련해서 견도에서 끊어야 할 수면을 모두 끊는다. 같은 방식으로 나머지 3제에 대한 인식이 발생하므로, 4제에 대한 현관(現觀)은 고법지인(苦法智忍)·고법지(苦法智)·고류지인(苦類智忍)·고류지(苦類智)·집법지인(集法智忍)·집법지(集法智)·집류지인(集類智忍)·집류지(集類智)·멸법지인(滅法智忍)·멸법지(滅法智)·멸류지인(滅類智忍)·멸류지(滅類智)·도법지인(道法智忍)·도법지(道法智)·도류지인(道類智忍)·도류지(道類智) 등 모두 16심찰나로 구성된다. 그러나 설일체유부는 마지막 도류지를 견도에서 제외되고 수도에 포함되는 것으로 간주한다. 15찰나의 과정에서 수행자는 견도에서 끊어야할 88가지의 수면을 끊는다.

견도에서 88가지의 수면을 끊은 수행자는 수도에서 나머지 10가지 수면을 끊게 된다. 그러나 수도에서 수면을 끊는 양상은 견도의 그것과는 전혀 다르다. 견도에서 끊어야할 수면이 이성적 번뇌인 반면, 수도에서 끊어야 할 수면은 정서적 번뇌이기 때문이다. 이를 끊기 위해서는 진리를 보는 것만으로는 부족하다. 수행자는 선정을 닦는 것과 함께 4제를 관찰하는 것을 반복해야만 한다. 정서적 번뇌는 종류에 따라 구별하지 않고 힘의 세기에 따라 상상·상중·상하·중상·중중·중하·하상·하중·하하의 9단계로 구분한다. 한편 색계 네 단계와 무색계의 네 단계에 욕계를 더하면 모두 아홉 단계가 되는데, 각 단계에 위에서 설명한 번뇌의 아홉 단계가 모두 존재한다. 그러므로 수도에서 끊어야 할 번뇌는 모두 81단계로 구성된다. 수도에서 끊어야할 번뇌를 끊는 순서는 욕계의 상상의 번뇌로부터 시작하여 하하의 번뇌를 끊고 다시 색계 초정려의 상상의 번뇌를 끊는다. 이러한 순서로 마지막 무색계 비상비비상처에 속하는 하하의 번뇌까지 끊게 된다.

견도 이후의 수행자는 성자라 불린다. 설일체유부에서는 성자의 단계도 4단계로 구분한다. 처음으로 법의 흐름에 들어간 사람이라는 뜻인 예류(預流, śrotaāpanna), 다시 한번 욕계에 돌아오는 사람이라는 뜻인 일래(一來, sakṛdāgamin), 다시는 욕계에 돌아오지 않는 사람이라는 뜻인 불환(不還, anāgamin), 공양을 받을 만한 사람이라는 뜻인 아라한(阿羅漢, arhat)이 그것이다. 견도에 들어간 성자는 15찰나를 거쳐 제16찰나에는 수도로 들어간다. 견도에 머무는 15찰나를 예류향(預流向)이라 한다. 견도에 들어가기 이전에 유루의 지혜에 의해 수소단의 번뇌를 끊지 않았다면, 수도의 첫 순간인 제16찰나에서 예류과(預流果)를 얻는다. 예류과를 얻고 계속하여 수행하는 자를 일래향(一來向)이라 부른다. 그가 욕계에 속하는 수도에서 끊어야할 번뇌 중 제6품인 중하의 번뇌를 끊으면 일래향(一來果)를 얻는다. 그는 이제 불래향(不來向)이 된다. 그가 욕계에 속하는 수도에서 끊어야할 번뇌 중 제9품인 하하의 번뇌를 끊으면 불래과(不來果)를 얻는다. 그는 이제 색계와 무색계에 속하는 수도에서 끊어야할 번뇌만 남겨둔 자로서 아라한향(阿羅漢向)이라 불린다. 그가 무색계 비상비상처 제9품 하하의 번뇌를 끊는 순간을 금강유정(金剛喩定, vajropamasamādhi)이라 부른다. 마지막 번뇌를 끊는 순간 그에게는 멸지[盡智, kṣayajñāna]와 무생지(無生智, anutpādajñāna)가 발생하여 아라한과를 얻고 3계의 모든 번뇌로부터 벗어난다. 이것이 마지막 계위인 무학도다.

이상 살펴본 설일체유부의 수행계위설은 번뇌를 이성적인 것과 정서적인 것으로 나누고, 그것에 대응하여 견도과 수도을 세운 후, 그 이전의 예비과정[순해탈분·순결택분]을 둔 것으로 요약할 수 있다. 이러한 구조는 유가행파 수행계위설에도 적용된다.

2. 유가행파 문헌에서 5도설의 성립

모든 유가행파 문헌이 그런 것은 아니지만, 유가행파의 수행계위설은 기본적으로 앞서 살펴본 설일체유부의 수행계위설과 『십지경』에서 유래하는 10지설이 결합한 형태를 취하고 있다. 10지설은 기본적으로 연기를 정점으로 하는 초기·부파불교의 수행도[제6현전지까지]에 무생법인의 획득을 목적으로 하는 초기 대승불교의 수행도[제7원행지와 제8부동지]를 결합하여 양자를 대승을 우위에 놓는 입장에서 통일적으로 체계화하려는 시도다[7]. 10지설을 유가행파의 5도설과 결합시키는 양상은 문헌마다 조금씩 차이가 있다[8]. 하지만 『해심밀경』에서 견도와 초지를 동일시한 이후 유가행

7 荒牧典俊(1983; 113f)
8 竹村牧男(1985; 176)

파 문헌에서는 거의 이를 수용하고 있다. 따라서 유가행파의 수행계위설은 다시 한번 부파불교적 수행도와 대승적 수행도를 결합한 양상을 갖는다.

1) 『유가사지론』 〈성문지〉의 수행계위

<성문지>에서는 완비된 형태의 5위설은 설하지 않고 산발적으로만 나타난다. 그러나 순결택분과 견도 및 수도라는 용어를 사용하고 있고, 순결택분의 4선근위 이전에 해당하는 예비적 단계의 수행도 설명하고 있다. 세간도와 출세간도 양자의 예비적 단계로서 자량이라는 사고 방식은 초유가처의 제3출리지에 나타나 있으며 제1종성지에도 대응하는 내용이 설해져 있다.

먼저 초유가처지 제1종성지[9]에서는 열반을 얻기 위한 조건으로 주된 조건과 예비적 조건을 들고 있다. 주된 조건이란 첫째, 정법을 위주로 하는 다른 사람의 가르침을 듣는 것과 둘째, 자기 자신의 바른 사유를 가리킨다. 예비적 조건이란 모두 12가지로서 ① 내적 조건이 갖추어진 것[自圓滿], ② 외적 조건이 갖추어진 것[他圓滿], ③ 가르침에 대한 선한 갈망, ④ 출가, ⑤ 계를 잘 지키는 것[戒律儀], ⑥ 감관을 잘 보호하는 것[根律儀], ⑦ 식사의 양을 아는 것, ⑧ 초저녁과 새벽에 깨어 수행하는 것, ⑨ 자각하면서 머무는 것, ⑩ 홀로 떨어짐을 즐기는 것, ⑪ 모든 개(蓋)를 청정히 하는 것, ⑫ 삼매에 의지하는 것 등이다.[10] 이 중에서 ①-③은 출가 이전, ④-⑨는 출가 후의 일상생활, ⑩-⑫는 출가 후의 선정 수행에 관한 것이다.

주된 조건은 초유가처지 제3출리지[11]에서 세간도에 의해 이욕으로 나아가는 것과 출세간도에 의해 이욕으로 나아가는 것에 대응하는 것이고 예비적 조건은 초유가처지 제3출리지에서 세간도와 출세간도를 위한 13가지 자량에 대응하는 것이다.

세간도와 출세간도의 자량이 되는 13가지란 ① 내적 조건이 갖추어진 것, ② 외적 조건이 갖추어진 것, ③ 가르침에 대한 선한 갈망, ④ 계를 잘 지키는 것, ⑤ 감관을 잘 보호하는 것, ⑥ 식사의 양을 아는 것, ⑦ 초저녁과 새벽에 깨어 수행하는 것, ⑧ 자각하면서 머무는 것, ⑨ 선우를 사귀는 것, ⑩

---

9 『유가사지론』(『대정장』 30, 396중11)

10 ŚrBh 5,3ff ; 『瑜伽論 聲聞地 第一瑜伽處』 8,12ff ; 『유가사지론』(『대정장』 30, 396하7)

11 ŚrBh 36,11ff ; 『유가사지론』(『대정장』 30, 402상10) 또한 『유가사지론』(『대정장』 30, 665하12)로 참조.

정법을 듣고 사유하는 것, ⑪ 장애가 없는 것, ⑫ 보시하는 것, ⑬ 사문의 장엄이다.

이는 앞서 제1종성지의 예비적 조건 중에서 ④ 출가, ⑩ 홀로 떨어짐을 즐기는 것, ⑪ 모든 개(蓋)를 청정히 하는 것, ⑫ 삼매에 의지하는 것 등 4항목이 빠지고 대신 ⑨ 선우를 사귀는 것 이하 5항목이 추가된 것이다. 이 중 선우를 사귀는 것과 정법을 듣고 사유하는 것은 4예류지의 첫 세 항목에 해당한다[12].

4선근설을 중심으로 한 수행계위가 설해지는 부분은 제2유가처와 제4유가처다[13].

제2유가처에서는 유가수 중 보리분수를 설하는 과정에서 5근과 5력에 대응하여 4선근설을 설명한다.[14] 5근과 5력을 수습함에 따라 순결택분의 4선근이 발생하는 것이다. 이는 불을 피우기 위해 밑에 마른 나무를 깔고 위에서 다른 나무를 마찰시키는 것에 비유된다. 나무를 마찰시킴에 따라 따뜻함이 생기고[煖], 열기가 생기며[頂], 연기가 생기고[忍], 아직 불은 없다가 갑자기 불이 붙으며[世第一法], 불이 붙은 직후에는 맹열한 화염이 일어난다[出世間無漏聖道][15]. 5근과 5력이 4선근위에 배치됨에 따라 7각지는 견도에서의 수행으로, 8정도는 수도에서의 수행으로 규정된다.[16] 5근과 5력 이전의 수행인 4념처와 4정단, 4신족은 수행계위와 연관지어 설명하고 있지 않다.

<성문지>에서 4선근설이 설하고 있는 또다른 부분은 제4유가처다. 출세

---

12 『잡아함경』(『대정장』 2, 215중19) ; SN V 347,19ff. ; 4예류지는 첫째 선우를 사귀는 것(satpuruṣasaṃseva), 둘째 정법을 청문하는 것(saddharmaśravaṇa), 셋째 이치에 맞게 사유하는 것(yoniśomanasikāra), 넷째 법수법행을 행하는 것(dharmānudharmapratipatti)을 말한다. 첫째 항목을 둘째 항목의 전제가 되고 둘째 항목 이하는 차례로 聞·思·修에 해당한다.

13 <성문지>이외에 <삼마희다지>(『대정장』 30, 336상3-8; 343상2-6)에 순결택분이라는 개념이 나온다. 하지만 4선근설과 결합은 이루어져 있지 않다. <섭결택분>(『대정장』 30, 624하26)은 <성문지>를 언급하면서 양자를 결합시키고 있다. 안성두[2003; 267, n.39] 참조.

14 ŚrBh 324,8-325,17 ; 『유가사지론』(『대정장』 30, 444중8-하28)

15 이 비유는 『좌선삼매경』과 『감로미론』 등에서 난법의 설명을 위해 사용했던 비유를 이어받아 발전시킨 것으로서 매우 일관성 있고 적절한 것으로 평가된다. 안성두[2003; 269] 참조.

16 ŚrBh 325,17-330,15 ; 『유가사지론』(『대정장』 30, 444하29-445하26). 유사한 설명 방식이 <섭결택분>(『대정장』 30, 712하9-23)과 『대승아비달마집론』(『대정장』 31, 684하28-685상27)에도 보인다.

간도의 7종작의[了相作意·勝解作意·遠離作意·攝樂作意·觀察作意·加行究竟作意·加行究竟果作意]를 설명하는 과정에서 그것을 수행계위설과 관련지어 설명하는 것이다.

예비적인 수행을 끝내고 숙련자[有作意者]가 된 수행자는 세간도와 출세간도 중 하나를 선택한다. 출세간도를 선택한 수행자는 7종 작의 중 첫 단계인 요상작의 단계에서 오랫동안 4제 특히 고제를 대상으로 관찰한다. 이와 같이 관찰한 수행자는 고제와 집제가 무한하다는 인식을 얻고 이 인식으로 말미암아 무상·고·공·무아 등이 무한하다고 승해(visualization)한다. 이것이 승해작의의 단계다. 이와 같이 된 수행자는 열반에 들기를 원하지만 거친 아만 때문에 열반에 들지 못한다. 수행자는 거친 아만을 제거하기 위해 자기 자신의 마음을 4제 16행상으로 관찰한다. 이러한 수행자에게 인식주체와 인식대상이 완전히 동일하다는 인식[所緣能緣平等平等智]이 발생한다. 이때 하인(下忍)에 속하는 소연능연평등평등지를 난(煖), 중인(中忍)에 속하는 소연능연평등평등지를 정(頂), 상인(上忍)에 속하는 소연능연평등평등지를 제순인(諦順忍)이라 한다. 이를 통해 거친 아만을 제거한 후, 마음의 관찰을 계속하려는 의도적인 노력(abhisaṃskāra)을 버린 채 무분별한 상태로 머문다. 이 수행자는 머지않아 견도에 들어간다. 견도에 들기 직전의 그 마음이 세제일법이다. 요상작의와 승해작의는 내용상 5위 중 가행위에 해당한다고 볼 수 있다.

다음 단계는 원리작의에 대한 설명이다. 이는 5위 중 견도에 해당한다. 여기서는 세제일법 직후에 4제에 대해 결정지(決定智, niścayaṃ jñānam)와 현견지(現見智, pratyakṣaṃ jñānam)가 발생한다고 서술하고 있다. 그리고 이 두 지(智)는 무분별(nirvikalpa)로서 특징지워진다. 결정지란 드러난 [4]제 곧 욕계의 4제에 대한 인식이고, 현견지란 드러나지 않은 [4]제 곧 색계와 무색계의 4제에 대한 인식이다.[17] 이 지가 발생함으로 말미암아 견도에서 끊어야할 모든 번뇌가 끊어진다.

섭락작의와 관찰작의는 수도에 배치된다. 관찰작의에 의해 수도 중에 이미 끊은 번뇌와 아직 끊지 않는 번뇌를 관찰한다. 섭락작의에 의해 싫어해야 할 법에 대해 싫어하고, 기뻐해야 할 법에 대해 기뻐한다.

---

17 ŚrBh 500,16f ; vicāriteṣu satyeṣu anupūrvvenaiva nirvvikalpa<ṃ> pratyakṣa<vi> parokṣeṣu niścayajñānaṃ pratyakṣajñānam utpadyate. : Schmithausen(1982; 80, n.122) 및 안성두(2002; 154, n.22)

마지막으로 가행구경작의는 수도의 정점인 금강유정(金剛喩定)에, 가행구경과작의는 아라한과에 대응한다.

『유가사지론』<성문지>의 수행 계위설은 일관된 체계를 갖고 있지 않다. 각 단계에 해당하는 서술이 곳곳에서 발견되지만 5위설로 정리되지는 않고 있다. 이는 각 서술이 역사적으로나 내용적으로 그 기원을 달리하고 있다는 것을 암시한다. 또한 10지도 언급되지 않아 전통적인 불교 수행의 방법과 단계의 수집과 정리에 충실했다는 인상을 준다.

2) 『유가사지론』〈보살지〉와 『해심밀경』의 수행계위설

<보살지>에는 순결택분위의 4선근설은 나타나지 않는다. 견도와 수도라는 용어도 단 한차례 등장할 뿐이다.[18] 주목할만 한 점은 '가행도(prayogamārga)'라는 용어가 최초로 전문술어적인 의미에서 등장한다는 것이다.[19] 하지만 그것도 4선근설과의 결합은 이루어져 있지 않다. 이러한 사실은 <보살지>가 설일체유부의 5위설과는 전혀 다른 수행 계위설에 바탕해 있다는 것을 보여준다.

<보살지>가 근거하고 있는 수행계위는 『십지경』의 직접적인 영향 아래 성립한 것으로 보이는 13주설과 7지설이다. 이 두 수행계위는 다음과 같은 관계를 가진다.[20]

7지	13주
종성지(種姓地, gotrabhūmi)	종성주
승해행지(勝解行地, adhimukticaryābhūmi)	승해행주
정승의락지(淨勝意樂地, śuddhādhyāśayabhūmi)	극환희주(초환희지)
행정행지(行正行地, caryāpratipattibhūmi)	증상계주(제2이구지)
	증상심주(제3발광지)
	각분상응증상혜주(제4염혜지)
	[4]제상응증상혜주(제5난승지)

18 BoBh(D) 270,23 ; BoBh(W) 392,13f.
19 BoBh(D) 274,13 ; BoBh(W) 396,10 ; Aramaki(2000; 41) 참조.
20 BoBh(D) 253,7-12 ; BoBh(W) 367,7-16.

	연기상응증상혜주(제6현전지)
	[유가행]유공용무상주(제7원행지)
결정지(決定地, niyatābhūmi)	[무가행]무공용무상주(제8부동지)
결정행지(決定行地, niyatacaryābhūmi)	무애해주(제9선혜지)
도구경지(到究竟地, niṣṭhāgamanabhūmi)	최상원만보살주(제10법운지) 최극여래주

7지설은 이후 논서에 나타나지는 않지만 『대승장엄경론』 등에서 그 영향을 확인할 수 있다.[21] 『해심밀경』에서도 견도와 수도라는 용어는 사용하고 있지만 가행도라는 용어는 발견되지 않으며 4선근설도 보이지 않는다.

『해심밀경』의 계위설에서 주목해야 할 점은 최초로 명시적으로 견도와 초지를 동일시하고 2지 이후를 수도에 배치하고 있다는 점이다.[22] 이로써 서로 별개의 기원을 갖는 두 수행계위가 하나의 체계로 통합되는 단초를 마련한다. 초지를 견도와 동일시함으로써 두 체계를 하나의 체계로 통합하는 것은 이후의 유가행파 수행 계위설에 일관되게 나타난다.

『해심밀경』에서 견도 이전의 수행으로는 7진여에 대한 작의를 상정한다. 7진여 안에는 4제가 안립진여(安立眞如)·사행진여(邪行眞如)·청정진여(淸淨眞如)·정행진여(正行眞如)라는 명칭으로 포함되어 있다. 그러나 유전진여(流轉眞如)·상진여(相眞如)·요별진여(了別眞如)가 그 앞에 배치되어 있는 점은 특별한 주목을 요한다. 이는 설일체유부나 <성문지>의 수행이 4제를 대상으로 하는 것과는 뚜렷이 구별된다. 특히 요별진여는 모든 행의 유식성으로 정의됨으로써[23] 견도 이전의 단계에서 유식관이 이루어진다는 것이 최초로 언급되고 있다.

3) 『유가사지론』 〈섭결택분〉의 수행계위설와 5도설의 확립

<섭결택분> 문소성지결택[24]에서는 도제를 자량도와 방편도[=가행도]

21 『대승장엄경론』에서는 곳곳에서 승해행지, 초지-7지, 8지, (9지-)10지, 불지라는 분류방식을 사용하고 있다. 이는 기본적으로 <보살지>의 7지설에 입각한 것이다.

22 SNS, 114ff.

23 SNS, 99,16f.

24 『유가사지론』(『대정장』 30, 655하9)

그리고 청정도라는 3도의 체계로 설명한다. 흥미로운 점은 초기불교 이래 도제란 4제의 하나로서 구체적으로는 8정도를 가리켰지만, 유가행파에서는 3도 혹은 5도의 수행계위 체계 전체를 가리킨다는 점을 최초로 명시한 것이다[25]. 이는 『대승아비달마집론』 등에 계승된다.

이 중 자량도는 앞서 <성문지> 초유가처지의 제3출리지에서 설한 13종 자량을 가리킨다. 방편도란 순결택분위의 37보리분법을 말한다. 청정도는 다시 견도와 수도 그리고 구경도로 나뉘는데 그 3도에 포함되는 보리분법 및 구경도에서 존재하는 모든 공덕을 포함한다. 이는 청정도라는 상위 개념 아래 하위 형태로 견도·수도·구경도를 포함하는 분류 방식의 차이를 차치한다면, 최초로 5도의 체계를 서술한 것이다.

4) 『대승장엄경론』의 수행계위설

『대승장엄경론』은 유식관의 체계화와 그에 따른 수행계위의 확립이라는 측면에서 특기할만 하다. 이는 입무상방편상→법계의 직접 체험→10지라는 구조로 형성된다. 『대승장엄경론』에서 수행계위를 일관되게 설하는 곳으로 제6장 「진실품」의 6-10게송[26]과, 제14장 「교수교계품」[27]이 널리 알려져 있다.

비록 자량도와 가행도라는 용어는 나타나지 않지만, 무성과 안혜 그리고 티벳의 전통적 주석가들에 따르면, 「교수교계품」은 품 전체가 자량도에서 구경도에 이르는 수행계위설로 구성되어 있다.[28] 그 중 자량도에 해당하는 내용은 제1송에서 제22송에 걸쳐 자세히 설명된다. 이 단계에서 이루어지는 수행은 6종심·11종 작의·9종심주 등이 있고, 교법을 인식대상으로 파악하는 6종심이 핵심을 이룬다.

9종심주를 통해 삼매를 얻고, 더불어 몸과 마음의 편안함을 얻는 자는 '숙련자[有作意者]'가 된다. 그는 계속하여 근본 정려를 얻기 위해 나아간

---

25 <섭결택분>(『대정장』 30, 665하10)은 도제를 견도 이후로만 한정한 것은 사문과의 증득을 중시했기 때문이라고 설명한다.

26 MSA 23,26-24,20 ; 『대승장엄경론』(『대정장』 31, 599상4-중12)

27 MSA 90,5-97,17 ; 『대승장엄경론』(『대정장』 31, 623하14-626하26)

28 小谷信千代(1984; 98ff) 참조. 한편 『대승장엄경론』의 수행계위를 5도설로 해석하는 데 대한 반론 또한 존재한다. 岩本明美(1996; 138ff)는 약간의 예외를 제외하면 『대승장엄경론』에는 견도와 수도 외에 5도를 나타내는 용어가 발견되지 않는다는 점을 근거로 『대승장엄경론』의 수행계위설을 5도설로 보는데 이의를 제기하고 있다.

다. 근본 정려를 얻어야만 신통을 얻어 무량한 붓다를 공양하고 그들로부터 교법을 직접 들을 수 있기 때문이다. 그리고 초지에 도달하기 위한 다섯 공덕을 얻게 된다. 『대승장엄경론』은 여기까지를 세간적인 증득이라고 한다.

다음 단계에서는 가행도에 해당하는 내용으로서 순결택분의 4선근이 설해진다. 그러나 『대승장엄경론』의 순결택분위는 4제를 대상으로 하는 설일체유부와의 그것과는 명칭만 같을 뿐 전혀 다른 내용을 갖는다. 여기서는 『해심밀경』에서 7진여에 대한 작의 중 하나로만 설해졌던 유식관이 중심적인 지위를 차지한다.

먼저 난위에서는 앞서 6종심에서 교법을 마음 뿐인 것으로 보는 것에서 나아가 모든 대상이 의언일 뿐이라고 인식한다. 다음으로 정위에서는 광명으로 표현되는 난위를 더욱 증진시킨다. 광명이 증진한 후에는 유심에 머물러 모든 대상이 마음에서 현현하는 것이라고 본다. 이때 소취의 산란이 끊어지고 능취의 산란만이 남아있다. 이를 인위라 한다. 인위 직후에 무간정에 접촉하는 것이 세제일법위다. 무간정이라고 하는 이유는 그 직후에 능취의 산란 또한 끊어지기 때문이다. 이상의 과정을 입무상방편상이라고 한다.

소취와 능취의 산란이 모두 끊어지고 그 양자가 없는 법계에 직접 머무는 것이 견도위다. 견도위에서는 견도에서 끊어야 할 번뇌를 모두 끊고, 법계의 동일성을 통달함으로써 중생 및 보살과 동일하다는 마음을 얻으며, 세 가지 공성을 인식하는 공삼매를 비롯한 무상삼매와 무원삼매 등의 3삼매와 37보리분법을 획득한다. 『대승장엄경론』에서도 견도는 초지와 동일시된다.

제2지 이상과 동일시되는 수도에서는 무분별지와 후득지의 완성을 위해 노력한다. 무분별지는 자기자신의 붓다로서의 속성을 성숙시키는 지(智)이고, 후득지는 중생을 성숙시키는 지(智)이다. 2아승기겁에 걸쳐 최후의 수습에 도달한 보살은 관정을 받고 금강유정을 획득한다. 그 직후 그는 궁극적인 전의를 획득하고 일체종지를 얻는다. 이것이 최후의 구경도에 해당한다.

『대승장엄경론』은, 비록 자량도와 가행도라는 용어는 나타나지 않지만, 내용상으로는 일관되게 유가행파의 5위설이 설해지고 있는 문헌이라고 평가할 수 있다.

5) 『대승아비달마집론』의 수행계위설

『대승아비달마집론』은, 앞서 살펴본 <섭결택분>의 도제 개념을 수용하여, 도제에 대한 설명 아래 유가행파의 5도설을 가장 자세하고 체계적으로 설명한다[29]. 유가행파 문헌에서 명실상부하게 5도설을 일관되게 설하는 것은 『대승아비달마집론』이 최초라고 할 수 있다. 그러나 『대승아비달마집론』의 5도설은 대승적 성격을 희박하다는 특징을 가진다.

자량도는 ① 계를 지키는 것, ② 외계의 대상으로부터 감관을 보호하는 것, ③ 식사의 양을 아는 것, ④ 초저녁과 새벽에 깨어 지관을 닦는 것, ⑤ 자각하면서 머무는 것이다. 혹은 다른 선근과 문사수 3혜를 닦는 것이다. 이 다섯 항목은 『유가론』 <성문지> 초유가처지의 「종성지」에 설명된 12가지 예비적 조건 중 출가 이후의 일상 생활에 관한 다섯 항목 및 「출리지」에 설명된 13종 자량 중 네 번째 항목 이하 다섯 항목과 일치하는 것이다.

가행도는 먼저 자량도를 포괄하는 개념으로 설명된다. 그 후 가행도에 속하지만 자량도에는 속하지 않는 것으로서 순결택분위가 설명된다. 이 중 먼저 난법은 [4]제에 대한 광명을 얻은 삼매와 혜[明得三摩地鉢羅若] 및 그와 결합한 법[有相應等法]을 가리킨다. 다음으로 정법은 [4]제에 대해 광명이 증가한 삼매와 혜[明增三摩地鉢羅若] 및 그와 결합한 법이다. 순제인법은 [4]제에 대해 일부는 이미 들어가고 일부는 따르는 삼매와 혜[一分已入隨順三摩地鉢羅若] 및 그와 결합한 법이다. 세제일법은 그 직후에 견도가 생하는 삼매와 혜[無間心三摩地鉢羅若] 및 그와 결합한 법을 가리킨다.

견도에 대한 설명은 크게 두 부분으로 나뉜다. 첫째는 간략한 설명이고 둘째는 자세한 설명이다. 간략한 설명에서는 견도에 대한 세 가지 정의가 가장 대승적인 것부터 소승적인 것까지 차례대로 나열되어 있다. 첫째는 무소득의 삼매와 혜[無所得三摩地鉢羅若] 및 그것과 결합한 법이다. 둘째는 인식주체와 인식대상이 완전히 동일하다는 인식[所緣能緣平等平等智]이다. 이는 이미 앞서 『유가론』 <성문지>에서 순결택분에 해당하는 승해작의에서 등장한 개념이다. 셋째는 유정에 대한 언어표현과 법에 대한 언어표현, 그리고 양자 모두에 대한 언어 표현이 제거된 것을 인식대상으로 하는 법지라고 한다. 이 세 번째 정의 또한 『유가사지론』 <섭결택분>[30]에서 유래하는 정의다.

---

29 AS 65,11-77,21 ; 『대승아비달마집론』(『대정장』 31, 682중18-686상12)

30 『유가사지론』(『대정장』 30, 605하17-606상6)

견도에 대한 자세한 설명은, 내용은 전혀 다르지만, 설일체유부의 그것과 동일한 용어를 사용하여 정의한다. 설일체유부의 견도설에서는 고법지인과 고법지로서 욕계에 속한 고제하의 번뇌를 끊고 고류지인과 고류지로서 상2계에 속한 고제하의 번뇌를 끊는다고 하지만, 『대승아비달마집론』에서는 고법지인과 고법지로서 3계에 속한 고제하의 모든 번뇌를 끊는다고 설명한다. 이어서 발생하는 고류지인으로는 고법지인과 고법지 양자가 이후의 성스러운 법의 원인이라고 알고, 고류지로는 고류지인의 인식내용을 결정하는 것이다. 나머지 제에 관해서도 이와 같은 관계가 성립한다. 그러므로 법지인과 법지는 소취를 인식하는 것이고 유지인과 유지는 능취를 인식하는 것이다. 설일체유부가 16심 중 최후의 도류지를 제외한 15찰나를 견도로 간주하는 것과 달리 『대승아비달마집론』에서는 4제현관의 16찰나 모두를 견도로 간주한다. 한편 견도가 16찰나로 이루어져 있음에도 불구하고 1찰나라고 하는 이유는 보는 인식 대상에 대한 지가 발생하는 것이 궁극적이기 때문이다.

이어서 『대승아비달미집론』은 견도 이후의 수도를 세간도·출세간도, 연도·중도·상도, 가행도·무간도·해탈도·승진도 등으로 분류한다[31]. 세간도란 4정려와 4무색정을 가리키고, 출세간도란 법지와 유지에 속하는 4제에 대한 인식 및 그와 결합한 삼매 등을 가리킨다. 출세간도에서 특징적인 것은 그것이 가능한 선정의 단계에 미지정과 4정려 그리고 전 3무색정만 포함된다는 사실이다. 비상비비상처는 상(想, saṃjñā) 불명료하기 때문에 세간도에 포함된다.

다음으로 연도로서 상품의 번뇌를 끊고 중도로서는 중품의 번뇌를, 상도로서는 하품의 번뇌를 끊는다. 이는 수도에서 끊어야 할 번뇌의 강도에 따른 분류다.

가행도 등의 4도는 하나의 번뇌를 끊기 위한 네 단계를 가리킨다. 먼저 가행도는 번뇌를 끊기 위해 노력하는 것이고, 무간도는 그 직후에 번뇌가 끊어지는 단계를 일컫는다. 해탈도는 그 번뇌가 끊어진 것을 확인하는 단계고 승진도는 다시 다른 번뇌를 끊기 위해 나아가는 단계다.

구경도는 금강유정 직후에 전의를 이루어, 진지와 무생지 및 무학의 10법[무학의 8정도 및 무학의 定解脫과 正智]을 획득하는 것을 가리킨다.

---

31 이는『유가사지론』<문소성지>(『대정장』30, 346하25)의 9종 유가의 분류에서 유래한다.

6) 『섭대승론』의 수행계위설

『섭대승론』의 수행도론은 제3장 「입소지상분」[32]에서 설명된다. 그러나 『섭대승론』의 수행도론은 『대승아비달마집론』에서 본 것처럼 명확히 5도의 형태를 갖고 있지는 않다. 오히려 승해행지(勝解行地)·견도(見道)·수도(修道)·구경도(究竟道)라는 네 단계설을 표방하고 있는 것으로 보인다. 이는 『십지경』과 『유가사지론』 <보살지> 등에서 이어져 내려온 10지설 혹은 13주설과 설일체유부의 견도·수도설을 통합한 것이다. 따라서 승해행지는 자량도와 가행도를 포함하고 있는 것이다.

먼저 승해행지는 일체법이 오직 유식이라는 것을 듣고 그것을 믿는 단계를 말한다. 견도는 진리를 통달하는 것을 일컫는다. 세친과 무성의 주석에 따르면 의언에 대해 법과 의, 그리고 소취와 능취가 존재하지 않는 것을 통달하는 것이다. 수도는 모든 장애를 대치하는 것이고, 구경도는 모든 장애를 벗어난 상태를 가리킨다.

5도의 체계에서 자량도에 해당하는 것은 수행의 주체인 보살을 설명하면서 나타난다. 곧 첫째 대승의 가르침을 들은 것에 의해 훈습되고 둘째 세상에 출현한 붓다를 무한히 모시고 셋째 한결같이 믿음을 가진 중생 바로 보살이다. 이상의 조건을 갖추고 선근을 잘 모았기 때문에, 복덕과 지혜의 자량을 잘 모은 보살이 바로 수행의 주체가 된다. 이는 자량도의 내용에 해당하는 것이다.

『섭대승론』의 수행도에서 나타나는 가장 큰 특징은 견도 직전인 순결택분위에서 서로 별개의 기원을 가진 4심사·4여실지관과 입무상방편상이 하나의 체계로 통합된다는 점이다. 이는 유식성에 들어갈 때 그 근거가 되는 4종 삼매를 설명할 때 두드러지게 나타난다. 이에 따르면 4심사에 의해 대상이 존재하지 않는다는 것을 인식하는 낮은 단계의 인(忍)이 있을 때가 광명을 획득하는 삼매[明得三昧]고, 이것은 난위의 근거다. 다음으로 4심사에 의해 대상이 존재하지 않는다는 것을 인식하는 높은 단계의 인이 있을 때가 광명이 증가하는 삼매[明增三昧]고, 이것은 정위의 근거다. 다시 4여실변지에서 오직 식 뿐임을, 다시 말해 능취만이 존재한다는 것을 인식하여 대상이 존재하지 않는다는 것을 확정하는 것이 진실의 일부에 들어가는 삼매[入眞義一分三昧]로서, 순제인위의 근거가 된다. 그 직후에 능취도 존재

32 『섭대승론본』(『대정장』 31, 142중5-143하20)

하지 않는다는 것을 아는 단계 곧 견도 직전의 단계인 세제일법위는 무간삼매(無間三昧)를 근거로 하는 것이다. 이는 <보살지>에서 유래하는 4심사·4여실지에 미륵 논서에서 유래하는 입무상방편상을 통합한 것으로서 전자가 내용적 측면을, 후자가 형식적인 측면을 이룬다.

견도는 유식성을 인식하는 것, 인식 대상의 특징 곧 3성 중에서 특히 원성실성을 인식하는 것 등으로 표현된다. 수행계위가 포괄적으로 설명된 「입소지상분」이라는 품명 자체가 인식대상의 특징 곧 3성을 인식하는 것임을 고려해 볼 때, 원성실성의 인식에 대한 설명이야 말로 『섭대승론』에 나타난 견도설의 특징을 잘 드러내 준다고 할 수 있다.

3성 각각을 인식하는 과정은 입무상방편상의 형식을 갖고 있다. 먼저 변계소집성을 인식하는 것은 의언이 나타난 것으로서의 대상의 특징, 다시 말하면 대상이란 의언으로부터 나타난 것이지 실제로 존재하는 것은 아니라는 점을 인식하는 것이다. 이는 순결택분위의 난위와 정위에 해당한다. 의타기성을 인식하는 것은 오직 식 뿐인 것을 인식하는 것, 곧 능취만이 존재한다는 것을 인식하는 것이다. 이는 순결택분위의 인위에 해당한다. 원성실성에 대한 인식은 식 뿐이라는 관념조차 되돌린 후, 다시 말하면 능취도 존재하지 않는다는 것을 인식한 후에 발생한다. 대상의 상을 파괴했을 때, 보살에게는 교법을 들은 것에 의해 훈습된 것을 원인으로 발생하는 의언이 대상으로 현현하는 일이 없다. 그러므로 오직 식 뿐인 것, 곧 능취도 현현하지 않는다. 이 때 보살은 법계를 직접 지각한다. 그 때 보살에게는 인식대상과 인식주체가 완전히 동일한 무분별지[平等平等所緣能緣無分別智]가 발생하는 것이다. 이것을 원성실성을 인식하는 것이라고 한다.

「입소지상분」에서는 견도까지의 수행에 대한 설명은 자세하지만 수도와 구경도에 대해서는 매우 간략히 설하고 있다. 이는 각각 제6장 「피수차별분」과 제9장과 10장 「피과단분」 및 「피과지분」에 자세히 설명되기 때문이다. 「입소지상분」의 간략한 설명에 따르면 수도는 3종의 불신을 얻기 위해, 종합적인 법을 대상으로 하는 무분별지와 후득지로써 10지에서 무량한 시간동안 반복적으로 수습하는 것이다. 제6장 「피수차별분」에서는 10지 각각의 단계에 존재하는 장애인 열 가지 무명을 역시 10지 각각에 해당하는 법계의 열 가지 특징으로써 대치해 나가는 것이라고 한다.

「입소지상분」에서는 구경도에 대한 설명도 별도로 이루어지지 않는다. 「피과단분」과 「피과지분」에 따르면 그것은 유가행파의 독특한 열반관인 무주처열반과 법신·수용신·변화신 등의 3종 불신으로 특징지워진다. 무주처열반이란 비록 염오는 버린다 하더라도 윤회는 버리지 않는 것이며, 이 양자의 근거로서의 전의를 말한다. 전의란 잡염분과 청정분을 모두 갖춘 의타기성이 잡염분을 버리고 청정분이 되는 것을 가리킨다. 3종의 법신 중 자성신은 법신이라고도 하며 모든 법에 대해 자유자재한 것의 근거다. 수용신이란 법신을 기반으로 해서 여러 붓다의 설법처에 나타나는 불신을 말한다. 수용신은 매우 청정한 붓다의 국토와 대승의 법락을 경험하기 때문이다. 변화신이란 법신을 기반으로 하여 이 세계에 나타난 불신 곧 역사적 붓다인 석가모니불 등을 가리킨다.

7) 『성유식론』의 유식오위설

『성유식론』의 5위설은 이상에서 살펴 본 어느 문헌보다 체계적이고 자세하다. 이는 이전 문헌에 설명된 내용을 통합하여 일관된 체계하에 배치하여 설명하고 있기 때문이다. 이하에서는 각각의 계위를 설하는 『성유식론』의 게송과 함께 5위설의 골자만을 설명하고자 한다.

『성유식론』은 26송을 자량위에 대한 설명으로 간주한다.[33]

식이 유식성에 안주하지 않는 한 2취의 습기는 멈추지 않는다.[34]

자량위는 순결택분의 식을 일으켜서 유식성을 추구하기 전까지의 단계를 말한다. 이 단계에서 보살은 자신의 종성과 선우와 작의와 자량이라는 네 가지 뛰어난 힘에 의지하여, 유식의 의미에 대해 깊이 믿고 이해하기는 하지만 소취와 능취가 공이라는 사실을 증득하지 못한다. 그러므로 아직 2취의 수면이 현행하는 것을 막을 수 없다. 이 단계의 수행의 양상은 복덕과 지혜를 모으는 것이다.

---

33 26송 이하를 각각 5위에 배치하는 것은 『성유식론』 특유의 견해다. 안혜는 29송과 30송에 대한 주석(TrBh 43,1f)에서 이 두 송이 견도와 승진도(=수도)에 의해 果(=구경도)를 이루는 것을 드러냈다고 주석할 뿐, 이전의 세 게송에 대해 수행계위설과 연결시키지 않는다. 이에 따라 조복천도 29ab를 견도, 29cd-30abc를 승진도, 30cd를 구경도로 주석한다. 山口益·野擇靜證(1953; 388-9) 참조.

34 『성유식론』(『대정장』 31, 48중22-23) ; 至未起識 求住唯識性 於二取隨眠 猶未能伏滅 : TrBh 42,12-13 ; yāvad vijñaptimātratve vijñānaṃ nāvatiṣṭhati / grāhadvayasyānuśayas tāvan na vinivartate // 26 //

『성유식론』 27송은 가행위에 대한 설명이다.

> 또한 '이것은 유식일 뿐'이라는 지각이 있는 것이기 때문에, 앞에 어떤 것을 세운 그는 그것 뿐인 것[유식]에 안주하는 것이 아니다.[35]

가행위는 순결택분의 4선근위를 말한다. 『성유식론』의 가행위는 『섭대승론』의 그것을 대체로 계승하고 있다. 난위와 정위는 각각 명득정(明得定)과 명증정(明增定)에 근거하여 하품의 심사관과 상품의 심사관을 일으켜 소취가 존재하지 않는 것을 관찰하는 단계다. 인위는 인순정(印順定)에 근거하여 하인의 단계에서 소취의 비존재성을 결정적으로 인식하고 중인의 단계에서 능취의 비존재성 또한 받아들이며 상인의 단계에서는 능취의 비존재성을 결정적으로 인식하는 단계다. 이는 미륵 논서 및 『섭대승론』 등 이전의 유가행파의 4선근설과는 다른 특징적인 점이다. 그들 논서들에서는 인위에서 소취의 비존재성만을 결정적으로 인식하고 능취의 비존재성을 인식하는 것은 세제일법위에서 이루어지기 때문이다.

『성유식론』 28송은 통달위를 다음과 같이 설한다.

> 반면, 인식대상과 식을 지각하지 않을 때 유식성에 머문다. 소취가 없을 때 그것을 취하기 않기 때문이다.[36]

『성유식론』의 통달위[37] 곧 견도설은 이전의 유가행파 문헌에 제시된 여러 견도설을 종합적으로 망라하고 일관성 있는 체계로 통합하고자 하는 시도를 보여준다. 통합의 관점으로서는 다양한 견도설을 승의제와 세속제 또는 비안립제와 안립제라는 관점에서 재배치하는 것이다. 『성유식론』의 견

---

35 『성유식론』(『대정장』 31, 49상23-24). "現前立少物 謂是唯識性 以有所得故 非實住唯識.": TrBh 42,25-26 ; vijñaptimātram evedam ity api hy upalambhataḥ / sthāpayann agrataḥ kiṃcit tanmātre nāvatiṣṭhate // 27 //

36 『성유식론』(『대정장』 31, 49하16-17). "若時於所緣 智都無所得 爾時住唯識 離二取相故 ." TrBh 43, 10-11; yadā tv ālambanaṃ jñānaṃ naivopalabhate tadā / sthitaṃ vijñānamātratve grāhyābhāve tadagrahāt // 28 //

37 이하 『성유식론』의 견도설에 대해서는 『성유식론』(『대정장』 31, 50상5-중12), 안성두(2004; 78-83) 참조.

도설을 도식화하면 다음과 같다.

① 진견도(眞見道, *tattva-darśanamārga) - 근본무분별지에 포함
② 상견도(相見道, *ākāra-darśanamārga) - 후득무분별지에 포함
㉠ 비안립제(非安立諦, *avyavasthita-satya)에 따른 설명 : 3심 찰나 견도
㉡ 안립제(安立諦, *vyavasthita-satya)에 따른 설명
ⓐ 소취·능취의 관점에서 분석
ⓑ 3계의 관찰에 따른 분석
㉢ 성스런 가르침을 널리 펴는 방식[廣布聖教道理]에 따른 9심 찰나 견도

진견도는 무분별지로써 자아와 법의 2공을 증득하고 번뇌장과 소지장의 분별에서 일어나는 수면을 끊는 것이다. 비록 이 과정은 여러 찰나에 걸쳐 완성되지만 그 행상이 동일하기 때문에 일심이라고 한다.

상견도는 비안립제인 진여와 안립제인 4제를 대상으로 하여 분석적으로 설명된다. 비안립제를 대상으로 하는 3심 찰나 견도[38]의 첫째 찰나는 자신을 인무아의 관점에서 관찰하여 분별에서 일어나는 하품의 수면을 끊는 것이다. 둘째 찰나는 자신을 구성하는 제법을 법무아의 관점에서 관찰하여 분별에서 일어나는 중품의 수면을 끊는 것이다. 이 두 찰나는 법지(法智)에 속한다. 셋째 찰나는 자신에 관해서 얻은 인식을 직접적으로 획득하지 못한 다른 모든 법에 유비적으로 확장시켜 분별에서 일어나는 모든 수면을 끊는 것이다. 그러므로 셋째 찰나는 유지(類智)에 속한다.

안립제에 따른 설명 중 견도를 소취·능취의 관점에서 분석적으로 규정하는 것은 16심 찰나로 이루어져 있다. 3계에 속하는 고제를 대상으로 하는 고법지인은 고제의 진여에 대한 관찰을 통해 3계에 속하는 28종의 견고소단의 수면을 모두 끊는 것이다. 그 직후 고법지를 통해 다시 진여를 관찰하고 번뇌로부터 해탈했음을 확인한다. 그 직후에 발생하는 고류지인으로는 이전의 고법지인과 고법지에 관해 뒤따르는 모든 성스러운 법도 이와 같을 것이라고 내적으로 깨닫는 것이다. 고류지는 고류지인의 직후에 발생하는 유비적 인식으로서 앞의 고류지인을 확증하는 것이다. 이러한 과정은 고제

38 3심 찰나 견도설은 원래 『유가사지론』 「섭결택분」(『대정장』 30, 605하17-606상6)에서 유래한다. 이 설은 『현양성교론』(『대정장』 31, 562상24)와 『대승아비달마집론』(『대정장』 31, 682하9)에 인용되어 있다. 안성두(2004; 79) 참조.

에 대해서 뿐 아니라 나머지 3제에 관해서도 동일하게 발생하므로 16심 찰나를 이룬다. 16찰나 중 법품에 속하는 8찰나는 진여를 대상으로 하고 유품에 속하는 8찰나는 정지를 대상으로 하는 것이다. 이상의 설명방식은 앞서 살펴본『대승아비달마집론』의 견도 규정에서 유래하는 것이다. 다만『대승아비달마집론』에서는 법품에 속하는 단계는 소취를 이해하고 유품에 속하는 단계는 능취를 이해한다고 한 데서 한 걸음 더 나아가, 법품에 속하는 것은 진여를 대상으로 하고 유품에 속하는 것은 정지를 대상으로 한다고 해석한다. 이는『대승아비달마잡집론』의 설명을 계승한 것이다.

안립제에 따른 설명 중 견도를 3계의 관찰에 따라 분석하는 설명도 16심 찰나로 이루어져 있다. 이는 드러나 있는 욕계와 드러나 있지 않은 색계 및 무색계의 4제에 대해 각각 현관인(*abhisamaya-kṣānti)와 현관지(*abhisamaya-jñāna)로 이루어진 것이다. 3계에 속한 4제에 따라 해탈적 인식의 단계를 구분하는 것은 설일체유부설의 전형적인 것이다. 하지만 상2계에 대한 인식을 유비적 인식으로 간주하는 설일체유부의 견도설과 달리 유가행파에서는 상2계에 대한 인식도 일종의 직접적 인식으로 간주한다. 이는『유가사지론』<성문지>에서 그 기원을 찾을 수 있다.[39]

성스런 가르침을 널리 펴는 방식에 따른 설명은 상견도를 9심 찰나로 설명한다. 9심 찰나는 앞서 설명한 두 가지 16심 찰나 견도설에서 지(止)와 관(觀)을 구별함으로써 구성된다. 법품과 유품에 속하는 인(忍)과 지(智)를 하나로 합하면 모두 8심 찰나가 된다. 이 8심 찰나와 상응하는 지를 하나로 묶어 1심 찰나로 하면 모두 9심 찰라가 되는 것이다. 비록 견도 중에서는 지관쌍운이 이루어지지만 관(觀)은 견도의 의미와 잘 일치하는 반면 지(止)는 그렇지 않다. 그러므로 관은 세분되고 지는 요약되는 방식으로 다루어진다. 이런 의미에서 이를 상견도라고 하는 것이다.[40]

『성유식론』 29송은 수습위를 설하는 게송이다.

그것은 무심이고 비지각이다. 또 그것은 출세간지다. 두 가지 뿌리깊은

39 ŚrBh 500,16f(『유가사지론』(『대정장』 30, 475하28))에서는 드러난 사제에 대해서는 決定智(niścayajñāna)가, 드러나지 않은 4제에 대해서는 現見智(pratyakṣajñāna)가 발생한다고 한다.

40 9심 찰나 견도설은『유가사지론』「섭결택분」(『대정장』 30, 625상6)에서 유래한다. 여기서는 견도를 승의제와 세속제 두 관점에 따라 정리하고 있는데 후자의 관점에 따른 것이 廣布聖教道理다.

> 악습을 끊기 때문에 근거가 전환한다.[41]

『성유식론』의 수습위에 대한 설명은 10지 중에서 무분별지를 거듭 닦아 번뇌장과 소지장의 종자를 끊고 전의를 획득하는 것으로 요약된다. 이에 대한 자세한 주석은 기본적으로 『섭대승론』「피수차별분」의 설명을 충실히 계승하고 있다. 다시 말하면 10지에서 열 가지 뛰어난 행을 닦아 열 가지 장애를 제거하고 열 가지 진여를 증득하는 것이다. 이로써 두 가지 전의를 획득한다. 『성유식론』은 이 중 열 가지 장애를 매우 자세히 설명한다. 이어서 『성유식론』은 『섭대승론』「피과단분」에서 설해진 6종 전의를 수습위의 단계에서 설명한다. 그러나 구경위에 대한 설명에서는 수습위 단계에서 증득한 전의가 구경위의 양상이기도 하다고 규정한다. 6종 전의에 대한 설명에서 통달전을 통달위에, 수습전을 수습위에 배치하는 것은 『섭대승론』과 차이를 보인다.

이어서 전의의 네 가지 의미를 해설한다. 첫째가 전의를 일으키는 도[能轉道]로서 번뇌장과 소지장의 수면이 드러나지 못하도록 억제하는 도[能伏道]와 그것을 끊어버리는 도[能斷道]로 세분된다. 둘째는 전의하는 근거[所轉依]로서 염오와 청정의 모든 법의 종자의 의지처[持種依]로서 아뢰야식과 미혹과 깨달음의 근거[迷悟依]로서 진여를 말한다. 셋째는 전의함으로써 버리는 것[所轉捨]으로서 끊어서 버리는 것[所斷捨]인 2장의 종자와 포기해서 버리는 것[所棄捨]인 나머지 유루법과 열등한 무루법의 종자다. 넷째는 전의함으로써 얻는 것[所轉得]이다. 이는 드러나서 얻는 것[所顯得]인 대열반과 생겨나서 얻는 것[所生得]인 대보리로 구분된다. 대열반은 본래자성청정열반·유여의열반·무여의열반·무주처열반으로 세분되고, 대보리는 대원경지·평등성지·묘관찰지·성소작지로 나뉜다. 대보리의 4지는 각각 아뢰야식·말나식·의식·전5식을 전의함으로써 획득한다.

『성유식론』 30송은 구경위를 다음과 같이 규정한다.

> 그것이야말로 무루이고 계이며, 불가사의하고 선(善)이고 영원하다. 그

41 『성유식론』(『대정장』 31, 50하19-20). "無得不思議 是出世間智 捨二麤重故 便證得轉依.": TrBh 42,22-23; acitto 'nupalambho 'sau jñānaṃ lokottaraṃ ca tat / āśrayasya parāvrittir dvidhā dauṣṭhulyahānitaḥ // 29 //

> 것은 안락이고 해탈신이며 이것은 대무니의 법[신]이라고 말한다.[42]

『성유식론』의 구경위설도 『섭대승론』과 마찬가지로 붓다의 3신을 설명하고 있다. 다만 수용신을 자수용신과 타수용신으로 세분하는데 전자는 자신이 깨달은 법의 즐거움을 누리는 불신이고 후자는 정토에 머물면서 설법을 통해 다른 보살로 하여금 대승법의 즐거움을 누리게 하는 불신이다. 이어서 붓다의 4지와 3신의 대응관계 및 3신이 의지하는 국토 등을 설명한다.

Ⅲ. 유식오위설의 의의

유식오위설 아니 유가행파 수행 전체의 가장 큰 특징은 '점오'적 방식에 있다. 점진적인 수행도 체계를 세우고 있다는 공통점에도 불구하고, 설일체유부가 최단 3생이라는 짧은 시간 안에 해탈을 이룰 수 있다고 상정하는 데 비해,[43] 유가행파는 3아승기겁이라는 무한에 가까운 시간을 상정한다. 무한에 가까운 이 시간은 '돈오'적 방식을 주장하는 입장과 비교해 보면 더욱 두드러진다. 초기불교의 무실라와 나라다의 대립으로부터 시작하여, 8세기 말 티벳왕의 면전에서 인도학승 카말라쉴라와 중국선승 대승화상의 대논쟁을 거쳐, 80년대 한국불교의 돈점논쟁에 이르기까지 '점오파'와 '돈오파'는 불교 사상의 양대 조류였다고 해도 과언이 아니다. 유가행파는 인도불교 주류전통을 이어받아 오랜 시간에 걸친 명상과 비판적 사고에 바탕을 둔 점오적 방식을 기본으로 하고 있다. 그 위에 성불에 이르기 위한 이타행의 실천을 놓고 있는 것이다.

사실 이러한 오랜 기간 동안의 수행을 상정하는데 따른 난점은 유가행파 자신도 자각하고 있는 것으로 보인다. 『섭대승론』[44]과 『성유식론』[45]에서 제시하는 3가지 연마심은 무상정등정각이 심오하고 광대하여 증득하기 어

---

42 『성유식론』(『대정장』 31, 57상11-12). "此即無漏界 不思議善常 安樂解脫身 大牟尼名法.": TrBh 42,24-25 ; sa evānāsravo dhātur acintyaḥ kuśalo dhruvaḥ / sukho vimuktikāyo 'sau dharmākhyo 'yaṃ mahāmuneḥ // 30 //

43 AKBh 3497ff ; 『구사론』(『대정장』 29, 121상7).

44 『섭대승론본』(『대정장』 31, 142중21)

45 『성유식론』(『대정장』 31, 49상13)

렵다는 생각으로 위축된 보살들에게 주는 격려이다. 한편 무성은 비록 무량한 시간이라 하더라도 그것은 다만 분별일 뿐이므로 한 찰나에 포함된다고 한다. 그리고 게으른 자에게는 비록 짧은 시간이라도 길게 느껴지지만 방일하지 않으면 아무리 긴 시간이라도 오히려 짧을 것이라고 견책한다.[46]

그러나 유가행파 수행계위설의 의의는 시간의 장단에 있지 않다. 오히려 그것은 수행의 첫 단계부터 최종 단계에 이르기까지의 긴 여정에 정밀한 나침반과 지도를 제시해 준다는데 있다. 밀림처럼 우거진 생사의 악순환을 탈출하는 길은 미로처럼 어지럽다. 대양을 항해하는 배는 노련한 선장과 북극성이 없다면 망망한 대해에서 망연자실할 것이다. 유가행파는 지금 여기에 모든 것이 완성되어 있다 하더라도 그것을 깨닫기 위한 노력조차 필요 없는 것은 아니라는 태도를 견지한다. 그런 유가행파가 정밀하고 방대한 수행 계위설을 세운 것은 당연해 보인다.

보다 중요한 것은 방대한 수행계위설의 목표가 보살의 이타행에 있다는 것이다. 무주처열반으로 정점을 이루는 대승불교 이타행의 이론화는 유가행파에서 완성된다. 견도 이후에 발생하는 후득지는 다름 아닌 중생을 성숙시키는 지혜이다. 견도 이후 2아승기겁에 걸친 수행을 상정한 것은 자신의 열반을 뒤로 미루면서까지 중생을 제도하려는 대승보살의 이념을 이론화하고자 한 것이다. 보살은 자신의 번뇌를 끊지 않고 남겨둠으로써 생사의 과정에서 중생과 함께 정각을 이루고자 한다. 마치 적절한 조치를 취하면 독이라도 아무런 해를 끼치지 않고 오히려 약이 되듯이, 보살에게 번뇌는 오히려 정각을 위한 원인이 된다. 이러한 의미에서 생사는 열반이 되고 번뇌는 보리가 된다[47]. 이 지점에서 유가행파의 단계적 수행론은 돈오적 깨달음의 사상과 조우한다.

김성철 (금강대)

46 『섭대승론석』(『대정장』 31, 419상5)
47 『섭대승론석』((『대정장』 31, 444중12-29)

바라제목차

범 prātimokṣa 장 so sor thar pa 한 波羅提木叉

Ⅰ. 어원 및 개념

1. 바라제목차의 어원

바라제목차는 범어로는 'prātimokṣa', 빠알리어로는 'pātimokkha', 서장어로는 'so sor thar pa'이며, 한역으로는 '波羅提木叉'라고 번역한다. 범어의 'prātimokṣa'는 'prāti'와 'mokṣa'로 분해되며, 빠알리어의 'pātimokkha'는 'pāti'와 'mokkha'로 분해되어 해석되기도 한다.

붓다고사는 『Visuddhimagga[淸淨道論]』에서 "바라제목차란 학처계(學處戒)이다. 그 이유는 그것을 pāti(지키는), 즉 지키는[rakkhati] 사람을 해탈하도록 한다. 악취(惡趣) 등의 고통으로부터 벗어나도록 한다. 그러므로 pātimokkha라고 한다"라고 풀이하고 있다. 다시 말해서 그는 pāti를 √pā로부터 파생된 동사 pāti(지키는)로 이해하고 여기에 mokkha(해탈)를 결합시켜 말을 해석하고 있다.[1] 또한 『Kankhāvitaraṅi[疑心解除]』에서는

"pātimokkha란 'pa ati mokkha, 즉 ati pamokkha(잘 해탈시키는 것), ati seṭṭha(매우 수승한 것), ati uttama(극히 높은 것)를 의미한다'라고 풀이하고 있다.[2]

『근본살바다부율섭』에서는 "별해탈이란 별해탈경(別解脫經, prātimokṣasūtra)에서 설하는 대로 의지하여 수행하면 하하(下下)등 9품의 모든 미혹이 점차 끊어져서 영원히 퇴보하지 않기 때문에 모든 번뇌에서 해탈을 얻도록 해준다. 그러므로 별해탈이라고 이름한다"라고 말한다.[3] 여기에서는 범어 'prati'를 '따로따로[別別]'라는 의미로 해석하여 "번뇌로부터 따로따로 해탈하기 때문에 별해탈이다"라고 풀이한 것이다.

서장어 'so sor thar pa'는 '별해탈(別解脫)'의 의미이다. 'so sor'는 범어 'prāti', 'thar pa'는 범어 'mokṣa'의 번역어이며 '따로따로 악(惡)에서 해탈한다'라고 풀이된다. 한문 '바라제목차'는 별해탈(別解脫) 이외에 해탈계경(解脫戒經), 계경(戒經), 계본(戒本) 등의 의미로 번역되기도 한다.

2. 바라제목차의 개념

율장에서는 하나하나의 계율을 학처(學處, śikṣāpada, sikhāpada)라고 하며 이 학처를 모은 것을 바라제목차라고 한다. 이 학처를 한역에서는 '계(戒)'라고 번역하기 때문에 바라제목차를 계본(戒本)·계경(戒經)이라고도 한다. 이 바라제목차를 현장은 '별해탈(別解脫)'이라 번역하고, 진제는 '바라제목차(波羅提木叉)'라 음역하고 있다.

불교교단사상 초기불교의 해석에 따르면, 『빠알리율』에서는 "바라제목차란 곧 처음[初, ādi]이고, 얼굴[面, mukha]이며, 모든 선법의 으뜸[上首, pamukha]이다"라고 한다.[4] 또한 『사분율』에서는 "바라제목차란 계를 말한다. 스스로 위의(威儀)를 섭수하여 지니는 주처(住處)이며 행(行)의 근원이며 얼굴이며 머리이며 여러 가지 선법을 모아서 삼매를 성취한다"라고 한다.[5] 『오분율』에서는 "바라제목차라는 것은 이 계로써 모든 근(根)을 방호

1 *Visuddhimagga* 16면.
2 *Kankhāvitaraṅi* 1면.
3 『根本薩婆多部律攝』1(『大正藏』24권, 525상)
4 *Vinayapiṭaka* vol. I, 103면.
5 『四分律』35(『大正藏』22권, 817하)

(防護)하고 선법을 증장하며, 모든 선법에서 가장 초문(初門)이 되기 때문에 바라제목차라고 한다. 또한 이 계법은 자주 명구(名句)를 분별하므로 총괄하여 바라제목차라고 한다"라고 한다.[6] 또한 바라제목차를 별해탈이라고도 번역하는데, 몸이나 입으로 짓는 악업을 각각 분별하여 방지하는 계율을 말한다. 『구사론』에서 현장은 "팔중(八衆)이 모두 별해탈율의(別解脫律儀)를 성취한다. 이른바 비구로부터 내지 근주(近住)이다"라고 말하고 있다.[7] 또한 진제는 "바라제목차는 상응하는 데에 8부가 있다. 이른바 비구·비구니 내지 우파바사주(優波婆沙住)를 제8로 한다"라고 말하고 있다.[8]

이 말들을 총체적으로 정리하면, 바라제목차란 비구와 비구니의 계율 조문을 집성한 것을 말한다. 그러나 바라제목차는 비구계와 비구니계를 말하는데, 광의적으로는 교단의 구성원인 칠중(七衆)이 지켜야 하는 계율을 말하기도 한다. 즉 비구계와 비구니계, 식차마나의 육법계(六法戒), 사미와 사미니의 십계(十戒), 우바새와 우바이의 오계(五戒), 팔재계(八齋戒) 등 여덟 가지의 각각을 모두 바라제목차라고 말한다. 바라제목차에 팔중(八衆)의 계율을 모두 포함하는 까닭은 계에 삼계(三界)의 유정들을 해탈시키는 힘이 있기 때문이다. 출가인의 계뿐만 아니라 재가신자의 계에도 윤회하는 삼계에서 해탈하고자 하는 의지가 포함되어 있는 것이다. 그러므로 불교의 계를 바라제목차 또는 별해탈이라 말하는 것이다. 원시불교에서는 비구계와 비구니계를 바라제목차라고 했지만, 부파불교에서는 재가신자의 계까지도 바라제목차라고 했던 것이다. 이 계는 출가수행자와 재가신자가 마땅히 지켜야 하는 모든 수행의 근본 바탕이다. 이 계율을 지키면 악법을 멸해주고, 몸과 입으로 짓는 죄를 막아 주기 때문에 모든 번뇌를 끊고 궁극적인 해탈을 얻을 수 있게 되는 것이다. 열반의 세계인 피안은 차안(此岸)에서 배를 타고 가야 되는데, 이때 배는 바라제목차와 같아서 이를 지키면 개인적으로는 깨달음을 얻고, 교단은 청정하고 화합된 공동체를 유지하며 수행생활을 장애 없이 할 수 있도록 해 주는 것이다.

---

6 『五分律』18(『大正藏』22권, 122상)
7 『阿毘達磨俱舍論』14(『大正藏』29권, 73상중)
8 『阿毘達磨俱舍釋論』10(『大正藏』29권, 230중)

Ⅱ. 역사적 용례 및 텍스트별 용례

1. 바라제목차의 전개사

1) 원시·부파불교의 바라제목차

계율은 출가 수행자와 재가신자들의 생활에 매우 밀착되어 시대와 장소를 따라 끊임없이 변화하고 발전되어 왔다. 초기의 칠불통계(七佛通戒)로부터 대승의 범망보살계(梵網菩薩戒)에 이르기까지 사회의 변천과 교단의 발전에 따라 지켜야 하는 계율의 수가 증가하였다. 보통 바라제목차라고 하면 비구계와 비구니계를 말하지만, 교단의 구성원인 칠중(七衆)이 각각 지켜야 할 계율인 구족계·육법계(六法戒)·십계(十戒)·오계(五戒)·팔재계(八齋戒) 등도 바라제목차라고 하기도 한다. 그러므로 넓은 의미의 바라제목차를 경전과 율장을 통하여 개괄적으로 살펴보기로 한다.

(1) 오계

오계(五戒)는 삼귀의계(三歸依戒)를 수지한 재가신자인 우바새(優婆塞, upāsaka), 우바이(優婆夷, upāsikā)가 지켜야 할 덕목이다. 경전에서는 삼귀오계(三歸五戒)를 수지할 것을 말하지만, 부파불교에서는 부파에 따라 오계의 부분 수지를 허용하는 경우가 있다. 이들은 출가 수행자에게 옷과 음식, 의약(衣藥), 주처(住處) 등을 제공하여 수행과 생활이 가능하게 해야 할 의무를 지닌다. 『잡아함경』에서는 우바새가 구족해야 할 덕목으로 '살생(殺生)과 불여취(不與取), 사음(邪婬), 망어(妄語), 음주(飮酒)의 행을 떠날 것을 말하고 있다.[9] 『장아함경』에서는 우바이가 부처님으로부터 오계를 수지하여 목숨이 다하도록 '살생하지 말며[不殺], 도둑질하지 말며[不盜], 사음하지 말며[不邪婬], 거짓말하지 말며[不欺], 술을 마시지 말라[不飮酒]'고 설하고 있다.[10]

(2) 팔재계

팔재계(八齋戒)는 재가신자가 지켜야 수행으로 우바새와 우바이가 하루

9 『雜阿含經』33(『大正藏』2권, 236중)
10 『長阿含經』2(『大正藏』1권, 14하)

밤 하루 낮[一夜一晝]의 제한된 시간동안 수지하는 8가지의 계로서, 근주(近住, upavāsa)라고 하며, 장정(長淨)·장양(長養)·정주(淨住)·공주(共住)라고도 번역하며, 포살(uposatha)이라고 음역한다. 재가신자의 포살은 팔재계를 수지하여 수행 정진하는 것을 말하며, 모든 악과 불선법(不善法)을 버리고, 번뇌유애(煩惱有愛)를 버리고, 청정백법(淸淨白法)을 증득하고, 구경에 비범한 일을 행하기 때문에 포살이라고 한 것이다.[11] 팔재계는 한달 가운데 백월(白月)의 8일·14일·15일과 흑월(黑月) 23일·29일·30일의 육재일(六齋日)에 이것을 수지하여 지키고, 그 다음날 아침 일찍 비구승가에 신심과 기쁜 마음으로 먹을 것과 마실 것을 공양시킨다.[12] 『숫타니파따』의 「담미까경」에서는 '①살생해서는 안 된다 ②주지 않는 것을 취해서는 안 된다 ③거짓을 말해서는 안 된다 ④음주자여서는 안 된다 ⑤음욕의 부정행을 여의어야 한다 ⑥때 아닌 때에 먹어서는 안 된다 ⑦화만(華鬘)을 걸쳐서는 안 된다 또한 향(香)을 사용해서는 안 된다 ⑧땅바닥에 펼친 침상에서만 자야 한다.'는 팔지의 재계[八支齋戒, aṭṭhaṅgikam uposatham]를 말하고 있다.[13]

『증일아함경』에서는 '살생하지 말라[不殺生], 주지 않는 것은 취하지 말라[不與不取], 음행하지 말라[不婬], 거짓말 하지 말라[不妄語], 술을 마시지 말라[不飮酒], 때가 지나면 먹지 말라[不過時食], 높고 넓은 평상에 거처하지 말라[不處高廣之床], 창기(倡伎)를 즐기고 향화(香華)를 몸에 바르는 것을 멀리 여윈다[遠離作倡伎樂香華塗身]' 는 등의 팔관재법(八關齋法)으로서 팔재계를 말하고 있다.[14] 『중아함경』에서는 팔지재를 '살생, 주지 않는 것을 취하는 것[不與取], 범행이 아닌 것[非梵行], 거짓말[妄言], 술과 방일[酒放逸], 높고 넓고 큰 평상[高廣大床], 꽃다발[華鬘]·영락(瓔珞)·향과 분을 바르는 것[塗香脂粉]·노래 부르고 춤추는 것[歌舞倡伎]을 가서 보고 듣는 것, 비시식(非時食) 등의 팔지(八支)를 여의어 끊는 것이라 정의하고 있다.[15] 이상의

---

11 『薩婆多部毘尼摩得勒伽』6(『大正藏』23권, 598중-하)

12 모든 부파의 율장에서 육재일(六齋日)을 말하는 것은 아니다. 『五分律』과 『十誦律』『毘尼母經』에서는 8일·14일·15일·23일·29일·30일의 육재일을 말하고, 『빠알리율』『四分律』『摩訶僧祇律』에서는 명확하게 육재일(六齋日)을 말하지 않고 반월 가운데 14일·15일·8일에 포살 할 것을 말하고 있다. 『根本說一切有部律』은 8일·15일·23일·그믐날의 사재일(四齋日)을 말한다.

13 *Suttanipāta* 400-401게송, 70면.

14 『增一阿含經』38(『大正藏』2권, 756하)

15 『中阿含經』55(『大正藏』1권, 770상)

팔재계는 용어는 조금씩 다르지만 그 내용은 거의 비슷하다. 재가신자도 포살을 하는 날은 출가 수행자에 준하는 수행을 하게 된다. 그리고『대지도론』에서는 팔재계를 일일계(一日戒)라 하며 이것을 육재일(六齋日)에 지키면 공덕이 무량하고, 이 계를 12월 1일부터 15일에 이를 때까지 수지하면 복이 많다고 말하고 있다.[16]

(3) 십계

십계(十戒)는 20세 이하의 출가자인 사미(沙彌, śrāmaṅera)와 사미니(沙彌尼, srāmaṅerika)가 지켜야 할 계율이다.『빠알리율』에서는 십계를 '①살생을 멀리 한다 ②주지 않는 것을 취하는 것을 멀리 한다 ③비범행을 멀리 한다 ④망어를 멀리 한다 ⑤방일의 원인이 되는 곡주와 과주 등의 술을 멀리 한다 ⑥비시식을 멀리 한다 ⑦춤과 노래, 음악, 연극을 보는 것을 멀리 한다 ⑧장엄의 수단인 화만(華鬘)·방향(芳香)·도유(塗油)·장신구·의장(依裝) 등을 멀리 한다 ⑨높은 평상과 큰 평상을 멀리 한다 ⑩금과 은을 받는 것을 멀리 한다'라고 말하고 있다.[17] 십계 가운데 앞의 오계는 모든 부파 율장의 오계와 같은 순서이고, 다만 불사음(不邪婬)을 불음계(不婬戒)로 달리 표현하고 있다. 그리고 팔재계의 '가무(歌舞)를 관청(觀聽)하고 몸에 향을 바르지 않는다'는 계를 둘로 나누고, '금은을 멀리 한다'는 계를 첨가하여 십계를 만들고 있다. 제6계부터 제10계까지는 모든 율장이 순서가 다르지만 계의 내용은 모두 같다.

(4) 육법계

육법계(六法戒)는 사미니가 구족계를 받기 전 2년 동안 곧 식차마나(式叉摩那, sikṣamana)가 배우는 육법(六法)을 말한다.『십송율』에서는 육법을 배우는 목적을 임신의 유무를 알기 위해서라고 밝히고 있다. 또한『유가사지론』에서는 구족계를 수지해서 견딜 수 있는가 없는가를 시험하는 것이라고 한다.[18] 육법계는 육법(六法)·정학법(正學法)이라고도 하며, 식차마나는 학법녀(學法女)·학계녀((學戒女)·정학녀(正學女)라고도 번역한다.『빠알리율』에서는 육법을 '①살생을 멀리 한다 ②주지 않는 것을 취함을 멀리 한

16『大智度論』13(『大正藏』25권, 159중)
17 *Vinayapiṭaka* vol. I, 83-84면.
18『瑜伽師地論』17(『大正藏』30권,

다 ③비범행(非梵行)을 멀리 한다 ④망어를 멀리 한다 ⑤방일의 원인이 되는 곡주나 과주 등의 술을 멀리 한다 ⑥비시식을 멀리 한다'라고 밝히며, 2년 동안 범하지 말 것을 말하고 있다.[19] 『사분율』에서는 이 육법계를 범했을 경우에 처치하는 방법까지 말하고 있다. 첫째, 음계를 범하면 멸빈(滅擯)이며 염오심(染汚心)을 가진 남자에게 접촉한 경우는 결계(缺戒)이다. 둘째, 오전(五錢)을 훔치면 멸빈이며 사전(四錢) 이하면 결계이다. 셋째, 사람의 목숨을 끊으면 멸빈이며 축생의 목숨을 끊으면 결계이다. 넷째, 스스로 상인법(上人法)을 얻었다고 하면 멸빈이며 대중에게 고의로 거짓말을 하면 결계이다. 여기서 결계인 경우는 다시 계를 주어야 한다고 말하고 있다.[20] 이 결계의 특례는 다른 계에 없는 육법계만의 특징이며, 식차마나는 아직 나이가 어리기 때문에 과실이 있는 경우 다시 받을 수 있는 여지를 주는 것이다. 이 육법계를 배우지 않은 식차마나는 비구니계를 수지할 수가 없다.

(5) 구족계

구족계(具足戒, upasampadā)는 승가의 구성원인 비구·비구니가 지켜야 할 생활규범이다. 그리고 승가에 입문하는 작법을 구족계라 말하며, 사미와 식차마나가 이 계를 수지함으로서 승가의 정규 출가수행자인 비구·비구니가 되는 것이다. 이 계는 자율적이라기보다는 타율적인 규칙으로 승가의 질서를 유지하기 위해 처벌규정이 반드시 따른다. 구족계는 바라제목차라고도 하며, 각 부파의 계본과 광율(廣律)의 바라제목차가 여기에 포함된다. 구족계는 앞에서 밝혔듯이 비구계와 비구니계의 조문수가 다르며, 그 내용의 순서도 각기 다르다.

구족계의 조직과 조문수 : 바라제목차는 바라이법(波羅夷法), 승잔법(僧殘法), 부정법(不定法), 니살기바일제법(尼薩耆波逸提法), 바일제법(波逸提法), 바라제제사니법(波逸提提舍尼法), 중학법(衆學法), 멸쟁법(滅諍法)으로 구성되어 있다. 자세히 말하면 비구계는 8단으로 구성되었으며, 비구니계는 부정법을 제외하고 7단으로 구성되어 있다. 다음의 조문수는 『대정장』에서 각 부파 율장의 바라제목차[광율]에 의거하여 정리한 것이다.

바라이법은 범어로는 pārājikā dharmāḥ, 빠알리어로는 pārājikā dhammā,

---

19 *Vinayapiṭaka* vol.Ⅳ, 319면. 『十誦律』45(『大正藏』23권, 326중), 『四分律』27(『大正藏』22권, 755중), 『摩訶僧祇律』30(『大正藏』22권, 471중)

20 『四分律』27(『大正藏』22권, 756하)

서장어로는 pham par ḥgyur bahi chos, 한문으로는 바라이법(波羅夷法)·바라시가법(波羅市迦法)이다. 비구계의 조문수는 4조, 비구니계의 조문수는 8조로 모든 율장에서 공통적이다. 비구계는 음계(婬戒)·도계(盜戒)·단인명계(斷人命戒)·대망어계(大妄語戒)로 구성되어 비구니계와 공계(共戒)이며, 비구니계는 여기에 4조(摩觸受樂戒, 覆他重罪戒, 隨順擯比丘戒, 八事成罪戒)를 더 추가하고 있다.

승잔법은 범어로는 saṃghāvaśeṣā dharmāḥ, 빠알리어로는 saṅghādisesā dhammā, 서장어로는 dge ḥdun lhag maḥi chos, 한문으로는 승잔법(僧殘法)·승가파시사법(僧迦婆尸沙法)이다. 비구계의 조문수는 모든 율장이 13조이다. 비구니계의 조문수는 『빠알리율』, 『십송율』, 『사분율』, 『오분율』이 17조, 『마하승기율』이 19조, 『근본설일체유부율』이 20조이다. 이것은 성욕(性欲), 중매, 근거 없는 비방, 소송, 득도, 해갈마(解羯磨), 네 가지 홀로 하면 안 되는 것[四獨戒], 공양 받는 일, 대중 분열, 규율 위배, 다른 이의 죄를 숨겨 주는 일, 다투고 성내는 일에 관한 규칙들이다.

부정법은 범어로는 aniyatau dharmau, 빠알리어로는 aniyatā dhammā, 서장어로는 ma ṅes paḥi chos, 한문으로는 부정법(不定法)·아니갈법(阿尼竭法)이다. 조문수는 모든 율장이 2조이며, 비구계에만 있다. 이것은 가려지고 드러난 장소에서 여성과 함께 앉아 있는 것을 재가신자가 보고, 그것을 본 목격자가 고(告)함에 따라 바라이·승잔·단타의 죄가 결정되기 때문에 부정이라 한다.

니살기바일제법은 범어로는 niḥsargikāḥ pātayantikā dharmāḥ, 빠알리어로는 nissaggiyā pācittiyā dhammā, 서장어로는 spaṅ baḥi ltuṅ byed kyi chos, 한문으로는 니살기바일제법(尼薩耆波逸提法)·니살기바일제가법(尼薩耆波逸提迦法)이다. 비구계의 조문수는 모든 율장이 30조이다. 비구니계의 조문수는 『빠알리율』『십송율』『사분율』『오분율』『마하승기율』이 30조, 『근본설일체유부율』이 33조이다. 이것은 의복·발우·좌구(坐具)·부구(敷具) 등 소유에 제한이 있는 물건이나 금전 등과 같이 소유가 금지되어 있는 물건에 관한 규칙이다.

바일제법은 범어로는 pātayantikā dharmāḥ, 빠알리어로는 pācittiyā dhammā, 서장어로는 ltuṅ byed kyi chos, 한문으로는 파야제법(波夜提法)·파일제법(波逸提法)·파일저가법(波逸底迦法)·수법(墮法)·단타법(單墮法)이다. 비구계의 조문수는 『빠알리율』『마하승기율』이 92조, 『오분율』이 91조, 『십송율』, 『사분율』, 『근본설일체유부율』이 90조이다. 비구니계의 조문수는 『빠알리율』이 166조, 『십송율』, 『사분율』이 178조, 『오분율』이 207조, 『마하승기율』이 141조, 『근본설일체유부율』이 180조이다. 이것은 물질과 관계없는 계목으로서 언어(言語)·행동(行動)·용심(用心)·생활규범 등에 관한 규칙이다.

바라제제사니법은 범어로는 pratideśanīyā dharmāḥ, 빠알리어로는 pāṭidesanīyā dhammā, 서장어로는 so sor bśags par bya baḥi chos, 한문으로는 회과법(悔過法)·바일제제사니법(波逸提提舍尼法)이다. 비구계의 조문수는 모든 율장이 4조이다. 비구니계의 조문수는 『빠알리율』, 『십송율』, 『사분율』, 『오분율』, 『마하승기율』이 8조, 『근본설일체유부율』이 11조이다. 이것은 받아서는 안 될 음식물에 관한 규칙이다.

중학법은 범어로는 saṃbahulāḥ śaikṣā dharmāḥ, 빠알리어로는 sekhiyā dhammā, 서장어로는 bslab paḥi chos maṅ po, 한문으로는 승포라식차담마법(僧袍羅識叉曇摩法)·중학법(衆學法)·중다학법(衆多學法)이다. 비구계의 조문수는 『빠알리율』이 75조, 『십송율』이 113조, 『사분율』, 『오분율』이 100조, 『마하승기율』이 66조, 『근본설일체유부율』이 99조이다. 비구니계의 조문수는 『빠알리율』이 75조, 『십송율』이 107조, 『사분율』, 『오분율』이 100조, 『마하승기율』이 77조, 『근본설일체유부율』이 99조이다. 이것은 일상적인 위의[著衣·入村·坐起·食事·護鉢·大小便·說法·佛塔·行脚·上樹에 관한 규칙]에 관한 것으로 일상생활에서 흔히 범하기 쉬운 실수들을 경계하고 있다. 계의 수가 매우 많고 알아 두어야 할 것이므로 중학(衆學)이라고 한다.

멸쟁법은 범어로는 adhikaraṇaśamathā dharmāḥ, 빠알리어로는 adhikaraṇasamathā dhammā, 서장어로는 rtsod pa shi bar bya baḥi chos, 한문으로는 아제가라니법(阿提迦羅尼法)·멸쟁법(滅諍法)이다. 비구계 비구니계의 조문수는 모든 율장이 7조이며 『오분비구니계본』에만 빠져 있다. 이것은 승가에 다툼이 일어났을 경우, 이를 해결하는 방법에 관한 일체의 규정을 말한다.

비구계(比丘戒)와 비구니계(比丘尼戒)의 조문수 비교

비구(니)	Pāli	십송율	사분율	오분율	마하승기율	근본유부율	서장율
婆羅夷法	4(8)	4(8)	4(8)	4(8)	4(8)	4(8)	4(8)
僧殘法	13(17)	13(17)	13(17)	13(17)	13(19)	13(20)	13(20)
不定法	2	2	2	2	2	2	2
尼薩耆波逸提法	30(30)	30(30)	30(30)	30(30)	30(30)	30(33)	30(33)
波逸提法	92(166)	90(178)	90(178)	91(207)	92(141)	90(180)	90(180)
波逸提提舍尼法	4(8)	4(8)	4(8)	4(8)	4(8)	4(11)	4(11)
衆學法	75(75)	113(107)	100(100)	100(100)	66(77)	99(99)	107(112)
滅諍法	7(7)	7(7)	7(7)	7	7(7)	7(7)	7(7)
총수	227(311)	263(355)	250(348)	251(370)	218(290)	249(358)	257(371)

각 부파의 율장이 중학법을 제외하고 조문수는 거의 일치하고 있다. 조문수의 불일치를 보이는 것은 중학법에서 집중적으로 발견되며, 조문의 순서에서는 모든 율장이 거의 일치하지 않는다. 비구니계에서는 『십송비구니바라제목차계본』의 중학법은 106조이며, 광율의 중학법은 107조로 조문수가 서로 다르다. 이것은 『십송비구바라제목차계본』의 중학법 113조와도 크게 차이를 보이고 있다. 『십송비구니바라제목차계본』에서는 제78조 '더러운 손으로 음식 그릇을 잡지 말라[不膩手捉飮器應當學]'가 빠져 광율과 일치하지 않는 것이다. 또한 『오분비구니계본』의 바일제법은 210조이며, 광율은 207조[계본의 제192조 '비구니 스스로 제자를 기르는 갈마를 하면 바일제이다[自作畜衆羯摩]·제193조 비구니 스스로 이세학계갈마를 지으면 바일제이다[自作學戒羯摩]·제194조 비구니 스스로 이세학계를 주면 바일제이다[自授二歲學戒]'라는 계가 하나의 계로 편성이 되고, 제36조 '축생의 생명을 빼앗으면 바일제이다[奪畜生命戒]'라는 계가 빠져 모두 3개의 조문이 감소되어 있다]로 서로 차이가 있으며, 멸쟁법이 빠져 있는 것이 특징이다. 이는 『대정장』에서만 보이는 것으로 단순한 오류라고 생각된다. 계율의 총수는 각 부파가 일치하지 않고 모두 서로 다름을 알 수 있다.

2) 대승불교의 바라제목차

대승불교는 보살사상에 기초하며 보살의 수행은 육바라밀의 실천에 있다. 보살은 무상도(無上道)를 위해 발심하고 육바라밀을 행하고 온갖 공덕을 쌓고, 그것을 중생에게 회향하여 성불을 기약하는 자들로 재가보살과 출가보살의 두 가지 유형이 있다. 대승불교에서의 계율은 십선계(十善戒)와 삼취정계(三聚淨戒), 보살계(菩薩戒)가 대표적이며, 이 가운데 바라제목차의 성격을 띠고 있는 것은 보살계이다. 이들의 발전상을 살펴보기로 한다.

초기대승불교의 계율에 대해서 알 수 있는 것은 『반야경』, 『화엄경』, 『십주비바사론』이 대표적이며, 계바라밀로서 십선도(十善道)를 중시하고 있다. 『십주비바사론』에서는 재가보살의 수행형식이 삼귀오계(三歸五戒)임을 말하고, 오계는 성문승의 재가신자와 같이 살생[殺]·도둑질[盜]·사음(邪婬)·망어(妄語)·음주(飮酒)를 멀리 떠나는 것임을 말하고 있다.[21] 그리고 육재일에 팔재계를 수지할 것을 규정하고 있다. 이 날은 정계(淨戒)를 지닌 자를 친근히 하고, 계의 착한 인연을 갖고 깊은 마음으로 애경(愛敬)을 행하라고 말한다.[22] 초기대승의 계율은 원시부파불교의 계율을 많이 차용하고 있다. 그러나 보살승의 재가보살은 성문승의 재가신자와 같이 삼귀오계와 팔재계를 변함없이 수지하면서도 귀의 대상은 성문승의 비구가 아닌 탑사에 나아가는 사람들, 즉 출가보살로 하고 있다.

출가보살의 수행형식은 육바라밀 가운데 계바라밀의 실천이다. 반야바라밀을 얻기 위하여 계바라밀로서 십선도(十善道)를 실천하고, 타인에게도 십선도를 행할 것을 가르치고 있다. 자리이타의 수행을 중요시하고 있는 것이다. 십선계란 ① 불살생(不殺生) ② 불겁도(不劫盜) ③ 불사음(不邪婬) ④ 불망어(不妄語) ⑤ 불양설(不兩舌) ⑥ 불악구(不惡口) ⑦ 불산란어(不散亂語) ⑧ 불탐취(不貪取) ⑨ 부진뇌(不瞋惱) ⑩ 정견(正見)의 열 가지를 말하며, 이 계는 부처님으로부터 직접 받는다고 『십주비바사론』[23]에서는 말하고 있다. 여기서는 십선계가 출가보살의 계라고 밝히고 있지만, 십선계 가운데 불사음계는 재가보살의 계로 출가보살이 수행했다고 보기는 어렵다. 이 밖에도 출가보살은 불탑에 거주하면서 두타행을 실천하여 고행에 가까운 수행생활을 하였다고 한다.

그러나 『반야경』은 부파불교의 계율을 벗어나 대승의 독자적인 계율을 세우려고 노력하는 입장이다. 성문승의 바라제목차와 오계, 팔재계를 말하지 않고, 계바라밀로서 십선도가 보살의 계임을 말하고 있다. 초기대승불

21 『十住毘婆沙論』7(『大正藏』26권, 56중)
22 위의 책, 8(『大正藏』26권, 59하-60상)
23 위의 책, 16(『大正藏』26권, 109중)

교의 특징은 부파불교의 계율과는 다른 독자적인 대승계율을 확립하고자 부파불교에서 경시되었던 십선도를 계바라밀로서 아주 중요시하고 보살의 계율로 받아들이고 있다. 『십주비바사론』에서는 십선업도를 수행하면 아뇩다라삼먁삼보리에 이를 수 있고,[24] 성문지와 벽지불지, 불지에 이를 수 있다고 말한다.[25]

중기대승불교의 보살계는 삼취정계(三聚淨戒) 또는 삼종정계(三種淨戒)이며, 이 계는 중국·한국·일본 등의 대승계 사상에 큰 영향을 끼쳤다. 이 계율에 대해서는 『열반경』, 『해심밀경』, 『보살선계경』, 『보살지지경』, 『유가사지론』, 『우바새계경』 등이 대표적이다. 『유가사지론』의 「보살지」에서는 보살계를 양분하여 재가분계(在家分戒)와 출가분계(出家分戒)로 하고 일체계(一切戒)라 이름하고 있다. 그리고 삼종정계는 율의계(律儀戒)·섭선법계(攝善法戒)·요익유정계(饒益有情戒)의 3종으로 설한다.[26] 이 가운데 율의계는 모든 보살이 수지하는 칠중(七衆)의 별해탈율의이며, 비구계·비구니계·정학계·근책남계·근책녀계·근사남계·근사녀계를 말한다.[27] 이것은 원시불교의 계율로 보살계에서 받아들여 수행을 한 것이다. 이 밖에도 보살은 선을 행하는 계로서 섭선법계와 요익유정계를 실천한다. 섭선법계는 "모든 보살이 율의계를 받은 뒤에는 소유한 것을 대보리를 위하여 몸[身]과 말[口]과 마음[意]으로 모든 선행을 쌓는다"고 하고, 또 "몸과 말과 마음으로 이미 지었거나 짓지 않은 모든 선근으로써 최고의 바른 깨달음[無上正等菩提]에 회향한다"라고 하여, 율의계보다 위에 두고 있으며, 의업을 포함시키고, 깨달음의 서원과 직결시키고 있다. 요익유정계는 인간의 일상적인 덕목으로서 모든 중생을 제도하는 것을 말하고 있다. 보살지에서는 보살의 수계에 대하여 말하고 있다. 수계의 종류로 자서수계(自誓受戒)와 종타수계(從他受戒)를 말하고, 종타수계를 중심에 두고 있다.[28] 중기대승불교는 초기대승불교가 성문계를 배척하고 십선도를 보살계로 받아들인 것에 반해 성문계를 율의계로 받아들여서 보살계 속에 정착시키고 있다.

대승불교의 계경은 『보살선계경』, 『보살지지경』, 『우바새계경』, 『범망

24 위의 책, 15(『大正藏』26권, 106상)
25 위의 책, 14(『大正藏』26권, 99중)
26 『瑜伽師地論』40(『大正藏』30권, 511상)
27 위의 책, 40(『大正藏』30권, 511상)
28 위의 책, 40(『大正藏』30권, 514중-515중)

경』, 『보살영락본업경』이 대표적이다. 『보살선계경』에서는 “보살마하살이 보살계를 수지하고자 하면 먼저 청정한 마음으로 칠종계(七種戒)를 받아야 한다. 칠종계는 곧 청정한 마음으로 보살계에 나아가게 한다. 선법계는 보살마하살이 칠종계를 떠나서 보리를 위하므로 신구의(身口意)의 십종 선법을 닦는다”라고 말하고 있다.[29] 여기서는 삼종정계 가운데 율의계는 보살계로 인정하지 않고, 보살계는 섭선법계와 요익유정계 뿐이고, 섭선법계의 내용도 십선도임을 말하고 있다. 이 점은 다른 경전과 다른 것이다. 『보살선계경』의 삼종정계는 성문계·보살계라는 2종계와 보살계 중의 선법계·이익중생계라는 이종계(二種戒)의 양자를 모아서 성립된 것이며, 자리이타의 대승적 발상에 직결되는 것이다.[30]

『우바새계경』은 우바새가 지녀야 할 보살계를 밝히고 있다. 전체를 28품으로 나누어 재가보살의 발보리심·자비·해탈·발원·자리이타·수계(受戒)·정계(淨戒)·식악(息惡)·공양삼보(供養三寶)·육바라밀·삼귀·오계·팔재계·십선업 등에 대해서 설명하고 있다. 이 경에서는 “만일 재가가 없으면 곧 삼승의 출가인도 없다. 삼승의 출가수도와 지계·송경·좌선은 모두 재가에 의한다”[31]라고 하며, 재가가의 존재 이유를 밝히고 있다. 재가보살의 계는 육중(六重) 이십팔실의죄(二十八失意罪)로서 말하고, 수계작법과 계체론(戒體論)에 대한 설명은 부파불교의 교리를 채용하여 율장에 대한 설명이 짙게 깔려 있다.

『보살지지경』은 대승보살의 수행방법과 방편을 초방편처(初方便處)·차법방편처(次法方便處)·필경방편처(畢竟方便處)로 분류하여 설하고 있다. 초방편처의 계품에서는 보살의 계바라밀을 자성계(自性戒)·일체계(一切戒)·난계(難戒)·일체문계(一切門戒)·선인계(善人戒)·일체행계(一切行戒)·제뇌계(除惱戒)·차세타세락계(此世他世樂戒)·청정계(淸淨戒)로 나누고 있다. 이 가운데 일체계를 재가분과 출가분으로 나누고, 삼취정계로 설하여 대승계의 폭넓은 입장을 드러내고 보살계와 성문계를 종합하고 있다. 그리고 보살의 바라제목차를 4바라이처법(波羅夷處法)과 42범사(犯事)를 설하고 있다.

『범망경』의 원명은 『범망경노사나불설보살심지계품』이며, 『보살계경』

---

29 『菩薩善戒經』(『大正藏』30권, 982하)
30 平川彰 外, 정승석 譯, 『대승불교개설』(서울: 김영사, 1999), 270면.
31 『優婆塞戒經』(『大正藏』24권, 1042)

『보살계본』『범망계본』이라고도 부른다. 보살이 수지해야 할 수행의 덕목으로 십중(十重) 사십팔경(四十八輕)의 58계를 밝히고 있다. 중은 십중을 범하면 계를 잃기 때문에 이름한 것이고, 경(輕)은 사십팔경이 때 묻은 심행(心行)이기 때문에 이름한 것이고, 계(戒)는 순종하고 따르며 제지하기 때문에 이름한 것이다.[32] 이 보살계는 보살이 수지하고서 외우지 않으면 보살이 아니며 부처의 종자가 아니라고 말한다.[33] 보살계는 재가와 출가를 구별하지 않고, 중생이 본래 가지고 있는 불성이 그대로 자성계(自性戒)임을 밝히고 있다.

십중계는 보살바라이로 대승계에 있어 가장 무거운 죄에 해당하며, ① 살계(殺戒) ② 도계(盜戒) ③ 음계(婬戒) ④ 망어계(妄語戒) ⑤ 음주계(酤酒戒) ⑥ 재가·출가·비구·비구니의 죄과(罪過)를 말하는 것[說四衆過戒] ⑦ 자신을 칭찬하고 남을 비방하는 것[自讚毁他戒] ⑧ 내 것을 아끼려고 남을 비방하는 것[慳惜加毁戒] ⑨ 잘못을 참회하는 이를 화내어 물리치는 것[瞋心不受悔戒] ⑩ 삼보를 비방하는 것[謗三寶戒] 등의 조문이 있다. 이 십계는 범하면 지옥의 고통을 십대겁(十大劫) 동안 받는다고 말한다. 그리고 보살은 스스로도 행하고 남으로 하여금 행하도록 할 것을 강력하게 경계하고 있다.[34] 이 십계는 범하면 참회할 수 없고 바라이에 들어간다. 이 십중계 가운데 제7계부터 제10계까지는 『보살지지경』의 4중계와 동일하며, 제5계 제6계를 제외한 나머지 8중계는 『보살선계경』의 8중계와 같다. 또 『범망경』의 6중계는 『우바새계경』의 6중계와 동일하다. 이것으로 보아 『범망경』의 10중계는 모든 대승경전에 나타나 있는 보살계로서의 삼취정계 가운데 섭율의계를 구족하고 있다.

48경계는 대승의 독자적인 계로 비교적 가벼운 계이다. 내용은 국왕과 백관(百官)에 관한 것, 대승경율의 수지와 독송·홍통(弘通) 등을 강조, 병자(病者)와 육친(六親) 등의 애호를 역설, 교만을 경계, 음식과 소지품에 관한 금제(禁制) 및 각종 행사나 의식 등의 규정을 말하고 있다. 이 48경계는 대승경전 가운데 『보살지지경』『우바새계경』과 가장 밀접한 관계에 있으며

---

32 『菩薩戒本疏』(『韓佛全』2권, 258중)

33 『梵網經』(『大正藏』24권, 1004중)

34 이 밖에도 『優婆塞戒經』은 6중 28경계, 『優婆塞五戒威儀經』에서는 4중 38경계, 『菩薩地持經』에서는 4중 42경계, 『菩薩善戒經』에서는 8중 50경계, 『菩薩瓔珞本業經』에서는 10중 팔만위의계를 말하고 있다.

출가자와 재가자에게 공통된 계로 삼취정계 가운데 섭선법계와 요익유정계를 구족하고 있다.

이상과 같이 보살계는 성문계의 금계뿐만 아니라 적극적으로 선을 행하는 계, 남을 이롭게 하는 계를 겸해서 보살의 윤리로서 구성되었다. 『범망경』은 단순히 악을 제지하는데 그치지 말고 적극적으로 선을 실천하고, 타인에게도 널리 알려 지닐 수 있도록 역설하고 있다. 또한 『열반경』의 사상을 받아들여 모든 중생에게 불성이 있음을 밝히고, 중국의 효사상을 받아들여 계를 지키는 것이 곧 효임을 주장하고 있다. 그리고 자리이타에 의한 중생제도를 지향하고 있는 것이 특징이다.

『보살영락본업경』은 보살의 본업(本業), 즉 보살행의 본 바탕을 열어 드러내는 것을 목적으로 하여 생겨난 경전이다. 그래서 보살행의 본바탕을 십주(十住)·십행(十行)·십회향(十迴向)·십지(十地)·무구지(無垢地)·묘각지(妙覺地)의 순서로 전개하고 있다. 「대중수학품(大衆受學品)」에서는 삼수문(三受門)을 설하고 있다. 즉 섭선법계는 팔만사천의 법문, 섭중생계는 자비희사(慈悲喜捨)이니 일체 중생을 안락하게 한다, 섭율의계는 10바라이이다.[35] 10바라이는 범망계의 10중과 동일하다. 이 경전은 범망경의 십중계를 받아들여 그것에 권위를 부여하고, 그것이 널리 알려지기를 바라고 있다. 보살계를 10중계와 팔만위의계(八萬威儀戒)라 이름하고 있다. 이 십중계는 참회할 수 없으나 거듭 계를 받을 수 있고, 팔만위의계는 범하면 상좌스님에게 참회하면 죄가 소멸된다고 한다. 또한 삼종의 수계(受戒)와 십무진계(十無盡戒), 여러 사람에게 수계의 기회를 줄 것과 대승계를 희망할 때를 기다려서 줄 것, 부분적으로 혹은 전체적으로 계를 받을 수 있다는 것을 설하고 있다.

3) 중국불교의 바라제목차

인도불교의 성문계로부터 보살계로의 변천을 거친 계율사상이 중국에 전해져 율장의 번역과 함께 수용된 것은 5세기 초반이다. 먼저 설일체유부의 『십송율』이 불야다라(弗若多羅)와 구마라집(鳩摩羅什), 담마류지(曇摩流支) 등에 의해 404년부터 409년에 걸쳐 번역되어 연구가 크게 성행하였다. 그리고 법장부의 『사분율』이 불타야사(佛陀耶舍) 에 의해 410년부터 412년

35 『菩薩瓔珞本業經』(『大正藏』24권, 1012중)

에 걸쳐 번역되었다. 『사분율』은 후세에 『십송율』의 영향을 받아 번역문이 유창하여 연구가 크게 성행하였고, 도선(道宣, 596-667)과 법려(法礪, 569-635), 회소(懷素, 624-697)에 의해서 성립된 율종(律宗) 또는 사분율종(四分律宗)의 소의경전이 되었다. 대중부의 『마하승기율』은 불타발타라(佛馱跋陀羅)와 법현(法顯)에 의해 416년부터 418년에 걸쳐 번역되었고, 화지부의 『오분율』이 불타집(佛陀什)과 축도생(竺道生)에 의해 423년부터 424년에 걸쳐 번역되었다. 그리고 『근본설일체유부율』이 의정(義淨)에 의해 703년부터 713년에 걸쳐 번역되어 5대 광율을 갖춘다.

도선은 『사분율산번보궐행사초』에서 바라제목차를 처처해탈(處處解脫)이라고 하였다.[36] 그리고 계를 계법(戒法)·계체(戒體)·계행(戒行)·계상(戒相)으로 나누어 설하고 있다.[37] 계법은 부처님이 제정하신 계율을 말하고, 계체는 수계를 할 때에 계를 받는 사람이 마음을 내어 받아들이는 마음의 법체(法體)로서 마음을 일으켜 그릇된 것을 막고 악을 그치게[防非止惡]하는 공능의 체성을 말한다. "계체는 선법의 모임이며, 성도의 기틀이며 인천을 초월하여 공양 받을 만 하며, 복을 낳고 세상을 이익하게 하는 것이 실로 이를 말미암은 것이다."[38] 계를 받으면 체를 받은 것이며, 이를 견지하면 행동이 체에 따르게 되므로 인간의 성품자체가 체가 된다. 신구의 업에 있어서는 얼음처럼 청결하고 인간의 성품에 있어서는 따뜻하고 윤택하여 잡된 것을 떠나 덕을 이루게 한다. 또한 계체는 착한 종자이며 복전이 되므로 이타행이 된다. 계체는 구역에서는 무작(無作)이라 번역하고, 신역에서는 무표(無表)라고 번역한다. 계를 받을 때에 마음과 몸에 나타나는 힘으로, 눈으로 볼 수 없기 때문에 율의(律儀)의 무표색(無表色)이라 한다. 계행은 수계를 받은 후에 얻은 계체를 따라서 신구의 삼업을 방지하여 악을 따르지 않고 진실한 행위를 하게 한다. 계상은 5계·10계·250계 등의 조문의 상을 말하며, 또한 지계의 미덕을 밖으로 드러내어 다른 사람들이 모범을 받을 수 있는 행위의 됨됨이를 말한다.

또한 대승의 계율인 『범망경』과 『보살영락본업경』은 구마라집과 축불념에 의해 번역되어 수·당대에 보살계가 널리 유행되고 연구되었다. 『범망경』의 주석서로는 천태종의 지의(智顗, 538-597)가 지은 『보살계경의소』와 화

36 『四分律刪繁補闕行事鈔』5(『大正藏』40권, 50중)
37 위의 책, 5(『大正藏』40권, 50상)
38 『四分律行事鈔資持記』(『大正藏』40권, 253중)

엄종의 법장(法藏)이 지은 『범망경보살계본소』, 법상종의 지주(智周)가 지은 『범망경의기소』 등이 대표적이다. 『범망경』은 대승보살계로서 중국, 한국, 일본 등에 널리 유행시켰으며 계율사상의 전개에 큰 영향을 끼쳤다.

천태지의는 열반하기 직전에 "바라제목차는 너희가 종앙(宗仰)할 바이며, 사종삼매(四種三昧)는 너희가 명도(明導) 할 바이다"[39]라는 말을 남길 정도로 계율을 매우 중요시 하였다고 한다.

중국불교에서 수계의식은 진(秦)나라에 이르러 시작되었다고 도안은 「비구대계서」에서 말하고 있다.[40] 비구는 250계를 수지하고, 비구니는 500계를 수지하여 지켰다고 한다. 그리고 비구니들은 3개월에 한번씩 방사나 사찰을 옮겨 거주하고, 사찰 밖으로 나갈 때는 대비구니 3인 이상이 아니면 나가지 않았고, 스승이 없이는 단 하룻밤도 밖에서 머무르지 않았다고 한다.[41] 중국의 승려들은 이 당시 성문계에 의거한 수계를 하였고, 실천하며 수행을 하였음을 알 수 있다. 중국불교사에서 계율을 중요시한 사람은 불도징(佛圖澄, 232-348) 도안(道安, 312-385), 혜원(慧園, 334-416) 등이 있다. 불도징은 후조(後趙)왕 석륵(石勒)과 석호(石虎)의 존경과 신뢰를 받으면서 후조불교의 중심이 되어 활약하였던 인물이다. 그는 영적 능력의 소유자로서 신통력이나 주술, 예언 등으로 많은 사람들을 교화하였다고 한다. 그리고 계율을 엄하게 지키는 지율승(持律僧)이었다고 한다.

도안은 전란으로 혼란스러웠던 시대에 살면서 불법의 홍포, 경전의 주석, 경전목록의 편찬, 의궤(儀軌)의 제정 등의 업적으로 중국불교의 기초를 확립한 인물이다. 그는 "계란 예(禮)와 같은 것이다. 예는 지니는 것이지 독송하기 위한 것이 아니며, 먼저 제정한 것을 중시하는 것이고, 금지함을 들어 삼가는 것이다"라고 설하고 있다.[42]그리고 계율을 중요시하여 삼장 가운데 율장을 삼악(三惡)을 끊는 보검이라 하여 제일 먼저 두고, 재가자와 출가자에게 처음에 계로서 기초로 삼아 도에 들어갈 것을 말한다.[43] 또한 독자적인 규율의 제정에 힘을 썼다. 그 당시 『사분율』과 『마하승기율』이 전해지고 수계법(受戒法)이 실행되었지만, 아직 불완전한 상태였으므로 도안은

---

39 『續高僧傳』17(『大正藏』50권, 567)
40 「比丘大戒序」『出三藏記集』11(『大正藏』55권, 80상)
41 「比丘尼戒本疏出本末序」『出三藏記集』11(『大正藏』55권, 79하)
42 「比丘大戒序」『出三藏記集』11(『大正藏』55권, 80중)
43 위의 책, 11(『大正藏』55권, 80상)

계율을 정비하고 연구하여 승니(僧尼)들의 의궤(儀軌)와 규범(規範), 불법의 헌장(憲章)을 조목으로 독자적인 『승니규범』을 저술하였다. 그 내용의 첫 번째는 행향(行香)·정(定)·좌상강경(座上講經)·상강(上講)에 관한 법이다. 두 번째는 평일의 육시행도(六時行道)와 음식 창시(唱時)에 관한 법이다. 세 번째는 포살에 사람을 보내서 참회하고 허물을 뉘우치는 등의 법이다.[44] 이 궤범은 많은 사찰에서 법칙으로 삼았다고 전한다. 이 밖에 중국 불교에서 처음으로 승단 체제를 정립한다. 그 당시는 출가인들의 차림새나 생활이 재가인들과 다름이 없었기 때문에 법의(法衣)를 정하고 계율을 규정하여 인도의 승려들과 같이 여법하게 수행할 수 있도록 발판을 만들어 놓았다. 이런 규율 아래에서 많은 제자를 양성하여 그들에게 바른 불교를 가르침과 동시에 스스로도 올바른 불교를 알고자 노력하였다고 한다. 출가사문이 석씨 성을 쓰기 시작한 것도 도안의 업적이다.

혜원은 도안의 제자로 『사문불경왕자론』을 저술하여 출가법과 세간법의 차이를 밝혀서 사문은 왕에게 예를 다해야 할 필요가 없다고 주장하였고, 항상 대승계를 수지하고 독송하며 수행했다고 한다. 『고승전』에는 "항상 불법의 강유를 모두 거두어들이고자 대법(大法)을 자기의 임무로 삼아 정밀하게 생각하였고, 외우며 간직하여 밤낮을 이었다"고 한다.[45]

축담무란(竺曇無蘭)은 『대비구이백육십계삼부합이서』에서 "계라는 것은 인천(人天)에 태어나게 하는 것이고, 삼승(三乘)이 이루어지게 하는 것이며, 열반의 관문으로 요긴한 것이다. … 만약 계로써 스스로를 금하지 않아 마음이 6경으로 치달리게 하고도 삼악도를 면하고자 하는 이가 있다면 이는 마치 배도 없이 큰 바다를 건너고자 하는 이와 같다. 또한 물고기가 깊은 연못을 벗어난 것과 같고, 기러기의 깃털이 거센 불길에 들어간 것과 같으니, 죽지 않고 타지 않기를 바라지만 그런 일은 있을 수 없는 일이다. 수행자가 계로써 스스로를 장엄하고 용맹한 의지로 58법을 지킨 사람이라면 도를 얻는 것에 무슨 어려움이 있으리요"라고 설하고 있다.[46]

달마를 개조로 하는 선종에서는 백장에 의해서 성문화된 『선원청규』에 의한 수행을 하였다. 백장은 중국에서 실제의 생활에 맞는 수행생활의 규범이 필요했던 것이다. 청규는 종래의 불교교단에 대한 혁신이었고, 중국

44 『高僧傳』5(『大正藏』50권, 353중)
45 『高僧傳』6(『大正藏』50권, 358상)
46 「大比丘二百六十戒三部合二序」『出三藏記集』11(『大正藏』55권, 80하)

불교의 새로운 방향을 제시하였다. 백장은 수행에 힘쓰도록 하기 위해서 대소승의 계율에 국한하지 않고, 두루 섭렵하고 절충하여 중국의 현실에 맞는 규범을 제정하였다고 한다. 대소승의 절충된 청규는 수계의식에서도 나타나고 있다. 수계는 성문계와 대승계에 의거하여 실행하였음을 볼 수 있다. 『선원청규』[47]에서는 수계의식을 할 때 비구들에게 성문계를 받고 난 뒤에 보살계를 받을 것을 설하고 있다. 성문계인 『사분율』의 250계와 대승계인 보살계의 10중48경계를 수지하여 독송하며 지범개차(持犯開遮)를 잘 알아서 지킬 것을 말하고 있다. 그러나 응당히 먹어서는 안 되는 것[不應食]과 비시식(非時食)은 엄격히 금지시키고, 재색(財色)은 멀리 여읠 것을 강조하고 있다. 먹어서는 안 되는 음식에는 오신채와 우유를 굳혀 만든 것[乳餠], 연유와 유즙[酥酪], 굼벵이[蠐螬], 돼지와 염소의 비계[豬羊脂] 등이 있고, 비시식은 오시(午時)부터 다음날 일출 때까지 먹는 것을 금지하고 있다. 여기서 성문계와 다른 점은 아픈 사람까지도 술과 고기 등을 금지시킴으로써 아픈 사람에 대한 배려가 없다는 것이다. 이것은 보살계의 영향을 받은 것이라 생각된다. 『대승의장』에서는 "계는 바로 수순하면 해탈의 근본이 되기 때문에 바라제목차라 이름한다"고 하였으며[48] 성죄(性罪)를 막아준다고 설하고 있다.[49]

중국불교에서는 대체적으로 율장이 전해진 초기에는 성문계에 의거하여 수계의식을 하고 이 계를 실천하였으나 종파불교의 시대가 되면서는 독자적으로 생활규범을 제정하여 수행생활을 하였던 것 같다. 그러나 수계의식은 보살계가 전해진 이후에는 성문계와 보살계를 동시에 수지하고 실천하였던 것으로 보인다.

4) 한국불교의 바라제목차

(1) 고구려·백제시대

고구려는 제17대 소수림왕 2년(372)에 순도(順道)에 의해서 불교가 전해진다. 백제는 침류왕(384) 때 중국의 동진에서 온 마라난타(摩羅難陀)에 의

---

47 자각 종색선사 編著, 최법혜 譯, 『고려판 선원청규 역주』(서울: 가산불교문화연구원, 2002). 선원청규는 백장회해선사가 제정한 것으로 중국 선종의 승단에서 대중이 불도완성을 위하여 지켰던 규칙을 말한다. 이 청규는 선종을 교단으로 독립시킨 결정적인 요인이며 선종의 독자적인 수행으로 한국불교에도 많은 영향을 끼쳤다.

48 『大乘義章』1(『大正藏』44권, 468상)

49 위의 책, 16(『大正藏』44권, 788상)

해서 전해진다. 신라는 두 나라보다도 훨씬 늦은 제23대 법흥왕 때 아도(阿道)에 의해서 전해지지만, 불법의 홍포는 이차돈(異次頓)이 순교함으로서 이루어졌다고 한다.[50] 또한 『고승전』에 의하면 고구려는 소수림왕 2년보다 뒤인 20년이 지나서 불교가 전래되었다고 하는데, 담시가 경율 수십부를 가지고 요동에 가서 사람들의 능력에 따라 삼승의 가르침을 가르쳐 교화하고 삼귀오계를 주면서 불도(佛道)를 알게 되었다고도 한다.[51] 고구려의 불교전래에 대해서는 사료의 부족으로 자세히 알 수 없다.

백제는 계율을 중시했던 동진의 불교를 직접 경험하고 돌아온 마라난타가 들어오면서 전래되어 사찰을 건립하고 10명의 승려가 수계를 받았다고 한다. 수계의식을 했다는 것은 계율이 전래되어 승려들이 수지하고 지켰다는 것이다. 백제의 계율사상과 관련하여 유명한 사람은 겸익이다. 그는 인도에 가서 범어를 배우고 율을 깊이 연구하고 오부율문을 가지고 와서 72권을 번역하고 연구를 하면서 율종을 개종한다. 그리고 율의 연구는 크게 성행하여 담욱(曇旭)과 혜인(惠仁)은 율소(律疏) 36권을 지었다고 한다. 국가의 적극적인 후원 아래 계율의 연구는 백제가 계율중심의 불교로 발전하고, 사회질서를 확립하고, 불교신앙이 생활화될 수 있도록 하였다는 것이다. 또한 백제의 불교는 일본불교에도 영향을 크게 끼쳤다고 한다.[52]

(2) 신라시대

삼국통일을 전후한 신라의 불교계는 크게 변모하여 민중들에게 널리 퍼져서 불교의 대중화가 이루어지고 교리에 대한 이해가 깊어지면서 많은 저술들이 화엄학, 유식학, 정토학, 계율, 밀교 등 여러 방면에 걸쳐 나왔다. 이 가운데 계율 방면은 『사분율』과 『범망경』 등에 관한 것이 특히 집중되어 많이 저술되었다. 초기에는 성문율에 대한 연구가 활발하였다. 『사분율』에 관해서는 지명(智明)·지장(慈藏)·원승(圓勝)·지인(智仁) 등이 주석서를 썼고, 『범망경』에 관해서는 원효·의적·승장·태현 등이 주석서를 썼다. 이들의 저술은 『사분율』과 『범망경』의 주석에 저술이 한정되었지만, 이들을 중심으로 신라는 계율의 연구와 교단의 체제를 확립하였던 것으로 보인다. 이 밖에 혜량(惠亮)과 원광(圓光), 진표율사(眞表律師)가 유명하다.

---

50 각훈, 『海東高僧傳』1(『大正藏』50권, 1017상)
51 『高僧傳』10(『大正藏』50권, 392중)
52 한종만, 『한국 불교사상의 전개』(서울: 민족사, 1998), 76-79면.

자장(慈藏)은 신라 계율종의 개조로서, 그의 사상과 활동은 계율에 토대를 두고 있다. 자장은 선덕왕 인평(仁平) 3년(636)에 칙(勅)을 받아 입당하여 불교를 배우고 구족계를 받았으며, 『사분율』을 배우고 수계작법을 할 수 있는 조건을 갖추어 귀국하였다. 그리고 통도사에 계단을 구축하고, 비구를 배출하여 여법한 수계작법을 신라에서 처음 행하였다. 이로부터 신라불교의 계율은 정립되었다고 한다. 자장은 올바른 계율을 전승함과 함께 대국통(大國統)이 되어 승니(僧尼)의 규정를 제정하고, 설계와 안거를 제정하여 승려들의 일상생활의 질서를 확립하였다. 그러나 수행은 대승계에 의거하여 실천하였으며, 『범망경』에 의한 보살계를 설하였다고 한다. 저서는 『사분율갈마사기』와 『십송율목차기』를 저술했다고 하나 전해지지 않고 있다.

원승(圓勝)은 정관 초년에 입당하였다가 자장과 함께 귀국하여 율부의 홍통(弘通)을 도왔다고 한다. 그는 『사분율갈마기』, 『사분율목차기』, 『범망경기』 등을 저술하였다고 하나 전해지지 않고 있다. 그리고 그는 대승계인 『범망경』에 대한 주석서를 썼는데, 보살계 연구에 단서를 열었다고 평가를 할 수 있으며 그에 의해서 신라의 계율 연구 경향이 변화해가는 일면을 보여주고 있다.

지인(智仁)은 『사분율6권본초기』, 『십일면경소』, 『불지경론소』, 『현양론소』, 『아비달마잡집론소』 등을 저술했다고 하나 전해지지 않고 있다. 신라의 계율 연구는 계율을 전문으로 하는 이들에 의해서 『사분율』에 집중되었음을 알 수 있다. 그리고 신라의 계율 연구는 성문계의 연구에서 보살계의 연구로 변화를 하여 범망경의 주석서가 많이 저술되었다.

원효(元曉, 617-686)는 여러 방면에 걸쳐 저술을 하였다. 특히 대승계인 『범망경』에 관련된 저술이 상당히 많은데, 『범망경보살계본사기』, 『보살영락본업경소』, 『범망경보살계본지범요기』가 전해지고 있다. 원효가 『범망경』 관련 계율의 주석서를 많이 썼다는 것은 그를 계기로 성문계의 연구에서 『범망경』 중심의 보살계 연구로 전환되었다는 것을 의미하는 것이다. 원효는 『범망경보살계본사기』에서 바라제목차란 인과(因果)의 이위 가운데 해탈의 뜻이 있기 때문에 처처해탈(處處解脫)이라 하며,[53] 보살계는 흐름을 거슬러 근원으로 돌아가는 큰 나루터이며, 삿된 것을 버리고 바른 곳으로 나아가는 요긴한 문인데, 삿되고 올바른 상은 넘치기 쉽고 죄와 복의

53 원효, 『梵網經菩薩戒本私記』(『韓佛全』1권, 590상)

성질은 분별하기 어렵다고 한다. 그래서『범망경보살계본지범요기』에 그 요점들을 기록하였다고 한다. 지범의 요체에는 경중문(輕重門)과 천심문(淺深門), 구경지범문(究竟持犯門)의 3문을 세우고 있다.[54] 경중문은 경구죄(輕垢罪)와 중계(重戒)로 나누고, 경구죄는 44조목의 달마계본(達摩戒本)과 48조목의 다라계본(多羅戒本), 246조목의 별해탈계경(別解脫戒經)의 세 가지로 구별한다. 이 가운데 다라계본에 공계(共戒)와 불공계(不共戒)의 기준을 두고 있다. 중계는 십중계만을 들어 소승계와 공통되는 중계와 공통되지 않는 중계, 재가보살의 6중계의 세 가지로 나누고 있다.[55] 천심문은『범망경보살계본지범요기』에서 자기를 칭찬하고 남을 헐뜯는 계[自讚毁他戒]를 예로 들어 4구[是福非罪·是犯非染·是染非重·是重非輕]로 분별하고 있다.[56] 구경지범문은 구경의 지계(持戒) 무범(無犯)으로 청정한 계바라밀에 나아갈 것을 밝히고 있다. 이 부문에서는 특히 범망계본의 말인 "계광(戒光)이 제불의 근원이며 보살의 근본"이라는 말을 해석하여 "제불의 과(果)는 반드시 계의 원인에 힘을 입음으로 제불의 본원이라 말하며, 계는 꼭 보리심의 인(因)에 힘입기 때문에 보살의 근본이라고 말하는 것이다"라고 하였다. 또한 그는 이와 같은 계행을 닦는 것이 매우 어려운 일이지만 어렵다고 닦지 않으면 더욱 어려워지므로 부지런히 익혀 나가면 쉬워지게 된다는 것을 권하고 있다.『범망경보살계본지범요기』에서는 보살계의 지범의 요체를 유가계본과 범망계본에 의거하여 밝히고 있다. 이것은 범망계를 토대로 하여 범망계와 유가계를 종합하고 융화시킨 것이다.[57]

의적(義寂, 681-?)은 유식에 관한 저술이 대부분인데 계율에 관한 것으로『범망경』과『보살영락본업경』에도 주석을 하였으며, 현재 전해지고 있는 것은『범망경보살계본소』이다. 의적은『보살계본소』에서 부처님께서 바라제목차를 제정하신 뜻을 "계는 덕의 근본이고, 도는 그로 말미암아 생긴다. 따라서 깨달음의 종자를 흥하게 하고 정법을 이어받는 것과 생사의 오랜 흐름을 끊고 피안에 오르는 것과 중생을 제도하는 것 등이 계로 말미암기 때문이다"라고 말한다.[58] 계율이란 받는 것과 이를 따라 지키는 것의 둘로

54 원효,『梵網經菩薩戒本持犯要記』(『韓佛全』1권, 581상)
55 위의 책, (『韓佛全』1권, 581상-중)
56 위의 책, (『韓佛全』1권, 581중)
57 최원식,「원효의 보살계 인식경향과 그 특성」『신라보살계사상사 연구』(서울: 민족사, 1999), 81-82면.

나누어진다. 그리고 계를 받는 것을 다시 넷으로 나누어 말하고 있다. 우선 계를 받을 수 있는 사람의 자격을 말하고, 계를 줄 수 있는 법사에 관하여 말한다. 또한 계를 받는 방법과 절차에 대하여 말하고, 문답을 통하여 의심을 버리게 하고 있다. 계를 받아서 지키는 수행에 관해서도 율의계와 섭선법계, 섭중생계로 나누어서 각각 지키고 어기는 경우를 다루고 있다.

의적은 십중계에 주석을 하면서 각 계율 조목마다 다섯 가지로 나누어서 설명을 하고 있다. 즉 제지(制止)한 뜻과 어구 풀이[制意釋名], 어떠한 연으로 지계가 되는가[具緣成犯], 죄의 경중을 판별[判業輕重], 소승과 대승, 출가자와 재가자가 같고 다름[學處同異], 문장의 해석[就文解釋]이다. 그리고 사십팔경계에 각각 계명(戒名)을 붙이고 있다.

태현(太賢)은 유식학승이면서 『범망경』에 관한 주석서 『범망경고적기』 『범망경보살계본종요』 『유가계본종요』를 저술하였으나 앞의 두 주석서만 전해지고 있다. 태현은 『범망경보살계본종요』에서 보살계를 잘 수지하기 위해서는 우선 선사(善士)와 친근히 하고, 정법(正法)을 들어야 하며 제행무상(諸行無常)·제법무아(諸法無我) 등의 이치를 따라 생각하고, 수행해야 한다고 말한다.[59] 그리고 여법하게 수행을 함에는 바른 생각을 가져야 하고, 바라밀다를 닦아야 하며, 계의 경중(輕重)을 알아야 하고, 지키고 어기는 것도 잘 알아야 한다고 말한다.[60]

또한 태현은 보살계와 성문계를 받거나 범하고 버리는 것이 경우가 다름을 말한다. 『범망경고적기』에서 보살계에는 받는 것[受得門]·지키는 것[護持門]·잃는 것[犯失門]의 3문을 있음을 말하고 있다. 계를 받는 것에 관해서는 우선 육도 중생 가운데 단지 법사의 말을 이해하되 모름지기 먼저 위없는 보리를 얻고 중생을 이롭게 하겠다는 대보리심을 발해야 한다고 말한다.[61] 그리고 계를 받는 방법에도 일부분만을 받는 일분수(一分受)와 전체를 다 받는 전분수(全分受)의 두 가지가 있는데, 보살계에서는 일부분만을 받더라도 계를 얻은 것으로서 보살이라고 하지만, 성문계에서는 반드시 모두 받아야 하므로 일부분만 받으면 비구라 하지 않는다고 말한다.[62] 계를

---

58 의적, 『菩薩戒本疏』상(『韓佛全』2권, 251하)
59 태현, 『梵網經菩薩戒本宗要』(『韓佛全』3권, 480하-481상)
60 위의 책, (『韓佛全』3권, 481상-483상)
61 태현, 『梵網經古迹記』3(『韓佛全』3권, 443하)
62 위의 책, 3(『韓佛全3』권, 444하)

잃는 경우는 성문계와 달리 보살계는 일부분만 받아서 지킬 수 있듯이 하나를 어겼다고 해서 나머지 다른 것까지 잃게 되지는 않는다고 말한다. 그리고 『본업경』을 이끌어 와서 보살계는 마음을 체로 삼는데 마음은 다함이 없음으로 계 또한 다함이 없다고 한다. 다만 고의로 대보리심을 버리게 되면 계를 잃게 된다고 하여 대보리심을 강조하고 있다.[63] 또한 태현은 효를 강조하고 있다. 효는 모든 행의 근본으로 선왕(先王)의 요도(要道)이며, 계는 모든 선의 기틀이자 모든 부처의 본원이다. 선이 이로부터 나오기 때문에 효를 계라고 하며, 불교에서의 효는 유교의 효와 다름이 없다고 한다.[64] 그리고 모든 중생은 불성이 있어서 성불할 수 있다고 한다.

승장(勝莊)은 유식학승으로 『범망경술기』를 저술하였는데, 10중 48경계가 설해져 있는 범망경 하권만을 주석한 것이다. 여기서는 모든 계율 조문의 주석에 『유가사지론』을 이끌어 와서 범망계를 풀이하고 있다. 즉 유가계의 입장에서 범망계를 해설한 것이다. 승장은 신역의 해석을 따라서 바라제목차를 별해탈이라 말하고 있다. 몸의 일곱 군데가 따로따로 해탈함을 별해탈이라 한 것이다. 이 주석서는 10바라제목차인 10중계는 섭율의계로 해석하고, 48경계는 섭선법계와 요익유정계로 해석을 하여 삼취정계의 개념으로 하고 있다. 또한 『범망경』이 설하는 대상을 5종성 가운데 성불이 가능한 보살성(菩薩性)과 부정성(不定性)이라고 보았고, 일체 중생이 모두 불성을 가지고 있다고 할 때의 일체를 성불할 수 없는 부류를 제외한 소분일체로 보고 있다. 이는 규기계(窺基系)의 오성각별설(五性各別說)을 그대로 따른 것으로서 원측이나 태현이 일천제(一闡提)도 성불할 수 있다고 본 견해와는 다른 것이다.

이 밖에도 현일(玄一)은 『범망경소』, 단목은 『범망경기』 등을 저술하였다고 한다. 이상의 내용으로 알 수 있는 것은 신라의 승려들은 범망계를 바라보는 시각이 두 계통이었다는 것이다. 즉 유가계를 바탕으로 범망계를 이해한 승장·의적·태현의 경우와 특정한 경론에 의지하지 않고 『범망경』을 주석한 원효의 경우이다. 또한 성문계와 보살계의 연구는 유식학승들에 의해 주도적으로 연구되었다는 사실을 알 수 있다. 신라불교의 계율은 범망보살계가 중심이 되어 연구되었고, 일반인들에게도 널리 유포되어 보살계로서 수계하였음을 알 수 있다.

63 위의 책, 3(『韓佛全』3권, 445상)
64 위의 책, 4(『韓佛全』3권, 447중)

(3) 고려시대

고려시대의 불교는 복을 빌고 재앙을 물리치는 기복양재(祈福攘災)와 호국불교가 치성하였다. 그리고 중국의 선종이 본격적으로 수용된 시기이다. 당나라에 유학했던 승려들이 귀국하면서부터 선법이 전래되어 선문이 흥기하였고, 5교9산(五敎九山)을 중심으로 한 종파불교를 이루었다. 또한 왕실의 적극적인 후원으로 팔관회와 왕들의 보살계 수지 등이 의식행사로 행해지면서 더욱더 찬란한 귀족불교를 이루었다. 이 귀족적 불교의 대표적인 인물은 의천(義天, 1055-1101)이다. 의천은 화엄종의 학승이지만 화쟁회통의 기조에 입각하여 법상종의 유식을 화회(和會)했고, 화엄과 천태로서 선을 융합하여 교관겸수(敎觀兼修)를 제창하였다. 그는 교선(敎禪)의 융섭(融攝)을 시도했던 것이다. 이 회통불교사상은 속장경의 간행, 천태종의 개종, 교장(敎藏) 간행, 교학 진흥, 외유구법(外遊求法) 등의 업적을 남기게 하였다. 이 업적 가운데 중요한 것은 『신편제종교장총록』을 간행한 것이다. 이것은 『의천목록』이라고도 하는데, 삼장(三藏)의 주석서인 장소(章疏)만을 수집하여 목록을 작성하고 있다. 이 목록의 중권에는 율의 장소를 142부 수록하고 있다. 이와 같이 많은 양의 장소(章疏)는 그 당시 계율에 대한 연구가 성행했다는 것을 보여준다.

왕실의 적극적인 후원은 국민의 생활과 경제를 궁핍하게 하였고, 불교교단의 조직과 질서를 무너뜨렸다. 그리고 사회와 정치적인 혼란이 가중되어 불교계는 정권과 밀착하고 정치·경제적으로 文臣들의 지배체제를 옹호하게 되었다. 이런 현실은 무신들의 반발을 일으켰고, 결국은 탄압을 받게 되었다. 그리고 불교는 더욱더 타락의 길을 걷게 되었다. 그 대표적인 예가 불교계의 세속화이고, 그릇된 수행방법 때문에 사상과 수행면에서 커다란 혼란을 가져왔다. 이 혼란한 사회 속에서 지눌은 불교계의 혁신적인 개혁을 추진한다. 그것이 정혜결사운동이다. 이 결사운동의 배경은 외면적으로는 당시 불교계의 타락상을 인식하여 정화하자는 실천운동이지만, 내적으로는 선교의 융합을 통해서 불교계의 사상적 통일을 꾀하기 위함이다. 지눌은 이 결사를 계기로 하여 고려불교의 중흥을 꾀하였던 것이다.

그는 저술도 많이 하였는데, 대표적인 것은 『권수정혜결사문』『계초심학인문』『수심결』『진심직설』『원돈성불론』『간화결의론』 등이 있다. 이 가운데 청규와 같은 성격을 가지는 것은 『권수정혜결사문』『계초심학인문』이다. 『권수정혜결사문』은 불교재건을 위해 결사한 선언문으로 정혜쌍수를 제창한 내용으로 불교들이 속세에 물이 들어 도를 망각하는 경향이 있음을 개탄하고, 동학 10여명과 함께 산중에 은둔하여 동지결사하고 예불전경(禮佛轉經)에 힘쓰며, 달사진인(達士眞人)의 고행을 추모하기 위하여 엮은 것이다. 그리고 수행할 때의 마음가짐과 행동규칙들을 규정하고 있다.

『계초심학인문』은 초심자들을 바른 길로 인도하고, 수선사의 기강을 확고히 하려는 목적에서 저술된 것이다. 즉 불교계가 국가권력의 비호 아래 매우 타락한 상태라는 것을 개탄하고, 수행의 기초를 마련하려고 한 것이다. 내용은 사미승을 경계하고, 일반 대중을 경책하고, 선원에서 수행하는 자들을 경각시키는 것으로 대중의 일상적인 행위에 대한 규율과 수행의 좌표를 제시하고 있다. 악을 멀리하고 선을 가까이 하며 계율을 수지하여 지범개차를 잘 하면 정혜가 밝아져서 깨달음을 얻을 수 있고 중생제도를 할 수 있다는 대승적인 보살행이 잘 드러나고 있다. 지눌은 고려불교의 혁신을 이룩하였고, 지눌 선풍의 독창적인 수행체계로 선종의 방향을 정립하고 제시하였다. 그의 사상은 선교를 절충한 삼문(三門)으로 집약되며, 특히 대혜의 저술과 어록의 영향을 많이 받은 그는 간화선을 크게 진작시켰다. 이 삼문은 그의 지적 발전의 계기, 전환 그리고 완성의 과정을 나타낼 뿐만 아니라 후학의 실천방향을 제시해 주는 지도체계가 되었다.

(4) 조선시대

여말선초(麗末鮮初)의 사회상은 부패와 혼란이 극에 달해 했던 시기이다. 왕조가 교체되는 전환기의 사상계는 특히 정치이념이 불교에서 유교로 바뀌어짐에 따라 유생들의 배불운동이 격화되는 시기였다. 유생들의 배불정책은 불교의 존립기반마저 흔들리게 하였고, 불교인들은 새롭게 대두된 성리학적 유교와 공존의 필요성을 절감하게 되었다. 그리고 불교를 유지존속시키기 위하여 불교의 부정적인 측면들을 극복하려는 노력을 하게 되었다. 배불론에 대한 불교의 대응논리에는 기화(己和, 1376-1433)의 『현정론』이 대표적이다. 그 밖에 『유석질의론』이 있는데 정확한 저자를 알 수 없다. 『현정론』의 원명은 『함허당득통화상현정론』이며, 배불론자들이 제기한 비판에 대해 차례로 해답을 가하는 형식으로 구성하여 양교(兩教)의 성(性)과 도(道), 오상(五常)과 오계(五戒), 인(仁)과 자비심의 실천인 불살생(不殺生), 현세(現世)와 삼세인과(三世因果)를 대비시켜 불교의 우월성을 논변하면서 유·불 양교의 회통을 꾀하고 있다. 그리고 한걸음 더 나아가 도교사상까지를 포함하여 삼교일치(三教一致)를 제창하고 있다. 이 가운데 유교의 핵심윤리인 오상(五常)에 불교의 기본 계율인 오계(五戒)를 배대시켜 윤리적인 면에서 같은 맥락임을 말하고, 인과(因果)를 설명하고 있다. 불교와 유교의 이치는 공통적으로 惡을 멀리하고 善을 실천한다는 것이다. 불교윤리의 핵심을 이루는 것이 계율임을 분명히 밝히고 있다. 『현정론』의 위상은 불법을 수호하고자 불교의 우위론을 제기하여 불교의 역할론을 널리 알렸다는 것에서 찾아볼 수 있다.

서산대사 휴정(休靜, 1520-1604)은 『선가귀감』에서 참선 수행을 하는데 있어 계율이 얼마나 중요한지를 밝히고 있다. 그는 음계·살계·도계·망어계의 사계(四戒)가 모든 계율의 근본임을 밝히고, 이를 범하면 음욕은 청정함을 끊고, 살생은 자비를 끊고, 도둑질은 복덕을 끊고, 거짓말은 진실을 끊기 때문에 몸과 마음으로 범하지 않아야 한다. 이 사계(四戒)를 끊지 않고 참선을 한다면 비록 지혜를 얻어 육신통을 얻었다 할지라도 악도에 떨어져 영원히 보리의 바른 길을 잃어버린다. 그러므로 깨달음을 얻고자 참선을 하는 자는 계율을 근본으로 삼업(三業)을 잘 지켜서 마땅히 청정한 보리과(菩提果)를 얻어야 할 것이다.[65] 이와 같이 휴정은 깨달음을 얻을 수 있는 근본적인 바탕을 계율의 실천에 두고 있다.

Ⅲ. 바라제목차와 인접한 개념들

1. 오편칠취(五篇七聚)

공동생활을 하는 승가는 화합과 질서를 유지하기 위해 강제적인 규칙이 필요하였다. 그래서 제정한 것이 바라제목차이다. 이것은 비구 비구니가 지켜야 할 규칙으로 금지적인 성격을 지닌다. 바라제목차는 비구계와 비구니계의 바라제목차로 구별되고, 이 계는 범하면 반드시 벌칙이 따르게 된다. 『빠알리율』은 바라제목차의 벌칙을 오편칠취(五篇七聚)로 말하고, 『사분율』은 오범취(五犯聚)와 칠범취(七犯聚)를 말하고 있다. 오편죄(五篇罪)은 바라이죄·승잔죄·바일제죄·바라제제사니죄·돌길라죄이며, 칠취죄

65 『禪家龜鑑』(『韓佛全』7권, 639중)

(七聚罪)는 바라이죄·승잔죄·투란차죄·바일제죄·바라제제사니죄·돌길라죄·악설죄이다.[66] 칠취죄는 오편죄에 투란차와 악설을 더한 것이다.

1) 바라이죄는 오편칠취 가운데 가장 무거운 죄이며 그 의미는 불공주(不共住), 즉 승가로부터의 추방이다. 바라이는 단두(斷頭)의 의미로도 해석하고 있다. 『빠알리율』『오분율』『사분율』이 그 대표적이며, 『오분율』에서는 타법(墮法)이라는 독자적인 해석을 하고 있는 것이 특징이다. 『십송율』에서는 타불여(墮不如)라는 해석을 하고 있는데 타법(墮法)과 같은 뜻이 아닌가 한다. 비구, 비구니가 이 바라이죄를 범하면 승가에서 추방되는데, 이는 세간법에서 사형을 받은 것과 같아서 영원히 승가를 떠나서 다시는 돌아올 수 없다. 이 죄는 또한 범하면 비구성(比丘性)을 잃으며, 수행이라는 비구의 최소한의 권리마저 잃게 된다. 식차마나와 사미, 사미니가 이 네 가지 조문[婬戒, 盜戒, 斷人命戒, 大妄語戒]을 범하면 바라이죄의 적용을 받지는 않지만, 이들도 역시 멸빈되어 승가에서 추방된다.

그러나 비구의 경우는 바라이학회(波羅夷學悔) 또는 여학사미(與學沙彌)의 특례가 있다. 바라이죄 가운데 음계(婬戒)에 있어서만은 계리사계(戒羸捨戒)가 인정된다. 비구는 아직 비구로서 수행을 계속할 의지가 있는데 음욕의 유혹을 받고서 계를 범하는 경우가 있다. 이런 경우에 계리(戒羸)를 고백하고 계를 버리면 바라이죄를 면할 수가 있지만, 비구성(比丘性)을 잃기 때문에 비구라 할 수 없다. 하지만 계리사계(戒羸捨戒)를 하지 않고 음계를 범하는 경우는 바라이죄가 된다. 또한 음계를 범하였더라도 숨기지 않고 승가에 바라이학회(波羅夷學悔)를 말하면 승가는 백사갈마의 작법에 의해 학법(學法)을 주며, 이 비구는 비구의 자격을 박탈당한 상태로 승가에 머무르게 된다. 비구는 바라이학회의 상태로 승가에 머무르면서 음계를 범하면 승가에서 영원히 추방된다. 비구니는 비구와 같은 특례가 없으며 음계를 범하면 바라이죄로 승가에 함께 살지 못한다.

2) 승잔죄는 바라이죄 다음으로 무거운 죄이며 이를 범한 비구 비구니는 승가에서 추방되지는 않지만 비구로서의 자격이 정지되고 참회의 행법을 행해야 한다. 승가의 백사갈마를 통하여 죄가 확정되면 6일간의 마나타(摩

---

66 *Vinayapiṭaka* vol. I, 91면.

那埵, mānatta)와 별주의 행법을 행해야 한다. 승잔죄를 범하면 기본적으로 마나타의 참회를 하고, 그 죄를 숨긴 경우는 숨긴 날짜에 따라 별주의 처벌을 받는다. 마나타를 행하는 기간동안은 비구의 자격이 정지되고 선후배 비구의 예배·존경·공양을 받을 수 없다. 마나타의 구체적인 행법은 육야(六夜) 동안에 다른 곳에 머물면서 여러 대중들을 위해 궂은 일, 즉 탑이나 승방, 정랑 등을 청소하면서 참회와 근신생활을 한다. 또한 대중과 함께 있더라도 대화를 하지 못하며 승가의 모든 비구에게 예배를 해야 하며, 자리의 배치는 모든 비구 가운데 하좌이다. 공양을 할 때나 승가의 모임이 있을 때에는 승가에 예배를 하고 자기의 죄를 고백하며 자기가 마나타를 행하고 있음을 알려야 한다. 하지만 의복과 음식물 등의 물품분배에 있어서는 다른 비구들과 평등하게 분배를 받는다. 6일간의 마나타 행법을 여법하게 마치면 20인 승가의 출죄갈마(出罪羯摩, abbhāna kamma)를 통해 마나타를 해제 받고 비구의 자격을 회복하게 된다. 비구니는 비구 비구니의 양승가(兩僧伽)에서 각각 15일간 마나타를 행하고, 20인 비구니승가에서 출죄갈마를 받고 승잔죄에서 해제된다.[67]

그러나 승잔죄를 범하고도 승가에 알리지 않고 의식적으로 은폐한 경우는 마나타를 행하기 전에 은폐한 날만큼 별도의 거처에 머무르면서 별주(別住, parivāsa)를 행해야 한다. 별주의 행법은 마나타와 같다. 또한 별주를 행하고 있는 비구가 다시 승잔죄를 범하면 본일치(本日治, mūlāya paṭikassanaṃ)를 주어 별주를 처음부터 다시 시킨다. 마나타를 행하는 동안에도 승잔죄를 범하면 본일치를 주어 마나타를 다시 시작하도록 한다.

3) 투란차죄는 범어로는 sthūlātyaya, 빠알리어로 thullaccaya라고 하며, '거칠다·추대(麤大)'의 의미이고, 추죄(麤罪)라고 번역한다.[68] 이 죄는 바라이·승잔 다음으로 무거운 죄이다. 『비니모경』에서는 추악죄(麤惡罪) 주변에서 생기고, 돌길라·악어보다도 무거운 것이기 때문에 투란차라고 한다.[69] 이것은 미수죄(未遂罪)를 나타낸 것이고, 바라이나 승잔을 범하려고 하다가 행하지 않은 경우에 받는 죄를 말한다. 이 죄의 참회방법은 『십송율』에서 자세히 말하고 있다. 바라이에서 생기는 중(重)투란차는 모든 승가 앞

---

67 *Vinayapiṭaka* vol.Ⅳ, 242면.

68 平川彰, 석혜능 譯, 『원시불교의 연구』(서울: 민족사, 2003), 303면.

69 『毘尼母經』7(『大正藏』24권, 843상)

에서 회과제멸(悔過諸滅)하고, 바라이에서 생기는 경(輕)투란차는 경계 밖에 나가서 4인의 비구 앞에서 회과제멸한다. 또한 승가바시사에서 생긴 중(重)투란차는 경계 밖에 나가서 4인의 비구에게 회과제멸하고, 승가바시사에서 생긴 경(輕)투란차는 1인의 비구에게 회과제멸하라고 한다.[70]

4) 바일제죄는 가벼운 죄이며, '떨어진다'는 의미를 취하고 있다. 사타(捨墮)·타(墮)로 구분한다. 사타는 니살기바야제(泥薩耆波夜提)라고 음역하고, 타는 바야제(波夜提)라고 음역한다. 사타는 '버린다'는 의미를 가지고 있다. 『사분율』에서는 니살기바일제(泥薩耆波逸提)라고 음역하고 범사타(犯捨墮)라고 번역하고 있다. 『마하승기율』에서는 니살기바야제(泥薩耆波夜提)라고 음역하고 사타(捨墮)라고 번역한다. 사타법은 출가 수행자들이 받아서는 안 될 물건과 관련된 조문으로 부당하게 얻은 물건을 어떻게 처리하는가를 보여주고 있다. 사타죄는 부당하게 얻은 물건을 승가에 내놓거나 2, 3인의 비구에게 내놓거나 1인의 비구에게 내놓고 참회를 하면 무죄가 된다. 그리고 승가에 내놓은 물건은 물건의 주인에게 반환시킨다. 발우나 금전에 대해서는 반환하지 않고 승가가 회수한다.

타는 '떨어진다'는 의미로 바일제를 말한다. 『십송율』에서는 '바야제라고 하는 것은 이 죄를 소(燒)·자(煮)·복장(覆障)이라 한다. 만약 참회하지 않으면 능히 도를 장애한다'고 말하고 있다. 『근본설일체유부율』에서는 '바일저가(波逸底迦)라는 것은 소(燒)·자(煮)·타락(墮落)의 뜻이다. 이른바 죄를 범한 자는 지옥(地獄)·방생(傍生)·아귀(餓鬼)의 악도에 떨어져 불에 타는 고통을 받는다. 또 이 죄는 만약 은근히 말하여 제거하지 않으면, 즉시 있는 바의 선법을 장애한다. 여기에는 여러 가지 뜻이 있기 때문에 바일저가라고 한다'고 말하고 있다.[71] 이 죄는 범하면 지옥에 떨어져 고통을 받는다고 한다. 그러나 1인의 비구 앞에서 참회를 하면 용서를 받을 수 있다.

5) 바라제제사니죄는 바일제보다는 가벼운 죄이다. 이것은 받아서는 안 되는 음식을 잘못 받은 경우에 받는 죄이다. 잘못 받은 것을 깨달았을 때에는 이미 음식을 먹은 뒤이기 때문에 물건을 내놓지는 않고, 다른 비구 앞에

70 『十誦律』57(『大正藏』23권, 425상)
71 『根本說一切有部毘奈耶』25(『大正藏』23권, 762하)

서 죄를 드러내고 참회하면 된다. 『빠알리율』에 의하면 '비구는 고백해야 한다. 즉 벗이여, 나는 비난받아 마땅하다. 부적당하고 고백해야할 법을 범하였다. 나는 그것을 고백한다'라고 되어 있다.[72] 『사분율』에서는 '대덕이여, 나는 가가법(可呵法)을 범하였다. 해서는 안 될 것을 하였다. 지금 대덕을 향하여 회과(悔過)한다'고 되어 있다.[73]

6) 돌길라죄는 범어 **duṣkṛta**, 빠알리어 **dukkaṭa**의 음역이다. 한역에서는 대부분 돌길라라고 음역하지만, 『비니모경』에서는 몸과 입의 율의(律儀)를 범하므로 악작(惡作)이라 말하고 있다.[74] 그러나 이를 세분화하면 몸으로 지은 죄만을 말하여 악작이라 하고, 입으로 지은 죄를 악설(惡說)이라고 한다. 중학법은 일상생활에서 흔히 저지르기 쉬운 실수들을 경계하는 조문이며 비교적 가벼운 죄이다. 그러나 지키기는 어렵다. 이를 범하면 악작죄 또는 돌길라죄라고 한다. 『사분율』에서는 중학법을 범한 경우, '고의로 범한 것은 응참(應懺)돌길라이고, 고의로 하지 않은 것은 돌길라라고 말하고 있다.[75] 응참돌길라는 참회를 필요로 하고, 돌길라는 마음속으로 참회하면 된다. 『선견율비바사』에서는 방편(方便)·공상(共相)·중물(重物)·비전(非錢)·비니(毘尼)·지(知)·백(白)·문(聞)돌길라 등의 여덟 종류를 말하고 있다.[76] 『근본살바다부율섭』에서는 책심악작(責心惡作)과 대설악작(對說惡作)을 말하고 있다. 책심악작은 마음속으로 참회하는 것이고, 대설악작은 다른 사람에게 말해야 하는 참회이다.[77] 악설은 돌길라보다 가벼운 죄이다.

2. 포살(布薩)

인도에서는 종교적인 행사로 우기동안 유행을 하지 않고 한곳에 머물면서 수행하는 안거제도가 있었다. 불교교단에서는 교단의 성립 당시에 안거제도가 없었기 때문에 출가수행자들은 우기에도 유행을 하면서 풀과 벌레

---

72 *Vinayapiṭaka* vol.Ⅳ, 176면.
73 『四分律』19(『大正藏』22권, 696상)
74 *Sammantapāsādikā* vol.Ⅱ, 312면; 『毘尼母經』7(『大正藏』24권, 843상)
75 『四分律』19(『大正藏』22권, 698중)
76 『善見律毘婆沙』9(『大正藏』23권, 561하-562상)
77 『根本薩婆多部律攝』14(『大正藏』24권, 606상)

등의 뭇 생명들을 죽이고 있었으므로 재가자들은 이를 비난하였다. 이로부터 불교승가는 재가자들의 건의에 의해 안거를 시작하였다. 안거는 전안거[4월 16일부터 7월 15일까지]와 후안거[5월 15일부터 8월 15일까지]가 있는데, 이 안거 기간동안에 승가에서는 포살과 자자를 시행하였다. 이 행사들은 승단을 운영하고 유지 발전시키는데 아주 중요하다. 포살은 빔비사라왕이 외도들이 8일·14일·15일에 함께 모여 법을 설하고 음식을 나누어 먹는 행사를 보고 석존께 건의를 해서 시작되었다. 처음에는 비구들이 포살의 실천방법을 몰라 침묵한 채 포살하는데, 이에 대해 재가신자들이 불평함에 따라 석존의 지시로 포살하는 날은 설법을 하고 바라제목차를 암송하였다.

포살은 범어로 upavasatha, 빠알리어로 uposatha라고 하는데, 한역 경전에서는 대부분 '포살(布薩)'이라고 음역하고 있다. 『근본설일체유부율』에서는 '포쇄타(褒灑陀)'라고 음역하고, 장정(長淨)이라고 번역한다. 『비니모경』에서 포살의 의미를 '능히 범한 것을 끊고 능히 번뇌를 끊으며 모든 선하지 않은 법을 끊는 것'이라 말하고 있다.[78] 포살에는 비구 비구니의 포살과 재가신자의 포살이 있다. 이 둘은 포살의 방법이 다르고, 그 의미도 다르다. 출가수행자의 포살은 한달 가운데 14일과 15일 두 번 한다. 재가신자는 한달 가운데 육재일[8일, 14일, 15일, 23일, 29일, 30일]에 포살을 한다.

비구 비구니는 포살하는 날에 바라제목차를 송출하는데, 이를 설계(說戒)라고 말한다. 포살은 동일한 경계 안에서 동일하게 주처(住處)하고 동일하게 포살을 해야 한다. 포살은 포살갈마의 작법에 따라 행해진다. 우선 총명 유능한 비구가 바라제목차를 송출하기 전에 서문을 대중에게 알리고 바라제목차를 암송한다. 바라제목차는 서문을 알린 비구가 큰 소리로 암송하고, 나머지 대중은 듣는 것이다. 암송자는 한 구절씩 암송이 끝나면 그 때마다 대중을 향하여 반월 동안 이 조문에 위배되지 않았는지 묻는다. 위배한 것이 있는 자는 죄를 드러내고 참회해야 한다. 그러므로 포살의 목적은 비구들이 율을 잘 지키고 있는지에 대한 검문인 것이다. 만일 장애가 있으면 바라제목차 일부만 송출하여 간략하게 설계를 해도 무방하다. 포살은 승가의 아주 중요한 행사이기 때문에 비구 비구니들은 포살에 반드시 참석을 해야 한다. 질병 등으로 참석을 하지 못할 경우는 다른 비구에게 여청정(與淸淨) 혹은 여욕(與欲, chandaṃ dātuṃ)을 하여 본인이 계율을 잘 지키고 죄

78 『毘尼母經』3(『大正藏』24권, 814중)

를 범하지 않고 있음을 승가에 알려야 한다. 이것에 의해 병 비구는 결석을 인정받는다. 그러나 여청정을 하지 못할 경우에는 아픈 비구를 들것에 들고 포살당으로 가서 포살을 행한다. 포살당으로 움직이지 못할 정도로 아픈 경우는 대중들이 아픈 비구에게 가서 포살을 하도록 하고 있다.[79] 포살하는 날에 비구가 친족이나 왕, 도적 등에게 잡혀 있어서 포살에 참석을 하지 못할 경우는 비구들이 포살하는 동안에만 방면해 줄 것을 부탁한다. 방면이 허락되지 않을 때는 포살을 중지한다. 현전승가의 전원출석이 이루어지지 않았기 때문이다. 그러나 일시적으로 미친 사람이 된 경우는 승가가 광갈마(狂羯摩)를 하여 미쳐있는 동안에만 포살에의 출석을 면제시켜 준다.

비구니의 포살에 대하여 『빠알리율』『마하승기율』에서는 보름마다 비구승가에게 포살을 묻고, 교계를 받을 것을 규정하고 있는데, 『사분율』『오분율』『근본설일체유부율』은 교계만 받을 것을 말하고 있다. 비구니는 비구니승가에서 포살을 하고 나서 비구니 대표가 비구승가에 가서 포살을 실행했음을 보고하고, 교계를 구한다. 이 신청에 의해서 비구승가는 비구니교계인(比丘尼教誡人)을 선출하고, 반드시 선출된 비구가 비구니를 교계한다.

재가신자는 포살하는 날에 법문을 듣거나 명상 반성하고, 비구로부터 팔재계(八齋戒)를 받아 하루 낮과 밤 동안 지켜서 악을 피하고 선을 행하며 출가수행자와 같이 수행 정진한다. 팔재계의 재(齋)는 본래 죄의 더러움에서 몸을 깨끗이 한다는 의미이다. 이것이 재라고 불려져서 정오 이후에 받는 식사의 의미가 되어, 비시식을 중심으로 하여 이 8계가 팔재계로 불려지게 된 것이다. 이것은 한역의 역어에 있어서의 이해이다. 본래 팔재계는 8지를 구족하는 포살에서 온 역어로 생각된다.[80] 포살은 수행을 하면서 자기를 반성하고 청정하게 해주며 승가의 청정과 화합을 도모하여 해탈을 이룰 수 있도록 한다.

3. 결계(結界)와 현전승가(現前僧伽)

'계(界, sīmā)'는 현전승가의 지역적 한계를 말하며, 포살계(布薩界, uposatha sīmā)라고도 한다. 포살계는 대계(大界)라고도 하며, 이 대계 속에서 구족

---

79 *Vinayapiṭaka* vol. I, 120면.
80 平川彰, 석혜능 譯, 『비구계의 연구』 I (서울: 민족사, 2002), 87면.

계 등의 의식을 행하기 위해 소계(小界)를 맺기도 한다. 이 소계는 계단(戒壇) 또는 계장(戒場)라고도 한다. 보통 화합승이라고 하면 '동일주처(同一住處)·동일경계(同一境界)·동일포살(同一布薩)'을 의미한다. 화합승가는 동일한 경계와 동일한 주처에서 모두 모여 포살을 하는 것이다. 이것은 현전승가의 안에 있는 비구는 모두 포살당에 모여 포살을 여법하게 한다는 말이다. 승가는 포살을 하려고 하면 먼저 경계를 정하고 포살당을 정하여 총명 유능한 비구가 바라제목차를 송출하게 한다. 경계를 정한다는 말은 포살을 할 때 대중이 참석할 수 있는 지역을 정하는 것이다. 『빠알리율』에서는 비구들의 주처로부터 경계의 표시를 '산·바위·숲·나무·도로·개미탑·강·물 등의 표적으로 그 구역을 알 수 있도록 정해야 한다'고 말하고 있다. 이 경계의 넓이는 대중이 모이기에 불편하지 않을 정도, 즉 3요자나를 최대로 하여 규정하도록 하고 있다.[81] 이 경계는 하루 안에 갔다 올 수 있는 거리를 말한다. 그러나 강가에 견고한 다리나 배가 없는 경우는 강가에 경계를 설정하지 못하도록 하고 있다. 비구들이 포살을 하러 오는 도중에 물에 떠내려가거나 발우와 가사가 물에 떠내려가는 경우가 있었기 때문이다. 이 경계는 다른 지역의 경계와 겹쳐지지 않도록 해야 한다. 이 경계의 표시를 결계갈마에 의거하여 대중에게 먼저 알리고 대중의 허락을 받아서 그 구역을 확정하여 동일주처와 동일포살의 경계를 결정한다. 이렇게 결정된 경계에서 포살을 하고, 포살이 끝난 비구들이 떠날 때는 백이갈마에 의해 그 경계를 풀고 떠나야 한다.

도선은 『사분율행사초』에서 경계를 맺는 방법에 대하여 동일포살의 경계를 섭승계(攝僧戒), 동일이양(同一利養)의 경계를 섭식계(攝食戒), 그리고 섭의계(攝衣戒)로 나누고 있다. 섭승계는 다시 자연계(自然界)와 작법계(作法界)로 나누고 있다. 자연계는 자연의 형세에 따라 자연적으로 성립해 있는 경계이며, 작법계는 인위적으로 만든 경계를 말하며 대계(大界), 계장(戒場), 소계(小界)의 구별이 있다. 섭식계는 보시된 물품에 대한 분배의 기준이 되는 경계를 말한다. 섭의계는 비구에 대하여 이의숙(離衣宿)의 허물을 범하지 않도록 지역을 구획한 것을 말하는데, 자연계와 작법계가 있다.

결계갈마에 의해 세워진 승가를 현전승가(現前僧伽)라고 한다. 현전승가는 동일한 주처에서 동일한 포살을 하는 것이 원칙이다. 전원출석의 화합

81 *Vinayapiṭaka* vol. I, 106면.

을 말하고 있는 것이다. 현전(現前, sammukhībhūta)이란 얼굴을 서로 향하여 성립되어 있다는 의미이기 때문에 '지금 여기에 성립되어 있는 승가'를 말한다.[82] 비구들은 한 경계 내에 고정되어 있지 않다. 항상 유행을 하기 때문에 다른 지역에 가더라도 그 지역의 현전승가에 발을 들여놓으면 그 비구는 이 지역 현전승가의 일원이 된다. 그러므로 현전승가는 경계를 기반으로 성립되며 현재 경계 안에 있는 비구가 현전승가의 일원이 되는 것이다. 현전승가의 범위는 일정하게 정해지지는 않았지만, 율장에서는 하루만에 왕복할 수 있는 거리로 포살당에서 3유순 이내의 지역을 말하고 있다.

재가신자로부터 승가에 보시된 물품 등은 현전승가에서 분배하는 것을 원칙으로 한다. 의식(衣食)에 관한 물품은 현전승가에서 평등히 분배하고, 정사와 그 안에 속한 가구 등은 사방승가의 소유가 된다. 또한 비구가 죽었을 경우, 유품의 분배에 대하여 『빠알리율』에서는 '발우와 가사는 간병인에게 주고, 가벼운 기구와 가벼운 자구는 현전승가에서 분배하고, 무거운 기구와 무거운 자구는 이미 와 있거나 앞으로 올 사방승가에 속한다. 다른 이에게 주거나 분배해서는 안 된다'고 말하고 있다.[83] 『비니모경』에서는 죽은 비구의 유품 가운데 노비가 있으면 내보내고, 만일 보내지 않으면 승가의 정인(淨人)으로 삼고, 코끼리, 낙타, 말, 소 등은 정사에 두고 일을 하도록 하며 유품이 승가 밖에 있을 경우는 정인을 시켜 찾아가지고 와서 현전승가의 대중에게 나누어주도록 하고 있다.[84] 현전승가는 동일한 주처에서 전원참석의 포살과 의식(衣食)에 대한 물품의 평등분배를 하는 생활공동체이다.

4. 사계(捨戒)·계리(戒羸)와 바라이학회

사계란 계를 버린다는 의미이다. 사계란 말은 4바라이 가운데 음계(婬戒)의 조문에서 나타나고 있다. 『빠알리율』에서는 "학을 버리지 않고(sikkhaṃ appaccakkhāya), 힘이 미약한 것을 분명히 알리지 않고(dubbalyaṃ anāvikatvā)"라고 말하는데, 이 말은 학(sikkhā)을 버리지 않는 것과 학을 지킬 힘이 없는 것을 고백하지 않는 것이라는 의미이다. 한역에서는 『십송율』이 "불사

82 平川彰, 석혜능 譯, 『원시불교의 연구』(서울: 민족사, 2003), 331면.
83 *Vinayapiṭaka* vol. Ⅰ, 305면.
84 『毘尼母經』3(『大正藏』24권, 815중)

계(不捨戒) 계리불출(戒羸不出)", 『사분율』이 "불환계(不還戒), 계리불자회(戒羸不自悔)", 『마하승기율』이 "불환계(不還戒) 계리불출(戒羸不出)", 『오분율』이 "동학계법(同學戒法) 계리불사(戒羸不捨)", 『근본설일체유부율』이 "불사학처(不捨學處) 학리부자설(學羸不自說)" 등으로 번역되어 있는데,[85] 학(學)을 계(戒)로 번역한 경우가 많다. 그러나 『근본설일체유부율』은 학처(śikṣāpada)라 하였는데, 계와 같이 쓴다. 여기서 계의 의미는 시라(戒, śīla)가 아니고 식싸(學, śikṣā)이다. 『십송율』의 불사계(不捨戒)는 『사분율』『마하승기율』의 불환계(不還戒)와 같은 의미로 번역된 것이고, 『오분율』의 계리불사(戒羸不捨)에서 불사(不捨)는 불사계(不捨戒)를 가리킨다. '사계(捨戒)'란 비구가 '나는 계를 버린다'고 말하면 그 비구의 비구성(比丘性)이 없어지는 것이다. 즉 비구가 아니라는 의미이며 계체(戒體)를 잃는다는 것이다. 따라서 사계를 범하면 승가에 머무를 수 있는 자격이 없어지고, 비구의 형상을 하고 있다고 하더라도 이미 비구가 아닌 것이다. 계를 버린 것을 숨기고 비구의 형상으로 승가에 머물고 있으면, 그 비구는 적주비구(賊住比丘)인 것이다. 사계는 음계에만 해당되는 것이 아니고, 비구가 수행자의 자격을 포기하고 싶을 때는 언제라도 사계는 허락된다. 수행할 의지가 없는 사람을 승가에 머무르게 할 필요가 없기 때문이다. 본인의 의지에 의해서 사계를 한 경우는 다시 승가에 입단을 하여 출가자로서 수행을 할 수가 있다. 이 경우는 차난(遮難)[86]의 조건을 가지고 있지 않아야 승가에 입단이 허

---

85 平川彰, 석혜능 譯, 『비구계의 연구』 I (서울: 민족사, 2002), 205-216면; *Vinayapiṭaka* vol.Ⅲ. 24면; 『十誦律』1(『大正藏』23권, 2상); 『四分律』1(『大正藏』22권, 571상); 『摩訶僧祇律』1(『大正藏』22권, 235하); 『五分律』1(『大正藏』22권, 4중); 『根本說一切有部毘奈耶』1(『大正藏』23권, 629하)

86 구족계를 줄때 허가할 수 없는 조건을 수계자가 가지고 있는지의 여부를 조사하는 것으로 교수사가 遮難을 묻는다. 보통 10遮13難을 말하는데, 『십송율』에서는 遮道法, 『마하승기율』에서는 遮法, 『오분율』에서는 難事, 『빠알리율』에서는 antarāyike dhamme(障法)라 하고 있다. 遮難의 내용은 모든 율장이 약간의 차이가 있다. 『빠알리율』에 의거해 장애가 되는 사항(遮)의 내용을 살펴보면, '그대에게 나병(癩, kuṭṭha) 종기(癰, gaṇḍa) 습진(白癩, kilāsa)), 결핵(乾痟, sosa), 간질(癲, apamāra)등의 병이 있는가? 그대는 인간인가? 그대는 남자인가? 그대는 자유인인가? 그대는 빚을 졌는가? 그대는 왕의 군인인가? 그대는 부모로부터 허락을 받았는가? 그대는 만20세가 되었는가? 그대는 衣鉢을 갖추었는가? 그대의 이름은 무엇인가? 그대 화상의 이름은 무엇인가? 등 11가지를 묻는다.(*Vinayapiṭaka* vol. Ⅰ. 93면) 『사분율』35에서는 10가지(수계자의 이름, 화상의 이름, 滿二十, 衣鉢具, 父母聽, 負債人, 奴, 官人, 丈夫, 六種病.)를 묻고 13難事를 별도로 나타내고 있다.(『大正藏』22, 814하.) 『오분율』17에서는 11가지(病, 人債, 官人, 丈夫, 人, 滿二十, 衣鉢具, 수계자의 이름, 화상의 이름, 일찍이 출가한

락된다.

계리(戒羸)는 빠알리어로 'dubbalya(힘이 미약함)'이고, 그 의미는 음계를 지킬 힘이 없다는 것이다. 4바라이를 범하면 비구는 승가로부터 추방을 당한다. 그러나 음계의 경우 승가에 남아서 비구로서 수행을 계속할 의지가 있으면서도, 음욕의 유혹에 넘어가서 음계를 범하는 경우는 바라이가 되어 승가에서 추방된다. 그러나 사계(捨戒)와 계리(戒羸)를 다른 사람에게 알리면 승가에서의 추방은 면할 수가 있다. 이미 비구성이 없어졌기 때문이다.

사계가 성립되지 않는 경우가 있는데, 『빠알리율』에서는 다음과 같이 말하고 있다.

> 비구가 근심하고 즐거워하지 않으면서 사문성(沙門性)에서 물러나고 싶고, 비구성(比丘性)인 것이 곤혹스럽고 부끄럽고 혐오스러워 하고, 재가이기를 희구하고, 사미가 되는 것을 희구하고, 외도가 되는 것을 희구하고, 외도의 성문이 되는 것을 희구하고, 비사문(非沙門)이 되는 것을 희구하고, 비석자(非釋子)가 되기를 희구하여 '나는 부처님을 버리고 싶다.'라고 다른 사람에게 알게 한다. 비구들이여, 이러한 것을 계리를 말하더라도 사계가 되지 않는다.[87]

위와 같이 "나는 부처님을 버리고 싶다"라고 다른 사람에게 알리면, 사계가 성립되지 않는다. 사계가 성립되지 않는 이유는 "버리고 싶다"라는 말은 확정적인 말이 아니고, 그 사람의 희망을 말한 것이기 때문에 사계가 성립되지 않고, 오히려 계리가 성립된다. 만약에 "나는 부처님을 버린다", "나는 법을 버린다", "나는 승가를 버린다"라는 등으로 그 사람의 확정적인 의사를 다른 사람에게 알리면, 이 경우는 사계가 성립된다. 또한 인간이 아닌 축생·천용·야차·아귀 등에게 알리는 경우와 인간이면서 잠자고 있는 사람 죽은 사람 무지한 사람 미친 사람 마음이 어지러운 사람 등에게 알리는 경우는 사계가 성립되지 않는다.

계리와 사계가 동시에 성립하는 경우는 "나는 계를 버리려고 한다"라고

적이 있었는가, 父母聽)를 묻는다.(『大正藏』22권, 119하.) 『십송율』21에서는 12가지(丈夫, 滿二十, 奴, 官人, 犯官事, 負債人, 病, 父母聽, 先作比丘, 衣鉢, 수계자의 이름, 화상의 이름) 를 묻는다.(『大正藏』23권, 156상.)

87 *Vinayapiṭaka* vol.Ⅲ, 24면.

생각하고 바로 계를 버리면, 이때는 두 가지가 성립된다. 비구니의 경우는 사계와 계리의 여지가 없으며 음계를 범하면 바라이로 승가에서 함께 살지 못하고 추방된다.

또한 비구는 바라이죄를 범하고도 승가에 머무를 수 있는 바라이학회(波羅夷學悔) 또는 여학사미(與學沙彌)의 제도가 있다. 이 제도는 자신의 의지와 상관없이 유혹을 물리치지 못하여 음욕을 범하는 경우가 있기 때문에 구제차원에서 제정된 것이다. 승가에 남아 비구로서 수행을 할 의지가 있으면서 음계를 범했을 경우, 그 사실을 숨기지 않고 다른 사람에게 드러내서 알리고 승가에 요청하면 바라이학회로 승가에 머무를 수 있는 것이 허락된다. 음계를 범한 비구가 승가에 요청을 하면 승가는 백사갈마에 의해 바라이학회의 신분으로 머무를 수 있도록 한다. 바라이학회의 상태에 있는 사람의 행법은 "①부처님께서 결계한 일체의 계를 다 수지하여 행한다. ②여러 비구의 하좌에 있으면서 대비구에게 음식과 탕약을 드려야 한다. ③스스로는 사미나 백의로부터 음식을 받는다. ④대비구와 같은 방에서 두 밤을 보낼 수 없다. ⑤스스로 백의 사미와 함께 이틀을 보낼 수 없다. ⑥구족계 받은 비구와 함께 포살·자자의 두 갈마를 할 수 있다. ⑦여학사미는 정족수로 하여 포살·자자갈마를 할 수는 없고, ⑧일체의 갈마를 할 수 없다"는 것이다.[88] 바라이학회의 신분은 정식 비구가 아니지만, 비구의 계와 바라이학회의 행법을 지켜야 한다. 자리는 대비구의 하좌에 앉아야 하지만 사미보다는 윗자리에 앉는다. 비구와 이틀을 동숙할 수 없다는 항목이 『마하승기율』에서는 3일 동안 동숙할 수 없다고 한다. 그리고 다른 비구에게 교계를 할 수 있다고 한다. 교계의 항목이 『사분율』에서는 금지되어 있다. 『마하승기율』에서는 포살과 자자를 할 수 없다고 한다. 바라이학회 신분으로 다시 음계를 범하면 승가에서 추방이 된다. 비구니는 바라이학회의 특례가 없다.

5. 여청정(與淸淨)과 여욕(與欲)

여청정(與淸淨, pārisuddhim dātuṃ)과 여욕(與欲, chandaṃ dātuṃ)은 다른 비구에게 위임하여 주는 것을 말한다. 포살 및 모든 승가화합(전원출석)

88 『十誦律』1(『大正藏』23권, 3중)

의 행사에 질병 등으로 출석하지 못하는 자는 그 회합에서 「무엇이 결정되더라도 이의를 말하지 않는다」라는 통고로 다른 비구를 대리로 하여 여청정과 여욕을 하여야 한다. 여청정과 여욕을 통고하지 않고 무단 결석자가 있으면 포살과 갈마 등의 회합은 성립되지 못한다. 승가의 행사에는 경계 안에 있는 비구들의 화합이 필요조건이기 때문에 전원의 출석을 확인한 뒤에 회의를 시작한다. 그러나 병이나 그 밖의 이유로 출석할 수 없는 자에게 결석을 인정하는 편법을 제정하였는데, 여청정(與淸淨, pārisuddhim dātuṃ) 과 여욕(與欲, chandaṃ dātuṃ)의 제도이다.

포살에 출석할 수 없는 병 비구에 대하여는 여청정을 허락하고 있다. 여청정이란 자기가 계율을 충실하게 실행하고 있고, 죄를 범하지 않고 있다는 것을 대리인을 통해서 승가에 알리는 것이다. 이것에 의해 병 비구는 결석을 인정받는다. 비구는 포살 이외의 승가의 집회, 갈마 등에 참석하지 못하는 경우에 여욕에 의해서 결석이 허락된다. 여욕은 위임장과 같은 의미로 집회에서 결정된 사항에 대하여 이의를 제기할 수 없다. 이의를 제기하면 죄를 범하는 것이 되기 때문에 바일제가 된다. 또한 집회를 하는 중에 여욕을 하지 않고 나가도 범죄가 된다.

청정과 욕의 위임이 성립되지 않는 경우가 있다. 『오분율』에서는 "비구니·식차마나·사미·사미니에게 청정욕을 위임하거나, 마음이 미치고 마음이 어지럽고 병으로 마음이 파괴된 자와 멸빈을 당한 사람[滅擯人], 들려난 사람[被擧人] 스스로 죄를 말한 사람[自說罪人] 다른 경계에 머무는 사람[異界住人]에게 청정욕을 위임하거나, '나는 이제 당신에게 청정과 욕을 위임하니, 당신은 나의 청정함을 위임받고는 법답게 대중의 일 가운데 이르러 나를 위하여 이름을 부르면서 말하고 산가지를 가지시오'라고 법답게 세 번 말하지 않거나 하면 청정과 욕의 위임이 이루어지지 않은 것이다"라고 설하고 있다.[89]

여청정과 여욕은 각 율장에서 모두 통용되어 사용된 것 같다. 포살건도에서는 여청정이라는 말만 사용하지 않고, 여욕과 같이 쓰여지고 있다. 『사분율』에서는 '여욕(與欲)', 『오분율』에서는 '청정욕(淸淨欲)', 『십송율』에서는 '욕(欲)', 『마하승기율』에서는 '여청정포살욕(與淸淨布薩欲)', 『빠알리율』에서는 'chandaṃ dātuṃ'이라 말하고 있다.[90] 여청정과 여욕의 제도는 아

89 『五分律』18(『大正藏』22권, 126상)

픈 비구에 대한 승가의 자비스러운 마음의 표출로 이해되어지며, 현재 시행되고 있는 위임장 제도의 시초가 되지 않았을까 생각해 본다.

Ⅳ. 바라제목차의 현대적 의미

바라제목차는 시대적 상황과 교단 구성원의 확대 등으로 조문수가 비구 250계, 비구니 500계라는 말이 생길 정도로 크게 늘어났다. 이 계는 비구, 비구니가 구족계를 수지하고 승가의 정식 구성원이 되면서 자동적으로 지켜야 하는 타율적인 것이다. 이 계는 범하였을 때 그에 따른 처벌을 받는 것으로 규정되어 있다. 가장 무거운 것은 바라이죄로 성문계는 음계를 제1계로 하고 있으며, 보살계는 불살생계를 처음에 두고 있다. 대승의 주장에 따르면 성문계는 자리의 실천인 해탈을 목적으로 하고 있기 때문에 음계를 처음에 두었으며, 보살계는 대비로서 이타의 행을 실천하기 때문에 불살생계를 처음에 두었다고 주장한다. 성문계는 승가의 공동생활을 하면서 비구들이 악행을 범할 때마다 계율이 제정되었다. 승가로부터 구족계를 받고 지키고 싶으면 지키는 것이 아닌 교단의 질서와 화합을 위해서 강제적으로 지켜야 하는 계율이다. 이렇게 계율을 지킴으로서 승가는 비구들에게 수행을 할 수 있는 여건을 만들어 줄 수 있었던 것이다.

대승의 보살계는 처음부터 제정되어 교단의 구성원들이 지키도록 하였다. 성문계의 금계뿐만 아니라 사회상을 잘 드러내는 계율들이 첨가하여 재가와 출가를 구별하지 않고 지킬 수 있도록 하였다. 보살계는 중생들을 구제하기 위해 적극적으로 선을 행하는 계, 중생들을 이롭게 하는 계로서 단순히 악을 제지하는데 그치지 말고 적극적으로 선을 실천하고, 타인에게도 널리 알려 지닐 수 있도록 역설하고 있다. 당시 사람들의 다양한 요구를 수용해서 독자적인 계율을 세상에 널리 유포시킨 것이다. 이 보살계는 중국, 한국, 일본 등에서 크게 성행하여 일반 대중들의 생활상에 큰 영향을 끼쳤다. 성문계는 승가의 비구 비구니들만 지니는 전문적인 출가자 중심의 불교였다면, 보살계는 계의 형식보다는 정신을 존중하며 대중적인 재가자

---

90 『四分律』36(『大正藏』22권, 821하); 『五分律』18(『大正藏』22권, 126상); 『十誦律』22(『大正藏』23권, 160하); 『摩訶僧祇律』27(『大正藏』22권, 449상)

불교의 성격을 강하게 드러내고 있다. 개인과 사회인으로서의 사회윤리의 실천을 더욱 강조했다고 볼 수 있다.

계율을 지니는 것은 개인의 수행인 동시에 사회의 질서와 화합을 유지시켜 준다. 대승불교에서 강조하는 자리이타가 동시에 이루어질 수 있는 것이다. 살생을 하지 않음으로 인하여 자연과의 조화가 이루어질 수 있고, 인류의 평화를 유지시킬 수 있게 된다. 험준한 세상이 자비가 충만해져서 악행은 없어지고 선행을 실천하며 살아가게 될 것이다. 재가자는 사음을 하지 않음으로서 가족간의 불신의 벽은 허물어지고, 사회적으로 문란한 성생활의 잔상들은 그만큼 줄어들 것이다. 그러면 사회의 고민거리로 떠오른 많은 일들이 자연히 줄어들면서 서로 고민하며 해결을 해 나갈 수 있는 사회의 분위기가 만들어질 것이다.

불음주는 술로 흥청거리는 길거리가 보다 건전하게 질서가 잡혀질 것이고, 술로 인하여 해체되는 가정도 근본적인 문제들이 조금은 해결될 것이다. 가정의 해체는 아이들의 일생을 망가뜨릴 뿐만 아니라 사회의 질서도 무너뜨리는 근본요소가 된다. 이 때문에 심각한 사회적 문제가 아닐 수 없다. 이 밖에도 대인관계를 원만하게 해 줄 수 있는 계율도 있고, 스승과 제자간의 무너진 윤리를 바로 세워 줄 수 있는 계율들도 있다. 또한 자비심을 가지고 병자를 간병하면 그 복전은 무한하므로 가족간에도 병이 들어 육근이 온전치 못하는 것을 보면 모두 공경하고 협력하여 간호를 해 줄 수 있도록 가르치고 있다.

이미 사회에서 심각하게 벌어지고 있는 인신매매와 납치사건, 부정부패 등은 이 사회를 곪게 만드는 요인으로 크게 작용하고 있다. 이런 사회를 서로 믿고 살아갈 수 있도록 받침이 되어줄 수 있는 계율, 악행을 버리고 선행을 행하도록 가르치고 있는 불교의 계율사상은 승가뿐 아니라 이 사회도 청정하게 만들어 줄 것이다. 청정하지 못한 사람들에게는 청정한 믿음을 내게 하고, 가정은 화목해지고, 원만하지 못한 대인관계는 신뢰를 바탕으로 회복시켜 줄 것이고, 무질서한 사회는 건강하고 화합하는 사회를 만들어 줄 것이다. 행복을 추구하는 많은 사람들이 함께 살만한 세상을 만들어 가는 것도 참 의미가 있을 것이다. ❁

신성현(동국대)

우리말 불교개념 사전

포살

범 upavasatha, poṣadha · upoṣadha · poṣatha
장 gso-sbyoṅ 한 布薩

포살이란 불교승단이 갖추어야 할 두 가지 기본적인 조건, 즉 '청정'과 '화합'의 실현을 상징하는 매우 중요한 의식이다. 동일한 경계 안에 머무는 비구·비구니들은 각각 보름에 한 번 한 장소에 모여, 바라제목차라 불리는 승단의 규율집을 암송하며 자신들의 행동을 돌아보고 점검하게 된다. 이 의식을 통해 자기 자신은 물론, 승단 전체의 청정과 화합을 확인하며 깨달음의 길을 가는 동반자로서 서로 부끄럽지 않은 모습을 갖추어 나가도록 노력한다. 출가자의 포살이 이와 같은 특별한 의식을 의미하는 한편, 재가자의 포살은 승단에 찾아 가 스님들로부터 법을 듣고 팔재계나 명상 등을 실천하며 경건하고 청정한 하루를 보내는 정진일을 의미한다. 재가자의 포살은 보름에 3일이다. 출가자와 재가자의 포살은 실천적인 면에서 차이가 있지만, 불교도로서 갖추어야 할 청정 및 심신의 제어를 지향한다는 점에서 동일한 가치를 지닌다고 할 수 있다.

Ⅰ. 어원적 근거 및 개념풀이

포살은 빠알리어로는 uposatha, 범어로는 upavasatha, 불교범어로는 poṣadha·upoṣadha·poṣatha, 서장어로는 gso-sbyoṅ, 중국어로는 布薩이다. 이 말은 특정한 의식이나 재일(齋日)을 의미하는 고유명사이므로 영어 등으로 표현할 경우, 대부분 빠알리율장(Vinaya-piṭaka)에 나타나는 우뽀사타(uposatha)라는 빠알리어를 그대로 사용한다. 포살은 음사어인데, 한역 불교문헌에서 주로 사용되는 이 말의 정확한 원어에 관해서는 논란의 여지가 있다. 빠알리어문헌에서는 항상 uposatha라는 용어가 사용되지만, 『근본설일체유부율』이나 『구사론』등의 범어문헌 및 아쇼까왕 비문 등에서는 poṣadha, upavāsa, upavāsastha, uposhadha, posatha 등과 같은 다양한 용어들이 포살의 의미로 사용되기 때문이다. 따라서 현존하는 한역율을 중심으로 일반적으로 사용되는 포살이라는 음사어가 정확히 어떤 말을 원어로 한 것인지는 알 수 없지만, 단, 이상 언급한 말들에 가까웠을 것으로 추측되고 있다.[1]

이와 같이 정확한 원어에 관해서는 논란의 여지가 있지만, 대부분의 학자들은 포살이 바라문교의 '우빠와사타'(upavasatha)라는 말에서 유래했다는 점에 동의한다.[2] 우빠와사타란 바라문교의 종교 행사 중 하나로, 그 기원은 베다시대까지 거슬러 올라간다. 바라문교에는 신월제(新月祭, darśamāsa)와 만월제(滿月祭, paurṇamāsa)라 하여 신월과 만월의 날에 재가자들이 조령(祖靈)을 위해 공양제를 거행하는 관습이 있는데, 우빠와사타란 소마제(Soma祭)라고도 불리는 이 공양제 전날 철야하는 것을 일컫는 말이다. 신월과 만월의 전날이 되면 제주(祭主)는 공양제 준비를 위해 공양을 위한 화사(火舍, agnyāgāra)에 들어가 단식 혹은 절식하고 몸과 마음을 청정히 하며 금계(禁戒, vrata)를 지키게 된다. 이 날 신이 찾아와 공희자와 함께 머문다는 것으로부터, 신과 '가까이 머문다'[近住]는 의미를 지닌 '우빠와사타'라는 말이 사용되게 되었다.[3] 우빠와사타의 원래 의미는 불이나

---

1 平川彰, 『原始佛教の研究』(東京: 春秋社, 1964), 308면 주2) 참조.

2 Rhys Davids, T. W. and William Stede, *Pali-English Dictionary,* (London: PTS, 1921-1925), 150면; An International body of PAli Scholars, *Critical PAli Dictionary,* vol. Ⅱ, Copenhagen: The Royal Danish Academy of Sciences and Letters, 1960, 511면; Dutt, N. *Early Monastic Buddhism,* Calcutta: Calcutta Oriental Book Agency, 1960, 159면; 水野弘元, 「Pali, Sanskrit, Prakrit 相互の關係語の語形及び語義の異同について*その二)」, 『佛教研究』제16호, 國際佛教徒協會, 1987, 35면 등.

신에게 '가까이 머문다'는 것이었는데, 점차 이것이 의식 형태로서의 '단식'이라는 의미로 변화하고, 나아가 신의 강림을 위한 '준비 그 자체'를 의미하게 된다. 구체적으로 표현하자면 '재계(齋戒, vrata)' 자체가 이를 실행하는 입장에서 중시됨에 따라, 우빠와사타는 점차 '재계에 근거한 청정한 행동'이라는 의미로 발전하게 된 것이다.[4] 재계, 즉 브라따란 고기의 섭취나 육체적 욕망을 삼가는 것, 그리고 산발(散髮)하고, 마룻바닥에 자며, 침묵하는 것 등을 주된 내용으로 한다. 이 날은 일반 재가자들도 몸을 청정히 하고 단식을 실천하며, 고기와 같은 일부의 음식물과 육체적 욕망 등을 자제하고, 장신구나 향료 등에 의한 몸 장식을 삼가 해야 한다.[5] 포살은 불교 발생 당시 인도의 일반인이 실천하고 있던 우빠와사타라는 종교적 관습이 불교에 도입되어 변형된 것으로 볼 수 있다.[6]

한역 경전에서는 포살 외에 포살다바(布薩陀婆)·포쇄다(褒灑陀)·포사다(布沙他)·우파바사(優波婆娑) 등과 같은 음사어를 비롯하여, 근주(近住)·공주(共住)·정주(淨住)·장주(長住)·선숙(善宿)·장정(長淨)·장양(長養)·장양정(長養淨)·장정(長淨)·증장(增長)·아대설(我對說)·수아(守餓)·단재(斷齋)·재(齋)·사(舍)·설계(說戒) 등의 역어가 모두 포살의 의미로 사용된다. 이 가운데'우파바사'나 '근주'라는 역어는 upavāsa(upa-√vas)에 근거한 것이다. upavāsa는 재계나 단식 등을 의미하는 말로, 식욕이나 애욕과 같은 모든 감각적 욕망을 끊고, 향수나 향료, 가무 등을 금하는 등의 재계를 지키는 것을 일컫는다.[7] 이 말이 불교에 도입되어 포살과 동의어로 사용되고 있는 것이

---

3 Max Müller, F., *Sacred Books of the East,* vol.12, The Śatapatha Brāhmaṇa, tr. by Eggeling, J., Richmond: Curzon Press, reprinted 2001, 5면 주1); Prasad, N. K., *Studies in Buddhist and Jaina Monachism,* Varanasi: Tara Printing Works, 1972, 159면.

4 沖本克己, 「布薩について」『印度學佛教學研究』23-2, 日本印度學佛教學會, 1975, 260(757)-261(758)면.

5 Dutt, S. *Buddhist Monks and Monasteries of India,* London: Allen & Unwin, 1962, 73면.

6 우빠와사타의 관습은 불교뿐만 아닌, 당시의 사문 종교들이 일반적으로 받아들여 청정하고 경건한 생활을 하는 날로 삼았다. 예를 들어 불교 발생 당시 또 다른 사문집단 종교 가운데 하나였던 자이나교에서는 한 달에 두 번씩 포살사(布薩舍, posadha-sālā)에 들어가 음식(āhāra)과 신체 장식(śarīrasatkāra), 부정행(abrahma), 일상업무(vyāpāra)로부터 벗어나는 네 가지 금계(upavāsa)를 지켰다고 한다. Max Müller, F., *Sacred Books of the East,* vol.45, Uttarādhyāyana sūtra, tr. by Jacobi, H., Richmond: Curzon Press, reprinted 2001, 23면 주2).

7 Sir Monier Monier-Williams, *Sanskrit-English Dictionary,* London: Oxford

다. 한편, 포쇄다·포사다·장정 등은 poṣadha를 번역한 것으로, poṣa는 '기르다'라는 의미를 지니며, dha는 '유지하다'는 의미를 지닌다. 혹은 dha를 √dhāv로부터 파생한 것으로 보아 '청정히 하다'는 의미를 갖는 것으로 보기도 한다. 『근본살바다부율섭』에서는 "포쇄다란, 포쇄는 장양의 뜻이며, 다는 지닌다는 뜻이다. 즉 무리를 모아 계를 설함으로써 선법을 잘 장양하여 자심(自心)을 갖기 때문에 포쇄다라 한다. 또 포쇄는 앞에서와 같으며, 다는 정제(淨除)의 뜻이다. 즉 선법을 증장하여 불선을 정제하기 때문이다"라고 하여,[8] dha를 '청정히 하다'는 의미로 해석하고 있다.

포살이라는 말이 원래 지니고 있던 구체적인 의미는 단정짓기 어렵지만, 이와 같은 다양한 번역 및 그 원어들이 갖는 의미로부터 추정하건대, 이 용어는 불교 이전부터 재계일로 사용되고 있던 범어 우빠와사타에 유래하는 것으로, 몸을 정결히 하고 재계를 지키며 정진함으로써 선법을 증장하고 불선법을 청정히 하는 것을 의미한다고 볼 수 있다. 범어 우빠와사타 upavasatha가 빠알리어로는 우뽀사타 uposatha가 되고, 이것이 속어화하여 upoSadha가 되고, 다른 한편에서는 uposatha의 u가 생략되어 posatha, poSatha, posadha, poSadha 등으로 변해 간 것으로 추정된다.[9]

불교승단에 포살이 도입된 후, 출가자들의 포살은 당시의 바라문교나 다른 사문종교들과는 구별되는 매우 독자적인 발전을 보이게 된다. 도입된 초기에는 당시의 사문들이 실행하고 있던 것처럼 설법집회로서 법을 설하는 형태의 집회였으나, 점차 율이 정비되어 감에 따라 보름에 한 번씩 비구나 비구니들이 한 자리에 모여 자기 자신을 비롯한 구성원들의 청정을 확인하는 중요한 의식으로 발전, 이 의식 자체를 포살이라 부르게 된다. 혹은 이 의식에서 '바라제목차(波羅提木叉, pātimokkha)'라 불리는 율 조문집을 설한다는 뜻에서 '설계(說戒)' 내지 '설계포살(說戒布薩)' 등으로 한역하기도 한다. 『십송율』 권56에서는 포살법을 다음과 같이 정의한다.[10]

> 포살법이란, 보름마다 여러 비구가 한 곳에 모여 각자 '내가 낮에는 어떤 죄를 지었는가? 밤에 어떤 죄를 지었는가? 혹시 지난번 설계한 이후로 지은

University Press, 1899, 206면.

8 『根本薩婆多部律攝』1(『大正藏』24권, 529상)

9 水野弘元, 위의 논문, 35면.

10 『十誦律』56(『大正藏』23권, 414하); 『薩婆多部毘尼摩得勒迦』6(『大正藏』23권, 598중-하)

죄는 없는가?'라고 잘 헤아려, 혹시 죄가 있을 때는 같은 마음을 지닌 정계(淨戒)비구에게 여법하게 참회해야 한다. 만약 같은 마음을 지닌 정계비구를 얻지 못했을 때는, '마땅히 내가 나중에라도 같은 마음을 지닌 정계비구를 만나게 되면, 여법하게 참회하리라'는 마음을 내야 한다.

'무엇 때문에 부처님께서 포살을 허락하셨는가?'

모든 비구로 하여금 선법에 편안히 머물게 하되, 선하지 못한 것[不善]을 멀리하고 선하지 못한 법[不善法]을 멀리하여 청정(淸淨)을 얻게 하려는 때문이다. 이를 포살법이라 한다.

이 기술로부터 알 수 있듯이, 포살이란 모든 악과 불선법을 버리고 청정함을 얻는다는 의미를 내포하고 있다. 『비니모경』에서도 "단(斷)을 포살이라 한다. 능히 범하는 바를 끊고 능히 번뇌를 끊고 모든 불선법을 끊는 것이 포살의 의미이다. 청정을 포살이라 한다"고 기술한다.[11] 이러한 정의들은, 포살이 불선법을 버리고 번뇌를 끊어 청정함을 유지하고자 하는 의미를 지니고 있음을 반영한다.

포살의 관습은 출가자는 물론이거니와, 재가불자에게도 큰 영향을 미치게 된다. 재가신자들은 재계를 지키며 청정하게 생활한다는 당시의 일반적인 우빠와사타의 관습에 근거하면서도, 불교교단에서 규정한 팔재계(八齋戒)라 불리는 여덟 가지 계의 실천을 중시하는 정진일로 발전시킨다. 재가신자들은 보름에 3일 가까운 승원을 찾아가 여덟 가지 계를 받아 지키며 경건하고 청정한 하루를 보냈다. 이 날 팔재계를 지킨다 하여, 중국이나 한국, 일본 등에서는 포살을 '재(齋)'라고 부른다. 또한 이 날은 단식을 하므로 '수아(守餓)'라고도 한다.[12]

Ⅱ. 역사적 전개 및 텍스트별 용례

바라문교의 종교의례에서 시작된 포살은 당시 비정통파의 여러 종교인들에게도 널리 받아들여진다. 특히 불교승단에서는 포살이 승단 운영상 매

11 『毘尼母經』3(『大正藏』24권, 814중)
12 平川彰, 위의 책, 416-417면.

우 중요한 관습으로 탈바꿈하여, 승단의 청정과 화합을 상징하는 의식으로 발전한다. 재가불자에게 있어서도 팔재계를 실천하는 정진일로서 중요한 의미를 지니게 된다. 이하, 아함(阿含, Nikāya)이나 율장(律藏, Vinaya-piṭaka) 등의 초기 경전 및 그 주석을 중심으로, 초기불교 이래 인도에서 실천되고 있던 출가·재가의 포살 내용을 각각 살펴본 후, 불교가 전파된 동남아시아 및 동아시아 각국에서 포살이 어떤 형태로 발전해 갔는가를 알아보고자 한다.

1. 인도불교에서의 포살

1) 재가자의 포살

바라문교에서는 우빠와사타와 관련하여 14, 15일이 재일(齋日)로서 중요시되고 있었는데, 이와 더불어 제8일째(aṣṭakā) 역시 당시 재가자들 사이에서는 조령에 대한 공양 의식을 행하며 청정히 생활해야 할 재일(齋日)로 여겨지고 있었다. 이런 일반인의 관습은 불교에도 도입되어, 불교교단의 재가신자들은 보름 중 이 3일 동안 가까운 승원에 가서 설법을 듣거나 명상을 하고, 또 출가자로부터 팔재계를 받아 지키며 청정한 하루를 보냈다.[13] 이 날들을 아함경전에서는 재(齋), 혹은 오포사타(烏哺沙他), 수계포살(受戒布薩) 등이라 부른다.

8·14·15일이 재일인 이유는, 보름 가운데 제8일째는 사대왕(四大王, cattāro Mahārājā)의 부하가, 14일째는 사대왕의 왕자가, 15일째는 사대왕 자신이 세간을 순찰하며 일반인이 '부모에게 효도하며, 사문·바라문을 존경하고, 장로를 존경하며, 재계를 잘 지키고 복업을 쌓고 있는가, 가난한 사람에게 보시하며 그들을 잘 보살피고 있는가'등을 조사하여 33천에게 보고하기 때문이라고 한다.[14] 보름 중 3일 동안만이라도 선행을 하여 그 모습을 사대왕에게 보여주고 이들을 기쁘게 해 줌으로써 자신들의 공덕을 쌓는다고 믿었던 것이다.

재가자들이 이 날 지키게 되는 팔재계는 불교경전 가운데 최고층에 속한다고 판단되는 『숫따니빠따(Suttanipāta)』에 이미 다음과 같이 나타난다.[15]

---

13 *Aṅguttara-nikāya,* vol. 1, 144면.

14 *Aṅguttara-nikāya,* vol. 1, 142-143면; 『別譯雜阿含經』3(『大正藏』2권, 389상); 『增一阿含經』16(『大正藏』2권, 624중-하)

생물을 해치지 말라. 받지 않은 물건을 취하지 말라. 거짓말을 하지 말라. 술을 마시지 말라. 성행위를 자제하라. 밤에 때가 아닌 식사를 하지 말라. // 400 //

꽃 장식을 하지 말라. 향료를 사용하지 말라. 지상에 펼친 침구만을 사용하라.

이것을 사람들은 고를 정복한 붓다가 설한 여덟 가지 재계(齋戒)라 부른다. // 401 //

보름마다 제8, 14, 15일과 빠띠하리야(pāṭihāriyapakkha, 神變月)에 평온하고도 맑은 마음으로 팔재계를 빠짐없이 행하고, // 402 //

재계를 행한 지자는 평온하고도 맑은 마음으로 기뻐하며, 다음 날 아침 일찍 승단에 음식을 올려라. // 403 //

여법하게 얻은 재물로 부모를 공양하고, 올바른 방법으로 장사해라. 이상 얘기한 덕행을 부지런히 완수하면 그 재가신자는 '저절로 빛을 발한다'는 이름의 천계에 태어날 것이다. // 404 //

이 기술로부터 알 수 있듯이, 재가자의 포살은 한 달에 8, 14, 15, 23, 29, 30일의 6일이다. 그러므로 보통 육재일(六齋日)이라 부른다.[16] 포살일 아침, 재가자들은 목욕하고 깨끗한 옷[白淨衣]으로 갈아입은 후, 근처에 있는 승원을 찾아 가 비구 앞에 무릎 꿇고 합장한 채 '오늘 하루 동안 저는 팔재계를 수지합니다. 즉 살생하지 않겠습니다. 도둑질하지 않겠습니다. 성행위를 하지 않겠습니다. 거짓말을 하지 않겠습니다. 술을 마시지 않겠습니다. 식사는 오전 중 한 번만 하겠습니다. 가무를 즐기거나 화장이나 장식품 등으로 몸을 꾸미지 않겠습니다. 큰 침대나 높은 침대를 사용하지 않겠습니다'라고 팔재계의 수지를 맹세하게 된다. 팔재계를 지키며 경건한 하루를 보낸 후, 오후가 되면 포살일의 설법이 시작되고 이것을 들으며 평상시 궁금했던 여러 가지 인생의 문제에 관한 질문을 하며 보내게 되는데, 재가신자들은 원한다면 다음 날 아침까지 승원에 머무르며 법을 들어도 좋다.[17]

15 *Suttanipāta,* 70면.

16 육재일과 함께 팔재계를 실천해야 할 날로 거론되고 있는 빠띠하리야(神變月)가 언제인가에 관해서는 여러 가지 설이 있다.『숫따니빠따』의 주석에 의하면, 우기 직전의 아살하월(Āsāḷha-māsa, 6월)과 우기 3개월(Sāvana, Poṭṭhapāda, Assayuja-9월), 그리고 우기 직후의 까띳까월(Kattika-māsa, 10월)의 5개월을 가리킨다고 한다. *Paramatthajotikā,* vol.2, 378면; 水野弘元, 위의 논문, 47면.

팔재계를 지킨 다음 날 아침에는 음식물을 가지고 승원에 와서 출가자에게 보시하며 공덕을 쌓는다. 재가자에게 있어 포살일은, 보름에 3일 만이라도 출가자와 유사한 생활을 하며 정진함으로써, 심신의 제어는 물론, 이를 통해 공덕을 쌓는 매우 의미 있는 날이었음을 알 수 있다.

재가신자가 재일을 보내며 지녀야 할 마음가짐과 관련하여, 『중아함경』 권55 「포리다품지재경」에는 3종의 재에 관한 설명이 보인다. 3종의 재란, 방우아재(放牛兒齋), 니건재(尼揵齋), 성팔지재(聖八支齋)이다. 방우아재란, 마치 목우자가 방목을 마치고 집에 돌아가 오늘 하루 들렀던 목초지나 물 마시는 장소에 관해 돌이켜 생각하며, 내일은 어디가 목우하기에 적당한 곳인가 궁리하는 것처럼, 만약 재일을 보내며 예를 들어 오늘 먹었던 음식이나 내일 먹을 음식 등을 생각하며 욕망에 집착하여 보낸다면 이런 사람의 지계는 큰 이익도 결과도 공덕도 없다. 니건재란, 15일의 종해탈(從解脫)을 설할 때, 나체가 되어 동쪽을 향해 '나에게는 부모도 없고 처자식도 없다'는 등 말하지만, 실제로는 매일 부모나 처자식을 보고 있다. 진실을 말할 것을 권하면서, 실제로는 거짓을 말할 것을 권하고 있는 것이다. 이 재 역시 큰 이익도 결과도 공덕도 없다. 한편, 성팔지재야말로 큰 이익과 결과와 공덕을 갖춘 재로, 이는 팔재계를 지키며 재를 보내는 것을 가리킨다. 즉 팔재계를 지키려는 마음과 의지가 가장 중요하며, 이 마음가짐이 아라한과 다를 바 없는 점이 바로 포살이 재(齋)라 불리는 이유라고 한다. 예를 들어, 팔재계 가운데 첫 번째인 불살생계에 관해 다음과 같이 말한다.

> 다문의 성제자가 만약 재를 지니고자 할 때는 다음과 같이 사유해야 한다. 아라가진인(阿羅訶眞人)은 평생 동안 살생을 떠나고 살생을 끊어버리고 칼이나 몽둥이를 버리고 내외로 부끄러움을 알며 자비심을 지니고 모든 사람들로부터 곤충에 이르기까지 모두를 요익하게 한다. 이와 같이 아라한은 살생이라는 생각이 없으며 자신의 마음을 청정히 하고 있다. 그처럼 나 역시 살생한다는 생각으로부터 떠나 내 마음을 청정히 하고 아라한의 마음과 아무것도 다를 바 없는 마음을 가지니. 이 때문에 재라고 설하는 것이다.[18]

17 佐々木閑, 『出家とはなにか』(東京:大藏出版社, 1999), 53-55면.

18 『中阿含經』55(『大正藏』1권, 770중-하); *Aṅguttara-nikāya,* vol.4, 388면; 龍口明生, 「阿含經典に見られる布薩の研究」, 『佛教學研究』제53호, 龍谷佛教學會, 1997, 161면.

즉 아라한의 마음으로 불살생계를 지킬 것을 맹세하는 것으로, 단지 살생의 방기(放棄)에서 멈추는 것이 아닌, 모든 생물에 대한 자비심을 지니고 적극적으로 선행을 베풀 것을 권장하고 있다. 다른 일곱 가지 계에 관해서도 동일한 취지의 내용이 기술된다. 재가신자 역시 팔재계를 아라한과 똑같은 마음으로 지님으로써 결국에는 반열반도 가능하다고 설한다.[19] 한편, 팔재계와 더불어 포살에 재가자들이 주로 실천하고 있었던 것은 명상이다.[20] 이것은 자이나교에서도 권장하던 것으로,[21] 당시 일반인들이 명상의 실천을 통해 마음의 때를 제거하고 청정히 했던 것이 『자따까(Jātaka)』에 전해진다. 『자따까』 490화 「포살에 들어간 자들의 전생 이야기(pañcūposatha-jātaka)」에 의하면, 붓다는 포살을 행하는 오백 명의 재가신자들에게 포살이 예로부터 현자들의 전통이며, 예로부터 현자들도 애욕 등의 번뇌를 억제하기 위해 우뽀사타에 머물렀다고 설한다.[22] 여기서 우뽀사타란 애욕이나 탐욕 등의 번뇌를 억제하기 위한 명상을 의미한다.[23]

이와 같이 재가불자의 포살일은, 보름에 3일 승원에 가서 팔재계를 수지하고, 명상을 실천하거나 설법을 들으며 경건한 하루를 보내는 일종의 정진일이었다.

2) 출가자의 포살

(1) 설법포살

당시 불교를 비롯한 비정통파의 종교인들은 바라문교의 우빠와사타를 널리 받아들였지만, 그 실천내용은 바라문교의 그것과는 다르다. 정통 바라문교의 경우에는 조령제를 거행하기 위한 준비기간으로, 몸을 정결히 하고 계를 지키며 단식 내지 절식하며 청정히 생활하는 것을 우빠와사타라 불렀지만, 한편 이 기간 동안은 법을 설하는 것이 금지되어 있었다.[24] 그러

19 『增一阿含經』16(『大正藏』2권, 625중-하)

20 Aramaki, , N. 『The Development of the Term 「PĀTIMOKKHA」 in Early Buddhism』, *Premier Colloque Étienne Lamotte,* Louvain: Peeters Press, 1993, 49면.

21 Prasad, N. K., 위의 책, 165면.

22 *Jātaka,* vol.4, 325-332면; 中村元監修, 上村勝彦·長崎法潤 訳, 『ジャータカ全集』7(東京: 春秋社, 1988), 45-51면.

23 神子上 惠生 외 4명, 「布薩と布施の研究(2)」, 『佛教文化研究所紀要』제36집, 龍谷大學, 1997, 26면.

24 渡瀨信之, 『マヌ法典』(東京: 中央公論社, 1991), 139, 141면.

나 다른 종교인들은 이 날 재가신자들을 대상으로 주로 자신들의 법을 설하는 법회를 여는 것이 일반적이었다. 이미 위에서 언급한 바와 같이, 포살은 재가자들 역시 신심을 정결히 하고 재계를 지키며 생활하는 날이었으므로, 종교가들이 법을 설하고 재가자들이 이를 듣는 기회로는 더할 나위 없었을 것이다. 이것은 붓다 당시 출가사문 사회의 공통적인 행사로 자리 잡았던 것으로 추측된다. 「사문과경(沙門果經)」의 첫 구절은 당시의 이런 관습을 매우 잘 보여주고 있다.

> 바로 그 무렵, 마가다국의 왕이며 웨데히 왕비의 아들인 아자따삿뚜는 그 날, 15일의 포살일, 즉 [우기] 4개월이 만료한 꼬띠까월[25]의 만월의 밤에 대신들에게 둘러싸여 멋진 궁전의 고루에 앉아 있었다. 마가다국의 왕이며 웨데히 왕비의 아들인 아자따삿뚜는 그 포살일에 감탄의 말을 읊었다.
>
> "아아, 벗이여! 달 밝은 이 밤이 참으로 흥겹구나. 아아, 벗이여! 달 밝은 이 밤이 참으로 아름답구나. … 자, 오늘은 어떤 사문, 혹은 바라문을 방문하면 좋겠는가? 누가 방문자의 마음을 청정하게 해 줄 것인가?"[26]

왕의 물음에 대해, 신하들은 당시 유명한 종교가들이었던 육사외도(六師外道)를 각각 추천하지만, 왕은 별로 관심을 보이지 않다가 지와까(Jīvaka)의 권유로 붓다를 만나러 가고, 이를 계기로 왕은 불교신자가 된다. 이 구절에서 알 수 있듯이, 휘영청 보름달이 뜬 15일의 포살 밤에는 재가자들이 종교가들의 가르침을 들으러 외출하는 것이 당시의 일반적인 관습이었다. 일반인들은 음식 등을 가지고 와서 그들에게 보시하거나 서로 나누어 먹으며 설법을 들었고, 그러다가 마음에 드는 종교가나 가르침을 접하게 되면 그 종교의 신자가 되었다. 즉 포살은 일반인의 입장에서 보면 다양한 종교가들의 가르침에 접하며 심신을 정결히 할 수 있는 날이었으며, 종교가들의 입장에서 보면 자신들의 법을 널리 알리고 신자를 획득해 갈 수 있는 중요한 날이었던 것이다.

이와 같은 포살의 관습이 불교 승단에 도입된 것은 당시 중인도의 강대국이었던 마가다국(Magadha)의 왕 세니야 빔비사라(Seniya-Bimbisāra)에

---

25 10-11월을 가리킨다.

26 *Dīgha-nikāya,* vol.1, 47면; 『長阿含經』「沙門果經」17(『大正藏』1권, 107상)

의해서였다. 율장의 「포살건도」에 따르면, 붓다의 법을 따르고 있던 빔비사라왕은 종교가들이 8·14·15일에 모여 설법을 통해 많은 신자를 획득하며 교세를 확장해 가는 것을 보고, 붓다에게 불교 승단에서도 이 관습을 받아들여 붓다의 법을 널리 전할 것을 청했는데, 이것이 받아들여졌다고 한다.[27] 그런데 처음에는 비구들이 포살의 실행 방법을 잘 몰라 사람들이 법을 듣기 위해 모였는데도 벙어리처럼 입을 다물고 침묵한 채 포살을 했다. 이를 본 재가자들은 불평을 늘어놓았고, 이를 전해들은 붓다는 포살에서 법을 설하도록 지시했다. 비구들이 처음에 포살을 실행하며 침묵했다는 기술은 아마 당시 바라문교에서 우빠와사타에 법을 설하는 것을 금하는 일반적인 관습에 영향받은 것이 아닐까 생각된다.[28] 여하튼 불교승단에 처음 도입될 당시의 포살은 다른 종교가들이 실천하고 있던 것처럼 8·14·15일에 일반사람들을 대상으로 교리를 설하는 설법집회였으며, 불교 승단 역시 이런 성격의 포살을 그대로 받아들였다고 볼 수 있다. 이 때 포살에서는 재가자나 출가자들을 대상으로 사제·연기·삼십칠보리분법과 같은 불교의 기본적인 교리들이 주로 설해졌던 것으로 보인다.

그런데 이 설법포살은 얼마 지나지 않아 바라제목차를 설하는 설계포살로 바뀌게 된다. 율장 「포살건도」에서는, 빔비사라왕의 권유를 계기로 불교승단에서 포살에 법을 설하는 관습이 도입된 경위를 설명한 후, 이어 붓다가 명상 도중 자신이 제정한 학처를 바라제목차로 낭송하게 하고 이를 포살갈마로 실행하는 것이 좋겠다고 생각했다는 기술이 등장한다. 그리하여 보름마다 바라제목차를 설하는 포살갈마가 비구들 사이에서 실행되었다는 것이다.[29] 그러나 승단 초기부터 현존하는 형태와 유사한 250여개의 조문으로 이루어진 바라제목차가 낭송되었다고 보는 것은 무리일 것이다. 처음에는 아함경전 등에서 말하는 바와 같이, '과거현재칠불게(過去現在七佛偈)'라 불리는 것이 읊어졌던 것이 아닐까 생각되는데, 구체적인 것은 알 수 없다. 『증일아함경』권44에서는 아난존자가 붓다에게 과거불의 금계(禁戒)에 관해 질문하자, 붓다는 비바시(毘婆尸)여래로부터 가섭불(迦葉佛)에 이르는 과거육불에 관해, 각 여래의 성중(聖衆)이 몇 년 동안 청정하였으며, 범계자가 등장함으로써 만들어진 금계는 무엇이었는가 등에 관해 설한다.

27 *Vinaya-piṭaka*, vol.1, 101면.
28 神子上 惠生 외 4명, 위의 논문, 24-25면.
29 *Vinaya-piṭaka*, vol.1, 102-104면.

그리고 이어 붓다의 승단에 대해서는, 초전법륜 이후 12년 동안은 비구들이 수행자로서 부적절한 행동을 하는 일이 없었으므로 이들의 행동을 규제할 만한 규칙을 정할 필요가 없었다고 한다. 즉 이들은 모두 출가하여 깨달음을 구하며 수행하는 비구로서 이에 어울리는 행동을 하고 있었다. 따라서 12년 동안은 신구의의 삼업을 잘 다스리고 삼업을 청정히 하며 깨달음을 구해 수행에 힘쓰라는 게송만이 있었으며, 어떤 구체적인 행동을 금지하는 조문은 존재하지 않았던 것이다. 즉 다음 게송이다.

> 호구의청정(護口意清淨) 신행역청정(身行亦清淨)
> 정차삼행적(淨此三行跡) 수행선인도(修行仙人道)[30]

이때는 붓다가 이 게송 하나만을 스스로 설하며 포살을 실행했으며, 이것이 '설계'라 불렸던 것으로 보인다. 보름 동안 모든 비구들은 출가자로서 걸맞는 청정한 행동을 했고, 이들이 모여서 하는 포살 역시 청정한 것이었음은 새삼 언급할 필요도 없을 것이다.

그런데 성도 후 12년을 지나면서 범법자가 나타나기 시작하고, 게다가 죄를 저지른 자가 고백·참회하지 않은 채 청정해야 할 포살에 참석한 것을 계기로, 불교승단의 포살은 새로운 국면을 맞이하게 된다. 『중아함경』, 「미증유법품첨파경」에 의하면,[31] 15일 포살일에 붓다와 비구들이 함께 모여 앉아 있었는데, 붓다는 선정에 들어가 타심지(他心智)로 그 자리에 모인 비구들의 마음을 관찰했다. 그리고 모인 자들 가운데 부정한 비구, 즉 범계비구가 앉아 있음을 알게 되었다. 붓다는 부정한 비구가 대중 속에 앉아 있기 때문에 바라제목차를 설하지 않고 침묵한 채로 초야(初夜)를 보낸다. 어떤 비구가 이를 참다못해 붓다에게 바라제목차를 설해주실 것을 청하지만, 붓다는 여전히 침묵으로 일관했다. 중야(中夜)에 이르러 다시 설계를 청했으나 여전히 설하지 않았다. 결국 후야(後夜)에 이르러 새벽이 밝아올 무렵 세 번 청하자 붓다는 바라제목차를 설하지 않는 이유를 설했다. 그러나 범계비구는 고백하지 않은 채 여전히 모른 척하며 앉아있었다. 그러자 붓다의

30 『增一阿含經』44(『大正藏』2권, 787중). 이 게는 제 부파의 바라제목차 말미에서 발견할 수 있으며, 과거칠불이 설했다고 전해진다.
31 『中阿含經』9(『大正藏』1권, 478중); 『法海經』(『大正藏』1권, 818상); *Vinaya-piṭaka*, vol.2, 236-237면.

십대제자 중 한 명인 목건련(目乾連)이 선정에 들어가 타심지로 그 부정한 비구가 누구인지를 알아내 포살하는 장소에서 끌어낸다. 이렇게 해서 청정한 비구들만의 집회가 되자, 다시 붓다에게 바라제목차를 설해 주시기를 청한다. 붓다는 계를 어긴 부정한 자가 자신의 죄를 숨기고 포살하는 장소에 여래와 함께 앉아 있는 것은 곧 망어죄(妄語罪)이며, 이 범계비구가 있는 곳에서 여래가 계를 설한다면 그 부정한 비구는 죄를 얻어 머리가 일곱 조각날 것이라고 한다.

이후, 붓다는 더 이상 포살에서 계를 설하지 않았으며, 비구들이 중심이 되어 바라제목차를 읊으며 포살을 하게 된다. 비구들에 의한 포살은 설사 범계비구가 그 자리에 참석하고 있다 하더라도 자신의 죄를 고백함으로써 청정해질 수 있는 기회가 되는 모임이었다. 즉 초기의 포살은 붓다 자신이 청정한 비구들을 대상으로 직접 과거현재칠불게를 설하는 형식으로 이루어졌으나, 범죄비구의 출현을 계기로 비구들 자신이 바라제목차를 설하며 고백·참회하는 포살의 형태로 바뀌어 간 것이다.

(2) 설계(說戒)포살

아함이나 니까야(Nikāya)와 같은 경장(經藏, Sutta-piṭaka)에서는 출가자의 포살이 주로 설법포살의 형태로 등장하지만, 율장에서는 설계포살이 일반적이다. 이것이야말로 불교승단 특유의 포살로서, 이 모임에서 바라제목차가 암송되므로 '설계(說戒, pātimokkhuddesa)'포살이라 한다. 바라제목차는 계본(戒本)·계경(戒經)이라고도 하는데, 비구·비구니가 지켜야 할 율조문을 모아 놓은 것을 일컫는다. 조문집을 바라제목차라 부르는 한편, 각 조문은 학처(學處, sikkhāpada)라 한다. 부파의 율장에 따라 조문수에 차이가 있어, 예를 들어 『빠알리율』의 경우는 비구 227조, 비구니 311조이며, 『사분율』의 경우는 비구 250조, 비구니 348조이다. 비구포살의 경우, 227조의 학처가 모두 낭송되며,[32] 그 자리에 참석한 비구들은 이를 들으며 지난 번 포살 이후 지금까지 학처를 어기는 행동을 하지 않았는지 자신을 되돌아보게 된다.[33] 즉 포살은 승단의 정식 출가자인 비구·비구니가 각각 보름에 한

32 특별한 경우를 제외하고, 포살에서는 원칙적으로 바라제목차 조문이 전부 낭송되어야 한다. 단, 왕이나 도적, 혹은 불이나 물, 맹수 등에 의한 재난으로 위급한 경우에는 바라제목차를 간단히 낭송하는 것이 허락된다. *Vinaya-piṭaka,* vol.1, 112-113면.

33 포살은 4명 이상으로 구성된 현전승가에서 바라제목차를 읊으며 실행하는 것이 기본

번, 즉 14일이나 15일에 포살당(布薩堂, uposathāgāra)에 모여 바라제목차가 암송되는 것을 들으며 보름 동안 자신의 행동을 되돌아보고 스스로 고백·참회하는 의식으로, 이는 비구 개개인의 청정과 함께 승단의 청정을 확인시켜 준다는 점에서 중요한 의미를 지닌다.

한편, 바라제목차를 낭송하며 승단의 청정을 확인하는 의미를 갖고 있던 설계 중심의 포살은, 점차 현전승가의 모든 비구들의 참석을 필요로 하는 갈마의식으로 발전하게 된다.[34] 이렇게 해서 포살은 불교승단의 가장 중요한 특징인 청정과 화합을 확인하는, 승단 운영상 가장 중요한 상징적인 의식으로 자리매김하게 된다. 이렇게 중요한 의식인 만큼, 포살의 올바른 실행에는 몇 가지 조건이 요구된다. 이하, 빠알리율의 『빠띠목카(Pātimokkha)』 및 그 주석인 『깡카위따라니(Kaṅkhāvitaraṇī)』를 중심으로 이 점에 관해 살펴보자.[35] 바라제목차 서두에는 포살의 시작을 알리는 다음과 같은 구절이 있다.

> 존사들이시여! 승단은 제 말에 귀 기울여 주십시오. 오늘은 15일 포살입니다. 만약 승단에 있어 시기적절하다면, 승단은 포살을 하고, 바라제목차를 읊어야 합니다.
>
> 무엇이 승단의 사전의무입니까?
>
> 여러분은 청정을 고해 주십시오.
>
> 저는 바라제목차를 읊습니다. 참석한 분들은 모두 이것을 잘 듣고 마음속

이지만, 만약 4명 이하의 비구들이 포살을 맞이했을 경우에는 바라제목차를 읊지 않는다. 3명이나 2명일 경우에는 청정포살(淸淨布薩, pārisuddhiuposatha)이라 하여, 서로 마주보고 자신의 청정을 고하는 형식으로 이루어진다. 한편, 혼자서 포살일을 맞이했을 경우에는, 우선 다른 비구들이 찾아 올 근행당이나 나무 밑 등을 청소하고 음식물이나 자리를 마련한 후, 등불을 밝히고 앉아 있어야 한다. 만약 비구들이 오면 함께 포살을 하고, 오지 않으면 '오늘은 포살일이다'고 마음속으로 생각하며 스스로 청정을 고해야 한다. *Vinaya-piṭaka,* vol.1, 124-125면.

34 사사키 시즈카는 설계와 포살이 서로 구별되는 의미를 지닌다고 주장한다. 즉 설계는 바라제목차를 설하는 것만을 의미하는 말인데 비해, 포살이나 포살갈마는 설계가 화합승에 의해(samaggānaṃ) 이루어지게 되면서 비로소 나타난 말이라고 한다. 즉 처음에는 바라제목차를 설하는 설계만이 실행되다가, 후에 현전승가의 모든 구성원들이 참석하여 화합승으로 설계를 실행함으로써, 이 의식이 포살이라 불리게 되었다는 것이다. 佐々木閑, 「UposathaとPātimokkhuddesa」, 『佛教史學硏究』 제30권 제1호, 佛教史學會, 1987, 7면.

35 이하 설계포살에 관한 설명은 *Pātimokkha,* 2-7면: *Kaṅkhāvitaraṇī nāma Matikatthakatha,* 1-17면에 근거한 설명이다.

에 간직하십시오. 죄가 있는 자는 고백해야 합니다. 죄가 없으면 침묵하고 계십시오. 침묵하고 있으므로 저는 여러분이 청정하다고 판단하겠습니다. 또 각각 질문 받은 자에게는 답변이 있는 것처럼, 마찬가지로 여기 계신 여러분께 세 번 통고합니다. 비구가 세 번 통고받으면서도 죄가 있음을 기억하면서 고백하지 않는다면, 그는 고의로 거짓말을 하는 자가 됩니다.

여러분, 고의로 거짓말을 하는 것은 장애법이라고 세존께서 설하셨습니다. 그러므로 기억해내고, 청정을 바라는 범죄비구는 있는 죄를 고백해야 합니다. 왜냐하면 고백이 그 자를 편안하게 해 주기 때문입니다.

여러분, 서문이 낭송되었습니다.

그러므로 여러분에게 묻습니다.

이 점에 대해 청정합니까?

다시 묻겠습니다.

이 점에 대해 청정합니까?

세 번째 다시 묻겠습니다.

이 점에 대해 청정합니까?

여기에서 여러분은 청정합니다.

그러므로 침묵하고 있는 것입니다.

이와 같이 저는 이것을 이해하겠습니다.

바라제목차 조문의 낭송에 앞서 설하는 이 서문에는, 포살의 실행을 위해 필요한 몇 가지 조건이 반영되어 있다. 먼저 '오늘은 15일 포살(paṇṇarasika)입니다'라고 선언하는 것은, 포살에 세 가지 종류가 있으므로 그 중 15일에 실행하는 포살임을 그 자리에 모인 비구들에게 알리고 인식시키는 것이다. 주석서의 설명에 의하면, 일상적인 포살 행사는 1년에 24회 이루어지는데, 이 가운데 겨울과 여름, 그리고 우기의 세 계절에 있어 제3과 제7의 반월(pakkha)의 각각 2회, 즉 1년에 6회는 14일 포살이며, 나머지 18회는 15일 포살이라고 한다. 한편, 이 14·15일 포살 외에 화합포살이라 하여, 분열했던 승단이 다시 화합할 경우 실행하는 특수한 형태의 포살이 있다. 이와 같이 포살에는 세 가지 종류가 있으며, 이 14일·15일·화합포살의 세 가지 경우 외에 포살을 하는 것은 금지되어 있다.[36]

36 *Vinaya-piṭaka,* vol.1, 136면.

이어 '만약 승단에 있어 시기적절하다면(yadi saṅghassa pattakallaṃ)'이란, 지금이 포살갈마를 하기에 적당한 때인가를 묻는 것으로, 다음 네 가지 조건에 의해 완성된다. 첫째, 포살일이다. 이는 위에서 설명한 바와 같이 세 가지 포살일 가운데 하나에 해당해야 한다. 둘째, 포살갈마를 하는데 필요한 최소 4명 이상의 비구들이 하나의 경계 안에 있어야 한다. 포살갈마는 최소한 4명 이상의 비구로 구성된 현전승가에서만 실행할 수 있기 때문이다. 셋째, 현전승가의 비구 전원이 함께 죄를 저질러서 청정하지 못할 경우, 서로 참회하고 고백한 후 포살을 해야 한다. 만약 이런 절차를 밟지 않고 공통된 죄를 안고 포살을 하려 한다면, 승단에 있어 포살을 할 만한 시기적절한 때라고 할 수 없다. 청정하지 못한 승단은 포살을 할 수 없음을 의미하는 것이다. 넷째, 피해야 할 사람이 포살하는 자리에 없어야 한다. 바라제목차가 암송되는 비구의 포살갈마에는 비구 밖에 참석할 수 없다. 즉 비구니나 재가자, 정학녀, 사미, 사미니, 이 외 바라이를 저지른 자 등 20여종의 사람을 계 밖으로 내보낸 뒤 포살을 해야 한다. 이상, 네 가지 조건이 갖추어진 것을 승단에 있어 포살갈마를 하기에 시기적절한 때라고 생각하는 것이다.

'무엇이 승단의 사전의무입니까?(kiṃ saṃghassa pubbakiccaṃ)'란, 포살을 하기 전에 미리 준비해야 할 사항들을 확인하는 것이다. 빠알리율의 주석에 의하면,[37] 포살을 하기 전에 먼저 청소를 하고 등을 밝힌 후, 마실 물과 좌구를 마련해야 한다. 이것을 '뻡바까라나(pubbakaraṇa)'라고 한다. 이어 위임(chanda), 청정(pārisuddhi), 계절의 고지(utukkhāna), 비구의 수(bhikkhugaṇanā), 그리고 교계(ovada) 등의 다섯 가지 중요한 사전 의무가 있는데, 이는 '뻡바낏짜(pubbakicca)'라고 한다. 즉 포살을 하기 전에 네 가지 뻡바까라나와 다섯 가지 뻡바낏짜가 실행되어야 한다. 이 사전 작업은 바라제목차의 서게(序偈)에 주로 등장하는 내용으로, 이 가운데 특히 위임과 청정은 매우 중요한 의무이다. 일반적으로 위임은 여욕(與欲, chandaṃ dātum)이라 한역되는 것으로, 포살을 비롯한 모든 갈마에 병 등의 이유로 참석할 수 없는 자는 그 모임에서 어떤 결정이 내려지든 자신은 나중에 이에 대해 이의를 제기하지 않겠다는 뜻을 승단에 미리 알리는 것이다. 한편, 청정은 설청정(說淸淨) 혹은 여청정(與淸淨)이라 하여, 병 등의 이유로 포살에 결석하는 비구가 지난 번 포살 이후로 지계청정하며 참회할 만한 일을

37 *Samantapāsādikā,* vol.5, 1063면.

하지 않았음을 알리는 것이다. 포살에는 동일한 현전승가에 소속되어 있는 비구들이 전원 참석해야 하며 단 한 명도 불참해서는 안 된다. 위임이나 청정을 전달할 수 없을 정도로 병이 심각할 경우에는 다른 비구들이 병든 비구의 처소에 가서 포살을 해야 한다. 포살에는 동일한 계 안의 비구들이 전원 참석해야 하며, 만약 이것이 이루어지지 않고 이유 없이 불참하는 비구가 생긴다면, 이는 곧 승단의 불화를 의미하는 것으로 여겨졌다. 포살갈마의 경우, 위임과 청정이 함께 이루어져야 한다.[38] 포살갈마는 현전승가의 비구 전원이 화합해서 실행했을 경우에만 유효하며, 만일 여욕과 청정을 통고하지 않고 무단결석하는 자가 있으면 갈마는 성립하지 못한다. 따라서 여욕과 청정은 화합포살의 실행을 위해 매우 중요한 사전 의무이다.

계절의 고지란 지금이 겨울(hemanta-Rtu)인지 여름(gimha-Rtu)인지, 아니면 우기(vassAna-Rtu)인지를 고하고, 그 계절 가운데 언제 실행하는 포살인가를 명확히 알림으로써 외부에서 찾아 든 객비구(āgantuka-bhikkhu)와 그 정사에 머물고 있던 구주비구(舊住比丘, āvāsika-bhikkhu) 사이에 발생할 수 있는 포살일을 헤아리는 방법을 둘러싼 혼란을 방지하려는 것이다. 비구의 수란 포살당에 모인 비구의 수를 헤아려 고하는 것이다. 이것은 같은 경계 안에 몇 명의 비구가 있으며, 보름 동안 경계 안으로 들어 온 비구와 나간 비구를 점검하고, 병 등의 이유로 참석하지 못한 비구를 빼고 전원 참석하여 화합승가를 형성했는지 등을 알아보기 위한 것이다. 한편, 교계란 비구니에 대한 교계를 말한다. 비구니 승단은 독자적으로 포살을 행한 후 비구승단에 그 사실을 알리고 교계를 청해야 한다. 교계를 받은 비구승단에서는 비구니들에게 비구니팔중법(八重法, aṭṭha-garudhamma)을 설할 교계사를 선발해야 하는데, 이 역시 포살의 사전 의무에 해당한다.

사전 의무의 완수가 확인되면, 구성원들 스스로 자신의 청정을 돌아보고 청정한 상태에서 포살을 시작할 수 있도록 청정의 고지 및 바라제목차 낭송의 뜻을 밝힌다. '여러분은 청정을 고해 주십시오. 저는 바라제목차를 읊습니다.'라고 선언하는 것은 이러한 취지이다. 이 때 자신의 범죄 사실을 알고 있으면서 고백하지 않으면 고망어죄(故妄語罪)에 해당한다. 가능하면 포살은 청정한 상태에서 이루어지는 것이 이상적이므로, 죄를 지은 자는 바라제목차가 낭송되기 전에 자신의 잘못을 고백하고 참회하여 청정성을 회

38 *Vinaya-piṭaka,* vol.1, 122면.

복하는 것이 중요하다. 한편, 이 단계에서 미처 자신의 범죄 사실을 알아차리지 못하다가, 바라제목차가 낭송되는 도중에 기억해 낼 수도 있다. 빠알리율「포살건도」에 의하면, 이런 경우에는 옆에 앉아 있는 비구에게 '벗이여! 저는 이러이러한 죄를 저질렀습니다. 이 곳으로부터 일어난 후, 그 죄를 참회하겠습니다.'라고 말해야 한다. 우선 옆에 있는 비구에게 자신의 죄를 고백하고, 포살이 끝난 후, 정해진 규정에 따라 참회하겠다는 뜻을 밝혀 두는 것이다.[39] 바라제목차의 낭송이 방해받지 않도록 하되 일단 죄는 고백하고, 이어 포살이 끝난 후에 참회의 절차가 이루어짐을 의미한다.

이상 소개한 설계포살은 갈마의 일종이며, 승단 운영상 가장 중요한 역할을 하는 행사였다고 해도 과언이 아니다. 승단이 갖추어야 할 화합과 청정이라는 두 가지 요소를 함께 실행하고 또한 이를 확인한다는 중대한 의미를 지니기 때문이다.

(3) 화합포살

보름마다 한 번씩 14일 혹은 15일에 정기적으로 열리는 포살 외에, 화합포살(sāmaggī-uposatha)이라 불리는 특수한 포살이 있다. 이것은 분열했던 승단이 다시 원래대로 화합하기 위해 반드시 필요한 포살이다.「포살건도」에는 다음과 같은 간단한 언급이 있다.

> 비구들이여! 포살[일이]아닌 때에 포살을 해서는 안 된다. 다만 승단의 화합을 위한 경우는 제외한다.[40]

이 기술을 통해, 정기적인 포살 이외에 승단이 화합하고자 할 경우에 하게 되는 포살의 종류가 따로 있음을 엿볼 수 있다. 이 화합포살에 관한 자세한 내용은 제 율의 건도부「꼬삼비건도」에 전해진다. 빠알리율 및 그 주석『사만따빠사디까』에 의하면,[41] 한 비구가 화장실에 들어 가 볼 일을 보고 나서, 쓰다 남은 물을 그대로 용기에 남겨 두고 나왔다. 이 비구는 처음에 자신의 행동을 잘못이라 생각했지만, 다른 비구들은 잘못이 아니라고 했다. 그러나 후에 다시 비구들이 그의 행동을 잘못이라 했고, 이를 계기로 승단

39 *Vinaya-piṭaka,* vol.1, 126면.
40 *Vinaya-piṭaka,* vol.2, 136면.
41 *Vinaya-piṭaka,* vol.1, 337-360면; Samantapāsādikā, vol.5, 1148-1154면.

에 쟁사가 발생하고 논쟁이 이어지게 되었다. 결국 의견차를 좁히지 못한 비구들은 두 그룹으로 나뉘어 싸우며 분열상태에 이르고, 붓다의 충고조차 무시하며 싸움을 계속했다. 그런데 후에 문제의 비구는 경과 율을 살펴 본 후 자신의 죄를 인정하게 되었고, 이 사실을 자신의 편을 들어주던 비구들에게 알렸다. 그러자 이 비구들은 상대편 비구들에게 지금까지의 싸움을 진정시키고 다시 '승단 화합을 이룰 것(saṃghasāmaggiṃ karoti)'을 제안했다. 이 일을 전해들은 붓다는 화합하는 방법을 다음과 같이 지시한다.

> 병든 자와 병들지 않은 자 그 누구도 구별 없이 모두 한 자리에 모인 후, 총명 유능한 비구가 나와 사건의 경과를 고하며 승단 화합을 이루자는 내용의 백(白, ñatti)을 선언한다. 그리고 나서 이에 대한 찬반 여부를 모인 비구들에게 한번 묻는다. 반대 의견이 없으면, 승단 화합을 인정하는 갈마는 이루어진 것이 된다. 갈마가 끝나면 즉시 포살의식을 하고 바라제목차를 암송해야 한다.[42]

이 사건으로부터 알 수 있는 바와 같이, 분열했던 승단이 다시 화합하기 위해서는 모든 비구들이 한 자리에 모여 승단 화합을 확인하는 갈마를 하고, 이어 화합의 표시로 바라제목차를 읊으며 포살을 하는 것이다. 이 때 하는 포살을 화합포살이라 한다. 이 화합포살은 분열했던 승단이 다시 화합했음을 승인하고 상징하는 의식으로서, 승단 운영상 매우 중요한 역할을 했다.

(4) 동남아시아에서의 포살 - 미얀마, 태국, 스리랑카 -

상좌부불교의 전통을 이어받은 동남아시아의 각 불교 국가에서는 초기불교 이래의 포살 전통이 잘 전승되어, 현재도 초기경전이나 율장에 규정된 바에 따라 출가자나 재가자의 포살이 비교적 잘 실천·유지되고 있다고 할 수 있다. 단, 재가자의 포살은 초기경전에서는 육재일이라 하여 한 달에 여섯 번 실행하는 것이 일반적인데 비해, 미얀마를 비롯한 태국이나 스리랑카 등의 상좌부 불교국가에서는 한 달에 네 번, 즉 사재일(四齋日)을 포살일로 삼는다. 비구포살의 내용은 위에서 소개한 인도불교에서의 포살에 관

---

42 *Vinaya-piṭaka,* vol.1, 357면.

한 설명 가운데 '설계포살'에서 서술한 바와 동일하다. 포살을 하기 전에 포살당을 청소하고 등불을 밝히고, 발 닦을 물과 좌석을 준비하는 네 가지 뻡바까라나가 실행되고, 이어 병 등의 이유로 포살에 참석하지 못하는 비구의 여욕 및 여청정, 그리고 시기를 고하고, 참석하는 비구의 수를 확인하고, 비구승가의 비구니승가에 대한 교계를 확인하는 뻡바낏짜가 이루어져야 한다. 단 이 중에서 비구니 승가에 대한 교계는 현재 동남아시아의 경우는 비구니승단이 존재하지 않으므로 이루어지지 않는다. 이러한 사전 임무를 다 실행하고 나면 동일한 경계 안의 비구들이 전원 포살당에 모여 포살을 실행하게 된다.

미얀마에서는 포살일에 오후 4시가 되면 종으로 신호를 하고, 비구들이 계율당에 모인다. 비구들은 입구에서 두 사람이 한 조가 되어 참회를 행한다. 참회가 끝나면 앞 열 오른쪽 끝에서부터 법랍 순으로 착석한다. 직무를 담당한 비구는 입장한 비구의 수를 장로에게 보고하고, 입구의 문을 닫는다. 그리고 나서, 비구들 가운데 대표 한사람이 나와 바라제목차를 송출한다. 송출법은 암송으로, 서문인 최초의 인연(nidāna niddesa) 부분은 천천히 읽고, 4바라이 이하의 계조는 빨리 읽는다. 다른 비구는 전원 무릎 꿇고 합장한 채 이를 경청한다. 바라제목차의 독송이 끝나면, 전원이 사두(sādhu, 善哉)를 삼창하고, 자경(慈經, metta-sutta)을 독송하며 끝낸다.[43]

태국에서 이루어지는 출가자의 포살 역시 이와 거의 동일하다. 태국에서는 포살을 우보소뜨(ubōsot)라고 하는데, 태음력에 따라 매월 2회, 즉 만월과 신월의 날에 포살을 한다. 승원에 머무는 모든 비구들은 각자 자신의 옆방에 머물고 있는 비구와 서로 죄를 고백한 후, 보(bōt)라고 불리는 본당에 모인다. 보 안에서 엄중하게 인원 점검이 이루어지고 나면, 227조의 바라제목차가 암송되는 것을 전원 합장한 자세로 경청한다. 바라제목차는 특별히 훈련받은 비구가 빠른 속도로 암송하는데, 오른쪽 옆에 한 명의 장로가 앉아 바라제목차를 서사한 패엽을 보면서 암송내용을 확인한다. 만일 한 구절이라도 잘못 암송했을 경우에는 바라제목차를 낭송하는 비구의 주의를 환기하며 잘못 읽은 부분의 암송을 반복하도록 요구한다.[44] 바라제목차는 전부 8종의 죄로 분류되어 있는데, 서언을 제외한 8종의 각 죄의 낭송이 끝

43 芳村修基 編, 『佛教教團の研究』(京都: 百華苑, 1968), 549-550면.
44 石井米雄, 『上座部佛教の政治社會學』(東京: 創文社, 1975), 17-18면.

날 때마다 'uddeso niṭṭhito(설계가 끝났습니다)'라고 읊으면, 전원 이구동성으로 합장한 손을 조금 위로 올린 채, 'āma bhante sādhu sādhu(존사시여, 그대로입니다. 사두, 사두)'라고 한다. 율장에 규정된 바와 같이, 비구 이외의 자는 포살에 절대 참석할 수 없지만, 단 사미는 언젠가는 구족계를 받고 비구가 되어야 할 몸이므로, 포살과 같이 중요한 행사는 미리 배워두는 것이 좋다하여 보 안에 들어가 견학하는 것을 허락하는 사원도 있다고 한다.[45] 한편 재가자들의 포살일은 한 달에 4일로, 완 프라(wan phra, 佛日)라 한다. 즉 8일, 14일 혹은 15일, 23일, 29일 혹은 30일이다.

스리랑카의 경우, 삼림도량(森林道場)에 있는 승원에서는 출가자의 포살이 율에 규정된 대로 이루어지고 있는 한편, 일반 사원에 머무는 비구들은 정기적으로 보름에 한 번 하는 경우도 있지만, 한 달에 한 번, 혹은 두 달에 한 번 정도 하는 경우도 있다. 그러나 안거의 계절에는 비교적 제대로 이루어진다. 거의 모든 승원에는 승방과 더불어 포살당(uposatha-house)이 있으며, 이는 결코 주거 등의 용도로 사용되는 일 없이, 비구들의 청정을 확인하는 장소로서 매우 중요시되고 있다.[46] 스리랑카에서는 포살일을 포야 데이(Pōya day)라고 하는데, 출가자의 포살보다 오히려 한 달에 네 번 있는 재가신자들의 포살이 보다 활발하게 이루어지고 있다. 그 중 만월에 이루어지는 포야 데이는 가장 중요하게 여겨져, 이 날을 휴일로 정하고 있다. 포야 데이는 재가자에게 있어 중요한 정진일로, 특히 만월의 날이 되면 아침 6시경부터 마을 사람들이 모여 들어 팔재계를 받고, 강당에서 정좌한 채 명상을 하거나, 법을 듣거나, 불전에 공양을 반복하며 많게는 12시간, 때로는 24시간에 걸쳐 지계의 하루를 보낸다.[47]

(5) 동아시아에서의 포살 - 중국, 한국, 일본 -

중국·한국·일본 등 대승불교권에 속하는 동아시아의 불교국가에서는 승단회의 및 행사가 율에 근거하여 지속적으로 철저히 이루어지지 못했던 것으로 보인다. 출가자의 포살은, 동남아시아의 여러 불교국가처럼 초기불교의 전통에 근거한 포살의 실행이라기보다는, 그 정신은 이어받으면서도

---

45 佐々木教悟, 『インド·東南アジア佛教研究 II 上座部佛教』(京都: 平樂寺書店, 1986), 235-240면.

46 前田惠學 編, 『現代スリランカの上座佛教』(東京: 山喜房佛書林, 1986), 115-116면.

47 前田惠學 編, 위의 책, 134-136면.

사실상 운영에 있어서는 대승적인 요소가 혼합된 형태이다. 재가자의 포살 역시 매우 큰 변형을 보인다. 원래 재가자의 포살은 사원을 찾아 가 팔재계를 수지하고, 명상이나 설법 등을 통해 경건한 하루를 보내려는 정진일의 의미가 강했지만, 동아시아의 불교국가에서는 '팔관재회(八關齋會)'라 하여 음주가무를 겸비한 거의 국가적인 규모의 큰 행사로 발전하였으며, 그 의의에 있어서도 많은 변화를 보이게 된다.

『법원주림』권18에 의하면,[48] 중국에서는 남북조 이전부터 이미 팔관재[49]라는 이름으로 일종의 법회가 이루어지고 있었다. 남북조시대에는 팔관재계의 공덕화가 진행되어, 공덕을 쌓기 위해 질적으로나 양적으로 팔관재 수지의 형태를 변용하여 때로는 칠일 낮 칠일 밤 동안 행하는 경우도 있었다. 이는 제재(除災)의례이자 회향(回向)으로, 중국재가불교자의 신앙생활과 밀접한 관련을 지니게 되었다. 한편, '속명법(續命法)'을 비롯한 위의(僞疑)경전이 성립하여 팔관재 수지를 다양하게 설하는 등, 재가·출가에 걸쳐 널리 수지되고 있었음을 알 수 있다.[50] 법회의 형식도 정비되고 규모도 점차 커져, 제(齊)의 무제(武帝)는 궁중에서 팔관재를 여는 것을 비롯하여, 불교에 호의를 지닌 귀족들이 모여 이를 행하는 것이 하나의 행사가 되었다. 때로는 규약 등을 만들어 엄수하는 일도 있었지만, 대부분은 형식화된 것이었다고 한다.[51] 당대(唐代)에 이르러서는 팔재계를 수지하며 정진한다는 본래의 목적은 완전히 상실된 채, 거의 일반적인 재회(齋會)와 다를 바 없이 된다. 그리하여 자신의 수행을 위해서가 아닌, 오히려 기도나 공양의 공덕을 기원하며 다수의 승속(僧俗)에게 재(齋)가 공양되는 일이 많아지게 된다. 『금석췌편(金石萃編)』 권98에 실려 있는 안진경(顔眞卿)의 「팔관재회보덕기」에 의하면, 하남절도사 전신공(田神功)의 병을 치료하기 위해 대종(代宗)의 대력(大曆) 7년에 하남의 송주개원사에서 이루어진 팔관재회는 매우 성대한 것으로 여러 가지 의식이 실행되었으며, 승려 천 명과 속인 육천 명의 다수에게 재가 공양되었다고 한다.[52]

---

48 『法苑珠林』18(『大正藏』53권, 417하)

49 팔관재는 팔계재(八戒齋), 팔재계(八齋戒), 팔지재(八支齋), 팔관재계(八關齋戒), 팔계(八戒) 등이라고도 한다. 道端良秀, 「中國佛教における在家菩薩と八關齋」, 『奧田慈應先生喜壽記念 佛教思想論集』(京都: 平樂寺書店, 1976), 652-653면.

50 里道德雄, 「中國南北朝期に於ける八關齋會について」, 『東洋大學大學院紀要』22집, 東洋大學大學院, 1985, 43-54면.

51 道端秀良, 『中國佛教史』(京都: 法藏館, 1939), 90-91면.

한편, 출가자의 포살은 동진(東晋)의 도안(道安)에 이르러 비로소 실천으로 이어진 것으로 보인다. 당시 도안은 계율이 아직 충분히 정비되지 못하여 승려들이 위의를 갖추지 못한 것을 안타깝게 생각하여 '삼예(三例)'를 마련, 이를 막고자 했다. 삼예는 사원의 규범으로 널리 큰 영향을 미쳤다고 생각되는데, 이 가운데 하나가 '포살차사회과등법(布薩差使悔過等法)'이라 하여, 포살·회과의 법을 규정하고 있다.[53]

4세기 경 중국으로부터 불교가 전해진 한국의 경우, 전래 초기에 어떤 형태의 포살이 실행되었는지는 명확하지 않지만, 중국에서 남북조시대부터 이미 큰 규모의 국가적인 팔관재회가 이루어지고 있었던 점으로부터 추측하건대, 아마도 중국적으로 변질된 팔관재가 고구려에 들어와 실행되었을 것이며,[54] 이것이 혜량에 의해 신라에도 그대로 전해졌을 것으로 생각된다. 『삼국사기』권44에 의하면, 진평(眞平)왕 12년(551)에 고구려를 진공한 거칠부(居柒夫)가 고구려의 고승인 혜량(惠亮)과 함께 개선하여 처음으로 백좌강회(百座講會) 및 팔관지법(八關之法)을 실행했으며, 이후 진평왕 33년(572)에는 전사한 사졸을 위해 팔관연회(八關筵會)를 외사(外寺)에서 7일간 열었다고 한다. 즉 고구려에서 온 혜량에 의해, 호국경(護國經)으로 유명한 『인왕호국반야바라밀다경』의 가르침으로 내란과 외환을 막고 국가의 안태를 기원하기 위한 인왕백고좌회(仁王百高座會) 및 재가가 하루 동안 팔계를 수지하는 팔관재계의 법회가 신라에서 처음으로 이루어지게 되었음을 알 수 있다.[55] 신라는 고구려의 팔관재의 영향을 받으면서도, 당시 불교사상을 정치의 중심이념으로 삼아 중앙집권체제가 강화되고 판도가 점차 확장되는 비상 국가태세 속에서, 불교 역시 호국신앙의 경향을 강하게 띠게 되었다. 그 결과 당시의 불교행사에도 군사적 의의가 부여되어 진호국가를 위한 명가(冥加)를 원하게 되었다. 진흥왕 12년에 처음 마련된 팔관회가 호국

52 大谷光照, 『唐代の佛教儀禮』(東京: 有光社, 1937), 62-64면.

53 『高僧傳』5(『大正藏』50권, 353중); 諸戸立雄, 『中世佛教制度史の研究』(東京: 平河出版社, 1990), 54-55면.

54 여동찬, 「고려시대호국법회에 대한 연구」, 동국대학교 석사학위논문, 1971, 13면. 고구려에서는 불교 전래 이전에 존재하던 곡령(穀靈)을 섬기는 민족적인 수확제의 의미와 습합하여, 특히 농신(農神)을 섬기는 달인 10월에 불교의 팔관재회라는 이름 아래 죽은 자의 영혼을 달래는 민족행사가 이루어졌다고 한다. 안계현, 「八關會攷」, 『東國史學』제4권, 동국대학교 사학회, 1956, 35면.

55 蔡印幻, 『新羅佛教戒律思想研究』(東京: 國書刊行會, 1977), 231면.

불교행사인 백고좌회와 함께 열린 것은 바로 이러한 사실을 시사한다.[56] 이렇게 해서 일어난 호국불교신앙은 점차 신라불교를 이루는 하나의 큰 특색이 되어, 후세에까지 영향을 미치게 된다.[57] 고려 역시 호국적인 의미가 강한 신라의 팔관회의 관습이 그대로 전해져, 고려를 건국한 태조왕건의 유훈에 따라 보다 성대한 국가적인 대행사로 발전시켜 나갔다.[58]

일본불교에서 재가자의 포살은 육재일(六齋日)이라 하여, 한 달에 여섯 번 실행된다. 불교 전래 초기인 6세기경의 『일본서기』에는 포살이라는 용어가 나타나지 않지만, 육재(六齋)라 하여 재가자의 포살이라 생각되는 행사의 이름이 등장한다.[59] 또 『성덕태자전력』에는 "7년 무술(戊戌)에 백제로부터 경론 수백 권을 가지고 와서 바쳤다. 봄 2월부터 태자는 향을 태우며 보았다. 날마다 1, 2권이다. 겨울까지 다 보았다. 아뢰기를 '한 달 가운데 8, 14, 15, 23, 29, 30일을 육재일이라 합니다. 이 날은 범천제석이 내려와 나라의 사정을 살핍니다. 그러므로 살생을 금합니다. 이것이 인(仁)의 기본입니다. 인은 성(聖)과 그 본질이 가깝습니다.'고 하였다. 천황은 크게 기뻐하며 천하에 명을 내려, 이 날은 살생을 금지시켰다"라고 기술되어 있다.[60] 여기서 7년 무술이란 민달(敏達)천황 7년, 즉 578년을 가리키는 것으로, 이 때 이미 재가자의 포살이 실행되고 있었음을 알 수 있다. 나라(奈良)시대가 되면, 황실의 비호 아래 불교문화가 꽃을 피우게 되고, 큰 사원에서는 성대한 법회가 열리곤 했다. 이 때 일본은 모든 점에서 당의 모방시대였기 때문에 이러한 법회 역시 당의 것과 유사한 것이었으리라 추측된다. 그러나 헤이안(平安)시대가 되면 일본 독자의 문화가 발달하고, 불교의례도 일본화되는 경향을 보인다.[61]

한편, 일본에서 출가자의 포살에 관한 가장 오래된 기술은 『원흥사가람연기병류기자재장(元興寺伽藍緣起并流記資財帳)』에 등장한다. 용명(用明)천황 2년(587), 용명천황이 백제에서 온 객에게 법사사(法師寺)를 지을 장소의 선정에 관해 질문하자, 그는 「종소리가 들리고 왕래하기 쉬운 장소여

56 蔡印幻, 위의 책, 235면 주20) 참조.
57 蔡印幻, 위의 책, 235면. 주19) 참조.
58 蔡印幻, 위의 책, 237-238면.
59 『大日本佛教全書』118권(東京: 名著普及會, 1980), 508면.
60 藤本智董 譯, 『國譯一切經』 사전부 24(東京: 大東出版社, 1980 개정발행), 359면.
61 大谷光照, 위의 책, 88-89면.

야 합니다, 이는 보름마다 일중(日中)에 왕복할 수 있어야 하기 때문입니다.」라고 대답한다. 일본에서는 니사(尼寺, 즉 桜井寺)가 창설되고, 이어 승려의 수계를 위해 법사사의 창설을 과제로 하고 있었던 것인데, 이 기술을 통해 포살이 일본의 사원창설의 단계에서부터 실행하여야 할 승려들의 필수행사로 인식되고 있었음을 알 수 있다.[62] 단 이후 언제부터 포살이 율장에 규정된 대로 실행되었는지는 명확하지 않지만,[63] 사원사회에 계율이 침투하는 나라(奈良)시대 이후부터 사원사회의 관습으로 정착하고, 불법구주를 위해 반드시 필요한 승단의 의무행사로 인식되게 되었던 것으로 보인다.

천평보자 원년(天平宝字元年, 757)에 효겸(孝謙)천황은 바라제목차, 즉 계율을 호지불법(護持佛法)의 조건으로 하고, 계율을 정착시키기 위해 포살의 보시료로서 계본사전(戒本師田)의 설치를 관가에 명하고 있다. 이는 계율이 호지불법의 조건이며, 포살은 계율의 정착을 위해 반드시 필요한 행사라는 인식이 존재했음을 시사한다.[64] 한편, 헤이안(平安)시대 이후에는 호지불법이라는 포살의 기능과 더불어, 각 사원에서는 정해진 계장(戒場)에 반드시 불제자인 절의 승려가 집회하여 계본을 독송하며 자신의 범계를 참회하는 포살을 행할 것이 권장되었다. 단 낭송하는 계율의 내용에는 차이가 나타나게 되어, 정관(貞觀)5년(863)에 진소(眞紹)가 정한 「선림사식(禪林寺式)」에서는 소승계에 의한 포살설계의 중요성이 강조된 것에 비해, 천록원년(天祿元年, 970)에 천태좌주인 양원(良源)이 정한 「잡제이육개조(雜制二六箇條)」에서는 십중금계 및 사십팔경계를 설하는 범망경 등에 근거한 대승계가 강조된다. 12세기경에 성립한 『동대사요록(東大寺要錄)』에 의하면, 동대사의 월례행사로서 대승포살이 매달 14일과 29일에, 소승포살이 매달 15일과 30일에 이루어졌다고 한다.[65]

포살이 현재 실행되고 있는 것은 조동종 계통의 사찰로, 포살에 크게 두 가지 종류가 있다. 대(大)포살은 일 년에 한번 씩 우안거의 중간일에 실시되며, 약(略)포살은 보름마다 이루어지고 있다.[66]

62 藤井恵介, 「醍醐寺における布薩と佛堂」, 『中世寺院と法會』, 佐藤道子 編 (京都: 法藏館, 1994), 148면.

63 『律宗綱要』에 의하면, 낭변(朗辨, 689-773)이 금종사(金鐘寺)에서 처음 포살을 한 것이 일본에서 최초로 이루어진 출가자의 포살이라고 한다. 단, 이 때는 범망계를 설했다. 『律宗綱要』하(『大正藏』74권, 18상)

64 永村 眞, 『中世東大寺の組織と經營』(東京: 塙書房, 1989), 240-241면.

65 永村眞, 위의 책, 241-245면; 平岡定海, 『東大寺辭典』(東京: 東京堂出版, 1980), 406-407면.

Ⅲ. 인접 개념과의 관계 및 현대적 논의

포살은 출가·재가를 불문하고, 불교도로서 지녀야 할 청정한 심신의 추구를 위해 반드시 필요한 행사인데, 한편 간과해서는 안 될 점은 포살이 출가자와 재가자를 하나로 연결시켜 불교교단이 보다 안정되게 유지·발전할 수 있도록 해준다는 사실이다. 이하, 이 점에 유의하면서 포살과 관련하여 중요한 의미를 지니는 용어 및 포살이 현대사회에서 어떤 의미를 지닐 수 있는가에 관해 서술해 보고자 한다.

출가자의 포살에서 낭송되는 것은 '바라제목차'라 불리는 승단의 규율집이다. 바라제목차의 어원에 관해서는 다양한 설이 있는데,[67] 그 중 가장 보편적인 설은, 바라제목차라는 말에 '해방' 내지 '해탈'의 의미가 있다고 보는 것이다. 예를 들어, Monier의 범영사전에서는 바라제목차를 prati-√muc로부터 파생한 것으로 이해하여, '참회에 의해 비구들을 구제하기 위한 제 규정, 즉 계본'이라 정의한다.[68] 이것은 바라제목차에 규정된 학처를 들으며 보름동안의 자신의 행동을 돌아보고 고백·참회함으로써 비구로서의 청정성을 회복하고 이를 통해 몸과 마음이 자유로워지는 것을 의미한다고 생각된다. 자신의 범죄사실을 알면서도 숨기거나, 상대방의 범죄사실을 눈감아 준다면 청정승단은 결코 실현될 수 없기 때문이다. 자신의 죄를 스스로 고백하고 이를 참회하는 행위는 출가자에게 있어 매우 중요한 의미를 지닌다.

출가자는 항상 자신의 행동을 돌아보고, 잘못임을 알았을 때는 청정비구를 향해 자신의 잘못을 고백하고 참회해야 하는데, 이를 '데사나(desanā)'라고 한다. 데사나는 원래 설법이나 설시, 설교 등을 의미하는 말인데, 율의 전문용어로 사용될 때는 죄의 고백이나 참회 등을 의미하는 말로 사용된다. 즉 자신의 죄를 드러내어 상대방에게 보이며 참회하는 것을 말한다. 바라제목차 중에서도 바라이나 승잔죄는 참회만으로 해결되지 않으며 일정한 벌을 받아야 하지만, 이 외의 죄들은 고백하고 참회함으로써 청정비구로 돌아올 수 있다. 그러므로 비구는 평소 자신의 행동을 단속하며, 만약 잘못

66 藤井惠介, 위의 논문, 178면 주25).

67 水野弘元, 위의 논문, 8-32면; Ganguly, J. *Uposatha Ceremony,* Delhi: Bharathya Vidya Prakashan, 1991, 11-12면.

68 Sir Monier Monier-Williams, 위의 사전, 669면.

이 있음을 알았을 때는 속히 드러내어 참회함으로써 항상 청정한 상태를 유지하도록 해야 한다. 데사나는 일상생활 속에서 항상 실천해야 하며, 특히 정기적으로 이루어지는 참회식으로는 포살과 자자(自恣, pavāraṇā)를 들 수 있다. 포살은 위에서 설명한 바와 같이 보름마다 한 번씩 동일한 경계 안의 비구들이 모여 실행하는 참회식이며, 자자는 안거(安居, vassa)의 마지막 날 이루어지는 참회식이다. 안거란 비가 많이 내리는 3개월 동안 출가자들이 주거를 바꾸지 않고 한 곳에 모여 정주하는 것을 말하는데, 이 안거가 끝나는 마지막 날에 안거를 보낸 전원이 모여 3개월 동안의 율 위반을 서로 지적하며 반성하는 모임이 자자이다. 빠알리율의 「자자건도」에 의하면, 안거기간 동안 비구들은 화합의 의미를 잘못 파악하여, 함께 생활하는 중에 다른 이의 잘못된 행동을 모르는 척 눈 감아 주는 등, 서로 충고하기를 꺼리며 안이하게 외도나 지키는 벙어리 계를 지키며 살았다고 한다. 안거 중에 상대방의 결점을 지적함으로써 승가에 불화가 발생할 것을 꺼렸던 것이다. 후에 이 사실을 알게 된 붓다가 크게 꾸짖으며 안거가 끝난 후, 3개월의 안거기간동안 보고 듣고 의심한 것에 대해 이야기하며, 서로 잘못을 지적하고 반성하는 기회를 갖도록 한 것이 바로 자자이다.[69].

이와 같이 불교승단은 평소에는 물론, 정기적인 참회식을 통해 항상 자기 자신을 비롯한, 같은 공동체 구성원들의 행동을 점검하며 청정승단의 실현을 위해 노력했다. 공동체의 청정 및 화합은 한 사람의 노력만으로 이루어지는 것이 아닌, 구성원 전원의 관심과 실천을 통해 비로소 실현되는 것이다. 항상 스스로의 행동을 돌아보는 한편, 다른 이의 행동에도 관심을 갖고, 서로 올바른 행을 지닐 수 있도록 충고를 아끼지 않아야 한다. 그리고 잘못을 지적받았을 때는 상대방의 충고를 감사히 받아들여 이를 개선해 나가려는 마음가짐이 필요하다. 바로 이러한 노력으로 인해 출가자 개개인의 청정은 물론 승단의 청정까지 완성되는 것이다.

여기서 특히 주목해야 할 점은, 승단의 청정은 출가자만의 문제가 아닌, 재가자와도 직접적인 관련을 갖는다는 점이다. 붓다가 율을 제정할 때마다 반복해서 설하는 '너희들의 잘못된 행동은 이미 신심을 지니고 있는 재가자들에게서는 신심을 빼앗고, 아직 신심을 일으키지 않은 재가자들에게는 신심을 일으킬 기회조차 갖지 못하도록 하는 것이다. 해서는 안 된다.'라는

69 *Vinaya-piṭaka,* vol.1, 157-159면.

구절은[70] 일반사회 속에서 어떻게 하면 승단이 좀 더 안정적으로 유지·발전할 수 있는가를 시사한다고 볼 수 있다. 청정한 승단은 재가자에게 있어 최고의 '복전(福田, pujjakkhetta)'이다. 재가자들은 공양할 만한 가치가 있는 출가자로 구성된 승단에 보시함으로써 최고의 공덕을 쌓게 된다고 여기기 때문이다. 재가자들이 여법하게 포살을 실행고 있는 출가승단에 보시물을 가져와 보시하는 행위는 바로 청정승단에 보시함으로써 최고의 공덕을 쌓게 된다는 믿음 때문이다. 물론 재가자에게 있어서도 포살은 팔재계를 지키며 청정하게 경건한 하루를 보내는 날이다. 경건한 하루를 보냄으로써 얻어진 청정한 심신으로, 포살을 통해 청정해진 승단에 보시할 때, 결국 재가자는 최고의 공덕을 쌓게 된다고 믿었던 것이다.

이와 같이 포살은 승단의 청정과 화합을 상징하는 행사임과 더불어, 재가자에게는 최고의 공덕을 쌓을 수 있는 청정승단의 복밭임을 보여주는 보증수표와 같은 것이다. 따라서 포살은 단순히 승단 내부의 행사로 그치는 것이 아닌, 일반사회 속에서 재가신자와 더불어 불교교단이 발전해 나갈 수 있는 하나의 기준을 제공하는 매우 중요한 가치를 지닌 행사라고 할 수 있다. 인도의 초기승단에서부터 인식되고 실천되어 온 이와 같은 포살의 중요한 의미는, 이후 시대나 장소에 따라 약간의 변화는 겪었지만, 그 정신만은 충실하게 이어져 내려왔다고 볼 수 있다. 많은 유혹과 욕망으로 들끓는 현대사회야말로 포살의 충실한 실천을 통해, 출가자든 재가자든 심신의 청정을 유지하고, 또한 이를 기반으로 양자 간에 든든한 유대관계가 이어진다면, 불교교단은 더욱 더 안정적으로 발전할 수 있을 것이다.

이자랑 (동국대)

70 *Vinaya-piṭaka,* vol.3, 21, 22면 등.

보살계위

범 Bodhisattva pratipatti avasthā
장 Byang chub sems pa sgrub pa'i rim pa 한 菩薩階位

Ⅰ. 어원 및 개념

보살계위는 범어로는 'Bodhisattva pratipatti avasthā'이다. 이는 보살을 의미하는 'Bodhisattva'와 수행·실천을 의미하는 'Pratipatti' 그리고 순서 또는 차제(次第)를 나타내는 'avasthā'가 합성된 용어이다.

범어 'Bodhisattva pratipatti avasthā'에 해당하는 빠알리어는 'Bodhisatta paṭipatti avaṭṭhāna'이고, 서장어로는 'Byang chub sems pa sgrub pa'i rim pa'이다 이는 'Bodhisattva'를 의미하는 'Byang chub sems pa'와 'Pratipatti'를 의미하는 'Sgrub pa'i 그리고 'Krama'를 의미하는 'Rim pa'가 결합되어 이루어진 말이다. 따라서 이 말의 개념은 보살이 실천하는 수행도의 차제라고 할 수 있다. 즉 보살은 처음 보리심을 일으킬 때부터 수행의 공덕을 쌓아 불과(佛果)에 이르기까지, 그 도중에 거쳐 가는 각각의 계위를 말한다. 십신위(十信位)나 십신심(十信心), 혹은 십회향위(十廻向位)나 십회향심(十廻向心)과 같이 위(位)·심(心)이라고 하는 경우도 있다.

그런데 보살계위의 위차(位次)나 명칭은 여러 경론에서 밝힌 것이 한결 같지 않다. 이를테면 발심주(發心住)·치지심주(治地心住) 등 십주(十住)의 설은 예전에는 그것만으로도 보살의 모든 계위를 나타내었다. 그러나 후세에 이르러서는 단지 십지 이전의 삼현위(三賢位)의 초위(初位)에 해당할 뿐이다. 그렇기 때문에 보살계위는 교리사의 발전에 따라 변한다는 것을 알 수 있다. <표 1>과 같은 여러 가지 보살계위설 중에서 고래로 『보살영락본업경(菩薩瓔珞本業經)』에 나타난 52위설[1]이 명의나 위차에 있어서 결함이 없고 정연하여 널리 채용되고 있다.

---

1 十信, 十住, 十行, 十廻向, 十地, 等覺, 妙覺의 52位를 말한다. 十信에서 十廻向까지는 凡夫位이며, 初地이상부터 聖者位이다. 十信을 外凡이라 칭하고 十住, 十行, 十廻向의 30位를 內凡이라 칭한다.
十信은 보살이 수행해야할 52位중 최초의 10단계로 초심의 구도자가 수행해야할 10가지 마음이다. 十住는 11에서 20위까지의 보살 수행단계로 마음을 진실한 空理에 안주케 하는 것이다. 十行은 52위중 21위에서 30위까지를 말하며 이타행을 행하는 위이다. 十廻向은 31위부터 40위까지의 보살수행위로 자신이 닦은 공덕을 널리 중생에 향하게 하는 것을 말한다(『華嚴經』(『大正藏』9권, 488중). 십지는 41에서 50위까지로 보살은 이 위에 올라 비로소 無漏智를 내어 佛性을 보고 聖者가 되어 佛智를 가지고 衆生을 교화한다. 等覺은 三祇百劫의 오랜 기간 동안 수행을 완성하여 佛果를 얻는 것이 가능한 위로 一生補處 또는 金剛心이라고도 한다. 妙覺은 무상의 불가사의하고 절묘한 깨달음을 얻은 구극의 位를 말한다. 보살수행의 최후의 단계로 번뇌를 완전히 단멸하고 지혜를 갖춘 위이다.

<표 1> 여러 경론의 보살계위설

		外凡	內凡=三賢					十聖		
瓔珞經<五十二位>		十信	十住	十行	十迴向			十地	等覺	妙覺
仁王經<五十一位>	十善		十信	十止	十堅			十地		佛地
梵網經<四十位>			十發趣	十長養	十金剛			十地		
華嚴經<四十一位>		<十梵行>	十住	十行	十迴向			十地		佛地
首楞嚴經<五十七位>	乾慧智	十信	十住	十行	十迴向	四善根		十地	等覺	妙覺
成唯識論<五位>				資糧位		加行位	通達位<初地入心>	修習位<初地住心以>		究竟位

〈四位〉 攝大乘論	十三住 菩薩地持經	七地
究竟道	如來住	畢竟地
後修道	最上菩薩住	畢竟地
	無礙住	決定行地
	無行有開發無相住	決定地
	有行有開發無相住	行迹地
	緣起相應增上慧住	
	諦相應增上慧住	
	菩提分法相應增上慧住	
	增上意住	
	增上戒住	
見道	歡喜住	淨心地
願落行地	解行住	解行地
	〈未發心〉 種性住	種性地

Ⅱ. 역사적 용례 및 텍스트별 용례

1. 사선근위(四善根位)

견도(見道) 이전에 사제(四諦) 및 십육행상(十六行相)을 닦음으로써 무루(無漏)의 성위(聖位)에 도달하는 네 가지 수행계위이다. 소승의 구사(俱舍)·성실(成實)에서는 총상념주(總相念住)의 후위(後位)를 말하고, 대승의 유식종(唯識宗)에서는 곧 십회향의 만위(滿位)를 말하는 것으로 네 가지 선근(四種善根)을 생기게 한다. 소승유부(小乘有部)와 대승유식종(大乘唯識宗)의 주장은 다음과 같다.

1) 소승유부에서는 처음 무루(無漏)의 지혜가 생겨서 사제(四諦)의 이치를 보는 것을 견도(見道)라고 한다. 이 견도에 들어가기 위한 준비로써 견도 직전의 위(位)에 진입하는 것을 사선근위라고 한다. 이 위에서 닦는 유루의 선근의 무루의 성도(聖道), 즉 결택(決擇)의 일부분이 된다. 견도의 작용(順益)이 있기 때문에 순결택분(順決擇分)[2]이라고 한다. 또한 내범위(內凡位)·

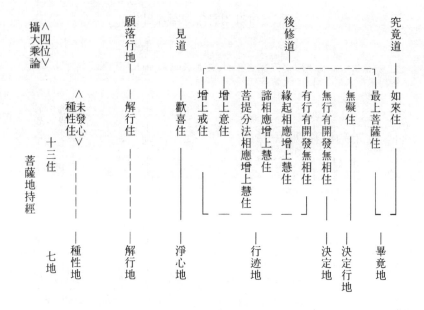

사가행위(四加行位)라고도 하며 삼현위(三賢位) 즉 견도 이전의 외범위(外凡位: 五停心, 別相念住, 總相念住)와 합하여 칠가행위(七加行位) 혹은 칠방편위(七方便位)라고도 한다. 이상은 모두 범부위(凡夫位)이고 이에 대해 견도 이후를 성자위(聖者位)라고 한다.

(1) 난위(煖位, 범 uṣmagata)

난법(煖法)이라고도 하는 것으로 빛[光明]의 따뜻한 성질[煗性]을 비유로 삼은 것이다. 이 위는 번뇌를 태워 없애는 견도의 무루혜(無漏慧)를 불에 가까이 하여 유루(有漏)의 선근을 나타내는 위로 욕계(欲界)·색계(色界)·무색계(無色界)의 사제를 관하고 십육행상(十六行相)을 닦아서 유루의 관혜(觀慧)를 나타낸다. 이 위에 이르게 되면 설령 퇴각(退却)하여 선근을 끊고 악업을 지어 악취(惡趣)에 떨어진다 해도 결국에는 성도(聖道)를 얻어 열반에 들 수 가 있다.

(2) 정위(頂位, 범 mūrdhāna)

정법(頂法)이라고도 하는데 동요(動搖)하거나 불안정한 선근[動善根] 중에서 최상의 선근이 일어나게 하는 절정위(絕頂位)로서 앞으로 나아가지 않으면 후퇴의 경계가 생긴다. 여기에서 사제, 십육행상을 닦는데, 수행이 이 위에 이르게 되면 설령 지옥으로 떨어진다 해도 선근이 끊기는 일은 없다.

(3) 인위(忍位, 범 kṣānti)

인법(忍法)이라고도 하는데 사제의 이치를 명확하게 알아서 선근이 이미 정해지면 동요되지 않는 선근(부동선근)의 위라서 다시는 악취(惡趣)에 떨어지지 않는다. 이 인위에는 상·중·하의 세 품이 있다.

①하인위(下忍位)에서는 사제와 십육행상을 닦는다.

②중인위(中忍位)에서는 점차적으로 소연(所然)과 행상(行相)이 생략되어(減緣減行) 최후에는 겨우 욕계고제(欲界苦諦)의 한 행상만 남아서 두 찰나 사이에 관(觀)을 닦는다. 그 한 행상은 곧 관(觀)하는 사람의 근기가 예리

---

2 加行位는 見道에 隨順하고, 그것을 이끌어 내는 단계이므로 순결택분이라고 한 것이다. 煖, 頂, 忍, 世第一法의 네 가지 善根의 地位이다.

한가 둔한가에 따라 사행상(四行相) 중의 어느 한 행상에 머물게 된다.

③상인위(上忍位)에서는 한 찰라 사이에 중인위와 동일한 행상을 관한다. 상인위에 도달했을 때에 다섯 가지 불생(五種不生)을 얻을 수 있다. 첫째는 생불생(生不生)이니 이는 난생(卵生)·습생(濕生)에 나지 않는 것이다. 둘째는 처불생(處不生)으로 무상천(無想天)·대범왕처(大梵王處)·북구로주(北俱盧洲)에 나지 않음을 말한다. 셋째는 신불생(身不生)으로 선체(扇搋)·반석가(半釋迦)·이형(二形)의 몸으로 나지 않음을 말한다. 넷째는 유불생(有不生)으로 욕계의 제8유(有) 및 색계의 제2생(生)에 나지 않는 것이고, 다섯째는 혹불생(惑不生)이니 견혹(見惑)에 나지 않음을 말한다. 만약에 하인위의 취불생(趣不生)(다시는 악취에 나지 않는 것)을 더하면 곧 여섯 가지 불생이 된다.

(4) 세제일법위(世第一法位, 범 Laukikāgradharma)

세제일법(世第一法)이라고도 한다. 이 지위에서 일어나는 선근은 유루의 세간법 중에서 가장 수승한 것이므로 그렇게 부른다. 이 위는 상인위와 같이 욕계의 고제(苦諦) 아래에서 일행상을 닦고, 다음 일찰나에 견도위에 들어가 성자가 된다.

이상 난위·정위·인위·세제일법위 등 4종의 선근은 견도무루의 선을 생기게 하는 근본이 되므로 선근이라고 한다. 수혜(修慧)로써 체를 삼고, 사정려(四靜慮)와 미지(未至) 및 중간의 육지(六地)를 소의로 한다.

2) 유식종(唯識宗)은 실천수행의 계위를 오위(五位)[3]로 나누고 있다. 그 중에 제2 가행위(加行位)가 곧 사선근위이다. 이 지위에서는 명(名稱)·의(義, 所詮의 대상)·자성(自性)·차별(모양과 작용의 差別) 등 네 가지에 대한 사심사관(四尋思觀)과 사여실지관(四如實智觀)을 닦는다. 즉 난위에서는 명득정(明得定)[4]을 닦아 인식의 대상인 명·의·자성·차별 등 네 가지를 공무(空無)라고 심구사찰(尋求思察)한다. 이 때문에 난위의 수행자를 명득살타

---

3 『成唯識論』9(『大正藏』31권, 48중)

4 唯識宗에서 말하는 四定의 하나로 대상인 경계가 空無한 것으로 관하는 禪定이다. 곧 사선근위 하나하나에 있어서 主觀과 客觀이 假有實無임을 관하기 위해 난위에서는 명득정, 정위에서는 명증정, 인위에서는 인순정, 세제일법위에서는 무간정에 드는데 이를 四定이라 한다.

(明得薩埵)라고 일컫는다. 정위에서는 명증정(明增定)[5]을 닦아 더욱 뛰어난 관지(觀智)를 가지고 위와 같이 관한다. 이상을 심사관(尋思觀)이라고 한다. 그 다음 인위에서는 인순정(印順定)[6]을, 세제일법위에서는 무간정(無間定)을 닦고 인식의 대상과 그것을 관하는 식(識)까지를 공무라고 분명하게 확인하고 결정하게 되는데, 이것을 여실지관(如實智觀)이라고 한다.

2. 오십이위(五十二位)

대승보살의 오십이종계위(五十二種階位). 곧 십신(十信), 십주(十住), 십행(十行), 십회향(十廻向), 십지(十地), 등각(等覺), 묘각(妙覺)이다. 이 등보살(等菩薩)의 계위(階位)는 제경론(諸經論)에서 말하는 것이 동일하지 않다. 예를 들면, 『화엄경(華嚴經)』에서는 십주(十住), 십행(十行), 십회향(十廻向), 십지(十地), 불지(佛地) 등의 사십일위(四十一位)를 말하였고, 『인왕경(仁王經)』 상권 「보살교화품」에서는 십선(十善), 삼현삼십심(三賢三十心), 십지(十地), 불지(佛地) 등의 오십일위(五十一位)를 말하였으며, 『보살영락본업경(菩薩瓔珞本業經)』에서는 곧 전위십신(前位十信)과 사십이현성위(四十二賢聖位)를 거론하여 십신심(十信心), 십심주(十心住), 십행심(十行心), 십회향심(十廻向心), 십지심(十地心), 입법계심(入法界心), 적멸심(寂滅心)이라고 말하였고, 『대불정수능엄경(大佛頂首楞嚴經)』8권에서는 다시 십신(十信)의 앞에 건혜지(乾慧地)를 말하고, 십회향(十廻向)의 뒤에 난(煖), 정(頂), 인(忍), 세(世) 제일법(第一法) 등의 사선근(四善根)을 덧붙였는데, 합하여 오십칠계위(五十七階位)를 말한다. 그 중에 『영락경(瓔珞經)』에서 거론된 오십이위명의정족(五十二位名義整足)은 위차무결(位次無缺)하다. 이 때문에 예부터 폭넓게 대승제가(大乘諸家)들에 의해 채용되었다. 그 이름의 수는 다음과 같다.

(1) 십신심(十信心): 곧 신심(信心), 념심(念心), 정진심(精進心), 혜심(慧

---

5 四定의 하나로 역시 대상인 경계가 空無한 것으로 관하는 禪定이다. 이 定에서는 지혜의 밝음이 점차 증가하기 때문이다.

6 四定의 하나. 인위에서 하품의 如實智를 일으키어 所取의 境인 명·의·자성·차별을 내 마음의 변한 바로서 假有實無한 것이라 印可하고, 또 能取의 識에 있는 명·의·자성·차별도 역시 空無한 것이라 인가하는 정을 말한다.

心), 정심(定心), 불퇴심(不退心), 회향심(廻向心), 획법심(護法心), 계심(戒心), 원심(願心)이다.

(2) 십심주(十心住): 곧 발심주(發心住), 치지심주(治地心住), 수행심주(修行心住), 생귀심주(生貴心住), 방편심주(方便心住), 정심주(正心住), 불퇴심주(不退心住), 동진심주(童眞心住), 법왕자심주(法王子心住), 관정심주(灌頂心住)이다.

(3) 십행심(十行心): 곧 환희심행(歡喜心行), 요익심행(饒益心行), 무진한심행(無瞋恨心行), 무진심행(無盡心行), 이치난심행(離癡難心行), 선현심행(善現心行), 무착심행(無着心行), 존중심행(尊重心行), 선법심행(善法心行), 진실심행(眞實心行)이다.

(4) 십회향심(十廻向心): 곧 구획일체중생리상회향심(救護一切衆生離相廻向心), 불괴회향심(不壞廻向心), 등일체불회향심(等一切佛廻向心), 지일체처회향심(至一切處廻向心), 무진공덕장회향심(無盡功德藏廻向心), 수순평등선근회향심(隨順平等善根廻向心), 수순등관일체중생회향심(隨順等觀一切衆生廻向心), 여상회향심(如相廻向心), 무박해탈회향심(無縛解脫廻向心), 법계무량회향심(法界無量廻向心)이다.

(5) 십지심(十地心): 곧 사무량심(四無量心), 십선심(十善心), 명광심(明光心), 염혜심(焰慧心), 대승심(大勝心), 현전심(現前心), 무생심(無生心), 불사의심(不思議心), 혜광심(慧光心), 수위심(受位心)이다.

제사십일지(第四十一地)의 심(心)은 입법계심(立法界心)이라고 칭하는데, 곧 등각(等覺)이된다. 제사십이지(第四十二地)의 심(心)은 적멸심(寂滅心)[7]이라 칭하는데, 곧 묘각(妙覺)이 된다. 이중에 십주(十住), 십행(十行), 십회향(十廻向), 십지(十地), 등각(等覺)과 묘각(妙覺)은 다음 것들에 의거해서 습중성(習重性), 성종성(性種性), 도종성(道種性), 성종성(聖種性), 등각성(等覺性), 묘각성(妙覺性) 등에 짝이 된다.

1) 유식종[8]

유식종에서는 사십일위(四十一位)[9]를 채용하고 있어 『영락경』의 52설과

---

7 Nirvana and Ineffability, *Asanga Tilakaratne,* Colombo: Karunaratne &Sons LTD., 1993. 56ff.

8 轉依와 十地와의 관계, 橫山紘一, 妙柱 譯, 『唯識哲學』(서울: 경서원, 1989), 210면.

9 김동화, 『유식철학』(서울: 보련각, 1973), 368면 이하 참조.

는 다르다. '십신(十信)'을 '십주(十住)' 중의 초주(初住)에 포함시켰고, '등각(等覺)'은 십지(十地) 중의 만심(滿心, 最終之時)에 포함시키고 있다. 또한 '십회향(十廻向)'의 후심(後心)에 난위(煖位)·정위(頂位)·인위(忍位)·세제일법(世第一法) 등 사선근위(四善根位)[10]를 열어서 십지 이전의 삼십심(三十心), 곧 십주심(十住心), 십행심(十行心), 십회향심(十回向心) 중 제30심(제10회향)의 일부분까지를 대승순해탈분(大乘順解脫分), 곧 삼현위(三賢位)로 삼고, 제30회향심의 다른 한 부분을 대승순결택분(大乘順決擇分), 곧 사선근으로 삼고 있다. 그런데 십신위와 관련하여 당나라 때 서명사(西明寺)에 주석하던 신라의 원측(圓測, 613-696)은 두 가지의 이설을 세우고 있다. 먼저 "위지(位地)의 십신(十信)"이 있다는 주장이다. 이는 곧 초주(初住)에 들어가기 전 반드시 전방편위(前方便位)의 계위가 있어야 한다는 것이다. 십순명자(十順名字)의 보살이 항상 행하는 십심이 그것이다. 다음으로는 "행해(行解)의 십신"을 주장하였다. 이것은 초주위(初住位) 이상의 보살이 공통으로 수증(修證)하는 10을 가리킨다.[11] 원측은 규기(窺基, 632-682)와는 동문의 사형제(師兄弟)가 되지만, 일생동안 유식학을 강설하고 저작함에 있어 대부분 규기의 설을 비판하고 반박하였다. 게다가 당시 유식학의 정통적인 해석과는 달랐기 때문에 유식가의 이해자(異解者)로 비춰지게 되었다. 예를 들면 위에서 말한 두 가지 이설은 곧 역대의 '십신위'와 관련하여 지극히 특수한 관점이 있다고 하는 것과 같다.

2) 화엄종[12]

5교로 나눈 여러 가지 보살의 위차설이 있다.

(1) 소승교(小乘敎) : 견도(見道) 이전에 사선근의 방편위가 있다는 것이다.

---

10 說一切有部에서는 賢位의 방편도로써 五停心, 別相念住, 總相念住를 三賢 外凡位라 하고 이를 수습한 후 煖, 頂, 忍, 世第一法등 四善根을 賢位에서 修習하는 것으로 언급한다. 唯識宗은 이 수행론을 계승하여 五位, 즉 資糧位, 加行位, 通達位, 修習位, 究竟位중 四善根을 加行位에 위치시키며, 여기에 四尋思와 四如實智 그리고 明得定, 明增定, 忍順定, 無間定들 사정을 덧붙이고 있다. 오형근, 『唯識思想의 硏究』(서울:불교사상사, 1991), 446면.

11 오형근, 「圓測法師의 四淸淨과 八淸淨修行思想」『唯識思想과 大乘菩薩道』(서울: 유가사상사, 1997), 269-271면.

12 『大方廣佛華嚴經』(『大正藏』9권, 542하)
60권 화엄경, 「十地品」은 "此十地是菩薩最上妙道 最上明淨法門"으로 언급하고 있다.

(2) 대승시교(大乘始教) : 두 가지 종류로 나누어진다.

1) 회심교(廻心教) : 우법이승(愚法二乘)을 인도하여 대승교에 진입케 하는 것으로 소승의 위차를 의준(依準)한 것으로 천태종의 삼승공십지(三乘共十地)의 설에 근거하고 있다. 간혜지(乾慧地)·성지(性地)·보살지·불지 등의 십지가 있다.
2) 직진교(直進教) : 곧바로 대승교에 직진하는 것인데, 십신을 계위에 포함시키기 때문에 모두 오십일위(五十一位)가 된다. 십회향 이상을 불퇴위(不退位)로 삼고 있는데, 소질이나 능력의 차별에 따라 상근자는 제7주, 중근자는 십회향, 하근자는 초지에서 불퇴전의 위차에 들어간다고 한다.

(3) 종교(終教)에서는 십신위의 보살은 아직 불퇴위의 경지를 증득하지 못했기 때문에 단지 그 행만을 가지고 있다고 본다. 그래서 십신위를 인정하지 않기 때문에 단지 사십일위(四十一位)를 세울 뿐이다. 또한 이 사십일위는 초주를 불퇴위로 삼는다.

(4) 돈교(頓教) : 이 교에서는 일념불생(一念不生)하여 이를 드러내고 의혹을 끊으면 당연히 불위에 들어갈 수 있기 때문에 보살의 위차를 세우지 않는다.

(5) 원교(圓教) : 두 가지 종류가 있다

1) 동교일승(同教一乘)에서는 특별한 위차를 세우지 않고, 앞의 사교(四教)의 계위에 끼워 넣고 있다.
2) 별교일승(別教一乘)에서는 항포문(行布門)에 비록 보살의 계위차제를 세우고 있지만 원융문(圓融門)에서는 일위(一位)에 곧 일체의 위를 갖추었다고 주장한다. 그렇기 때문에 10신위가 원만할 즈음에 곧 성불할 수 있다고 하는데 이를 신만성불(信滿成佛)이라고 한다.

3) 천태종

장(藏)·통(通)·별(別)·원(圓) 등의 화법사교(化法四教) 중에서 통·별·원 3교는 똑같이 짝이 되는 보살계위를 가지고 있다:

(1) 통교는 삼승(三乘)이 다같이 십지의 계위, 곧 간혜지·성지(性地) 등 십지에 짝하는 것으로 통교 십지라고 하며, 보살·성문·연각 등의 삼승의 사람이 다같이 닦는 10종의 계위이다.

(2) 별교(別教)는『보살영락본업경』에서 설한 52위를 별교의 위차로 삼는다. 그러나 52위를 귀납하면 신·주·행·향·지·등각·묘각의 칠과(七科)를 이룬다. 칠과를 총결하면 범·성 두 가지 항이 된다. 곧 52위 중에서 십신을 외범위(外凡位: 三惑中 界內의 見惑, 思惑을 항복시키는데 그친다. 그리고 계는 욕·색·무색 등의 삼계를 가리킨다)로 삼고, 십주·십행·십회향을 내범(內凡)으로 삼고, 초지 이후를 성위로 삼는다. 또 성위 중에서 십지와 등각을 성위의 인으로 삼고, 묘각(妙覺)을 과로 삼는다.

(3) 원교(圓教)의 교의는 모든 존재는 본래 삼천의 제법을 갖추고 있다고 주장한다. 그렇기 때문에 본체로부터 말하면 불과 중생은 평등하여 둘이 아니라는 것이다. 그러나 현상으로서는 미혹의 차이가 엄연히 존재하기 때문에 실천수행하는 계위는 마땅히 있어야 한다. 그리하여 육즉(六卽)의 위차를 정하여, 수행자로 하여금 비하(卑下)하고 상만(上慢)하는 마음을 함께 버리고 떠나라고 한다.

더구나 별교 52위의 이름을 가자하여 원교의 위차를 설명하기도 한다. 이럴 경우에는 십신위 앞에 오품제자위(五品弟子位)를 둔다. 그리고 원교의 십주위는 별교의 십지위에 해당한다고 한다.

또 원교보살의 계위를 철륜(鐵輪: 십신)·동륜(銅輪: 십주)·은륜(銀輪: 십행)·금륜(金輪: 십회향)·유리륜(琉璃輪: 십지)·마니륜(摩尼輪: 등각)의 여섯 가지 륜(輪)에 짝을 지우는 경우도 있다.[轉輪聖王의 輪寶로써 일체의 무기를 최훼(摧毁)할 수 있다는 것으로써 모든 계위에서 번뇌를 끊는 것을 말한다.]

위에서 말한 각종 계위에서 십위의 보살이라고 하더라도 그것은 이름뿐이기 때문에 명자보살(名字菩薩), 혹은 주전신상보살(住前信相菩薩)이라고 한다. 또 초지 이후의 보살은 신근(信根)을 성취하여 다시는 퇴실(退失)하지 않기 때문에 지전삼십심(地前三十心, 십주·십행·십회향)을 신상응지(信相應地)라 하기도 한다. 또 모든 중생을 자식처럼 귀여워하는 보살의 지위를 일자지(一子地)라 하여 이것을 간혜 등의 십지의 제2성지(第二性地), 혹은 환희(歡喜) 등 십지의 제8부동지 이상 또는 초환희지(初歡喜地)에 해당시킨다.

일본의 정토진종(淨土眞宗)에서는 일자지(一子地)를 초환희지(初歡喜地)에 대하여 신심의 현익(現益: 이 세상의 이익)이라 하고, 혹은 겸하여 당익(當益: 미래 세상의 이익)이라 하기도 한다. 이 외에 세친의 『정토론(淨土論)』에 교화지(敎化地)라는 말이 있다. 이것을 보살교화의 장소라는 뜻으로 해석하여 계위로 볼 때에는 제8지 이상에 해당시킨다.

3. 십지(十地)[13]

10종의 지위를 가리킨다. 또는 십주(十住)라고도 한다.[14] 지(地)는 범어 bhūmi의 번역으로 주처(住處), 주지(住持), 생성(生成)의 뜻이다. 바로 그 자리를 사는 집(家)으로 하고, 또 그 자리에서 법을 유지(持法)하고 키워서 과를 낳는다[生果]는 뜻도 있다. 여러 경론에서 언급하고 있는 십지의 명칭은 모두 다음과 같은 5종류가 있다.

1) 건혜(乾慧) 등의 십지[15]

이 말은 『대품반야경』 권6과 권17 등에 보인다. 이 십지는 삼승(三乘)에 공통된 것이기 때문에 삼승공십지(三乘共十地) 혹은 공십지(共十地), 공지(共地)라고 하는데, 천태종에서는 통교십지(通敎十地)라고 한다.

『대품반야경』 권6에서 기술한 간혜(乾慧) 내지 불(佛)의 십지는 보살이 방편력(方便力)에 의해 육바라밀을 행하고, 동시에 사념처(四念處)와 십팔

---

13 十地의 地(bhūmi)란 단계의 의미이다. 수행의 진보는 연속적이지만 때로는 막힘이 있으며, 그럼에도 불구하고 그것을 돌파하는 비약이 있다. 이 비약의 장이 되는 것이 地이다. 동시에 地란 대지와 같이 다른 것을 성장시키는 힘을 갖는 것이다. 地의 힘에 의해 수행이 진척되고 상위 단계의 地로의 비약이 준비되는 것이다. 平川彰著, 이호근 譯, 『印度佛敎의 歷史』(서울: 민족사, 1989), 329면.

14 十地라는 명칭이 초기부터 정형화된 것으로 사용되지는 않았던 듯 하다. 『漸備經』에서는 地를 「十道地」라고 번역하고 있으나, 初地, 二地 등을 「初菩薩住」, 「第二菩薩住」 등으로 「住」로 번역하는 예도 보인다. 구마라집의 번역에서는 경명은 『十住經』이지만 경의 내용에서는 「十地」라고 번역하고 있으며, 喜地, 淨地, 明地 등으로 「地」를 사용하고 있다. 平川彰, 『初期大乘佛敎の硏究』(동경: 춘추사, 1968), 412-413면.

15 『光讚般若經』 七卷 「十住品」, 『放光般若經』 四卷 「治地品」, 十卷 「甚深品」. 『大般若經』 四卷 「修治品」.

불공법(十八不共法)을 순서대로 행해서 앞의 구지(前九地)를 지나서 불지(佛地)에 이른다고 한다. 이 십지는 보살이 갖추어야 하는 것으로 이 불지(佛地)는 불과(佛果)를 가리키는 것이 아니고, 보살이 불(佛)과 같이 십팔불공법 등을 행하는 것을 말한다. 또 『대지도론』 권75에는 이 십지를 각기 삼승의 계위에 배당하였고, 지의(智顗, 538-597)의 『법화현의(法華玄義)』 권4하, 『마하지관(摩訶止觀)』 권6상에는 그 뜻을 이렇게 풀이하고 있다.

(1) 간혜지(乾慧地, 범 śukla-vidarśanā-bhūmi)는 과멸정지(過滅淨地), 적연잡견현입지(寂然雜見現入地), 초정관지(超淨觀地), 견정지(見淨地), 정관지(淨觀地)라고도 한다. 간혜의 의미는 단순히 진리를 보는 지혜는 있지만 아직은 선정의 물(禪定水)에 젖어들지는 못한 것을 가리킨다. 이 위(位)는 성문(聲聞)[16]의 삼현위(三賢位) 및 보살의 초발심(初發心)으로부터 순인(順忍)을 얻기 전까지의 위(位)에 해당한다.

(2) 성지(性地, 범 gotra-bhūmi)는 종성지(種性地), 종지(種地)라고도 한다. 즉, 성문(聲聞)은 사선근위(四善根位), 보살은 순인(順忍)을 얻은 위(位)이다. 비록 제법의 실상을 애착하지만 사견(邪見)을 내지 않고, 지혜와 선정이 서로 짝이 되는 경지이다.

(3) 팔인지(八人地, 범 aṣṭamaka-bhūmi)는 제8지(第八地), 팔지(八地)라고도 한다. 인(人)은 곧 인(忍)의 뜻이다. 성문은 견도십오심(見道十五心), 이미 4제16심의 8인7지를 체득한 것)의 수다원향(須陀洹向)에 해당하고, 보살은 무생법인(無生法認)에 해당한다.

(4) 견지(見地, 범 darśana-bhūmi)는 구견지(具見地)라고도 한다. 성문사과(聲聞四果) 중의 초과(初果)인 수다원과(須陀洹果)에 해당하고, 보살의 아비발치(阿鞞拔致, 不退轉)의 위(位)에 해당한다.

(5) 박지(薄地, 범 tanū-bhūmi)는 유연지(柔軟地), 미욕지(微欲地)라고도 한다. 성문은 이미 욕계의 구종번뇌(九種煩惱, 修惑)의 일부분을 끊어버린 위(位), 즉 수타원과 혹은 사타함과(斯陀含果)이다. 또 보살이 이미 모든 번뇌를 끊었다고는 하지만 아직 번뇌(薄)와 습기(習氣)가 남아 있는 위位이다. 곧 아비발치(阿鞞拔致) 이후 아직 성불하지 못한 사이에 이르는 위(位)를 가리키기도 한다.

16 菩薩과 聲聞의 差異, 西義雄, 『大乘菩薩道の 研究』(京都: 平樂寺書店, 1968), 675-677면 참조.

(6) 이욕지(離欲地, 범 vīta-rāga-bhūmi)는 이탐지(離貪地), 멸음노치지(滅淫怒癡地)라고도 한다. 성문은 욕계의 번뇌를 다 끊고서 아나함과(阿那含果)를 얻은 위(位)이고, 보살은 욕심을 여의어서 오신통(五神通)을 얻은 위(位)와 같다.

(7) 이작지(已作地, 범 kṛtāvī-bhūmi)는 소작판지(所作辦地), 이판지(已辦地)라고도 한다. 곧 성문은 진지(盡智), 무생지(無生智)를 얻어 아라한과(阿羅漢果)를 증득하였거나, 혹은 보살은 불지(佛地)를 성취한 위(位)이다.

(8) 벽지불지(劈支佛地)는 십이인연법(十二因緣法)을 관(觀)하여 도를 이룬 연각(緣覺)이다.

(9) 보살지(菩薩地)는 앞에서 서술한 간혜지에서 이욕지(離欲地)까지를 가리키고, 혹은 뒤에 서술하는 환희지(歡喜地)에서 법운지(法雲地: 초발심에서 금강삼매에 이르는 것)까지를 가리키기도 한다. 즉 보살의 최초 발심으로부터 도를 이루기 전까지의 위(位)를 가리킨다.

(10) 불지(佛地)는 일체종지(一切種智) 등 제불(諸佛)의 법을 완전히 구비한 위(位)를 가리킨다. 『대지도론』 권75에는 이 삼승공위(三乘共位)의 보살이 무루지(無漏智)에 의거해서 의혹을 완전히 끊고서 깨달음을 여는(開悟)하는 것에 대해 이렇게 말하고 있다. 예를 들면 등불의 심지가 탈 때 처음의 불에 탈지, 혹은 나중의 불에 탈지 일정하지 않은 것과 같이 십지의 단혹(斷惑) 또한 어느 한 지(地)에 고정되지 않고 서로 도와서 불과(佛果)에 이르게 된다. 그러므로 이 비유를 초주의 십지[燋炷十地]라고 한다.

2) 환희(歡喜) 등의 십지[17]

이 지위는 보살수행의 과정에서 반드시 겪어야 하는 오십이위(五十二位) 중 제41위부터 제50위까지이다. 보살이 처음에 이 위에 오를 즈음에는 곧 무루지(無漏智)가 생겨나 불성을 보고 성자(聖者)가 되어 불지(佛智)를 기르게 된다. 게다가 일체의 중생을 널리 보호하고 육성하기 때문에 이 위(位)를 지위(地位), 십성(十聖)이라고도 한다. 지위의 보살을 지상보살(地上菩薩)이

---

17 十地說중 가장 중요한 것은 歡喜地로 시작되는 十地說이다. 이 十地가 최초로 나타난 경전은 竺法護譯, 『漸備一切智德經』5卷이고 전체가 十地의 설명으로 되어 있다. 이 이외에도 구마라집역, 『十住經』4권, 『六十華嚴經』중 「十地品」5권, 『八十華嚴經』중 「十地品」6권, 시라달마역 『十地經』9권, 『十地經論』12권에 포함되는 「十地經」, 『티벳역華嚴經』중의「十地品」, 『梵文十地經』등이 있다. 平川彰, 『初期大乘佛敎の 硏究』(東京: 春秋社, 1968), 411면.

라 칭하고, 초지(初地, 初歡喜地)에 오른 보살을 등지보살(登地菩薩)이라 칭하며, 초지 이전의 보살은 지전보살(地前菩薩), 즉 십주(十住)·십행(十行)·십회향(十廻向)의 지전삼십심(地前三十心)이라고 한다. 『십주비바사론(十住毘婆沙論)』에 의거하면 '지(地)'를 주처(住處)라고 하였다. 그러므로 십지는 십주(十住)라고 번역할 수도 있다. 신역 『화엄경』 권34에 열거한 십지의 명칭은 다음과 같다.

(1) 환희지(歡喜地, 범 pramuditā-bhūmi). 극희지(極喜地), 희지(喜地), 열예지(悅豫地)라고도 한다.

(2) 이구지(離垢地, 범 vimalā-bhūmi). 무구지(無垢地), 정지(淨地)라고도 한다.

(3) 발광지(發光地, 범 prabhākarī-bhūmi). 명지(明地), 유광지(有光地), 흥광지(興光地)라고도 한다.

(4) 염혜지(焰慧地, 범 arcimatī-bhūmi). 염지(焰地), 증요지(增曜地), 휘요지(暉曜地)라고도 한다.

(5) 난승지(難勝地, 범 sudurjayā-bhūmi). 극난승지(極難勝地)라고도 한다.

(6) 현전지(現前地, 범 abhimukhī-bhūmi). 현재지(現在地), 목견지(目見地), 목전지(目前地)라고도 한다.

(7) 원행지(遠行地, 범 dūraṇgama-bhūmi). 심행지(深行地), 심입지(深入地), 심원지(深遠地), 현묘지(玄妙地)라고도 한다.

(8) 부동지(不動地, 범 acalā-bhūmi).

(9) 선혜지(善慧地, 범 sādhumatī-bhūmi). 선재의지(善哉意地), 선근지(善根地)라고도 한다.

(10) 법운지(法雲地, 범 dhārmamegha-bhūmi). 법우지(法雨地)라고도 한다.

『보살영락본업경』 권상 「현성학관품(賢聖學觀品)」에 사십이성현(四十二聖賢)이란 말이 있는데, 그 중에 제31에서 제40위까지는 앞에서 말한 십지에 해당하는 것으로 순서대로 보면 ①구마라가(鳩摩羅伽, 逆流歡喜地), ②수아가일파(須阿伽一波, 道流離垢地), ③수나가須那迦(流照明地), ④수다원(須陀洹, 觀明炎地), ⑤사다함(斯陀含, 度障難勝地), ⑥아나함(阿那含, 薄流現前地), ⑦아라한(阿羅漢, 過三有遠行地), ⑧아니라한(阿尼羅漢, 變化生不動地), ⑨아나하(阿那訶, 慧光妙善地), ⑩아하라불(阿訶羅弗, 明行足法雲地) 등이 된다.

이외에도 『범문대사(梵文大事, Mahāvastu)』에는 이 십지에 대해 또 다른 설이 있다.

4. 십지의 해석

10지의 해석은 한결같지 않다. 여기에서는 혜원(慧遠, 523-592)의 『대승의장(大乘義章)』 권14의 해석을 소개하기로 한다.

(1) 환희지(歡喜地): 정심지(淨心地), 성지(聖地), 무아지(無我地), 증지(證地), 견지(見地), 감인지(堪忍地)라고도 한다. 처음으로 성자가 되어 대환희심(大歡喜心)을 일으키는 위(位)이다.

(2) 이구지(離垢地): 구계지(具戒地), 증상계지(增上戒地)라고도 한다. 곧 잘못해서 계(戒)를 깨뜨리고 번뇌를 더하는 마음을 여읜 위(位)이다.

(3) 명지(明地): 선정(禪定)에 의거해서 지혜의 빛을 얻고, 문·사·수(聞·思·修)의 삼혜(三慧)를 닦아 진리가 점점 밝아지는 위(位)이다.

(4) 염지(炎地): 앞에 든 3지의 분별하는 견해 버리고 지혜의 화염(火焰)으로써 번뇌의 섶을 태워 지혜의 본체를 깨닫게 된다. 곧 그 깨달음에 의해서 일어나는 아함광(阿含光)이 마치 구슬의 광염(光炎)과 같은 위(位)이다.

(5) 난승지(難勝地): 이미 바른 지혜(正智)를 얻었지만 그 이상의 단계를 뛰어넘기 어려운 위(位)이다. 혹은 출세간의 지혜를 얻어 자재한 방편을 가지고 구하기 어려운 중생을 구제하는 위(位)이기도 하다.

(6) 현전지(現前地): 반야바라밀(般若波羅蜜)을 듣고서 대지(大智)가 눈앞에 나타나는 위(位)이다.

(7) 원행지(遠行地): 방편구족지(方便具足地, 無相方便地), 유행유개발무상주(有行有開發無相住)라고도 한다. 곧 무상행(無相行)을 닦아서 마음의 작용이 세속을 멀리 뛰어 넘은 위(位)이다. 이 위(位)는 위로는 다시 구할 보리(菩提)가 없고, 아래로는 다시 구제받아야 할 중생도 없다. 그렇기 때문에 무상적멸(無相寂滅)한 이치에 침잠하여 수행하지 않을 수도 있는데 이것을 칠지침공(七地沈空)의 난(難)이라고 한다. 이 때 시방제불(十方諸佛)이 칠종법(七種法)으로써 정진(精進)을 권려(勸勵)하기 때문에 다시 수행의 용기가 북돋아져 제8지에 이르게 된다고 한다. 이것을 칠근(七勤)이라고 한다.

(8) 부동지(不動地): 색자재지(色自在地), 결정지(決定地), 무행무개발무상주(無行無開發無相住), 적멸정지(寂滅淨地)라고도 한다. 무상(無相)의 지혜가 끊임없이 일어나 번뇌에도 결코 움직이지 않는 위(位)이다.

(9) 선혜지(善慧地): 심자재지心自在地, 결정행지決定行地, 무애주無碍住라고도 한다. 보살이 무애한 힘으로 설법하여 이타행을 완성하는, 즉 지혜의 작용이 자재한 위(位)이다.

(10) 법운지(法雲地): 구경지(究竟地), 최상주(最上住)라고도 한다. 대법신(大法身)을 얻어 자재력(自在力)을 갖춘 위(位)이다.

『보살지지경(菩薩地持經)』 권9의 12주(住) 중의 십주는 제3환희주와 제12최상보살주(最上菩薩住)에 해당하고, 같은 책 권10의 종성(種性) 등의 칠지설(七地說)에서는 초지(初地)가 제3정심지(第三淨心地)에 해당하고, 제2와 제7지는 제4행적지(第四行跡地)에 해당하며, 제8지는 제5결정지(第五決定地)에 해당하고, 제9지는 제6결정행지(第六決定行地)에 해당하며, 제10지 및 불지(佛地)는 제7필경지(第七畢竟地)에 해당한다. 이외에 또 초지(初地)는 견도(見道, 通達位)에 해당하며, 2지 이상은 수도(修道, 修習位)에 해당하고, 혹은 7지 및 그 이전은 유공용지(有功用地)가 되며, 8지 이상은 무공용지(無功用地)가 된다. 혹은 초·2·3지는 신인(信忍)이라 하고, 4·5·6지는 순인(順忍)이라 하며, 7·8·9지는 무생인(無生忍)이라 하고, 10지는 적멸인(寂滅忍)이라 한다. 혹은 전5지(前五地)는 무상수(無相修)라 하고, 6·7지는 무상수정(無相修淨)이라 하며, 8·9지는 무상수과(無相修果)라 하고, 10지는 무상수과성(無相修果成)이라 한다. 혹은 초지를 원정(願淨)이라 하고, 2지는 계정(戒淨)이라 하며, 3지는 정정(定淨)이라 하고, 4·5·6지는 증상혜(增上慧)라 하고, 7지 이상은 상상출생정(上上出生淨)이라 한다. 이를테면, 10지 이전의 계위를 신지(信地)라고 하는데 대하여, 10지를 총칭(總稱)하여 증지(證地)라고 하는 것과 같다. 또한 10지의 각 지(地)는 입·주·출(入·住·出)의 삼심(三心)이 있어 들어가기는 하되 아직은 안주(安住)하지 못한 때는 입심(立心)이라 하고, 그 위(位)의 성(盛)함이 오랫동안 유지될 때는 주심(住心)이라 하며, 거의 끝나서 다음 위(位)로 들어갈 때는 출심(出心)이라고 한다.

『성유식론(成唯識論)』 권9에는 이 십지에서는 차례대로 시(施), 계(戒), 인(忍), 정진(精進), 정려(精慮), 반야(般若), 방편선교(方便善巧), 원(願), 역(力), 지(智)의 십바라밀(十勝行)을 닦아서, 각기 십중장(十重障)[18]을 제거해야 하며, 각기 10진여(眞如)[19]를 깨달아 이에 의지해서 번뇌(煩惱), 소지(所知) 두 가지 장애를 바꾸어서 보리(菩提), 열반(涅槃)의 2과(果)를 얻는다고 한다. 이 가운데 초지에서 7지까지의 보살은 유루심(有漏心)과 무루심(無漏心)이 서로 섞여 있다. 이 때문에 분단생사(分段生死)[20]와 변역생사(變易生死)[21]의 구분이 있게 되고 8지 이상의 보살은 무루심을 가지고 있기 때문에 변역생사(變易生死)를 받는다.

천태종에서는 별교(別教)와 원교(圓教) 모두 각기 10계위(階位)를 갖추고 있다고 한다. 그렇지만 별교 초지의 보살은 일품(一品)의 무명(無明)을 끊었다는 점에서 그 증지(證智)는 원교(圓教)의 초주와 동등하다. 그래서 초지초주증도동원(初地初住證道同圓)이라고 한다. 이 때문에 별교의 초지 이상의 보살은 모두 원교(圓教)의 행인(行人)이 될 수 있다. 그러나 실제로 닦는 사람은 없다고 하는데 이것을 유교무인(有教無人)이라고 한다.

『화엄경탐현기(華嚴經探玄記)』 권9에서는 10지를 다음과 같이 해석하고 있다. 근본으로 말하면 첫째는 과해불가설(果海不可說)의 성품에 속하고, 둘째는 깨달은 바[覺證]의 내용으로 말하면 번뇌를 여읜 진여[離垢眞如]이다. 셋째 깨달은 지혜[覺智]로 말하면 근본·후득·가행(根本·后得·加行) 등의 세 가지 지혜[三智]가 있다. 넷째 번뇌를 끊는 것으로 말하면 이장(二障)을 벗어나는 것이고, 다섯째 닦는 내용으로 말하면 (초지에서 9지까지는) 수원행(修願行)[22]을 닦고 (10지는) 수위행(受位行)을 닦는다. 여섯째 닦아서

18 『성유식론(成唯識論)』 권9. "異生性障, 邪行障, 闇鈍障, 微細煩惱現行障, 於下乘般若涅槃障, 粗相現行障, 世相現行障, 無相中作加行障, 利他門中不欲行障, 於諸法中未得自在障.."

19 『성유식론(成唯識論)』 권9. "遍行眞如, 最勝眞如, 勝流眞如, 無攝受眞如, 類無別眞如, 無染淨眞如, 法無別眞如, 不增減眞如, 欲自在所依眞如, 業自在所依眞如."

20 迷惑의 世界를 헤매는 凡夫가 받는 生死를 말한다. 凡夫가 壽命의 長短이나 육체의 大小등 일정한 한계를 갖는 分段身을 받아 윤회하는 것을 말하며 有爲生死라고도 한다. 日蓮, 『開目鈔』 537-538면.

21 迷惑의 世界를 떠난, 輪廻를 초월한 성자가 받는 생사를 말한다. 欲, 色, 無色의 三界를 초월한 聖人들은 體形, 狀態를 자유롭게 變易할 수 있다고 한다. 菩薩의 身은 願力에 의해 변화하고, 改易될 수 있으며 한계가 없기 때문에 變易身이라 하고, 이러한 변역신을 받는 生存을 變易生死라 한다. 『成唯識論』(『大正藏』31권, 45상)

22 초지는 願行을 닦는 것이고, 이지는 戒行을, 삼지는 禪行을, 사지는 道品行을, 오지는 諸行을, 육지는 緣生行을, 칠지는 菩提分行을 팔지는 淨土行을, 구지는 說法行을 닦는

성취해야 하는 것[所修成就]으로 말하면 초지는 신락행(信樂行), 2지는 계행(戒行), 3지는 정행(定行), 4지로부터 그 이상은 혜행(慧行)[23]이다. 일곱째 수행의 과위(果位)로 말하면 깨달음의 계위(證位)와 아함위(阿含位)가 있고, 여덟째 법으로 말하면 초·2·3지는 인천승(人天乘)이고, 4·5·6·7지는 삼승이며, 8지 이상은 일승(一乘)이다. 아홉째는 계위에 해당하는 행(行)으로 말하면 십바라밀(十波羅蜜)을 이루는 것을 말한다. 열째 10지를 보(報)에 붙여서 말하면 염부제왕(閻浮提王)과 마혜수라천왕(摩醯首羅天王)[24] 등의 십왕(十王)을 다 통섭하고 삼보(三寶)를 염(念)하여 중생을 인도한다고 한다.

진언종(眞言宗)에서도 역시 10지[25]를 설하고 있다. 그런데 『대일경(大日經)』에는 단지 제8지와 제10지만 거론했을 뿐이고, 『금강정경(金剛頂經)』에서도 단지 초지(初地)와 제10지를 말했을 뿐이다. 이 때문에 진언종은 『화엄』·『인왕(仁王)』 등 현교(顯敎)의 경론을 인용하여 10지의 명목과 내용을 설정해 놓고 있다. 진언종의 10지는 깊고 얕음[深淺]의 두 가지 뜻으로 대별할 수 있는데 천략(淺略)한 뜻의 10지와 현교의 10지는 서로 같은 것이고, 심비(深秘)한 뜻의 10지는 곧 밀교의 실의(實義)에 귀결된다. 곧 초지와 10지는 결코 높고 낮음의 분별이 없고, 초지가 곧 극과(極果)임을 강조하고 있다. 그렇기 때문에 초지에서 극과를 깨달을 수 있는 것이다. 2지 이상은 곧 초지를 총덕(總德)을 나눠 나타내고, 판별한 천략(淺略), 심비(深秘) 두 가지 뜻에 대해서 해석을 덧붙였다. 또한 대일여래(大日如來)의 과덕(果德)을 나타내었기 때문에 사불(四佛)의 네 가지 친근(親近)인 16대보살(大菩薩)을 10지에 배당한다. 또 본유(本有)와 수생(修生)의 양면(兩面)에서 해석하였으니, 곧 본유무구(本有無垢)의 10지는 중생이 본래 갖추고 있는 보리심(菩提心)이 한량없음을 암시하고 있다. 그렇기 때문에 고하(高下)의 분별이 있을 수 없다. 그리고 수생현득(修生顯得)의 10지는 삼밀(三密)의 행에 의해서 세 가지 망집(妄執)을 끊어야 본유(本有)의 10지를 나타낼 수 있다. 그러므로 불과(佛果)에 이르고자 하면 아직도 일장(一障)을 끊어야만 한다.

일본의 정토진종(淨土眞宗)에서는 행자(行者)가 만약 타력(他力)의 신심

데 이것을 修願行이라 한다.

23 慧行 가운데 4··5·6지는 곧 이승의 慧이고, 칠지 이상은 보살의 慧이다.

24 『十地論』10에 의하면 초지는 대부분 이 염부제의 왕이 되고, 제2지는 輪王이 되며, 나아가 10지는 마혜수라왕이 된다고 한다.

25 芳村修基, 『イソド大乘佛敎思想研究』(京都: 百華苑, 1974), 315-316면 참조.

(信心)을 얻으면 곧 미타(彌陀)의 구도역량(救道力量)을 독신(篤信)하여 성불할 수 있는데, 그 때 내심(內心)이 환희로 가득 차게 되므로 환희지(歡喜地)라고 한다고 하였다. 세친(世親)의 『정토론(淨土論)』[26]에 의하면 보살이 중생을 구호하고 제도하기 위해 온갖 종류의 형상을 나타내는데 이 하나의 계위를 교화지(敎化地)라고 하였다. 담란(曇鸞)의 『왕생론주(往生論註)』 권하에는 이것은 8지 이상이 되는 보살이 가지고 있는 것이고, 정토에 태어나서 성불하는 보살인데, 다시 환상회향(還相廻向)의 작용에 의해서 미계(迷界)로 다시 들어간다. 또 교화지라는 말은 교화의 장소라는 것인데, 곧 미계를 가리키는 것이라고 하였다.

Ⅲ. 보살계위의 인접 개념과 현대적 의미

보살계위는 대승불교를 떠나서는 생각할 수 없는 문제이다. 대승불교의 근간은 보살과 발보리심을 전제한다. 그리고 이 대승보살의 목적으로서 보살도가 언급된다. 보살이 수행을 하는 것은 발보리심원만을 목적으로 한 것이다. 보살의 수행계위중 하나인 十地는 발보리심에 의해 시작되고 제 십지(十地)를 마쳐도 더욱 발보리심[27]하는 종착이 없는 수행이다. 보살은 또한 고뇌하는 중생을 구제할 의도를 갖고 자비심을 발하기 때문에 그 발보리심은 자비와 동의어가 된다.

이 자비심의 발로는 보살계위인 보살 10지중 제 8지 이상의 보살의 마음에 상당하는 것이라고 『유가사지론』에서는 언급하고 있다. 이러한 수행차제에 있는 보살의 마음은 성불에 근접하며 여래의 마음의 존재방식과 근접한 것으로 말해진다.

초지(初地)에서 세워진 이생(利生)의 서원(誓願)이 제8지 또는 그 이상의 지(地)에서 실제화될 수 있는 것으로 언급된다. 그것은 선근(善根)으로 충만한 보리심(菩提心)의 연못에서 흘러나온 자비심의 물줄기나 폭포처럼 중생계(衆生界)로 향하여 중생을 요익케 하기 위해 흘러나오는 것으로 비유

26 原名은 『無量壽經優婆提舍願生偈』이며, 『淨土論』, 『往生論』등으로도 불린다. Vasubandhu (世親, A. D. 320-400)가 저술하고 菩提流支가 6C초 漢譯했다. 정승석, 『佛典解說辭典』 (서울: 민족사, 1989), 110면.

27 田上太秀, 『菩提心の研究』(東京: 東京書籍, 1990), 230면 이하.

될 수 있다.

보살은 발보리심(發菩提心)에 의해 보리(菩提)를 향하는데 도움이 되는 제법(諸法)을 얻고, 또 중생을 이익되게 하기 위해 보살이 수행해야 할 바에 정진한다.

보리분법(菩提分法)을 수행하는 것도 일체중생을 요익케 하기 위한 것이며, 초발심(初發心)의 서원은 보살이 수행하는 범위에서 구현된다고 말해진다. 그리고 일체의 보살도(菩薩道)는 초발심에서 출발하는 것으로 일체세간행(一切世間行)을 포함하는 창고이자 대지라고 간주된다. 인간은 각자의 그릇과 근기에 따라 발심에 느리고 빠름이 다르고, 수행가운데 생기(生起)하는 것도 결코 같지 않다. 그러나 대승보살의 발심은 늦고 빠름의 차이는 있을지언정 대승보살의 수행도를 통해 보리(菩提)와 이생(利生)을 위한 전제이며, 보살의 수행차제도 이것과의 연관하에서만 의미를 갖게 된다.

불교의 전사상이 보살불교라는 점에서 성불과 불가분의 관계에 있기 때문이다. 대승 보살이 불과를 목표로 수행하는 도, 즉 육도만행을 닦아 자리이타가 원만해서 불과의 도를 성취하는 것을 말한다. 그러므로 보살도는 성불의 정인(正因)이고 성불은 보살도의 결과이며 성불하려면 반드시 보살도가 선행되어야 한다. ❁

최성렬 (조선대)

우리말 불교개념 사전

보현행원

범 Samanta Bhadra caryā praṇidhāna 장 kun tu bzaṅ poḥi spyod paḥi smon lam 한 普賢行願; 三曼多跋陀羅 영 Samanta-bhadra`s Practice and Vows

Ⅰ. 어원적 근거 및 개념 풀이

1. 어원적 근거

보현(普賢)이란, 산스크리트로 Samanta Bhadra(三曼多跋陀羅)이다. 『화엄경』 입법계품의 산스크리트본인 『Gaṇḍavyūhasūtra』4의 16에 의하면 Samanta bhadra boddhisattva-caryā praṇidhāna-abhiniryātaiḥ, 즉 '행(行)과 원(願)으로부터 출생한 보현보살(普賢菩薩)이라는 문구를 찾을 수 있다. 이 사만따 브하드라(Samanta bhadra)는 빠알리 성전(聖典)이나 초기 경전류에서는 용례를 찾기 어려우나 『보성론(寶性論)』 산스크리트본[1]에 보인다.

1 宇井伯壽, 『寶性論研究』(東京: 岩波書店, 1979), 618면과 색인 55면 참고. 즉 『寶性論』 「如來功德品」 제9에서 여래의 공덕중 32상을 찬탄하는 부분에서 samanta-bhadro'pratima가 나오고, 이의 해석은 '大仙은 賢良이며 吉祥이며 無比이다'라고 번역하고 있다.

또『금강정경(金剛頂經)』의 초입 부분에서는 '보현묘불공(普賢妙不空)', '바가범대보리심보현대보살(婆伽梵大菩提心普賢大菩薩) 주일체여래심시(住一切如來心時)', '여이발일체여래보현심(汝已發一切如來普賢心)'[2] 등이 자주 등장하여 여래의 32상을 총괄적으로 표현하거나, 여래를 형용하여 '두루 어진'(Samanta bhadra)이라는 수식어로 쓰이고 있다. 보현은 (1) 산스크리트로 보현행원은 Samanta bhadra caryā praṇidhāna, (2) 티벳어는 kun tu bzaṅ poḥi spyod paḥi smon lam, (3) 영어로는 Samanta-bhadra`s Practice and Vows로 표기한다.

위에서 Samanta bhadra boddhisattva-caryā praṇidhāna-abhiniryātaiḥ, 즉 행(行)과 원(願)으로부터 출생한 보현보살(普賢菩薩)이라는 경문의 문구를 통하여 보현과 보살의 행원(行願)은 자연스럽게 결부되어서『화엄경』전체의 보살사상으로서 자리매김이 되었다고 본다. 지엄(智儼, 602-668)은 보현을 덕(德)이 법계(法界)에 가득함을 '보(普)'라 하고 지순(至順)하고 조화롭고 부드러움이 '현(賢)'[3]이라 정의하였는데, 뒤에 다시『화엄경』「보현보살행품」에서 '법계에 행하여 두루 함을 보(普)라 하고 체(體)가 선(善)에 순하고 조화로움을 현(賢)이라 한다'[4]라고 해석하고 있다. 지엄은 또한『공목장(孔目章)』에서, 보현(普賢)에 둘이 있으니 하나는 삼승보현(三乘普賢)이고 또 하나는 일승보현(一乘普賢)이라고 한다. 삼승보현에는 인(人)과 해(解)와 행(行)을 들어서『법화경』을 이끌어서 해석하고, 일승보현에는『화엄경』에서 인(人)은「입법계품」의 선지식과 해(解)는「보현행품」의 60행문(行門)과 행(行)은「이세간품」의 10종 보현심과 10종 보현원행법에 대응시키고 있다.[5] 이는 지엄이 보현을 통하여 삼승과 일승을 융화시켜서 화엄의 일승보현으로 귀속시키려는 의도를 엿보게 하는 것이다. 또한 현수 법장(643-712)은「노사나불품」을 주석하면서 보현의 몸이 이 회좌(會座)에 앉

2『金剛頂經』(『대정장』 18권, 207 하, 208 상)은 "金剛頂一切如來眞實攝大乘現證大敎王經."이라고도 하며, 18부중 초회의 첫 부분을 不空삼장이 번역한 경전이다.

3『搜玄記』(『대정장』 35권, 17 상). "普者 德滿法界日普 至順調柔日賢."

4『搜玄記』(『대정장』 35권, 78 하). "行周法界云普 體順調善稱賢." 법장은『探玄記』(『대정장』 35권, 403 상)에서 "德周法界日普 用順成善稱賢."이라고 해석하였다.

5『孔目章』「普賢行品普賢章」(『대정장』 45권, 580 중). "普賢者大分有二 一三乘普賢二一乘普賢 三乘普賢者一人二解三行 初人者如法華經乘象至行者前 是其人也 二解者如法華經迴三歸一等 卽是趣向一乘之正解 三行者如法華經說普賢品 明普賢品明普賢行者卽是 二一乘普賢亦有三 一人謂第四十五知識普賢者是 二解卽普賢品六十行門各皆普遍 及漸次深深深深深深深深深深 及等因陀羅微細事等 三行卽離世間品十種普賢心十種普賢願行法."

아 있음과 동시에 시방무변세계에 다 상주해 있음을 보며 일체 중생의 몸 속에서도 한결같이 보현을 보기 때문에 그것이 바로 보현(普賢)이라고 해석하고 있다.[6] 이어서 청량 징관(738-838)은 '체성(體性)이 주변(周遍)함을 보(普), 인연을 따라서 덕(德)을 성취함을 현(賢)이다'[7]라고 한다.

여기서 한 가지 지적해 두어야 할 것은 보현이 화엄을 대표하는 보살로서 자리매김을 하는 데에 있어서 초기의 『화엄경』 단행본인 『도사경(兜沙經)』이나 『보살본업경(菩薩本業經)』, 『점비일체지덕경(漸備一切智德經)』에는 보현은 나타나지 않으며, 이 단행본에 대응되는 대본 『화엄경』의 「여래명호품」, 「정행품」,[8] 「십지품」이나 「십주품」, 「십행품」 등에도 보현의 모습이 나타나지 않는 것에 대해서 『화엄경』의 보살계위를 중심으로 하는 초기 경전에는 아직 화엄을 대표하는 보살로서 등장하지 못한 것이 아닌가 하는 추측을 낳게 한다.[9] 따라서 뒤에 대본 『화엄경』을 구성할 때, 서품격인 적멸도량회를 형성하면서 보현이 등장하고 비로소 보현은 『화엄경』의 수미를 일관하는 대표격인 보살로 등장하여 보살의 행원사상을 완성시켰다고 하는 논의가 이루어져 오고 있다.[10]

이상의 보현에 대한 해석을 참고하면서 '보현행원'이라는 주제를 명확히 규명하기 위하여 먼저 『화엄경』 속에서 보현 및 보현행원에 대한 문헌 고찰을 80권본 『화엄경』을 중심으로 살펴보고자 한다.

---

6 『探玄記』(『대정장』 35권, 157 중). "謂普賢身在此會坐 卽於十方無邊世界一一皆見常在處彼 本來當處而身不分亦無去來 一切塵中一切衆生身中皆亦如是 以衆生等卽如故 是普賢也."

7 『華嚴經疏』 體性周遍日普 隨緣成德日賢(『대정장』 35권, 535 중) 뒤에 「보현행품」(『대정장』 35권, 870 상)에서는 "德周法界爲普 至順調善日賢."이라는 해석을 다시하고 있다.

8 「정행품」에서 普賢의 명칭은 80『화엄경』에서만 보인다. 경문을 비교 인용하면 다음과 같다.
『菩薩本業經』(『大正藏』 10권, 449 중)은 "見佛圖像 當願衆生 悉覩十方 眼無障蔽."
60『화엄경』(『大正藏』 9권, 432 중하)은 "諦觀如來 當願衆生 悉覩十方 端正如佛."
80『화엄경』(『大正藏』 10권, 72 상)은 "諦觀佛時 當願衆生 皆如普賢 端正嚴好."으로 되어 있다. 따라서 보현은 80『화엄경』에서 새로 도입한 번역어라고 볼 수 있다.

9 현재 대본 『華嚴經』이 十地를 축으로 하는 菩薩階位를 중심으로 구성되었다고 보는 관점에서 「여래명호품」의 十住 十行 十廻向 十藏 十地 등이 중요한 단서가 되었다고 본다. 그리고 이러한 보살계위를 중심으로 하는 초기의『화엄경』단행본인 『兜沙經』이나 『菩薩本業經』, 『漸備一切智德經』 등 십회향을 제외한, 십주·십행·십지의 중요 보살계위를 설한 경전에는 아직 보현보살이 등장하고 있지 않다는 지적이다.

10 『講座大乘佛敎 3: 華嚴思想』(東京: 春秋社, 1983), 22면.

2. 개념 풀이

구체적인 보현행원의 시작은『화엄경』「보현삼매품」에서이다. 즉 보현보살이 비로자나여래장신삼매에 들어가서 시방의 일체 모든 부처님 전에 나타난다. 모든 부처님은 보현보살에 대하여 이는 비로자나여래의 본원력(本願力)으로 보현에게 가피하심이며, 동시에 보현보살이 일체제불의 행원력(行願力)을 수행한 결과라고 찬탄한다. 따라서 여래의 본원력의 가피와 행원력을 수행한 결과로서 능히 일체 부처님의 법륜을 굴리며 일체여래의 지혜의 바다를 다 열어서 나타낸다는 의미이다.[11] 뿐만 아니라 보현의 원(願)이 광대함을 바다에 비유하는 보살원해(普賢願海)와 보형행인(普賢行人), 보현행원(普賢行願)이라는 용어 또한 찾아 볼 수 있다.「화장세계품」에 보현원(普賢願), 보현서원력(普賢誓願力).[12] 또는「비로자나품」에도 보현보살소유원(所有願), 보현광대승(廣大乘)[13] 등의 명칭이 보인다. 그렇지만 이「보현삼매품」에서 여래의 본원력의 가피와 보현의 행원력의 수행이 보현보살을 형성하는 최대의 요인으로서 중요과제가 됨을 먼저 확인할 수 있다.

「십회향품」에서도 보현행원 등 보현에 대한 많은 경문이 등장하는데, 뒤에 보현행원과 회향사상과의 결합을 이끌어 내는 매개체 역할을 했다는 점에서도 중요한 부분이다.「십회향품」에서의 보현에 관한 중요 경문을 이끌어 보면 다음과 같다.

①보현보살행원의 그릇인 까닭이며[14] ②일체중생에게 다 보현보살행원을 구족하여 십력승을 만족하고 정각(正覺)을 이루게 하는 까닭으로 회향(廻向)하며[15] ③모든 중생에게 보현승(普賢乘)을 타고 출리(出離)를 얻게 하며 … 지혜지(智慧地)에 머물러서 보현행(普賢行)으로 스스로 장엄(莊嚴)하며[16] ④ 보현신(普賢身)을 성취하고, 보현어업(普賢語業)을 청정케 하며, 보

11 80『화엄경』(『대정장』10권, 33 상). "爾時一一普賢菩薩 皆有十方一切諸佛而現其前 彼諸如來同聲讚言 善哉善哉善男子 汝能入此一切諸佛毘盧遮那如來藏身菩薩三昧 佛子此是十方一切諸佛共加於汝 以毘盧遮那如來 本願力故 亦以汝修一切諸佛行願力故 所謂能轉一切佛法輪故 開顯一切如來智慧海故云云."

12 80『화엄경』(『대정장』10권, 40 중)

13 80『화엄경』(『대정장』10권, 53 하, 57 중하)

14 80『화엄경』(『대정장』10권, 138 상)

15 80『화엄경』(『대정장』10권, 155 상)

현의업(普賢意業)을 원만하며, 보현광대정진(普賢廣大精進)을 발기(發起)하며, 보현무애음성다라니문(普賢無碍音聲陀羅尼門)을 구족하며, 보현(普賢)을 구족하여 일체불(一切佛)을 보며, 보현(普賢)의 자재력(自在力)과 보현행(普賢行)을 이룩함[17] 등이다.

특히 「십회향품」에서도 보현에 관한 경문이 집중적으로 나타나는 곳은 제9 무착무박해탈회향(無着無縛解脫廻向) 부분이다. 이 제9회향은 보살이 일체제법에 마음으로부터 존중심(尊重心)을 일으키는 것이 가장 중요한 수행과제로 대두되는 내용이다. 자세한 내용은 보살이 모든 허물을 뉘우치는 것에 존중심을 일으키고, 수희선근(隨喜善根)에 존중심을 일으키며, 예경제불(禮敬諸佛)에 존중심을 일으킴으로써[18] 보현의 신어의업(身語意業)을 성취하는 것으로 이어진다. 이 제9무착무박해탈이라고 함은 모든 걸림에서 벗어나는 회향을 말하는데, 뒤에 완성되는 보현의 10대 행원 사상의 뿌리가 된다고 볼 수 있다. 회향행이 곧바로 보현의 행원으로 이어지는 사상의 흐름을 포착할 수 있는 부분이기도 하다.

다음은 80『화엄경』에만 있는 「십정품」에서의 보현의 역할에 대해 살펴보려 한다. 「십정품」에서는 보안(普眼)보살이 설법을 이끌어 가지만, 주제는 보현보살이다. 모든 보살이 보현보살을 만나기를 원하나 바로 만나보지 못하는 이유는 보현의 주처(住處)가 깊고 깊어서 가히 말로 이야기할 수 없을 뿐만 아니라, 보현보살은 다함없는 지혜의 문으로 사자분신(師子奮迅)의 선정에 들어가서 최상의 자재력(自在力)을 쓰고 있기 때문이라고 한다.[19] 그리고 모든 보살이 보현보살을 만나기를 간곡히 간청하자 비로소 보현보살이 모습을 드러내고 모든 보살은 보현보살을 통하여 비로소 제불을 만나고 보현행원을 원만히 성취한다고 설한다.[20] 「십정품」에서도 역시 보현보

16 80『화엄경』(『대정장』 10권, 164 상)

17 80『화엄경』(『대정장』 10권, 165-167). "①普賢菩薩行願器 ②爲令一切衆生悉具普賢菩薩行願滿十力乘現成正覺故廻向 ③令諸衆生乘普賢乘而得出離 … 住智慧地以普賢行而自莊嚴 ④成就普賢身, 淸淨普賢語業, 圓滿普賢意業, 發起普賢廣大精進, 具足普賢無碍音聲陀羅尼門, 具足普賢見一切佛, 普賢自在力, 成普賢行."

18 『화엄경』「십회향품」(『대정장』 10권, 165 중). "於悔諸過業心生尊重 於隨喜善根心生尊重 於禮敬諸佛心生尊重 於合掌恭敬心生尊重 於頂禮塔廟心生尊重 於勸佛說法心生尊重 於如是等種種善根皆生尊重."

19 『화엄경』「십정품」(『대정장』 10권, 211 하). "善男子 普賢菩薩住處甚深不可說故 普賢菩薩獲無邊智慧門 入 師子奮迅定得無上自在用."

20 『화엄경』「십정품」(『대정장』 10권, 212 중)

살의 행원사상을 엿볼 수 있다. 여래께서는 보현에게 보안보살과 여러 회중을 위하여 보현이 소유한 행원을 성만하기 위하여 10종의 삼매를 설하라고 권한다.[21] 결국 「십정품」은 이 10종 삼매를 설하는 것이 주된 내용이고, 끝부분에 이르러서는 삼매를 통하여 보현행원을 완성하게 되는 것이다. 제10 무애륜삼매(無碍輪三昧)에 이르러 보현 행원을 구현함에 있어서 삼매의 중요한 의미를 다시 확인하게 하고, 「십정품」은 마감한다.[22]

다음 「보현행품」에서 보현행원의 매우 중요한 부분이 설해지고 있다. 그 첫 번째가 보살행에 있어서 가장 큰 허물은 성내는 마음을 일으키는 행위라고 한다. 곧 보살이 진에심(瞋恚心)을 한번 일으키면 보살도에 있어서 백만 가지의 장애문이 열리게 되어서 보살도에 나아가지 못한다는 것이다. 이 「보현행품」에서는 성내는 마음을 일으키지 않음과 동시에 모든 보살행을 빨리 만족하기 위해서는 6종으로 분류되는 10종의 법을 닦으라고 권하여 60종의 보현의 수행법이 전개된다. 이를 정리하면 다음과 같다.

제1 부지런히 십종법(十種法)을 닦는 수행법은 ①마음에 일체중생을 버리지 아니함이며[心不棄捨一切衆生], ②모든 보살에 여래의 생각을 냄이며[於諸菩薩生如來想], ③길이 일체 불법을 비방하지 아니함이며[永不誹謗一切佛法], ④모든 국토가 다하지 아니함을 아는 것이며[知諸國土無有窮盡], ⑤보살행을 깊이 믿고 즐거워함이며[於菩薩行深生信樂], ⑥허공법계와 평등한 보리심을 버리지 아니함이며[不捨平等虛空法界菩提之心], ⑦보리를 관찰하여 여래력에 들어감이며[觀察菩提入如來力], ⑧무애변재를 정근 수습함이며[精勤修習無碍辯才], ⑨중생 교화하기를 싫어하지 아니함이며[敎化衆生無有疲厭], ⑩일체 세계에 머무르데 마음에 집착함이 없음이다[住一切世界心無所着].[23]

제2 십종의 청정법(淸淨法)은 ①깊고 오묘한 법을 통달한 청정[通達甚深法淸淨], ②선지식을 친근한 청정[親近善知識淸淨], ③모든 불법을 호지한 청정[護持諸佛法淸淨], ④허공계를 요달한 청정[了達虛空界淸淨], ⑤깊이 법계에 들어간 청정[深入法界淸淨], ⑥무변심을 관찰하는 청정[觀察無邊心淸淨], ⑦일체보살과 선근이 동일한 청정[與一切菩薩同善根淸淨], ⑧모든 겁에 집착하지 않는 청정[不着諸劫淸淨], ⑨삼세를 관찰하는 청정[觀察三世淸淨], ⑩일

21 『화엄경』「십정품」(『대정장』 10권, 212 하)
22 『화엄경』「십정품」(『대정장』 10권, 226-229)
23 80『화엄경』「보현행품」(『대정장』 10권, 258 중)

체의 제불법을 수행하는 청정[修行一切諸佛法淸淨] 등이다.[24]

제3 십종의 광대(廣大)한 지혜(智慧)는 ①일체중생의 심행의 지혜[一切衆生心行智], ②일체중생의 업보를 아는 지혜[知一切衆生業報智], ③일체불법을 아는 지혜지[知一切佛法智], ④일체불법의 심밀한 이취를 아는 지혜[知一切佛法深密理趣智], ⑤일체다라니문을 아는 지혜[知一切陀羅尼門智], ⑥일체문자변재를 아는 지혜[知一切文字辯才智], ⑦일체중생의 말과 음성과 사변과 선교를 아는 지혜[知一切衆生語言音聲辭辯善巧智], ⑧일체세계 가운데에 널리 그 몸을 나투는 지혜[於一切世界中普現其身智], ⑨일체중회의 가운데에 널리 영상을 나투는 지혜[於一切衆會中普現影像智], ⑩일체수생처 가운데에 일체지를 갖추는 지혜[於一切受生處中具一切智智] 등이다.

제4 십종의 보입법(普入法)은 ①일체세계가 일모도에 들어가고 일모도가 일체세계에 들어가며[一切世界入一毛道 一毛道入一切世界], ②일체중생신이 일신에 들어가고 일신이 일체중생신에 들어가며[一切衆生身入一身 一身入一切衆生身], ③불가설겁이 일념에 들어가고 일념이 불가설겁에 들어가며[不可說劫入一念 一念入不可說劫], ④일체불법이 일법에 들어가고 일법이 일체불법에 들어가며[一切佛法入一法 一法入一切佛法], ⑤불가설처가 일처에 들어가고 일처가 불가설처에 들어가며[不可說處 入一處 一處入不可說處], ⑥불가설근이 일근에 들어가고 일근이 불가설근에 들어가며[不可說根入一根 一根入不可說根], ⑦일체근이 비근에 들어가고 비근이 불가설근에 들어가며[一切根入非根 非根入不可說根], ⑧일체상이 일상에 들어가고 일상이 일체상에 들어가며[一切想入一想 一想入一切想], ⑨일체언음이 일언음에 들어가고 일언음이 일체언음에 들어가며[一切言音入一言音 一言音入一切言音], ⑩일체삼세가 일세에 들어가고 일세가 일체삼세에 들어가는[一切三世入一世 一世入一切三世] 등이다.

제5 십종 승묘심(勝妙心)에 머무는 법이란 ①일체세계어언비어언의 승묘심에 머물며[住一切世界語言非語言勝妙心], ②일체중생상념무소의지의 승묘심에 머물며[住一切衆生想念無所依止勝妙心], ③구경허공계의 승묘심에 머물며[住究竟虛空界勝妙心], ④무변법계의 승묘심에 머물며[住無邊法界勝妙心], ⑤일체심밀불법의 승묘심에 머물며[住一切深密佛法勝妙心], ⑥심심무

24 60『화엄경』「보현행품」(『대정장』9권, 607 하)에서는 "成就諸佛種姓淸淨"으로 되어 있다.

차별법의 승묘심에 머물며[住甚深無差別法勝妙心], ⑦제멸일체의혹의 승묘심에 머물며[住除滅一切疑惑勝妙心], ⑧일체세평등무차별의 승묘심에 머물며[住一切世平等無差別勝妙心], ⑨삼세제불평등의 승묘심에 머물며[住三世諸佛平等勝妙心], ⑩일체제불력무량의 승묘심에 머무는[住一切諸佛力無量勝妙心][25] 등이다.

제6 십종불법선교지(十種佛法善巧智)란 ①심심불법을 요달하는 선교지[了達甚深佛法善巧智], ②광대불법을 출생하는 선교지[出生廣大佛法善巧智], ③종종불법을 선설하는 선교지[宣說種種佛法善巧智], ④평등불법에 증입하는 선교지[證入平等佛法善巧智], ⑤차별한 불법을 분명히 아는 선교지[明了差別佛法善巧智], ⑥무차별한 불법을 깨달아 아는 선교지[悟解無差別佛法善巧智], ⑦장엄한 불법에 깊이 들어가는 선교지[深入莊嚴佛法善巧智], ⑧한 방편으로 불법에 들어가는 선교지[一方便入佛法善巧智], ⑨무량한 방편으로 불법에 들어가는 선교지[無量方便入佛法善巧智], ⑩무변불법이 차별 없음을 아는 선교지[知無邊佛法無差別善巧智], ⑪자심자력으로 일체불법에 퇴전하지 않는 선교지[以自心自力於一切佛法不退轉善巧智][26] 등이다.

결국 「보현행품」은 보살이 중생을 향해서 성내는 마음을 일으키면 온갖 장애가 발생한다는 경계와 함께 이상 여섯 단계의 60종의 보살행법을 차례로 닦아서 성취함으로서 보현행을 원만히 성취한다는 내용으로 설해져 있다. 이 광대무변한 60행문의 실천이 곧 보현행이 된다는 의미이다.

「여래출현품」에서는 여래의 입으로부터 나온 무애무외백천억아승지광명(無碍無畏百千億阿僧祇光明)이 시방허공계를 두루 다 비추고 나서 보현보살의 입으로 들어가자마자 보현보살의 위광이 여래의 다음으로 광대해지는 신통변화를 나타낸다.[27] 이에 여래성기묘덕보살은 보현보살에게 여래의 신통과 서상(瑞祥)에 대한 이유를 묻는 것으로 경은 시작된다. 결국 보현보살은 「여래출현품」의 설법자로서 여래 출현의 일체법이 보현의 입을 통

25 60『화엄경』「보현행품」(『대정장』 9권, 608 상)에서는 '勝妙心'을 '直心'으로 번역하고 있다.

26 80『화엄경』「보현행품」(『대정장』 10권, 258 상)에서 11종善巧智로 제10의 "知無邊佛法無差別善巧智." 가추가되었고, 60『화엄경』「보현행품」(『대정장』 9권, 608 상)에서는 10종巧方便法으로 되어 있다.

27 『화엄경』「여래출현품」(『대정장』 10권, 262 중하). "爾時如來卽於口中放大光明 … 而來右遶菩薩衆會 入普賢菩薩摩訶薩口 其光入已 普賢 菩薩身及師子座過於本時 及諸菩薩身座百倍 唯除如來師子之座 爾時如來性起妙德菩薩 問普賢菩薩摩訶薩言云云."

하여 남김없이 설해지고 있다. 이 때의 보현은 여래와의 입으로 광명(口光明)을 주고받음으로서 여래와 하나로 이어짐을 성취하고 여래와 동일한 신통으로 여래 출현(出現)의 법을 설하고 있음을 상징적으로 알 수 있게 한다. 그리고 보현보살이 "여래의 출현은 10종의 광대무변한 공덕에 의해서 이루어지는 것이다. 그 무량한 공덕이란, 과거에 한량없는 시간에 걸쳐서 일체중생을 섭수하여 보리심을 이루게 하고, 일체중생에게 대자비를 베푼 공덕과 행원(行願)의 끝이 없음과 복과 지혜를 닦고 제불께 공양하며 중생을 교화하는 등의 무량한 공덕에 의해서 이루어진다"라고 설하였다.[28] 이들은 그대로 뒤에 10종 보현행원과 뜻을 같이 하는 내용들이다. 그리하여 보현보살은 여래 출현의 모습으로 여래의 성기정법(性起正法), 신(身), 음성(音聲), 심(心), 경계(境界), 행(行), 성정각(成正覺), 전법륜(轉法輪), 반열반(般涅槃), 견문친근소종선근(見聞親近所種善根) 등의 10종법을 여래성기법(如來性起法) 내지는 여래출현법(如來出現法)으로서 설하는 것이다. 여래신(如來身)의 출현에서는 고산(高山)의 비유가 유명하고 여래심(如來心)의 출현에서는 경권(經卷)의 비유가 유명하다.[29] 이 「여래출현품」은 보현보살의 설법을 통해서 여래출현의 모든 현상이 10종법을 통하여 구체적으로 표명됨으로써 여래정각이 남김없이 구현되고 있는 데에 의의가 있는데, 보현보살의 역할이 돋보이는 곳이기도 하다.

「이세간품」에 등장하는 10명의 보살들은 모두 이름의 첫 자가 '보(普)'로 시작된다. 보현(普賢), 보안(普眼), 보화(普化), 보혜(普慧), 보견(普見), 보광(普光), 보관(普觀), 보조(普照), 보종(普幢), 보각(普覺) 등이며 보현보살이 상수가 된다. 이들 보살은 말로 다 표현할 수 없이 많은 불찰미진수 세계에서 이미 다 보현 행원을 성취하였고 깊고 깊은 마음으로 대원(大願)을 모두 다 원만히 증득한 보살들 이라고 한다.[30] 이러한 대보살들과 함께 보현보살은 이 「이세간품」에서 불화장삼매(佛華莊嚴三昧)에 들고 삼매로부터 일어나고 보혜(普慧)보살은 2백의 보살행에 대하여 질문을 한다. 그리고 보현보살은 이 질문에 2천의 법으로서 답을 설하는 것이 「이세간품」의 전모이다. 역시 이 품에 있어서도 보현보살은 중요한 설법자로서 등장하는데, 함께

28 『화엄경』「여래출현품」(『대정장』 10권, 263 상)
29 『화엄경』「여래출현품」(『대정장』 10권, 266 중, 272 하 참조)
30 『화엄경』「이세간품」(『대정장』 10권, 279 중). "如是等十不可說百千億那由他佛刹微塵數 皆悉成就普賢行願 深心大願皆已圓滿."

등장하는 보살들도 다 보현의 행원을 성취했다고 하는 것을 특히 지적해 두고자 한다. 그리고 보현은 여기에서도 매우 중요한 불화장엄삼매에[31] 들어가고 나옴을 볼 수 있는데, 보현의 행원은 삼매와 매우 관계가 깊음을 알 수 있다. 또한 2백의 질문 가운데 보현심과 보현행을 묻는 질문이 있고 이에 대한 각각 보현보살의 10종의 답이 있다. 정리하면 다음과 같다.

제1 십종 보현심(普賢心)이란 ①대자심을 발하여 일체중생을 구호하는 까닭이며[發大慈心救護一切衆生故], ②대비심을 발하여 일체중생을 대신하여 고를 받는 가닭이며[發大悲心代一切衆生受苦故], ③모든 베푸는 마음을 발하여 소유를 다 버리는 까닭이며[發一切施心悉捨所有故], ④일체지를 생각하는 것으로 으뜸을 삼는 마음을 발하여 일체불법을 구하기를 좋아하는 까닭이며[發念一切智爲首心樂求一切佛法故], ⑤공덕장엄심을 발하여 일체보살행을 배우는 까닭이며[發功德莊嚴心學一切菩薩行故], ⑥금강과 같은 마음을 발하여 일체처에 태어나데 망실하지 않는 까닭이며[發如金剛心一切處受生不忘失故], ⑦바다와 같은 마음을 발하여 모든 백정법이 다 흘러들어가는 까닭이며[發如海心一切白淨法悉流入故], ⑧대산왕과 같은 마음을 발하여 일체 악한 말을 다 참고 받아들이는 까닭이며[發如大山王心一切惡言皆忍受故], ⑨안온심을 발하여 일체중생에게 두려움이 없음을 베푸는 까닭이며[發安隱心施一切衆生無怖畏故], ⑩반야바라밀 구경심을 발하여 일체법의 무소유를 교묘히 관찰하는 까닭[發般若波羅蜜究竟心巧觀一切法無所有故] 등이다.

제2 십종 보현행법(普賢行法)이란 ①미래 일체겁에 머물기를 원하는 보현행법이며[願住未來一切劫普賢行法], ②본래 일체불을 공양공경하기를 원하는 보현행법이며[願供養恭敬本來一切佛普賢行法], ③일체중생을 보현보살행에 안치하기를 원하는 보현행법이며[願安置一切衆生於普賢菩薩行普賢行法], ④일체선근을 쌓고 모으기를 원하는 보현행법이며[願積集一切善根普賢行法], ⑤일체바라밀에 들어가기를 원하는 보현행법이며[願入一切波羅蜜普賢行法], ⑥일체보살행을 만족하기를 원하는 보현행법이며[願滿足一切菩薩行普賢行法], ⑦일체세계를 장엄하기를 원하는 보현행법이며[願莊嚴一切世界普賢行法], ⑧일체불찰에 태어나기를 원하는 보현행법이며[願生一切佛剎普賢行法], ⑨일체법을 잘 관찰하기를 원하는 보현행법이며[願善觀察一切

31 60『화엄경』「이세간품」(『대정장』 9권, 631 하)에는 "佛華嚴三昧."로 되어 있다.

法普賢行法], ⑩일체불국토에서 무상보리를 이루기를 원하는 보현행법[願於一切佛國土成無上菩提普賢行法][32] 등이다.

위의 2종 20법문의 보현행법은 보현보살 자신이 보현의 마음과 실천행법을 설한 것이라는 데 의의가 있다고 할 것이다.

「입법계품」에서는 보현보살과 문수사리보살이 상수(上首)가 되고 5백의 여러 보살들이 여래와 함께 법석을 장엄하고 있는 것으로부터 시작된다. 이들 보살은 다 보현행원(普賢行願)을 성취하여 경계가 걸림이 없어서 일체의 불찰(佛刹)에 두루하고 일체의 모든 여래에 친근 공양 예배한다. 중생을 위하여 청하지 않아도 늘 수호해 주는 '불청(不請)의 벗'이 되어 정법을 지키고 불종자를 이어서 여래의 집안에 태어나고 일체지혜를 성취한다는 내용으로 이어진다. 여기에서도 모든 보살은 보현행원을 성취하여 신통이 자재하고, 서원으로 중생을 제도한다는 경문을 볼 수 있다.[33] 그리고 보현보살은 모든 보살을 위하여 사자빈신삼매를 개발해서 밝게 연설해 보이고 있다.[34]

이렇게 시작된 「입법계품」은 문수보살에 의해서 선재동자의 구법행각이 촉발되고 각각의 선지식을 참배한 여러 곳에서 보현행원은 중요한 보살도로서 거론된다. 그러나 마지막 미륵보살에 의해서 문수보살을 다시 만나는 장면은 언제 읽어도 감동적이다. 선재동자가 모든 고난을 조금도 어려워하지 않고 선지식을 찾아 나선다. 다시 문수보살을 향하여 찾아 나서려는 찰나에, 문수보살은 1백1십 유순이라는 머나먼 곳에서부터 오른쪽 손을 뻗어서 선재의 이마를 어루만지면서 선재를 찬탄하는 것이다. 만약에 선재동자가 믿는 마음이 견고하지 못해 지금까지 걸어온 길에 대해 후회하는 마음을 일으켰더라면 공행(功行)을 갖추지 못했을 뿐만 아니라 다함없는 보살의 실천수행으로부터 물러갔을 것이다. 보잘 것 없는 작은 선근을 실천했을 뿐인데, 자만심을 내어서 적은 공덕을 얻은 것으로 만족하는 마음

32 『화엄경』「이세간품」(『대정장』 10권, 282 상)

33 『화엄경』「입법계품」(『대정장』 10권, 319 중하). "如是等菩薩摩訶薩五百人俱 此諸菩薩 皆悉成就普賢行願 境界無碍 普遍一切佛刹故 現 身無量親近一切諸如來故 … 於佛智海深信趣入及與無量諸世主俱 悉曾供養無量諸佛 常能利益一切衆生爲不請友 恒勤守護誓願不捨 入於世間殊勝智門 從佛敎生護佛正法 起於大願不斷佛種 生如來家求一切智."또한 60『화엄경』(『대정장』 9권, 676 중)에서는 "此諸菩薩皆悉出生普賢之行."이라하여 모든 보살은 보현의 행으로부터 출생했다고 한다.

34 『화엄경』「입법계품」(『대정장』 10권, 326 하)

을 냈을 것이다. 또한 행원(行願)을 일으키지 못했을 것이며 여래의 억념하는 바가 되어서 문수를 의지하여 보현의 광대행원의 도량(道場)에 들어가지 못했을 것이라는 찬탄의 경문이 이어지고 있다.[35] 경문에서 문수보살이 선재동자를 찬탄하는 내용은 그대로 보현행원의 사상을 집약한 것이 되며, 선재동자는 이 시점에서 보현행의 도량에 들어가게 됨을 읽을 수 있다.

이리하여 선재동자는 보현행원의 도량에 들어가는데 보현보살을 만나기를 원할 때에 10종의 상서로운 불찰(佛刹)의 청정한 장엄을 보게 되고 10종의 광명상을 보게 된다. 그 광명의 내용 중에 광명이 비추는 낱낱 티끌 가운데에서 보현보살의 일체 행원이 가지는 광대한 공덕을 칭찬하고, 보현보살의 광명변조법계를 방출해 낸다[36]는 부분이 있다. 선재동자는 이 10종의 광명상을 보고서 보현보살을 만날 것을 다시 굳게 서원한다. 그리고 보현의 몸에 솟은 낱낱의 모공(毛孔)을 통해서 광대무변한 일체 불찰의 불가사의한 신통의 세계를 다 보게 되는 것이다.[37] 이는 곧 보현행원이 펼쳐지고 있는 부처님 세계의 광대무변함을 그대로 보여주는 것이라고 생각 한다. 선재동자는 보현보살의 불가사의한 대신통력을 보고 바로 10종의 지바라밀(智波羅蜜)[38]을 얻게 된다. 이 지바라밀의 내용이 그대로 뒤에 이어지는 보현의 10대행원사상과 의미적으로 서로 연결 되어진다고 본다.

선재동자가 10종의 지바라밀(智波羅蜜)을 성취하자, 곧 보현보살은 오른손으로 선재동자의 이마를 어루만지면서 일체 불찰의 미진수의 삼매문을 증득했다고 수기하여 준다. 그 삼매를 통하여 선재는 옛적에 미쳐보지 못했던 일체 불찰의 무량한 공덕 장엄과 지혜 덕상(德相)과 광명의 세계를 다 보고 얻는다 하는 경문이 이어진다.[39] 그리고 이어서 보현보살의 무궁한 보현행원의 세계가 설해지며 어느새 선재자신이 보현의 몸속에 내재해 있음을 본다고 하는 경문은[40] 결국 여래와 보현과 선재가 동일체상으로서 행원

35 『화엄경』「입법계품」(『대정장』 10권, 439 중)
36 『화엄경』「입법계품」(『대정장』 10권, 440 상)
37 『화엄경』「입법계품」(『대정장』 10권, 440 중하)
38 『화엄경』「입법계품」(『대정장』 10권, 441 상). 경문에는 "十種智波羅蜜"이라고 하면서 실제로는 11종의 "智波羅蜜"이 기록되어 있다. 또한 60『화엄경』(『대정장』 9권, 785 상)에는 "十種不可壞智慧法門"이라는 명칭으로 역시 11종문을 들고 있다.
39 『화엄경』「입법계품」(『대정장』 10권, 441 상중)
40 『화엄경』「입법계품」(『대정장』 10권, 442 상). "時善財童子 又見自身 在普賢身內 十方一切諸世界中 敎化衆生."

의 실천자임을 나타내고 있는 것이라고 할 것이다. 그리고 선재동자는 이 보현보살을 의지하여 보현의 서원의 바다를 두루 섭렵하고 결국에는 보현과 더불어 동등하고 제불과 동등하고 일체불찰의 수행과 정각과 신통과 법륜과 변재와 언사와 대자비와 해탈자재가 모두 동등하여 바로 법계에 합일됨을 알 수 있다.[41]

이와 같은 보현행원은 맨 처음에 밝힌 바와 같이 여래의 본원력과 보살의 행원력에 의하여 이루어진 것이므로 그와 같은 여래의 공덕을 찬탄하여 무량불찰을 다 헤아려 알고 대해(大海)의 물을 다 마실 수 있으며 허공의 끝을 헤아려 바람을 묶어서 매어둘 수 있다하더라도 보현행원을 개현(開顯)하신 부처님의 공덕은 말로 다 설할 수 없다고 하는 게송으로 『화엄경』은 마감한다.[42]

Ⅱ. 역사적 전개 및 텍스트별 용례

1. 역사적 전개

1) 반야계 경전에서의 보현

앞서 살핀 바와 같이 보현행원은 『화엄경』의 각 주요 품에서 논의의 중심으로 전개되고 있음을 알 수 있다. 보현 및 보현행원 사상은 경전발달 과정상 대승불교 이후, 특히 『화엄경』을 중심으로 부각된 개념이며 용어라고 할 수 있다. 따라서 보현행원 사상은 대승사상이며 『화엄경』이 그 중심에 있는 것이다. 『화엄경』 전체 39품의 구성에 있어서 보현보살은 서품격인 제1적멸도장회 「세주묘엄품」에서부터 위요대중으로 등장한다. 그리고 각 품에서 매우 중요한 역할을 하고 있는 것을 살펴보았다. 현재 불교학계에서 대본 『화엄경』의 편찬시기를 3세기 이후로 잡는 것을 공인하고 있지만, 인도에서 1세기경에 활약한 용수보살[43]의 저술에서 이미 「입법계품」을 참

41 『화엄경』 「입법계품」(『대정장』 10권, 442 중). "當是之時 善財童子則次第得普賢菩薩諸行願海 與普賢等 與諸佛等 一身充滿一切世界 刹等 行等 正覺等 神通等 法輪等 辯才等 言辭等 音聲等 力無畏等 佛所住等 大慈悲等 不可思議解脫自在 悉皆同等."

42 『화엄경』 「입법계품」 (『대정장』 10권, 444 하)

43 용수가 활약한 연대에 대해서는 일반적으로 150에서 250으로 잡고 있다. 근래에 瓜生津 隆眞 著, 『龍樹 空の論理と菩薩の道』(東京: 大法輪閣, 1991, 27면 참조)에서 용수를

고한 흔적이 있는 것으로 보아[44] 「입법계품」에 등장하는 보현행원은 대승불교 초기의 사상이라고 말할 수 있다.

일반적으로 초기대승사상에 해당하는 『반야경』에 보현행원에 관해 언급되고 있는지 살펴보겠다. 「초분연기품」에서 현수(賢守)보살을 시작으로 관자재보살(觀自在菩薩), 금강장보살(金剛藏菩薩), 자씨보살(慈氏菩薩) 등의 명칭이 보이고[45] 「제2분연기품」에서도 현호(賢護)보살을 시작으로 관자재보살, 자씨보살 등이 있으나 역시 보현보살은 보이지 않는다.[46] 그러나 「제6분연기품」에 이르러서는 보상(寶相)보살을 시작으로 22번째 보살로 보현보살(普賢菩薩)이 등장하고 보살중(菩薩衆)으로서 명칭만 거명되고 있다.[47] 그 다음에 『반야경』에서 보현보살이 나타나는 것은 『승천왕반야바라밀경』에서 다시 보살중으로 거명되고 있다.[48] 그 다음 『실상반야바라밀경』에서 '보현보살체성변고(普賢菩薩體性遍故)'[49]라는 경문이 있어서 『화엄경』에서의 보현행원의 변만(遍滿)사상과 연관성을 추구해 볼 수 있다. 뿐만 아니라 뒤에 성립된 각종 반야계 경전에서는 여러 의미로 보현의 명칭이 등장하고 있다. 심지어 옹호성인으로서도 역할을 나타내고 있는 등은 재미있는 현상이다.[50] 그러나 살펴본바와 같이 초기 성립의 『반야경』에서는 보현보살을 찾을 수 없는 것도 확인할 수 있다.

2-3세기의 인물로 추정하고 있으나 실질적인 자료의 보완이 필요하다.

44 용수의 저서라고 보는 『대지도론』에 『화엄경』이라는 명칭은 없지만 『부사의경』, 『불가사의해탈경』이라는 명칭으로 『화엄경』이 여러 곳에 인용되고 있음을 지적하고 있다.(石井教道, 『華嚴教學成立史』, 東京: 平樂寺書店, 1964, 138-139면 참조)

45 『대반야바라밀다경』 (『대정장』 5권, 1 하, 2 상)

46 이는 『대반야바라밀다경』의 「제2분연기품」, 「제3분연기품」 (『대정장』 7권, 1 하, 427 하)에서도 「초분연기품」과 같이 보현의 명칭은 없다.

47 『대반야바라밀다경』(『대정장』 7권, 921 중) 여기에서는 『화엄경』에서 자주 보이는 금강장보살, 여래장보살, 해탈월보살, 普眼보살 등도 함께 보인다.

48 『승천왕반야바라밀경』 (『대정장』 8권, 687 상)

49 『실상반야바라밀경』 (『대정장』 8권, 777 하)

50 『金剛頂瑜伽理趣般若經』에서도 "一切有情卽是如來藏 普賢菩薩性遍故."(同, (『대정장』 8권, 780 중), "宣說普賢大樂金剛不空神呪無量決定入諸法性無初中後最勝第一甚深般若波羅蜜多理趣法門."(同, 780 하) 또 『徧照般若波羅蜜經』에서는 "卽普賢大菩薩藏一切自性故."(同, 783 상) 『大樂金剛不空眞實三麽耶經』에서는 "一切有情如來藏以普賢菩薩一切我故."(同, 785 하) 『最上根本大樂金剛不空三昧大教王經』에서" 一切有情如來藏故 是卽普賢菩薩."(同, 796 상) "以大菩提心遍修普賢行 令諸有情獲大利益."(同, 805 중) "遍滿普賢身 … 常行普賢行."(同, 822 중하) 『大乘理趣六波羅蜜多經』에서는 "爾時普賢菩薩摩訶薩 卽從座起偏袒右肩右膝着地合掌恭敬而白佛言大聖世尊我亦爲欲擁護國界及受持此經典者."(同, 872 중) 등의 반야계 경전에서 보현의 명칭을 찾을 수 있다.

2) 『법화경』에서의 보현

다음은 『법화경』을 살펴보기로 하자. 대승경전에서 『반야경』이 대승의 근본 토양이 된다면 법화, 열반, 화엄은 각자의 줄기를 뻗어서 각각의 꽃을 피운 경전들로서 서로 대비해서 살펴볼 때 각 경전의 특성과 주장을 분명히 알 수 있다. 여기서는 보현을 주제로 고찰해 보기로 한다. 구마라습 번역의 『묘법연화경』에서는 제28품이 「보현보살권발품(普賢菩薩勸發品)」이고, 법호 번역인 『정법화경』에서는 제26품이 「락보현품(樂普賢品)」이다. 그리고 『첨품묘법연화경(添品妙法蓮華經)』에서는 제26품이 역시 「보현보살권발품」으로 되어 있다. 『법화경』의 초기 성립 부분에서는 보현의 명칭은 보이지 않고, 후대에 첨부된 품목이라고 하는 경의 목차에서 보현보살의 명칭이 보인다.[51] 우선 「보현보살권발품」의 내용을 살펴보면, 보현보살은 동방(東方)의 보위덕상왕불국(寶威德上王佛國)으로부터 와서 사바세계의 석가모니불을 만나는 것으로 시작된다.[52] 보현보살은 신통력으로 『법화경』을 유포(流布)하고 『법화경』수행자를 보호한다는 서원을 한다. 뿐만 아니라 『법화경』에서의 보현보살은 다라니를 외우는 등 위신력을 강조하고 『법화경』 수지자를 사후에 도리천, 도솔천에 태어날 것이라는 수지독송(受持讀誦)과 여설수행(如說修行)의 공덕을 설하고 있다. 『법화경』에서의 보현보살은 『화엄경』에서의 보현보살과는 자못 성격이 다르게 나타나고 있다. 『화엄경』에서는 여래의 본원력에 의지하여 중생구제를 위한 행원사상에 철두철미한 모습임에 비하여, 『법화경』에서는 『법화경』을 수지독송하고 유포하는 주역으로서의 역할을 다하는 모습에 중점이 놓여 있다.[53] 이는 뒤에 『법화경』에 삽입되었다고 하는 「보현보살권발품」에서의 보현보살의 변형인 것이다. 이미 『화엄경』 「입법계품」을 통하여 유명해진 보현보살을 차용하여 『법화경』유포를 권장하기 위하여 보현보살을 등장시켰을 것으로 추리된다.

---

51 『법화경』의 각 품의 성립에 대해서는 내용으로 보아서 제1, 제2, 제3단계로 성립되었다고 보며, 특히「보현보살권발품」은 제3단계의 성립으로 다른 사상의 영향을 받아서 『법화경』의 말미에 첨부된 것이라는 의견이 인정되고 있다. (『法華經入門』 日新出版, 1966. 138면; 『대승불교』, 도서출판여래, 1995, 235면)

52 『법화경』(『대정장』 9권, 61 상)

53 『법화경』(『대정장』 9권, 61 중하)

3) 기타 문헌에서의 보현

(1)『관보현보살행법경(觀普賢菩薩行法經)』

『화엄경』이 여래 정각의 세계와 보살이 정각을 성취하기 위한 보살도를 설한 경전으로서 평가할 때에 수미일관하게 보살도의 주역을 맡은 보살은 보현보살이다. 보현보살의 역할과 보살도의 내용은 그대로『화엄경』전체의 표본이 되었다고 해도 과언이 아니다. 이러한 결과가 결국 40『화엄경』에서의 보현보살의 10대 행원사상으로 정리되었고,『보현행원품』으로 별행하게 되었다고 생각한다. 이러한『보현행원품』의 영향을 받아서 성립되었다고 보고『법화경』의 결경(結經)으로서 중요시 되는 경전이 곧『관보현보살행법경(觀普賢菩薩行法經)』이다. 천태 지의(天台智顗)에 의하여『법화경』의 결경(結經)으로서 지목된『관보현보살행법경』은 계빈의 선사(禪師) 담마밀다(曇摩蜜多)가 송나라 문제 원가(元嘉) 년간에 번역한 것으로 되어 있다.[54] 경의 내용은 처음 시작이 보현(普賢)의 신앙(信仰)을 중요시하여 보현보살 보기를 관하라는 것과 그 보현의 몸과 음성과 모습이 광대무변하여 육아백상(六牙白象)을 타고 사바세계에 와서 대승의 일실(一實)의 도(道)를 찬탄함으로서『법화경』수지자가 이 보현을 보고 환희 예경한다고 한다. 즉 보현행원을 성취한 신통자재한 보현보살을 독립된 신앙의 대상으로서 설정하고 법화행자가 대승경전의 독송과 참회와 수계 및 제불에의 예경 공양 등이 강조되고 있는 것이 이 경의 특색이다. 여기에서 특기하고자 하는 것은 보현보살이 행원의 실천자가 아니라, 행원을 성취한 보살로서 법화행자의 신앙의 대상이 되고 있다는 점이다.

이 경전은『법화경』내에「보현보살권발품」이 첨부되어『법화경』유통을 권장하고 경전 수지의 공덕을 찬양하는데 다라니를 외어서 경전 수지자를 옹호하는 신통 등을 보이는 것[55]과도 관계가 있다고 보아진다.「보현보살권발품」의 내용은 보현보살이 보현행을 강조하지만『화엄경』에서의 보현행원과는 변형된 내용임을 바로 알 수 있는 것이다. 이와 마찬가지로『관보현보살행법경』역시 대승경전을 독송하는 공덕으로서 보현보살을 만나보게 된다는 내용이 주가 된다. 그리고 그 다음으로 보현보살의 인도로 제불을 뵙고 참회를 수행하며, 대승경전인『법화경』을 독송하고 다라니를 외

54 橫超慧日 編著,『法華思想』(京都: 平樂寺書店 1975), 236면 참조.
55『법화경』(『대정장』9권, 61 상-하)

우는 등의 행법이 전개된다. 더 나아가서는 보살계(菩薩戒)의 수지를 설하고 있는데, 보현을 관상하면서 대승경을 읽고 육시(六時)로 시방제불에게 참회법을 행하라고 한다. 보현 신앙을 통하여 법화 행자의 육근 참회법과 보살계의 6중법 8중법의 수계(受戒) 등이 실천행법으로 설해지고 있다.[56] 이 경전의 주된 내용은 대승경전인 『법화경』을 독송함으로 인해서 모든 공덕을 성취한다는 것이다. 또한 참회를 강조하는 등의 『보현행원품』과의 유사한 사상은 엿보이나, 중심이 되는 보살도로서의 보현행원과는 다른 느낌이 드는 변질된 보현사상이라고 할 수 있다.

(2) 『열반경(涅槃經)』

『법화경』과 흔히 대비되는 대승경전의 하나인 『열반경』에서는 보현행원에 대해 구체적으로 다뤄지지 않고 있다. 다만 「서품」에서는 사천왕석제환인이 부처님께 올리는 꽃 공양 중에 '보현화(普賢花), 대보현화(大普賢花)'[57] 라는 명칭만 보일 뿐이다.

(3) 『보현연명경(普賢延命經)』

『화엄경』 등에 다뤄지는 보현행원과는 다르게 파생된 사상이 '보현연명(普賢延命)'이다. 이 독특한 '보현연명'은 『보현연명경』, 일명 『일체제여래심광명가지보현보살연명금강최승다라니경(一切諸如來心光明加持普賢菩薩延命金剛最勝陀羅尼經)』 또는 『보현연명다라니경(普賢延命陀羅尼經)』이라고도 하는 경전에서 설하고 있다. 이 경전의 내용은 보현보살이 제불의 심인(心印)을 얻어서 중생들이 단명하고 비명횡사하는 불행한 일을 불쌍히 여겨서 금강수명삼매지(金剛壽命三昧地)에서 연명(延命)의 최승금강다라니(最勝金剛陀羅尼)를 설하는 것이다. 중생이 목숨을 연장하고자 하면 보현보살의 형상을 모시는데, 그 모습은 만월동자(滿月童子)의 형으로 오불(五佛)이 모셔진 관을 머리에 쓰고 오른손에는 금강저를 들고 왼손에는 소집(召集)하는 금강령(金剛鈴)을 갖고서 머리를 땋아서 내린 모습이다. 청정도

56 『觀普賢菩薩行法經』 "說六根淸淨懺悔之法."(『대정장』 9권, 393 하); "次當自誓受六重法 受六重法已 次當勤修無 碍梵行發廣濟心 受八重法 入此誓已 於空閑處 燒衆名香散華 供養一切諸佛及諸菩薩大乘方等."(同, 393 하)

57 『열반경』(『대정장』 12권, 609 상) "曼陀羅花, 愛樂華, 香城花, 歡喜花." 등의 여러 꽃의 명칭과 함께 보인다.

량에 이와 같은 모습을 한 보현보살이 천엽의 보화에 백상(白象)을 타고 앉아 있는 형상으로 그려서 모셔놓고, 청정한 승려가 이 경전을 10만 번을 독송하면 수명이 늘어나고 비명횡사를 면한다고 하는 내용이다.[58] 여기에서 보현보살은 수명을 연장하기위하여 기도하는 신앙의 대상으로서 모셔진다. 이 경전은 밀교계 경전으로 보현보살을 만월동자의 모습으로 화상을 그려서 모시고 다라니를 외우면서 기도함으로서 현세의 수명연장이라는 복락을 받게 된다는 보현신앙인 것이다. 이는 『관보현보살행법경』에서의 보현보살과 많은 부분에서 유사한 모습이다. 보현보살과 수명연장(壽命延長)은 일견 관계가 없는 듯이 보이지만 보현의 행원이 허공계와 중생계가 다하도록 이어진다고 하는 영원성에서 수명연장이라고 하는 신앙이 발생하는 계기가 된 것은 아닐까 하는 추측을 낳게 한다. 이유야 어찌되었던 『보현연명경』은 『보현행원품』의 보현보살의 본래의 행원사상에서는 일탈해 있는 보현보살의 모습으로서 지적해 두고자 한다. 또한 앞에서 지적한 『법화경』 『열반경』 등에서도 『화엄경』과는 변형된 보현의 모습을 찾아 볼 수 있었다.

(4) 『화엄보현관행법문(華嚴普賢觀行法門)』

다음은 법장의 저서로 전해져 내려오는 문헌 중에 『화엄보현관행법문』이라는 것이 있다.[59] 이 문헌에서는 보현관(普賢觀)과 보현행(普賢行)을 나누어서 정리하고 있는데, 내용을 살펴보면 다음과 같다. 먼저 보현관에 10문이 있는데, ①회상귀성문(會相歸性門) ②의리기행문(依理起行門) ③이사무애문(理事無碍門) ④이사구민문(理事俱泯門) ⑤심경융통문(心境融通門) ⑥사융상재문(事融相在門) ⑦제법상시문(諸法相是門) ⑧즉입무애문(卽入無碍門) ⑨제망중현문(帝網重現門) ⑩주반원비문(主伴圓備門)[60] 등이다. 보현관을 나타내는 이 10문은 중국 화엄종 교학에서 보이는 『화엄법계관문』의 3관 30문의 내용은 물론이고, 지엄 이후의 화엄교학의 중심을 이루는 이사상융(理事相融)이나 성상융회(性相融會) 사상 등과 매우 유사함을 알 수 있다. 그리고 이 10문은 제7문까지가 이사(理事)나 성상(性相) 등의 대립개념

58 『一切諸如來心光明加持普賢菩薩延命金剛最勝陀羅尼經』(『대정장』 20권, 579 중)
59 『화엄보현관행법문』(『속장경』 1輯2編8套1冊)은 小部의 문헌이다. 이 문헌에 대한 문제는 陳永裕, 『華嚴觀法の基礎的研究』(서울: 民昌文化社, 1995), 205면 참조.
60 『화엄보현관행법문』(상동; 『속장경』 73-74면) 참조.

을 통합 내지는 원융으로 이끌어 가는 과정에서 지관(止觀)이라는 용어를 가지고 융통무애를 설명하려고 노력하고 있다.[61] 중국 천태종의 지관(止觀) 수행을 염두에 두고 화엄의 관행법을 구상한 문헌이라고 할 수 있다. 여기에서의 보현관은『보현행원품』의 실천이 주가 되는 보살행을 나타내는 것이 아니라 종래의 지관(止觀) 수행에 영향을 받아서 이사(理事)에 걸림이 없이 융통 자재한 관념의 세계를 관조하는 것에 역점을 두고 있는 내용이다. 이러한 보현행원에 대한 관념의 세계를 구축한데 이어서 이를 구체화하려는 의도로서 곧 뒤를 이어 보현행(普賢行)이라고 하는 수행문을 별도로 두고 있다. 즉 이『화엄보현관행법문』은 보현이라는 주제를 가지고 화엄교학과 천태지관에서 전개되어 온 관법의 교의를 총괄하고 이를 실천행으로 재구성하는 이중구조의 보살도의 실천 체계를 완성하려고 의도한 문헌이라고 생각한다.

10종 보현행이란, ①선기신심(先起信心) ②귀의삼보(歸依三寶) ③참회숙죄(懺悔宿罪) ④발보리심입대서원(發菩提心立大誓願) ⑤수보살삼취정계(受菩薩三聚淨戒) ⑥수리과행(修離過行) ⑦수선행(修善行) ⑧수인욕행(修忍辱行) ⑨구섭중생행(救攝衆生行) ⑩수평등행(修平等行)[62] 등이다. 그리고 이 10종 보현행에는 다시 각각 세 가지 뜻을 부연해서 설명하고 있으므로 결국 30개의 보현행이 이루어지는 것이다. 하나를 예로 들면 먼저 신심(信心)을 일으키는데 있어서 첫째는 스스로 여래장성을 소유하고 있으므로 수행하여 가히 얻을 수 있다는 것을 믿는 것, 둘째는 삼보의 공덕이 수승하여 헤아리기 어려움으로 이를 여의고는 다른 귀의처가 없다는 것을 믿는 것, 셋째는 인과는 결정하여 업보가 필연하며 따라서 악을 버리고 선을 닦음이 자심(自心)을 여의지 않음을 믿는다는 것 등의 세 가지 해석을 하고 있다. 이 10종 보현행을「보현행원품」에서 설하고 있는 ①예경제불(禮敬諸佛) ②칭찬여래(稱讚如來) ③광수공양(廣修供養) ④참회업장(懺悔業障) ⑤수희공덕(隨喜功德) ⑥청전법륜(請轉法輪) ⑦청불주세(請佛住世) ⑧상수불학(常隨佛學) ⑨항순중생(恒順衆生) ⑩보개회향(普皆廻向) 등의 보현 10종 대원과 비교해 보면,『화엄경』에서의 보현행원은 여래가 중심이 되어서 많은 부분이

61 이 10문의 내용을 설명함에 있어서 止觀을 의용하고 있다. 예를 들면 제일 會相歸性門에서 謂觀一切法自 性皆空 分別解了一念行心 稱理而觀 攝散入靜名止에서 보이는 止觀의 예이다. 陳永裕, 앞의 책, 205면 참조.

62 陳永裕, 앞의 책, 210-211면 참조.

여래에게 예경하고 여래에게 청하고 여래를 배우는 등으로 이루어져 있는 것에 비하여 『화엄보현관행법문』에서의 보현행은 수행자가 중심이 되어서 자신의 수행을 철저히 다져 나아가는 것이라고 말할 수 있다. 같은 보현의 명칭을 띄고 있지만 그 내용에 있어서는 큰 차이점을 느낄 수 있으므로 이 또한 『화엄경』의 보현행원을 기준으로 할 때, 『화엄보현관행법문』의 보현행은 변형된 것이라고 말할 수 있을 것이다.

이상에서 『반야경』과 『법화경』과 『관보현보살행법경』 및 『열반경』 등 기타 문헌에서 보현보살을 살펴본 결과로서 알 수 있는 것은, 『반야경』에서는 「제6분연기품」에서 처음 명칭이 보이지만 특별한 역할은 보이지 않고 뒤에 성립되었다고 보는 각종 반야계 경전에서 단편적으로 나타나는 것을 알 수 있다. 그리고 그 내용은 위에서 살핀 바와 같이 여래장(如來藏) 내지는 자성(自性)과 관계가 있고 나아가서는 현세의 이익을 얻게 한다든가 경전수지자의 옹호성인으로서 보현보살이 등장하고 있음을 볼 수 있다. 경전의 수지자(受持者)를 옹호한다는 역할은 『법화경』에서와 같은 역할이다. 따라서 『화엄경』에서 보이는 보현의 행원사상과는 많이 변형된 보현사상인 것을 알 수 있다. 『화엄경』에서 보이는 보현의 행원은 『화엄경』 고유의 보현행원이며 이를 더욱 확대 보완시킨 것이 『보현행원품』이라고 할 수 있다. 『화엄경』 전체의 보살도 사상을 총합하여 『보현행원품』의 10종 보현대원이 성립되었다고 한다면 이 보현의 영향으로 나타난 것이 『법화경』 내의 「보현보살권발품」과 『법화경』 결경(結經)으로서의 『관보현보살행법경』에서의 보현보살의 등장이라고 할 수 있다. 그런가 하면 후대에 성립된 각종 반야계 경전류에서도 다양한 보현보살의 모습을 찾을 수 있다.

4) 『보현행원품』에서의 보현행원

이제 보현행원의 결론에 접근하기 위하여 『화엄경』에서의 보현행원은 『보현행원품』을 중심으로 살펴보고자 한다. 여기서 말하는 『보현행원품』은 반야삼장(般若三藏)이 796년에서 798년에 걸쳐서 번역한 40권 본 『화엄경』의 제일 마지막 제40권의 1권을 지칭하는 것이다. 이미 알려진 바와 같이 반야역의 40권 『화엄경』은 『화엄경』 「입법계품」에 상당하는 것이며 경의 내제(內題)에는 「입부사의해탈경계보현행원품」이라고 되어 있다. 그리고 제일 마지막 40권 째인 1권의 내용은 60권이나 80권 『화엄경』에는 없는 내용으로 뒤에 보현행원을 중심으로 증광(增廣)되어 첨부한 것으로 본다.

또한 일찍이 이 1권은 별행본으로 유통되기도 하였다. 징관은 이 경을 주석하여 『보현행원품소』 10권과 『보현행원품별행소』 1권을 저술하였고, 종밀은 『보현행원품별행소초』 6권을 저술하였다.[63] 또 하나 『보현행원찬』 1권은 제40권의 후반에 나오는 게송만을 묶은 것으로 범어, 티벳어, 한역이 각각 단행본으로 현존하고 특히 60『화엄경』을 번역한 불타발타라가 420년에 이 게송만을 별도로 번역해서 『문수사리발원경(文殊師利發願經)』[64]으로 전하여져 오고 있다. 따라서 기존의 『화엄경』「입법계품」과 『보현행원찬』 게송이 서로 연결되면서 게송의 사상을 담은 『보현행원품』의 산문(長行) 부분이 성립되어 『화엄경』전체의 보현행원을 완성하는 보현의 10대행원이 성립되었다고 본다.[65] 그리고 이 10대행원의 성립 근거는 『삼만다발다라보살경』(三曼陀跋陀羅菩薩經)에 의거해서 안배되었을 것이라는 의견이 있다.[66] 이 경은 『歷代三寶紀』에 수록되어 있고, 서진(西晉)시대의 섭도진(聶道眞)이 번역한 것이다.[67] 따라서 서진시대에 전역된 경전들을 참고로 『화엄경』에 첨부되었을 것이고,[68] 그리고 특히 이 부분의 후반에는 아미타불을 찬탄하는 경문이 자주 보이는 것이 특징이다. 이는 이미 유행되고 있던 아미타불 신앙이 『보현행원품』에 삽입되었을 것으로 추측한다.[69]

이제 『화엄경』의 제40권 『보현행원품』을 중심으로 보현행원을 살펴보면 그 처음은 여래의 한량없는 공덕을 성취하려고 한다면 10종의 광대행원(廣大行願)을 닦으라고 하는 것이 경의 시작이다. 따라서 우리가 말하는 보현행원은 이 10대행원에 이르러서 완성된다. 『화엄경』에서 보살의 행원을 거론하자면 『화엄경』 자체가 행원의 전부라고 해도 과언이 아니다. 『보현행원품』의 보현 10종 대원의 사상적 연원을 찾아보기 위하여서는 먼저 「십

63 『속장경』(제1-7-3과 제1-7-5). 징관의 『행원품별행소』는 종밀의 『보현행원품별행소초』속에 주석의 원문으로 인용되고 있다. 따라서 징관의 『행원품소』와 『행원품별행소』는 별개의 문헌에 대한 주석이라는 지적이 있다.(조윤호, 「보현행원사상 연구를 위한 문헌학적 접근」, 한국불교학결집대회논집 제1집 상권, 2002, 439면 참조.

64 佛陀跋陀羅 역, 『文殊師利發願經』(『대정장』 10권, 878 하). 『Gaṇḍa-vyūha』와 티벳역에는 이 게송은 「입법계품」의 말미에 첨부되어 있다고 한다.(高峯了州, 『華嚴論集』(東京: 國書刊行會, 1976), 246면)

65 高峯了州, 앞의 책, 246면 참조

66 望月信亨, 『淨土敎の起源及び發達』(東京: 山喜房佛書林, 1972), 538면 참조.

67 섭도진 역, 『歷代三寶紀』(『대정장』 49권, 66 상). 『三曼陀跋陀羅菩薩經』 (『대정장』 14권, 666 하) 섭도진역은 시방제불에 作禮悔過 願樂勸請 등의 내용으로 구성되어 있다.

68 김운학, 『新羅佛敎文學硏究』(현암사, 1976), 303면 참조.

69 中村 元 現代語譯, 大乘佛典5 『華嚴經』 『楞伽經』(東京: 東京書籍, 2003), 162면.

지품」에 보이는 초환희지 보살의 10종의 대원(大願) 역시 광대무변한 보살의 행원을 나타내고 있다.[70] 또 「입법계품」의 경문 안에서도 보현이 소유(所有)한 10종 대원이 있다.[71] 이 10원도 보현보살이 소유한 원으로서 지적해 두고자 한다. 『화엄경』에서의 이와 같은 모든 보살의 원(願)을 종합하여 이루어진 것이 결국 『보현행원품』에서의 10종 대원[72]으로 이어졌다고 본다. 이제 그 10종 대원의 내용을 하나하나 고찰함으로서 보현행원의 구체적인 사상을 살펴보기로 하자.

제1 예경제불원(禮敬諸佛願)에서는 깊은 신해(信解)를 가지고 청정한 몸과 입과 마음의 3업으로 무량한 부처님 계신 곳을 찾아서 예경하기를 중생계와 중생의 번뇌가 다함이 없는 것과 같이 보현의 예경제불원도 다함이 없다는 것이다.

제2 칭찬여래원(稱讚如來願)에서는 깊은 승해(勝解)를 가지고 일체 여래의 무량한 공덕을 미묘한 설근(舌根)으로 찬탄해 마지않는다는 서원을 세우고 있다. 이 또한 중생계가 다할 때까지 여래의 공덕을 찬탄한다는 보현의 행원이다.

제3 광수공양원(廣修供養願)에서는 깊은 신해(信解)를 바탕으로 꽃, 음악, 일산, 의복, 온갖 향과 등(燈)의 공양구(供養具)를 갖추어서 한량없는 부처님께 공양을 올린다고 한다. 그러나 이 모든 공양구 중에 가장 으뜸이 되는 공양은 법공양(法供養)이라고 하며, 법공양의 내용은 다음과 같다.

즉 ①부처님의 말씀과 같이 수행하는 공양[如說修行供養], ②중생을 이익되게 하는 공양[利益衆生供養], ③중생을 섭수하는 공양[攝受衆生供養], ④중생의 고통을 대신 받는 공양[代衆生苦供養], ⑤부지런히 선근을 닦는 공양[勤修善根供養], ⑥보살의 업을 버리지 않는 공양[不捨菩薩業供養], ⑦보리심을 여의지 않는 공양[不離菩提心供養][73] 등의 일곱 가지 법공양이 공양 중에 최고의 공양이 된다고 설하고 있다. 그 까닭은 모든 여래를 존중하기 때문이며, 부처님의 말씀과 같이 수행함으로써 제불을 출생시키기 때문이라고 한다. 위에서 설하는 법공양을 실천함으로써 진정한 여래에게 공양을 올리

70 『화엄경』「십지품」(『대정장』 10권, 181 하). 각 원의 끝에는 '廣大如法界究竟如虛空 盡未來際一切劫數無有休息'이 반복해서 설해지고 있다.
71 40『화엄경』「보현행원품」(『대정장』 10권, 753 상)
72 40『화엄경』「보현행원품」 제40 (『대정장』 10권, 844 중)
73 40『화엄경』「보현행원품」(『대정장』 10권, 845 상)

는 것이 되며 참다운 공양이 된다고 하는 내용이다.

제4 참회업장원(懺悔業障願)에서는 탐진치 3독으로 신구의 3업을 발동시켜서 무량한 악업을 지어온 것을 생각하고 이제 청정한 삼업으로 일체 모든 부처님과 보살 전에 성심으로 참회하여 다시는 악업을 짓지 않을 뿐만 아니라 항상 정계(淨戒)에 머물러서 일체 공덕을 쌓겠다는 서원이다.

제5 수희공덕원(隨喜功德願)에서는 보살이 일체제불에 의지하여 처음 발심함으로부터 일체지(一切智)에 이르도록 부지런히 복덕을 닦고 신명(身命)을 아끼지 않고 난행고행(難行苦行)하여 모든 바라밀을 원만히 하고 보살지지(菩薩智地)에 깨달아 들어가며 모든 부처님들의 최상의 깨달음과 열반에 드시는 모습과 사리를 분포함을 모두 다 성취한 모든 여래의 선근을 다 따라서 기뻐하고, 또한 십방 일체 생류(生類)가 소유하고 있는 바의 모든 공덕을 다 또한 따라서 기뻐하며, 일체 성현(聖賢)과 보살이 소유한 모든 공덕을 다 따라서 기뻐한다는 서원이다.

제6 청정법륜원(請轉法輪願)에서는 보살이 신구의(身口意) 3업으로 일체 불찰의 부처님과 보살회중에 지극한 마음으로 묘법륜(妙法輪)이 전하여 끊어지지 않기를 권청한다는 서원이다.

제7 청불주세원(請佛住世願)에서는 모든 부처님과 모든 보살과 성문 연각과 유학무학과 모든 선지식이 열반에 들려고 하는 것을 보면 그것을 만류하여 영원토록 세간에 머물러서 일체 중생을 이익 되고 즐겁게 해주기를 권청한다는 서원이다.

제8 상수불학원(常隨佛學願)에서는 이 사바세계에서 비로자나 여래가 실천하신 것과 같은 초발심과 물러가지 아니함과 신명(身命)을 버리기까지의 보시행과 육신을 손상해서까지 경전을 서사(書寫)하는 등의 법을 존중하는 모습과 일체 중생을 깨우치기 위하여 원만한 목소리와 천둥벽력과 같은 음성으로 중생이 좋아하는 것을 좇아서 그들을 성숙시키려고 하는 부처님의 모든 행위를 다 따라서 배우겠다는 서원이다.

제9 항순중생원(恒順衆生願)에서는 이 세상에 존재하는 모든 생류와 각양각색의 종족과 심성(心性)과 지견(知見)과 욕락(欲樂)과 모습 등을 가진 모든 중생을 위하여 그들을 따라서 함께 이바지하고 공양한다. 부모와 스승과 같이 극진히 하여 병고로 고생하는 이에게는 어진 의원이 되고, 길을 잃어버린 이에게는 바른 길의 안내자가 되며, 칠흑 같은 어둠 속에서는 밝은 불빛이 되고, 가난한 에에게는 무한한 복덕의 창고를 얻

게 하여 일체중생을 평등하게 이익을 얻게 한다는 것이다. 그 이유는 중생을 수순하는 것은 제불을 수순해서 공양하는 것과 같고 중생을 존중하는 것은 여래를 존중하고 이바지하는 것과 같으며 중생을 기쁘게 하는 것은 일체여래를 환희롭게 하는 것과 같기 때문이라는 것이다.[74] 왜냐하면 제불 여래는 대비심으로서 근본을 삼는 까닭에 중생으로 인하여 대비를 일으킨다. 대비로 인하여 보리심을 내고 보리심으로 인하여 등정각을 이루는 것이 마치 광야의 사막에 큰 나무가 한그루 서 있는데 뿌리로 물을 빨아올리면 줄기와 잎과 꽃과 열매가 다 무성해 지는 것과 같다. 생사의 광야에 한그루 보리수가 솟아 있으면 뿌리는 중생이 되고 꽃과 열매는 제불보살이 되기 때문에 대비의 물로써 중생을 요익하게 하여 불보살의 꽃과 열매를 성취하게 한다는 것이다. 또한 경에서는 만약 중생이 없으면 일체보살은 마침내 무상정각을 이루지 못한다는 데까지 기록하고 있다. 따라서 보살이 대비심으로 중생을 수순(隨順)하는 것이 곧 여래를 공양하는 것과 동등하다는 이치에서 중생에게 공양하고 중생을 수순한다는 서원을 밝히고 있다.

제10 보개회향원(普皆廻向願)에서는 보살이 중생을 모두 안락하게 하기 위하여 모든 병고를 없애고 악업으로 향하는 모든 문을 닫아버리는 대신에 열반에 나아가는 바른 길을 열어 보이며 중생이 감수할 무거운 괴로움의 과보는 보살이 다 대신 받고 그들에게는 해탈을 얻게 하겠다고 서원을 세운다. 모든 지은 바 공덕을 중생에게 돌려주겠다는 회향의 서원을 세우는 것이 마지막 보개회향이다. 이 제10 보개회향에서는 중생을 위한 대수고(代受苦) 사상과 모든 공덕을 다른 이에게 돌려주겠다는 회향사상이 두드러진다.

위의 10종 대원을 성취할 때에 보살은 일체중생을 성숙시킬 수 있으며 보현보살의 모든 행원을 다 성만(成滿)할 수 있다고 한다. 그리고 이러한 대원을 실천하거나 이 경문을 서사(書寫)하고 수지(受持)하면 보살은 생전에는 훌륭한 모습을 갖추고 수승한 권속을 갖게 되며 죽어서는 아미타불의 극락세계에 태어나게 된다고 하는 등의 사상도 서술하고 있

74 40『화엄경』「보현행원품」(『대정장』 10권, 846 상). “於諸病苦爲作良醫 於失道者示其正路 於闇夜中爲作光明 於貧窮者令得伏藏 菩薩如是平等饒益一切衆生 何以故 菩薩若能隨順衆生 則爲隨順供養諸佛 若於衆生尊重承事 則爲尊重承事如來 若令衆生生歡喜者 則令一切如來歡喜.”

다.[75] 이러한 『보현행원품』의 10종대원은 보현행원을 요약해서 서술한 것으로 유명한데, 특히 제3광수공양원에서 법공양의 내용이 구체적으로 서술되어 있는 것이 중요하다. 법공양의 실천으로 모든 부처님이 출생된다는 것만 보아도 그 중요성을 짐작하게 하는 것이다. 뿐만 아니라 첫 번째의 부처님의 말씀과 같이 수행하는 공양[如說修行供養]과 네 번째의 중생의 고통을 대신 받겠다는 공양[代衆生苦供養]과 여섯 번째의 보살의 업을 버리지 않는다는 공양[不捨菩薩業供養]과 마지막의 보리심을 여의지 않는 공양[不離菩提心供養] 등은 보현행원의 핵심이 된다고 할 것이다. 다음은 제9 항순중생원에서 보살이 병고로 고생하는 이에게는 어진 의원이 되고, 길을 잃은 이에게는 안내자가 되며, 칠흑 같은 어둠 속에서 광명이 되고, 가난한 이에게는 무한한 복덕을 얻게 하여 일체중생을 두루 이익 되게 한다는 경문은 너무나 유명하다. 그리고 또한 중생을 수순하는 것은 제불을 수순하는 것이며, 중생을 존중하는 것은 곧 여래를 존중하는 것이며, 중생을 기쁘게 하는 것은 일체여래를 기쁘게 하는 것과 같다는 부분에 이르러서는 중생을 향한 보현행원의 극치를 엿볼 수 있다. 그리고 제10보개회향에 이르러서는 지금까지 그릇에 담고 모아왔던 일체의 공덕을 모두 다 비워서 일체중생에게 돌려준다고 하는 대서원을 종결짓는 보살의 모습을 서술하고 있다. 보살은 모든 공덕을 중생에게 돌려줄 뿐만 아니라 오히려 중생의 고통을 대신 받음으로서 보살행원을 완성하는 것이다. 그리고 이 보현의 10종 광대행원을 통하여 공경(恭敬), 예배(禮拜), 공양(供養), 참회(懺悔), 권청(勸請), 수희(隨喜), 회향(廻向), 발원(發願) 등의 수행법의 정형을 수립했다고도 말할 수 있는 것이다.[76] 그리고 이와 같은 보현행원이 보살행으로서 높이 평가되는 또 하나의 이유는 다함없는 시간과 공간에서 영원히 지속시키겠다는 서원의 힘을 바탕으로 하고 있기 때문이다. 이는 어느 한시적인 행위는 보현행원이 될 수 없다는 이야기이기도 하다.

75 40『화엄경』「보현행원품」(『대정장』 10권, 846 하) 특히 게송(『대정장』 10권, 848 상중) 중에 "面見彼佛阿彌陀 卽得往生安樂刹 … 速見如來無量光 … 此人善得勝壽命 … 親覩如來無光 … 速往無量光佛刹." 등은 모두 아미타 정토의 왕생사상을 나타내고 있다.

76 高峰了州, 앞의 책, 248면 참조.

Ⅲ. 인접 개념과의 관계 및 현대적 논의

1. 인접 개념과의 관계

1) 본원력과 행원력 및 삼매력

보현행원에서 가장 먼저 관계가 깊은 용어는 제불의 본원력과 보살의 행원력이며 이는 삼매력과 깊은 관계성을 가지고 있다는 지적을 할 수 있다. 「보현삼매품」에서 보현보살이 비로자나여래장신삼매에 들어가서 시방의 일체 모든 부처님 전에 나타나니 모든 부처님은 보현보살을 찬탄하여 이는 비로자나여래의 본원력으로 보현에게 가피함이며, 동시에 보현보살이 제불의 행원력을 수행한 결과라고 찬탄하는 경문이 있다.[77] 즉 본원력과 행원력과 삼매력이 서로 연관 관계를 갖고 보살행의 커다란 힘의 원천으로서 작용하고 있는 것이다. 부처님과 보살이 수행의 단계에서 세운 본원력에 대응하여, 불보살이 끊임없이 현재에 몸소 실천에 옮기고 있는 자비실천의 서원이 바로 행원이라고 할 수 있다. 『화엄경』에서 이러한 대비실천의 대표자로서 상정된 보살이 보현이며 보현의 행위를 보현행원으로서 구체화시킨 것이 『보현행원품』에서 확립된 10종 대원이다. 『화엄경』을 대표하는 보살이 보현으로 자리하고 보살행의 총정리가 『보현행원품』에서 성취되었다고 볼 수 있다.

여기에서 여래의 본원력과 보현이 제불의 행원력을 수행한 결과라고 하는 것은 본원과 행원은 모두 제불여래에 속하는 것이지만 보현의 수행력에 의해서 이 둘은 하나로 합일되어서 보현행원으로 구현되었다고 보인다. 본원(本願)은 여래의 본원사상으로서 보살이 과거세에 수행할 때에 성불을 달성하는 목적으로서 세운 원을 본원이라고 한다.[78] 특히 아미타불이 일체중생을 구제하려는 서원이 대표적이다. 서방정토 극락세계를 건설하여 일체중생을 구제하겠다는 원을 세우고 성불하여 원과 같이 극락을 건설하였기에 본원이라고 하는 것이다. 아미타불과 마찬가지로 모든 부처님은 중생제도라는 본원을 세우고 모두 정각을 이루었던 것이다. 『보현행원품』의 본원(本願)사상의 중시는 곧 아미타불의 본원사상과 공감대를 형성하게 되었

77 주 10) 참조.

78 그러나 『화엄경』 「십정품」(『대정장』 10권, 212 중)에서는 "普賢菩薩本願力故."라는 경문이 보이므로 보현의 본원이란 바로 여래의 대행자임을 의미하는 것으로 이해된다.

고『보현행원품』에 아미타불사상이 첨부되기까지에 이르렀다는 결론을 이끌어 낼 수도 있을 것이다.『무량수경』에서 중생이 지극한 마음으로 극락세계에 왕생하기를 원하여 10念을 염송하고도 정토에 왕생하지 못한다면 결코 정각을 성취하지 않겠다는 법장비구의 '불취정각원(不取正覺願)'이[79] 곧 여래의 대표적인 본원(本願)이며, 본원에 의한 대비(大悲)의 원심(願心)은 중생구제의 근본 의욕임과 동시에 여래 성불의 본래적인 의지(意志)라고 해석하고 있다.[80] 이러한 본원은 가장 숭고한 여래의 이타(利他) 정신이며 불교의 중생 구제의 이념이기도하며『보현행원품』의 근본정신이기도 하다.

여기에서 다시 중요한 사항은 본원력과 행원력의 성취는 모두 삼매[81]를 근본해서 이루어지고 있다는 점이다. 먼저 보현이 등장하는「보현삼매품」에서는 품명자체가 보현삼매이며 보현이 '일체제불비로자나여래장신보살삼매'에 들어감으로서 시방제불이 함께 가피를 내리고 본원력과 행원력을 성취함을 증명하고 일체제불과 함께 보현은 일체지(一切智)를 성취한다고 경문은 설하고 있다.[82] 다음에 보현과 삼매의 관계를 찾을 수 있는 곳은「십정품」이다.「십정품」에서는 보현이 무변한 지혜문을 얻고 사자분신정(師子奮迅定)에 들어가서 가장 높은 자재(自在)한 작용(作用)을 얻어서 여래의 10종의 힘을 출생한다고 설한다.[83]「십정품」에서 보현이 들어간 사자분신삼매는「입법계품」에서는 여래가 대비법(大悲法)으로 방편을 삼기위하여 들어간 삼매가 바로 사자빈신삼매이다.[84] 삼매의 경지로 볼 때, 여래와 보현은 거의 대등한 경지에서 법을 설하고 보현의 행원이 대비에 근본을 두고 있음을 입증한다고 보아진다. 그리고 여래는 보현보살에게 보안(普眼)보살과 회중의 모든 보살을 위하여 10종삼매를 설하도록 하고 이 10종삼매에 의해서 모두가 보현보살이 소유하고 있는 행원(行願)을 다 원만성취하도록 하라고 한다.[85] 여기에서도 모든 회중(會中)의 보살이 10종 삼매를 의지하

79『무량수경』(『대정장』 12권, 267하-269 중)
80 小野蓮明,『願と信』(文榮堂書店, 1982), 167면.
81 화엄삼매에 대해서는 高峰了州. 앞의 책. 101-183면 참조.
82 80『화엄경』(『대정장』 10권, 33 상)
83 80『화엄경』(『대정장』 10권, 211 하)
84 80『화엄경』「입법계품」(『대정장』 10권, 320 상). "爾時世尊知諸菩薩心之所念 大悲爲身大悲爲門大悲爲首 以大悲法而爲方便充遍虛空 入師子頻申三昧入此三昧已 一切世間普皆嚴淨."

여 보현보살의 소유한 행원을 성취해 만족한다는 경문을 보고 행원과 삼매와의 관계성을 찾을 수 있다. 또한「십정품」에서 보현보살이 설하는 10종 삼매의 제일 마지막인 무애륜대삼매(無碍輪大三昧)를 설해 마치고 모든 보살이 이 10종 삼매를 얻으면 일체제불과 동일하다는 말을 듣고 보안보살이 보현보살에게 묻기를 그러면 왜 이 보살들을 佛이라고 부르지 않고, 십력(十力)이라고 부르지 않으며, 일체지(一切智)라고 부르지 않는가 등의 질문을 던진다. 보현보살이 대답하기를 단지 보살이라고 부르는 이유는 이들 보살이 여래의 도량에서 보살행을 닦고 보현행을 실행함에 잠시도 휴식하지 않는 까닭에 보살이라고 부를 뿐이라고 대답한다.[86] 따라서 삼매에 기초한 보현행을 닦으면서 잠시도 휴식하거나 보현행을 버리지 않는 것이야 말로 보현 삼매를 통한 보현행원의 순일(純一)한 모습임을 알 수 있는 것이다. 여기에서 보현행원은 잠시도 중단됨이 없어야 하며 이는 삼매력(三昧力)에 의해서 지속되어 지는 것임을 직감할 수 있다. 그리고 보현행원은 삼매의 경지에서와 같이 순일무구 해야 만이 보살행으로서 본래의 모습에 합일 되는 것임도 알 수 있는 것이다.

다음에「이세간품」에서 보현행원과 삼매의 관계를 볼 수 있다. 보현보살이 불화장엄삼매(佛華莊嚴三昧)로부터 일어나자 보혜(普慧)보살은 무엇이 보현심이며 무엇이 보현의 행법인가를 포함해서 2백가지의 질문을 토로한다.[87] 그리고 보현보살은 불화장엄삼매에서 갓 일어나서 순일무잡한 경지에서 2천의 법으로 답을 하는 것이 곧「이세간품」의 전모인 것이다. 여기에서도 보현은 불화장엄삼매, 또는 불화엄삼매의 경지에서 무량 법문을 연설하고 있음을 본다. 마지막「입법계품」에서의 선재동자와 보현보살과의 만남은 매우 극적으로 전개된다. 미륵보살의 인도로 다시 문수보살을 친견하려고 마음으로 생각하는 순간에 문수보살은 무한한 공간을 통과하여 오른손을 뻗쳐 와서 선재동자를 찬탄하고 보현보살에게로 인도한다. 그리고 선재는 보현을 만나게 되는데, 그 때의 보현보살은 법계의 제불회중에 모든 부처님 처소에서 보련화사자좌(寶蓮華師子座)에 앉아서 불가사의한 대신통력을 갖추고 10종의 지혜바라밀을 구족한 모습으로 선재동자를 만나고

85 80『화엄경』「십정품」(『대정장』 10권, 212 하). "爾時如來 告普賢菩薩言 普賢汝應爲普眼及此會中諸菩薩衆 說十三昧 令得善入成滿普賢所有行願."
86 80『화엄경』(『대정장』 10권, 228 중-하)
87 80『화엄경』「이세간품」(『대정장』 10권, 279 중)

오른 손을 펴서 선재에게 마정수기를 하는 것이다. 이때 선재동자는 바로 일체불찰미진수삼매문(一切佛刹微塵數三昧門)을 얻음[88]과 동시에 가히 말로 표출할 수 없는 무변세계의 보살행원의 장엄스러운 모습이 눈앞에 펼쳐진다. 그리고 급기야는 선재동자 자신이 보현보살의 몸속에 들어가 있음을 발견하게 된다. 그리하여 마침내는 선재동자가 보현보살의 모든 행원을 얻어서 보현보살과 제불과 세계와 행위와 정각과 신통과 법륜과 변재와 언사와 음성과 역무외(力無畏)와 부처님의 머무시는 곳과 대자비와 불가사의해탈자재가 모두 다 보현보살과 동등한 경지를 얻었다고 하는 데에서 「입법계품」은 마무리 된다.[89] 이는 삼매의 경지에서 제불과 보현보살과 선재동자와의 합일의 경지를 나타내는 경문이라고 이해한다.

이상에서 살펴 본바와 같이 보현행원의 전개 내지는 성취에 있어서 삼매의 경지는 행원을 성취시키는 근본 토대가 되고 있음을 알 수 있다. 그 이유는 삼매를 통하여 여래와 교감을 갖고 여래의 대자비와 여래의 신통력이 그대로 보살의 행원 속에 옮겨지는 작용이 삼매력을 통하여 이루어진다고 볼 수 있기 때문이다.

2) 한국 고문헌에 보이는 보현행원

고대 삼국의 야사(野史)를 기록한 『삼국유사』에는 많은 불교 기록을 찾아볼 수 있다. 야사라는 성격에 따라서 일반 생활 속에서의 신앙형태로 불교가 거론되고 있는 경우가 많다. 이러한 신앙을 정리해보면 가섭불신앙, 미륵신앙, 관음신앙, 정취보살신앙, 화엄신앙, 밀교신앙, 미타신앙, 지장신앙, 용신신앙, 등을 들 수 있다. 특히 「대산오만진신(臺山五萬眞身)」에는 오대산에 동대(東臺)에 일만 관음진신이 있고, 남대에 팔대보살과 함께 일만 지장보살이 있고, 서대에 무량수여래와 일만 대세지보살이, 북대에 석가여래가 오백아라한과 함께 있고, 중대에 비로자나불과 함께 일만 문수보살이 상주한다고 한다.[90] 이러한 보살 신앙 중에 등장하는 빈도수로 보아서 미륵, 문수, 관음이 단연 우위를 기록하고 있지만, 보현보살도 제목을 포함하

88 80『화엄경』「입법계품」(『대정장』 10권, 441 상)

89 80『화엄경』「입법계품」(『대정장』 10권, 442 상중). "善財童子得次第普賢菩薩諸行願海 與普賢等與諸佛等 刹等行等正覺等神通等 法輪等辯才等 言辭等音聲等 力無畏等佛所住等 大慈悲等 不可思議解脫自在 悉皆同等."

90『삼국유사』(『대정장』 49권, 998 하-999 상)

여 아홉 번 등장한다.

첫 번째는 「흥륜사벽화보현(興輪寺壁畵普賢)」이다. 벽화 보현의 내용은 신라 제54대 경명왕 때에 흥륜사에 화재가 나서 수리하지 못하고 있다가 정화(靖和)와 홍계(弘繼) 두 스님이 화주를 하여 흥륜사를 수리하려고 애를 썼다. 그러던 중, 921년 신사 5월 15일에 제석천신이 흥륜사 왼쪽 누각에 내려와서 열흘 동안 머무니 도량 내에 향기가 진동하고 오색구름이 사찰 내에 가득하니 온 나라 사람들이 흥륜사에 참배하고 금은보화를 시주하니 며칠 안 걸려서 공사를 다 마치게 되었다. 공사가 끝나는 것을 보고 제석천이 돌아가려고 하자 두 스님은 제석천에게 얼굴을 그려놓고 가면 정성껏 공양을 올려서 天恩을 갚고자 한다고 간청하자 제석천은 자신보다는 원력이 더욱 수승한 보현보살상을 그려서 경건하게 공양을 올리라고 하였다고 한다. 그리하여 그려진 보현보살이 흥륜사 벽화로 남아있다는 이야기이다.[91]

다음은 「의상전교(義湘傳敎)」에서 현수법장이 의상스님에게 보낸 편지 중에 법장스님이 내생에 다시 태어나서 의상스님과 함께 노사나불의 회상에서 무진묘법을 듣고 무량한 보현원행을 수행하자는 내용에 보현원행이 기록되어 있다.[92] 이는 법장이 자신의 보현원행을 수행하고자 하는 생각을 전달한 것으로 화엄행자가 닦아야 할 수행의 근본을 보현행원에 두고 있음을 알 수 있는 글이다.

다음에 「경흥우성(憬興遇聖)」에서는 『보현장경(普賢章經)』이라고 하여 문헌의 명칭으로서 쓰이고 있고,[93] 「낭지승운 보현수(朗智乘雲 普賢樹)」에는 낭지스님의 제자가 되는 지통(智通)스님이 스승을 찾아가는 길에서 나무 밑에서 쉬고 있다가 보현보살에게 구족계를 받았다고 하는 기록이 있다. 낭지스님은 뒤에 지통으로부터 이 이야기를 전해 듣고 자신은 일생을 아침저녁으로 정진하면서 보현보살 만나기를 염원했으나 뜻을 이루지 못했는데, 제자인 지통이 자신보다 낫다고 칭찬한다. 그리고 낭지스님은 제자인 지통에게 예를 올리고 지통이 보현보살을 만난 나무를 보현수(普賢樹)라고 이름을 붙였다는 기록을 볼 수 있다.[94]

---

91 『삼국유사』(『대정장』 49권, 991 하)

92 『삼국유사』(『대정장』 49권, 1007 상). "相與同於盧舍那 聽受如此無盡妙法 修行如此無量普賢願行."

93 『삼국유사』(『대정장』 49권, 1013 상)

마지막으로 「연회도명 문수점(緣會逃名 文殊岾)」에서 고승 연회(緣會)가 영취산에 은거하면서 항상 『법화경』을 독송하고 보현관경(普賢觀行)을 닦았다고 한다.[95] 여기에서 연회가 『법화경』을 독송하였다면 보현관행은 『법화경』의 결경(結經)인 『관보현보살행법경』의 관행법을 수행하였을 것으로 추측된다.

이상이 『삼국유사』에 보이는 보현의 명칭의 전부이다. 내용으로 보아서 보현보살의 신앙에 기인한 흥륜사의 보현의 벽화와 낭지의 보현수(普賢樹)에서 보는 신통 자재한 보현보살을 들 수 있고, 법장의 편지에서 보현행원의 수행과 『보현장경』이라는 문헌 및 『법화경』 결경에 기인하는 보현관행 수행 등 실로 다양한 의미의 보현이 등장하고 있음을 알 수 있다. 다만 「대산오만진신(臺山五萬眞身)」에서 관음, 지장, 대세지, 문수, 비로자나, 아미타, 석가여래와 아라한 등이 함께 등장하는데 유독 보현보살이 빠진 것에는 미진한 감이 없지 않다. 화엄의 삼성(三聖)과 사성(四聖)의[96] 신앙을 말하더라도 오직 보현보살만이 제외되어 있기 때문이다. 『삼국유사』 전편에 화엄관련 기사가 많은 것에 비해서[97] 보현보살에 관한 항목이 많지 않은 것은 아쉬운 감이 든다.

신라시대 고승으로 해동화엄 초조로 숭앙되는 의상의 저술 문헌 중에 『투사례(投師禮)』가 있는데, 이 문헌의 끝부분에 『보현행원품』의 게송이 첨부되어 있는 것이 지적되고 있다.[98] 물론 40권본 『화엄경』의 번역시기로 보아서 뒤에 첨부되었다는 주장이 옳으나 보현행원의 경문이 일찍이 유통되고 있었다는 하나의 단적인 예로서 들고자 한다. 또한 신라시대의 조성인 경주 석굴암에 본존불을 중심으로 뒷면에는 11면 관세음보살상이 조각되어 있고 좌우로 문수와 보현보살이 조성되어 있다. 751년 신라 경덕왕 10년에 석굴암을 창건하면서 문수와 보현을 대응시켜서 건축의 조각물에까지 보현보살이 등장하고 있는 것은 고대 한국불교 사상에 보현은 중요한 인물로 인식되고 있었다는 증거가 된다.

---

94 『삼국유사』(『대정장』 49권, 1015 중)

95 『삼국유사』(『대정장』 49권, 1015 하)

96 小島岱山, 「李通玄における三聖圓融思想の解明」, 『華嚴學研究』 창간호, 1987, 144면, 152면 참조.

97 『韓國華嚴思想研究』(동국대학교출판부, 1982), 13면; 『華嚴學論集』(大藏出版株式會社, 1997), 624면 참조.

98 김상현, 『新羅華嚴思想史研究』(서울: 민족사, 1991), 125면.

이처럼 보현보살의 신앙이나 신통, 행원의 수행 및 건축조각품 등에 이르기까지 다양하게 수용되었으나, 본격적인 행원사상의 정착과 유행은 고려 균여대사의 보현원가(普賢願歌), 즉 향가(鄕歌)의 제작에서 볼 수 있다. 향가는 신라시대 월명(月明)의 도솔가나 원성왕(元聖王)의 신공사뇌가(身空詞腦歌)를 다 포함해서 신라가요를 거의 총칭한다.[99] 신라는 중국에 대하여 자국을 '향'(鄕)이라고 지칭했는데 그러한 의미에서 자국의 말로 표현한 노래라는 뜻으로 향가라고 이름 한 듯하다. 『삼국유사』에 실려 있는 향가 14수와 『균여전(均如傳)』에 실려 있는 「보현원가(普賢願歌)」 11수가 있다. 여기에서는 이 균여의 「보현원가」에 대해서 살펴보고자 한다.

균여대사는 고려태조 6년 923년에 태어나서 일생 화엄학의 주석서를 찬술하면서 당시 해동화엄의 북악파와 남악파의 대립 갈등을 통합 화해시키려는 노력을 경주하였다. 균여의 화엄교학은 자신의 모든 주석서의 명칭에 '원통(圓通)'이라는 이름을 붙일 만큼 원융과 회통을 근간으로 하고 있다. 그의 『석화엄지귀장원통초(釋華嚴旨歸章圓通鈔)』에는 삼독(三毒)이 곧 보현행(普賢行)이라고 하여 삼독과 보현행을 상즉(相卽)의 개념으로 융회하고 있으며, 『석화엄교분기원통초(釋華嚴敎分記圓通鈔)』에는 보현원융(普賢圓融)의 행(行)은 부사의(不思議)한 대행(大行)이라고 정의하고 있다.[100] 균여의 저서 속에 보이는 보현행원은 단편적이긴 하지만 원융과 부사의라는 큰 틀을 가지고 보현행원을 구체화시킨 것이 곧 「보현원가」 11수라고 말할 수 있을 것이다. 이는 보현행원이 원융과 부사의라고 하는 매우 설명하기 어려운 부분을 오히려 서민의 정서에 맞는 향가로서 노래하였고, 일반 민중은 이 노래를 통하여 보현행원과 화엄원융의 세계에 쉽게 접근할 수 있었던 것이다. 그 예로 향가는 사람의 입을 통하여 담장에까지 쓰여서 오고 가는 사람들이 부르기도 하고 때로는 병고로 고생하던 사람들이 이 노래를 부름으로 병이 낫는 신통한 힘을 발휘하기도 하였다고 『균여전』에는 전한다.[101] 그리하여 『삼국유사』에 실린 14수와 함께 『균여전』에 실려 있는 보현행원 11수의 향가는 한국의 불교문학 차원에서도 대단한 가치를 가지고

99 김운학, 『新羅佛敎文學硏究』(서울: 玄岩社, 1976), 202면; 207면.

100 『韓國佛敎全書』 제4책, 127 하, 332 중하.

101 『均如傳』(『韓國佛敎全書』 제4책, 514 중). "右歌播在人口 往往書諸墻壁 沙平郡那必及干 緜痼三年不能醫療 師往見之憫其苦 口授此願王歌 勸令 常讀 他日有空聲唱言 汝賴大聖歌力 痛必差矣 自爾立効."

있으며 민중을 교화한 불교정신의 정형이 된다고 말할 수 있다. 균여의 향가는 향가의 마지막을 장식한 가장 완벽한 향가라고 평가한다.[102] 그리고 균여의 향가11수가 아름다운 현대어 역으로 오늘에 전해져 오고 있다.[103]

균여가 「보현원가」를 지은 목적에 대해서 세상 사람들이 즐겨 쓰는 도구를 가지고 보현의 행원을 노래하여 쉬운 방법을 통해서 깊은 이치를 깨닫게 하려는 것이다. 즉 통속적인 말에 의지하여 크고 넓은 인연을 나타내기 위함이라고 한다. 그리하여 기쁜 마음으로 「보현원가」를 외우는 이는 외우는 원[誦願]을 얻을 것이고 비방하는 생각을 가진 이도 생각하는 원[念願]의 이익을 얻게 될 것이라는 감회를 술회하고 있다.[104]

한국불교에 있어서 보현행원사상이 끼친 영향을 생각할 때에 반드시 균여의 「보현원가」 11수를 생각해야 하는 이유는 이 노래가 널리 불렸던 9세기가 정치적으로나 사회적으로 매우 격동기였기 때문이다. 일반 민중이 황량했던 삶 속에서 향가 내지는 「보현원가」를 노래 부르면서 불교적 삶을 영위해 갔다는 것은 고대 한국불교사에 있어서 중요한 의미를 내포하는 것이라고 지적할 수 있다.

2. 현대적 논의

1) 보현행원의 향가와 화엄신앙

이상을 고찰하면서 필자가 그 동안 보현행원에 대해 생각해 온 바를 '현대적 논의'라는 형태로 조심스럽게 논하려 한다. 신라와 고려를 거치면서 보현 및 보현행원은 신앙의 대상으로, 또는 예술조각품으로 보현행원과 마주할 수 있었다. 그리고 향가 속에 녹아들어 일상생활 속에서 노래로써 보현행을 손쉽게 누구나 접하고 마음에 새길 수 있었다. 이는 승려에게만 한

---

102 『均如傳』, 상동, 244면 참고.

103 1. 예경제불가를 예로 이끌어 보자.
마음의 붓으로 그린 부처님 앞에 절하옵는 이 내 몸아
법계의 끝까지 이르러라.
티끌마다 부처님 나라요,
나라마다 모시옵는, 법계에 가득한 부처님
구세 다하도록 절하고 싶어라.
아, 몸과 말과 뜻에 싫은 생각 없이 이에 부지런히 사무치리
법보575호(91.4.27), 576호(91.5.4.) 연재. 『均如傳』, 앞의 책, 513-514면 참조.

104 『均如傳』, 앞의 책, 513면 참조.

정되고 격리된 불교가 아니라 바로 민중의 생활 속에서 보현행원이 실천되고 있었음을 증명하는 것이기도 하다. 그리고 한국불교의 옛 선인은 매우 고차원적인 보살의 실천을 일반 서민의 일상생활 속에 스며들게 하는 방법을 터득하고 있었다고도 보아진다. 이러한 방법론은 현대에도 유용한 것이기에 시사하는 바가 매우 크다고 본다.

보현보살은 우리나라에서 각 시기별로 다양한 모습으로 등장하였다. 신앙의 대상으로서의 보현보살이 있는가 하면 조각품으로서의 보현보살이 있었지만, 결국 균여의 「보현십원가」로서 대표되는 서민의 노래로써 우리와 함께 할 때 더욱 빛을 발하였다. 기쁠 때나 슬플 때나 행복할 때나 괴로울 때나 늘 노래로 즐겨 부르며 항상 보현행원과 함께 했다. 이는 거창하지는 않지만 진솔하게 보현행원 본래의 의미를 회복한 것이라고 말할 수 있다.

우리나라나 일본이나 학계에서는 전통적인 화엄사상이 발전되어 갔다. 그러나 학문과는 별개로 일반 서민들이 신앙하는 보현보살사상이 일반화되는 과정은 조금 다르다. 우리나라에서는 모두가 쉽게 부를 수 있는 노래의 형식으로 조금 단순하게 보일지라도, 보현행원의 본래 정신을 그대로 유지하고 있다. 그러나 이웃 일본의 경우, 서민들에게 보현사상이 수용되는 과정에 차이가 있다. 일본의 많은 목록집을 참고해 보면 보현보살에 관한 전적(典籍) 가운데 전부는 아니라 하더라도 보현연명(普賢延命)에 대한 기록이 비교적 많이 눈에 띄고 있다.[105] 보현연명을 다룬 전적이 많다는 것은 연명(延命)신앙이 유행했음을 의미하는 것이다. 이는 밀교계통에서 당 불공(不空)삼장의 번역인 『일체제여래심광명가지보현보살연명금강최승다라니경(一切諸如來心光明加持普賢菩薩延命金剛最勝陀羅尼經)』의 영향을 받아 제작된 것이겠지만 대중적으로 유행했기에 빈번하게 많이 만들어졌을 것이다. 일본의 화엄계통 승려들이 유도했는지 서민들의 자발적인 관심인지는 확실치 않지만, 우리나라와 달리 수명연장과 같은 현실적인 욕구를 실현해 주는 보현보살로 신앙된 일면이 특이하다. 한국에서 전개된 보현사상이 향가라는 이름으로 본래의 사상에서 과히 일탈하지 않으면서도 민중의 삶 속에 진솔하게 용해되었다는 점은 자랑스러워해야 하고 오늘에 되살려야 한다.

---

105 『佛書解說大辭典』 제9권(東京: 大東出版社, 1932), 221면 참조.

한편 일본 화엄종의 고승 고변 명혜(高辨明惠)는 그의 저서 『화엄수선관조입해탈문의(華嚴修禪觀照入解脫門義)』에서 보현은 비로자나 문수와 함께 화엄의 삼성(三聖)으로서 수선관조(修禪觀照)의 수행 공간에 도인(圖印)으로 걸어놓고 정진하라는 방법을 제시하고 있다.[106] 또한 명혜의 『화엄불광삼매관비보장(華嚴佛光三昧觀秘寶藏)』에서도 화엄 삼성(三聖) 사상은 매우 중요하게 다루어지고 있음을 본다.[107] 이는 중국의 이통현(635-730)과 징관(澄觀) 이래의 비로자나 문수 보현의 화엄 삼성사상이 그대로 전래되고 있는 모습으로 보현연명(普賢延命)신앙과 함께 일본의 화엄신앙으로 지적해 두고자 한다. 이러한 다양한 모습의 보현행원사상은 여러 형태로 발전하면서 보살도 수행의 대표 격으로 보살행원 사상에 지대한 영향을 끼쳐 왔다.

2) 보현행원의 참회와 회향

현재 보현행원은 불교의 의식 속에서는 참회의 행법으로, 보살도의 실천에서는 회향사상으로 살아 숨쉬고 있다. 참회의 행법이란 중국의 선문일송(禪門日誦)에서 예불참회문(禮佛懺悔文)으로 정착되었다.[108] 또한 송나라 정원(淨源, 1011-1088)의 『화엄보현행원수증의(華嚴普賢行願修證儀)』 제8 「정수십행(正修十行)」에서 10종 보현대원이 예불참회의식으로 기술되어 있다.[109] 10종보현대원의 궁극적인 목적은 제10 보개회향(普皆迴向)이다. 보현행원은 중생을 향하여 일체를 회향하는 것으로 최고의 가치를 삼는다는 정신이다. 이는 다시 『화엄경』 중 「십회향품」의 제9 무착무박해탈회향(無着無縛解脫迴向)사상과 이어진다. 경문에는 걸림이 없는 해탈로 보현신(普賢身)을 성취하고 청정한 보현보살의 어업(語業)을 성취하고 보현보살의 광대한 정진을 일으켜 보현보살의 무애음성 다라니를 구족하고 보현보살의 견일체불 다라니를 구족하며 보현보살의 일체겁에 머무는 다라니를 성취하며 보현보살의 자재력(自在力)을 성취하고 이 자재력으로 일체중생의 도량과 일체 제불 전에 널리 출입함을 성취한다고 설한다.[110] 뒤에 40『화

106 『華嚴修禪觀照入解脫門義』(『대정장』 72권, 74 상중)
107 『華嚴佛光三昧觀秘寶藏』(『대정장』 72권, 87 하, 93 중)
108 『禪宗全書』 제97권 (文殊文化有限公司 中華民國79년. 318면 이하 참조)
109 『華嚴普賢行願修證儀』(『속장경』 1-95-5. 529 이하 참조)
110 『華嚴經』「십회향품」(『대정장』 10권, 165 중하)

엄경』에 마지막 「보현행원품」이 첨부되면서 10종 보현대원으로 제10 보개회향(普皆廻向)으로 종결 되는 것은 이 『화엄경』 「십회향품」에서의 제9 회향사상이 크게 영향을 끼친 것으로 추정할 수 있다. 뿐만 아니라 뒤에 발전한 보현보살의 여러 모습에 있어서도 그 모태적인 역할을 한 것이 바로 이 제9회향사상이다. 걸림이 없는 해탈 속에 보현보살은 청정한 신구의 3업을 구족하고 광대한 정진력으로 다라니와 신통자재를 다 성취한다는 것이다. 그리고 그러한 힘은 회향(廻向)의 바탕위에 이루어지고 있음을 알 수 있다. 그리고 제10 등법계무량회향(等法界無量廻向)의 중송(重頌)의 마지막 부분은 그대로 보현행원사상이 축약되어 있음을 본다.[111]

한국불교 선원에서 시행되고 있는 「예불대참회문」은 「보현행원품」에서 많은 부분을 이끌어 오고 있다. 이는 근세한국불교에서 보현행원이 의식예법(儀式禮法)으로 다시 의의를 되찾은 예라고 할 수 있다. 보현행원에 기원을 두는 참회의식은 참다운 수행 정신을 수립하려는 일환인데, 안으로는 자신의 내면세계를 향해 투철한 참회를 하고, 밖으로는 타인을 향해 공덕을 회향하려 함에서 찾으려한 것이다. 이는 곧 한국불교의 수행의 모체가 보현행원사상에 근간을 두고 있음을 알 수 있는 것이다. 그리고 제9 항순중생원(恒順衆生願)의 경문인 부모와 스승과 같이 극진히 하여 병고로 고생하는 이에게는 어진 의원이 되고, 길을 잃어버린 이에게는 바른 길의 안내자가 되며, 칠흑 같은 어둠 속에서는 밝은 불빛이 되고, 가난한 에에게는 무한한 복덕의 창고를 얻게 하여 일체중생을 평등하게 이익을 얻게 한다[112]는 내용은 불교의식의 중요한 「삼보통청」인 의식문[113] 속에도 그대로 실려있다. ❁

본 각 (중앙승가대)

---

111 상동. 如是供養諸佛時 以佛神力皆周遍 悉見十方無量佛 安住普賢菩薩行
過去未來及現在 所有一切諸善根 令我常修普賢行 速得安住普賢地
一切如來所知見 世間無量諸衆生 悉願具足如普賢 爲聰慧者所稱讚
(『대정장』 10권, 178 상)
若欲成就佛所說 菩薩廣大殊勝行 宜應善住此廻向 是諸佛子號普賢
一切衆生猶可數 三世心量亦可知 如是普賢諸佛子 功德邊際無能測
一毛度空可得邊 衆刹爲塵可知數 如是大仙諸佛子 所住行願無能量
(『대정장』 10권, 178 중)

112 앞의 주74 참조.

113 『釋門儀範』, 법륜사, 1931, 삼보통청 참조.

왕생

범 upapadyate 한 往生極樂
영 go to Nirvana after death[go to Paradise]

Ⅰ. 어원 및 개념

정토사상은 아미타불의 본원에 의해 장엄된 극락정토에 왕생하는 것을 목적으로 한다. 극락정토에 왕생하기 위해서는 아미타불의 본원력을 믿고, 염불해야 한다. 정토에 왕생하기를 원하는 자에게 염불은 언제나 믿음에 의해 유지되어야 한다. 단지 부처님을 염(念)한다고 해서 끝나는 것이 아니라 염하는 마음의 자세가 믿음에 의해 견고해진 자라고 인정되어야 한다. 그래서 믿음은 염불에 왕생의 바탕을 부여하게 되는 것이다.

1. 왕생의 개념

'왕생(往生)'이라는 개념이 정토교학에 있어 중요한 의미를 가진다. 글자 그대로 '가서 태어난다'는 뜻이다. '가서 태어난다'는 말은 '간다'는 말과 '난다'는 말이 복합된 것으로, '간다'는 것은 예토에서 타방정토로 가기 때문이다. 일반적으로 타방정토라 하면 아미타불의 서방극락정토 의미하기 때문에 극락에 가서 태어나는 것을 왕생한다고 표현한다. '난다'는 정토에서 새로운 출생[化生 또는 胎生]을 받기 때문이다. 정토왕생은 인간의 임종과 밀접한 관계를 갖고 임종 후의 일로 제시되고 있는 것이다.

정토교에서는 정토와 왕생과의 관계를 '지방입상(指方立相)'으로 설명하는데, 방위를 지시하고 장엄상을 건립하기 때문이다. 그러나 대승불교의 반야사상에서 볼 때, 이러한 지방입상적인 태도는 용납되지 않는다. 반야개공(般若皆空)·일체불가득(一切不可得)의 견지에서 볼 때, 정토장엄이나 임종왕생과 같은 교설을 표현 그대로 받아들이기는 어려울 것이다. 따라서 정토교가들 사이에서는 반야사상과 정토교설과의 이러한 모순을 화해하려는 여러 가지 시도가 행해지고 있다.

정토교가의 그러한 시도 중에서 특히 주목되는 것은 정토를 수행자의 마음에 나타나는 해탈계로 보려는 입장이다. 용수에 의하면 정토는 부정잡악(不淨雜惡)이 사라진 중도(中道) 실천의 묘과(妙果)이며, 무착과 세친에 의하면 불타관의 삼신(三身) 가운데 수용신(受容身 : 報身)이 머무는 보토(報土)인 것이다. 예토와 정토를 마음 하나로 보는 선가의 유심정토설(唯心淨土說)은 이러한 정토관을 궁극에 까지 밀고 간다. 이러한 정토관에 의할 때, 정토와 예토는 공간적으로 동일한 위치를 갖게 된다. 다만 주관적인 심식이 다를 뿐이다. 따라서 정토장엄상도 공(空)과 가(假)가 상즉하는 원리로 이해하게 됨은 물론이고 담란(曇鸞, 476-542)이 말한 바대로 왕생도 '불생(不生)의 생'이 된다. 더 나아가 정토장엄은 해탈계를 상징적으로 또는 문학적으로 표현하는 것이라는 생각도 가능하게 되었다. 그런데 이 같은 논의의 흐름은 정토교설과 반야사상과의 갈등을 해소하여 정토교를 더욱 선양하는 데에 뜻이 있었음을 간과해서는 안 된다. 왜냐하면 정토교는 본래 자기 힘만으로는 해탈을 실현할 수 없는 극한 상황에 처한 범부를 상대로 부처님의 자비가 베풀어준 교설이기 때문이다. 그래서 부처님의 원심(願心) 장엄이 강조되는 것이다.

'왕생'이라는 말이 '정토에 가서 태어난다'는 뜻으로 사용되기까지는 사상사적으로 여러 단계를 거쳤다. 정토경전에 설해진 왕생을 정확하게 이해하기 위해, 불교사상사에서 변천해 온 과정도 아울러 살펴보려고 한다.

2. 왕생의 어원

극락정토에 왕생함을 설하는 것이 정토경전의 목적이다. 산스크리트 경전에 설해진 '왕생'은 '태어난다'고 하는 의미를 나타내는 ut-√pad, upa-√pad, praty-ā-√jan이라는 어근으로부터 지어진 명사나 동사가 사용되고 있다.

단순히 윤회하다의 의미인 '가서 태어나다'는 산스크리트로 sandhāvati, 빠알리어로 saṃsarti인데, 생(生)으로 한역되어 '생천상(生天上)' 등으로 쓰인다. 산스크리트본 『아미타경』에서는 upa-√pad에서 온 'upapadyate'가 왕생으로 한역되어 '왕생극락(往生極樂)이라는 말로 사용되고 있다. 사후에 지옥에 태어난다는 의미로 빠알리어로 niyyāti가 있는데, 입(入)·취(趣)로 한역되어 입지옥(入地獄), 취악취(趣惡趣) 등으로 사용된다.[1]

극락정토에 왕생하다를 영어로는 'go to Nirvana after death'나 'go to Paradise'라 표현할 수 있다.

3. 왕생사상의 원류

극락정토에 왕생한다고 하는 것은 정토에 태어난다는 것을 의미하고 있다. 정토에 태어나는 방법으로는 화생(化生)과 태생(胎生)의 두 가지가 있다.

> 이 때 미륵보살이 부처님께 여쭈었다.
>
> "세존이시여, 무슨 인연으로 저 국토의 사람들에겐 태생(胎生)과 화생(化生) 있습니까?"
>
> 부처님께서 미륵보살에게 일러 말씀하셨다.
>
> "만약 중생이 의심하는 마음으로 모든 공덕을 닦고 저 국토에 태어나기를 원함에 아직 아미타불의 오지(五智)인 불지(佛智), 불사의지(不思議智), 불가칭지(不可稱智), 대승광지(大乘廣智), 무등무륜최상승지(無等無倫最上勝智)를 깨닫지 못한 탓이니라. 이 모든 지혜를 의심하여 믿지 않았지만 아직 죄와 복을 믿고 선의 근본을 닦아서 그 국토에 태어나고자 원하였느니라. 이 모든 중생들이 극락세계의 변두리인 칠보 궁전에 태어나 수명이 오백세

---

1 中村元, 『佛教語大辭典』, 127면.

까지 부처님을 친견할 수 없고, 경의 법문을 들을 수 없으며, 보살, 성문, 성중들을 뵈올 수 없기 때문에 저 국토에 사는 보살들을 태생이라 하느니라.

만약 중생이 분명히 불지(佛智)와 승지(勝智)를 믿고 모든 공덕을 지으며 신심으로 회향하면 이 모든 중생은 칠보의 꽃 가운데 자연히 화생하여 가부좌를 하여 앉게 되며, 잠깐 사이에 모든 보살과 같이 구족한 몸의 상호, 광명, 지혜, 공덕을 성취하느니라.

또 미륵보살이여, 타방 불국토의 모든 대보살이 발심하여 무량수불과 모든 보살 성문들을 공경하고 공양하고자 하면, 저 보살들은 수명을 마치고 무량수국에 태어나 칠보꽃 가운데 자연히 화생(化生)하느니라. 미륵이여, 잘 알아라. 저 화생한 사람은 지혜가 수승하기 때문이며, 저 태생한 사람은 지혜가 없기 때문에 오백 세 동안 항상 부처님을 뵈올 수 없고, 경의 법문을 들을 수 없으며, 보살과 여러 성문들을 볼 수 없고, 부처님께 공양할 수 없으며, 보살의 법식을 알지 못하기 때문에 공덕을 닦을 수가 없느니라. 마땅히 알아야 하느니라. 이 사람은 속세의 지혜가 없어 의심하였기 때문이니라." ……

부처님께서 미륵보살에게 말씀하셨다.

"태생왕생한 중생도 또한 이와 같아 부처님의 지혜를 의심한 까닭에 저 궁전에 태어나서 형벌 내지 악한 일도 받지 않지만, 다만 오백 세 동안 삼보를 뵙지 못하며 부처님께 공양하여 모든 선을 닦을 수도 없느니라. 이것이 괴로움이 되어 다른 즐거움이 있어도 그것을 원하지 않느니라. 만약 이 중생이 죄의 근본을 알아 깊이 스스로 참회하여 저 곳을 여의려고 원하면 곧 뜻과 같이 무량수불이 계시는 곳에 가서 공경하고 공양할 수가 있느니라. 또 무량무수의 모든 불국토에 가서 모든 공덕을 닦을 수 있느니라.

미륵이여, 마땅히 알아라. 어떤 보살이든지 의혹이 있는 사람은 큰 이익을 잃은 것이기 때문에 마땅히 분명하게 모든 부처님의 무상지혜(無相智慧)를 믿어야 할지니라."[2]

불지(佛智)를 의혹하고 왕생한 자는 연화의 깊은 곳에서 '태생'하고, 불지를 믿고 왕생한 자는 연화 속에서 결과부한 채로 '화생'한다.

『무량수경』에서는 이러한 왕생사상에 앞서서 일체중생의 성불 가능성을 보인 사례가 있는데, 석가모니 부처님의 길, 무차별평등성에 있어서 일

2 『無量壽經』 하(『大正藏 12권, 278상-중)

체중생을 성불시키는 일이 그것이었다. 석가모니 부처님께서 계실 때에는 제자들이 스승의 곁에서 수행하였으므로 성불의 가능성이 짙었으나, 입멸 후에는 그러한 수행의 근본이 단절되어 그 이상(理想)의 실현이 견불(見佛) 사상으로서 나타난다.

부파불교의 전통적인 입장에서는 현재불로서의 석가모니 부처님이 입멸하심으로써 과거불이 되어버렸다. 따라서 현재에는 무불(無佛)이므로 견불의 소망에 응할 수 없게 된 것이다.

그러나 대승불교에 오면 타방불사상(他方佛思想)으로 비로소 실현된다. 『반주삼매경』을 보면 아미타불은 현세의 삼매 속에서 상견(相見)할 수 있는 붓다가 되어 현세견불(現世見佛)이 이루어지는 것[3]이다. 『대품반야경』에서도 "부처님께서는 오직 나만을 위해 법을 설하시고 다른 사람에게는 설하지 않으신다"[4]라고 한다. 법을 듣는 것은 기본적으로 '부처와 나' 사이에서만 가능한 것이다. 이것이 불법을 듣는 기본적인 자세라고 생각된다. 대승수행자들은 견불삼매, 즉 반주삼매[5]를 통해 직접 부처님을 친견하고, 부처님으로부터 직접 법문을 들었다.

그런데 『무량수경』은 왕생견불(往生見佛)로서 극락에 왕생하여 아미타불을 만나고 그 곁에서 수행을 완성하여 성불할 수 있다는 소식을 전하고 있다. 즉 견불(見佛)이 사후의 내세에 있어 실현되는 것을 나타낸다.

현세에 성취하지 못했던 성불을 내세에 실현하는 사상이 여기서 나타나는데, 이것은 원시불교의 사문사과(沙門四果) 중에서도 볼 수 있다. 아울러 많은 학자들은 왕생사상의 원류로 원시불교의 생천사상을 거론한다.

정토왕생의 기원이 생천사상에서 비롯된 것이라고 주장을 살펴보겠다. 생천이라는 것은 아비달마불교 곧 원시불교라고 불려지는 교리로 말하자면, 이숙과(異熟果)로서 유루의 선업에 의한 과보로서 받는 천계의 왕생이 아니고, 무루의 선업인 범행(梵行)을 닦아서 사후에라도 생천하여 다시 정진을 계속하겠다는 뜻이다. 윤회 속의 '생천'과 거리를 둔 생천사상이 나오게 된 동기는 돌아가신 부처님을 사모하고 이 세상에서 나를 건져 줄 부처

3 『반주삼매경』(『大正藏』 13권, 905 상-하)

4 『大品般若經』, 「序品」(『大正藏』 8권, 218상). "爾時三千大千國土及十方衆生各各自念佛獨爲我說法不爲餘人."

5 반주삼매(pratyutpanna-samādh)의 반주란 現前(부처가 바로 앞에 나타나 계심)의 뜻을 가진 pratyutpanna를 음역한 말이다. 이 삼매를 행하면 모든 부처님이 나타난다. 천태에서는 常行三昧라고 한다.

님이 없으니 이 세상에서 범행을 완전하게 닦을 수가 없으므로 저 다른 세계 곧 타방불국토에 태어나 거기에서 범행을 닦아서 깨달음을 얻겠다는 것이다. 법신(法身)이 계시는 땅에 태어나고 싶은 간절한 바램을 당시의 많은 수행자들이 갖고 있었을 것이다. 이 과정에서 화생(化生)의 의미가 보다 긍정적이고 적극적으로 전환된다.

사생에 의해 출생한다는 관념은 이미 원시불교 생천사상 속에서 사용하던 것인데, 정토경전은 이것을 받아 사용하였을 것이라 본다. 앞서 거론한 『무량수경』에서도 극락정토에 가서 태어나는 방법에는 태생(胎生)과 화생(化生)이 있다고 하였다. 중생은 윤회에 의해 생사를 반복하는데, 그 태어나는 방법에는 사생(四生), 즉 ①인간이나 소처럼 모태로 내어나는 태생 ②닭이나 오리처럼 알에서 태어나는 난생(卵生) ③지렁이나 모기처럼 습한 곳에서 태어나는 습생(濕生) ④귀신이나 지옥 중생처럼 의지하는 것이 없어 자신의 과거 업의 힘에 의해 홀연히 태어나는 화생이 있다.

『무량수경』에서 극락에 화생(化生: aupapāduka, upapāduka)으로 태어났다 함은 다른 곳에 의존함이 없이 불가사의한 힘에 의해 스스로 나타나는 것을 말한다. 이처럼 태어나는 방식에 대한 관념은 원시불교에서 사후의 생천 등을 표현하는 경우에 사용하고 있고, 정토경전은 이를 수용하였다. 그러나 정토왕생과 생천사상 사이에는 사상적으로 큰 차이가 있다. 육도윤회의 세계에서 천계에 태어나는 것은 결코 해탈을 의미하지 않는다. 이에 반해 정토에 태어나는 것은 궁극적으로 해탈[열반]에 이르는 것을 의미하기 때문에, 도식적으로 생천사상이 발달하여 정토왕생 사상이 성립되었다고 말할 수는 없다.

생천사상을 기본으로 하지만, 해탈한다고 하는 왕생사상의 원류가 되는 것은 사문사과에서 찾을 수 있다. 사문사과란 예류과(預類果)·일래과(一來果)·불환과(不還果)·아라한과(阿羅漢果)[6]라 하는 네 단계의 수도계위를 말한다. 이 가운데 현세에서 궁극의 과보를 증득할 수 있는 것은 제 4과인 아라한과이다. 제 3과인 불환과는 특징적으로 궁극의 증과가 미래의 생에서 실현되어지는 것으로 표명되어 있다. '불환(不還)'은 천계에서 반열반하는 자

6 預類果는 성자의 흐름에 들어간 자로서 수다원(須陀洹)이라고도 한다. 一來果는 인간세계로 한번만 되돌아가는 자로서 사다함(斯陀含)이라고도 한다. 不還果는 다시는 욕계로 돌아가지 않는 자로 아나함(阿那含)이라고도 한다. 아라한과는 욕·색·무색계 삼계의 모든 번뇌를 끊고 열반에 들어 다시는 삼계를 생사윤회하지 않는 자이다.

로서 저 세상에서 다시 돌아오지 않는 자이다. 『무량수경』에서는 천계가 아닌 극락정토에 화생하여 반열반을 얻으니 이것은 불퇴전위(不退轉位)로서 불환과와 상응하는 것이다.

이러한 사문사과는 소위 생천을 매개로 내세에 해탈을 기대하는 사상인데, 정토왕생과 비교해 해탈을 목적으로 삼는다는 점에서는 기본적으로 상통한다. 문제는 극락정토에는 윤회가 단절되었다는 점이다. 『무량수경』에는 윤회가 단절된 왕생사상이 제시되고 있지만 그렇다고 누구나가 자유로이 극락에 왕생하겠다고 생각하는 것만으로 쉽게 왕생할 수 있는 것은 아니다. 반드시 한 가지 요건이 더 충족되어야 한다. 그것은 염불(念佛)이다.

염불의 종교적 의미로서는 부처님을 마음속에서 사념하면 수행자의 마음속에 탐욕·분노·어리석음의 번뇌가 일어나지 않으므로 그 마음이 정직하게 보유되고 마음이 평정해지고 부처님의 법이 이해되어 열반에 이를 수 있다고 설해진다. 또 여래의 본질적인 특상인 십력(十力)·사무소외(四無所畏) 및 계율, 삼매, 지혜, 해탈, 해탈지견의 오분법신(五分法身)의 공덕을 염하는 것이 염불의 의미이기 때문에 그러한 염불의 수행에 의하여 최후에는 자연히 열반에 이르게 되는 것이다.

정토 경전에서는 극락정토로 왕생하는 길은 염불에 의한다고 설해져[7] 있다. 극락정토에 왕생을 원하는 자는 출가자이거나 재가자이거나 구별 없이 염불이 왕생의 동력인으로 나타나 있는 것이다. 이러한 염불왕생사상의 기원을 원시경전에서 찾아보겠다.

먼저, 원시불교에서도 '염불'을 수행법의 하나로 비중 있게 다루고 있다. 염불하는 공덕에 의해 무위처에 이르고 신통을 얻어 열반에 이른다고[8] 염불을 중요한 수행법으로 강조하고 있으며, 여래의 십호를 강조하여 부처님의 공덕을 억념하는데 있어서 행주좌와(行住坐臥)를 가리지 말며 시기와 장소에 구애받지 말고 염불을 닦아야 한다고 하였다.[9] 또한 염불하는 자세에 대하여 몸과 뜻을 바르게 하고 결가부좌하여 생각을 묶어 앞에 두고 다른 생각 없이 오로지 부처님만을 염하며 여래의 형상을 관하는데 눈에서 떠나지 말아야 한다고 설하고 있다.[10] 그리고 마음속으로 부처님의 몸을 생각하

7 『無量壽經』 하(『大正藏 12권, 272중) ; 『阿彌陀經』, (『大正藏 12권, 347중)
8 『증일아함경』 제2권 「광연품」 (『大正藏』 2권, 554상)
9 『증일아함경』 제11권 「제2억념품」 (『남전대장경』 제22권, 하, 309)
10 『증일아함경』 제2권 「광연품」 (『大正藏』 2권, 554상)

는 염불과 입으로 여래의 십호를 부르는 칭명을 함께 행하는 염불법으로 모든 두려움을 소멸시킬 수 있다고 설하고 있다.[11] 이러한 염불의 수행에 의하여 최후에는 자연히 열반에 이르게 되는 것이다.

염불왕생사상은 원시불교의 염불생천설에서 유래한다고 볼 수 있다. 『장아함경』에서는 우바새(優婆塞)가 되어 일심으로 염불하면 목숨을 마치고 비사문천왕의 태자로 태어난다고 설하고 있으며,[12] 『증일아함경』에서는 목숨을 마칠 때에 여래의 공덕을 생각하면 삼악취(三惡趣)를 여의고 천상에 태어난다고 하였다.[13]

이 염불생천설은 육념(六念)에 의해서 생천하다는 설이다. 석가모니 부처님을 염하던 수행법은 점차 그 대상을 확대하여 부처님 외에 법과 승가를 추가하여 삼보(三寶)를 염하였고 계속하여 육념(六念), 십념(十念)으로 확대되어 나아갔다. 『잡아함경』에서는 불·법·승(佛·法·僧)의 삼보를 염하는 공덕에 의해 악취(惡趣)에 떨어질 악업이 제거된다고 하였으며,[14] 삼보를 염하는 것에 염계(念戒), 염시(念施), 염천(念天)을 합하여 육념을 설하고 있다.[15] 또한 『증일아함경』에서는 십념으로 증광하여 설하고 있다.[16]

따라서 정토경전에서 정토왕생의 실천법으로서 염불을 설하고, 점차 그것이 대표적인 실천법이 되었는데, 원시불교의 염불관을 계승 발전시킨 것이라 보아도 좋을 것이다. 원래 일반적으로 정토경전의 염불은 '아미타불의 이름을 부르는 것[稱名]'이라는 의미로 이해되지만, 이는 후세 중국 정토교가의 해석이므로 인도 정토사상에서는 거기까지의 발전은 없었던 것으로 보아도 무방하다.

정토경전에 설해지는 임종래영(臨終來迎)은 아미타불을 염하는 자나 여러 선근공덕을 쌓은 자가 임종에 이르렀을 때 아미타불이 많은 제자들과 함께 나타나, 그 사람을 극락정토로 맞아들인다고 하는 설이다. 내용적으로는 현세에서 아미타불을 뵐 수 있다는 희망을 주는 것과 동시에, 다른 한

---

11 『증일아함경』 제14권 「고당품」 (『大正藏』 2권, 615상)
12 『장아함경』제5권 「사니사경」 (『大正藏』1권, 34하)
13 『증일아함경』제32권 「역품」 (『大正藏』2권, 725상-중)
14 『잡아함경』제33권(930) (『大正藏』2권, 237하)
15 『잡아함경』 제30권(858)과 『장아함경』제2권 「유행경」에 보인다.
16 『증일아함경』제1권 「십념품」과 『증일아함경』제2권 「광연품」에 보인다. 십념이란 육념에다 염휴식(念休息), 염안반(念安般), 염신(念身), 염사(念死)를 포함한 것이다.

편으로는 내세에 극락에 왕생할 수 있다는 확실성을 증명하는 것으로서 상당히 극적인 형태를 취하고 있다. 그 기원으로는 『우파니샤드』나 『바가바드기타』 등 바라문의 여러 문헌이나 원시불교 성전 등에 보이는 여러 가지 소재가 합쳐져 성립되었다고 추정하는데, 이 임종래영설에 의해 극락정토 왕생사상은 매우 힘차게 전개되었다.

Ⅱ. 정토 경전에 설해진 왕생사상

1. 48원 속의 왕생

아미타불은 본원으로 말미암아 성불과 극락정토를 이루었고, 다시 그 본원을 통하여 중생구제를 앞당기고 있다. 아미타불은 치밀한 교리전개 속에 중생들을 인도하여 깨달음의 길을 개척하지 않고, 아미타불의 큰 본원 속에 중생들을 실어서 깨달음의 길을 쉽게 주신다. 극락정토의 설계도라 할 수 있는 48원은 아미타불의 성불과 극락장엄으로 완성되었다. 아미타불이 중생들을 극락정토에 '왕생'시키기 위해 어떠한 계획을 수립하고 완성하였는지, 직접적으로 관련이 있는 원만 추려서 살펴보려고 한다.

> 11원) 만약 제가 부처가 되어서도, 그 나라 가운데 중생들이 정취[定聚]에 머물지 못해 열반에 이르지 못한다면 저는 부처가 되지 않겠습니다.[17]

어리석은 중생들은 수행을 하더라도 사도(邪道)에 떨어지는 경우가 종종 있으므로 아미타불의 전신인 법장비구는 이러한 중생들을 가엾이 여겨, 자신이 건립한 정토에 태어난 이들은 성불을 보장하겠다고 서원하였다. 이 원을 극락왕생한 자는 반드시 열반에 도달하게 한다고 하여 필지멸도(必至滅度)의 원, 혹은 왕생성취의 원이라고 부른다.

> 18원) 만약 제가 부처가 되어서도, 시방의 중생들이 지극한 마음으로 믿고 원해 저의 나라에 태어나려고 십념을 해도, 태어날 수 없다면 저는

17 『無量壽經』 상(『大正藏』 12권, 268상)

부처가 되지 않겠습니다. 오역죄인이나 정법을 비방하는 사람들은 제외합니다.[18]

극락왕생을 위해서는 여러 가지 수행법이 있지만, 어리석은 범부를 위해 아미타불의 명호를 부르는 칭명염불[19]로써 정토에 왕생할 수 있기를 서원하고 있다. 이 원은 칭명염불을 극락왕생의 수행법으로 삼을 것이라 맹세한 원이라 해서 '염불왕생의 원' 혹은 '십념왕생의 원'이라 부르며, 후에 한국·중국·일본의 정토교가들이 48원 가운데 가장 중시하였다.

19원) 만약 제가 부처가 되어서도, 시방세계 중생이 보리심(菩提心)을 일으켜서 모든 공덕을 닦고, 지극한 마음으로 발원해서 임종시에 저의 국토에 태어나고자 원할 때, 대중에게 둘러 싸여 그 사람 앞에 나타나지 못한다면 저는 부처가 되지 않겠습니다.[20]

45원) 만약 제가 부처가 된다면, 다른 국토의 모든 보살들이 저의 이름을 듣고 모든 부처님을 두루 뵈올 수 있는 삼매를 얻을 것이며 이 삼매에 머물러서 성불할 때까지 언제나 헤아릴 수 없는 불가사이한 모든 부처님을 뵈오리니 , 만약 그렇게 되지 않으면 저는 부처가 되지 않겠습니다.[21]

아미타불의 견불(見佛)과 임종래영(臨終來迎)을 맹세한 건인데, 아미타불 신앙이 인도에서 발생하여 전파되는 과정에서 신자들 사이에서 견불과 내영을 기대하는 심정이 주류였음을 짐작할 수 있다. 왕생사상이 전개되는데 견불이 중요한 부분을 차지함은 이미 앞서 살펴보았다.

21원) 만약 제가 부처가 되어서도, 그 나라 중생들이 모두 32 상을 원만

18 『無量壽經』 상(『大正藏』 12권, 268상)

19 아미타불 한 부처님만의 본원력을 깊이 믿고 의지한 염불로 관념하고 사유하는 염불이 아니고 전심(專心)으로 아미타불 명호를 부르는 오로지 칭명일행(稱名一行)만을 닦는 데에 귀결되었다. 이는 근기가 하열한 범부를 구제하기 위한 이행법이다. 그러나 이 칭명 또한 염불을 위한 행이다. 구업(口業)으로 하는 칭명염불에 다른 생각이 섞이지 않고 일심불란하게 이루어지면 이는 저절로 의업(意業)으로 성립되기 때문이다. 이러한 상태를 심구상응(心口相應)의 염불이라고 한다. 『往生禮讚偈』(『大正藏』 47권, 439상중)

20 『無量壽經』 상(『大正藏』 12권, 268상중)

21 『無量壽經』 상(『大正藏』 12권, 269상)

하게 이루지 못한다면 저는 부처가 되지 않겠습니다.

22원) 만약 제가 부처가 되어서도, 다른 불국토의 모든 보살들이 저의 국토에 태어나면 반드시 일생보처(一生補處)에 이르게 될 것입니다. 그들이 서원을 따라 자유로이 변하여 중생을 위해서 큰 서원을 세워 공덕을 쌓아 모든 중생을 제도하고, 모든 불국토에 다니면서 보살의 행을 닦으며, 시방세계의 모든 부처님께 공양하고, 항하의 모래와 같이 무량한 중생들을 제도하며 위없이 바르고 참된 도를 세우게 하는 이를 제외합니다. 차례 차례의 모든 지위의 행을 초월해 바로 보현보살의 덕을 닦게 할 것입니다. 만약 그렇게 하지 못한다면 저는 부처가 되지 않겠습니다.[22]

47원) 만약 제가 부처가 되어서도, 다른 국토의 모든 보살들이 저의 이름을 듣고 곧 불퇴전에 이를 수 없다면 저는 부처가 되지 않겠습니다.

48원) 만약 제가 부처가 되어서도, 다른 국토의 모든 보살들이 저의 이름을 듣고 곧, 설법을 듣고 깨닫는 음향인(音響忍)과 진리에 수순하는 유순인(柔順忍)과 나지도 죽지도 않는 도리를 깨닫는 무생법인(無生法忍)을 성취하지 못하고, 모든 불법에서 물러나지 않는 불퇴전의 자리를 얻을 수 없다면, 저는 부처가 되지 않겠습니다.[23]

부처님과 마찬가지로 32가지의 뛰어난 신체적 특징을 갖춘다고 하는 원은, 극락왕생한다는 것이 보살도를 완성하여 반드시 불과(佛果)를 얻음을 뜻하기에 이를 서원한 것이다. 47·48원은 극락에 왕생하기 위해 염불하여, 마침내 왕생하게 되면 반드시 부처가 된다는 것을 증명하고 있다.

법장비구가 세운 48원은 모두 다 온전하게 이루어졌다. 성불을 이루어 아미타불이 되었고, 서방극락세계의 완성[24]이 그 증명이다. 극락정토에 왕생하게 되면 누구나 기본적으로 일생보처보살, 불퇴전위에서 시작하여 반드시 성불할 수 있다.

48원에 의거해, 극락왕생을 원한다는 것은 바로 "아미타불의 본원에 위없는 바른 깨달음에 대한 마음을 일으켜[發菩提心], 지극한 마음으로 염불하면서 극락정토에 태어나기를 원하는 것이며, 극락정토에 태어나면 위없는 바른 깨달음에서 퇴보하지 않는 자가 될 것[得不退轉]"이다.

22 『無量壽經』 상(『大正藏』 12권, 268중)
23 『無量壽經』 상(『大正藏』 12권, 269중)
24 『無量壽經』 상(『大正藏』 12권, 270상)

2. 왕생의 수행법

'극락정토에의 왕생'을 설하는 것이 정토경전의 목적인데, 왕생은 무엇에 의하여 가능한 것인지 살펴보도록 하겠다. 『관무량수경(觀無量壽經)』에서 위제희 부인이 부처님께 "오직 바라옵건대 세존이시여, 저에게 극락세계에 왕생하기 위한 마음가짐과 바른 수행법을 말씀해 주옵소서"[25]하고 간청했을 때, 부처님께서는 위제희 부인에게 말씀하셨다.

> "부인은 잘 모르시겠지만 아미타불은 결코 멀리 계시는 것이 아닙니다. 부인은 마땅히 마음을 가다듬어 청정한 업으로 이루어진 저 극락세계를 자세히 관찰해 보십시오. 나는 지금 부인을 위해 널리 여러 가지 비유를 들어, 미래 세상의 중생들도 청정한 업을 닦아 서방극락세계에 왕생할 수 있도록 하겠습니다."[26]

청정한 업이란 아미타불의 전신인 법장비구의 청정한 업을 말하는 것이므로, 청정한 업으로 된 극락세계는 법장비구가 자신의 업을 청정하게 닦음으로서 얻은 결과라는 의미이다. 따라서 우리가 극락정토에 왕생하는 수행법도 각자의 업을 청정하게 닦는 것이다. 극락왕생하기 위해서는 청정한 업을 닦아야 하는데, 정토경전에 설해진 내용을 중심으로 살피려고 한다.

1) 『무량수경』의 왕생법

『무량수경』에서는 상·중·하 세 가지 근기의 정토왕생을 설하고 있는데, 모두 다 보리심을 내어 그 공덕으로 정토에 왕생할 수 있다고 한다.

> 부처님께서 다시 아난에게 말씀하셨다.
>
> "시방세계의 모든 천인과 인간들이 지극한 마음으로 저 국토에 태어나려고 원함에 대략 세 가지 차별이 있느니라. 그 중에 상품이란 것은 집을 버리고 욕심을 버리고 승려가 되어 보리심을 발하여 한결같이 무량수불을 생각하며 여러 가지 공덕을 닦아 저 국토에 태어나고자 원하는 사람들이다. 이

---

25 『觀無量壽經』(『大正藏』 12권, 341중하)

26 『觀無量壽經』(『大正藏』 12권, 341하)

와 같은 중생이 목숨을 마칠 때에는 무량수불이 여러 대중과 함께 그 사람 앞에 나타나시느니라. 곧 그 부처님을 따라 저 국토에 왕생하여 칠보의 꽃 가운데 자연히 화생하여 불퇴전의 진리에 머물러 지혜와 용맹을 갖추고 신통이 자재하게 되느니라. 그러므로 아난아, 이 세상에서 무량수불을 친견하고자 하는 중생은 마땅히 한없이 보리심을 일으켜 공덕을 닦아 저 국토에 태어나기를 원해야 한다."

부처님께서 아난에게 말씀하셨다.

"그 중배란 것은 시방세계 모든 천인과 사람들이 지극한 마음으로 저 국토에 태어나고자, 원을 세우고 비록 승려가 되어 큰 공덕을 닦지 못하더라도 마땅히 위없는 보리심을 내어 오로지 일념으로 무량수불을 염해야 한다. 다소 선을 닦고 계율을 받들어 지키며 탑을 세우고 불상을 조성하며 스님들에게 공양도 하고 천개를 걸며 등불을 밝히고 꽃을 뿌리며 향을 사르고 이렇게 회향해서 저 국토에 태어나려고 원하면 그 사람의 임종시에 무량수불이 몸을 화현으로 나투시는 데 광명과 상호가 실제 부처님과 같으시며, 모든 대중과 함께 그 사람 앞에 나타나시느니라. 그리고 곧 화현하신 부처님을 따라서 그 국토에 왕생해 불퇴전의 자리에 머물게 되나니 그 지혜와 공덕은 상배의 다음 간다."

부처님께서 아난에게 말씀하셨다.

"그 하배란 것은 시방세계의 모든 천신과 사람들이 지극한 마음으로 저 국토에 태어나려고 원을 세워 가령 여러 가지 공덕을 짓지는 못하지만 마땅히 위없는 보리심을 내어, 오로지 뜻을 한결같이 하여 내지십념(乃至十念)이라도 무량수불을 생각하며 그 국토에 태어나려고 원해야 한다. 만약 심오한 법을 듣고 즐거운 환희심으로 믿어 의혹을 일으키지 아니하고 한 생각이라도 부처님을 생각하여 지극한 마음으로 그 국토에 태어나려고 원하면 이 사람이 임종할 때에 꿈결에 부처님을 뵙고 왕생한다. 지혜와 공덕은 중배 다음 간다."[27]

위의 경문에서는, 극락정토에 태어나고자 원하는 사람들을 상·중·하의 세 종류로 나누었다. 그 나누는 방식의 근거는 정토왕생을 가능케 하는 실천법의 우열에 바탕 한다. 그 실천법의 구체적인 내용에 대해서는 『무량수

27 『無量壽經』 하(『大正藏 12권, 272중하)

경』 각 이본(異本)마다 약간씩 차이가 있지만, 대체로 상배의 무리는 출가자로서 여러 가지 실천을 한 사람이고, 중배나 하배의 무리는 재가자들이다. 출가자는 보시와 지계 등의 선근공덕을 쌓은 자들임에 반하여 재가자들은 상대적으로 그러한 공덕을 쌓기 힘든 자들을 가리킨다. 출·재가자들은 왕생의 업으로 염불뿐만 아니라 모든 종류의 행업을 닦도록 한다. 다만 여기서 주의해야 할 것은 실천법 가운데 아미타불을 염하는 염불이 세 부류에 공통적으로 설해져 그 사이에 가치차별이 거의 없다. 이는 정토경전 가운데 이미 염불을 극락정토왕생을 위한 실천법의 중심에 두고자 하는 계기가 있었음을 보여주는 것이다.

또한 극락왕생을 객관적으로 실증하는 임종래영에 있어서, 상배와 중배에만 설해져 있다. 하배의 경우에는 임종 때 꿈에서 부처님을 볼 뿐 직접 와서 맞아들인다는 뜻은 나타나 있지 않으나 부처님을 본다는 점에서는 상배·중배와 같다. 또한 맞아들이는 경우에도 아미타불의 진신(眞身)과 화신(化身) 두 종류가 있어, 상배에는 아미타불의 진신이 직접 나타나고, 중배는 화신이 나타나 영접한다고 한다.

아미타불의 서원에 상응하고 왕생하기 위해서는 믿음과 염불이 요구된다. 원시불교 이래, 믿음은 지혜를 얻기 위해서 반드시 전제되어야 하는, 출가·재가 모두의 실천덕목이었다. 지금까지의 불교의 전통에 의하면 지혜는 믿음의 최종목표이다. 그런데 『무량수경』에서는 아미타불의 정토에 왕생하는 것이 최종목표이다. 정토에 왕생하기를 원하는 자에게 있어서는 염불이 중요하고, 염불은 언제나 믿음에 의해 유지되어야 한다. 단지 부처님을 염(念)하는데 그치지 않고, 염하는 마음의 자세가 믿음에 의해 견고해진 자만이 인정된다고 할 수 있다. 믿음은 결정적으로 염불에 왕생의 바탕을 부여한다. 정토에 왕생한 자는 누구든지 부처님과 같이 일체지를 얻게 된다. 따라서 정토왕생의 길은 그대로 지혜에 상응하는 것이라고 생각할 수도 있다. 결국 『무량수경』의 믿음도 불교의 전통적인 입장과 같이 지혜와 서로 어울리는 믿음임을 규정할 수 있는 것이다. 청정한 마음으로 믿음을 굳건히 하여, 염불에 왕생의 근거를 부여하는 역할을 한다. 불가사의한 불지(佛智)의 경계에 취입시키는 일을 하게 되고, 증득의 가능성도 열리는 것이다. 여기서 부처님의 경계[28]는 정토의 세계에서 구현되어 있다. 정토왕생이야

28 『無量壽經』 상(『大正藏』 12권, 266하). "去來現在佛佛相念. 得無今佛念諸佛耶."; 『無量

말로 붓다의 경계에 발을 들이는 것이다.

2) 『아미타경』의 왕생법

정토종에서는 정토삼부경의 내용에 따라 순서를 붙일 때 『아미타경』은 세 가지 경을 결론짓는 경이라 하고, 『무량수경』·『관무량수경』에 이어 설하신 경전이라 본다. 또 『아미타경』은 다른 두 경의 중요한 뜻을 직선적으로 찬사하고 극락정토에 왕생하는 방법으로 염불을 권한다. 이 경에서는 모든 행을 없애고 염불을 강조했는데, 염불의 행으로 결정의 믿음이 생기게 하기 위해서이다.

> "사리불이여, 극락세계의 거룩한 공덕과 장엄을 들은 중생들은 마땅히 저 국토에 태어나기를 발원할지니라. 어찌하여 그런가 하면 가장 선량한 사람들과 함께 모여 살 수 있기 때문이니라. 사리불이여, 조그마한 선근의 복덕으로는 저 국토에 태어날 수가 없느니라.
>
> 사리불이여, 만약 선남자 선여인이 아미타불에 대한 설법을 듣고 명호를 지니어 혹은 하루, 혹은 이틀, 혹은 사흘, 혹은 나흘, 혹은 닷새, 혹은 엿새, 혹은 이레 동안 일심으로 마음이 흐트러지지 아니하면 그 사람의 임종시에 아미타불이 모든 성중과 함께 그 사람 앞에 나타나시느니라. 그 사람은 임종시에 마음이 변하지 아니하고 곧 아미타불의 극락국토에 왕생하게 되느니라.
>
> 사리불이여, 나는 이와 같은 이익을 보고 알기 때문에 이 말을 하는 것이니, 만약 중생이 있어 이 설법을 들은 자는 마땅히 저 국토에 태어날 것을 발원할지니라."[29]

극락정토에 왕생하기를 원하는 중생들은 먼저 그곳에 태어나고 싶다는 원(願)을 발해야 하고, 원을 발해서 정토에 태어나기를 원한다면 염불을 해야 한다. 그 이유는 염불은 많은 선근을 쌓고 많은 복덕을 쌓기 때문이다.

적게는 하루에 한번부터 많이는 한 생애를 마칠 때까지 염불을 계속하면 목숨을 마칠 때에 이르러 아미타불의 영접을 받아 서방 정토에 왕생할 수

壽經』 하(『大正藏』 12권, 273 중). "唯佛獨明了."

29 『阿彌陀經』(『大正藏』 12권, 347중)

있다. 이 염불왕생에 대해 의혹을 가지고 믿지 않은 사람이 있을까 우려해, 석가모니 부처님께서는 "나는 이러한 이익을 보고 알기 때문에 이 말을 설한다"라고 말씀해, 염불왕생에 거짓이 없음을 증명하셨다. 따라서 동서남북 상하 육방세계의 모든 부처님도 넓고 긴 혀로써 이 아미타불의 불가사의한 공덕을 설한 경의 말씀을 믿으라고 권하셨다.[30]

다음은 가르침과 같이 염불을 하는 사람은 현세에서는 모든 부처님의 보호를 받고 다음 생애에서는 정토에 왕생하는 이익을 얻을 수 있음을 말씀하셨다.[31]

또 모든 부처님께서는 석가모니불이 믿기 어려운 염불왕생의 법을 말씀하신 것을 찬탄하시고 석존도 또 이 가르침을 설하는 것이 얼마나 어려운 일인가를 말씀하셨다. 마지막으로 이 경의 법문을 들은 많은 부처님 제자 및 천인 아수라의 무리들까지도 법문을 듣고 환희하여 법의 즐거움을 누리고 있음을 기록하였다.[32]

3) 『관무량수경』의 왕생법

『관무량수경』은 그 제목이 말해주고 있듯이 관불(觀佛)을 설한 경전의 하나이다. 아미타불 및 그의 화불(化佛)로서의 관음과 대세지라는 두 보살, 그리고 극락정토의 장엄을 구체적으로 마음의 대상으로서 관찰하는 방법을 설하여, 정선(定善) 13관과 산선(散善) 9품(品, 3관) 등 모두 16관[33]으로 정리하고 있다. 이 경전은 왕사성의 비극을 주제로 하여 극한상황에 처한 위제희부인이 고뇌를 떨치고 서방정토로 구제되어 가는 순서를 관불(觀佛)·관상(觀想)의 설법을 통해 밝히며, 나아가 『무량수경』에서 설한 타력구제의 진실성을 말법시대의 범부들에게 실증하는 데 있다.

범본이 발견되지 않은 상황이기 때문에 성립된 장소와 연대를 확정지을

---

30 『阿彌陀經』(『大正藏』 12권, 347중-348상)

31 『阿彌陀經』(『大正藏』 12권, 348상)

32 『阿彌陀經』(『大正藏』 12권, 348상)

33 선도(善導, 613-681)의 해석으로, 16관 중 제 13관까지만 관법, 바로 정선(定善)이라 하고, 후의 상배관·중배관·하배관은 관법이 아니기에 산선(散善)이라 이름하고, 산심(散心: 평상심)에 의해 제선근(諸善根: 諸行)에 의한 왕생을 설한 것이라 하였다. 더욱 하배의 하삼품 염불을 본원의 십념이라 하고, 아미타불의 타력본원을 극력히 주장했으며, 어리석고 악한 범부도 세 가지 마음을 구족하여 염불하면 부처님의 본원에 따라 아미타불의 보토에 왕생할 수 있다고 주장하였다. 부처님의 본원은 죄와 악이 깊고 무거운 범부를 구제하는 것이 본래 뜻인 취지를 이 관경에 의해 철저하게 구명하였다.

수 없으나, 이 경전의 내용 면에서만 보면 정토삼부경 중에서 가장 발전된 사상을 보여주고 있다. 이 경전의 한역(漢譯)은 서역에서 성행한 다른 여러 관경과 더불어 5세기 초에 이루어졌다.

『관무량수경』에서는 극락왕생의 수행방법으로 먼저 삼복(三福)을 권한다. 세 가지 복이란, 첫째는 세간에서 행하는 도덕상의 선행으로서 부모에게 효도하고, 스승과 어른을 섬기며, 살생을 하지 않고 열 가지 선업을 닦는 세복(世福)이고, 둘째는 삼보에 귀의하여 계율을 지키는 계복(戒福)이며, 셋째는 대승의 깨달음을 구하는 보살행으로서 보리심을 내어 깊이 인과의 도리를 믿고 대승경전을 독송하고, 이것을 다른 사람들에게도 권하는 행복(行福)을 말한다.[34] 이것은 극락왕생을 위해 기본적으로 닦아야 할 수행이지만, 실제로 이것이 바로 불교도로서 살아가는 기본자세이다. 아울러 원시불교의 보시·지계·수정(修定)의 삼복업사(三福業事)가 발전한 것으로 보는 견해도 있다.

그리고 구체적인 왕생행으로 16관법을 권한다. 처음의 13관은 ① 해가 지는 것을 생각하는 관법[日想觀], ② 물이 어는 것을 생각하는 관법[水想觀], ③ 보배 땅을 생각하는 관법[地想觀], ④ 보배 나무를 생각하는 관법[寶樹觀], ⑤ 보배 연못을 생각하는 관법[寶池觀], ⑥ 보배누각 생각하는 관법[寶樓觀], ⑦ 연화대 생각하는 관법[華座觀], ⑧ 불상을 생각하는 관법[像觀], ⑨ 부처님의 진실한 몸을 생각하는 관법[眞身觀], ⑩ 관세음보살 생각하는 관법[觀音觀], ⑪ 대세지보살 생각하는 관법[勢至觀], ⑫ 자기 왕생을 생각하는 관법[普觀], ⑬ 정토의 잡상을 생각하는 관법[雜想觀]이다.[35] 극락세계의 풍경과 아미타불과 관세음보살·대세지보살의 신상을 관하는 것인데, 설명의 내용은 기본적으로 『무량수경』·「아미타경』과 같다. 그러나 관법자체가 『반주삼매경』의 정중견불(定中見佛) 사상을 이어받은 것으로서 『무량수경』과는 상당히 다른 시점에서 정토사상을 설하고 있다.

이 정선 13관법은 어느 것이나 다 산란한 마음을 조용히 가라앉히고 생각을 한곳에 집중함으로써 비로소 가능하다. 다시 말해 그것을 관할만한 수행을 필요로 하고 또한 불도에 대한 적극적인 열의가 있어야 한다. 그러나 이러한 13관법은 범부중생이 더구나 일상생활 속에서 여러 가지 고통을

34 『佛說觀無量壽佛經』(『大正藏』 12권, 341하)
35 『佛說觀無量壽佛經』(『大正藏』 12권, 341하-344하)

겪는 사람들에게는 불가능에 가깝다. 이에 마음이 약하고 생각을 집중할 수 없는 자들을 위해 수행자의 능력에 따라 세 종류의 방법으로 나누어 정토에 왕생하는 모습을 차례로 관하게 하는 산선 3관이 있다[36]. 상배관·중배관·하배관이라 부르는데, 다시 이들을 각각 상생·중생·하생의 셋으로 나누어 아홉 종류로 분류한 것을 삼배구품(三輩九品)이라 한다. 이 산선9품은 마음의 평정을 찾지 못하는 평범한 범부가 평상의 마음 그대로 관할 수 있다고 한다.

수행자를 9품으로 분류한 기준은 세간적인 도덕과 종교적인 신심의 여부에 따른 것으로, 여기에는 종교적 실천이 중요한 의미를 가진다. 인간을 그 성격이나 행위에 따라 9단계로 분류하여 하급으로 내려 갈수록 점점 열악하고, 더구나 그들이 똑같이 정토에 왕생하기 위해서는 최저최악인 하품하생의 사람이라도 가능할 수 있는 방법이 필요하다. 상급자의 경우 정토왕생을 위해 육념(六念)을 하는[37] 것이, 하급으로 내려갈수록 인과를 믿거나[38] 경전의 제목을 듣는 것[39]과 같이 점점 쉽게 되어 최후에 하품하생에 이르면 단지 칭명염불만이라도 외우기만 하면 좋다[40]고 하였다. 부처님의 이름을 외우는 칭명염불이라는 가장 쉬운 방법이 설해진 것이다. 여기에 더 나아가 극악무도한 사람까지도 포함해서 모든 사람이 구제된다고 한다.

그리고 삼배구품의 내용, 즉 수행자의 수행정도를 설한 것을 관법으로 삼은 이유는 수행자와 부처 또는 수행자와 정토의 관계를 객관적으로 보는 것이 아니다. 우리가 남의 잘못을 보고 자신의 잘못을 고치듯이, 타인의 수행내용을 관해서 자신의 있는 그대로의 모습을 되돌아보고, 자신도 그렇게 수행하고자 하는 마음을 내게 하기 위해 관법의 내용으로 삼은 것이다.

삼배구품의 사고방식은 『무량수경』의 삼배왕생사상에 근거하여, 이것을 부연해서 상세히 설명했다고 볼 수 있다. 그렇지만 『무량수경』의 삼배왕생에 있는 '내지일념(乃至一念)'이나 '내지십념(乃至十念)'이라는 염불이 없다. 『관무량수경』의 하품상생은 선지식이 나무아미타불을 외우게 하고,[41] 하품하생도 선지식이 나무아미타불을 열 번 염불하게 하는 것[42]이 있

36 『佛說觀無量壽佛經』(『大正藏』 12권, 344하-346상)
37 『佛說觀無量壽佛經』(『大正藏』 12권, 344하). "上品上生."
38 『佛說觀無量壽佛經』(『大正藏』 12권, 345상). "上品下生."
39 『佛說觀無量壽佛經』(『大正藏』 12권, 345하). "下品上生."
40 『佛說觀無量壽佛經』(『大正藏』 12권, 346상)

을 뿐이다. 여기에 준하여 하품중생도 경문에 직접 언급되지는 않지만, 염불수행을 할 것이라고 추정할 수 있다. 그러나 나머지 상품상생에서 중품하생까지는 아미타불을 염불하는 것이 없다. 더구나 하품하생에서는 아미타불의 명호를 외우면 80억 겁이라는 긴 세월을 유전하지 않으면 안 되는 죄가 소멸하기 때문에 왕생할 수 있다[43]고 한다. 이 내용을 자칫 잘못 이해하면 죄를 범했다 하더라도 염불만 하면 그 죄를 소멸할 수 있다고 받아들일 우려가 있다. 그러나 염불이란 원래 신앙자의 생활을 정화해 가는 의의를 지닌 것으로서 신심[믿음]을 강조하기 위한 것이지 인간의 죄업과는 상관이 없다. 『무량수경』에서 믿음은 결정적으로 염불에 왕생의 바탕을 부여한다고 설한 것과 같은 맥락이라고 볼 수 있다.

또한 『관무량수경』의 산선구품에서는 왕생한 후의 과보를 상세하게 설명하였다.[44] 그런데 법장비구의 48본원에는 왕생 후의 과보에 차별이 없으며,[45] 『무량수경』의 삼배왕생에도 왕생 후에 얻는 지혜·용맹·신통자재에 상·중·하의 차등은 두지만,[46] 『관경』처럼 구체적인 내용은 없다. 정토에 태어나면 평등하게 그 과보를 받는 것이 아미타불의 서원이므로, 『관경』에서 그 과보에 차등을 둔 것은 어디까지나 왕생자의 눈높이에서 왕생을 독려하기 위한 방편이라고 봐야 할 것이다.

Ⅲ. 왕생사상의 전개

1. 인도의 왕생사상

1) 용수의 이행도

인도에서 가장 먼저 정토사상을 설한 학자는 용수(龍樹, 약150-250)이다. 공사상으로써 대승불교의 철학적인 기초를 세웠지만, 정토사상에서도

41 『佛說觀無量壽佛經』(『大正藏』 12권, 345하)
42 『佛說觀無量壽佛經』(『大正藏』 12권, 346상)
43 『佛說觀無量壽佛經』(『大正藏』 12권, 346상). “具足十念稱南無阿彌陀佛 稱佛名故 於念念中 除八十億劫生死之罪.”
44 『佛說觀無量壽佛經』(『大正藏』 12권, 344하-346상)
45 『無量壽經』 상(『大正藏』 12권, 268중)
46 『無量壽經』 하(『大正藏 12권, 272중하)

독자적인 설을 수립하여, 후대 중국 정토교가들에게 결정적인 역할을 하였다. 용수는 『대지도론』과 『십주비바사론』에서 정토사상을 언급하고 있다.

『십주비바사론』은 『화엄경』 「십지품」을 주석한 것으로, 원래는 방대한 양이었지만 현재 남아있는 것은 초지(初地)와 제2지를 주석한 최초의 17권 분이다. 이 전적의 「이행품(易行品)」에서는 보살행을 닦는 자는 물러나지 않는 불퇴전(不退轉)의 경지에 듦을 논하는 부분[47]이 있다. 정토경전에 의하면, 극락정토에 왕생하게 되면 누구나 기본적으로 일생보처보살,[48] 불퇴전위에서 시작하여,[49] 반드시 성불할 수 있다[50]고 한다. 이 때문에 고래로 많은 불교학자들이 '불퇴전위'에 주목할 수밖에 없었고, 탁월한 대승교학자인 용수가 논증한 불퇴전위는 후대에 나침반 역할을 톡톡히 한다.

용수는 불퇴전위를 설하면서, 대승의 보살도를 육로로 걸어가는 것과 해로로 배를 타고 가는 것에 비유해서 난행도(難行道)와 이행도(易行道)로 구별하였다. 난행도는 오랜 세월에 걸쳐 뼈를 깎는 힘든 수행을 함으로써 불퇴전위에 이르는 방법이다. 구체적으로 보살과 염불을 관계 지어 색신염불(色身念佛: 初發意菩薩)[51]→법신염불(法身念佛: 中勢力)[52]→실상염불(實相念佛: 上勢力)[53]의 순서로 논하고 있다. 이것은 염불수행[삼매]의 차례로써, 처음 초발의보살은 염하기 쉬운 색신염불에서부터 시작하여야만 궁극의 목적인 실상까지 도달할 수 있다고 하였다. 또 실상염불은 색신과 법신에 집착하지 않는 중도의 실천으로써 반야공의 사상을 기초로 한 공관염불(空觀念佛)이다. 용수는 이러한 실상염불을 보살의 수행도인 공관염불 즉 진염불(眞念佛)[54]이라고 표현하고, 실상염불이 성취되어야 불퇴전위에 오른다고 밝혔다. 여기서 용수는 '염불은 왕생이 목적이 아니고 반주삼매,[55] 즉 현전삼매이자 견불삼매가 목적'이라고 밝히고 있다.

이행도는 해로로 배를 타고 즐겁게 항해하는 것과 마찬가지로 '믿음'이

---

47 『十住毘婆沙論』 5(『大正藏』 26권, 41상-42하)
48 『無量壽經』 상(『大正藏』 12권, 268중, 273중)
49 『無量壽經』 상(『大正藏』 12권, 269중) ; 『阿彌陀經』 (『大正藏』 12권, 348상)
50 『無量壽經』 상(『大正藏』 12권, 269상)
51 『十住毘婆沙論』 9권, 「念佛品」 (『大正藏』 26권, 68하-70하)
52 『十住毘婆沙論』 10권, 「四十不共法品」 (『大正藏』 26권, 71하-77하)
53 『十住毘婆沙論』 12권, 「助念佛三昧品」 (『大正藏』 26권, 86상-88하)
54 『十住毘婆沙論』 7권, 「歸命相品」 (『大正藏』 26권, 55상-하)
55 『십주비바사론』 뿐만 아니라 『대지도론』의 여러 곳에서도 염불의 목적을 이렇게 정의하고 있다.

라는 신방편(信方便)의 수행, 곧 제불의 명호를 염하여 그 공덕으로 현생에서 불퇴전의 경지에 도달하는 것을 말한다. 『무량수경』에서 왕생의 동력인으로 믿음과 염불을 설하고 있는 것과 같은 입장이다. 그러나 용수가 말하는 제불의 명호를 염하는 십호염불(十號念佛)은 아미타불 한 부처님에게만 국한된 것이 아니라 과거·현재·미래의 여러 부처님과 보살의 명호를 외우는 것이다. 십호염불을 하다보면 염하는 것에 반연함으로써 선법(禪法, 三昧力)이 증장하여, 반주삼매에 쉽게 이를 수 있다. 결국에 반주삼매가 이루어지기 때문에 모든 부처님을 친견할 수 있다. 모든 장애를 극복하고 현생에서 견불삼매에 들고 불퇴전위에 오를 수 있는 빠르고 쉬운 시발점을 십호염불로 잡고 있다. 또한 용수의 염불사상은 정토왕생의 목적보다는 현생에서의 이익이 중심이다. 현생에서 반주삼매, 불퇴전위를 얻는 것뿐만 아니라, 병을 제거하 등의 현실적인 '득익'에 초점을 맞추고 있다. 비록 '타방극락정토로 왕생한다'는 관념이 포함되어 있지는 않으나, 왕생행에 따른 수행계위 등에 결정적인 논리적인 근거를 제공하고 있다.

2) 무착의 별시의

무착(無着, 310-390년경)은 『섭대승론』에서 정토사상에 대하여 언급하고 있다. 칭명염불의 원형적인 형태인 '별시의염불(別時意念佛)'과 법신염불인 '억념염불(憶念念佛)'이 설해지고 있다. 별시의 염불은 부처님이 게으른 중생을 수행에 전념시키기 위하여 실제로는 먼 미래의 별시(別時)에 불과(佛果)를 얻을 수 있음에도 불구하고 마치 즉시(卽時)에 얻을 수 있는 것처럼 설하는 것이다. 억념염불은 법신의 7가지 수승한 공덕을 마음 속으로 염함에 의해 법신을 통달할 뿐만 아니라 모든 유정들을 해탈케 하는 이익이 있다.

이 '별시의'설로 인해 후세에 정토사상 전체를 방편설로 보거나 혹은 일부만을 방편설로 간주하는 등 여러 가지 해석이 나오게 된다. 그러나 무착이 설한 별시의염불은 사후에 타방정토로의 왕생을 위한 염불이 아니라 현세에 어떤 과를 얻으려고 하는 염불이다.[56] 염불의 득익을 무상보리와 법신통달에만 국한하고 있다. 극락정토왕생은 그가 밝혔듯이 '원생심(願生心)'에 의해 왕생하는 것이지, 별시의[칭명염불]만으로 왕생하는 것이 아니라

56 『攝大乘論』 상 (『大正藏』 31권, 103중)

고 하였다. 필자는 무착이 왕생하는 데는 무엇보다 원생심이 근본이라 본 것은, 믿음과 염불이라는 왕생행의 동력인 가운데 믿음 쪽으로 무게를 실었다고 생각된다.

3) 세친의 왕생론

무착에 이어 동생인 세친(世親, 320-400년경)이 정토사상을 조직적으로 설하였다. 세친은 인간의 생존을 마음속의 관념의 표상이라 보는 설을 주장하여 불교사상에 일대전환을 가져온 대학자이다. 그가 『무량수경』에 주석을 붙여 정토사상을 이론과 실천 양면에서 정리한 것이 『무량수경우바제사원생게(無量壽經優波提舍願生偈)』(일반적으로 『정토론』, 『왕생론』이라 함)이다. 정토종에서는 정토삼부경과 세친의 『왕생론』을 삼경일론(三經一論)이라 할 정도로 중요하게 여겼다. 인도에서 정토사상을 조직적으로 해명한 유일한 논서이며, 정토교학 발전에 큰 영향을 끼쳤다.

1권으로 이루어진 『왕생론』은 형이 『섭대승론』에서 취한 입장과 달리 정토사상을 적극적으로 고취하려는 의도에서 저술하였다. 한역 『왕생론』은 게송과 그에 대한 세친 자신의 주석인 산문으로 이루어진 전적이다. 게송부분 첫머리에 일심(一心)으로 아미타불에 귀의하여 안락국(安樂國)에 태어날 것을 원하는 원생(願生)의 뜻을 표하고 있다.[57] 세친의 수많은 저술에서 찾아 볼 수 없는, 자신의 종교적 귀추를 분명히 밝힌 저술이라 하겠다.

산문부분에서 안락(=극락)에 태어나기 위하여 ①몸으로 아미타불을 예배하고[禮拜門] ②입으로 부처의 이름을 찬탄하며[讚歎門] ③일심으로 극락왕생을 원하며[作願門][58] ④마음을 고요히 하여 정토의 모습을 관상하며[觀察門][59] ⑤그에 의하여 얻은 바 공덕을 중생에게 돌리는[廻向門] 다섯 가지 실천법[五念門]을 설한다.

이 오념문의 체계는 유가유식 사상을 배경으로 성립되었다고 추정되는데, 중심부분은 ③작원문과 ④관찰문이며, 그 중심은 지(止)와 관(觀)을 닦아 왕생의 업으로 삼는 것에 있다. 작원문에서 '일심으로 정토에 왕생하고 싶다'고 하는 원심(願心)이 순화되어 적정삼매를 이룰 수 있다고 밝혔다. 관찰문에서는 불국토장엄·불장엄·보살장엄의 3엄 27종[60]이라는 정토의 장

57 『往生論』(『大正藏』 26권, 230상)
58 『往生論』(『大正藏』 26권, 231중)
59 『往生論』(『大正藏』 26권, 231중-232하)

엄을 설하는데, 『무량수경』의 삼배왕생의 삼배는 모두 보리심을 내어 그 공덕으로 정토에 왕생할 수 있다[61]고 하였는데, 세친도 ⑤회향문에서 정토에 왕생하는 자는 보리심을 닦는 데 철저해야 한다고[62] 강조한다. 또한 왕생의 과보로서 근문(近門)·대회중문(大會衆門)·택문(宅門)·옥문(屋門)·원림유희지문(園林遊戲地門)의 오과문(五果門)을 닦아 자리·이타하여 신속히 아뇩다라삼먁삼보리를 성취할 수 있다고 설한다.[63]

전체적으로 세친이 설하는 정토는 여래의 내식(內識)에서 변해 나타난 것으로서 청정하고 자재로운 유식지(唯識智)를 체로 삼는다고 하기 때문에 매우 유심론적이고 형이상학적이지만, 용수가 주장한 현생에서 불퇴전에 이른다는 이행도설보다 훨씬 발전했다고 볼 수 있다. 오념문의 수행방법은 후대의 염불왕생과는 상당히 차이가 있지만, 그 업을 보리심으로 순화시킨 점은 그 후의 『무량수경』 해석에 하나의 궤도를 마련해 주었다.

2. 중국의 왕생사상

1) 정토왕생의 방법

담란(曇鸞, 467-542)은 48원을 성취하여 성불한 아미타불의 원력에 크게 주목하였다. 그는 『왕생론주』 하권의 "삼원적증(三願的證)" 부분에서 정토에 왕생하는 것이 가능한 것은 '부처의 본원력'에 의한 것이라고 한다. 그 첫째 증거로 제 18원을 들어 "부처의 원력에 의하므로 십념의 염불에 의하여 바로 태어날 수 있으며, 태어날 수 있으므로 미혹한 세계[三界]에서 윤회하는 것을 멈추고, 윤회하지 않기 때문에 속히 깨달음을 얻는다"고 한다. 다음에 11원을 들어 "부처의 원력에 의하므로 다시 퇴전하지 않는 위[正定聚]에 주하고 거기에 주함으로써 기필코 깨달음[滅度]에 이르고 다시 이 세상에 되돌아오는 것과 같은 장애가 없다"고 한다. 세 번째로 제 22원을 들어 "부처의 원력에 의하므로 세간 일반의 사람들로부터 선발되고 그 몸에 보살 10지의 수행이 나타나고 보현의 덕을 배우고 닦는다"고 한다.[64] 이 가

60 『往生論』(『大正藏』 26권, 231중-232중)
61 『無量壽經』 하(『大正藏 12권, 272중-하)
62 『往生論』(『大正藏』 26권, 232하)
63 『往生論』(『大正藏』 26권, 233상)
64 『無量壽經優婆提舍願生偈註』(약칭 『往生論註』) 하(『大正藏』 40권, 844상)

운데 제 18원은 정토에 태어나게 된다는 증거이며 다음의 두 가지 원은 불퇴전하는 위에 주하여 부처의 깨달음을 얻는 것을 증거로 한다. 왕생의 근거를 부처님의 원력에 두는 담란의 타력설은 도작(道綽, 562-645)·선도(善導b 613-681) 등 후대 정토교가들에게 계승되었다.

정토에 왕생하기 위한 직접적인 방법으로, 이미 살펴본 18원에서도 염불과 동시에 믿음[마음가짐]이 지적되고 있다. 이 믿음에 대하여 담란이 '무상보리심(無上菩提心)'을 들고 있다. 그는 사람의 능력이나 소질에는 차이가 있고 수행에도 우열을 인정해야만 된다고 한다. 『무량수경』에 의하면 누구나 '무상보리심'을 가질 필요가 있다는 것이다. 이 무상보리심은 "최고 완전한 부처의 깨달음을 구하는 마음으로, 부처가 되려고 원하는 마음이며[作願佛心], 또한 그대로 세상 사람들을 구제하려는 마음이며[度衆生心], 그대로 세상 사람들을 구제하여 불국토에 태어나게 하려는 마음"이다.[65] 그러므로 왕생하려는 사람은 반드시 이 '무상보리심'을 가져야만 한다고 논하고 있다. 이러한 견해는 예배·찬탄·작원·관찰·회향의 오념문 가운데 회향문에 대하여 논한 것이다. 부처의 관상 등으로 얻은 일체의 공덕이나 선의 종자를 모두 다른 사람에게 돌리고 향하여[廻向] 함께 정토에 왕생하고자 원하는 그 가장 중요한 기반이 이 보리심인 것을 밝히고 있다.

가재(迦才)가 이 견해를 계승하였는데, 사람의 능력이나 소질을 상과 중·하의 두 가지로 나누었다. 상위의 사람이 태어나는 조건을 통인(通因)과 별인(別因)으로 구별한다. 통인으로서는 『무량수경』에서 설하는 '발보리심'과 그 밖의 것들을 든다. 또한 중·하의 사람에게도 '발보리심'을 적용시키는데 이에는 3종이 있다고 한다. 첫째는 일체의 악을 끊는 마음, 둘째는 일체 선을 닦는 마음, 셋째는 모든 사람들을 가르쳐 인도하는 마음이라고 한다.[66]

이러한 흐름은 선도에 이르러서 다시 크게 전개된다. 그는 정토에 왕생하는 조건으로서 안심(安心)·기행(起行)·작업(作業)의 세 가지를 들고 있다.[67] 이중에서 안심이 여기서 말하는 보리심을 포함하여 그 이념을 확대한 것이다. 그 내용은 『관무량수경』에서 말하는 지성심(至誠心)·심심(深心)·회향발원심(廻向發願心)의 3심[68]을 말한다. 이 중에서 회향발원심이 담란이

---

65 『往生論註』 하(『大正藏』 40권, 842상)
66 『淨土論』 (『大正藏』 47권, 89하-90상)
67 『往生禮讚偈』 (『大正藏』 47권, 438하)

말하는 보리심에 해당한다.

선도는 회향발원심을 첫째, "자기와 남이 닦은 선근을 가지고 모두 다 진실하고 깊은 신심(信心) 가운데 회향해서 저 국토에 태어나기를 원하기 때문에 회향발원심이라 이름한다"[69]라 하였다. 둘째, "저 국토에 태어난 후에 다시 자비의 마음을 일으켜 이 생사의 세계로 돌아와서 세상 사람을 가르쳐 인도하므로 또한 회향이라고 한다"[70]라 하였다. 첫째는 담란이 말하는 왕상회향(往相廻向)을, 둘째는 '환상회향(還相廻向)'을 계승한 것이다. 담란은 '왕상회향'이란 스스로의 공덕을 일체의 사람들에게 회시(廻施)하여 더불어 아미타불의 안락정토에 태어나고자 하는 원을 세우는 것이며, '환상회향'이란 저 국토에 태어난 후에 마음을 고요히 하고 정신을 모아서 방편을 설하는 힘을 완성하여 다시 생사에 미혹한 세계에 돌아와서 일체 사람들을 가르쳐 인도하여 모두 깨달음에로 향하게 하는 것[71]이라고 규정하였다.

왕생의 직접적인 방법을 어떻게 볼 것인가에 있어, 선도는 『왕생론』에 의거한 담란과 달리, 『관무량수경』에 근거하고 있지만 담란의 사상을 잘 계승하고 담란의 설을 무리 없이 연결지었음을 알 수 있다. 정토에 태어나기 위한 조건으로 담란의 무상보리심[회향발원심]을 계승하되, 『관경』의 설을 이어 '지성심(至誠心)'과 '심심(深心)'을 덧붙여야 한다고 제시하고 있다. 지성심의 지성(至誠)이란 진실이라는 의미로, 일체의 행위를 이 진실한 마음으로 행하는 것이 진실에 맞는 것이다.[72] 따라서 지성심이 없으면 어떠한 행위도 보이기 위한 꾸밈일 따름으로 '잡독(雜毒)의 선(善)'이며, '허가(虛假)의 행(行)'에 지나지 않는 것이다. 그러므로 아무리 심신을 책려하여 수행에 힘써 보아도 정토에 왕생하는 것이 불가능하다. 따라서 이 진실이야말로 아미타불이 보살의 수행을 행하던 기간에 일시적이나마 마음에서 멀어진 일이 없었던 것이다. 이처럼 그가 말하는 지성심은 일체의 자리·이타의 행위를 진심으로 행하며, 부처에게 향하려는 마음을 말한다.

68 『觀無量壽經』(『大正藏』 12권, 344하)
69 『觀無量壽佛經疏』 4(『大正藏』 37권, 272중)
70 『觀無量壽佛經疏』 4(『大正藏』 37권, 273중)
71 『往生論註』 하(『大正藏』 40권, 836상)
72 『觀無量壽佛經疏』 4(『大正藏』 37권, 270하)

또한 심심(深心)에 대해서는 '깊이 믿는 마음'이라 설명하고 이에는 두 가지가 있다고 한다. 그 첫째는 결정코 자신은 현재 죄악이 있고 생사하는 범부이며, 한량없는 세월 동안 항상 윤회하여 벗어날 반연이 없다는 것을 깊이 믿는 것이다.[73] 둘째는 결정코 아미타불이 48원을 가지고 중생을 섭수하신다는 것에 의심이 없어야 하며, 염려하지 말고 저 원력을 입어 결정코 왕생할 수 있다는 것을 깊이 믿는 것이다. 또 결정코 석가모니불이 이 『관경』에서 삼복(三福)·구품(九品)·정선(定善)·산선(散善) 등을 설하시고, 저 부처님의 의보(依報: 극락)와 정보(正報: 아미타불과 성중) 등 두 가지 보를 증명하고 찬탄하시어 사람들로 하여금 기뻐하고 사모하게 하신 것을 깊이 믿는 것이다. 또한 결정코 아미타경 가운데 시방 항하사와 같은 모든 부처님들께서 일체 범부가 반드시 태어날 수 있다고 증명하고 권한 것을 깊이 믿는 것이다.[74] 이처럼 깊게 믿는 사람은 목숨을 돌아보지 아니하고 부처가 가르치는 대로 행하기 때문에 "불(佛)의 원(願)에 수순하는 참된 불제자라고 이름한다"[75]고 설한다.

선도가 『왕생예찬』에서 심심(深心)을 해석하여 "진실한 신심(信心)"[76]이라 한 것을 보면, 그는 다른 2심을 심심에 통일시키려는 의도가 있지 않나 추측되기도 한다. 그렇다면 담란이 『왕생론주(往生論註)』에서 아미타불에 대한 신심(信心)의 자세를 설한 입장과 상통한다. 그 내용은,

> 부처의 이름을 부를 때는 그 이름에 상응하는, 또한 진실에 드는 수행에 상응하는 것이어야 한다. 상응(相應)하지 않는 것으로 세 가지가 있다. 첫째는 신심(信心)이 두텁지 아니하여[不淳] 어떤 때는 있고 어떤 때는 없어지기 때문이며, 둘째는 신심이 한결같지 않아[不一] 결정(決定)되지 않기 때문이다. 셋째는 신심이 상속(相續)하지 않아 다른 염(念)이 사이에 있기 때문이다. 이 세 가지 구(句)가 전전(展轉)하여 서로 이룬다. 신심이 두텁지 않기 때문에 결정되지 못하고, 결정되지 못하기 때문에 염이 상속하지 못한다. 또 염이 상속하지 못하기 때문에 결정된 신(信)을 얻을 수 없고, 결정된 신을 얻

73 『觀無量壽佛經疏』 4(『大正藏』 37권, 271상). "一者決定深信自身現是罪惡生死凡夫 劫已來常沒常流轉 無有出離之緣."
74 『觀無量壽佛經疏』 4(『大正藏』 37권, 271중)
75 『觀無量壽佛經疏』 4(『大正藏』 37권, 271중). "是名隨順佛願 是名眞佛弟子."
76 『往生禮讃偈』(『大正藏』 47권, 438하)

을 수 없기 때문에 마음이 두텁지 못하다. 이와 같지 않은 것을 여실수행상응(如實修行相應)이라 하고, 이를 '일심(一心)'이라고 말한다.[77]

담란은 여기에서 일심(一心)이라 불리는 진실한 신심을 보여주고 있다. 이에 사상적 영향을 받은 선도는 심심(深心)의 해석에서 그가 부처님의 절대적 구제를 믿는 바와는 정반대로 구제의 인연을 갖지 못하는 자기의 죄업이 깊음을 믿는다는 것은 정토교의 타력성을 선명하게 한 그의 독자적인 사상으로 주목할 만 하다.

다음에는 정토에 왕생할 수 있게 하는 간접적인 방법에 대하여 살펴보겠다. 담란은 『왕생론』에서 설한 오념문을 중시하였다. 세친이 그랬던 것처럼 그도 관찰문에 주목하였는데, 극락과 아미타불과 관음과 대세지 등 29종의 장엄한 모습을 관상함과 동시에 아미타불의 제18원의 '십념'에도 주목한다. 아미타불의 모습을 기억하는 것으로써 정토에 왕생하는 요인이라 간주하였다. 또한 동시에 부처의 이름에 어울리는 삼신(三信)으로써 칭명할 때 이 칭명에 의하여 정토에 왕생하려는 원이 충만하게 된다고 한다. 이를 명(名)과 법(法: 實)의 합치라는 차원으로 증명하고 있다.[78] 따라서 담란은 염불을 왕생의 간접조건으로 보는데, 본래 지닌 관상에다가 다시 칭명을 병행하도록 한 것이라 하겠다. 그러나 정영사 혜원이나 천태지의 등 다른 교학자들은 정토경전을 주석하면서, 관·칭의 염불 외에 제선만행(諸善萬行)도 모두 정토 왕생하는 조건으로 보고 있다.

담란을 계승한 도작이 보는 왕생염불은 관상을 주체로 하되 칭명을 병용하는 것이다. 십념에 대하여 담란의 말을 빌어 설명하고 있는 것으로 알 수 있듯이, 억념(憶念)의 지속이 중요하며 그것을 온전히 하기 위하여 칭명을 취하고 있는 것으로 이해된다[79]. 그는 말법의 시기에 어울리는 염불을 강조하였는데 그 염불은 고도의 관념(觀念)에 있다하여 구칭(口稱)염불을 할 때 하루 7만 번을 하게 하였다. 칭명을 연속하여 정신집중을 하게 되면, 결국 견불하고 성불할 수 있다고 하였다. 또한 도작은 "발보리심은 성불의 그릇이다. 항상 능히 염불하여 정토에 왕생하는 것은 이 부처님을 친견하는 그릇이다"[80]라고 하였다. 즉 보리심이 성불하게 하는 인(因)이 되지만 보리심

77 『往生論註』 하(『大正藏』 40권, 835중-하)
78 『往生論註』 하(『大正藏』 40권, 835하)
79 『安樂集』 (『大正藏』 47권, 11상)

에서 성불하기까지는 보리심→염불→왕생→성불하는 순서의 행(行)이 있다고 보았다.

도작의 입장은 가재(迦才)에 이르러서도 변함이 없다. 능력이나 소질에 따라 상과 중·하의 두 가지로 분류하여 상에 속하는 사람들은 염불에 오념문 수행을 참고하여 덧붙여야 한다고 하였다. 중·하에 속하는 사람에게는 참회·발보리심·상념(常念)·관념(觀念)·회향(廻向)을 제시하는 점이 주목된다. 다만 상위의 사람들의 염불을 심념(心念)과 구념(口念)으로 나누어 구념은 심념을 돕는 방법이라고 본다.[81] 심념에는 아미타불의 모습과 그 지혜를 염하는 것이 있는데, 이 심념과 관찰의 차이가 명확하지 않다. 또한 중·하에 속하는 사람들의 상념은 구칭을 말하는 것으로 보이는데 그렇다면 여기서 말하는 관찰이 심념과 어떻게 다른지 분명치 않다. 다소 불분명한 부분이 있기는 하지만, 능력이 하열한 사람들에게 분명하게 구칭의 길을 열어 준 점을 주목할 만 하다.

이 구칭을 염불의 전부로 보는 이가 선도이다. 그는 아미타불 한 부처에 한한 독송·관찰·예배·칭명·찬탄공양의 다섯 가지를 오정행(五正行)이라 하고 특히 칭명을 '정정업(正定業)'이라 하여 다른 넷과 구별하고 있다. 그리고 그 네 가지를 조업(助業)이라 불러 보조행위로 규정한다. 그리하여 이를 설명하여 "일심으로 아미타불의 명호를 행주좌와나 시절의 장단을 묻지 아니하고 짧은 시간도 버리지 않으면 이는 정토에 왕생하기 위한 바른 행위[正定業]라 이름하는데 그것은 저 부처님의 원에 들어맞기 때문이다"[82] 라고 하였다. 선도는 『관경』 마지막에 부처가 아난을 향하여 "무량수불의 이름을 전지(傳持)하라"[83]고 설한 부분을 설명하면서, "정선(定善)과 산선(散善) 2문의 이익을 설하여 왔으나 부처님 본원의 뜻을 보면 중생이 한결같이 오로지 아미타불의 명호를 부르는데 있다"[84]라고 하였다. 염불이라 하면 관·칭의 어느 쪽도 포함되며 누가 말하여도 관념 쪽에 비중이 있었던 종래의 방향을 정정하여 부처님의 본원은 칭명을 목적하고 있다고 명언하였다. 이러한 견해는 후대에 엄청난 영향을 주었다. 『왕생예찬』에서,

---

80 『安樂集』(『大正藏』 47권, 15하)
81 『淨土論』(『大正藏』 47권, 89중)
82 『觀無量壽佛經疏』 4(『大正藏』 37권, 272상-중)
83 『觀無量壽經』(『大正藏』 12권, 346중)
84 『觀無量壽佛經疏』 4(『大正藏』 37권, 278상)

> 미타세존께서 본래 깊고 무거운 서원을 발하시고 광명과 명호로 시방을 섭수하시고 교화하신다. 단 신심(信心)으로 염을 구하되 위로는 일형(一形)을 다하고, 아래로는 십성(十聲), 일성(一聲) 등에 이르더라도 부처님의 원력으로써 쉽게 왕생할 수 있다.[85]

라 하여 입으로 부처님의 명호를 부르는 소리[聲]에 의해서 왕생할 수 있는 것은 부처님의 본원력임을 명확히 하고 있다. 그러나 이상적인 형태로서는 언제나 염불할 것을 권하여 다른 조업(助業)을 포함하여 4종의 방법을 제시하여 칭명을 게을리 하지 않을 것을 강권하며, 지속적인 칭명염불로 견불(見佛)을 기대할 수 있다고 한다.

2) 극락정토에서의 성불

정토에 왕생하는 사람의 계위에 대하여 상·중·하의 3배를 설한 것이 『무량수경』이며, 9품을 설한 것이 『관무량수경』이다. 이러한 계위는 이 세계에 있을 때의 사람의 능력이나 소질을 분류한 것임과 동시에 저 정토에서 성불하기까지의 빠르고 늦음을 정한 것이다.

정영사 혜원은 9품에 대하여 상배인이란 "같이 대승을 닦음으로써 인(因)이 된다"[86]라고 하였다. 중배인이란 "같이 소승을 닦는 것이 행인(行因)이 되고, 그 최후에 보리심을 발하여 아미타불을 염하기 때문에 왕생할 수 있다"[87]라고 하였다. 하배인이란 "이 사람은 과거에 일찍이 대승을 닦았기 때문이다. 『무량수경』에 설하기를, 이 사람은 보리심을 발하고 깊은 법 설함을 듣고 믿고 원하여 의심하지 않았다. 현재 반연을 만나 모든 죄를 짓기 때문에 하품하생에 치우쳐 그 허물을 나타낸 것이다. 현재 비록 죄를 지었지만 착한 벗의 인도함에 의해 귀향력(歸向力)이 있기 때문에 왕생할 수 있다"[88]고 하였다. 상배인의 상위은 제4지·제5지·제6지의 보살이며, 중위는 초지·제2지·제3지의 보살이고, 하위는 초지 이전의 십회향·십행·십주의 삼십심(三十心)의 보살이라 한다.

이에 대해 선도는 상·중·하 모두를 '범부'라 하였다. 상배인은 대승을 만

---

85 『往生禮讚偈』(『大正藏』 47권, 439중)
86 『觀無量壽經義疏』 권말 (『大正藏』 37권, 183중)
87 『觀無量壽經義疏』 권말 (『大正藏』 37권, 183하)
88 『觀無量壽經義疏』 권말 (『大正藏』 37권, 183하)

난 범부이고, 중배인은 소승을 만난 범부, 하배인은 악을 만난 범부라고 규정하였다.[89] 다만 이 범부를 어떻게 볼 것인가 하는 점은 분명치 않다. 이에 앞서 가재는 상배인의 상위은 십주의 초심이고, 중위은 십신의 초심, 하위는 십신 이전의 일체 선을 향하는 범부라 하였다.[90] 선도 이전의 학자들은 정토에 태어난 뒤에 얻게 되는 과위(果位)의 높이에 중점을 두고 그에 바탕하여 이 세계 사람들의 근기를 고려한 것에 비하여, 선도는 정토에 태어나는 요인으로서의 행(行)에 착안하여 이를 중시하였던 것 같다.

정토에 태어나 '다시 퇴전함이 없는 위[正定聚]'에 주하는 것[91]을 명시한 것은 담란이다. 그러나 이 '불퇴(不退)'에 대한 것으로는 여러 가지로 다루어져 있기 때문에 도리어 담란이 뜻하는 바가 어디까지인지 분명치 않아 초점을 잃게 되었다. 이에 가재는 불퇴전에 대한 여러 가지 해석과 정토에서의 불퇴전과는 길을 달리하는 것이라는 설을 제시하였다. 그래서 종래의 설과 달리 '처불퇴(處不退)'라는 개념을 새로이 만들어 이를 "서방정토의 것이다"[92]라 하였다. 그것은 정토에 왕생하여 다시는 퇴전하지 않는다고 하는 뜻이다. 정토에서의 불퇴전을 자리매김했다는 점에서 주목할 만 하다. 그러나 문제가 되는 것은 정토를 어떻게 보는가에 따라서 이러한 견해도 여러 갈래의 차이가 생기는 것이므로 이 문제 또한 끝을 가늠하기 어렵다.

3. 한국의 왕생사상

여기서는 원효(元曉, 617-686)가 보는 왕생사상에만 한정하려고 한다. 정토왕생의 인(因)이란 어떻게 왕생을 할 수 있느냐는 것으로 왕생의 방법에 관한 문제이다. 그러나 정토에 왕생한다는 것은 정보만의 감득이 아니라 의보정토의 문제까지도 포함됨으로 오직 여래의 원력에 의해 수감수용되는 것이지 스스로의 업인의 힘으로만 이루어지는 것이 아니라는 견해도 있다.[93] 그렇다면 이것은 왕생인은 없다는 의미가 된다.

정토삼부경에서는 서로 다른 여러 가지 왕생인이 제시되고 있으니 『관

89 『觀無量壽佛經疏』 4(『大正藏』 37권, 273하-276상)
90 『淨土論』 (『大正藏』 47권, 87중-하)
91 『往生論註』 하(『大正藏』 40권, 838상). "得往生則入正定聚."
92 『淨土論』 (『大正藏』 47권, 86하)
93 『無量壽經宗要』 (『韓佛全』 1권, 557중)

무량수경』에 의하면 16관법이 설해지고, 『왕생론』에서는 5념문이 설해지고 있다. 그러나 『무량수경』에서는 삼배왕생, 즉 삼배인이 설해지고 있으니 삼배는 상배, 중배, 하배로서 각각 그 인행이 같지 않음을 제시하였다. 왕생인을 정인과 조인으로 나누어 볼 수 있으니 정인(正因)이란 곧 무상보리심을 발하는 것이며, 조인(助因)이란 하배의 십념이다.[94] 무상보리심을 발한다는 것은 보리심을 발하면 세간의 부귀와 이승의 열반에 연연해하지 않으며, 오로지 삼신보리(三身菩提)만을 지원(志願)하게 되는 것이다. 이 같은 발심에는 수사발심(隨事發心)과 순리발심(順理發心)이 있다. 원효의 입장에서 보리심, 즉 깨달음을 이루려는 마음의 결과는 깨달음에 있으며, 이것이 열매라면 열매가 맺기 위한 과정을 꽃이라고 볼 때 정토는 곧 보리심의 꽃이라고 본 것이다. 그러므로 발보리심이 정토왕생의 정인이 되며, 이같은 발심은 어떤 일을 계기로 일어나는 발심이므로 수사발심이라고 분류한 것이다. 순리발심은 불가사의한 것으로 절대로 퇴전하지 않으며 보살성인(菩薩性人)의 발심이다. 이에 비해 앞의 수사발심은 퇴전할 수도 있은 것으로 부정성인(不定性人)의 발심이다. 따라서 이 같은 순리발심은 제불궁겁(諸佛窮劫)이 다하도록 그 공덕을 설명해도 다할 수가 없는 것으로 왕생의 정인이 된다.

왕생의 조인으로서는 하배의 십념(十念)을 들 수 있다. 이 하배의 십념이라는 말에는 두 가지 뜻이 있으니 나타난 뜻[顯了義]과 숨은 뜻[隱密義]이 있다.

첫째, 은밀(隱密)의 십념이란 순수한 정토의 과에 의해 하배의 십념공덕을 설명한 것으로 『미륵발문경』에 의거한다. 미륵보살이 부처님께 여쭙기를, "십념을 계속해서 끊임없이 아미타 부처님을 염하면 정토에 왕생한다고 하였으니 어떻게 염불을 해야 합니까?"라고 했을 때, 부처님께서는 "범부의 생각이 아니며, 불선(不善)의 생각이 아니며, 잡된 번뇌의 생각이 아닌 이러한 생각을 구족할 때, 정토에 왕생할 수 있을 것이다. 여기에는 십념이 있다"고 답하셨다. 즉 십념이란

① 일체 중생에게 항상 자비로운 마음을 내고 중생의 행을 방해하지 않는 마음.
② 일체 중생에게 가엾이 여기는 마음을 일으키고 잔인하게 해칠 뜻이 없는 마음.

94 『無量壽經宗要』(『韓佛全』 1권, 558상중)

③ 정법을 수호하는 마음을 내고 신명을 아끼지 않는 마음.
④ 인욕하는 마음으로 결정심을 내는 것.
⑤ 깊고 깊은 청정한 마음으로 이양(利養)에 물들지 않는 것.
⑥ 일체종지심을 일으켜 날마다 항상 생각하며 잊지 않는 것.
⑦ 일체 중생에게 존중하는 마음을 내어 아만을 버리고 겸손한 말을 하는 것.
⑧ 속된 이야기에 재미를 붙이지 않는 것.
⑨ 깨달으려는 뜻을 가까이하고 여러 가지 선근인연을 일으키며, 시끄럽고 산란한 마음을 멀리 여읠 것.
⑩ 바른 생각으로 관불하고 제근(諸根)의 작용을 제거할 것.[95]

이러한 『미륵발문경』의 십념을 이끌어서 하배의 왕생인인 은밀의 십념으로 파악했다. 원효는 이 같은 십념을 갖추면 이미 범부가 아니며 초지(初地) 이상의 보살이라고 보았다.

둘째, 현료(顯了)의 십념은 지심(至心)으로 그 염불의 소리가 끊이지 않게 십념을 구족하는 것이다. 이 현료의 십념자는 비록 오역과 십악의 죄를 짓고, 모든 악을 다 행했다 하더라도 임종에 이르러 선지식의 가르침을 통해서 염불을 알게 되었으나 그의 마음의 염불이 되지 않는 경우 입으로라도 무량수불을 칭하며 십념을 구족하면 80억겁의 생사의 죄가 소멸되고 왕생한다는 『관무량수경』의 말씀을 인용하고 있다.[96]

여기서 문제되는 것은 지극한 마음과 십념상속이다. 과연 어떤 마음을 지극한 마음이라 하며, 어떤 것을 십념상속이라고 하는가 하는 의문이다. 이에 대해 원효는 지심이란 마치 도적에 쫓겨 강을 건너는 사람의 심정처럼 어떻게 하면 이 강을 건널까 하는 오직 한 가지 생각만을 하는 것으로 아무런 잡념이 끼여들 틈이 없는 마음이다. 이 같은 일념이 열 번 계속되는 마음이 곧 십념의 상속이라고 본 것이다. 그러므로 지심은 일심이며 십념상속은 무간십념염불(無間十念念佛)로써, 이를 현료(顯了)의 십념[97]이라고 했다. 위 현료의 십념에 대한 교설은 『무량수경』과 『관무량수경』 사이에는 약간의 차이가 있다. 『관무량수경』에는 오역죄만을 언급하고 방등경전을 비방하는 것은 제외하였다. 그러나 이 『무량수경』에서는 오역죄와 정법 비방

95 『無量壽經宗要』(『韓佛全』 1권, 558하)
96 『無量壽經宗要』(『韓佛全』 1권, 559상)
97 『無量壽經宗要』(『韓佛全』 1권, 559상)

을 모두 언급하였다. 그러나 원효는 이같은 차이는 사실상 상치되는 것이 아니라고 보았다. 왜냐하면 『관무량수경』의 설은 오역죄를 지었더라도 대승의 가르침에 의해 참회한 사람이며, 이 『무량수경』에서는 참회하지 않는 경우를 말한 것이라고 해석하였다.

이상의 왕생인을 종합하면 삼배인의 요점은 행과 원의 화합이라고 볼 수 있으며, 정인과 조인이 차원에서 보면 발보리심과 십념이 왕생인의 요점이 되고 있다.

왕생인의 분별에 대해서는 삼취중생(三聚衆生)과 사의중생(四疑衆生)의 두 가지 분별이 있다. 삼취중생의 기본적 구분을 구유인(求有人), 원리구유인(遠離求有人), 불구피이인(不求彼二人)의 『보성론』의 설을 이끌어서 설명하고 이어서 예토의 삼취중생과 정토의 삼취중생을 정의하였다. 따라서 예토의 정정취란 어떤 경우라도 단선근[일천제]에 타락하지 않아야 한다. 여기에도 본성정정취와 습성정정취의 구분이 있음을 밝혔다. 정토의 삼취중생에 대한 견해는 정성이승(定性二乘)은 왕생할 수 없으며, 부정성은 대승심을 발해야만 왕생이 가능하며, 왕생시에는 정정취가 된다고 보았다.[98]

사의혹중생에 대한 분별은 먼저 의혹의 경계와 상을 구분하고, 사지(四智), 즉 성소작지, 묘관찰지, 평등성지, 대원경지에 대한 무지와 의혹을 밝혔다. 이 사지에 대한 사의(四疑)를 해결하지 못하면 왕생을 한다 하더라도 변지에 머무른다. 그러므로 사의혹의 해결이 정토왕생의 관건이지만 의혹을 해결하지 못한 경우는 겸손한 마음으로 여래에 대한 한결같은 믿음으로 왕생이 가능하다고 보았다.[99] 따라서 원효는 정토와 왕생의 원리를 자력에 의한 자각적인 방법과 타력에 의한 신념적 방법을 겸하여 설명하였으며, 중생 근기에 적합한 수행의 선택이 가능한 것으로 이해하고 있음을 알 수 있다. 결국, 지혜가 얕아 아무리 부처님 사지의 작용을 이해하려고 해도 마음이 열리지 않아 이해하기 불가능한 사람은, 오로지 부처님을 우러러 생각하면서 한결같은 마음으로 간절히 믿으면[伏信] 정토의 변두리가 아니라 한복판에 바로 태어난다고 하여 극락왕생하는 방법을 제시하고 있다. ❁

김주경 (동국대)

98 『無量壽經宗要』(『韓佛全』 1권, 559중-하)
99 『無量壽經宗要』(『韓佛全』 1권, 560중-하)

우리말 불교개념 사전

무소유

범 aparigraha, na asti, nastitva, na vidyate, simātiga, anupalabdhi
한 無所有

Ⅰ. 어원적 근거 및 개념풀이

오늘날 우리에게 무소유는 범어 '*aparigraha*,' 즉 '아무것도 지니지 않음'이라는 의미로 이해되는 것이 일반적이다.[1] 세간에서 무소유는 마치 불교실천윤리의 상징처럼 여겨지고 있는 것이 현실이다. 그러나 중국어 '無所有'라는 말이 나타나는 한역 경전의 경우에는 '아무것도 지니지 않음'이라는 의미보다는 오히려 '존재하지 않음' 또는 '번뇌의 범위를 초월함'이라는 의미가 강하며, 범어 *na asti, nastitva, na vidyate, simātiga, anupalabdhi* 등에 대한 역어로 쓰인 경우가 많다. 물론 이러한 의미들이 서로 무관한 것은 아니며, 긴밀한 관련을 지닌다. 이들은 모두 불교의 근본 가르침인 무아의 가르침에 뿌리를 두고 있다. 아무 것도 '존재하지 않음'은 무아 그 자체

1 'a'는 'not'을, 'pari'는 'about' 또는 'around'를 의미한다. 그리고 'graha'는 'grasp'을 뜻한다.

를 나타내며, '번뇌의 범위를 초월함'은 무아의 진리를 체득했을 때 오는 결과이며, '아무것도 지니지 않음'은 무아를 체득하여 번뇌의 범위를 초월하는 실천법이라 할 수 있다.

반야경 계통의 경전들에서는 공사상의 입장에서 무소유는 흔히 무자성(無自性)이라는 말과 동의어로 쓰이는 것을 볼 수 있다. 『대반야경』에 "모든 법에는 이름이 없고, 이름에는 어떤 법도 없다. 법과 이름은 합치지도 떨어지지도 않으며 단지 임시로 시설된 잠정적 존재일 뿐이다. 왜 그런가? 모든 법과 이름은 모두 自性이 空 하기 때문이다. 자성이 공한 것에는 모든 법이든 이름이든 그 어느 것도 자성적 실체를 갖고 존재하지 않으며[俱無所有], 그 실체를 얻어 가질 수도 없기 때문이다",[2] 『중론』에 "사물로 말미암아 시간이 존재하는 것이니, 사물을 떠나서 어찌 시간이 존재하겠는가? 그러나 사물도 오히려 존재하지 않거늘[物尙無所有] 하물며 그것에 의존하는 시간이 어찌 존재하겠는가?"[3]라고 한 것이나, 『승만보굴』에 "무명의 체성은 본래 스스로 존재하는 것이 아니다. 망상을 인연으로 하고 화합하여 존재하는 것이다. 존재하지 않기 때문에[無所有故] 임시로 무명이라고 한다. 그러므로 나는 무명이라고 이름한다고 설한다. 무명이 이미 이와 같으니, 사주(四住)도 또한 그러하다. 어찌 끊을만한 오주(五住)가 있겠는가? 단지 이제 공에 나아가서 중생이라고 하기 때문에, 억지로 오주라고 이름한다. 이 오주가 본래 생겨남이 없는 것임을 알기 때문에 끊는다고 하는 것일 뿐이다"[4]라고 한 것, 또는 『대승현론』에 "제법은 존재하지 않으면서 이와 같이 존재한다. 이와 같이 존재하면서 존재하지 않는다. 이 일을 알지 못하는 것을 무명이라고 한다"[5]라고 한 것, 또는 『유식삼십론송』에 "그것들을 두루 헤아림으로 말미암아 갖가지 사물을 두루 헤아리게 된다. 이렇게 두루 헤아려 집착하게 되는 변계소집의 자성은 존재하는 것이 아니다[自性無所有]"[6]라고 한 것은 무소유가 주로 '존재하지 않음' 또는 '번뇌의 범위를 초월함'이라는 의미로 쓰인 경우라 할 수 있다.

'아무 것도 소유하지 않음'이라는 의미의 무소유는 『법원주림』에 "다시

2 『大般若經』66(『大正藏』5권, 373상28)
3 「觀時品」『中論』3(『大正藏』30권, 26상24)
4 『勝鬘寶窟』중(『大正藏』37권, 51하2)
5 『大乘玄論』2(『大正藏』45권, 30하4)
6 『唯識三十論頌』(『大正藏』31권, 61상14)

어떤 바라문이 와서 구걸하였으므로 태자는 두 아이의 옷을 주었다. 태자는 수레, 말, 돈, 옷을 모두 주어 가진 것이 아무것도 없었으나[盡無所有] 털끝만큼도 후회하는 마음이 없었다"[7]에서 용례를 볼 수 있다. 여기서 무소유는 물질적 소유에 대한 욕망과 집착에서 완전히 벗어난 청정한 삶의 자세를 나타낸다. '아무것도 지니지 않음'이라는 의미의 무소유는 오히려 빠알리어 불전의 아낀짜나(akiñcana)라는 용어에서 흔히 볼 수 있다. '어떤 것'(something, anything)이라는 문자적 의미를 지니는 낀짜나(kiñcana, 不定대명사)는 열반에 장애가 되는 것을 가리키며, 대개 3독으로 정의된다. 이 말의 부정어인 아낀짜나는 '아무것도 지니지 않음'이라는 의미로 자주 사용된다. 빠알리어 불전에서 아낀짜나 즉 무소유는 비구가 물질적 소유뿐만 아니라, 물질적 소유가 야기한 욕망과 집착을 지니지 않는 것을 가리킨다. 이런 점에서 아낀짜나는 강한 윤리적 함축을 지니는 용어이다. 그래서 아낀짜나는 흔히 결함 없는 상태, 또는 욕망과 장애에서 벗어난 아라한의 상태를 가리키기도 한다.[8]

아낀짜나는 불교문헌 가운데 가장 오래된 사유의 층을 나타내는 것으로 간주되는 『숫따니빠따』에서 가장 빈번하게 나타난다. 『숫따니빠따』의 게송들은 근본적으로 세간의 삶을 여의는 것, 즉 출가를 다루고 있으며, 아낀짜나는 거의 전적으로 출가자의 무소유를 가리키는 말로 사용된다.[9] 모든 존재는 무자성이요 고정된 실체로 존재하는 것이 아니며, 이런 점에서 사람이 무엇인가를 소유한다는 것은 불가능하다. 따라서 무소유는 무아, 무자성을 가리킬 뿐만 아니라, 무아의 진리를 사람이 삶 속에서 행해야 하는 구체적인 실천법이기도 하다.

사실 무아의 진리에서 볼 때, '존재하지 않음'과 '소유하지 않음'은 동전의 양면과 같다. '존재냐 소유냐'의 문제는 양자택일의 문제가 아니다. 존재를 인정한다는 것은 곧 소유를 인정한다는 것을 의미하기 때문이다. 알다시피 불교의 근본교의는 무아설이다. 상주불변하는 고정된 실체로서의 자아란 있을 수 없다는 것이다. 존재가 소유와 통하는 것처럼, 무아는 무소유와 통한다. 다만 접근방법에 있어서 교의적인 측면이 강조될 때는 아무

7 『法苑珠林』80(『大正藏』53권, 880중19)

8 *Dhammapada* Ⅵ, 10-14면.

9 아주 드문 예로 the *Sigālovāda Sutta*와 the *Kunāla Jātaka*.에서 *akiñcana*가 궁핍(destitute)이라는 의미로 사용된다.

것도 존재하지 않는다는 의미에서의 무아가 강조되며, 실천적인 측면이 강조될 때는 아무것도 지니지 않는다는 의미의 무소유가 강조된다.

인도종교사를 통하여 볼 때, 불교의 무아는 힌두교의 아트만(Ātman)에 정면으로 대립된다. 무아설은 곧 불교의 정체성이라 할 수 있다. 이런 점에서 보면 불교는 인도의 어떤 종교보다도 '아무것도 소유하지 않음'이라는 이미의 무소유에 천착해야 하는 게 아닌가 하는 생각이 든다. 그러나 불교는 소유 또는 무소유에 대하여 결코 극단적인 입장을 보이지 않는다. 교학적인 측면에서 오히려 불교보다는 힌두교에 가까운 자이나교의 무소유관이 훨씬 극단적이다. 자이나교에서는 무소유가 5대 서원 중 하나로 포함되어 있을 뿐만 아니라, 일상적인 삶 속에서도 극단적인 무소유를 고집했다. 심지어는 무소유를 보다 엄격하게 고수하기 위하여 옷도 입지 않아야 한다는 나행(裸行) 수행자 집단이 생겨났으며, 이 일은 결국 자이나교가 백의파(白衣派, Swetambara)와 공의파(空衣派, Digambara)로 갈라지는 중요한 이유 중의 하나가 된다. 이에 비하여 불교는 초기부터 극단적인 무소유를 배격했다.

불교의 무소유관은 한 마디로 '중도적 무소유'라고 할 수 있으며, 이 점에서는 오히려 자이나교보다 힌두교에 가깝다. 불교의 무소유는 문자 그대로 아무것도 지니지 않는다는 의미가 아니라 '소욕지족'(小欲知足)으로 이해하는 것이 옳을 것이다. 출가 수행자의 경우에도 수행에 필요한 최소한의 의식주가 인정되었으며, 자이나교처럼 극단적인 단식이나 나행은 배격되었다. 자이나교의 5대 서원 그리고 힌두교 요가학파의 오계 중에 무소유가 포함되지만, 불교는 전통적인 4계에 무소유 대신 불음주계를 포함시킨 것도 어떤 의미에서는 극단적인 무소유에 대한 경계로 볼 수 있다.[10]

구체적으로 무소유라는 말로 표현되지 않지만, 그럼에도 불구하고 물질적 소유 또는 무소유에 대한 불교의 입장을 나타내는 용례는 많다. 주로 의식주에 필요한 물질적 소유와 이를 획득하는 수단으로서의 노동에 대한 입장을 살펴봄으로써 무소유의 의미를 규명해 보고자 한다.

---

10 인도의 사문전통을 대변하는 불교와 자이나교에서는 공통으로 불살생, 불투도, 불망어, 불사음의 4계를 지니지만, 전자는 불음주 그리고 후자는 무소유를 부가하여 각기 자신의 고유한 특징으로 삼았다. 이에 비하여 불교는 불음주를 제5계로 포함시켰다. 힌두교 육파철학 중의 하나인 요가학파에서는 요가수행자가 지켜야하는 5가지 금계(禁戒) 가운데 하나로 무소유를 제시한다.

Ⅱ. 역사적 전개 및 텍스트별 용례

불교에서 물질적 소유에 관한 입장은 구제론(救濟論)에 대한 이해와 맞물려 있다. 구제론적인 입장에서 볼 때, 소유는 집착을 야기하며 무아의 진리에 반하는 생각을 불러일으키는 요소가 된다. '나'라는 생각, '나의 것'이라는 생각에서 벗어나야 한다는 것을 강조하는 무아설의 입장에서 보면, 상주불변하는 어떤 고정된 실체도 없으며 다른 사람들보다 더 보호되고 방어되어야 할 '나'는 없다. 따라서 내가 가진 것을 다른 사람에게 주지 않을 이유도 없고, 그것을 쌓아둘 이유도 없다는 것이 불교의 근본 입장이지만, 깨달음이란 무엇이며 어떻게 그것을 얻을 수 있는가에 대한 견해에 따라서 불교의 여러 전통들 사이에 물질적인 소유에 대한 입장이 다르다.

이 문제는 또한 인간의 욕망에 대한 이해와 직결된다. 욕망에 대하여 긍정적이라는 것은 곧 몸을 긍정하는 입장이며, 나아가서는 세간의 삶에 적극적인 의미를 부여한다는 의미가 된다. 원래 인간의 욕망과 몸에 대하여 부정적인 시각이 강했던 불교는 차츰 시간이 흐름에 따라 긍정적인 측면을 수용하기 시작했으며, 대승불교 전통에서는 세간의 삶에 대한 적극적인 윤리관이 현저해진다. 물론 그 밑바탕에는 번뇌가 곧 보리라는 사상적 전환이 있다.

대체로 볼 때, 테라바다불교와 대승불교 안에서 소유에 대한 견해의 전개와 발전은 한편으로 그 둘 사이에 연속성이 있는가 하면, 다른 한편으로는 다른 점도 보인다. 예를 들어, 이 두 전통 모두에서 재가자는 다른 사람들과 부를 나누어야 한다는 것이 강조되지만, 출가자의 노동에 대한 견해는 서로 다르다. 선불교에서는 비구의 노동에 대하여 긍정적이고 적극적이다. 이와 같이 소유에 대한 견해의 차이가 나타나는 것은 불교가 수용되는 과정에서 그 지역의 역사적 문화적 특수성과 관련된다.

1. 초기불교 및 테라바다불교의 무소유

자이나교나 요가학파와는 달리 불교는 계율이나 서원의 하나로 무소유를 제시하지는 않지만, 그럼에도 불구하고 무소유 정신은 수행과 삶 전체를 지배하는 중요한 덕목이었다. 이 점은 특히 초기불교수행자들의 삶 속에서 여실하게 드러난다. 불교는 원래 출가수행자 집단의 종교운동으로 일어났다.[11] 당시 그와 같은 다수의 운동들과 마찬가지로, 불교는 세간의 삶과 신에게 드리는 제사에 최고의 가치를 부여하는 바라문교에 반대했으며, 부의 축적이 주요 관심사가 되는 세간의 삶에 큰 가치를 부여하지 않았다.[12] 그들은 모든 소유와 가족을 떠났으며, 삼의일발(三衣一鉢)은 그들이 부나 물질적인 소유를 완전히 여의었다는 상징이다.[13] 이런 점에서 그들은 일반적인 사회체계 바깥에 있었다고 봐야 한다.

그러나 수행자 공동체로서의 승가 또한 물질적 소유 없이는 지탱될 수 없다. 따라서 이를 위한 수행자들의 노동이 요구되지만, 『꾸달라 자따까』에서 언급하고 있는 것처럼 생계를 위하여 삽 한 자루를 드는 것도 청정 비구의 정신을 오염시킬 수 있다는 점이 강조된다. 물질적인 소유는 반드시 필요하지만, 그것은 오염의 원인이 된다는 것이다. 초기불교에서 재가자의 보시(dāna)[14]는 승가가 그 자체의 청정을 훼손하지 않으면서 물질적인 소유를 충족할 수 있는 메커니즘이 된다. 마을에서 멀지도 가깝지도 않은 곳에 머물면서 의식주에 필요한 것들을 재가자들에게 의존했다. 이런 점에서 출가수행자들은 결코 사회와 완전히 분리되어 있었던 것은 아니다.

---

11 불교 이전에도 인도종교전통에 출가자들이 없었던 것은 아니다. 예를 들어 우빠니샤드의 야즈냐발끼야(Yajñāvalkya)는 전형적인 출가 수행자였다. 그러나 불교의 승가와 같은 출가자 집단은 없었으며, 이 점에서 불교는 이전의 출가자 전통과 완전히 다르다.

12 아들과 소를 많이 갖게 해달라는 것이 Veda 찬가들에 나타나는 기원의 주된 내용이었다. 이것은 당시 바라문교가 어느 정도로 현세 지향적이었는가를 단적으로 보여준다.

13 마치 새들이 어디를 날아가든 항상 날개를 지니고 있는 것처럼, 비구들은 어디를 가든 항상 가사와 발우를 지닌다. 그는 자신의 몸을 보호하기 위한 가사로 만족하며, 배를 채우기 위한 발우로 만족한다.(*Dīgha-nikāya* vol.Ⅰ, 71면; *Majjhima-nikāya* vol.Ⅲ, 35면; *Aṅguttara-nikāya* vol.Ⅱ, 209면)

14 종교적으로 가치 있는 사람들에 대한 보시는 그 자체로 공덕 있는 행위(puñña kamma), 지극히 윤리적인 행위(sīla)로 간주된다. 공덕은 시물을 받는 자의 청정성에 비례하여 생겨나므로, 승가는 시물을 바칠 수 있는 이상적인 대상이 된다. 시물은 이상적인 상가, 즉 사방상가(cātuddisa bhikkhu-saṅgha)에 주어지며, 현전상가는 시물의 사용자 자격을 지닌다. 왜냐하면 현전상가는 upasampadā, pāṭimokkha, 그리고 pavārāna를 통하여 실제로 구현하는 역할을 하기 때문이다. 따라서 사방상가는 보시되는 물질적인 소유와 그것을 사용하는 현전상가 사이의 필터 역할을 한다. 주는 행위의 정화는 승가에 의한 시물의 수용을 다른 사람의 정신적인 진전에 도움이 되는 승가의 시여와 결합시킨다. 승가는 재가자들이 선업 공덕을 쌓을 수 있는 복전이 된다. 보시는 승가가 재가자들의 영적 복지를 보살피는 의무를 행하는 가장 중요한 방편이 된다. 승가는 법 보시를 통하여 재가자들에의 물질적인 보시에 감사한다.

이와 같이 승가는 재가자들로부터 보시를 받음에도 불구하고 사의(四依)를 통하여 무소유 공동체로서의 입장을 유지한다. 승가가 물질적 소유에 관한 그 입장을 분명히 나타내는 것은 바로 사의(四依), 즉 걸식, 분소의, 수하좌, 진기약을 통해서이다.[15] 사의는 생존을 위한 최소한의 물질적 소유를 나타낸다. 이것은 간소함으로 정의되는 가난이다. 사의는 승가의 구성원들이 의식주 및 비상약을 지닐 수 있는 기본적인 윤곽을 제시하며, 다른 한편으로는 비구 비구니들이 보시 받는 물건의 양이나 질에 집착하지 않아야 한다는 것을 나타낸다.

빠알리어 초기불전들에 따르면 원래 붓다와 그의 제자들은 일정한 거처를 지니지 않았으며, 한 곳에 오래 머무르지도 않았다. 낮에는 유행했으며, 밤에는 옹기장이의 헛간[16]이나 동네의 공회당에서 잠을 잤다. 붓다가 처음으로 까삘라바스뚜(Kapilavastu)를 방문했을 때, 제자 마하나마 사끼야(Mahānāma Sākya)는 붓다가 잠잘 수 있는 곳을 찾아다녔으며, 마침내 새로 지은 공회당에 거처를 정했다.[17] 그 전에는 까삘라바스뚜에 있는 바란두 깔라마(Bharaṇḍu Kālama)같은 고행자의 거처에서 수일 동안 보낸 적도 있다. 또한 초기불전에서는 붓다가 머물렀던 여러 이름의 숲들이 언급된다. 라자그리하의 암발랏티까(Ambalaṭṭhika)같은 공원은 붓다뿐만 아니라 당시의 유행자들이 흔히 머물렀던 숲이다.

자연히 붓다의 제자들은 스승의 전형을 따라 유행자의 삶을 유지했다. 그들은 붓다나 사리불 혹은 목건련 같은 당시의 유명한 지도자를 따라 무리를 지어 유행하는 삶을 살았으며, 때로는 혼자서 유행하기도 했다. 우기를 제외한 나머지 기간 동안 그들은 끊임없이 유행했다. 이와 같이 붓다나 그의 제자들은 유행자의 삶을 택한 중요한 이유 중의 하나는 무소유의 삶과 관련된다고 볼 수 있다. 그들에게 유행은 소유에 대한 집착을 버리는 수련의 과정이었다. 나중에 재가자들의 보시로 정사를 짓게 되는 경우에도 그 위치나 크기는 엄격히 제한되었으며, 반드시 승단의 허락을 필요로 했다. 이러한 규제의 요체는 항상 수행자들이 단순한 삶을 유지하게 하는 것

---

15 四依와 관련하여 Gregory Schopen, 'On Avoiding Ghosts and Social Censure: Monastic Funerals in the *Mulasarvāstivāda-Vinaya,'*, *Journal of Indian Philosophy* 20, no.1, 1992: 1-39; Ritual Rights and Discipline, 116-124면을 보라.

16 *Majjhima-nikāya* vol.Ⅲ, 237면.

17 *Majjhima-nikāya* vol.Ⅰ, 355면; Saṃyutta-nikāya vol.Ⅳ, 182면.

이었다.[18]

시간이 흐르면서 재가자들이 토지나 동산을 기증하여 정사를 짓고 거기에 거처하는 경우에도 엄격한 의미에서 그것은 붓다나 수행자들의 소유가 아니었다. 정사나 여기에 딸린 여러 가재도구들은 비구나 비구니들의 개별 소유가 아니었기 때문이다. 비나야 문헌들에 따르면, 빔비사라왕은 왕궁의 정원 일부를 붓다나 어떤 개인이 아니라 "붓다를 수장(首長)으로 하는 승단"에 기증했다. 마찬가지로 라자그리하의 부호 은행가는 비구들을 위하여 지어진 거처들을 지니고 있었다. 사밧티(Savatthi)에 있는 정사 제따바나(Jetavana) 또한 "붓다를 수장으로 하는 승단"에 기증되었다. 이러한 문헌들에서 발견되는 개개의 모든 예들은 재가자들의 기증이 어떤 특정 개인을 상대로 하는 것이 아니었음을 보여준다. 붓다를 수장으로 하는 승단에 대한 기증을 표현하기 위하여 빠알리어 문헌들과 기증 명문(銘文)들은 "붓다를 수장으로 하는 사방상가의 비구 공동체"[19]라는 정형화된 문구를 사용하고 있을 정도이다. 이와 같이 기증자들은 어떤 경우에도 특정인을 언급하지 않은 채 상가 공동체 전체를 대상으로 기부를 했다.[20]

초기에는 공동소유나 공동사용에 대한 율이 없었다. 모든 것이 단순하고 명료했기 때문이다. 수행자들은 정사에 와서 머물다가 아무런 문제없이 떠났다. 그러나 차츰 시간이 흐르면서 승가의 구성원들이 많아졌고, 그 중에서 사이비 수행자들은 자기만을 위한 수행처나 정사를 소유하려 했다. 그 결과로 새로운 율이 생겨났다. "어떤 경우에도 비구는 자기 자신을 위한 거처를 지닐 수 없다. 이것을 어지는 자는 승가의 율을 깨는 것이다."[21] 나아가서 이러한 상황이 재발하는 것을 방지하기 위하여 승가는 숙소를 할당하는 임무를 지닌 비구를 임명했다. 비구들이 정사에 도착하면, 그는 그들에게 숙소를 할당했다.[22] 그는 어떤 편견도 없이 이 일을 수행해야 한다.[23] 어떤 비구나 비구니도 두 곳에 그 자신을 위한 거처를 마련하는 것이 허용되지 않았다.[24] 수행자들은 불교 승가에 속한 어떤 곳에서도 자유롭게 머물

---

18 *Vinaya-piṭaka* vol.Ⅲ, 144-157면.

19 *Vinaya-piṭaka* vol.Ⅰ, 305면; vol.Ⅱ, 147면. "buddhapamukkha āgatānāgata cātuddisa saṅgha"

20 *Majjhima-Nikāya* vol.Ⅲ, 253-257면을 보라.

21 *Vinaya-piṭaka* vol.Ⅱ, 165면; vol.Ⅳ, 41면.

22 *Vinaya-piṭaka* vol.Ⅱ, 75면; vol.Ⅳ, 291면.

23 *Vinaya-piṭaka* vol.Ⅳ, 43면.

수 있었으며, 여기에 딸린 가구나 기타 편의시설을 사용할 수 있는 권리가 있었다. 그러나 이 모든 것들은 공동소유였으므로 함부로 다루지 말아야 할 의무가 부과되었다. 떠나기 전에 그들은 모든 것을 원래의 위치에 다시 돌려놓아야 한다.[25]

승가에 속한 물건들은 어떤 경우에도 어떤 개인의 개별 소유가 될 수 없었다. 바라제목차 82와 160은 비구와 비구니들이 승가의 소유물을 갈라주거나 양도하는 것을 엄격하게 금한다.[26] 「출라박가(Cullavagga)」는 공동재산에 대한 승가의 입장을 정확하게 묘사하고 있다.

> 비구들이여, 승가 공동체에 의하여, 두 명의 그룹에 의하여, 세 비구에 의하여, 또는 한 비구에 의하여 양도되거나 이전될 수 없는 다섯 가지가 있다. 그 다섯 가지는 무엇인가? 정사와 정사의 터는 승가 공동체에 의하여, 두 명의 그룹에 의하여, 세 비구에 의하여, 또는 한 비구에 의하여 양도되거나 부여될 수 없는 첫 번째이다. 만일 그것이 양도되거나 이전되었다면, 그 거래는 무효이다. 이에 대하여 책임 있는 비구들은 심각하게 율을 범한 것으로 간주될 것이다. 승원 또는 승원을 위한 터는 승가 공동체에 의하여, 두 명의 그룹에 의하여, 세 비구에 의하여, 또는 한 비구에 의하여 양도되거나 부여될 수 없는 두 번째이다. 침대, 의자, 이부자리는 승가 공동체에 의하여, 두 명의 그룹에 의하여, 세 비구에 의하여, 또는 한 비구에 의하여 양도되거나 부여될 수 없는 세 번째이다. 큰 구리 항아리, 삭도, 도끼, 자귀 등은 승가 공동체에 의하여, 두 명의 그룹에 의하여, 세 비구에 의하여, 또는 한 비구에 의하여 양도되거나 부여될 수 없는 네 번째이다. 넝쿨채소, 대나무, 질항아리 등은 승가 공동체에 의하여, 두 명의 그룹에 의하여, 세 비구에 의하여, 또는 한 비구에 의하여 양도되거나 부여될 수 없는 다섯 번째이다.[27]

따라서 승원과 이에 딸린 가구 등이 공동 재산으로 간주되었을 뿐만 아니라, 생활에 필요한 가재도구나 심지어는 승원 경내에 자라는 식물 및 과일 등도 공유재산으로 간주되었음을 알 수 있다. 비구들은 그것을 개인적

24 *Vinaya-piṭaka* vol.Ⅱ, 207면.
25 Pācittiya rule 14; *Vinaya-piṭaka* vol.Ⅳ, 38-39면; 비구니 바라제목차 110.
26 *Vinaya-piṭaka* vol.Ⅳ, 155면.
27 *Vinaya-piṭaka* vol.Ⅱ, 169면.

으로 소유할 수 있는 권리가 없었으며, 양도할 수도 없었다. 어느 누구도 이 율에 대하여 이의를 제기하거나 변경할 권위를 지니지 않았다. 다시 말하여, 설사 승가 구성원 전부가 만장일치로 동의한다 해도 위에서 규정한 율에 반하여 위에서 열거한 것들을 양도하거나 이전하는 것은 불가능했다. 이 율들은 당시 불교수행자들의 생활상과 물질적 소유에 대한 태도, 특히 거처에 대한 입장을 명확하게 보여준다. 승원이나 여기에 딸린 모든 것들에 대한 공동소유 개념은 무소유 이상과 밀접하게 관련되어 있다고 할 수 있다. 승가에 속한 사원이라도 비구나 비구니들에게 고정된 거처로 받아들여지지 않았으며, 유행 중에 잠시 쉬기 위한 편의시설 정도로 받아들여진다.

승가에 속한 승원이 많이 생겨난 이후에도 수행자들은 기본적으로 승원에 머물지 않았으며, 여전히 유행하는 삶을 영위했다. 사실 승원은 수행자들의 유행을 보다 쉽게 하는 의미를 지닌다. 만일 수행자들이 몹시 피곤하다거나 유행 중에 날이 저물었다면, 인근에 있는 어떤 승원에서든 쉬거나 자고 갈 수 있었기 때문이다. 「출라박가」[28]는 밤늦게 라자그리하에 도착한 비구들을 묘사하고 있는데, 숙소담당 비구가 그들을 인도하여 쉴 곳을 마련하는 장면을 볼 수 있다. 대체로 우기에는 대개의 승원들이 수행자들의 거처가 되었지만, 우기가 끝나면 그들은 다시 유행을 시작했다. 이들에게 유행은 곧 수행의 일부였기 때문이다. 붓다 역시 우안거 후에 제자들을 이끌고 북인도의 여러 지역을 순회하는 것은 일상적인 일이었다.

비구와 비구니들이 입었던 의복은 종교적인 삶의 가장 핵심적인 상징들 가운데 하나이다. 「마하박가」에 따르면, 첫 20년 동안 붓다와 그의 제자들은 빰수꿀라 찌와라(paṃsukūla cīvara)라고 불리는, 누더기로 만들어진 옷을 입었다.[29] 비나야에 따르면, 두 종류의 누더기가 불교 수행자들의 가사 재료로 사용되었다. 하나는 화장터에서 수습한 천 조각들이었으며, 다른 하나는 길거리나 옷가게 부근에서 수습한 천 조각들이었다. 물론 이 말은 불교 수행자들이 지저분한 옷을 입었다는 의미는 아니다. 수습한 옷은 깨끗하게 세탁한 후에 다시 옷을 지었다. 불교 수행자들이 분소의를 입었다는 것은 검소한 삶을 의미한다. 거처와 음식에 대해서는 재가자들에게

28 *Vinaya-piṭaka* vol.Ⅱ, 75면.
29 *Vinaya-piṭaka* vol.Ⅰ, 289면.

직접 의존하는 데 비하여 의복에 있어서는 그들에게 직접 의존하지는 않았다.

승가가 형성된 지 20여년이 지난 후에 붓다는 재가자들이 가사나 이를 만드는 천을 기증하는 것을 허용했는데, 이것은 불교 수행자들이 수습한 누더기 가사로 인한 전염병에 노출되는 것을 방지하기 위한 것이었다. 물론 불교 수행자들의 숫자가 급격하게 늘어났기 때문에 화장터나 길거리에서 분소의로 가사를 만들어 입는 것은 힘들게 된 점도 있었다. 재가자들의 가사나 이를 위한 천의 기증이 가능해지면서부터 비구와 비구니들의 의복은 율로 엄격하게 규정되었다. 예를 들어 비구는 상가띠(saṅghāṭi), 웃따라상가(uttarāsaṅgha), 안따라바사까(antarāvāsaka)의 삼의(三衣)가 허용되었다. 설사 재가자들이 기증한 옷감으로 가사를 짓는다 해도 삼의는 재가자들의 의복과 완전히 달랐으며, 분소의 전통을 상징적으로 계승하고 있다. 누더기 가사가 여러 옷감 조각을 기워서 만드는 것처럼, 재가자들이 기증한 옷감으로 만드는 삼의 또한 옷감을 여러 조각으로 자른 후 다시 기워서 만들었다. 비구들은 잘라 이어서 만든 삼의가 아니면 착용이 금지되었다. 재가자들이 기증한 옷감은 그대로 가사의 재료가 될 수 없었으며, 우선 비나야의 규정에 따라서 여러 조각으로 자른 다음 다시 기워서 가사를 만들었다.

이와 같이 새 옷감을 있는 그대로 사용하지 않고 조각조각 나누어 삼의를 지은 것은 궁극적으로 의복의 경제적인 가치를 최하로 떨어뜨린다는 의미를 지닌다. 설사 아주 비싼 옷감이라도 그것을 조각조각 자르면 상업적인 가치가 최하로 떨어지기 때문이다. 사실 비구들은 재가자들로부터 아주 비싼 옷감을 기증받았던 것 같다. 그들은 자신들에게 적합하지 않은 비싼 옷감들을 거부할 수 없었지만, 그 옷감들을 여러 조각으로 잘라서 옷을 지음으로써 그 경제적인 가치를 떨어뜨린 것이다. 이와 같은 방식으로 출가 수행자들은 무소유의 정신을 유지했다. 또한 이와 같이 지어진 삼의는 재가자들이나 심지어는 도적들에게 적합하지 않았기 때문에 분실의 염려도 줄어들었다.[30]

가사를 만드는 옷감의 기증이 허용되면서, 승가는 재가자들로부터 다양한 종류의 옷감을 받았다. 이 문제에 있어서 붓다는 당시의 다른 어떤 종교

---

30 *Vinaya-piṭaka* vol. Ⅰ, 209면을 보라.

지도자들보다 관대했다. 붓다는 심지어 승가가 비싼 옷감을 보시 받는 것도 허용했다. 아마포, 무명, 비단, 모직물, 거친 아마포, 그리고 삼베 등의 여섯 가지 옷감이 허용되었는데, 붓다 당시 앞의 4가지는 상당히 고급 옷감이었으며, 부유한 재가자들로부터 기증받았다.[31] 붓다는 결코 옷감의 질이 수행의 장애 요소가 된다고 보지 않았기 때문이다. 아무튼 불교 수행자들의 옷은 설사 매우 비싼 옷감을 재료로 한다고 해도 조각조각 낸 후에 다시 기워 만들기 때문에 경제적인 가치를 최소화될 수밖에 없었다. 그러나 수행자들은 옷을 만드는 사람에게 보다 멋진 디자인을 요구한다거나 염색을 하는 것은 엄격하게 금지되었다(Nissaggiya Pācittiya rule 27, 비구니 Nissaggiya Pācittiya 28).

「출라박가」의 여러 율에 따르면, 무집착의 정신을 유지할 수 있도록 붓다는 비구들이 가사에 어떤 장식을 붙이는 것을 금했다.[32] 비구가 자신의 옷에 금이나 은으로 된 장신구를 다는 것은 율을 어기는 것이 된다. 이와 같은 금지 조항들은 승가에 속한 모는 비구들이 평등하고 동일한 복장을 갖추게 함으로써 일체감을 고양한다는 측면도 있다. 더욱이 붓다는 제자들이 유행에 관심을 가지거나 허황된 멋을 부리는 것을 명백하게 금지했다. 장신구를 지니는 것은 비구 비구니 모두에게 금지되었다.[33] 「출라박가」에는 비구의 경우에는 삭발하기 때문에 빗과 거울의 사용을 금지하는 율이 있으며, 비구 비구니는 공히 장발이 금지된다. 이러한 관례들은 명백히 세속적인 모든 부질없는 것들에 대한 거부를 구체화한 것이다. 이와 같이 붓다는 한편으로는 극단적인 고행을 금하면서 또한 다른 한편으로는 세간적인 유행과 허황된 것들을 배격했다.

붓다는 비구들이 의복을 여유로 쌓아두는 것을 금지했다. 그것은 무소유의 삶에 위배되기 때문이다. 단지 3벌의 가사를 허용했는데, 이와 같은 규제는 당시의 어떤 비구들이 필요 이상으로 다수의 가사를 소유하려 했기 때문이다. 흔히 단삼의(但三衣)라고 해서, 비구는 승가리僧伽梨(外衣), 울다라승(上衣), 안타회安陀會(內衣)의 소유가 허용되었으며, 비구는 이 삼의로 1년을 지낸다. 「마하박가」에 따르면, 붓다가 라자가하(Rājagaha)와 베살리(Vesāli) 사이를 여행하고 있었을 때, 그는 어깨에 한 다발의 가사를 힘겹게

31 *Aṅguttara-nikāya* vol.Ⅳ, 394면을 보라.
32 *Vinaya-piṭaka* vol.Ⅱ, 136면.
33 *Vinaya-piṭaka* vol.Ⅱ, 106면; vol.Ⅳ, 338-340면.

짊어지고 가는 몇몇 비구들을 보았다. 이 광경을 본 붓다는 '저 어리석은 사람들이 자기의 의복에 너무 많은 신경을 쓰는구나. 비구들이 지닐 수 있는 가사의 수를 규정해 주는 것이 좋겠구나.'하고 생각했다. 그래서 붓다는 비구들의 건강을 고려해서 단지 3벌의 가사를 허용했으며, 더 이상 소유하는 것을 금했다. 비구 비구니들은 규정 이상의 가사를 지니는 것은 율에 어긋나며, 여분의 가사를 지니는 것은 엄격히 금지되었다.[34] 만일 비구가 3벌 이상의 가사를 기증받으면, 여유분은 이미 낡은 가사를 지니고 있는 다른 비구에게 나누어 주거나 승가에서 공동 소유로 보관하게 했다.

의복에 관한 율은 물질적인 가치에 대한 탈착의 정신을 표현하거나 강화한다. 붓다는 물질적인 것에 대한 집착에서 벗어나는 것을 매우 가치 있는 것으로 가르쳤다. 그러나 이 경우에도 붓다는 중도의 정신에 따라 극단적인 무소유를 거부했다. 이것은 다음의 일화에서도 분명하게 드러난다. 불멸 전 10년쯤 데바닷따(Devadatta)는 붓다에게 모든 비구들이 다시 분소의를 입어야 한다고 요구했을 때, 붓다는 그의 요구를 분명하게 거절했다.[35] 당시의 어떤 고행자들은 안락의 결여를 긍정적이고 중요한 가치로 간주했지만, 붓다는 극단적인 고행주의를 반대했다. 중도의 가르침에 따르면, 사치는 당연히 배격되어야 하지만, 그럼에도 불구하고 어느 정도의 편안함은 반드시 필요한 것으로 간주된다.

이런 점에서 보면 불교의 무소유는 소욕지족으로 이해해야 하며, 극단적으로 아무 것도 지니지 않는 것을 의미하지 않는다. 정신적인 가치의 추구는 어느 정도 물질적인 욕구의 충족이 보장되어야 한다는 것이다. 이와 같은 입장은 음식이나 거처의 경우도 마찬가지다. 만일 편안함을 주는 어떤 요소가 수행에 장애가 되지 않는다면, 불교 승단은 그것이 출가자들에게 부적합한 것이라고 보지 않았다. 반대로 붓다는 여러 경우에 불편함이 오히려 내적 진전에 실로 장애가 된다는 것을 지적한다. 의복에 관한 율 또한 불교 수행자들의 신체적인 안락에 대한 붓다의 고려가 내포되어 있다. 붓다는 나행(裸行)이 수행자에게 부적합할 뿐만 아니라 무가치하다고 가르쳤다. 심지어는 공공장소에서 옷을 벗고 목욕하는 것도 금지했다. 붓다는 삼의일발(三衣一鉢)을 갖추지 않은 자는 결코 계를 주지 않았다.[36]

34 *Vinaya-piṭaka* vol.Ⅲ, 195면.
35 *Vinaya-piṭaka* vol.Ⅱ, 196면.
36 *Vinaya-piṭaka* vol.Ⅰ, 90면.

승가가 대중들 사이에 크게 인기를 얻고 붓다가 재가자들의 가사 보시를 허용하게 되자 수많은 가사와 온갖 옷감들이 승가에 쌓였다. 「마하박가」는 붓다의 가사보시 허용에 대한 대중들의 열정적인 반응을 다음과 같이 묘사한다.

> 붓다가 재가자들의 가사 보시를 허용했다는 소식을 들은 라자가하 사람들은 기쁨에 넘쳐 환호했다. "이제 우리는 가사를 보시하고, 공덕을 쌓을 것이다." 하루 만에 수천 벌의 가사가 라자가하의 승가에 쌓였다. 라자가하 인근 시골 사람들도 붓다가 재가자들의 가사 보시를 허용했다는 소식을 듣고 또한 수백 벌의 가사를 보시했다.[37]

거처 및 숙소의 경우와 마찬가지로, 재가자들은 비구와 비구니들에게 가사를 보시하는 것이 큰 공덕이 된다고 생각했다. 붓다 또는 그의 제자들에 의한 설법이 끝날 때, 재가자들은 가사나 이를 위한 옷감을 보시함으로써 감사를 표했다.[38]

재가자들의 가사 보시가 날로 늘어나자 이의 남용을 방지하는 여러 가지 율이 만들어졌다. 비구와 비구니가 공공연하게 또는 묵시적으로 가사를 요구하는 것은 엄격히 금지된다. 설사 충분한 가사를 지니지 못한 비구라 할지라도 재가자들에게 가사를 요구하는 것은 율에 위배된다. 좋아하는 유형의 가사를 알려주는 행위, 가사 대신에 돈을 받는 행위, 좀 더 좋은 가사를 얻기 위해 재가자들에게 도움을 청하는 행위 등은 엄격히 금지되었다.[39]

비구 비구니들의 거처와 이에 딸린 가구들은 기본적으로 승가 공동체의 소유였지만, 가사는 그것을 입는 사람에게 귀속된다. 비구 비구니들은 개인 명의로 가사를 보시 받을 수 있었으며, 다른 사람에게 나누어 줄 수도 있었다. 이와 같이 비록 가사는 개인 소유였지만, 비구 비구니들 사이에 서로 가사를 바꾸어 입는 전통이 생겨났다. 붓다와 마하 카삿빠(Mahā Kassapa)가 헌 가사와 새 가사를 바꾸어 입는 장면이 나오는데, 제자는 스승의 낡은 가사를 받는 것을 큰 영광으로 생각한다.[40] 비구니들도 서로 가사를 바꾸어

---

37 *Vinaya-piṭaka* vol. Ⅰ, 280면.
38 *Majjhima-nikāya* vol. Ⅱ, 117면을 보라.
39 *Vinaya-piṭaka* vol. Ⅲ, 216면; 비구니 Nissaggiya Pācittiya 20.
40 *Saṃyutta-nikāya* vol. Ⅱ, 121면.

입는 것이 허용되었다.

재가자들의 가사보시가 차츰 늘어나자 이의 공동 소유에 대한 율이 필요하게 되었으며, 마침내 승가 안에 이 문제에 대한 전담자를 두게 되었다. 여분의 가사는 승가의 공동 소유였으며, 누구도 개인적으로 그것을 사용하거나 나누어주는 것은 금지된다. 재가자들은 차츰 어떤 비구 비구니 개인에게 가사를 보시하는 것보다는 승단 전체에 가사를 보시하는 전통에 익숙해졌다. 붓다 또한 이러한 방식을 권장했다. 어느 날 붓다의 양모 마하빠자빠띠 고따미(Mahāpajāpatī Gotamī)가 그에게 아주 값진 가사를 보시했다. 그러나 붓다는 그것을 개별적으로 받는 대신에 승가에 보시하라고 권하면서, 승가에 대한 보시가 개인에 대한 보시보다 큰 공덕이 된다는 것을 상세하게 설한다.[41] 비구 비구니들은 승가에 보시된 가사나 옷감을 개별적으로 사용하는 것은 허용되지 않는다. 이 모든 규정들은 물질적인 것들에 대한 집착에서 벗어남으로써 출가의 기본 정신을 잃지 않기 위한 노력의 표현이라고 할 수 있다.

출가 수행자를 가리키는 비구와 비구니는 '걸식하는 자'라는 의미를 지닌다. 초기 불전에 따르면 불교 수행자들은 "삽과 쟁기를 내던지고"[42] 종교적인 삶에 전념했다. 삽과 쟁기를 내던진다는 것은 그들이 생계를 위한 일을 포기했다는 것을 의미한다. 출가자의 삶이라는 관점에서 보면, 생계를 꾸리는 것은 꼭 필요한 것이 아니다. 오히려 직업적인 일은 물질적인 것에 대한 집착을 키우며 세간의 일에 얽매이게 만든다. 물론 당시의 수행자들이 아무런 일도 하지 않았다는 것은 아니다. 『자따까(*Jātaka*)』에는 인가에서 멀리 떨어진 숲에 살면서 나무열매나 풀뿌리로 생계를 이어가는 고행자들에 대한 이야기가 있으며, 심지어는 작은 밭을 일구며 사는 수행자들도 있었다. 불교 승원에서는 청소나 사원보수공사 등의 일을 금하지 않았다. 그러나 어떤 경우에도 돈벌이를 위한 일은 종교적인 삶과 양립할 수 없는 것으로 간주되었다.

경전들에 따르면, 붓다 당시에 여러 가지 일을 통하여 생계를 영위하는 고행자, 바라문들이 있었다. 『사문과경』에는 손금이나 수상을 본다거나 점성술, 꿈 해몽 등을 통하여 생계를 이어가는 고행자들에 대한 이야기가 나

---

41 *Majjhima-nikāya* vol.Ⅲ, 253-254면.
42 *Majjhima-nikāya* vol.Ⅱ, 180면; *Aṅguttara-nikāya* vol.Ⅲ, 5면.

온다. 붓다는 이 모든 것들을 야만스런 지식(tiracchāna vijjā), 그릇된 생계(micchā ājīva)로 간주했다. 그는 이러한 형태로 생계를 이어가는 것은 종교적인 삶의 청정함을 훼손하는 것임을 강조한다.[43] 돈을 버는 행위, 이익을 내는 행위, 물질적인 것을 얻기 위하여 내적 진전으로 얻어진 초능력을 내보이는 행위 등은 불교 승단에서 비난의 대상이 된다. 예를 들어, 어느 날 삔돌라 바라드와자(Piṇḍola Bhāradvāja)장로가 라자가하의 군중들 가운데서 초능력을 보였는데, 라자가하의 부자 상인이 높은 장대 끝에 매단 전단향 나무 발우를 얻기 위한 것이었다. 다른 종파의 여러 고행자들도 그것을 얻기 위하여 시도했지만 실패했는데, 삔돌라 바라드와자 장로는 초능력을 발휘하여 그것을 얻을 수 있었다. 관중들이 큰 소리로 환호했지만, 붓다는 제자의 행위를 엄하게 꾸짖었다.

> 그것은 바른 행위가 아니었다. 그것은 비구가 해야 할 마땅한 일이 아니었다. 바라다와자야, 어떻게 단지 쓸모없는 전단향 발우를 얻기 위하여 대중들 앞에서 초능력을 뽐낼 수 있단 말이냐? 마치 창녀가 돈을 벌기 위하여 제 몸을 드러내 보이는 것처럼, 너는 쓸모없는 발우를 얻기 위하여 대중 앞에서 초능력을 뽐내었구나.

결국 붓다는 제자들이 초능력을 나타내 보이는 것을 금지했다.[44] 그 이유는 쉽게 이해할 수 있다. 그는 제자들이 내적 진전의 결과로 나타나는 초능력으로 물질적인 이익을 얻고자 하는 것을 방지하고자 했다. 초능력을 얻어서 물질적인 이익을 추구하기 위하여 수행자의 길에 들어서는 것을 막자는 의도도 있었을 것이다. 『마하사로빠마숫따(*Mahāsāropama-sutta*)』는 붓다의 청정한 가르침이 결코 어떤 물질적인 이익이나 명예를 위함이 아니라는 것을 명백하게 언급하고 있다.

이와 같이 불교 수행자들은 생계를 위하여 돈을 벌지 않았으며, 이 점에서 철저하게 재가자들에게 의존했다. 꼭 의식주를 위한 최소한의 물질적인 소유가 허용되었을 뿐만 아니라, 이를 살 수 있는 금전의 소유는 더욱 엄격하게 규제되었다. 이 문제는 비나야 율장에서 상세하게 규정되고 있는데,

43 *Vinaya-piṭaka* vol.Ⅱ, 295면; *Majjhima-nikāya* vol.Ⅲ, 75면; *Aṅguttara-nikāya* vol.Ⅱ, 53면.

44 *Vinaya-piṭaka* vol.Ⅱ, 112면.

금과 은을 받는 것, 장사를 하는 것, 물물교환을 하는 것은 금지된다. 경전에서 '금과 은'(jātarūparajata)은 어떤 화폐 혹은 교환수단뿐만 아니라 여타의 귀금속도 포함한다.

만일 불교 수행자들이 생계를 벌기 위하여 일을 하지 않았다면, 어떻게 먹고 살 수 있었는가? 바라제목차40은 이에 대하여 분명하게 밝히고 있다. "비구는 다른 사람으로부터 받지 않은 음식을 먹을 수 없다."[45] 따라서 불교 수행자들 자신을 위하여 음식을 장만하는 것은 금지되며, 이 점에서 식사에 관한 한 수행자들은 철저하게 재가자들에게 의존했다.

음식을 구하는 방법으로는 걸식과 청식(請食) 두 가지가 인정되었다. 초기 불전에 따르면, 붓다는 고향을 떠나 라자가하로 갔을 때, 깨달음을 얻기 전, 심지어는 6년 고행을 시작하기 전에 길거리에서 탁발을 시작했다. 『숫따니빠따』는 젊은 탁발승의 모습이 라자가하 사람들에게 얼마나 놀라운 것이었는지를 전하고 있다. 정각 후 붓다는 까삘라밧투에 가서 제자들과 명망 높은 석가족의 집 앞에서 걸식을 청한다.

탁발은 당시 사회에서 아주 새로운 실천 수행은 아니었지만, 세간의 모든 사람들에게 존경스런 삶의 방식은 아니었다. 예를 들어 붓다가 까삘라밧투에서 탁발하고 있을 때, 그의 부친이 불편한 심기를 드러낸다. "걸식은 석가족의 명성에 누가 된다." 한번은 붓다가 까시 바라드와자(Kasī Bhāradvāja)라는 부유한 바라문 집 앞에서 걸식을 청했을 때, 그 바라문은 붓다에게 음식을 주는 것이 아니라 저주의 말을 퍼붓는다. "이 빡빡머리야, 빌어먹지 말고 차라리 일을 해라. 나를 봐라. 나는 쟁기질 하고 씨를 뿌린다. 쟁기질 하고 씨를 뿌렸을 때, 나는 먹을 수 있다. 만일 너도 이와 같이 한다면, 너도 먹을 수 있는 무엇인가를 가질 수 있을 것이다." 랏타빨라(Raṭṭhapāla) 장로가 자기 고향 동네에서 걸식하고 있었을 때, 부유한 장자였던 그의 아버지는 외아들의 초라한 모습을 보고 슬퍼한다.[46] 이와 같은 많은 사람들이 걸식을 혐오스런 것으로 간주했지만, 붓다는 걸식이야말로 출가 수행자에게 적합한 방식이라고 믿었다. 비구 비구니들은 발우를 들고 걸식을 나가면, 아무 말 없이 문 앞에 서 있었다. 만일 집주인이 어떤 음식을 주면, 질이나 양과는 무관하게 받았다. 설사 집주인이 아무것도 주지 않

---

45 *Vinaya-piṭaka* vol.Ⅳ, 90면.

46 *Majjhima-nikāya* vol.Ⅱ, 61면.

는다 해도 서운해 하지 않았다. 음식을 받을 때, 주는 사람의 얼굴을 보아서는 안 되며, 여자인지 남자인지 알려고 해서도 안 된다. 걸식을 다니는 중에 그들은 자신의 감정을 다스리며 흔들리지 않는 마음을 닦았다.[47] 걸식 중에 보시자의 집 앞에 앉는 것은 금지되었다. 이것은 비구와 남자 혹은 여자 보시자 사이에 부적절한 관계가 싹트는 것을 방지하기 위함이다.

불교 수행자들이 거지나 뜨내기가 아니었다는 것은 어느 모로 보나 명백하다. 대부분의 출가 수행자들은 스스로의 풍요롭고 호화로운 물질적인 삶을 내팽개친 부유한 가문 출신이었다. 그러므로 재가자들은 그들에게 공경하는 마음으로 음식을 주었으며, 최고의 경칭으로 그들을 대했다. 걸식을 하는 중에 비구 비구니들은 어떤 형태로도 보시를 종용하지 않았다. 아무런 말도 하지 않았으며, 어떤 음식을 좋아한다는 의사표시는 더욱 불가능했다. 재가자들은 출자 수행자들에게 음식을 주는 것이 스스로의 의무라 여겼으며, 또한 이를 통하여 공덕을 쌓는다고 믿었다. 그러므로 재가자들은 승단에 '가치 있는 보시', '가치 있는 호의', '가치 있는 공경'을 보였다. 사실 승단은 재가자들에게 이 세상에서 가장 위대한 복전이었다.[48]

반드시 걸식만 한 것은 아니다. 재가자들이 집으로 수행자들에게 음식을 대접하는 청식이 허용되었다. 깨달음을 얻은 직후 붓다는 빔비사라왕으로부터 식사 초청을 받은 적이 있으며, 제자들과 함께 이에 응한 적이 있다.[49] 이와 같은 예들은 초기 불전에서 흔히 볼 수 있다. 붓다의 설법은 흔히 재가자의 청식으로 끝나는 경우가 많았으며, 재가자들은 비구 비구니들에게 식사를 대접하는 것이 큰 공덕이 된다고 믿었다. 문 앞까지 와서 걸식을 청하기 전에 멀리까지 마중 나가서 집으로 모셔와 음식을 대접하기도 했다. 또한 청식은 승가에 대한 공경의 표시였다. 어떤 재가자들의 집은 항상 비구 비구니들을 청하여 음식을 대접할 준비가 되어 있었다. 예를 들어, 비사카 미가라 마따(Visākhā-Migāra-Mātā)는 매일 오전 청함을 받지 않은 비구 비구니도 와서 식사를 할 수 있게 했다.[50] 그녀는 일생 동안 사밧티(Sāvatthi)에 금방 도착했거나, 이 도시를 지나가는 비구 비구니들에게 음식을 제공했다.[51]

---

47 *Vinaya-piṭaka* vol.Ⅱ, 215-216면; *Majjhima-nikāya* vol.Ⅲ, 239면.
48 *Majjhima-nikāya* vol.Ⅲ, 81면; *Aṅguttara-nikāya* vol.Ⅳ, 406면.
49 *Vinaya-piṭaka* vol.Ⅰ, 38면.
50 *Dhammapada-aṭṭhakathā* vol.Ⅰ, 28면.

넓게 보면 청식 또한 수행자가 직접 마련한 음식을 먹는 것이 아니라는 점에서 당초의 걸식과 크게 다르지 않다. 사실 음식을 먹는 장소가 재가자의 집일 뿐, '발우에 담기는 대로' 식사를 한다는 걸식 본래의 취지는 그대로 유지된다. 특정 비구 비구니에 대한 청식은 허용되지 않는다. 재가자는 어떤 특정 비구 비구니를 청하는 것이 아니라, 단지 승단에 청식의 의사를 알릴 뿐이며, 언제 누가 청식에 응하는가는 승가 자체에서 결정한다.[52] 자기가 좋아하는 음식을 요구하는 것도 허용되지 않는다. 걸식이든 청식이든, 비구 비구니가 식사를 할 때는 항상 발우를 사용했다. 발우는 불교 수행자들의 고유한 상징 중의 하나였으며, 음식을 받을 때나 먹을 때도 반드시 발우를 사용하는 전통을 고수함으로써 비구 비구니는 세간의 일에 집착하지 않는 수행자임을 잊지 않게 했다.

비구, 비구니는 일출부터 정오 사이에 하루 한 끼 식사를 원칙으로 했다. 이 규정은 구족계를 받은 비구 비구니뿐만 아니라 사미들에게도 적용되었다.[53] 이것은 출가 수행자로서의 정신을 유지하기 위한 것이다. 물론 당시의 모든 고행자들이 하루 한 끼 식사 전통을 고수한 것은 아니다. 만일 출가 수행자가 하루에 한 끼 이상 식사를 하게 되면, 탁발과 식사에 많은 시간을 소비하게 될 뿐만 아니라 재가자들의 부담도 커지기 때문에 불교 수행자들은 하루 한 끼 식사 전통을 고수했다.

그러나 붓다는 비구, 비구니들에게 극단적인 단식을 권장하지는 않았다. 그는 정각을 이루기 전에 6년간 단식 위주의 극단적인 고행을 한 적이 있지만,[54] 그것은 바람직한 결과를 가져오지 못하며 적절한 식사는 정신적인 수행과 진전에 필수적이라는 것을 깨달았다. 정각을 이룬 후에 그는 제자들에게 식탐도 수행에 걸림돌이 되지만 극단적인 단식도 마찬가지 결과를 가져온다고 가르쳤다. 말하자면 식사에 있어서도 중도적 무소유의 정신을 적용하고 있지만, 특히 식탐의 자제에 대해서 크게 강조하고 있다.[55] 다른 욕망과 마찬가지로 식탐은 수행에 큰 장애가 되며, 비구, 비구니는 식탐을 버

51 *Vinaya-piṭaka* vol. Ⅰ, 292면.
52 *Vinaya-piṭaka* vol.Ⅳ, 71면.
53 *Vinaya-piṭaka* vol. Ⅰ, 83면.
54 *Majjhima-nikāya* vol. Ⅰ, 246면.
55 이와 관련하여 *Vinaya-piṭaka* vol.Ⅱ, 165면에서는 우빠난다(Upananda)비구를, 그리고 *Vinaya-piṭaka* vol.Ⅳ, 211-212면에서는 순다리 난다(Sundarī-Nandā)를 엄중하게 꾸짖는 장면을 볼 수 있다.

려야 한다는 것이다. 심지어는 다른 수행자와 음식에 관하여 말하는 것조차 피해야 했다.

> 쾌락이나 즐거움을 위하여 먹지 마라. 멋지게 보이려고 또는 매력적으로 보이기 위하여 먹지 마라. 단지 몸을 유지할 정도로만 먹어라. 몸이 상하는 것을 막기 위하여, 수행자로서의 삶에 해가 되지 않도록 먹어라.[56]

따라서 비구 비구니들은 몸을 유지할 수 있을 정도의 소식을 원칙적으로 고수했다. 그들은 마치 벌이나 나비가 꽃에 아무런 해를 끼치지 않고 꿀을 얻어 가듯이, 마을에서 재가자들로부터 음식을 받아갔다.[57] 대개 붓다의 제자들은 당시 사람들에게 적게 먹고 적게 자는 것으로 알려졌다. 음식을 많이 먹으면 잠을 많이 자게 되기 때문에 명상을 통한 내적 진전을 추구하는 출가자의 삶에 도움이 되지 않는다. 선정을 닦기 위하여, 졸음 없이 장시간 동안 명상을 할 수 있기 위하여, 건강을 유지하기 위하여 비구 비구니들은 무엇보다도 식사를 절제하는 것이 요청되었다.

원칙적으로 출가자의 정신에 위배되지 않는 한, 가사나 음식 등을 받는 것은 허용되지만, 돈을 받는 것은 엄격히 금지된다. 금전 수수 불허 규정은 여타의 물질적인 것의 수수보다 훨씬 엄격하게 규정된다. 예를 들어, 음식의 경우 비구 비구니는 원칙적으로 자신이 좋아하는 음식을 요구할 수 없지만, 특별한 상황, 예를 들어 병석에 있는 비구 혹은 비구니는 그것이 허용된다. 그러나 어떤 경우에도 돈을 요구하거나 받는 것은 금지된다. 「출라박가」의 이야기에 따르면, 비구 비구니가 불당이나 승원 건립에 필요한 물질적인 재원을 받는 것은 허용되지만, 그것을 사기 위한 돈을 받는 것은 금지했다.[58]

소유에 대한 출가자의 율이 엄격했던 것과는 대조적으로, 소유에 대한 재가자의 윤리는 처음부터 달랐다. 재가자는 물질적인 부를 누리는 것이 허용되었을 뿐만 아니라, 자신의 직업에 따라 부지런히 일함으로써 생겨나

56 *Majjhima-nikāya* vol.Ⅲ, 2면; *Aṅguttara-nikāya* vol.Ⅱ, 40면; *Aṅguttara-nikāya* vol.Ⅲ, 388면.
57 *Dhammapada* 49게송.
58 *Vinaya-piṭaka* vol.Ⅱ, 297면.

는 부의 축적은 오히려 고무되었다. 이 점에서 재가자의 삶은 처음부터 힌두교도의 삶의 방식과 크게 다르지 않았으며, 이것은 나중에 불교가 힌두교화되는 중요한 빌미가 된다. 물론 재가자도 그와 같은 물질적인 소유에 집착하지 않아야 하며, 가족이나 친지 및 승가와 나누어 가져야 한다는 점이 강조된다. 그러나 재가자의 경우에는 직업을 가지는 것과 노동을 하는 것이 가치 있는 것으로 간주된다.

이와 같이 재가자가 합당한 일을 통하여 부를 축적하는 것에 대하여 초기 불교승단이 매우 관대했던 것은, 단지 출가 수행자들이 재가자들로부터 물질적인 지원을 확보하기 위한 것만은 아니었다. 그것은 출자자와 재가자 모두에게 궁극적인 가치를 지니는 것은 열반이라는 사실에 대한 초기불교의 견해에서 분명하고 일관된 논리의 결과였다. 비록 출가하여 열반을 추구하는 것이 최선이라 할지라도, 그와 같은 열반을 얻는 것은 재가자도 가능하다. 궁극적으로 출가자 재가자를 막론하고 물질적 소유에 대한 경제윤리는 궁극적으로 열반의 획득을 지향하며, 출가자 재가자 모두에게 이 목표를 얻는 핵심은 욕망을 극복하는 것이다.

재가자는 자신의 생계를 벌어야 하기 때문에 부의 축적이 허용될 뿐만 아니라, 심지어는 지나친 욕망이 자제되는 한 부의 축적이 권장된다. 출가자는 열반을 추구하는 길에서 다른 지점에 있으며 엄격한 수련을 필요로 하기 때문에, 그들에게는 부를 소유하거나 축적하지 않는 것이 보다 바람직한 것으로 간주되었다. 재가자는 출가자들이 그들 자신의 열반을 위하여 수행에 전념할 수 있도록 승가에 물질적인 보조를 해주며, 동시에 출가자들은 재가자들에게 다르마를 가르치고 지식과 이해를 나누어줌으로써 재가자들이 열반을 얻는 데 도움을 줄 수 있다. 승가에 보시함으로써 재가자들은 악업을 없애고 공덕을 쌓으며, 출가자들은 경제활동을 하지 않는 대신에 명상과 공부에 전념함으로써 다르마를 널리 전파하며 모든 중생의 깨달음에 기여할 수 있다.[59]

초기불교에서 강조된 재가자의 경제윤리는 다음의 세 가지로 요약할 수 있을 것이다. 1) 노고와 근면을 통한 부의 축적과 자기 자신의 소비에 어떤 제한을 두는 것, 2) 바른 직업을 선택하여 종사하는 것, 예를 들어, 도살이

59 Russell Sizemore and Donald Swearer, 'Introduction,', in *Ethics, Wealth and Salvation: A Study in Buddhist Social Ethics,* ed. Russell Sizemore and Donald Swearer, Columbia: University of South Carolina Press, 1990, 13-14면을 보라.

나 무기를 파는 일을 피하는 것, 3) 정직하게 얻은 부를 가족, 친구, 승가와 나누어 가지는 것 등이다.[60] 초기불교 재가자 윤리에서 이와 같은 가치관은 바라문교의 경제윤리와 대조된다. 바라문교의 경제윤리는 농업사회의 가부장적 씨족 중심의 윤리를 반영한다.[61] 이에 비하여 불교의 재가자 윤리는 주고 받는 것에 큰 강조점을 두는 상업사회의 가치관이 두드러지게 나타난다. 물질적인 부를 쌓음에 있어서 근면과 정직, 부를 축적함에 있어서 자기 자신의 소비절제, 자신과 남의 보다 많은 부와 복지를 위한 재투자의 강조가 현저하다. 이와 같은 가치관이 가장 현저하게 드러나는 초기불전은 『싱갈로바다 숫따(*Singālovāda Sutta)*』이며, 이 경은 가끔 불교 재가자의 율로 지칭될 정도이다. 이 경에는 성실한 노력과 소비 억제를 통한 부의 축적과 자신과 타인을 위한 재투자가 특히 강조된다.

> 지혜롭고 도덕적인 사람은
> 언덕 위에 있는 불처럼 빛나며
> 그와 같은 사람은 마치 개미탑처럼
> 점점 재산을 불리며
> 그래서 재산이 산처럼 불어나면
> 자기 가족을 부양하고
> 가까운 친구들도 도울 수 있다.
> 그는 자신의 돈을 네 부분으로 나누어서
> 1/4은 자기의 생계를 위하여 쓰고
> 2/4는 장사를 확장하는 데 쓰며,
> 나머지 1/4는 궂은 날을 위하여 저축해야 하리.[62]

또한 이 경은 부지런히 축적한 부를 상실하지 않으려면, 게으름, 나쁜 친구, 음주, 묘한 시간에 길거리를 배회하는 것, 도박 등을 피해야 한다고 권

---

60 보시는 재가자의 지고한 덕목으로 간주되지만, 보시의 대상과 관련하여 초기불전과 후기 불전들 사이에 다소 차이가 있다. 초기불전들에서는 가난한 자와 승가에 대한 보시가 강조되지만, 시간이 흐를수록 승가가 보시의 중심 대상으로 자리매김한다.

61 Balkrishna Gokhale, 'Early Buddhism and the Urban Revolution,', *Journal of the International Association of Buddhist Studies* vol. 5-2, 1982, 18-20면을 보라.

62 *Dīgha Nikāya, Dialogues of the Buddha,* trans. T.W. and C.A.F Rhys David (London: Luzac and Co. Ltd., 1971), 180ff면.

고한다.[63] 다른 초기 불전들에서도 욕망을 부추긴다는 점에서 부의 위험성을 강조하면서도, 다른 한편으로는 가난이 재가자들에게 결코 미덕이 될 수 없다는 것을 강조한다. 가난은 '재가자들에게 세간에서의 고통'으로 간주될 뿐이다.

이와 같이 바른 방법에 의한 부의 축적이 권장되는 동시에 또한 초기 불전들은 사회에서 모든 윤리의 토대로 물질적 소유에 대하여 집착하지 않는 덕목을 강조한다. 이것은 『짝까밧띠 시하나다(*Cakkavatti-Sīhanāda*)』와 『꾸따단따 숫따(*Kūṭadanta Suttas*)』에서 볼 수 있으며, 빈궁한 사람들을 위한 정의로운 왕의 관대함이 덕을 쌓는 토대가 되며 재가 사회의 번영을 약속한다고 설해진다. 동시에 그와 같은 관대함의 결여는 죄와 악의 지속적인 팽창, 사회 자체의 쇠퇴로 이어진다고 말한다. 더욱이 『마하수닷사나숫따(*Mahā-Sudassana Sutta*)』는 부와 세간적인 소유의 덧없음을 강조함으로써 물질적인 소유에 집착하지 않는 것의 가치를 높이 평가하고 있다.

출가자들의 삶에 청식이 허용되고 가사를 만들기 위한 옷감의 보시가 허용됨에 따라, 재가자들의 관대함과 보시에 대한 강조 또한 더욱 현저해진다. 이것은 관대한 보시가 선업과 정신적 고양을 가져온다는 이야기를 담고 있는 여러 경전들에 반영되어 있다.

결론적으로 물질적인 소유와 노동은 초기 및 테라바다불교에서 중요한 가치를 지니지만, 그 가치는 출가 비구가 깨달음을 추구하는 것에 주어지는 가치나 재가자가 보시를 통하여 공덕을 쌓는 것보다 적은 것으로 간주된다. 테라바다불교 재가자의 경우에는 결국 승가에 대한 보시를 통하여 공덕을 쌓는 길만이 열반을 보장할 수 있다는 믿음이 강했으며, 따라서 이러한 믿음은 가난한 사람들을 돕거나 자신의 사업에 재투자하는 것보다는 승가에 대한 보시가 삶의 핵심이 되었다. 열반에 대한 보장은 새로운 물질적 부를 창출하고 축적하는 데 있는 것이 아니라, 보시의 형태로 나누어 주는 데 있다는 것이다.[64]

재가자나 출가자 모두에게 물질적인 소유는 그 자체로 악이 아니며, 그

---

63 Phra Rajavaramuni, 'Foundations of Buddhist Social Ethics,', *Ethics, Wealth and Salvation,* 35-43면을 보라.

64 Melford Spiro, *Buddhism and Society,* New York: Harper and Row, 1970, 460면; David Little, 'Ethical Analysis and Wealth in Theravada Buddhism: A Response to Frank Reynolds,', in Ethics, *Wealth and Salvation,* 84면.

것에 집착하지 않는 한 과거 공덕의 결과로 환영되어야 한다는 것이 기본 입장이다. 보시는 그와 같은 집착을 없애는 길이며, 재가자들에게 그와 같은 보시는 가난한 자를 돕거나 자신의 사업에 대한 재투자보다는 점차 승가에 대한 보시로 바뀌었다.[65]

출가자와 재가자는 상당히 다른 이미지를 지니지만, 소유에 대한 입장은 크게 보아 다르지 않다. 즉 소유에 집착하지 않는다는 것은 출가 재가를 막론하고 적용되는 원칙이라 할 수 있다.

2. 대승불교의 무소유

대승불교에서 물질적 소유에 대한 입장은 초기불교 및 테라바다불교와 상당한 차이를 보인다. 이와 같은 차이는 열반과 윤회, 깨달음과 보살의 이상에 대한 대승불교의 이해 변화와 관련된다. 예를 들어, 대승불교에서는 열반과 윤회의 절대적인 차이나 구별이 사라진다. '번뇌가 곧 열반'이라는 것이다. 결과적으로 윤회의 세계 안에서의 자비로운 행위들이 점점 더 큰 가치를 지니게 되며, 보살개념이 이상으로 떠오른다. 동시에 윤회세계에 대한 보다 적극적인 견해는 세간의 삶을 수용하는 경향으로 귀결되며, 이것은 초기불교와는 달리 대승불교에서는 재가자의 역할이 중요해진 것과 궤를 같이한다. 어떤 점에서 초기 대승불교는 재가자 중심의 불교라 할 정도로 재가자의 삶이나 역할이 강조되었다.

또한 다른 한편으로는 열반으로 향한 노력의 근본 초점은 사물들에 대한 우리의 지각에서의 인식론적 전환으로 모아진다. 이것은 구제론적 주요 노력이 테라바다불교에서처럼 행위에서의 전환을 통하여 차츰 보다 나은 업을 쌓는데 중점을 두는 것이 아니라, 각 개인의 마음속에 인식론적 전환을 가져올 수 있도록 행해져야 한다는 것을 의미한다.

그렇다고 하여 소유에 대한 대승불교의 견해가 초기불교와 완전히 달라진 것은 아니다. 앞에서 언급한 것처럼, 그 둘 사이에는 연속성과 차이가 공존한다. 이 두 전통 모두에서 재가자는 다른 사람들과 부를 나누어야 한다는 것이 강조되지만, 출가자의 노동에 대한 견해에서는 상당한 차이를 보

65 보시는 재가자의 지고한 덕목으로 간주되지만, 보시의 대상과 관련하여 초기불전과 후기 불전들 사이에 다소 차이가 있다. 초기불전들에서는 가난한 자와 승가에 대한 보시가 강조되지만, 시간이 흐를수록 승가가 보시의 중심 대상으로 자리매김한다.

인다. 초기불교에서는 출가자가 삽자루를 쥐는 것조차 금하는 분위기였지만, 선불교에서는 비구의 노동에 대하여 긍정적이고 적극적이다. 이와 같이 소유에 대한 견해의 차이가 나타나는 것은 불교가 수용되는 과정에서 그 지역의 역사적·문화적 특수성과 관련된다. 초기불교나 테라바다불교에 비해서 대승불교에서는 승가 자체에 의한 경제활동이 크게 늘어났다. 특히 중국이나 한국 및 일본불교에서 이 점이 현저하게 나타나며, 선불교에서는 출가 비구의 노동을 적극적으로 수용한다. 동시에 재가자의 경우에 물질적인 소유는 여전히 종교적인 보시에 초점이 맞추어지며, 집착하지만 않는다면 물질적인 부의 소유나 축적은 선한 것으로 간주된다.

이와 같이 물질적 소유에 대한 대승불교의 입장은 초기 인도불교나 테라바다불교와 상당한 차이가 있지만, 그럼에도 불구하고 연속성도 뚜렷하다. 예를 들어, 승가에서 보시(dāna)는 여전히 재가자의 최고 덕목으로 간주되며 큰 공덕이 되는 것으로 강조된다. 또한 율의 형태로 규정된 비구 비구니의 경제윤리 또한 큰 변동 없이 유지된다. 더욱이 출가자와 재가자에게 개인적인 덕목으로서 자비(karuṇa)는 지극히 중요한 덕목으로 지속된다.

그러나 중국 대승불교에서는 물질적 소유와 관련하여 초기불교에서는 보이지 않았던 전통들이 생겨났다. 중국의 불교사원에서는 승원 자체의 상업적 활동, 예를 들어 정미나 제분(製粉), 곡식이나 돈을 빌려주고 이자를 받는 것, 전당포, 숙박업, 사원의 토지를 빌려주고 그 대가로 곡물을 받는 등의 일이 눈에 띄게 많아졌다. 상업적인 목적으로 금이나 은을 지니는 것도 공공연하게 허용되었다. 심지어는 개인적으로 고리대금업을 하는 비구도 생겨났으며, 승가도 이를 묵인했다. 사원을 중심으로 크게 성행했던 고리대금업의 오남용 때문에 당왕조(618-907 C.E.)시대에는 이자율을 제한하는 일까지 생겼다.[66] 그 결과로 5-7세기의 중국불교승단은 대단한 물질적인 풍요를 구가했으며, 수많은 사원이 생겨나고 승려들의 숫자도 상대적으로 급증했다. 사원의 경제력 증강은 불교의 정치 사회적인 영향력 제고에 이바지했으나, 이 시기의 중국불교는 이미 일반적인 의미에서의 전통적인 불교의 무소유 개념과 상당한 거리가 있는 것으로 보인다.

5세기에서 7세기까지 중국불교에서 승려의 신분은 열반이라는 정신적 가치를 추구하는 자리일 뿐만 아니라, 물질적인 부를 축적할 수 있는 기회

66 Chen, *The Chinese Transformation of Buddhism,* 110-161면.

의 자리로 간주되었다. 승려가 되는 순간 세금이나 노역 등에서 엄청난 이득을 볼 수 있었으며, 대부호나 왕가의 기부가 끊이지 않았다. 승직이 고가에 거래되었다는 것은 곧 당시 중국 사회에서 승직 자체가 물질적인 부를 보증하는 자리였다는 것을 의미한다.

물질적 소유의 축적이나 사용과 관련하여 대승불교 안에 또 다른 중요한 경향이 일어났다. 출가 비구의 노동 또는 일의 가치에 대한 긍정적인 입장이 바로 그것이다. 이러한 경향은 특히 선불교를 중심으로 일어났는데, 일찍이 인도불교에서는 없었던 전통이다. 중국의 선불교 전통 이전에는 출가 비구가 생계를 위하여 혹은 상업적 목적으로 노동을 하는 것은 엄격하게 금지되고 있었으나, 선불교를 중심으로 출가 비구의 노동이 허용되었을 뿐만 아니라 적극적인 의미를 지니는 것으로 간주되었다.

8세기경 중국 선불교에서는 율장에서 명백하게 금하고 있는 출가비구의 노동의 정당성이 공공연하게 주장된다. 만일 행위 그 자체가 아니라 행위의 의도가 가장 중요한 것이라면, 설사 출가 비구의 노동이라 해도 그것이 삼보에 유익한 것이라면 허용해야 한다는 것이다. 이와 같은 정당화는 마침내 선불교 안에 "하루 일하지 않으면 하루 먹지 않는다"는 유명한 명제를 낳았다. 승가 안의 모든 비구는 열반이라는 공통 목표를 성취하기 위하여 평등이라는 원칙 하에 함께 일해야 한다는 것이다.[67] 또한 여기에는 일의 무자성(無自性) 그리고 일과 명상이 불이(不二)라는 사상도 들어있다.

> 이와 같은 집단적인 울력에서, 모든 비구는 그 일이 중요하든 중요하지 않던 똑같은 노력을 기울여야 한다. 어느 누구도 말없이 앉아 있을 수 없으며, 대중의 바람에 역행하지 않아야 한다. 오히려 각자는 자신의 마음을 도에 집중해야 하며, 대중이 요구하는 것을 행해야 한다. 일이 끝난 후에는 선방으로 돌아가서 이전처럼 침묵하며 앉아있어야 한다. 우리는 행위와 행위하지 않음의 두 측면을 초월해야 한다. 그러므로 설사 어떤 비구가 하루 종일 일했다 해도 그는 전혀 일하지 않은 것과 같다.[68]

이와 같이 바른 방식으로 일을 하는 것은 그 자체로 종교적인 행위가 되

---

67 ibid., 148-149면.
68 ibid., 150면.

며, 세간의 일과 불교의 명상, 윤회와 열반의 불이를 실현하는 고귀한 행위가 되며, 그 결과로 생겨나는 물질적인 소유에 대해서는 크게 의미를 부여하지 않는다. 선불교의 이러한 입장은 물질적 소유에 대한 한층 성숙된 불교 고유의 정신으로 회귀하고 있음을 의미하며, 이것은 5세기 이후 수세기 동안 지속된 중국불교 내의 물질적 소유의 풍요와 이에 따른 부패[69]에 대한 반성을 반영하고 있다.

이와 같이 인도불교에 비하여 중국불교에서 출가비구의 일에 대하여 적극적인 의미를 부여하게 된 것은 인도와 중국에서 일에 대한 사고방식의 차이도 작용했을 것이다. 유교전통이 강한 중국에서는 전통적으로 성인 남자의 생산적인 일의 가치를 높이 평가한 반면에, 인도에서는 생산적인 일보다는 탈속에 초점을 둔 비경제적인 일에 큰 비중을 두었다는 것이다.

한국불교와 일본불교에서 물질적 소유에 대한 견해는 여러 가지로 중국불교에서 시작된 경향을 수용하는 입장이다. 물론 중국과는 달리 우리나라에서는 유교와 무속이, 그리고 일본에서는 유교와 신토가 불교의 경제윤리에 큰 영향을 준 것은 사실이다. 이와 같이 한국과 일본의 불교에 유교적인 색채가 짙을 수밖에 없었던 것은, 불교가 인도로부터 직접 들어온 것이 아니라, 우리나라의 경우에는 중국을 거쳐서, 그리고 일본의 경우에는 중국과 우리나라를 거쳐서 전래된 역사적 사실과 관련된다.[70]

Ⅲ. 인접개념 및 현대적 논의

1. 인접개념

소유는 곧 몸의 확장이며 몸은 욕망을 함축한다. 따라서 소유 또는 무소유에 관한 논의는 넓게 보면 세간의 삶 전체와 관련을 지닌다. 무자성이라는 의미에서 무소유를 말한다면 불교학 전체가 곧 무소유에 관한 논의라

69 845년 Wu황제가 행한 불교에 대한 대대적인 박해는 불교 자체 내의 물질적 풍요에 따른 부패와 관련된다.

70 Louis Dumont, 'World Renunciation in Indian Religions.', *Contributions to Indian Sociology* vol 4, 1960, 33-62면; Ilana Friedrich Silber, 'Dissent Through Holiness: The Case of the Radical Renouncer in Theravāda Buddhist Countries,', *Numen,* XXVĪ, no.2, 1981, 165-193면을 보라.

해도 무방하다. 무아에 대한 가르침은 불교의 처음과 끝이라 해도 과언이 아니기 때문이다. 여기서는 주로 물질적인 소유에 국한하여 그 인접개념을 살펴보기로 한다.

불교 고유의 소욕지족 무소유 또는 중도적 무소유는 공동소유라는 의미와 밀접한 관련을 지닌다. 특히 출가 수행자의 경우가 그렇다. 비구 비구니들에게 인정되었던 의식주에 대한 최소한의 소유는 이런 특징이 강하다. 사의(四依)로 보시 받는 모든 것들이 비구 비구니의 개별 소유가 아니라, 사방상가의 소유이며 단지 비구 비구니의 필요에 충당될 뿐이다. 비구 비구니가 입멸하면 모든 소유는 다시 사방상가에 귀속된다. 청식의 경우에 재가자가 특정 비구 비구니를 지목하는 것이 아니라, 재가자가 청식의 의사를 승단에 전하고 승단 자체에서 청식에 응할 비구 비구니를 선정한 것이나 가사를 위한 옷감을 보시 받을 때도 특정 개인이 아니라 승가 전체에 보시하게 한 것 등이 그 예다. 아무리 출가 수행자라 해도 몸을 가지는 한은 최소한의 의식주가 필요하지만, 그것을 개별적으로 허용하는 것이 아니라 공동소유로 허용함으로써 물질적인 소유에 대한 집착이나 욕망을 최소화하고자 했다.

무소유가 공동소유로 이해될 때, 그것은 또한 경제적 평등이라는 개념과 상통한다. 부와 가족을 여의는 것은 사회적인 차별이나 계급구조에 대한 근본적인 부정을 의미하며, 이 점은 승가나 재가 모두에 공통으로 적용될 수 있다. 승가에서 모든 물질적 소유가 공동소유라는 것은 출가자에게 허용되는 최소한의 의식주가 차별 없이 평등하게 나누어진다는 것을 의미한다. 초기불교 승가에서 탁발한 음식을 모두 섞어서 똑같이 재분배한 것은 이에 대한 좋은 예가 된다. 재가자의 경우에도 무소유는 경제적인 평등과 관련되며 이것은 보시를 통하여 구체화된다고 볼 수 있다. 이런 점에서 무소유는 사회적인 갈등의 원인이 되는 부자와 빈자, 상층계급과 하층계급간의 차별을 넘어서는 인류애를 나타낸다.

소유가 곧 욕망과 직결되어 있다는 점에서 무소유는 독거 또는 금욕이라는 개념과 상관관계를 지닌다. 『반다나가라 자따까(*Bandhanāgāra Jātaka*)』, 『꿈바까라 자따까(*Kumbhakāra Jātaka*)』, 『우다나(*Udāna*i)』 그리고 『벳산따라 자따까(*Vessantara Jātaka*)』 등의 여러 경전들에서는 가족이 속박으로 이끄는 욕망의 대상으로 간주된다. 불교가 원래 출가자 중심의 종교로 출발한 것은 이런 이유라 할 수 있다. 가족이 물질적인 소유와 직결된다는 것은 분명하다. 가족은 곧 '나의 사람'을 전제로 하며, 따라서 무아개념이 완화되며 무아개념의 완화는 곧 무소유개념의 약화를 의미한다. 독거 또는 금욕과 관련을 지닌다는 점에서 보면 무소유는 기존의 사회체계에 대한 거부로 받아들여질 수 있다.

출가수행에서 독거의 강조는 빠알리어 경전들 중에서 『칵가비사나 숫따(*Khaggavisaana-sutta*)』를 능가할 경전이 없을 것이다. 이 중에서도 '코뿔소의 뿔처럼 혼자서 가라'(gaviśana-kappo)로 끝나는 41개의 게송(Sn 34-74)은 널리 알려져 있다. 여기서 코뿔소의 외뿔은 출가수행자의 상징이다. 이외에도 『숫따니빠따』에는 독거에 대한 강조가 현저하다. '무리에서 따로 떨어져 머무는 위대한 코끼리'(Sn 52), '결코 똑같은 곳으로 다시 돌아오지 않는 불꽃'(Sn 62), '결코 그물에 걸리지 않는 바람'(Sn 71), '결코 물에 젖지 않는 연꽃'(Sn 71) 등은 출가수행자의 상징이다. 물론 이 경우에도 불교의 독거는 그 내적인 의미가 강조된다. 다시 말하여 일반적인 의미에서 독거란 사회로부터 완전히 분리되어 머무는 것을 의미하지만, 불교에서는 마치 물 속에 있으면서도 물에 젖지 않는 연꽃과 같은 의미의 독거가 강조된다. 외적인 독거보다는 내적인 독거에 훨씬 중요한 의미를 둔다는 것이다. 이 점은 초기불전 여러 곳에서 볼 수 있다. 예를 들어 『아낭가나 숫따(Anaṅgana-sutta)』에서 붓다의 수제자인 아라한 사리뿟따(Sāriputta)는 다음과 같이 말한다.

> 어떤 사람이 혼자 숲에 머물면서 고행을 할 수 있다. 그럼에도 불구하고 그의 마음속에는 온갖 불순한 생각이 떠돌고 있다. 이에 비하여 어떤 사람은 동네에 살면서 아무런 고행도 실천하지 않을 수 있다. 그러나 그의 마음은 불순한 모든 생각에서 자유롭다. 이 둘 중에서 동네 가운데 살면서도 불순한 마음을 여의는 수행자는 숲에 홀로 머물면서도 불순한 온갖 생각을 지닌 수행자보다 낫다.[71]

중요한 것은 숲에 홀로 머무는 것이 아니라, 어디에 있든 집착 없는 삶을 살아야 한다는 것이다. 이런 점에서 독거는 세간 속에서 세간을 초월하는 것이라 할 수 있다.

---

71 Majjhima-nikāya vol. Ⅰ, 30면.

아무것도 가지지 않는다는 의미에서 무소유는 적으로 외적으로 가난과 유사할 수 있지만, 일반적인 의미의 가난 혹은 궁핍과는 전혀 거리가 멀다. 초기불전을 통하여 분명히 알 수 있는 것처럼, 출자자들은 물질적 자원, 재산, 부, 가족, 그리고 자신들의 고유한 신분과 권위를 스스로 버린 사람들이다. 이들은 물질적인 소유와 결혼을 포기하고 명상과 수행에 전념함으로써 자신의 삶 속에서 인류의 이상을 재창조하고자 했다. 따라서 일반적인 의미에서의 가난이나 궁핍과는 거리가 멀다. 출가자들은 오히려 물질적인 소유를 멀리하는 것이 종교적 진전에 적극적인 도움이 된다고 믿었다. 이런 점에서 출가자들의 물질적 결핍은 팔리 니까야에서 거의 전적으로 빠알리어 '아낀짜나'(akiñcana)로 지칭되며, 그것은 '못 가지는 것'이 아니라 '안 가지는 것'이라는 점에서 일반적인 의미의 가난과 전혀 다른 의미를 지닌다.

2. 현대적 논의

흔히 인도의 3대 종교로 일컬어지는 힌두교, 불교, 자이나교 중에서 무소유는 자이나교를 특징짓는 개념이었다고 할 수 있다. 이것은 전통적으로 인도종교 윤리에 공통적으로 수용된 4계 즉 불살생, 불투도, 불망어, 불사음에 자이나교는 무소유 서계를 첨가하여 그 정체성을 확립한 반면에[72] 불교는 불음주계를 합하여 오계를 이루었다. 이러한 차이는 업에 대한 이해의 차이와 맞물려서 물질적인 소유에 대한 두 종교의 견해 차이를 더욱 크게 만들었다. 업을 물질적인 것으로 이해하는 자이나교는 외적인 청정에 초점을 둔 극단적인 고행이나 무소유가 강조되는 반면에, 업을 행위 자체보다 그 배후의 의도에 초점을 두어 이해하는 불교는 내적이고 중도적인 무소유관이 견지되었다.

생각해 보면, 소유는 인간이 고통을 비껴가자는 가장 오래되고 보편적인 방법이다. 행복이 소유의 증가와 맞물려 있다는 주장은 지금도 대개의 사람들에게 설득력을 지닌다. 소유는 '나의 것'을 늘리겠다는 몸부림이며, '나의 것'을 늘리겠다는 것은 '나'를 시공간적으로 확장하자는 몸부림이다. 백만원을 가지고 있을 때보다는 천만원을 가지고 있을 때, 내 영향력이 미

72 자이나교의 24번째 조사(tīrtankara)인 마하비라가 흔히 자이나교의 창시자로 일컬어지는 것은 고래로 전해지던 4대 서계에 무소유 서계를 첨가하여 5대 서계를 완성한 것으로 평가되기 때문이다.

치는 범위는 훨씬 더 넓어질 수 있으며, 생명이 좀 더 연장될 수도 있다. 적어도 천만원의 수술비가 없어서 죽는 일은 없을 것이다.

이렇듯 소유를 늘려 행복한 삶을 이루려 하는 것이 우리의 보편적인 일상이지만, 가진 자든 못 가진 자든 불행하기는 마찬가지인 것 같다. 물질의 풍요로 소유는 늘었지만 행복은 반드시 이에 비례하지 않는다. 소유의 풍요는 오히려 정신의 황폐로 이어지는 것이 오늘 우리의 보다 정확한 좌표라 해도 무방하다. 한 세기 전에 비하여 의식주가 놀라울 정도로 풍족해졌지만, 우리는 여전히 불행하다. 그렇다고 가지지 않은 자가 행복하냐 하면 반드시 그런 것도 아니다. 서울역 앞 지하도에서 요즘 우리는 수많은 노숙자들을 본다. 단언컨대 그들 대다수는 불행하다. 하루 한 끼의 식사로 연명하는 사람들도 있을 것이다. 가진 게 없기로 친다면 이들보다 덜 가진 사람들도 드물 것이다. 그러나 그들이 행복하냐 하면 반드시 그렇지는 않다. 차라리 조금이라도 더 가진 사람들이 더 행복하다.

소유 그 자체가 행복을 보장해주지 않는 것과 마찬가지로, 아무것도 가지지 않은 것, 그 자체가 우리에게 행복을 보장해 주는 것도 아니다. 만일 가진 게 없다는 사실만으로 우리가 행복하고 고통을 비껴갈 수 있다면, 그것보다 더 쉬운 일은 없을 것이다. 손도 까딱 않고 가만히 앉아 있으면 그게 곧 행복으로 통하는 길이 될 수 있기 때문이다. 그러나 알다시피 그건 아니다. 그건 단지 어쩔 수 없는, 무의미한 무소유일 뿐이다.

적어도 재가자의 경우 무소유가 의미를 지니려면, 우선 그것은 가능한 것에 대한 포기여야 한다. 내가 좋은 옷을 입을 수도 있지만 포기하는 것, 내가 맛있는 음식을 먹을 수도 있지만 포기하는 것, 내가 좋은 집에 살 수도 있지만 포기하는 것, 그것이 진정한 의미의 무소유다. 다시 말하여 자발적인 무소유만이 우리에게 의미를 지닌다. '나의 것'으로 지닐 수도 있지만 포기하는 것, 그것만이 진정한 의미의 무소유일 수 있다. 무소유는 '소유하고 싶은 욕망에 대한 억제'를 통하여 인간에게 자유 혹은 초월을 허용하는 것이며, 욕망은 가능성이 있어야 일어나기 때문이다.

아예 돈을 벌 수 있는 가능성이 없는 사람이 돈버는 것을 포기하는 것은 그가 무기력하다는 증거일 뿐, 그 이상의 아무런 의미도 없다. 육교 위에서 구걸하는 거지의 무소유와 법정스님의 무소유는 전혀 다른 차원이다. 거지가 끼니를 거르는 것이나 수행자가 단식을 하는 것은, 겉으로 보면 차이가 없지만 전혀 다른 것이다. 하나는 불가능한 것에 대한 포기라면, 다른 하나는 가능한 것에 대한 포기다.

이런 의미에서 소유는 무소유를 통하여 의미를 지니며, 무소유는 소유를 통하여 가능할 수 있다. 이 둘의 관계는 비행기가 활주로를 미끄러져 가서 이륙하는 과정에 비유할 수 있다. 소유는 비행기가 활주로를 미끄러져 가는 과정이라면, 무소유는 이륙이다. 만일 비행기가 계속 활주로를 미끄러져 가기만 한다면, 당장 사고가 나는 것처럼, 소유를 늘리기만 한다면 사고가 난다. 활주로를 미끄러져 가는 것은 이륙을 위하여 있는 것처럼, 소유는 무소유를 위하여 있다. 그렇다고 하여 소유가 무의미한 것은 아니다. 무소유는 소유를 통하여 가능해질 수 있기 때문이다. 가진 자만이 버릴 수 있다. 그러나 버리지 않는다면 가진 것은 무의미하다. 일찍이 니체가 경고한 것처럼, 물질의 풍요가 지니는 의미를 곡해하는 한, 우리는 '가축(家畜) 무리의 푸른 목장의 행복'에 만족할 수밖에 없을 것이다.

사실 불교경전에는 오늘날 일반적인 의미로 이해되는 무소유 개념, 즉 물질적으로 아무것도 지니지 않는다는 의미에서의 무소유에 대한 논의는 거의 없다. 다만 산발적으로 언급될 뿐이다. 이것은 비슷한 시기에 비슷한 지역에서 출발한 자이나교와는 구별되는 불교 자체의 정체성확립이라는 관점에서 이해할 수도 있을 것이다. 무소유 자체에 대한 현대적 논의가 거의 없는 것도 이와 무관하지 않을 것이다.

무소유에 관한 현대적 논의는 불교윤리 또는 불교경제윤리라는 범주 속에서 주로 논의되어 왔다고 할 수 있으며, 그것도 직접적인 논의라기보다는 불교의 경제관 또는 소유에 대한 입장을 논의하는 과정에서 간접적으로 짐작해보는 정도라 해도 과언이 아니다. 사실 '불교윤리학'(Buddhist ethics)이라는 학문분야는 불교에 고유한 것도 아니며 또한 근대 이후에 서양의 불교학자들에 의하여 출발한 것이지만, 그 논의과정에서 불교의 무소유에 대한 이해를 가능하게 하는 여러 측면들을 지니고 있다. 키온(Keown)의 *The Nature of Buddhist Ethics*(1992), 타치바나(Tachibana)의 *The Ethics of Buddhism*(1926), 모한 위자야라뜨나(Mohan Wijayaratna)의 *Buddhist Monastic Life*, 사다띳사(Saddhatissa)의 *Buddhist Ethics*(1971), 스피로(Spiro)의 *Buddhism and Society*(1970), 그리고 킹(King)의 *In the Hope of Nibbāna: An Essay on Theravāda Buddhist Ethics*(1964) 등에서는 소유와 무소유에 대한 불교의 입장을 소유관경제관 및 이와 관련된 논의의 단편들을 볼 수 있다. 또한 1994년 프레비쉬(Prebish)와 키온의 주도로 창간된 *Journal of Buddhist Ethics*는 그 후 2004년 현재까지 제11권까지 발행되었으며, 여기에 게재되는 다양한 논문들 중에는 불교윤리와 함께 불교의 경제관을 다루는 소수의 논문들이 있다.[73] 그럼에도 불구하고 환경문제, 생명윤리문제, 낙태, 안락사, 자살, 유전자 복제 등의 주제들이 다수 다루어지고 있음에 비하여 불교의 무소유관이나 경제정의에 관한 논의는 상대적으로 빈약한 편이다.

불교의 경제관이나 물질적 소유를 다루는 대부분의 저서나 논문이 대개 초기불교와 빠알리어문헌에 집중되어 있는 점 또한 문제가 아닐 수 없다. 초기불교나 테라바다불교의 소유관이나 사원경제는 대승불교에서 상당한 변화를 겪었음에도 불구하고 아직 이에 대한 연구는 거의 이루어지지 않고 있는 실정이다. 이와 같은 경향은 18세기 초부터 시작된 불교윤리에 대한 접근이 주로 초기불교문헌을 중심으로 한 문헌학적이고 해석학적인 연구가 중심이었다는 사실과 관련을 지닌다고 볼 수 있을 것이다.

그러나 지금의 상황을 놓고 본다면, 불교윤리나 경제에 대한 논의와 가치관 정립은 테라바다불교권보다는 한국, 일본, 중국을 중심으로 한 대승불교권에서 오히려 시급하다. 근현대에 들어 경제적인 성장이나 변화는 상대적으로 대승불교권에서 급속하게 일어나고 있기 때문이다. 이 점은 승가와 재가 양쪽 모두에 적용된다. 예를 들어 우리나라의 승가는 근본적으로 <사분율>을 따르고 있지만, 현실적으로 사원경제나 비구 비구니의 삶은 이에 부합하지 않는 점이 다수 있다. 율이 만들어진 이후 근 2천여 년이 지났다는 점을 감안한다면, 율과 현실의 경제적인 삶 사이에 차이가 있는 것은 당연하다. 문제는 율과 현실이 다르다는 데에 있는 것이 아니라, 달라진 현실에 맞게 율을 창조적으로 계승하려는 노력이 부족하다는 점이다.

종교나 철학의 모든 분야에서 원형이 지니는 중요성과 가치는 누구도 부인할 수 없을 것이다. 불교윤리학이라는 새로운 학문분야가 확립될 때, 초기의 학자들이 주로 초기불교문헌을 중심으로 연구에 임했던 것도 바로 이런 이유이다. 사실 상대적으로 원형에 가까운 자료에 의거한다는 것은 안전할 뿐만 아니라 권위를 지닌다. 이것은 누구도 부인할 수 없다.

그러나 여기서 한 가지 지적할 것은 원형에 가깝다는 것과 보다 우수하

73 이 저널에 게재된 최근 수십 년간의 불교윤리학 관련 연구 성과들에 대한 주제별 목록은 불교의 경제관이나 무소유 개념의 연구에 좋은 길잡이가 될 수 있을 것이다.

다는 것은 별개의 문제일 수 있다는 점이다. 다시 말하여, 모든 경우에서 원형에 가까울수록 가치가 있다고 말하는 것은 옳지 않다는 것이다. 창조적인 계승이 지니는 장점과 가치는 원형을 보전하는 것만큼이나 중요하다고 해야 한다. 따라서 붓다의 가르침을 창조적으로 계승한 대승불교의 경제윤리나 소유관에 대한 논의는 충분히 가치가 있으며, 이러한 논의과정을 통하여 현실과 부합하지 않는 원형을 재검토하고 이에 따른 새로운 가치체계를 확립할 필요가 있다. 특히 자본주의의 급속한 발전을 가져온 우리나라의 경우에는 이와 관련하여 불교의 경제윤리를 확립하는 것은 시급하다. 사실 초기불교의 경제윤리는 본질적으로 자본주의의 발전에 상반되지 않는다. 이 점은 초기 인도불교나 중세 중국, 한국 및 일본의 불교에서 자본주의적 가치관을 지녔던 상인그룹이 불교발전에 중요한 역할을 했다는 역사적인 사실에서도 입증된다. 이런 점에서 불교의 경제윤리는 초기불교의 경우처럼 부의 사용에 대한 적절한 기준을 제시함으로써 부의 축적과 소비를 지나치게 고무하는 오늘날 자본주의 경제윤리에 대한 새로운 대안이 될 수도 있을 것이다. ❁

이거룡 (선문대)

사섭법

범 catvari-sam graha-vastu 장 bsdu-ba'i dngos-po bshi 한 四攝法

Ⅰ. 어원 및 개념

사섭법은 아래의 <표 1>에서 보는 바와 같이, 원어로는 ‘네 가지의 섭수하고 애호하는 일’을 의미한다. 영어로는 ‘the four all-embracing virtues’라고 번역할 수 있다. 보살이 고통 받는 중생을 섭수하여 중생에게 친애의 마음을 불러일으키고 보살을 신뢰하게 하여 나아가 부처님의 가르침을 따르게 하는 네 가지 기본적인 실천방법을 말한다.

<표 1> 사섭법의 외국어 표기 및 어원[1]

한자	외국어(범어 빠알리어 서장어)	어원
四攝法	범 catvari-sam graha-vastu	✓catur 네 가지 ✓grah 섭수 애호
	빠 cattāri-san gaha -vatthu ni	✓catu 네 가지 ✓vas 일·사물
	장 bsdu-ba'i dngos-po bshi	bsdu-ba 섭수 dngos po 사물 bshi 넷
布施攝	범 dāna-sam graha	✓dā 주다 sam = san
	빠 dāna-san gaha	graha = gaha
	장 sbyin bsdu-ba	sbyin 보시 bsdu-ba 섭수
愛語攝	범 priya-vādita(=vākya)-sam graha	✓pri 사랑스러운 ✓vad 말하다
	빠 peyya-vācā(=vajja)-san gaha	peyya=piya 사랑스런 ✓vac 말하다
	장 snyan-par-smra bsdu-ba	snyan pa 사랑스러운 smra 말
利行攝	범 artha-caryā-sam graha	artha 이익 목적 ✓car 행하다
	빠 attha-cariyā-san gaha	attha 이익 의의 cariyā 유익한 행위
	장 don-spyod bsdu-ba	don 목적 spyod pa 행위 bsdu-ba 섭수
同事攝	범 samānārthatā-sam graha	✓sama 평등 samānārtha 동일목적의 일
	빠 samānattatā-san gaha	samānattatā 평등한 목적을 가진 일
	장 don-mthun bsdu-ba	don 목적 mthun pa 상응하는 동일한

일반 불자의 경우에도 사람을 보살피고 지켜주면서 불교에로 이끄는 방법 혹은 사회생활 상에 없어서는 안 될 네 가지 미덕으로 응용하는 해석도 있다. 출전에 따라서는 사섭사(四攝事), 사섭행(四攝行), 사집물(四集物), 사사섭법(四事攝法)이라 하거나 약칭 사섭(四攝)이라고도 한다.[2] 네 가지의 실천행위란 보시(布施)와 애어(愛語), 이행(利行), 동사(同事)를 뜻하며, 그것을 통해서 보살은 중생을 교화하고자 한다.

밀교(密敎)의 경우에는 사섭보살(四攝菩薩)[3] 혹은 사섭중(四攝衆)이라 하여 중생을 교화하는 모습으로서 금강구(金剛鉤) 금강색(金剛索) 금강쇄(金剛鎖) 금강령(金剛鈴)의 네 가지를 보살로 삼는다. 그것은 마치 고기를 잡을

1 『バーリ語 佛敎辭典』(東京: 山喜房佛書林, 1997); 『梵和大辭典』(東京: 講談社, 1978); 『(전자)불교용어사전』(서울: 고려대장경연구소, 2004); 『藏漢大辭典』(北京: 民族出版社, 1999) 등 참고.

2 이하 사섭법 각각의 한자 동의어나 그 설명은 『總合佛教大辭典』(京都: 法藏館, 2005), 544면 ; 『望月 佛教大辭典』 第二卷, 1856-1857면; 필자가 경전에서 직접 확인한 것 등을 종합한 것임.

3 『불교대사전』(서울: 홍법원), 1089면; 『불교용어사전』(서울: 경인문화사, 1998), 703면.

때 먼저 낚시를 물에 던져서[鉤] 고기가 물리면 줄을 끌어당기고[索] 고기를 잡아 놓은 다음에[鎖] 자타 모두가 기쁘게 하는 것[鈴]에 비유하여, 보살이 중생을 교화하기 위한 방편으로[鉤] 중생을 유인하여 대일여래(大日如來) 즉 비로자나 부처님의 궁전으로 끌어들여서(索) 이들이 달아나지 않도록 붙들어놓고[鎖] 모두가 기뻐하는 모양[鈴]을 상징한다.

1. 보시섭

사섭법 가운데 첫째로 보시섭은 보시섭사(布施攝事), 보시수섭방편(布施隨攝方便), 수섭방편(隨攝方便)[4] 혹은 혜시(惠施)라고도 표기한다. 원어의 뜻은 '주는 것으로 섭수하는 일'이며, 영어로는 'all- embracing the others by giving something in need'라고 번역될 수 있다. 보살이 욕심 없는 마음으로 중생에게 조건 없는 보시를 하여 중생을 교화하는 것이다. 중생에게 필요한 무엇인가를 먼저 제공하여 유익되게 함으로써 중생이 보살을 친근하게 느끼고 부처님의 가르침을 따르게 되는 까닭에, 보시섭이라 하며 수섭방편이라고도 한다. 보시섭은 중생교화의 방편으로서 보시를 핵심으로 하기 때문에 붙여지는 이름이므로 보시의 의미를 잘 이해할 필요가 있다.

보시란 불교경전의 전반에 걸쳐서 흔히 발견할 수 있는 교리이고, 일반인도 보통의 우리말 수준으로 쓸 수 있는 만큼 어떤 불교용어보다도 널리 알려져 있는 개념일 것이다. 보시는 범어 dana의 음역으로 단나(檀那) 타나(柁那) 단(檀)라 하며 '베푼다'는 뜻이 있다. 보시로 주어지는 내용에 따라서 나누어 본다면, 재물을 주는 경우[財施]·부처님의 가르침을 전해주는 경우[法施]·천재지변이나 병고와 같은 온갖 두려움을 없애주는 경우[無畏施] 등으로 분류한다.

또한 보시를 받는 대상자에 따라 나누어 본다면, 출가 수행자들에게 필요한 생활물자를 제공하는 것을 비롯해서 존경하는 스승이나 부모에게 보은과 공덕을 기리는 의미에서 공양하는 것과, 빈궁곤고(貧窮困苦)한 이웃들에게 자비심으로써 필요한 무언가를 기부하는 것으로 구별해볼 수 있다. 이밖에도 보시하는 사람의 수행 상 신분지위나 보시하는 태도와 목적 등에

4 수섭방편·능섭방편·영입방편·수전방편의 분류는 『瑜伽師地論』38(『高麗大藏經』15권, 794중하)

따라서 여러 가지로 분류하여 설명하기도 한다.

경전에는 보시의 결과로 시주자(施主者) 자신에게 돌아올 공덕이나, 예전에 보시한 공덕이 현재의 어떤 결과로 나타났는가를 설명하는 내용들이 많이 소개되고 있다. 석가모니 부처님도 전생에 보살로 수행을 하실 때 수많은 보시를 실천한 공덕으로 성불할 수 있게 되었다는 설명과 함께 여러 가지 사례를 보여준다. 이와 같은 보시행에서 무엇보다도 강조되는 것은 보시하는 마음가짐과 태도의 문제인데, 주는 자와 받는 자 그리고 주는 물건[내용]이 본질적으로 공한 것이어서 아무런 집착이 없어야 한다는 의미에서 소위 출세간보시의 삼륜청정(三輪淸淨)[5]이나 무주상(無住相)을 가르치기도 한다.

보시가 본래 그처럼 공덕은 있으나 공덕을 바라지 않고 아무런 조건 없이 주고받는 것이지만 사섭법 속에서의 보시는 약간 다른 의미가 더해진다고 생각할 수 있다. 보살이 보시행을 통해서 그 대상자인 중생을 불법(佛法)으로 교화시키려는 궁극적인 기대가 있다는 점이다. 일반적으로 보시는 시주자 자신의 수행을 위하여 하는 것이며 올바른 마음과 자세로 보시해야 한다는 점만 강조되고, 보시의 대상자를 위한 목적으로서 대상자를 불교적으로 섭수한다든가 교화한다는 의도가 분명하게 드러나지는 않는다. 그러나 보시섭은 철저하게 조건 없는 보시를 하면서도 중생을 부처님의 가르침에로 이끌어올 수 있어야 한다는 가르침이므로, 이 같은 실천방법이야말로 보살이 갖추어야 할 대단한 역량이라 할 것이다.

2. 애어섭

애어섭은 애어섭사(愛語攝事), 애어섭방편(愛語攝方便), 능섭방편(能攝方便) 혹은 애언(愛言)이라고도 한다. 원어의 뜻은 '사랑스런 말로 섭수하는 것'이며, 영어로는 'all-embracing the others by lovely, affectionate talk'라고 번역할 수 있다. 보살이 중생의 안부를 염려하며 평온한 시선으로 미소를 띠고 부드러운 말을 사용함으로써 중생을 교화하는 것이다. 이렇게 다정하고 사랑스런 말을 중생이 들으면 즐거운 바가 있기 때문에 친애의 마음이 생겨서 보살에 의지하고 보살이 전하는 불법[진리]에 머무르게 되는 것이며, 또한 말로써 직접 어리석음을 남김없이 깨칠 수 있게 알려주면서

5 『大般若波羅密多經』74, 初分無生品 제21의1(『高麗大藏經』1권, 652중)

중생을 교화하는 것이 애어섭이며 능섭방편이라고 한다. 여기서 교화방편의 핵심은 애어이다.

애어란 바람직하게 받아 마땅한 사랑이 담긴 말로서 갈애(渴愛)나 애욕과 같은 사랑이 아니라 자애(慈愛)와 자비로부터 우러나오는 말씀들이라 하겠다. 불교수행에서 언어의 중요성은 여러 가지로 가르치고 있다. 예컨대 근본불교에서부터 중요한 교리인 여덟 가지 바른 길[팔정도]에서도 올바른 언어생활이 수행조목의 독립된 하나가 되어 있는데, 거짓말, 거친 말, 이간질하는 말, 꾸며대는 말 등을 금하는 것이다.

팔정도의 정어(正語)와 같은 가르침이 불교 수행자 모두를 위한 행동지침이라고 한다면, 사섭법 속에서 애어는 누구보다도 중생을 배려하는, 중생을 섭수해서 제도하려는 사명을 가진 보살의 언어생활 지침이라고 할 것이다. 따라서 보살이 중생을 위해서 하는 '듣기에 즐거운 말'이라는 것은, 듣는 사람 앞에서만 잠깐씩 좋게 꾸미는 말[綺語]을 의미하는 것이 물론 아니다. 중생이 궁극적으로 최선의 길인 불도(佛道)에 섭수될 때까지 한결같은 마음으로 진실을 전하는 것이 애어섭이다. 그것은 보살이 항상 중생을 향해서 자애심을 가지기 때문에 가능하며, 그 자애심이 안팎으로 자연히 드러나게 표현되는 언어로서 '사랑스런 말'[애어]인 것이다.

자애는 마치 부모가 자신의 외아들을 사랑하고 그 안위를 염려하는 것과 같은 마음이며, 부모의 그 마음은 자식의 심금을 울리고 공감을 주므로 현재뿐만 아니라 세세생생 사라지지 않고 이어질 수 있는 것이다. 그렇게 보살이 자애의 마음으로부터 전하는 언어는 중생이 귀 기울여 듣고 싶도록 친근함과 신뢰를 불러일으키므로 그 때에 맞추어 부처님의 법을 설하고 가르치게 된다면, 이야말로 여러 가지 사랑스런 말 가운데서 가장 훌륭한 내용이 아닐 수가 없다. 보살에게 친근함을 느끼는 중생이 그로부터 부처님의 법을 들었을 때, 이해하기가 쉽고 받아들이기도 쉬울 것은 자명한 이치다. 앞서 보시섭의 경우와 마찬가지로 애어섭에 있어서도 보살이 중생에게 하는 사랑스런 말은 교화의 조건부로 하는 것이 아님은 물론이다.

3. 이행섭

이행섭은 이행섭사(利行攝事), 이익섭(利益攝), 영입방편(令入方便), 도방편(度方便), 이익(利益), 이인(利人), 동행(同行)이라고도 한다. 원어의 뜻은

'이익이 되는 행위로써 섭수하는 것'이라 하며, 영어로는 'all-embracing the others by making benefits to them'이라고 번역할 수 있다. 보살이 현실적으로 행하는 일들이 중생에게 실제로 이익이 되도록 함으로써 괴로움에 빠져 있는 중생을 교화하는 것이 이행섭이다. 중생의 속성은 항상 자신의 이익을 바라는 까닭에 보살이 중생을 이롭게 하면 친애의 마음이 생겨서 보살에게 의지하고 부처님의 법을 받아들여 진리에 머물게 하는 결과를 얻게 된다는 것이다.

이행섭의 핵심인 이행은 남을 구체적으로 이롭게 하는 행위다. 부처님 가르침의 출발이 중생의 괴로운 현실에 대해 도움을 주고자 하는 자비로운 마음이고, 불교수행자는 자신에게 이로운 것이 아울러 타인에게도 이로운 것이 되어야 한다는 자리이타(自利利他)의 가르침을 익힌다. 그러므로 보살은 중생과의 관계에서 가깝거나 멀거나를 가리지 않고, 중생을 이롭게 하는 것이 곧 자신을 이롭게 하는 것으로 알고 있다. 여기서 이행은 드러나지 않은 마음이나 듣기 좋은 말로써만이 아니라 좀더 현실적인 것이어야 한다.

사섭법에서 이행의 의미는 보살이 중생에게 줄 수 있는 이익이 얼마나 실제적인 것이며 그리고 그 결과 중생을 섭수 교화할 수 있는가 하는 것까지를 고려하게 된다. 예를 들면, 중생이 중병에 들거나 재난을 당해서 그 괴로움을 벗어날 길이 없는데 그때 보살이 몸과 말과 뜻으로써 방편을 갖추어 당면한 고난으로부터 중생을 구제하고, 그 결과 자연히 중생은 보살에게 친애하는 마음이 생겨서 의지하며 보살의 가르침을 받아들이게 된다는 것이다.

이렇게 중생에게 이로운 무언가를 해준다는 개념과 관련해서는 사섭법의 처음에 소개되는 보시행과 중복되는 감이 있다. 이행이든 보시이든 혹은 애어나 동사까지도, 중생의 여러 가지 현실적인 필요에 부응해서 보살이 베푸는 행위라는 점에서는 서로 포섭되고 연관이 있을 수밖에 없으며 다만, 그렇게 여러 가지 방식의 베푸는 행위 중에서도 '이로움'을 준다는 그 성격이 강조된 것을 이행이라고 이해한다.

사섭법의 본래목적을 생각하면, 이로운 행위 가운데서도 가장 수승한 것은 중생이 마침내 부처님의 가르침을 제대로 알고 믿고 행복해질 수 있게 도와주는 것이다. 즉 부처님 법을 믿지 않는 중생을 올바르게 권유하여 믿게 하고 믿음을 충만케 하는 것이며, 파계(破戒)하는 자를 권유하여 계를 충실히 지키게 하는 것이다. 또한 탐욕스러운 자를 유도하여 성실히 나누고 베풀게 하며, 지혜가 없는 자를 유도하여 지혜를 충만하게 하는 것 등[6]이다.

보살이 중생에게 현실적인 이익을 제공하는 것은 현실의 괴로움을 없애주고 나아가 불법의 깨달음을 향하게 하려는 거룩한 방편이지, 현실이익 그 자체가 목적은 아닌 것이다.

따라서 이행을 두 가지로 나누어볼 수가 있는데, 보살이 중생의 뜻에 따라서 중생에게 일차로 현실적인 이익을 가지고 구체적인 도움을 주면서 보호하는 것이다. 또 하나는 중생이 부처님의 가르침을 믿지 않았던 것을 가르쳐 믿게 하거나 파계하는 것의 그릇됨을 깨우쳐 지계(持戒)하도록 하는 것처럼, 보살이 부처님의 법에 따라서 중생을 교화함으로써 이롭게 하는 것이다. 비록 좋지 않은 곳[악처]에 있는 중생이라도 보살은 중생이 있는 곳에서 이로운 행동을 하여 중생에게 안락한 처소를 건립하므로 이것을 영입방편이라고도 말한다.

4. 동사섭

동사섭은 동사섭사(同事攝事), 동사수순방편(同事隨順方便), 수순방편(隨順方便), 수전방편(隨轉方便), 등리(等利), 동리(同利)라고 한다. 원어의 뜻은 '평등하고 동일한 목적으로 하는 일로써 섭수하는 것'이라 하며, 영어로는 'all-embracing the others by sharing in their living affairs'라고 번역한다. 보살이 법안(法眼)으로써 밝게 중생의 근기를 비추어보고 중생의 하는 일에 똑같이 참여하여 함께 도움을 주면서 부처님의 가르침으로 교화하는 것이다. 중생이 자신의 현실에 동참하는 보살의 도움을 받으면 친애의 마음을 일으켜 보살에게 의지하게 되어 보살이 전하는 법을 믿고 받아들이게 된다는 것이 동사섭의 원리이다. 여기서 핵심적인 방편은 동사에 있다.

동사는 평등하게 같은 목적으로 함께 일을 한다는 뜻이다. 불교에서 흔히 보살이 중생을 위하는 마음작용의 특징을 동체대비(同體大悲)라 하는데, 그것은 보살이 중생을 내 몸과 같이 여기고 중생의 현실을 평등하게 나의 현실로 여기는 가운데서 중생의 현실적인 괴로움을 구제하는 자비심이 우러나기 때문이다. 마찬가지로 동사섭을 실천하는 보살은 내면적으로는 수행 상의 지위와 품격(品格)이 다를 것임에도 불구하고 스스로 중생과 다르지 않다고 생각하며 자타(自他)의 구분을 넘어서 중생이 지향하는 상황에

---

6 『集異門足論』제9, 四法品 중 제5(『高麗大藏經』24권, 1239상)

자처하여 도움을 주면서 중생을 교화하게 되는 것이다.

동사는 보살이 중생에게 일방적으로 베푸는 방식의 도움이 아니다. 중생이 하지 말아야 할 일에 동참하는 것이 아니라, 중생이 바람직한 일에 스스로 노력을 하고 있을 때 보살이 거기서 중생과 함께 협력하여 옳은 일에 도움이 되게 한다는 개념이다. 예를 들자면, 살생을 싫어하는 중생이 있을 때 그가 살생하지 않도록 도와주고, 도둑질을 싫어하는 중생이 도둑질하지 않도록 보살이 동참하며, 삿된 음행을 싫어하는 중생이 사음을 범하지 않도록 보살이 돕는 것이다. 이와 같이 보살은 방편을 사용하여 중생의 마음으로 나아가 함께 현실적인 역할을 수행하고 그런 가운데서 중생이 모든 부처님의 가르침에 대한 믿음과 계행과 지혜 등을 얻어 지니게 되므로, 보살이 행하는 동사섭은 수전방편이라고도 말한다.

이상과 같은 사섭법은 본질적으로 보살이 중생을 돌보고 구제하려는 한량없는 자비의 원리와 그 실천을 밝히는 것으로서, 보시를 근본주제로 하여 애어는 보시의 언어적 표현이며 이행은 보시를 실천하는 방법이고 동사는 보시를 실천하는 입장이라고 해석[7]하기도 한다. 중생섭수의 네 가지 방법은 각기 별도의 것이 아니라 서로 통하는 하나의 길이라고도 볼 수 있다. 보살이 중생을 한결같이 위하는 마음의 바탕이 있어서 중생의 어려운 현실을 보기 때문에, 조건 없는 보시를 하게 되고 부드러운 말도 나오는 것이며 몸으로 함께 하는 이로운 행위들도 그 마음에 부응한 결과인 것이다. 보살과 중생이 서로 가깝게 사랑하는 관계를 토대로 하면서 중생에게 부처님의 가르침을 알리고 따르게 하여, 궁극적으로는 중생이 현실의 괴로움을 벗어나게 하려는 보살의 조건 없는 자비심이 사섭법의 뿌리라 하겠다.

Ⅱ. 출전 및 용례

사섭법의 전적(典籍)은 보살의 이타행을 강조하면서 경율론 삼장에 널리 설해지고 있으나 시기적으로는 대승불교의 성립 이전 대사(大事)에서 처음으로 소개된 것으로 말하기도 한다.[8] 불교교리 발달이나 경전 성립의 역사

7 吉田久一, 『日本社會福祉思想史』(東京: 川島書店, 1989), 제2장 제4절, 140면.
8 森永松信 著, 이혜숙 譯, 『불교사회복지학』(서울: 불교시대사, 1992), 241면.

를 감안하여 율부·아함부(혹은 빠알리어 니까야)·반야부·법화부·화엄부·보적부·열반부·밀교부 등으로 나누어 살펴볼 수 있다. 본래 불교경전에는 보시나 '부드럽게 말하기'[애어] 혹은 '타인에게 이로움을 주기'[이행]와 같은 내용들이 반복해서 강조되고 헤아릴 수 없게 많이 흩어져 있는데, 그 각각의 것들이 사섭법의 내용과 관련이 있다고 해서 여기에 모두 포함시킬 수는 없다고 본다. 분명하게 사섭법의 범주로서 설명되는 부분만 소개되어야 할 것이다.

1. 용례 1

경전의 전편에 걸쳐서 가장 흔한 사섭법의 용례는 그 이름만 명시되어 있는 경우가 아닌가 생각된다. 예를 들면, 보살이 닦아야 할 여러 가지 실천행법들을 가르치는 가운데서의 사섭법[十五心爲首四攝法四無量心四弘願][9]이나 보살로서 이미 닦은 수행법들을 열거하는 중에 포함되어 있는 사섭법[十力四無所畏四攝法十八不共神通道力][10]의 경우들이다.

사섭법이라는 단어에 약간의 수사(修辭)가 덧붙여진 경우로는 예컨대, 유마경에서 보살의 법보시가 무엇을 의미하는지 설명하는 가운데서 '중생을 제도함에서 생기는 사섭법'[以度衆生 起四攝法],[11] 『대집대허공장보살소문경』에서 각각의 수행법에 따라서 얻는 지혜를 설명하는 가운데 '사섭법에서 분별지를 얻고'[得分別智於四攝法],[12] 『승만경』에서 승만부인의 서원 중에 '나 자신만을 위해서 사섭법을 닦지는 않겠다'[13] 등을 들 수 있다. 해당경전들이 그렇게 법수로만 설명을 해도 되는 이유는 이미 사섭법을 충분히 이해하고 있는 것으로 보기 때문일 것이다.

2. 용례 2

표기의 두 번째 종류는, 사섭법의 이름과 함께 그에 소속된 네 가지 가르

9 『佛說仁王般若波羅密經』菩薩敎化品 제3(『高麗大藏經』5권, 1023하)
10 『妙法蓮華經 』提坡達多品 제12(『高麗大藏經』9권, 765중)
11 『維摩詰所說經』上, 菩薩品 제4(『高麗大藏經』9권, 986하)
12 『大集大虛空藏菩薩所問經』3(『高麗大藏經』37권, 18하)
13 『勝鬘經』 제2 十受章(『高麗大藏經』6권, 1361하)

침의 이름들이 밝혀져 있는 경우이다. 여기서도 각각의 법을 자세히 설명하는 경문이 이어지지는 않는다. 빠알리어 『장부(Digha Nikaya)』 제 33 「합송경(合誦經)」에서 부처님의 가르침을 법수(法數)에 따라 설명하는 가운데, '네 가지 섭수하는 토대[사섭법]로서 보시, 사랑스런 말, 이로운 행위, 함께 하는 것'[14]이라고 쓴 경우와, 이것의 한역경전인 『장아함』「중집경」에서 '사섭법, 혜시 애어 이인 등리'[惠施愛語利人等利],[15] 그리고 『인왕경』에 '사섭법, 보시 애어 이행 동사'[布施愛語利行同事],[16] 『보살지지경』에 '사섭법, 보시 애어 이익 동사'[布施愛語利益同事][17]라고 쓰여 있는 것 등이 여기에 속한다. 뜻이 비슷한 한자어가 달리 표현되어 쓰이고 있을 뿐, 의미의 차이는 없다.

3. 용례 3

용례의 세 번째는, 사섭법을 행하는 보살의 진지한 마음가짐이나 그 실천의 결과로 얻게 되는 공덕들이 자세하게 설명되고 있다. 『유마경』에서 보살의 수행을 설명하는 가운데 '중생을 교화하며 사섭법에 결코 싫증을 내지 않는다'[18]거나 '사섭법은 보살의 정토이며 보살이 성불할 때 섭수된 중생들이 해탈하여 그 국토에 태어난다'[19]고 되어 있다. 『보살선계경』에서는 사섭법으로 중생을 섭취하여 깨달음의 도를 행하고 지혜를 닦으며, 법계를 알고 몸이 안락하니 '자리'(自利)이며 중생에게 세간사와 출세간사를 가르치니 '이타'(利他)[20]라고 한다. 『우바새계경』에서는 '두 가지 보시를 행할 때 평등하게 헌신하며 몸의 무상함을 알고 아낌없이 목숨이라도 바쳐 중생을 섭취하는 사섭법'[21]이라고 되어 있다.

『화엄경』에서는 부처님께서 '사섭법으로 중생을 섭수하니 그 자리에 모인 모든 보살들도 즉시 함께 정각을 이루었다'[22]고 한다. 또한

---

14 각묵 역, 『디가니까야』3권(울산: 초기불전연구원), 404면.
15 『長阿含經』8, 衆集經 제5(『高麗大藏經』17권, 883상)
16 『仁王護國般若波羅密多經』菩薩行品 3(『高麗大藏經』37권, 56중)
17 『菩薩地持經』8, 次法方便處翼品 제2(『高麗大藏經』 14권, 139하)
18 『維摩詰所說經』下, 菩薩行品 제10(『高麗大藏經』9권, 1001중)
19 『維摩詰所說經』上, 佛國品 제1(『高麗大藏經』9권, 979상)
20 『菩薩善戒經』菩薩地不可思議品 제6(『高麗大藏經』14권, 181중)
21 『優婆塞戒經』名義菩薩品 제8(『高麗大藏經』14권, 261하)
22 『大方廣佛華嚴經』25, 入不思議解脫境界普賢行願品(『高麗大藏經』36권, 133하)

> 일체중생의 행동을 이해하면 모든 중생을 성취할 수 있고 중생을 성취하면 중생에 대한 지혜[智]를 얻을 수 있고, 중생에 대한 지혜를 얻으면 사섭법을 구족할 수 있고 사섭법을 구족하면 중생에게 무량한 이익을 줄 수 있다.[23]

여러 부처님과 보살들이 사섭법을 실천한 공덕과 공능을 소개하는 많은 경전들의 예[24]가 있다. 빠알리어 『장부』 제30 「삼십이상경(三十二相經)」을 보면, 부처님이 전생에 인간으로 태어나서 사섭법을 잘 실천하였기 때문에 그 결과로 손과 발이 부드럽고 섬세하며 손가락과 발가락 사이마다 얇은 막이 있는 대인상을 얻었다. 그런 상을 갖추고 후생에 태어나서 재가자가 되는 경우에는 주위의 사람들을 잘 다스리고 뛰어난 덕행을 할 능력이 있을 것이며, 출가자가 되는 경우에는 사람들에게 법문을 잘 하여 청정한 믿음을 불러일으킬 능력을 갖는다[25]고 되어 있다. 『십주비바사론』에도 비슷한 내용으로서 항상 사섭법을 잘 닦는 까닭에 부처님의 수족에 좋은 형상이 있으며 그래서 사람들을 속히 섭수할 수 있다[26]고 한다.

사섭법의 네 가지 중 각각의 법을 잘 실천한 공덕들이 개별적으로 설명되는 경우도 있는데 「삼십이상경」에서 예를 들면, '여러 가지를 구비한 보시'의 공덕으로 부처님은 '발바닥에 둥근 바퀴가 들어있는 상호'를 얻었다거나 '사랑스런 말'을 하신 공덕으로 '혀가 아주 길고 범천의 목소리를 가져 가릉빈가의 새소리와 같은 상호(相好)'를 얻었다고 되어 있다. 또한 전생에 인간으로 태어나서 '욕설을 하지 않고 유순하고 귀에 즐겁고 사랑스럽고 가슴에 와 닿고 예의바르고 대중이 좋아하고 대중의 마음에 드는 그런 말을 하는 자'이었기 때문에 후생에 부처님이 되어서 대인상을 얻었을 뿐만 아니라 그 과보로서 장래에도 '사람들이 그의 말을 경청하고 그의 좋은 말을 중히 여기게 된다'고 하며 사섭법의 공덕을 찬탄한다.

역시 세 번째 용례로 소개할 수 있는 것이 『십주경』의 예라 하겠는데, 그 경에서는 십지보살(十地菩薩) 각각의 계위에 따라서 사섭법 중에서도 강조

---

23 『大方廣佛華嚴經』 賢首菩薩品 8의1(『高麗大藏經』8권, 41하)

24 『大悲經』布施福德品 제10(『高麗大藏經』9권, 515상-중); 『大般涅槃經』제28, 獅子吼菩薩品 11의2(『高麗大藏經』9권, 254상); 『大方便佛報恩經』7, 親近品 제9(『高麗大藏經』13권, 226중) ; 『大方廣佛華嚴經』 1, 世間淨眼品(『高麗大藏經』8권, 3하)

25 각묵역, 위의 책, 275-276면.

26 『十住毘婆沙論』共行品 제18(『高麗大藏經』16권, 731하)

되는 실천 항목이 조금씩 다른 것을 볼 수 있다. 즉, 제1 환희지에서는 보시행을 강조하고 제2 이구지에서는 애어의 실천을 강조하고 제3 명지에서는 애어와 이익의 실천을 강조하며 제7 원행지에서는 사섭법을 구족한다[27]는 설명을 하고 있다. 보살의 각종 수행차제의 법들과 함께 사섭법의 실천이 필수로 구비되어 함은 물론, 각 법의 수행에 따라서 부처님이 받은 공덕상을 다르게 설명하는 것과도 상통하는 이유가 있을 것이다.

4. 용례 4

사섭법의 네 번째 용례는, 부처님께서 설하신 경전들의 사섭법에 대해서 후대 불교학자나 수행자들이 그 의미를 부연설명하고 재해석한 것으로서 여러 논서들의 경우다. 앞에서 말한 것처럼 간단하게 법수(法數)나 법명만 언급된 경전의 내용들도 후대 논사(論師)들의 자세한 설명에 의해서 그 뜻을 이해하는 데 도움을 주고 있다.

예컨대, 『집이문족론』에서는 보시부터 애어까지 개념정의와 사례로써 비유를 들어 설명을 하고 있으며, 마지막에는 보살의 네 가지 섭사(攝事)가 있기 때문에 이를테면 자식의 효양을 바랄 수 없는 부모의 경우라 하더라도 이 법이 있음으로써 도움을 받게 되는 것[28]이라고 찬탄한다. 또 『유가사지론』에서는, 보살이 여러 가지 수행과제를 행함에 있어서 인수(忍受)의 역량이 있음을 설명하는 가운데 사섭법을 행함에 있어서도 7종의 어려움이 있는데 잘 참고 이겨낸다고 찬탄한다. 즉 보살이 스스로 삼보를 공양하고 노인을 존중하며 정법을 수호하고 타인을 위한 설법과 독송, 유가행 실천 등에 있어서의 어려움을 잘 이겨내면서 중생을 위한 네 가지 섭수도 잘 하는 것이 보살의 도리[29]라는 설명이다.

경전 속에 쓰여 있는 사섭법이라는 용어와 그에 대한 설명의 방식을 위와 같이 크게 구분하고, 향후 독자들이 필요한 경우에 참조할 수 있도록 그 전거는 아래와 같이 경전의 이름만을 열거한다. 경전의 이름은 달라도 간혹 그 내용이 같은 경우가 있는 것은, 그 동안 대장경들이 번역되고 전승되어온 내력이 다양하기 때문이다.

---

27 『十住經』(『高麗大藏經』8권, 1141상; 1145중; 1156중)
28 『集異門足論』제9, 四法品 중 제5(『高麗大藏經』24권, 1239중)
29 『瑜伽師地論』43(『高麗大藏經』15권, 822하)

<표 2> 사섭법의 출전 목록[30]

소속	경전 이름
아함부	불설장아함경 불설아라한구덕경(증일아함 20 염품) 불설대집법문경
본연부	방광대장엄경 대승비분다리경 비화경 대방편불보은경 대승본생심지관경 불설복력태자인연경 불본행집경
반야부	대반야바라밀다경 마하반야바라밀다경 소품반야바라밀다경 불설인왕반야바라밀경 인왕호국반야바라밀경 대승이취육바라밀다경 불설불모출생삼법장반야바라밀경 승천왕반야바라밀다경
법화부	묘법연화경 첨품연화경 불설광박엄정불퇴전륜경 대법고경
화엄부	대방광불화엄경(3) 신력입인법문경 십주경 불설나마가경
보적부	대보적경 승만사자후일승대방편방광경 불설대가섭문대보적정법경 불설여래부사의비밀대승경 불설대승보살장정법경
열반부	대반열반경(2) 대비경 집일체복덕삼매경
대집부	대방등대집경 대승대집지장십륜경 대방광십륜경 보성다라니경 대집허공장보살소문경 불설해의보살소문정인법문경
경집부	유마힐소설경 대수긴나라왕소문경 보은경 대방광보협경 불설제법용왕경 불설일체법고왕경 요영락장엄방편품경 불설무상의경 부사의광보살소설경 문수사리문경 대승수행보살행문제경요집 불위사가라용왕소설대승경 대방광여래비밀장경 제법최상왕경 이구혜보살소문예불경 우바이정행법문경 불설법신경 불설불명경 불설발보리심파접마경 불설광명동자인연경 금색동자인연경 불설제개장보살소문경 불설법집명수경
밀교부	오불정삼매다라니경 일자불정륜왕경 대비로자나성불신변가지경 다라니잡경 칠불팔보살소설대다라니신주경 금강정유가수습비로자나삼마지법 일자기특불정경 대승유가금강성해만수실리천비천발대교왕경 약술금강정유가분별성위수증법문 일체비밀최상명의대교왕의궤
논집부 기타	입대승론 성실론 불길상덕찬 광석보리심론 대승보요의론 아비담비바사론 반야등론석 대장부론 보살지지경 보살선계경 유가사지론 대승장엄론 정법안장 섭대승론 삼무성론 우바새계경 청정비니방광경 대지도론 집이문족론

30 이 표는 필자가 『(전자)고려대장경 2004』의 경전검색 방법에 의하여 신수대장경 분류체계 속에서 추출하여 정리한 것이며 '사섭법'이라는 용어 이외에 '사섭사'와 같은 동의어로 표기된 전적들은 누락된 것임.

Ⅲ. 인접개념

1. 사섭과 교화

불교는 근본적으로 자기 스스로의 노력에 의해서 종교적 목적을 달성하는 것이 사상이자 특징이 되는 자력신앙(自力信仰)이라고 한다. 자기 노력을 강조함에도 불구하고 또 한편으로는 보살의 이타행과 그 공덕의 사례들이 흔하게 소개되고 일반 불교수행자에게도 그것을 모범으로 하여 이타적인 실천을 하도록 여러 가지 교설이 수립되어 있다. 특히 초기불교에서는 대개 자기 수행과 자기완성에 더 크게 주목을 했다고 해도 과언은 아닐 것이나, 대승불교에 이르러서는 '보살'의 역할이 전적으로 이웃중생을 구제하여 자리즉이타(自利卽利他)로서 자신의 완성은 중생의 완성과 함께 하는 것으로 아예 철저하게 요구되고 있다.

이처럼 중생의 괴로운 현실을 타개하여 즐거움을 얻게 하고자 하는 것이 보살의 사명[31]이고 불교신자들의 덕목이라면, 일시적으로 중생에게 유익한 도움을 주는 것에서 만족할 것이 아니라 궁극적이고 최상의 법인 불교를 중생에게도 알려주지 않으면 안 된다는 전도(傳導)의 책임이 더욱 커진다. 부처님이 정각을 이루고 나서 타인에게 그 법을 설해야겠다고 어려운 결심을 하게 된 초전법륜(初傳法輪)의 배경설명이나, 후기에 제자들에게 사방팔방으로 적극적인 전도의 길을 떠나도록 권하신 이유도 중생의 고통스런 삶을 구제하는 보살로서의 사명감에 귀결되는 것이다.

대승불교에 와서 보살이 보여주는 중생교화와 제도(濟度)를 위한 활약상은 무궁무진하다. 대승불교의 본질이 바로 모든 중생을 그의 괴로운 현실로부터 구제하여 다같이 성불하는 것이기 때문이다. 『범망경』의 계목(戒目) 가운데는 '보살이 되어서 만나는 중생들마다 불법을 교화하고 보리심[깨달음]을 얻게 할 마음을 내지 않는다면 계를 범하는 것'[32]이라고 되어 있다. 보살이나 불자가 되면 자신이 믿는 최상의 가르침을 혼자서만 닦고 누

---

31 『大方便佛報恩經』7, 친근품 제9(『高麗大藏經』13권, 225중)에서 보살은 知恩報恩하여 사섭법으로 중생을 섭수하고 깨달음과 지혜를 닦아 법계를 아는 까닭에 안락을 얻음이 보살의 自利이며, 중생으로 하여금 세간사를 벗어나 그렇게 하도록 돕는 것이 利他라고 가르침.

32 『梵網經盧舍那佛說菩薩心地戒品』下(『高麗大藏經』14권, 330중)

리는 것이 아니라 심지어 산천초목이나 동물들을 만나더라도 깨달음을 얻을 수 있도록 널리 법을 전하고 교화하라는 가르침이다.

그런데 유마경의 내용 중에는 '중생이 병이 들었으므로 나[보살]도 병이 들었고 중생이 치유되면 나도 치유될 것이다'[33]는 말씀으로써 보살은 중생과 완전히 하나가 되는 것임을 가르치고 있다. 이미 수행의 지위가 있는 보살이 번뇌로 미혹한 중생과 함께 병을 앓는다는 것은 사섭법 중에서도 '동사섭'의 정신을 극명하게 보여주는 내용이다. 보살과 중생의 차별을 넘어서서 오직 병[고통]을 치유하기 위해서 보살은 중생과 함께 중생을 돕지 않을 수 없게 된다.

더 나가서 『화엄경』에 이르면 여러 가지 차별상을 가진 중생임에도 불구하고 보살은 마치 여래에게 공양하듯이 중생을 보살피고 수순(隨順)하도록 가르쳐지고 있다. 마침내 중생을 그대로 부처님과 동일시하라는 대승불교의 핵심설법인 것이다.

> 시방세계 중생들이 … 여러 가지로 차별된 모습을 가지고 있으나 … 필경 부처님께 공양하듯이 받들고, 병든 이에게는 어진 의원이 되고 길 잃은 이에게는 바른 길을 가리키고 … 가난한 이에게는 보배를 얻게 하나니, 보살은 이와 같이 모든 중생을 평등하게 이익 되게 하는 것이다. 왜냐하면, 보살이 중생을 수순하면 부처님을 수순하며 공양하는 것과 같기 때문이다. …
>
> 만약 중생으로 하여금 환희심을 갖게 하면 모든 부처님을 환희하시게 함이니, … 모든 부처님은 대비심(大悲心)을 체(體)로 삼으시는 까닭에 중생으로 인하여 대비심을 일으키고 대비로 인하여 보리심(菩提心)을 발하고 보리심으로 인하여 등각을 이루신다. 그러므로 보리[깨달음]는 중생에 속하는 것이고 중생이 없으면 일체보살이 마침내 무상정각을 이룰 수가 없다.[34]

2. 사섭과 방편

이와 같은 불교교리의 흐름 가운데서 자신의 수행성취를 위한 것뿐만 아니라 중생을 섭수하고 제대로 교화할 수 있는 방법론이 더욱 중요한 의미

33 『維摩詰所說經』中(『高麗大藏經』9권, 987하)
34 『大方廣佛華嚴經』40, 入不思議解脫境界普賢行願品(『高麗大藏經』36권, 227중)

를 가지게 되고, 사섭법은 바로 그 대중교화의 실천적인 지침 중에 하나라고 하겠다. 포괄적으로 대중을 섭수하고 교화한다는 의미에서는 네 가지 섭법(攝法)과 방편(方便) 교설이 상호 관련된 개념이라 할 것이다. 앞서 본 유가사지론에서도 보시섭을 '수섭방편'이라 하고 애어섭을 '능섭방편'이라 하고 이행섭을 '영입방편'이라 하고 동사섭을 '수전방편'이라 하는 등 사섭법 역시 방편의 성격을 가지는 교설로 개념정의가 되고 있다.

불교에서 방편이란 범어로 'upaya' 이며 '가까이 접근한다'는 뜻으로 마땅한 방법을 써서 중생의 괴로운 현실을 구제하고 중생을 불교에로 인도하는 것을 말한다. 또는 궁극적인 최고의 가르침으로 인도하기 위해서 잠정적으로 마련된 교설을 뜻하며, 이는 부처님이 대상자의 수학능력[根機]에 따라서 차제(次第)를 가지고 설법을 하셨기 때문에 후대에 와서는 갖가지 교리와 경전들에 관한 위상을 분석하고 판단할 필요가 있기도 하였다. 성공적인 교화란 중생에게 가장 알맞은 방법을 택하여 실천해야 할 것이므로 소위 중생의 차별상[특성]과 근기[능력]를 제대로 아는 지혜와 적합한 수단들이 필요하다.

불교 경전과 논서마다 여러 가지의 방편설이 나와 있는데, 전하는 법의 차제와 내용에 따라서[自行方便 化他方便 自他方便: 『淨名經疏』 권3], 방편을 추진하는 단계에 따라서[進趣方便 權巧方便 施造方便 集成方便: 『法華玄贊』 권3], 대상자인 중생의 태도와 특성에 따라서[隨順巧方便 立要巧方便 異相巧方便 逼迫巧方便 報恩巧方便 淸淨巧方便], 방편자체에 집착이 있고 없고에 따라서[世間善巧方便 出世間善巧方便: 『地藏十輪經』 권10] 혹은 보현행법 중에 보살이 하는 행에 따라서[布施 持戒 忍辱 精進 禪定 智慧 大慈 大悲 覺悟 轉不退法輪: 『華嚴經』 권 40] 등[35]으로 구분되고 있다.

3. 보시섭과 보시바라밀

사섭법의 구성요소인 네 가지의 각 법과 인접한 교리들을 살펴보자면, 우선 보시섭과 밀접한 개념으로서 보살에게 아주 중요한 덕목인 육바라밀(혹은 십바라밀)에서의 보시바라밀이 있다. 여섯 가지 바라밀이란 보살이 성불하기 위해서 실천해야 할, 보시·지계·인욕·정진·선정·지혜이며, 지혜

35 전관응대종사 감수, 『佛教學大辭典』(서울: 홍법원, 1991), 475면 재인용.

바라밀을 다시 방편·원(願)·력(力)·지(智)로 더 나누어 열 가지 바라밀을 말하기도 한다. 보살의 수행덕목에서 모든 바라밀이 다 중요하지만 그 가운데 처음으로 시작되는 요청이 보시라는 점을 주의해 볼 필요가 있다.

보살이 실천하는 보시는 주는 내용에 따라서, 『증일아함경』은 재시와 법시 두 가지로 나누고, 『대지도론』에서는 재시·법시·무외시의 세 가지로 나누고 있으며, 『보살지지경』에서는 9가지, 『화엄경』에서는 10가지, 『보시경』에서는 37가지로 설명이 되고 있다.[36] 요약하면, 물질적인 나눔과 진리의 가르침과 심리적인 불안을 구제하는 것으로 크게 분류할 수 있다.

『우바새계경』에는 보시를 할 때의 주의사항이 나와 있는데 그 중에 '보시 받는 자의 잘잘못을 분별하지 말고, 인격을 가벼이 생각지 말고, 마지못해 보시하면서 악담을 해서는 안 되고, 주고 나서 후회하지 말며, 보시했다고 스스로 칭찬하지 말며, 어떤 댓가도 바라지 말며, 마음에 의심을 갖지 말고 평온한 마음으로 보시하라'[37]는 등이다.

이와 같이 보시를 할 때 그 내용이나 종류나 자세가 기본적으로는 보시섭의 경우와 다르지 않을 것이다. 그럼에도 불구하고 보살이 사섭법으로서 따를 때와 바라밀로서 따를 때가, 남에게 도움을 준다는 점에서는 차이가 없겠지만, 그 지향하는 바에 있어서는 차이점이 있지 않을까. 즉 보시바라밀은 '저 피안의 세계로 건너가려는' 보살 자신의 수행성취를 위한 자리행(自利行)으로 지향하는 것이며, 보시섭은 처음부처 보살이 중생을 성취시키려는 이타행으로 지향하는 점에서 어쩌면 차이가 있을 것 같다. 그러나 이 문제는 앞으로 좀더 깊은 고찰과 논의가 필요하다고 본다.

4. 보시와 공양

보시와 비슷한 개념어로 공양(供養)이 있다. 음식물이나 의복과 같은 물자를 불법승 삼보·부모·스승·망자 등에게 제공하는 일인데, 공양물의 종류나 방법 그리고 대상에 따라서 여러 가지가 있다. 보시와 마찬가지로, 물품으로써 공경의 마음을 표하는 것이 흔하게 보아온 공양의 방식이지만 원래 수행과 정신적인 것까지도 포함하게 되어 있다.

---

36 두 가지는 『大正藏』2권, 648상 ; 세 가지는 同 25권, 162중 ; 아홉 가지는 同 30권, 505중 ; 열 가지는 同 10권, 112하 ; 37가지는 同 16권, 812하.

37 『優婆塞戒經』5(『大正藏』24권, 1058중)

흔히 재시와 법시로 나누듯이 재공양과 법공양이 있고, 이공양[깨달음에 들어가는 理供養]과 사공양[향촉과 같은 事供養]의 또 다른 두 가지 분류가 있고, 재공양·법공양·관행[觀行: 현실을 법대로 관찰수행하는 것]의 세 가지 분류도 있다. 또는 이양[利養: 의복 등 생활물품 공양]·공경[恭敬: 향화 등 의례물품 공양]·행[行: 믿음과 수행 계행 등]의 세 가지 공양이 있으며, '삼업공양'이라 하여 부처님을 공경예배하는 신업(身業)과 찬탄하는 구업(口業)과 부처님의 좋은 상호를 생각하는 의업(意業)의 세 가지가 있다.[38]

그밖에도 여러 가지 기본생활품·의약품·거처·신행의례품 그리고 경전간행보급과 불탑 조성까지 다양하게 공양의 종류로 나누어지고 있는데, 무소유가 원칙인 불교수행전문의 승가대중은 항상 누군가 공양주의 공양물에 의존하는 현실생활을 할 수밖에 없다.

그런데 가지가지 공양의 종류에서 반드시 빠지지 않는 것이 부처님의 가르침과 실천수행의 내용임을 알 수 있다. 앞서 본 '법공양'은 물론이고 '관행'이니 '행' '삼업' 등이 그것이다. 경전에서도 말하기를 가장 훌륭한 것은 법공양이며, 재물공양을 아무리 해도 그 공덕은 한 생각에 닦은 법공양에 훨씬 미치지 못하는 것이라고 한다. 깨달음과 실천을 중요하게 생각하는 불교로서는 각종 물질적인 공양구에 더 큰 공덕과 의미를 부여하지 않는 것이 오히려 당연스럽게 예상된다. 『화엄경』「보현행원품」에 의하면 법공양을 다음과 같이 설명하고 있다.

> 법공양이란, 부처님 말씀대로 수행하는 것이며 중생을 이익 되게 하는 것이며 중생을 섭수하것이며 중생의 고통을 대신 받는 것이며 선근을 부지런히 닦는 것이며 보살업을 버리지 않는 것이며 보리심을 여의지 않는 것이다.[39]

가끔 우리 주위에서 보면, 법공양을 한다면서 누군가 경전을 많이 구입해서 남들에게 나누어주는 일이나 말로써 법문을 들려주는 것을 의미하는 경우가 있다. 그런데 위의 경문에 의하면 법공양은 실제로 자기 자신이 부처님의 가르침대로 수행하고 실천하며 불자답게 사는 것을 의미하고 있다.

38 위의 책, 『불교학대사전』 92면 재인용.
39 『大方廣佛華嚴經』「入不思議解脫境界普賢行願品」(『高麗大藏經』36권, 226상-중)

사섭법에서 보시섭의 뜻도 필경은 시주자 자신이 부처님의 말씀대로 살면서 대상자 중생을 그 방향으로 함께 이끌어 가는 것이라고 이해해야 할 것이다.

5. 애어와 변재

애어섭과 비교해볼 수 있는 교설은 변재(辯才)다. 『구사론』에서는 법무애해(法無碍解)·의무애해(義無碍解)·사무애해(詞無碍解)·변무애해(辯無碍解)[40]의 네 가지 걸림 없는 변재를 설명하는데, 법무애해는 뜻을 이치에 맞게 문자 등으로 표현할 수 있는 능력이고, 의무애해는 문장과 음송 등의 의미와 내용을 정통하게 아는 능력이며, 사무애해는 방언과 같이 특별한 언어들에 정통한 능력이며, 변무애해는 이치에 맞게 직접 말을 잘 할 수 있는 능력이다.

『대품반야경』에 말하기를 여러 부처님과 보살에게는 일곱 가지의 훌륭한 설법의 재주[41]가 있으니, 첫째, 첩질변(捷疾辯) 으로서 말을 더듬지 않고 모든 가르침에 걸림 없이 신속하게 설명하는 것, 둘째, 이변(利辯)으로서 이치를 깊이 예리하게 통달하여 설명해주는 것, 셋째, 부진변(不盡辯)으로서 모든 법의 이치를 무궁무진하게 설명할 수 있는 것, 넷째, 불가단변(不可斷辯)으로서 지혜에는 헛된 말의 장난이 없으므로 어떤 질문에도 답변이 끊이지 않는 것, 다섯째, 수응변(隨應辯)으로서 법의 집착을 끊었으므로 중생의 능력에 따라서 자유자재한 방편으로 설명하는 것, 여섯째, 의변(義辯)으로서 열반의 깨달음에 이르는 이익을 설명해주는 것, 일곱째, 일체세간최상변(一切世間最上辯)으로서 세간에서 제일인 대승을 설하는 것이다.

이상과 같은 변재설은 얼핏 사섭법의 애어와 비교할 때 훨씬 깊고 숙련된 재주를 갖추는 것으로 생각된다. 하지만 어느 것이 실제로 중생을 더 효과적으로 섭수 교화할 수 있는 언어적 방편인가는 섣불리 평가할 수 없을 것이다. 근본불교의 팔정도설(八正道說) 중에서 정어[바르게 말하기]를 언급한 바 있는데, 그것은 열 가지 착한 업[十善業]에 속하는 덕목으로서 거짓말[妄語]·거친 말[惡口]·이간질하는 말[兩舌]·자신의 이익을 위해서 꾸며대

40 『阿毘達磨俱舍論』27, 「分別智品」 7의2(『高麗大藏經』27권, 654중-하)
41 『摩訶般若波羅密經』8, 「幻聽品」 제28(『高麗大藏經』 5권, 311상)

는 말[綺語] 등을 하지 않는 것이며, 얼핏 보면 애어와 마찬가지로 간단 평이한 조목이다. 그럼에도 불구하고 근본불교의 네 가지 성스런 진리[四聖諦] 가운데 도성제(道聖諦)로서 변함없이 진리에 속하고 있다.

6. 사섭과 사무량심

사섭법의 실천과 관련해서 사무량심(四無量心)의 교설을 비교해본다. 같은 법수의 사(四)에 속하기 때문에 종종 경전에서 보살의 실천행법들을 열거할 때 사섭법과 사무량심이 연이어 소개되는 것을 볼 수가 있다. 두 가지 교설이 더욱 밀접한 관계에 있다고 생각하는 근거로서는, 보살이 중생을 위해 이로운 행위를 하는 그 본바탕의 마음이 한량없는 자비심이기 때문이다. 『청정도론』에서는 네 가지 한량없는 마음[四無量心: 慈悲喜捨] 혹은 거룩한 마음가짐[四梵住]을 아래와 같이 설명한다.

> 호의를 가지기 때문에 자애[慈]이다. 애정을 가진다는 뜻이다. 중생에 대한 사랑스러움을 보는 것이 가까운 원인이다. 다른 사람이 고통스러워할 때 선한 사람의 가슴은 요동치기 때문에 연민[悲]이라고 한다. 다른 사람의 고통을 제거하고 분쇄하기 때문에 연민이다. 더불어 기뻐함[喜]의 특징은 다른 사람의 성공을 기뻐함이다. 질투하지 않는다. 평온[捨]은 중생들 에 대해서 중립적인 상태로 일어난다. 중생들에 대해 평정함을 보는 역할을 한다. 이것들을 왜 무량이라 부르는가? 이것은 중생들에 대한 바른 마음가짐으로 가장 수승하기 때문이다.
>
> 이 네 가지를 닦고자 하면 제일 먼저 중생들의 복리를 증진하려는 바람으로 닦아야 한다. 다음으로는 중생들의 고통을 완화시키려는 바람으로 닦아야 한다. 그 다음에는 이와 같이 복리를 바랐고 고통이 완화되기를 바랐던 그들의 성공을 보면서 더불어 기뻐함을 닦아야 한다. 마지막에는 해야 할 일을 다 했기 때문에 중립적이고 무심한 상태를 닦아야 한다.[42]

위에서 보듯이 '네 가지 무량심을 닦고자 하면 제일 먼저 중생들의 복리를 증진'하는 노력으로부터 시작하라고 가르친다. 복리를 증진한다 함은

42 붓다고사 著, 대림스님 譯, 『청정도론』 권2(울산: 초기불전연구원, 2005), 177-184면.

곧 중생에게 여러 가지의 이로운 행위를 하는 것이다. 그 이로운 행위의 성격이 때로는 즐거움을 주는 것[자애]이고 때로는 괴로움을 없애주는 것[연민]이며 때로는 그렇게 해서 나아진 중생의 생활을 보고 기꺼운 마음으로 더불어 기뻐해주는 것이다. 여기서 수희[더불어 기뻐함]의 무량한 마음은 사섭법의 동사섭에도 통한다고 본다. 어려운 일에 동참하는 것만이 아니라 모든 일에서 중생과 보살의 구별을 넘어서 자타의 차별을 넘어서 하나가 되는 것이 동사섭의 바탕이다. 이렇기 때문에 네 가지 무량심은 자비무량의 보시섭을 위시해서 이행섭·동사섭까지 사섭법과 긴밀한 관계를 가지는 것으로 생각된다.

7. 동사와 육화경

동사섭에 대비할 또 하나의 가르침으로서 육화경(六和敬)[43]을 들 수 있다. 승가집단에서 수행자가 서로 사이좋게 공경하며 지내는 것을 말하는데, 특히 대승불교에서는 보살이 중생과 서로 동화하고 공경하는데 있어서의 여섯 가지로 해석한다. 몸과 마음과 말로써 하는 모든 행위에서 보살과 중생이 서로 사랑하고 연민하며 법을 공경하고 법을 실천하게 하는 것이며[身業同, 意業同, 口業同], 서로가 얻은 청정한 계와 법에 대한 견해와 얻은 공덕을 함께 나누는 것이다[同戒, 同見, 同施].

육화경의 실천이 작게는 수행공동체인 불교승가의 생활지침이 되겠지만 시야를 넓혀서 보게 되면 모든 세간·출세간의 생활이 그처럼 서로 동화되고 나누고 공경하는 도리 속에 있다는 것이다. 여섯 가지로 구성되는 행위들 즉 신·구·의·계·견·시에 오직 동등하게 함께한다는 '동(同)'이 공통된 속성으로 붙어있는데 그러므로 여섯 가지 일을 한 마디로 동사(同事)라 총칭하더라도 무리는 없지 않을까 한다. 보살과 중생이 다 같은 신구의 삼업[身口意三業]으로 동화하고 계행과 지견과 생활에서 함께 나누면서, 한결같은 맛으로 화합[一味和合]하는 육화경이야말로 현실적인 승가정신의 기초이면서 보살과 중생이 하나 되는 동사섭의 또 다른 이름이 아닌가 생각된다.

43 『大方廣佛華嚴經』18, 「明法品」 18(『高麗大藏經』8권, 536하)

Ⅳ. 현대적 의미

1. 사섭법은 사회복지의 총화

네 가지 섭법(攝法)은 보살이 중생을 위하는 자비의 마음에서 보시와 애어 등 구체적인 행동들을 실천하여, 궁극적으로 그 중생과 더불어 행복한 길에로 이끌어가는 과정을 설명한다. 현실세간의 용어로 말하면 사회복지 활동이다. 거기서 대상자가 되는 사람은 일견 무언가 도움이 필요한, 도움을 받으면 삶이 더 좋아질 사람이라고 볼 수 있다. 사람에 따라서는 돈과 역할[일]이 필요하고, 혹은 편안한 심리상태나 올바른 견해가 필요하고, 혹은 궁극적인 믿음이나 종교와 같은 문제를 가진 사람들이 있다.

그런데 사섭사(四攝事)의 본질을 돌아보면, 소위 도움을 주고받는다는 관계에서 도움을 받는 중생의 일방에게만 유익한 그런 성격의 일이 아니다. 보살이 보살로서 성립하고 장차는 부처가 될 수 있는 근거도 바로 중생을 이익 되게 하고 섭수하는 그 과정이 있기 때문이다. 사섭법의 실천이 없으면 보살이라 할 수가 없고 부처도 될 수가 없다. 그런 의미에서 사섭법의 실천과정에서는 주는 자와 받는 자 쌍방에서 변화가 일어난다고 하겠다. 보시(布施)를 매개로 하면서 주는 자와 받는 자가 '서로 관계가 있음'을 느끼기 시작하고, 애어(愛語)와 이행(利行)을 통해서 쌍방의 관계는 더욱 깊이 신뢰하고 친애하는 단계에 이르고, 마침내 주는 자와 받는 자라는 구별도 사라져버린, 오직 한 마음으로 함께 하는 동사(同事)를 달성하고 그리하여 삶이 완성되는 지혜를 깨닫는 경지에 이른다. 그것이 우리가 본래부터 추구해야 하는 인생의 목적임을 알게 된다.

서구사회에서는 한동안 사회사업가가 전문적으로 주도(主導)하는 서비스에 의해서 보호대상자인 클라이언트(client)가 도움을 받고 자신의 삶을 변화시키는 것이 사회복지라고 생각했다. 하지만 70년대를 전후로 사회복지서비스의 대상자들로부터 효과성에 대한 의견들을 구하고 그에 대한 연구와 반성을 하기 시작하였다.[44] 효과적인 원조는 무엇인가, 서비스의 전문성이란 무엇인가?

그동안의 사회복지 실천경험과 반성을 통해서 얻은 결론들 가운데 특히

---

44 David Howe, 장인협 감역, 『사회사업이론입문』 (서울: 집문당, 1992), 11-15면.

불교적으로 중요한 관점은 체계이론이다. 세간사회가 하나의 유기적 조직체이고 인간행동은 복잡한 관계망 속에서 상호작용하는 요소들의 산물[45]이라고 본다. 이는 인간행동과 사회현상이 단선적(單線的) 인과원리에 의한 것이라고 보았던 종래의 관점과 달리, 불교의 연기법적 상호인과율[46]처럼 만사가 서로 의존하며 작용하는 관계라고 보게 된 것이다. 그러므로 사회복지에서도 주는 자와 받는 자의 역할이나 개념이 일방적이지 않고 끊임없이 상호 작용하는 관계 속에 놓여 있는 것으로 이해한다. 사섭법에서 도움을 주고받는 보살과 중생의 상호관계가 사회복지사상으로 말하자면 매우 앞서간 관점이라는 것을 재확인하게 된다.

오래전에 부처님과 불교 수행자들이 그리하였듯이, 사람들의 삶에서 일어나는 여러 가지 문제들에 대해서 일찍부터 불교는 깊은 통찰력을 가지고 여러 가지 대안들을 가르치고 있다. 오늘에 이르기까지 수천 년 동안 그런 가르침[불교]에 대한 사람들의 이해와 수용은 천차만별이다. 그래서 더더욱 가르침의 방법론이 중요한 것이다. 사섭법은 그 많은 불교의 수행방법들 가운데서 우연히 혹은 단순하게 선택된 네 가지 방법들의 조합일 리가 없다. 현대 사회복지의 관점으로 볼 때 더더욱 사섭법은, 각각의 의미 있는 개별적인 수행들을 통합하여 완성시키는 거룩하고 선구적인 지침이라고 생각한다.

사실 그동안 불교사회복지학의 분야에서 비교적 자주 인용되어 온 불교 교리가 사섭법이며, 그 중에서도 사회사업적인 서비스나 후원이 특히 보시 정신에 초점이 맞추어져 설명되기도 하였다. 게다가 보시를 하면 그 공이 복전이 되어서 좋은 과보(果報)를 가져다 줄 것이라는 종교적 신념도 작용을 하는 것으로 보인다. 그러한 종교적 가르침과 신념이 근대 사회복지사업의 바탕이 되어온 것은 동, 서양의 종교들마다 공통된 현상이라고 알려져 있다.

그런데 불교문화권의 사회에서 각종 나눔이나 상호부조, 나아가 사회복지사업적인 행위가 한 마디로 보시행이나 이타행이라는 말로 대표되어 온 것은 진정한 의미를 전달함에 있어서는 미진하다. 보시가 주로 물질적인 나눔이라고 생각하며 그렇게 말한다면 더욱 미흡한 개념이 되는 것이다.

---

45 이인정·최해정 공저, 『인간행동과 사회환경』(서울: 나남출판, 1998), 331면.

46 Joanna Macy, 이중표 譯, 『불교와 일반시스템이론』(서울: 불교시대사, 2004): 전편에 걸쳐서 연기법과 체계론적 인과론을 비교 설명하는 것 참조 바람.

사섭법의 하나로서 보시섭이 있을 뿐만 아니라, 그 외에도 각기 제몫을 하는 애어섭·이행섭·동사섭 등은 사회복지사상사에서 선구적인 개념을 갖고 있기 때문이다. 본래 사섭법은 사회복지의 총화(總華)라고 생각한다. 그렇게 말할 수 있는 근거들을 현대 사회복지사업의 구성요소들 -자원·기술·가치·목표- 에 맞추어서 다음과 같이 정리해본다.

2. 보시– 자원의 창출

어느 시대 어느 장소나 사회복지 활동에는 그만한 자원이 필요하다. 오래전에는 당연히 마을과 문중, 가족 단위로 사람들이 서로서로 생활지원을 하거나 공동생활을 하면서, 가능한 범위에서 그렇게 서로 도우며 살았지만, 산업화와 아울러 도시화된 생활환경에서 이미 가족형태와 가족문화도 달라졌다. 자본주의시대로서 지금의 복지수요를 원시적인 그런 방식으로 감당할 수가 없게 되었다. 서구의 선진 사회복지국가들은 모두 다 필요한 만큼의 복지 재정과 여타의 자원을 조달하는 방식이 갖추어져 있고, 오랫동안 그렇게 해온 나라들이다.

복지자원은 사람이 필요로 하는 그 무엇인가를 의미하므로, 때로는 돈이고 일이고 인간관계이고 또 때로는 정신적 종교적 믿음의 문제일 수도 있다. 여기서는 쉬운 예로 재정적인 자원에 대해서 생각해보자. 부처님 당시의 사람이나 지금 우리들이나 생명을 유지하기 위해서 기본적인 생계대책이 필요하다. 오늘날에는 그것이 헌법에 보장되어 있는 생존권적 기본권[47]의 개념인데, 실제 생활에 필요한 자원은 언제나 충분하지 못하며 어느 쪽인가로 기울어져 있다. 따라서 현실사회에서는 국민이 내는 세금이나 기부금 등을 통해서 먼저 필요한 자원을 모으고 나서 재분배하는 방식을 쓰지 않을 수 없다.

불교의 보시는 평생 동안 누구나 자기가 가진 자원을 희사해서 그 자원을 부족한 곳으로 재분배, 유통시킬 수 있게 하는 가장 전통적인 가르침이다. 세속법이나 국가정책이 국민들에게 요구하는 복지비용의 부담은 순순히 지켜지지 않을 수가 있고 소위, 조세 저항이나 기부책임을 회피하는 것

---

47 제2장 제10조 모든 국민은 인간으로서의 존엄과 가치를 가지며, 행복을 추구할 권리를 가진다. 국가는 개인이 가지는 불가침의 기본적 인권을 확인하고 이를 보장할 의무를 진다.

과 같은 일이 생긴다. 그에 비하면 신앙행위로서 가르치고 요청되는 보시나 희사의 경우, 개종을 하기 전에는 저항이란 있을 수 없는 일이다. 다만 신자의 여건이 좋지 못해서 보시에 동참할 수 없는 것이지, 보시해야 한다는 것 자체를 모르거나 무시하는 게 아니라는 뜻이다.

그렇다고 보면 언제라도 설득력이 있는 불교신자나 스님들에 의해서 보다 많은 사람들이 사회적인 구제행위로서 보시나 사회봉사에 동참할 가능성이 있다. 종교적 동기에 의한 참여를 단순한 자선(慈善)의 수준으로 보고 근대적인 사회사업과 동일하지 않다고 보는 견해[48]도 있다. 그렇지만 무엇보다도 자원을 창출하는 면에 있어서, 가장 지속적이고 가장 광범위하고 가장 능동적인 참여를 이끌 수 있는 힘이 아직까지는 종교에 있다고 생각한다. 불교의 보시라는 교설이 그런 점에서 전형적인 명제라고 보며, 특히 불교계의 경우 사회복지사업을 위해서 어떻게 활용할 것인지 다양한 궁리가 필요하다.

3. 애어 – 복지의 기술

여러 가지 자원을 조성하여 그것을 필요로 하는 수요자에게 전달하는 것이 사회복지인데 그 서비스의 전달과정에서는 반드시 적절한 기술과 방법이 필요하다. 사회복지사업의 발달사를 돌아보면 그 시작이 대체로 종교인들이나 지역유지들의 선량한 자선심과 연민이었다. 타인을 돕는 그 마음의 바탕은 자연스럽게 타고난 자애심과 인간가족 공동체의 연대감과 같은 것[49]에 있지만, 점점 시대가 변하고 인간과 사회의 속성이 달라짐에 따라서 도움을 주는데 있어서도 전문적인 기술이 필요하다는 것을 인식하게 된 것이다.

사회복지의 효과적인 원조에 필요한 것으로서 많은 연구들이 강조하는 것은, 우선 사회사업가[도움을 주는 자]의 인간적인 온화함·진실성·감정이입[empathy]·긍정적인 배려·무조건적인 지지 등[50]을 담고 있는 인품과 덕성이다. 그같이 인격적으로 좋은 성품이 있어야 도움을 주고받는 쌍방간에

48 孝橋正一, 『社會事業の 基本問題』(京都: ミネルヴア 書店, 1988), 74면.

49 Ram Dass & Paul Gorman, How Can I Help? N.Y.: Alfred A. Knopf, 1988, 7면.

50 서울대 사회복지실천연구회 譯, Bradford W. Sheafor, Charles R. Horejsi & Gloria A. Horejsi, 『사회복지실천기법과 지침』(서울: 나남출판, 1998), 제8장 185-217면.

신뢰하고 협력하는 관계[rapport]가 형성되고, 그러한 신뢰관계 위에서 실제로 도움이 되는 의사소통의 기술을 필요로 한다. 의사소통이란 언어적 비언어적 표현을 통해서 필요한 메시지를 주고받으며 서로의 뜻을 이해하는 것이다.

이렇게 아주 중요하고도 결정적인 원조의 기술인, 사랑으로 말하기[애어]가 사섭법의 하나라는 것이 놀랍지 않을 수 없다. 보살이 중생의 고통스런 삶을 불교적인 행복의 삶으로 전환시켜가도록 도와주는 과정에서 실제로 효과적인 사랑의 언어에 대한 필요성을 충분히 강조하고 있는 교리이다. 상대방의 말과 감정을 듣는 자의 주관적인 왜곡 없이 이해하고 반응하면서 도움에 필요한 정보를 얻는 것이나, 말하는 자 역시 말하고자 하는 내용을 정확하게 표현하고 그 뜻을 전달시킬 수 있는 의사소통은 결코 저절로 되는 것이 아니다.

사람마다 각자의 내면에 나름대로 가지고 있는 인식의 경향성을 먼저 알아차리고 그것이 사실을 왜곡시키지 않도록 하는 내면의 기술이 있어야 한다. 이를 위해서 예를 들면 사람과 상황을 '계획적인 공(空)으로 바라보기'[looking with planned Emptiness][51]와 같은 기술을 가르치고 있다. 사섭법에서 중생을 섭수하는 주체로서 보살은 중생의 모든 차별상을 다 떨쳐버리고 그야말로 편견에서 자유로운 빈 마음으로 중생을 대하고 이끌어 가는 능력이 있으니, 사회사업가로서는 가장 모범적인 역할을 보여주는 것이다.

4. 이행 – 복지의 가치

사섭법에서 보시는 우리들에게 필요한 것 즉 재물·진리의 가르침·심리적인 불안을 해소하는 것 가운데서 무언가를 해주는 일이라고 해석된다. 그렇게 중생이 필요로 하는 것을 제공하는 것이 그대로 중생을 이롭게 하는 일이 될 것인데, 또 다시 이행섭(利行攝)을 별도로 가르치는 의미는 무엇인가. 보시라면 당연히 이로운 행위라고 여기는 것은 우리가 보시를 하는 입장에서 평가하는 것이고, 이행섭의 경우는 그 보시가 상대방의 입장에서도 진실로 구체적인 이로움을 주는가를 재확인하도록 강조하는 것이 아닌

51 Ruth R. Middleman & Gale Goldberg Wood, Skills for Direct Practice in Social Work, N.Y.: Columbia University press, 1990, 24-26면,

가 생각된다.

이것은 사회복지의 가치에 대한 이념관의 문제라고 볼 수 있다. 서구식 사회사업은 오랫동안 이론적 혹은 정책적으로 일정한 평균적 인간상을 상정하고, 그에 따라서 개인의 행동과 상황을 개념화하고 다양성을 축소시키는 경향이 있었다. 그런 방식의 과학적 방법에 열렬한 사회사업가들은 소위 전문가적인 관점에서 클라이언트의 생애를 판단하고 평가하고 개입하는 것을 주도하여 왔다.

그러나 사람마다 인생마다 천차만별의 기대와 독자성이 있기 때문에, 종래와 같이 사람을 특정한 이론적 모델에 맞추어 진단하는 원조의 방법들 즉 전문가 중심주의에 대한 반성이 일어나게 되었다. 사회사업은 단지 클라이언트에게 기능적으로 도움을 주는 정도로 사회사업가의 역할과 위상이 달라져야 한다는 주장들도 생겨난 것이다.

사람은 어떤 환경에 처해 있더라도 누구나 본래적 존엄성을 가진 존재로서 존중되어야 하고 그의 생애를 통해서 발달과 성장의 가능성을 스스로 실현하는 자기결정권이 보장되어야 한다.[52] 도움을 청하는 클라이언트의 생애 문제를 판단하거나 개입의 방안을 세울 때 중심이 되는 것은 클라이언트 자신이어야 한다는 것이다. 이것을 클라이언트 중심주의라고 부르는데, 따라서 사회복지 서비스가 실제로 효과가 있는지 없는지를 평가하는 것도 클라이언트 자신의 관점이 반영되어야 하는 것은 물론이다. 그런 맥락에서 볼 때 불교의 이행섭은 사회복지의 진정한 가치를 드러내 강조하고 있는 점에서 선구적 지침이라고 말할 수 있다.

5. 동사 – 복지 목표

앞서 사회복지의 구체적인 가치는 담당전문가에 의해서가 아니라 클라이언트 당사자가 자기 세계에 대해서 가지는 의미와 기대에 따르는 것이라고 말했다. 또한 도움을 주는 측과 도움을 받는 측 사이에 어떤 권위주의적 상하관계나 주종관계도 있어서는 안 되는 것이라고 했다. 세계는 각 사람의 본래 존엄성과 고유함이 다양하게 인정되면서, 그와 동시에 각자가 상호 연관되고 상호 의존되어 있는 하나의 통합체(A Unity)를 구성하게 된다.

---

52 장인협, 『사회사업실천방법론』(상) (서울: 서울대학교출판부, 1989), 24-25면.

다양하고 개별적이면서도 큰 틀에서는 서로 하나의 연관성 아래 움직이게 되는 이 세계의 특성을 새로운 의미의 '영성'[Spirituality][53]이라고 부르기도 한다. 사회의 구성원들이 누구도 예외 없이 서로 의존적 관계에 있다는 점에서 평등주의를 말하기도 하고[54] 혹은 구성원이 서로 다른 위치에 있음에도 불구하고 각자 만천하에 자신의 삶의 의지를 분명하게 드러낼 수 있다는 점에서 평등주의[55]라 말하기도 한다.

요는, 도움을 주는 경우나 받는 경우나 서로 상대하는 양방이 원칙적으로 평등하며, 각자의 특성을 지켜서 자유로운 한편, 서로 의존하는 관계로 인해서 생기는 제한성을 공유하게 된다. 그런 특징은 단지 사회복지 관계에만 국한되는 것이 아니라, 모든 사회구성원간의 관계에도 적용되어 개인의 독자성이 보장되면서도 원만한 사회통합이 이루어진다는 이론이다.

사회복지 이론으로서 얼핏 듣기에 상충하는 그 논리적 특성들을 잘 이해할 수 있는 것은 역시 불교사상에 있다. 여기서 동사섭을 생각해보자. 간단히 설명하기로는 보살이 스스로 중생의 현실에 동참하는 것으로 되어 있는데, 근본적인 의미는 보살과 중생이 만나서 서로 하등의 장애나 차별이 없고 평등함을 시현하는 것이다. 더 나아가면 보살이 중생과 나란히 함께 하면서 여래를 보고, 여래를 공양하는 것이 될 수가 있다고 하였으니, 보살과 중생과 여래가 한 자리에 있다는 상징이 되기도 한다. 이처럼 불교사회복지의 특징으로서 무엇보다도 클라이언트를 최고의 인격으로 평등하게 대우할 수 있는 지침을 확실하게 보여주는 것이 바로 사섭 중에서도 동사섭이라 하겠다. ❁

이혜숙 (금강대)

53 Maria M. Carroll, 'Social Work's Conceptualization of Spirituality', Spirituality in Social Work *: New Directions,* N.Y.: The Haworth Press, 1998, 5면.

54 이혜숙, 「불교사회복지학의 체계화를 위한 연구」, 동국대 불교학과 박사학위논문, 1994, 85면.

55 장인협 외 4인, Ralph E. Anderson & Irl Carter, 『인간행동과 사회환경』(서울: 집문당, 1991), 316면.

삼십칠조도품

범 saptatriṃśad bodhipākṣikā dharmāḥ 한 三十七助道品

Ⅰ. 삼십칠조도품의 의미

삼십칠조도품(三十七助道品)은 범어 saptatriṃśad bodhipākṣikā dharmāḥ, 빠알리어 sattatiṃsa bodhipakkiyā dharmmā의 한역이다. 범어 bodhi는 깨달음을 의미하므로 주로 보리(菩提)·각(覺)·법(法)으로 한역하고, pākṣikā의 의미는 일정한 부분을 의미하므로 주로 지분(支分)·지(支)·품(品)으로 한역한다. 한역의 번역어가 많은 관계로 삼십칠조도품을 지칭하는 용어는 매우 많다. 삼십칠보리분법(三十七菩提分法)·삼십칠각분(三十七覺分)·삼십칠각품(三十七覺品)·삼십칠도품(三十七道品)·삼십칠도법(三十七道法)·삼십칠품도법(三十七品道法)이라고 한역하기도 하고, 삼십칠조보리분법(三十七助菩提分法)·삼십칠품조도법문(三十七品助道法門)·삼십칠품조보리도(三十七品助菩提道)·삼십칠품조도법문(三十七品助道法門)이라고 한역하기도 하고, 삼십칠품도제(三十七品道諦)·삼십칠품요행(三十七品要行)·삼십칠수도법(三十七修道法)이라고 의역하기도 한다.

삼십칠조도품은 깨달음의 지분이 되는 서른 일곱 가지의 법을 의미한다. 다시 말해 삼십칠조도품이란 깨달음에 도움이 되는 서른 일곱 가지의 법을 의미하는 것이다. 깨달음에 도움이 되는 서른 일곱 가지의 법은 첫째는 사염처(四念處)이며, 둘째는 사정단(四正斷)이며, 셋째는 사신족(四神足)이며, 넷째는 오근(五根)이며, 다섯째는 오력(五力)이며, 여섯째는 칠각지(七覺支)이며, 일곱째는 팔정도(八正道)이다. 일곱 가지의 부분에 각각의 하부 내용이 있어서 모두 서른 일곱 가지의 지분을 형성하는 것이다.

염처(念處)는 범어 smṛty-upasthāna의 의역으로 smṛti는 생각 생각 잊지 않는 것을 의미하고 upasthāna는 세우는 것을 의미하므로 합쳐 해석하면 의식을 한 곳에 세우는 집중을 의미한다. 의식을 한 곳에 흔들리지 않고 세운다는 것은 대상이 정해지면 그곳에 의식을 집중하는 것을 말한다. 그러므로 사념처의 범어 catvāri-smṛty-upasthāna는 깨닫기 위하여 수행에 들어갈 때, 의식을 대상에 집중할 수 있는 네 가지의 장소를 의미한다고 볼 수 있다.

정단(正斷)은 범어 samyak-prahāṇa의 의역으로 samyak는 일정과 적중과 계합을 의미하므로 보통 한역할 때에는 정(正)으로, prahāṇa 영원한 단절을 의미하므로 한역할 때에 주로 단(斷)으로 번역한다. 그러므로 사정단의 범어 catvāri-samyak-prahāṇa은 깨달음을 얻기 위하여 대상과 바로 합일하여 끊어버리는 네 가지의 노력을 의미한다.

신족(神足)은 범어 ṛddhipāda의 의역으로 범어 ṛddhi는 초자연·안녕·완전·여의·신통·신통력·위력을 의미하고 pāda는 발[足]·부분을 의미한다. 그러므로 사신족의 범어 catvāra-ṛddhi-pāda(巴 cattāroiddhipādā)는 깨달음을 얻기 위하여 신통력을 갖고 있듯이 자유자재로 대상과 일치해 나아가는 네 가지의 단계를 의미한다. 사여의족(四如意足)이라고도 한다.

근(根)은 범어 indriya의 의역으로 범어 indriya는 신적인 힘·활력·체력·정력·감관·몸·근간을 의미하므로 한역에서는 근본이 되는 바탕을 중시하여 근이라고 번역한 것이다. 그러므로 오력의 범어 pañca-indriya(巴 pañc'indriyāni)는 깨달음을 얻기 위한 바탕이 되는 다섯 가지의 근간을 의미한다.

력(力)은 범어 balāni의 의역으로 힘·능력·체력·활력을 의미한다. 그러므로 오력의 범어pañca-balāni는 깨달음을 얻기 위한 다섯 가지의 힘을 의미한다.

각지(覺支)는 범어 bodhy-aṅga, 빠알리어 bojjaṇga의 의역으로 깨달음의 주요 지분을 의미하므로 한역할 때 주로 각지(覺支)·각분(覺分)·각(覺)·각품(覺品)·조도(助道)로 번역한다. 그러므로 칠각지의 범어 sapta-bodhy- aṅgāni는 깨달음을 돕는 데에 주요 지분이 되는 일곱 가지의 요소를 의미한다.

칠각지는 칠등각지(七等覺支)·칠변각지(七遍覺支)·칠보리분(七菩提分)·칠각분(七覺分)·칠각의(七覺意)·칠각지(七覺志)·칠각지법(七覺支法)·칠각의법(七覺意法)·칠각지보(七覺支寶)·칠보리보(七菩提寶)·칠각보(七覺寶)·칠각지(七覺法)라고도 하며 줄여서 칠각(七覺)이라고도 한다.

팔정도는 범어 āryāṣṭāṅgika-mārga는 ārya(성자·正)과 aṣṭa(여덟)과 aṅga(부분)과 mārga(길·道·방법)의 합성어로서 종합하여 해석하면 성자가 가는 여덟 가지의 길을 의미한다. 염처의 네 가지의 지분을 의미하는 사염처는 몸에 의식을 집중하는 하는 신념처(身念處)와 느낌에 의식을 집중하는 수념처(受念處)와 마음에 의식을 집중하는 심념처(心念處)와 개념에 의식을 집중하는 법념처(法念處)의 네 가지를 가리킨다.

정단의 네 가지의 지분을 의미하는 사정단은 일명 사정근(四正勤)이라고도 하며, 아직까지 생기지 않은 악에 대해서는 생기지 않도록 노력하는 미생악령불생정단(未生惡令不生正斷)과 이미 생긴 악은 영원히 끊도록 노력하는 이생악영단정단(已生惡永斷正斷)과 아직 생기지 않은 선을 생기도록 노력하는 미생선령생정단(未生善令生正斷)과 이미 생긴 선력은 증장하도록 노력하는 이생선력증장정단(已生善力增長정단)의 네 가지를 가리킨다.

신족의 네 가지의 지분을 의미하는 사신족은 일명 사여의족(四如意足)이라고도 하며, 뛰어난 의식의 집중을 얻기를 바라는 욕신족(欲神足)과 뛰어난 의식의 집중을 위하여 노력하는 근신족(勤神足)과 마음대로 의식의 집중을 이루는 심신족(心神足)과 의식의 집중을 하여 관찰력이 바로 지혜가 되는 관신족(觀神足)의 네 가지를 가리킨다.

깨닫기 위한 기틀이 되는 다섯 가지의 바탕을 의미하는 오근은 믿음의 기틀인 신근(信根)과 노력의 기틀인 정진근(精進根)과 집중의 기틀인 염근(念根)과 선정의 기틀인 정근(定根)과 지혜의 기틀인 혜근(慧根)의 다섯 가지를 가리킨다.

깨닫기 위한 힘이 되는 다섯 가지의 활력을 의미하는 오력은 믿음의 힘[信力]과 노력의 힘[精進力]과 집중의 힘[念力]과 선정의 힘[定力]과 지혜의 힘[慧力]의 다섯 가지를 의미한다.

지혜를 키워서 깨닫기 위하여 도움이 되는 일곱 가지의 항목을 의미하는 칠각지는 지혜로서 법을 관찰하여 골라내는 택법각지(澤法覺支)와 법을 관찰하고 나서 그 법에 대하여 계속 노력하는 정진각지(精進覺支)와 법을 관찰하여 기쁨의 단계까지 이르는 희각지(喜覺支)와 번뇌를 끊어서 심신의 안정한 단계에 이르는 경안각지(輕安覺支)와 대상이 끊어져 평등한 마음을 유지하는 사각지(捨覺支)와 거친 번뇌가 사라져서 마음이 지혜와 계합하는 정각지(定覺支)와 지혜[慧]가 항상 선정[定]과 계합하여 지관이 함께 운용되는 염각지(念覺支)의 일곱 가지를 가리킨다.

선정과 지혜가 동시에 이루어져서[定慧雙修, 止觀雙修] 성인의 단계에 도달하고, 깨달음의 중도의 정(正)을 운영하는 여덟 가지의 길을 의미하는 팔정도는 중도의 사제(四諦)의 도리로써 대상을 보는 정견(正見)과 중도의 사제의 도리로써 모든 경계를 생각하는 정사유(正思惟)와 중도의 사제의 도리로써 언어를 구가하는 정어(正語)와 중도의 사제의 도리로써 업을 청정히 하는 정업(正業)과 중도의 사제의 도리로써 삶을 이어가는 정명(正命)과 항상 지혜로서 중도에 계합한 마음의 집중을 이룬 정념(正念)과 지혜와 선정이 둘이 아닌 상태가 무의식의 내부까지 이어진 정정(正定)의 여덟 가지를 가리킨다.

Ⅱ. 각 도품의 역사적 전개과정

1. 사념처(四念處)

사념처는 초기경전인 아함에 가장 많이 언급되고 있는 수행론이다. 염처는 수행할 때에, 수행하는 사람은 집중[의식을 한 곳에 계속 갖다 댐]을 어디에 해야 하는가에 대하여 기술한다. 수행에 입문한 사람은 네 가지의 큰 수행의 대상에 집중해야 하는데, 그 대상이 되는 것이 바로 몸[身]·느낌[受]·마음[心]·관념[法]이라는 것이다.

초기불교 이래 대승에 이르기까지 사념처를 관찰하는 방법은 정형화된 틀을 갖고 있다. 즉 지(地)·수(水)·화(火)·풍(風)의 사대라는 물질로 이루어진 이 몸[身: kāyaḥ]에 대하여 더럽다[不淨]라고 관찰하고, 느낌[受: vedanāh]에 대하여 괴로움[苦]이라고 관찰하고, 마음[心: cittam]에 대하여 일정하지 않다[無常]라고 관찰하고, 사물들 또는 관념들[法: dhamāḥ, dhammā]에 대하여 진여의 체로써의 내가 아니다[無我]라고 관찰하는 것이다.

1) 초기불교의 사념처설

아함(阿含)의 사념처설은 『중아함경』의 「염처경」에 자세하게 설해지고 있다.

몸관찰인 신념처에 대하여 「염처경」은 "행하면 행하는 줄 알고, 머무르면 머무르는 줄 알며, 앉으면 앉은 줄 알고, 누우면 누운 줄 알고, 자면 자는 줄 알고, 깨면 깨는 줄 알고, 자다 깨면 자다 깨는 줄 안다. 이와 같이 비구는 몸 안[內身]을 관찰하는 것처럼 몸 밖[外身]도 몸을 관하는 것처럼 하여 집중[念]을 오직 몸에만 머물게 한다. 그러면 지혜로서 앎[知]·지견[見]·지혜의 밝음[明]·통달[達]이 있게 된다. 이것을 비구가 몸을 몸 그대로 관찰하는 것이라고 한다"[1]고 기술하고 있다.

즉 「염처경」에서는 몸의 동작 하나 하나에 대하여 그대로 관찰하는 것이 신념처라고 해석하고 있다.

또한 「염처경」은 신념처 가운데에 특히 몸 안[內身]을 관찰할 때, 그 관찰 대상에 대하여 구체적으로 설명한다. 즉 머리털·터럭·손톱·살갗·가죽·살·힘줄·뼈·힘줄·심장·콩팥·간·허파·큰창자·작은창자·지라·위·똥·뇌수·눈꼽·땀·눈물·가래침·고름·피·기름·골수·침·오줌[2]이라고 들고, 이를 관하되, 그릇에 담긴 벼씨·조씨·갓씨·무우씨·겨자씨 등의 여러 가지 종류를 분명히 보는 것처럼 하라고 생활 속에서 실례를 제시하여 관찰하는 방법을 설명한다. 몸에 있는 낱낱의 경계 즉 모든 지(地)·수(水)·화(火)·풍(風)·공(空)·식계(識界)를 관찰해야 만이 몸을 나라는 인식하는 아상(我想)을 없앨 수 있기 때문이다.

또한 「염처경」은 신념처를 설하면서 아나파나관(阿那波那觀;數息觀)·관상(觀想)·내신관(內身觀)·계차별관(界差別觀)·부정관(不淨觀)·백골관(白骨觀)을 함께 설하고 있다.

즉 아나파나관에 대해서는 "들이쉬는 숨에 집중[念]하면 들이쉬는 숨에

1 『中阿含經』 24(『大正藏』 1권, 582중·하). "云何觀身如身念處. 比丘者. 行卽知行. 住卽知住. 坐卽知坐. 臥卽知臥. 眠卽知眠. 寤卽知寤. 眠寤卽知眠寤. 如是比丘觀內身如身觀外身如身. 立念在身. 有知有見有明有達."

2 『中阿含經』 24(『大正藏』 1권, 583중)

집중함을 알고, 내쉬는 숨에 집중하면 내쉬는 숨에 집중한다고 알며, 들이쉬는 숨이 길면 들이쉬는 숨이 길다고 알며, 들이쉬는 숨이 짧으면 들이쉬는 숨이 짧다고 알고, 내쉬는 숨이 짧으면 내쉬는 숨이 짧다고 안다. 온몸에 숨이 들어오는 것을 느끼며 온몸에 숨이 나가는 것을 느끼며 신행(身行)을 그치고 들이쉬는 숨을 느끼고 구행(口行)을 그치고 내쉬는 숨을 느낀다"[3]라고 설명하면서 숨을 관찰하는 방법을 구체적으로 제시하고 있다. 수식관은 후에 십육승행(十六勝行)으로 정형화되지만 그 초석이 되는 것은 「염처경」이라고 할 수 있다.

관상법(觀想法)에 대해서는 광명상(光明想)에 집중하여 광명심(光明心)을 닦을 것을 기술하며, 몸의 요소에 대하여 관찰하는 계차별관에 대해서는 몸의 요소를 지·수·화·풍·공·식의 여섯 가지로 관찰해야 한다고 설명하고 있다.

부정관(不淨觀)과 백골관(白骨觀)에 대해서는 "비구는 몸을 몸 그대로 관찰해야 한다. 비구는 묘지에 버려진 시체에 가죽과 살과 피가 없어져 오직 힘줄만이 이어져 있음을 보고 난 후에 그것을 본대로 자기에게 견준다. '이제 내 몸도 이와 같아서 이 법칙[法]에서 벗어날 수가 없구나'라고 해야 한다"[4]라고 기술한다.

부정관과 백골관은 실제적으로 무덤 등에 버려진 시체나 해골 등을 보고 나서 이러한 모습이 자신에게도 있음을 견주어 관찰하는 것을 통하여 실수한다고 한다. 「염처경」은 이외에도 시체가 날이 가면서 까마귀나 솔개에게 쪼이고 승냥이나 이리에게 먹히며 불에 태워지고 땅에 묻히어 다 썩어 문드러지는 것을 관찰하라고 하며, 해골이 묘지에 뒹굴면서 여러 가지 색으로 문드러지는 것을 관찰하라고 하기도 한다.[5]

이와 같이 신념처에 해당하는 아나반나관·관상·내신관·요소관[界差別觀]·부정관·백골관을 하다보면 자연스럽게 선정[靜慮]의 현상이 나타나게 된다. 「염처경」은 아나파나관을 통하여 여러 가지의 선정에 도달할 수 있다고 한다. 신념처와 선정의 관계에 대해서는 "욕심[欲]을 떠남으로써 생기

3 『中阿含經』 24(『大正藏』 1권, 582하). "復次比丘. 觀身如身. 比丘者. 念入息卽知念入息. 念㕣識卽知念出識. 入息長卽知入息長. 出息長卽知出息長. 入息短卽知入息短. 出息短卽知出息短. 覺一切身息出. 覺知身行息入覺知口行息出."

4 『中阿含經』 24(『大正藏』 1권, 583하). "復次比丘. 觀身如身. 比丘者. 如本見息道. 離皮肉血有筋相連. 見已自此. 今我此身亦復如是. 俱有此法終不得離."

5 『中阿含經』 24(『大正藏』 1권, 583상)

게 되는 희락의 단계[離生喜樂地]에서는 몸을 청정이 하고 윤택하게 하며 두루하게 하며 충만하게 한다. 이 몸 가운데 욕심을 떠나서 생기게 되는 희락이 두루하지 않는 곳이 없다. …… 선정[定]에서 생기게 되는 희락의 단계[定生喜樂地]가 몸을 청정이 하고 윤택하게 하며 두루하게 하며 충만하게 한다. 이 몸 가운데 선정에서 생기게 되는 희락이 두루하지 않는 곳이 없다. …… 기쁨[喜]이 없는 곳에서 생기게 되는 즐거움의 단계[無喜生樂地]에 몸을 청정이 하고 윤택하게 하며 두루하게 하며 충만하게 한다. 이 몸 가운데 기쁨[喜]이 없는 곳에서 생기는 즐거움[樂]이 두루하지 않는 곳이 없다. …… 이 몸 가운데 청정한 마음으로써 의식이 이해하며 두루하게 하며 성취하여 노닌다. 이 몸 가운데 청정한 마음이 두루 하지 않는 곳이 없다 ……"[6]라고 한다. 여기서 이생희락지(離生喜樂地)는 초선, 정생희락지(定生喜樂地)는 제 2선, 무희생락지(無喜生樂地)는 제 3선, 청정심지(淸淨心地)는 제 4선을 의미한다고 볼 수 있다. 결국 신념처를 행하여도 사선의 경지에 들 수 있음을 나타낸 것이다.

수념처에 대해서 「염처경」은 "비구는 즐거운 느낌을 느끼면 즐거운 느낌을 느껴 알며 괴로운 느낌을 느끼면 괴로운 느낌을 느껴 알며 즐겁지도 않고 괴롭지도 않은 느낌을 느끼면 괴롭지도 즐겁지도 않은 느낌이라고 느껴 안다. 즐거운 몸·괴로운 몸·괴롭지도 즐겁지도 않은 몸, 즐거운 마음·괴로운 마음·즐겁지도 괴롭지도 않은 마음을 [이와 같이 알며] 즐거운 식사·괴로운 식사·즐겁지도 괴롭지도 않은 식사를 즐거운 식사도 없고 괴로운 식사도 없으며 즐겁지도 괴롭지도 않은 식사도 없다고 알며……"[7]라고 기술한다.

몸에서 일어나는 감각과 마음에서 일어나는 감정을 주로 관찰하는 수염처에 대하여 「염처경」은 몸·마음·식사시간·욕구·무욕구에서 일어나는 고·락·불고불락의 느낌의 반응을 관찰하라고 하는 것이다.

심념처에 대해서 「염처경」은 "비구는 욕심이 있으면 욕심이 있음을 진실 그대로 알고, 욕심이 없으면 욕심이 없다고 진실 그대로 알며, 성냄이 있

6 『中阿含經』 24(『大正藏』 1권, 582하-583상)

7 『中阿含經』 24(『大正藏』 1권, 583하-584상). "云何覺觀如覺念處. 比丘者. 覺樂覺時. 便知覺樂覺. 覺苦覺時. 便知覺苦覺. 覺不苦不樂覺時. 便知覺不苦不樂覺. 覺樂身苦身不苦不樂身. 樂心苦心不苦不樂心. 樂食苦食不苦不樂食. 樂無食苦無食不苦不樂無食. 樂欲苦欲不苦不樂欲. 樂無欲苦無欲覺不苦不樂無欲覺時 便知覺不苦不樂無欲覺."

으면 성냄이 있다고 진실 그대로 알며, 성냄이 없으면 성냄이 없음을 진실 그대로 알며, 어리석음이 있고 어리석음이 없음을 진실 그대로 아는 것이다"[8]라고 설하고 있다. 결국 심염처는 마음에 탐·진·치가 있고 없음을 있고 없는 그대로 아는 것이라고 할 수 있다.

법념처에 대해서 「염처경」은 "눈은 물질[色]과 관계하여[緣] 안의 번뇌가 생긴다. 비구는 안에 실로 번뇌가 있으면 안에 번뇌가 있다고 진실 그대로 알며, 안에 번뇌가 생기면 그것을 진실 그대로 알며, 만일 생겼던 번뇌가 소멸하여 다시 생기지 않으면 그것을 진실 그대로 아는 것이다. 이와 같이 귀·코·혀·몸 또한 이와 같다. 생각[意]은 대상이나 개념[法]을 관계하여 안으로 번뇌가 생기는 것이다"[9]라고 설하고 있다.

이 밖에도 법념처에서는 탐욕[貪]·진에(瞋恚)·수면(睡眠)·도거(掉悔)·의심[疑]의 오개(五蓋)에 대해서도 그 아직 생기지 않은 것과 이미 생긴 것의 생성과 소멸을 관찰할 것을 설명하고 있으며,[10] 칠각지(七覺支)에 대해서도 그대로 관찰하여 알 것을 기술하고 있다.[11]

법념처는 안·이·비·설·신·의의 근(根)이 그 각각의 대상[境]을 만나서[緣] 일어나는 현상을 관찰하는 것으로 즉 육내입처(六內入處)가 육외입처(六外入處)인 대경[境]을 만나서 일어나는 번뇌를 관찰하는 것이다. 번뇌를 관찰할 때, 겉으로 드러나고 현상으로 일어나며 물질을 집착하는 번뇌의 일어남과 사라짐을 관찰함이 탐·진·수면·도거·의심의 오개를 위주로 관찰하는 것이며 의식 안에 있으며 현상으로 드러나지 않으며 숨어 있는 정신적인 번뇌의 일어남과 사라짐을 관찰하는 것이 바로 칠각지 통하여 이루어진다는 것이다.

2) 아비달마의 사념처설

이러한 아함의 사념처관이 설일체유부에 이르면 이론적인 교학의 틀에

---

8 『中阿含經』 24(『大正藏』 1권, 584상). "云何觀心如心念處. 比丘者. 有貪心知有貪心如眞. 無欲心知無欲心如眞. 有恚無恚. 有癡無癡. 有穢汚無穢汚. 有合有散. 有下有高. 有小有大. 修不修. 定不定. 有不解脫心知不解脫心如眞. 有解脫心知解脫心如眞."

9 『中阿含經』 24(『大正藏』 1권, 584상). "眼緣色生內結. 比丘者. 內實有結知內有結如眞. 內實無結知內實無結如眞. 若未生內結而生者知如眞. 若已生內結滅不復生者知如眞. 如是耳鼻舌身意. 緣法生內結."

10 『中阿含經』 24(『大正藏』 1권, 584상중)

11 『中阿含經』 24(『大正藏』 1권, 584중)

배대되어 해석된다. 사념주[사념처관의 이명]에 대한 해석으로 『집이문족론』은 3가지로 기술하고 있다.

열 가지의 색[十有色處] 및 법의 범주에 포함되는 색[法處所攝色]을 신념주라고 하고, 여섯 가지로 구분되는 몸의 느낌[六受身] 이를테면 눈으로 접촉하여 생기게 되는 느낌[眼觸所生受] 내지 의식으로 접촉하여 생기게 되는 느낌[意觸所生受]을 수념주라고 하고, 여섯 가지로 구분되는 몸의 의식[六識身] 이를테면 안식(眼識) 내지 의식(意識)을 심념주라고 하고, 수온(受蘊)에 포함되지 않는 무색처법(無色處法)을 법념주라고 한다.[12]

이를 보면 『집이문족론』은 안·이·비·설·신과 색·성·향·미·촉을 신념주[신념처]라고 설명하고, 안·이·비·설·신·의에서 일어나는 느낌을 수념주라고 설명하고, 안식부터 의식까지를 심념주라고 설명하고, 느낌에 포함되는 않는 무색계의 법을 법념처라고 해석하는 것이다. 또한 『집이문족론』은 몸에 대한 강한 집중[身增上]에서 생겨나는 모든 선한 유루(有漏)와 무루도(無漏道)를 신념주라고 하고, 느낌에 대한 강한 집중[受增上]에서 생겨나는 모든 선한 유루와 무루도를 수념주라고 하고, 마음에 대한 강한 집중[心增上]에서 생겨나는 모든 선한 유루와 무루도를 심념주라고 하고, 관념에 대한 강한 집중[法增上]에서 생겨나는 모든 선한 유루와 무루도를 법념주라고 설명한다.[13]

또한 『집이문족론』에서는 몸을 알아차리는 지혜[身慧]와 관계하는 것[緣]을 신념주라고 하고, 느낌을 알아차리는 지혜[受慧]와 관계하는 것을 수념주라고 하고, 마음을 알아차리는 지혜[心慧]와 관계하는 것을 심념주라고 하고 대상과 개념을 알아차리는 지혜[法慧]와 관계하는 것을 법념주[14]라고 한다.

『집이문족론』은 각각의 염처에 대하여 정의를 내리는 것에 주력했다면, 『법온족론(法蘊足論)』은 염주 각각이 순신관(循身觀)·순수관(循受觀)·순심

12 『阿毘達磨集異門足論』 6(『大正藏』 26권, 391중하). "十有色處及法處所攝色. 是名身念住. 受念住云何. 答 六受身. 謂眼觸所生受及至 意觸所生受. 是名受念住. 心念住云何. 答 六識身. 謂眼識乃至意識. 是名心念住. 法念住云何. 答 受蘊所不攝無色法處. 是名法念住."

13 『阿毘達磨集異門足論』 6(『大正藏』 26권, 391하). "復次身增上所生諸善有漏及無漏道. 是名身念住. 受增上所生諸善有漏及無漏道. 是名受念住. 心增上所生諸善有漏及無漏道. 是名心念住. 法增上所生諸善有漏及無漏道. 是名法念住."

14 『阿毘達磨集異門足論』 6(『大正藏』 26권, 391하). "復次緣身慧名身念住. 緣受慧名受念住. 緣心慧心念住. 緣法慧法念住."

관(循心觀)·순법관(循法觀)을 하여 정근(正勤)·정지(正知)·정념(正念)을 갖추면, 세간적인 탐욕과 근심을 제거할 수 있다고 하고, 과거·현재·미래의 삼세에 연결시키고 있다.[15]

아함의 「염처경」은 각각의 염처를 관할 때 두 가지, 즉 몸 안[內身]과 몸 밖[外身]을 관찰해야 한다고 하고, 몸 안에 대해서만 자세하게 설명하고, 몸 밖과 몸 안팎[內外身]에 대해서는 구체적으로 설명하지 않는다. 반면 『법온족론』은 주석을 달아 내(內)·외(外)·내외(內外)에 대하여 구체적으로 설명하고, 해석에 필요한 용어들 즉 순신관과 정근·정지·정념과 탐욕[貪]·근심[憂]에 대해서도 구체적으로 설명하고 있다. 즉 '내신'이란 현재 계속 이어지고 있는 자기 몸을 얻었으면 잃지 않는 것이라고 하고,[16] '외신'이란 현재 계속 이어질 자기의 몸을 아직 얻지 못한 것이나 이미 잃어버린 것과, 다른 유정이 지니고 있는 몸[17]이라고 하고, '내외신'이란 내신과 외신을 합한 것이라고 한다.[18]

각각의 염처를 관찰할 때의 내신에 대한 '순신관'이란 몸 안에 대하여 발끝에서부터 정수리에 이르기까지 그 각각의 곳을 따라 관찰하면서 갖가지 깨끗하지 못한 것과 더럽고 나쁜 것이 가득 차 있음을 사유하는 것이라고 하고, 「염처경」에서 보인 것과 같이 몸 안팎에 모든 기관들에 대하여 나열하고 있다.

또한 『법온족론』은 '정근'은 부지런한 정근이 일어나면 이를 더욱 왕성히 하여 멈추지 않게 하는 것이고, '정지'는 관행을 닦는 이가 법에 대하여 선택하고 나아가 비발사나[觀]를 일으키며 이 지혜를 더욱 뛰어나게 하고 원만하게 하는 것이라고 하고, '정염'은 관행을 닦는 이가 이에 대해 계속 생각하고 잊지 않는 것이라고 풀이한다.

또한 외신와 내외신의 순신관을 행할 경우에 정근·정지·정념을 갖추게 된다고 하는데, 이에 따라 제거되는 탐욕[貪]과 근심[憂]은 출세간적인 것이 아닌 세간적인 것이라고 해석하고 있다.

『법온족론』은 수념주도 신념주의 해설방식으로 설명하고 있다. 『법온족론』은 '내수(內受)'란 현재 진행 중인 자기의 느낌[受]을 얻고 나서 잃지 않

15 『阿毘達磨法蘊足論』 5 (『大正藏』 26권, 475하-476상)
16 『阿毘達磨法蘊足論』 5(『大正藏』 26권, 476하)
17 『阿毘達磨法蘊足論』 5(『大正藏』 26권, 476하)
18 『阿毘達磨法蘊足論』 5(『大正藏』 26권, 476하)

는 것[19]이라고 하고, 또한 '내수에 대한 수신관(循受觀)'이란 안의 느낌에 대하여 관찰하면서 안의 느낌의 모든 것을 사유하는 것[20]이라고 한다. 낙수를 느낄 때에는 '나는 즐겁다고 느끼고 있다'라고 사실대로 아는 것이요, 고수를 느낄 때에는 '나는 괴롭다고 느끼고 있다'라고 사실대로 아는 것이며, 불고불락수를 느낄 때는 '나는 괴롭지도 즐겁지도 않다고 느끼고 있다.'라고 사실대로 아는 것[21]이라고 풀이한다.

심념주에 대해서는 "내심이란 현재 계속 이어지고 있는 이미 얻은 자신의 마음을 잃지 않는 것이며, 내심에 대한 순심관이란 어떤 비구가 내심에 대해 관찰하면서 내심의 모든 것을 사유하는 것이니, 안의 탐냄이 있는 마음에 대해서는 '이것은 곧 안의 탐냄이 있는 마음이다'라고 진실 그대로 알고, 안의 탐냄을 여읜 마음에 대해서는 '이것은 곧 안의 탐냄을 여읜 마음이다'라고 진실 그대로 알며, 안의 성냄이 있는 마음에 대해서는 '이것은 곧 안의 성냄이 있는 마음이다'라고 진실 그대로 아는 것이다……[22]"라고 기술하고 있다.

심념주에 대한 『법온족론』의 해석은 초기불교의 심념주 설과 거의 유사하다. 심념주는 자신의 마음의 모든 것을 계속적으로 관하면서, 마음속에서 일어나고 사라지는 탐·진·치 등의 모든 상에 대하여 굴절 없이 그대로 알아차리는 것이다.

법념주의 내법이란 현재 이어지고 있고 이미 얻은 자신의 상온과 행온을 잃지 않는 것[23]이며, 외법이란 현재 이어지고 있고 얻지 못했거나 잃어버린 자신의 상온과 행온의 경우와 다른 유정의 상온과 행온[24]을 의미하며, 이 두 가지를 합하여 내외법이라고 풀이한다. 즉 법념주는 이미 얻거나 얻지

19 『阿毘達磨法蘊足論』 5(『大正藏』 26권, 476하)
20 『阿毘達磨法蘊足論』 5(『大正藏』 26권, 476하)
21 『阿毘達磨法蘊足論』 5(『大正藏』 26권, 476하). "於此內受. 循受觀者. 謂有苾芻. 於此內受. 觀察思惟內受諸相. 受樂受時. 如實知我受樂受. 受苦受時. 如實知我受苦受. 受不苦不樂受時. 如實知我受不苦不樂受."
22 『阿毘達磨法蘊足論』 5(『大正藏』 26권, 477하). "內心者. 謂自心. 若在現相續中. 已得不失. 於此內心. 循心觀者. 謂有苾芻. 於此內心. 觀察思惟內心諸相. 於內有貪心. 如實知是內有貪心. 於內離貪心. 如實知是內離貪心. 於內有瞋心. 如實知是內有瞋心……."
23 『阿毘達磨法蘊足論』 5(『大正藏』 26권, 478중). "內法者 謂自想蘊行蘊 若在現相續中 已得不失."
24 『阿毘達磨法蘊足論』 5(『大正藏』26권, 479상). "外法者 謂自想蘊行蘊 若在現相續中 未得已失 及他有情想蘊行蘊."

못했거나 잃어버린 자신의 상온과 행온을 계속하여 관찰하고 다른 유정의 상온과 행온도 관찰하는 것이다. 상온은 감지된 것을 생각하고 이미지 하는 것을 관찰하는 것이므로 다른 염주와 불가분의 관계를 갖는다. 또한 행온은 의지로서의 잠재적 형성력을 의미하므로 심염주와도 관계를 갖는 것이다.

『대비바사론』은 사념주를 주체[體]의 차별에 따라 자성염주(自性念住)·상잡염주(相雜念住)·소연염주(所緣念住)의 세 가지로 나누어 설명하고 있다. 또한 자성염주·상잡염주·소연염주의 각각을 계경의 예를 들어서[25] 사념주의 정의와 일치하는가를 밝히고 마지막으로 이들 염주는 어떤 유정을 위하여 시설되는가를 밝힌다.

『대비바사론』은 자성염주·상잡염주·소연염주를 계경을 통하여 입증한 후 자성염주만을 승의(勝義)라고 하고, 나머지는 세속이라고 하여 염주를 세속과 승의로 나누고 있다.[26] 사염주에 대한 해석은 『집이문족론』의 3가지 양식을 그대로 따르고 있다. 또한 『대비바사론』에서 설하는 유정과 삼종염주의 관계를 어리석음(憂)·행위[行]·욕락(欲樂)·근기[根]·지혜[智]의 차별로 나누어 기술하고 있다.[27] 특히 모든 부분에서 자성염주가 가장 뛰어나다고 한다.

자성·잡염·소연의 염주에 대한 설은 『구사론』에도 그대로 계승되며, 다만 삼념주(三念住)의 혜와의 관계를 체계화시키고 있다.[28]즉 『구사론』은 자성염주는 문(聞)·사(思)·수소성(修所成)의 삼혜(三慧)를 근본으로, 상잡염주는 혜를 제외하고 함께 하는 것(俱有)을 근본으로, 소연염주는 혜가 관계하는 제법(諸法)을 근본으로 삼는다고 한다.

『구사론』은 모든 수행방법을 차제법(次第法)으로 체계화시키고 있는데, 사념처관은 수행의 준비단계가 끝나야 들어갈 수 있다고 한다. 『구사론』은 몸을 청정이 하는 것[身器淸淨]을 수행의 준비단계라고 밝히고 있다. 『구사론』에 의하면 사제(四諦)를 깨닫고자 발심한 이는 우선 계율을 지켜야 하며 문·사·수의 세 가지 혜(慧)를 얻고자 수행해야 하는데 신기청정은 이 때 행하는 수행방법이라고 한다. 신기청정의 준비단계가 끝나면 본격적인 수행

25 『阿毘達磨大毘婆沙論』 187(『大正藏』 27권, 936하)
26 阿毘達磨大毘婆沙論』 187(『大正藏』 27권, 937상)
27 『阿毘達磨大毘婆沙論』 187(『大正藏』 27권, 937상·중)
28 『阿毘達磨俱舍論』 23(『大正藏』 29권, 119상)

의 길로 들어선다. 이 때 비로소 사념처관을 닦게 되는데, 『구사론』은 부정관과 지식념[數息觀]에 의지하여 수행의 문으로 들어간다고 밝히고 있다. 두 가지 수행법이 만족하게 완성되면 사마타가 뛰어나게 되어 비발사나를 위해서 사념주를 닦는다고 한다.[29] 이러한 『구사론』의 주장은 초기불교의 사념처관의 입장과는 매우 다르다. 특히 『구사론』은 사념주의 수행을 사선근(四善根)을 닦기 전의 수행법으로 체계화시키고 있다.

『구사론』은 사념주의 수행은 비발사나[慧]를 닦는 것이라고 하고, 여기에는 두 가지가 있다고 한다. 자공상(自共相)과 각별자성(各別自性)인데 이는 별상염주(別相念住)와 총상염주(總相念住)를 의미한다. 다시 말해 부정관과 지식관을 통해 지수행을 닦은 후에 관을 얻기 위해 자상과 공상을 닦는다고 하는 것이다. 자상이란 신·수·심·법을 관찰함에, 그 체가 서로 다른 신·수·심·법의 자성을 관찰하는 것을 의미한다. 공상이란 일체유위는 모두 일정한 성품을 지닌 것이 아니고, 일체유루는 모두 괴로움의 성품이며 일체법은 공이며 진실한 나의 성품이 아님[非我性]을 의미하는 것[30]이므로 그 성품을 관찰하는 것을 의미한다.

별상염주란 몸[身]은 깨끗지 못한 것[不淨]이며 느낌[受]은 괴로운 것이며 마음[心]은 변하는 것[無常]이며 관념[法]은 진정한 내가 아니다[無我]라고 관찰해서 신·수·심·법 각각을 깨끗함[淨]·즐거움[樂]·일정함[常]·진정한 나[我]로 보는 네 가지의 전도의 모습[四顚倒]을 대치하는 수행법이다. 총상염주는 신·수·심·법을 하나의 대상으로 놓고 각각 무상·고·무아·공을 관하는 수행법이다. 『구사론』은 이러한 사념처를 닦은 결과로 선근이 생기고 선근을 닦은 후에 비로소 견도(見道)에 들어간다고 하는 것이다.

3) 대승의 사념처설

유가행파(瑜伽行派)의 경론 가운데 사념처관을 자세히 기술하는 논서로는 『유가사지론』을 들 수 있다. 『유가사지론』에서는 유가를 닦음[瑜伽修]에 두 종류를 들고 첫째는 상(想)을 닦는 것이라고 하고, 둘째는 보리분(菩提分)을 닦는 것이라고 한다.

사념처 가운데 몸[身]에 대해서 초기불교와 유부에서는 내(內)·외(外)·내

29 『阿毘達磨俱舍論』 23(『大正藏』 29권, 118하)
30 『阿毘達磨俱舍論』 23(『大正藏』 29권, 118하-119하)

외신(內外身)으로만 구분하고 있는 반면에, 『유가사지론』은 35상을 들고 있다. 35상이란 내신(內身)·외신(外身)·근소섭신(根所攝身)·비근소섭신(非根所攝身)·유정수신(有情數身)·비유정수신(非有情數身)·추중구행신(麤重俱行身)·경안구행신(輕安俱行身)·능조신(能造身)·소조신(所造身)·명신(名身)·색신(色身)·나락가신(那落迦身)·방생신(傍生身)·조부국신(祖父國身)·인신(人身)·천신(天身)·유식신(有識身)·무식신(無識身)·중신(中身)·표신(表身)·변이신(變異身)·불변이신(不變異身)·여신(女身)·남신(男身)·반택가신(半擇迦身)·친우신(親友身)·비친우신(非親友身)·중용신(中庸身)·열신(劣身)·중신(中身)·묘신(妙身)·유신(幼身)·소신(少身)·노신(老身)을 말한다.

또한 유부의 해석에서 나타났던 순신관에 대해서도 자세하게 설명하고 있다.

"몸에 의지하여 문·사·수의 지혜를 뛰어나게 하는 것이다. 이 지혜로 말미암아 모든 몸의 모든 모습에 대하여 바르게 관찰하고 바르게 추구하며 각관에 따라 집중하는 것이다. 몸에 의지하여 수지한 정법을 뛰어나게 하고 법의 이치를 사유하여 수습하고 작증하고, 글구과 의미에 대하여 수습하고 작증하는 가운데에 마음에 잊어버리는 일이 없게 하는 것이다."[31]라고 한다.

『유가사지론』에서는 순신관은 문·사·수의 혜를 뛰어나게 하는 것이고, 이 지혜를 바탕으로 거칠고 미세한 모든 대상을 마음으로 잊지 않고 관찰하고 추구하는 것이라고 설명한다. 또한 '나는 정법에 대하여 바르게 지니고 있는가. 그렇지 않은가', '이런저런 의미[義]에 대하여 지혜가 잘 파악하는가. 그렇지 않는가', '능히 잘 접촉하여 이런저런 해탈을 증득하는가. 그렇지 않은가' 와 같이 진리를 살펴서 그 집중을 잘 머무르게 하는 것을 염주라고 한다. 또한 집중[念]을 지니면서, 경계[境]에 오염[染]이 없게 하고, 소연에 잘 머무르는 것을 염주라고 풀이한다.[32]

『유가사지론』은 수념처의 느낌[受]에 대해서 락수(樂受)·고수(苦受)·불고불락수(不苦不樂受)·樂身受(락신수)·고신수(苦身受)·불고불락신수(不苦不樂身受) 등의 21종의 느낌을 들고 있다.

---

31 『瑜伽師地論』 28(『大正藏』 30권, 440상). "住循身觀. 若有三種. 謂依身. 增上聞思修慧. 由此慧故. 於一切身一切相. 正觀察正推求. 隨覺隨觀念. 謂依身. 增上受持正法. 思惟法義修習作證. 於文於義. 修作證中. 心無忘失."

32 『瑜伽師地論』 28(『大正藏』 30권, 440상중)

심념처의 마음[心]에 대해서 유탐심(有貪心)·이탐심(離貪心)·유진심(有瞋心)·이진심(離瞋心)·유치심(有癡心)·이치심(離癡心)·약심(略心)·산심(散心)·하심(下心)·거심(擧心)·도심(掉心)·부도심(不掉心)·적정심(寂靜心)·부적정심(不寂靜心)·정심(定心)·부정심(不定心)·선수심(善修心)·불선수심(不善修心)·선해탈심(善解脫心)·불선해탈심(不善解脫心)의 20종의 마음을 들고 있다.

법념처의 법에 대해서 탐(貪)이면 탐욕의 비나야법[貪毘奈耶法]을, 진(瞋)이면 진에의 비나야법[瞋毘奈耶法]을, 치(癡)면 어리석음의 비나야법[癡毘奈耶法]을, 축약[略]이면 흩어지는 법[散法]을, 쳐지면[下] 들어올리는 법[擧法]을, 흔들리면[掉] 흔들리지 않는 법[不掉法]을, 고요하면[寂靜] 고요하지 않는 법[不寂靜法]을, 일정하면[定] 일정하지 않는 법[不定法]을, 선을 닦으면[善修] 선을 닦지 않는 법[不善修法]을, 선에서 해탈하면[善解脫] 선에서 해탈하지 않는 법[不善解脫法]의 흑품(黑品)·백품(白品)·잡품(染品)·정품(淨品)의 20종의 법을 들고 있다.[33] 여실하게 여러 가지의 잡염법의 자성과 인연과 과환과 대치를 아는 것이 법염주의 근본라고 설명하고 있다.

또한 『유가사지론』은 신·수·심·법 각각의 소연경의 종류를 열거하고, 소연경의 구체적인 모습을 설명하고, 세존의 사종염주설은 사전도를 대치하기 위함이라고 설명하고 있다.[34]

깨끗하지 못한 것[不淨]을 깨끗함[淨]이라고 계탁하는 전도를 대치하기 위하여 신염주를 세운 것이며, 불세존께서는 순신염주에서 부정상을 선설하신 이유가 여기에 있다고 한다. 그래서 사담파로(四憺怕路)에 상응하여 이것를 많이 수습하면 부정에 대해 정이라고 하는 전도를 끊을 수 있다고 한다. 여러 가지의 괴로움[諸苦]에 대하여 즐거움[樂]이라고 계탁하는 전도를 끊기 위하여 수염주를 세운 것이며, 변하는 것[無常]에 대하여 변하지 않는 것[常]라고 계탁하는 전도를 끊기 위하여 심염주를 설한 것이며, 진정한 내가 아님[無我]에 대하여 나[我]라고 계탁하는 전도를 끊기 위하여 법염주를 세운 것이라고 한다. 특히 법염주를 설하면서 존재하는 모든 것[有]에 의해서 아견 등의 여러 가지의 번뇌가 있게 되고 무아견 등의 여러 가지의 선법이 없게 되어서, 제온(諸蘊) 가운데에 아견을 일으키므로, 제법에 대하여

33 『瑜伽師地論』 28(『大正藏』 30권, 440중)
34 『瑜伽師地論』 28(『大正藏』 30권, 441하)

순법관에 머무르면서 계탁한 대상의 제온의 자상(自相)과 공상(共相)을 여실하게 알면, 바로 진정한 내가 아님[無我]에 대하여 나[我]라고 인식하는 전도를 끊을 수 있다고 한다.

2. 사정근

1) 아함의 사정근설

사정근은 수행자가 아직 일어나지 않고 미래에 일어날지도 모를 두 가지의 불선법을 차단하는 데에 계속적으로 노력과 정진을 하고, 아직 일어나지 않은 선법은 일어나도록 노력과 정진을 하며 이미 일어난 선법에 대하여는 더욱 커지도록 노력과 정진을 하는 네 가지 미생악령불생(未生惡令不生)·이생악령영단(已生惡令永斷)·미생선령생(未生善令生)·이생선력증장(已生善力增長)을 기본적인 틀로 삼고 있다.

『잡아함경』의 26권의 672경에서는 각력(覺力)·정진력(精進力)·무죄력(無罪力)·섭력(攝力)의 네 가지의 힘을 설명하는 가운데에 정진력 속에 사정근으로 포함시키고 있다. 아직 생기지 않은 악은 생기지 않도록 하는 미생악령불생(未生惡令不生)과 이미 생긴 악은 영원히 끊도록 하는 이생악령단(已生惡永斷)에 대해서는 불선법 등을 가까이 하지 말고 벗어나야 한다고 기술하고 있으며, 아직 생기지 않은 선을 생기게 하는 미생선령생[未生善令生]과 이미 생긴 선력은 증장하는 이생선력증장[已生善力增長]에 대해서는 선 등을 가까이 하고 이를 수습하고 더욱 행하며 정근해야 한다[35]고 설명하고 있다.

또한『잡아함경』제 31권의 875-879경에서는 사정단의 내용으로 첫째 단단(斷斷), 둘째 율의단(律儀斷), 셋째 수호단(隨護斷), 넷째 수단(修斷)을 나열하고, 번뇌를 끊는 단단에 미생악령불생을 계율을 지키는 율의단에 이생악령영단을 악법으로부터 선법을 키우는 수호단에 미생선령생을 선법을 계속 키우는 수단에 이생선력증장을 배대시키고 있다.

초기경전에서는 사정근은 생기지 않았거나 이미 생긴 악불선법을 끊고, 생기지 않았거나 생겨 선법을 더욱 키우는 데에 노력하는 수행의 네 가지 덕목이라고 주로 설명한다.

---

35 『雜阿含經』26(『大正藏』2권, 185중)

2) 아비달마의 사정근설

아비달마에 이르면 정단을 정승(正勝)이라고도 한역하며, 아함에서 기술한 사정근의 정의에 대하여 그 용어 하나 하나에 대하여 구체적으로 설명하고 있다.

사정단에 대해서 유부의 『집이문족론』은 사정단이란 이미 생긴 악불선법을 끊어지게 하기 위하여 의욕[欲]을 일으키고 근면함[勤]을 일으켜서 정진하며 마음을 잡고 마음을 지키는 것이 제1정단이라고 하고, 아직 생기지 않은 악불선법을 생겨나지 않게 하기 위하여 의욕을 일으키고 근면함을 일으켜서 정진하며 마음을 잡고 마음을 지키는 것이 제2정단이라고 하며, 아직 생겨나지 않은 선법을 생기게 하기 위하여 의욕을 일으키고 근면함을 일으켜서 정진하며 마음을 잡고 마음을 지키는 것이 제3정단이라고 하고, 이미 생겨난 선법을 굳게 머무르게 하고 잊지 않게 하며 닦아 원만하게 하되 갑절로 불리며 지혜를 증득하기 위하여 의욕을 일으키고 근면함을 일으켜서 정진하며 마음을 잡고 마음을 지키는 것이 제4정단이라고 한다[36]라고 정의한다.

한역 『법온족론』은 사정단 대신에 사정승이란 용어로 변역하고, 『집이문족론』에서 설명하지 않고 있는 각 정승의 정의에 대한 구체적인 내용을 부연 설명하고 있다. 다시 말해 이미 생긴 악불선법을 끊기 위하여 의욕을 일으키고 부지런히 정진하며 마음을 책려하여 마음을 지니는 것을 제일 정승[37]이라고 정의한 후, 하나 하나의 구문에 대해 구체적으로 설명하고 있다. '이미 생긴 악불선법'은 과거·현재의 오개(五蓋)로서 첫째는 탐욕개이며, 둘째는 진에개이며, 셋째는 혼침수면개이며, 넷째는 도거악작개이며, 다섯째는 의개[38]라고 주석한다. 또한 이미 생긴 악불선법은 과거와 현재의 오개를 의미한다고 하며, '이미 생긴 악불선법을 끊기 위한 정승'은 이미 생긴 탐욕개를 끊기 위하여 탐욕개의 많은 허물들을 이치대로 사유하는

36 『阿毘達磨集異門足論』 6 (『大正藏』 26권, 391하). "四正斷者. 爲令已生惡不善法斷故, 起欲發勤精進策心持心. 是名第一正斷. 爲令未生惡不善法斷故, 起欲發勤精進策心持心. 是名第二正斷. 爲令未生善法生故, 起欲發勤精進策心持心. 是名第三正斷. 爲令已生善法生故, 起欲發勤精進策心持心. 是名第四正斷."

37 『阿毘達磨法蘊足論』 3(『大正藏』 26권, 467하)

38 『阿毘達磨法蘊足論』 3(『大正藏』 26권, 468상). "云何已生惡不善心. 謂過去現在五蓋. 一貪欲蓋. 二瞋恚蓋. 三惛沈隨眠蓋. 四掉舉惡作蓋. 五疑蓋."

것[39]이라고 한다.

'의욕[欲]을 일으킨다'란 이미 생긴 탐욕개를 끊기 위하여 욕락과 기뻐함과 나가려 함과 희망을 일으키되 평등하게 일으키며, 그리고 생기게 하되 평등하게 생기게 하며, 쌓아 모으고 출현하게 하는 것이라고 한다. 모든 의욕을 일으키는 자는 그것을 일으킴으로 인하여 곧 이미 생긴 탐욕개를 끊기 위하여 부지런히 정진하며 … 나아가 쉬지 않고 의지를 격려하는 것이니, 그런 사람은 이로 인하여 이미 생긴 모든 탐욕개를 끊는 것[40]이라고 설명한다.

'마음을 책려한다'는 이미 생긴 탐욕개를 끊기 위하여 부지런히 힘써서 희구행심(喜俱行心)·흔구행심(欣俱行心)·책려구행심(策勵俱行心)·불하열구행심(不下劣俱行心)·불암매구행심(不闇昧俱行心)·사구행심(捨俱行心)·정구행심(定俱行心)을 닦아 익히는 것이니, 이와 같은 마음을 닦아 익히기 때문에 이미 생긴 모든 탐욕개를 끊게 된다[41]고 설명한다.

'마음을 지닌다'란 이미 생긴 탐욕개를 끊기 위하여 마음을 갖추고 팔지성도를 닦아 익히는 것이니, 이러한 사람은 이 도에 대하여 마음을 갖추고 닦아 익히고 더욱 닦아 익히기 때문에, 이미 생긴 모든 탐욕개를 끊게 된다[42]라고 설명한다.

다음으로 제이 정승은 "아직 생기지 않은 악불선법을 생겨나지 않게 하기 위하여 의욕을 일으키고 부지런히 정진하며 마음을 다잡고 마음을 지니는 것을 제이"[43]라고 정의하고, 제이정승의 '아직 생기지 않은 악불선법'은 미래의 오개라고 설명하고, 미래의 오개가 나타나지 않도록 제일정승에서 설명한 것처럼 수습해야 한다고 한다.

제삼 정승은 "아직 생기지 않은 선법을 생기게 하기 위하여 의욕을 일으키고 부지런히 정진하며 마음을 책려하며 마음을 지니는 것을 제삼"[44]이라

39 『阿毘達磨法蘊足論』 3(『大正藏』 26권, 468상). "謂有苾芻. 爲斷已生貪欲蓋故. 如理思惟. 彼貪欲蓋. 多諸過患."

40 『阿毘達磨法蘊足論』 3(『大正藏』 26권, 468상). "起欲者. 謂爲斷已生貪欲蓋故, 便起等起. 及生等生. 聚集出現. 欲樂欣憙. 求趣悕望. 彼由生起此諸欲故. 便斷已生諸貪欲蓋."

41 『阿毘達磨法蘊足論』 3(『大正藏』 26권, 468상)

42 『阿毘達磨法蘊足論』 3(『大正藏』 26권, 468중). "持心者. 謂爲斷已生貪欲蓋故. 持心修習八支聖道. 所謂正見. 及至正定. 彼於此道. 持心修習多修習故. 便斷已生諸貪欲蓋."

43 『阿毘達磨法蘊足論』 3(『大正藏』 26권, 467하). "爲令未生惡不善法不生故. 起欲發勤精進策心持心. 爲名第二."

44 『阿毘達磨法蘊足論』 3(『大正藏』 26권, 467하-468상). "爲令未生善法生故. 起欲發勤精

고 정의하고, 제삼정승의 ‘아직 생기지 않은 선법’이란 미래의 사정려와 삼무색과 그 밖의 하나의 종류에 따른 출가와 원리에 의해서 생기게 되는 선법[45]이라고 한다. 『법온족론』은 사정려와 삼무색을 발생시키기 위하여 각각의 정려를 생기게 하는 모든 행의 행상(相狀)을 이치대로 사유할 것을 강조하고 있다.

제사 정승은 “이미 생긴 선법을 굳게 머무르게 하고, 잊지 않으며, 원만하게 닦으며, 점점 더 광대해져 지혜로 증득하기 위하여 의욕을 일으키고, 부지런히 정진하며, 마음을 책려하고, 마음을 지니는 것을 제사”[46]라고 정의하고, ‘이미 생긴 선법’이란 과거·현재의 사정려와 삼무색과 그 밖의 한 종류에 따른 출가[一種類出家]와 원리에서 생기게 되는 선법이라고 한다. 과거와 현재에서 생긴 정려와 선법을 지키고 지혜를 증득하기 위하여 각각의 정려의 모든 행상을 이치대로 사유할 것을 강조하고 있다.

또한 『법온족론』은 정승[正斷]이라는 개념에 대해서는 “이 네 가지는 전도가 없기 때문에 ‘정’이라 하고, 더욱 강성해진 힘이 있어서 악을 끊고 선을 닦기 때문에 ‘승’이라 한다”[47]라고 밝히고 있다.

『대비바사론』은 신·구·의를 바르게 지켜서 잡아매는 것 가운데 가장 뛰어나기 때문에 정승 혹은 정단으로 부른다고 한다. 신·구·의를 관련시켜 사정단을 설명하는 것은 초기불교에는 보이지 않는 다. 또한 『대비바사론』은 바르게 끊고 닦는 법을 수습할 때 해태를 끊기 때문에 정단이라고 설명한다.[48]

『대비바사론』의 사정근의 주석은 내용적인 측면보다는 다른 도품과의 관계·사선근과의 관계 및 지(智)와의 관계를 밝히는데 주력하고 있다. 다른 도품과의 관계에 대해서는 사념주·혜근·혜력·정견은 택법각지에 포함되고, 사정승·정진근·정진력·정근은 정진각지에 포함되며, 사신족·정근·정력·정정은 정각지에 포함되고, 염근·염력·정념은 염각지에 포함되며, 신근과 신력은 합쳐서 신이 된다고 하고, 사념주와 혜근과 혜력과 택법각지는

進. 策心持心. 是名第三.”

45 『阿毘達磨法蘊足論』 4(『大正藏』 26권, 470상). “云何未生善法. 爲未來四靜慮三無色. 及餘隨一種類出家遠離所生善法.”

46 『阿毘達磨法蘊足論』 3(『大正藏』 26권, 468상). “爲令已生善法堅住不忘修滿倍增. 廣大智作證故. 起欲發勤精進. 策心持心. 是名第四.”

47 『阿毘達磨法蘊足論』 4(『大正藏』 26권, 471중). “謂此四種 無顚倒故. 說名爲正. 有增上力. 斷惡修善. 故名爲勝.”

48 『阿毘達磨大毘婆沙論』 96(『大正藏』 27권, 496중)

정견에 포함되고, 사정승과 정진근과 정진력과 정진각지는 정근에 포함되며, 사신족과 정근과 정력과 정각지는 정정에 포함되고, 염근과 염력과 염각지는 정념에 포함되며, 신근과 신력은 합하여 하나의 신이 된다고 한다.[49]

이와 같이 『대비바사론』은 삼십칠조도의 각 도품의 연관관계를 중시한다. 이러한 내용은 중현의 『순정리론(順正理論)』에서도 그대로 채용되고 있다.[50] 『구사론』도 연관관계를 중시하여 사정단은 정진근·정진력·정진각지·정정진의 근(勤)을 근본[體]으로 삼는다[51]고 한다.

지혜[智]와 선근과의 관계에 대해서는, 사염주는 초업을 닦는 단계로부터 진지(盡智)와 무생지(無生智)에 이르기까지 그 세력과 작용이 언제나 뛰어나므로 먼저 설하며, 사정승은 난(煖)으로부터 내지 진지와 무생지에 이르기까지 그 세력과 작용이 언제나 뛰어나므로 그 다음에 설명하며, 사신족은 정으로부터, 오력은 세제일법으로부터 진지와 무생지에 이르기까지 그 세력과 작용이 뛰어나다[52]고 한다. 이와 같이 『대비바사론』은 사정승에 대하여 지혜와 결합한 사선근의 단계로 설명하고, 사선근 중 난위(煖位)에서 뛰어나게 작용하는 것으로 본다.

3) 대승의 사정근설

대승의 『유가사지론』에서는 사정근의 해석에 대하여 아비달마의 논서와 같이 해석에 주력하고 있다. 제일 정근에 해당하는 미생악령불생을 『유가사지론』은 아직 생겨나지 않은 악불선법이 발생하기 전에 생겨나지 않도록 희망하고 원하는 것[希願] 즉 의욕[欲]을 일으키는 것이라고 풀이하고, 모든 악불선법은 과거사(過去事)·미래사(未來事)·현재사(現在事)를 관계[緣]하여 일어나게 되는데, 이와 같은 법은 현재 나타나지 않는 경계[不現見境]에 관계[緣]하거나 현재 나타난 경계[現見境]에 관계한다고 한다. 현재 나타나지 않은 경계를 관계하여 악불선법이 아직 생겨나지 않았으면 생겨나지 않도록 하고 이미 생긴 것은 영원히 끊도록 하는 것을 '책려(策勵)'라고 풀이하고, 현재 나타난 경계를 관계하여 악불선법이아직 생겨나지 않았

49 『阿毘達磨大毘婆沙論』 96(『大正藏』 27권, 496중)
50 『阿毘達磨順正理論』 171(『大正藏』 29권, 728상중)
51 『阿毘達磨俱舍論』 25(『大正藏』 29권, 132중)
52 『阿毘達磨大毘婆沙論』 96(『大正藏』 27권, 496하-497상)

으면 생겨나지 않도록 하며 이미 생긴 것은 영원히 끊도록 하는 것을 용맹스런 정근(正勤) 혹은 근면함을 일으킨 정진(精進)이라고[53]풀이한다.

제이 정근의 미생악령불생의 단계는 스스로 채찍질하고 스스로 힘쓰며 용맹하게 정진함이 견고하므로 악불선법을 발생시키지 않고 영원히 끊기 때문에, 하품과 중품의 번뇌[纏]를 끊기 위하여 책려하고 상품의 번뇌을 끊기 위하여 부지런히 정진을 일으키는 것이라고 한다. 또한 과거의 경계로 작용하면 번뇌가 과거에 관계하여 생겨나지 않도록 노력하며 설령 잠시 생겼더라도 받아들이지 말고 속히 없애고 제거해야 하며, 미래와 현재의 소연의 경계에 작용할 경우에도 위와 같이 해야 한다고 한다.

『유가사지론』은 악불선법에 대하여 두 가지로 나누고, 분별력에 의해서만 생기고 경계력에 의해서는 생기지 않는 것과 분별력과 경계력 모두에 의해서 생기는 것이 있다고 한다. 분별력에 의해서만 생기는 것은 머물고 있을 때[住時]에 과거와 미래의 경계를 사유하여 생기는 것이며, 분별력과 경계력에 의하여 생기는 것은 작용하고 있을 때[行時]에 현재의 경계를 사유하여 생기는 것[54]이라고 한다.

제삼 정근에 해당하는 아직 생겨나지 않은 일체선법을 발생시키기 위해 의욕을 생기게 하는 것[未生善令生]은 아직 얻지 못하고 아직 나타나서 현행하지 않은 일체선법을 얻고자 하기 위해서 마음으로 희망과 원을 일으키고, 맹렬함을 일으키고, 획득하고자 하고, 현재의 의욕을 내어서 현재 진행시키는 것이라고 설명한다.

제삼 정근에 해당하는 이미 생긴 선법에 대해서 머무르게 하고, 잊지 않게끔 하고, 원만하게 하기 위하여 의욕을 생기게 하는 이생선력증장은 이 선법이 명료하게 현재 나타나서 진행되면 어두워지거나 무디어지지 않게 자주 수습해서 마지막[究竟]까지 원만히 하는 것이라고 한다.

『대승아비달마잡집론』은 사정단이 관계하는 경계[所緣境]·주체[自體]·조연[助伴]·닦는 방법[修習]·닦음의 결과[修果]에 대하여 자세하게 기술하고 있다.[55] 『대승아비달마잡집론』은 이미 생긴 악불선법과 아직 생기지 않은 악불선법의 대치법을 소연경으로 설명하고 있다. 또한 수행 중의 가라앉거나[止相], 들뜨거나[擧相], 이 중간의 마음[捨相]이 일어날 때 책려하고

53 『瑜伽師地論』 29(『大正藏』 30권, 442중)
54 『瑜伽師地論』 28(『大正藏』 30권, 442하)
55 『大乘阿毘達磨雜集論』 10(『大正藏』 31권, 739하)

다시 일으키는 것이 중요하다고 본다.

결국 유가행파에서는 사정근을 수행 중에 나타나는 혼침수면(惛沈隨眠)과 도거악작(掉擧惡作)의 현상을 퇴치하고 모든 수행의 대상[所緣境]에 그 마음을 순일하게 잡아매어 불선법을 퇴치하고 선법을 키우는 정진력으로 본 것이다.

3. 사신족(四神足)

1) 아함의 사신족설

『잡아함경』 832경에는 계·정·혜 삼학을 설하면서 정학(定學)을 의학(意學)이라고 번역하고 의학에 사신족을 포함시키고 있다.[56] 또한 『장아함경』 5권의 「사니사경(闍尼沙經)」에는 여러 천들과 여래는 잘 분별하여 사신족을 설한다고 하고, 네 가지 신족에 대하여 들고 있다. 즉 첫째는 욕정멸행성취수습신족(欲定滅行成就修習神足)이요, 둘째는 정진정멸행성취수습신족(精進定滅行成就修習神足)이요, 셋째는 의정멸행성취수습신족(意定滅行成就修習神足)이요, 넷째는 사유적멸행성취수습신족(思惟寂滅行成就修習神足)이라고 들고, 이는 여래가 능히 잘 분별하여 사신족을 설한 것이며, 제천에게 과거의 모든 사문과 바라문이 수많은 방편으로서 무량한 신족을 나투었지만, 모두 사신족에 의해서 일어난 것이라고 말씀하신다.[57]

아함의 경문을 통해서는 사신족의 내용을 구체적으로 파악할 수 없다. 다만 사신족은 욕구[欲]·정진(精進)·의지[意]·사유(思惟)의 정(定)에 의하며 자신의 의지대로 되는 신통적인 힘을 수련하기 위한 기초가 되는 삼매라는 점만이 파악된다.

2) 아비달마의 사신족설

설일체유부의 제 논서에서는 사신족에 대하여 그 용어 하나 하나에 주석을 붙여서 아함에서 파악하기 어려운 그 구체적인 내용을 풀이하고 있다. 『집이문족론』은 "사신족이란 첫째는 욕삼마지단행성취신족(欲三摩地斷行成就

56 『雜阿含經』 30(『大正藏』 2권, 213하)

57 『長阿含經』 5 「闍尼沙經」(『大正藏』 1권, 36상). "一者欲定滅行成就修習神足. 二者精進定滅行成就修習神足. 三者意定滅行成就修習神足. 四者思惟定滅行成就修習神足. 是爲如來善能分別說四神足. 又告諸天. 過去諸天婆羅門. 以無數方便現無量神足. 皆由四神足起."

神足)이며 둘째는 근삼마지단행성취신족(勤三摩地斷行成就神足)이며 셋째는 심삼마지단행성취신족(心三摩地斷行成就神足)이며 넷째는 관삼마지단행성취신족(觀三摩地斷行成就神足)이다"라고 정의하고, 욕삼마지단행성취신족은 의욕을 더욱 더 힘차게 하여 생기게 되는 모든 선한 유루와 무루도라고 하며, 근삼마지단행성취신족은 부지런함을 더욱 더 힘차게 하여 생기게 되는 모든 선한 유루와 무루도라고 하며, 심삼마지단행성취신족은 마음을 더욱 더 힘차게 다잡아 생기게 되는 모든 선한 유루와 무루도라고 하며, 관삼마지단행성취신족은 관찰을 더욱 더 힘차게 하여 생기게 되는 모든 선한 유루와 무루도"[58]라고 설명한다.

『집이문족론』은 아함의 각각의 신족에 '더욱 더 힘차게[增上]'라는 용어를 붙이고 '선한 유루와 무루도'만을 첨가할 뿐 특별한 주석은 하지 않는다. 여기서 '증상'이라는 것은 증승상진(增勝上進) 또는 증진증가(增進增加)의 뜻으로 더하는 작용이 더욱 증진되어서 강대해지는 것 즉 가행력이 증진된다는 것이다.

『집이문족론』은 사신족에 대하여 간단한 정의만을 내리고 있지만, 『법온족론』은 그 내용을 자세히 설명하고 있다. 『법온족론』은 욕삼마지승행성취신족(欲三摩地勝行成就神足)의 '욕(欲)'이란 출가와 멀리 떠남[遠離]에서 생기게 되는 선법으로 일어나는 욕락·기뻐함·나아가고자 함·희망이며[此中欲者. 謂依出家遠離所生善法所起. 欲樂欣憙. 求趣悕望. 是名欲],[59] '삼마지(三摩地)'란 욕구가 더욱 더 세지면서 일어나게 되는 심주·등주·근주·안주이며, 흩어지지 않고 어지럽지 않게 거두어드리고 그치는 등지이며, 심일경성이다.[60]라고 한다. 또한 '승(勝)'이란 욕구가 더욱 세차게 됨으로써 일어나는 팔지성도[勝者. 謂欲增上所起八支聖道][61]이며, '승행(勝行)'은 사정근을 행할 때의 모든 욕구(欲)·부지럼함[勤]·믿음[信]·가벼움[輕安]·집중[念]·

58 『阿毘達磨集異門足論』 6(『大正藏』 26권, 391하-392상). "云何欲三摩地斷行成就神足. 答欲增上所生諸善有漏及無漏道. 是名欲三摩地斷行成就神足. 云何勤三摩地斷行成就神足. 答勤增上所生諸善有漏及無漏道. 是名勤三摩地斷行成就神足. 云何心三摩地斷行成就神足. 答心增上所生諸善有漏及無漏道. 是名心三摩地斷行成就神足. 云何觀三摩地斷行成就神足. 答觀增上所生諸善有漏及無漏道. 是名觀三摩地斷行成就神足."

59 『阿毘達磨法蘊足論』 4(『大正藏』 26권, 471하)

60 『阿毘達磨法蘊足論』 4(『大正藏』 26권, 471하). "三摩地者. 謂欲增上所起. 心住等住近住安住. 不散不亂. 攝止等持心一境性. 是名三摩地."

61 『阿毘達磨法蘊足論』 4(『大正藏』 26권, 471하)

정지[正知]·사유[思]·버림[捨]이라고 한다.

근삼마지승행성취신족(勤三摩地勝行成就神足)의 '근(勤)'이란 출가와 멀리 떠남[遠離]에서 생기는 선법에 의하여 일어나는 근정진으로, 세차고·날세고·왕성하며, 제어하기 힘들며, 쉬지 않고 뜻을 책려하는 것[62]이라고 풀이한다. 나머지 삼마지승행에 대한 풀이는 욕삼마지승행의 내용과 같다.

심삼마지승행성취신족(心三摩地勝行成就神足)의 '심(心)'이란 출가와 멀리 떠남에서 생기게 되는 선법에 의하여 일어나는 심·의·식[63]이라고 하고, 관삼마지승행성취신족(觀三摩地勝行成就神足)의 '관(觀)'이란 출가와 멀리 떠남에서 생기는 선법에 의해서 일어나는 간택·극간택·최극간택이며, 분명히 알고, 평등히 알며, 가까이 알며, 기힐로 통달하고 자세히 살피며 훤히 아는 것이며, 느낌이 밝은 지혜의 행이며 비발사나[64]이라고 풀이한다.

이와 같은 네 가지 삼마지승행성취를 신족으로 부르는 까닭은 '신(神)'은 과거·현재·미래에 신령함이 있기 때문이고 '족(足)'은 법을 닦아 성취하는 지위에 이를 때에 그 법을 일어나게 하고 그것을 의지하기 때문에 족이라고 한다고 풀이한다.

3) 대승의 사신족설

『유가사지론』은 사신족을 사삼마지, 즉 욕삼마지(欲三摩地)·근삼마지(勤三摩地)·심삼마지(心三摩地)·관삼마지(觀三摩地)라고 간단히 번역하고 있다.

욕삼마지(欲三摩地)는 순일하게 낙욕[akāmaka, 좋아하여 원하는 것]을 생기게 하고, 낙욕을 생기게 하고 나서 모든 악불선법의 자성·인연·과환·대치를 바르게 심구하고 사찰하여 한 경계에 집중을 일으키고, 모든 선법의 자성·인연·공덕·출리를 바르게 심구하고 사찰하여 한 경계에 집중함에 잘 머무른다. 이와 같이 자주 수습하였기 때문에 한 경계의 성품을 접촉하게 된다. 일체 모든 악불선법이 현행하는 여러 드러난 번뇌[纏]을 능히 멀리

62 『阿毘達磨法蘊足論』 4(『大正藏』 26권, 472하). "此中勤者. 謂依出家遠離所生善法. 所起勤精進. 勇健勢猛. 熾盛難制. 勵意不息. 是名勤."

63 『阿毘達磨法蘊足論』 5(『大正藏』 26권, 473하). "此中心者. 謂依出家遠離所生善法. 所起心境識. 是名心."

64 『阿毘達磨法蘊足論』 5(『大正藏』 26권, 474하). "此中觀者. 謂依出家遠離所生善法所起. 於法簡擇. 極簡擇. 最極簡擇. 解了等了近了. 機黠通達. 審察聰叡. 覺明慧行. 毘鉢舍那. 是名觀."

여읠 수 있게 하지만, 아직은 숨어 있는 번뇌[煩惱隨眠]을 영원히 해치지는 못한다[65]라고 풀이한다.

근삼마지(勤三摩地)은 과거·미래·현재의 소연경계에서 모든 악불선법을 따르고, 모든 하·중·상품의 드러난 번뇌[纏]를 따르는 것 중, 아직 생겨나지 않은 것은 생겨나지 않도록 하며, 생겨난 것은 단멸시켜서 스스로 책려하여 부지러함을 일으켜서 정진하고 소연과 경계마다 자성·인연·과환·대치를 바르게 심구하고 사찰하여 한 경계에 집중에 잘 머무른다. 이와 같이 자주 잘 머무르기 때문에 능히 마음을 한 경계의 모으는 성품을 바르게 일으키고 모든 악불선법이 현행하여 드러난 번뇌들을 멀리 여읠 수 있으나, 아직은 숨어 있는 번뇌를 영원히 해치지는 못한다[66]라고 풀이한다.

심삼마지(心三摩地)는 여러 가지 하열심을 책려하여 일으키고, 다시 여러 가지 도거심을 제지하고, 때때로 더욱 더 강하게 버림[捨]를 닦으면 이것으로 인하여 악불선법과 제 선법을 따르거나 모든 선법의 자성·인연·과환·공덕·대치·출리를 따르거나 간에 일체의 모든 악불선법에서 바르게 심구하고 사찰하여 한 경계의 성품에 머무른다. 곧 이와 같이 자주 잘 머무르 때문에 능히 바르게 마음이 한 경계에 머무르는 성품을 일으키는 것이다[67]라고 풀이한다.

관삼마지(觀三摩地)는 악불선법이 따를 경우에는 불여리라고 작의사유하고 다시 능히 모든 선법을 따를 경우에는 여리라고 작의사유하며, 이와 같이 드러난 여러 번뇌들[諸纏]을 멀리 여의기 때문에 또한 여러 번뇌들의 대치하는 선정을 최고로 삼아 제 선법을 능히 일으키기 때문에 능히 모든 악불선법을 다 현행하지 않도록 한다. '나는 지금 현재 있는 악불선법을 지

65 『瑜伽師地論』 29 (『大正藏』 30권, 443중). "若於是時. 純生樂欲. 生樂欲已. 於諸所有惡不善法. 自性因緣過患對治. 正審思察. 起一境念. 於諸善法. 自性因緣功德出離. 正審思察. 住一境念. 卽由如是多修習故. 觸一境性. 於諸所有惡不善法. 現行諸纏. 能令遠離. 而未永害煩惱隨眠. 是名欲增上力所得三摩地."

66 『瑜伽師地論』 29(『大正藏』 30권, 443하). "若於過去未來現在. 所緣境界. 能順所有惡不善法. 能順所有下中上品煩惱纏中. 其未生者. 爲令不生. 其已生者. 爲令斷滅. 自策自勵發勤精進. 行彼所緣. 於彼境界. 自性因緣過患對治. 正審思察. 住一境性. 卽由如是多安住故. 能正生發心一境. 於諸所有惡不善法. 現行諸纏. 能令遠離. 而未永害煩惱隨眠. 是名勤增上力所得三摩地."

67 『瑜伽師地論』 29(『大正藏』 30권, 443하). "若復策發諸下劣心. 或復制持諸掉擧心. 又時時間修增上捨. 由是因緣. 於諸所有惡不善法. 若能隨順惡不善法. 及諸善法. 若能隨順善法. 自性因緣過患功德對治出離. 正審思察. 住一境念. 卽由如是. 多安住故. 能正生起. 心一境性. 廣說乃至. 是名心增上力所得三摩地."

각하지 않고 있지나 않나 현재 없는 악불선법을 지각하지 못하는 것은 아닌가. 나는 두루 심구하여 관찰해야겠다'라고 사유하고, 그렇게 한 관찰작의의 더욱 강해진 힘으로 인하여 스스로 바르게 끊음[斷]과 아직 끊지 못함[未斷]을 관찰하고, 바르게 심구하고 관찰하여 한 경계에 집중함에 잘 머무른다. 즉 이와 같이 바르게 잘 머물렀기 때문에 능히 마음이 한 경계의 머무르는 성품을 바르게 접촉하여 증득한다. 이러한 인연으로 말미암아 증상만을 여의고 여실하게 스스로 번뇌에서 얽힌 마음에서 해탈하였음을 안다. 그러나 아직은 일체에 대한 일체의 숨은 번뇌에서 묶인 마음에서 해탈을 얻지 못하였기 때문에, '나는 드러난 번뇌들을 대치하는 선정을 최고로 삼아서 모든 선법을 획득하였고 이미 수습하였다. 그러나 아직은 숨은 번뇌의 대치까지는 획득하지 못했고 미처 다 수습하지는 못하였다.'라고 하는 것이다[68]라고 풀이한다.

『대승아비달마잡집론』은 신족의 주체적인 자체는 삼마지(三摩地, 三昧)이며, 그를 돕는 기능[助伴]은 욕·근·심·관과 이에 대응되는 심과 심법이라고 한다.[69] 또한 욕삼마지는 은중방편(殷重方便)에 의하여 마음을 한 경계에 모으는 성품[心一境性]을 증득하는 것이라고 한다. '은중방편'이란 『잡집론』에 의하면 맹리하게 낙욕하고 공경하는 방편에 의하여 삼마지를 얻는 것[70]이라고 풀이하고 있다. '근삼마지'는 계속되는 방편(無間方便)에 의하여 심일경성을 접촉하는 것이며, 심삼마지는 정을 닦은 힘으로 마음을 한 경계에 모으는 성품을 접촉하는 것이며, 관삼마지는 다른 교법을 들은 것을 안으로 돌려서 스스로 간택하여 마음을 한 경계에 모으는 성품을 접촉하는 것이라고 한다. 특히 심삼마지는 전생에 자주 닦은 선정[定]의 힘에 의하여 선정 종자[定種子]의 공능(功能)을 키워서 종자의 힘에 의하여 마음을 자연스럽게 삼마지에 수순하게 하고 전변하게 하는 것[71]이라고 한다. 이렇

---

68 『瑜伽師地論』 29(『大正藏』 30권, 443하). "若於能順惡不善法. 作意思惟爲不如理. 復於能順所有善法. 作意思惟以爲如理. 如是遠離彼諸纏故. 及能生起諸纏對治定. 爲上首諸善法故. 能令所有惡不善法. 皆不現行. 便自思惟. 我今爲有現有惡不善法. 不覺知耶. 爲無現無惡不善法. 不覺知耶. 我令應當. 遍審觀察. 彼由觀察作意. 增上力故. 自正觀察. 斷與未斷. 正審思察. 住一境念. 卽由如是. 多安住故. 能正觸證. 心一境性. 由是因緣. 離增上慢. 如實自知. 我唯於纏心得解脫. 未於一切一切隨眠心. 得解脫. 我唯獲得. 及已修習. 諸纏對治定. 爲上首. 所有善法. 而未獲得. 及未修習. 隨眠對治. 是名觀增上力所得三摩地."

69 『大乘阿毘達磨雜集論』 10(『大正藏』 31권, 739하)

70 『大乘阿毘達磨雜集論』 10(『大正藏』 31권, 740상)

71 『大乘阿毘達磨雜集論』 10(『大正藏』 31권, 740상). "由於前生數修定力. 令彼種子功能增

게 『잡집론』의 해석도 『유가사지론』의 해석처럼 마음을 한 경계에 모으는 성품[心一境性]을 중심으로 해석하고 있지만, 다른 점은 심삼마지에서 선정의 종자력에 의하여 삼마지를 해석하는 점이다.

4. 오근(五根)과 오력(五力)

1) 아함의 오근과 오력설

번뇌를 굴복시키고 성도를 이끄는 뛰어난 작용을 하는 오근에 대하여 『잡아함경』은 여실히 관찰하면 삼결[예류과를 얻는 사람이 끊는 세 가지의 번뇌: 아견의 견결·삿된 계를 끊는 戒取結·正理를 의심하는 疑結]을 끊고 수다원과를 얻는다[72]고 설명하고 있다.

『잡아함경』에서는 오근에 대하여 "신근(信根)·정진근(精進根)·염근(念根)·정근(定根)·혜근(慧根)이라고 정의하고, 만약 비구가 이 오근에 대하여 여실하게 잘 관찰하고 여실하게 잘 관찰하면, 삼결 즉 신견·계취·의심를 끊을 수 있으며, 이를 수다원이라 이름한다. 악취법에 떨어지지 않아서 반드시 올바르게 정각으로 향하여 일곱 번 천인으로 왕생하고 괴로움의 끝[苦邊]을 다한다[73]라고 기술한다.

『잡아함경』은 오근을 통해서 삼결을 끊고 수다원과을 얻는데에 결정적인 역할을 하는 것이지, 다른 성위를 얻지 못하는 것은 아니다. 경전에는 오근을 여실하게 관찰하는 이는 모든 번뇌를 일으키지 않고 마음이 욕심을 떠나 해탈을 얻으며 이러한 이를 아라한이라고 이름한다[74]라고도 설명하기 때문이다.

또한 신근에 대해서는 "만일 비구가 여래에 대하여 깨끗하게 신심을 일으키되, 그 근본이 견고하여 여타의 사문과 바라문 모든 천·마·범·사문·바라문이

長. 由種子力. 令心任運. 於三摩地. 隨順轉變."

72 『雜阿含經』 26권의 643경부터 660경까지 오근에 대하여 설하고 있으며(『大正藏』 26권, 182상-184상), 오력에 대해서는 오근과 같은 내용으로 673경부터 682경까지 설하고 있다.(『大正藏』 26권, 185중-186중)

73 『雜阿含經』 26(『大正藏』 2권, 182중). "爾時世尊告諸比丘. 有五根. 何等爲五. 謂身根精進根念根定根慧根. 若此比丘於此五根. 如實善觀察. 如實善觀察者. 於三結斷知. 謂身見戒取疑. 是名須陀洹. 不墮惡趣法. 決定定向於正覺. 七有天人往生. 究竟苦邊."

74 『雜阿含經』 26(『大正藏』 2권, 182중·하). "於此五根. 如實觀察者. 不起諸漏. 心得離欲解脫. 是名阿羅漢."

나 여타의 세간에 의해서 그 마음을 무너뜨리지 않는 것"[75]이라고 설명한다.

정진근에 대해서는 "이미 생긴 악불선법을 끊도록 하기 위해서 의욕적인 방편을 일으켜서 마음을 거두어 정진하며, 이미 생긴 악불선법을 일으키지 않기 위하여 의욕적인 방편을 일으켜서 마음을 거두어 정진하며, 아직 생기지 않은 선법을 일으키기 위해서 의욕적인 방편을 일으켜서 마음을 거두어 정진하며, 이미 생긴 선법을 머무르게 하되 잊지 않고 닦아 익히며 더욱 넓히기 위하여 의욕적인 방편을 일으켜서 마음을 거두어 정진하는 것"[76]이라고 한다.

염근에 대해서는 "만일 비구가 내신의 몸을 관찰하며 머무를 때 은근한 방편과 정념과 정지로 세간의 탐욕과 근심을 조복하고, 외신과 내외신과 수·심·법을 그대로 관찰하는 법도 이와 같이 한다"[77]이라고 하며, 정근에 대해서는 "욕의 악불선법을 떠나 각·관은 있으나, 희락이 생기는 단계를 떠나고 제 사선을 구족하여 머무른다"[78]라고 하며, 혜근에 대해서는 "만약 비구가 고성제를 여실하게 알고 고집성제를 여실하게 알며, 고멸성제를 여실하게 알고 고멸도적성제를 여실하게 하는 것"[79]이라고 한다.

아함의 오근설은 신근은 여래에 대한 신심을 일으킬 때에 믿는 마음이 견고하여 다른 것에 의해서 흔들리지 않는 것이라고 하며, 정진근은 사정근이 정진근의 내용이라고 하며, 염근은 신·수·심·법을 관찰하는 사념처의 내용과 같이 설명하고 있으며, 정근은 사선의 과정으로 설명하고 있으며, 혜근은 사성제를 여실히 아는 것이라고 설명하고 있다.

2) 아비달마의 오근과 오력설

설일체유부의 『집이문족론』은 오근이란 신근(信根)·정진근(精進根)·염

75 『雜阿含經』 26(『大正藏』 2권, 182중). "何等信根. 若比丘. 於如來所起淨信心. 根本堅固. 餘沙門婆羅門. 諸天魔梵. 沙門婆羅門. 及餘世間. 無能沮壞其心者. 是名信根."

76 『雜阿含經』 26(『大正藏』 2권, 182중하). "何等爲精進根. 已生惡不善法令斷. 生欲方便. 攝心增進. 未生惡不善法不起. 生欲方便. 攝心增進. 未生善法令起. 生欲方便. 攝心增進. 已生善法. 住不忘修習增廣. 生欲方便. 攝心增進. 是名精進根."

77 『雜阿含經』 26(『大正藏』 2권, 182하). "何等爲念根. 若比丘. 內身身觀住. 慇懃方便. 正念正智. 調伏世間貪憂. 外身內外身受心法法觀念住. 亦如是說. 是名念根."

78 『雜阿含經』 26(『大正藏』 2권, 182하). "何等爲定根. 若比丘. 離欲惡不善法. 有覺有觀. 離生喜樂. 乃至諸四禪具足住. 是名定根."

79 『雜阿含經』 26(『大正藏』 2권, 182하). "何等爲慧根. 若比丘. 苦聖諦如實知. 苦集聖諦苦滅聖諦苦滅道跡聖諦如實知. 是名慧根."

근(念根)·정근(定根)·혜근(慧根)이라 하고, 오력이란 신력(信力)·정진력(精進力)·염력(念力)·정력(定力)·혜력(慧力)이라고 정의하고, 오근과 오력 중에 특히 오력를 자세히 설명하고 있다.

신력은 여래에 대하여 청정한 믿음을 닦고 심어서 그 뿌리가 자라서 편안히 머무르는 것이며 사문·바라문·하늘·악마·범이나 그 밖의 세간에게 법대로 행하여 이끌리거나 빼앗기지 않는 것이며, 정진력은 이미 생긴 불선법을 영원히 끊기 위하여 의욕을 내어서 지키고 책려하며 나아가 더 자세히 설명하면 사정단이며, 염력은 내신에 대하여 순신관에 머무르며 나아가 더 자세히 설명하면 사념주이며 이를 기억하는 힘이며, 정력은 욕계의 악불선법을 벗어나는 것이며 나아가 더 자세히 설명하면 사정려이니, 이를 선정의 힘이라고 하는 것이라고 하고, 혜력은 고성제·집성제·멸성제·고성제에 대하여 여실하게 하는 지혜의 힘[80]이라고 한다.

3) 대승의 오근과 오력설

『유가사지론』은 신근을 사삼마지(四三摩地, 四神足)과 연결하여 설명하고 있다. 모든 유가사들은 삼마지를 의지하는 대상으로 삼아 깊이 승해하고 깨끗한 믿음을 낸다고 한다. 『유가사지론』은 신근과 신력은 불(佛)·법(法)·승(僧)·계(戒)에 대하여 깨끗한 믿음을 내는 사증정(四證淨)의 모든 깨끗한 믿음이라고 설명한다. 이것으로써 정성이생(正性離生)의 모든 증정에 증입할 수 있기 때문이라고[當觀此中身根信力. 卽四證淨中. 所有淨信. 何以故. 以其證入正性離生. 所有證淨.][81] 한다. 또한 정진근은 사정단 중의 모든 정진이며, 염근과 염력은 사념주 중의 모든 정념이며, 정근과 정력은 사정려 중의 모든 정정이며, 혜근과 혜력은 사성제 중의 정지[82]라고 설명한다.

『유가사지론』의 오근과 오력에 대한 설명은 아함과 설일체유부의 교설과 거의 같지만, 다소 차이가 있다면 염근과 염력은 사념주라고 하지 않고

---

80 『阿毘達磨集異門足論』 14(『大正藏』 26권, 425하). "問信力云何. 答於如來所修植淨信根生安住. 不爲沙門或婆羅門或天魔梵或餘世間如法引奪. 是名信力. 問精進力云何. 答於已生不善法爲永斷故. 生欲策勵. 乃至廣說四種正斷是名精進力. 問念力云何. 答於內身循身觀. 乃至廣說四種念住是名念力. 問定力云何. 答離欲惡不善法. 乃至廣說四種靜慮是名定力. 問慧力云何. 答如實了知. 此是苦聖諦. 此是苦集聖諦. 此是苦滅聖諦. 此是趣苦滅聖. 是名慧力."

81 『瑜伽師地論』 29(『大正藏』 30권, 444중)

82 『瑜伽師地論』 29(『大正藏』 30권, 444하)

사념주 중의 정념이라고 하고, 정근과 정력은 사정려라고만 하지 않고 사정려 중의 모든 정정이라고 하고, 혜근과 혜력은 사성제 중의 정지(正智)라고 한정적으로 기술하는 점이다.

5. 칠각지

1) 아함의 칠각지설

칠각지는 『장아함경』 8권의 「중집경(中集經)」에 그 명칭이 나오고, 『잡아함경』 26권의 여러 경전[83]에서는 칠각지에 대하여 간단한 언급하고 있다. 『잡아함경』 710경에서는 청정한 믿음으로써 청법하면 오법, 즉 탐욕개(貪欲蓋)·진에개(瞋恚蓋)·수면개(睡眠蓋)·도거개(掉擧蓋)·의개(疑蓋)를 끊고, 염(念)·택법(擇法)·정진(精進)·희(喜)·의(猗)·정(定)·사(捨)의 칠각지를 만족히 수습할 수 있다고 한다. 또한 이러한 칠법을 만족하게 수습하여 깨끗한 마음을 얻은 사람은 마음이 해탈한 것[心解脫]이고 지혜를 얻은 사람은 지혜가 해탈한 것[慧解脫][84]이라고 하여, 칠각지를 닦아 익혀서 해탈을 이룰 수 있다고 설명한다.

또한 『잡아함경』 711경은 일정한 순서로 칠각지를 설명하고 있다. 첫째, 염각지는 하나의 뛰어난 집중[一勝念]으로 필히 성취하려 하고 오랫동안 행하고 오랫동안 교설의 내용을 그대로 기억하려는 것이라고 설명한다. 둘째, 택법각지는 선택·분별·사량에 의해서 법을 택하는 각지를 닦아서 익히는 것이라고 설명하여, 셋째, 정진각지는 방편을 들고 정진하는 것이라고 설명하며, 넷째, 희각지는 환희가 생기면서 모든 식상을 떠난다고 설명하며, 다섯째, 의각지는 몸과 마음이 쉬게 된다고 설명한다. 여섯째, 정각지는 애락이 떨어져 마음이 고요해진다고 설명하며, 일곱째, 사각지는 탐욕과 근심이 없어지면 평등한 마음이 생겨 이를 닦는 것[85]이라고 설명한다.

2) 아비달마의 칠각지설

칠각지에 대해서 한역 『집이문족론』은 칠등각지라고 번역하고, 염등각

83 『雜阿含經』 26(『大正藏』 2권, 190중하). 709경부터 711경까지 칠각지에 대하여 기술하고 있다.
84 『雜阿含經』 26(『大正藏』 2권, 190중)
85 『雜阿含經』 26(『大正藏』 2권, 190하)

지(念等覺支)·택법등각지(擇法等覺支)·정진등각지(精進等覺支)·희등각지(喜等覺支)·경안등각지(輕安等覺支)·정등각지(定等覺支)·사등각지(捨等覺支)를 들고 있다. 『집이문족론』은 각각의 각지를 사제를 관찰하는 것을 중심으로 풀이하고 있다. 특히 사제 가운데 도제를 관찰하는 부분에서 각각의 각지를 구체적으로 주석하고 있다. 첫째로, 도(道)에 대하여 도를 사유하는 무루의 작의와 상응하는 모든 집중[念]과 나아가 마음에 밝게 기록하는 성품[心明記性]을 염등각지라고 설명하고, 둘째로, 도에 대하여 도를 사유하는 무루의 작의와 상응하는 모든 법을 간택하는 비발사나를 택법등각지라고 설명한다. 셋째로, 도에 대하여 도라고 사유하는 무루의 작의와 상응하는 모든 힘써 정진하는 책려와 쉼 없음을 정진등각지라고 설명하고, 넷째로, 도에 대하여 도라고 사유하는 무루의 작의와 상응하는 마음을 기쁘게 여기고 매우 기쁘게 여기는 등등을 희등각지라고 설명하며, 다섯째로, 도에 대하여 도라고 사유하는 무루의 작의와 상응하는 경안과 마음의 경안과 경안의 성품과 경안의 종류를 경안등각지라고 설명한다. 여섯째로, 도에 대하여 도라고 사유하는 무루의 작의와 상응하는 마음의 머무름 등등과 마음을 한 경계에 모으는 성품[心一境性]을 경안등각지라고 설명하고. 마지막 일곱째로, 사등각지는 도에 대하여 도라고 사유하는 작의와 상응하는 마음의 평등한 성품과 마음의 정직한 성품과 경각하는 일없이 고요히 머무르는 마음의 성품이라고 설명하고 있다.[86]

이에 비하여 『법온족론』는 차제적인 측면을 강조한다. 즉 "몸에 대하여 순신관에 머물러 정념에 잘 머물러서 어리석음을 여의면 염각지를 일으키고, 염각지를 수행하여 원만해지면 법에 대해 간택하고 자세히 살피는 택법각지를 일으키고, 택법각지를 수행하여 원만해지면 정진각지를 일으킨다. 정진각지를 수행하여 원만해지면 탐애를 여의어 희각지를 일으키고, 희각지를 수행하여 원만해지면 몸과 마음이 가벼워져 경안각지를 일으킨다. 경안각지를 수행하여 원만해지면 마음이 안정되어 정각지를 일으키고, 정각지를 수행하여 원만해지면 탐애를 없애고 더욱 더 힘차게 버림[捨]에 머물러 사각지를 일으켜 그것을 수행하여 원만하게 한다.[87]

『법온족론』은 염각지에서 어리석음에서 벗어나고, 택법각지에서 대상

86 『阿毘達磨集異門足論』 16(『大正藏』 26권, 435상중)
87 『阿毘達磨法蘊足論』 8(『大正藏』 26권, 491중)

[法]을 잘 선택하고, 정진각지에서 정진이 이루어지고, 희각지에서 탐애에서 벗어나며, 경안각지에서 심신의 편안함[輕安]을 얻고, 정각지에서 마음의 안정함을 얻으며, 사각지에서 탐애를 더욱더 버리게 된다고 하여, 앞의 각지가 완성되어야 다음의 각지가 실행된다고 한다.

특히 『법온족론』은 경안각지에 대하여 자세히 설명하고 있다. 제1·제2·제3·제4정려와 멸상수정에 따른 경안의 명칭을 달리 하고 있다.

초정려에 들어가면 언어가 고요히 쉬게 되며 이로 인해 그 밖의 다른 법도 고요히 쉬게 되니 이를 제1의 경안에 따르는 모습[順輕安相]이라고 하고, 제2 정려에 들어가면 심·사가 고요히 쉬게 되며 이로 인해 그 밖의 다른 법도 고요히 쉬게 되니 이를 제2의 경안에 따르는 모습이라 하고, 제3 정려에 들어가면 기쁨이 고요히 쉬게 되어 이로 인해 그 밖의 법도 고요히 쉬게 되나니 이를 제3의 경안에 따르는 모습[順輕安相]이라 하고, 제4 정려에 들어가면 입출식이 고요히 쉬게 되어 이로 인해 그 밖의 다른 법도 고요히 쉬게 되나니 이를 제4의 경안에 따르는 모습[順輕安相]이라고 하고, 멸상수정에 들어가면 생각과 느낌이 고요히 쉬게 되어 이로 인해 그 밖의 다른 법도 쉬게 되나니 이것을 제5의 경안에 따르는 모습[順輕安相][88]이라고 설명한다.

또한 『법온족론』은 앞에서 밝힌 다섯 가지 경안 보다 으뜸가고 묘한 경안이 있다고 하여 "마음이 탐욕으로부터 염착을 여의고 해탈하는 것이고 진에·우치로부터 염착을 여의고 해탈하는 것이니 이것을 제6의 경안에 따르는 모습[順輕安相]이라 한다"[89]고 기술하고 있다. 경안은 일체 무루작의와 상응하는 심신의 편안함과 편안한 성품과 편안한 종류의 모두를 의미하는데 깨달음을 본 자는 이러한 경안을 취해 모든 행을 사유하고 관찰하여 구경에 이르고 열반에 대해서도 공덕을 보지만, 아라한은 해탈한 마음 그대로 사유하고 관찰하여 구경에 이르게 되는 것이다.

이러한 경안각지를 닦아 만족하게 되면 정각지를 닦게 되는데, 『법온족론』은 초정려로부터 공무변처·식무변처·무소유처에 의지하여 모든 번뇌를 다하는 것을 정각지라고 정의한다. 예를 들어 모든 초정려에 의지하여 욕심과 불선법을 여의고 심·사가 있는 이생희락[初靜慮地를 의미함]을 얻었어도 이러한 행상에 대해 소득과 소취(所趣)의 색·수·상·행·식을 사유하

88 『阿毘達磨法蘊足論』 9(『大正藏』 26권, 493하)
89 『阿毘達磨法蘊足論』 9(『大正藏』 26권, 493하). "謂心從貪離染解脫. 及從瞋癡離染解脫. 此名第六順輕安相."

여 무상·고·공·무아라고 하고, 마음을 감로의 경계에 두어 '이 경계는 고요하고 미묘하여 온갖 의지를 버리고 애욕을 다 끊고 염오를 여의며 영원히 사라진 열반이다[90]라고 해야 한다고 한다.

제2 정려에서는 심·사가 적정하며 내등정(內等淨)이 이루어지며 마음이 한 경계로 나아가려는 성질[心一趣性;心一境性]이 되고, 정생희락(定生喜樂)이 이루어지는데, 이러한 행상에 대해 초정려에서와 같이 사유해야 하며 나머지 모든 정려에서도 그 정려를 성취했을 때 나타나는 행상에 대해 무상·고·공·비아와 열반을 사유해야 한다고 한다. 비상비비상처와 멸진정에 대해서는 앞의 칠정과는 달리 비상비비상처와 멸진정에서는 '그 경계에 대해 자유롭게 자주자주 들어갔다 나왔다 해야 한다'[91]고 기술하고 있다.

정각지가 원만해지면서 닦게 되는 사각지에 대하여 『법온족론』은 무루의 작의와 상응하는 마음의 평등한 성품과 마음의 정직한 성품과 경각 없이 고요히 머무르는 마음의 성품을 말한다[92]고 풀이한다. 결국 사각지는 끊은 경계·여읜 경계·소멸한 경계를 생각하면서 이로 인한 마음의 평등한 성품과 마음의 정직한 성품과 경각 없이 고요히 머무르는 마음의 성품을 일으키는 것이다.

3) 대승의 칠각지설

『유가사지론』은 각지란 여실하게 지혜를 깨달아서 이것으로 지분로 삼기 때문에 각지라고 한다고 풀이한다. 이 중 경안각지와 정각지와 사각지는 사마타품[止品]에 포함되고, 택법각지와 정진각지와 희각지는 비발사나품[觀品]에 포함되며, 염각지는 두루 작용하는 것이라서 지관(止觀)에 모두 포함된다[93]고 한다. 또한 최초로 획득되는 칠각지를 처음으로 학의 단계에 진입한 것[初有學]이라고 하고, 성제(聖諦)의 지취(迹)를 보고 나면 견도에서 끊어지는[見道所斷] 일체번뇌를 영원히 단멸하지만, 수도에서 끊어지는[修道所斷] 번뇌를 끊기 위하여 삼온(三蘊)이 포함되는 팔지성도를 닦아야 한다[94]고 한다.

---

90 『阿毘達磨法蘊足論』 6(『大正藏』 26권, 494상). "然後攝心. 置甘露界. 思惟此界. 寂靜微妙. 捨一切依愛盡離染. 永滅涅槃."

91 『阿毘達磨法蘊足論』 9(『大正藏』 26권, 494중)

92 『阿毘達磨法蘊足論』 9(『大正藏』 26권, 494중)

93 『瑜伽師地論』 29권(『大正藏』 30권, 445상)

이와 같이 『유가사지론』은 견도에서 끊어지는 번뇌를 끊기 위해서는 칠각지를, 수도에서 끊어지는 번뇌를 끊기 위해서는 팔지성도를 닦아야 한다고 주장한다. 반면에 유부의 『대비바사론』은 팔도지는 견도 중에서 뛰어나고 칠각지는 수도 중에서 뛰어나다고 한다. 이 점은 유가행파와 유부의 결정적인 차이를 나타내고 있다. 『대비바사론』은 수도에서 칠각지가 뛰어나게 작용함에 대하여 구하고 나아간다는 뜻이 바로 도지의 뜻인데 견도는 빠르면서도 기약하는 마음을 어기지 않고 구하고 나아가는 뜻을 좇기 때문에 수도 중에는 칠각지가 더 뛰어나다고 한다. 그 이유로 '수도위는 보리에 이웃하면서 깨달음에 수순한다는 뜻이 뛰어나기 때문에 각지를 설명하며, 또 수도위의 구지 구품에서는 각지가 뛰어나서 자주 깨달을 수 있다'[95]라고 한다.

『대승아비달마잡집론』은 칠각지가 관계하면서 경계로 삼는 것[所緣境]은 사성제의 여실성(如實性)이라고 한다. 여실성이란 승의 청정의 소연을 의미한다[96]고 한다. 또한 『대승아비달마잡집론』은 칠각지의 각 명칭을 설명하면서 '염'이란 소의의 지분이며 염을 잡아매었기 때문에 제 선법을 모두 잊지 않게 한다고 한다. 택법은 자체의 지분이면서 각의 자상이며, 정진은 출리의 지분이며, 희는 이익의 지분이며, 안[輕安]·정·사는 불염오의 지분이라고 풀이한다.

또한 『잡집론』은 고의 근본을 반연하여 괴로울 때면 고의 경계에서 반드시 원리를 추구하기 때문에 원리를 의지한다고 하며, 애상(愛相)의 고집(苦集)을 반연하여 괴로움이 모였을 경우에는 이 경계에서 반드시 욕심을 여의려고 하기 때문에 이욕(離欲)에 의지한다고 하며, 고멸(苦滅)에 반연하여 괴로움이 소멸할 경우이면 이 경계에서 반드시 작증을 구하기 때문에 적멸(寂滅)에 의지한다고 하며, 고멸(苦滅)의 작용을 취하면 이 세력으로 인하여 고를 버리기 때문에 이 경계를 반연할 때에는 이 경계에서 반드시 수습을 구하기 때문에 내버림[棄捨]에 회향한다[97]고 한다. 『잡집론』은 『유가사지

94 『瑜伽師地論』 29(『大正藏』 30권, 445상)

95 『阿毘達磨大毘婆沙論』 96(『大正藏』 27권, 497상). "答求趣義是道支義. 見道速疾不越期心. 順求趣義故見道中八道支勝. 覺悟義是覺支義. 修道具稟數數覺悟. 順覺悟義故修道中七覺支勝."

96 『大乘阿毘達磨雜集論』 10(『大正藏』 31권, 740하)

97 『大乘阿毘達磨雜集論』 10(『大正藏』 31권, 740하)

론』의 주장과 같이 칠각지는 견도소단의 번뇌를 영원히 끊는다고 보고 있다.

유가행파의 칠각지의 설명은 고·집·멸·도를 반연하여 그 경계를 뛰어넘음으로써 수행의 진전이 있다고 보고 있는 것이다.

6. 팔정도(八正道)

1) 아함의 팔정도설

아함을 일반적으로 팔정도에 대하여 "무엇을 일컬어 여래가 깨달은 중도(majjhima paṭipadā)라고 하겠는가 … 이것은 곧 팔지성도이니, 정견·정사유·정어·정업·정명·정정진·정념·정정이다"[98]라는 형식을 취하여 설명하고 있다. 또한 『중아함경』 58권의 『법락비구니경(法樂比丘尼經)』에서는 "삼취로 팔지성도를 포함시키면, 정어·정업·정명의 팔지성도는 계취에 섭수되며, 정념·정정의 팔지성도는 정취에 섭수되며, 정견·정지(正志)·정방편(正方便)의 팔지성도는 혜취에 섭수된다"[99]라고 하여 팔정도를 계·정·혜의 삼학(三學)으로 포괄한다.

2) 아비달마의 팔정도설

『집이문족론』은 팔도지(八道支;八正道)의 명칭만 언급하고 구체적인 내용을 설하지 않는다.[100] 대신에 칠정구(七定具)라는 개념을 내세워 팔정도의 내용을 대체하고 있다. 칠정구란 팔정도에서 정정을 제외한 것이다. 『집이문족론』은 정구(定具)에 대하여 '정(定)이란 정정을 의미하며, 칠도지를 도와주고 에워쌈으로써 그것들을 더욱 왕성하게 하여 큰 세력을 갖추고 자유자재로 움직이게 하고 마침내 원만하게 하기 때문에 정구라 한다[101]고 풀이한다.

이에 비해 『법온족론』은 사성제와의 관계 속에서 팔정도를 설명하고 있다. 『법온족론』에서 고멸성제로 나아가는 데에서 팔정도를 설하고 있다.

고멸도성제로 나아감에 대하여 도와 거룩한 행은 과거·현재·미래의 괴

---

98 『Saṃyutta-Nikāya』 Vol.Ⅴ, 421면.; 『佛說轉法輪經』(『大正藏』 2권, 503중)
99 『中阿含經』 58(『大正藏』 1권, 788하)
100 『阿毘達磨集異門足論』 16(『大正藏』 26권, 441상)
101 『阿毘達磨集異門足論』 16(『大正藏』 26권, 441상). "問何故名定具. 答定謂正定. 由七道支資助圍繞. 令彼增盛具大勢力. 自在運轉究竟圓滿故名定具."

로움을 영원히 끊을 수 있고 버릴 수 있으며 변화시켜서 토해낼 수 있고 다 소진할 수 있으며 물듦을 여윌 수 있고 소멸할 수 있으며 고요히 할 수 있고 숨어 없어지게 할 수 있다고 하고, 이것이 바로 팔지성도 즉 정견(正見)·정사유(正思惟)·정어(正語)·정업(正業)·정명(正命)·정근(正勤)·정념(正念)·정정[102]이라고 한다.

팔지성도[八正道] 각각에 대한 설명은 다음과 같이 하고 있다.[103]

정견는 성제자가 고에 대해서는 고를 사유하고 집에 대해서는 집을 사유하며 멸에 대해서는 멸을 사유하며, 도에 대해서는 도를 사유하는 무루작의와 상응하는 모든 법에 대하여 간택하며 극간택하며 최극간택하며 바르게 알며 깨달음이 밝은 지혜[覺明慧]를 낳는 비발사나라고 한다.

정사유는 고집멸도에 대해서 설명한 것은 정견의 내용과 같고, 삿된 생활로 나아가는 말의 여러 가지 악행을 벗어나 제약을 지키는 것과 무표업이라고 하고, 정어는 고집멸도에 대해서 설명한 것은 정견의 내용과 같고, 삿된 생활로 나아가는 말의 네 가지 악행을 벗어나 무루로써 여러 가지 원리를 행하고 적정과 율의와 조작 없음 등등을 행하는 것과 무표업이라고 한다. 정업은 고집멸도에 대해서 설명한 것은 정견의 내용과 같고, 삿된 생활에 나아가는 몸과 말의 악행을 여의는 것과 몸과 말의 무표업이라고 하며, 정명은 고집멸도에 대해서 설명한 것은 정견의 내용과 같고,삿된 생활에 나아가는 몸과 마음의 악행을 무루로써 멀리 여의는 것과 내지 몸과 말의 무표업이라고 하고, 정근은 고집멸도에 대해서 설명한 것은 정견의 내용과 같고, 부지런한 정진을 멈추지 않는 것이라고 하고, 정념은 고집멸도에 대해서 설명한 것은 정견의 내용과 같고, 생각 생각 잊지 않고 분명히 기억하는 것이라고 하고, 정정은 마음으로 평등하고 편안하고 어지럽지 않게 머무르는 등지(等持)와 심일경성(心一境性)이라고 한다. 팔정도의 각 지분의 내용은 고·집·멸·도를 사유하는 것과 무루작의와 상응하는 것을 포함시키고 있다.

『법온족론』은 또한 팔정도를 이루는 과정을 차제화시키고 있다. 먼저 삼십칠조도품을 닦은 선사[104]를 친히 공양해야만 정법을 듣게 되고, 다음으로

---

102 『阿毘達磨法蘊足論』 6(『大正藏』 26권, 481하). "云何趣苦滅道聖諦. 謂若道若聖行. 於過去未來現在. 若能永斷. 能棄捨. 能變吐. 能盡. 能離染. 能滅. 能寂靜. 能隱沒. 此復是何謂八支聖道. 則是正見正思惟正語正業正命正勤正念正定."

103 『阿毘達磨法蘊足論』 6(『大正藏』 26권, 481상)

정법을 듣고서야 이치대로 오묘한 대상을 관찰하게 되며, 마지막으로 이치대로 깊고 오묘한 대상을 관찰해야만 법과 법에 따른 행[隨法行]을 수행하여 원만하게 되어서 마침내 정성이생(正性離生: 제2선)에 들어간다고 한다. 이렇게 정성이생에 들어가야 만이 곧 팔지성도를 내었다[105]라고 한다고 풀이한다. 즉, 삼십칠조도품을 닦은 선사를 친근히 하고 공양해야만 문(聞)·사(思)·수(修)를 차례대로 수행하게 되며 이로 인해 정성이생에 들어갈 수 있다고 본 것이다. 정성이생이란 결국 견도를 말하는 것이므로 '정성이생에 들어가면 곧 팔지성도를 내었다'고 하는 것은 문·사·수를 차례대로 수행하여 이로 말미암아 예류 등의 성자의 견도위에 들어가서 무루의 팔정도를 닦게 된다는 것이다.

또한 『법온족론』은 「증정품(證淨品)」에서 팔정도를 질직행(質直行)하고, 팔정도가 휘어지지 않고 구부러지지 않고 뒤틀리지도 않으며 올바르고 곧고 평탄하고 한 갈래로 나아가기 때문이라고 한다.[106] 또한 『법온족론』은 앞의 칠성도지는 선정[定]의 자구가 된다고 풀이하고, 선정의 구족[定具足]은 각·무각승이 학(學)·무학(無學)의 禪定을 성취하고 두루 갖추는 것이라고 풀이한다.[107]

『대비바사론』은 각지와 정려의 관계를 삼십칠조도 전반에 연결시켜서 팔정도를 설명하고 있다. 미지정(未至定)에는 희각지(喜覺支)를 제외한 36가지, 정려중간(靜慮中間)과 제3 정려·제4 정려에는 희각지와 정사유를 제외한 35가지, 제2 정려에는 정사유가 제외된 36가지, 앞의 세 가지의 무색에는 희각지와 정사유·정어·정업·정명이 제외된 32가지, 욕계와 유정(有頂)은 칠각지와 팔정도가 제외된 22가지가 있다고 한다.[108]

또한 삼십칠조도품 가운데 각지이면서 도지가 아닌 것으로 희와 경안과

---

104 선사란 불제자로서 계·정·혜를 닦는 이를 말하는데, 구체적으로는 삼십칠조도품을 닦는 사람이다. 『法蘊足論』은 선사는 좋지 않은 법을 여의고, 좋은 법을 성취하며, 사념주·사정승·사신족·오근·오력·칠등각지·팔성도를 두루 갖추고 성취한 사람이라고 한다. 『阿毘達磨法蘊足論』 2(『大正藏』 26권, 458하). "何故名善士. 以所說善士. 離作善法. 成就善法. 具足成就四念住四正勝四身足五根. 五力七等覺支八聖道支. 故名善士."

105 『阿毘達磨法蘊足論』 2(『大正藏』 26권, 460상). "要先親近供養善士. 方聞正法. 聞正法已. 方能如理觀深妙義. 如理觀察深妙義已. 方能進修法隨法行. 精進修行法修法行得圓滿已. 方得趣入正性離生. 旣得趣入正性離生. 便名已生八支聖道."

106 『阿毘達磨法蘊足論』 2(『大正藏』 26권, 463상)

107 『阿毘達磨法蘊足論』 2(『大正藏』 26권, 464상)

108 『阿毘達磨大毘婆沙論』 96(『大正藏』 27권, 496중하)

사를 들고, 도지이면서 각지가 아닌 것으로는 정사유와 정어와 정업과 정명을 들고, 각지이면서 도지인 것으로는 신(信)을 제외한 그 밖의 보리분법을 들고, 각지와 도지 모두 아닌 것으로는 신을 들고 있다.

『대비바사론』은 세속과 무루로 나누어 팔정도를 설명하고 있다.[109]

『대비바사론』은 세속의 정견은 의식과 상응하는 유루의 선한 지혜라고 하고 무루의 정견은 의식과 상응하지 않는 무루의 선한 지혜라고 구분한다. 또한 세속의 정견을 가행에서 얻는[加行] 지혜와 염오를 여의는 데서 얻는[離染] 지혜와 태어나는 데에서 얻는[生得] 지혜로 분별하고 있다. 가행에서 얻는 지혜는 문소성·사소성·수소성의 지혜와 부정관·지식념[數息觀]과 모든 염주와 더불어 난(煖)·정(頂)·인(忍)·세제일법(世第一法)과 함께 하는 지혜라고 하며, 정려에 들기 전 단계에서 나타나는 혜라고 보고 있다. 염오를 여의는 데에서 얻는 지혜는 정려·무량·무색·해탈·승처·변처 등과 함께 하는 지혜라고 한다. 이는 정성이생으로부터 나타나는 지혜라고 보고 있는 것이며, 태어남으로부터 얻는 지혜는 그 지(地)의 천의 세계에서 나타나고 있는 혜라고 보고 있는 것이다. 이 뿐만이 아니라 『대비바사론』은 유학의 견(見)과 무학의 견과 비학비무학의 견을 나누어 설명하고 있다.

3) 대승의 팔정도설

『유가사지론』은 팔정도를 계(戒)·정(定)·혜(慧)의 삼온(三蘊)으로 설명하고 있다. 즉 정견과 정사유와 정정진은 혜온에 포함되고, 정어와 정업과 정명은 계온에 포함되며, 정염과 정정은 정온에 포함된다고 한다.

또한 『유가사지론』은 자취[迹]을 본 성자과 유학(有學)이 팔정도의 여덟의 지분을 포괄함으로써 자취의 정도(正道)를 행한다고 한다. 지취[迹]란 생사에 윤회하는 것을 의미하므로, 이를 본 성자와 유학은 팔정도를 통해 구경에 이르는 수행을 행한다는 것이다. 그래서 『유가사지론』은 "능히 남김없이 일체번뇌를 끊고 해탈에 대하여 구경까지 작증하므로 팔지성도라고 이름한다"[110]고 한다. 『유가사지론』에서는 팔정도에 대하여 "깨달을 때 얻게 되는 진각과 각을 얻고 난 후, 지혜에 의지해 증득한 대로 안립하고 깨닫는 것이 정견이며, 이 정견의 더욱 커진 힘에 의하여 일어나게 되는 출리·

---

109 『阿毘達磨法蘊足論』 2(『大正藏』 26권, 504)
110 『瑜伽師地論』 29(『大正藏』 30권, 445상). "能無餘斷一切煩惱. 能於解脫究竟作證. 是故名爲. 八支聖道."

무에·무해를 분별하여 사유하는 것이 정사유라고 하며, 선사유를 일으켜서 법다이 종종의 언론을 일으키는 것이 정어라고 한다. 법다이 의복·음식·앉고 눕는 좌구·병과 관련된 의약·공신집물[승단 전체의 소유물]을 구하고 이것들에 대하여 추구하거나 머무르거나 돌아서 나올 경우에 바르게 알고, 행주좌와에 모두 바르게 아는 것을 정업이라고 하며, 법다이 의복·음식 내지 집물을 추구하고 일체 삿됨에서 일어난 명법(命法)을 원리하는 것을 정명이라고 한다. 정견과 정사유와 정어와 정업과 정명에 의지하여 부지런히 수행하는 자는 의욕·부지런한 정진·출리·용맹의 세력이 일어나 그 마음을 일으키고 책려하는데, 이러한 마음이 끊임없이 상속하는 것을 정정진이라고 하고, 이와 같은 정정진을 성취한 자는 사염주을 더욱 노력하는 힘에 의하여 전도 없는 구종행상[九種心住]에 섭수되는 정염을 얻어서 구종행상심주를 섭수할 수 있는데, 이를 정념과 정정이라고 한다[111]고 설명한다.

또한 『유가사지론』은 팔정도를 무소작(無所作)과 주소작(住所作)으로 나누고, 주소작에 다시 비발사나와 사마타를 나누어 설명하고 있다. 즉 무소작은 정어·정업·정명이 포함되며, 주소작은 비발사나에 속하는 정견·정사유·정정진과 사마타에 속하는 정념·정정이 포함된다고 한다. 정어와 정업과 정명을 의지처로 삼아서 때때로 지관을 닦아서 제결(諸結)을 남김없이 끊으면 아라한과를 얻는다고 한다. 오랜 시간 동안 상속하는 것을 수도라고 하며, 자주 수습하여 번뇌를 끊기 때문에 솔이지(率爾智)가 생기는 것을 견도라고 하고, 팔정도는 수도에 해당한다고 한다.

『유가사지론』의 팔정도설의 특징은 깨달음의 진각(眞覺)과 깨달은 후에 나타난 지혜로서 팔정도를 행한다고 본 점이다.

『대승아비달마잡집론』은 팔성도지가 경계로 삼는 것은 사성제의 여실성이라고 하는데, 이는 견도 후의 소연경계(所緣境界)에서 먼저 보았던 제성제의 여실성을 근본으로 삼기 때문이라고 한다.[112]

『잡집론』에서는 정견은 먼저 증득한 진실과 같이 간택하기 때문에 분별지(分別支)라고 하고, 정사유는 증득한 방편과 같이 언어를 안립하고 일으키기 때문에 회시타지(誨示他支)라고 한다. 정어와 정업과 정명은 타인에게 믿음을 갖고 증득할 수 있도록 하기 때문에 영타신지(令他信支)라고 하며

111 『瑜伽師地論』 29(『大正藏』 30권, 445상중)
112 『大乘阿毘達磨雜集論』 10(『大正藏』 31권, 741상)

유견(有見)·계(戒)·정명(正命)의 청정성을 믿도록 하기 때문이다. 정정진은 모든 결(結)을 끊기 때문에 정번뇌장지(淨煩惱障支)라고 하며 정염은 지거상(止擧相: 혼침과 도거 등의 수번뇌를 수용하지 않는 것) 등을 잃지 않기 때문에 정수번뇌장지(淨隨煩惱障支)이라고 하고, 정정은 이것에 의하여 신통 등의 무량한 뛰어난 공덕을 이끌기 때문에 능정최승공덕장지(能淨最勝功德障支)라고 한다[113]고 팔정도를 해석한다. ❁

강명희 (동국대)

113 『大乘阿毘達磨雜集論』 10(『大正藏』 31권, 741상)

십팔불공법

범 aṣṭādaśāveṇika-buddha-dharma 한 十八不共法 영 eighteen distinctive characteristics of the Buddha

Ⅰ. 어원적 근거와 개념 풀이

십팔불공법(十八不共法)은 범어로는 **aṣṭādaśāveṇika-buddha-dharma**이고, 영어로는 eighteen distinctive characteristics of the Buddha이다.

십팔불공법은 다른 중생들과 공유하지 않고 오직 부처님에게만 갖추어진 18가지의 정신적인 덕성(德性)을 이른다. 십팔불공불법(十八不共佛法)이라고도 번역된다. 범어로는 '**aṣṭādaśāveṇika-buddha-dharma**'로 표기하는데, 18가지(aṣṭādaśa)의 공유하지 않는(āveṇika) 부처님의 법(buddha-dharma)로 풀이할 수 있다. 십팔불공법은 십력(十力)·사무소외(四無所畏)·삼념주(三念住)·대비(大悲)를 합해 지칭하는 것이 일반적이지만, 대승불교에서는 여러 형태로 변형된 불공법들이 있다. 초기불교에서는 십력·사무소외·삼념주·대비가 각기 덕목으로 설해지다가 십력과 사무소외가 결합되고 후에 삼념주와 대비의 덕목이 추가되어 십팔불공법으로 종합되었다.

1. 십력 (十力) [범]daśa balāni

십력은 부처님께서 일체법(一切法)의 실상(實相)을 깨달음으로써 얻은 10가지의 지적인 힘이다. 여래십력(如來十力)·십신력(十神力)이라고도 한다. 십력은 『아함경(阿含經)』을 비롯한 초기 경전에서부터 대승경전에 이르기까지 여래가 지닌 전지성(全知性)을 나타내는 중요한 덕목으로 설해지고 있다. 십력의 내용은 다음과 같다.

① 처비처지력 (處非處智力) 범 sthānāsthāna-jñāna-bala

일체의 인연과 과보를 여실히 알아 도리에 맞는 것과 도리에 맞지 않는 것을 여실하게 아는 힘이다. 지시처비처지력(知是處非處智力)·시처불시력(是處不是力)·시처비처력(是處非處力)라고도 한다. 처(處)는 이치·도리의 뜻으로, 시처(是處)는 도리에 합당한 것, 비처는 도리에 어긋나는 것을 말한다.

② 업이숙지력 (業異熟智力) 범 karma-svaka-jñāna-bala

과거·미래·현재 삼세에 걸쳐 모든 업인(業因)과 그 과보와의 관계를 여실히 아는 힘이다. 지업보지력(知業報智力)·지삼세업지력(知三世業智力)·업보집지력(業報集智力)·업력(業力)이라고도 한다.

③ 정려해탈등지등지지력 (靜慮解脫等持等至智力)

범 dhyāna-vimokṣa-samādhi-samāpatti-jñāna-bala

사선(四禪)·팔해탈(八解脫)·삼삼매(三三昧)·팔등지(八等至) 등의 선정에 대해 자재롭고 걸림이 없으며 그 차제와 얕고 깊음을 여실하게 두루 아는 힘이다. 일체정려해탈삼마지삼마발저출리잡염청정지력(一切靜慮解脫三摩地三摩鉢底出離雜染淸淨智力)·정려해탈등지등지발기잡염청정지력(靜慮解脫等持等至發起雜染淸淨智力)·지제선해탈삼매지력(知諸禪解脫三昧智力)·선정해탈삼매정구분별지력(禪定解脫三昧淨垢分別智力)·정력(定力)이라고도 한다.

④ 근상하지력 (根上下智力)

범 indriya-parāpara-jñāna-bala, sattvêndriya-parâpara-jñāna-bala

중생이 지닌 근기(根機)의 상하와 우열 여실하게 두루 아는 힘이다. 지제

근승렬지력(知諸根勝劣智力)·지중생상하근지력(知衆生上下根智力)·근력(根力)이라고도 한다.

⑤ 종종승해지력 (種種勝解智力) 범 nānādhimukti-jñāna-bala
중생이 지닌 갖가지 욕락(欲樂)과 선악이 차별을 여실하게 아는 힘이다. 지종종해지력(知種種解智力)·지중생종종욕지력(知衆生種種欲智力)·욕력(欲力)이라고도 한다.

⑥ 종종계지력 (種種界智力) 범 nānā-dhātu-jñāna-bala
중생과 모든 법성(法性)의 차별을 여실하게 아는 힘이다. 지세간종성력(知世間種性力)·지성지력(知性智力)·성력(性力)이라고도 한다.

⑦ 변취행지력 (偏趣行智力) 범 sarvatra-gāminī-pratipaj-jñāna-bala
중생이 육도(六道)의 여러 곳으로 향하여 가는 것을 여실하게 아는 힘이다. 지일체도지처상력(知一切道智處相力)·지일체지처도지력(知一切至處道智力)·지처도력(至處道力)이라고도 한다.

⑧ 숙주수념지력 (宿住隨念智力) 범 pūrve-nivāsānusmṛti-jñāna-bala
과거세의 갖가지 숙명을 꿰뚫어 보고 중생들이 어디서 나고 죽는지 그 성명과 수명은 어떠한지 등의 모든 일들을 여실하게 아는 힘이다. 지숙명무루지력(知宿命無漏智力)·숙명지력(宿命智力)·숙명력(宿命力)이라고도 한다.

⑨ 사생지력 (死生智力) 범 cyuty-upapatti-jñāna-bala
천안(天眼)을 통해 중생이 나고 죽는 시간과 장소, 미·추와 빈·부 등 선·악의 업연(業緣)을 여실하게 아는 힘이다. 지천안무애지력(知天眼無礙智力)·숙주생사지력(宿住生死智力)·천안력(天眼力)이라고도 한다.

⑩ 누진지력 (漏盡智力) 범 āsrava-kṣaya-jñāna-bala
일체의 번뇌와 습기를 끊음으로써 해탈과 열반을 성취하는 길을 여실히 아는 힘이다. 지영단습기지력(知永斷習氣智力)·결진력(結盡力)·누진력(漏盡力)이라고도 한다.

2. 사무소외 (四無所畏) 범 catvāri vaiśāradyāni

십팔불공법에서의 사무소외는 부처님께서 설법하실 때 거리낌 없으며 두려운 마음을 내지 않는 4가지 지력(智力)을 말한다. 특히 사무소외는 사성제(四聖諦)와 관련하여 각각의 진리를 설함에 있어서 두려움이 없는 것이다.

① 정등각무외 (正等覺無畏) 범 sarva-dharmābhisaṃbodhi-vaiśāradya

일체법에 대해 바르고 평등한 깨달음[正等覺]을 얻어 괴로움[苦]의 세계에 대해 설함에 있어서 두려움이 없는 것이다. 제법현등각무외(諸法現等覺無畏)·일체지무소외(一切智無所畏)·등각무외(等覺無畏)라고도 한다.

② 누영진무외 (漏永盡無畏) 범 sarvāsrava-kṣaya-jñāna-vaiśāradya

괴로움의 원인인 온갖 번뇌를 영구히 끊음을 설함에 있어서 두려움이 없는 것이다. 일체루진지무외(一切漏盡智無畏)·누진무소외(漏盡無所畏)·누진무외(漏盡無畏)라고도 한다.

③ 설장법무외 (說障法無畏)

범 antarāyika-dharmānanyathātva-niścita-vyākaraṇa-vaiśāradya

깨달음을 향한 수행에 장애가 되는 번뇌를 명확하게 가려내 설함에 있어서 두려움이 없는 것이다. 장법부허결정수기무외(障法不虛決定授記無畏)·설장도무소외(說障道無所畏)·장법무외(障法無畏)라고도 한다.

④ 설출도무외 (說出道無畏)

범 sarva-saṃpad-adhigamāya nairyāṇika-pratipat-tathātva-vaiśāradya

괴로움의 세계에서 벗어나는 바른 길을 설함에 있어서 두려움이 없는 것이다. 위증일체구족출도여성무외(爲證一切具足出道如性無畏)·설진고도무소외(說盡苦道無所畏)·출고도무외(出苦道無畏)라고도 한다.

3. 삼념주 (三念住) 범 trīṇi smṛty-upasthānāni

염주(念住)란 중생들이 부처님을 믿거나 믿지 않거나 부처님께서는 언제나 정념정지(正念正智)에 머물러 흔들림이 없는 것을 말한다. 구역(舊譯)에서는 삼념처(三念處)로 번역한다.

① 제일념주는 부처님이 설하신 진리를 중생들이 믿고 받아들여도 기뻐하는 마음을 내지 않고 정념정지에 안주하는 것이다.
② 제이념주는 부처님이 설하신 진리를 중생들이 믿지 않고 받아들이지 않아도 걱정하는 마음을 내지 않고 정념정지에 안주하는 것이다.
③ 제삼념주는 부처님이 설하신 진리를 어떤 중생들은 믿고 또 어떤 중생들은 믿지 않아도 그로 인해 기뻐하거나 근심하는 마음을 내지 않고 정념정지에 안주하는 것이다.

4. 대비 (大悲) 범 mahākaruṇā

대비는 커다란 동정(同情)을 뜻한다. 비(悲, karuṇā)는 불쌍히 여김을 뜻하지만 특히 중생이 받는 괴로움을 슬퍼하고 불쌍히 여겨 이를 제거해 주고자 하는 마음이다. 이에 대해 자(慈, maitrī)는 중생에게 기쁨을 주는 것이다. 그러므로 자비심은 중생의 괴로움을 없애주고 기쁨을 주려는[拔苦與樂] 마음이다. 또한 자·비·희·사(慈悲喜捨) 사무량심(四無量心)의 덕목을 이루기도 한다.

Ⅱ. 역사적 전개 및 텍스트별 용례

1. 초기불교에서 십팔불공법

① 『잡아함경』 제26권의 684경에서 설하고 있는 십력의 내용은 다음과 같다.

"부처님께서 비구들에게 말씀하셨다.
자세히 듣고 잘 생각해보아라. 마땅히 너희들을 위해 설명하리라. 여래·

응공·등정각은 일찍이 들어보지 못했던 법을 능히 스스로 깨달아 알았고, 현세의 몸으로 알아 삼보리(三菩提)를 증득하였으며, 미래 세상에서도 바른 법을 연설하여 모든 성문들을 깨우치리니, 이른바 4념처(念處)·4정단(正斷)·4여의족(如意足)·5근(根)·5력(力)·7각분(覺分 : 覺支)·8성도분(聖道分 : 正道) 등이다. 이것을 여래·응공·등정각이라고 한다. 이루지 못했던 범행(梵行)을 이루고, 그 길[道]을 잘 알고서 그 길을 잘 설명하여 대중들의 길잡이가 되었다. 그런 뒤에 성문들은 그 법(法)을 따르고 도(道) 따르기를 성취하여, 스승의 훈계와 가르침을 즐거이 받들어 바른 법을 잘 행하였으니, 이것을 여래·응공·등정각과 아라한 혜해탈(慧解脫)에 있어서의 갖가지 차별이라 하느니라. 또 다섯 가지 배움의 힘[五學力]과 여래의 열 가지 힘[如來十力]이 있다. 어떤 것을 배움의 힘이라고 하는가? 믿음의 힘[信力]·정진의 힘[精進力]·생각의 힘[念力]·선정의 힘[定力]·지혜의 힘[慧力]을 말한다.

어떤 것을 여래의 열 가지 힘이라고 하는가? 이른바 여래는 이치에 맞는 것[處]과 이치에 어긋나는 것[非處]을 참답게 아나니, 이것을 여래의 첫 번째 힘이라고 한다. 만일 이 힘을 성취하면 여래·응공·등정각은 과거 부처님의 가장 훌륭한 경계의 지혜를 얻고, 깨끗한 법륜(法輪)을 굴려 대중 가운데서 사자후(師子吼)를 외치느니라.

또 여래는 과거·미래·현재의 업법(業法)에 대하여 일의 인연과 그 과보 받는 것을 사실 그대로 아나니, 이것을 여래의 두 번째 힘이라고 한다. 만일 …… 또 여래·응공·등정각은 선정[禪]과 해탈(解脫)과 삼매(三昧)와 정수(正受)와 악에 물든 것을 맑고 깨끗하게 하여 경계의 청정함을 참답게 아나니, 이것을 여래의 세 번째 힘이라 한다. …… 또 여래는 중생들의 갖가지 근기[根]의 차별을 아나니, 이것을 여래의 네 번째 힘이라고 한다. …… 또 여래는 중생들의 갖가지 생각을 사실 그대로 아나니, 이것을 여래의 다섯 번째 힘이라고 한다. …… 또 여래는 세간 중생들의 갖가지 모든 경계를 사실 그대로 아나니, 이것을 여래의 여섯 번째 힘이라 한다. …… 또 여래는 모든 지극한 경계의 도를 아나니, 이것을 여래의 일곱 번째 힘이라고 한다. …… 또 여래는 과거 세상의 갖가지 일들을 기억한다. 한 생에서 백천 생에 이르기까지, 한 겁에서 백천 겁에 이르기까지, '나는 그 때 거기에 태어나서, 어떤 종족·어떤 성·어떤 이름이었고, 어떻게 먹었고 어떻게 괴로워하고 즐거워하였으며, 얼마나 오래 살았고 얼마나 오래 머물렀고 수명은 얼마였으며, 나는 거기서 죽어 여기에 태어났고 여기에 태어나서 저기에서 죽었으며,

이러한 행(行)과 이러한 원인[因]과 이러한 방법[方]이었다'라고, 과거의 일들을 다 사실 그대로 아나니, 이것을 여래의 여덟 번째 힘이라 한다. …… 또 여래는 사람 눈보다 깨끗한 천안(天眼)으로 중생들의 죽는 때와 태어나는 때, 아름다운 몸과 나쁜 몸, 천한 몸과 귀한 몸, 나쁜 곳에 태어남과 좋은 곳에 태어남, 업을 따라 과보(果報)를 받는다는 것을 다 사실 그대로 아나니, 즉 '이 중생은 몸[身]으로 나쁜 행을 성취하였고 말[口]과 뜻[意]으로 나쁜 행을 성취하였으며, 성현을 비방하고 삿된 견해의 업으로 인해 그 과보를 받게 될 것이다. 그 인연으로 몸이 무너지고 목숨이 끝난 뒤에는 나쁜 곳에 떨어져 지옥에 태어날 것이다. 이 중생은 몸으로 지은 착한 행과 말과 뜻으로 지은 착한 행으로 성현을 비방하지 않고 바른 견해의 업(業)을 받았다. 그 인연으로 몸이 무너지고 목숨이 끝난 뒤에는 천상과 같은 좋은 곳에 태어날 것이다'라는 것을 모두 사실 그대로 아나니, 이것을 여래의 아홉 번째 힘이라고 한다. …… 여래는 모든 번뇌[漏]가 이미 다하여, 번뇌가 없는 심해탈(心解脫)·혜해탈(慧解脫)하고, 현세에서 스스로 자신이 증득한 줄을 알아 '나의 생은 이미 다하였고, 범행(梵行)은 이미 섰으며, 할 일을 이미 다 마쳐, 다시는 후세의 몸[後有]을 받지 않는다'라고 스스로 아나니, 이것을 여래의 열 번째 힘이라고 한다. …… 이러한 열 가지 힘은 오직 여래만이 성취하신 것이므로, 이것을 여래와 성문의 갖가지 차별이라고 하느니라."[1]

② 『증일아함경』 제42권 「결금품」46에서 설하고 있는 십력의 내용은 다음과 같다.

"여래는 십력을 성취하고, 사무소외(四無所畏)를 얻어 대중 가운데서 사자처럼 외치느니라. 십력이란 무엇인가? 이에 여래는 옳은 것도 사실 그대로 알고 그른 것도 사실 그대로 안다. 또 여래는 어디서나 다른 중생들이 인연에 의하여 받는 그 과보를 안다. 또 여래는 여러 가지 계(界)와 여러 가지 지(持)과 여러 가지 입(入)을 사실 그대로 안다. 또 여래는 여러 가지 해탈과 한량없는 해탈을 사실 그대로 안다. 또 여래는 다른 중생들의 지혜의 많고 적음을 사실 그대로 아느니라.

또 여래는 다른 중생들의 마음속 생각을 사실 그대로 안다. 즉 욕심이 있으면 욕심이 있는 줄을 알고, 욕심이 없으면 욕심이 없는 줄을 안다. 성내는

---

1 『雜阿含經』 권26 (『大正藏』 2권, 186중26-187중6)

마음이 있으면 성내는 마음이 있는 줄을 알고, 성내는 마음이 없으면 성내는 마음이 없는 줄을 안다. 어리석은 마음이 있으면 어리석은 마음이 있는 줄을 알고, 어리석은 마음이 없으면 어리석은 마음이 없는 줄을 아느니라. 사랑하는 마음이 있으면 사랑하는 마음이 있는 줄을 알고, 사랑하는 마음이 없으면 사랑하는 마음이 없는 줄을 안다. 집착하는 마음이 있으면 집착하는 마음이 있는 줄을 알고, 집착하는 마음이 없으면 집착하는 마음이 없는 줄을 안다. 어지러운 마음이 있으면 어지러운 마음이 있는 줄을 알고, 어지러운 마음이 없으면 어지러운 마음이 없는 줄을 안다. 흐트러지는 마음이 있으면 흐트러지는 마음이 있는 줄을 알고, 흐트러지는 마음이 없으면 흐트러지는 마음이 없는 줄을 안다. 마음이 좁으면 마음이 좁은 줄을 알고, 마음이 좁지 않으면 마음이 좁지 않은 줄을 안다. 마음이 넓으면 마음이 넓은 줄을 알고, 마음이 넓지 않으면 마음이 넓지 않은 줄을 안다. 한량없는 마음이면 한량없는 마음인 줄을 알고, 한량이 있는 마음이면 한량이 있는 마음인 줄을 안다. 안정된 마음이면 안정된 마음인 줄을 알고, 안정되지 않은 마음이면 안정되지 않은 마음인 줄을 안다. 해탈한 마음이면 해탈한 마음인 줄을 알고, 해탈하지 않은 마음이면 해탈하지 않은 마음인 줄을 아느니라.

또 여래는 나아가는 모든 마음의 길을 안다. 1생·2생·3생·4생·5생·10생·50생·1백 생·천 생·억백천 생·한량없는 생과 이루어지는 겁·무너지는 겁을 알며, 한량없이 이루어지고 무너지는 겁 동안에 '나는 옛날 저기서 태어났다. 이름은 이러했고, 자는 이러했으며, 어떤 음식을 먹었다. 어떤 괴로움과 즐거움을 겪었으며, 수명은 얼마나 길고 짧았으며, 여기서 죽어 저기서 태어나고 저기서 죽어 여기서 태어났다'는 등 이러한 무수한 전생 일을 스스로 기억하느니라.

또 여래는 중생들의 나고 죽는 곳을 안다. 천안(天眼)으로 중생들을 관찰하여 심은 행에 따른 좋은 몸과 나쁜 몸, 좋은 세계와 나쁜 세계를 다 아느니라. 즉 어떤 중생이 몸과 입과 뜻으로 악을 행하고 성현을 비방하며 삿된 소견의 업을 지어 몸이 무너지고 목숨이 끝난 뒤에 지옥에 태어나고, 또 어떤 중생은 몸과 입과 뜻으로 선을 행하고 성현을 비방하지 않으며 항상 바른 소견을 행하여 몸이 무너지고 목숨이 끝난 뒤에 천상의 좋은 곳에 태어나는 것을 사실 그대로 안다. 이것이 이른바 천안이 청정하여 중생들이 나아가는 행을 관찰한다는 것이니라.

다시 여래는 번뇌가 없어지고 번뇌가 없게 되어 마음이 해탈하고 지혜로 해탈하여, '삶과 죽음은 이미 다하고 범행은 이미 섰으며, 할 일을 이미 마쳐 다시는 몸을 받지 않는다'고 사실 그대로 안다.

이것이 이른바 '여래는 십력이 있고, 집착이 없으며, 네 가지 두려움 없음을 얻어 대중 가운데서 사자처럼 외쳐 법륜을 굴린다'는 것이니라.

여래가 얻은 네 가지 두려움 없음이란 무엇인가? 여래는 등정각(等正覺)을 이루었다고 말하려 하는데, 만일 어떤 중생이 그저 지식이 있는 자라고 말하려 한다면 그것은 잘못이다.

또 만일 어떤 사문이나 바라문이나 하늘이나 혹은 하늘의 악마가 찾아와 번뇌를 완전히 없애지 못한 자라고 말하려 한다면 그것은 잘못이다. 그것이 잘못이기 때문에 여래는 곧 안온을 얻느니라.

또 내가 연설하는 법은 성현들이 괴로움을 벗어나는 길로서 사실 그대로 괴로움을 끝까지 다하는 것인데, 사문이나 바라문이나 하늘이나 하늘의 악마가 찾아와 괴로움을 끝까지 다하지 못한다고 말하려 한다면 그것은 잘못이다. 그것이 잘못이기 때문에 여래는 곧 안온을 얻느니라.

또 내가 말하는 안의 법[內法]이란 나쁜 세계에 떨어뜨리는 것인데 만일 어떤 사문이나 바라문이 찾아와 그렇지 않다고 말하려 한다면 그것은 잘못이다. 비구들아, 이것이 이른바 네 가지 두려움이 없다는 것이니라.

만일 어떤 외도 이학이 '저 사문 구담은 어떤 힘이 있고 어떤 두려움이 없기에 스스로 집착이 없는 가장 높은 이라고 일컫는가'고 말하거든 너희들은 이 십력을 가지고 그들에게 대답하라.

또 만일 어떤 외도 이학이 다시 '우리도 십력을 성취하였다'고 말하거든 너희 비구들은 다시 그들에게 '너는 어떤 십력을 가졌느냐'고 물어보아라. 그 때 그 외도 이학들은 대답하지 못하고 결국 의혹만 더하게 될 것이다. 왜냐 하면 여래를 제외하고는, 네 가지 두려움 없음을 얻었다고 스스로 일컬을 수 있는 어떤 사문 바라문도 보지 못했기 때문이니라. 그러므로 비구들아, 너희들은 마땅히 방편을 구해 십력과 네 가지 두려움 없음을 성취하도록 해야 한다. 비구들아, 꼭 이와 같이 공부해야 하느니라."[2]

---

2 『增壹阿含經』 권42 (『大正藏』 2권, 776중14-777상14)

2. 부파불교에서 십팔불공법

세친의 『아비달마구사론(阿毘達磨俱舍論)』 권제27에 의하면, 십팔불공법은 '지(智)'에 의해 성취되는 부처님의 불공(不共)의 공덕으로서 처음으로 성불(成佛)하여 진지(盡知)를 얻는 지위에서 불공의 불법(佛法)을 닦는데, 여기에 십력·사무소외·삼념주·대비의 18종이 있다고 한다.[3] 십팔불공법은 오로지 모든 부처님께서 진지를 일으킬 때 닦는 것으로, 그 밖의 다른 성자는 닦는 일이 없기 때문에 '불공(不共)'이라고 한다.

십력의 자성(自性)에 대해서는 다음과 같이 설명되고 있다.

첫째는 처비처지력(處非處智力)으로, 이것은 다 같이 여래의 십지(十智)를 본질[性]로 한다. 둘째는 업이숙지력(業異熟智力)으로, 이것은 여덟 가지의 지를 자성으로 삼으니, 이를테면 멸지와 도지를 제외한 그것이다. 셋째는 정려·해탈·등지·등지지력(靜慮解脫等持等至智力)이며, 넷째는 근상하지력(根上下智力)이며, 다섯째는 종종승해지력(種種勝解智力)이며, 여섯째는 종종계지력(種種界智力)이니, 이와 같은 네 가지 힘은 모두 오로지 멸지를 제외한 아홉 가지의 지를 본질로 한다.

일곱째는 변취행지력(遍趣行智力)이니, 그 뜻에 두 가지가 있다. 즉 이것이 만약 단지 온갖 능취(能趣)의 도만을 소연의 경계로 삼는 것이라고 한다면 멸지를 제외한 아홉 가지 지를 본질로 하며, 만약 이와 아울러 소취(所趣)의 과(果)도 역시 소연의 경계로 삼는 것이라고 한다면 10지를 본질로 하는 것이다. 여덟째는 숙주수념지력(宿住隨念智力)이며, 아홉째는 사생지력(死生智力)으로, 이와 같은 두 가지 힘은 모두 세속지를 본질로 한다.

열째는 누진지력(漏盡智力)으로, 그 뜻에 두 가지가 있다. 즉 이것이 만약 단지 누진만을 소연의 경계로 삼는 것이라고 한다면 도지와 고·집지와 타심지를 제외한 여섯 가지의 지를 본질로 하며, 만약 이와 아울러 누진의 소의신 중에 획득된 공덕[즉 누진의 방편]을 소연의 경계로 삼는 것이라고 한다면 십지를 자성으로 삼는다.

십력의 소의지(所依地)에 대해서는 다음과 같이 설명하고 있다.

여덟 번째와 아홉 번째의 힘[숙주수념지력과 사생지력]은 사정려(四靜

---

3 이하 십팔불공법에 대한 세친의 해석은 『阿毘達磨俱舍論』 권27 (『大正藏』, 29권, 140상25-141상28) 참조.

慮)에 의지하여 일어나며, 그 밖의 여덟 가지 힘은 모두 열 한 가지 지(地)에 의지하여 일어나니, 여기서 열 한 가지 지라고 함은 욕계와 사정려와 미지정과 중간정과, 그리고 사무색정(四無色定)을 말한다.

십력의 소의신(所依身)은 모두 남섬부주에서 태어난 남성의 불신(佛身)에 의지하여 일어난다.

십지를 '힘[力]'이라고 하는 이유는 일체의 앎의 대상[所知境]에 대해 지(智)가 어떠한 장애도 없이 일어나기 때문에 그것을 일컬어 '힘'이라고 하였다. 이 같은 사실로 볼 때 십력은 오로지 불신(佛身)에 의지하여서만 일어나는 것으로, 오로지 부처님만이 이미 모든 번뇌와 그 습기(習氣)를 제거하였고, 일체의 경계에 대해 알고자 하는 대로 능히 알지만, 그 밖의 다른 성자는 이와는 다르기 때문에 '힘'이라 이름하지 않은 것이다. 예컨대 사리자(舍利子)는 득도하기를 희구하는 이를 저버렸으며,매에게 쫓기는 비둘기의 전제와 후제의 생의 많고 적음에 대해 능히 관찰하여 알지 못하였다는 사실 따위가 그러한 것이다.

부처님의 색신이 지닌 힘은 나라연(那羅延)과 같다.

"부처님의 색신의 사지와 마디마디에는 모두 나라연의 힘을 갖추고 있다"고 하고, "모든 여래의 색신의 힘은 가이없으니, 마치 마음의 힘과도 같다. 만약 그렇지 않다고 한다면 모든 부처님의 색신은 마땅히 가이없는 마음의 힘을 능히 지닐 수 없기 때문이다"고 한다. 즉 대각(大覺)과 독각과 전륜왕의 사지와 마디가 서로 이어져 있는 것은, 그 순서대로 마치 용이 하늘에 오르기 전에 땅에 서려 얽혀 있는 것[蟠結]과 흡사하고, 서로 연이어 물고 있는 것과 흡사하며, 서로를 끌어당기고 있는 것과 흡사하다. 따라서 이 세 가지를 서로 견주어 보면, 그 힘에 수승함과 저열함이 있는 것이다.

나라연의 힘은 코끼리 등의 일곱 가지의 힘을 각기 열 배씩 증가시킨 것으로, 이를테면 보통의 코끼리인 범상(凡象)과 향상(香象)과 마하낙건나(摩訶諾健那)와 발라색건제(鉢羅塞建提)와 벌랑가(伐浪伽)와 차노라(遮怒羅)와 나라연이 그것이니, 뒤의 것일수록 그 힘은 앞의 것보다 열 배씩 증가하는 것이다. 그런데 어떤 이는 설하기를, "앞의 여섯 가지는 열 배씩 증가하지만, 그것은 나라연의 반신(半身)의 힘에 필적할 뿐이며, 이러한 힘의 천 배가되어야 나라연의 힘을 성취한다"고 하였다.

이러한 여러 설 중에서 오로지 그 양이 많다고 하는 것이 이치에 맞을 것이다. 그리고 이와 같은 색신의 힘은 촉처(觸處)를 본질[性]로 하니, 이를테면 소조촉(所造觸) 중의 대종(大種)의 차별이다. 그러나 어떤 이는 설하기를, "이는 소조촉(所造觸)으로, 일곱 가지를 떠나 그밖에 별도로 존재하는 것이다"고 하였다.

사무외(無畏, vaisaradya)의 상의 차별은 다음과 같이 설명된다. 즉 첫째는 정등각무외(正等覺無畏)로서 십지(智)를 본질로 하니, 이를테면 첫 번째 힘[처비처지력]과 같다. 둘째는 누영진무외(漏永盡無畏)로서 여섯 가지의 지와 십지를 본질로 하니, 이를테면 열 번째 힘[누진지력]과 같다. 셋째는 설장법무외(說障法無畏)로서 여덟 가지의 지를 본질로 하니, 이를테면 두 번째 힘[업이숙지력]과 같다. 넷째는 설출도무외(說出道無畏)로서, 아홉 가지의 지와 십지를 본질로 하니, 이를테면 일곱 번째 힘[변취행지력]과 같다.

지(智)에 대해 '무외(無畏)'라는 명칭을 설정할 수 있는이유는 이 같은 '무외'라는 말은 두려워함이 없다는 사실에 근거한 것으로, 지(智)가 있기 때문에 그 무엇도 두려워하지 않게 되는 것이다. 따라서 무외라고 하는 말은 온갖 '지' 그 자체에 근거한 것이다. 이치상으로 볼 때 실로 무외는 바로 '지'에 의해 성취된 것으로, 그 자체가 바로 '지'라고 말해서는 안 된다.

삼념주(念住, smrtyupasthana)의 상의 차별에 대해서는 다음과 같이 설명된다.

삼념주의 본질은 염(念)과 혜(慧)로서, 따르고 어기고 둘 모두를 소연으로 한다[三念住念慧 緣順違俱境]. 부처가 지닌 3념주는 경에서 널리 설하고 있는 바와 같다. 즉 모든 제자들이 한결같이 공경하고, 능히 올바로 수지(受持)하여 행하더라도 여래는 그것을 소연으로 삼아 기쁨을 낳지 않으며, 사기(捨棄)하고서 정념(正念)과 정지(正知)에 안주하니, 이것을 여래의 첫 번째 염주라고 한다.

또한 모든 제자들이 오로지 공경하지 않고, 올바로 수지하여 행하지 않더라도 여래는 그것을 소연으로 삼아 근심을 낳지 않으며, 사기하고서 정념과 정지에 안주하니, 이것을 여래의 두 번째 염주라고 한다. 또한 모든 제자들 중의 어떤 부류는 공경하고 능히 올바로 수지하여 행하며, 어떤 부류는 공경하지 않고 올바로 수지하여 행하지 않더라도 여래는 그것을 소연으로 삼아 기뻐하거나 근심하지 않으며, 사기하고서 정념과 정지에 안주하니, 이것을 여래의 세 번째 염주라고 한다.

이러한 3념주는 모두 염(念)과 혜(慧)를 본질로 한다. 성문들도 세 가지

경계에 대해 기쁨과 근심과 양자 모두를 떠났지만, 어떻게 이것만을 불공(不共)의 불법(佛法)이라고 하는 이유는 부처님만이 이것에 대한 습기(習氣)를 아울러 끊을 수 있기 때문이다. 혹은 모든 제자들은 여래를 따르거나 그에게 소속되어 있기에 그를 따르고[順: 공경하고 수지하여 행하는 것] 어기고[違: 공경하지도 않고 수지하여 행하지도 않는 것], 두 가지 모두를 행할 경우에는 마땅히 깊이 기뻐하고 근심해야 할 것이지만, 부처님께서는 능히 그것을 일으키지 않으니, 참으로 희유하고도 기특하다고 할 수 있다. 그러나 모든 제자들은 [여래의 제자로서] 성문에 소속된 것이 아니기 때문에 [그를 따르고 어기고, 두 가지 모두를 행할 때 기쁨과 근심을] 일으키지 않았을지라도 그것은 기특한 일이 아니다. 그래서 오로지 부처의 그것만을 '불공'이라고 일컬을 수 있는 것이다.

대비(大悲)는 오로지 세속지로서 자량과 행상과 경계와 평등과 상품(上品)으로 인해 '대'이며 여덟 가지 이유로 인해 '비'와는 다르다[大悲唯俗智 資量行相境 平等上品故 異悲由八因]. 여래의 대비(大悲)는 세속지를 본질로 하니, 만약 그렇지 않다고 한다면 공유(共有)의 법인 비(悲)와 마찬가지로 능히 일체의 유정을 소연으로 삼을 수 없을 것이며, 또한 역시 세 가지 괴로움의 행상[즉 苦苦·行苦·壞苦]도 능히 지을 수 없을 것이다.

이러한 '대비'라고 하는 명칭은 다음과 같은 의미에 근거하여 설정된 것이다. 다섯 가지 뜻에 근거하였기 때문에 여기에 '대'라고 하는 명칭을 설정하였다. 첫째는 자량(資糧)으로 말미암아 '대'라고 한 것이니, 이를테면 크나큰 복덕과 지혜의 자량에 의해 성취된 것이기 때문이다. 둘째는 행상(行相)으로 말미암아 '대'라고 한 것이니, 이를테면 이러한 힘은 능히 세 가지 괴로움의 경계에 대해 행상을 짓기 때문이다. 셋째는 소연으로 말미암아 '대'라고 한 것이니, 이를테면 이것은 모두 3계의 유정을 소연으로 삼기 때문이다. 넷째는 평등(平等)으로 말미암아 '대'라고 한 것이니, 이를테면 이것은 일체의 유정에 대해 평등한 이익과 안락을 짓는 것이기 때문이다. 다섯째는 상품(上品)으로 말미암아 '대'라고 한 것이니, 이를테면 이것은 최상품으로서, 다른 어떠한 비(悲)도 능히 이에 견줄 만한 것이 없기 때문이다. 즉 이러한 대비와 '비'가 다른 것은 여덟 가지 이유 때문이다.

첫째는 자성의 차이에 의한 것이니, 무치(無癡)와 무진(無瞋)으로 자성이 다르기 때문이다. 둘째는 행상의 차이에 의한 것이니, 세 가지의 고(苦)와 한 가지의 고를 대상으로 하여 행상을 짓는 것이 다르기 때문이다. 셋째는 소연의 차이에 의한 것이니, 3계와 1계를 소연으로 삼는 것이 다르기 때문이다. 넷째는 소의지의 차이에 의한 것이니, 제4정려와 그 밖의 정려지에 의지하여 일어나는 것이 다르기 때문이다. 다섯째는 소의신의 차이에 의한 것이니, 오로지 부처의 몸과 부처 이외의 몸에 의지하여 일어나는 것이 다르기 때문이다. 여섯째는 증득의 차이에 의한 것이니, 유정지와 욕계를 떠나 증득하는 것이 다르기 때문이다. 일곱째는 구제(救濟)의 차이에 의한 것이니, 사업의 성취와 희망으로서의 구제가 다르기 때문이다. 여덟째는 애민(哀愍)의 차이에 의한 것이니, 불평등과 평등으로서 애민이 다르기 때문이다.

부처님의 공덕이 그 밖의 다른 유정과는 다르다는 것은 위와 같다. 다음으로 모든 부처님을 서로 비교하여 보면 다음과 같이 설명된다. 자량과 법신과 이타에 의거할 경우 모든 부처님의 법은 서로 유사하지만 수명·종성·족성·크기 등에 있어서는 모든 부처님의 법에 차별이 있다[由資量法身 利他佛相似 壽種性量等 諸佛有差別]. 세 가지 사실로 말미암아 모든 부처님[諸佛]은 다 동등하다. 즉 첫째로는 자량으로 말미암아 동등하니, 그것을 원만히 하였기 때문이다. 둘째로는 법신(法身)으로 말미암아 동등하니, 그것을 성취하였기 때문이다. 셋째로는 이타(利他)로 말미암아 동등하니, 그것이 구경(究竟)에 이르렀기 때문이다. 모든 부처님을 서로 비교하여 보면, 수명과 종성과 족성과 신체의 크기 등의 차이로 말미암아 차별이 있을 수 있다. 여기서 수명의 차이란 부처님의 수명에 길고 짧음이 있는 것[백 세에서 2만 세]을 말하며, 종성의 차이란 부처님이 찰제리(刹帝利: 크샤트리야를 말함)와 바라문(婆羅門)의 종성에서 태어나는 것을 말하며, 족성의 차이란 부처님의 족성이 고타마(喬答摩, Gautama)나 카샤파(迦葉波, Kasyapa) 등인 것을 말하며, 크기의 차이란 부처님의 색신에 크고 작음이 있는 것을 말한다. 또한 [본송에서] '등'이라고 말한 것은 모든 부처님의 법이 세상에 머문 지가 오래되고 얼마 되지 않은 등의 차이를 나타낸다. 그리고 모든 부처님에게 이와 같은 차이가 있는 것은, 그들이 세상에 출현할 때 교화될 유정의 근기가 다르기 때문이다. 나아가 지혜 있는 모든 이는 여래의 세 가지 종류의 원덕(圓德)을 사유하여 깊이 애호하고 공경하여야 할 것이다.

그러한 세 가지 원덕은 다음과 같다. 첫째는 인원덕(因圓德)이며, 둘째는 과원덕(果圓德)이며, 셋째는 은원덕(恩圓德)이다. 처음의 인원덕에는 다시 네 가지 종류가 있다. 첫째는 무여수(無餘修)이니, 복덕과 지혜 두 종류의 자량을 남김없이 닦았기 때문이다. 둘째는 장시수(長時修)이니, 3대겁(大劫)의 아승기야(阿僧企耶, 혹은 3아승기겁)를 거치면서 게으름이 없이 닦았기 때문이다. 셋째는 무간수(無間修)이니, 정근함이 용맹하여 찰나찰나에 그만두는 일이 없이 닦았기 때문이다. 넷째는 존중수(尊重修)이니, 배워야 할 법을 공경하여 [신명을] 돌보거나 아끼는 일이 없었으며, 태만함이 없이 닦았기 때문이다.

다음으로 과원덕에도 역시 네 가지 종류가 있는데, 첫째는 지원덕(智圓德)이며, 둘째는 단원덕(斷圓德)이며, 셋째는 위세원덕(威勢圓德)이며, 넷째는 색신원덕(色身圓德)이다. 지원덕에도 네 가지 종류가 있는데, 첫째는 무사지(無師智)이며, 둘째는 일체지(一切智)이며, 셋째는 일체종지(一切種智)이며, 넷째는 무공용지(無功用智)이다. 단원덕의 네 가지 종류는, 첫째는 일체번뇌단(一切煩惱斷)이며, 둘째는 일체정장단(一切定障斷)이며, 셋째는 필경단(畢竟斷)이며, 넷째는 병습단(并習斷)이다. 위세원덕의 네 가지 종류는, 첫째는 외적 경계를 화생(化生)하고 변화시키며, 오래 머물게[住持] 하는 데 자유자재한 위세이며, 둘째는 수명의 양을 혹은 줄이고 혹은 늘이는 데 자유자재한 위세이며, 셋째는 허공이나 장애가 있는 곳이나 지극히 먼 곳을 신속히 가며, 작은 것과 큰 것이 서로에게 들어가게 하는 데 자유자재한 위세이며, 넷째는 세간의 여러 가지 사물의 본성으로 하여금 법이(法爾)로서 일어나게 하여 이전보다 뛰어나게 하는 희유하고도 기특한 위세이다. 위세원덕에는 다시 네 가지 종류가 있으니, 첫째는 교화하기 어려운 이를 반드시 능히 교화하는 것이며, 둘째는 어려운 질문에 답변하여 반드시 의심을 풀어 주는 것이며, 셋째는 교법을 세워 반드시 출리(出離)하게 하는 것이며, 넷째는 악한 무리들을 반드시 능히 조복시키는 것이다. 색신원덕에도 네 가지 종류가 있으니, 첫째로는 온갖 상(相)을 갖춘 것이며, 둘째로는 수호(隨好)를 갖춘 것이며, 셋째로는 큰 힘[大力]을 갖춘 것이며, 넷째로는 안으로는 신체의 골격이 견고하여 금강석보다 뛰어나며, 밖으로는 신비한 광명을 발하니, 그 밝기가 백천 개의 태양보다 더하다. 마지막으로 은원덕에도 역시 네 가지 종류가 있으니, 이를테면 3악취[지옥·아귀·축생]와 생사를 영원히 해탈하게 하거나, 혹은 능히 선취[인·천취]와 3승[성문·연각·불]으로 안치(安置)하는 것을 말한다.

여래의 원덕을 전체적으로 설하면 이상과 같다. 그러나 만약 개별적으로 분석할 경우 가이없는 무변(無邊)의 원덕이 있으니, 그것은 오로지 불세존만이 능히 아시고, 능히 설하실 수 있다. 요컨대 목숨[命行]을 연장하여 수많은 대겁의 아승기야를 거쳐야만 비로소 그것을 다 설할 수 있는 것이다. 이와 같은 사실은 바로 불세존의 색신이 수승하고도 기특한 무변의 인원덕(因圓德)과 과원덕(果圓德)과 은원덕(恩圓德)을 갖추고 있으며, 이는 마치 크나큰 보배의 산[大寶山]과 같음을 나타낸다. 따라서 어리석은 모든 범부들은 그 자신이 여러 덕을 결여하였기에 비록 이와 같은 부처가 지닌 공덕의 산과 그가 설한 법을 들었을지라도 능히 믿고 존중하지 않는다. 그러나 지혜 있는 모든 이는 이와 같이 설하는 것을 듣고서 믿고 존중하는 마음을 낳으며, 그것은 골수에까지 사무치게 되니, 그는 이 같은 한 찰나의 믿고 존중하는 지극한 마음으로 말미암아 가이없는 부정(不定)의 악업을 전멸(轉滅)하고, 수승한 인(人)·천(天)의 열반을 섭수하게 된다. 그래서 경에서는 "여래는 세간에 출현하시자마자 모든 지자(智者)들의 무상(無上)의 복전(福田)이 되었다"고 설하고 있는 것이다. 즉 그에게 의지하여서만 헛되지 않고, 참으로 애호할 만하며, 수승하고, 신속하며, 궁극적인 구경의 과보를 인기하여 낳을 수 있기 때문이다. 세존에게는 다시 이루 헤아릴 수 없는 공덕이 있어 그 밖의 다른 성자나 이생과도 공통되니, 이를테면 무쟁(無諍)과 원지(願智)와 무애해(無碍解)와 6통(通)과 4정려와 4무색정과 8등지(等至)와 3등지(等持)와 4무량(無量)과 8해탈과 8승처(勝處)와 10변처(遍處) 등이 바로 그것이다. 이는 각기 상응하는 바에 따르니, 이를테면 앞의 세 가지는 오로지 다른 성자와 공통되는 공덕이며, 6통과 4정려 등은 이생과도 역시 공통되는 공덕이다.

3. 대승불교에서 십팔불공법

또한 『대지도론(大智度論)』 권26을 비롯한 대승경전에서는 다음과 같은 십팔불공법을 들고 있다.[4]

① 신무실(身無失) ② 구무실(口無失) ③ 의무실(意無失)의 세 가지는 신·구·의(身口意) 삼업(三業)에 대해 잘못됨이 없는 것이다.

④ 무이상(無異想)은 중생에 대한 평등심을 말한다.

⑤ 무부정심(無不定心)은 선정에 의한 마음의 안정이다.

4 『大智度論』 권26 (『大正藏』 25권, 247중11-256중4) 참조.

⑥ 무부지이사(無不知已捨)는 모든 것을 포용하며 버림이 없는 마음이다.

⑦ 욕무감(欲無減) ⑧ 정진무감(精進無減) ⑨ 염무감(念無減) ⑩ 혜무감(慧無減) ⑪ 해탈무감(解脫無減) ⑫ 해탈지견무감(解脫知見無減)은 중생을 제도함에 있어 욕·정진·염·혜·해탈·해탈지견의 여섯 가지에 대해 감퇴함이 없는 것이다.

⑬ 일체신업수지혜행(一切身業隨智慧行) ⑭ 일체구업수지혜행(一切口業隨智慧行) ⑮ 일체의업수지혜행(一切意業隨智慧行)의 세 가지는 중생을 제도함에 있어 지혜의 힘으로써 신·구·의 삼업을 나타내는 것이다.

⑯ 지혜지견과거세무애무장(智慧知見過去世無礙無障) ⑰ 지혜지견미래세무애무장(智慧知見未來世無礙無障) ⑱ 지혜지견현재세무애무장(智慧知見現在世無礙無障)의 세 가지는 과거·미래·현재의 모든 일에 대해 통달하여 막힘이 없는 것이다.

또한 대승불교에서는 따로 보살의 사무소외를 시설하기도 한다. 『대지도론』에서는 다음과 같은 보살의 사무외를 시설하고 있다.

① 능지무외(能持無畏)는 교법을 듣고 명구문(名句文)과 그 의리(義理)를 잊지 아니하여 남에게 가르치면서 두려워 하지 않는 것이다.
② 지근무외(知根無畏)는 대기(對機)의 근성이 예리하고, 우둔함을 알고, 알맞는 법을 말해 주어 두려워하지 않는 것.
③ 결의무외(決疑無畏)는 다른 이의 의심을 판결하여 적당한 대답을 하여 두려워하지 않는 것.
④ 답보무외(答報無畏)는 여러 가지 문난(問難)에 대하여 자유자재하게 응답하여 두려워하지 않는 것.

Ⅲ. 인접개념과의 관계 및 현대적 논의

십팔불공법은 초기불교에서 불신관(佛身觀)을 이루는 중요한 개념이다. 무상정등각(無上正等覺)을 이룬 부처님이 여타 중생들과 차별되는 신체적인 덕성은 삼십이상(三十二相)과 팔십종호(八十種好)이고 정신적인 덕성은 십팔불공법으로 표현된다.

원시불교시대에는 부처라고 하면 곧 석가모니를 의미했고 그의 제자들에게 부처란 오직 석가모니 한 사람 뿐이었다. 그러나 대승불교에 이르는 동안 불타관에는 많은 변화가 있었다. 석가모니의 입멸(入滅) 후 그의 제자들은 부처는 오랜 수행의 과보(果報)로 얻은 덕상(德相) 즉 신체적 특징인 삼십이상·팔십종호를 갖추고 정신적인 덕성인 십력·사무소외·삼념주·대비의 십팔불공법을 성취했다고 보았다. 대승불교의 초기까지 이러한 부처의 본체, 즉 불신(佛身)은 생신(生身)과 법신(法身)이 결합된 것이라고 보았다. 생신은 석가모니의 육신을 말하는 것으로 색신(色身)이라고도 하며, 법신은 부처의 본성이자 그가 얻은 진리(法)를 말한다. 이와 같은 2신설(二身說)은 대승불교의 교리가 발전함에 따라 법신불(法身佛)·보신불(報身佛)·화신불(化身佛)의 3신설(三身說)로 전개되었다. 법신불은 위의 법신사상이 발전된 것으로 항구불변하는 진리 그 자체로서의 부처를 말한다. 『화엄경(華嚴經)』과 『대일경(大日經)』 등에서 주불(主佛)로 등장하는 비로자나불(毘盧遮那佛)은 상징적인 법신불이다. 보신불은 한량없는 수행과 정진의 과보로서 주어진 부처를 말하는데, 전생에 법장비구였을 때 48가지의 서원(誓願)을 세우고 오랜 수행을 통해 부처가 된 아미타불(阿彌陀佛)은 보신불의 대표적인 예이다. 화신불은 중생의 바램에 응하여 여러 가지로 몸을 나타내어 그들을 교화하는 부처를 말한다. 석가모니부처와 같이 구체적으로 나타난 모든 부처는 곧 화신불이며 때로는 현실 속에서 보살·왕·연꽃·바위 등과 같이 꾸밈없는 사물 그 자체로 나타난다. 이와 같은 3신(三身)은 하나인 부처의 본체가 3가지로 나타난 작용이며 따라서 모든 부처는 법신이자 보신이며 동시에 화신인 것이다. 대승불교의 유식학파(唯識學派)에서는 자성신(自性身)·수용신(受用身)·변화신(變化身)의 3신을 말하는데 이는 각각 법신·보신·화신에 대응되며 그 개념도 대체로 비슷하다. ❀

류승주 (연세대)

회향

[범] pariṇāma [빠] pariṇāma [장] yongs su bsngo-ba [한] 廻向
[영] transformation into, development

Ⅰ. 어원적 근거 및 개념 풀이

'회향'은 범어로는 pariṇāma(남성명사) 또는 pariṇāmanā(여성명사)이고, 빠알리어로는 pariṇāma이다.

서장어로는 yongs su bsngo-ba[1] 또는 bsṅo-ba[2], 중국어로는 廻向 또는 回向, 영어로는 change, alteration, transformation into, development로 번역된다. Sanskṛt-English dictionary에 의하면, pariṇāma는 pari와 √nam으로 나누어진다. pari는 부사일 때, 영어인 round, fully, abundantly의 의미인 '주위에', '완전히', '풍부하게', '충분히'의 뜻을 나타낸다. 그리고 √nam은 영어의 to bound, bow to, submit, submit one's self로 '~으로 향하여 구부린' '~으로 굽힌', '~으로 기울인', '~을 좇는'의 뜻을 나타내어,[3] 결국

1 橫山紘一·光澤隆之 編,『梵藏漢對照 佛教語辭典』, 1997, 169면.
2 Lokesh Chandra, Tibetan-Sanskrit Dictionary, New Delhi,1959(Reprint, Kyoto, 1976), 2192면, 651면.

pariṇāma의 어원적 의미는 '방향을 바꾸는 것', '완전으로 향하는 것', '변화시키는 것'이 된다. 그러므로 pariṇāma는 일반적으로 변경·변화·성숙·발전·(음식물의) 변질 또는 소화·결과·종점·최종의 상태·최후·숙성(熟成)의 뜻으로 쓰이며, 불전(佛典)에서는 전변(轉變)·개변(改變)·전이(轉移)·회향(廻向)·회향(回向)으로 번역된다. 이 외에 pariṇāmayati는 pariṇāma의 사역 동사 '성숙시키다', '향하게 하다'의 의미이다. 여기에서 파생한 중성명사 pariṇāmana 또한 한역에서 회향으로 번역하고 있다.[4]

빠알리어인 pariṇāma는 빠알리어 경전에서 '소화(消化)', '변화(變化)'라는 의미와 '전이(轉移)하는 것', '방향을 바꾸는 것'의 의미로 사용되고 있다. 이 빠알리어의 의미는 대승불교의 pariṇāmanā와 동일하지만, 빠알리어 경전에서 이 말은 대승불교에서와 같이 종교적 의의를 가진 전문술어가 아니라 일상 언어로 사용되고 있다. 이것보다는 오히려 빠알리어 경전의 동사 ādisati(어근은 ā-√diś, 때로는 ud-√diś, anu-ā-√diś)가 대승불교에서의 pariṇāmana의 동사형 pariṇāmayati와 유사한 의미로 쓰이고 있다.[5] 또한 유덕한 승려나 교단에 공물을 보시하여, 그 공덕을 신(神) 등에게 전이(轉移)·회향하는 것으로 빠알리어 경전에서는 pariṇāmayati 대신 ādisati를 사용했지만 그 사상은 대승불교와 동일한 공덕의 전이이다.

회향이라고 하는 말의 의미에 대해서는 예로부터 여러 가지 해석이 있지만, 불교에서는 자기의 선행의 결과인 공덕을 다른 것에로 돌려서 향하게 한다는 의미로 사용되어 회향(廻向)이라고 하는 말로 한역(漢譯)되었다. 회향사상의 특질은 한마디로 말하면, '선행과 선보(善報)의 초월'이라고 할 수 있다. 이는 회향이 모든 선근 공덕을 전제 요소로 하여 좋은 과보를 기대하거나 얻으려 하지 않고, 그것을 아뇩다라삼먁삼보리를 성취하는 데로 돌리거나 또는 중생성불과 현실 속에서 진실을 실현하는 데로 향하게 한다는 것을 과제로 다루고 있기 때문이다.[6] 이와 같이 회향은 '회전취향(廻轉趣

3 Sir M. Monier-Williams, Sanskrit-English Dictionary, London : Oxford at the clarend press, 1979, 528면, 91면, 594면.

4 高崎直道 代表編輯, 『佛教·インド思想辭典』(東京 : 春秋社, 1987), 39-40면.

5 梶山雄一, 「回向, 功德의 轉移와 轉化 - 空과 관련하여」, 『佛教研究』1, 한국불교연구원, 1985, 51~52면.

6 공덕의 이양이라고 하는 개념은 회향이라고 하는 말이 나타나기 이전부터 존재하고 있었고, 그것은 토속신앙으로부터 유래된 것이라고 하는 주장이 있다.(入澤崇, 「廻向の源流」, 『西南 アジア研究』제30호(京都大學文學部 西南アジア研究會, 1989), 16면)

向)이라는 뜻으로서, '선을 가지고 무엇을 구하려고 한다[挾善趣求]'의 의미를 가지고 있다. 그러므로 선근의 목적 변경이라고 할 수가 있기 때문에 선근이 없어서는 회향이 성립하지 않는 것이다.

깨달음을 목표로 하는 불교에서는 원시불교에서부터 대승불교에 이르기까지 이 깨달음이라고 하는 결과를 불러일으키는 모든 법상[諸法相]과 수행문은 모두 선이 된다. 그러나 반야경전의 회향사상은

> "보살은 과거 모든 부처가 소유한 복덕과, 모든 제자·범부의 인간·축생이 법을 듣고 심은 선근과, 모든 천룡·야차·건달바 등이 법을 듣고 일체지(一切智)를 얻고자 하는 마음을 일으킨 이 모든 복덕을 모두 모아 최대·최상의 가장 훌륭한 마음으로써 수희(隨喜)하고, 수희를 마치고 아뇩다라삼먁삼보리에 회향한다."[7]

라고 설하는 데에서 볼 수 있듯이 이러한 복덕을 포함한 모든 선에 그 완전성을 부여하지 않고[8] 선법(善法)은 자성이 공하기 때문에 무상정등각 성취의 과정상의 한 요소로 취급된다. 『반야경』에서는, 본래는 각각 다른 목표를 향해 있는 도덕이나 종교의 여러 덕목을, 전지자성(全知者性)이라는 유일하고 보편적인 진리의 달성으로 방향을 전환시킨다는 의미로 발전한 것으로 보인다.[9] 이러한 여러 가지 선에 대한 관점은, 반야사상이 성립되기 이전까지의 전통적 불교의 교설인 소승불교와 반야사상이 대두하면서 나타난 공관적 불교의 교설인 대승불교와의 뚜렷한 차이를 시사하는 특질이 됨과 동시에 회향에 사상적 의미를 부가할 수 있는 기반이 된다.

다시 말하면, 소승불교와 대승불교는 모두 열반과를 얻을 수 있는 법상(法相)과 수행문을 시설한다. 그러나 소승불교에 있어서 선업과 복덕의 수행문은 언제나 개인적이며 공리적인 성격만을 띤 생천론(生天論)과 연결되어 나타나고 있어 선업과 복덕을 많이 쌓으면 언젠가는 깨달음에 이를 수 있다는 선인선과의 업보적 측면에 대부분 한정된다. 이와 같은 개인적이며 공리적인 선인선과의 업보적 입장의 열반관은 대승불교의 가르침에 있어서는 당연히 용인될 수 없는 법상(法相)이며 수행론이 된다. 그것은 대승불

7 『小品般若經』 3 (『大正藏』8권, 548 중)
8 『大品般若經』 26 (『大正藏』84권, 410 중). "於善法亦不著 諸善法自性空故."
9 渡邊照宏, 岩波新書『佛敎』 제2판 (東京 : 岩波書店, 昭和49), 203면.

교에서는 현상세계의 다양한 차별적 존재에 대한 모든 분석적 판단을 부정하고 , 자신의 깊은 내면에 잠재하고 있는 근원적 예지인 반야를 작용시켜서 일체가 공하다고 하는 것을 투철히 인식하여 자아를 비롯한 일체의 존재에 대한 애욕과 집착에서 벗어날 것을 요구하며, 현실세계 속에서 일체 중생에게 두루 널리 평등하게 자비행을 실천하는 것을[10] 이상으로 삼고 있기 때문이다. 회향은 혜원(慧遠)의 『대승의장』의 3종 회향이 회향의 내용을 잘 분류한 것이라 할 수 있는데, 그 중 구제의 사상으로는 중생회향이 가장 중요시되어 대중구제의 실천 원리가 되고 있다.[11] 존재의 세계의 실상(實相)은 연기적인 것이기 때문에 모든 것을 실체시(實體視)하여 대립적으로 차별하는 관점으로는 결코 그 실상을 파악할 수가 없는 것이다. 따라서 대승불교의 반야사상에서는 모든 선과 그 과보라고 하는 것도 반드시 자타의 대립과 차별을 넘어 전체 합일적인 것으로 나아가야 함을 요구하게 된다. 그래서 『대지도론』에서는,

> "보살의 몸은 비록 중생을 떠나 있으나 마음은 항상 중생을 버리지 않으며, 고요한 곳에서 선정을 구하여 진실한 지혜를 얻음으로써 일체의 고뇌를 벗어난다. … 전륜성왕이 십선(十善)으로써 백성을 가르쳐 후세에 모든 천상에 태어나나 … 이러한 즐거움은 무상하여 다시 고(苦)를 받는다. … 항상 즐거운 열반은 진실한 지혜를 좇아 발생한다."[12]

고 하여, 진실한 지혜를 통한 관점에서만 상락의 열반을 얻을 수 있음을 설하고 있다. 이러한 대승반야관에 바탕을 두고 있기 때문에 회향이란 개념은 '방향전환의 의미'를 포함한 '내용전환의 의미'가 본격적으로 그 사상성을 발휘한다고 할 수 있다.

다시 말하여, 반야사상 위에 나타난 회향사상은 진리의 가르침과 그 수행에 수반되는 모든 선행과 선보가 아뇩다라삼먁삼보리 성취와 중생제도로 반드시 방향을 바꾸는 '방향전환의 의미'를 실현하여야만 한다. 동시에 그러한 선행과 선보는 공성을 지닌 무상정등각의 무루법(無漏法)으로 변화

---

10 睦楨培, 『佛教論理概說』(서울 : 경서원 , 1986), 143면.
11 棟溪順忍, 「廻向の 論理」, 『印度學佛教學研究』12권 - 1호(통권23) , 日本印度學佛教學會, 1964, 32~33면.
12 『大智度論』 17 (『大正藏』25권, 180 중-하)

하여야만 하는 '내용전환의 의미'를 가질 때 성불 실현이라고 하는 결과와 불국토를 정화한다고 하는 이상을 건립할 수 있게 되므로, 결국 회향사상의 특질은 '모든 선근을 포함한 선보의 초월'이라고 규정지을 수 있게 된다.

소승불교와 대승불교의 회향의 성격을 비교해 보면 소승불교의 회향을 '공덕의 전이(trans for of merits)' 또는 '방향 전환의 회향'이라 칭하고, 대승불교의 회향을 '공덕의 전화(trans formation of merits)' 또는 '내용전환의 회향'이라 칭하여 대별할 수가 있다.[13] 즉 원시불교시대에 설해진 윤회론과 관계된 회향은 단순히 공덕의 방향이 전환된 회향이라면, 주로 대승경전인 『팔천송반야경(Aṣṭāsahasrikā-prajñāpāramits-sūtra)』 이후에 설해진 대승불교의 회향은 업보를 초월하여 공관으로 내용이 전환된 회향으로써 '공덕의 전화'라 할 수 있기 때문이다.[14] 이러한 점에서 본다면 회향이란 단어의 뜻은 전제요소와 목적요소를 동반한 동적 행위로써 '방향을 바꾸는 것', '완전으로 향하는 것', '변화되어진 것'의 의미를 지녀서 불법 교설에 있어서 방향전환의 의미와 내용전환의 의미를 나타내는 용어로 쓰여졌음을 알 수 있다.

어떻게 대승불교에서는 선근 즉 행복의 원인이 되는 선행을 자기 행복 이외의 방향으로 회향한다는 사상이 중요한 의의를 갖게 되었을까. 그것은 바로 덕행 즉 이타적인 행위와 도덕적인 행위가 행해질 때 반드시 과보를 누르는 힘이 발생하였고, 공덕이라는 덕행의 힘을 지극히 양적인 실체로 파악하게 되었기 때문으로 보고 있다. 카지야마 유이치(梶山雄一)는 이것을 '물리적 필연성'과 '자기 책임성'으로 구분하고, 물질성을 사회성과, 정신성은 개인성과의 모순 위에서 회향이 사회성과 개인성을 가지고 발전하며 대승불교의 구원사상과 함께 일반화되었다는 것으로 보고 있다.[15]

대승불교의 회향은 두 가지 유형으로 분류할 수 있다. 첫째는 선근을 행복의 방향에서 위없는 완전한 깨달음, 불타의 전지자성을 향하여 방향을 전환시키는 회향[제1회향]이고, 둘째는 자기의 선근을 자기의 행복을 위해서가 아니고 타인의 행복을 위해 돌리는 회향[제2 회향]이다.

이 경우 제1의 회향이 보다 기본적이고 제2 회향은 성립시기가 약간 후대이며, 논리적으로도 제2 회향에서 파생된 것이라 본다. 그리고 제1 회향

---

13 梶山雄一, 앞의 논문, 41면.
14 梶山雄一, 앞의 논문, 42-56면.
15 睦楨培 , 앞의 책, 105-106면.

은 자기가 자기에게 회향하는 것이기 때문에 앞에서 기술한 업의 2 원칙인 자업자득성과 자기책임성을 초월한다고 할 수 없지만 수행자가 스스로 열망해서 보리열반으로 회향한다는 데서 흔히 말하는 업보의 인과와 차이를 발견할 수 있다. 왜냐하면 이것은 방향은 변하지 않고 질적 전환이 이루어지는 숙변(熟變)·성숙(成熟) 회향이라 할 수 있기 때문이다.[16]

오늘날 회향이라 하면 대부분의 사람들이 불사의 최종재(最終齋)로 생각할 것이다. 가사불사의 회향, 영정불사의 회향, 7일 기도의 회향, 백일 정진의 회향 등은 모두 최종재의 의미를 나타내고 있는 것이다. 이러한 의미로써 회향이란 말이 사용되고 있는 것은 모든 불사의 공덕을 보리·중생·실제로 회향하기 때문이라고 생각된다. 모든 불교 의식은 이상과 같은 의미를 지니는 회향의 뜻을 필수적으로 반영하고 있다. 일상법회에서는 사홍서원으로서 회향의식을 행한다. 영혼천도의식에서는 보공양진언, 보회향진언, 회향게 등의 절차를 의식의 끝부분에 행함으로써 회향의식을 행한다. 한편, "원이차공덕 보급어일체 아등여중생 당생극락국 동견무량수 개공성불도"의 공덕게로 회향의식을 행하기도 한다.

진행은 사홍서원, 공덕게, 회향게, 회향진언 등을 독송하는 것으로 행한다. 공덕게를 독송할 때는 의식에 참여하였던 모든 대중이 법주의 선도에 따라 의식도량을 원을 이루고 돌면서 독송한다. 재의식 때의 회향의식에서는 회향소(廻向疏)를 독송하여 회향의 의미를 더욱 소상하게 밝힌다. 또한, 이 회향 때에는 삼회향(三廻向)을 행하기도 한다.[17] 삼회향은 의식에 참여하였던 모든 대중과 의식 준비를 뒷바라지한 모든 대중이 각자 자기 소임과 관계되는 기물이나 기능을 가지고 함께 어울려 노래와 춤, 기타의 재능을 다같이 연출하는 것이기 때문에 의식행사 뒤의 뒷풀이 성격의 백희 잡기(百戲雜技)의 놀이라 할 수 있는 것이다. 그리하여 재의식에 참여하였던 모든 구성원이 하나가 되어 환희에 찬 축제적 분위기를 연출하는 것이다.[18]

---

16 梶山雄一 著, 李箕永 譯, 『空의 世界-般若經-』, 현대불교신서22 (서울: 동국대학교부설 역경원, 1979), 207-208면.

17 『한국민족문화대백과사전』25(성남: 한국정신문화연구원, 1997), 586면.

18 홍윤식, 「한국축제의 구조적 특성과 영산재, 삼회향놀이」, 『축제의 연원과 특질』(경기도: (사)진단전통예술보존협회, 2005), 207-208면.

Ⅱ. 역사적 전개 및 텍스트별 용례

1. 초기불교와 부파불교에서 회향

한역 아함경전(阿含經典) 중 '회향'이란 용어가 나타난 것을 보면 육광대천궁(六廣大天宮)의 천녀(天女)가 가야금을 켜는 구살라국(拘薩羅國)의 녹우(鹿牛)에게 선업(善業)의 공덕으로 천상에 태어난 경지를 게(偈)로써 말하는 과정에서 회향의 근본 어의를 유추해 볼 수 있다.

> "첫째 천녀가 시를 읊어 말하기를, 만약 남자와 여인이 아주 좋은 옷을 베풀어 그 옷을 베푼 인연으로 아주 뛰어난 것을 얻을 수 있다면 아주 애지중지하는 물건을 베풀어 천계에 태어나고, 바라는 바에 따라 내가 궁전에 살고 있음을 본다. 허공에 올라 노니는 천신은 금취와 같고 천녀 백 명 가운데 가장 뛰어나다. 이 복덕을 관찰하니 회향 가운데 최고이다. 둘째 천녀가 시를 읊어 말하기를, 만약 남자와 여인이 아주 뛰어난 향을 베풀어 … 천녀 백 명 가운데 가장 뛰어나다. 이 복덕을 관찰하니 회향 가운데 최고이다. 여섯째 천녀가 시를 읊어 말하기를, 옛날에 비구와 비구니의 행적을 보고 그를 좇아 정법을 듣고 하룻밤에 재계(齋戒)를 받았다. 지금 천계의 궁전에 있음을 보니 허공으로 올라가 노니는 천신은 금취와 같다. 천녀 백 명 가운데 가장 뛰어나다. 이 복덕을 관찰하니 회향 가운데 최고이다."[19]

여기에서는 소승불교의 수행법인 시론(施論), 계론(戒論), 생천론(生天論)의 모습이 회향의 용어와 함께 나타나고 있다. 여기에서 회향이 지향하는 것은 시론과 계론을 전제 요소로 하여 선업의 과보가 그대로 생천론으로 이어지는 업보적 차원에 머물고 있음을 알 수 있다. 따라서 여러 선의 모든 공덕이 회향의 전제 요소가 되지만, 목적요소를 취하는 과정에서 무상관(無相觀)으로 변화하여 인과업보적 세계를 벗어난 보리(菩提)의 세계로 지향한다는 대승불교의 회향설과는 차이가 있음을 알 수 있다.

회향은 원시불교 이래 중요한 사상인 업보의 개인주의적 성격과 예금적(預金的) 실체관 위에서 성립한다. 업보에는 크게 두 가지 원칙이 적용되고

19 『雜阿含經』 48 (『大正藏』2권, 353하~354상)

있는데, 첫째는 선악의 행위가 행해진 경우에는 합당한 보답이 필연적으로 생기지 않으면 안 된다는 '업보의 필연성'과 둘째는 그 보답은 엄격히 개체적인 하나의 행위적 주체에 한정된 문제인 자업자득성(自業自得性)이다. 그러므로 업보의 기본 원칙은 철저한 책임과 개인주의적 요소를 갖기 때문에 그것의 결과는 어떠한 사람일지라도 대신 받을 수 없는 비양도적인 성격을 갖는다. 여기서 제1 원칙을 초월하기 위하여, 회개(悔改)·수습(修習)·귀의불(歸依佛)·죄의 고백 등을 행하고 제2 원칙을 초월하기 위하여, 선악의 공덕이 업을 지은 당사자 이외의 타인에게 회시(廻施)되어야 한다고 보고 있다.[20]

그런데 후기 빠알리어 문헌에는 가끔씩 이 두 가지 원칙에서 벗어나는 사고방식이 나타나기 시작하는데, 그 근원을 『우다나(Uādna)』, 『테라가타(Therīgāthā)』, 『장부(長部, Diga-Nikāya)』, 『증지부(增支部, Aṅguttara-Nikāya)』, 『아귀사(餓鬼事, Petavattha)』 등 원시경전에서 찾아 볼 수가 있다.[21] 그리고 기원 전후에는 공덕의 전이의 개념이 불교와 힌두교에서 발생하고 있다.[22]

먼저 업보의 필연성은 악업의 과보가 참회·수행·귀의불 등에 의해 감소되거나 없어질 수 있다고 하는 주장이 등장함에 따라 구속력을 잃어가게 되고, 업보의 자업자득성은 선업의 공덕을 다른 사람에게 돌아가도록 할 수 있다는 관념이 등장함에 따라 획기적인 전향점을 맞이하게 된다. 자기의 선근 공덕을 자신의 깨달음에 회향하거나 다른 사람에게 회향하여 그들에게 도움이 되도록 한다는 관념은 일찍이 볼 수 없었던 새로운 사상이라 할 수 있다.

위에서 언급한 빠알리어 문헌에 의하면, 신·사별한 처·아귀 등에는 물건을 직접 증여할 수 없고 올바른 수행자나 독신 생활을 하는 출가자에게 공물이나 음식물을 공양하고, 그 공덕을 신에게 베푸는 물건이 돌려지도록 작용시켜 그것에 의해 신으로부터 은혜를 받는다고 한다.[23]

빠알리어 경전인 『아귀사(餓鬼事)』에 보면 상인들이 의복을 걸치지 않

---

20 睦楨培 편역, 『불교교리사』(서울: 여래사, 1985), 104면.
21 櫻部 建, 「功德を廻施するという考え方」 大谷大學佛教學會編 『業思想の研究』(京都: 文榮堂書店, 950), 96면.
22 가지야마 유이치 저, 김재천 옮김, 『대승과 회향』(서울: 여래, 2002), 178면.
23 문을식, 「업보설과 회향사상의 비교 연구」, 『회당학보』제10집, 회당학회, 2005, 124면.

은 여아귀(女餓鬼)를 불쌍히 여겨 의복을 주려하자 그녀는 다음과 같이 말한다.

> "그대가 의복을 직접 나에게 준다면, 그것은 나에게 이득이 되지 않습니다. 저기 남자 신도는 신심 깊은 부처님의 제자입니다. 그에게 그 옷을 입도록 하여 주십시오. 그럼으로써 나에게 공덕을 회향하게 하여 주십시오. 그러면 나는 행복해지고 원하는 모든 것을 얻을 수 있을 것입니다."

상인들이 그녀가 말하는 대로 하자, 그 여성 아귀는 아름다운 의복을 입은 모습이 되었다.

이들 경전에 의하면 신, 아귀 등의 가까이 하기 어려운 존재들에게는 직접 물건을 증여할 수 없고, 그 대신에 계를 지키고 자제심을 유지하고 독신생활을 하는 출가승이나 교단에 공물을 보시하여 그 공덕을 신 등에게 전이·회향해야 한다는 것이다. 여기에서 회향사상의 발전이 궁극에 달하고 있음을 볼 수 있는데, 『아귀사(餓鬼事)』는 또, 다음과 같이 중요한 설명을 하고 있다.

> "보시물[의복]을 받은 신심 깊은 재가의 남자는 밭(kṣetra)과 같으며, 보시하는 상인은 농부, 보시물[의복]은 종자(bīja)와 같다. 보시물이 전이[회향]된 여아귀는 그 과(果, phala)를 향수한다. 그리고 보시자는 그 공덕에 의해 천계로 간다."

이것은 '공덕의 전이(transfer of merits: 방향전환의 회향)'의 전형적인 예이다.[24]

이 때 빠알리어 경전에서 회향의 의미로 사용된 용어가 pariṇāmayati가 아니라 'ādisati'였다. 이것은 '사람이 신들에게 베풂을 행한다'는 의미로도 사용되고, '계를 갖추고 자제하며 수행하는 출가자들에게 음식을 제공'함으로써 '신에게 보시를 행하는 것처럼 그 복덕으로 신들에게서 은총을 받는다'는 뜻이다. 이러한 의미가 보다 승화되어 개인과 개인 사이에서 타인의 행복을 위해 자기의 선근 공덕을 베풀어주고, 그 결과 자기 자신도 행복

24 梶山雄一, 앞의 논문, 55면.

을 얻는다고 하는 대승사상이 출현하게 되었다고 보고 있다.[25]

'공덕의 전화[내용전환의 회향]'는 대승경전에서 주로 설해지지만, 그 근거는 대표적 원시경전인 『大般涅槃經(Mahāparinibbāna-suttanta)』에서 나타난 사다수행[捨多壽行 : 불타가 원하기만 하면 생을 일 겁이라도 더 누릴 수 있으나, 악마(Māra)의 권유를 받아들여 3개월 후 스스로 죽을 것을 결의한 이야기]에 있다고 할 수 있기 때문에 회향의 두 가지의 개념[방향전환, 내용전환]은 이미 소승불교 시대부터 있다고 보는 것이 옳을 듯하다. 이미 상좌부 계통의 설일체유부(說一切有部, sarvāstivādin)는 기원 전 1세기 무렵에 제작된 『발지론』과 5세기에 제작된 『구사론』에서 회향사상[공덕의 전화]의 발전에 결정적 역할을 한 것으로 생각되는 논의를 전개하고 있다.[26]

> "'자기의 수명을 연장하는 것'[留多壽行, āyuḥsaṁskārān sthāpayati]과 '자기 수명을 버리는 것'[捨多壽行, āyuḥsaṁskārān utsṛjati]이다. 유다수행이란 과거의 업에 의해 결정된 본래의 수명에 더하여, 신통에 의해 새로운 수명을 만드는 것을 말하며, 사다수행이란 유다수행과 반대로 본래 수명의 일부를 버려서 수명을 단축하는 것을 말한다."[27]

또, 그들은 업[karman]을 '수명으로 성숙시키는 업'과 '행·불행을 받는 것으로 성숙시키는 업'으로 나누어 설명하고 있다.

> "무엇이 비구의 유다수행인가? 답하면 신통을 성취하여 자유자재한 마음을 얻은 아라한이 승단이나 개인에게 생활용품을 보시하고 발원하며 제4 선정에 들어간다. 그 선정에서 깨어나서 '풍족함[행복]으로 성숙되는 모든 나의 업이 수명으로 전환하는 업으로 성숙되기를!'하고 생각하며 소리 내어 말하니, 그때 풍족함으로 성숙된 업을 곧바로 수명을 늘리는 업으로 전환시키며 새로운 업을 성숙시킨다. 무엇이 비구의 사다수행인가? 답하면 신통을 성취하여 자유자재한 마음을 얻은 아라한이 승단이나 개인에게 앞의 것과 같은 것들을 보시하고 발원하며 제4 선정에 들어간다. 그 선정에서 깨어나서 '수명으로 성숙되는 모든 나의 업이 풍족함으로 전환시키는 업으

25 가지야마 유이치 저, 앞의 책, 182면.
26 平川 彰 등 편집, 『講座 大乘佛教』(東京: 春秋社, 昭和 58), 70-71면.
27 『大般涅槃經』 1(『大正藏』1권, 191중)

> 로 성숙되기를!'하고 생각하며 소리 내어 말하니, 그때 그는 수명으로 성숙된 업을 곧바로 풍족함을 가져오는 업으로 전환시키며 새로운 업을 성숙시킨다."[28]

이렇게 새로 늘어난 수명이나 행복이 업의 결과인지 혹은 선정에 의해 창조된 것인지에 대하여는 논란이 있으나, 여기에는 '회향'이라는 말을 직접 사용하고 있지는 않지만 회향 사상을 설하고 있는 것은 분명하다. 수명이나 행복으로의 전환의 가능성을 주장하는 『구사론』의 저자 바수반두(Vasubandhu, 世親)가 '대승을 따르는 것'이라고 하여 심하게 비난받게 된다. 사실 선정에 의해 새로운 생명의 창조가 가능하다는 그의 이론은 업보의 원칙을 무시하는 것으로, 보수적 소승불교에 속하는 설일체유부(說一切有部)의 정통설이 아니라, 대중부(大衆部) 나아가 대승불교에 가까운 것이다.[29]

대표적인 원시경전의 하나인 『대반열반경』의 불타의 사적을 주석하면서, 설일체유부(說一切有部)는 유다수행과 사다수행을 설명하는 사이에 '회향'이라거나 '공'이라고 하는 말을 직접 사용하지 않고 있지만 명백하게 대승적인 사상을 탄생하게 했음을 알 수 있다. 왜냐하면, 수명이나 행복으로의 전환, 즉, 업의 공덕의 전환은 바로 회향(pariṇāmanā) 사상이기 때문이다.

2. 대승불교에서 회향

1) 『팔천송반야경[소품반야경]』에서 회향

회향은 원시경전에서 이미 확립된 것이다. 연기사상도 같은 모습인데, 이것을 기반으로 하는 불이(不二)·평등(平等)사상이 『팔천송반야경, Aṣṭasāhasrikāprajnā pāramitā』에 명료하게 나와 있고, 회향사상도 또한 중심사상으로서 명확한 형태를 보여 왔다.[30] 방향전환의 의미를 포함하여 내용전환으로 의미가 바뀐 회향설은 대승사상의 시원이라고 할 수 있는 것이다.

---

28 『發智論』 12 (『大正藏』 27권, 981상), 『俱舍論』 2 (『大正藏』 29권, 15중)
29 梶山雄一, 앞의 논문, 54면.
30 宮澤勘次, 「廻向思想の展開」, 『日本印度學佛教學研究』 제52권 제1호(통권103호), 日本印度學佛教學會, 003, 209면.

구마라집(鳩摩羅什, Kumārajiva, 343-413)이 한역한 『팔천송반야경』에서 나타나고 있는데,[31] 『팔천송반야경』의 회향은 반야바라밀(prajñā pāramitā) 성취를 위한 수행과 실천의 필수 요소로 나타나고 있다. 즉 여러 반야경전이 누구라도 발보리심에 의하여 보살(bodhisattva)이 될 수 있으며, 보살이 반야바라밀 성취를 위하여 일체는 무자성(無自性)이며, 집착할 것이 없으며, 나아가 실천을 통하여 무량무변의 중생을 열반(nirvāṇa)으로 이끌어 불국토를 완성한다는 것을 내용으로 하고 있는데, 『팔천송반야경』의 회향도 이러한 반야바라밀 사상과 맥락을 같이 하고 있어 결국 대승보살도(大乘菩薩道) 실천의 일면을 보여주고 있다.

『팔천송반야경』에 나타난 회향의 특징은 크게 세 가지로 살펴볼 수 있다.

첫째, 반야바라밀의 성취가 아뇩다라삼먁삼보리(anuttarā-samyak-sambodhih, 무상정등각)에 있듯, 보살의 회향도 아뇩다라삼먁삼보리로 전환된다. 여기에서 수희(隨喜, anumodanā)복덕[32] 회향아뇩다라삼먁삼보리라 하여 타인이 닦아 얻은 복을 보살은 같이 기뻐하고 이것을 자기의 수행으로 삼아 아뇩다라삼먁삼보리로 회향한다는 가르침을 펴고 있다. 경전에서는 '반야바라밀다에 수호된다는 것은 과거·미래·현재의 제불이 가지고 계신 계정혜·해탈·해탈지견의 모든 선근과 성문·연각이 가지고 계신 선근 등 이와 같은 여러 가지 선근을 어떠한 구별도 하지 않고 평등하게 한 데 모아 최대, 최승, 최상, 최묘심으로써 모두 다 수희하는 것이니, 이와 같은 수희선근에 의하여 아뇩다라삼먁삼보리로 회향한다.'[33]고 하여 수희회향을 설하고 있다.

둘째, 회향은 일체의 법이 상(相)을 떠나 집착할 바가 없고 반야바라밀의 방편이라는 무상관의 반야(prajnā, 지혜) 속에서 설해지고 있다.

> "만약 보살이 마음을 내어, 아뇩다라삼먁삼보리로 회향하고, 마음 가운데 상(相)을 내지 않으면 이것이 바로 회향아뇩다라삼먁삼보리이다."[34]

---

31 桑原淨昭, 「他力廻向論理成立の淵源に關すふ一考察」, 『日本印度學佛教學研究』, 日本印度學佛教學會, 1970, 150면.
32 『大智度論』 61 (『大正藏』 25권, 487하)
33 『八千頌般若經』 3 (『大正藏』 8권, 548중)
34 『八千頌般若經』 3 (『大正藏』 8권, 548상)

"만약 보살이 수희할 때 마음에 상을 없이 한다고 하여 여실히 상(相)을 없이 함을 안다면, 상(相)을 없애는 법칙은 회향이 될 수 없다. 회향심 역시 상(相)이며 회향법 역시 상(相)이다. 만약 이처럼 회향한다면 이것을 바른 회향이라 이름할 수 있다."[35]

"만약 보살이 마음속에서 이와 같은 법을 일으킴을 알고 모두 상을 떠난다면 마땅히 반야바라밀을 행함을 알게 되는 것이다."[36]

등이라 하여 회향이란 반야바라밀을 실천하는 데 있어서 보살의 필수적인 자세가 됨을 나타내고 있다.

셋째, 회향은 모든 행위의 최고 가치임을 천명하고 있다. 마음속으로 보시를 하였다는 생각을 갖고 한 어떠한 보시의 공덕이나 혹은 선정에 드는 공덕보다도 회향에 가장 높은 가치를 두고 있음을 알 수 있다.

"만약 삼천대천세계의 중생이 모두 자비희사심, 4선정, 4무색정(四無色定), 5신통을 내어 행동하더라도 보살의 회향복덕만 같지 못하다."[37]

"어떤 것을 하였다는 마음을 갖고 하는 보시, 지계, 인욕, 정진, 선정은 수희회향공덕에 백 분의 일, 백 천만 억 분의 일에도 미치지 못할 뿐만 아니라 그 미치지 못함을 비유하여 셈할 수도 없다."[38]

고 하여 제법실상의 입장에서 행해지는 회향의 행위는 최고의 보살도가 됨을 시사하고 있는 것이다. 이상에서 본 바와 같이 『팔천송반야경』은 공사상을 토대로 하여 업보의 법칙에서 벗어나 자신의 선행의 공덕을 깨달음으로 회향하도록 하고 있다. 물론 『반야경』 이전에도 회향과 통하는 사고방식이 여러 곳에서 보이지만, 그러한 생각을 정형화하여, 발전시키고 이를 회향이라고 이름을 붙인 것은 『팔천송반야경』이라 할 수 있다.[39]

---

35 『八千頌般若經』 3 (『大正藏』 8권, 548상-중)
36 『八千頌般若經』 3 (『大正藏』 8권, 548중)
37 『八千頌般若經』 3 (『大正藏』 8권, 549상)
38 『八千頌般若經』 3 (『大正藏』 8권, 549하)
39 가지야마 유이치 저, 김재천 옮김, 『대승과 회향』(서울 : 여래, 2002), 13면.

2) 『대품반야경』에서 회향

『대품반야경』의 회향은 반야를 통해 반야바라밀을 성취한다는 반야사상의 논리 속에서 행하여지므로 『팔천송반야경』의 회향과 커다란 차이를 보이고 있지는 않다. 『대품반야경』에서도 일체중생과 더불어 수희복덕을 아뇩다라삼먁삼보리로 회향한다는 수희복덕 회향을 다음과 같이 교설하고 있다.

> "성문, 벽지불의 복덕, 일체 중생의 복덕, 보시, 지계, 선정을 수희하는 것보다 보살마하살이 다른 이의 복덕을 수희하고 일체 중생과 더불어 이것을 같이 하며 아뇩다라삼먁삼보리에 회향하는 그 복덕은 최상, 제일, 최묘, 무상, 무여(無與)이다. 왜냐하면 성문, 벽지불 및 일체 중생의 보시, 지계, 선정을 수희하는 것은 자조(自調)·자정(自淨)·자도(自度)하기 위한 까닭이기 때문이다. 이른바 4념처(念處) 내지 8성도분(聖道分), 공(空)·무상(無相)·무작(無作)이다. 그러나 보살이 다른 사람의 복덕을 아뇩다라삼먁삼보리에 회향하는 것은 그 공덕을 가지고 일체중생을 조화하고 정화하며 제도하기 위한 것이기 때문이다."[40]

여기에는 타인의 복덕을 마음속으로 수희하는 것은 자신을 다스리고 정화하며 자기 자신을 구제하기 위한 것이지만, 보살이 타인의 복덕을 수희하고 그것을 중생들과 함께 하며 아뇩다라삼먁삼보리에 회향하는 것은 자기의 수행방법이 되는 것과 동시에 일체 중생과 어울리고, 중생을 청정하게 하고 구제할 수 있는 길이 된다는 것이 나타나 있다. 『대품반야경』은 지혜를 증득함에 있어서 반드시 중생과 더불어 행하여야 한다는 실천의 측면을 강조하고 있음이 뚜렷한 특징으로 나타나고 있음을 알 수 있다.

또한 일체법이 상(相)을 떠남에 집착할 바가 없고, 모두 반야바라밀의 방편이라는 공관(空觀)의 논리 속에서 설해진 회향의 성(性)과 상(相)에 관한 교설은 『팔천송반야경』과 마찬가지로

> "일체법의 자성(自性)이 공(空)이기 때문에 회향함이 없음을 알며"[41]

40 『大品般若經』 11 (『大正藏』 8권, 297중-하)
41 『大品般若經』 11 (『大正藏』 8권, 299상)

> "보살마하살의 최대 회향은 방편력에 말미암고, 무소득에 말미암고, 무상법(無相法)에 말미암으며, 무각법(無覺法)에 말미암기 때문에, 모든 선근을 무상정등각에 회향할 수 있다. 이러한 회향은 결코 두 법[二法]에 떨어지지 않는다."[42]

라는 내용을 보이고 있다.

회향행위에 대한 가치도 『팔천송반야경』과 마찬가지로

> "삼천대천국토의 중생이 십선도(十善道), 사선(四禪), 사무량심, 사무색정, 오신통 등 어떠한 복덕을 지어도 … 선남자 선여인이 집착하는 마음 없이 아뇩다라삼먁삼보리에 회향한 공덕에는 미칠 수가 없다. … 이 선남자 선여인의 복덕은 최상이고 제일이며 최묘이고 무상이며 무여 등이다."[43]

고 하여 반야사상 속에 있는 근본 내용에는 별다른 차이점이 없다. 그러나 『대품반야경』은 같은 내용이라도 좀 더 구체적이고 자세하게 교설하고 있음을 알 수 있다.

이상과 같이 『대품반야경』의 회향은 『팔천송반야경』의 회향에 비하여 좀 더 넓게, 구체적인 내용을 교설하고 있지만 결국, 『팔천송반야경』의 회향과 마찬가지로 제법실상의 입장에서 행해지는 실천행위로써의 보살도임을 나타내고 있다. 대승불교의 근본 이념은 상구보리 하화중생이라고 할 수 잇는데, 『대품반야경』에는 보살은 중생이 심은 선근을 함께 기뻐하면서 무상정등각에 회향함으로써 중생을 위한다는 자기 위주의 회향사상에 중점을 두고 있다. 따라서 『대품반야경』의 회향사상은 완전한 회향사상으로 볼 수 없는 한계성을 지니고 있다고 할 수 있다.[44]

3) 『화엄경』에서 회향

『반야경』 외에 회향에 대해 본격적으로 설하고 있는 경전은 『화엄경』이라 할 수 있다.『화엄경』은 깨달음의 삶을 자각적으로 구현해 가는 보살도

42 『大品般若經』 11 (『大正藏』 8권, 301상)
43 『大品般若經』 11 (『大正藏』 8권, 300하)
44 문을식, 「대품반야경에 나타난 회향사상」, 『불교학연구』 제15호, 불교학연구회, 2006, 120면.

를 체계적으로 설하고 있는 대표적인 경전으로 평가받아온 경전이다. 여기에는 회향이 보살도의 완성을 위해 반드시 수행해야 하는 실천 덕목으로 제시되어 있고, 그것이 방대한 분량으로 「십회향품」이라고 하는 독립된 품으로 설해져 있어 주목을 받아 왔다. 회향사상은 대승불교에서 보살의 활동의 원동력이 되어 왔는데, 그 회향사상 중에서 가장 뛰어난 것으로 평가받아온 것이 『화엄경』의 「십회향품」이라 할 수 있는 것이다. 십회향에 대해서는 화엄경 대본(大本)이 오직 하나의 근거가 되고 있을 뿐이고, 이전의 어떠한 경전에도 그 명칭이 보이지 않고 있는 것 같다.[45]

『화엄경』에서 교설된 회향의 특징은 두 가지로 살펴볼 수 있다. 하나는 『화엄경』에 설해진 십주·십행·십회향·십지의 보살도 수행 측면에서 회향을 수행의 필수 계위로 설정한 점이고, 다른 하나는 「십회향품」이라고 하는 방대한 분량의 독립된 품을 설정하여 회향에 대해 다각도로 설하고 있는 점이다.

첫째, 『화엄경』은 주로 공사상을 강조한 『반야경』의 교설을 현실적인 실천으로 나타낸 것이라 할 수 있는데, 그 실천의 기본을 십지(十地)에 두고 있다. 따라서 보살은 보살도의 완성을 위하여, 십주(十住)·십행(十行)·십회향(十廻向)·십지(十地)·불과(佛果)의 41위의 수행 차례를 거치게 된다. 이 과정에서 십회향을 설정하고 있기 때문에 회향과 보살도와의 관계가 불가분의 관계임을 알 수 있다.

둘째, 「십회향품」은 금강당 보살이 "보살마하살의 부사의한 큰 서원이 법계에 충만하여 일체 중생을 널리 구호하나니, 이른바 삼세제불의 회향을 닦아 수학하는 것이다"[46]라고 하면서 열 가지 회향을 설하는 것인데, 그 내용을 요약하면 다음과 같다.

(1) 구호일체중생이중생상회향(救護一切衆生離衆生相廻向)

광대한 원행(願行)을 일으켜 육바라밀, 사무량심 등을 행하여 일체중생을 구호하고 어떠한 것에도 마음에 집착하는 바가 없이 일체법을 평등하게 보고 진실을 실현하려고 하기 때문에 원수와 친함, 선과 악 등을 구별하는 중생의 심상(心相)을 멀리 여의는 회향.

(2) 불괴회향(不壞廻向)

불법에 대한 확실한 믿음을 얻어서, 진실한 뜻으로 부단히 공덕을 쌓

45 山田龍城, 『大乘佛教成立論序說』(京都: 平樂寺書店, 1977), 291면.
46 『80 華嚴』 25, 「十廻向品」 제 25의 1 (『大正藏』 10권, 124 중)

고 이선근을 돌려 중생에게 좋은 이익이 있게 하는 회향.

(3) 등일체제불회향(等一切諸佛廻向)
삼세 제불의 회향을 배워서 일체의 경계에 대해 차별심을 일으키거나 집착하지 않으며, 보리를 떠나지 아니함으로 해서 얻은 공덕을 모든 부처님과 같이 회향하는 회향.

(4) 지일체처회향(至一切處廻向)
보살이 모든 선근을 닦은 공덕의 힘으로 일체 세계에 이르고, 그가 두루 이르는 곳마다 모든 삼보와 중생들에게 공양하고 이익하게 하는 회향.

(5) 무진공덕장회향(無盡功德藏廻向)
일체의 끝없는 선근을 기꺼이 수행한 공덕을 삼처(三處)에 회향하여 불사를 하고, 그것으로써 다시 무진장한 선근을 얻는 회향.

(6) 입일체평등선근회향(入一切平等善根廻向)
보시 등의 선근을 돌려 부처님을 수호하고, 어떠한 고난에도 굴하지 않는 일체의 선근을 이루는 회향.

(7) 등수순일체중생회향(等隨順一切衆生廻向)
큰 방편으로 모든 선근을 성취해서 널리 중생을 위한 무상(無上)의 복전이 되는 회향.

(8) 진여상회향(眞如相廻向)
진여의 모양이 일체법에 두루 평등하여 차별이 없고 한결같이 진실한 것처럼, 보살이 선근을 회향하는 것도 온갖 곳에 어떠한 차별도 없이 두루하여 항상 자연스럽게 진실한 법을 펼쳐서 끝이 없게 하는 회향.

(9) 등무박무착해탈회향(等無縛無着解脫廻向)
보살이 모든 선근을 존중하고 수순함으로써 믿음과 이해가 견고해지고 마음이 안주하게 되어 일체 법에 속박되거나 집착하지 않게 되어, 한없는 해탈심을 얻고, 얻어진 선근을 돌려 일체의 덕을 갖추는 회향.

(10) 등법계무량회향(等法界無量廻向)
큰 자비심을 일으켜 중생들을 보리심에 안주하게 하여 일체의 선근을 길게 하고 그것을 일체 중생에게 회향하여 그들이 법계와 동등한 무량의 중생을 이롭게 하는 등의 무량한 공덕을 성취하도록 하는 회향.[47]

---

47 『望月佛教大辭典』(世界聖典刊行協會, 昭和 55, 10판), 2213-2214면.

이 열 가지 회향은 모두 끝없는 보살행의 대원(大願)을 수순하는 것을 근본으로 하고 보현법계의 덕용(德用)을 성취하여 원만한 깨달음을 이루고 일체의 세계에서 두루 널리 중생구제의 자비행을 실현하여 실제의 진리에 계합하려고 하는 것이다. 열 가지의 회향에는 보리회향·중생회향·진여[실제]회향의 삼종 회향의 뜻이 모두 들어 있다고 할 수 있다. 이 세 가지 회향은 반드시 서로 돕는 관계에 있으므로 하나를 들면 나머지는 그 속에 포함되어 하나가 곧 셋을 모두 갖추게 되어 참다운 하나의 회향을 성취할 수 있다.[48]

『화엄경』의 회향설은 대체적으로 연기, 무자성 공(空)의 논리에 입각하여 아뇩다라삼먁삼보리 회향설을 설한다.

> "보살마하살은 모든 선근으로써 회향할 때 아무 것도 얻는 것이 없음을 방편으로 삼으며, 업 가운데서 보를 분별하지 않으며, 보 가운데서 업을 분별하지 아니한다. 비록 무분별이나 널리 법계에 든다."[49]

라고 교설하여 회향의 무소득성과 방편성을 강조하면서, 중생을 위한 실천적 아뇩다라삼먁삼보리 회향을 분명히 보여주고 있다. 이러한 입장은 다음과 같은 경문에 더욱 뚜렷하게 나타난다.

> "보살마하살은 한 중생만을 위하지 않는 까닭에 모든 선근을 닦아 아뇩다라삼먁삼보리에 회향한다."[50]

> "선근이 있다고 하더라도 일체중생을 이익되게 하지 않으면 회향이라고 하지 않고, 한 가지 선근에 의해 널리 중생과 관계를 맺게 되는 계기가 되기 때문에 회향이라 한다."[51]

이 경문에서 설하고 있는 것은 중생을 위한 회향의 실천이다. 결국 이것은 법계를 평등하게 보고 일체중생을 모두 이익되게 하는 것을 원만하게 실현시키려고 하는 『화엄경』에는 중생회향이 실천적인 회향의 중심 과제

---

48 혜남, 『보현행원품 강설』(부산 : 부다가야, 2006), 150면.
49 『80 華嚴』 24 (『大正藏』 10권, 132 상)
50 『80 華嚴』 24 (『大正藏』 10권, 125 상)
51 『80 華嚴』 23 (『大正藏』 10권, 126 중)

가 되어, 십회향의 근간으로 설해지고 있음을 나타내는 것이라고 할 수 있다.[52] 『반야경』의 회향이 자기가 이룬 선근을 자기의 보리를 위하도록 행하는 것임에 대하여 『화엄경』의 회향은 자기가 이룬 선근을 타인을 위하도록 행한다. 즉, 『반야경』은 중생을 향해서 선근을 회향한다는 입장보다는 중생이 행한 선근을 보살은 수희공덕함으로써 중생을 위한다는 자기위주의 회향설이다. 그러나 『화엄경』은

> "보살마하살은 안락함을 얻었을 때라도 다시 발심하여 제불께 회향하고 …… 보살마하살은 모든 선근으로 부처님께 회향하고 이와 같은 선근으로 보살에게 회향한다. … 보살마하살은 모든 선근으로 보살께 회향하고 다시 일체 중생에게 회향한다. …"[53]

고 설하여, 보살이 모든 선근을 아뇩다라삼먁삼보리로 회향하여야 하고, 회향의 성취는 자리와 이타가 융화함에 있으므로 중생이 보리를 성취할 때만이 완성될 수 있음을 보여주고 있다. 『화엄경』의 회향설의 또 하나의 특징은 언제나 법계에 머무르면서도 법계를 벗어나는 법계회향을 설한다고 하는 점이다.

> "보살마하살은 이와 같은 선근으로 회향한다. 법계에 무량한 주로써 회향하며, 무량한 신업으로 회향하고 무량한 업으로 회향하여 … 능히 이와 같은 한 소리로 일체의 중생의 의심을 모두 없애버리고 … 법계를 벗어난다."[54]

고 하여, 보살의 무량한 선근이 모든 삶의 영역에서 항상 진실을 지향하여 법계로 회향되어야 함을 설하고 있다. 이것은 바로 법계가 그대로 진실을 구현하는 참된 도량으로서, 현실 속에서 언제나 허망한 중생의 경계를 떠나 있으면서 지혜롭고 자비로운 참 생명의 삶을 꽃 피우는 실질적이며 실천적인 법계의 회향을 나타내고 있는 것이라 할 수 있다.

52 金子大榮은 『華嚴經概說』(京都 : 全人社, 昭和 24), 71면에서 십회향의 근간은 보리회향이라 하고 있다.
53 『80 華嚴』 24, 「十廻向品」 제 25의 2 (『大正藏』 10권, 129 상-중)
54 『80 華嚴』 33, 「十廻向品」 제 25의 11 (『大正藏』 10권, 176 중-하)

4) 『대승의장』에서 회향

수(隋)의 혜원(慧遠, 523-592)이 찬술한 『대승의장』은 수대(隋代) 이전의 여러 경론과 학파의 설을 모아서 대승사상의 입장에서 평론과 해석을 한 것이다.[55] 불교 교리의 중요한 249과(科)를 1) 교법취(教法聚) 2) 의법취(義法聚) 3) 염법취(染法聚) 4) 정법취(淨法聚) 5) 잡법취(雜法聚)의 5편으로 정리한 것으로서, 불교백과사전적인 성격을 띠고 있기 때문에, 불교술어의 사상적 이해에 많은 도움을 준 책이다.

현재 전해지고 있는 『대승의장』은 제5의 잡법취가 없는 20권 222과의 책으로, 회향에 관한 교설은 『대승의장』 9권과 14권에 각각 '회향의삼문분별', '십회향의사문분별'의 과제로 설해지고 있다.

『대승의장』 9권의 '회향의삼문분별'에서 다루어진 회향설을 살펴보면,

첫째, 회향이란 '자기의 선법을 돌이켜 향하는 바가 있는 것'[56]이라 정의하여, 회향의 개념을 선법과 취향(趣向)의 행위임을 밝힌다. 그 이전까지 명문화되지 않았던 회향의 이름과 종류를 보리회향, 중생회향, 실제회향으로 나누어 세 가지 회향에 관한 설명을 덧붙이면서 대승경전에서 설명된 회향의 내용을 체계적으로 정리하고 있다. 즉 '보리회향이란 일체지심(一切智心)을 추구한다. 자기가 닦은 바 일체선법을 돌려서 보리의 일체 덕을 구하는 것이며, 중생회향이란 중생의 마음을 깊이 생각하여 중생을 생각하는 까닭에 자기가 닦은 일체선법을 남에게 베풀어 주는 것을 원한다. … 실제회향이란 유위(有爲)를 싫어하고 여실한 마음을 구한다. 유(有)를 없애고 실제를 추구하기 위하여 자기의 선근을 돌이켜 평등여실법성을 구한다'[57] 고 하여 『반야경』·『화엄경』 등에서 직설적으로 나타나 있지 않은 보리회향, 중생회향, 실제회향이란 용어를 사용하면서 회향의 내용을 설명하고 있다.

둘째, 중생회향은 불교의 가르침이 자작자수(自作自受)이며, 타작타수(他作他受)인데 어떻게 자기가 지은 업이 중생에게 회향될 수 있으며 또한 그것이 어떻게 선업이 될 수 있는지에 대해, '불법은 비록 자업이 타인의 과(果)를 받음이 없고, 또한 타업이 자기의 보(報)를 받는 바가 없지만, 서로서로 조력하는 인연이 있다. 서로 조력하는 까닭에 자기의 선으로써 남에게

55 水野弘元 외 4인, 『佛典解題事典』(東京: 春秋社, 1983), 183면
56 『大乘義章』 9 (『大正藏』44권, 636 하)
57 『大乘義章』 9 (『大正藏』44권,636 하 - 637 상)

회향할 수 있고, 회향하는 까닭에 미래세에서 항상 이익을 버리지 않으며 중생을 도와 중생으로 하여금 선을 닦게 한다'[58]고 하여 자기와 타인이 함께 선업을 닦는 대승적 교설의 입장을 명쾌하게 설명하고 있다. 이것은 전통적 소승 교설이 자업자득의 입장만을 시사하고 있는 데 대하여, 회향은 업을 지은 자와 타인의 피차상호간에 도움의 이치가 있음을 밝혀 대승적 교설의 입장임을 설명하고 있는 것으로 보인다.

셋째, 회향을 수습해야 하는 까닭을 보리회향, 중생회향, 실제회향의 입장에서 상세히 설명하여 대승보살이 보살도를 수행함에 있어서의 논리적 당위성을 제공하고 있다. 보리회향을 수습해야 하는 까닭은, 유(有)의 집착을 벗어나기 위함이며, 유위선근을 무위의 법으로 하기 위함이며, 광대무변한 보리를 넓혀 나아가기 위함이다. 중생회향을 수습해야 하는 까닭은, 자기의 이익을 멀리하고, 참다운 적멸은 중생과 더불어 행할 때 얻을 수 있기 때문이며, 광익선(曠益善: 널리 이익되게 하는 선)을 통하여 무량선을 넓혀나갈 수 있기 때문이다. 실제회향을 수습하는 까닭은, 일체 집착의 상을 떠나기 위함이며, 쓸데없이 끄달리는 인정의 법성을 떠나 이치에 맞는 도리에 상주하기 위함이며, 닦은 선업을 이치와 같이 커지게 하기 위함이다'[59]라고 설명하여, 회향의 사상적 측면과 실천적 측면에 관한 논리를 전개하고 있다.

넷째, 원(願)이나 정진과의 비교를 통해서 회향의 실천적 성격의 특색을 논하고 있다. '회향이라는 행위와 원심(願心), 원보리(願菩提), 원중생(願衆生), 원증실제(願證實際)의 차이에 대해서, 원하는 바, 닦음, 향하는 바는 그 뜻이 모두 특별하지 않음이 같지만, 다른 점은 원은 진실로 바라는 것이며, 회향은 선(善)을 가지고 바라는 바를 취한다는 것이다. 그리고 회향은 이미 일으킨 일체선법과 아직 일으키지 않은 일체선법에 두루 회향하므로 넓고, 정진은 단지 아직 생겨나지 않은 여러 선을 꾀하는 것이므로 좁다'[60]고 하여 실천적 행위의 측면에서 회향과 정진의 넓고 좁은 차이를 밝히고 있다.

그러므로 『대승의장』의 회향설은 회향의 개념을 선법과 취향의 뜻으로 정의하고 있으며, 대승경전 여러 부분에서 설명되고 있는 회향에 대하여 체계적으로 정리하여 보리회향, 중생회향, 실제회향으로 나누고 있다. 또

58 『大乘義章』 9 (『大正藏』44권, 637 상)
59 『大乘義章』 9 (『大正藏』44권, 637 상중)
60 『大乘義章』 9 (『大正藏』44권, 637 중하)

한 대승불교의 기본사상인 무자성, 무집착성의 논리와 대자비의 자리이타의 논리를 더하여 보살도 수행의 논리적 근거를 마련하고 있을 뿐만 아니라 더 나아가 보살의 여러 수행과 비교하여 결과적으로 회향의 우수성, 무량성, 광대성에 대하여 잘 설명하고 있다.

5) 정토교에서 회향

정토교의 아미타불신앙은 회향의 종교이다. 『대아미타경』[『무량수경』의 옛 번역]에 의하면 아미타불은 성불하기 전 법장(法藏, Dharmakara) 보살이었을 때 48가지의 서원을 세워 어떠한 중생이라도 자기의 이름을 듣고, 그 나라에 태어나기를 원하거나, 바르게 수행하는 자가 있다면 그를 구하겠다고 서원한다. 법장보살은 그 후 무량한 수행을 하여 아미타불이 되어 자기의 선행과 수행공덕을 지옥에 떨어질 수밖에 없는 악인에게까지 회향하여 그를 극락에 왕생시켜 성불하게 하는 것이다. 악업으로 말미암아 지옥에 떨어지게 되어 있는 중생을 극락에 왕생토록 하는 것은 분명히 업보의 법칙을 벗어난 회향의 종교인 것이다. 그러므로 예로부터 『무량수경』의 가장 근본이 되는 사상은 회향사상이라고 지적되어 왔다.[61]

이 경전의 기본 구조는 전반의 법장보살이 48원의 본원을 세우고, 그것에 바탕을 둔 정토 건립을 설하는 내용과 후반의 그 정토로 중생이 왕생해 가는 구체적인 모습을 설하는 내용의 두 가지 내용으로 이루어져 있다고 할 수 있다. 불교사상사 측면에서 본다면 생천론의 연장선상에서 성립한 왕생정토사상과 보살의 정토건립사상은 사상적 배경을 달리함에도 불구하고 그것이 어우러져 하나의 종교사상 체계를 형성하고 있다고 할 수 있는 것이다.[62] 그것은 법장비구의 보살도의 완성은 단지 그것만으로 끝나는 것이 아니고 그 원력에 의해 구제되는 왕생인 측에도 법장비구가 실천하였던 그 보살도를 반복하도록 한다. 이러한 반복에 의해 법장비구와 왕생인[즉 구제하는 사람과 구제받는 사람] 사이의 불이평등성이 증득되어 부처와 범부중생이 한 몸[一體]으로서 평등하다고 하는 대승불교의 근원적인 정신적 지평이 열려지게 되기 때문이다.

---

61 本多弘之, 「廻向の教學」, 『印度學佛教學研究』 제23권 1호, 日本印度學佛教學會, 昭和49, 309면.

62 河波 昌, 「往生思想と菩薩道の完成」, 『西義雄博士頌壽記念論集: 菩薩思想』(東京: 大東出版社, 昭和56), 119면.

이와 같은 『무량수경』의 정토교학을 지탱한다고도 할 수 있는 회향의 의미를 깊이 탐구하여 독특한 회향을 설한 사람은 담란(曇鸞, 476~543)이다. 담란은 세친의 『정토론』을 주석하여 『정토론주(淨土論註)』를 지었는데, 거기에서 왕상(往相)과 환상(還相)의 두 가지 회향을 설하고 있다. 왕상회향은 염불을 비롯한 자신의 선근공덕을 일체중생에게 돌려 함께 정토에 왕생하려고 하는 원(願)을 세우는 것이다. 이 경우 정토왕생을 위한 선행은 중생의 것이 아니고 모두 아미타불의 본원의 힘에 의한 것이라 하고 있다. 환상회향이란 정토에 왕생하여, 사마타·비파사나·방편력 성취 등의 능력을 갖추고 다시 이 세상으로 돌아와 중생을 교화해서 함께 불도를 성취하는 길로 나아가게 하려는 것이다. 이러한 이타의 자비활동 또한 아미타불의 본원에 의한 타력회향에 의한 것이라고 한다. 이와 같이 왕상회향과 환상회향은 모두 아미타여래의 본원과 같이 중생에게 회시(廻施)되어 중생도 이 아미타여래와 같은 깨달음을 열 수가 있다고 한다.[63]

이와 같이 담란은 『정토론주』에서 법장보살의 본원과 그 행이 자리이타의 보살도를 성취해서 중생의 정토 왕생의 실현이 이루어지고 있는 것을 밝히고 있다. 이것은 인위(因位)의 법장보살 내지 과위(果位)의 아미타불의 중생회향 활동이라 할 수 있을 것이다. 그러한 점에서 본다면, 원생(願生)의 보살들에게는 회향이란 곧 아미타불의 대자비의 회향심을 자기의 마음으로 받아들이는 것이 되며, 그렇게 하지 않는다면 각자의 이타행을 완성할 수가 없을 것이다.[64]

Ⅲ. 회향사상 성립의 논리적 근거

1. 공관적 측면

반야경의 공관은 언제나 '자성이 공인 까닭에', '자상(自相)이 공인 까닭에', '자성은 불가득인 까닭에', '자성이 없는 까닭에' 등의 설명이 사용되어[65] 존재하는 그 어떤 것에도 '고정성', '절대성', '독립성'을 부여하지 않

63 武邑尙邦 著, 『佛教思想辭典』(東京 : 教育新潮社, 昭和 62), 81면.
64 早島鏡正, 「曇鸞の菩薩思想」, 『西義雄博士頌壽記念論集: 菩薩思想』(東京: 大東出版社, 昭和56), 383면.
65 三枝充悳, 『般若經の眞理』(東京: 春秋社, 1981), 44면.

아, '공 또한 공'이라는 필경불가득의 공관을 시설하고 있다. 이와 같이 반야경에서 설하는 제법의 본성은 존재가 공이라고 하는 점에서 평등하다. 반야공관은 이렇게 실제(實際)와 같이 참되게 존재의 본성을 인식하게 됨을 체득하는 것이 법성을 보는 것이라고 한다.

결국, 존재에 대하여 철저하게 고정화, 독립화, 실체화를 배제하는 반야사상의 공관은 무조건적인 부정에 그 의의가 있는 것이 아니라, 상기와 같은 '존재의 평등성'을 체득함에 있으며, 그 평등성을 체득할 때 무상정등각을 이룰 수 있다는 입장일 것이다. 따라서 이러한 반야의 공관은 회향이라는 용어를 포함하여, 회향이 동반하는 제법의 과제에 있어서도 그대로 적용되어 나타난다.

즉 지금까지 살펴본 바와 같이 제법실상의 완성을 위하여 필수적 법상(法相)으로 설해진 회향심과 회향법에 대하여, 그 회향심과 회향법의 상(相)은 공이라고 하는 것을 설하고 있기 때문에, 결국 회향이란 제법의 평등성 체득으로 통할 수밖에 없다. 이러한 내용은 다음과 같은 경문에서 확인된다.

> "상을 취하는 유소득의 법으로써 아뇩다라삼먁삼보리에 회향하는 것은 있을 수 없다. 왜냐하면 이 법은 생함이 없다. 생이 없으면 법도 없다. 법이 없는 가운데에서는 회향이라 할 것도 없다."[66]

> "모든 보살마하살을 위하여 마땅히 회향법을 설하는 바이나 무상(無相), 무득(無得), 무출(無出), 무구(無垢), 무정(無淨), 무법성(無法性), 자상공(自相空), 상상성공(常相性空)으로써 한다. 법성은 실제(實際)와 같은 까닭이다."[67]

라고 하여 제법평등성이라는 공관에 입각하여 볼 때에, 회향심은 물론 회향법이라는 것에까지 그 상을 취하는 것은 철저하게 인정될 수가 없기 때문에 궁극적으로 회향은 무상, 무득, 무출, 무구, 무정, 무법성의 투철한 공관으로 행하여져 제법의 실제에 합일하고 있다. 이러한 회향법은 당연히 회향의 과제가 되는 모든 선과 복덕에도 같은 입장을 취하여 다음과 같이 교설된다.

---

66 『大品般若經』 11 (『大正藏』8권, 300 중)
67 『大品般若經』 11 (『大正藏』8권, 300 중-하)

"보살마하살은 지은 바 복덕이 5음(陰), 12입(入), 18계(界)를 떠남을 알고, 또한 반야바라밀은 상을 떠남을 알며, … 수희복덕 자성이 상을 떠남을 알고, 또한 모든 부처님, 불성, 모든 선근, 선근의 성품, 보리심, 보리심의 성품이 상을 떠남을 안다."[68]

"모양을 취하고 분별하여 복덕을 얻어 회향함을 모든 부처님은 불허하고 따라 기뻐하지도 않는다. 왜냐하면 법이 실재한다고 생각한 까닭이다. … 어떠한 법이 실재한다고 생각하고서 행하여진 회향은 크나큰 탐욕과 집착이다."[69]

위의 예문에서 본 바와 같이 회향의 과제인 모든 선과 복덕은 철저하게 어떠한 모양이 있다고 하는 생각을 가지는 것을 거부하고, 동시에 회향심 및 회향법이 공관에서 설해진 것과 같이 제법공성의 논리와 일맥상통하기 때문에 '선업의 초월'이라고 하는 회향의 특성을 공관적 입장에서 뒷받침하여 주고 있는 것이다.

따라서 회향사상 성립에 관한 공관적 입장은, 제법이 그 본래의 속성인 평등성에 입각하여 존재하는 바와 같이, 회향도 여기에 입각하여 그 어떠한 실체시(實體視)되는 개별적 상징, 정의된 본질, 유와 무, 생과 멸 등이 없는 평등성을 지니며, 나아가 언어의 허구를 넘어 본래적정이며 본래청정인 불이(不二)의 평등성을 지닌 것으로 나타날 수밖에 없다. 이러할 때만이 존재에 대한 집착으로부터 벗어나 무위법으로 향할 수 있을 것이다.

2. 연기관적 측면

연기관의 참된 의미는 일체법이 상의상관의 가유적(假有的)인 것이므로 일체의 분별과 시비를 초월한 '공'의 범주 속에 속한다고 파악하는 것이다. 일체의 시비나 희론이 사라진 승의제(勝義諦)가 공의 첫째 번 모습이라면, 상의상관성의 연기는 공성이 공성으로써 활동하는 공의 둘째 모습이라 할 수 있다.[70]

68 『大品般若經』 11 (『大正藏』8권, 299 상)
69 『小品般若經』 3 (『大正藏』8권, 548 하)
70 山口 益, 『般若思想史』(京都 : 法藏館 , 昭和 53), 38면.

따라서 세간에 있어서 세속제의 완성을 설하는 연기는 상의상관성인 공성에 입각하여 일체법이 시설되고 현현할 수 있는 논리가 될 수 있다고 하는 점에 그 의의가 있다고 할 수 있다.

이러한 측면에서 회향도 앞에서 살펴본 바와 같이, 그 회향의 모양이나 성질이 무소득 무분별의 철저한 공성을 지니면서도 세간의 존재[有]로써 존재하여 활동할 수 있는 기반이 되고 있다고 할 수 있다. 즉 회향은 세간에 실제로 존재하는 모든 존재에 10선법을 비롯하여 육바라밀에 이르기까지 모든 선근복덕이 시설되고, 이를 전제 요소로 하여 무량무진하게 보리나 중생을 향하여 끊임없이 돌려져야 하는 논리가 되고 있으며, 동시에 수행자로 하여금 무량무진의 실천을 통하여 제일의제(第一義諦)로 나아가야 됨을 요구한다. 즉 『대품반야경(大品般若經)』에서

> "보살의 수희복덕은 아뇩다라삼먁삼보리에 회향한다. 이 공덕을 가지고 일체중생과 조화하기 위함이며, 일체중생을 청정하기 위함이며, 일체중생을 제도하는 까닭에 [회향을] 일으킨다."[71]

라고 설하고 있는 것에서 볼 수 있는 것처럼 세간에 일체중생이 존재하고 모든 법의 모습이 상의상관성을 그 속성으로 가지고 있으므로 회향은 세속제로써 시설될 수 있는 근거가 된다. 이와 같이 연기관적 측면에서의 회향은 세간에서 존재하는 모든 법의 모습과 작용이 무위의 세계로 향하여 활동할 수 있는 입장을 시설함에 그 의의가 있다고 할 수 있다.

3. 보살도와 회향

반야사상에서는 보살은 성불을 궁극적인 목표로 하고, 그 성불을 향하여 부단히 보살행을 실천하여야 하는데, 그 실천 행위의 완성은 반야바라밀이었다. 또한 이 반야바라밀 완성의 실질적 과제는 자아관의 확립과 일체중생의 구제와 불국토의 장엄이어서, 보살에게 제법의 실상을 체득하는 지혜와 자비정신을 기초로 한 무아행(無我行)인 이타실천의 길이 요구되었다. 그 결과 보살의 일관된 특질은 일체법이 자성이 없이 모두 공하다

---

71 『大品般若經』 11 (『大正藏』8권, 297 중)

고 하는 법성에서는 지혜와 자비가 둘이 아닌 동일본질의 양면관계로 나타난다.[72] 이러한 지혜와 자비가 둘이 아닌 입장에서 보살은 보리심을 발하며, 대비심을 일으키고, 서원을 지으며, 육바라밀을 행한다는 보살의 여러 가지 덕목 실천이 대두하여 지혜를 증득함과 더불어 이타를 실천하게 된다. 여기에 반야사상은 아뇩다라삼먁삼보리의 성취 또는 모든 선근공덕을 중생에게 회향한다는 회향법을 교설하여 보살의 실천덕목으로 나타내고, 그러한 회향법에 보살도 실천의 완전성까지 부여한다. 『반야경』에서는,

> "삼천대천세계의 중생이 모두 자비희사심(慈悲喜捨心), 사선(四禪), 사무색정(四無色定),오신통(五神通)을 행한다고 하더라도, 이는 보살의 회향복덕에 미치지 못한다."[73]

> "모든 복덕을 한데 모아 가장 크고, 가장 훌륭하며, 가장 뛰어나고 미묘한 마음으로써 수희하고 아뇩다라삼먁삼보리에 회향한다. … 이와 같은 회향법은 마땅히 아비발치보살[불퇴전보살]에게 설한다."[74]

> "모든 선근을 불국토를 깨끗이 하는 데로 회향할 때, 이것을 정불국토(淨佛國土)라 이름한다."[75]

라고 하여, 보살의 회향복덕에 높은 가치를 부가하고 있으며, 그러한 회향법은 초발의보살은 이해하기 어렵고, 성불이 결정되어 결코 깨달음의 법에서 물러나지 않는 불퇴전보살의 지위에 마땅한 고차원의 법임을 명시한다. 아울러 모든 선근을 가지고 아뇩다라삼먁삼보리 혹은 중생, 불국토에 회향할 때만이 보살도 실천의 완성이 됨을 시사한다. 이러한 모습은 회향이 보살도를 실천과 완성에 있어서 필수불가결의 요소라는 것을 밝히는 것이라 할 수 있다.

---

72 西義雄, 『大乘菩薩道研究』(京都 : 平樂寺書店, 1968), 18면.
73 『小品般若經』 3 (『大正藏』8권, 549 상)
74 『小品般若經』 3 (『大正藏』8권, 547 하 - 548 상)
75 『大品般若經』 6 (『大正藏』8권, 258 상)

4. 회향사상의 당위성

불교가 다른 종교와 구분될 수 있는 뚜렷한 특성은 깨달음의 종교라고 하는 점이다. 석존은 우주 만유가 생멸하는 항구불멸의 이법(理法)을 깨달아 이것을 중생을 위하여 다양한 방법으로 교설하여 중생들을 올바른 길로 인도해 주신다.

이러한 입장은 대소승을 막론하고 모든 불교 교설에 일관되고 있지만, 중생을 위한 보다 적극적이며 실천적인 사상으로 나타나는 것은 대승불교일 것이다.

대승불교사상이 이처럼 누구라도 성불할 수 있다고 하는 교설을 전개하여 현실의 인간생활 속에서 이상을 실현하도록 하고 그것으로부터 자리와 이타를 원만하게 하고 있는 것은 중생을 위하는 불교의 근본정신을 보다 철저하게 전개시키고 있는 것이라 볼 수 있다.

따라서 이와 같이 다른 존재와의 모든 관계를 지혜롭고 자비로운 삶을 열어가는 인연으로 삼아 자타의 깨달음을 실현하도록 교설하는 대승불교의 사상은 당연히 대승의 실천자에게 현실에 상주하면서 정각을 구해야 할 것을 요구하며, 아울러 중생을 위하는 자비행을 실천하지 않으면 안 된다는 입장에 서게 한다. 여기에서 보살은 반야[지혜]를 본질로 하고 회향심을 작용시켜 제법의 실상을 구족한다고 하는 입장을 갖추게 된다고 할 수 있다.

이러한 입장을 좀 더 자세히 분석하면

첫째, 불교가 시설하는 가장 중대한 문제는 '깨달음'으로 그 본체는 지혜이다. 이 지혜는 모든 법을 인식하고 수행·실천하는 데에 근본이 된다. 그런데 이 지혜는 지식이 아닌 내면에 잠재한 근원적 예지로써 일체법이 무상·고·무아임을 인식하는 여실지(如實智, yāthabhūta- jñāna)로 나타나, 결국 일체법은 필경 불가득이며 일체개공임을 체득하는 것으로 대변된다. 지금까지 살펴본 바와 같이 회향사상도 또한 무상정등각을 구함에 있어서 이러한 지혜론에 입각하여 '생각이 없는 회향[無想廻向]' '모양을 취함이 없는 회향[無取相廻向]'을 교설하여 상대적 분별을 초월하는 여실지를 토대로 성립된다. 따라서 회향사상은 반야사상의 불취상[不取相], 무집착의 지혜증득과 관련지어 대승불교를 실현하는 불가결의 한 요소를 나타낸다고 할 수 있다.

둘째, 또한 대승불교에 있어서 지혜의 완성은 지성의 소산이 아니라 지극히 실천적인 것으로 나타나, 깨달음의 성취는 제법실상의 인식이 아니라 실천에 의해 완전함을 얻는 것으로 교설된다. 이러한 입장에서 대승불교는 수행자를 통하여 보시·지계·인욕·선정·반야 등의 육바라밀을 실천하게 하며, 세속제를 인정하여 올바른 연기관(緣起觀)을 증득케 하고 있다. 이러한 관점에서 회향사상도 세속에서 시설된 모든 선근과 복덕을 무상정등각으로 향하게 하는 실천을 요구하고 있어 대승불교에서 당위성을 갖는다고 할 수 있다.

셋째, 대승불교의 근본 정신인 대비심과 조화를 이룬다.

> "보살마하살은 육바라밀을 행하고 불도를 수행하여 아직 이루지 못한 부처의 열 가지의 힘[佛十力], 네 가지 두려움 없음[四無所畏], 네 가지 걸림 없는 지혜[四無碍智], 열여덟 가지 함께 하지 않는 법[十八不共法], 대자대비(大慈大悲), 일체지(一切智)를 성취한다."[76]

고 하여 중생을 향하여 일으키는 대비심을 보살의 수행으로 강조하고 있다. 이러한 입장은 회향사상에서 더욱 두드러지게 나타난다.

> "선근은 있으나 일체 중생을 요익케 하지 않으면 회향이라 이름하지 않는다."[77]

> "마침내 모든 선근을 수습하여 부처에게 회향하고 보살에게 회향하며 그것을 다시 중생에게 회향한다."[78]

고 하여 회향이 타인을 깨닫게 하고 타인을 이롭게 하는 행위를 통한 대승불교의 근본 이념인 자비를 실현하는 요소로 작용하고 있다.

이러한 입장에서 본다면 회향사상은 석존께서 깨달아 가르치신 연기설을 보다 적극적이며 실천적으로 전개한 대승불교의 실현에 있어서, 반드시 설정되어야 하는 사상이라는 것을 알 수 있다.

---

76 『大品般若經』 22 (『大正藏』8권, 378 중)
77 『80 華嚴』 23 (『大正藏』10권, 126 중)
78 『80 華嚴』 24 (『大正藏』10권, 129 중-하)

Ⅳ. 인접 개념과의 관계 및 현대적 논의

회향사상은 대승불교의 근간을 이루고 있는 것이기 때문에 대부분의 대승경론의 주제가 되고 있다고 해도 과언이 아닐 것이다. 뿐만 아니라 거의 모든 대소승의 교설 또한 회향과 깊은 관련을 가지고 있다. 원시불교의 업보설·윤회설·선악 관념·열반사상 등을 비롯하여 대승불교의 반야사상·보살도사상·정토사상·화엄사상·유식사상·서원사상·자비사상 등 거의 모든 불교 사상과 직결되어 있다고 할 수 있는 것이다.

자신의 선근 공덕을 다른 데로 돌려서 향하도록 한다는 회향은 대승불교에서 새롭게 발전된 선 실천의 이념이라 할 수 있다. 선악업에는 동일한 성질의 과보가 필연적으로 따르게 된다는 업보설의 일반적인 원칙은 그 과보의 필연성 뿐만 아니라 선악업의 과보를 행위자 자신이 받는다는 것을 의미한다. 그런데 '자신의 수행이나 선행의 공덕이 가져오는 과보를 자신이 향유하지 않고 타인이 받도록 타인에게 돌아가게 한다'는 의미의 회향은 이러한 업의 법칙을 넘어선다. 이러한 회향의 개념은 어떤 경우에도 업의 인과법칙에 대한 예외를 인정하지 않았던 초기불교의 입장에서 비약적으로 발전한 것이다. 그것은 대승에서 독특하게 발전된 개념으로서[79] 육바라밀, 보살, 보리심 등의 개념과 함께 중생구제의 '이타(利他)'의 자비라고 하는 대승의 선의 실천적 지향점을 잘 드러내 주고 있다. 회향의 개념은 대승의 선 실천이념의 핵심으로서 '이타' 혹은 '자리이타'의 자비로 총괄될 수 있을 것이다. 이러한 의미에서 본다면 회향사상이 업보설의 개인 구제 차원을 넘어서서 종교의 본질적인 모습을 회복시켜 줄 수 있는 자아실현과 사회구제의 길을 함께 열어주는 방안의 하나가 될 수 있다.[80]

회향을 논하면서 보살의 서원에 대해 언급하지 않을 수가 없다. 『무량수경』에서 법장보살이 48 원을 세워 수행하여 정토를 장엄하였고, 또한 본원력에 의해 다시 현실세간으로 돌아와 중생을 교화하여 정토에 왕생토록 한다는 내용은 결국 회향이 원력과 관계되는 것임을 말해주고 있는 것이다. 이것은 왕상과 환생의 두 가지 회향이 모두 본원에 뒷받침되어 있다고 하는 것에 의해서도 수긍할 수가 있을 것이다. 그러나 『화엄경』「십회향품」에서

79 가지야마 유이치 저, 김재천 옮김, 『대승과 회향』(서울: 여래, 2002), 15, 178, 184-185면.
80 문을식, 「업보설과 회향사상의 비교 연구」, 『회당학보』제10집, 회당학회, 2005, 113면.

> "보살마하살의 부사의한 큰 서원이 법계에 충만하여 일체중생을 널리 구호하나니, 이른바 삼세제불의 회향을 수학하는 것이다."[81]

라고 설하고 있는 데에서 회향과 서원의 관련성이 극명히 드러나는 것이다. 여기에는 삼세제불의 회향이란 바로 커다란 자비의 서원이라고 하는 사실이 그대로 나타나 있음을 볼 수가 있다.

유식 사상과 회향의 관련성 또한 언급하지 않을 수 없다. 회향의 범어인 pariṇāma는 유식(唯識)의 교리에서 전변(轉變)·능변(能變) 등으로 번역되는 중요한 술어이다. 회향이 유식에서의 전변과 원어가 같다는 것은 자신의 선근공덕을 다른 데로 향하게 한다고 하는 회향의 발상이 유식의 삼성설(三性說)에서의 삼성 전환의 논리와 유사한 점이 있기 때문이라고 할 수 있다. 유식에서 생사를 해탈한 성자가 변역(變易)해서 윤회의 생을 받고 대비이타행을 하는 것은 비원(悲願)의 힘에 의해 신명(身命)을 개전(改轉)하기 때문이라고 하는 것은 대자비의 회향의 의미와 일치하는 것이라 할 수 있는 것이다.[82]

대승불교를 지탱하는 두 가지 중심사상은 공(空)사상과 보살도사상이라고 볼 수 있다. 물론 공사상과 보살 사상은 투철한 공관의 실천이 보살도사상이기 때문에 양립하여 논할 수 없다. 그렇지만 굳이 그 차이를 설명해 본다고 하면, 공사상은 '제법은 공하다'라고 하는 지혜의 입장에서 출발하며, 보살도사상은 '일체 중생의 구제'라고 하는 자비의 입장에서 출발한다. 그렇기 때문에 전자는 현실부정의 측면에서 중생세계에서 깨달음의 세계로 나아가는 것이며, 후자는 현실긍정의 측면에서 깨달음의 세계에서 다시 현실의 중생세계로 나아가고 있다고 할 수 있다.

이러한 현실 부정으로부터 시작한 '일체법이 공하다'고 하는 공사상의 진정한 입장은 인간이 생존해 나아가면서 거의 무의식적으로 취하는 분별과 집착을 타파하기 위한 방편으로서 설해지고 있다. 다시 말하면, 현상계의 일체의 존재는 모두 인연에 의해 일시적인 모습을 나타내고 있기 때문에 고정 불변의 모습을 가질 수가 없다. 그러므로 공사상은 어떠한 것에 대해서도 '고정적이고 독립적인 존재'라는 생각을 갖는다면 그것이 삿된 것

---

81 『80 華嚴』 25, 「十廻向品」 제 25의 1 (『大正藏』 10권, 124 중)
82 나가오 가진 지음, 김수아 옮김, 『중관과 유식』(서울: 동국대출판부, 2005), 292-293면.

임을 가르친다. 그렇게 하는 것이 최고의 바른 깨달음으로 나가는 길임을 제시해, 누누이 회향아뇩다라삼먁삼보리를 강조한다.

다른 한편의 '일체 중생의 구제'를 목표로 하는 보살도사상은, 자비로써 현실세계의 중생을 구원하여 중생이 깨달음을 성취하도록 한다. '자타가 일시에 성불하여 불국토를 이룬다'는 지고(至高)의 이상을 위하여, 보살이 모든 공덕을 중생에게 회향하고 중생과 더불어 진정한 깨달음의 세계로 나아감을 밝히고 있는 것이다. 이것은 시방세계에서 두루 널리 원만한 회향행을 설하고 있는 『화엄경』에서도 중생회향이 실천적인 회향의 중심 과제가 되어 십회향의 근간으로 설해지고 있는 것을 보아도 알 수 있다.[83]

이렇게 볼 때 회향사상은, 공사상의 현실 부정 측면에서는 수행자가 유위법에서 무위법으로 향하는 실제적 힘이 되며, 보살도의 현실 긍정 측면에서는 실천자가 무위법을 유위법으로 돌이켜 더불어 무위법으로 나아가는 실제적 힘이 되어, 결국 유위(有爲)의 세계와 무위(無爲)의 세계가 불일불이(不一不異)의 관계에 있음을 나타낸다고 할 수 있다.[84] 이와 같은 관점에 입각하여 볼 때, 회향사상은 반야공관에 있어서는 제법의 실상을 이론적 측면에서 완성해주는 사상이 되며, 보살도 완성에 있어서는 제법의 실상을 실천적 측면에서 완성해 주는 사상이 되는 것이다. 이러한 점에서 본다면, 회향은 '일체에 집착하지도 않고, 일체를 버리지도 않는다'고 하는 두 가지 상반되는 입장을 모순됨이 없이 합일시키고 있어, '진정한 인간의 삶'에 대한 궁극적 해답을 제시해준다고 할 수 있다.

따라서 회향사상은 불교의 가르침 아래 시설된 모든 법을 받들고 이를 수행 실천하는 수행자와 아직도 미혹한 상태에 남아 있는 중생이 현실 세계 속에서 함께 깨달음을 열어갈 수 있도록 해주고 있기 때문에 대승불교의 이상을 실현할 수 있는 진정한 실천이념이 될 수 있는 것이다.

깨달음에 뜻을 두고 성불을 향하여 실천의 길을 걸어야 하는 보살에게는 보리심을 발하는 것, 대비심을 일으키는 것, 서원을 지음, 육바라밀을 행하는 것 등과 더불어 회향도 분명 현실 속에서 깨달음을 실현하는 지비불이(智悲不二)의 실천 덕목이 될 수 있다. 그 중에서도 회향사상은 보살의 여러 가지 실천 덕목을 더욱 두루 널리 적극적으로 완성할 수 있는 궁극적 덕목

83 金子大榮, 전게서 71면 참조.
84 백영혁, 『대승불교의 회향사상 연구-반야교설을 중심으로-』(동국대 석사학위 논문, 1987), 69면.

이라고 할 수 있다.

대승불교의 이념이 현실 속에서 본질에 이상을 실현하여 중생들과 더불어 깨달음을 구하고 이러한 깨달음은 보살도의 실천을 통하여 완성할 수 있는 것이라고 한다면 진정한 보살도의 실천은 회향이 없이는 불가능하다고 할 수 있을 것이다.

불교는 인간이 근본적으로 안고 있는 문제의 해결을 위하여 시설된 가르침으로 인간의 실생활에서 파생되는 모든 문제를 잘 해결할 수 있는 법을 설하고 있다. 그러나 그 교설이 다양하고 방대함과 더불어 복합적 구조를 띠고 있어 이해와 실천에 많은 어려움이 뒤따른다. 그렇지만 회향사상은 이론적으로나 실천적으로 불교인들이 지향해 나아가야 할 근본방향을 제시해 주고 있어, 혼란한 시대를 살아가는 현대인들에게 생명력 있는 가르침이 될 수 있을 것이다. 따라서 앞으로 회향사상에 관한 연구가 인간의 삶과 관련하여 종교학적 측면, 사회학적 측면, 논리학적 측면 등 여러 측면에서 더욱 진행되어야 할 것이다. ❁

권탄준 (금강대)

우리말 불교개념 사전

성성적적

범 suprabuddha 빠 suppabuddha 장 legs par sad paḥi legs par khon du chud pa 한 惺惺寂寂 영 completely enlightened as a Buddha

Ⅰ. 어원적 근거 및 개념 풀이

1. 어원적 근거

'성성(惺惺)'이란 또렷하게 깨어 있는 상태를 말한다. '적적(寂寂)'이란 고요히 침잠해 있는 상태를 말한다. 따라서 '성성적적(惺惺寂寂)'이란 겉으로는 또렷하게 깨어 있으면서도 속으로는 고요히 이치를 깨닫고 있는 상태를 의미한다. 경우에 따라 '적적성성(寂寂惺惺)'으로 표현되기도 하는데, 이때는 겉으로는 고요한 듯하면서도 속으로는 뚜렷하고 환하게 이치를 깨닫고 있는 상태를 가리킨다.

성성과 적적을 하나의 개념으로 묶어 쓰기 시작한 첫 사례는 규봉 종밀(圭峰宗密, 780~840)과 황벽 희운(黃檗希運, ?~850)에게서 보인다. 종밀은 『선원제전집도서(禪源諸詮集都序)』에서 '성성적적'을, 희운은 『황벽산단제선사전심법요(黃檗山斷際禪師傳心法要)』에서 '적적성성'을 각각 거론하였다. 종밀과 희운 이후 선불교의 여러 조사들이 두 용어를 따로 또는 함께 사용함에 따라 '성성', '적적', '성성적적', '적적성성' 등은 선불교(禪佛敎)의 상용어로 정착되었다. 보조 지눌(普照知訥, 1158~1210)은『수심결(修心訣)』에서 두 개념을 '성적등지(惺寂等持)'로 결합시키면서 '성적등지문(惺寂等指門)', '원돈신해문(圓頓信解門)', '간화경절문(看話徑截門)'으로 이어지는 독특한 선수행론을 완성하기에 이른다.

2. 개념 풀이

『불교한범대사전(佛敎漢梵大辭典)』에 따르면 한자어 '성(惺)'에 대한 범어 원어는 없다. 다만 '성오(惺悟)'라는 단어가 범어 원어와 함께 제시되어 있을 뿐이다. 글자 그대로 '영리하고 또렷하게 깨달은 상태' 정도로 해석될 수 있을 '성오'의 원어는 suprabuddha라고 되어 있다.[1]『산스크리트-영어 사전(*A Sanskrit-English Dictionary*)』에서는 suprabuddha를 '붓다가 되어 완전히 깨달은(completely enlightened as a Buddha)'이란 의미를 지닌 형용사로 번역한다.[2] 이를 어원적으로 따지자면 강조의 뜻을 지닌 접두사 su-가 형용사 prabuddha에 붙어서 형성된 조어인데,[3] prabuddha는 '깨어있는 (awakened; wake; roused)', '확장된(expended; blown)', '발전된(developed)', '열린(opened)' 등의 의미를 지닌다.[4] prabuddha는 다시 pra와 buddha로 분리된다. pra는 '채우다(fill)'라는 의미의 어근 √pṝ 또는 √prā로부터 파생한 형용사로서 '가득 찬(filling; fulfilling)'이란 의미를 지닌다.[5] 그리고 buddha는 주지하다시피 '깨어나다(to wake; to wake up; to

1 平川彰,『佛敎漢梵大辭典』(東京: 靈友會, 1997), 491면.

2 Sir Monier Monier-Williams, A Sanskrit-English Dictionary (Reprint of the Oxford University Press edition, 1899, Delhi: Motilal Banarsidass Publishers, 1990), 1228면.

3 예컨대 suprajña는 '매우 현명한(very wise)'이라는 뜻을 지닌 남성 및 중성명사이다. 이에 대한 여성명사는 suprajñā이다. 주지하다시피 prajña 자체는 '현명한(wise, prudent)'의 의미를 지닌 남성 및 중성명사로서(여성명사는 prajñā), 여기에 강조의 접두사 su-가 붙음으로써 강화된 의미를 갖게 된 것이다. su-의 의미와 용례에 대해서는 Sir Monier Monier-Williams, 같은 책, 1227~1230면.

4 Sir Monier Monier-Williams, 같은 책, 683면.

5 pra는 또한 '닮은(like; resembling)'이라는 의미를 지니기도 한다. pra의 의미에 대해서는 Sir Monier Monier-Williams, 같은 책, 652면. 또 어근 √pṝ에 대해서는 같은 책,

be awake)'라는 뜻을 지닌 어근 √budh로부터 파생한 형용사로서, 역시 '깨어있는(awakened; awake)', '확장된(expended; blown)', 또는 '의식이 있는(conscious)', '지적인(intelligent)', '영리한(clever)', '지혜로운(wise)' 정도의 의미를 지닌다.[6]

이 같은 용어와 조어법은 빠알리어에서도 동일하게 나타난다. suprabuddha에 해당하는 빠알리어는 suppabuddha인데, 『빠알리-한글 사전』에서는 이를 우바새를 일컫는 남성명사인 '선각' 또는 '잘 깨달은'이란 뜻의 형용사로 풀이한다.[7] 물론 여기에서도 su-는 '극히, 매우'의 의미를 지니는 접두사이며, pabuddha는 '깨다, 자각하다, 각성하다'라는 의미를 지닌 동사 pabujjhati의 과거분사형으로서 '자각한, 각성한, 깨어난'의 의미를 지닌다.[8]

한편 『불교어대사전』에서는 suprabuddha의 한문 번역어로서 '통달(通達)'을 제시하고, 그 의미를 '명확히 이해하다'라고 풀이한다. 그리고 그에 대한 서장어를 legs par sad paḥi legs par khon du chud pa라 하며, 그 근거로 티베트 경전인 *Mahāvyutpatti*를 거론한다.[9] '성' 또는 '성오'에 관한 한 『불교어대사전』에서는 범어 원어를 별도로 제시하지 않은 채 다만 '성'을 '깨어나는 것, 깨닫는 것'으로 그리고 '성오'를 '또렷하게 깨닫는 것'으로 풀이하고 있을 뿐이다.[10]

이상에서 알 수 있듯이 또렷하게 깨어있음의 의미를 강조한 '성성'이란 개념은 범어에서는 용례를 찾기 어렵다. 다만 '성' 또는 '성오'에 해당하는 범어로 간주될만한 suprabuddha는 또렷함보다는 깨달음에 의미의 무게중심이 실려 있는 개념으로서, 그나마 한자어 '성' 또는 '성오'와의 연관성이 확실하다고 보기도 어렵다. 실제로 초기불교부터 대승불교 시대까지의 불교 경장에는 '성성'이라는 표현이 발견되지 않는다. 한문 대장경에서 '성성'이라는 표현이 처음으로 등장하는 것은 앞에서 언급했듯이 바로 당 중기 규봉종밀의 『선원제전집도서』에서 언급된 '성성적적'이라는 표현과, 비

701면.

6 같은 책, 733면.

7 전재성, 『빠알리-한글 사전』(서울: 한국빠알리성전협회, 2005), 804면.

8 같은 책, 795면과 454면.

9 中村元, 『佛教語大辭典』(東京: 東京書籍, 1988), 972면.

10 각각 中村元, 같은 책, 824면과 724면. 이 책에서는 '성'에 대한 이 같은 해석의 근거로 『無門鈔』를, 그리고 '성오'에 대한 해석의 근거로 일본 가마쿠라 막부기(鎌倉幕府期, 1185~1333)의 불교설화집인 『沙石集』 3권을 들고 있다.

슷한 시기를 살았던 황벽희운의 어록인 『황벽산단제선사전심법요』에서 언급된 '적적성성'이란 표현이다. 이로부터 '성성'이란 개념어가 불교의 중국 전래 이후 중국에서 개발되고 통용된 단어로 짐작할 수 있을 뿐이다. 청나라 때의 자전인 『강의자전(康熙字典)』에서는 '성'을 "고요한 가운데 어둡지 않음[靜中不昧曰惺]"이라 풀이한다.[11]

'적적'의 '적(寂)'은 √śam을 어근으로 하는 일련의 범어 명사 śama나 śānti, 혹은 형용사 śānta 등을 번역한 말이다.[12] 남성명사인 śama는 '고요함(tranquillity)', '냉정(calmness)', '휴식(rest)', '침착함(equanimity)', '안식(quietude; quietism)', '열정의 부재(absence of passion)', '깊은 명상을 통하여 궁극적인 목적으로부터의 벗어나기(abstraction from eternal object through intense meditation)' 등의 의미를 지니고, śānti는 그에 대한 여성명사로서 마찬가지로 '고요함(tranquillity)', '평화(peace)', '마음의 평정(peace or calmness of mind)', '열정의 부재(absence of passion)', '고통의 회피(averting of pain)' 등의 의미를 지닌다. 또 형용사 śānta는 '마음을 진정시킨(appeased; pacified)', '고요한(tranquil; calm)', '격정으로부터 벗어난(free from passion)', '방해받지 않는(undisturbed)' 정도의 의미를 지닌다.[13] 범어 śama, śānti, śānta에 해당하는 빠알리어에 각각 sama, santi, santa가 있다. 빠알리어에서도 범어에서와 마찬가지로 sama는 '고요, 평정'을 의미하는 남성명사, santi는 역시 '고요, 평화, 적정'을 의미하는 여성명사이며, santa는 어근 √śam의 과거분사형으로 파생된 형용사로서 '고요한, 적정한'의 의미를 지닌다.[14]

이상의 용어들에 대한 한자 번역으로는 '적' 이외에도 '적연(寂然)', '적멸(寂滅)', '적정(寂靜)' 등의 용어가 사용되기도 한다. 또한 '적정(寂定, śānta samādhi)', '적정삼매(寂靜三昧, śānti-samādhi)', '적정심(寂靜心, vyupaśānta)',

11 한국불교대사전 편찬위원회, 『한국불교대사전』 3권(서울: 보련각, 1982), 652면; 김승동, 『불교·인도사상사전』(부산: 부산대학교출판부, 2001), 1089면에서 재인용.
12 범어 원어에 대해서는 平川彰, 위의 책, 383면. 이 책에는 '적'의 형용사적 의미로 śānta 이외에도 upaśama, praśama, praśānta, vivikta, viveka, śamana 등의 용어가 제시되어 있다. 한편 śama, śānti, śānta의 어근에 대해서는 Sir Monier Monier- illiams, 위의 책, 1064면 참조.
13 Sir Monier Monier-Williams, 같은 책, 1053면과 1064면.
14 전재성, 『빠알리-한글 사전』(서울: 한국빠알리성전협회, 2005), 743면, 733면, 732면.

'적정성(寂靜性, śānta-dharmatā)', '적정법성(寂靜法性, śānta-dharmatā)', '적정처(寂靜處, śānti-patha)', '적정도(寂靜道, śānti-mārga)', '적정혜(寂靜慧, śānta-mati)' 등의 경우처럼 다른 개념과 결합하여 사용된 예도 흔히 발견된다.[15] 그러나 '적적'에 대한 범어 용례가 수록되지 않고 있는 것으로 보아, '적적' 역시 '성성'의 경우와 마찬가지로 상당히 중국화된 표현법이라는 점을 짐작할 수 있다.

한문대장경에서 '적적'이라는 번역어의 사용은 비교적 이른 시기부터 발견된다. 남송의 지엄(智嚴, ?~?)이 번역한 『불설법화삼매경(佛說法華三昧經)』에는 "지혜로운 견해는 헛된 생각을 않으니 고요히 공공에 안주하니라[慧見不空念, 寂寂安空空]."[16]라는 표현이 등장한다. 여기에서 사용된 '적적'의 의미는 불교 최고의 진리인 공(空)과 관련되어 있다. 그러나 '적적'은 또한 불교의 진리와 무관하게 단지 고요한 주변 환경을 의미하기 위해 사용된 경우도 적지 않다. 중국불교의 초기 저작 중의 하나이자 대표적인 위경으로 간주되는 『노자화호경(老子化胡經)』에서 일찍이 '적적막막(寂寂寞寞)'[17]이라는 표현이 나오는데, 이는 문맥으로 보아 불교적인 색채가 가미되지 않은 채 단순히 '조용하다'는 의미로 사용되고 있다. 또 516년 양무제의 명을 받아 번역된 『경율이상(經律異相)』에는 '엄엄적적(掩掩寂寂)'[18]이라는 표현이 나오는데 여기에서도 단순히 사위가 '조용하다'는 뜻이다. 668년 당의 율종 승려 도세(道世)가 지은 『법원주림(法苑珠林)』에 나오는 '적적(寂寂)'[19]이라는 표현도 마찬가지여서, 특별히 불교적인 의미가 아닌 표현으로도 많이 사용되고 있었음을 알게 한다.

이상에서 살펴 본 바와 같이 '성성'과 '적적' 그리고 그 둘을 결합시킨 '성성적적'과 '적적성성'은 중국불교에서 비로소 개발되고 유통된 개념어이다. 규봉 종밀과 황벽 희운의 저술에서 처음으로 등장하는 '성성적적'과 '적적성성'은 각각 '환히 깨달아 안다', '[정혜(定慧)의 빛은 역력히 밝고] 고요하면서도 또렷하다'는 정도의 의미로 사용되고 있다. 구체적인 용례는 다음 장에서 살펴본다.

15 平川彰, 『佛敎漢梵大辭典』(東京: 靈友會, 1997), 383면.
16 智嚴 譯, 『佛說法華三昧經』(『大正藏』 9권, 287중)
17 『老子化胡經』(『大正藏』 54권, 1270상)
18 僧旻·寶唱 集, 『經律異相』(『大正藏』 53권, 193중)
19 道世 撰, 『法苑珠林』(『大正藏』 53권, 527상)

Ⅱ. 역사적 전개 및 텍스트별 용례

1. 역사적 전개

'성성적적'이라는 용어를 처음 활자로 정착시킨 것으로 추정되는 규봉 종밀은 화엄종(華嚴宗)의 제5대 조사로서 『선원제전집도서』를 저술하여 교선일치설(教禪一致說)을 주장하였다. 그는 스스로 선종의 일파인 하택선(荷澤禪)의 법계를 이어받았다고 주장하기도 하였는데, 실제로 『선원제전집도서』에 언급된 '성성적적'의 용례는 선불교 전통과의 관련성을 잘 보여준다. 그는 공종(空宗)과 성종(性宗)의 차이 중 하나가 각각 부정 논리와 긍정 논리를 구사하는 점이라고 하면서 다음과 같이 말한다.

> 여섯 번째 차이점으로서 "진리를 드러내는 방법으로 공종(空宗)에서는 부정의 논리를, 성종(性宗)에서는 긍정의 논리를 쓴다는 점이 다르다"는 것은 무엇을 말하는가? 부정의 논리는 잘못된 것을 내치고, 긍정의 논리는 옳은 것을 드러내고자 하는 것을 말한다. 또 부정의 논리란 진실을 제외한 나머지 모두를 가려내는 것이며, 긍정의 논리란 바로 당체를 보여주고자 하는 것이다. 모든 경에서 설하듯이 진여의 현묘한 이치와 성품을 매번 불생불멸(不生不滅), 불구부정(不垢不淨), 무인무과(無因無果), 무상무위(無相無爲), 비범비성(非凡非聖), 비성비상(非性非相) 등이라 말하는 것은 모두 부정의 논리가 된다.
>
> 만약 지견각조(知見覺照), 영감광명(靈鑒光明), 낭랑소소(朗朗昭昭), **성성적적(惺惺寂寂)** 등을 말하고 있다면 이는 모두 긍정의 논리이다. 만약 지견(知見) 등의 체(體)가 없다면 무슨 법을 드러내서 성을 삼을 것이며, 무슨 법을 설파하여 불생불멸 등이라고 하겠는가? … 모든 가르침에서 매번 '절백비(絕百非)'라 말하는 것은 모두 부정의 논리이며, 하나같이 옳은 것을 드러내야 바야흐로 긍정의 논리가 되는 것이다. 공종의 말은 모두 부정의 논리가 되나 성종의 말은 부정의 논리와 긍정의 논리가 다 함께 있는 것이다. 단지 부정의 논리만 전개하고 있는 자는 아직 진실을 알지 못하고 있으나, 부정의 논리와 함께 긍정의 논리를 쓰고 있는 자라면 진실을 바로 아는 것이다.[20]

20 宗密 述, 『禪源諸詮集都序』(『大正藏』 48권, 406상중). 번역은 원순 역, 『선원제전집도

여기에서 '성성적적'에 대한 뜻풀이가 별도로 제시되어 있지 않은 것으로 보아, 당시 이 용어는 어느 정도 일반화되어 있던 개념으로 보인다. 지견각조, 영감광명, 낭랑소소 등 뚜렷이 알아 환히 깨달은 상태를 의미하는 용어들과 병기된 것으로 미루어 볼 때, '성성적적' 역시 글자 그대로 '또렷이 알고 있다' 또는 '또렷이 아는 가운데 고요함을 지닌다'는 의미로 사용되었음을 알 수 있다.

2. 텍스트별 용례

배휴(裴休, 791~980)는 『선원제전집도서』「서(敍)」에서 공종과 성종을 각각 마명(馬鳴)과 용수(龍樹)의 가르침으로 분류한다.[21] 또 종밀 자신은 공종과 성종을 각각 파상교(破相敎)와 즉성교(卽性敎)로 구분하며, 그 차이점을 법과 뜻의 진속의 차이[法義眞俗異], 심과 성[心性二名異], 성(性)의 두 가지 체[性字二體異], 진지(眞智)와 진지(眞知)의 차이[眞智眞知異], 유아(有我)와 무아(無我)의 차이[有我無我異], 긍정과 부정의 차이[遮詮表詮異], 명(名)과 체(體)를 아는 차이[認名認體異], 이제(二諦)와 삼제(三諦)의 차이[二諦三諦異], 변계소집성·원성실성·의타기성에 대한 주장의 차이[三性空有異], 불공덕에 대한 입장 차이[佛德空有異] 등 10가지로 거론한다.[22] 위의 인용문은 그 중 6번째에 해당하는 긍정과 부정의 차이를 설명하는 부분이다.

종밀은 파상교에 대하여 "공(空)의 이치를 설하고 유(有)에 대한 집착을 타파해서 진공(眞空)을 깨닫게 하는 것"이라 설명하였다.[23] 또 즉성교에 대해서는 다음과 같이 설명하여 선불교와 연결시킨다.

> 중생이 갖고 있는 신령스럽게 아는 영지(靈知)의 마음이 곧 진성(眞性)으로서 부처님과 다름이 없다는 것을 열어 보여 주었기에, 이를 현시진심즉성교(顯示眞心卽性敎)라고 이름한다. 『화엄경』등 십오 부의 논(論)들이 비록 혹 주장하는 내용이 돈(頓)과 점(漸)으로서 같지 않더라도, 법의 체(體)를 드러내는 것에 근거하게 되면 모두 이 가르침에 속하는 것이니, 이는 전부가

서: 한글풀이』(서울: 법공양, 2000) 참조.

21 같은 글(『大正藏』 48권, 398중)

22 같은 글(『大正藏』 48권, 406상)

23 같은 글(『大正藏』 48권, 404중)

선문(禪門)의 세 번째 직현심성종(直懸心性宗)과 같은 내용이다.[24]

그런데 종밀은 『선원제전집도서』의 뒷부분에서 "점(漸)이란, 중하근기로서 즉시 원각(圓覺)의 묘리(妙理)를 믿고 깨달을 수 없는 자를 위하여 앞서 말한 인천교(人天教)와 소승교(小乘教) 내지는 법상교(法相教)와 파상교(破相教)를 설하고, 그들의 근기가 점차 성숙하기를 기다려서야 요의를 설하게 되는 것이니, 곧 『법화경』과 『열반경』 등이 이에 속한다"[25]고 하였다. 또한 "번뇌가 적고 지혜가 많다면 곧 직현심성종과 현시진심즉성교의 일행삼매에 의지해야 한다"[26]고 하여, 선불교의 견성성불론과 돈오론을 상근기를 위한 수행논리로 인식한다. 결국 종밀은 '성성적적'을 성종의 특징 가운데 하나로 봄으로써 궁극적으로 선불교의 돈오수행론에 연계시키고 있는 것이다.

종밀과 동시대를 살았던 황벽 희운은 백장 회해(百丈懷海, 720~814)의 제자로서 임제종의 개조인 임제의현(臨濟義玄, ?~866)이 그 문하이다. 황벽 희운의 어록으로서 배휴가 편집한 『황벽산단제선사전심법요』에는 다음과 같이 '적적성성'이라는 용어가 사용된다.

> 이른바 심지법문(心地法門)이란, 만법(萬法)이 이 마음을 의지하여 건립되었으므로 경계를 만나면 마음이 있고 경계가 없으면 마음도 없는 것이다. 따라서 깨끗한 성품 위에다 경계에 대한 알음알이를 굳이 짓지 말라. 또 **적적성성(寂寂惺惺)**이라든가, 견문각지(見聞覺知)라는 것은 모두 경계 위에서 알음알이를 짓는 것이니, 이 말은 중하근기의 사람들을 위하여 설법하는 경우라면 몰라도, 몸소 깨닫고자 하는 사람은 이와 같은 견해를 지어서는 절대로 안 된다. 이것은 모두 경계의 법이므로 유견(有見)이라는 함정에 빠진 것이다. 일체 법에 대해서 있다거나 없다는 견해를 짓지만 않으면, 곧 법을 보는 것이다.[27]

---

24 같은 글(『大正藏』 48권, 405상)
25 같은 글(『大正藏』 48권, 407중)
26 같은 글(『大正藏』 48권, 405중)
27 裴休 集, 『黃檗山斷際禪師傳心法要』(『大正藏』 48권, 381중). 번역은 『선림보전』, 선림고경총서 1 (합천: 장경각, 불기 2532) 참조.

여기에서도 '적적성성'은 '견문각지[보고 듣고 느끼고 안다]'라는 용어와 나란히 사용되고 되고 있어, '정혜(定慧)의 비추는 작용이 고요하면서도 또렷하다'는 뜻을 내포하고 있음을 보여준다. 종밀이 '성성적적'이라 표현한 데 비해 희운은 '적적성성'이라 하여 내적인 깨달음을 감싸고 있는 표면적인 고요함을 강조한 듯하지만, 역시 또렷이 깨닫고 있음을 말하고 있다는 점에서는 종밀의 용례와 차이가 없다. 그런데 종밀의 '성성적적'이 성종의 특징으로 거론되며 선불교의 돈오수행론과 관련되고 궁극적으로 상근기의 수행자들을 위한 수행논리로서 긍정적인 의미로 사용되는 것과는 달리, 희운의 경우에는 '적적성성'이나 '견문각지' 등이 모두 깨달음의 상태를 나타내면서도 동시에 부정적인 의미의 맥락에서 발견되는 것이 특징적이다. 위의 인용문에서 "적적성성(寂寂惺惺)이라든가, 견문각지(見聞覺知)라는 것은 모두 경계 위에서 알음알이를 짓는 것이니, … 몸소 깨닫고자 하는 사람은 이와 같은 견해를 지어서는 절대로 안 된다"는 대목은 그러한 부정적인 의미를 잘 보여준다. 그러나 이것은 일반적인 의미의 깨달음이 "경계(境界) 위에서 알음알이를 짓는 것"일 가능성을 경계(敬啓)하는 것이지, '적적성성' 자체의 의미를 폄훼하는 것은 아니다.

이후 '성성적적' 혹은 '적적성성'이라는 표현은 주로 선불교 조사들에 의해서 지속적으로 사용된다. 그러나 '성성'과 '적적'이 반드시 댓구적으로 병기되는 것은 아니며, 양자가 따로 쓰인 용례가 더 많이 발견된다. '성성'은 워낙 규봉 종밀과 황벽 희운의 '성성적적'과 '적적성성'에서 처음으로 등장하고 있어, 이후에 독립적으로 쓰이는 경우에도 단순한 또렷함의 의미를 넘어 대체로 '또렷하게 깨달은 상태'라는 의미로 사용된다. 독자적으로 사용될 경우에도 '성성적적'이나 '적적성성'과 의미상의 연계가 이루어지고 있는 것이다. 그것은 '성성적적'과 '적적성성'이 비록 또렷함과 고요함의 배치 순서에 차이를 둔다고는 하나, 한결같이 또렷이 깨달음을 우선적으로 강조하고 있기 때문이다. 그러나 '성성적적'이라는 용어의 등장 이전에도 적잖이 사용되어 온 '적적'은 '성성적적'을 연상시키지 않는 용법으로도 빈번히 사용되곤 하였다.

종밀과 희운 다음으로 '성성'과 '적적'을 함께 거론한 사례는 영명 연수(永明延壽, 904~975)의 『종경록(宗鏡錄)』, 밀암 함걸(密菴咸傑, 1118~1186)의 『밀암화상어록(密菴和尙語錄)』, 굉지 정각(宏智正覺 1091~1157)의 『굉지선사광록(宏智禪師廣錄)』, 그리고 보조 지눌(普照知訥, 1158~1210)의 『진심직설(眞心直說)』과 『수심결(修心訣)』에서 보인다.

영명 연수는 『종경록』에서 "바른 견해가 이루어지는 것은 유심(有心)에 의한 것인가, 무심(無心)에 의한 것인가?"라는 질문에 "바른 견해는 유무로써 구할 수 없고 능소(能所)로써 논변할 수 없다. 만약 유념(有念)으로부터 무념(無念)에 들어간다면 이 념(念)은 도리어 유(有)를 이루게 될 것이고, 무심으로 공(空)을 짓고 무(無)를 만나고자 한다면 끊어져 버릴 것이다"고 대답하면서,[28] 다음과 같이 『신심명(信心銘)』의 내용을 인용한다.

> 여융(如融)대사의 『신심명』[29]에 이르기를, '또렷하게 깨달아 알면[**성성료지(惺惺了知)**] 견해의 그물[見網]이 펼쳐지고, 고요히 견해를 짓지 않는다면[**적적무견(寂寂無見)**] 어두운 방[闇室]에서 벗어날 수가 없다. 또렷하면서도 허망하지 않고[**성성무망(惺惺無妄)**], 고요하면서도 명석하라[**적적요량(寂寂寥亮)**]. …'고 하였다. 무(無)로써 생각[念]한다는 것은 생각에 나아가 생각이 없다는 것이니[卽念而無念], 그럼으로써 자성이 없다는 사실과 연기가 곧 공(空)이라는 사실을 생각하는 것이다.[30]

위의 인용문은 '성성'과 '적적'이 독자적으로 쓰일 때 부정적인 의미로 사용되기도 하는 사례를 보여 준다. 즉 '성성'은 '성성료지'라 하여 또렷하게 알기만 하고 고요한 마음으로 잘못된 생각을 떨치지 않는 상태를 가리키고, '적적'은 '적적무견'이라 하여 그저 고요하기만 할 뿐 아무런 생각도 하지 않는 상태를 가리킬 수 있다는 것이다. 그럴 경우 '성성료지'는 망령된 견해의 그물로부터 벗어날 수 없고, '적적무견'은 어둡고 어리석음으로부터 벗어날 수 없게 된다. 따라서 또렷하면서도 허망하지 않고, 또 고요하면서도 명석하게 사유하는 상태를 유지해야 한다고 한다. 이른바 또렷하면서도 고요히 내면을 응시할 줄 아는 '성성적적'이나, 고요한 듯 하면서도 안으로는 또렷하게 깨어 있는 상태를 놓치지 않는 '적적성성'이야말로 수행자가 반드시 지녀야 할 바른 마음가짐이라고 말하고 있는 것이다.

---

28 延壽 集, 『宗鏡錄』(『大正藏』 48권, 636하)

29 여기에서 인용된 여융대사가 누구를 지칭하는 것인지는 분명치 않다. 흔히 중국 선종의 제3조인 승찬(僧璨)이 『신심명』의 저자로 알려져 있지만, 현전하는 승찬의 『신심명』에는 위와 같은 내용이 들어 있지 않다.

30 延壽 集, 『宗鏡錄』(『大正藏』 48권, 637상)

영명 연수는 선종의 한 지파인 법안종의 3대 조사이다. 법안종은 공안염롱(公案拈弄), 즉 공안의 채택을 특색으로 하는 것으로 알려져 있다. 유와 무 어느 쪽에도 치우치지 않는 태도로써 연기와 공의 바른 견해를 얻는 방법으로 연수가 제시한 '성성무망'과 '적적요량'은 공안 참선의 진실한 방편인 것이다. 법안종의 특징인 공안염롱은 운문종과 임제종에 의하여 계승되었다. 특히 임제종의 양기파와 황룡파는 본격적인 공안선(公案禪)의 시대를 연 것으로 평가된다.

임제종 양기파에 속하는 밀암함걸 역시 『밀암화상어록』에서 '적적성성'을 말한다. 그러나 다음과 같이 부정적인 맥락에서 그것을 거론하고 있다.

> 또 산과 강, 대지와 같은 것들은 모두 환상이다. 해와 달, 뭇 별들도 모두 환상이다. 밝음과 어두움, 색(色)과 공(空)은 모두 환상이다. 성문, 연각, 보살, 부처의 사성(四聖)과 천, 인간, 아수라, 지옥, 아귀, 축생의 육범(六凡) 역시 환상이다. 스님께서 말씀하시길, '입 속의 물과 마른 땅도 모두 환상'이라 하셨다. 여러 사람들이 귀에 [생생히] 듣기를 '적적성성은 환상이 만들어 내는 말'이라 하니 ….[31]

한 설법 자리에서 "불법의 지극히 오묘함과, 그 오묘함이 밝은 마음에 있음"을 주제로 설법하던 중, "생멸거래(生滅去來)가 모두 여래장이요, 출생하는 것은 모두 소멸하게 되어 있음"을 말하고, 나아가 "모든 선업(善業)과 악업(惡業) 등이 환상"이라고 말하는 대목에 이르러 함걸은 '적적성성' 역시 환상에 불과하다고 단언한다. 결국 고요한 가운데 또렷이 깨닫고자 하는 공안선 수행의 방편 역시 그것이 다만 명목에 그친다면 환상일 뿐이라고 하여, 불법의 궁극이 모든 고정관념의 소멸에 있음을 한 걸음 더 밀어붙여 강조하고 있는 것이다.

한편 밀암 함걸과 비슷한 시기를 살며 조동종의 묵조선(默照禪)을 대성한 굉지정각의 어록에서도 '성성적적'이라는 표현이 등장한다. 공안의 첫 마디를 화두 하나로 해결한 뒤 차례로 다음 화두를 들어 타파하고자 하는 임제종의 간화선(看話禪) 수행법과 달리, 조동종의 묵조선은 묵묵히 앉아서 모든 생각을 끊고 영묘한 마음의 작용을 일으키고자 한다. 간화선이 큰

31 崇岳·了悟 等 編, 『密庵和尚語錄』(『大正藏』 47권, 973하)

의문의 해결을 통한 대오각성(大悟覺醒)을 추구한다면, 묵조선은 대오를 기다리기보다는 점진적인 깨달음을 추구한다고 할 수 있다. 묵조선의 완성자인 정각의 어록에도 '성성적적'이 사용되는 것을 보면, 당시 이 용어가 임제종이나 법안종과 같이 공안을 중시하던 계파를 넘어 얼마나 선불교 전체를 관통하여 사용되고 있었는지를 알 수 있다. 그 구체적인 내용은 다음과 같다.

> 당에 올라 말씀하셨다. 살고 죽는 것이 [모두] 윤회의 자취로서 끝이 없지만, **적적성성**은 진실하게 비추는 기틀이니 혼미하지 않다. … 견문각지를 여의고서야 앎이 있는 것이니, [그것이 바로] 분별하지 않는 마음이다. 지수화풍을 여의고서야 몸이 있는 것이니, 화합하지 않는 상이다. 그것이 도이다.[32]

견문각지를 여의고서 분별하지 않는 앎을 얻고 지수화풍을 여의고서 화합하지 않는 상으로서의 몸을 얻기 위한 방편으로 적적성성을 제시하고 있는 것이다. 굉지 정각은 또 「묵조명(黙照銘)」에서 "묵묵히 일체의 언어를 끊고 좌선할 때 불성의 영묘한 작용이 분명히 깨달음의 세계로서 그대로 드러난다. 비출 때는 확연하여 텅 비어 있지만 그 불성의 본체는 영묘히 작용하고 있다"[33]고 한다. 먼저 고요히 참선에 임하고서야 비분별심과 비화합상의 근원적 깨달음, 즉 자성청정심에 도달할 수 있음을 강조하는 정각에게서 먼저 고요히 하는 가운데에 또렷이 깨달을 수 있다는 '적적성성'의 수행법이 중시되는 것은 당연한 일이다.

또 다른 곳에서는 "물 속의 짠 맛, 색 속의 끈끈한 푸른색처럼, 본질[體]은 그것을 취해 봤자 형태가 없다. [오직] 작용할 때에만 고요하고, 고요한 속에서도 또렷하다[寂處惺惺]. 이것이 뭇 부처의 본각이요 중생의 묘한 신령함이다"[34]라 하여, 무자성의 본질이 작용할 때조차도 고요함이 유지되고, 오히려 그 고요함 속에서 또렷하게 알 수 있음이 거듭 강조되고 있다. 한편 「장감사사사상구찬(璋監寺寫師像求贊)」에 보이는 다음과 같은 글귀는 '적적성성'이라는 용어가 선 수행법을 지칭하는 사례를 넘어 일상적인 상황에서도 사용되고 있었음을 보여준다.

---

32 集成 等 編, 『宏智禪師廣錄』(『大正藏』 48권, 9중)
33 같은 글, 「黙照銘」(『大正藏』 48권, 100상)
34 같은 글(『大正藏』 48권, 4중)

아득히 깊고 어둡구나. 기러기 그림자 차갑게 가라앉으니, 가을은 멀고 연기가 푸르도다.

고요하면서도 또렷하구나[寂寂惺惺]. 늙은 누에 고치를 치니, 바람은 높고 뽕잎이 떨어지네.

날씨는 고요하면서도 때로 활발한데, 길은 도리어 텅 비어 신령하구나.

영산의 그윽함과 숭산의 기세, 하늘의 굳건함과 땅의 편암함[이여].[35]

지금까지 중국 선불교 조사들의 저술 또는 어록에 남아 있는 '성성적적'과 '적적성성'의 용례를 살펴보았다. 그러나 '성성'과 '적적'의 의미를 깊이 있게 천착하며 본격적인 수행론의 담론을 펼친 이는 역시 보조지눌이라고 할 수 있다. 지눌의 저술 중 '성성'과 '적적'의 용례가 보이는 것은 『진심직설』과 『수심결』이다.

『진심직설』에서는 무심(無心)의 의미를 설명해 달라는 혹자의 질문에 다음과 같이 답변의 운을 뗀다.

무심이란 마음의 체[心體]가 없다는 것이 아니라, 다만 마음 가운데에 물(物)이 없음을 일컫는 것이다. 마치 병 속에 아무 것도 들어 있지 않은 것을 빈 병이라 하지, 병이 없는 것 자체를 빈 병이라 하지는 않는 것과 같다. 그러므로 조사가 말하기를 '마음에 무사하고 일에 무심하며 저절로 비었으면서 신령하고 고요하고 묘한 것이 마음의 참 뜻이다.'라 하셨다.[36]

다음에 그 의미를 10가지로 나누어 설명하던 중 9번째로 다음과 같은 논의를 전개한다.

아홉 번째는 즉체즉용(卽體卽用)이니, 공부할 때 비록 진심의 체에 고요히 합하여 오직 한 맛으로 비고 고요하나, 그 가운에 안으로 신령한 밝음이 숨겨져 있으니, 체가 곧 용인 것이다. 그러므로 영가스님께서 이렇게 말씀하셨다. '성성적적(惺惺寂寂)은 옳고 성성망상(惺惺妄想)은 그릇된 것이며, 적적성성(寂寂惺惺)은 옳고 적적무기(寂寂無記)는 그릇된 것이다.' 이미 고

35 같은 글, 「璋監寺寫師像求贊」(『大正藏』 48권, 102하)
36 知訥, 『眞心直說』(『大正藏』 48권, 1001상). 해석은 이기영, 『진심직설-역해 및 강의』, 한국불교연구원, 257~259면 참조.

요한 가운데서도 알지 못함을 용서치 않고, 또렷하면서도 어지러운 생각에 빠지는 짓을 하지 않는다면 망심이란 것이 어떻게 생겨나겠는가? 이것이 곧 체와 용에 즉해서 망심을 멸하는 공부이다.[37]

여기에서 사용된 '성성적적'과 '적적성성' 역시 지눌 이전의 조사들이 사용하던 용례와 다르지 않다. 즉 '뚜렷하고 밝다'는 의미의 '성성'과 '고요하다'는 의미의 '적적'을 있는 그대로 연결하여, '명료하고 밝게 깨닫고 있으면서도 내면으로는 고요하다'는 뜻으로 '성성적적'을, 그리고 '겉으로는 고요함을 유지하고 있지만 그 실상으로는 환하게 깨닫고 있다'는 뜻으로 '적적성성'을 사용하고 있다.

여기에서 흥미로운 것은 그것들을 '성성망상' 및 '적적무기'라는 개념과 병기해서 사용함으로써 그 의미를 더욱 명확하게 하고 있다는 점이다. '성성망상'이란 정신상태가 지나치게 명료하다 못해 어수선한 망상에 빠져 있는 상태를 가리킨다. 또한 '적적무기'는 마음이 고요하다 못해 무기, 즉 둔한 상태가 되어 사리분간을 잘 못하는 것을 일컫는다. 요컨대 '성성망상'과 '적적무기'는 하나의 마음 자세가 가속화된 나머지 극단적인 상황에 빠져 버린 상태이다. 보통의 인간이 흔히 빠지기 쉬운 이 같은 마음의 상태를 극복하기 위한 대안으로 지눌은 '명료하면서도 한 편으로는 차분한 마음을 유지할 것[성성적적]'과 '가만히 있는 듯 하면서도 항상 정신을 차리고 있을 것[적적성성]'을 제시하고 있는 것이다.

이렇듯 『진심직설』에서 '성성적적'과 '적적성성'을 마음 수양의 양대 덕목으로 제시한 지눌은 『수심결』에 이르러 양자를 결합시킴으로써 독특한 선불교 수양론의 기초를 세우기에 이른다. 고요함[적적]으로 표현되는 선정과 또렷함[성성]으로 상징되는 지혜가 평등하게 갖추어져야만 비로소 올바른 수행이 완성된다는 것이다.

묻는다. [깨친] 후에 닦는 문 가운데에 선정과 지혜가 평등하다[定慧等持]는 의미를 아직 확실히 모르겠습니다. … 답한다. 만약 법의 뜻을 말한다면 진리에 들어가는 천 가지 문이 선정과 지혜 아닌 것이 없지만, 그 강요(綱要)만을 말하자면 다만 자성(自性)의 본체[體]와 작용[用]이라는 두 가지 의미

37 같은 글(『大正藏』 48권, 1001하)

> 이다. … 선정은 본체이고 지혜는 작용이다. 본체의 작용에 나아갔으므로 지혜가 선정을 떠나지 않고, 작용의 본체에 나아갔으므로 선정이 지혜를 떠나지 않는다. 선정이 곧 지혜이므로 고요하면서도 항상 알고, 지혜가 곧 선정이므로 알면서도 항상 고요하다. 조계스님께서 말씀하시기를 '마음에 어지러움이 없으니 자성의 선정이요, 마음에 의심이 없으니 자성의 지혜다.'라고 하신 것과 같다. 만약 깨달음이 이와 같아 고요함과 앎이 자유로와 선정과 지혜가 둘이 아니라면, 이것은 곧 돈문(頓門)에 들어간 사람이 선정과 지혜를 함께 닦는 것[雙修定慧]이다. 만약 먼저 고요함[寂寂]으로써 산란한 생각을 다스린 연후에야 또렷함[惺惺]으로써 혼침을 다스려 혼침과 산란함을 고루 조절하여 고요함에 들어간다면, 이것은 바로 점문(漸門)의 열등한 근기를 지닌 사람이 행동하는 바이다. 비록 또렷함과 고요함이 평등하다[惺寂等持]고 말하면서도 따지기만 하여[靜] 행동한다면, 어찌 사리를 깨친 사람이 본래의 고요함과 본래의 앎을 떠나지 않고 자유로이 두 가지를 함께 닦는 것이라 할 수 있겠는가? 그러므로 조계스님께서는 '스스로 깨달아 수행하는 것은 따지는 데에 있지 않다. 만일 선후를 따진다면 이는 미혹한 사람이다.'라고 하셨다. 통달한 사람의 경지에서 선정과 지혜를 평등하게 가진다[定慧等持]는 뜻이다.[38]

여기에서 지눌이 '적적'과 '성성'을 각각 선정과 지혜의 다른 이름으로 사용한 것은, '적적'을 마음의 고요한 상태로 그리고 '성성'을 또렷하게 각성한 깨달음의 상태로 간주하던 기존의 용법을 계승한 것이다. 그러나 별도의 정의 없이 그저 고요하거나 또렷한 마음의 상태 정도를 의미하며 막연하게 사용되던 기존의 용법에 그치지 않고, 지눌은 '적적'과 '성성'이 선정과 지혜의 상징임을 분명히 한다. 이로써 그 개념어들은 단순히 마음의 상태를 뜻하던 것에서 진일보하여, 이제 적극적인 행위이자 수행의 기제로까지 그 의미의 외연을 넓힐 수 있게 되었다.

나아가 지눌은 선정/'적적'과 지혜/'성성'을 각각 자성의 본체와 작용으로 간주한다. 본체와 작용이 상호 분리될 수 있는 것은 아니지만 어쨌든 일단 본체가 있고 나서야 작용이 가능하다는 사실을 상기한다면, 지눌은 '적적'을 '성성'보다 근원적인 것으로 생각하고 있었다고 할 수 있다. 그러나

38 보조 지눌, 『수심결』(『大正藏』 48권, 1008상)

그것은 어디까지나 수행 논리상의 판단이었던 것으로 보인다. 혜능(惠能)이 "마음에 어지러움이 없으니 자성의 선정이요, 마음에 의심이 없으니 자성의 지혜다"라고 한 것을 인용하는 데에서 짐작할 수 있듯이, 어지러움이 걷힌 선정의 상태가 전제된 후 의심 없는 깨달음을 얻을 것이라는 상식을 바탕으로 한 판단이었던 것이다. 그러나 이 체용론에서 논리적 판단 이상의 가치 판단은 없다. 선정이 지혜보다, '적적'이 '성성'보다 더 중요하다거나 심지어 수행절차상 선행되어야 한다는 주장조차도 지눌은 완고히 거부한다. 그리하여 "먼저 고요함[寂寂]으로써 산란한 생각을 다스린 연후에야 또렷함[惺惺]으로써 혼침을 다스리며" 수행의 순서를 따지는 것은 "점문[漸門]의 열등한 근기"일 뿐이요, "고요함과 앎이 자유로와 선정과 지혜가 둘이 아닌 것"이야말로 "돈문(頓門)"의 쌍수정혜(雙修定慧)라 하는 것이다. 이처럼 선정과 지혜가 둘이 아닌 상태, 또렷함과 고요함이 평등한 수행논리를 지눌은 혜능의 '정혜쌍수(定慧雙修)'과 연관해서 자신이 새롭게 주조한 '성적등지(惺寂等持)'라는 개념 속에 담아낸다.

한편 '성성력력(惺惺歷歷)', '적적요요(寂寂了了)' 등과 같이 '성성'과 '적적' 각각이 다른 개념어와 결합하여 새로운 관용어를 창출하는 경우도 있다. 그러나 여기에서도 여전히 '성성적적'과 마찬가지로 '또렷한 깨달음', '고요하면서도 깨어있음'의 의미로 사용되고 있음을 알 수 있다.

이상과 같이 중국불교 특히 선불교를 중심으로 계발되어 온 '성성', '적적', '성성적적', '적적성성' 등의 개념은 후대에 내려올수록 불교의 테두리를 넘어 대중 일반에게 사용되기에 이른 듯 하다. 그 사례를 명 말 홍응명(洪應明, ?~?)의 저서 『채근담(菜根譚)』에서 찾을 수 있다. 인간과 인간 사이, 인간과 자연 사이에 오가는 교감의 도를 논한 일종의 처세서로서 한자문화권에서 높은 인기를 누려 온 『채근담』에는 다음과 같은 대목이 나온다.

> 일 없을 때는 마음이 어둡기 쉬우니, 마땅히 고요한 가운데 밝음으로써 비춰라[宜寂寂而照以惺惺]. 일 있을 때는 마음이 흩어지기 쉬우니, 마땅히 밝은 가운데 고요함으로써 임자 삼으라[宜惺惺而主以寂寂].[39]

이 인용문은 한가함 속에 스며들기 쉬운 혼침(昏沈)의 병을 또렷이 깨어

39 홍응명, 『菜根譚』 「道心篇」 12조.

있는 태도로 극복하고, 바쁜 와중에 스며들기 쉬운 부산함을 고요한 내면의 응시로 극복할 것을 권유하고 있다. 요컨대 선불교의 양대 수행방법인 '적적'과 '성성' 즉 '정(定)과 '혜(慧)'로써 일상생활 속에서 쉽게 접할 수 있는 폐해들을 극복하자는 것이다. 중국 불교 특히 선불교가 송·명대를 거치면서 오히려 대중 일반의 생활 속에 점점 뿌리 깊게 침투해 가고 있음을 잘 보여 주는 사례라 할 수 있다.

Ⅲ. 인접 개념과의 관계 및 현대적 논의

1. 인접 개념과의 관계

1) 지눌의 성적등지론의 의미

지눌은 성적등지문(惺寂等持門), 원돈신해문(圓頓信解門), 간화경절문(看話徑截門)의 세 문으로 선수증론(禪修證論)을 제시한다. 지눌은 25세 때 정혜결사(定慧結社) 운동을 벌이면서, 선정[定]과 지혜[慧]를 나란히 닦아 성불을 목표로 하는 수행에만 전념할 것을 강조하였다. 성적등지문은 이 정혜쌍수 운동의 구체적인 실천방안이라고 할 수 있다. 정이란 바깥의 자극에 휘둘리지 않고 마음을 가라앉혀 망념을 일으키지 않는 것을, 혜는 맑은 정신으로 세상의 실상을 환히 비추어보는 지혜를 가리킨다. 곧 정은 적적(寂寂)하고 고요히 관조하는 마음가짐에, 혜는 성성(惺惺)히 깨어있는 태도에 해당한다. 그런데 깨달음을 얻는 데에는 이 성과 적, 정과 혜가 고루 갖추어져서 수행되어야 한다는 것이다. 그 두 가지를 함께 닦는 수행을 지눌은 성적등지문이라 일컬었다. 이것이 지눌의 수증론 중 첫 번째이다.

그렇다면 이 같은 수행으로 얻어지는 깨달음의 내용은 무엇인가? 그에 대한 대답이 원돈신해문이다. 한 마디로 중생의 마음이 부처의 마음과 같다는 것이다. 따라서 모든 중생은 이미 성불하여 있으며[本覺], 중생들은 자신이 바로 부처임을 깨달아야 한다. 원돈신해문은 지눌이 예천 보문사(普門寺)에서 수학할 당시 이통현(李通玄, 635~730)의 『화엄론』을 읽고 정립하게 된 수행문이라고 전해진다. 청량 징관(淸凉澄觀, 738~839) 계통의 화엄학이 중중무진(重重無盡)으로 펼쳐져 있는 법계의 현상을 강조하는 연기론(緣起論)에 입각하여 화엄사상을 전개한 데에 반해, 이통현의 화엄학은 무진연기(無盡緣起)의 토대로서 중생에게 내장되어 있는 여래성품(如來性品)을 강조하는 성기론(性起論)을 중시하는 것이었다. 지눌은 이통현의 성기론적 화엄 해석에서 선불교와 마찬가지로 중생의 본각이 강조되고 있음을 발견하였던 것이다. 이것이 지눌의 수증론 중 두 번째이다.

원돈신해문을 통하여 지눌은 교종과 선종의 실천문이 서로 다르지 않다는 것을 강조한다. 뿐만 아니라 수행과 깨달음에 관한 선종의 사상을 교종인 화엄사상을 가지고 설명한다. 여기에서 선교일치를 표방하여 당시 불교계의 분열을 극복하려는 지눌의 의지를 엿볼 수 있다. 한편 자신의 본래 정체를 알아차리는 깨달음은 단박에 일어나기 마련이다. 따라서 원돈신해문은 돈오(頓悟)에 해당한다고 할 수 있다. 원돈신해문으로 단박에 깨닫고 난 후 선정과 지혜, 고요한 관조와 또렷한 마음가짐을 병행하며 수행해야 하는 단계가 바로 성적등지문이다. 따라서 성적등지문은 점수(漸修)에 해당한다고 할 수 있다. 요컨대 원돈신해문과 성적등지문은 서로 구분되는 별개의 수행법이 아니라 상호보완적로 작용하는 수행법이며, 둘이 한 벌을 이루어 지눌의 돈오점수론을 완성한다.

지눌의 마지막 수증론인 간화경절문은 정혜결사 운동 이후 지리산 상무주암(上無住庵)에서 은거하던 지눌이 대혜 종고의 『어록』을 읽던 중 깨달았다는 내용이다. 기존의 모든 점차적인 방법론을 끊고 오직 간화선(看話禪)에 의지해서만 깨달음을 얻을 수 있다는 것, 즉 화두를 참구하는 수행이 지름길이라는 뜻이다. 화두에 대한 의심만으로 의식을 꽉 채워 망념이 스며들 틈이 없게 하면, 그 의심덩어리가 커지다 못해 터져버리는 깨침의 체험에 이르게 된다. 지눌의 간화경절문은 한국불교에 간화선이 본격적으로 도입된 것을 의미한다. 지눌 만년의 저술로서 그의 사상을 총정리하고 있는 『법집별행록절요병입사기』에서는 성적등지문과 원돈신해문의 수행법보다 화두를 통한 간화경절문 혹은 무심합도문(無心合道門)이 보다 완전한 수행법이라고 말한다.

그러나 지눌은 간화선의 우월성을 인정하면서도, 일찍이 자신이 완성했던 원돈신해문과 성적등지문의 수행법을 부정하지는 않았다. 대신 지눌은 그 모든 수행법들의 필요성을 수행자들의 근기의 차이로 설명한다. 즉 하근기의 수행자들에게는 원돈신해문과 성적등지문을, 그리고 상근기의 수행자들에게는 간화경절문을 권하고 있다. 나아가 원돈신해문과 성적등지문을 사용하여 일정 수준에 오른 자들이 비로소 간화경절문을 수행할 수 있다고 함으로써 그들 사이의 연계성을 강조하였다.

2. 현대적 논의

원돈신해문과 성적등지문의 선양은 한국불교에 본격적으로 간화선 수행법을 도입한 점과 더불어 지눌 수증론의 큰 특징을 이룬다. 원돈신해문과 성적등지문이 하근기의 수행자들을 위하여 마련되었다는 사실은 지눌의 현실주의적 성향을 잘 보여준다. 또한 그 두 수행문이 한 벌을 이루며 구축하는 돈오점수론은 한국선불교의 중요한 수행법으로서 오늘날에까지 계승되고 있다. ❁

윤원철 (서울대)

우리말 불교개념 사전

오상성신

한 五相成身[五轉成身, 五法成身, 五相成身觀] 영 To achieve the body (of Mahāvairocana) by practising the fivefold meditation

Ⅰ. 어원적 근거 및 개념 풀이

‘오상성신(五相成身)’이란 다섯 가지 상을 구비해서 본존신을 성취하는 관법의 뜻으로 오전성신(五轉成身) 또는 오법성신(五法成身)[1], 오상성신관(五相成身觀)이라고도 불리며, 일반적으로 『진실섭경, 범 Sarvatathāgatatattvasaṁgraha』이라 일컬어지는 『초회금강정경(初會金剛頂經)』의 첫머리에 설해져 있다.[2] 영어로 번역하면 To achieve the body (of Mahāvairocana) by practising the fivefold meditation[3]이다.

1 慈怡 外, 『佛光大辭典』(臺灣: 佛光出版社, 1988), 1120면. ; 望月信亨, 『望月佛教大辭典』(東京: 東京書籍, 1971), 1236면.
2 『초회금강정경』에는 오상(五相)의 각 항목만이 나와 있을 뿐 한역된 문헌의 오상성신(五相成身)에 상당하는 명칭이 없으므로 산스크리트나 티베트어 원어는 남아있지 않다.
3 岩野文世外, 『*JAPANESE-ENGHLSH BUDDHIST DICTIONARY*』(東京: 大東出版社, 1984), 90면.

금강계법의 골격을 이루는 오상성신의 내용은 일체의 여래들로부터 부여받은 진리의 단계적 인식방법, 그 방법으로서의 진언, 그리고 그 결과 진리의 인식을 반영하는 구체적인 심상(心象)이라는 변화하는 세 요소로 구성되어 있다. 일체의성취보살(一切義成就菩薩), 즉 석가모니가 보리도량에 앉아 현실세계가 모두 본질적으로 공이요 실체가 없다는 명상에 머물러 만족하고 있을 때 일체여래들이 일체의성취보살이 보리좌(菩提座)에 앉아 있는 곳에 와 자신들의 수용신을 보살 앞에 나타내 보이면서 위없는 완전한 깨달음을 현실로 깨닫는 방법에 관하여 일체의성취보살을 경각시킨다. 그것이 다섯단계의 관법으로 전개된다.

즉 ① **통달보리심**(通達菩提心)은 이론상으로 자기의 본성이 곧 보리심이라고 깨닫는다. ② **수보리심**(修菩提心)은 진일보하여 실제적인 증득을 구한다. ③ **성금강심**(成金剛心)은 본존의 삼매야형을 관하는데 광금강(廣金剛)과 염금강(斂金剛)의 두 관법에 의거하여 자신과 모든 부처님이 융통무애함을 증득한다. ④ **증금강신**(證金剛身)은 수행자의 몸으로 본존의 삼매야신(三昧耶身)을 새겨 이룬다. ⑤ **불신원만**(佛身圓滿)은 관행을 완성한 뒤에 나와 부처가 하나로서 둘이 아님을 증득한다.[4]

이와 같이 오상성신은 수행자가 현재의 몸으로 관을 행하여 본존을 성취하는 관행이다. 이 관법과 삼밀관은 금강법(金剛法)의 중요한 관행(觀行)이다. 삼밀관이란 본존과 수행자가 호입(互入)하여, 횡면으로 관을 행하는 것이고 오상성신관은 차례대로 오상을 종적(縱的)으로 관한다. 이 오상은 각기 자증(自證)·화타(化他)의 양면을 갖는다.

여기에서는 일체의성취보살이 보리도량에 앉아 아스파나가삼마지, 즉 무식신삼매(無識身三昧)에 머물고 있을 때 일체여래의 경각에 의해 오상성신관이 제시된다는 부분을 서술하고 있는 일체여래에 의한 경각(警覺), 그리고 『십팔회지귀(十八會指歸)』에 기술된 '통달본심(通達本心), 수보리심(修菩提心), 성금강심(成金剛心), 증금강신(證金剛身), 불신원만(佛身圓滿)'[5] 이라는 명칭과 그 순서에 따라 오상성신 각관의 내용에 대해 고찰하기로 한다.

---

4 『佛光大辭典』, 상동.

5 不空譯, 『十八會指歸』(『大正藏』 18권 284하)

1. 일체여래에 의한 경각(警覺)

오상성신관을 거론하기에 앞서 확인해 두어야 할 내용은 오상성신관이 아스파나카사마디(阿婆頗那迦三摩地, 범 **āsphānaka-samādhi**, 장 **mi-gyo-baḥi tiṅ ṅe ḥdsin**)의 부정을 거쳐서 올바른 정각(正覺)의 방법으로 제시되었다는 것이다. 『금강정경』의 처음부분에서 석가모니의 보살일 때의 명칭이라 할 수 있는 일체의성취보살은 보리수 아래에서 이 삼마지를 행하고 스스로 만족해하고 있을 때에 일체여래로부터 경각이 주어진다.

> 이 때에 일체여래는 이 불국토에 가득 차게 시현하는 것이 마치 참깨꼬투리가 가득한 것 같이 모두 구름처럼 모여들어 일체의성취보살이 보리도량에 앉아 있는 그 곳에 와서, 곧 수용신(受容身)을 시현해서 다음과 같이 보살에게 말한다.
>
> "선남자여, 너는 일체여래의 진실을 깨닫지 않고서 온갖 난행(難行)을 행하지만, 그러고서 어떻게 아뇩다라삼먁삼보리를 성취하리라고 생각하는가. 그러므로 너는 지금 여기에서 응당 용맹한 뜻을 일으켜야 한다. 해야 할 바를 이루기 위한 까닭이니라"
>
> 그 때 일체의성취보살마하살은 일체여래에게 경각되어 아스파나카사마디로부터 일어나 일체여래께 예를 올리고 나서 다음과 같이 말씀드린다.
>
> "세존이시여, 원컨대 저에게 가르쳐 주소서. 어떻게 행하여야 하며, 어떤 것이 진실한 지인(智忍)입니까?"
>
> 이와 같이 말씀드리자 일체여래는 이구동성으로 그 보살에게 다음과 같이 말씀하셨다.
>
> "선남자여! 마땅히 자심(自心)을 관찰하라. 그리고 본래 성취되어 있는 다음의 진언을 송하라."[6]

이 경문은 일체여래가 아스파나가삼마지에 있던 일체의성취보살을 경각시켜서 올바른 깨달음으로 이끈다는 내용을 담고 있다. 기타 다른 금강정경계의 경궤(經軌)도 유사하게 일체여래의 경각의 장면이 설해진다.

즉 ① 일체의성취보살이 보리도량에 앉아 ② 아스파나가삼마지에 머물

6 不空譯, 『3卷教王經』 上(『大正藏』 18권, 207하)

때, ③ 일체여래들이 도량에 와서 자신들의 수용신을 보살 앞에 나타내어 경각시키며, ④ 진언을 수여한다고 하는 내용을 단계별로 분석해보았을 때에 여기에서 몇가지의 사실이 드러난다.

첫째로, 일체의성취보살과 보살이 머무는 장소이다.

이 문단의 주인공인 일체의성취(범 Sarvārthasiddhi)보살의 이름은 석가모니의 성도 전 명칭인 신달타(悉達多, 범 siddhārtha)[7]를 연상시킨다. 또한 석가모니가 앉은 보리도량(범 bodhi-maṇḍa)은 부처님이 보리를 성취한 도량으로, 마갈타국 니련선하(尼連禪河) 가에 있는 보리수 아래의 금강좌(金剛座)이다. 석존이 여기에서 성도하였으므로 그곳을 보리도량이라 한다.

이것은 초기불교에서 석존이 보리수아래에서 정각을 얻었다는 것과 연결되어 전개되어 간다. 즉 전통적인 부처인 석가모니의 성도의 사실을 끌어온 것이다. 그 외에 『약출염송경(略出念誦經)』에, '일체의 중생에게 동자(童子)를 시현하고, 왕궁에서 노닐고, 성을 넘어 출가하고, 현실로 고행을 닦으며, 외도는 내가 있는 곳에 찾아온다'[8]라고 하는 등 금강정경계 경궤에서 석가모니의 초기 성도과정이 그 소재가 되어 경궤 속에 여러 군데 삽입되어 있음[9]을 통해 충분히 알 수 있다. 금강정경계의 여러 경궤에서 그 근거를 초기불교의 사건에서 부연시킨 것이 많은 것은 초기불교를 배경으로 삼고 있음을 전제하는 것이다.

더 나아가 이 장소는 본문에서 '일체여래는 이 불국토에 가득 차게 시현하는 것이 마치 참깨꼬투리가 가득한 것 같이 모두 구름처럼 모여들어 일체의성취보살이 보리도량에 앉아 있는 그 곳에 온다'라고 하는 글에서 보는 것처럼 '불국토'와 '보리도량'은 중복된다. 일체의성취보살이 앉아 있는 염부주가 바로 불국토인 것이다. 장(場)은 염부주로 옮겨져서 그 중심점, 비로자나가 앉아야 할 장소는 역사상의 석존이 성도한 니련선하이고 보리수하의 보리도량인 것이다. 즉 일체여래들은 모두 모여서 일체의 성취보살이 앉아 있는 보리도량에 가까이 온다.[10]

---

7 Sarvārthasiddhi는 sarva(一切의) + artha(義, 目的) + siddhi(成就, 達成)의 합성어로서 '일체의 義利, 目的이 달성되었다'고 하는 의미이다. 그리고 siddhārtha는 siddha + artha의 합성어이다. 복지의 두 자량을 원만히 한 일생보처보살인 일체의성취보살은 석가족으로 태어났다.

8 金剛智譯, 『略出念誦經』 3(『大正藏』 18권 239중하)

9 金剛智譯, 『略出念誦經』 4(『大正藏』 18권 251중) 등.

10 津田眞一, 「初會金剛頂經における成佛の構造」, 『佛の研究』(東京: 春秋社, 1977), 189면.

보리도량은 색구경천(色究竟天)이 아니고 이 우리의 지상, 염부주 니련선하의 보리수 아래에 있는 것이다. 이것은 이 우주에 편만하는 실재로서의 대비로자나가 그 내적 필연성에 의하여 자기를 개현하는 계기가 우리의 생존하는 이 지상에 있는 것을 보이고 있다. 우리들도 영겁의 미래에 반드시 성불한다. 그 때에는 우리가 성불하는 그 장소에 일체여래들이 색구경천에서 이동하는 것이다. 이 지상에 생존하는 우리는 미래의 한 점에 있어서 비로자나이고, 대비로자나는 우리를 촉매로서 현세태로 되는 것이다.[11]

둘째로, 지(止)에서 관(觀)으로의 전개가 보인다.

아스파나카사마디(Āsphānakasamādhi)는 무식신삼매(無識身三昧) · 무식신정(無識身定) · 무동정(無動定) · 무식신평등지(無識身平等持)라고도 하는 삼매의 일종으로 미세금강관(微細金剛觀)이라 의역하기도 한다. 『수호국계주다라니경(守護國界主陀羅尼經)』 9권에는 석존이 6년 고행한 뒤에 이 삼마지에 들어갔으나, 공상(空相)에 빠져 최후의 바른 깨달음이 열리지 않자, 거기에서 비밀불의 경각개시를 받고 옴자관(唵字觀)을 수행하여 비로소 바른 깨달음을 성취하였다고 한다.[12] 이것은 『금강정경』과 마찬가지로 일체여래가 석존의 수행에 대하여 그것을 버린 뒤 밀교의 행을 통하여 수행할 것을 지시하고, 거기에서 석존은 비로소 무상의 정각을 얻는다는 줄거리로 되어 있다.

이 아사파나가삼마지는 초기불교의 여러 경전에서는 석가모니가 출가하여 6년동안 고행하던 때의 삼마지라고 하며, 석존은 스스로의 의지로 이

11 상동, 190면.

12 般若 · 牟尼室利共譯, 『守護國界主陀羅尼經』 卷9(『大正藏』 19권 570하): 부처님께서 말씀하셨다. "비밀주여. 내가 한량없고 수없는 겁 중에 이와 같은 바라밀다를 닦아 익혀서 최후의 몸에 이르러 6년간 고행하고도 아뇩다라삼먁삼보리를 얻어 비로자나가 되지 못하였느니라. 도량에 앉았을 때에 한량없는 화불(化佛)이 마치 참깨의 꼬투리처럼 허공에 두루 가득차면서 모든 부처께서 같은 목소리로 나에게 말씀하셨다. '선남자여. 어찌하여 평등한 정각을 이루려하지 않느냐.' 나는 부처님께 사뢰었다. '저는 범부라서 아직 처(處)를 구할줄 모르옵니다. 오직 바라오니 자비로서 저에게 해설하여 주소서.' 이때에 모든 부처가 함께 나에게 말씀하셨다. '선남자여. 잘 듣고 잘 들어라. 마땅히 너를 위하여 설하리라. 너는 지금 응당 코 끝에 맑은 월륜을 관상해야 하느니라. 월륜 가운데에서 옴자관(唵字觀)을 행하라. 이렇게 관하고 나서 후야분(後夜分)에 아뇩다라삼먁삼보리를 이룰 것이니라. 선남자여. 시방세계의 갠지스강의 모래알처럼 많은 삼세의 모든 부처로서 월륜에 옴자관을 행하지 않고 성불한다면 이러한 것은 있지도 않느니라. 어찌한 까닭이냐. 옴자는 곧 일체법문이기 때문이며, 또한 팔만사천법문의 보배 횃불이고 빗장이니라. 옴자는 곧 비로자나부처의 참된 몸이니라. 옴자는 곧 일체 다라니의 어머니이기에 이로부터 능히 일체의 여래를 생하느니라"

삼마지를 버리고 중도(中道)로써 성도하였다고 기술된다.[13] 『약출염송경』과 『금강정경유가문수사리보살공양의궤(金剛頂經瑜伽文殊師利菩薩供養儀軌)』 그리고 『금강정경의결(金剛頂經義訣)』에는 이 삼마지에 대하여 다음과 같이 기술하고 있다.

ⓐ 처음에 유가의 안나반나(安那般那)에 의하여 계념수습(繫念修習)하고 몸을 움직이지 않으며, 또한 팔다리도 움직이지 않는 것을 아스파나가법(阿娑頗那伽法)이라 이름한다.[14]

ⓑ 수행자는 마땅히 아사파나가법을 닦아야 한다. 이 법을 수행하는 자는 팔다리를 움직이지 말고 들고 나는 호흡을 그치며 미세하게 하되 산란하게 해서는 안 된다.[15]

ⓒ 아스파나카삼마지란 아(阿)는 무(無)를 말하며 스파나가는 식(識)이다. 삼마지는 평등지(平等持)이며, 가(伽)는 몸[身]이므로 무식신평등지(無識身平等持)이다. 이 정에 들면 능히 반연(攀緣)과 산란 등의 장애를 다스린다. 그러므로 마땅히 마음과 팔 다리 등을 움직이지 말아야 한다. 입술과 이는 닫고 양눈은 감으며 호흡과 마음이 반연하여 산란하게 해서는 안된다. 묻기를 이 정에 들면 어떠한 이익이 있는가. 답하기를 만약 내식(內識)이 산란하고 바깥의 번뇌에 끌리면 식은 모든 번뇌에 따라서 갖가지 망견을 일으키니 보고 생각하는 데에 따라서 무량한 온갖 번뇌에 묶이게 된다. 이러한 인연으로 생사에 빠져든다. 그러므로 이 선정으로써 이를 그치게 한다.……점학대승(漸學大乘)과 소승 및 외도가 모두 이 선정으로 말미암는데, 소승은 이를 필경(畢竟)으로 삼고 외도는 깊지 않음이 각각 다르며, 점학대승은 방편으로 삼는다.[16]

위 인용문에서 안나반나(ānāpāna)는 입식과 출식의 뜻이다. 이 안나반나에 의한 수행이 아사파나가(āsphānaka)법이라고 하는 것이다. 이 삼마지의 내용은 '일체가 공(空)이라는 삼매'로서, 그것은 현실세계가 모두 본질적으

---

13 遠藤祐純, 「五相成身觀について」, 『高井隆秀教授還曆記念論集 密敎思想』(種智院大密教學會, 1977) 167면.

14 金剛智譯, 『略出念誦經』 2(『大正藏』 18권, 237상)

15 不空譯, 『金剛頂經瑜伽文殊師利菩薩供養儀軌』 (『大正藏』 20권, 719상)

16 不空撰, 『金剛頂經義訣』 (『大正藏』 39권 812하~813상)

로 공이요 실체가 없다는 명상에 머물러 만족하는 경지이다. 그러나 『금강정경의결』의 문장에서 보듯이 '이러한 세계는 이른바 지(止)의 세계에서 관(觀)으로 나와야 한다'[17] 그래서 『금강정유가중발아뇩다라삼막삼보리심론(金剛頂瑜伽中發阿耨多羅三藐三菩提心論)』에는 다음과 같이 설한다.

> 이승인(二乘人)은 법집(法執)이 있는 까닭에 오랜 뒤에 이치를 증득하게 되므로 공상(空相)에 빠져 오래 머물러서 기약된 일정한 겁수를 채운 다음에 보리심을 일으키게 되고, 또 산선문(散善門) 가운데 태어나서 무수한 겁을 지나게 된다. 이런 까닭에 염리하기에 충분하여 믿고 기대지 못한다. 이제 진언을 수행하는 사람은 이미 인집과 법집의 상집(上執)을 깨뜨리고 능히 바르게 진실을 보는 지혜라 해도 혹은 시작도 없는 때로부터의 간격 때문에 아직 여래의 일체지지(一切智智)를 능히 증득하지 못한다. 그러므로 뛰어난 도를 구하고자 하고 차제로 닦아서 범부의 경지로부터 부처님의 경지에 드는 것이다.[18]

이처럼 일체의성취보살은 일체여래에 의해 이승의 침공체적(沈空滯寂)에서 깨어나 이것이 구경의 경지가 아니라는 것을 알고, 일체여래의 경각에 의해 완전하지 않은 깨달음으로 평가된 아사파나가삼마지로 부터 일어난 일체의성취보살은 참된 수행법을 일체여래께 여쭙게 되며, 일체여래에 의해 그에 대한 답변으로 '돈오(頓悟)의 불과(佛果)를 얻는 관행'[19]으로 오상성신관이 제시된다.

셋째, 일체여래란 모든 여래를 지칭하는 말로서, 줄이면 비로자나여래가 되며, 그 덕을 네 방면으로 펼치면 아촉・보생・세자재왕・불공성취의 사불이 된다. 그런데 이와 같은 경우에 대비로자나는 그들 일체여래의 심장(心臟, **sarvatathāgatahṛdayeṣu**)에 머물고 있다. 신화적 국면에 있어서 그는 일체여래들의 심장이다. 다른 방면에서 그는 '허공계 전체에 항상 머무는 금강과 같은 몸과 말과 뜻을 갖는 것', '모든 여래들의 완전한 집합체로서 모든 금강계를 각지(覺知)케하는 지혜의 살타[지혜로서의 존재성을 갖는

17 鄭泰爀, 『밀교의 세계』(서울: 고려원, 1996), 306면.
18 不空譯, 『金剛頂瑜伽中發阿耨多羅三藐三菩提心論』 [이하 『보리심론』으로 약칭] (『大正藏』 32권, 574중하)
19 鄭泰爀, 위의 책. 306면.

자]'라 불리 운다. '일체의 금강계'는 그 자신이다. 그는 자신을 각지하게 하는 것이다.[20]

역사적 석존은 스승 없이 홀로 깨우쳤지만 밀교적 국면에서는 일체의성취보살은 일체여래로부터 그 진실을 단계적으로 교수받고 현등각 한다. 그 과정이 이하에 검토하는 오상성신이고 그 최후의 단계에서 현등각하여 금강계여래로 된다.

오상성신의 가르침은 최고의 경지에 오른 보살들을 위한 궁극의 가르침이라고 하는 것이다. 일체여래가 시현한 수용신은 십지보살만이 볼 수 있는 불신(佛身)이기 때문에 수용신으로부터 경각을 받은 일체의성취보살은 수행을 적집(積集)한 십지보살이라 할 수 있다. 십지보살의 경지에서 최후의 깨달음을 얻기 위하여 일체여래의 수용신을 예경하고 그 경지를 스스로 획득했다고 하는 것이다.

넷째로, 대승불교의 어려운 수행을 버리고 진언을 염송한다고 하는 구체적이고도 쉬운 유가행(瑜伽行)으로 옮겨감을 보인다. 무한한 세월 쌓아 모아야 할 복지(福智)의 자량(資糧)이 진언행에 의해 빠른 시간에 성취됨을 보인다.

그것이 오상성신관에서 자성청정심을 확인하는 진언의 염송을 수반하는 다섯 가지의 단계로 전개된다. 이러한 다섯 가지 바른 깨달음에 의해서 행자는 반야를 상징하는 법신과 합일하고, 이러한 합일에 의하여 본래 갖추고 있는 궁극의 깨달음을 체득하는 것이다.

이와 같은 다섯 가지 특징을 가진 오상성신관을 통하여 일체의성취보살은 성불한다. 그것이 『십팔회지귀(十八會指歸)』에서는 다음과 같이 설해진다.

> 오상(五相)으로써 현재에 평등하고 바른 깨달음을 성취한다. 오상이란 이른바 통달본심(通達本心), 수보리심(修菩提心), 성금강심(成金剛心), 증금강신(證金剛身), 불신원만(佛身圓滿)으로, 이것이 바로 오지통달(五智通達)이다. 성불한 다음 금강삼마지로써 발생하는 삼십칠지(三十七智)를 나타내어 널리 만다라의 의칙을 설하고 제자를 위해 보살지(菩薩地)와 불지(佛地)에 속히 들게 하는 법을 수여한다.[21]

20 津田眞一, 앞의 논문. 188면.
21 不空譯, 『十八會指歸』(『大正藏』 18권 284하)

여기서 오상성신관을 닦는 『금강정경』의 주인공인 일체의성취보살은 또한 보현보살이며, 금강수(金剛手)이다. 오상으로 성불한 다음에 나타나는 금강삼마지로 삼십칠지를 나타내므로 보현보살의 수행과 정각과 금강삼마지는 삼십칠존 모두에게 공통되는 바탕이라고 할 수 있다. 그러나 삼십칠존이 시현되는 데에는 각각 다른 특성이 있으며 각존마다 개성을 볼 수 있지만 모두 공통의 바탕에 있다는 것이다. 그러므로 오상성신관은 삼십칠존의 출생 방법이자 그 근거가 된다고 볼 수 있다. 이 오상성신관을 통해서 금강계만다라의 구상을 엿볼 수 있다.

2. 오상성신관(五相成身觀)

오상성신관을 불공역의 『십팔회지귀』에는 '오상현성등정각(五相現成等正覺)'[22]으로 이름하며 각 단계에 대해서도 기술[23]되어 있다. 또한 『보리심론』에는 오상성신이라는 관법의 명칭과 함께 각 단계가 '통달심, 보리심, 금강심, 금강신, 증무상보리획금강견고신(證無上菩提獲金剛堅固身)'으로 설해지고 있다.[24] 또한 서장대장경(西藏大藏經)에 수록된 Buddhaguhya가 지은 『초회금강정경』의 달의석(達意釋)인 『Tantra의입(義入)』(東北2500)을 거듭 주석한 Padmavajra의 『Tantra의입주석(義入註釋)』(東北250Ḥi 109a3-109b1)에 의하면 오상성신은 오상현각(五相現覺)이라고도 불리며 통달자심현각(通達自心現覺), 발보리심현각(發菩提心現覺), 주법신현각(住法身現覺), 작견고현각(作堅固現覺), 성불신현각(成佛身現覺)의 명칭으로 해석되어 있다.[25]

오상성신은 주로 밀교에서 금강계 수법의 근본으로 삼는 것으로, 이 관법의 수행궤칙은 대체로 불공역의 『금강정연화부심염송의궤』에 의거하고 있다.[26] 그러나 그것은 수법의 편의상 의거하는 것이고, 그 근본의궤인 『초

---

22 上同.

23 上同. "通達本心, 修菩提心, 成金剛心, 證金剛身, 佛身圓滿."

24 不空譯, 『菩提心論』(『大正藏』32, 574중). 『十八會指歸』와 『菩提心論』에서 보듯이 그 명칭이 諸經軌에 일관된 형태로 설해져 있지는 않으며, 후에 五相成身觀으로 약칭된다. 이 관법은 후술할 『금강정경』과 그 약출본뿐만 아니라 『金剛頂經』 이전의 성립으로 보여 지는 여러 경전에 그 내용이 보이고 있다.

25 酒井眞典, 『金剛頂經研究』 『酒井眞典著作集』 제3권(京都: 法藏館, 1985), 20면.

26 上同. 3쪽.

회금강정경』에 의하지 않으면 안 된다.

이하에서는 『십팔회지귀』의 명칭에 준거하여 『초회금강정경』에 등장하는 오상성신의 각 단계별 관법에 대하여 그 심향상의 과정을 살펴보기로 한다.

1) 통달보리심(通達菩提心)

오상성신관의 각 단계에서는 일체여래로부터 일체의성취보살에게 진리와 그것을 실현하기 위한 수습방법이 교시되며, 뒤이어 그 대용(代用)으로 삼는 진언이 설해진다. 대용물로서의 진언의 유효성은 그 본성상 보증되어 있다. 즉 자성성취(prakṛtisiddha)이다. 거기에서 이 교시의 결과 일체의성취보살의 마음 가운데에 상징적 형상이 건립된다. 이 상징적 형상의 형성과정은 거기에 일체의성취보살의 정신성, 그 내면에 반영된 실재계의 변용이 대응한다. 거기에서 이 상징적 형상이 완성된 때에 일체의성취보살이라고 하는 존재는 Mahāvairocana의 축소모형이 된다. 거기에서 진언의 유효성이 자명하게 되고 상징하는 형상과 상징되는 실재계가 대응관계에 있으며 상징을 조작하는 것에 의해서 실재계를 그와 통하게 운전할 수 있다고 하며, 거기에서 개인존재가 구극적 실재의 축소모형으로 되는 때에 그것은 원래 모습인 구극적 실재와 비슷하게 운동하고 그 때에 모형인 개인존재는 원형인 실재와 동일하게 된다. 탄트라불교의 매우 특징적인 정신구조의 구성요소 안의 중요한 세가지가 모두 여기에 있는 것이다.[27]

『금강정경』에서 통달보리심관에 대하여 서술하는 부분은 다음과 같다.

> 이 때에 모든 여래는 이구동음(異口同音)으로 그 보살을 향하여 다함께 이렇게 말씀하셨다.
> "대사(大士)여, 너는 마땅히 자심(自心)의 삼마지를 관찰해야 한다. 이와 같이 행하는 것이 진실이니라. 마땅히 자성성취(自性成就)의 진언으로써 원하는 횟수만큼 진언을 송하라."
> Oṃ cittaprativedhaṁ karomi
> 이때에 보살은 모든 여래께 아뢰어 말씀드린다.
> "존경하옵는 일체여래들이시여. 저는 저에게 가르침을 주신 대로 자심을

27 津田眞一, 앞의 논문, 191-192면.

보니 맑은 월륜의 모습입니다."[28]

이 단계에서 수행자는 자신의 마음을 통찰하는 삼매로써 수행한다. 그리고 자성의 본래 성취를 뜻하는 진언을 송한다. 이 진언의 의미는 '옴, 나는 나의 마음을 통달한다'라고 하는 것이다.

『대일경』의 '여실지자심(如實知自心)'이라는 명제는 백천만억무수겁이라고 하는 상상하기 힘든 긴 시간의 각찰나마다 자기의 존재성을 구성하고 있는 횡의 백육십심, 즉 각찰나찰나에 자기의 마음 가운데에 나타나 일어나는 백육십이라는 심작용의 형식을 냉정하게 관찰한다는 가공할만한 행위의 총체를 보이는 것이다. 이러한 엄청난 행위량이 『초회금강정경』에서는 좋아하는 회수만큼 '옴 나는 마음을 통달 한다'라고 하는 진언을 송하는 것으로 대용되어 있는 것이다.[29]

이 진언은 『제불경계섭진실경』에, '법신구심진언(法身求心眞言)'[30]이라 한다. 즉 통달보리심의 진언이다. 통달보리심이란 본래 갖추어져 있는 불성에 대한 자각(自覺)에 이름붙인 것으로, 초심의 행자가 아사리의 가르침을 받아 처음으로 보리심[31]을 일으켜서 비로소 자기의 질다심[質多心, 第六識之緣慮心]을 둥근 달로 관하는데 그 지름은 거의 1주량(肘量)이다. 달의 둥근 것은 본래 지니고 있는 보리심의 자성청정을 나타낸다. 이 때 비로소 성덕(性德)의 보리심에 통달하여 들어가므로 통달보리심이라 한다. 수행자는 이 관에 의거하여 점차로 무명망상을 떨쳐버린다.

『약출염송경』에 '이 밀어를 송할 때 자심의 모습은 월륜과 같다고 관하라'[32]

28 시호역, 『금강정경』 1(『고려대장경』 40권, 660중)
29 津田眞一, 앞의 논문. 192-193면.
30 반야역, 『諸佛境界攝眞實經』 (『大正藏』 18권, 273하)
31 이때의 보리심을 보리를 얻고자 하는 心으로서 '能求의 菩提心'이라 하는 것이 일반적이었으나, 일본의 堀內寬仁氏는 그의 논문[堀內寬仁, '初會金剛頂經梵本・譯註(二)' (『密教文化』 第184號, 高野山大學 密教硏究會, 1993) 181면.]에서 이와 같이 다른 견해를 피력하고 있다. " '보리심을 나는 일으킨다'라든가 '보리심을 일으켜라'라고 말해도 결코 그것은 우리가 보통으로 발보리심 등이라 말하고 있는 능구의 보리심, 즉 보리를 얻고자 하는 心을 일으키는 것이 아닌 것에 주의하지 않으면 안된다. 종래의 번역자들이 이 보리심을 능구의 보리심으로 해석하지만, 나는 이 보리심이 능구의 보리심이 아니라, 所求의 보리심인 것을 강조하고 싶다.… 즉 '一切衆生悉有佛性'이라는 말처럼 일체의성취보살이 본래 구유하고 있는 것[菩提心]이기 때문에 일으킨다고 말해도 그것은 달리 말하면 그것을 '자각한다', '확신한다'고 하는 것이다"
32 金剛智譯, 『略出念誦經』 2(『大正藏』 18권, 237상)

고 하고 있다. 즉 자심은 안개 가운데에 있는 월륜과 같다고 관한다. 안개는 무명을 상징하는 것으로 미망에 덮여 있는 모습을 나타낸다. 이것은 먼저 자기 마음을 관찰하는 삼매에 머물러서 자심을 관찰하는 것에 의해서 깨닫는 것이다. 자심을 관찰할 때 심상(心相)을 보지 않고 월륜(月輪)의 상을 본다.

'달을 관함으로써 방편으로 삼는데 세 가지 뜻이 있다. 첫째는 성청정(性淸淨)의 뜻이다. 탐욕의 더러움을 여의었기 때문이다. 둘째는 청량의 뜻이다. 성냄의 열뇌를 여의었기 때문이다. 셋째는 광명의 뜻이다. 어리석은 어두움을 관하기 때문이다. 이 까닭에 달을 가지고 비유하는 것이다.'[33]

이와 같이 보리심의 실상은 우리들 범부의 생각으로 이해하기 어렵기 때문에 달을 가지고 비유하여 그 깊은 의미를 쉽게 드러내고자 한 것이다.

그 결과 일체의성취보살은 자심을 그 근저까지 통달한 것이다. 그 결과로서 그는 그 자신의 심장(svahṛd)에 월륜과 같은 것을 보는 것이다.

수행자는 자신의 마음이 월륜과 같다고 관상하는 오상성신관의 제1단계인 월륜관을 통해서 대원경지(大圓鏡智)의 형상화인 아촉여래의 경지에 이르게 된다.

2) 수보리심(修菩提心)

모든 여래가 말씀하신다.

"선남자여, 마음의 자성광명은 마치 이와 같아서 두루 수행함에 따라서 만들어지고 완성되는 것이 흰옷을 물들이기 쉬운 것과 같다."

이때에 일체여래는 자성광명으로 심지(心智)를 풍성하게 하기 위하여 그 보살에게 다시 진언을 송한다.

Oṃ bodhicittam utpādayāmi

"이것은 바로 자성성취의 진언이니 대보리심을 일어나게 하라."

이때에 저 보살은 모든 여래의 가르침으로 보리심을 발하고 나서 다시 모든 여래께 말씀드린다.

"세존여래시여, 그와 같은 맑은 월륜상이 있습니다. 저도 또한 이와 같이 자심의 맑은 월륜상을 봅니다."[34]

---

33 金剛智述, 『念誦結護法普通諸部』(『大正藏』 18권, 908중). "以觀月爲方便 具有三義 一者性淸淨義 離貪欲垢故, 二者淸凉義 離瞋熱惱故. 三者光明義 觀愚闇故, 所以取月爲喩."

34 施護譯, 『금강정경』 1(『고려대장경』 40권, 660중하)

제2단계의 수보리심관에서 일체여래는 본래의 마음이 빛을 발하고 있음을 다시금 알려주기 위하여 거듭 이 보살에게 '옴, 나는 깨달음을 구하는 마음을 일으킨다' 라는 진언을 송하게 하여 보리심을 일으키고, 수행자 자신의 마음에 내재한 맑고 빛나는 광명을 체득하기 위하여 구름 한점 없는 가을의 보름달을 마음에 관하게 한다. 이 말은 여래장심(如來藏心)을 의미한다. 또한 자심의 근저에서 인식한 마음이 본래 성품은 청정하다는 인식을 증대시키기 위하여 진언을 수여받는 것이다. 이것에 의해서 보살은 자기의 존재성의 기반인 아뢰야식을 자성청정심이라고 깨닫는다. 그가 보리심을 발한 것이다. 일체는 이 광명혁혁한 보리의 본모습에 지나지 않는 것으로 일체의 사물은 그 발현이라고 하는 이 관법을 통해서 수행자는 평등성지(平等性智)의 형상화인 보생여래의 경지에 이르게 된다.

여기에서 밀교의 관법은 상당히 구체적으로 모습을 갖춘 대상을 관함에 그 특징이 있음을 알게 된다. 관법의 대상이 구체적인 이유는 원래 '불법은 모습을 떠나 있으며 법위(法位)에 주할 뿐으로 비유로도 설할 수 없고, 모습도 없지만, 대정진을 일으키게 하기 위하여 유상(有相)과 진언행을 설한다'[35]고 하는 것이다.

『약출염송경』에는 그 본성이 청정하므로 이 밀어를 송함에 의해 본래의 청정성을 되찾을 것을 설하고 있다.

> '선남자여, 이 마음은 본성이 청정하다. 그 쓰이는 바에 따르고 뜻에 따라서 감임(堪任)한다. 비유하면 흰색의 옷은 염색을 받기가 쉬운 것과 같다. 본성청정의 마음은 지혜를 증장하므로 본성성취의 밀어로서 응당 보리심을 발해야 한다.'[36]

즉 이 마음은 모든 번뇌의 때와 변계소집(遍計所執) 등을 여읜다고 관하여 본래 갖추어져 있는 보리심을 드러냄을 말한다. 이 관상에서는 진언을

35 善無畏譯, 『大日經』(『大正藏』 18권 4하). 『守護國界主陀羅尼經』에도, "견고한 지혜로써 자심을 월륜으로 관하라.……이 월륜이 보리심이다. 이 보리심은 본래 色相이 없지만, 아직 성취하지 않은 모든 중생들을 위하여 월륜과 같다고 설하는 것이다."[般若·牟尼室利共譯, 『守護國界主陀羅尼經』 卷3(『大正藏』 19권 530상)]라고하여 월륜을 관상의 대상으로 설정한 이유를 밝히고 있다. 아직 성취하지 못한 수행자는 진언과 함께 마음에 보리심을 상징하는 月輪을 관하는 것이다.

36 金剛智譯, 『略出念誦經』 2(『大正藏』 18권, 237중)

염송하면서 구름 한 점 없는 보름달을 관한다. 즉 자기 마음이 달과 같음을 보고 보리심 즉 여래의 보현심을 발한다. '보현(普賢, samanta-bhadraḥ)이란 구하는 방법, 수단이 넓고 현명하다는 뜻으로 단순히 지능이 보현이라는 것이 아니다. 따라서 발심(發心, cittotpāda)이란 일체여래의 심수(心髓), 이리원만(二利圓滿)의 보리심이며 또한 일체의성취보살의 내부에 갖추어진 보리심'[37]을 발하는 것이다.

월륜을 관하며 수행하는 것에 대해서는 『제불경계섭진실경』 중권과 『금강정경유가수습비로자나삼마지법(金剛頂經瑜伽修習毘盧遮那三摩地法)』에 자세하게 설해지고 있다.

ⓐ 제가 이미 심상을 보니 청정한 것이 월륜과 같고 모든 번뇌의 때와 능집소집 등을 떠나있습니다. 모든 부처가 함께 말씀하셨다. 너의 마음은 본래부터 이와 같은데 객진(客塵)으로 더러워져서 보리심을 깨닫지 못한다. 너는 맑은 월륜을 관하여 염염히 관조하면 능히 지혜로서 밝게 드러나고 보리심을 깨달을 수 있을 것이다.

ⓑ 제가 이미 자심을 보니 청정하기가 보름달과 같습니다. 모든 번뇌의 더러움, 능집(能執)과 소집(所執) 등을 떠나있습니다. 모든 부처가 다함께 말씀하셨다. 너의 마음은 본래 이와 같다. 객진에 덮인 바 되었지만 보리심은 맑으니라. 너는 깨끗한 월륜을 관하여 보리심을 증득하라.[38]

이처럼 월륜관은 삼밀행에 의해 자기와 월륜과의 일체관을 얻고자 노력하는 행이다. 행이 익으면 행자의 잡념이 사라지고, 행자의 마음 그대로가 청정한 월륜이 된다. 본존의 심월륜(心月輪)과 나의 심월륜과 중생의 심월륜이 평등하여 둘이 아닌 한 몸이라고 관하는 것이다.

여기에서 월륜이 오상성신관의 중요한 관상의 내용으로 등장한다. 왜냐하면 월륜은 보리심의 모습이요, 보리심으로써 나타내는 것은 바로 법계[39]이기 때문이다. 따라서 월륜으로써 부처의 내증체험의 전모를 나타내고 그 체험중의 불지(佛智), 성애(聖愛), 설법(說法), 금강, 보당(寶幢), 윤보(輪寶)

---

37 堀內寬仁, 「初會金剛頂經梵本・譯註(二)」, 『密教文化』 第184號, 高野山大學 密教研究會, 1993, 179면.

38 金剛智譯, 『金剛頂經瑜伽修習毘盧遮那三摩地法』 (『大正藏』 18권, 329상)

39 不空撰, 『金剛頂經義訣』 (『大正藏』 39권, 817중)

등의 삼마야형을 표현함에 월륜에 그려 나타내는 것이다.[40]

3) 수금강심(修金剛心)

모든 여래께서 말씀하신다.

"일체여래심(一切如來心)은 보현심(普賢心)을 따라 생하니 균등하고 견고하여 잘 행한 바와 같다. 일체여래가 스스로의 보현심에서 견고한 성소작인(成所作因)을 출생하니 마땅히 자심의 정월륜 가운데에서 금강의 모습을 사유하며 이 대명을 송하라."

Oṃ tiṣṭha vajra

이때에 그 보살은 모든 여래께 아뢰어 말씀드린다.

"세존여래시여, 제가 이미 정월륜 가운데에서 묘한 금강의 모습을 봅니다."[41]

일체여래의 가르침에 따라 보리심을 발한 보살에게 일체여래는 진언과 함께 자신의 마음의 달에 금강저의 모습을 생각하라고 교시하며, '옴, 일어서라, 금강이여'라는 뜻의 진언을 염송한다.

『금강정경유가수습비로자나삼마지법』에 '능히 심월륜으로 하여금 원만하고 더욱 밝게 드러나게 하라.……보리를 견고하게 하여 견고하게 잘 머물게 하기 위하여, 다시 심진언을 전수 한다'[42]라 하듯이 마음은 달에 비유되고, 마음을 밝게 하고 보리를 견고히 하기 위하여 심진언을 염송함이 보이고 있다. 이 관법은 자기 마음의 월륜 속에 금강저의 형상을 생각한다. 즉 진언을 송하면서 금강저가 이 우주에 확대되어 충만한 모습과 축소되어 심월륜 가운데 들어오는 것을 관한다. '이 진언의 뜻은 앞 단계에서 자신이 이타의 자비심과 동시에 또한 오지(五智)의 불지(佛智)를 본래 갖추고 있다는 확신에 대한 신수(信受)를 다시 확인한다고 하는 것이다.'[43]

금강저란 대일여래의 분신인 금강살타의 경계를 구체적인 사물로써 보인 것이다. 본질적으로 실체가 없는 공한 현상계 전체를 뜻하는 것으로 오

---

40 田中海應, 『秘密事相の解說』(東京: 鹿野苑, 1962), 24면.

41 施護譯, 『금강정경』 1(『고려대장경』 40권, 660하)

42 金剛智譯, 『金剛頂經瑜伽修習毘盧遮那三摩地法』(『大正藏』 18권, 329상)

43 堀內寬仁, 「初會金剛頂經梵本・譯註(二)」, 『密教文化』 第184號, 高野山大學 密教硏究會, 1993, 177면.

고금강저에서 오고란 오지를 상징한다. 일체여래의 보현심의 상징인 오지의 오고금강저를 관하여 그 자성에 주하는 것이다. 견고한 지혜는 일체의 미망을 깨뜨리는 힘이 있다. 그러므로 만월과 같은 청정한 보리심에 견고하고 악을 부수는 능력이 있음을 관하면서 진언과 함께 자심의 월륜 가운데 금강저의 모습을 관한다.

이때 일체여래의 신·어·심금강계와 일체의성취보살의 존재성이 서로 연결되고 금강저가 상징하는 일체여래의 보현심이 일체의성취보살 가운데로 들어온다. 결국 일체의성취보살에 내재하는 보리심은 일체여래의 심장이 된다. 이 보리심은 곧바로 일체여래보현심이라 바꾸어 말할 수 있다.

이 관법을 통해서 수행자는 묘관찰지(妙觀察智)의 형상화인 아미타불의 경지에 이르게 된다.

4) 증금강신(證金剛身)

> 일체여래들은 말씀하신다.
>
> "너는 이 일체여래 대보현심의 진실한 금강을 견고히 하기 위하여 이 대명을 송하라."
>
> Oṃ vajrātmako'ham
>
> 이때에 일체에 두루한 허공계가 일체여래의 몸과 말과 뜻의 대금강계와 서로 섭입하고 일체여래의 가지력으로써 살타금강 가운데로 섞여 들어간다.
>
> 이때에 모든 여래는 이에 구덕일체의성취보살을 비밀명호인 금강계(金剛界)라 부르고, 곧 금강대관정법(金剛大灌頂法)으로 관정한다.[44]

이 단계의 관상에서 수행자는 일체여래의 보현심의 금강저를 견고히 하기 위해 '나는 금강을 본성으로 한다'는 진언을 송함과 함께 허공에 편만한 일체여래의 신구의의 금강계는 다 나의 한 몸 가운데 들어와서 일체가 된다. 이것은 자신이 금강계, 곧 여래법신이 되는 것이다. 금강계(金剛界, vajra-dhātu)에서 vajra는 견고한 대일여래의 지혜이고, 또한 sattva존재성으로서의 일체의성취보살이다. 그것은 그 존재성 그대로 우주에 보편하는 일체여래보현심, 대보리심이다. 옴 나는 금강으로 된 것이다 라고 하는 이 진언에

---

44 施護譯, 『금강정경』 1(『고려대장경』 40권, 660하-661상)

의해서 개인존재와 구극적 실재와의 사이에 다리가 놓여진다. 내재와 초월의 사이를 자재하게 왕래할 수 있는 이 보리심이라고 하는 법칙을 통하여 초월자로서의 전우주적 존재성, 즉 허공계전체에 보편하는 일체여래의 신어심금강계는 모래에 병의 물을 붓는 것과 같이[45] 일체의성취보살의 존재성 가운데에 흡수되었다.

『대일경』에서는 현등각하여 세계를 전개하는 종자가 무량겁의 사이에 복지의 두 자량을 적집하여야만 비로소 준비될 수 있었던 것이, 『금강정경』에서는 한 찰나에 일체여래의 가지로부터 즉 구극적 실재에 의해서 개인존재의 가운데에 구극적 실재의 측면으로부터 투입된 것이다. 여기에 대일경과 금강정경의 종교의 결정적인 상위점의 하나를 간파할 수 있다.[46]

또한 dhātu는 계(界)·체(體)·신(身)·차별·요소·성분 등을 뜻한다. 따라서 금강견고한 몸과 말과 뜻에 의해서 깨닫는 것이다.

아난다가르바는 항상한 여래와 아촉과 보생과 무량광과 불공성취의 자성을 갖는 모든 극미가 비로자나의 인(因)으로 된 것일 때 계(界)이고 이 경우 계란 인(因)이라고 하는 의미이다[47]라고 하였다.

그 일체여래가 편만한 허공계는 법계이며, 비로자나여래를 시작으로 하는 일체여래의 신·구·심의 금강계이며, 일체여래의 삼매야신(三昧耶身)이다. 일체여래의 가지에 의해서 보살의 심월륜 위에 현현한 일체여래의 삼매야심의 표치인 오고금강저에 일체여래의 신어심금강계가 전부 들어가[48] 무애(無礙)한 하나의 몸으로 된다. 거기에서 보살의 삼매야심(三昧耶心)과 일체여래의 삼매야신(三昧耶身)이 상즉되고, 일체여래의 가지에 의하여 가득 채워지는 것이다. 말을 바꾸면, 그것과 이것의 분별이 있었던 세계가 여기에 이르러 그것과 이것이 다르지 않는 능소불이(能所不二)의 세계인 본유(本有)의 세계로 해소(解消)된다. 보살본유의 보리심이 본유의 세계로서 전개되는 것이다.[49] 여기에서 일체여래는 일체의성취보살에게 금강계라는 관정을 베푼다. 마찬가지로 여기에서 수행자는 바로 본존의 삼매야형으로

---

45 『Ānandagarbha釋』 Peking. Vol.71, 153-1-7. (津田眞一, 「初會金剛頂經における成佛の構造」, 『佛の硏究』(東京: 春秋社, 1977), 196면 19번주 재인용)

46 津田眞一, 위의 논문 196면.

47 『Ānandagarbha釋』 Peking. Vol.71, 153-1-3f. (상동 21번주 재인용)

48 堀內寬仁, 「初會金剛頂經梵本・譯註(二)」, 『密教文化』 第184號, 高野山大學 密教硏究會, 1993, 176면.

49 遠藤祐純, 「初會金剛頂經における金剛界について」, 『密教學硏究』 第11號, 1979, 116면.

된다고 관함에 따라 자신과 본존이 둘이 아닌 한 몸이 되어 자신의 밖에서 본존을 볼 수 없다. 이와 같이 해서 삼매야금강신을 증득하는 까닭에 증금강신이라 이름 한다. 이 관법을 통하여 수행자는 성소작지(成所作智)의 형상화인 불공성취불의 경지에 이르게 된다.

이 순간 일체의성취보살은 전우주적 존재성을 자기의 몸 즉 존재성에서 드러내 보이는 것이다.

5) 불신원만(佛身圓滿)

이때에 금강계대보살은 모든 여래께 아뢰어 말씀드린다.

"세존여래시여, 저는 일체여래의 몸이 곧 나의 몸임을 봅니다."

모든 여래는 말씀하신다.

"대사여, 살타금강은 모든 상을 구족한다. 이치와 같게 마땅히 모든 부처의 영상을 관하라. 마땅히 이와 같은 자성성취의 진언으로 마음 내키는 대로 진언을 송하라."

Oṃ yathā sarvatathāgatās tathāham

이때에 모든 여래가 이와 같이 설하고 나자 저 금강계대보살은 일체여래신이 곧 자신의 몸이 되어 정각을 이루려고 한다. 일체여래를 향하여 두루 정례하고 나서 이렇게 말씀드린다.

"오직 바라옵건대 세존 일체여래시여, 저를 가지하소서. 제가 정등정각을 현성한 바, 일체의 행한 것을 견고케 하소서."

이때에 모든 여래는 곧 금강계여래살타금강 가운데로 들어온다.

이때에 구덕금강계대보살은 찰나 사이에 일체여래의 평등지(平等智)인 정각을 현성하고 나서, 곧 일체여래의 금강평등최상지인비밀삼매(金剛平等最上智印秘密三昧)에 들어가, 일체여래의 법평등지(法平等智)인 자성청정을 현증하고, 일체여래의 일체평등한 자성광명지(自性光明智)를 성취한다. 이러한 까닭에 여래·응공·정등정각으로 되었다.[50]

이 관상에서 수행자는 자신의 몸을 관하여 부처의 형상으로 삼는다.[51] 그

---

50 施護譯, 『금강정경』 1(『고려대장경』 40권, 61상)

51 金剛智譯, 『金剛頂經瑜伽修習毘盧遮那三摩地法』(『大正藏』 18권, 329중)

리고 본래 성취됨을 의미하는 진언을 염송한다. 이 진언의 뜻은 '옴, 나는 일체여래와 함께 있다'고 하는 것이다. 이러한 진언을 송함으로써 수행자 자신의 신체·언어·마음의 활동이 삼십이상 팔십종호의 뛰어난 상을 모두 갖춘 대일여래의 그것과 동일하다고 관하여 여실히 자심의 본성에 통달함과 함께 자신이 곧 부처라는 자각을 일으키고 이 자각 위에서 부처님의 묘업을 수행자의 몸 위에 실현하고자 하는 관법이다. 윗글에서 '이와 같은 자성성취의 진언을 마음 내키는 대로 송하라'고 하는데 여기서 자성성취란 일체중생이 본래 여래장을 구족하고 있기에 자성성취라 하는 것이다.

이것은 살타금강이 일체 형상을 갖추었으니 자신의 불형(佛形)을 관찰함에 의해서 깨닫는 것이다. 자신이 곧 부처의 몸으로 되는 것으로서 몸인 대인(大印)을 마음에 관해서 그 몸 그것으로 되는 것이다.

이 관법을 통하여 수행자는 법계체성지(法界體性智)의 형상화인 대일여래의 경지에 이르게 된다. 이와 같은 가르침에 따라 일체의성취보살은 마침내 성불하고 성불 후 수미산정 보배 누각에 앉으니, 부동·보생·관자재왕·불공성취 등의 여래가 그 사방에 자리하고 뒤이어 삼십이보살신이 출현하여 삼십칠존을 이루게 된다. 성불의 과정이 오상성신으로 제시되고 있다. 이 다섯 단계의 관법을 통해서 수행자는 법신대일여래의 신체와 언어, 마음의 활동에 도달하게 되어 완전한 깨달음을 얻은 여래가 된다.

이러한 다섯 가지 상을 구비해서 본존의 몸을 성취하는 다섯 단계의 관법을 통해서 수행자는 법신대일여래의 신체와 언어와 마음의 활동에 도달하게 되는데, 이것을 『보리심론』에서는 보현심을 구족하는 것[52]이라 하였다. 그 보현심 구족의 방법은 이미 각 관에서 드러나듯이, 무릇 유가관행(瑜伽觀行)을 수습하는 사람은, 마땅히 먼저 구족한 삼밀행을 닦아서 오상성신의 뜻을 밝게 깨쳐야 한다[53]고 하는 것처럼 삼밀행을 의미하며, 삼밀의 오상성신관을 수습함에 의해 삼십칠지(三十七智)를 개발하기에 이르는 것이다.

52 不空譯, 『菩提心論』(『大正藏』 32권, 574중). 만약 이 관을 이루면 시방국토의 혹은 맑은 것과 혹은 더러운 것과 육도(六道)의 함식(含識)과 삼승(三乘)의 행위(行位)와 삼세(三世)의 국토성괴(國土成壞)와 중생업(衆生業)의 차별과 보살인지(菩薩因地)의 행상(行相)과 삼세의 제불이 모두 다 그 가운데 나타나서 본존의 몸을 증득하고 보현의 일체행원을 만족한다. 이러한 까닭에 대비로자나경에 이 같은 진실한 마음은 과거 부처가 응당 설한 바라고 설하였다.

53 上同.

이 삼밀행에 대하여 『약출염송경』에서는 밀합(密合)[54]이라는 표현을 사용한다. 다시 말하면 수행자가 불보살과 유가함으로써 일체(一體)가 되고, 이것은 불보살이 상징하는 진리를 체득하는 것을 의미한다. 진리와 상징은 동일하므로 진리의 상징인 불보살과의 일체화는 진리와의 일체화를 이룸을 뜻한다. 이것은 삼밀삼응함에 의해 일체여래가 갖고 있던 금강성(金剛性)과 동일하게 밀합한 것인데 그 실상은 본래 갖추고 있는 자신의 금강성의 구현이라 할 것이다.

3. 오불(五佛)의 형성

> 이때에 일체여래는……모두 수미산 정상의 금강마니보봉누각(金剛摩尼寶峯楼閣)으로 온다.
>
> 이때 금강계여래(金剛界如来)는 일체여래에 가지되고 나서 일체여래의 사자좌에서 모든 방향을 따라 이치에 맞게 잘 머무른다.
>
> 이때에 아촉여래와 보생여래, 관자재왕여래, 불공성취여래의 모든 여래는 세존 석가모니여래가 일체여래가 가지하는 몸을 이루고, 일체평등에 잘 통달한 까닭에, 일체방향을 향하여 두루 관찰하고 그 사방의 방향에 따라 앉는다.[55]

일체여래들이 수미산 정상 금강마니보봉누각으로 이동하여 금강계여래를 일체여래의 지위에 가지하여 일체여래의 사자좌에 사방을 향하여 앉게 하자, 아촉여래를 비롯한 네 여래가 일체의 방향이 평등하다는 인식에 머물며 사방에 자리하여 오불이 형성된다.

이 장소에서 삼십칠존으로 형상화되는 금강계만다라로 불리는 우주의 건립이 시작된다. 이 장소는 다름 아닌 일체의성취보살이 수행하던 염부주의 보리도량에 다름 아니다.

이곳에서 사불과 비로자나불의 상호공양에 의해 순차적으로 삼십이존이 출생하고, 다시 무한히 전개되는 제존의 출생을 통하여 일체여래의 심

54 『약출염송경』(『대정장』 18권, 228중). "同一密合."
55 施護譯, 『금강정경』 1(『고려대장경』 40권, 661중)

장은 현세화의 과정에 들어간다.

색계최고의 장소인 색구경천(色究竟天)과 사바세계의 수미산정상과 니련선하의 보리도량은 사실상 동일한 장소로서 여러 가지의 영상이 하나로 겹쳐지는 일대 장관을 보여주고 있다. 동시에 이 장소는 대비로자나여래가 자기를 현현하여 마친 곳이며, 우리가 이를 통하여 종교적 이상을 실현하고자 하는 접점이기도 하다.

수미산정상에 있어서 자기한정화를 완료하고 현세태로 된 대비로자나는 금강계대만다라로 불린다. 그러나 그것은 염부주에 머무는 우리가 볼 수 있는 것은 아니다. 그 까닭에 보신비로자나는 회도(繪圖)로서의 금강계만다라를 설한 것이다. 그것은 구극적 실재의 대·삼매야·법·갈마라고 하는 네 가지의 구조도이다.[56] 이것에 대해 우리 개인존재의 측면에서 우리의 내부에 그 구조도를 추상화하고 간략화한 모형을 형성하여 대·삼매야·법·갈마의 사인(四印)이라고 하는 상징을 건립함에 의해서 우리는 삼십칠존으로 형상화한 우주의식 가운데로 진입할 수 있을 것이다.

Ⅱ. 역사적 전개 및 텍스트별 용례

오상성신은 우리가 본래 갖고 있는 깨끗한 보리심을 드러내어 발휘하는 이른바 오지(五智)·오부(五部)·오불(五佛)의 공덕묘용을 구현하는 기본적인 수행법이다. 이 발달된 수행법을 담고 있거나 오상성신이 성립하기까지 그 전단계에 해당하는 근거자료를 다음과 같이 찾아볼 수 있다.

1. 오상성신 관련 경궤

오상성신은 금강정경에서 본격적으로 설해지고 있으나, 금강정경 외에도 부속되는 의궤류 등에 널리 설해져 있다. 이들의 목록을 나열하면 다음과 같다.[57]

56 津田眞一, 앞의 논문, 199면.

57 본 목록에 대한 자세한 내용은 坂野榮範의 『金剛頂經に關する研究』(日本: 國書刊行會, 1976)에 수록된 「五相成身觀の體系的研究-特に經軌の上に於けるその成立的一考察」 235-239면과 栂尾祥雲, 『秘密事相の研究』 (高野山大學出版部, 1935) 541-553면을 참

① 『Sarva-tathāgata tattva-saṃgraha māma mahā-yāna sūtra』
② 『de-bshin-gśegs-pa thams-cad kyi de-koh-na-ñid bsdus-pa shes-bya-ba theg-pa chen-poḥi mdo』(西藏譯) Śraddhākaravarma, Rin-chen bzaṅ-po (北京No.112)
③ 『불설일체여래진실섭대승현증삼매대교왕경(佛說一切如來眞實攝大乘現證三昧大教王經)』 30권, 宋 施護等譯 (『大正藏』 882)
④ 『금강정일체여래진실섭대승현증대교왕경(金剛頂一切如來眞實攝大乘現證大教王經)』 3권, 당 불공역(『大正藏』 865)
⑤ 『제불경계섭진실경(諸佛境界攝眞實經)』 3권, 般若譯(『大正藏』 868)
⑥ 『금강정연화부심염송의궤(金剛頂蓮華部心念誦儀軌)』 1권, 당 불공역(『大正藏』 873)
⑦ 『연화부심염송의궤(蓮華部心念誦儀軌)』 1권 당 失譯(『大正藏』 875)
⑧ 『금강정유가수습비로자나삼마지법(金剛頂瑜伽修習毗盧遮那三摩地法)』 1卷, 당 金剛智譯(『大正藏』 876)
⑨ 『보현금강살타약유가염송의궤(普賢金剛薩埵略瑜伽念誦儀軌)』 1권, 당 불공역(『大正藏』 1124)
⑩ 『금강정유가중약출염송경(金剛頂瑜伽中略出念誦經)』 4권, 당 金剛智譯(『大正藏』 866)
⑪ 『금강정일체여래진실섭대승현증대교왕경(金剛頂一切如來眞實攝大乘現證大教王經)』, 2권, 당 불공역(『大正藏』 874)
⑫ 『관자재보살여의륜유가(觀自在菩薩如意輪瑜伽)』 1권, 당 불공역(『大正藏』 1086)
⑬ 『관자재여의륜보살유가법요(觀自在如意輪菩薩瑜伽法要)』 1권, 당 金剛智譯(『大正藏』 1087)
⑭ 『유가연화부염송법(瑜伽蓮華部念誦法) 1권, 당 불공역(『大正藏』 1032)
⑮ 『관자재대비성취유가연화부염송법문(觀自在大悲成就瑜伽蓮華部念誦法門), 당 불공역(『大正藏』 1030)
⑯ 『금강정유가천수천안관자재보살수행의궤경(金剛頂瑜伽千手千眼觀自在菩薩修行儀軌經) 2권, 당 불공역(『大正藏』 1056)
⑰ 『성하야흘리박대위노왕립성대신험공양염송의궤법품(聖賀野紇哩縛

조하였음.

大威怒王立成大神驗供養念誦儀軌法品) 2권, 당 불공역(『大正藏』 1072)
⑱『금강정경다나보살염송법(金剛頂經多羅菩薩念誦法) 1권, 당 불공역(『大正藏』 1102)
⑲『금강정경유가문수사리보살공양의궤(金剛頂經瑜伽文殊師利菩薩供養儀軌)』 1권, 당 불공역(『大正藏』 1175)
⑳『금강정경유가문수사리보살법(金剛頂經瑜伽文殊師利菩薩法)』 1권, 당 불공역(『大正藏』 1171)
㉑『금강정경만수실리보살오자심다라니(金剛頂經曼殊室利菩薩五字心陀羅尼品)』 1권, 당 金剛智譯(『大正藏』 1173)
㉒『오자다라니송(五字陀羅尼頌)』 1권, 당 불공역(『大正藏』 1174)
㉓『금강정경관자재왕여래수행법(金剛頂經觀自在王如來修行法)』 1권, 당 불공역(『大正藏』 931)
㉔『염송결호법보통제부(念誦結護法普通諸部)』 당 金剛智譯(『大正藏』 904)
㉕『대락금강살타수행성취의궤(大樂金剛薩埵修行成就儀軌)』 당 불공역(『大正藏』 1119)
㉖『십일면관자재보살심밀언염송의궤경(十一面觀自在菩薩心密言念誦儀軌經)』 3권, 당 불공역(『大正藏』 1069)
㉗『금강정일자정륜왕유가일체시처념송성불의궤(金剛頂一字頂輪王瑜伽一切時處念誦成佛儀軌)』 1권, 당 불공역(『大正藏』 957)
㉘『아촉여래염송공양법(阿閦如來念誦供養法)』 1권, 당 불공역(『大正藏』 921)
㉙『금강정유가약술삼십칠존심요(金剛頂瑜伽略述三十七尊心要)』 1권, 당 불공역(『大正藏』 871)
㉚『금강정승초유가경중약출대락금강살타염송의(金剛頂勝初瑜伽經中略出大樂金剛薩埵念誦儀)』 1권, 당 불공역(『대정장』 1120A)
㉛『불설비밀상경(佛說秘密相經)』 시호역(『대정장』 884)
㉜『금강정유가타화자재천이취회보현수행염송의궤(金剛頂瑜伽他化自在天理趣會普賢修行念誦儀軌)』, 1권, 당 불공역(『大正藏』 1122)
㉝『성취묘법연화경왕유가관지의궤(成就妙法蓮華經王瑜伽觀智儀軌)』 1권, 당 불공역(『大正藏』 1000)
㉞『대승본생심지관경(大乘本生心地觀經)』 8권, 당 반야역(『大正藏』 159)
㉟『무외삼장선요(無畏三藏禪要)』 1권(『大正藏』 917)

㊱『금강봉누각일체유가유기경(金剛峰樓閣一切瑜伽瑜祇經)』 2권, 당 금강지역(『大正藏』 867)
㊲『수호국계주다라니경(守護國界主陀羅尼經)』 10권, 당 반야·모니실리(牟尼室利)역(『大正藏』 997)
㊳『존승불정수유가법의궤(尊勝佛頂脩瑜伽法軌儀)』 2권, 당 선무외역(『大正藏』 973)

관련된 문헌이 많기는 하나 오상성신의 형식은 각 경궤(經軌)에서 일정한 모양으로 나타나지 않는다. 『금강정경』에 설해진 오상성신에 관하여 살펴보면, 이 실천적 관법을 설한 금강정경 계통의 경전은 여러 가지가 있다. 그런데 각 경궤마다 나타나는 명목(名目)과 관법형식이 조금씩 다르기 때문에 일반적 형태의 오상성신을 소개하는 책자의 내용은 각 전거(典據)에서 조합한 인상을 준다. 이것은 오상성신에 대한 혼동을 줄 우려가 있으므로 이에 대한 정리가 요청된다. 따라서 본 항에서는 위에서 열거한 38종의 경궤를 중심으로 오상성신과 관련된 내용들을 살펴본다. 즉 첫째로는 오상(五相)의 명목이 온전하게 설해진 것, 둘째로는 오상의 내용이 설해진 것, 셋째로는 오상에 이르지 못한 미완형, 넷째로는 기타 내용에 차이가 있는 것의 네 종류로 나누어서 오상성신관 성립에 이르는 과정을 살펴볼 수 있다.

2. 오상의 명목이 온전하게 설해진 것

대표적인 명목을 소개하는 전거로서는 『십팔회지귀』와 『보리심론』을 들 수 있다.

『십팔회지귀』에서 오상을 소개하는 문구는 이미 앞에서 거론하였다. 그러나 그 글을 자세히 보면 '오상(五相)으로써 현재에 등정각(等正覺)을 이룬다'[58]고 하는 『십팔회지귀』의 본문에 할주(割註)를 붙여서 오상의 명목을 들고 있는 것에 지나지 않으며 그 내용에 대해서는 언급이 없다. 그런데 사케노에 이노리(坂野榮範)는 이 오상의 할주에 관한 것이 원문에는 없고 오히려 불공삼장, 또는 후세 사람의 주기(註記)[59]라 간주하고 있다.

58 『십팔회지귀』(『大正藏』 18권, 284하)

다음에 『보리심론』의 글을 검토해보자.

> 다음에 오상성신을 밝힌다. 첫째는 통달심(通達心), 둘째는 보리심(菩提心), 셋째는 금강심(金剛心), 넷째는 금강신(金剛身), 다섯째는 무상보리를 증하여 금강견고(金剛堅固)한 몸을 얻은 것이다. 그리하여 이 다섯 가지 상을 모두 갖추면 비로소 본존의 몸을 이룬다.[60]

『보리심론』의 글은 한층 자세하게 오상성신의 명목을 들고 오상을 자세히 갖추어 본존의 몸을 이룬다고 설명되어 있다. 그러나 『십팔회지귀』와는 오상의 명칭이 같지 않으며 어떠한 방법으로 수행해야 하는지도 설명되지 않은 채, 단지 명목의 나열에 그치고 있다. 또한 『일자정륜왕염송의궤(一字頂輪王念誦儀軌)』에는 '五支成本尊 五相成本尊瑜伽'[61]라 하며, 『금강정유가호마의궤(金剛頂瑜伽護摩儀軌)』 '五相成身',[62] 『금강정유가항삼세성취극심밀문(金剛頂瑜伽降三世成就極深密門)』 '五相成身',[63] 『도부다라니목(都部陀羅尼目)』 '五相成本尊瑜伽'[64] 등과 같은 곳에서는 오상의 전체 칭호가 드러나고 있으나 낱낱의 관법에 대해서는 명확하게 서술하고 있지 않으므로 오상성신의 전체적인 모습을 볼 수 없다.

3. 오상의 내용이 서술된 것

실질적인 오상성신관의 내용이 설해지면서 낱낱의 명목에 대해서는 분명하게 설해져 있지 않으며, 게다가 광관(廣觀), 염관(斂觀)의 두 관법이 설해지지 않은 경우는 대표적으로 『초회금강정경』인 시호역의 30권본 ③ 『불설일체여래진실섭대승현증삼매대교왕경』과, 일반적으로 『금강정경』이라고 칭해지는 3권본의 ④ 『금강정일체여래진실섭대승현증대교왕경』, 그리고 반야역의 ⑤ 『제불경계섭진실경』, ⑥ 『금강정연화부심염송의궤』, ⑦ 『연

59 坂野榮範, 『金剛頂經に關する研究』 (日本: 國書刊行會, 1976), 226면.
60 『보리심론』(『大正藏』 32권, 574중)
61 『一字頂輪王念誦儀軌』(『大正藏』 19권, 310상)
62 『金剛頂瑜伽護摩儀軌』(『大正藏』 18권, 918상)
63 『金剛頂瑜伽降三世成就極深密門』(『大正藏』 21권, 39하)
64 『都部陀羅尼目』(『大正藏』 18권, 899상)

화부심염송의궤』, ⑧『금강정유가수습비로자나삼마지법』, ⑨『보현금강살타약유가염송의궤』를 들 수 있다.

위와 반대로 오상성신이 설해지면서 광관과 염관의 두 관법이 설해진 경우는 4권본의 ⑩『금강정유가중약출염송경』과 2권본의 ⑪『금강정일체여래진실섭대승현증대교왕경』이다. 그리고 ⑯『천수천안관자재보살수행의궤경』 상권에서는 광관과 염관에서 삼매야형이 금강저가 아닌 연화로 대체되어 있다. 광관이란 자심이 곧 삼매야형으로 되어서 그 삼매야형이 점차로 확대되어 가없는 법계에 두루함을 말하며, 염관은 법계에 두루한 삼매야형을 서서히 축소시켜서 원래와 같은 자심으로 수렴하는 것을 말한다.[65]

4. 오상에 이르지 못한 미비형(未備形)

오상에서 한 가지를 빠뜨리거나 두가지 이상을 빠뜨린 것은 다음과 같다.

먼저 사상성신관(四相成身觀)을 설하는 경궤는 ⑫『관자재보살여의륜유가』, ⑬『관자재여의륜보살유가법요』, ⑭『유가연화부염송법』, ⑮『관자재대비성취유가연화부염송법문』, ⑯『금강정유가천수천안관자재보살수행』, ⑰『성하야흘리박대위노왕립성대신험공양염송의궤법품』, ⑱『금강정경다라보살염송법』, ⑲『금강정경유가문수사리보살공양의궤』, ⑳『금강정경유가문수사리보살법』 등이다.

삼상성신관(三相成身觀)을 설하는 경궤는 ㉑『금강정경만수실리보살오자심다라니』, ㉒『오자다라니송』, ㉓『금강정경관자재왕여래수행법』, ㉔『염송결호법보통제부』 등이다.

오상 혹은 사상, 삼상성신관을 염송법으로 요약하여 설하는 것은 ㉕『대락금강살타수행성취의궤』, ㉖『십일면관자재보살심밀언염송의궤경』, ㉗『금강정일자정륜왕유가일체시처념송성불의궤』, ㉘『아촉여래염송공양법』, ㉙『금강정유가약술삼십칠존심요』, ㉚『금강정승초유가경중약출대락금강살타염

65 본경 상권에 나와있는 바에 따르면 광관과 염관은 다음과 같다. 그 연화가 점차 펼쳐지고 커져서 소천세계와 중천세계 및 대천세계에 두루하다고 관상하라. 그 꽃은 큰 광명을 갖추고 있어서 육도중생들이 나고 죽는 것을 비추며 온갖 고뇌를 없애어 그들로 하여금 안락과 기쁨을 얻게 한다. … oṃ sphara padma. 그 연화가 점차 축소되어 자기 몸과 같아진다고 관상하며 염연화진언(斂蓮華眞言)을 송하라. oṃ saṃhara padma. (『大正藏』 20권, 74중)

송의』 등이다.

5. 기타 내용이 다른 것

시호역의 ㉛『불설비밀상경(佛說秘密相經)』에는 오상의 관법차제를 설명하고 나서 '오상성정각존(五相成正覺尊)'[66]이라고 기술되어 명확히 오상성신관을 설하고 있지만, 그 관법의 내용이『대일경』「자륜품」 제10[67]을 의용하고 있는 점 등으로 본다면 오상성신관의 내용은 서로 다르게 나타나 있다.[68]

이하 내용이 다른 오상성신관을 설하고 있는 경궤를 살펴보면 다음과 같이 열거할 수 있을 것이다.

⑴ 오상의 인(印), 명(明), 관(觀)을 갖추고 있는 것은 위에 예로 든 ㉛『불설비밀상경』을 포함하여 ㉜『금강정유가타화자재천이취회보현수행염송의궤』, ㉝『성취묘법연화경왕유가관지의궤』가 있으며, ⑵ 실질적으로 삼상(三相), 혹은 이상성신관(二相成身觀)을 설하는 것은 ㉞『대승본생심지관경』, ㉟『무외삼장선요』, ㊱『금강봉누각일체유가유기경』, ㊲『수호국계주다라니경』, ㊳『존승불정수유가법의궤』 등이다.

이와 같이 본다면 경전상에서 오상성신의 형식적인 명목과 관법의 내용이 일치하지 않는 것, 즉 정연한 체계가 되어 있지 않다는 점을 들 수 있다. 전반적으로 오상성신관에 관한 실수적(實修的) 관법을 설한 금강정경 계통의 경전은 아주 많아서 40여부를 헤아릴 수 있다. 그리고 경전상에 보이는 오상성신관의 조직이 서로 다른 것, 오상의 이름이 나오지 않는 것이면서 실질적으로 오상성신을 설한 것, 또는 오상성신까지는 이르지 못하거나 오상성신에서 분파 발전하여 사상, 삼상, 일상성신(一相成身) 등을 설한 것, 또는 대조한 결과 관조(觀照)의 대상이 서로 다른 것, 더욱이 오상의 내용, 즉 교리, 관상(觀想), 진언, 종자, 삼매야형 등이 서로 다르거나, 설해지지 않거나 자세하거나 또는 간략히 하거나, 갖추거나 갖추지 못한 것 등의 차이점이 있음을 알 수 있다. 이것은 오상성신관이 성립하기까지 수많은 실

---

66 『佛說秘密相經』(『大正藏』 18권, 464하). "所有諸佛身秘密 境界性智行亦然 以五相成正覺尊 諸佛成滿皆清淨."

67 『대일경』「자륜품」 제10(『大正藏』 18권, 30중)

68 坂野榮範, 前揭書, 220면.

천적 배경이 있었다는 것을 보여주며 그러한 점을 지나친다면 오상성신관에 대한 바른 이해는 어려울 것이다.

Ⅲ. 인접개념과의 관계 및 현대적 논의

1. 인접개념과의 관계

첫째, 오상을 종삼존(種三尊)[69]의 차제(次第)에 배대하면 통달보리심과 수보리심은 종자위(種子位)이고 성금강심과 증금강신은 삼매야위(三昧耶位)이며, 불신원만은 존형위(尊形位)이다. 또한 종삼존(種三尊)은 그 차제를 법보응 삼신에 배당한다. 즉 종자위가 법신이고 삼매야위가 보신이며, 존형위가 응신이다.[70]

둘째, 오상은 순서대로 대원경지(大圓鏡智)·평등성지(平等性智)·묘관찰지(妙觀察智)·성소작지(成所作智)·법계체성지(法界體性智)의 오지(五智)와 오불(五佛)에 배당된다.

비로자나여래는 제불보살을 출생하는 근본이며 궁극의 귀결처이다. 불보살뿐만 아니라 모든 곳에 편만한 일체존재의 근본이며 궁극이다. 금강계여래라고도 하는 그 사방에는 금강·보·법·업의 사바라밀이 배치되어 있다. 이들은 불모(佛母)의 성격을 지니고 있으므로, 이로부터 우주에 무한한 성격을 가진 존격이 전개된다. 다시 이 금강계의 해탈륜을 중앙으로 하고 그 사방에 아촉·보생·아미타·불공성취의 사불이 등장하는데 이들은 대일여래의 속성을 넷으로 나눈 것이며, 동시에 5불 전체로 밀교적 우주를 상징하고 있다. 전체를 상징하는 대일여래가 스스로를 전개하며 협의의 대일여래를 중심으로 그 속성과 작용을 상징하는 사불을 사방에 배치한 것이다.

동방 해탈륜의 주존인 아축불은 '금강견고자성신(金剛堅固自性身)'으로서 대원경지(大圓鏡智)를 상징하며, 남방은 보생여래를 주존으로 하는 재보

69 『대일경』 「설본존삼매품」(『대정장』 18권, 44상)에 다음과 같이 종·삼·존에 관하여 설한다. "제존에 세가지의 몸이 있으니 이른바 자(字)와 인(印)과 형상(形像)이다. 그 자(字)에 두가지가 있으니 이른바 성(聲)과 보리심(菩提心)이다. 인에 두가지가 있으니 이른바 유형(有形)과 무형(無形)이다. 본존의 몸에도 역시 두 가지가 있으니 이른바 청정(淸淨)과 비청정(非淸淨)이다."

70 『佛光大辭典』, 1120면.

(財寶)의 세계로써 대일여래의 평등성지(平等性智)에 의해서 표현된다. 그 재보는 수행의 가치를 말한다. 서방의 해탈륜은 수승한 지혜의 세계로 진홍빛 연화에 의해서 표현된 아미타불의 세계로서 오지에서는 묘관찰지(妙觀察智)의 덕을 나타낸다. 이 덕으로 중생의 근기를 미묘하게 관찰하고 그 근기에 응해서 설법하여 일체중생에게 연화와 같은 청정한 본성인 불성을 갖추고 있음을 깨닫게 한다. 북방 해탈륜의 주존인 불공성취불은 위에서 밝힌 네 가지 해탈륜에서 보여준 제불의 대지혜를 바탕으로 하여 다시 그 위에 지치지 않으며 헛되지 않은 불공(不空)의 사업을 전개한다. 석가모니불이 출세하여 중생을 교화하신 것이 바로 성소작지(成所作智)의 실현인 것이다. 또한 不空은 반드시 결실을 맺는 대정진(大精進)의 의미로 일체를 이루어가므로 불공성취라 한다. 그래서 '작변화신(作變化身)'[71]이라고도 한다.

셋째, 오상성신은 금강계만다라의 성립근거가 된다. 오상성신관은 진리의 실현을 위하여 일체의성취보살의 질문에 대하여 대비로자나여래가 수행자 스스로 여래성(如來性)을 깨닫고 불신(佛身)을 성취하는 수도법으로 설해진 것으로 구체적인 관상법이 삼십칠존의 유가법으로 제시된다. 『금강정경』에서는 유가관법이 주체로 되어 사상과 의례가 관법의 배경이 되고 있다.[72] 『금강정경』에서는 오상성신관 이후에 각 불보살의 출생이 설해지므로 금강계만다라는 오상성신관을 수행한 뒤에 증득한 삼십칠지(三十七智)의 형상화라고 할 수 있을 것이다. 따라서 오상성신관의 수학(修學)은 곧 삼십칠존의 금강계만다라(金剛界曼荼羅)로 이어지는 순서가 된다.

넷째, 오상성신의 수행에서 중요한 개념이 여래장사상이다.

오상성신관은 석가모니로 비견되는 일체의성취보살이 수용신으로 모습을 드러낸 일체여래들의 가르침에 따라서 최종적으로 금강계여래로서 성도하는 장면을 묘사하고 있다.

오상성신의 제5 불신원만에서 '이때에 모든 여래는 곧 금강계여래살타금강 가운데로 들어 온다'[73]고 하는 것에서 살타금강(sattvavajra)이라고 하는 말에 상징되어 있는 것처럼, 유정계가 바로 금강계[法界]로 되며, 유정은 여래와 동등하다고 하는 입장이 기본으로 되어 있다. 『초회금강정경』에서는 여래장을 나타내는 개념의 중핵(中核)으로 금강을 찾을 수 있으며, 금강

71 不空譯, 『三十七尊禮』 (『대정장』 18권, 337중).
72 金剛秀友外, 『密教の理論と實踐』 (春秋社:1978), 180면.
73 施護譯, 『금강정경』 1(『고려대장경』 40권, 661상).

에 의하여 일원화(一元化)하는 이론적 근거를 'dhātu'라는 말에서 구할 수 있다. 여기에서 말하는 금강계(vajradhātu)의 계(dhātu)란 '본질(ātman)'을 의미한다.[74]

그러므로 위 경문을 다시 말하면, 일체여래들이 그들의 본질인 법신의 대보리심·보현대보살을 일체의성취보살의 심중(心中)에 현현하게 하는 것이다. 즉 일체의성취보살은 일체여래들의 가르침에 따라서 스스로의 마음을 묘관찰(妙觀察)하고 마음의 본성이 빛나나고 있는 것을 알아챈다. 거기에서 일체의성취보살은 이 본성광명심을 아는 지혜를 증대시킬 보리심을 일으키고 더욱이 일체여래들의 가지(加持)를 받아 스스로의 본성으로서 여래성[金剛界]를 분명하게 자각하게 된다. 이 보리심은 일체중생에게 내재하는 본성광명심, 즉 여래장(如來藏)을 가리키고 '본성이 빛나는 마음을 아는 것'이 여기에서 말하는 발보리심의 의미가 된다.[75]

이와 같이 『초회금강정경』의 여래장사상은 대승불교의 여래장사상을 계승하면서도 인위(因位)와 과위(果位)의 불변성을 포함하며, 유정은 여래와 동등하다고 하는 입장을 기본으로 하고 있다는 특색을 지닌다.[76]

2. 현대적 논의

오상성신의 내용을 담고 있는 『금강정경』에 대한 주석서로서 중국과 일본에서 만들어진 것에는 완전한 것이 없다. 단지 금강지(金剛智)가 구술하고 불공이 기술했다는 『금강정경대유가비밀심지법문의결(金剛頂經大瑜伽秘密心地法門義訣)』(『大正藏』 1798) 상권과 불공삼장이 기술한 『십팔회지귀』가 있으나 둘 다 주석서라기보다는 해설에 가깝다. 이에 비해 티베트역으로 남아있는 인도인의 주석서는 완전한 것으로 인정된다. 8세기의 사람으로 생각되는 붓다구히야의 달의석(達意釋)과 Sakyamitra의 축어역(逐語譯), Anandagarbga의 축어역(縮語譯) 등이 있다. 그리고 아래에 소개하는 문헌은 공해(空海) 이후 일본에서 제작된 주석서이다.

---

74 野口圭也, 「密教におけるサハジャ思想の形成」, 『密教の形成と流轉』 『高野山大學密教文化研究所紀要』 別冊2 (高野山大學密教文化研究所, 2001) 179면.
75 乾仁志, 「『初會金剛頂經』の基本にある如來藏思想」, 위의 책, 59면.
76 野口圭也의 논문, 상동.

공해찬(空海撰), 『금강정경개제(金剛頂經開題)』 1권 (『大正藏』 2221)
공해찬, 『교왕경개제(教王經開題)』 1권 (『大正藏』 2222)
원인찬(圓仁撰), 『금강정대교왕경소(金剛頂大教王經疏)』 7권. (『大正藏』 2223)
담적찬(曇寂撰), 『금강정경대교왕경사기(金剛頂經大教王經私記)』 19권 (『大正藏』 2225)
고보찬(杲寶撰), 『삼십권교왕경문차제(三十卷教王經文次第)』 2권 (『大正藏』 2226)

이외에도 일본의 진언종에서 전통적으로 무수히 연구되었으며 그러한 연구를 계승하여 근대 일본에 이르러 『초회금강정경』의 연구는 괄목한 만한 성과를 보이고 있다. 오상성신관에 관한 사카노 이노리(坂野榮範)의 『金剛頂經に關する研究』 (日本 國書刊行會, 1976)에 수록된 「五相成身觀の體系的研究-特に經軌の上に於けるその成立的一考察」은 한역자료를 중심으로 한 상세한 연구이다.

또한 최근 인도·티베트 자료에 의한 귀중한 성과가 더해졌다. 고야산대학 호리후치 히로히토(堀內寬仁)교수에 의한 G.Tucci소장 범문사본의 교정출판, 즉 『초회금강정경범본』 『고야산대학논총』 제3권(1968년), 『동 로마자본㈠』 『밀교문화』 제90호(1969년), 제91호(1970년) (이상 제1 「금강계품」), 『동 로마자본㈢』 『고야산대학논총』 제6권(1971년), 『밀교문화』 제97, 98호(1971년), 『동 로마자본㈣』 『고야산대학논총』 제8권(1973년), 『밀교문화』 제103, 104호(1973년) (이상 「항삼세품」), 및 『梵藏漢對照初會金剛頂經の研究梵本校訂篇』-「변조복품」·「일체의성취품」·「교리분」-』 밀교문화연구소(1974년)은 이 탄트라의 연구사상 한 획을 그은 것으로 평가된다.

이것은 단순한 범문사본의 교정판의 영역을 넘어서 서장역과 불공, 시호 및 금강지에 의한 3본의 한역(『大正藏』 865, 882, 866)을 엄밀하게 대조하고 더욱이 Ānandagarbha의 번역 (Sarvatathāgatatattvasaṁgrahanāmatantravyākhyā-tattvālokakāri nāma. Peking. No.3333) 및 도중 「항삼세품」으로 부터는 Sākyamitra의 소(疏)(Kosalālaṁkāra-tattvasaṁgraha-ṭīkā, Peking. No.3326)을 정밀하게 조사하여 상세한 과단과 주를 붙인 것으로서 텍스트는 이미 문헌학적인 기초작업의 대부분이 완성되었다고 말해도 좋을 것이다. 호리우치 교수의 이 업적에 의하여 비로서 비전문가들도 탄트라에 직접적으로 이해할 수 있는 자격을 얻은 것이다.

또 중요한 연구가 있다. 즉「Tantrārthāvatāraお中心として『金剛頂經』の研究㊀-㊅」『밀교학』 제7호(1970년)-제12호(1975년)이다. 이것은 Padmavajra의 주(註)(Tantrārthāvatāra-vyākhyāna, Peking, No. 3325)뿐만 아니라 Śākyamitra와 Ānandagarbha의 두 주석을 정독(精讀)하고 그 위에 많은 석(釋)탄트라나 그 외의 관계 자료를 정밀히 조사한 극히 신뢰도 높은 것이다.

우리나라의 경우 최근 이전에 오상성신에 관한 연구는 없었다. 그 이유는 금강계의 실천적 수법이 통일신라시대에 우리나라에 전래된 이후 종적을 감추었기 때문이다. 현실적으로 행해지지 않는 수법이었기에 그 의궤나 수법에 대한 연구의 필요성이 없었다. 최근에 들어와서 소수의 연구자에 의한 오상성신에 대한 연구가 진행되었으나, 아직 일본의 연구 성과를 답습하는 수준에 불과하다. 그러나 티베트만다라를 중심으로 현대 우리 불교계에 일어나는 만다라의 붐, 그리고 밀교수행에 대한 관심이 고조됨과 관련하여 금강계법의 기저를 이루는 오상성신에 대한 관심과 연구가 증대할 것이다. ❁

김영덕 (위덕대)

삼밀

범 triguhya 장 gsaṅ ba gsum 한 三密 영 The treefold secreet

Ⅰ. 삼밀의 어원과 의미

1. 삼밀의 어원

삼밀(三密)은 밀교가 성립되면서 형성된 개념이다. 삼밀은 삼비밀(三秘密)의 줄인 말로서 신밀(身密), 어밀(語密), 의밀(意密)을 가리킨다. 어밀과 의밀은 달리 구밀(口密), 심밀(心密)이라 부르기도 한다. 삼밀의 범어는 triguhya[1]이며, 신밀, 구밀, 의밀의 범어는 순서적으로kāya guhya, vāg guhya, mano guhya이다. 범어 guhya는 rahasya와 더불어 비밀(秘密), 비오(秘奧), 심밀(深奧), 비요(秘要), 은밀(隱密), 또는 신비(神秘) 등의 의미를 가지고 있

1 Yukei matsunaga, ed., The Guhyasamāja Tantra(Osaka, Japan: Toho Shuppan, 1978), 38면: daśadiksarvabudhānāṃ triguhyaṃ paryupāsate/; D. L. Snellgrove, ed., The Hevajra Tantra-A Critical Study(London: Oxford University, 1980), vol. 1, 76면: bhagavā aha/triguhyaṃ cakramadhye tu kāyavākcitta bhebataḥ//(97).

다. 그러나 rahasya가 '깊은' 또는 '숨어 있는' 등의 뜻으로서 Brahman교 또는 힌두교에서 주로 사용하고 있는 것에 비해서, guhya는 '깊은'의 의미로서 불교에서 많이 사용되고 있다. 따라서 rahasya가 '숨어 있어서 비공개적인 사실'을 일컫는 표현인 반면에, guhya는 '공개되어 있으나 심오하여서 그 의미를 이해하지 못하는 사실'을 지칭하는 말로서 주로 쓰인다. 삼밀의 서장어는 **gsaṅ** ba gsum[2]으로서 신밀, 구밀, 의밀에 대응하는 서장어는 skuḥi gsa**ṅ** ba, gsu**ṅ** gi gsa**ṅ** ba, thugs kyi gsa**ṅ** ba[3]이다. Gsa**ṅ** ba는 '숨기다'는 의미의 동사, 또는 비밀, 신비 등의 뜻을 가진 명사로도 쓰인다. 따라서 범어인 Guhya 와 서장어인 gsa**ṅ** ba는 '겉으로 들어나지 않는 것'으로서 일상적인 방법으로는 그 사실을 알 수 없는 것을 가리키는 말이며, 또한 진리나 불(佛)의 행위를 가리키는 말로 사용하고 있다. 부처의 행위를 셋으로 나누어 신체적, 언어적, 그리고 정신적인 행위로 볼 때, 이 모두가 비밀한 경지의 것이기 때문에 삼비밀이라 하고, 줄여서 삼밀이라 부르는 것이다. 삼밀의 영어 표현은 일정하지 않다. 범어를 살려서 'The three guhya'로 번역하기도 한다. 그리고 대체로 'The threefold mystery', 또는 'The three mysteries', 'The Secret Three' 또는 'The three secrets', 'The three tiers' 등으로 표현한다. 삼밀은 신어의(身語意) 삼밀원융(三密圓融)의 의미가 숨어 있기 때문에 'The treefold secreet'로 표현하는 것이 적절할 것으로 보인다.

2. 삼밀의 개념

삼밀은 삼업(三業)에 대비한 술어이다. 중생의 신어의의 행위를 삼업이라 부르는데 비하여 불보살의 신어의의 행위를 삼밀이라 한다. 불교에서는 인간 행위의 유형을 신체, 언어 그리고 의식의 세 가지 방면에서 파악하고

---

2 D. L. Snellgrove, ed., *The Hevajra Tantra-A Critical Study,* vol. 1, 77면: **gsaṅ gsum** ḥkhor loḥi dbus su ni/skugsuṅthugs su phye ba las//97.; *The Guhyasamāja Tantra* (『The Tbetan Tripiṭa, peiking Edition』 vol. 3, 198-3-3(155b)면: byaṅ chub sem dpai thams cad kyi kyad rgis kyi bu gaṅ **gsaṅ ba gsum** gyi yi ge ḥdi dag yaṅ dag par.

3 *Ārya tathāgata acintya guhya nirdeśa nāma mahāyāna sūtra*(『The Tbetan Tripiṭa, peiking Edition』 22권, 59-5-8(144a)~60-1-1(144b)면: she baḥi glo gros gsum bo ḥdi dag ni de bshin gshegs paḥi gsaṅ baḥo/ gsum gsaṅ shen/sku ḥi gsaṅ ba daṅ/ gsuṅ gi gsaṅ ba daṅ/ thugs kyi gsaṅ baḥo/;『佛說如來不思議秘密大乘經』 6(『大正藏』 11권, 716하).

이것을 삼업이라 부른다. 삼업은 본래 중생의 신어의의 행위 일반을 일컫는 술어이나, 중생의 행위는 번뇌에 덮인 것이라는 입장에서, 삼업은 보통 부정적인 의미로 악업을 가리키는 경우가 많다. 밀교에서는 삼업을 그대로 삼밀이라 부른다. 불보살의 행위는 깨달음에 의한 행위로서 중생의 입장에서는 쉽게 이해할 수 없다. 따라서 불보살의 삼업을 중생의 입장에서 삼비밀, 또는 줄여서 삼밀이라 부른다. 또한 삼밀이 불보살의 활동이라면, 활동 그대로 중생에 대한 설법이라 할 수 있다. 그래서 삼밀은 불보살의 신구의에 의한 비밀한 설법 활동이라는 뜻도 가진다.

또한 밀교는 법계가 그대로 진리이고, 진리를 그대로 살아서 활동하는 불로 보고, 이것을 법신 비로자나불이라 한다. 비로자나불의 신체, 언어, 그리고 의식은 본래 실재(實在)의 활동으로서, 신체에 의한 활동은 그대로 법계 전체의 활동이고, 언어 활동이란 법계에 있어서 언어 음성상의 활동 일체이고, 의식의 활동은 법계의 모든 질서와 이법(理法)이 된다. 이 법계, 즉 비로자나불이라는 실재의 입장에서 삼업은 그대로 삼비밀, 즉 삼밀이 되는데, 이것을 여래삼밀이라 한다. 그리고 이 삼밀은 당연히 법계와 균등한 본질을 가지고 있는 인간[중생]에게도 그대로 갖추어져 있다. 이것을 여래의 삼밀에 대해서 중생의 삼밀이라 한다. 여래의 삼밀은 시간과 공간에 걸쳐서 변재성(遍在性)과 보편성(普遍性)을 가지고 있기 때문에 비밀(秘密)이라 말하는 것이다. 중생의 삼밀은 여래의 삼밀과 평등하여 무차별이더라도, 그것은 성불하였을 때 비로소 현실이 될 수 있는 것으로서, 중생이 중생인 동안은 결코 경험할 수 없는 하나의 심비(深秘)이다. 이 심비성의 의해서 중생에 있어서도 삼업은 오히려 삼밀이라 말하는 것이다.

한편 대승불교에서 설하는 '모든 중생은 불성을 가진다[一切衆生悉有佛性]' 는 교설의 입장에서도, 본질적인 입장에서는 중생의 행위와 불보살의 행위는 다르지 않다. 따라서 중생의 행위도 삼밀이라 할 수 있다. 중생의 행위를 본유(本有)의 불성(佛性), 즉 보리심(菩提心)을 일으키는 활동으로 보는 입장이다. 그 때문에 실재(實在)로서의 삼밀과 현상(現象)으로서의 삼밀이 한 개인의 체험 내에서 하나가 되게 하는 실천이 중요하다. 그것을 삼밀수행(三密修行) 또는 삼밀이라 부르기도 한다. 삼밀 수행을 통하여 중생이 보리심을 일으켜 가는 활동 그 자체가 삼밀 행위이기 때문이다. 삼밀수행은 실재로서의 여래의 삼밀을 현상으로서 중생의 삼밀 위에 투영하고, 행자의 체험 내에서 하나가 되도록 하는 수행이다. 따라서 여래삼밀과 중생삼밀이 둘이면서 하나라는 의심없는 강열한 자각이 요구된다. 불(佛)의 신구의 삼밀은 나를 포함한 법계 활동 전체이기 때문에, 이 일체관(一體觀)의 체험을 여래삼밀의 상징형식을 반복 전념하는 것에 의해서 달성되는 것이다. 여래삼밀의 상징형식, 곧 인계, 진언, 삼매야형[또는 만다라] 등을 반복 전념하는 수행이 삼밀수행이다. 삼밀수행을 통하여 실재로서의 법계의 활동과, 현상으로서의 인간의 활동이 일치하는 경지를 삼밀상응(三密相應), 또는 삼밀유가(三密瑜伽)라 일컫는다. 그리고 삼밀수행을 통하여 삼밀상응이 되는 경지를 즉신성불(卽身成佛)이라 한다.

Ⅱ. 삼밀 개념의 형성과 전개

1. 대승의 삼밀관

삼밀인 신밀, 구밀, 의밀의 용례는 대승경전에서 처음 보이기 시작한다. 『대보적경』[4]에 "지금 마땅히 여래의 비요(秘要)를 설명[敷衍]한다. 세 가지[三事]가 있다. 무엇을 세 가지라 하는가. 첫째는 신밀, 둘째는 구밀, 셋째는 의밀이다. 신밀이란 무엇인가"라고 설한다. 『대지도론』[5]은 이것을 인용하여 "불(佛)에는 삼밀이 있다. 신밀 어밀 의밀이다. 일체 모든 천인[一切諸天人]은 이해하지 못하고 알지 못한다. 한 무리[一會]의 중생이 있어서 불신(佛身)은 혹은 황금색, 백은색, 여러 가지 보석의 색[諸雜寶色]으로 본다. 어떤 사람은 불신은 열 여섯 자[一丈六尺]로 보며, 혹은 한 마을[一里], 열 마을, 백천억 내지 무량무변의 허공중에 두루차 있다[遍滿]고 본다. 이러한 것을 신밀이라 한다. 어밀이란 사람이 부처의 소리는 열 마을라고 듣고, 혹은 백 마을, 천만억 내지 무변무량해서 허공중에 변만하다고 듣고, 한 모임[一會] 중에서는 혹은 보시를 설한다고 듣고, 혹은 지계를 설한다고 듣고, … 이와 같이 내지 십이부경[十二部經]과 팔만의 법 꾸러미[八萬法聚]는 각각 마음의 듣는 바에 따른다. 이것을 어밀이라 한다"고 설명하고 있다. 이것은 『대지도론』에서 불법을 비밀(秘密)과 현시(顯示)로 나누어 보는 것과 관련이 있

4 『大寶積經』 10「密迹金剛力士會」3의 3(『大正藏』 11권, 53중)
5 『大智度論』 10(『大正藏』 25권, 127하)

다.[6] 신밀, 구밀, 의밀의 용례는 daśabhūmi에서도 볼 수 있다. Daśabhūmi는 십지(十地) 중 법운지(法雲地)를 성취한 보살의 지력(知力)을 설명하면서 여래의 정등각의 경지를 예로 들고 있다. 법운지에 머무는[住] 보살은 여래 정각의 비밀의 경지, 즉 "신비밀, 어(구)비밀, 심비밀, 시비시(時非時)를 아는 비밀, 보살의 수기(授記)를 주는 비밀,… 등을 요지(了知)할 수 있다"고 설하고 있다[7]. 불의 정각의 경지, 또는 불신과 불어 등이 불가사의한 사실을 일컬어서 신밀, 어밀, 의밀 등으로 부르고, 이를 총칭하여 삼밀이라 부르고 있음을 알 수 있다.

이처럼 부처의 몸과 부처의 말, 또는 정각의 경지가 일상성을 초월한 신비성을 띄고 있는 사실을 일컫기 위하여 신밀, 구밀, 의밀 등의 말을 사용한 용례는 많이 보인다. 방등부(方等部) 계통의 경전인『대방등무상경』에도 어밀[8]의 술어가 보이나, 이것은 부처의 진실어인 밀어(密語)의 의미인 것으로 보인다.『발각정심경(發覺淨心經)』에는 나아가 보살이 법시(法施)를 행하여 얻는 공덕으로 "마땅히 신밀을 얻고 구밀을 얻고 의밀을 얻는다"[9]고 설하고 있다. 여기서는 보살이 다른 사람을 위하여 법시를 행할 때 얻는 20가지의 공덕 가운데 하나로서 신밀, 구밀, 의밀을 열거하고 있다. 제불의 밀처(密處) 가운데 신밀, 구밀, 의밀를 들고 있는 Daśabhūmi와 같은 맥락의 교설로서 제불보살의 위의상(威儀相)을 가리키고 있다. 따라서『보살처태경』은 "불이 티끌과 같이[微塵] 화현신(化現身)하여 무량 아승지의 중생을 교화하고 제도한다. 이것이 여래의 신밀이며 교화를 하나 설법을 하지 않는다"[10]는 내용을 담고 있다. 여래의 신변(神變)의 설법상을 신밀이라 일컫고 있는 것이다. 그 때문에 여래의 신밀, 구밀, 의밀을 믿고 이해하는 것이 수행의 경지가 되었다.

『불설제개장보살소문경』에는 깊은 신심을 얻어서 의혹심을 없애기 위

6 『大智度論』4(『大正藏』25권, 84하). "佛法有二種 一秘密 二顯示."; 같은 경 517상. "諸佛事有二種 一密 二顯."

7 『十住經』4(『大正藏』10권, 529중);『十地經』8(『大正藏』10, 569상);『大方廣佛華嚴經卷』27「十地品」22의 5(『大正藏』9권, 572하); P.L. vaidya ed.『Buddhist Sanskrit Texsts』7, p.58: sa yānīmāni tathāgatānāmarhatāṁ samyaksaṁbuddhānāṁ guhyasthānāni yad uta kāyaguhyaṁ vā vākguhyaṁ vā cittaguhyaṁ vā kālākālavicāraṇāguhyaṁ vā bodhisattva vyākaraṇaguhyaṁ vāsattvasaṁgrahanigrahaguhyaṁ vā….

8 『大方等無想經』1(『大正藏』12권, 1081하)

9 『發覺淨心經』상(『大正藏』12권, 45상)

10 『菩薩胎藏經』2(『大正藏』12권, 1023상)

하여 닦는 십종법 중에 "첫째는 여래의 신밀을 믿는 것이고, 둘째는 여래의 어밀을 믿는 것이고, 셋째는 여래의 의밀을 믿는 것이다"라고 설하고 있다. 그리고 경전에는 여래의 신밀 어밀 의밀을 믿는 것이 무엇인가를 설명하고 있다. 즉 "무엇이 보살이 여래의 신밀을 믿는 것인가? 보살이 여래 법신은 고요한 몸[寂靜身], 동등함이 없는 몸[無等身], 동등함이 없음과 동등한 몸[無等等身], 한량이 없는 몸[無限量身], 공통성이 없는 몸[不共身], 금강과 같은 몸[金剛身] 등, 진실하여 허망하지 않다는 말을 듣고서, 그러한 사실을 믿고 의혹함이 없는 것, 이것이 보살이 여래의 신밀을 믿는 것이다. 무엇이 보살이 여래의 어밀을 믿는 것인가? 보살이 여래의 어밀은 모든 유정을 위하여 현전수기(現前授記)하고, 혹은 여러 유정을 위하여 은밀수기(隱密授記)한다는 말을 듣고, 여래의 몸은 잘못[誤失]이 없고 여래의 말은 졸폭(卒暴)함이 없는 까닭[緣故]으로 망언과 과실은 본래 없다. 왜냐하면 여래는 이미 여러 과실을 끊고 일체의 티끌과 때[塵垢]를 멀리 여의고 불꽃 같은[炎熾] 번뇌를 떠나[息離] 결백 자재하고 청정하여 물듬이 없기[淸淨無染] 때문이며, 만약 여래의 몸이 과실이 있고 말이 졸폭하여 과실이 많다고 말하여도 그러한 일은 없다는 등의 앞의 사실은 진실하여 허망하지 않는 것을 알고서, 그러한 사실을 믿고 의혹함이 없는 것, 이것이 보살이 여래의 어밀을 믿는 것이다. 무엇이 보살이 여래의 의밀을 믿는 것인가? 보살이 여래의 의밀은, 여래는 여러 즐거움[諸意樂]과 지혜심을 갖추어 있어서, 그러한 마음은 일체 성문(聲聞) 연각(緣覺) 보살 및 유정 등은 알 수 없으며, 오직 여래의 신력으로 알 수 있는데, 그것은 여래의 지혜는 깊고 깊어 밑이 없으며, 살펴서 관찰[伺察]할 수 없어서 깊이 살피는[尋伺] 경계를 넘어 있고, 무량광대한 허공계이며, 나아가 출세간의 일체 도량을 초월한 경계 등에 대해 진실하여 허망하지 않다고 듣고서, 그것을 믿고 의혹함이 없는 것, 그것이 보살이 여래의 의밀을 믿는 것이다"라고 설하고 있다.[11]

2. 밀교의 삼밀관

대승불교에서는 여래의 위의상(威儀相), 즉 신 구 의의 활동은 비밀하기 때문에 신밀 어밀 의밀, 즉 삼밀이라 불러왔다. 그런데 신밀 어밀 의밀의 삼

11 『佛說除蓋障菩薩所問經』 9(『大正藏』14권, 728상); 『寶雲經』 3(『大正藏』16권, 223중)

밀은 밀교에서 새로운 개념을 가지게 된다. 현존하는 초기와 중기 밀교의 산스크리트 문헌에서는 삼밀[triguyha]이라는 술어는 찾기 어렵지만, 한역『대일경』계통에서는 삼밀의 개념을 찾을 수 있다.『대일경』은 여래의 신 어 의의 활동을 무진장엄장(無盡莊嚴藏)이라 표현하고 있다.[12] 이것은 비로자나불(毘盧遮那佛)의 비밀장엄한 활동을 가리킨다. 그러나『대일경』본문에는 신밀 어밀 의밀을 삼밀이라는 일컫는 용례는 보이지 않으나,『대일경』의 부속 의궤의 집성인 제 7권에 처음으로 삼밀문(三密門)[13], 또는 여래 삼밀문[14]이라는 말이 나타난다. 여래 삼밀문이라는 말은『대비로자나경광대의궤』에도 보인다.[15]

그런데『금강정경』계통에서 삼밀은 금강(vajra)의 의미를 가지게 된다.『금강정경』은 "대비로자나는 항상 삼세에 주하는 일체 신구심의 금강여래(金剛如來)이다,"[16] 또는 "대비로자나여래는 항상 일체 허공에 주하는 일체 여래의 신구심금강(身口心金剛)[17]이다"고 설하고 있다. 여래의 삼밀은 금강같이 불변한 활동이기 때문에 금강이라 부르는 것이다. 대비로자나여래는 일체여래를 출현하게 하는 금강의 속성이므로 일체여래는 동일성으로서 금강성을 가진다.[18]『금강정유가중약출염송경』에 "금강의 신구의는 삼계에 두루[遍滿]하여 능히 자재주(自在主)가 되어서 금강계를 연설한다"[19]고 설하여 불의 삼업으로서의 삼밀이 부사의한 업용을 이루고 있음을 보여주고 있다. 따라서 여래의 삼밀은 금강의 속성을 가지고 있기 때문에 삼밀금강(三密金剛), 또는 금강삼밀(金剛三密)로 일컫게 되는 것이라고 말한다.『금강정유가금강살타오비밀수행염송의궤』의 "대방편력은 삼밀금강으로서 증상연(增上緣)으로 하여 능히 비로자나의 청정한 삼신(三身)의 과를 증득한다"[20]는 내용과『대승유가금강성해만수실리천비천발대교왕경』의 "대위덕광보살마하살(大威德光大菩薩摩訶薩)은 금강 광명이라 이름한다. 스스로

12『大日經』1(『大正藏』18권, 1상)
13『大日經』7「持誦法則品」(『大正藏』18권, 51중)
14『大日經』7「持誦法則品」(『大正藏』18권, 52중)
15『大毘盧遮那經廣大儀軌』하(『大正藏』18권, 107중)
16『金剛頂一切如來眞實攝大乘現證大教王經』1(『大正藏』18권, 207상)
17『金剛頂一切如來眞實攝大乘現證大教王經』1(『大正藏』18권, 207상)
18『略述金剛頂瑜伽分別聖位修證法門序』(『大正藏』18권, 288상)
19『金剛頂瑜伽中略出念誦經』1(『大正藏』18권, 223하)
20『金剛頂瑜伽金剛薩埵五秘密修行念誦儀軌』(『大正藏』20권, 539상)

삼매에 들어서 비로자나불심에 증입(證入)하고 일체여래금강이륜삼매(一切如來金剛日輪三昧)에서 나와서 일체보살마하살을 가지하여 금강삼밀의 불삼마지(佛三摩地)에 들게 하고 일륜보리일성관(日輪菩提一性觀)을 증득하게 한다"[21]는 경설 등에서 잘보여 주고 있다.

여래의 삼밀의 활동을 금강성과 동일시하는 경향은 후기 밀교 경전에는 더욱 확실히 보인다. 『Guhyasamāja-Tantra』에는 trivajra[22]라는 용례를 자주 볼 수 있는데, 이것은 삼금강, 또는 삼밀금강[23]의 의미를 가진다. 즉 trivajra는 곧 kāyavajra, vāgvajra, cittavajra를 가르키며,[24] triguhya, 곧 trikāyavāgcitta[25]의 속성인 금강성을 일컫기 때문이다. 그래서 경전에는 신어심비밀금강[26]라는 복합어를 자주 볼 수 있다.

제불의 위의상이 일상성을 초월하여 신비성을 띄고 있는 사실을 삼밀이라 일컫는 대승의 삼밀 개념은 밀교에서 한층 더 깊은 의미를 가지는 것을 볼 수 있다. 밀교에서는 여래의 삼밀은 그대로 법계의 진리성을 가리키고 있다. 즉 법계의 활동 그 자체가 삼밀이라는 것이다. 밀교에서 비로자나불의 개념은 삼밀의 개념을 확실히 정착시키고 있는 것이다. 법계 진리의 당체 그 자체가 비로자나불이라면, 그 법계 진리의 활동상은 그대로 삼밀이 되는 것이다. 따라서 법계의 삼라만상은 비로자나불의 구체적인 삼밀 활동으로서 끊임없이 일어나는 영원성을 가지고 있다. 『유가대교왕경』에는 여래의 삼밀은 금강의 속성을 가지고 삼계에 변만하여 있기 때문에 "제불여래는 일체여래의 신구의 삼밀상 중에 주한다"[27]고 설하고, 나아가 "세존대변조금강여래는 신구의 삼밀의 모습[相]을 나타낸다"[28]고 설하고 있다. 여기서 비로자나불의 삼밀활동으로서 중생의 활동도 본질적으로 삼밀활동이라는 개념이 형성된다. 이렇게 보면, 본질적인 입장에서 일체 중생의 활동은 여래 삼밀과 다르지 않으나, 중생의 현실에서 보면 중생의 활동은 여

---

21 『大乘瑜伽金剛性海曼殊室利千臂千鉢大敎王經』 2(『大正藏』 20권, 732상)
22 Yukei matsunaga, op. cit., 43(70-71)면
23 『一切如來金剛三業最上秘密大敎王經』(『大正藏』 18권, 483상)
24 Yukei matsunaga, op. cit., 43(70, 72, 74)면.
25 Yukei matsunaga, op. cit., 106(56)면:trikāyavāgcittahṛaye vajrasattvaṃ vibhāvayet; 『一切如來金剛三業最上秘密大敎王經』(『大正藏』 18권, 504상): 三密心出生 想金剛薩埵.
26 Yukei matsunaga, op. cit., 105면: kāyavāgcittaguhyavajra.
27 『瑜伽大敎王經』 4(『大正藏』 18권, 577중)
28 『瑜伽大敎王經』 5(『大正藏』 18권, 579하)

전히 삼업이다. 따라서 여래 삼밀은 중생의 삼업을 정화하는 수행문이 되는 것이다. 『대비로자나성불경소』에는 "진언을 수행하는 문에 들어가는 데는 요약하여 세 가지가 있다. 첫째는 신밀문이요, 둘째는 어밀문이며, 셋째는 의밀문이다. 이것을 아래에 널리 설한다. 행자가 이 세 가지 방편으로써 스스로 삼업을 정화한다. 여래의 삼밀이 가지하기 때문이다. 나아가 능히 이 생(生)에서 지바라밀(地波羅蜜)을 만족한다"[29]라고 설하고 있다. 나아가 "이 진언문중에는 여래삼밀로써 몸을 정화하는 거울로 삼고, 자신의 삼밀행을 광중(壙中)의 상(像)의 인연으로 한다"[30]고 설하고 있다. 중생의 삼업은 여래 삼밀의 가지에 의해서 삼밀을 이룰 수가 있는 것이다. 이처럼 중생이 삼밀을 성취하는 수행을 삼밀수행(三密修行)[31]이라 하고, 삼밀수행은 삼밀가지(三密加持)[32], 즉 여래의 삼밀로써 중생의 삼밀에 가지하는 수행이다. 삼밀가지를 하게 되면 여래의 삼밀과 중생의 삼밀이 상응하게 되는데 이를 삼밀상응(三密相應)[33]이라 한다. 이처럼 법계의 활동을 삼밀작용으로 보고, 중생이 수행상에서 본래의 삼밀을 체험하기 위하여 삼밀수행을 설하는 것에서 밀교의 삼밀의 특징을 볼 수 있다. 그리고 삼밀수행의 구체적인 형태를 위하여 진언(眞言), 인계(印契), 그리고 관법(觀法)이 하나의 수행체계를 성립하게 되는 것이 또한 밀교 삼밀의 특징 중의 하나이다.

3. 천태와 화엄의 삼밀관

삼밀은 천태와 화엄 계통에도 설하고 있다. 천태 지자(天台智者)는 『묘법연화경문구』에서 『법화경(法華經)』의 약초의 비유[藥草喻]를 해석하면서 "제삼은 밀운(密雲)의 비유이다. 구름은 형색과 복음(覆陰)을 가지고 있다. 아래로는 뇌성이 멀리 진동한다. 복음은 불의 자비를 비유하고, 형색은 불의 응세(應世)를 비유하며 뇌성은 불의 언교(言教)를 비유한다. 밀운은 곧 삼밀을 말한다. 자비는 의밀이고 형색은 신밀이고 뇌성은 구밀이다"[34]라고

29 『大日經疏』 1(『大正藏』 39권, 579중)
30 『大毘盧遮那成佛經疏』 3(『大正藏』 39권, 607하)
31 『大毘盧遮那成佛經疏』 3(『大正藏』 39,권 607상)
32 『大毘盧遮那成佛經疏』 3(『大正藏』 39권, 609하)
33 『大毘盧遮那成佛經疏』 6(『大正藏』 39권, 647상)
34 『妙法蓮華經文句』 7상(『大正藏』 34권, 92중)

하여 불의 활동을 삼밀로 표현하고 있다. 그는 "삼업은 인이고 삼밀은 과이다"[35]고 하여 삼밀은 삼업의 정화된 여래의 활동임을 밝히고 있다.

이에 대해 관정(灌頂)은 『관음현의』에서 "만약 화타(化他)하고자 삼밀을 보이면 신통은 색신을 나타내는 것이고, 방편은 의동정(意同情)을 보이는 것이며, 설법은 입으로써 그 부류에 따라서 소리를 내는 것을 나타낸다"[36]고 하여 불보살의 중생 제도의 활동을 삼밀이라 일컫고 있다. 그는 불보살의 보편적인[普門] 활동을 열 가지로 해석하면서, 제6을 신통보(神通普), 제7을 방편보(方便普), 제8을 설법보(說法普)로 하고, 이 셋을 불보살의 화타의 덕성으로 보고 있다. 그리고 불보살의 화타의 덕성을 삼밀의 덕성으로 보고 있는 것이다. 지례(知禮)는 이것을 "화타는 삼밀을 벗어나지 않는다. 제6 신통은 즉 신밀에 해당하고, 제7 방편은 즉시 의밀이며 제8 설법은 즉시 구밀이다"[37]고 확인하여 더욱 확실하게 설명하고 있는 것이다. 나아가 담연(湛然)은 『법화경문구기』에서 "밀운은 삼밀이다. 무릇 삼밀은 반드시 응화의 입장이고, 자수용보평등법신(自受用報平等法身)이다. 왜 밀(密)이라 하는가. 복음(覆陰)은 불자비등(佛慈悲等)을 비유한다. 그늘[蔭]이 넓으면[廣] 성질이 크고[質大], 그늘이 좁으면[狹] 성질이 미소[質微]하다. 질미(質微)면 이익이 가깝고[利近], 질대(質大)면 이익이 멀며[利遠], 원(遠)은 은밀[密]하고, 근(近)은 소통[疏]하며, 이르는 물건[赴物]이 각각 다르듯이 그 쓰는 지혜[用智]에 따라서 교화의 경지[化境]도 같지 않다"[38]라고 풀이 하고서, 나아가 "삼업 삼밀 삼륜(三輪)과 더불어 삼덕(三德)은 다른 이름이다. 의밀은 반야이고 구밀은 즉 해탈이며 신밀은 즉 법신이다"[39]하여 천태의 설을 구체화하고 있다.

천태논사들의 삼밀에 대한 설은 『법화경』계통에 한하지 않는다. 관정(灌頂)이 찬(撰)하고 담연(湛然)이 다시 쓴[再治] 『대반야경소』에는 "다음 대법(對法)이란 삼밀이다. 명(命)은 의밀이고, 색(色)의 력(力)과 안(安)은 신밀이며, 무현(無)는 구밀이다. 다시 사덕(四德)이라 한다. 의는 상덕(常德)이고 신은 낙아(樂我)이며 구는 즉 정덕(淨德)이다"[40]라 하고, 또한 "단지 삼밀을

35 『妙法蓮華經文句』(『大正藏』 34권, 118하)
36 『觀音玄義』 하(『大正藏』 34권, 888중)
37 『觀音玄義記』 3(『大正藏』 34권, 915상)
38 『法華經文句記』(『大正藏』 34권, 290하)
39 『法華經文句記』 9상(『大正藏』 34권, 317상)

밝혀서 삼덕을 열 때 구밀을 밝히는 것은 반야를 여는 것이고, 신밀을 밝히는 것은 법신을 여는 것이며, 의밀을 밝히는 것은 해탈을 여는 것이다. 세 가지가 부동(不同)함을 들어서 삼장(三章)으로 한다”[41]라고 주석하고 있다. 그도 불의 위의상을 삼밀이라 말하고 있는데, 다음의 설명이 더욱 명확하게 해준다. 즉 그는 “널리 다른 이의 교화[化他]를 발하면 넷이 있다. 첫째는 부처와 같이 변신하는 것[變身如佛] , 둘째는 본래의 경지에 돌아 가는 것[還本處], 셋째는 다른 이의 번뇌를 끊는 것[斷他惑], 넷째는 삼밀시현(三密示現)이다. 시현에는 또 넷이 있다. 첫째는 구밀, 둘째는 신밀, 셋째는 중명(重明)의 구밀인데, 앞에서는 일음이적(一音異適)이고, 지금은 일법(一法異適)을 밝힌다. 그리고 넷째는 보살하의밀(菩薩下意密)이다”[42]라고 삼밀을 분명히 설명하고 있다. 이처럼 천태의 논사들은『유마경』,[43]『금광명경』[44] 등의 경전의 문장을 주석하면서 삼밀을 불의 위의상의 하나로 설명하고 있다.

이들 경전을 주석하면서 삼밀을 적용한 것은 법상종(法相宗) 계통의 논사들도 참여하고 있다. 길장(吉藏)은『법화현론』에서 경의 일음(一音)의 문구를 주석하면서 “일음은 여래의 삼밀이 불가사의한 것을 밝히려는 것이다. 범부 이승(二乘)은 헤아릴 수[測度] 없다. 왜냐하면, 하위(下位)의 사람들은 단지 일음으로써 동일하게 듣게 한다. 일음으로써 모든 이[萬類]에게 다르게 듣게 할 수 없다. 오직 불(佛)만이 그렇게 할 수 있으므로 구밀 불가사의라 한다”[45]고 하고, 또한 그는 경의 보문(普門)의 문구를 해설하면서 “보문은 삼밀을 이른다. 셋이란 첫째는 세음(世音)을 관하여 중생의 구업을 선하게 생하는 것이고, 둘째는 세의를 관하여 중생의 의업을 선하게 생하는 것이며, 셋째는 세신(世身)을 관하여 중생의 신업을 생하게 하는 것이다. 보문 삼밀덕이란 첫째는 타심(他心)을 아는 보(普)이고, 둘째는 설법보(說法普)며, 셋째는 신통보이다. 삼밀덕은 사물에 응하여 선을 다하는 것이다”[46] 라는 견해를 보이고 있다. 그는 또한『법화경소』에서 “열번째는 삼밀

40『大般涅槃經疏』3(『大正藏』38권, 57하)
41『大般涅槃經疏』(『大正藏』38권, 87상)
42『大般涅槃經疏』(『大正藏』38권, 167상)
43『維摩經略疏』2(『大正藏』38권, 587중)
44『金光明經文句』1(『大正藏』39권, 50하)
45『法華玄論』7(『大正藏』34권, 419상)
46『法華玄論』10(『大正藏』34권, 447중)

이물(三密利物)이다. 의밀은 선정에 드는 것[入定], 신밀은 빛을 놓는 것[放光]이며, 구밀은 설법이다"[47]라 말하고 있다. 그는 천태논사들과 같이 『열반경』,[48] 『유마경』,[49] 『금광명경』[50] 등의 문구를 삼밀을 적용하여 주석하고 있다.

삼밀의 개념은 화엄 계통의 논사들도 널리 사용하고 있다. 징관(澄觀)은 『대방광불화엄경소』에서 "근기가 미숙한 중생을 보호하여 놀라고 두렵지[驚怖] 않게 하기 위하여 거친 것[麤]은 드러나게 하고, 세밀한 것[細]은 숨게 하여 비밀을 함께 이룬다. 처음 셋은 삼밀을 총현(總顯)하는 것이다"[51]라고 하고, 또한 경문을 해석하면서 "불(佛)이 기행(起行)을 짓는 것에 의한다. 삼밀용(三密用)를 나타내기 때문이다"[52]고 하여 부처님의 수행을 나타내는 10가지 활동 중의 하나로 삼밀용을 열거하는 등, 경문을 삼밀에 맞추어 풀이하고 있다.[53] 그리고 그는 『대방광불화엄경수소연의초』에서 "비로자나 여래 법신관을 수습하는 자는 먼저 응당히 보현보살 미묘행원을 일으키고, 다시 응당히 삼밀로써 신심을 가지하고 능히 문수사리 대지혜해에 오입(悟入)할 수 있다"[54]고 하는 등 여래 비밀의 활동을 삼밀이라 부르고 있다.[55]

4. 한국의 삼밀관

한국에는 삼밀에 대한 논의를 보여주는 문헌은 많지 않고, 다만 주석서와 의식서(儀式書)에서 단편적인 삼밀에 대한 논의를 찾을 수 있다. 우선 원측(圓測)의 『인왕경소』에는 "처음 두 구(句)는 불삼밀(佛三密)을 찬(讚)하고 있다. 처음의 한 구(句)는 불신밀(佛身密)을 찬한다. 일체 덕을 갖추어서 모든 이들이 존중하므로 세존이라 한다. 상호(相好)가 원만하여 중생을 인도함으로 도사(導師)라 이름한다. 그 몸이 불괴하여 금강과 같으므로 금강체

---

47 『法華經疏』 2(『大正藏』 34권, 469상)
48 『涅槃經遊意』 (『大正藏』 38권, 237상)
49 『維摩經義疏』 2(『大正藏』 38권, 926중)
50 『金光明經疏』 (『大正藏』 39권, 160중)
51 『大方廣佛華嚴經疏』 44(『大正藏』 35권, 836중)
52 『大方廣佛華嚴經疏』 38(『大正藏』 35권, 799중)
53 『大方廣佛華嚴經疏』 10(『大正藏』 35권, 569중); (『大正藏』 35권, 640상)
54 『大方廣佛華嚴經隨疏演義鈔』 89(『大正藏』 36권, 692상)
55 『大方廣佛華嚴經隨疏演義鈔』 86(『大正藏』 36권, 670상)

라 이름 한다. 그 다음 구(句)는 이종밀(二種密)을 찬한다. 처음 네 글자는 의밀을 찬한다. 진여를 내증하여 능소상(能所相)을 떠나 있으므로 심행적멸(心行寂滅)이라 한다. 다음의 삼자(三字)는 어밀을 찬한다. 원근에 같이 들[同聞]고 막히고 가로막는 것[壅隔]이 없으므로 전법륜이라 한다. 만약 분별을 넓히면 삼밀경(經)과 같다"[56]라고 하여, 『인왕경소』를 주석하면서 삼밀의 개념을 원용하고 있다.

불가사의(不可思議)는 『대일경공양차제소』에서 삼매야의 네 가지 의미, 즉 평등, 본서(本誓), 제장(除障), 경각(警覺) 중에 평등을 설명하면서 "평등이란 여래현증을 이른다. 이 삼매 시에는 일체 중생의 종종의 신어의는 다 여래와 더불어 평등하다고 본다. 선정과 지혜는 실상신(實相身)과 더불어 역시 필경 평등하다. 그런고로 성제언(誠諦言)으로써 중생에게 고한다. 만약 내가 말하는 바가 반드시 정확하여 허망하지 않는 것이라면, 역시 일체 중생이 이 성제언을 발할 때 역시 삼밀가지를 입게 된다. 무진장엄이 여래와 더불어 평등하게 된다. 이 인연으로써 능히 금강사업을 지을 수가 있다. 그런고로 삼매야라 이름한다"[57]라고 하며 여래와 중생의 신어의가 평등하여 삼밀가지하는 사실을 일러 주고 있다. 그리고 「지송법칙품(持誦法則品)」의 문장을 주석하면서 여래의 삼밀문을 수습하여 실지를 속히 얻는 오자엄신관(五字嚴身觀) 등을 '대일삼밀속득문(大日三密速得門)'[58]이라 해석하고, 「진언사업품(眞言事業品)」에서 행자가 염송시에 본존과 대립하는 입장을 설명하는 '자신삼밀평등위한량(自身三等爲限量)'의 구를 '자신삼밀위본존(自身三密爲本尊)'[59]이라 해석하고 있다. 따라서 한국의 삼밀관은 기존의 삼밀관을 그대로 수용하고 있다.

5. 일본의 삼밀관

일본에서는 삼밀에 대한 논의가 활발하게 이루어 졌다. 그 중에서 대표적인 것이 삼밀용대이다. 밀교 삼밀의 심의(深義)는 중생의 삼업이 그대로 여래의 삼밀과 동체라고 보는 것이다. 즉 삼밀을 단순히 여래의 신구의의

56 『仁王經疏』 상(『大正藏』 33권, 393상)
57 『大毘盧遮那經供養次第法疏』 상(『大正藏』 39권, 795상)
58 『大日經供養次第法疏』 하(『大正藏』 39권, 803하)
59 『大日經供養次第法疏』 (『大正藏』 39권, 807중)

활동이 불가사의한 사실을 일컫는데 머물지 않고, 중생의 삼업을 그대로 여래의 삼밀로 전환시키는 수행법으로 심화시키는 것이다. 그것은 삼밀을 비로자나불의 설법상으로 보는 것이다. 『대일경』은 "이른 바 삼시(三時)를 초월한 여래의 날[日]에 가지하여 있으므로 신어의의 평등구(句)의 법문이다. 비로자나여래에 가지하여서 신무진장엄장(身無盡莊嚴藏)을 분신시현(奮迅示現)하고, 그와 같이 어의(語意)가 평등한 무진장엄장을 시현한다. 비로자나불의 신 혹은 어 혹은 의에서 생하는 것이 아니라, 일체처에 기멸(起滅)하는 것이 변재(邊際)가 불가득한 것이다. 그래서 비로자나의 일체 신업 일체 어업 일체의업이 일체처 일체시에 유정계에게 진언도구법(眞言道句法)을 널리 설한다"라고 설하여, 비로자나여래는 시공을 초월한 신어의의 삼밀 활동을 하고 있는 사실을 설하고 있다.[60] 그런데 『금강정경』에는 "대비로자나는 항상 삼세에 주하시는 일체 신구심의 금강여래이다"[61] 또는 "대비로자나여래는 항상 일체 허공에 주하는 일체 여래의 신구심이다"[62] 라고 설하여 앞의 경설을 더욱 확실히 하고 있다. 나아가 『금강정유가중약출염송경』에 "금강의 신구의는 삼계에 변만하여 능히 자재주(主)가 되어서 금강계를 연설한다"[63]고 설하여, 비로자나불의 삼밀이 금강계, 즉 시공을 초월한 법계의 활동상임을 부연(敷衍)하고 있다. 이처럼 삼밀의 작용이 법계에 변만하고 우주만유에 통하여 있는 것을 삼밀용대(三密用大)라 한다. 여기서 용대(用大)란 체상용(體相用)의 삼대(三大)중의 하나이다.

삼대설은 『대승기신론』에서 시작한다. 『대승기신론』에는 대승의 본체인 진여(眞如)를 체상용의 삼대로써 설명하고 있다. 여기서 대(大)란 주변(周遍)의 뜻이며, 법계에 두루하여 이르지 않는 곳이 없는 진여의 내용을 삼대로서 설명하고 있는 것이다. 『대승기신론』의 삼대설은 그 주석서인 『석마하연론』에서 더욱 상세하게 설명한다. 『석마하연론』은 제법의 근거로서 불이마하연(不二摩訶衍)을 설하고, 이 마하연을 중생의 일심(一心)이라 하고, 다시 일심의 내용을 체상용의 삼대로서 설명하고 있다. 이러한 삼대설을 근거로 하여 일본의 공해는 육대체대(六大體大), 사만상대(四曼相大), 삼밀용대(三密用大)의 삼대설을 주장하고 있다. 삼밀용대는 육대를 본체로 하

60 『大日經』 1(『大正藏』 18권, 1상중)
61 『金剛頂一切如來眞實攝大乘現證大教王經』 1(『大正藏』 18권, 207상)
62 『金剛頂一切如來眞實攝大乘現證大教王經』 1(『大正藏』 18권, 207상)
63 『金剛頂瑜伽中略出念誦經』 1(『大正藏』 18권, 223하)

고, 사만다라를 형상(形相)으로 하고 있는 우주 법계의 활동상이기 때문에, 삼대는 상호 원융하여 있는 것이다. 그리고 삼대원융의 우주 법계는 그대로 비로자나불의 청정신으로 보고 있다. 따라서 삼밀용대는 우주 법계, 즉 비로자나불의 청정신의 무장(無障) 무애(無碍)한 활동을 일컫는다. 공해(空海)는 『즉신성불의』를 통하여 "이른바 삼밀은 첫째는 신밀, 둘째는 어밀, 셋째는 심밀이다. 법불(法佛)의 삼밀은 심심미세하여 등각십지(等覺十地)도 능히 견문할 수 없다. 그런 고로 밀(密)이라 한다"[64]라고 설명하고 있다. 삼밀용대는 일체의 산하 대지는 법계의 체상이며, 그대로 여래청정법신이나 중생이 알지 못하기 때문에 신밀이라 하고, 일체의 음성은 모두 여래의 설법의 말씀[說法語言]이나 중생이 알지 못하므로 구밀이라 하고, 식대(識大)는 법계에 두루하여 여래는 무소부지(無所不知)하고 무소불효(無所不曉)하나 중생이 알지 못하므로 의밀이라 말하는 것이다.

Ⅲ. 인접 개념과의 관계

1. 삼밀가지

삼밀용대는 우주 즉 여래의 입장에서 바라본 삼밀을 일컫기 때문에 여래삼밀이라 한다. 그러나 삼밀은 당연히 우주 법계와 균등하게 체상용을 갖추고 있는 중생에게도 갖추어져 있기 마련이다. 이것을 여래의 삼밀에 대해서 중생삼밀이라 한다. 여래의 삼밀은 시공을 통하여 있어서 주변성[遍在性]과 보편성을 가지고 있으므로 비밀이라 일컫는다. 또한 중생의 삼밀도 여래의 삼밀과 평등하여 무차별하지만, 중생이 그것을 현실로 실현하지 않고, 중생이 중생으로 있는 한 결코 경험할 수 없는 하나의 심비의 경지이다. 이 심비성에 의하면 중생에 있어서 삼업도 삼밀이라 할 수 있다. 여기서 실재(實在)의 삼밀을 현상(現象)의 삼밀과 개인의 체험 내에서 하나 되게 하는 수행이 필요하다. 이것을 삼밀 수행이라 한다. 『대비로자나성불경소』에서 "삼밀수행에 의해서 일체 기특(奇特)한 부사의 사(事)를 이룬다"[65]는 내

64 『卽身成佛義』(『大正藏』 77권, 383상)
65 『大毘盧遮那成佛經疏』 3(『大正藏』39권, 607상)

용을 볼 수 있다. 행자의 삼밀수행에 대해서 『보리심론』은 "무릇 유가 관행을 수습하는 사람은 마땅히 삼밀행을 갖추어 행할 지라. 첫째의 신밀은 계인(契印)을 결하고 성중(聖衆)을 소청하는 것과 같은 것이고, 둘째의 어밀은 진언을 밀송(密誦)하여 문구가 요료 분명하게 하여 오류가 없게 하는 것과 같은 것이며, 셋째의 의밀은 유가에 주하여 백정월(白淨月) 원만(圓滿)에 상응하는 보리심을 관하는 것과 같은 것이다"[66]라 밝히고 있다. 그런데 공해는『즉신성불의』에서 "만약 진언행인이 이 뜻을 관찰하고 손으로 인계를 짓고[手作印契], 입으로 진언을 염송하고[口誦眞言], 마음이 삼마지에 주하면[心住三摩地] 삼밀상응가지[三密相應加持]하여서 속히 대실지(大悉地)를 얻는다"[67]고 설명하고 있다. 수행자가 삼밀수행, 즉 손으로 인계를 짓고, 입으로 진언을 염송하고, 마음이 삼마지에 주하면 여래삼밀과 중생삼밀이 상응하여 여래의 가지를 입게 되는 것이다.

불공(不空)이 번역한 『금강정유가천수천안관자재보살수행의궤』에는 "수행자가 인연이 있는 본존[一緣本尊]의 삼마지를 결정하여 삼밀상응하여 마음에 간단(間斷)이 없으면, 제불 보살의 대비원력의 도움과 보호[助護]를 기대고 의탁하여[仗託] 삼밀로써 인연의 자리[資緣]을 성취한다"[68]는 내용을 찾을 수 있다. 삼밀상응은 삼밀유가(三密瑜伽)[69]의 의역으로서 중생의 삼밀과 법신 여래의 삼밀이 상호 섭입하는 것을 말한다. 이렇게 삼밀상응에 의하여 수행자가 수인(手印)을 결한 공덕력으로 자신의 신업을 여래의 신밀로 전성(轉成)하고, 진언을 염송하는 공덕력으로 자신의 어업을 여래의 어밀로 전성하고, 본존을 관상(觀想)하는 공덕력으로 자신의 의업을 여래의 의밀로 전성하는 것이다. 이러한 경지를 『금강정유가금강살타오비밀수행염송의궤』의 "대방편력은 삼밀금강으로서 최고의 인연[增上緣]으로 하여 능히 비로자나의 청정법신의 과를 증득한다"[70]는 설명과, 『즉신성불의』 "삼밀상응하는 고로 현신에 속실히 본유삼신(本有三身)을 현현(顯現) 증득한다"[71]는 구절에서 확인할 수 있다. 따라서 수행자가 법에 따라서 삼밀수

66 『金剛頂瑜伽中發菩提心論』(『大正藏』 32권, 574중)
67 『卽身成佛義』(『大正藏』 77권, 383상)
68 『金剛頂瑜伽千手千眼觀自在菩薩修行儀軌經』(『大正藏』 20권, 81하)
69 『瑜伽大敎王經』 5(『大正藏』 18권, 582하)
70 『金剛頂瑜伽金剛薩埵五秘密修行念誦儀軌』(『大正藏』 20권, 539상)
71 『卽身成佛義』(『大正藏』 77권, 383중)

행을 하면 삼밀상응하여 현상의 진리와 실재의 진리가 다르지 않음을 알 수 있게 된다.[72]

결국 삼밀상응은 수행자가 삼밀수행을 통하여 여래의 삼밀력을 입는 것을 말한다. 『금강정일자정륜왕유가일체시처염송성부의궤』에 "삼밀로서 상응하면 자신은 본존과 동등하고, 능히 불지(佛智)에 변입(遍入)하면 성불이 오히려 어렵지 않다"[73]는 내용을 볼 수 있다. 삼밀상응하여 자신이 본존과 동일하게 되는 것을 삼밀가지라 한다. 자타의 삼밀이 상응하여 상호 가지한다는 의미이다. 다시 말하면, 중생의 삼밀과 불의 삼밀이 서로 상호섭입(相應涉入)하고 피차 섭지(攝持)하여 실지(悉地)를 이루는 것을 말한다.

여기서 가지는 adhiṣṭhāna의 번역어로서 빠알리어 문헌 이래 꾸준히 사용되어 온 용어이다.[74] 그러나 가지의 술어가 삼밀과 결합되어 있는 예는 먼저 구밀과의 관계에서 찾을 수 있다. 진실어에 의한 가지[satyādhiṣṭhāna]이다. 이것은 진리 혹은 그것의 체현자의 진실어가 가진 절대적 위신력을 의미한다. 즉 진실어의 실천을 서원할 때 진실어가 가진 위신력의 가지을 입어서 위신력을 발휘할 수 있다는 것이다. 『법화경』「약왕보살본사품」에도 그 예를 볼 수 있다.[75] 가지가 의밀과 관련되어 있는 내용은 『화엄경』「십지푼」「입법계품」 등에서 찾아 볼 수 있다.[76] 즉 비로자나의 본원력과 보살자신의 지혜력 사이에 가지[svacittā-dhiṣṭhāna]가 성립한다는 것이다. 이것은 여래의 위신력을 파악하는 수행자의 신혜력(信慧力)을 포함하는 능소상호의 관계상에 있는 가지이다. 구밀, 의밀이 관계하는 가지는 신밀이 관계하는 가지, 자신가지(svakāyādhiṣṭhāna)가 형성되면서 밀교의 삼밀가지의 사상이 성립하게 된다.

밀교의 삼밀가지에서 가지의 의미는 행자의 능동성을 강조한다. 여래삼밀을 능동적으로 수행자의 행위로 전환하는 방식을 자신가지(自身加持, sva-ātmādhiṣṭhāna)로 표현하나, 그것을 구체적으로 수행자의 육체상에 현현(顯現)하는 것[自身加持, svakāyādhiṣṭhāna]이 밀교의 전형적 가지 방식이

72 『大毘盧遮那成佛經疏』 6(『大正藏』 39권, 647상)

73 『金剛頂一字頂輪王瑜伽一切時處念誦成佛儀軌』 (『大正藏』 19,권 322중)

74 渡邊照宏, 「Adhiṣṭthānaの文獻學的試論」, 『成田山佛教研究紀要』 2(1977)

75 P. L. vaidya ed. 『Buddhist Sanskrit Texsts』6, 239면:satyādhiṣṭhānaṁ karomi yena satyena satyavacanena svaṁ mama bāhuṁ…tena satyavacanena ayaṁ mama bāhur yathā paurāṇo bhavatu.

76 生井智紹, 「svacittādhiṣṭhānaについて」, 『印度學佛教學研究』 43-1(1995)

다.[77] 그래서 일본의 공해는 『즉신성불의』에서 "가지는 여래의 대비와 중생의 신심을 표한다. 불일(佛日)의 그림자[影]가 중생의 심수(心水)에 나타나는[現] 것을 '가(加)'라하고, 행자의 심수가 능히 불일을 느끼는[感] 것을 '지(持)'라 한다. 행자가 만약 이 이취를 관념하면 삼밀상응하여서 현신에 속질 현증하여 삼신의 몸을 얻는다"[78]고 말한다. 그는 또한 『비장기』에서 "가지의 뜻은 가(加)는 제불호념이고 지(持)는 행자의 행[我自行]이다. 또 가지는 부정(父精)이 모은(母隱)에 들어 갈 때 모(母)의 태장[母胎藏]이 수지하여 종자를 생장하는 것과 같다. 제불이 자비 원력으로써 중생에게 가피를 방광(放光)하는 것을 제불호념이라 하고, 중생이 내심에 제불의 가피를 주어서 감응하여 그것과 인연하여 중생이 발심 수행하는 것을 중생 자행(自行)이라 한다"[79]라 하고, 나아가 그는 『대일경개제』에서 "가지는 또한 가피라 한다. 왕래섭입(往來涉入)을 가라 하고, 섭이불산(攝而不散)을 지라 한다. 즉 입아아입의 뜻이다"[80]고 하여 가지의 의미를 밝히고 있다.

따라서 삼밀가지는 여래삼밀, 또는 여래의 위신력에 가지된 진언, 인계, 삼매야의 절대적 위신력과 본존과 공통의 지평에 있는 보리심의 경지 그 자체의 위신력이 통합하는 경지인 절대적 행위이다. 그리고 그 절대적 경지를 구체적으로 보여 주는 '몸[身]의 가지'가 본존과 평등의 지평에 있는 구체적 행위자로서의 실천자의 존재양식이 되는 것이다. 그래서 수행자는 피가지자로서 육신을 가진 중생임과 동시에 여래의 지평에 있는 주체[지(智)]로서 타자인 일체 중생 및 구체적인 피가지물을 가지하는 능동적인 위신력을 가지게 되는 것이다. 『약사여래관행의궤』에는 "일체 유정의 본성은 청정하여도 제 객진 번뇌가 덮어 가려서[覆蔽] 진여를 깨닫지 못하고 있기 때문에 삼밀가지를 설하여 자타로 하여금 청정하게 한다"[81]고 설하고 있다. 여기서 일체 유정의 본성이 청정하다는 것은 삼종의 신구심의 금강, 즉 삼밀을 갖추고 있다는 것을 말한다. 즉 『대비심다라니수행염송약의』에는 대비심다라니수행염송(大悲心陀羅尼修行念誦)을 위한 관정의 과정 중에서

77 生井智紹, 「眞理理趣による行の確立」, 松長有慶 編著 『インド密教の形成と展開』 (京都: 法藏館, 1998), 124면.
78 『即身成佛義』 (『大正藏』 77권, 383중)
79 『秘藏記』 (『弘法大師全集』 2권, 686)
80 『大日經開題』 (『大正藏』 58권, 11하)
81 『藥師如來觀行儀軌』 (『大正藏』 19권, 23상)

자무량심(慈無量心)의 선정에 드는 절차를 "[입관정자는] 처음에 자무량심의 정(定)에 들어서 은정심(殷淨心)이 두루 미치어서[遍緣] 육도사생(六道四生)의 일체 유정이 다 여래장과 삼종 신구심 금강을 구비하고 있으므로 내가 삼밀력을 닦아서 일체 유정이 보현보살과 동등하게 되기를 원한다"[82]라는 내용에서 확인할 수 있다. 그리고 삼밀력을 닦는다는 것은 곳 삼밀가지력을 일컫는 것이다. 앞의 염송법은 비무량심(悲無量心)에 드는 절차를 "[입관정자는] 비민심(悲愍心)의 변연으로써 육도사생의 일체유정이 생사의 고해에 깊이 빠져서[沈溺] 자심을 깨닫지 못하고 분별 망상을 일으켜서 종종의 번뇌업을 일으키고 허공과 같은 진여의 평등에 이르지 못하고 있으므로, 항하사의 공덕을 지어서 내가 삼밀가지력을 닦아서 일체 유정이 허공장보살(虛空藏菩薩)과 동등하게 되기를 원한다"[83]라고 설명하고 있기 때문이다. 밀교의 삼밀가지는 수행자가 여래의 삼밀가지에 의하여 스스로 여래 삼밀과 평등한 위신력을 회복하고, 다른 일체 중생 및 피가지물을 가지하는 형식을 가지고 있다.

2. 감응도교(感應道交)

삼밀가지에서 가지의 의미는 중생과 불의 감응(感應)를 말한다. 『대일경소』에는 "행자가 유가 중에 자심(自心)으로써 감(感)하면 불심이 응(應)한다"[84]라는 내용을 보여주고 있다. 중생의 자심이 감동하면 불을 감동시킬 수가 있고, 불이 감동하면 반드시 중생에게 응하게 되는 것이다. 그래서 『십일면신주심경의소』는 "대저 감응의 뜻이란 항상 말하기를 삼세의 선으로써 불을 감하면 응하는 것이다"고 말하고, "감이란 소의(召義)이고 응이란 응현의(應現義)이다"[85]라고 정의하고 있다. 그리고 이어서 응에는 불보살의 감응과 방편신의 응현 등 두 가지가 있으며, 심종선근(深種善根)의 중생의 감동에는 불보살의 응현이 있고, 박복 중생의 감동에는 방편신의 응현이 있다고 말한다. 그런데 심종선근의 사람은 불에 공양을 많이 하고, 법을 많이 듣고, 보리심을 일으킨 과보라고 말하고 있다. 반면에 박복자는 보아

82 『大悲心陀羅尼修行念誦略儀』(『大正藏』 20권, 128상)
83 『大悲心陀羅尼修行念誦略儀』(『大正藏』 20권, 128상)
84 『大日經疏』3(『大日經疏』 39권, 606중)
85 『十一面神呪心經義疏』(『大正藏』 39권, 1007중)

도 보지 못하고, 들어도 듣지 못하고, 정진을 오래 못하는 등의 사람이라 말하고 있다. 여기서 감응과 가지의 관계는 감과 지가 대응하고, 응과 가가 대응하는 것을 볼 수 있다. 그러나 감응은 수행자의 감동에 따라서 불보살이 응현한다는 면에서 수행자의 주체적 의지가 더 강조되고 있는 것을 볼 수 있다.

따라서 『수능엄경소주경』에는 "송주가지(誦呪加持)하여 불원(佛願)을 발견하면 불이 현신하는 것을 감응이라 한다. 만약 다른 경계를 보면 본습(本習)에 배치되는 것이다. 사실이 원과 다르면 즉시 마군의 경계이고 진실한 감응이 아니다. 또 진실한 응현을 보면 개오(開悟)를 심득하고 번뇌가 약하여[微薄] 지혜가 명정하게 된다"[86]고 말하고 있다. 즉 수행자가 삼밀수행 등을 통하여 보리심을 발함으로써 불보살이 응현하는 것이 감응의 본의라는 것이다. 그러므로 『대일경소』에는 대해수가 백월원정(白月正圓)이면 자연히 솟아올라서[鼓湧] 실기(失期)하지 않듯이 "심심 부사의한 연생(緣生)의 이치로서는 만약 진언 본체가 먼저 성취되지 않으면 감동에 따라서 응현함이 기한을 잃지 않음[不失期限]이 불가능하게 된다. 만약 진언이 비록 이러한 힘을 가졌다 하더라도 행인의 심행(心行)이 상응하지 않으면 또한 그에게 가지 현현하는 것은 불가능하게 된다. 그러나 연을 만나면 스스로 이룬다"[87]고 설하여 불보살의 응현이 제대로 이루어지려면 진언행의 성취, 즉 삼밀수행이 이루어져야 됨을 밝히고 있다. 이처럼 삼밀수행 등을 통하여 수행자와 불보살이 상호 감응하는 것을 감응도교(感應道交)라 하고, 또한 가지감응이라 부른다. 이러한 사실을 『수능엄의소주경』의 "항상 대원을 발하고 운심광대(運心廣大)하여 좁고 저열한 장애를 떠나[離狹劣障] 심주(心呪)를 오로지 염송[一向誦持]하는 가지행문은 여러 마군의 일[諸魔事]을 방호(防護)할 수 있다. 이 삼한조수력[三限助修之力]으로 말미암아 감응도교하게 된다"[88]는 교설에서 확인할 수 있다.

3. 본유수생의 삼밀

본유(本有)[89]란 본래부터 있다는 뜻이다. 범부와 성현이 함께 본래 깨달

86 『首楞嚴義疏注經』 7(『大正藏』 39권, 916상)
87 『大日經疏』 11(『大正藏』 39권, 694상)
88 『首楞嚴義疏注經』 7(『大正藏』 39권, 916하)
89 『金剛峰樓閣一切瑜伽瑜祇經』 상(『大正藏』 18권, 254중)

음의 오성(悟性)을 갖추고 불의 활동을 하고 있는 것을 말한다. 수생(修生)[90]은 닦아서 생한다는 뜻으로서 삼밀묘행[91]등을 닦는 것에 의해 본유의 오성을 개발하고 불과를 얻는데 이른 것을 말한다.[92] 본유는 불이문, 수생은 이이문(而二門)의 입장이다. 본유는 본유문을 중심으로 가르침을 설한다. 일체의 공덕은 자심에 본래 갖추어 있고, 이 몸 이대로 본래 불이라는 입장이다. 그렇다면 무엇을 닦고 무엇을 구한다는 것인가. 본유의 입장에서 수생의 일변을 터득한다는 것이다. 본래 법이(法爾)의 살타(薩埵)인 중생은 언제부터인가 망념 집착에 덮여서 유전생사(流轉生死)의 범부의 생활을 하고 있다. 여기서 삼밀의 묘행을 닦아서 전미개오(轉迷開悟)를 하고 그 본유의 공덕을 개현하여야 한다. 본유 본각문(本覺門)에 대해서 수생 시각문(始覺門)이 있을 수 있다. 본유 수생은 한 법의 양의(兩義)이다. 본유가 없으면 수행을 하여도 얻을 것이 없고, 수생이 없으면 본유가 나타나지 않기 때문이다. 수행의 공덕을 쌓지 않으면 광중의 광구(鑛垢)를 제거할 수 없는 것과 같다. 그래서 본유에 편집해서 수생을 잊거나, 수생에 편집하여 본유를 잊어서도 안된다. 일반적으로 『대일경』에서는 본유를 표(表)로 하고 수생을 이(裏)로 하며, 『금강정경』에서는 수생을 표로 하고 본유를 이로 한다고 보고 있다. 본유의 표에 수생의 이가 있고, 수생의 표에 본유의 이가 있어서 실은 불이이다. 이처럼 본유의 입장에서 보면 본유삼밀이고, 수생의 입자에서 보면 수생삼밀이 된다. 삼밀가지는 본유수생의 삼밀이 상응불이가 되는 것이다. 또한 본유의 삼밀을 소현(所現)의 삼밀, 수생의 삼밀을 능현(能現)의 삼밀이라 한다. 소현의 삼밀이란 이상의 삼밀로서 법불평등의 삼밀, 중생삼업의 실상을 말한다. 능현의 삼밀이란 실천의 삼밀로서 수행자가 이상의 삼밀인 불과(佛果)의 신어의 삼밀을 현증하기 위하여 본존 방편의 결인 염송 관행으로 수행하는 삼밀을 말한다.

4. 유상무상의 삼밀

본유 수생의 삼밀은 능소현(能所顯)의 면에서 두 가지 과정이 있을 수 있다. 이것을 일왕(一往)과 재왕(再往)이라 한다. 행자의 수행의 삼밀인 능현

---

90 『不空羂索陀羅尼經』(『大正藏』 20권, 418하)
91 『大方光菩薩藏文殊師利根本儀軌經』 10(『大正藏』 20권, 868중)
92 日本賴寶述『眞言名目』(『大正藏』 77권, 734중)

과 법불 평등의 삼밀인 소현은 능생(能生)과 본유(本有)라는 구별이 있는 것을 일왕이라 한다. 능현과 소현이 일치해서 능현 외에 소현이 없고, 행자 수생의 삼밀이 즉 본유의 삼밀이여서 본수일체(本修一切)의 불이가 되는 것을 재왕이라 한다. 그런데 이 과정에는 삼종의 단계를 거친다. 그것은 제불 수생의 삼밀, 본존 방편의 삼밀, 행자 본유의 삼밀이다. 처음 행자가 삼밀묘행을 닦아서 불덕을 현현하는 것은 제불 수생의 삼밀과 행자 본유의 삼밀이 가지 감응하여 섭입상응(攝入相應)하는 경계를 말한다. 그러나 이 경계에 도달하는 과정에는 행자가 반드시 본존 방편의 삼밀력을 입지 않으면 안된다. 여기서 본·수삼밀의 감응도교의 경계를 실현하기 위하여 행자가 행하는 본존 방편의 삼밀은 본존의 가지에 의한 인계·진언·관법을 실행하는 것이다. 이처럼 행자가 손으로 인계를 결하고, 입으로 진언을 염송하고, 뜻으로 본존의 삼마지에 주하는 삼밀을 구체적인 특별한 행법을 갖추어 수행하는 삼밀이라는 의미에서 유상삼밀(有相三密)이라 부른다. 『보리심론』에서 설하는 "무릇 유가 관행을 수습하는 사람은 마땅히 삼밀행을 갖추어 행할지라. 첫째 신밀은 계인을 결하고 성중을 소청하는 것과 같은 것이고, 둘째 어밀은 진언을 밀송하여 문구가 요료 분명하게 하여 오류가 없게 하는 것과 같은 것이며, 셋째 의밀은 유기에 주하여 백정월원만에 상응하는 보리심을 관하는 것과 같은 것이다"[93]는 내용이 유상삼밀 대표적인 예이다. 그런데 공해는 『즉신성불의』에서 "만약 진언행인이 이 뜻을 관찰하고 손을 인계를 짓고[手作印契], 입으로 진언을 염송하고[口誦眞言], 마음이 삼마지에 주하면[心住三摩地] 삼밀상응가지를 하여서 속히 대실지를 얻는다"[94], 또한 『금강정경개제』에서 "진언행자가 손에 인계를 짓는 것은 신업이니 여래의 삼밀과 상응하고, 입으로 진언을 송하여 여래의 어밀과 상응하고, 마음으로 실상을 관하여 여래의 의밀과 상응한다"[95]라고 말하는 것은 유상삼밀의 의미를 밝혀주고 있다.

그런데 행자가 유상삼밀을 통하여 여래의 삼밀을 체득하여 일상생활 가운데 모든 행이 불의 활동과 일치하게 된다. 이처럼 일상 생활 속에서 모든 활동이 그대로 불의 삼밀과 일치하게 되는 활동을 구체적인 특별한 수행법을 행하지 않고 하는 삼밀이라는 의미에서 무상삼밀(無相三密)이라 한다.

---

93 『金剛頂瑜伽中發菩提心論』(『大正藏』 32권, 574중)
94 『卽身成佛義』(『大正藏』 77권, 383상)
95 『金剛頂經開題』(『大正藏』 61권, 4중)

『대일경』의 "신분(身分)의 움직이고 정지함[擧動住止]은 모두 비밀한 인계[密印]임을 응당히 알고, 설상(舌相)의 소전(所轉)의 많은 말씀[衆多言說]은 모두 진언임을 응당히 알라"[96]라는 교설에서 무상삼밀의 실마리를 볼 수 있다. 공해는『대일경개제』에서 "입을 열어 소리를 내는 것은 진언으로서 죄를 멸하고[開口發聲 眞言滅罪], 손을 들고 발을 움직이는 것은 인계로서 복을 증장하고[擧手 動足 印契增福], 마음이 일어나면 미묘한 관행이 저절로 일어나고[心之所起 妙觀自生], 뜻이 모이면 삼마지가 즉시 이루어진다[意之所趣 等持卽成]"[97]는 내용을 설하고 있다. 본존방편의 유상삼밀을 통하여 중생과 법신불의 삼밀이 가지감응하면, 수행자의 모든 행위는 그대로 삼밀행이 된다는 것이다. 즉 몸의 활동은 그대로 불의 활동이 되고, 말은 그대로 불의 설법이 되고, 뜻은 모두 부처님의 뜻이 되는 것이다. 즉 거수동족개성밀인(擧手動足皆成密印)은 무상신밀, 개구발성실시진언(開口發聲悉是眞言)은 무상어밀, 기심동념함성묘관(起心動念咸成妙觀)은 무상의밀을 나타내는 대표적인 표현이 된다.[98]

유상삼밀은 일체의 소작은 모두 삼밀의 법체가 되지만, 그 중에서 특히 별상(別相)을 추출하여 진언·인계·관념으로 하는 것을 말한다. 무상삼밀은 무상불구(無相不具)의 뜻으로서 별상이 존재하지 않는다. 다시 말하면, 제불이 중생을 인섭(引攝)하기 위하여 수행의 궤범으로서 무상의 중에서 진언·인계·관념의 유상삼밀을 설하기 때문에, 행자는 본존의 가피력을 입어서 유상삼밀을 규범으로서 수행하면 드디어 본존과 일체가 된다. 따라서 유상삼밀은 중생과 불을 연결시키는 고리가 되는 것을 알 수 있다. 나아가서 유상은 이생차별(而生差別)의 뜻이고, 무상은 불생평등(不生平等)의 뜻이 된다. 그러나 불생평등이여서, 평등과 차별이라는 것은 일법상의 두 뜻으로서 표리의 관계에 있는 것이다. 다만 불은 중생의 차별을 고려하여 불생이생(不生而生)의 차별의 이치를 열어서 유상삼밀의 행궤로 하여, 행자로 하여금 이 유상의 삼밀을 통해서 무상의 진리에 계증(契證)하도록 한다. 그러면 중생은 유상삼밀을 닦아서 무상삼밀의 실의(實義)에 계증하게 된다. 따라서 유상에 의하여 무상에 계합하는 것을 행문(行門)의 실의(實義)로 하고, 무상에 의해서 유상이 세워지는 것을 증문(證門)의 실의로 한다.

96 『大日經』 5(『大正藏』18권, 30상)
97 『大日經開題』(『大正藏』58권, 6상)
98 高神覺昇, 『密敎概論』, 『高神覺昇選集』 5(東京: 歷史圖書社,), 77면.

5. 삼평등관(三平等觀)

삼삼평등관(三三平等觀)이라고도 부른다. 여래의 신구의 삼밀과 행자의 삼업이 본래 평등한 것을 관하는 것이다. 여기에는 광관(廣觀)과 염관(斂觀)이 있다. 광관은 만상이 모두 삼평등함을 관하는 것이다. 즉 일체의 형색은 신밀, 일체의 음은 어밀, 일체의 진리는 의밀이다. 대일여래는 일체처에 변만한 몸이고, 그 음성은 진언과 제불의 설법이며, 그것을 자심(自心)에 섭수한다. 자심은 실상이며, 실상은 즉 본존, 본존은 곧 자심이라 관한다. 염관은 유상삼밀이다. 자신과 본존과 제불에 대해서 관한다. 첫째, 나의 몸[我身]은 즉 인(印), 말[語]은 곧 진언, 마음은 즉 본존이라 관하고, 이 삼밀은 본래 평등하여 법계에 변만하다. 이것이 자신[自]의 삼평등이다. 둘째, 나의 삼평등과 본존의 삼평등은 동일 연상(緣相)이고, 능소가 없어서[絕] 평등이다. 이것을 남[他]의 삼평등이라 한다. 셋째, 다만 본존과 아(我)가 삼평등한 동일 연상(緣相)이 아니라, 이성(已成)과 미성(未成)의 제불의 삼평등도 또한 동일 연상이다. 이것이 공통[共]의 삼평등이다. 이처럼 행자의 삼밀과 본존의 삼밀, 그리고 법계의 삼밀이 평등함을 체득하는 삼평등관에 의해서 제불과 내가 입아아입하여 극치에 이를 수 있다.

6. 삼밀과 삼신

삼밀을 삼부(三部), 삼신(三身) 등 삼법(三法)에 배석(配釋)하기도 한다. 『자시보살약수유아염송법』에는 "신구의 업은 삼밀을 이루고, 삼밀은 즉시 응화법을 이룬다"[99]라고 하여, 삼밀을 삼신에 배대하는 전거를 보여 준다. 이러한 경설은 『금강정유가금강살타오비밀염송수행의궤』가 『이취경(理趣經)』의 백자게(百字偈)와 『대일경』의 삼구법문(三句法門)을 해석하면서 "다음의 대비위근(大悲爲根)은 겸하여 대비심에 주하는 것이다. 이승(二乘) 경계의 풍이 동요시킬 수 없는 것이다. 모두 대방편에 연유한다. 대방편은 삼밀의 금강으로써 증상연(增上緣)으로 한다. 능히 비로자나청정 삼신 과위를 증득한다"[100]라고 설하는 내용에서 확인된다. 삼밀과 삼신의 배대는 삼

---

99 『慈氏菩薩略修愈哦念誦法』 상(『大正藏』 20권, 590상)
100 『金剛頂瑜伽金剛薩埵五秘密念誦修行儀軌』 (『大正藏』 20권, 539상)

밀과 삼부의 배대로 연결된다. 『십주심론』은 불부를 신밀, 연화부[法部]를 어밀, 금강부를 의밀에 배대하고 있다.[101] 『법화문구기』는 반야, 해탈, 법신의 삼덕을 각각 의밀, 구밀, 신밀에 배대하여 설명하고 있다.[102] 그리고 삼밀은 오계,[103] 불법승 삼보에 배대하기도 한다.

특히 일본 진언밀교에서는 육대·사만·삼밀의 상응을 설하면서, 지·수·화는 신밀, 풍·공은 어밀, 식대는 의밀에 배대하고 있다. 그리고 삼밀과 사만의 관계에 있어서는 두 가지 설이 있다. 통삼갈마설(通三羯磨說)과 별상갈마설(別相羯磨說)에 따른 것이다. 통삼갈마설이란 갈마만다라는 대·삼·법만다라 상에 통한다는 설로서, 이것에 의하면 대만다라는 신밀, 삼매야만다라는 의밀, 법만다라는 어밀에 해당하는 것이다. 그리고 별상갈마설은 갈마만다라는 대·삼·법와 별도로 존재한다는 설로서, 이러한 설에 따르면 대만다라를 전체상으로 보고 삼매야만다라는 신밀, 법만다라는 어밀, 갈마만다라는 의밀에 해당하는 것이다. 따라서 법계의 일체 현색(一切顯色)은 신밀, 일체 음성(一切音聲)은 어밀 그리고 현색과 음성의 이밀(二密)를 통하여 활동하는 일체이취(一切理趣)는 의밀이 되는 것이다.

7. 즉신성불(卽身成佛)

삼밀수행의 구경은 즉신성불(卽身成佛)이다. 즉신성불의 술어는 『보리심론』의 "오직 진언법 중에서 즉신성불을 하는 고로 이 삼마지법을 설하고, 제교에는 빠져 기록하지 않는다"[104]라는 문장을 전거로 한다. 밀교는 화엄과 천태에서도 즉신성불의 뜻을 설하나 그것은 필경 이론적인 담론[理談]으로서 삼겁성불의 영역을 벗어나지 않는다고 설한다. 공해는 『즉신성불의』를 지어서 2경·1논의 8개의 증문을 들어서 즉신성불의 가능성을 밝히고 있다. 그리고 2송 8구의 즉신성불게를 통하여 즉신성불의 이론적 근거로 하고 있다.[105] 그 8개의 증문은 『보리심론』의 "만약 사람이 불혜(佛慧)를 구하여 보리심에 통달하면, 부모 소생의 이 몸으로 속히 대각위를 증한

101 『十住心論』 10(『大正藏』 77권, 359중)
102 『法華文句記』 9(『法華文句記』 34권, 317상); 『大般涅槃經疏』 9(『大正藏』 38권, 87상)
103 『金光明經文句』 1(『大正藏』 39권, 50하); 『金光明經文句記』 2상(『大正藏』 39권, 96상)
104 『菩提心論』(『大正藏』 32권, 572하)
105 『卽身成佛義』(『大正藏』 77권, 381중하)

다"[106]라는 문구로써 결론을 짓고 있다.

공해는 즉신성불을 체·상·용의 육대·사만·삼밀에 입장에서 이해하고 있다. 우선 육대 체대의 본체론적인 입장에서 보면, 우주 삼라만상은 본래 법이로서 '이미 완성된 불(佛)'이어서 육대법신의 묘체가 아닐 수가 없다. 그러나 차별 상대(相大)의 입장에서 보면, 불은 어디까지나 불이고 범부는 오히려 범부이기 때문에 범부는 수행을 하여 불이 되지 않으면 안된다. 그리고 삼밀 용대 상에서 보면, 성불을 하는 데는 속히 성불하는 공부·방법 등이 필요하다. 여기서 즉신성불의 뜻을 삼종으로 분별하여 이해한다. 체대의 입장에서는 '이 몸 이대로[卽身]가 성불되어 있다'로 해석하고, 상대는 '이 몸[卽身]으로써 성불한다'로 이해할 수 있고, 용대에서는 '이 몸[身]이 즉시[卽] 성불한다'는 의미를 갖는다.

즉신성불의 이러한 이해를 바탕으로 즉신성불의 양상(樣相)을 삼종으로 나누어서 설한다. 첫째, 이구성불(理具成佛)이다. 본래 법이로서 일체 중생은 육대·사만·삼밀의 공덕을 갖추고 있기 때문에 '이 몸 이대로가 성불되어 있다'고 할 수 있다. 즉 이치상에서 중생은 이미 부처가 되어 있다는 뜻이다. 그러나 본래의 불은 언제 부터인가 무명 번뇌의 미무(迷霧)에 덮혀 있어서 본래의 불은 은밀히 덮혀 있기[隱覆] 때문에, 그것을 열어 보기[開見] 위한 바른 수행을 쌓아야 한다. 그것이 곧 삼밀수행이다. 손으로써 인계를 결하고, 입으로써 진언을 염송하고 뜻이 삼마지에 머무는 것이다. 행자가 삼밀수행을 통하여 법신불의 삼밀과 가지상응하여 자신과 본존이 입아아입의 감응도교가 된다. 이것을 가지성불(加持成佛)이라 한다. 가지성불은 삼밀유가의 시기에는 본존신을 나타내어 성불의 경지에 이르나, 처음 어느 시기까지는 수행의 경계를 떠나면, 다시 범부의 경계에 돌아가서 항상 본존의 삼마지에 주할 수 없다. 그래서 끊임없이 유가삼밀의 수행을 닦아서 드디어 관행이 원숙 원만하게 되어서 행주좌와(行住坐臥) 본존신을 이루어서 행자의 육신 그대로 불작(佛作) 불업(佛業)을 현득할 수 있다. 이것을 현득성불(顯得成佛)이라 한다. 이 삼종성불을 본유·수생에 분별하면, 이구성불은 본유, 가지성불·현득성불은 수생에 해당한다.

따라서 즉신성불은 성불을 시간적으로 속히, 공간적으로 이 몸 이대로 성불한다는 것으로서 삼밀수행의 구경 목적이 되는 것이다. 이렇게 보면,

106 『菩提心論』(『大正藏』 574하)

이구의 이론적 기초[因]가 있어도, 이것을 그래도 실현할 수 있는 가지의 종교적 실천[緣]이 없으면, 연결불생(緣缺不生)의 법칙에서 현득의 종교적 체험[果]를 얻을 수 없게 된다. 여기서 이구성불은 범부의 세계, 가지성불은 보살의 세계, 현득성불은 불(佛)의 세계를 나타낸다고 할 수 있다.

Ⅳ. 삼밀의 현대적 논의

1. 삼밀은 전인격적 수행

불교에 있어서 진리의 체관(諦觀)은 단지 진리를 사유하는 것에 그치지 않고, 진리를 체득하는 것이다. 진리를 객관적으로 사색하고 체관하는 것이 아니고, 진리를 자기의 생명으로서 생활하는 것에 불교의 각자(覺者)로서의 세계가 있다. 진리를 활용한다는 것은 진리가 구체적인 색성향미촉법이 되어서 자기의 인격내용을 형성하게 되는 것을 말한다. 인간이 진리를 활용할 수 있는 길은 전인적인 행위로서의 수행의 방법이 필요하다. 사유의 논리를 아무리 추구하여도 구체적인 진리 체현의 자기를 확립하는 것은 불가능하다. 사유의 논리에 침잠(沈潛)하지 않고, 진리를 전인격적으로 체현하는 것이 삼밀수행이라는 수행법이다. 삼밀수행은 행위로서의 전인격적인 수행법이다. 밀교는 지성적(知性的) 진리 탐구를 자기 개발의 요인으로 한다. 그러나 지성적으로 진리를 사유하는 것을 실천 덕목으로 하면서도, 나아가 지성을 초월한 신구의의 삼밀행위에 취입(趣入)하여 자기를 확립하는 특질을 가지고 있다. 대승불교의 공(空)과 유(有)의 교설은 단지 사유의 대상으로서 사변(思辨)하는 것만으로는 관념적 개념의 영역에서 벗어날 수 없다. 그러나 지성적 사유를 뛰어 넘어 행위 행동의 입장에 취입(趣入)할 때 차별의 세계에서 살아 있는 교설이 될 수 있다. 차별 없는 평등은 악평등이다. 공의 논리도 유의 논리도 지성적 사유의 영역에 머무는 한 그 본질이 사상(捨象)되고 거기에 나타나는 세계는 무차별 평등이다. 그것은 진정한 평등이 아니고, 공병(空病)이나 유병(有病)에 떨어지게 된다. 삼밀묘행의 실수에 의해서 진리를 전인적으로 행위할 수 있게 되면 일체가 차별이면서, 생(生)의 내용으로서 평등성을 가지는 부사의한 법계를 활용할 수 있게 된다.

불교는 색심불이(色心不二)를 본질로 하지만 만약 지성적 사유에 떨어지면 색심불이가 개념적으로 파악되어 심본색말의 유심사상이 되어버린다. 색심불이는 논리적으로 이해할 수 있는 것이 아니라, 인간적 존재의 현실에 있어서 자체적으로 체험될 수 있는 것이다. 지성적 사유가 아닌 삼밀 일체(一體)인 생(生)의 현실에서 색심불이가 체득되어야 한다. 그러나 대승불교의 공의 논리는 지성적 사유의 경향이 있어서, 이러한 입장에서는 공인 근본진리가 관념적으로 파악되기 때문에 공병에 떨어지고 악평등에 빠지고 심본색말적인 유심론으로 된다. 불교의 진리인 연기와 공 등은 추상적 진리로서 있는 것이 아니라, 현실세계 그 자체가 연기이고 공인 것이다. 불교의 진리는 지성적 사유의 방법으로서 포촉되는 것이 아니라, 오히려 신구의 일체의 생명적 행위에 의해서 내면적으로 긍정될 수 있는 것이다. 그 때문에 진리가 진리로서가 아닌 현실의 작용으로서, 아니 자기의 생(生)의 가능태로서 수긍하고 취할 수 있는 것이다. 이렇게 될 때 불교의 진리는 현실재(現實在)로서 활동하고 있는 것으로서 현실재를 떠나서 달리 존재할 수 없게 된다. 진리가 현실과 더불어 있다고 하는 것은 바꾸어 말하면 현실은 항상 진리와 함께 있다는 것이며, 나아가 단적으로 현실은 진리적 존재라는 뜻을 가지고 있다. 그리고 현실이 바로 진리체라고 보는 이상, 현실이 법신이고, 현실이 법신의 정토, 즉 진리가 활동하는 장소이며, 현실의 만물은 모두 개개의 차별상을 가지면서 같은 진리체인 점에서 일미(一味) 평등인 것이다. 만물을 차별의 입장에서 보면 만물은 법신의 차별 지신(差別智身)이고, 평등의 입장에서 보면 만물은 법계법신(法界法身)의 삼밀활동의 모습[相], 즉 삼무진장엄(三無盡藏嚴)인 것이다. 이것이 밀교 법신관의 특질이고, 법신 설법의 근거이며, 또한 삼밀유가의 진리취(眞理趣)이다.

신구의의 삼밀수행은 신심양면에 걸쳐 있는 전인적 활동을 의미하고, 생명적 인격적 수행이다. 진리를 지성으로 사유하지 않고 전인적으로 긍정하는 것이 삼밀수행이다. 진리를 사유적으로 파악하는 것이 아니라, 행위의 입장에 서서 자신의 생명으로서 자체적으로 긍정하는 것이 삼밀수행이다. 그래서 수행자는 삼밀수행인 행위의 입장에 서는 것에 의해서 밀교행자로서의 자기를 확립할 수 있다. 단순히 사유로서 진리를 사유하는 것은 학수(學修)이고 이해여서 진리를 자신의 생명으로 행위하는 전인적인 체현에는 이르지 못한다. 밀교에서 즉신성불의 교설을 주장하는 것은 진리를 사유적 체관에 의해서 각오하려고 하는 유심적인 경향을 고차적인 입장으로 끌어

올려서 진리를 삼밀로써 행득하는 전인적 불이문(不二門)을 개현하려 한 것이다.

2. 상징양식으로서 삼밀수행의 보편성

인간의 행위를 신체상의 행위, 언어상의 행위 그리고 정신상의 행위로 파악하는 것은 고대 인도 우파니샤드(upaniṣad)에서 이미 볼 수 있고, 니야야(nyāya) 철학자도 설하고 있다. 물론 초기불교, 나아가 마명(馬鳴)의 『불소행찬(佛所行讚)』에도 볼 수 있는 보편적인 인식이고, 불교에서는 이것을 신구의 삼업이라 부르고 있다. 인간의 신구의의 활동은 일상생활에서 뿐만 아니라, 모든 종교의 기초를 이루는 근본적인 것이다. 불교에서는 이 세 가지 행위를 두 가지 입장에서 보고 있다. 먼저 선악을 포함한 일반적인 입장에서 세 가지 행위를 삼업이라 한다. 그러나 보다 분명하게 말하면, 중생의 행위는 부정적인 경우가 많기 때문에 삼업은 중생의 행위를 말한다. 이것을 존재[sein]로서의 행위라 할 수 있다. 그러나 한편 중생이 불성을 가지고 있다는 입장에서 보면 당연하게 중생의 행위는 불의 행위와 같아야 한다. 불의 행위를 중생의 삼업에 대하여 삼밀이라 한다. 따라서 삼밀은 중생의 당위[sollen]으로서의 행위가 된다. 일반적으로 불교에서는 불의 삼업을 삼밀이라 부르나, 밀교에서는 중생의 삼업도 삼밀이라 일컫는 것이다. 그것은 중생의 행위를 당위의 입장에서 보기 때문이다.

당위의 입장에서 보면, 중생의 삼밀과 불의 삼밀은 평등하여 무차별이다. 그러나 존재의 입장에서는 중생의 행위는 그대로 삼업이다. 따라서 중생은 존재로서의 자신을 돌이켜서 당위로서의 자신으로 돌아 갈 수 있는 희망을 가지고 있다. 인간이 가진 보다 본래적인, 그것이 없이는 생존할 수 없는, 생존의 표징(表徵)이라 할 수 있는 몸과 말, 그리고 마음의 활동을 파악하고, 그것을 인격적으로 최고도로 높여 가려는 것은 일체의 종교가 설하는 바를 잘 집약한, 모든 종교의 기반이라 할 수 있다. 단적으로 말하면, 밀교가 말하는 삼업과 삼밀을 말하지 않고 어떠한 종교도 성립할 수 없다고 말하여도 좋을 것이다. 불교의 선(禪), 정토(淨土) 그리고 기독교의 기도 등은 모두 삼밀의 일밀(一密)로 볼 수 있다. 따라서 삼밀수행은 밀교 수행의 안목(眼目)일 뿐만 아니라, 만인이 근거로 행해야 하는 보편적인 도(道)라 할 수 있다.

인간이 삼업의 활동을 최고도로 고양(高揚)시키는 방법론의 입장에서 삼밀수행, 또는 삼밀관행이 시설되어 있다. 삼밀수행은 당위로서의 삼밀을 실현하여 가는 수행법이다. 삼밀수행은 당위로서의 영원상에 입각하여 현존재로서의 자신이 갖추고 있는 존재 의미를 찾는 것을 출발점으로 하고 있다. 이것은 시공간의 제한 속에 존재하는 현존재로서의 자신의 현상을 시공간의 제약을 초월하여 존재하는 당위로서의 자신의 실재의 입장에서 바라보는 것이다. 시공간의 제한을 초월하여 존재하는 당위로서의 자신의 실재의 행위를 상징으로 양식화하여, 그 상징의 양식을 반복적으로 행위함으로서 당위로서의 삼밀을 실현할 수 있도록 자신을 향상시켜 가는 것이다. 당위로서의 실재적인 행위, 즉 삼밀은 불의 행위이기 때문에, 삼밀 행위를 상징으로 양식화 한다는 것은 불의 행위를 상징적인 방법으로 양식화하는 것을 말한다. 이처럼 불의 삼밀을 상징에 의하여 양식화 하여 그것을 반복 수련하는 것을 수행[修觀]으로서 삼밀이라 할 수 있다. 여기서 상징 양식의 요소로서 인계, 진언, 삼매야형, 또는 도상 만다라(圖像曼荼羅)가 채용되고 있다.

당위의 실재적인 세계는 현상 세계의 입장에서는 쉽게 이해되지 않는 심비성을 가진다. 사람은 심비적인 사실을 직접 이해하기 어렵기 때문에 상징이라는 도구를 사용한다. 밀교는 그 자체 심비적 사실을 중심으로 설하기 때문에 상징을 진리 표현의 주요 요소로 삼고 있다. 상징을 심비적 사실의 표현 양식으로서 이해할 때 가장 먼저 생각해야 할 것은 현상 세계는 그대로 실재의 세계를 상징하고 있다는 것이다. 더 정확히 말하면, 일체 현상은 심비의 의미를 상징하고 있다는 것이다. 환언하면, 일체 현상 속에서 심비의 의미를 해독해야 하는 것이다. 일체의 현상은 심비의 의미를 상징하고 있다는 입장에서 보면, 사람의 현상적 행위는 당위로서의 실재적인 행위의 상징이라 할 수 있다.

당위의 실재적인 활동의 상징으로서 대표적인 것이 사람의 마음과 말과 몸의 행위이다. 실재의 활동을 상징하는 인간의 행위 중에서 가장 원시적인 것이 몸짓이다. 몸짓은 인류가 실재의 세계를 표현하는 가장 보편적이고 기본적인 활동이다. 따라서 몸짓은 표현적 형식이고, 진정한 상징이다. 밀교가 육체를 진리 표현의 그릇으로 보는 당위성은 여기에 있다. 나아가 몸짓의 집약적 형태로서의 손짓을 강조하고, 인계(印契, mudrā)를 창안하여 육체 활동의 결정체로 삼고 있다. 이것은 현상 세계를 넘어 실재의 활동을 표현하는 상징이다. 이것을 랑거(Susanne K. Langer)는 현시적(現示的, presentational) 상징체계(象徵體系, symbolism)라 부르고 있다. 몸짓은 언어적 표현과 관계를 가진다. 말의 기원은 감동을 표현하는 부르짖음이다. 부르짖음 차원의 말은 원시적 형태의 말이고, 인간의 동작 그 자체이고, 인간의 전행위(全行爲)의 표현이다. 그것은 단순히 약속의 말이 아니고, 자연법이(自然法爾)의 소리로서 생명의 몸짓, 생명 그 자체이다. 태초에 말[로고스, logos]이 있었다는 창세기의 서두언도 이러한 의미이다. 이러한 말은 본래 법이(法爾)의 생명 활동을 상징하는 말로서 진언(眞言, mantra)이며, 현시적(現示的) 상징체계이다. 랑거는 인간의 개념화한 말을 논변적(論辯的, discursive) 상징체계라 하고, 논변적 상징체계가 감당하지 못하는 경지를 표현하는 형식을 현시적(現示的) 상징체계라 말하고 있다. 그는 논변적 상징체계로서의 말은 소박한 의미의 의사전달의 도구라는 점에서 이성적(理性的, logos) 언어라 부르고, 현시적 상징체계를 감성적(感性的, pathos) 언어라고 하고 있다.

불교는 일반적으로 일상적 언어 체계인 논변적 상징체계의 접견을 거절하는 실재(實在)의 경지를 설한다. 그것은 법신(法身)의 존재이다. 법신의 실상은 모습도 없고, 언어도 미치지 못하는 비밀(秘密)의 경지이기 때문에 논변적 상징체계로는 미치지 못한다. 밀교는 일체의 현상(現象)은 심비(深秘)의 의미를 상징하고 있다고 보기 때문에, 그것은 법신의 몸짓이고, 설법상(說法相)으로 인식하고 있다. 즉 현상계의 일체는 실재의 의미를 말하고 있는 언어라는 것이다. 일체 현상이 말이라면 언어의 근원은 법계의 실재로서 법신이 될 것이다. 법신의 언어는 진실하여 실상(實相)이라는 근거에서 진언이 되는 것이다. 진언은 본래 법(法)으로서 실재의 상징으로 추구될 수 있는 것이다.

밀교는 법신의 경지가 우리들 인간의 심(心)의 심비성과 내질적(內質的)인 관계를 가지고 있는 것을 강조한다. 즉 우주 존재의 비밀과 인간의 마음의 비밀은 심비적 동일선상(同一線上)에 있는 것이다. 이러한 심비성은 생명적 존재에 있어서 생명의 표출(表出)과 관계를 가질 때 상징의 형태를 취하는 것이다. 그 대표적인 형태의 하나가 진언이다. 그러므로 진언은 밖으로는 법신 설법으로서 실재의 상징이면서, 안으로 우리들 인간의 마음의 진실을 표출하는 상징적 언어이다. 따라서 진언은 개념적 분석적 언어에 길들어진 인간이 자신의 내면적 진실을 자각하는 말이면서, 법계의 일체

현상법이 보여주고 있는 심비한 의미를 체득하는 통로가 되는 것이다. 인간의 마음의 내부에는 전체성과 통합성을 지향하는 심비한 활동이 존재한다. 이러한 마음의 심비성을 상징한 것이 만다라이다. 자기 표현이 인생의 구극적인 목적인 것을 도식적으로 나타낸 것이 만다라이다. 상징의 특징이 전체의 통합성이기 때문에 만다라는 상징의 상징이다. 따라서 진언의 근저(根底)에는 심(心)의 심비성이 있고, 그 상징 형태인 만다라가 있다.

법계의 실재의 세계 또는 심비한 마음의 세계는 우선 진언에 의해서 표명(表明)되고, 동시에 인계에 의해서 표명된다. 그리고 만다라에 의해서 완결된다. 의식에 있어서 현시적 상징과 언어에 있어서 현시적 상징, 그리고 신체에 있어서 현시적 상징은 신(身)·어(語)·의(意)의 삼밀이라는 통합적 행위의 상징구조로서 융합할 때 완성된다. 『대일경소』의 "신어의 삼밀평등법문이란 무슨 의미인가. 여래의 여러 가지 삼업은 모두 구극의 경지[第一實際妙極之境]에 이르기 때문에 삼밀이라 한다. 그리고 몸이 말과 평등하고, 말이 마음과 평등하다. 마치 큰 바다의 물은 어디서나 같은 짠 맛을 가지는 것과 같다. 따라서 평등이라 한다"[107]는 내용은 이러한 의미를 전거하고 있다. 밀교는 심비의 진리를 의식(儀式)에 의해서 표현한다. 의식의례 그 자체가 생명의 상징을 의미하고 있기 때문이다. 밀교의 의식 체계는 삼밀의 종합적 행위의 상징체계이다. 진언이 원초적 생명의 소리를 상징하고, 인계가 진리 표현의 그릇으로서 육체 활동의 결정체이며, 만다라는 심비한 인간 내면의 상징 표현이라는 면에서 보면, 의식의례는 진언과 인계, 그리고 만다라가 상징체계로서 복합적으로 작용할 때, 밀교가 추구하는 종교적 이상의 경지, 심비적 현상을 체득할 수 있게 된다. 신(身)·어(語)·의(意)의 활동이 불가분의 관계에 있어서 동시적으로 작용하는 것은 동물진화의 과정에서 밝힐 수 있다. 인간의 직립(直立)에 의하여 손[手]이라는 기능이 나타난다. 손이 자유로워지면서 입[口]이 해방되어 말이 창안되었다. 직립에 의하여 뇌가 중압(重壓)에서 벗어나서 대뇌의 발달이 크게 되었다. 이것은 그대로 삼밀상응의 근거를 말하고 있다. 삼밀상응의 정형화(定型化)가 밀교 의식의 내질(內質)을 이루고 있으므로 그것은 생명 존재의 개방과 확인을 의미한다. 밀교는 심비성을 본지로 하면서 표현주의의 입장을 취한다. 조

---

107 『大日經疏』(『大正藏』39, 583상). "身語意三平等法門'言 如來種種三業 皆至第一實際妙極之境 身等於語 語等於心 猶如大海 遍一切處同一鹹味 故云 平等也."

형화된 것에 진리의 의미를 무한히 탐구한다. 의식의례는 일련(一連)의 체계적 동작에 의한 상징의 형성을 기도(企圖)하는 것이다. 밀교에 있어서 교리, 의식의례, 나아가 실천행위의 모든 것은 상징의 해독을 목표로 하고 있다. 이 상징의 해독은 삼밀상응이라는 통합적 행위에 의해서 완성된다. 그 완성의 세계가 만다라의 세계이다. 따라서 삼밀수행은 자기 완성을 향하는 인간의 보편적 행위이라 할 수 있다. ❁

김무생 (위덕대)

우리말 불교개념 사전

즉신성불

한 卽身成佛

Ⅰ. 어원 및 개념

즉신성불(卽身成佛)은 밀교에서 현실의 몸을 지닌 채 그대로 성불할 수 있음을 말한 것으로, 진언행자가 처음 보리심을 낸 후 현교와 같이 삼아승지겁의 오랜 시간을 거쳐 수행하지 않고 육신을 버리지 않은 채 성불할 수 있음을 가리킨다. 즉신성불과 가까운 말은 현신성불(現身成佛), 현생성불(現生成佛) 등이 있다.

즉신성불의 용어는 한국을 비롯한 중국, 일본의 한자문화권 밀교에 국한된 것이기 때문에 범어나 빠알리어, 티벳어 등의 다른 용례는 보이지 않는다. 그러나 즉신성불사상은 인도 대승불교의 중관, 유식, 여래장사상 등으로부터 범부의 현실이 진여의 불성과 다르지 않다는 교리적 해석에서 성립되었으며 기본적으로 인도나 티벳밀교와 공통된 수행이념을 가지고 있다. 인도밀교와 북방 대승불교권의 밀교는 문화와 종교, 지리적인 다른 배경 때문에 각기 고유의 특성이 반영되어 전개되었다. 북방 대승불교권의 밀교가『대일경』과『금강정경』을 중심으로 전개된 반면, 인도밀교는 범부의 육신과 번뇌를 불성의 실체로 관조하는 탄트라불교가 성행하였다.

또한 즉신성불사상은 부처와 중생이 본래 다르지 않으며, 그 본성이 진여로서 평등하다는 사상에서 비롯된 것으로 즉신성불의 수행은 중생의 번뇌와 육체를 버리지 않고 범부의 현실에 내재된 불성을 관조하여 불지(佛智)를 실현하는 유가행의 수행에 근거하고 있다. 따라서 즉신성불은 부처와 중생 또는 생사와 열반이 다르지 않으며 범부의 육체와 정신에 법계의 진리가 이미 구현되어 있다는 교리와 중생의 의식을 붓다의 지혜로 전환하는 전식득지(轉識得智)의 유가수행에 기초하여 삼밀가지(三密加持)나 만다라(曼荼羅)를 관하는 밀교수행이 실천적 기조를 이루고 있다.

즉신성불사상이 밀교적으로 체계화된 것은 7중엽 이후『대일경』과『금강정경』등의 밀교경전의 성립에 의해 이루어졌다. 즉신성불의 용어를 처음 볼 수 있는 것은 당 시대 불공(不空)의『보리심론(菩提心論)』에서 "보리심을 처음 발한 후 오로지 진언법 가운데 즉신성불을 이룬다"고 한데서 볼 수 있으며, 사상적으로 즉신성불에 해당하는 현신성불, 속질성불(速疾成佛) 등의 다른 용어를 중국의 종파불교에서 찾아볼 수 있다.

즉신성불의 교리와 수행이념은 일본의 공해(空海)가 지은『즉신성불의(卽身成佛義)』에서 확립되었으며, 여기서 공해는 육대(六大)와 사만다라(四曼荼羅), 삼밀(三密)설을 주장하고, 실천적으로 중생의 신(身)·어(語)·의(意)를 부처의 삼밀인 신밀(身密), 구밀(口密), 의밀(意密)에 가지함으로써 범부의 몸과 마음을 지닌 채 대일여래(大日如來)의 불과를 증득할 수 있다는 즉신성불의 교리와 수행을 주장하였다.

Ⅱ. 즉신성불사상의 형성과 전개

1. 즉신성불사상의 형성

석가모니 부처님의 교설을 전한『아함경』에는 열반이나 해탈을 얻기 위해 육신과 이로부터 비롯된 번뇌를 끊어야 한다고 설하였으며, 번뇌를 끊은 최고의 성자를 아라한이라 정의하였다. 즉신성불은 범부가 육신을 가진 채 성불한다는 뜻을 지녔기 때문에 초기불교의 수행이념과 다른 점이 있다. 그러나 초기불교에서 볼 수 있는 유여열반(有餘涅槃)의 개념은 아라한이 육신을 지닌 채 정신적인 열반에 든다는 뜻에서 즉신성불과 약간의 상통하는 점을 발견할 수 있다. 즉 초기불교의 열반과 해탈, 또는 아라한과의 증득은 심해탈(心解脫)과 혜해탈(慧解脫)과 같이 중생의 감정적이거나, 지적인 무명으로부터 벗어나는 것이기 때문에 근본적으로 육체의 부정이나, 육신의 소멸은 해탈이나 열반의 전제 조건은 아닌 것이다.

『잡아함경』 189경에는 안이비설신의(眼耳鼻舌身意)의 오감과 마음에 대해 탐욕을 끊음으로서 바른 마음의 해탈을 얻는다고 하였으며,[1] 같은 경 259경에는 아라한은 오음(五陰)에 대해 공(空)과 무상(無常)을 사유함으로써 해탈이 증득된다고 설한 사례를 볼 수 있다.[2] 초기불교의 중도설은 아라한이 되기 위해 중생의 현실적 육체에 대한 집착을 끊어야 한다고 설하지만, 근본적으로 연기와 법을 바르게 이해함으로써 육체의 실상을 바로 아는 지혜에 의해 해탈이 비롯된다고 설한다. 『잡아함경』 72경에는 오음에 대해 탐욕을 끊는 것이 바른 지(智)이며, 이것이 아라한이라 하였고,[3] 같은 경전 642경에는 부동의해탈(不動意解脫)에 대해 "일체의 존재가 다한 것이며, 제근(諸根)을 모두 구족하고, 제근의 적정을 즐기며, 최후신(最後身)을 지니고 마와 원적들을 항복시킨다"[4]라고 하여 육신을 지닌 채 해탈의 경지를 성취한 최후의 삶을 설하기도 하였다. 이처럼 초기불교의 가르침은 육체의 바른 실상을 깨달아 해탈을 성취하고, 그로 인해 마지막 생의 육체에 유희함으로써 중생을 구호할 수 있음을 설하였다.

초기불교의 육체의 긍정과 부정의 이변(二邊)을 떠나 아라한을 성취할 수 있다는 중도의 논리는 대승불교시대에서 반야사상과 중관의 논리에 의해 성숙되어 이후 밀교의 즉신성불사상의 교리적 기반이 되었다.

초기 대승불교사상을 보여주는 『도행반야경(道行般若經)』을 비롯해 이후 성립된 방대한 반야부 경전에 설해진 내용은 대승불교사상의 중심을 이루는 보살사상과 반야사상, 그리고 육바라밀의 수행 등이 설해져 있다. 반야부 경전에 설해진 반야바라밀(般若波羅蜜)사상 보살이 일체존재의 실체에 대한 무자성(無自性)의 도리를 깨닫는 것으로 이후 대승불교의 해탈과

1 『雜阿含經』 189(『大正藏』 2권, 49중)
2 『雜阿含經』 259(『大正藏』 2권, 65하)
3 『雜阿含經』 72(『大正藏』 2권, 19상)
4 『雜阿含經』 642(『大正藏』 2권, 182상)

열반, 불신(佛身)사상 등의 제반 교리의 근간이 되었고 밀교사상의 형성에도 결정적 기여를 하였다. 『반야경』의 공사상을 해석한 중관사상은 유식사상과 함께 인도 대승교학의 2대 흐름을 형성하였고, 중관학의 기초를 세운 용수보살은 『중론(中論)』에서 모든 존재가 연기성(緣起性)이기 때문에 그 자체의 고유한 자성(自性)이 없는 공성이며, 바른 깨달음은 유(有)·무(無)의 이변을 떠나 중도(中道)의 실상을 바르게 아는 것이라고 주장하였다. 이러한 반야사상의 교리는 이제설(二諦說)에 입각해 붓다의 궁극적 깨달음은 생사와 열반의 현실마저 차별이 없으며 나아가 중생의 현실과 번뇌마저도 법계의 본래자성으로 이해하는 사상으로 발전하였다.

『대반야경』 권578의 「반야이취분(般若理趣分)」에는 보살의 지혜에 의해 비추어진 육체와 욕망의 현실에 대해 본래 구족한 청정한 자성에 대해 다루어진 것으로 보살의 지혜에 의해 비추어진 육체는 곧 청정한 법계의 진리(印)임을 설하는 것이 주요내용이다. 같은 경전의 설주인 세존은 욕계의 정상에 머물고, 큰 광명인 신어심(身語心)의 자성에 머물며, 금강 등의 여래들은 부동이며 쇠퇴함이 없다고 설하여 『대일경』의 성립 이후에서 볼 수 있는 밀교사상의 색채가 짙은 내용을 보이고 있다.[5] 또한 보살이 머무는 세계는 온처계(蘊處界)가 청정한 세계[句]에 머문다고 설하여,[6] 반야의 지혜가 공사상으로부터 육체와 번뇌긍정의 밀교사상으로 전개되는 과도기적인 모습을 보여주고 있다.

불공삼장 번역의 『대락금강불공진실삼매야경(大樂金剛不空眞實三昧耶經)』은 정비된 만다라와 진언(眞言), 수인(手印), 불형(佛形)을 설한 밀교경전으로 경전에는 "이때 자성청정(自性淸淨)의 법성(法性)을 증득하신 부처님께서 다시 관자재보살의 지혜인(智慧印)으로부터 출생한 반야(般若)의 일체법평등의 이취(理趣)를 설하셨다. 이른바 세간의 모든 욕망은 청정하기 때문에 세간의 모든 티끌이 청정하며, 세간의 모든 때가 청정하기 때문에 세간의 모든 죄가 청정하며, 세간의 일체법이 청정하기 때문에 세간의 모든 존재가 청정하며, 세간의 모든 지혜가 청정하기 때문에 곧 반야바라밀다가 청정하다"[7]라고 하여 중생의 현실세계가 곧 법계실상의 청정한 세계와 다르지 않음을 설하고, 또한 '17청정구(淸淨句)'를 통해 중생의 번뇌

---

5 「般若理趣分」, 『大般若經』 578(『大正藏』 7권, 986중)
6 「般若理趣分」, 『大般若經』 578(『大正藏』 7권, 986중)
7 『大樂金剛不空眞實三麼耶經』(『大正藏』8, 784하)

와 육체 그리고 오감의 세계가 곧 열반의 현실과 다르지 않음을 구체적으로 나열하였다. 이와 같이 반야사상의 전개는 반야바라밀다의 지혜가 육체적 현실이 청정한 법계의 실상을 깨닫는 것임을 설하고, 『이취경』에서 밀교의 만다라관을 통해 육신을 지닌 채 법계의 실상을 실현하는 즉신성불의 정비된 수행을 발전한 전개과정을 보여주고 있다.

한편 대승불교사상에 입각해 붓다의 열반의 세계가 설해진 담무참역의 『대반열반경』[8] 권23에는 여래의 열반에 상락아정(常樂我淨)의 4덕이 있다고 설하고, 이승(二乘)에도 열반을 설하지만 대승의 열반은 대상락아정(大常樂我淨)으로서 중생구호를 위한 불신을 자유자재로 구현할 수 있다고 설해져 있다. 여기서 여래의 몸은 금강과 같이 파괴되지 않으며 번뇌와 무상(無常)의 몸이 아닌 대락(大樂)이라 설하여 열반의 몸은 법신인 동시에 중생구호를 위한 불신임이 설해졌다.[9] 또한 이러한 법신으로부터 나투어진 응신의 구현은 중생의 육근의 영역에서 실현될 수 있다고 하여 중생의 몸을 통해 불신이 실현될 수 있음이 설해졌다.[10]

『열반경』에서 열반의 몸으로서 법신의 중생구호의 위신력에 대해 설하고, 불신을 통해 육신과 생사의 현실에도 자재할 수 있다고 해석한 것은 유식사상에서 세밀히 연구되었다. 세친(世親)은 『섭대승론석』에서 “방편에 뛰어남을 갖추어 생사를 버리지 않지만 염오되지 않으며 이것이 방편에 선교(善巧)한 바라밀이라 설하였으며[11], 또한 여래의 열반은 생사와 열반에 차이를 두지 않는 이유로서 유식의 삼성(三性)에서 이루어지는 것이 비밀스런 뜻이라 하였다.[12]

유식학의 이론을 실천화한 유가행파의 수행은 보살의 수행에 대해 중생의 의식을 불지(佛智)로 전환하는 전식득지(轉識得智)의 수행으로 이후 진언유가를 다룬 밀교수행 성립의 근간이 된다. 불공삼장의 『이취경』에서 설주인 비로자나여래는 일체여래의 금강가지에 의한 삼매야지(三昧耶智)를 성취하였고, 유가에 자재하였다고 설해졌다.[13] 『이취경』을 비롯한 『금강정

8 『大般涅槃經』(『大正藏』 12권, 365상)
9 『大般涅槃經』(『大正藏』 12권, 503중)
10 『大般涅槃經』(『大正藏』 12권, 503상)
11 『攝大乘論釋』(『大正藏』 31권, 360상)
12 『攝大乘論釋』(『大正藏』 31권, 345상)
13 『大樂金剛不空眞實三麽耶經』(『大正藏』 8권, 784상)

경』 등의 밀교수행은 밀교경전의 분류상 유가부 밀교에 속하며, 이는 현실의 몸 그대로 불신의 청정함을 구현하는 현신성불이 근본적으로 유가수행에 의한 불신의 실현에 있음을 보여주는 것이다.

2. 대승불교경전의 현신성불

대승불교사상의 전개 가운데 일부는 초기불교교단의 전통에서 비롯된 역사적 실체의 불신관으로 부터 탈피하여 법신과 보신, 화신 등의 보편적인 불신관이 성립되고, 수행주체도 상좌중심의 전문 출가자로부터 보살이라는 보편적인 수행자로 바뀌었다. 『법화경』에는 이승(二乘)의 출가자를 비판하고 대승불교의 보살승을 옹호하며 궁극적으로 이승과 보살의 대립된 개념마저 초월한 일승(一乘)설이 설해져 있다. 보살의 입장에서 이승을 비판한 대목이 설해진 장면은 구마라집 번역의 『법화경』 권4의 「제바달다품(提婆達多品)」에서 사리불이 여인은 5가지의 장애가 있어 성불하기 어렵다고 설하는 대목이 나오며 이때 용녀는 부처님에게 보주(寶珠)를 헌납하고 곧바로 남자의 몸으로 변하여 보살행을 갖춘 후 남방세계의 보련화에 앉아 성불하는 장면이 나온다.[14] 경전의 내용은 여인은 성불하기 어렵다는 상좌부의 전통적 관념에 대해 보살행의 조건이 충족할 때에 남성의 몸으로 변신하여 성불이 실현할 수 있음을 설한 것으로 상좌부의 전통적 학설들의 오류를 진보적 해석에서 비판한 것이라 할 수 있다.

또한 법계연기(法界緣起)를 설한 『화엄경』의 경우 중생의 세계가 다하도록 영원히 성불치 않는 보살사상의 대승적 이념이 극대화된 보현행원(普賢行願)이 설해져 있다. 경전의 「이세간품(離世間品)」에서 세존은 무수한 보살에 둘러 쌓여져 있는데, 보살들은 모두 방편의 지혜를 갖추고 중생을 구호하며 모두 일체지를 얻고 보현행원을 구족한다고 하였다. 특히 경전에 설해진 10분의 보살들은 부처가 될 것을 수기 받고 현재의 몸으로 성불한다[現身成佛]고 하였다.[15] 경전에 설해진 보살의 수행은 『화엄경』의 전체에 걸쳐 설해진 법신 비로자나불의 위신력에서 볼 수 있는 지혜와 방편을 구족한 것이기 때문에 보현보살은 비로자나불의 본심에서 출현한 것으로 볼 수

14 『妙法蓮華經』(『大正藏』 9권, 35하)
15 「離世間品」 80권 『華嚴經』 권53(『大正藏』 10권, 279상)

있으며, 이는 밀교경전에서 볼 수 있는 만다라의 주존과 협존보살의 상호관계와 유사하다. 또한 보살들이 중생들을 구호하고, 중생들에게 불지를 구현케하고 청정케하는 장면들은 밀교경전에서 설한 만다라와 불신관과 유사하다. 이처럼 『화엄경』의 보살관은 밀교경전에서 설해진 진언문의 보살과는 수행이념에서 차이가 있지만, 『화엄경』의 사상이 밀교에서 설해진 보살관을 지향한다는 점에서 『화엄경』이 『대일경』의 법신관을 비롯한 밀교사상의 성립에 많은 기여를 하였다고 볼 수 있다.

3. 『대일경』의 즉신성불

『대일경』[16] 7세기 중반에서 성립된 것으로 중국 당나라에 건너간 인도승려인 선무외삼장(善無畏, 637~735)에 의해 725년에 번역된 경전이다. 초기밀교의 현세이익을 위한 진언중심의 초기밀교로 부터 성불을 목적으로 한 체계화된 밀교를 기술한 경전으로 인도 밀교의 성립에 결정적인 기여를 하였다. 인도밀교가 탄트라 밀교로 발전한 반면 『대일경』은 『금강정경』과 함께 한반도와 중국, 일본의 밀교 전통에서 태장계(胎藏界)와 금강계(金剛界)의 양부수법을 형성하였다.

『대일경』의 초품에 해당하는 「입진언문주심품(入眞言門住心品)」[17]은 밀교수행의 교리적 배경이 주로 설해진 것으로 교주인 비로자나여래는 일체지지(一切智智)를 통해 중생을 위한 신변을 보인 장면이 설해지는데, 경전에는 일체지지를 묻는 지금강에게 "보리심을 인으로 하고, 자비심을 근본으로 하며 방편을 구경으로 한다"[18]는 '삼구(三句)의 법문'이 설해져 있다. 삼구의 법문은 진언문의 궁극적 성불이 중생구호를 위한 방편의 구현에 목적이 있다고 설하고 있다. 또한 이러한 방편의 구현에 대해 진언행자의 마음이 곧 법계이며, 깨달음의 청정한 본성이 구현되어 있다고 설하여,[19] 대승불교의 교리를 근거로 진언문 수행자의 보편적인 깨달음과 중생구호의 실체인 법신의 종교적 이상을 일치시키는 새로운 전통을 세웠다.

한편 『대일경』에서 설해진 진언문의 수행은 아자관(阿字觀)을 비롯해 오

---

16 『大毘盧遮那成佛身變加持經-이하 大日經)』(『大正藏』 18권, 1)
17 『大日經』(『大正藏』 18권, 1)
18 『大日經』(『大正藏』 18권, 1중)
19 『大日經』(『大正藏』 18권, 1하)

자엄신관(五字嚴身觀), 삼밀유가(三密瑜伽)의 만다라관 등이 설해져 있다. 경전의 「전자륜만다라행품(轉字輪漫荼羅行品)」에서 비로자나 여래는 "나는 일체의 본초이며, 세간이 의지하는 바라 이름한다. 법을 설함에 비길 바가 없으며 본적하여 위가 없다"[20]라고 설하여 법신의 절대성과 불변성을 설하고 이어 유가삼매를 통해 자신의 몸체에 종자를 출현시키고 있다.[21] 경전에 설해진 종자의 목적은 수행자 자신의 몸에 종자를 배열하여 중생과 법신이 다르지 않음을 관하는 것으로 수행자는 현실의 몸 그대로 불신을 실현하는 즉신성불의 수행을 실천한다.

종자관 가운데 아자관(阿字觀)은 종자인 아(阿)자를 관상하는 것으로 비로자나여래의 본심으로서 제법이 본래 나지 않음[本不生]을 깨닫기 위한 유가관이다. 아자관은 다른 이름으로 아자월륜관(阿字月輪觀)·정보리심관(淨菩提心觀)·일체속질력삼매(一體速疾力三昧)라고도 한다. 『대일경』의 「실지출현품(悉地出現品)」에는 "진언문을 통해 수행하는 보살들은 본존인 아자가 곧 자신이 되어 안팎이 동일하다. 모든 논리와 세간의 이익을 버리고 금의 보배를 모래와 같이 여긴다. 모든 죄업을 멀리하고 탐진 등의 번뇌를 버려 반드시 청정함을 갖춤이 부처님 성인과 같으니 능히 모든 이익을 성취하고 모든 죄과를 떠나게 된다"[22]라고 하여, 근본적으로 아자관을 통해 현실의 세계에서 내면적인 번뇌를 극복하고, 일체지지를 실현하는 비로자나 여래의 불신을 실현하는 수행목적을 설하고 있다.

오자엄신관은 신체에 다섯 종자인 a(阿)·va(鑁)·ra(囕)·ha(唅)·kha(佉)[或阿·縛·羅·賀·佉]의 다섯 글자를 포치하여 자신의 신체를 장엄하는 것이다. 다른 말로 오대성신관(五大成身觀)·오륜성신관(五輪成身觀)·오륜관(五輪觀)이라 부르며, 밀교수행자는 수행자의 몸은 불탑과 같이 관하기 때문에 대솔도파관(大率都婆). 또는 솔도파관(率都婆觀)이라 부른다. 오자엄신관은 태장계법에서 육신을 지닌 채 단박에 깨닫는수행이라고 설해진다. 『대일경』에는 "본존의 유가에 머물 때 오자로서 가지한다. 하체로부터 아랫배, 가슴, 정수리 미간에 대해 삼매에 머물러 배치한다. 이로 인해 법에 머물 때 곧 성인인 본존과 같게 된다"[23]라고 하였다.

20 『大日經』(『大正藏』 18권, 22중)
21 『大日經』(『大正藏』 18권, 22하)
22 『大日經』(『大正藏』 18권, 21상)
23 『大日經』(『大正藏』 18권, 52중)

『대일경』에는 종자관 외에 수인과 불형의 관법을 종합적으로 결합시킨 만다라관이 더해져 있는데, 이때 관법의 대상이 되는 종자와 수인, 불형을 '자인형(字印形)'의 삼종법신(三種法身)이라 이름하며, 진언행자는 삼종법신을 만다라의 의궤에 따라 진언을 염송하고, 수인을 결하고, 불형을 자신의 몸과 동일하게 관하는 유가를 의궤에 따라 실천한다. 또한 진언행자는 불보살의 신밀과 어밀, 심밀의 삼밀을 자신의 삼업에 일치시킴으로써 현실의 몸을 지닌 채 불보살의 세계를 구현하는 삼밀가지(三密可持)의 수행이 있는데, 이처럼 삼종법신이나 삼밀가지의 수행은 모두 현실의 몸을 지닌 채 성불의 세계를 구현하는 즉신성불(卽身成佛)의 수행을 근본목적으로 삼는 것이다.

『대일경』의 「설본존삼매품(說本尊三昧品)」에는 본존의 형태를 관하는 수행목적에 대해 진언문을 수행하는 모든 보살들로 하여금 본존의 형(形)을 관함으로써 본존의 몸이 자신의 몸이 되게 하고 의혹이 없이 실지를 구현한다고 하였고, 본존의 형태로는 진언, 수인, 불형의 세 가지가 있음을 밝혔다.[24] 또한 삼종법신의 유가관을 통해 진언문의 수행자는 형태가 있는 유상(有想)의 불신과, 형태를 떠난 무상(無想)의 두 가지 불형을 관하여 각기 유상실지와 무상실지를 성취한다고 했는데, 유상실지는 현상적인 몸을 통해 중생을 구호하는 것이고, 무상실지는 공성에 입각한 출세간적인 실지이다.[25]

이와 같이 『대일경』에서 설해진 만다라관, 아자관, 오자엄신관 등의 모든 진언문의 수행은 근본적으로 「입진언문주심품」에서 설해진 일체지지의 구현에 바탕을 둔 것으로 삼밀가지를 비롯한 즉신성불의 수행이념은 『금강정경』을 비롯해 후기밀교의 탄트라경전에 이르기 까지 모든 밀교경궤에 적용된 모습을 볼 수 있다.

4. 『금강정경』과 즉신성불

『금강정경』은 3권으로 이루어져 있으며 원래 광본(廣本)의 경전은 18부(部), 10만 송(頌)으로 이루어져 있다고 하나 전해지지 않는다. 현재 『금강정경』이라 하면 18부의 초회에 해당하는 약본의 『진실섭경』을 가리킨다.

24 『大日經』(『大正藏』 18권, 4상)
25 『大正藏』(『大正藏』 18권, 44상)

경전의 초품의 내용은 일체의성취보살(一切義成就)보살이 오상성신관(五相成身觀)을 통해 보리도량(菩提道場)에서 깨달음을 얻은 뒤에 도리천(忉利天)에서 설법하고, 다시 보리도량에 돌아와 법을 설하는 것으로 되어 있다. 이후 경전을 이루는 내용은 금강계만다라(金剛界曼荼羅)의 관정(灌頂) 의식과 37존의 진언(眞言)과 수인(手印), 불형(佛形) 등이 설해져 있다. 『대일경』과 비교해 『금강정경』은 진언문의 수행이념을 더욱 발전시킨 것으로 『대일경』이 지닌 의례적 요소를 극복하여 유가수행으로서 밀교수행의 본질을 심화시켰기 때문에 티벳불교에서는 유가부 밀교로 분류하고 있다.

오상성신관은 수행자의 자심(自心)을 보름달로 관하여[26] 보리심을 수습하는 수행으로 모두 다섯 단계로 구성되어 있다.[27]

① 통달보리심(通達菩提心): 범부에게 본래 갖추고 있는 보리심이 있다는 것을 아는 단계로 수행자는 가슴에 월륜을 관상하고, 16종자를 관하여 마음의 공성을 깨달으려 노력하는 단계이다.

② 수보리심(修菩提心): 수행자의 보리심이 점차 분명하게 모습을 드러내는 단계이다.

③ 성금강심(成金剛心): 수행자 자신이 본래 갖추고 있는 보리심이 드러나 마음의 불변성을 깨닫는 단계이다. 구체적으로 수행자는 자신의 가슴에 월륜을 떠올리고, 그 위에 오고금강저를 관상한다. 이 성금강심관에는 두 종류가 있는데, 하나는 광(廣)금강관으로 본존을 법계에 넓히는 것이고, 염(斂)금강관은 확대된 본존을 자신의 마음속에 거두어 들이는 것이다. 이로 인해 수행자는 자신이 곧 법신임을 깨닫는다.

④ 증금강신(證金剛身): 행자 자신의 마음 뿐만 아니라 말과 마음도 붓다의 실체와 동일함을 깨닫는 것이다. 즉 순서적으로 금강심(金剛心), 금강어(金剛語), 금강신(金剛身)을 증득하는 단계이다.

⑤ 불신원만(佛身圓滿觀): 수행자가 곧 불신(佛身)으로서 완전한 성불을 실현하는 단계이다.

---

26 선무외삼장은 보리심을 달에 관조하는 것에 대해 다음과 같이 설하고 있다. "달을 관하는 방편은 세 가지 뜻이 있다. 첫째는 자성이 청정하다는 뜻으로 탐욕의 허물을 떠난 것이며, 둘째는 청량하다는 뜻이니 분노의 뜨거운 번뇌를 떠났기 때문이며, 셋째는 광명의 뜻이니 어리석음의 어두움을 떠났기 때문이다. 이것이 달을 비유로 든 이유이다(以觀月爲方便 具有三義 一者自性清淨義 離貪慾垢故 二者清凉義 離瞋熱惱故 三者光明義 離愚暗故 所以取月爲喩.『無畏三藏禪要』(『大正藏』18권, 908중)"

27 서윤길편저, 『밀교사상사개론』(서울: 불교총지종 법장원, 2003), 373면.

이상 오상성신관 가운데 즉신성불과 관련된 것으로 네 번째인 증금강신(證金剛身)의 단계에서 『금강정경』에는 '옴, 나는 금강을 자성으로 한다(om vajratmako 'ham)'라는 진언을 외우고, 일체여래의 신어심금강계가 일체여래의 가지에 의해 금강살타에 들고, 일체여래는 일체의성취보살에 대해 금강계(金剛界)라는 명호로 관정을 하사한다.[28] 또한 다섯 번째인 불신원만의 단계는 『금강정경』의 원문에서 '옴, 일체의 여래와 같이 나도 또한 그러하다(oṃ yathā sarvatathāgatās tathā 'ham)'라는 진언을 설하는데, 금강계살타가 된 일체의성취보살은 자신이 여래의 몸과 같이 불형(佛形)으로 전환된 모습을 보게 된다.[29] 이처럼 오상성신관은 보리심의 자각을 통해 현실의 몸을 두고 즉신성불의 수행이념을 실현하는 모습을 구현해내는 수행을 보여주고 있다.

5. 공해(空海)의 『즉신성불의(卽身成佛義)』

즉신성불의 교리적, 실천적 체계를 확립한 『즉신성불의(卽身成佛義)』[30]는 일본의 공해(空海)가 찬술한 것으로 줄여서 『즉신의(卽身義)』라고도 한다. 본 책의 내용은 『금강정경』·『대일경』·『보리심론(菩提心論)』과 화엄의 법계관을 반영시켜 육대무애(六大無礙)설 등 밀교의 근본이 되는 요의를 기술한 것이다. 여기에 따르면 진언행자가 육신을 가진 채 대일여래의 진리를 몸소 실현함으로써 즉신성불이 가능하다고 설하고 있으며, 후에 일본의 진언종과 천태종의 밀교 교학의 기초를 마련하였다.

공해는 774년 시코쿠 사누키국(讃岐國)에서 태어났고, 18세 때 유학을 공부했으나, 불법에 뜻을 두어 20세 때 곤조(勤操, 758~827)에게 출가하였다. 24세 때는 『삼교지귀(三教指歸)』라는 책을 저술하여 유교와 불교·도교를 비교하고 불교가 수승함을 설하였다. 그는 30세 무렵에는 당나라로 건너가 청룡사의 혜과(惠果)를 만나 밀교를 배웠고, 귀국하기 전 불상, 만다라, 법구, 혜과의 유물 등 많은 밀교자료를 수집해 귀국하였다. 귀국 후 밀교 경전을 널리 전파하고 이른바 동밀(東密) 일파를 개창하였으며, 고야산(高野山)에서 일본 진언종의 독립과 발전을 위해 노력하다가 62세의 나이

28 『금강정경』(『大正藏』 18권, 218상)
29 『금강정경』(『大正藏』 18권, 218상)
30 『卽身成佛義』(『大正藏』 77권, 381상)

로 입적하였다. 그는 저서로 『십주심론(十住心論)』, 『대일경약석(大日經略釋)』, 『금강정경약석(金剛頂經略釋)』 등을 지었다.

공해는 『즉신성불의』에서 즉신성불의 주장의 근거로 『금강정경』에서 설한 오상성신관의 현증보리가 곧 즉신성불의 근거임을 설하고,[31] "만약 부처님의 지혜를 구하려는 이는 보리심에 통달하고 부모님에게서 태어난 몸으로 속해 대각의 지위에 오른다"라고 하였다.[32] 다음에 『즉신성불의』에 나온 전체내용의 요약은 다음과 같이 설해져 있다. "게송에 이르길, 육대가 무애함이 항상한 유가이며 [體], 사종의 만다라는 서로 떼어 놀 수 없는 것으로 [相], 삼밀에 가지하여 신속히 드러난다[用]. 중중의 무수한 제망이 곧 몸이며[제불의 무애함], 법 그대로 구족함이 살바야(一切智)이다. [법신불로 성불한다], 심수와 심왕이 티끌의 세계보다 많으니 [무수함], 각기 오지와 무애지를 갖추었다. [둥글고 원만함], 대원경지의 힘으로 실로 불지를 깨닫는다[이 사구게를 설하는 것으로 佛의 일자를 밝힌다.]"[33]라고 되어있다.

『즉신성불의』는 위의 게송대로 즉신성불의 이론과 수행과 과위를 『화엄경』의 법계관과 『대일경』의 불신관, 심왕설과 유식설을 반영하여 게송을 구성하였다. 요약하면 법신과 중생신이 다르지 않음을 육대(六大)·사만(四曼)·삼밀(三密)의 순서로 밝힌 것은 이구성불(理具成佛)이며, 수행은 아자관을 비롯해 오상성신관, 오자엄신관으로 구성된 것이 가지성불(加持成佛), 그리고 현실에서 범부의 몸으로 비로자나여래의 지위를 증득하는 증과인 현득성불(顯得成佛)이다. 이 가운데 즉신성불의 교리적 실체인 이구성불(理具成佛)의 육대·사만·삼밀설을 인용하여 설명하면 다음과 같다.

① 육대설: 공해는 즉신성불의 이론적 기반으로 육대설을 비롯해 사만다라와 삼밀을 설한다. 육대는 공해의 독창적인 학설로 『대일경』의 오대설과 『금강정경』의 식대를 합하여 육대설을 주장하였다. 『대일경』의 오대설은 지대, 수대, 화대, 풍대, 공대이고, 『금강정경』의 식대는 유가수행자의 의식으로서 오상성신관의 유가수행이 진언행자의 의식을 비로자나여래의 불지로 전환하는 수행인데서 기인한 것이다. 육대설은 중국의 밀교학이 양부경전을 중심으로 태장계만다라를 대일여래의 이(理)의 발현으로, 금강계만다라를 지(智)의 발현으로 해석한 사실에서 이지불이(理智不二)의 교리를 육

31 『卽身成佛義』(『大正藏』 77권, 381중)
32 『卽身成佛義』(『大正藏』 77권, 381하)
33 『卽身成佛義』(『大正藏』 77권, 381하)

대설로 편성한 것이다. 공해는 네 가지 불신과 삼세간의 성립근거를 육대라는 통일된 요소설로부터 설명하려 했으며,[34] 육대설은 인도나 중국의 밀교에서 볼 수 없는 독특한 주장으로 일본 진언교학의 특징이라 할 수 있다.

② 사만다라(四曼荼羅): 사만다라는『대일경』의 삼종법신과 사인설(四印說)에서 기인한 것이다. 삼종법신은 종자, 수인, 불형으로 이루어진 자(字)·인(印)·형(形)으로 진언행자가 비로자나여래의 자성을 관할 때 관법의 대상인 소연이 다양한 형태로 표현된 것이다. 사인은『금강정경』에서 비로자나여래를 만다라의 세계에서 구현할 때 불신과 진언, 상징물과 활동의 세계를 순서적으로 대만다라, 법만다라, 삼매야만다라, 갈마만다라로 분류한 것이다. 공해는 삼종법신을 사인설과 결합시켜 "사종만다라는 떨어질 수 없다는 것으로『대일경』에 설하길 일체여래가 세 가지 비밀한 몸을 가지고 있다. 이른바 자와 인과 형상이라고 하였다. 여기서 자(字)는 법만다라이다. 인(印)은 여러 가지 표식이니, 곧 삼매야만다라이다. 형(形)은 상호를 구족한 불신이니 즉 대만다라이다. 이 세 가지의 불신은 각기 위의와 사업을 갖추고 있으니 이를 갈마만다라라 이름한다"[35]하여『대일경』의 불신설과『금강정경』의 불신설을 결합시켜 회통하려한 의도를 보여 주고 있다.

③ 삼밀(三密): 삼밀가지는 비로자나여래의 삼밀을 중생의 삼업에서 실현하는 것이다. 근본적으로 여래와 중생은 동일한 자성으로 진언행자는 자신의 삼업이 법신불의 자성과 다르지 않음을 관함으로써 신속히 비로자나여래의 지위를 획득한다. 이것을 밀교에서 삼밀가지라 말한다.『즉신성불의』에서는 "삼밀가지로써 속히 드러난다는 것에서 삼밀은 첫째 신밀, 둘째 어밀, 셋째 심밀이다. 법신불의 삼밀은 깊고 미세하여 등각이나, 십지 등의 보살이 보거나 들을 수 없기 때문에 밀(密)이라 한다. 개개의 존이 티끌과 같이 무수한 삼밀을 갖추었으며, 서로 가입(加入)할 수 있으며, 피차가 서로 섭지(攝持)할 수 있다. 중생의 삼밀도 또한 이와 같기 때문에 삼밀가지라 이

34 어찌 알 수 있는가? 이른바 심왕은 식대이다. 사계를 지닐 수 있는 것은 사대이다. 허공과 같은 것이 공대이다. 이 육대가 능히 견과 비견을 생한 것을 욕계, 색계, 무색계라 한다. 아래의 문장에서 이것이 곧 소생의 법이라 한 것은 이 경전의 문장에서 모두 육대가 능히 생한다고 했는데, 四法身, 三世間이 생해지는 것이고, 여기서 생해지는 것은 위로는 법신으로부터 아래는 육도에 이른다. 비록 추세의 격차와 대소의 차이가 있지만 모두 육대로부터 벗어나질 못한다. 때문에 부처님께서는 육대가 법계의 체성이라고 설하신 것이다.(『卽身成佛義』:『大正藏』 77권, 381하)

35 『卽身成佛義』(『大正藏』 77권, 381하)

름한다. 만약 진언행자가 이 의미를 관찰한다면, 손으로 인계를 짓고, 입으로 진언을 외우며, 마음은 삼마지에 머문다. 삼밀이 상응하여 가지하기 때문에 일찍 대실지를 얻는다"[36]라고 하였다.

또한 삼밀가지 수행에 대한 다른 설명은 "삼밀금강을 증상연으로 하여 비로자나의 삼신의 과위를 증득할 수 있고 했다. 이와 같이 경전 등에서 모두 속질(速疾)의 힘인 불사의한 신통의 삼마지법을 설하였다. 만약 사람이 법을 빠뜨리지 않고 주야로 정진하여 현신으로써 오신통을 얻는다면 점차 수련하면 이 몸을 버리지 않고 불위에 들을 수 있다. 경전에서 설한 바와 같이 이러한 뜻에 의해 삼밀가지가 신속히[速疾] 드러난다 하였다. 가지란 여래의 대비심이 중생의 신심과 함께하는 것이다. 불일(佛日)의 그림자가 중생심의 물에 비추이는 것을 '가(加)'라 하고, 진언행자의 심수가 능히 불일과 감응하는 것을 '지(持)'라 한다. 진언행자가 만약 이러한 이취를 보고 생각할 수 있다면 삼밀에 상응하기 때문에 현신에 삼신이 본래 갖추고 있음을 신속히 현증할 것이기 때문에 '속질(速疾)'로 드러난다'고 이름하였다. 즉시(卽時)나 즉일(卽日), 즉신(卽身)의 의미도 또한 이와 같다"[37]라고 한데서, 즉신성불의 실천적 핵심이 삼밀가지에 있음을 설하고 있다.

또한 공해는 삼밀가지를 통한 즉신성불의 과위와 화엄학의 법계연기설을 결합시켰다. 『즉신성불의』에는 "중중제망(重重帝網)을 즉신이라 이름하는 것은 비유로서 무수한 세계의 제존이 삼밀이 원융하며 걸림이 없다는 것을 밝힌 것이다. 제망(帝網)은 인드라의 구슬그물이다. 신(身)이라 한 것은 나의 몸과 불신, 중생신을 신이라 이름한다. 또한 네 가지의 몸이 있는데 자성신과 수용신과 변화신, 등류신을 신이라 이름한다. 또한 세 가지의 자인형(字印形)이 이것이다. 이러한 몸이 종횡으로 겹친 것이 마치 거울 가운데 영상이 불빛이 드는 것과 같으며, 이 몸도 또한 저 몸과 같고, 저 몸도 또한 이 몸과 같으며, 불신이 중생신이며, 중생신도 또한 불신이며, 다르지만 같고, 다르지 않지만 다르기 때문에 세 가지가 무애한 것이다. 진언은 귀명(歸命)의 구절이다"[38]라고 하였다.

이처럼 『즉신성불의』는 인도의 교학에서는 볼 수 없는 태장계와 금강계 법의 교리 및 실천수행을 결합시켰을 뿐만 아니라, 심왕설과 유식설, 그리

---

36 『卽身成佛義』(『大正藏』 77권, 381하)
37 『卽身成佛義』(『大正藏』 77권, 381하)
38 『卽身成佛義』(『大正藏』 77권, 381하)

고『화엄경』의 법계관을 밀교의 법신관에 반영시켜 밀교의 과위인 불신을 설명하여, 일본의 독특한 진언교학의 체계를 이룩하였다.

Ⅲ. 즉신성불의 인접개념

1. 중국 화엄종의 질득성불(疾得成佛)

『화엄경』[39]은 붓다가 깨달은 내용과 깨달음을 성취한 붓다의 광대한 공덕에 대해 설한 경전으로 전체적인 주제는 여래의 해탈세계인 부사의경계(不思議境界)와 보살의 실천인 보현행원(普賢行願)으로 요약된다. 『화엄경』은 비로자나 법신과 법계에 대해 다룬 것으로 석가모니불 중심의 역사적 불신관으로부터 탈피해 절대세계인 법계와 보편적 불신관을 설했다는 측면에서 밀교의 불신관의 성립과 깊은 관련이 있다.

중국의 화엄학은『화엄경』의 법계연기(法界緣起)사상에 기인한 것으로 중국의 화엄종은 동진(東晉)시대 북인도의 불타발타라(佛陀跋陀羅)가『화엄경』을 한역한 이래『십지경론(十地經論)』이 완역된 것을 계기로 지론종(地論宗)이 성립되고, 이것이 중국 화엄종 성립의 교리적 기초가 되었다.[40]

즉신성불과 관련이 있는 것으로는 지엄의『화엄공목장(華嚴孔目章)』권4에서 5가지의 질득성불(疾得成佛)을 들 수 있는데, 여기에 성불하기 위해 3겁의 시간이 필요한 일반수행자들과 달리 신속히 성불이 가능한 5 가지의 예외가 사례별로 설해지고 있다.[41]

---

39 『화엄경』은 세 번 번역되었는데 불타발타라가 번역한 60권본, 실차난타가 번역한 80권본 그리고 반야가 번역한 40권본이 있으며, 60권본과 80권본은『화엄경』전체를 줄이거나 늘려서 번역한 것이지만, 40권본은『화엄경』가운데서「입법계품(入法界品)」만을 뽑아서 번역한 것이다.『화엄경』은 처음부터 한 경으로 엮어진 것이 아니고 각 품에 따라서 먼저 이루어지기도 하고 또 후에 이루어져서 각기 별도로 전해지다가 뒤에 한 경으로 묶어졌으리라고 짐작된다. 각 품 중에서 가장 일찍 이루어진 것으로 유명한 것은「십지품」으로「십지경」이라고 불리워진다.

40 한편『화엄경』을 사경(寫經)·독송(讀誦)하는 화엄 신앙과, 신앙 단체인 화엄재회(華嚴齋會)도 성립되어 화엄종 성립의 기반이 되었다. 두순(杜順)은 종래의 화엄에 대한 교학적 연구보다 실천적·신앙적 입장을 선양하여 화엄종의 제1조가 되었고, 현장의 유식설을 채용하면서 지론종 학설을 발전시킨 사람이 화엄종의 제2조인 지엄(智儼)이다. 또한 지엄의 학문을 계승하여 화엄종 철학을 대성시킨 사람이 현수(賢首)이다.

41 『華嚴經內章門等雜孔目』(『大正藏』585하)

(1) 승신(勝身): 전륜왕의 자식과 도솔천의 자식들은 태어나자 마자 수승한 몸을 지니고 있기 때문에 현신성불할 수 있다. (2) 견문(見聞): 수승한 교법을 들음으로 인해 신심이 견고해져 부처님의 십력을 증득하여 깨달을 수 있다. (3) 일시(一時): 선재동자가 선재식의 처소에서 일시에 보현의 법을 증득하는 것이다. (4) 일념(一念): 속제의 생각에는 오직 보현의 법에 계합함이 필요하기 때문에 이 일념에 의지해 성불할 수 있다. (5) 무념(無念): 일체의 평등함을 이해해 불생불멸을 깨달아 불법을 보게 된다.

위에서 (1)과 (2)의 경우 현신성불이 가능하지만, 반드시 견문(見聞)·해행(解行)·증입(證入)의 3생을 거쳐야 성불할 수 있기 때문에 근본적으로 수행의 과정을 순서적으로 따르는 것이 된다. (3), (4), (5)의 경우 수행의 소요시간과 상관없이 보현의 법에 계합함으로 인해 성불하는 것이기 때문에 유식에서 수행자의 의식변화를 통해 성불을 해석한 전식득지의 수행이론과 근본적으로 동일한 것이다. 특히 (5)의 무념질득성불은 일체법의 불생과 불멸을 깨달아 삼승의 이론을 통일하여 일승을 이해하는 것으로 속히 성불한다고 설하여 일승설에 기초한 화엄이론으로서 질득성불을 설하고 있다.[42]

한편 현수의 『화엄경탐현기(華嚴經探玄記)』권3에도 세 가지 성불의 주장이 있는데, 이를 요약하면 위성불(位成佛)의 경우 초주의 지위에 들자마자 곧바로 성불하는 것이며, 행성불(行成佛)은 개개의 실천행을 완성함으로써 성불하는 것이며, 이성불(理成佛)은 중생본래가 곧 부처임을 밝히는 것이다. 이처럼 중국의 화엄종의 교리는 밀교의 즉신성불설과 많은 공통점을 가지고 있는데, 이것은 대승불교의 동일한 논리적 기반에서 두 종파의 교리가 전개된 귀결로 보아야 할 것이다.

2. 중국 천태종의 용녀성불(龍女成佛)

중국의 천태종은 천태지자대사에 의해 이론적, 실천적 기초가 세워졌다. 지의대사는 중국 호남성(湖南省)출신으로 광주(光州) 대소산에서 혜사(慧思)에게 사사하여 선관(禪觀)을 닦고 『법화경』의 묘리를 깨달았다. 그는 575년 38세 때 절강성 천태산(天台山)에 은둔하였으며, 『법화현의(法華玄

---

42 『華嚴經內章門等雜孔目』(『大正藏』 55권, 585하)

義)』를 비롯해 천태의 관법(觀法)인 지관(止觀)의 실수를 정립하여 『마하지관(摩訶止觀)』, 『법화경』의 주석인 『법화문구(法華文句)』 등을 저술하였다.

즉신성불과 관련하여 천태종에서 중시하고 있는 구마라집 번역의 『법화경』 권4의 「제바달다(提婆達多品)」에는 용녀성불의 이야기가 설해져 있다. 경전에는 사리불(舍利弗)이 용녀에게 질문하기를 "여자의 몸은 때 묻고 더러워서 다섯 가지의 장애[五障]가 있다고 하는데 어떻게 여인의 몸으로 성불이 가능한가"라고 묻자, 용녀는 삼천대천세계와 맞바꿀 수 있는 보배구슬을 붓다에게 바치고, 붓다가 구슬을 받자, 용녀는 "부처님께서 내가 바친 보배구슬을 받는 것 보다 성불하는 것이 더 빠르다"라고 하며 남방의 무구세계(無垢世界) 즉 청정한 세계에서 남자로 변하여 성불하였다는 내용이다.[43]

천태지자대사는 그의 저서인 『법화문구』에서 "용녀가 성불을 나타내어 증명한 것은 두 가지 뜻이 있다. 첫째는 보주는 완전한 이해를 나타내며, 둥근 구슬은 수행의 자량[因]이 원만함을 얻었다는 뜻이며, 부처님에게 드리는 것은 자량으로 인해 과를 얻을 것임을 나타내는 것이다. 부처님이 신속히 받은 것은 그 과를 얻음이 빠름을 보인 것이며 이는 곧 일념으로 도량에 앉아 성불함이 거짓이 아님을 보인 것이다. 두 번째는 자량이 원만하고 불과도 만족함을 보이는 것이다. 『태경(胎經)』에는 "마범석녀(魔梵釋女)는 모두 몸을 버리지도 않고 몸을 받지도 않고 모두 현신(現身)으로 성불을 얻는다"[44]라고 하였다.

천태대사는 『마하지관』에서 원교(圓敎)의 보살에 대해 진리와 계합하는 것은 다시 6단계로 나뉘어진다고 하여 육즉(六卽)이라 정의하였다. 화엄종에서 대승보살의 계위를 십신(十信)·십주(十住)·십행(十行)·십회향(十迴向)·십지(十地)·등각(等覺)·묘각(妙覺) 등 52계위로 분류하는데, 이를 별교의 보살위라 부르고, 원교의 보살에 대해서는 육즉으로 분류한 것이다. 이 가운데 제1인 '이즉(理卽)'은 일체중생이 본래의 본성이 진여를 구족한 것이기 때문에 곧바로 부처가 되는 것이라 했으며, 이 때문에 성불과 성불치 못함을 논할 수 없는 것이라 하였다.

한편 천태의 삼제원융(三諦圓融)사상은 『중론』의 「관사제품」제24 송에 있는 "연기라는 것, 우리들은 그것을 공성(空性)이라고 말한다. 이것은 가

---

43 『妙法蓮華經』(『大正藏』 4권, 75하)
44 『法華文句』 권1(『大正藏』 34권, 117상)

명(假名)이며 바로 중도이다"와 『보살영락본업경』에서 설한 "종가입공(從假入空)·종공입가(從空入假)·중도제일의(中道第一義)"의 3관을 응용한 것이다. '종가입공'이란 분별에 따라 분리된 대상들이 서로 가상의 연기관계를 형성하고 있음을 파악함으로써 공의 진리를 깨닫는 것을 말한다. '종공입가'의 입장으로 종가입공은 공에 머무르는 것이 아니고, 공도 역시 공이라고 관찰하고, 공의 진실도 역시 진실이 아니라고 하여 진비진(眞非眞), 공으로부터 가(家)로 역입(逆入)하게 됨을 말하는 것이다. '종공입가'는 가를 공으로 관(觀)하고, 공도 공으로 관하며, 또한 가를 타파해 공을 사용하고, 공을 타파해 가를 사용하기 때문에 '평등관(平等觀)'이라고도 불린다. 다시 말하면 종가입공에도 머무르지 않으며, 또한 종공입가에도 머무르지 않는다. 두 관법이 함께 존재하고 작용하지 않으면 안된다. 이것을 '중도제일의(中道第一義)'라고 한다.

이처럼 천태학의 육즉(六卽)은 중생의 몸이 곧 제법의 실상인 교리를 밝힌 것이고, 삼제원융은 이를 깨닫기 위한 관법의 실천을 설한 것이기 때문에 천태학은 근본적으로 현신성불의 기초적 교리 위에 서있다고 할 수 있다.

Ⅳ. 즉신성불사상의 의의

즉신성불은 중생의 몸 그대로 성불을 이룬다는 뜻으로 불교사에 있어서 불교의 깨달음과 윤회의 소산인 중생의 육신과의 관계를 어떻게 볼 것인가에 따라 이해가 다양하게 달라질 수 있다. 초기 불교의 깨달음은 아(我)와 법(法)에 대한 무아성(無我性)의 인식에 기초한 것이다. 『아함경』에는 아라한의 깨달음이 지적인 사항으로 육신의 긍정과 부정의 이변을 초월한 것으로 설해져 있고, 부동해탈에 대해 윤회의 최후의 몸을 지닌 채 중생을 구호하는 내용이 설해진다. 부파불교에서 '자성은 청정하며, 번뇌는 외부에서 비롯된 것이다[自性淸淨 客塵煩惱].'라고 주장한 자성청정심(自性淸淨心)사상은 삼독의 번뇌를 초월하면 본래의 청정한 중생의 실상을 보게된다고 설하여 근본적으로 성불은 육체의 번뇌를 초월한 지적 조건에 의해 실현됨을 설하였다.

대승불교의 반야사상은 보살들이 중생의 현상적 실체에 대한 공성을 자각함으로써 육신을 비롯한 번뇌 등의 일체에 대해 청정성을 구현하는 반야바라밀의 지혜를 설하고, 『열반경』에는 궁극적 불신인 법신에 대해 중생구호의 이타행이 실현되어 있음을 설하게 되었다. 『법화경』과 『화엄경』 등의 대승불교경전에는 법신과 궁극적 보살의 깨달음에 대해 3아승지겁의 수행의 단서를 제시하는 종교적 이상을 설하지만, 근본적으로 보살이 지닌 이타적 자각과 수행의 조건을 통해 보살의 지혜와 방편이 구족함을 설하여 발전된 사상을 보여준다.

밀교의 성립은 대승불교사상의 전개에서 비롯된 것으로 밀교경전인 『대일경』과 『금강정경』은 진언문의 교리를 통해 중생의 몸이 법계의 실상임을 설하고 이를 실현하기 위한 수행방편으로 삼밀가지나 만다라관 등의 수행을 설하였다. 이들 밀교경전의 성립은 인도밀교를 후기 탄트라밀교로 발전케 하는 기초가 되었고, 한국을 비롯한 동북아 대승불교권에서는 양부경전을 통해 밀교의 전체적인 교리와 수행체계가 완성되었지만, 공해의 『즉신성불의』에는 밀교교리와 법계연기설이 결합되는 등 지역밀교의 특성도 반영되어 있다. 또한 중국불교의 화엄종이나, 천태종, 그리고 삼론종 등의 모든 종파에서는 근본적으로 불교의 깨달음이 불지(佛智)의 구현에 기초한다는 이론에 동의하고 이로 인해 현실세계의 보살에 대해 대승적 이념의 실천주체로 해석하고 있다. ❁

서윤길 (동국대)

우리말 불교개념 사전

삼매

범 빠 samādhi 장 tiṅ-ṅe-ḥdsin 한 三昧[等持, 定, 正定, 定意, 調直定, 正心行處] 영 putting together, joining or combining with, position of the neck, union, a whole, aggregate, set, completion, accomplishment, conclusion, setting to rights, adjustment, settlement, justification of a statement, proof, bringing into harmony, agreement, assent

Ⅰ. 어원적 근거 및 개념풀이

삼매는 범어로 samādhi라 하고 빠알리어도 이와 같다. 또는 삼마지(三摩地)라고 한다. 이 Samādhi는 sam+ādhi인데, 이것은 Sama+ā+√dhā 또는 Sam+ā+√dhā로도 이해할 수 있다. Sama는 level, similar, same, equal의 뜻이고, Sam은 with, union, intensity의 뜻이며, ādhi(ā+dhā)는 take, put, to place의 뜻이다.[1] Sama+ā+√dhā는 심일서성(心一瑞性)으로 마음의 통일의 측면을 말하고 있고, Sam+ā+√dhā는 심일경성(心一境性)으로 대상에 머무

1 李惠玉,『三昧(Samādhi) 修行論 硏究』, 東國大 博士學位論文, 1996, 63면.

는 측면을 나타낸다.[2]

또는 의역(意譯)하여 등지(等持), 정(定), 정정(正定), 정의(定意), 조직정(調直定), 정심행처(正心行處) 등이라 한다. 이것은 마음을 한 곳[一處] 혹은 한 대상[一境]에 정하는 안정된 상태이다. [3] 즉, 『구사론(俱舍論)』에서 "마음이 한 대상에 상속하여 구를 때를 삼마지라고 한다[心一境 相續轉時名 三摩地]"[4]고 한 것이 이것이다.

또한 서장어(西藏語)로는 **tiṅ-ṅe-ḥdsin**로 Sama=Tiṅ-Ṅe(正等)에 ādhi=hDsin(持)에 해당된다.

그리고 samādhi의 사전적 뜻은 조합하는 것, 또는 결합하는 것의 뜻을 가진 남성명사로 결합(結合), 연합(連合), 실행(實行), 조정(調整), 결정(決定), 해결(解決), 석명(釋明), 논증(論證), ~에 주의하는 것, ~에 열중(熱中)하여 있는 것, 깊은 명상, 깊은 전심(專心) 등의 뜻으로 쓰인다.[5]

또한 이에 대한 영역(英譯)으로는 putting together, joining or combining with, position of the neck, union, a whole, aggregate, set, completion, accomplishment, conclusion, setting to rights, adjustment, settlement, justification of a statement, proof, bringing into harmony, agreement, assent이다.[6]

이러한 사전적 의미를 총괄적으로 살펴보면 삼매는 바로는 삼마지라고 하고, 이것은 등지라고 한다. 모든 공덕을 지니는 것이다. 혹은 정정(正定)이라고 하는데 연일경(緣一境)에 머물러 모든 삿된 어지러움을 떠나는 것이다. 옛날에 삼마제(三摩提)라고 함은 잘못된 것이다.

그렇다면 삼매를 삼마지로 할 때는 원래 범어인 samādhā의 전화(轉化)가 된다. samādhā는 '두다'의 뜻인 dhā에 '일처(一處)에'의 뜻인 sam과 '가깝다'의 뜻인 ā와의 2개의 전접자(前接字)를 붙인 말이어서, 곧 '한 곳에 두다'의 뜻이다. 그리고 이 말에 제일연(第一緣)을 더하고 동시에 어미(語尾)의 모음(母音)을 제거한 것을 samādhi라고 한다. 그러므로 삼마지(三摩地)

2 川田態太郎, 「三昧による眞理認識」, 『佛教における三昧思想』(京都:平樂寺書店, 1976), 37-38면.
3 佛光大藏經編修委員會, 『佛光大辭典』 1권 (臺灣: 佛光出版社, 1989), 580면.
4 『俱舍論』 (『大正藏』 29권, 145중)
5 『梵和大辭典』 (東京: 講談社, 昭和 54년), 1419면.
6 SIR M. MONIER WILLIAMS, *SANSKRIT ENGLISH DICTIONARY,* Oxford University Press, 1979, 1159면.

를 해석하여 심일경성(心一境性, cittaikâgratā)이라고 하는 것이다.

또한 『대비바사론(大毘婆沙論)』 제104에 삼마지의 의의를 넓게 해석하는 중에 다음과 같이 말한다.[7] 3연(緣)에 말미암기 때문에 삼마지라고 이름 한다. 첫 번째는 평등하기 때문이고, 두 번째는 섭지(攝持)하기 때문이며, 세 번째는 상사상속(相似相續)하기 때문이다. 평등하기 때문이란 무시(無始) 이래 온 번뇌와 악행과 사견(邪見)과 전도(顚倒)는 심(心)과 심소(心所)로 하여금 치우치고 굽어지게 구르게 한다. 이 선정의 힘으로 심과 심소로 하여금 대상에 대해서 바르고 곧고 평등하게 구르게 한다. 그러므로 삼마지라고 한다. 섭지하기 때문이란 무시이래 온 심과 심소법(心所法)은 대상에 대해서 치닫고 산만하다. 이 선정의 힘을 방편으로 섭지하여 한 대상에 머물기 때문에 삼마지라고 한다. 상사상속하기 때문이란 무시이래 온 심과 심소법은 선(善)과 염(染)과 무기(無記)이고 이류(異類)로 상속한다. 이 선정의 힘으로 전후 한 종류로 하여 오직 선(善)만이 상속하므로 삼마지라고 한다.

또한 다음의 3연으로 말미암아 삼마지라고 하는데 말하자면 한 대상에 머물기 때문이고, 상속하여 머물기 때문이며, 바로 살펴 생각하기 때문이다.

다음으로 3연으로 말미암아 삼마지라고 이름하는데, 말하자면 능히 몸을 가지고 평등하게 하기 때문이고, 모든 선법(善法)을 섭수하여 흩어지지 않게 하기 때문이며, 능히 선심(善心)으로 하여금 평등하게 구르게 하기 때문이다.

마지막으로 3연에 말미암기 때문에 삼마지라고 하는데 말하자면 소연(所緣)에 대해서 항상 버리지 않기 때문이고, 여러 가지 수승한 선법(善法)을 지니기 때문이고, 사마타비파사나(奢摩他毘鉢舍那)로 하여금 하나의 소연(所緣)에 머물러 평등하게 구르게 하기 때문이다.

이처럼 삼마지에는 여러 가지 뜻이 있음을 알 수 있다. 즉, 첫 번째의 3연은 평등, 섭지, 상사상속이다. 두 번째의 3연은 한 대상에 머물기 때문이고, 상속하여 머물기 때문이며, 바로 살펴 생각하기 때문이다. 세 번째의 3연은 몸을 가지고 평등하게 하며, 모든 선법을 섭수하기 때문이며, 선심으로 평등하게 하기 때문이다. 네 번째의 3연은 연하는 대상에 대해 버리지 않고, 수승한 선법을 지니기 때문이고, 사마타비파사나로 하여금 연하는 대상에 평등하게 구르게 하기 때문이다. 이 해석 가운데 주의할 것은 삼매 즉, 삼마

7 『阿毘達磨大毘婆沙論』 (『大正藏』 27권, 539상)

지는 사마타비파사나[止觀]를 대상에 평등하게 구르게 하는 힘을 지니고 있음을 알 수 있다.

이외에 불전(佛典) 가운데에 samādhi를 등지(等持)라고 번역할 때는, '등'이란 마음을 열어 들뜨는 것[掉擧]과 가라앉음[惛沈]을 떠나서 평등하고 편안함을 얻는 것을 가리킨다. 또한 '지'란 마음을 오로지 한 대상에 그치는[止] 의미를 가리킨다. 이러한 것은 마음을 한 대상에 그쳐서 산란하지 않은 상태이므로 또한 심일경성(心一境性)이라 칭한다.

또한 구사학(俱舍學)과 유식학(唯識學)의 정의를 빌려보면 구사학에서는 심소법(心所法)의 하나인 십대지법(十大地法)의 하나로 삼마지(三摩地)라는 표현을 사용한다. 그리고 유식학에서는 오별경(五別境)의 하나로 정(定)이라는 용어를 말하고 있다. 두 학파 모두 심소법의 하나로 삼고 있는 점에서는 같다.

즉 구사학의 십대지법이란 『구사론』의 심소유법 가운데 하나이다. 심소유법은 오위칠십오법(五位七十五法) 가운데 하나로 오위는 색법(色法), 심왕법(心王法), 심소유법(心所有法), 심불상응행법(心不相應行法), 무위법(無爲法)이다. 이 가운데에 심소유법에는 대지법(大地法: 10), 대선지법(大善地法: 10), 대번뇌지법(大煩惱地法: 6), 대불선지법(大不善地法: 2), 소번뇌지법(小煩惱地法: 10), 부정지법(不定地法: 8)의 46가지가 있다. 그 중 대지법의 열가지[受, 想, 思, 觸, 欲, 慧, 念, 作意, 勝解, 三摩地] 가운데 하나가 바로 삼마지이다.[8] 이때 삼마지란 마음을 한 대상에 오로지 집중하여 어지럽지 않게 하는 선정력(禪定力)에 의한 심리작용이다.[9]

유식학의 오별경이란 오별경심소(五別境心所)를 말하며 모든 객관계의 대상을 올바로 인식하고 내면의 정신계를 안정시키며 지혜롭고 조화롭게 생활할 수 있도록 역할을 할 수 있는 중요한 심리작용이다. 그 종류는 욕(欲), 승해(勝解), 염(念), 정(定), 혜(慧)의 다섯 가지이다. 이 중 정을 말한다. 정이란 마음의 번뇌를 제거하여 모든 잡념을 없애며 동시에 심식(心識)이 대상을 인식할 때 동요되지 않고 전심전력으로 관하는 심리작용을 말한다. 이 정심(定心)은 산란한 마음이 일어나지 못하도록 할뿐 아니라 마음속의 지혜를 나타나게 하여 활동하도록 하는 촉진제 역할을 하는 것이다. 그러

8 金東華, 『俱舍學』 (서울: 文潮社, 1971), 70면.
9 金東華, 『俱舍學』 (서울: 文潮社, 1971), 95면.

므로 정심이 나타나면 반드시 지혜가 나타나게 되며 그 지혜는 인식대상의 모습[相]만을 관찰하는 것이 아니라 성질[性]까지도 관찰하여 그 대상이 지닌 모든 것을 확실하게 알게 된다. 이러한 지혜를 결택지(決擇智)라고도 하는데 그것은 모든 사리(事理)를 분명하게 그리고 결정적으로 선택할 수 있는 지력(智力)이 있기 때문이다.[10] 유식학의 정의를 빌리자면 정이 나타나면 반드시 혜가 나타나는 상호연관선상에서 파악함을 알 수 있다.

마지막으로 삼매를 수행의 입장에서 정의내리면, 수행에 의해 마음을 한 곳에 멈추고 산란하지 않게 하여 편안하고 고요하게 되는데 이러한 상태를 삼매라고 할 수 있다. 이 삼매에 통달한 상태일 때 바로 바른 지혜를 일으켜 진리를 열어 깨닫기 때문에 이러한 삼매의 수행으로 부처의 성경(聖境)에 도달하는 것을 삼매발득(三昧發得) 혹은 발정(發定)이라 한다.

결론적으로 말하면 삼매란 범어로 samādhi라 하며 음사하여 삼마지라고 하고, 등지 등이라 한역된다. 그리고 그 뜻은 마음을 한 대상에 머물러 움직이지 않는 것이라 할 수 있다.

Ⅱ. 역사적 전개와 문헌 용례

1. 초기불교

『아함경(阿含經)』에서는 사선팔정(四禪八定)과 공(空), 무상(無相), 무원(無願) 및 유각유관(有覺有觀) 등의 삼매를 서술하고 있다. 대표적인 것만 열거한다.

사선(四禪)이라 함은 『장아함경(長阿含經)』8권에 의하면[11] 욕(欲), 악(惡), 불선법(不善法)을 제외하고 유각유관(有覺有觀)으로써 이생(離生)의 희락(喜樂)이 있어서 초선(初禪)에 들어간다.

유각유관을 멸하고 내심일심(內心一心)에 무각무관(無覺無觀)으로써 정생(定生)의 희락이 있어서 제이선에 들어간다.

희(喜)를 이(離)하고 사(捨)를 닦으며, 진(進)을 염하여 신락(身樂)을 스스

---

10 오형근, 『유식학입문』 (서울: 불광출판부, 1992), 72-75면.

11 『長阿含經』 (『大正藏』 1권, 50하)

로 알며, 모든 성인이 구하는 것을 기억하고 낙(樂)을 사(捨)하며 제삼선에 들어간다.

고락의 행을 떠나고 우희(憂喜)를 먼저 멸하여 불고불락(不苦不樂)한 사념청정(捨念淸淨)으로 제사선에 들어가는 것이다.

삼삼매(三三昧)란 공, 무상, 무원의 삼매로 『증일아함경(增一阿含經)』에 다음과 같이 말하고 있다.[12] 공삼매(空三昧)란 일체제법이 모두 공허하다고 관하는 것이다. 무상삼매(無相三昧)란 일체제법에 대해 다 상념(想念)이 없고 또한 보지 아니하는 것을 말한다. 무원삼매(無願三昧)란 일체제법에 대해 원구(願求)하지 아니하는 것이다.

2. 부파불교

유부(有部)의 교리를 중심으로 기타 제부(諸部)의 교리를 참작해서 조직대성한 『구사론(俱舍論)』의 학설을 중심으로 고찰하고자 한다.

유부에서는 모든 심(心)의 공동의 정신작용[大地法]으로 정(定), 산(散) 및 선(善), 악(惡), 무기(無記)의 3성(性)에 함께 통하여 모든 유심위[有心位에 통하고 無心定에는 통하지 않음]에 국한되어 산란하지 않는 마음이 또한 하나의 경지(境地)에 상대하여 집중하는 작용이 있는 것을 삼마지라고 칭한다.[13]

그러나 경부(經部)와 성실종(成實宗)에서는 심소라는 다른 체가 있다고는 하지 않는다. 즉 전자[구사학과 유식학]는 삼마지를 하나의 심소법이라 하여 심(心)은 이러한 심소(心所)에 거두어지기 때문에 하나의 대상에 머물 수 있다고 한다. 그러나 후자[경부와 성실종]는 이것을 다른 실유(實有)의 심소라고 하지 않고 오직 마음(心)이 한 대상에 상속하여 구르는 것을 말하고 있다. 이처럼 구사와 경부·성실종은 해석에 차이가 있음을 알 수 있다.

또한 『구사론』 제28에는 의지하는 정(定)에서 사정려(四靜慮)와 사무색(四無色)과 팔등지(八等至)와 삼등지(三等持)를 따로 설하고 있다. 사정려는 선(善)의 등지(等持)를 자성(自性)으로 한다. 모든 등지(等持) 중에서 오직 이것만 정려지(靜慮支)를 거두어 지관(止觀)이 골고루 행하여[均行] 가장 살

---

12 『增一阿含經』(『大正藏』 2권, 630중)

13 佛光大藏經編修委員會, 『佛光大辭典』 1권(臺灣: 佛光出版社, 1989), 581면.

피고 생각하여[審慮] 현법락주(現法樂住)와 낙통행(樂通行)의 이름을 얻기 때문에 이 등지를 홀로 정려(靜慮)라고 한다.

사무색은 또한 선(善)의 등지(等持)를 자성으로 한다. 지(止)가 늘어나고 관(觀)이 줄어들기 때문에 무색(無色)에는 지(支)를 거두어들이지 않는다.

이러한 정려와 무색의 근본등지(根本等至)에 총괄하여 팔종(八種)이 있기 때문에 8등지(等至)라 한다. 그 중에서 사정려와 아래의 삼무색(三無色)의 칠등지(七等至)에는 함께 미등지(味等至)와 정등지(淨等至)와 무루등지(無漏等至)의 세가지가 있다. 유정(有頂)의 등지(等至)에는 유미(唯味)와 정(淨)의 이종(二種)이 있고 무루(無漏)는 없다.

삼등지(三等持)는 유심유사(有尋有伺), 무심유사(無尋唯伺), 무심무사(無尋無伺)이다. 유심유사삼마지는 심사(尋伺)와 상응하는 등지로 이것은 초정려(初靜慮)와 미지정(未至定)에 거두어진다. 무심유사삼마지는 오직 사(伺)와 상응하는 등지로 이것은 정려중간지(靜慮中間地)에 거두어진다. 무심무사삼마지는 심사(尋伺)와 상응하지 않는 등지로 정려근분(靜慮近分)에서 비상비비상처정(非想非非想處定)에 이르기까지 거두어진다.

또한 공무원무상(空無願無相)을 삼등지(三等持)라고도 한다. 공삼마지는 공(空)과 비아(非我)와의 이종행상(二種行相)과 상응하는 것이다. 무상삼마지는 멸제(滅諦)를 연하는 사종행상과 상응하는 즉, 열반은 십상[十相: 色聲香味觸의 五塵과 男女의 二種과 生異滅의 三有爲相]을 떠나므로 무상(無相)이라 한다. 무원삼마지는 나머지 제(諦)에 연하여 십종행상과 상응하는 것이다.

공공무원무원무상무상(空空無願無願無相無相)을 3중등지(三重等持)라고 한다. 3중등지란 전술한 공, 무상, 무원의 각 행을 거듭 닦아 지니는 것으로서 공공, 무상무상, 무원무원의 3종을 말한다.

즉 공공등지란 전술한 공삼마지를 반연하여 저 공상(空相)을 취한다. 공상을 싫어함에 순응하므로 비아(非我)보다 수승하다. 무상무상등지란 무상삼마지의 비택멸(非擇滅)을 반연하여 대상을 삼는다. 무루법(無漏法)은 택멸(擇滅)이 없기 때문이다. 무원무원삼마지란 무원등지에 반연하여 비상상(非常相)을 취한다. 괴로움과 원인 등을 취하지 아니함은 무루상(無漏相)이 아니기 때문이다. 도(道) 등을 취하지 아니함을 싫어하고 버림이 되기 때문이다.[14]

---

14 『俱舍論』(『大正藏』 29권, 145상~150중)

다음에 결정코 의지하여 일어나는 공덕에 사무량(四無量), 팔해탈(八解脫), 팔승처(八勝處), 십변처(十徧處) 등의 구별이 있다.[15]

이처럼 정(定)을 사정려, 사무색, 팔등지와 삼등지, 삼중등지로 나누고 있다. 그리고 삼등지를 유심유사, 무심유사, 무심무사로 나누고, 공무원무상으로 나눈다. 또한 이것은 삼중등지로 다시 나누어 공공무원무원무상무상으로 해석된다. 아울러 등지는 사정려와 사무색의 자성이 되고 있는 관계 속에서 서술하고 있음을 알 수 있다.

또한 이러한 삼등지 즉, 삼삼매(三三昧)의 특징은 사제십육행상(四諦十六行相)과 합치하기때문에 만약 16행상을 떠난다면 별따로 무루혜(無漏慧)가 없다고 한다. 그리고 삼삼매는 사제십육행상을 가지고 있어 수행자를 해탈로 이끌수 있기 때문에 삼해탈문(三解脫門)이라고 불려질 수가 있는 것이다. 그래서 그 이외의 다른 선정법문[不淨觀, 四無量心, 十遍處 등]과는 다른 것이다.[16]

이와 같이 아함 등에는 오직 사선팔정(四禪八定), 아울러 공무상무원(空無相無願) 및 유각유관(有覺有觀) 등의 삼매를 서술함에 지나지 않지만 대승경 중에는 삼매를 설하는 것이 매우 많아 그 수가 실로 수 백천에 오르고 있다.

이 가운데 공(空), 무상(無相), 삼무원(三無願)의 삼삼매(三三昧), 그리고 아울러 공공(空空), 무상무상(無相無相), 무원무원(無願無願)의 삼중삼매(三重三昧)가 가장 두드러진 것이다. 『장아함경(長阿含經)』 제9·제10, 『중아함경(中阿含經)』 제17, 『잡아함경(雜阿含經)』 제18, 『증일아함경(增一阿含經)』 제16·제39를 시작으로 해서 『대품반야경(大品般若經)』 제1·제23, 구(舊)『화엄경(華嚴經)』 제25, 『대반열반경(大般涅槃經)』 제25, 아울러 『집이문족론(集異門足論)』 제6, 『발지론(發智論)』 제9·제10·제52, 『대비바사론(大毘婆沙論)』 제104·제105·제145·제183, 『구사론(俱舍論)』 제28, 『대지도론(大智度論)』 제20·제23, 『성실론(成實論)』 제12, 『유가사지론 (瑜伽師地論)』 제12, 『십지경론(十地經論)』 제8, 『불지경론(佛地經論)』 제1, 『성유식론(成唯識論)』 제8 등에 실로 이것이 나온다.

이것은 모든 삼매 중에서 원시적인 것이고 대승공관(大乘空觀)의 설은

15 『俱舍論』 (『大正藏』 29권, 150중~152중)

16 葉德生, 「『大毘婆沙論』における三三昧·三解脫門」, 『印度學佛教學研究』41-1, 1992, 87~88면.

주로 이 삼매에서 발전된 것이다.[17]

3. 대승불교

모든 대승경전을 살펴보면 먼저 한 경[一經] 또는 한 품[一品]을 통하여 한 종류의 삼매를 자세히 서술하거나 혹은 경 가운데 간략히 그 모습을 설하는 것, 혹은 오직 그 명칭을 서술하는 것에 지나지 않는 것 등이 있다.

우선 경의 제목에 삼매의 이름이 들어있는 경전으로는 『법화삼매경(法華三昧經)』을 비롯하여 『반주삼매경(般舟三昧經)』·『수능엄삼매경(首楞嚴三昧經)』·『혜인삼매경(慧印三昧經)』·『초일명삼매경(超日明三昧經)』·『자서삼매경(自誓三昧經)』·『불인삼매경(佛印三昧經)』·『월등삼매경(月燈三昧經)』·『보살염불삼매경(菩薩念佛三昧經)』·『여환삼매경(如幻三昧經)』·『염불삼매경(念佛三昧經)』·『관불삼매해경(觀佛三昧海經)』·『문수사리보초삼매경(文殊師利普超三昧經)』·『보여래삼매경(普如來三昧經)』·『역장엄삼매경(力莊嚴三昧經)』·『금강삼매경(金剛三昧經)』·『등집중덕삼매경(等集衆德三昧經)』·『사동자삼매경(四童子三昧經)』이다.

이 가운데에 『반주삼매경(般舟三昧經)』에는 반주삼매의 이름이 나온다.[18] 반주(般舟)란 범어의 pratyutpanna의 음사(音寫)로 '대(對)하여 가까이 서다'라는 뜻이다. 이 삼매를 얻으면 시방현재불(十方現在佛)이 내 앞에 가까이 서있는 것을 볼 수가 있다고 한다. 이것을 경에서 '현재불실재전립삼매(現在佛悉在前立三昧)'라 하고 있다.

『법화경(法華經)』「서품(序品)」[19]에는 무량의처삼매(無量義處三昧)를 말한다. 무량의처삼매는 『무량의경(無量義經)』의 무량의삼매(無量義三昧)와 같은 삼매이다. 그 뜻은 무량의(無量義)의 의처(依處)인 것으로 곧 무량한 법의 뜻을 나타내도록 하는 힘을 지닌 삼매이다. 다시 말해 한량없는 부처님의 가르침이 이 삼매에 의거하여 나온다는 뜻이다. 『법화경』「서품」에서 부처님이 『무량의경』을 설한 다음 무량의처삼매에 들었다가 상서를 보이고 있다. 이는 『법화경』을 설할 전조임을 밝히는 인연을 설한 것이다. 그러므로 무량의처삼매는 『법화경』을 설할 입정(入定)의 삼매이며 이 경의 실

17 『望月佛教大辭典』 2권(東京: 世界聖典刊行協會, 昭和29년), 1663면.
18 『般舟三昧經』 3(『大正藏』 13권, 904중)
19 『法華經』 (『大正藏』 9권, 2중)

상경계(實相境界)를 열어주는 서(序)의 역할을 한다.

『법화경』「묘음보살품(妙音菩薩品)」에는 십육삼매(十六三昧)가 나오는데 다음과 같다.[20] 묘당상삼매(妙幢相三昧), 법화삼매(法華三昧), 정덕삼매(淨德三昧), 수왕희삼매(宿王戱三昧), 무연삼매(無緣三昧), 지인삼매(智印三昧), 해일체중생어언삼매(解一切衆生語言三昧), 집일체공덕삼매(集一切功德三昧), 청정삼매(淸淨三昧), 신통유희삼매(神通遊戱三昧), 혜거삼매(慧炬三昧), 장엄왕삼매(莊嚴王三昧), 정광명삼매(淨光明三昧), 정장삼매(淨藏三昧), 불공삼매(不共三昧), 일선삼매(日旋三昧) 등이다. 법화삼매의 다른 이름을 열여섯 가지로 분류하고 있다. 그 뜻을 살펴보면 다음과 같다.

묘당상삼매는 가장 훌륭한 삼매이며, 가장 깊고 오묘한 선정을 얻은 삼매이다.

법화삼매는 제법실상(諸法實相)에 통하는 삼매로 나머지 열다섯 삼매를 포괄하는 삼매이다.

정덕삼매는 청정한 덕을 갖추어 물들지 않는 삼매이다.

수왕희삼매는 지혜가 자재하여 집착함이 없이 노니는 삼매이다.

무연삼매는 인연이 없는 사람까지도 구원하는 삼매이다.

지인삼매는 깊이 지혜를 갖추어 주위 사람의 마음을 감화시키는 삼매이다.

해일체중생어언삼매는 모든 중생들의 말을 잘 이해하고 가르침을 설하는 삼매로 여러 중생의 어언(語言)을 이해하는 삼매이고 해일체중생어언다라니(解一切衆生語言陀羅尼)와 같은 뜻이다.

집일체공덕삼매는 모든 복덕 또는 공덕을 갖춘 삼매이다.

청정삼매는 번뇌를 버리고 청정하게 해주는 삼매이다.

신통유희삼매는 신통력을 자유자재로 구사해서 유희하는 삼매이다.

혜거삼매는 자신의 지혜의 빛에 의하여 주변 사람들을 밝게 비춰주는 삼매이다.

장엄왕삼매는 훌륭한 덕을 몸에 갖추어 저절로 사람들을 교화하는 삼매이다.

정광명삼매는 자신의 몸으로 청정한 광명을 내어 세상을 정화해가는 삼매이다.

---

20 『法華經』(大正藏』9권, 55상~중)

정장삼매는 물들지 않은 청정한 마음을 가지고 있는 삼매이다.
불공삼매는 불승의 경계에 이르려고 집중하는 삼매이다.
일선삼매는 태양이 돌면서 비춘다는 뜻의 삼매이다.

이처럼 삼매에 따라 뜻이 다름을 알 수 있다. 천태지의(天台智顗, 538~597)는 『법화문구(法華文句)』에서 이들 삼매를 복덕장엄(福德莊嚴)[21]이라고 하였다.

그리고 불타발타라(佛駄跋陀羅)의 구역(舊譯) 『화엄경(華嚴經)』 6권과 44권에는 해인삼매(海印三昧), 화엄삼매(華嚴三昧), 사자분신삼매(師子奮迅三昧)의 설을 나타내고 있다.[22]

이 가운데에 화엄경의 대표적인 해인삼매란 먼저 해인이란 말은 비유로서 '해(海)'는 깊고 넓어 막힘이 없는 것이고, '인(印)'은 인현(印現)의 뜻이다. 깊고 넓어 막힘이 없는 바다가 바람이 고요하고 풍랑이 쉬어 물이 맑을 때, 우주만상인 일월성신(日月星辰) 산천초목(山川草木)이 일시에 인현(印現)하는 것 같이, 무명(無明)의 바람이 자고 망식(妄識)의 물결이 일지 아니하여, 청정한 불타대오(佛陀大悟)의 참된 지혜의 바다에는 무한한 시간, 무변한 공간에 있는 일체제법이 일시에 밝게 나타난다는 것이다. 요컨대 해인삼매의 체(體)는 불타 대오(大悟)의 참된 지혜[眞智]로서, 이 참된 지혜야말로 진여본각(眞如本覺)의 이체(理體)와 무한무변의 지용(智用)이 이지명합(理智冥合)해서 평등불이(平等不二)가 된 것으로서, 이 참된 지혜 상에 밝게 나타난 것이 다함없는 진실상(眞實相)이다.

이처럼 이 삼매는 불타의 대오(大悟)의 참된 지혜 중에는 우주의 모든 진실상이 그대로 드러나게 되는데[印現] 이것이 곧 일불승(一佛乘)의 교의라고 하는 무애무진(無碍無盡)의 진실한 모습인 것이다. 이것이 해인삼매가 일시에 밝게 나타나는 법이며, 이 삼매는 자연히 화엄교의를 대표하는 것이다.[23]

『대품반야경(大品般若經)』3권과 5권에는 수능엄(首楞嚴), 보인(寶印), 사자유희(師子遊戲) 등의 백팔삼매(百八三昧)의 설이 나온다.[24] 그 최초가 수

21 『法華文句』 10(『大正藏』 9권, 144중)
22 『大方廣佛華嚴經』 6(『大正藏』 9권, 434하); 『大方廣佛華嚴經』 44(『大正藏』 9권, 677상)
23 金芿石, 『華嚴學概論』 (法輪社:1986), 112~113면.
24 『摩訶般若波羅蜜經』 5권, 제18 「問乘品」 (『大正藏』 8권, 251상~중)

능엄삼매이다. 모든 보살마하살이 이러한 삼매를 행하여 아뇩다라삼막삼보리를 얻게 한다고 한다. 특히 5권에는 백팔삼매를 다음과 같이 나열하고 있다.

백팔삼매란 수능엄삼매(首楞嚴三昧), 보인삼매(寶印三昧), 사자유희삼매(師子遊戲三昧), 묘월삼매(妙月三昧), 월당상삼매(月幢相三昧), 출제법삼매(出諸法三昧), 관정삼매(觀頂三昧), 필법성삼매(畢法性三昧), 필당상삼매(畢幢相三昧), 금강삼매(金剛三昧), 입법인삼매(入法印三昧), 삼매왕안립삼매(三昧王安立三昧), 방광삼매(放光三昧), 역진삼매(力進三昧), 고출삼매(高出三昧), 필입변재삼매(必入辯才三昧), 석명자삼매(釋名字三昧), 관방삼매(觀方三昧), 다라니인삼매(陀羅尼印三昧), 무광삼매(無誑三昧), 섭제법해삼매(攝諸法海三昧), 편복허공삼매(遍覆虛空三昧), 금강륜삼매(金剛輪三昧), 보단삼매(寶斷三昧), 능조삼매(能照三昧), 불구삼매(不求三昧), 무주삼매(無住三昧), 무심삼매(無心三昧), 정등삼매(淨燈三昧), 무변명삼매(無邊明三昧), 능작명삼매(能作明三昧), 보조명삼매(普照明三昧), 견정제삼매삼매(堅淨諸三昧三昧), 무구명삼매(無垢明三昧), 환희삼매(歡喜三昧), 전광삼매(電光三昧), 무진삼매(無盡三昧), 위덕삼매(威德三昧), 이진삼매(離盡三昧), 부동삼매(不動三昧), 불퇴삼매(不退三昧), 일등삼매(日燈三昧), 월정삼매(月淨三昧), 정명삼매(淨明三昧), 능작명삼매(能作明三昧), 작행삼매(作行三昧), 지상삼매(知相三昧), 여금강삼매(如金剛三昧), 심주삼매(心住三昧), 보명삼매(普明三昧), 안립삼매(安立三昧), 보취삼매(寶聚三昧), 묘법인삼매(妙法印三昧), 법등삼매(法等三昧), 단희삼매(斷喜三昧), 도법정삼매(到法頂三昧), 능산삼매(能散三昧), 분별제법구삼매(分別諸法句三昧), 자등상삼매(字等相三昧), 이자삼매(離字三昧), 단연삼매(斷緣三昧), 불괴삼매(不壞三昧), 무종상삼매(無種相三昧), 무처행삼매(無處行三昧), 이몽매삼매(離朦昧三昧), 무거삼매(無去三昧), 불변이삼매(不變異三昧), 도연삼매(度緣三昧), 집제공덕삼매(集諸功德三昧), 주무심삼매(住無心三昧), 정묘화삼매(淨妙華三昧), 각의삼매(覺意三昧), 무량변삼매(無量辯三昧), 무등등삼매(無等等三昧), 도제법삼매(度諸法三昧), 분별제법삼매(分別諸法三昧), 산의삼매(散疑三昧), 무처삼매(無處三昧), 일장엄삼매(一莊嚴三昧), 생행삼매(生行三昧), 일행삼매(一行三昧), 불일행삼매(不一行三昧), 묘행삼매(妙行三昧), 달일체유저산삼매(達一切有底散三昧), 입명어삼매(入名語三昧), 이음성자어삼매(離音聲字語三昧), 연거삼매(然炬三昧), 정상삼매(淨相三昧), 파상삼매(破相三昧), 일체종

묘족삼매(一切種妙足三昧), 불희고락삼매(不喜苦樂三昧), 무진상삼매(無盡相三昧), 다다라니삼매(多陀羅尼三昧), 섭제사정상삼매(攝諸邪正相三昧), 멸증애삼매(滅憎愛三昧), 역순삼매(逆順三昧), 정광삼매(淨光三昧), 견고삼매(堅固三昧), 만월정광삼매(滿月淨光三昧), 대장엄삼매(大莊嚴三昧), 능조일체세삼매(能照一切世三昧), 삼매등삼매(三昧等三昧), 섭일체유쟁무쟁삼매(攝一切有諍無諍三昧), 불락일체주처삼매(不樂一切住處三昧), 여주정삼매(如住定三昧), 괴신쇠삼매(壞身衰三昧), 괴어여허공삼매(壞語如虛空三昧), 이착허공불염삼매(離著虛空不染三昧)이다. 이것에 대한 의미[25]는 지면상 생략한다.

『대반열반경(大般涅槃經)』13권에는 보살마하살이 무외지(無畏地)에 머물러 이십오삼매(二十五三昧)를 얻어 이십오유(二十五有)를 파괴하는 내용을 설명하고 있다.[26] 즉, 무구삼매(無垢三昧)를 얻어 지옥유(地獄有)를 파괴하고, 무퇴삼매(無退三昧)를 얻어 축생유(畜生有)를 파괴하며, 심락삼매(心樂三昧)를 얻어 아귀유(餓鬼有)를 파괴한다. 또한 환희삼매(歡喜三昧)를 얻어서는 아수라유(阿修羅有)를 파괴하고 일광삼매(日光三昧)를 얻어서는 불바제유(弗婆提有)를 끊고, 월광삼매(月光三昧)를 얻어서는 구야니유(瞿耶尼有)를 끊고, 열염삼매(熱炎三昧)를 얻어 울단월유(鬱單越有)를 끊고, 여환삼매(如幻三昧)를 얻어 염부제유(閻浮提有)를 끊고, 일체법부동삼매(一切法不動三昧)를 얻어 사천처유(四天處有)를 끊고, 난복삼매(難伏三昧)를 얻어 삼십삼천처유(三十三天處有)를 끊고, 열의삼매(悅意三昧)를 얻어 염마천유(炎摩天有)를 끊고, 청색삼매(青色三昧)를 얻어 도솔천유(兜率天有)를 끊고, 황색삼매(黃色三昧)를 얻어 화락천유(化樂天有)를 끊고, 적색삼매(赤色三昧)를 얻어 타화자재천유(他化自在天有)를 끊고, 백색삼매(白色三昧)를 얻어 초선유(初禪有)를 끊고, 종종삼매(種種三昧)를 얻어 대범왕유(大梵王有)를 끊고, 쌍삼매(雙三昧)를 얻어 이선유(二禪有)를 끊고, 뇌음삼매(雷音三昧)를 얻어 삼선유(三禪有)를 끊고, 주우삼매(澍雨三昧)를 얻어 사선유(四禪有)를 끊고, 허공삼매(虛空三昧)를 얻어서는 無想有를 끊고 조경삼매(照鏡三昧)를 얻어 정거아나함유(淨居阿那含有)를 끊고, 무애삼매(無礙三昧)를 얻어서는 공처유(空處有)를 끊고, 상삼매(常三昧)를 얻어서는 식처유(識處有)를 끊고,

25 『摩訶般若波羅蜜經』 5(『大正藏』 8권, 251중~253중) 참조.
26 『大般涅槃經』 13(『大正藏』 12권, 690중~하)

락삼매(樂三昧)를 얻어 불용처유(不用處有)를 끊고, 아삼매(我三昧)를 얻어 비상비비상처유(非想非非想處有)를 끊는다.

이러한 이십오삼매는 모든 삼매의 왕이라고 한다. 그리고 보살마하살이 이러한 모든 삼매의 왕에 들어가서는 수미산왕을 불어서 넘어뜨리려 하여도 마음대로 되고, 삼천대천세계에 있는 중생들의 마음에 생각하는 것을 알고자 하여도 모두 알게 되는 등 여러 가지 힘들이 생겨나게 된다.

천태학(天台學)에서는 『마하지관(摩訶止觀)』에 사종삼매(四種三昧)를 말하고 있다. 불교에는 수행법이 많이 있지만 원교(圓敎)의 삼매로서 전형적인 것을 선택하여 4종으로 한정했기 때문에 네 종류로 나뉘어 진다[27]고 한다. 네 가지는 몸의 형식으로 분류하면 상좌삼매(常坐三昧), 상행삼매(常行三昧), 반행반좌삼매(半行半坐三昧), 비행비좌삼매(非行非坐三昧)이고, 법에 의지하여 말하면 일행삼매(一行三昧), 불립삼매(佛立三昧), 방등·법화삼매(方等·法華三昧), 수자의삼매(隨自意三昧)라고 한다. 이러한 네 가지를 '삼매'라고 칭하는 이유는 연(緣)을 빌어 바로 조절하기 때문인 것이다.[28] 사종삼매(四種三昧)는 법화원교(法華圓敎)의 해탈지(解脫智)를 개발하기 위한 연(緣)이고, 십경십승(十境十乘)은 해탈지의 활동을 위한 정인(正因)이라 할 수 있다.

사종삼매의 실천법[29]을 살펴보면, 첫 번째 상좌삼매는 일행삼매(一行三昧)라고도 하며 문수설(文殊說)·문수문(文殊問)반야경에 근거한다. 신업(身業)으로는 90일간 조용한 곳에 머물러 한 부처[一佛]를 향하여 결가부좌하고 오로지 좌선을 한다. 구업(口業)으로는 침묵이 바른 것인데 질병, 수면 등 내외의 장애가 생길 때 한 부처[一佛]의 명호(名號)를 불러서 이 장애를 제거하는 것이다. 의업(意業)으로는 망상분별을 버리고 제법실상의 이법(理法)을 관하여 법성진여의 이(理)를 체득하는 것이다.

다음으로 상행삼매는 반주삼매(般舟三昧), 불립삼매(佛立三昧)라고도 하며, 『반주삼매경(般舟三昧經)』3권본에 근거한다. 몸으로는 행선(行旋)하고, 입으로는 미타를 부르고, 뜻으로는 미타(彌陀)의 본질이 즉공즉가즉중(卽空卽假卽中)의 원융삼제(圓融三諦)라고 관하여 미타와 내가 일체 즉 하나가 되는 것이다.

27 『摩訶止觀』 2(『大正藏』 46권, 11상). "行法衆多略言其四."
28 『摩訶止觀』 2(『大正藏』 46권, 11상)
29 『摩訶止觀』 (『大正藏』 46권, 11상~18하)

세 번째는 반행반좌삼매이다. 『대방등다라니경(大方等陀羅尼經)』에 근거한 방등삼매(方等三昧)와 『법화경』 「보현품(普賢品)」과 『보현관경(普賢觀經)』에 근거한 법화삼매(法華三昧)가 있다. 몸으로는 행도(行道)하거나 좌선하면서, 입으로는 다라니(陀羅尼)나 『법화경』을 외우고, 뜻으로는 실상관(實相觀)과 마사관(魔事觀)에 의해 번뇌를 제거하여 선근(善根)을 증장할 것을 사유하고, 혹업고(惑業苦)의 삼도(三道) 그대로 법신·반야·해탈임을 체득하고, 항상 대안락(大安樂)의 세계에 유희하는 것을 수행의 목적으로 하고 있다.

마지막으로 비행비좌삼매는 각의삼매(覺意三昧) 또는 수자의삼매(隨自意三昧)라고도 하며, 『수능엄경(首楞嚴經)』·『청관음경(請觀音經)』에 근거한다. 행주좌와(行住坐臥)를 묻지 않고 어느 때, 어느 곳에서도 자유자재로이 수행하는 방법으로 육도(六度), 계선(戒善) 등에 관해 미념(未念)·욕념(欲念)·염(念)·염이(念已)의 사운(四運)으로 검토하여 삼제(三諦)를 아는 것이다.

이러한 사종삼매는 좌선(坐禪), 행도(行道), 송경(誦經), 주주(呪呪), 참회(懺悔) 등의 불교의 수행방법을 통합한 것으로 그 목표는 이관(理觀)의 원융삼제를 체득하는 것이다.

결론적으로 말하면 대승불교에서는 삼매의 종류가 광범위하여 경의 제목에 삼매의 이름이 들어있는 것을 비롯하여 『법화경』의 무량의처삼매·16삼매, 『화엄경』의 해인삼매·화엄삼매·사자분신삼매, 『대품반야경』의 108삼매, 『대반열반경』의 25삼매, 천태학의 4종삼매 등이 있음을 알 수 있다.

그 외에 모든 경론에서 드는 것이 상당히 많은데 지면상 지금 일일이 열거할 수가 없다.

Ⅲ. 인접개념과의 관계 및 현대적 논의

대개 삼마지(三摩地), 해탈(解脫, vimokṣa), 선(禪, dhyāna), 삼마발저(三摩鉢底, samāpatti) 등은 모두 마음이 상속하여 한 대상에 구르는 상태를 가리키는 것이라도 그 뜻은 같지 않다.

그래서 구역(舊譯)에서는 가끔 삼마지(三摩地, samādhi, 三昧, 等持), 삼마발저(三摩鉢底, samāpatti, 等至, 正受, 正定, 現前)와 삼마희다(三摩呬多, samāhita, 等引, 勝定)를 혼동하여 어느 것이나 삼매라 번역하였다. 그러나

실제로는 삼매는 삼마지를 가리키는 말이다.[30]

이러한 선정에 대해 『대승의장(大乘義章)』에는 여덟 종류의 이름을 들어 그 뜻을 나누어 구별하고 있다. 일곱 종류란 선(禪), 정(定), 삼매(三昧), 정수(正受), 삼마제(三摩提), 사마타(奢摩他), 해탈(解脫), 배사(背捨)이다. 이를 통해 선정의 뜻을 알아보고자 한다.

선(禪)은 중국어이고 번역하여 사유수습(思惟修習)이라 하고, 또한 공덕총림(功德叢林)이라 한다. 사유수(思惟修)란 원인[因]에 따라 이름을 세운 것이다. 정(定)의 경계에서 살펴 생각함을 사유(思惟)라고 하고, 생각하는 마음[思心]이 점차로 진전됨을 수습(修習)이라 한다. 깊은 사유[剋定]에 따라서는 사유수적(思惟修寂)이라 한다. 또한 이 말은 당체에 따라서 이름을 붙인 것이다. 즉 선정의 마음이 바로 소연(所緣)을 취함을 사유(思惟)라고 한다. 그리고 생각하는 마음이 점차로 진전됨을 수습이라 한다. 선의 또다른 이름인 공덕총림이란 결과에 따라 이름하는 것이다. 지혜와 신통과 사무량심(四無量心) 등을 공덕이라 한다. 모든 덕이 쌓여 취함을 총림이라 한다. 선정이 이것을 생기게 하는 것으로 원인에 따라 결과를 말한 것이다[因從果目]. 그러므로 공덕총림이라 한다.

정(定)이란 당체에 따라 이름을 붙인 것이다. 마음이 하나의 연(緣)에 머물러서 흩어지거나 움직이는 것을 떠나기 때문에 정(定)이라 한다.

삼매란 외국어이고 이것을 정정(正定)이라 한다. 정(定)은 앞에서 해석한 것과 같고, 정(正)은 삿되고 어지러움을 떠나는 것이다.

정수(正受)란 정(正)은 앞의 해석과 같고, 수(受)는 법을 받아들이는 것이다.

삼마제란 외국어이고, 삼마(三摩)와 삼매는 본래 한 이름인데 이것을 전할 때 음이 다른 것이다. 이것을 정정(正定)이라 한다. 정(定)의 작용이 눈앞에 나타나는 것을 삼마제(三摩提)라고 한다.

사마타란 또한 외국어이고 번역하여 지(止)라고 한다. 마음을 거두어 연(緣)에 머무는 것을 지(止)라고 한다.

해탈이란 결박을 끊는 것을 말한다.

배사(背捨)란 아래의 과오를 등지고 떠나는 것이다. 그러므로 배사라 한다. 용수(龍樹)는 말하기를, '오욕(五欲)을 등지고 청정히 하며 집착의 마음을 버리고 떠나는 것을 배사라고 한다.'라고 한다.

---

30 佛光大藏經編修委員會, 『佛光大辭典』 1권(東京: 佛光出版社, 1989), 580면~581면.

『대승의장』은 이러한 이름의 같음과 다름[同異]에 대해 전체[通]와 구별[別]로 나누어 설명하고 있다. 전체를 논하면 모든 선정이 다 이러한 이름을 갖추지만 그 가운데서 구별을 하면 경론 등이 같지 않다고 하여 경론의 다름을 다음과 같이 인용하고 있다.

> 『비담(毘曇)』같은 것에 의하면 사선(四禪)을 선(禪)이라 하고, 팔해탈(八解脫)을 배사(背捨)라 하고, 사무색정(四無色定)과 멸진(滅盡)과 무상(無想)을 모두 정수(正受)라고 하며, 공무상무원(空無相無願)을 삼마제(三摩提)라고 한다. 그러므로 그 논(論)에서 말하기를, 모든 선(禪)과 배사(背捨)와 정수(正受)와 삼마제(三摩提)의 네 가지 이름을 사용하여 모든 정(定)을 구별한다고 한다. 『성실론(成實論)』에 의지하면 사선(四禪)을 선(禪)이라 하고 사공(四空)을 정(定)이라 하고, 팔해탈(八解脫)을 해탈이라 하며, 모든 선정이 앞에 나타나 있는 것을 삼마제(三摩提)라고 한다. 이러한 네 가지 이름을 붙여 모든 선정을 구별한다. 만약 『지론(地論)』에 의거하면 사선(禪)을 선(禪)이라 하고, 사무색정(四無色定)을 해탈이라 하고 사무량심을 삼매라 하고, 오신통(五神通)을 삼마제(三摩提)라 한다. 이러한 네 가지 이름을 붙여 모든 행(行)을 구별한다. 또한 다시 분별하면 사선(四禪)을 선(禪)이라 하고, 사공(四空)을 정(定)이라 한다. 공무상무원(空無相無願)을 삼매(三昧)라고 하는데 이(理)와 상응하는 것을 정정(正定)이라 하기 때문이다. 멸진(滅盡)과 무상(無想)을 정수(正受)라고 하는데, 이곳에는 마음은 없고, 몸으로 법(法)을 받아들이기 때문이다. 사무량심을 삼마제(三摩提)라고 하는데 왜냐하면 중생연(衆生緣) 가운데의 앞에 나타나기 때문이다. 팔해탈을 해탈이라 하니 아래의 결박[下縛]을 끊기 때문이다. 또한 아래의 과오[下過]를 등지기 때문에 배사(背捨)라 하고, 모든 선정시습(禪定始習)의 방편에 뜻을 그치고 연(緣)에 머무는 것을 사마타(奢摩他)라고 한다"[31]

『비담』·『성실론』·『지론』 등에 의거하여 선과 정과 삼매와 정수 등의 뜻이 각각 다르게 나타남을 말하고 있다. 특히 『지론』에서는 사무량심을 삼매라고 하여 전혀 다른 시각을 설명하고 있음을 알 수가 있다.

부파불교에서는 삼매를 심소법(心所法)의 하나로 하여 대지법(大地法)에

31 『大乘義章』 13(『大正藏』 44권, 718상중)

분류시키고 정(定), 산(散) 및 유심위(有心位)에 국한시켰다. 이에 대해 삼마발저와 삼마희다(三摩呬多)는 유심(有心), 무심(無心)에 통하고 다만 정(定: 有心定·無心定을 포함하나 散에는 통하지 않음)에 국한하였다.

또한 『대지도론』 제28에,[32] 삼매를 두 종류로 나누어 성문법(聲聞法) 중의 삼매와 마하연법(摩訶衍法) 중의 삼매로 하였다. 성문법 중의 삼매란 삼삼매(三三昧)이다. 다음으로 삼삼매가 있는데 공공삼매(空空三昧), 무상무상삼매(無相無相三昧), 무작무작삼매(無作無作三昧)이다. 다음으로 삼삼매(三三昧)가 있는데 유각유관(有覺有觀), 무각유관(無覺有觀), 무각무관(無覺無觀)이다. 다시 오지삼매(五支三昧), 오지삼매(五智三昧) 등이 있다. 이것을 모든 삼매라고 한다. 다음에 모든 선정을 또한 정(定)이라 하고 또한 삼매라 한다. 사선(四禪)을 또한 선(禪)이라 하고, 역시 정(定)이라 하고 또한 삼매라 한다. 사선(四禪)을 제외한 모든 다른 정(定)을 또한 정(定)이라 하고 또한 삼매라 하며 선(禪)이라 하지 않는다. 십지(十地) 중의 정(定)을 삼매라고 한다.

또한 『십주비바사론(十住毘婆沙論)』 제11에는[33] 선(禪)이란 사선(四禪)이고, 정(定)이란 사무색정(四無色定)·사무량심(四無量心) 등을 모두 정(定)이라 한다. 해탈이란 팔해탈(八解脫)이고, 삼매란 모든 선(禪)·해탈(解脫)을 제외한 나머지 정(定)을 다하는 삼매라고 한다. 어떤 사람이 말하기를 '삼해탈문(三解脫門) 및 유관유관정(有覺有觀定), 무각유관정(無覺有觀定), 무각무관정(無覺無觀定)을 삼매라고 이름한다'고 한다. 어떤 사람이, '정(定)은 소(小)이고, 삼매(三昧)는 대(大)이다. 이 때문에 모든 제불보살이 얻은 정(定)을 다 삼매(三昧)라고 한다'고 한다. 여러 사람의 의견을 인용하여 각자 생각이 다름을 피력하고 있다.

또한 『유가사지론(瑜伽師地論)』 제11[34]에는, 이 지(地: 三摩呬多地) 중에서 간략히 네 종류가 있는데, ①정려(靜慮) ②해탈(解脫) ③등지(等持) ④등지(等至)이다. 정려란 사정려가 있는데 ①종리생유심유사정려(從離生有尋有伺靜慮) ②종정생무심무사정려(從定生無尋無伺靜慮) ③이희정려(離喜靜慮) ④사념청정정려(捨念淸淨靜慮)이다.

해탈이란 말하자면 팔해탈이 있는데 즉, ①유색관제색해탈(有色觀諸色解

---

32 『大智度論』 28(『大正藏』 25권, 268중)
33 『十住毘婆沙論』 11(『大正藏』 26권, 82하)
34 『瑜伽師地論』 11(『大正藏』 30권, 328하~329상)

脫) ②내무색상관외제색해탈(內無色想觀外諸色解脫) ③정해탈신작증구족주해탈(淨解脫身作證具足住解脫) ④공무변처해탈(空無邊處解脫) ⑤식무변처해탈(識無邊處解脫) ⑥무소유처해탈(無所有處解脫) ⑦비상비비상처해탈(非想非非想處解脫) ⑧상수멸신작증구족주해탈(想受滅身作證具足住解脫)이다.

등지(等持)란 말하자면 삼삼마지(三三摩地)인데 ①공(空) ②무원(無願) ③무상(無相)이다. 또 세 가지가 있는데 유심유사(有尋有伺), 무심유사(無尋唯伺), 무심무사(無尋無伺)이다. 또한 세 종류가 있는데 말하자면 소(小)와 대(大)와 무량(無量)이다. 또한 두 종류가 있는데 말하자면 일분수(一分修)와 구분수(具分修)이다. 또한 세 종류가 있는데 말하자면 희구행(喜俱行), 낙구행(樂俱行), 사구행(捨俱行)이다. 다시 네 종류가 있는데 말하자면 사수정(四修定)이다. 또한 다섯 종류가 있는데 말하자면 오성지삼마지(五聖智三摩地)이다. 또한 다섯 종류가 있는데 말하자면 성오지삼마지(聖五支三摩地)이다. 또한 유인유구성정삼마지(有因有具聖正三摩地)이고, 여기에 금강유삼마지(金剛喻三摩地)이고, 여기에 유학무학비학비무학(有學無學非學非無學) 등의 삼마지(三摩地)이다.

등지(等至)란 말하자면 오현견삼마발저(五現見三摩鉢底), 팔승처삼마발저(八勝處三摩鉢底), 십변처삼마발저(十遍處三摩鉢底), 사무색삼마발저(四無色三摩鉢底), 무상삼마발저(無想三摩鉢底), 멸진정(滅盡定) 등의 삼마발저이다.

『성실론(成實論)』12권 「삼삼매품(三三昧品)」[35]에서는, 삼삼매를 일분수삼매(一分修三昧), 공분수삼매(共分修三昧), 성정삼매(聖正三昧)로 나누고 있다. 즉 [문]경 가운데에 삼삼매(三三昧) 즉, 일분수삼매·공분수삼매·성정삼매를 설하는데 이것은 무엇을 말하는가? [답]일분수란 정(定)은 닦으나 혜(慧)를 닦지않는 것, 또는 혜는 닦으나 정을 닦지 않는 것이다. 공분수란 정을 닦거나 또한 혜를 닦는 것이다. 이것은 세간삼매(世間三昧)이며 난(煖) 등의 법 가운데에 있다. 성정삼매란 법위(法位)에 들어가면 능히 멸제(滅諦)를 증득할 수 있는데 이것을 성정이라 한다. 어떻게 알 수가 있는가? 마치 장로비구가 '수행자는 정(定)으로써 마음을 닦아 혜로 인하여 능히 번뇌를 차단하고, 혜로써 마음을 닦아 정으로 인해 능히 번뇌를 차단한다. 정혜로

---

35 『成實論』12(『大正藏』32권, 335상중)

서 마음을 닦아 성(性)으로 인해 해탈을 얻는다. 성은 단성(斷性)·이성(離性)·멸성(滅性)을 말한다.'라고 함과 같다. 또한 정혜가 일시에 구족하기 때문에 성정(聖正)이라 하는데 이는 마치 정혜로써 해탈을 얻는 것을 구해탈(俱解脫)이라 하는 것과 같다.

이로써 보면 일분수삼매는 오로지 정이나 혜의 한 방면만을 닦는 것을 말한다. 그리고 공분수삼매란 정이나 혜를 닦는 유루정(有漏定)이다. 마지막으로 성정삼매는 정과 혜를 겸하여 닦는 무루정(無漏定)을 말한다. 그러므로 삼매 속에 정과 혜를 함께 설명하고 있다.

이러한 설은 선(禪), 정(定), 삼매(三昧), 정수(正受), 등지(等至, samāpatti), 해탈, 사마타(奢摩他, śamatha, 止) 등과 차이가 있는 것을 알 수 있다. 그 설에 의하면 좁은 뜻의 삼매는 공(空) 등의 삼삼매(三三昧)이고, 넓은 뜻으로는 사무량심(四無量心)과 기타의 모든 정(定)을 가리키고 있다.

이처럼 삼매는 선(禪)과 삼마발저(三摩鉢底) 등과 그 뜻이 다르더라도 옛 번역가[古譯家] 중에는 때때로 이것을 혼동하는 것이 적지 않은 듯하다.

현장역(玄奘譯)의 『발지론(發智論)』 제17에, '팔등지(八等至)가 있는데 말하자면 사정려(四靜慮)와 사무색(四無色)이다'[36]라고 함을 부진역(苻秦譯) 『아비담팔건도론(阿毘曇八犍度論)』 제26에, '팔삼매(八三昧)란 사선(四禪)과 사색정(四色定)이다'[37]라고 하는 것에서는 등지와 삼매를 혼돈한 예이다.

또한 『잡아비담심론(雜阿毘曇心論)』 제7에, 공무원무상(空無願無相)의 삼삼마지(三三摩地)를 삼삼마제(三三摩提)로 표현하고, 사정려·사무색의 팔등지와 아울러 미정(味淨) 및 무루(無漏)의 3등지(等至)를 모두 삼매라 칭하고, 이것에 정수(正受)의 역어(譯語)를 붙이고 있다.[38] 모두 삼마지와 삼마제, 등지와 삼매를 혼동한 예이다.

또한 『유가론기(瑜伽論記)』 제4 상권[39]에 다음과 같이 말하고 있다. 경(景)법사가 '삼마희다(三摩呬多)는 또한 옛날에 삼매라고 함은 말의 와전[語訛]이다'고 한다. 태(泰)법사는 '삼마지는 옛날에 삼마발제(三摩跋提)라고 함은 말의 와전이다'라고 한다. 이 두 스승의 말에는 차이점이 있다. 지금 말하면, 삼매 즉 삼마지인 것은 마땅히 기(基)사가 말한 것과 같이 되어야만

36 『發智論』(『大正藏』 26권, 1011상).
37 『阿毘曇八犍度論』(『大正藏』 26권, 891하).
38 『雜阿毘曇心論』(『大正藏』 28권, 92상).
39 『瑜伽論記』(『大正藏』 42권, 378중).

한다. 왜냐하면『성실론』에 오성지삼매(五聖智三昧)라 함을 이 론의 제12에는 오성지삼마지(五聖智三摩地)라하는 까닭이다.

신라 원효(元曉)는 '삼마지와 삼매는 이름과 뜻이 각각 다르다'고 한다. 이는『금광명경(金光明經)』3권에, 십지(十地)의 정(定)을 밝히는 중에 처음 삼지(三地)의 정(定)을 삼마제라고 하고, 후의 칠지(七地)의 정(定)을 삼매라고 하는 것과 같은 것에서도 알 수 있다. 그것이 만약 한 이름[一名]일지라도 번역에 잘못과 바름[訛正]이 있어서 왜 한 스승의 역경(譯經) 중에 혹은 삼매라고 하고, 혹은 삼마제라고 하는가? 그러므로 다름을 알지 못한다고 한다. 지금 말해보면 이것은 그렇지 않은 것이다. 저 경에 삼마제라고 함은 지금 말하는 삼마희다(三摩呬多)이다. 이것을 등인(等引)이라고 한다. 저것에 삼매라고 함은 옛날에는 정수(正受)라고 번역하지만 지금은 삼마지라고 함은 번역하여 등지(等持)라고 한다.

두 가지 뜻이 다르기 때문에 위에서 각각 간략히 서로 드러나는 것이다.

단, 아마 원효는 삼마지의 지(地)와 삼마제의 제(提)의 두 글자를 구별하지 않고 외람되이 잘못한 것임을 알 수 있다. 그런데 다시 신역(新譯)의 10권『금광명경』을 보면 십지의 정을 모두 삼마지라고 하고 있다. 이것은 곧 번역한 사람이 음(音)을 이해하는 것이 같지 않기 때문이다.

이것은 번역가들이 선정의 구별을 할 때 혼란을 일으키는 사례를 말해주는 것이다.

이러한 혼동은 현대학계에서도 있는 듯하다. 초기불교와 부파불교에서 지(止)와 관(觀)의 개념과 함께 선과 삼매 개념 그리고 여실지견(如實知見)에 대한 혼돈으로 이어진다.

그리고 중국에 불교가 전래된 이후 한자문화권의 선정이해 특히 지·관이해가 사선, 사무색정 속에 포함되어지고 이것이 전통적인 이해로 굳혀졌다.

최근 들어 이를 반박하는 논문도 있다. 조준호는 불교의 모든 수행체계가 모두 지관이라는 용어 속에 포함될 때 불교수행의 근본적인 의미가 회복된다고 한다. 선이나 정 또는 선정이 불교수행의 모두를 담거나 대표하는 용어로 보아서는 안된다고 언급하고 있다.[40]

또한 선보다도 삼매가 더 수승한 경지임을 나타내는 용어임을 보여주려는 시도도 있다.[41]

40 조준호,「초기불교에 있어 止·觀의 문제」,『韓國禪學』제1집, 韓國禪學會, 2000, 355면.

나카무라 하지메(中村元)는 지관은 초기불교 가운데서도 비교적 늦게 성립된 것이며 불교 이전에는 사용되지 않았다[42]고 한다. 그리고 지관이 불교 이외의 명상수행과 그 차이점을 명확히 드러내주는 불교만의 독자적인 선정이라는 주장도 있다.[43] 임승택은 불교의 선정과 요가의 삼매에 대한 차이점을 비교하여 불교의 선정이 수승함을 밝히고 있다.[44] 그리고 김열권은 도표를 통해 지를 '집중/선정삼매', 관을 '지혜삼매'로 구분하였다.[45]

김은희 (동국대)

41 李惠玉, 앞 논문.
42 中村元, 「原始佛教における止觀」, 『止觀の硏究』(東京: 岩波書店, 1975), 35면.
43 武邑尙邦, 「原始經典に示ける止觀の意味」, 『佛教學硏究』 n.12·13, 龍谷大學佛教學會, 1956.
44 임승택, 「불교의 선정과 요가의 삼매에 대한 비교연구: 초기불전과 Yoga-sutra를 중심으로」, 『회당학보』5, 회당학회, 2000, 215면~251면.
45 김열권 편저, 『위빠사나 I』 (서울: 불광출판부, 1993), 192~193면.

삼종지관

한 三種止觀

Ⅰ. 어원적 근거 및 개념

'삼종지관' 용어는 중국 초기 천태종에서 사용한 말이다. 천태지의의 입멸 후 그의 제자인 관정(灌頂)이 지의의 지관 실천론을 점차·부정·원돈의 3종으로 분류하여 부르기 시작한 것이다. 삼종지관이라는 개념 설정은 지의의 여러 강설에서 정착되었지만, 그 용어의 실질적인 사용은 『마하지관』의 서문을 쓴 관정으로부터 비롯된다.

1. 삼종지관의 어원

지관 용어의 지(止)는 범어 사마타(奢摩他, śamatha, calming the mind)이며, 관(觀)은 위파사나(毘鉢舍那, vipaśyanā, discerning the real)이다. 이는 초기불교로부터 대승경전에 이르기까지 높은 사용빈도를 보이고 있다. '선정(禪定)' 용어가 넓고 다양하게 사용되었다면, '지관'은 적정(寂靜)과 관조(觀照)라는 구체적인 수행 방법을 지칭하고 있다. 지의는 초기 교화시기에 '선(禪)'의 용어를 사용하였으나, 후반기 생애에는 '지관'을 중심으로 그의 관행체계를 조직하였다. 그리고 이를 다시 삼종지관의 행법으로 발전시켰던 것이다.

관정은 『마하지관』에서 삼종지관을 "첫째는 점차이며, 둘째는 부정이며, 셋째는 원돈이다. 이 모두는 대승이며, 실상(實相)에 연하고 있으며, 지관이라고 이름한다"[1]고 하였다. 이 세 가지의 용어는 여러 경론에 산재해 있지만, 천태지의의 교관에 영향을 끼친 것은 주로 용수의 사상과 그의 스승인 혜사이다. 또한 당시까지 전역된 『안반수의경』, 『좌선삼매경』 등 각종 삼매경류에도 기인한다. 천태종의 삼종지관에 대한 구체적인 명칭은 천태지의로 비롯되지만, 그 어원적의 배경은 『대지도론』과 혜사의 『제법무쟁삼매』, 『입서원문』 등에서도 나타나고 있다. 관정도 삼종지관의 내용적 근거는 혜사 가르침의 내용에서 비롯되었다고 강조하고 있다.

삼종지관의 어원적 배경에 있어 천태지의는 『대품반야경』의 「차제행품」(제75)과 「일념품」(제76)이 가지는 모순적 양면이라고 생각했다. 「차제행품」에서는 보살이 차제행·차제학·차제도에 의해 사념, 사정근 등과 삼삼매와 삼관지를 닦는다고 하였다.[2] 그러나 이어지는 「일념품」에서는 일념중에 육바라밀을 구족하고 사선, 사무량심 등은 물론 삼십이상을 갖춘다고 하는 원돈적 의미를 나타내고 있다.[3] 즉 지의는 '차제행'과 '일념중구족'의 양립에 많은 의문점을 가졌다. 『수천태지자대사별전』(이하 『별전』)에도 혜사를 대신해 『(대품)반야경』을 강의할 정도로 해박한 지식을 갖추었지만, 차제와 원돈이 관련있는 삼삼매(三三昧)와 삼관지(三觀智)를 스승인 혜사에게 자문(諮問)을 구했다고 기록하고 있다. 이는 곧 삼종지관의 원류인 차제와 원돈에 깊은 관심을 가지고 있었음을 반영하고 있다.

지의는 『대지도론』으로부터 구체적인 점차와 원돈의 사상적 영향을 받고 있다. 『대지도론』에는 점차와 원돈을 나타내는 '점점행(漸漸行)'과 '구

1 『마하지관』 1 「灌頂序」(『대정장』 46권, 1하). "三種止觀 一漸次 二不定 三圓頓 皆是大乘俱緣實相同名止觀."

2 『대품반야경』(『대정장』 8권, 385하). "菩薩摩訶薩次第行次第學次第道中住 能具足四念處四正勤四如意足五根五力七覺分八聖道分 修行空三昧無相無作三昧 乃至一切種智."

3 『대품반야경』(『대정장』 8권, 386하). "云何菩薩摩訶薩行般若波羅蜜時 一念中具足六波羅蜜 四禪四無量心四無色定 四念處四正勤四如意足五根五力七覺分八聖道分 三解脫門佛十力四無所畏四無礙智 十八不共法大慈大悲 三十二相八十隨形好."

만행(具萬行)'의 용어가 나타나고 있다.「차제학품」15에서 삼차(三次) 즉 차제행(次第行)·차제학(次第學)·차제도(次第道)로써 사념처와 사정근, 오근, 오력 등을 수행한다고 하였다.[4] 더 나아가 세제의 수행인 점점행(漸漸行)에 대해 설명하고 있다.[5] 원돈의 의미는『대지도론』의「석일념구만행품(釋一念具萬行品)」제16에서 에서는 원돈적 의미로서 일념 가운데 만행(萬行)을 구족한다는 문구가 있다. 보살이 반야바라밀을 행할 때, 일념 중에 이미 육바라밀과 사선, 사무량심, 사무색정 등과 삼십이상, 팔십종호 등을 갖춘다고 하여 원돈의 의미를 나타내고 있다.[6]

차제·원돈은 또한 스승인 혜사로부터 많은 영향을 받고 있다. 혜사의 저술에는 삼종지관과 직접적으로 관계되는 차제[점차], 부정, 원돈의 용어 설정이나 그 의미에 대한 체계적인 설명은 보이지 않고 있다. 그러나 내용상 차제와 원돈의 의미를 나타내는 구절은 그의 저술 여러 곳에서 보이고 있다. 혜사의『제법무쟁삼매법문』에는 사념처에 대한 설명과 함께 9차제정 및 차제적인 선바라밀을 언급하고 있다.[7] 또한『법화경안락행의(法華經安樂行義)』에서는 둔근보살과 이근보살의 차제수행 여부에 대하여 설명하고 있다. 그리고 그 내용 중에는 원돈의 의미를 유추할 수 있는 부분 또한 여러 곳에서 보이고 있다. 특히 일념 중에 육바라밀 등을 구족한다는 것은『대품반야경』과『대지도론』의 사상을 계승하고 있다.『제법무쟁삼매법문』의 앞부분에 초발의보살이 행해야 할 여러 가지 만행(萬行)을 언급하지만, 일념심중일시행(一念心中一時行)으로서 앞뒤 그리고 중간이 없이 일시의 설법으로 중생들을 제도한다는 것을 강조하고 있다.[8] 또한 '일념심중(一念心中)에 모든 것을 구족하고 있다'[9]는 말은 곧 원돈의 의미를 가리킨다. 혜사는 또『대승지관법문』에서는 원돈의 의미로서 '원융' 용어를 사용하고 있다. '원융무애법계(圓融無碍法界)' 혹은 '원융무이(圓融無二)', '원융상섭(圓融

4『대지도론』(『대정장』25권, 667하)
5『대지도론』(『대정장』25권, 670중). "先粗後細 先易後難 漸漸習學 名爲次第 余五波羅蜜 亦應隨義分別 諸法性雖無所有 而隨世諦行 爲破顚倒故."
6『대지도론』(『대정장』25권, 671상). "菩薩摩訶薩行般若波羅蜜時 一念中具足行六波羅蜜四禪 四無量心 四無色定…."
7『제법무쟁삼매법문』(『대정장』46권, 631하~632상)
8『제법무쟁삼매법문』(『대정장』46권, 627하). "一念心中一時行 無前無後 亦無中間 一時說法度衆生."
9『제법무쟁삼매법문』(『대정장』46권, 639중)

相攝)', '무차별의 차별[無差別之差別]'이라는 용어를 사용하고 있어 곧 원돈의 의미로 볼 수 있다.[10]

부정교(不定教)의 의미는 따로 법이 있는 것이 아니라, 단지 돈점의 순서에 따라 그 뜻이 자명해진다. 부정교의 실천으로서 부정지관이며, 그 원어적 개념은 부처님의 '독우유'와 '일음설법(一音說法)'의 비유에 연원하고 있다. 그 내용은 『법화현의』에서 설명하고 있는데, 『대반열반경』 29권에는 '우유에 독을 넣으면 그 우유는 물론 낙, 생소, 숙소, 제호가 되어도 살인한다.'는 문구를 인용하였다. 그 독을 대승실상에 비유하여 모든 중생들의 미혹을 죽인다[殺人]는 것으로 설명하고 있다.[11] 이는 부처님의 다양한 가르침[種種方便]과 다양한 중생들의 근기의 두 가지 측면을 말하는 것이며 이는 곧 부정교와 부정지관의 어원적 배경이다. 그리고 일음설법은 부처님의 설법이 다양한 근기를 가진 중생들에게 다양한 이익으로 나타남을 말하는 것으로 또한 부정교의 의미를 지닌다.[12] 『사교의(四教義)』 교판론에서 교화의 형식을 점돈(漸頓)은 물론 비밀(秘密)·부정(不定)으로 말하고 있다. 법(法)은 일미(一味)이지만, 부처님의 최초 설법으로부터 열반에 이르기까지의 모든 가르침에는 돈점, 부정비밀이 있다고 하였다. 이는 교화형식에 있어서 부정과 비밀이 있다고 하여 교판론의 부정(不定)교를 설정하고 있다.[13] 일음설법에 따른 사교(四教)의 성립은 『관심론』에도 같은 내용으로 나타나고 있다.[14] 관행적 측면에서 부정(不定)의 어원은 『차제선문』에 보이고 있다. 『차제선문』 5권에서는 차제(次第)를 설명하는 여러 경론을 비교한다면, 전후관계 혹은 중간단계가 서로 같지 않다고 하였다. 이를 회호부정(回互不定)이라하였다.[15] 이는 차제라 할지라도 중생들의 근성에 따른 수행법의 적용이 다양하게 나타날 수 있다는데 그 원어적 배경이 됨을 알게 해

10 『대승지관법문』(『대정장』 46권, 648중). "圓融相攝無礙也 是故經言心佛及衆生是三無差別 譬如明鏡體具一切像性各各差別不同 卽是無差別之差別也."

11 『법화현의』(『대정장』 46권, 806상). "今依大經二十七(현 대정장에는 29권)云 置毒乳中乳卽殺人 酪蘇醍醐亦能殺人 此謂過去佛所 嘗聞大乘實相之教 譬之以毒 今値釋迦聲教其毒卽發結惑人死."

12 "佛以一音隨類各解"의 문구는 『법화문구』(『대정장』 34권, 96하)를 비롯하여 천태삼대부 여러 곳에서 인용하고 있다.

13 『사교의(四教義)』(『대정장』 46권, 721상). "法唯一味 寂滅者歸眞 然鹿野鶴林之文 七處八會之教 豈非無頓漸之異 不定祕密之殊."

14 『관심론(觀心論)』(『대정장』 46권, 586하). "云何知漸頓 祕密不定教 一音說此四."

15 『차제선문』(『대정장』 46권, 515상). "前後異故 中間回互不定 是故諸經次第各立不同."

준다. 부정지관(不定止觀)이라 일컫는 육묘문(六妙門)도 혜성(慧性)이 많고 정성(定性)이 적은 이들을 위해 설정하였다고 하여 근성에 따른 선법(禪法)의 다양한 선택임을 말해준다.

2. 삼종지관의 개념

천태사상은 천태의 이론인 교상문과 실천문인 관행문을 합한 것으로 교관일치의 철학에 바탕한다. 지의의 관행문 전체는 경전에 나타난 실천관에 기초하여 정밀한 관행체계를 구축하고 있다. 삼종지관의 개념은 수행자들의 다양한 근기를 세 가지에 맞추어 전개한다는 의미를 담고 있다. 지의는 지관 개념 이전에 선의 용어를 사용하였다. 경전에 나타난 인도적인 선정의 개념은 환경이 매우 다른 중국의 실상에 쉽게 적용되지 않음을 깨달았다. 이는 지의 초기 선바라밀에서 지관 개념으로 넘어가는 중요한 계기이다.

지의는 초기 전도시절 금릉의 와관사에서 선법을 강의하였고, 이것이 『차제선문』으로 완성되었다. 다양한 인도의 선법들을 소개하였고, 일목요연하게 그 차제선법 세우고 단계별로 그 선법들을 설정하였다. 그러나 분류적이며 추상적인 인도 선법들은 당시 중국인들에게 크게 환영받지 못했다. 그러므로 지관 개념의 채택은 수행자들의 근기에 따른 구체적인 선법, 즉 중국인들에게 적합한 수행법의 선택으로 볼 수 있다. 천태지관은 인도 초기불교로부터 비롯된 일반적인 용어인 지관(止觀)과 다르게 사용되었다. 이는 경전에서 나타나는 전통적 지관 개념에서 벗어나 동북아 환경에 맞는 실천행법을 구축했다는 것을 말한다. 지의 자신이 연구한 경전관과 실천관이 복합되었고, 자신의 수행 체험과 직접적으로 연관되므로 '천태지관'이라 하였다. 따라서 천태지관은 지와 관의 전통적·일반적 개념을 수용하되 천태지의의 고유한 지관문(止觀門)으로 재구성한 것이다. 삼종지관의 실천문은 삼종교상의 교판론으로부터 배태되었다. 따라서 삼종교상은 지관에 대한 교문이며, 삼종지관은 교상에 대한 실천문으로서 서로 교관일치(教觀一致)의 대상이다. 삼종교상은 교판에 따른 분류이며, 지의는 여래께서 중생들을 화도(化道)시킬 목적으로 근기에 따라 돈·점·부정의 3교상이 성립되었다고 하였다. 그 삼종교상을 바탕으로 삼종지관이 성립하였으며, 그 내용 또한 서로 유기적인 관계로 연결되고 있다.

그런데 삼종지관의 개념은 지의가 그의 강설 중에 직접 설정한 것이 아니라, 관정이 완성한 『마하지관』의 「서문」에서 설명되고 있다. 『마하지관』은 지의 입멸 후 제자인 관정이 기록하였다가 후에 정본으로 완성한 저작이다. 혜사와 지의에 의해 삼종지관의 개념설정이 이루어졌지만, 실질적인 용어 개념의 성립은 관정 이후이다. 관정의 개념 설정은 원돈지관의 입장에서 점차지관와 부정지관을 총합하고 있다. 표면적으로는 점차지관은 『차제선문』, 부정지관은 『육묘법문』, 원돈지관은 『마하지관』을 텍스트로 정하고 있다.[16] 그러나 관정은 혜사나 지의에 의해 저작된 관행서(觀行書)뿐만 아니라, 이전의 모든 불교 행법을 삼종지관으로 총합하려는 의도가 있었다고 보아야 할 것이다. 관정은 『마하지관』의 서문에서 삼종지관의 개념을 다음과 같이 정의하고 있다.

1) 점차지관(漸次止觀)

관정은 점차지관을 일컬어 쉬운 행부터 차례로 나아가는 방법이라고 제시하고 삼계육도(三界六道)에 비유하여 다섯 가지로 풀이하고 있다. 첫째, 귀의계를 수행하여 잘못된 것을 버리고 바른 곳으로 나아가는 수행을 한다. 지옥, 축생, 아귀의 윤회를 끊고 인간·천·아수라의 삼선도에 도달한다. 둘째, 선정을 수행하여 탐욕의 산란한 그물을 끊고 색계정과 무색계정에 도달한다. 셋째, 무루(無漏)의 지(智)를 수행하여 삼계의 옥을 끊고 열반도에 도달한다. 넷째, 자리이타를 수행하여 독각(獨覺)을 끊고 보살도에 도달한다. 다섯째, 실상(實相)을 수행하여 이변의 편협함을 끊고 상주(常住)의 도에 도달한다.[17]

2) 부정지관(不定止觀)

별도로 계위를 설정하지 않은 행법이다. 앞의 점차지관과 뒤의 원돈지관과 관련하여 서로 바뀔 수 있으며, 서로 얕거나 깊이가 바뀌기도 하며, 혹은 사법(事法)이기도 하며 이법(理法)이기도 하다. 혹은 세계실단(世界悉檀)을 가리켜 제일의실단(第一義悉檀)이라고 하며, 제일의실단을 가리켜 위인·대

16 『마하지관』(『대정장』 46권, 3상). "次第禪門合三十卷 今之十軸 是大莊嚴寺法愼私記 不定文者如六妙門 以不定意歷十二禪九想八背 觀練熏修 因緣六度無礙旋轉縱橫自在 此是陳尙書令毛喜請智者出此文也 圓頓文者."

17 『마하지관』(『대정장』 46권, 1하)

치실단(爲人對治悉檀)이라고도 한다. 혹은 관(觀)을 그치고 지(止)를 드러내고, 혹은 지를 비추어 관을 드러내기도 하여 특별하게 정해지지 않았으므로 부정지관(不定止觀)이라고 한다. 부정(不定)의 의미를 좀더 확대한다면, 여러 행법들이 같으면서 같지 않고, 같지 않으면서도 같다고 하는 것이다. 이는 모두가 똑같이 대승·실상·지관이므로 차별을 둔 것은 같으면서도 같지 않고, 같지 않으면서도 같은 것이다. 이는 모든 성인들이 유위법(有爲法)이 아닌 무위법(無爲法)으로서의 차별이기 때문인 것이다.

3) 원돈지관(圓頓止觀)

천태지관에 있어 원돈의 의미는 실상에 연하여 갖가지 경계가 생기지만 그대로가 중도이며 진실이라는 중도실상을 말한다. 곧 관정은 지의의 사상 가운데 원돈의 개념을 정의하고 심(心)과 불(佛)과 중생(衆生)의 경계가 무차별임을 강조한 문구를 인용하고 있다. 또한 오음과 육입이 모두 진여이므로 버려야할 고(苦)가 없으며, 무명진로가 곧 보리이므로 끊어야할 집체(集體)도 없으며, 이변이나 삿됨도 중도이므로 수행해야할 도 또한 없다고 하였으며, 생사가 곧 열반이므로 증득해야 할 멸도 없다고 하여 사제(四諦)를 중심으로 원돈의 개념을 설명하고 있다. 따라서 고집(苦集)이 없으므로 세간이 없고, 도멸(道滅)이 없으므로 출세간도 없어 그대로가 순일실상(純一實相)이므로 실상이외에 다른 법이 있지 않다고 하였다. 원돈의 의미에서 지관을 설명하되, 법의 자성이 고요하므로 이름하여 지라고 하며, 고요하게 항상 비추는 것을 관이라 한다. 처음이나 나중이라 말하지만 둘도 없고 다름도 없다고 하여 이것을 원돈지관이라고 정의하고 있다.

관정은 점차·부정·원돈의 지관은 비록 차제나 부정일지라도 모두가 대승이라고 강조한다. 『차제선문』에서 바라밀은 제보살만이 닦는 행이라 하였고, 『육묘법문』의 여섯 가지의 묘 모두가 열반이요 진실이라 하였다.[18] 관정은 또 삼종지관 모두가 대승이며, 실상이며, 모두가 같은 이름이라고 말하고 있다.[19]

18 『육묘법문』(『대정장』 46권, 549상). "法寶會妙不殊故經言泥洹眞."
19 『마하지관』(『대정장』 46권, 1하). "皆是大乘 俱緣實相同名止觀."

Ⅱ. 역사적 전개 및 텍스트별 용례

1. 역사적 용례

삼종지관은 천태종의 초조인 천태 지의의 강설을 중심으로 형성된 천태적 행법의 규정이다. 그러므로 천태대사 이후의 역사에서 삼종지관과 관련된 용례를 찾아보아야 할 것이다. 그 용례는 주로 천태종 전적(典籍)에서 주로 사용된다. 천태지의가 직접적으로 사용한 것이 아니라 제자인 관정이 정착시킨 용어로서 이는 오히려 사서(史書)류에서 더 많이 발견된다.

먼저 삼종지관과 관련하여 『수천태지자대사별전(隋天台智者大師別傳)』의 용례를 살펴본다. 천태지의의 제자인 관정은 『별전』을 완성하고 스승의 생애를 조명하였다. 관정은 천태대사와 관련된 장소(章疏)들을 소개하는 과정에서 『원돈지관[마하지관]』도 함께 소개되고 있다. 이는 현재까지 『마하지관』으로 소개되었던 바와 다른 것으로서 '원돈지관'으로 명명하고 있는데, 관정은 이미 삼종지관의 개념을 확실하게 설정한 것으로 볼 수 있다. 그렇다면 관정이 『별전』을 지을 당시에 현행되는 『마하지관』을 수치(修治)하면서도 점차지관과 부정지관을 구별하는 '원돈지관'으로 지칭했음을 말해준다.[20] 그러나 『별전』에는 『마하지관』의 내용처럼 구체적으로 삼종지관의 개념을 설명하는 곳은 없다. 그런데 천태 교단 초기 『마하지관』을 '원돈지관'이라고 부른 것을 확인하는 내용이 『속고승전』에도 나타나고 있다. 당시 관정과 동시대에 살았던 도선은 『속고승전』 관정의 행적을 소개하면서 '마하지관'이 아닌 '원돈지관'이라는 용어를 사용하였다.[21] 또한 『속고승전』에 의하면 혜사의 저술 가운데 『차제선요(次第禪要)』의 목록이 보이고 있다. 그 저술이 현존하지 않으므로 내용을 알 수 없지만, 지의의 『차제선문』 강설에 많은 영향을 끼쳤을 것으로 짐작할 수 있다.[22]

다음으로 『속고승전』에 보이는 삼종지관을 알아본다. 『속고승전』은 혜사와 지의전을 비교적 상세히 다루고 있다. 혜사전에는 혜사와 지의 사이에 점차와 원돈의 개념이 형성되는 과정을 밝히고 있다. 도속의 보시로 금

---

20 『수천태지자대사별전』(『대정장』 50권, 195중)

21 『속고승전』(『대정장』 50권, 585중). "思顗三世宗歸莫二 若觀若講常依法華 又講涅槃金光明淨名等經 及說圓頓止觀四念等法門."

22 『속고승전』(『대정장』 50권, 564상)

자반야와 금자법화경의 불사를 끝내고, 혜사는 지의에게 두 금자경(金字經)의 강의를 지시했다. 지의는 두 경에 대하여 해박한 지식을 동원해 강경(講經)했지만, 『반야경』의 「일심구만행품」에서 의문이 생겼고, 또한 이와 연관된 삼삼매(三三昧)와 삼관지(三觀智)의 차제행 여부에 대한 고민이 이어졌다. 혜사는 『반야경』의 원돈적 의미라 해도 그것은 차제행일 뿐, 법화원돈 영역에 미치지 못함을 말해주었다. 또한 혜사 자신이 '일념돈발제법(一念頓發諸法)'을 즉 일시에 원증(圓證)했다는 돈(頓)의 의미를 가르치고 있다. 또한 지의는 혜사에게 법화행법을 물었고, 그 원증이 십지(十地)행의 여부를 물었다. 그러나 혜사는 이를 십신(十信)위일 뿐이라고 말하고 있다.[23] 이로써 살펴볼 때, 혜사 문하에서 지의는 삼종지관의 확실한 개념설정이 아니더라도 원돈행에 대한 차제와의 관계, 원돈적 수행, 원돈의 지위에 대하여 스승으로부터 자문을 구한 부분이 나타나고 있다. 이와 같은 내용은 『속고승전』보다 먼저 성립된 『수천태지자대사별전』에 의거하고 있다. 지의는 금자반야의 대강(代講)에서 『반야경』의 모든 내용에 해박했지만, 오로지 삼삼매와 삼관지에 대한 부분은 스승[혜사]에게 자문을 구했다고 하였다.[24] 물론 이 부분이 『속고승전』으로 이어져 구체화되었고, 교학과 수행론 체계를 구성하는 동기임을 나타나고 있다. 점교, 돈교, 부정교의 삼종교상이 도출되는 교판론과도 매우 밀접한 동기이다.

다음으로 『불조통기(佛祖統紀)』이다. 『불조통기』는 초기 천태와 당(唐) 천태, 그리고 이를 계승한 송(宋)의 천태학을 모두 계승하고 있다. 천태종 입장에서 편찬한 『불조통기』는 천태교관과 천태사 전체를 대상으로 하고 있다. 지반(志磐)은 천태 6조인 담연(湛然)의 제자인 양숙(梁肅)의 기록을 바탕으로 지의전을 소개하였다. 세존의 설법이 일음연설(一音演說)이, 각기 다른 근기 때문에 그 설법이 다르게 들렸다[隨類各解]고 하는 부분을 지의의 교판론과 연관시키고 있다. 일음연설은 지의가 『법화현의』 등에서 설한 부정교(不定教) 교판론이지만, 또한 중생들의 근기에 따라 오시오미(五時五味), 반만(半滿), 권실(權實), 편원(偏圓), 대소(大小) 등의 방편들을 제시한 동기임을 말하고 있다. 세존의 가르침이나 지의의 가르침이나 모두가 불승(佛乘) 혹은 대승임을 강조하고 있다. 따라서 삼종지관(三種止觀)도 용

23 『속고승전』(『대정장』 50권, 563중)

24 『수천태지자대사별전』(『대정장』 50권, 192상). "唯有三三昧及三觀智 用以諮審餘悉自裁."

수의 논이나 혜사의 묘해(妙解)를 이어받아 세운 것이라 하였다. 이는 또 일대사인연으로서 화의·화법의 팔교와 십승관법, 그리고 공가중(空假中)의 삼관사상을 도출시킨 것이라 하였다.[25]

『불조통기』는 또한 천태삼대부를 주석한 담연(湛然)의 지관에 대한 정의와 함께 삼종지관을 해행(解行)에 따라 분류하고 있다. 지관은 정혜의 다른 이름으로서 법화행의 문(門)이라 하였다. 『법화현의』와 『법화문구』의 가르침은 마치 세존께서 중생들의 근기에 따라 이익이 되도록 한 것과 같다고 하였다. 천태지관 또한 지의가 직접 체험한 법도임을 말하고, 자행화타를 구족한 법문이라 하였다. 이어서 삼종지관을 해행(解行)으로 분류하고 있다. 점차지관은 선바라밀으로서 해돈행점(解頓行漸)이라 하였다. 부정지관은 육묘문으로서 해돈(解頓)이지만 행은 돈이기도 하며 또한 점이라 하였으며, 원돈지관은 『마하지관』으로서 해행이 모두 돈이라 하였다. 삼종지관의 근기에 따라 그 행상(行相)이 다르지만 모두 원리에 근거하고 있다고 하였다.[26]

『불조통기』에 보이는 천태종의 조승(祖承)인 금구상승(金口相承), 금사상승(今師相承), 구사상승(九師相承)을 함께 소개하고 있다. 이 가운데 구사상승(九師相承)을 통해 삼종지관이 완성하게 되는 연기(緣起)를 소개하고 있다. 제1 명사(明師)는 7방편의 사용하였으며, 제2 최사(最師)는 성상에 원융하고 제법에 무애하였고, 제3 숭사(崇師)는 삼세가 곧 무거래(無去來)라고 하였고, 제4 취사(就師)는 적심(寂心)을 가르쳤고, 제5 착사(鑿師)는 일여(一如)를 관하였고, 제6 혜사(慧師)는 내외 중간의 심불가득(心不可得)의 법문을, 제7 문사(文師)는 멸진삼매 무간삼매의 행을, 제8혜사(慧師)는 수자의(隨自意)와 안락행을, 제9 의사(顗師)는 삼종지관의 법문을 행했다고 하였다.[27] 관정이 지의의 관행문을 삼종지관으로 총합했지만, 그것은 이미 부처님 이후 지의에게 이르기까지 조승(祖承)에 의한 것임을 『불조통기』에서 강조하고 있다. 관정이 『마하지관』「서(序)」에서 언급한 금사상승은 용수와 혜문, 혜사로 이어지며, 이들의 교관을 계승했다고 하였다. 따라서 삼종

---

25 『불조통기』(『대정장』 49권, 440중)

26 『불조통기』(『대정장』 49권, 258하). "三種止觀 一日漸次 謂解頓行漸 卽禪波羅蜜是也 二日不定 謂解頓 行或頓或漸 卽六妙門是也 三日圓頓 解行俱頓 卽摩訶止觀是也 此三止觀對根不同 行相雖殊俱依圓理而爲."

27 『불조통기』(『대정장』 49권, 178중)

지관은 단순히 지의가 세운 관행문이 아니라 부처님의 설법인 금구(金口)로부터 용수에 이르기까지 그리고 혜사에 이르기까지 조승(祖承)의 배경이 있었음을 말하고 있는 것이다.

2. 텍스트별 용례

『마하지관』의 서두에 따르면 삼종지관의 성립이 혜사의 전승임을 말하고 있다. 그러나 혜사의 찬술 가운데 삼종지관이라는 용어가 보이지 않고 있다. 지의가 혜사의 삼종지관을 계승했다고 하는 것은, 선법의 전수와 함께 혜사의 선사상 전반에 내재하고 있는 실천법을 참조했던 것으로 보인다. 그러나 지의는 그의 초기 강설인『차제선문』에서 지관(止觀)이라는 용어를 명확하게 개념 설정하거나 거의 사용하지 않았다.『차제선문』에서는 지관이 아닌 '선(禪)'이라는 용어로 당시까지의 모든 불교 행법을 체계화시키고자 하였다. 지관이라는 용어가 확실하게 자리잡은 것은 그가 천태산에서 교화하기 시작한 이후의 일이다. 지의는 선바라밀 대신 '지관'이라는 용어를 통해 수증(修證)을 위한 이론적 바탕과 행법을 제시하였고, 그러한 과정에서 삼종지관이 성립되었다고 보는 것이다. 삼종지관의 텍스트로서 점차지관은『차제선문』이며, 부정지관은『육묘법문』이며, 원돈지관은『마하지관』이다. 관정이『마하지관』「서」에서 점·부정·원돈의 이름을 정의한 내용을 보면 다음과 같다. '차제선문은 모두 본래 30권이며 지금의 10권은 대장엄사 법신의 기록이다. 부정의 문(文)은 육묘문과 같다. 부정의 의(意)로써 12선(禪), 구상(九想), 8배(背), 관(觀), 련(練), 훈(薰), 수(修), 인연(因緣), 육도(六度)를 수행하여 마치며, 무애에 선전(旋轉)하고 종횡으로 자재한 것이다. 이는 진(陳)의 상서령인 모희(毛喜)가 지자대사에게 청하여 이와 같는 부정의 문(文)이 나타난 것이다. 원돈의 文은 관정이 형주 옥천사에서 기록한 10권이다. 비록 돈·점·부정의 삼문(三文)이라도 여기에 집착하여 스스로 혹을 붙이면 안 된다'[28]라고 하였다.

이러한 내용을 토대로 하여 혜사와 관련된 텍스트는 물론, 지의의 지관

28 『마하지관』 1 「관정서(灌頂序)」(『대정장』 46권, 3상). "旣信其法須知三文 次第禪門合三十卷 今之十軸 是大莊嚴寺法愼私記 不定文者如六妙門 以不定意歷十二禪九想八背 觀練熏修 因緣六度無礙旋轉縱橫自在 此是陳尙書令毛喜請智者出此文也 圓頓文者 如灌頂荊洲玉泉寺所記十卷是也 雖有三文無得執文而自疣害."

론을 주석한 담연(湛然), 그리고 제관(諦觀)의 저작을 중심으로 삼종지관의 개념을 살펴본다. 그리고 삼종지관의 이론적 배경인 삼종교상(三種教相)의 용례도 함께 탐구한다.

먼저 혜사와 관련된 텍스트 가운데 삼종지관과 관련되는 부분을 살펴본다. 관정은 『마하지관』을 완성하고 그 서문에서 지의가 혜사로부터 삼종지관을 계승했다고 하였다. 그러나 혜사의 찬술에는 삼종지관이라는 용어가 보이지 않는다. 따라서 혜사의 찬술 내용을 유추하여 삼종지관과의 관련성을 밝혀야 한다. 혜사의 『법화경안락행의』 첫 부분에는 원돈을 의미하는 돈각(頓覺)을 설명하고 있다. '『법화경』은 대승의 돈각이며, 무사자오(無師自悟)로서 단숨에 불도를 성취한다. 일체 세간에서는 믿기 어려운 법문이며, 일체의 신학보살이 대승을 구하며, 일체 제 보살을 넘어 단숨에 불도를 성취코자 한다면, 지계, 인욕, 정진을 행하며, 부지런히 선정을 닦으며, 오로지 마음을 모아 법화삼매를 배운다'[29]라고 하였다. 그리고 『제법무쟁삼매법문』 하권에서도 '법화경을 설하는 회상에서 단지 일승을 설하지만 돈(頓) 가운데 돈극(頓極)이며 이는 모든 부처님의 지혜이다'[30]라고 하였다.

『속고승전』에는 혜사가 『차제선요(次第禪要)』를 지었다고 기록하고 있는데, 이는 점차지관의 법문이라고 추정할 수 있다.[31] 비록 혜사의 찬술에 삼종지관의 용어가 보이지 않거나, 그 개념이 완전히 성립되지 않았다 할지라도, 찬술 목록과 텍스트의 내용들을 추정해본다면 이미 삼종지관의 개념이 설정되어 있었음을 알 수 있다. 지의가 혜사의 문하에서 수습할 당시 이미 차제와 원돈의 개념을 가르쳐주고 있다. 『속고승전』, 『수천태지자대사별전』 등의 내용에 의하면, 지의가 『대품반야경』의 내용인 삼삼매(三三昧)와 삼관지(三觀智)를 질문하였고, 혜사는 『반야경』의 내용이 차제이며, 이는 법화원돈에 미치지 못했음을 말하고 있다. 혜사는 『제법무쟁삼매법문』에서 부정지관 개념에 대하여 설명하고 있다. 부처님의 설법이 중생의 부류에 따라 다양하게 이해된다는 일음설법의 인용[32]은 곧 지의의 부정지

29 『제법무쟁삼매법문』(『대정장』 46권, 697하). "法華經者大乘頓覺 無師自悟疾成佛道 一切世間難信法門 凡是一切新學菩薩 欲心大乘超過一切諸菩薩疾成佛道 須持戒忍辱精進勤修禪定 專心勤學法華三昧."

30 『제법무쟁삼매법문』(『대정장』 46권, 635중). "妙法華會但說一乘頓中極頓 諸佛智慧."

31 『속고승전』(『대정장』 50권, 564상)

32 『제법무쟁삼매법문』(『대정장』 46권, 635하). "諸佛神通無量方便 一音說法隨類得解."

관 개념에 영향을 미쳤으며, 지의는 이를 천태삼대부 여러 곳에서 언급하고 있다.

다음으로 『석선바라밀차제법문(釋禪波羅蜜次第禪門)』(이하 『차제선문』)이다. 『차제선문』은 점차지관의 대표적인 텍스트이며, 『선문수증(禪門修證)』이라고도 한다. 지의는 초기 전법 시절 금릉의 와관사에서 교화활동을 하였던 당시까지 소개된 모든 불교 수행법을 선(禪)바라밀로 조직하였다. 그 내용은 불교의 실천과 깨달음인 수증(修證)에 있어 이론과 방법을 단계[차제]적으로 설명하는 것이다. 대장엄사의 법신(法愼)이 지의의 강설을 필록하였고, 후에 관정이 10권으로 완성하였다. 제1장 대의(大意)장과 제2장 석명(釋明), 제3장 명문(明文), 제4장 전차(詮次), 제5장 간법심(簡法心)장까지는 선에 대한 개요를 밝히고 있다. 그리고 제6장 방편(方便)장에서는 선을 위한 실제의 준비를 설하고 있으며, 제7장 수증(修證)장에서는 쉽거나 얕은 방법에서 깊고 심층적인 선법으로 이어지는 좌선을 설명하고 있으며, 『차제선문』의 본론에 해당한다. 제8장 과보(果報), 제9장 기교(起教), 제10장 귀처(歸處)장은 장절의 명칭만 있을 뿐 전체가 생략되어 있다. 당시까지 전역된 경론 가운데 나타난 선을 분류하여 세간선(世間禪) 역세간역출세간선(亦世間亦出世間禪), 출세간선(出世間禪), 비세간비출세간선(非世間非出世間禪)의 4단계의 차제로 배치하였다. 우선 세간선에는 사선(四禪), 사무량심, 사무색정 등을 포함시키고 있으며, 역세간역출세간선에는 육묘문, 십육특승, 통명(通明) 등을 포함시키고 있다. 그리고 출세간선에는 팔념, 십상, 팔배사, 팔승처, 십일체처, 구차제정, 사자분신삼매, 초월삼매 등으로 설명하고 있다. 이 가운데 사종선을 식(息)·색(色)·심(心)으로 나누어 관찰하고 있다. 즉 세간선과 역세간역출세간선은 호흡에 의거한 식(息)의 선이며, 출세간선은 육체에 의거한 색(色)의 선이며, 비세간비출세간선은 심(心)의 선법이다. 지의가 『차제선문』을 점차지관으로 분류하듯 낮고 쉬운 수행법에서 높고 난해한 방법의 단계로 나아가는 선법인 것이다.

다음은 부정지관으로서 『육묘법문』이다. 삼종지관 중 부정지관 텍스트인 『육묘법문』 1권은 진(陳) 모희(毛喜)의 간청으로 설해진 것이다. 『육묘법문』은 본래 『차제선문』 제7권의 역세간역출세간 선법의 내용인데, 이것을 1권본으로 독립시킨 것이다. 부정지관은 돈·점의 법문이 서로 교차하는 것으로서 얕거나 쉬운 행법, 혹은 높거나 난해한 행법을 자유자재로 활용한다. 그러므로 점차지관과 원돈지관이 공존하고 있음을 말한다. 육묘문(六

妙門)에는 수(數)·수(隨)·지(止)·관(觀)·환(還)·정(淨)인 여섯 가지의 행법이 기본으로 제시되고 있다. 『육묘법문』 1권의 내용은 먼저 역별대제선육묘문을 시작으로, 차제상생, 수편의, 수대치, 상섭, 통별, 선전, 관심, 원관, 증상의 10장으로 구성되어 있다. 육묘문을 수행함에 그 행법 절차는 부정행(不定行)이며, 차제행과 부정행, 그리고 원돈행이 동시에 제기되고 있다. 수행을 통한 증상(證相)에 있어서도 부정임을 말하고 있다. 즉 차제증(次第證), 호증(互證), 원돈증(圓頓證)의 세 가지가 부정(不定)적으로 나타날 수 있음을 말하고 있다.[33]

다음은 원돈지관으로서 『마하지관』 텍스트이다. 『마하지관』은 수 개황 14(594)년 형주 옥천사에서 강설되었고, 제자인 관정이 기록하고 다시 여러 번의 교정 끝에 오략십광(五略十廣)으로 그 내용을 구성하였다. 천태지관의 실천관행을 완성시킨 것으로서 모든 관행들을 원돈의 입장에서 정리하고 있다. 특히 『마하지관』은 삼종지관의 의미를 구분하고 있으며, 점차지관이나 부정지관일지라도 그것은 원교의 입장에서 시설했다는 것이다. 지의가 강설한 『마하지관』을 완성한 관정은 지의의 전체 실천 법문을 총합 분류하여 삼종지관이라는 용어와 그 개념을 구체적으로 정립시켰다. 그리고 관정은 서문에서 『마하지관』을 완성하게 된 연기(緣起)를 밝히고 있으며, 『차제선문』을 점차지관으로, 『육묘법문』을 부정지관으로, 『마하지관』을 원돈지관으로써 삼종지관을 규정하였으며, 그 배경과 함께 설명하고 있다.

『마하지관』의 전체 내용의 개요인 제1 대의(大意)장은 오략으로 구성되었으며, 제2 석명(釋名), 제3 체상(體相), 제4 섭법(攝法), 제5 편원(偏圓), 제6 방편(方便), 제7 정관(正觀), 제8 과보(果報), 제9 기교(起教), 제10 지귀(旨歸)인 십광(十廣)의 체제를 갖추고 있다. 오략은 다시 제1 발대심(發大心), 제2 수대행(修大行), 제3 감대과(感大果), 제4 열대망(裂大網), 제5 귀대처(歸大處)이며 『마하지관』 나머지 9광의 개요를 설명하고 있다. 그런데 『마하지관』은 전체 내용이 강설된 것이 아니라 제7 정관(正觀)의 십승관법에 이어 십경 중 제7 제견경(諸見境)까지만 설해져 있다. 빠진 내용은 대의(大意)장 오략에서 간략히 설명하고 있다.

---

33 『육묘법문』(『대정장』 46권, 554중). "妙門證相 六門有四種一者次第證 二者互證 三者旋轉證 四者圓頓證."

오략의 중심내용은 제1략인 발대심과 제2략인 수대행이다. 제1략 발대심에서 심(心)을 정의하였고, 이와 함께 수행자가 수행생활이나 일반생활에서 나타날 수 있는 방해적 요인들을 점검하고[簡非], 다시 사제(四諦)와 사홍서원(四弘誓願)을 통해 대보리심을 일으키고, 육즉(六卽)을 통해 수행의 단계를 점검하는 과정을 설하고 있다. 제2략인 수대행에서는 사종삼매를 설하고 있다. 사종삼매는 상좌삼매(常坐三昧), 상행삼매(常行三昧), 반행반좌삼매(半行半坐三昧), 비행비좌삼매(非行非坐三昧)이다. 신의(身儀)를 중심으로 사종삼매 각각 신개차(身開遮), 구설묵(口說默), 의지관(意止觀)으로 나누어 외적 수행법에 대하여 총괄적으로 설명하고 있다. 제3략 감대과에서는 발대심에 이어 수대행을 함으로써 수승한 과보를 받는 다고 하는 것을 설명하고 있다. 중도불이의 수행은 곧 실보무장애토(實報無障碍土)에 머물 것이며, 방편토에 거주할 것이라고 설하였다. 제4략인 열대망(裂大網)은 이타를 위해 중생들을 방편으로 이끌되 진실로 들게 해야 함을 설하고 있다. 제5략인 귀대처는 법신·반야·해탈의 3덕으로 돌아갈 것을 이타에 맞추어 설하고 있다.

다음으로 『법화현의』 텍스트이다. 『법화현의』는 천태삼대부 중 하나로서 삼종지관의 실천을 위한 논리로서 삼종교상의 내용을 포함하고 있다. 제 10권하에는 돈·점·부정의 삼종교상을 설하기 위한 교판의 근거를 인용하고 있음을 볼 수 있다. 돈교(頓敎)에 있어서 『화엄경』은 보살을 교화하는데, 마치 해가 떠서 높은 산을 비추는 것과 같다고 하였다. 점교(漸敎)는 삼장으로 소승을 교화하는 것이며, 유상교이지만, 오시 중 방등시와 반야시는 상주를 설하므로 무상교(無相敎)라 한다. 그런데 아함시와 방등시, 반야시 모두를 점교로 보고 있다는 점이다. 그리고 부정교는 『승만경』이나 『금광명경』처럼 점도 돈도 아니면서 불성의 상주를 밝히는 것이라고 설명하고 있다.[34] 이러한 이론적 근거를 바탕으로 삼종지관의 실천 법문이 성립된 경위를 설하고 있다. 『법화현의』 제10권은 「교상현의」가 실려있고 교판의 내용을 6장으로 나누어 설명하고 있다. 6장 중 제1장인 대강(大綱)에서 돈·점·부정의 삼교(三敎)를 설정하고 있다. 이 삼교는 두 가지로 해석되는데

34 『법화현의』 10, 「敎相異解」(『대정장』 33권, 801상). "通用三種敎相. 一頓二漸三不定 華嚴爲化菩薩. 如日照高山名爲頓敎 三藏爲化小乘. 先敎半字. 故名有相敎 十二年後爲大乘人. 說五時般若乃至常住 名無相敎. 此等俱爲漸敎也 別有一經非頓漸攝. 而明佛性常住. 勝鬘光明等是也 此名偏方不定敎."

첫째, 교상문으로 해석되어야 하며, 둘째, 관행문으로 해석되어야 함을 제시하고 있다.[35] 이 교관이문의 설정에 의하여 돈점부정의 삼교는 교문과 관문으로 분류되지만, 교관일치의 근본적인 입장을 보여주고 있다. 천태지의는 삼종교상에 의하여 돈·점·부정의 삼종관문을 설명하고 있다.

첫째, 원돈의 관문에 대한 해설이다. 원돈의 관은 초발심으로부터 실상에 즉하는 관이다. 사종삼매를 닦고, 팔정도를 행하고, 도량에서 불지견(佛知見)을 열어 무생인을 얻는다. 이는 마치 소가 풀을 뜯고서 제호를 얻는 것과 같다.[36] 돈교적 교상의 입장에서 지관이라는 실천적인 방향으로 해설한 것이다.

둘째, 점교에 의하여 차제적 지관의 방향으로서 다음과 같이 해설하고 있다. 초발심으로부터 원극에 이르는 것이므로 아나파나와 12문선 등을 닦는 것이 근본행이다. 범부는 잡혈(雜血)의 우유[乳]와 같으며, 육묘문, 십육특승, 관(觀), 련(鍊), 훈(薰), 수(修)와 도품, 사제관 등을 닦아 성문의 법을 얻으면 청정한 우유와 같은 행이다. 다음에 십이인연관을 닦아 연각으로서 낙(酪)과 같은 행이며, 다음에 사홍서원, 육바라밀 등을 닦는, 장교·통교의 보살이며, 이는 이사(理事)의 법이므로 모두 생소(生蘇)에 해당한다. 다음에 별교보살의 행은 숙소(熟蘇)와 같다. 다음으로 자성선과 일체선을 닦고 청정선에 들어 능히 불성을 보고 대열반에 주하므로 곧 제호(醍醐)라고 한다.[37] 이는 장교·통교·별교·원교의 사교와 오미에 비유하여 수행의 단계를 밝히고 있으며, 일체의 선법은 원극(圓極)을 위한 수증이 이루어지고 있음을 알 수 있다. 이는 곧 『차제선문』의 구성을 설명한 것으로 보인다.

셋째, 부정관에 대한 설명으로서 우유 속에 든 독을 비유하고 있다. 부정의 관이란, 과거불을 따라 선근을 깊이 심어 이제 십이문을 닦고 활연히 개오하여 무생인을 얻는다고 하는 것인데, 이는 마치 우유 속에 든 독이 능히

35 『법화현의』 10 「敎相判敎」(『대정장』 33권, 806하)

36 『법화현의』 10 「敎相判敎」(『대정장』 33권, 806중). "一圓頓觀 從初發心卽觀實相 修四種三昧行八正道 卽於道場開佛知見得無生忍 如牛食忍草卽得醍醐 其意具在止觀云云."

37 『법화현의』 10(『대정장』 33권, 806중). "二漸次觀 從初發心爲圓極故 修阿那波那十二門禪 卽是根本之行 故云凡夫如雜血乳 次修六妙門十六特勝 觀練熏修等 乃至道品四諦觀等 卽是聲聞法 如清淨乳行也 次修十二緣觀卽是緣覺如酪行也 次修四弘誓願六波羅蜜 通藏菩薩所行事理之法 皆如生蘇行也 次修別教菩薩所行之行 皆如熟蘇 故云菩薩如熟蘇也 次修自性禪入一切禪 乃至清淨淨禪 此諸法門 能見佛性住大涅槃 眞應具足故名醍醍行也 若的就菩薩位辨五味義 如上行妙中辨 亦如次第禪門說也 是名漸次觀也."

사람을 죽이는 것과 같다고 비유한다. 그러나 부정관(不淨觀)이나 배사 승처 등의 선정을 통해 무생인을 얻는다면 이는 마치 낙(酪) 중의 살인이며, 사홍서원, 육바라밀 등으로 무생인을 얻었다면, 생소(生蘇) 중의 살인이며, 공·가와 무량사제 등으로 무생인을 얻었다면, 숙소(熟蘇) 중의 살인이라고 하였다. 그리고 중도자성 등의 선정관을 닦고 무작의 사제를 배우고, 법화, 반주삼매를 행하고 활연히 심오하여 무생인을 얻으면 곧 제호(醍醐) 중 살인으로 비유하고 있다.[38] 여기서 말하는 부정교란 별도로 설정한 선법이 아니라 돈·점의 해석에 비추어 밝혀지지 않는 것을 말한다. 관문의 입장에서 해석하는 경우에도 원돈의 『마하지관』이나 점차의 『차제선문』 이외에 달리 설정한 행법이 존재하지 않는다는 것을 말한다. 따라서 『차제선문』 가운데 보이는 여러 가지의 선관들이 그대로 원돈의 관문이 될 수 있다고 하는 것이 부정관(不淨觀)의 상(相)이라고 밝히고 있는 것이다.

다음은 관정의 『천태팔교대의[八教大意]』 텍스트이다. 『천태팔교대의』는 관정이 저작한 것으로서, 지의의 『사교의(四教義)』의 내용을 계승하고 있다. 즉 지의의 교판에 의거하여, 화의사교인 돈·점·비밀·부정, 그리고 화법사교인 장교·통교·별교·원교의 팔교(八教)를 해설하고 있다. 관정은 『팔교대의』는 천태교상 전체를 조망하는 교상적 입장이다. 돈·점·비밀·부정은 부처님 설법의 외형적 형식으로서 『사교의』에서는 이를 '화물위의(化物爲義)'[39]라 하였으며, 관정의 『팔교대의』에서는 교화방식[化之儀式][40]이라 하였다. 비록 일음설법이지만, 중생들의 이해(異解)에 따른 화의의 대판(大判)이 이루어졌음을 말하고 있다. 이후 고려에서 입송한의 제관은 관정의 『팔교대의』를 토대로 그의 저작인 『천태사교의(天台四教儀)』에서 오시와 팔교를 종합적으로 고찰하고 있다. 즉 시간적으로 오시를, 교화형식에서 관정의 화의사교를 계승했으며, 설법내용을 중심으로 화법사교로 성립시

38 『법화현의』 10 「教相判教」(『대정장』 33권, 806하). "不定觀者 從過去佛深種善根 今修證十二門 豁然開悟得無生忍卽是毒在乳中 卽能殺人也 若坐證不淨觀九想十想背捨勝處 有作四聖諦觀等 因此禪定豁然 心開意解 得無生忍 卽是毒至酪中殺人也 若有人發四弘誓願修於六度 體假入空無生四諦觀 豁然悟解得無生忍 卽是毒至生蘇殺人也 若人修行六度 修從空出假 修無量四諦觀 豁然心悟得無生忍 是毒至熟蘇而殺人也 若有坐禪 修中道自性等禪正觀 學無作四聖諦行法華般舟等四種三昧 豁然心悟得無生忍 卽是醍醐行中殺人也."

39 『사교의』(『대정장』 46권, 721상). "四教者 一三藏教 二通教 三別教 四圓教 此四通言教者 教以詮理化物爲義."

40 『천태팔교대의』(『대정장』 46권, 769상). "頓漸祕密不定化之儀式."

키고 있다.

관정의 『천태팔교대의』는 비록 『천태사교의』처럼 오시의 개념이 성립되지는 않았지만, 녹원시과 반야시, 법화시 등을 제시하고 있어 설법의 시간적 개념을 말하고 있다. 점교는 곧 녹원시의 설법과 반야시의 설법을 말하고 있다. 돈교는 화엄설법이 돈교이지만 별교(別教)를 겸하고 있다고 하였으며, 법화는 일원교(一圓教)라고 강조하고 있다.[41] 특히 부정교에 있어 부처님의 일음설법(一音說法)이 중생들은 자신의 근기에 따라 이해한다[隨類各解]고 하는 부정교의 개념을 지의로부터 계승하고 있다. 부정교는 청중이 서로 알지라도 근기에 따라 다양하다는 것을 나타내고 있다.[42] 이는 지의의 강설뿐만 아니라 담연과 제관 등 부정교상(不定教相)을 설명하는 여러 저작에서 나타나고 있다. 비밀교는 설법을 함께 들었을지라도 청중들 서로가 그 이익되는 바를 모르는 것으로서 다른 천태 전적들과 같은 내용이다. 이는 주로 교상(教相)적 내용들이며, 삼종지관이나 사종삼매 등의 실천론에 대한 내용은 담고 있지 않다.

다음은 『지관보행전홍결』의 텍스트에 나타난 삼종지관의 내용이다. 당의 담연은 천태의 삼대부를 주석하고, 천태종이 부흥하도록 힘쓴 인물이다. 천태 교상과 관행에 대한 해석학적 기반을 마련하였으며, 이후 천태교관의 발전에 기여하였다. 그의 지관행에 대한 해석은 주로 『마하지관』을 주석한 『지관보행전홍결』에 보이고 있다. 담연의 삼종지관 중 점차지관에 대한 설명은 『대지도론』의 내용을 인용하고 있다. 마치 누각에 오를 때 사다리를 이용하는 것처럼, 낮은 곳으로부터 점점 향상되는 차제를 점차지관으로 정의하고 있다. 부정지관은 『열반경』의 비유를 인용하고 있는데, 햇빛에 비친 금강보주의 색깔이 다양함을 부정상(不定相)으로 설명하고 있다. 『금강삼매경론』에도 이와 같은 비유가 있으며, 『대지도론』에서도 파리(玻璃)를 앞에 놓으면 색깔이 정해지지 않음을 말하고 있다. 제법이 무상이듯, 일행(一行)일지라도 경전에는 다양하게 말해지고 있다고 하였다. 논에서도 비록 일리(一理)일지라도 중리(重理)로 나타나므로 이를 부정(不定)이라 하였다. 원돈지관의 개념은 『대지도론』에서 말하는 제석(帝釋)의 금강보(金剛寶)를 인용하고 있다. 이행인(理行人)을 구슬에 비유하고, 교법을 태

41 『천태팔교대의』(『대정장』 46권, 769상)
42 『천태팔교대의』(『대정장』 46권, 769중)

양에, 정(情)은 중물(衆物)에, 관행은 현색(現色)에 비유하여 원돈이라 하고 있다. 그 원은 원융(圓融)이며 원만(圓滿)하며, 돈은 돈극(頓極) 혹은 돈족(頓足)이라 하였다. 또한 원(圓)은 완전이며 비점(非漸)으로 이루어지므로 돈이라 하였다.[43] 돈행인(頓行人)이 관리(觀理)에 의해 수행이 이루어지고 그 목적으로서의 돈리(頓理)는 같다. 원돈의 입장에서 볼 때, 비록 사(事)로서 차별이 있을 지라도 돈리(頓理)에 연(緣)하므로 모든 근성들은 원교와 다르지 않음을 말하고 있다.

담연의 시각은 점차·부정의 지관일지라도 원교적 입장인 원돈적 입장에서 세운 방편이라는 입장을 견지하고 있다. 지의가 『유마경소』에서 밝혔던 총상삼관(總相三觀)에 따른 삼종지관과의 비유를 통해 알 수 있다. 부처님께서 법문을 가(假)로써 세웠더라도 그것은 이미 불이문의 가운데 있다고 하였다. 그러므로 수행에 있어 일심삼관(一心三觀)에 그대로 포함되는 것이므로 총상(總相)이라 하였다. 삼지관의 삼(三)을 정의하여, 점차지관은 타(他)를 따른 것이며, 원돈지관은 자(自)를 따르는 것이며, 부정지관은 자타(自他)를 동시에 따르는 행이라 하였다. 삼회(三會), 삼관(三觀), 삼어(三語) 등과 같이 삼지관은 모두 총상으로서 일원돈(一圓頓) 즉 일경삼제(一境三諦)임을 말하고 있다. 일체법 가운데 점과 부정이 개설되어 있지만, 그것이 가(假)로서 세워진 것이며, 돈은 취(趣)이며 또한 비취(非趣)이므로 곧 돈(頓)이 된다는 예를 보여주고 있다.[44] 덧붙여 말한다면, 삼종지관이 삼(三)으로 나누어졌지만, 모두가 원리(圓理)인 것이다. 삼종은 중생의 근성에 따라 삼행[三種止觀]으로 나누었을 뿐이라는 것이다. 그러므로 점차지관이라 할지라도 초발심이 그대로 원극(圓極)이며, 또한 아나파나 내지 무작(無作)을 수행하더라도 돈인(頓人)의 행은 그 해행(解行)이 돈이며, 점행인(漸行人)일지라도 이미 행이 점일 뿐 해는 돈이라 하였다. 또한 부정인은 해돈(解頓)이며 행은 돈이기도 하며 점이기도 함을 말한다.[45]

다음은 『지관의례(止觀義例)』에 보이는 삼종지관 내용이다. 담연은 『지관의례』 제7 「유의현정례(喩疑顯正例)」에서 차제와 원돈의 수행 지위(地位)를 판위하고 있다. 점(漸)과 돈(頓), 그리고 점돈(漸頓)과 돈돈(頓頓), 점원(漸圓)과 원원(圓圓)의 판위 및 여기에 대한 명명 과정을 통해 종합적으로

43 『지관보행전홍결』(『대정장』 46권, 150상)
44 『지관보행전홍결』(『대정장』 46권, 299상)
45 『지관보행전홍결』(『대정장』 46권, 150중)

돈·점을 분석하고 있다. 초주(初住)에서 오주(五住)에 이르기까지 돈과 점, 그리고 원(圓)에 이르기까지 사주(四住)를 제거하고 다시 제5주를 파하는 과정을 설명하고 있다. 여기에 공·가·중 삼관의 수행에 있어 점돈과 돈돈의 관(觀)이 있다고 보고, 이를 장교·통교·별교·원교의 화법사교 중 원교를 중심으로 판위하고 있다. 공관(空觀)이 먼저 이루어졌다면, 곧 점돈이며, 삼관이 동시에 이루어졌다면 돈돈이라 하였다. 삼관의 수행을 다시 육즉(六卽)으로 판위한다면 오품위(五品位)가 관행즉(觀行卽)이며, 육근청정위(六根淸淨位)가 상사즉(相似卽)의 삼관이며, 초주위(初住位)가 분증즉(分證卽)의 삼관으로 판위하고 있다. 그리고 화엄시를 비롯하여 삼장교, 방등, 반야, 법화의 설법이 이루어지는 오시(五時)를 통해 점돈의 판교관계를 밝히고 있으며, 다시 원교의 원돈지관(圓頓止觀)으로 이름하는 연기적 과정을 말하고 있다. 그리고 돈교·점교·비밀교·부정교의 화의사교, 그리고 오시 중 이전 4시와 제5시 관계인 점·돈의 관계를 통해 『법화경』이 원설(圓說)임을 입증하는 논리를 전개하였다. 담연은 화엄종의 교판에 대항하여 세운 법화원돈 혹은 원극(圓極), 돈족(頓足)을 강조하고 있다. 또한 삼종지관 가운데 원돈지관의 돈이 점과 돈의 관계를 통해 어떻게 원돈으로 성립되었는지 그 과정도 함께 설명하고 있다.[46]

다음으로 고려 제관의 『천태사교의』와 관련하여 삼종지관의 내용을 알아본다. 『천태사교의』을 지은 제관(諦觀)은 고려인으로서 중국에 들어가 송(宋) 천태종 중흥에 기여한 인물이다. 오월(吳越)의 충의왕과 선종의 덕소(德韶), 천태종의 나계의적이 송 천태종의 부흥을 지원하였다. 이 시기 제관은 많은 장소(章疏)를 가지고 중국에 입국하여 활약하다가 『천태사교의』를 남겼다. 본 책은 천태학 전반을 이해하는데 대표적인 저작이며, 이후 많은 천태사(天台師)들에 의해 주석서가 만들어졌다. 오시의 교판과 함께, 화의사교, 화법사교의 교판론을 중심으로 천태학을 전개시키고 있다. 또한 수행론을 통해 십승관법의 원돈행을 소개하고 있다. 제관은 삼종지관의 배경인 삼종교상을 명확하게 정의하고 있다. 또한 그 삼종교상이 오시, 오미, 화법사교 중에서 어떤 위치를 차지하고 있는가에 대하여 체계적으로 서술하고 있다. 오시 중에 화엄시는 돈교이며, 녹원시, 방등시, 반야시를 점교로, 법화열반시를 원교로 규정하였다. 화의사교(化儀四教)로는 돈교·점교·

46 『지관의례』(『대정장』 46권, 455상)

비밀교·부정교이다. 돈교와 점교는 오시에 따른 돈점과 같다. 비밀교는 이전 사시(四時) 중에 있어 여래께서 설법을 하시지만, 어떤 이에게는 돈교를, 어떤 이에게는 점교을 설하더라도 이들은 서로 어떤 이익이 얻었는지 알 수 없으므로 비밀이라고 하였다. 부정교는 이전 사미(四味) 중에 있어 부처님의 일음설법(一音說法)이지만, 중생들의 근기에 따라 각기 이해하는 바가 다르다는 것을 말한다. 여래의 부사의한 법력은 중생들에게 점(漸)을 설하더라도 돈(頓)의 이익이 될 수 있으며, 돈을 설하더라도 점의 이익을 얻는다고 하는 것이 다르므로 곧 부정교(不定敎)라 하였다.[47] 화법사교(化法四敎)는 장교(藏敎), 통교(通敎), 별교(別敎), 원교(圓敎)이다. 원교는 곧 법화원교로서 개권현실(開權顯實) 즉 개회(開會)의 의미로서 원교(圓敎)이다. 원명(圓明), 원묘(圓妙), 원만(圓滿), 원족(圓足), 원돈(圓頓)의 이름을 가지며, 원신(圓信), 원단(圓斷), 원행(圓行), 원위(圓位), 원자재장엄, 원건립중생의 의미를 갖는다.[48] 『천태사교의』는 관행문으로서 『마하지관』의 25방편과 십승관법을 설명하고 있지만, 삼종지관에 대한 구체적인 내용 설명은 보이지 않고 있다.

Ⅲ. 인접개념 간 관계 및 현대적 논의

1. 삼종지관의 인접개념

먼저 삼종지관의 가장 밀접한 개념으로서 삼종교상에 대한 설명이 선행되어야 한다. 『수천태지자대사별전』과 『속고승전』에 나타난 지의전에는 지의가 차제행과 원돈의 개념에 대한 의문을 표시하고 있다. 『반야경』과 『대지도론』에 나타난 돈·점 개념은 이후 부정을 포함한 삼종교상의 성립 배경이다. 그리고 삼종교상은 다시 관행문인 삼종지관으로 형성되는 배경 요인이다. 돈점 개념을 포함한 지의의 교판론은 천태삼대부를 이해하는데 중요한 요소이다. 불설을 시간적·외형적·내용적으로 판석하여 천태종의 오시와 화의, 화법의 팔교가 형성되었다. 불설의 시간과 내용, 그리고 내용

47 『천태사교의(天台四教儀)』(『대정장』 46권, 775중)
48 『천태사교의』(『대정장』 46권, 778하)

과 형식의 교판론을 유기적으로 이해해야할 필요가 있다. 비록 시간적 개념인 오시가 지의의 강설에는 희박하지만, 관정과 담연을 거치면서 제관에 이르러 완성되고 있다. 이러한 개념은 지의로부터 제관까지 내용 대부분 계승되고 있다.

삼종교상은 불설의 외형적 측면인 화의사교(化儀四敎)에 해당한다. 돈교·점교·비밀교·부정교의 사교이며 이들 중 부정교와 비밀교를 현로부정과 비밀부정으로 합하여 삼종교상이다. 『법화현의』에서는 돈·점·부정의 3종을 제시하고 그 세 가지를 해석함에 있어 교문과 관문에 따라 해석한다고 하여 교상(敎相)과 관문(觀門)의 관계성을 말하고 있다. 즉 교문은 신행인을 위한 것으로 다문(多聞)의 뜻을 이루는 것이다. 관문은 법행인을 위한 것으로서 지혜를 이루는 것이라 하였다.[49] 여래 성도 이후 곧바로 이어진 『화엄경』의 교설을 돈교라하고, 이후 방편을 열어 차제적으로 중생들을 인도한 가르침을 아함, 방등, 반야의 가르침이며 이를 점교라 한다. 그리고 여래의 화도에 있어 돈교와 점교를 설하더라도 피차 서로 알지 못하더라도 이익을 얻는 것이 비밀부정(秘密不定)이며, 피차 서로 알더라도 이익이 같지 않는 것을 현로부정(顯露不定)이라한다. 비밀교와 부정교는 여래의 돈과 점의 교설을 함께 듣더라도 그 이익이 서로간에 알 수 없음을 말한다. 천태지의는 교관일치에 기반하여 관행문을 조직하고 있다. 그런데 그 관행문은 교학적 근거로서 삼종교상을 함께 설정하고 있다. 지의는 『법화현의』에서 돈·점·부정의 삼종교상을 설하고 그 교상의 바탕에서 삼종지관이 성립한다는 경위를 밝히고 있다. 돈교는 곧 법화원교에 의한 원돈지관으로서 대표적으로 『마하지관』이며, 점은 곧 차제의 개념으로서 『차제선문』이며, 부정은 부정지관인 『육묘법문』을 가리키고 있다.

다음으로 삼종지관의 구체적인 행인 사종삼매(四種三昧)의 개념을 알아본다. 삼종교상에 대한 관심(觀心)의 행으로서 삼종지관의 관행문이 설정되었다. 그리고 삼종지관의 구체적인 행법으로서 사종삼매의 규정이 도출되었다. 『마하지관』의 대의장 중 오략 가운데 수대행에 대한 구체적인 설명으로 사종삼매를 상정하고 있다. 사종삼매는 수행자의 행위 즉 신체를 중심으로 신개차(身開遮), 구설묵(口說黙), 의지관(意止觀)의 행법으로 규정

49 『법화현의』 10 「敎相判敎」(『대정장』 33권, 806상). "一大綱三種 一頓二漸三不定 此三名同舊義異也云云 今釋此三敎各作二解 一約敎門解 二約觀門解 敎門爲信行人 又成聞義 觀門爲法行人 又成慧義."

된다. 또한 수행자가 머물고 있는 시간과 공간을 면밀히 살피고 네 가지의 구체적인 행법을 규정하고 있다. ①상좌삼매(常坐三昧)의 연원은 『문수설반야경』에 나타난 계연법계(繫緣法界)의 좌선과 칭명의 염불이며, 이를 일행삼매(一行三昧)라 한다. 반야바라밀을 듣고서 수학(修學)하여 일행삼매에 든다면 그것은 부사의(不思議)한 무애(無碍), 무상(無相)의 법계와 같다고 하였다. 또한 조용한 곳에서 어지러운 마음을 버리고 오로지 일불(一佛)의 명자(名字)를 칭한다면 또한 일행삼매에 든다고 하였다.[50] 구체적인 상좌삼매는 90일간의 기간을 두고 결가정좌하며, 입으로는 일불(一佛)의 명자를 칭하며, 잡념을 버리고 지관을 행하는 것이다. ②상행삼매(常行三昧)는 『반주삼매경』에 그 연원을 두고 있다. 90일을 1기로 하여 도량을 장엄하게 장식하고, 입으로는 아미타불을 칭하며, 마음속으로 아미타불을 염(念)하거나, 부처님의 삼십이상을 염(念)하는 것이다. ③반행반좌삼매(半行半坐三昧)는 방등삼매(方等三昧) 행법과 법화삼매(法華三昧) 행법의 두 가지이다. 방등삼매행법은 『국청백록(國淸百錄)』에 구체적으로 소개하고 있으며, 『대방등다라니경』에 의거하여 다라니(陀羅尼)를 외우며 불상 주위를 돌거나 좌선을 행한다. 법화삼매는 『법화경』에 연원을 두고 도량을 장엄하게 장식하며, 공양과 예불, 그리고 『법화경』의 송경(誦經)은 물론 참회와 좌선을 함께 행한다. ④비행비좌삼매(非行非坐三昧)는 위에 열거한 세 가지 이외의 행법이다. 여기에는 여러 대승경전에 의거한 약제경관(約諸經觀)을 비롯하여, 선·악·무기(無記)의 삼성(三性)에 의거하여 지관을 행하는 삼성관이 있다. 약제경관은 대표적으로 『청관음경』에 의거한 장엄도량, 작례, 소향, 산화, 계념 등의 행법으로 이어진다. 약삼성관은 선과 악, 무기의 삼성을 지관의 대경으로 삼고 육바라밀이나, 사운(四運) 즉 미념(未念), 욕념(欲念), 염(念), 염이(念已)를 추검하는 행법이다.

다음은 삼지삼관(三止三觀)의 개념이다. 삼지삼관의 법문은 천태지의의 초기 금릉의 와관사 교화시기로부터 옥천사 『마하지관』의 강설에 이르기까지 일관성 있게 견지하고 있는 행상(行相)이다. 『차제선문』을 강설하면서 선바라밀을 중심으로 당시까지의 모든 불교 수행들을 통합하면서, 삼지와 삼관의 행상을 포함하고 있다. 또한 천태산을 중심으로 선(禪) 대신 지관으로써 모든 불교 수행을 조직하면서도 삼지삼관의 관심(觀心)을 적극적으

50 『문수설반야경』(『대정장』 8권, 731상)

로 응용하고 있다. 따라서 삼지삼관은 삼종지관 개념에 이은 구체적인 수행법으로서 그의 여러 법문에서 나타나고 있다. 삼지(三止)는 체진지(體眞止), 방편수연지(方便隨緣止), 식이변분별지(息二邊分別止)이다. 체진지는 일체 만상이 인연에 의한 것이므로 그 자체가 공한 것임을 알아 마음이 움직이지 않도록 하는 지(止)의 수행이다. 방편수연지는 공한 것임을 알면서도 가유(假有)의 존재를 긍정하며 근기에 따라 응할 줄 아는 지(止)의 수행이다. 식이변분별지는 체진지가 공에 치우치고, 방편수연지가 가에 치우치므로 공과 유에 치우치지 않는 중도의 이치에 체달하는 지행(止行)이다.

삼관(三觀)은 『영락본업경』의 용어를 채택하여 종가입공관, 종공출가관, 중도제일의제관이며, 이제관, 평등관, 중도관으로 칭하기도 한다. 또한 약칭하여 공관, 가관, 중관 즉 삼관(三觀)이라 한다. 천태지의의 삼제(三諦)사상이 교상문과 연결되고, 삼관(三觀)사상은 실천문인 관행문으로 이어진다. 삼제삼관 사상은 초기의 강설인 『차제선문』으로부터 천태삼대부에 이르기까지 지속적으로 응용되고 있다. 특히 천태삼대부에서는 삼관의 수행이 장교·통교·별교·원교의 사교에 배열되어 수증이 이루어지고 있음을 보여주고 있다.

화법사교의 입장에서 본다면 공관(空觀)은 장교와 통교이다. 장교의 공관은 석공관(析空觀)으로서 공리(空理)에 머물고 있는 단계이며, 통교(通教)의 공관은 공리에서 일으키는 체공관(體空觀)으로서 삼계(三界) 내에서 일어나는 견사(見思)의 미혹을 끊는 수행이며, 장(藏)·통(通)의 공관을 단공관(但空觀)이라고도 한다. 별교에 속하는 가관(假觀)은 장교·통교의 공관처럼 공의 이치에만 머물지 않고, 불지(佛智)에 비쳐진 세속의 장에 들어가는 보살행에 해당하며, 이를 부단공관(不但空觀)이라 한다. 별교의 가관은 시간의 차이를 두고 관하는 것이므로 차제삼관(次第三觀), 별상삼관(別相三觀), 격력삼관(隔歷三觀)으로 불려지며, 진사혹(塵沙惑)을 끊는다. 그러나 원교의 중도관(中道觀)은 공과 가의 이변(二邊)을 끊고 하나임을 관하며, 무명혹(無明惑)을 끊는다. 별교처럼 공가중이 시간을 두고 중도에 이르는 것이 아니라, 공가중의 삼제가 그대로 하나이며, 곧 중도임을 관하는 것이다. 삼즉일 일즉삼의 부단중관으로서 즉공(卽空), 즉가(卽假), 즉중(卽中)의 관이며, 이를 일심삼관(一心三觀) 혹은 일경삼제(一境三諦)로서 원돈의 경지이다.

다음의 인접개념으로서 십승관법(十乘觀法)의 수행법이다. 십승관법은 십중관법(十重觀法), 십승(十乘), 십관(十觀)이라고도 하며, 『마하지관』「정관(正觀)」인 제7장에서 제시하는 관법이다. 천태지의는 수행자에게 나타날 수 있는 다양한 경계들을 십경(十境)으로 상정하고 그 경계들에 대하여 십승관(十乘觀)으로써 파(破)하는 관법이다. ① 관부사의경(觀不思議境) : 범부의 일념일지라도 그것은 부사의(不思議)한 삼제원융(三諦圓融)의 묘경(妙境)이라고 관하는 것이다. ② 발진정보리심(發眞正菩提心) : 기자비심(起慈悲心)이라고도 한다. 위로는 깨달음을 구하고 아래로는 중생을 제도하겠다는 사홍서원(四弘誓願)을 세우는 것이다. ③ 선교안심지관(善巧安心止觀) : 지로써 마음을 고요하게 하고, 관으로써 상대되는 경계를 자세히 식별함으로써 마음이 항상 법성에 머물도록 하는 것이다. ④ 파법편(破法遍) : 두루 법을 파하는 것으로서, 삼관을 통해 마음의 집착을 파하고, 견사혹(見思惑)과 진사혹(塵沙惑) 그리고 무명혹(無明惑)까지 끊어버리는 것이다. ⑤ 식통색(識通塞) : 묘리(妙理)에 통달하는 과정에서 통함과 막힘을 알아 행의 득실이나 교의 시비를 아는 것이다. ⑥ 도품조적(道品調適) : 수도품(修道品)이라고도 하며 사념처, 사정근, 사여의족, 오근, 오력, 칠각지, 팔정도의 37도품을 행자의 능력이나 성질에 따라 알맞게 적용한다. ⑦ 대치조개(對治助開) : 근기가 둔해서 차장(遮障)이 무거운 사람이 잠시 오정심관(五停心觀)이나 육바라밀 등의 조도를 사용하여 차장을 배제하는 것이다. ⑧ 차위(知次位) : 수행자가 자기 수행의 지위을 알아서 증상만심(增上慢心)을 내지 않는 것이다. ⑨ 능안인(能安忍) : 마음을 편안하게 하여 순연(順緣)이나 역연(逆緣)의 장애를 물리치고 동요하지 않는 것이다. ⑩ 무법애(無法愛) : 자신이 이미 얻은 법에도 애착하거나 퇴보하지 않고 초주위(初住位)로 나아가는 것이다.

다음은 수행의 준비인 25방편의 개념이다. 『마하지관』에서 천태지의는 정수행(正修行)을 위한 준비 방편으로서 25 가지를 제시하고 있다. 『차제선문』에서는 외방편으로서 25방편, 내방편으로 지문(止門), 험선악근성(驗善惡根性), 안심법(安心法), 치병법(治病法), 각마사(覺魔事)가 있다. 『수습지관좌선법요』에서는 외방편과 내방편을 합하여 10장으로 구성하여 좌선 입문자들이 쉽게 배울 수 있도록 하였다. 수행을 위하여 25방편의 조건을 제대로 갖추지 않으면, 수행의 뜻을 세우더라도 제대로 행할 수 없다고 강조하고 있다. ① 구오연(具五緣)은 수행을 하기 위한 다섯 가지의 기본 조건을 갖추는 것이다. 먼저 계율을 지켜 심신을 청정하게 하며, 옷과 최소한의 음식을 갖추며, 조용한 곳을 정한다. 그리고 세속의 인연들과 일들을 쉬며, 함께 수행하거나 선법을 가르쳐줄 선지식(善知識)을 찾는 것이다. ② 가오욕(呵五欲)은 외부로부터의 자극인 충동적인 다섯 마음을 꾸짖는 것이다. 즉 오근(五根)의 대경인 색·성·향·미·촉으로부터 일어나는 다섯 가지 욕망들을 꾸짖고 바른 수행을 하기 위한 준비이다. 남녀 용모 등의 형색을 꾸짖으며, 음악소리 등의 소리를 꾸짖으며, 세간의 온갖 냄새들을 꾸짖으며, 음식이나 반찬 등의 맛을 꾸짖으며, 촉감의 욕망을 꾸짖는 것이다. ③ 기오개(棄五盖)는 수행자의 바른 지혜를 덮는 욕망을 개(蓋)라고 하며, 버려야할 것들이다. 먼저 삼독인 탐욕, 성냄을 버리고 수면과 도회(掉悔)를 버린다. 그리고 자신이나 스승을 의심하는 것 또한 버려야 한다. ④ 조오사(調五事)는 수행자가 내외의 욕망들을 꾸짖고 버렸다면 그 행위 또한 조절되어야 함을 일깨우고 있다. 마음은 처지거나 들뜨지 않게 조절하며, 몸은 느리지도 급하지 않게 조절하며, 호흡은 거북하지도 가쁘지도 않게 조절하며, 수면을 적당히 조절해야하며, 음식 또한 굶거나 과식을 하지 말아야 한다. ⑤ 행오법(行五法)은 의욕을 가지고 여법하게 추진해야함을 일깨우고 있다. 먼저 의욕[欲]으로서 세간의 망상을 버리고 모든 선정과 지혜를 얻으려는 의욕이며, 부지런히 정진해야하며, 염[念]으로서 지혜와 선정을 즐겁다고 할 것이며, 세간의 속임을 낮추어 보는 것이다. 그리고 공교로운 지혜로 잘 살피며, 일심으로 수행해야 함을 말하고 있다.

2. 현대적 논의

삼종지관의 현대적 논의로서 먼저 천태지관에 대한 현대적 연구에 대하여 알아본다. 천태지의는 선과 지관을 통해 불교사상의 실천 체계를 구축하였다. 그는 와관사에서 선바라밀을 중심으로 선의 체계를 조직하였고, 선법을 가르쳤다. 그리고 다시 천태산에 입산하여 지관행법을 중심으로 관행체계를 구축하였다. 그 때문에 일반명사인 '지관(止觀)'이 아니라 '천태지관'으로 부르는 이유이다. 천태지관은 역사적·지역적으로 동북아시아 지역에 많은 영향을 미쳤으며, 오늘날까지 이어지고 있다.

한국의 종파불교에 있어 선종에 대한 탐구가 활발했던 반면, 일본에서는 천태종에 대한 많은 연구가 진행되었다. 삼종지관에 대한 연구는 천태사상과 함께 일본 학자들 사이에서 연구되었고, 이후 한국에서도 천태교관에 대한 근대적인 연구방법론이 도입되어 점차 확장되고 있다. 한국의 천태학연구는 조명기가 개척하였다. 『고려대각국사(高麗大覺國師)와 천태사상(天台思想)』(1964)을 필두로 천태학에 대한 길을 열었으며, 이영자와 김영길이 그 뒤를 잇고 있다. 특히 이영자는 천태교판론을 중심으로 천태교관과 한국 천태종에 대하여 많은 연구성과를 거두고 있다. 교상론에 대한 연구로는 지창규 등이 있으며, 천태지관과 관련하여 안중철, 오지연, 최기표, 최동순, 김종두 등이 있다. 삼종지관 즉 천태지관에 대한 연구는 동국대학교의 불교대학을 중심으로 불교관련 연구기관과 불교 학술단체에서 지속적으로 발표되고 있다. 또한 천태종과 금강불교대학의 연구기관에서도 천태지관과 관련하여 연구가 시도되고 있다.

천태지관에 대한 연구는 일본에서 더 많은 연구가 진행되었다. 대표적인 천태학자로는 세키구치 신다이(關口眞大), 사토오 테츠히데(佐藤哲英), 안도오 토시오(安藤俊雄) 등으로 분류된다. 세키구치 신다이는 천태사상과 관련하여 많은 연구 업적을 남겼다. 그 가운데 천태지관 즉 삼종지관을 중심으로 지의의 실천체계를 종합적으로 고찰하고 있다. 『天台止觀の硏究』(1969)를 통해 삼종지관과 지관을 위한 방편, 지관의 사상, 그리고 지관을 중심으로 천태학과 선사상과의 관련성을 논하고 있다. 세키구치 신다이는 『마하지관』의 서두에 기록된 삼종지관 즉 점차지관의 『차제선문』, 부정지관의 『육묘법문』, 원돈지관의 『마하지관』을 해설하고 지관의 사상과 실천을 다루고 있다. 그리고 삼종교상과 삼종지관의 관계를 논하고 있으며, 사종삼매와 십승관법, 25방편의 사상을 종합적으로 분석하고 있다. 삼종지관과 관련하여 현대적 학문방법에 의하여 역사적인 관점과 사상적인 분석, 그리고 선종과의 관련성을 심도있게 다루고 있다. 삼종지관을 연구하는 입문자들에게 지침이 되는 자료를 제공하고 있다. 사토오 테츠히데는 천태지의의 저술을 중심으로 종합적으로 천태사상을 분석하였다. 그는 『天台大師の硏究』(1961)를 통하여 지의의 생애를 다루고, 다시 전기와 후기로 나누어 지의가 강설한 내용이 완성되기까지 그 집필 동기와 그 과정 그리고 전적의 내용에 대한 분석을 하고 있다. 특히 천태삼대부인 『법화문구』, 『법화현의』, 『마하지관』, 그리고 『육묘법문』과 『차제선문』에 대한 많은 자료들을 포함하고 있어 삼종교상과 삼종지관에 대하여 많은 자료를 제공하고 있다. 안도오 토시오는 대표적 저술인 『천태학(天台學)』(1969)에서 천태지의 법문에 대한 근본사상을 논하고 있다. 천태학에 대한 전반적인 내용을 다루지만, 삼종지관과 관련하여 원돈지관인 『마하지관』의 내용을 중심으로 다루고 있다. 특히 사종삼매의 사상과 십승관법에 대하여 많은 분석을 하였다. 이케다 노쇼오(池田魯參)는 원돈지관인 『마하지관』에 대한 집중적인 연구 결과를 보여주고 있다. 『마하지관』에 대한 읽기와 현대어 번역을 내놓았으며, 각 문구에 대한 상세한 주해를 첨부하고 있어 『마하지관』을 연구하려는 입문자들에게 많은 정보를 제공하고 있다.

선(禪)과 천태지관에 대한 비교연구는 일본의 야마우치 요시오(山內舜雄)가 많은 관심을 기울였다. 그는 『선과 천태지관(禪と天台止觀)』(1986)을 저술하고 있는데, 선종의 『좌선의(坐禪儀)』와 『천태소지관』과의 세밀한 비교를 통해 그 실천법을 드러내고 있다. 세키구치 신다이는 또한 『천태소지관(天台小止觀)』(1954)에 관심을 두고 전래된 필사본에 대한 비교 연구를 통해 천태지의의 좌선수행과 그 사상을 밝히고 있다. 좌선은 천태지의가 평생 행하던 수행법이며, 입문자들을 위해 제작한 좌선법으로서 구체적인 행의를 담고 있다. 『소지관』에 수록된 좌선법은 이후 각 종파의 수행법으로 응용하였으며, 오늘날에까지 지대한 영향을 미치고 있다.

다음으로 좌선지관(坐禪止觀)의 현대적 응용에 대하여 논의하고자 한다. 좌선의 수행법은 초기 강설인 『차제선문』으로부터 후기 강설인 『마하지관』에 이르기까지 지속적으로 강조한 부분이다. 점차지관인 『차제선문』에는 인도의 선법들을 종합하였으며, 이 중에서 『육묘문』을 발췌하여 1권의 별행본을 따로 만들어 부정지관이 성립되었는데 곧 『육묘법문』이다. 『육묘법문』은 『안반수의경』에 의거한 호흡 중심의 수행법이다. 또한 『마하지관』은 원돈지관으로서 수행법에 따른 구체적인 행법은 물론 논리와 사상체계를 갖추고 있다. 천태지의의 강설인 삼종지관의 가르침은 좌선생활과 직결되어 있다. 초기 강설인 『차제선문』이나 후기 강설인 『마하지관』까지 좌선준비를 위한 방편이 설해져 있다. 특히 『수습지관좌선법요』에는 입문자들을 위하여, 『육묘법문』은 호흡을 중심으로 좌선법을 설명하고 있다. 이러한 좌선생활의 방법은 천태종뿐만 아니라 선종 등 다른 종파는 물론, 시대와 지역을 뛰어넘어 많은 영향을 미치고 있다. 특히 좌선법과 관련하여 좌법이나 수인(手印) 그리고 호흡법과 준비방편이 모범이 되어 각 시대마다 참고자료로서 활용된 흔적이 많다. 더구나 그 좌선수행법은 현대에 이르기까지 영향을 미치고 있다. 현대에 들어 좌선법은 매우 중요한 의미를 지닌다. 산업화시대를 지나 첨단 문명이 유행하고 있는 이 시기에 오히려 좌선명상법이 각광받고 있다. 동북아시아의 좌선법의 원류는 천태지의의 『차제선문』으로 거슬러 올라간다. 천태지의의 『차제선문』에 담긴 좌선법을 독립적으로 『수습지관좌선법요』로 편집하여 유행시켰다. 『천태소지관』으로도 불리우는데, 그 내용의 분량이 많지 않아 별행본으로 유포되었으며, 오늘날까지 좌선문화에 많은 영향을 미쳤다.

좌선을 위해 외형적으로 갖추어야 할 준비[具五緣]는 물론, 자신의 외부 감각적 욕망의 제거[訶五欲]와 내부의 욕망을 다스려야[棄五盖] 하는 수행자의 본질적 자세를 갖출 것을 요구하고 있다. 그러한 좌선준비를 갖추어야 비로소 정수(正修)인 좌선에 들도록 하고 있다. 물론 좌선 중에 행하는 지(止)의 방법과 관(觀)의 방법, 그리고 호흡방법 등에 대하여 지의는 자세하게 가르치고 있다. 그리고 좌선 자세로서 정신단좌(正身端坐), 결가부좌(結跏趺坐), 법계정인(法界定印)의 외형적 좌선방법을 소개하였다. 호흡법에는 풍(風)의 호흡, 천(喘)의 호흡, 기(氣)의 호흡, 그리고 식(息)의 호흡이 있음을 알리고 좌선 중에는 식(息)의 호흡이 이루어지도록 가르치고 있다. 좌선 중에 행하는 다섯 가지의 지관법 또한 천태지의가 개발한 것으로서 이것이 오번지관(五番止觀)이다. 오번지관은 추란심(麤亂心)에 대처하는 지관, 들뜨거나 침울함에 대처하는 지관, 세심 중에 피어오르는 잡념에 대한 지관, 편의에 따른 지관, 그리고 정혜의 지관인 다섯 가지이다. 현대인들에게 있어 지관좌선법은 좌선 중에 끓어오르는 잡념을 끊고 선정에 들어가는 방법을 세밀하게 전달하고 있다. 그리고 생활 중에 있어 각종 대상들을 접할 때마다 지관을 적용하는 이른바 역연대경(歷緣對境)의 수행법을 역설하였다. 즉 우리의 감각인 육근(六根)이 대상인 육경(六境)을 만나면서 이루어지는 각종 인식들에 대한 제어가 이루어져야 함을 말하고 있다. 즉 행주좌와작어(行住坐臥作語)의 행위 중에 있어서도 끊임없이 지관이 적용되도록 강조하고 있다. 행주좌와(行住坐臥) 그리고 어묵동정(語默動靜)은 고대인이나 현대인을 막론하고 기본 생활이다. 인간생활의 근원에서 출발하는 지와 관은 인간 문명에 대하여 반성하는 방법으로서 인류문화의 유산이 될 수 있다. 일찍이 천태지의는 『좌선삼매경』 등 당시 전역된 각종 선경(禪經)류로부터 좌선방법을 채택하였으며, 또한 중국적 환경에 맞도록 개발하였다. 천태지의의 좌선법은 역사를 두고 불교 각 종파의 수행에 많은 영향을 끼쳤다. 특히 선종의 좌선행의(坐禪行儀)와 청규(淸規) 등에서도 지의의 좌선법을 인용하고 있다. 삼종지관에 기반한 선의 실천은 현대 정신문화에 많은 영향을 미치고 있다. 좌선법이 사원의 수행자들, 혹은 특정인들에 의하여 유지되어 왔으나, 오늘날 산업화·정보화시대를 거치면서 현대인들도 많은 관심을 가지게 되었다. 조계종 종립대학인 동국대학교에서는 1993년부터 「좌선법의 이해와 연습」이 교양강좌로 개설되었고, 많은 수의 학생들이 좌선법을 수강하고 있다. 각 문화단체에서도 좌선에 대한 강좌를 개설하였고, 명상이라는 이름으로 다양하게 응용하고 있다. 사원에서의 좌선은 불교적 깨달음이 그 목표이지만, 현대인들이 응용하는 좌선은 주로 정신집중과 건강증진에 관심을 가진다. 좌선명상을 통해 삶의 질을 높이고, 기의 수련과 단전호흡은 건강을 위한 기능적 역할을 한다. 특히 잡념이 많은 이들을 위하여 좌선은 집중력을 배가시키는 효율적인 방법으로 응용되고 있다.

다음으로 오시팔교 교판논쟁에 대한 현대적 논의를 알아본다. 천태지의는 남북조시대와 수대에 활약했다. 인도로부터 많은 경전이 수입되고 번역되어 교상판석이 단행되던 시기였다. 지의 또한 삼종교상은 물론 장교·통교·별교·원교의 사교에 대한 교판을 단행하였다. 천태지의의 교판사상에 의하여 천태교관에 대한 이해는 당연하다고 하겠다. 당의 담연과 송 초기의 제관이 천태지의의 교판을 '오시팔교'라 하였고, 이후 오시팔교는 천태종의 교판사상으로 정착되었다. 그러나 근대적 학문방법에 의해 천태교관을 연구한 학자들에 의해 오시팔교는 천태지의의 사상을 오도하였다고 비판하였다. 1966년 일본 불교학계에서는 오시교판론에 대한 비판이 제기되었고, 천태교학대회에서 천태학의 권위자인 세키구치 신다이는 천태사상과 관련하여 문제점이 있다고 주장하였다. 그가 제기한 내용은, 첫째, 오시팔교는 천태대사가 세운 교판이 아니다. 둘째, 오시팔교는 후대에 생성된 것으로 오히려 근본 천태사상을 오도하는 점이 많다. 셋째, 오시팔교는 천태교학을 대표하는 것이 아니므로 폐기되어야 한다고 하였다. 오시팔교는 제관이 지은 『천태사교의』에 의한 것이므로, 그것에 의한 천태교학에 입문하는 방법은 중지되어야 한다는 것이다.[51] 그러나 참여한 대다수의 학자들은 교판에 대한 다른 견해를 내놓았다. 교판이라는 것은 불교 수용과정에서 이룩된 불교 이해의 방법이었다는 점이며, 그 역사성 또한 무시할 수 없다는 것이었다. 천태대사는 오시라는 용어를 쓰지는 않았지만, 사상 가운

51 關口眞大, 「五時八教は天台教判い非ず」, 『印度學佛教學研究』 21-1호, 日本印度學佛教學會, 6면~13면.

데 이미 오시팔교의 내용이 들어 있다고 하였다.[52] 오시팔교는 당 천태종을 부흥시킨 형계담연 이후 사용되어 온 것으로서 천 년 이상 학습되어온 오시팔교를 파기해야 한다는 의견에 동의하지 않았다. 오히려 오시팔교를 중심으로 천태사상을 요약한 제관의 『천태사교의』는 높은 업적으로 평가받아야 한다고 하였다.[53] 여기에 대한 논문으로서 지창규박사가 「천태사교의의 오시팔교 연구 : 종래 학설의 문제점을 중심으로」(동국대학교 대학원, 1996)가 있으며, 천태지의의 교판론에 대한 연구 결과물이 있다. 천태지의의 오시팔교의 교판론 가운데 화의사교(化儀四教)인 돈·점·비밀·부정은 삼종지관의 행법이 구성되는 교학적 근거이다. 돈과 점 그리고 비밀부정을 합친 삼종교상은 지의 당시뿐만 아니라 현재까지 종파와 초월하여 수행론의 영역에 많은 영향을 미치고 있다.

다음은 영어권의 지관과 천태사상에 대한 연구를 알아본다. 티벳의 지정학적 위치와 중국의 침공, 그리고 달라이라마의 활약으로 티벳불교에 대한 세계인들의 관심이 적지 않았다. 천태지의의 삼종지관의 직접적인 영향을 받지 않았으나, 지관수행의 일부분이 같은 의미로 번역되었음을 볼 수 있다. Calming the Mind and Discerning the Real(止·觀)은 ALEX WAYMAN이 쫑카빠 롭상 닥빠(Tsong kha pa blo bzang grags pa, 1357-1419)의 Lam rim chen mo(『보리도차제광론』)를 번역하였다. 미국의 컬럼비아대학과 델리에서 출판된 본 서적은 티벳불교 실천의 새로운 모습을 알렸다고 볼 수 있다. 현교와 밀교를 실천하는 겔룩빠의 실천행은 예비적인 행에서 시작하여 초월적인 지혜를 완성하는 단계적인 수행 저술인 Lam rim chen mo을 근거로 한다. 그 지혜를 완성하기 위한 지관 즉 calming(止) 과 discerning(觀) 을 수행하기 위한 준비방편, 지관 수행의 방법, 지관의 완성에 있어 같은 부분이 보이고 있다. 또한 지의나 쫑카빠는 용수의 사상 즉 중관사상으로부터 많은 영향을 받았다는 것도 일치한다.[54]

---

52 오시교판에 대한 關口眞大의 의견에 대한 반론 반론을 펼친 학자는 대표적으로 佐藤哲英이다. 그는 「關口博士の五時八教廢棄論への疑義」(『印度學佛教學研究』 23-2호, 313면~326면)와 「天台大師の教相論について : 關口博士の所論に關連して」(『印度學佛教學研究』 25-1호), 「天台五時八教論について」(『印度學佛教學研究』, 24-1호) 등에서 오시교판에 대한 내용을 담고 있다. 山內舜雄은 그의 저술인 『禪と天台止觀』(大藏出版株式會社, 825면)에서 본 논쟁에 관한 내용을 다루고 있다.

53 제관(諦觀) 錄, 이영자 역주, 『천태사교의』(서울: 경서원, 1992), 24면.

54 Tson kha pa, Translated by Alex Wayman, *Calming the mind and discerning the*

Swanson Paul Loren은 본격적으로 천태사상을 구미에 알린 인물이다. 중국이 아닌 일본을 중심으로 자료를 수집하였고, 일본의 천태학자들로부터 도움 받았다. 그가 저술한 Foundation of T'ien T'ai Philosophy는 천태사상을 다루고 있지만, 천태지관의 실천론 부분도 함께 소개하고 있다. 특히 저술 중에는 『법화현의』를 번역하여 천태사상을 영어 문화권에 알렸다. ❁

안중철 (동국대)

real(New York: Columbia University Press; Delhi: Motilal Banarsidass, 1979).

십경십승관법

> 한 十境十乘觀法 영 A T'ian-t'ai mode of meditation in ten vehicles and ten objects for the attainment of bodhi

Ⅰ. 어원적 근거 및 개념

십경십승관법은 천태의 지관 수행 가운데 원돈지관(圓頓止觀)의 구체적인 수행 내용이다. '십경'은 관찰하는 바의 열 가지 경계[所觀境]이며, '십승'은 능히 관찰하는 열 가지 방법[能觀法]이다. 열 가지 경계를 각각 열 가지 방법으로 수행하므로, '백법성승(百法成乘)'이라고도 부른다.

1. 열 가지 경계[十境]

'열 가지 경계'란, 음입계경(陰入界境)·번뇌경(煩惱境)·병환경(病患境)·업상경(業相境)·마사경(魔事境)·선정경(禪定境)·제견경(諸見境)·증상만경(增上慢境)·이승경(二乘境)·보살경(菩薩境)이다.

'음입계경'은 오음(五陰)·십이입(十二入)·십팔계(十八界)로서 바로 우리의 현실 자체[現前]다. 지의는 이 가운데서 오음을 택하고, 그 중에서도 식음(識陰)을 택하여 첫 번째 관할 대상[觀境]으로 삼는다. 『마하지관』에서는 그것을 '지팡이를 버리고 자로 나아가고, 다시 자를 버리고 한 마디로 나아간다[去丈就尺 去尺就寸]'고 비유하였다. 또 『화엄경』의 '마음은 화가와 같아서 갖가지 오음을 만든다'는 문구를 인용하여, 오음의 일체를 관(觀)하는 것은 곧 마음[心]을 관(觀)하는 것이며, 마음은 곧 식(識)이라고 한다.

'번뇌경'은 관심(觀心) 수행이 진전됨에 따라 일어나는 갖가지 번뇌를 대상으로 삼는 것이다. 사대와 오온의 화합으로 전개되는 현실의 흐름을 돌이켜 그 원인이 되는 번뇌를 살피는 것이다.

'병환경'이란 평상시 잘 알 수 없었던 삼독(三毒)이나 사대(四大)와 같은 몸과 마음의 병이 고요한 선정 가운데서 일어나 맹렬하게 정신을 압도하니 이것을 대상으로 삼는 것이다.

'업상경'이란 무량겁 이래 수행자가 지은 선악의 업으로 이미 과보를 받은 것과 받지 않은 것이 선정 가운데 출현함을 지관의 대경으로 삼는 것이다. 지의는 이것을 업상의 보과(報果)만 나타나는 경우, 습인(習因)만 나타나는 경우, 보과가 먼저이고 습인이 뒤에 나타나는 경우, 습인과 보과의 순으로 나타나는 경우, 습인과 보과가 일시에 나타나는 경우, 전후부정으로 나타나는 경우로 나누어 설한다.

'마사경'은 업상경을 대경으로 수행이 나아가면 점차 악을 물리치고 선이 생기는 시기에 나타나는 마구니의 장애를 말한다. 『대집경』, 『화엄경』, 『열반경』, 『반야경』, 『대지도론』 등에 근거하여 마구니의 본질 및 대치법을 자세히 설한다. 그러나 가장 근본적인 대치법은 원융삼제의 원리에 의해 십승관법을 적용하는 것이라고 규정한다.

'선정경'은 마사경을 지나면 과거에 닦아 익혔던 습인(習因)이나 현재의 수행력으로 인해 갖가지 선정이 다투어 일어나니 그것을 대상으로 삼는 것이다.

'제견경'은 선정을 닦음으로써 생기는 독단적 사견(邪見)을 대상으로 삼는 것이다. 사견에는 법을 들어 생기는 경우와 선정을 닦는데 따른 경우가 있는데, 선의 이면을 얻은 사견은 얼핏 깨달음과 흡사하여 지관 수행상 중대한 방해가 된다.

'증상만경'은 사견으로 인하여 지혜 없는 이가 열반을 증득하였다고 말하거나, 소승 또한 사과(四果)를 얻었다 하고, 대승인 또한 악마가 기(記)를 주어서 증득하지 않았으면서도 증득하였다고 말하는 경우 등을 말한다. 『마하지관』에서는 제8 증상만경 이후는 설해지지 않았지만, 십경의 일어남을 밝힌 앞부분의 설명을 통해서 그 내용을 알 수 있다.

'이승경'은 사견이나 증상만 등이 고요해지더라도 숙세에 소승을 닦았던 인(因)이 일어나서 성문이나 연각의 이승에 집착하게 됨을 말한다. 『대품반야경』에서 '항하사 보살이 대승의 마음을 일으켰으나 하나 혹은 둘 정도만 보살위에 들어갔을 뿐 대다수는 이승에 떨어졌다'고 한 것이 바로 이런 경우이다.

'보살경'은 육바라밀을 오랫동안 행하지 않아서 깊은 반야바라밀의 가르침을 들으면 비방심을 일으키는 보살심을 말한다. 즉, 소승의 보살이며, 통교의 진도(眞道)에 들어가거나 별교·원교의 보살을 말하는 것은 아니다.

이상의 열 가지 경계 가운데 첫 번째 음입계경은 항상 누구나 대상으로 할 수 있으므로 '늘 마주하는 대상[現前對境]'이라 하고, 나머지 아홉 경계는 '일어날 때만 살피는 대상[發得對境]'이라 한다. 아홉 경계는 현전의 대경을 살펴 들어가면 자연히 일어나는 경계들을 거친 것에서 미세한 것으로, 낮은 곳에서 높은 곳으로 나아가며 열거한 것이다.

실제로 열 가지 경계가 반드시 차례로 일어나거나, 모두 생겨나는 것은 아닐 것이다. 천태 지의는 이에 대하여 열 가지 경계가 차례대로 일어나는가[次第不次第]·섞여 일어나는가[雜不雜]·모두 일어나는가[具不具]·일부러 닦아서 일어나는가[作意不作意]·한 경계에서 구경(究竟)을 성취하고서 일어나는가[成不成]·경계가 지관에 도움이 되게 일어나는가[益不益]·한 경계가 오래가는가[久不久]·어렵게 일어나는가[難不難]·한 경계가 다시 일어나는가[更不更] 그리고 세 가지 장애나 네 가지 마구니의 모습으로 나타나는[三障四魔] 등의 여러 경우가 있을 수 있다고 설명한다.

경계가 일어나는 양상을 삼종지관(三種止觀)의 관점에서 바라보면 다음과 같다. 열 가지 경계가 차례로 일어나는 것[次第]은 지난 세상에 점관(漸觀)을 닦은 경우이고, 순서 없이 일어나는 것[不次第]은 돈관(頓觀)을 닦은 사람이며, 경계가 순서도 없으며 몇 가지씩 겹쳐서 일어나거나 하면[雜] 부정관(不定觀)을 닦은 경우이다. 순서대로 일어나지 않는다는 것[不次第]은 보살경이 먼저 일어나고 음입계경을 관(觀)한다거나 하여 순서가 일정치 않은 것이다. 특히 순서 없이 일어나는[不次第] 경우는 각 경계가 그대로 법계(法界)임을 알므로 곧 돈관(頓觀)이라고 한다.

2. 열 가지 관법[十乘觀法]

십승관법은 앞의 열 가지 경계를 관(觀)하는 열 가지 방법으로서 '십중관법(十重觀法)'이라고도 한다. 또한 열 가지 법으로 깨달음의 과위에 이르게 되므로 '십법성승(十法成乘)'이라고도 한다.

본래 이 십승관법은 지의가 장교(藏敎)·통교(通敎)·별교(別敎)·원교(圓敎)의 수행법을 설할 때 사용하는 범주로서, 사교에 명칭은 공통되지만 행하는 내용이 서로 같지 않다.[1] 『마하지관』에 원교의 수행[正修]인 십경십승관법이 자세히 설해져 있으므로, 일반적으로 십승관법이라 하면 이것을 가리킨다.

(원교의) 십승관법이란 관부사의경(觀不思議境)·기자비심(起慈悲心)·교안지관(巧安止觀)·파법편(破法遍)·식통색(識通塞)·도품조적(道品調適)·대치조개(對治助開)·지차위(知次位)·능안인(能安忍)·무법애(無法愛)이다.

'관부사의경(觀不思議境)'이란 부사의한 경계를 관찰하는 것이다. 이것은 십승관법 가운데 최고의 행이며, 이 한 법을 완성하기 위하여 십경의 하나하나에 십승관법을 적용하는 것에 다름 아니다. 형계 담연에 의하면 상근기는 단지 이 관부사의경만으로도 지관의 목적을 이룰 수 있고, 중근기는 제2 기자비심 이하 제7 대치조개의 여섯 가지 법을 필요로 하고, 하근기는 열 가지 법 전체를 적용하여 비로소 목적을 달성할 수 있다고 한다. 이 견해는 관부사의경과 나머지 9법의 관계를 분명하게 나타내는 것이다.

'부사의경'은 설명하기 어려우므로 사의경(思議境)을 먼저 말한다. 사의경은 장·통·별 삼교의 경계이다. 즉 삼교의 열승관법은 나머지 아홉 가지 방법의 명칭은 같으나, 첫 번째가 관사의경(觀思議境)이 된다. 원교의 수행경계인 부사의경을 구체적으로 표현한 것이 바로 일념삼천(一念三千)이다. 지옥·아귀·축생 등의 십법계에 십법계가 서로 갖춰져 있고, 각 법계에 다시 중생세간·국토세간·오음세간의 삼세간이 갖춰져 있으며, 다시 각각에 십여시(十如是)가 갖춰져 삼천종의 세간이 된다. 이것이 한 생각[一念]의 마음에 있어서 서로 먼저 혹은 나중의 관계가 아닌, 일념이 곧 삼천세간임을 말한다.

'기자비심'은 발진정보리심(發眞正菩提心), 진정보리심(眞正菩提心) 또는

1 (『四敎儀』). "次明正修十乘觀法, 亦四敎名同義異. 今且明圓敎 余敎例此."

진정발심(眞正發心)이라고도 한다. 관부사의경을 닦아 일념삼천의 부사의경을 알게 됨으로써 친히 부사의경을 완전히 체득함과 동시에 일체중생으로 하여금 이익을 받도록 보리심을 내는 것이다. 기자비심의 '자비'란 고통을 없애고 즐거움을 주려는[拔苦與樂] 마음으로서 이것이 구체화된 것이 사홍서원이다. 발고(拔苦)의 대비심(大悲心)으로부터 한량없는 중생을 건지고[衆生無邊誓願度] 한량없는 번뇌를 끊으리라[煩惱無盡誓願斷]는 원을 세우며, 여락(與樂)의 대비심으로부터 한량없는 법문을 다 배우며[法門無量誓願學] 위없는 깨달음을 이루리라[無上佛道誓願成]는 원을 세우는 것이다.

'교안지관'은 선교안심지관(善巧安心止觀)이라고도 하며, '지관을 잘 운용하여 법성에 편안히 머무른다[善巧安心者, 善以止觀安於法性也][2]'는 뜻이다. 교안지관의 방법은, 수행자의 상황을 구체적으로 나누어 자세히 설한다. 즉 스스로 행하는 경우[自行]와 남을 가르치는 경우[敎他], 가르침 듣기를 좋아하는 사람[信行]과 수행을 좋아하는 사람[法行] 등의 각 경우에 지(止)를 쓸 것인지 관(觀)을 쓸 것인지 혹은 함께 쓸 것인지를 말한다. 지(止)와 관(觀)을 쓸 때에도 각각 네 가지 경우가 있다. 좋아함을 따르거나[隨樂欲] 편리함에 따르거나[隨便宜] 상황에 알맞게 대치하거나[隨對治] 혹은 으뜸가는 이치에 따르는[隨第一義] 것이다.

'파법편'은 법을 두루 깨뜨리는 것이다. 교안지관으로 정혜(定慧)를 완전히 개발할 수 없는 경우는 아직 법에 대한 집착이 남아 있으므로 이것을 대치하는 관법이다. 장·통·별·원 사교 가운데 앞의 삼교의 파법(破法)은 한계가 있고, 단지 원교만이 종횡으로 파법을 철저하게 할 수 있다. 원교에도 유문(有門)·무문(無門)·역유역무문(亦有亦無門)·비유비무문(非有非無門)이 있으니 이것을 파법의 기준으로 사용한다.

'식통색'은 통함과 막힘을 아는 것이다. 즉 해행(解行)이 나아가거나 지체하는 까닭을 아는 것으로서 수행의 득실이나 교법의 시비를 아는 것이다.

'도품조적'은 수도품(修道品)이라고도 하며, 사념처·사여의족·오근·오력·칠각지·팔정도의 삼십칠도품을 적절하게 닦는 것이다. 조적(調適)이란, 근기에 따라 적당한 도품을 적용하여 지관을 조절하면서 사종삼매를 성취하는 방법이다.

---

2 『마하지관』 권6상(『대정장』46권, 56중)

'대치조개'는 조도대치(助道對治)라고도 한다. 근기가 둔하고 장애가 두터워 공(空)·무상(無相)·무작(無作)의 삼해탈문을 증득하지 못하는 경우는 보조행[助道]을 이용하여 장애를 없애는 방법이다.

'지차위'는 지위차(知位次)라고도 한다. 지관 수행으로 거치는 계위의 낮고 높음을 잘 파악하여, 현재 자신이 처한 수행계위를 바르게 알아 증상만이나 비하만(卑下慢)에 떨어지지 않도록 하는 것이다.

'능안인'이란 앞의 여덟 가지 법을 행하여 좋고 나쁜 온갖 법의 장애[法障]를 전환하여 묘혜(妙慧)를 열 때 강하거나 부드러운 안팎의 유혹을 거부하고 안온하게 절제하는 관법이다. 특히 지의는 『법화현의』·『마하지관』·『유마경현소』 등에서 제9 능안인(能安忍)을 설명하면서, 안팎의 약하거나 강한 어떠한 장애가 생기더라도 능히 잘 참아낼 수 있다면 나머지 아홉 경계 혹은 십경 모두를 관(觀)할 필요가 없다고 말한다.[3] 이렇게 능안인은 십승관법 가운데 중요한 의미가 있는 것이다.

'무법애'는 이법애(離法愛)라고도 하며, 법에 대한 애착을 버리는 것이다. 앞의 아홉 가지 관법을 닦아 십신위를 성취하고 내외의 장애를 제거하여 육근청정을 얻었음에도 불구하고 초주위로 오를 수 없는 경우는 법에 대한 애착이 생겼기 때문이다. 법애를 물리쳐야 비로소 초주위에 들며 나아가 정각을 이루고 실상을 알아 자연히 일체지의 바다[薩波若海]에 들 수 있기 때문이다.

첫 번째 음입계경에서 십승관법을 행하여 초주위에 들지 못하면, 번뇌·병환·마사 등 나머지 아홉 가지 경계에서 이 십승관법을 적용하여 갖가지 장애를 없애야 한다.

Ⅱ. 역사적 용례 및 텍스트별 맥락의 용례

1. 불교사적 이해

'십경십승관법'은 천태지의가 대소승의 모든 경론을 근거로 하고 자신

3 『법화현의』 9상(『대정장』33권, 790중) ; 『마하지관』 7하(『대정장』46권, 99하) ; 『유마경현소』 2(『대정장』38권, 531중)

의 수행을 바탕으로 하여 조직화한 원돈지관의 정수행(正修行)법이다. 이러한 십경십승관법이 붓다 초기 선정과 부파불교 등의 선정법들과 어떠한 연계가 있는 지를 살펴보기로 한다.

『아함경』에 설해진 붓다의 수행법은 계·정·혜의 삼학을 뼈대로 한다. 이것을 펼치면 사념처·사정근·사여의족·오근·오력·칠각지·팔정도의 삼십칠도품이며, 모으면 곧 지(止)와 관(觀)의 두 법에 거두어지며, 그것은 다시 심(心)의 1법을 살피는 것에 다름 아니다.

부파불교 시대에는 붓다의 근본 교설이 더욱 체계화되고 심도있는 해석이 가해졌다. 부파시대 가장 오래된 논서인 『아비달마집이문족론』의 경우 「일법품(一法品)」「이법품(二法品)」으로부터 「십법품(十法品)」의 열 품과 맨 앞에 「연기품(緣起品)」과 마지막에 「찬권품(讚勸品)」이 있어, 총 12품으로 나누어 붓다의 모든 교설을 설명한다. 그 중 「이법품」의 지관(止觀)에 관한 설명에 의하면, 선정과 지혜가 구족해야만 애욕이 다하여 사라진 열반을 증득할 수 있다고 하여 '선정과 지혜의 균등[定慧均等]'을 강조하고 있다.[4]

이때의 '선정[定]'이란, 세간의 사정려(四靜慮, 四禪)에 상응하는 것이다. 그것은 곧 마음에 집중하여 머무름[心住]·평등하게 머무름[等住]·생각의 나고 사라짐이 없이 미세한 생각에 머무름[近住]·밖으로 번뇌를 일으키지 않고 안으로 마음을 안정함[安住]·흩어지지 않음[不散]·어지럽지 않음[不亂]·거두어 그침[攝止]·평등한 지혜를 유지함[等持]·마음이 오로지 한 경계에 안주하여 청정해짐[心一境性]을 특징으로 하니, 이것은 내심(內心)의 지(止)를 나타낸다.

'지혜[慧]'란 출세간의 성인이 갖춘 지혜에 거두어지는 바이다. 그것은 법에 대하여 잘 가려냄[揀擇]·더욱 잘 가림[極揀擇]·가장 잘 가림[最極揀擇]·완전히 이해함[解了]·평등하게 깨달음[等了]·섬세하고 가까이 앎[近了]·두루 앎[遍了]·기민한 지혜의 활동을 함[機黠]·통달(通達)·자세히 살핌[審察]·총예(聰叡)·밝게 깨달음[覺明]·지혜를 행함[慧行]·비발사나(毘鉢舍那)이니, 이는 한층 높은[增上] 지혜로 법을 살피는 것을 나타낸다. 부파시대에는 이처럼 수행에 관한 아함의 교설을 더욱 체계화하고 그 특질과 성취하는 바를 한층 명확하게 규정하였다.

4 『아비달마집이문족론』3, 「이법품」제3(『대정장』26권, 375중하); 오형근, 『인도불교의 선사상』(서울: 한성, 1992), 28면~38면 참조.

특히, 지(止)를 세간의 사선(四禪) 즉, 욕계의 사선으로 설명하였다. 이것은 색계나 무색계의 선정이 아닌, 욕망이 남아있는 세계에서 모든 욕망을 여의어 흔들림 없는 선정을 말하는 것이다. 그것은 모든 선정의 근본일 뿐 아니라, 붓다가 정각을 이룬 바로 그 자리이기도 하다. 지의가 십경의 처음에서 '음입계경'이라는 현재의 망심(妄心)을 대경(對境)으로 삼은 의도 또한 같은 맥락이라 할 수 있다. 아울러 십승관법의 모든 요소들은 위에서 설한 지와 관의 특질들을 충분히 수용하고 있음을 알 수 있다.

대승불교의 가장 초기 경전인 반야부 경전에서는 붓다의 수행을 '육바라밀'로 정리하였다. 이것은 선정바라밀과 지혜바라밀을 토대로 그 위에 보시·지계·인욕·정진바라밀이라는 대승보살이 견지해야할 삶의 태도를 설해보인 것이다. 이것은 그대로 계·정·혜의 삼학을 여섯 항목으로 펼쳐놓은 것이다. 『대승기신론』「수행신심분」에서는 육바라밀을 보시·지계·인욕·정진·지관의 5문(門)으로 말하기도 한다. 반야경류에서는 그 이름이 '반야바라밀경'인 것처럼, 여섯 항목 가운데 반야 즉, 공(空)을 아는 지혜를 강조하는 경향이 있다. 하지만, 반야경 곳곳에서는 반야바라밀에 나머지 다섯 바라밀이 모두 거두어지듯, 다른 각각의 바라밀에도 나머지 다섯 바라밀이 모두 거두어진다고 말한다.

천태지의 당시 중국의 북지(北地)에는 선정수행이 유행하였는데, 특히 반야 공(空)에 떨어져 계율을 무시한다거나 깨달음에 이르는 방법 또한 여타의 다른 방법들은 인정하지 않으려는 경향이 강하였다. 이에 지의는 올바른 선정과 지혜는 보시·지계 등의 올바른 삶의 태도를 잃지 않을 때라야 비로소 이루어질 수 있음을 강조하였다. 그러므로 십승관법에서 관부사의경이라는 지혜가 바르게 이루어진다면, 자연히 바른 자비심이 일어날 것이고[起慈悲心], 그것을 이루기 위한 구체적 실천인 교안지관 내지는 안팎의 모든 장애를 능히 잘 참아내며[能安忍] 중도의 법마저도 애착이 없어야 한다[無法愛]고 설한 것이다. 즉, 십승관법은 당시 반야공을 치우치게 이해하고 행하는 이들을 경계하여, 작은 깨달음이 아니라 원만하고 크나큰 깨달음으로 나아갈 수 있도록 이끄는 가르침이었다고 할 수 있다.

십승관법은 여러 대소승의 경론에 의거한 것이지만, 무엇보다도 『법화경』 사상과 깊은 관련이 있다. 천태종의 소의(所依)경전이기도 한 『법화경』의 핵심사상은 일불승(一佛乘)사상이다. 「비유품」에서 양·사슴·소의 세 수레 대신에 세 아들에게 똑같이 나누어준 '크나큰 흰소가 끄는 수레[大白牛車]'

가 바로 일불승의 상징이다. 십승관법(十乘觀法)의 승(乘)은 바로 이 '대백우거' 즉, '일불승'을 나타낸다. 장통별원의 모두 다른 근기의 수행을 동일하게 '십승관법'이라는 이름을 쓰는 것은 바로 이런 이유에서이다. 그 뜻을 『마하지관』권7하(下)에서는 이렇게 말한다.

> "이 열 가지 법을 대승관(大乘觀)이라 이름 한다. 또한 이 승(乘)을 배우는 이를 바로 마하연이라 부른다. 왜 대승(大乘)이라 하는가? 그것은 『법화경』에서 말한 것과 같다. … 생각 생각에 마음을 관(觀)하므로 법성(法性)과 실상(實相) 아님이 없으니, 이것을 '똑 같은 하나의 큰 수레[等一大車]'라 한다. 낱낱의 마음에서 즉공(卽空)·즉가(卽假)·즉중(卽中)이므로 이것을 '각자에게 큰 수레를 줌[各賜大車]'이라 한다. 삼제(三諦)의 근원에 통하므로 '높다[高]'고 하고, 십법계를 모두 거두므로 '넓다[廣]'고 한다. … 이 대승관(大乘觀)의 법문이 온갖 방도를 갖춤[具度]은 저 경전에 부합된다. 그러므로 대승관이라 이름한다."[5]

또 『삼관의(三觀義)』에서는 다음과 같이 말한다.

> "이 열 가지를 '승(乘)'이라 함은 불도(佛道)의 뜻을 배우고 좌선하는 무리들에게 대·소승의 경론에서 밝힌 바 도(道)에 들어가는 바른 뜻이 그저 각자가 한 가지 구경도(究竟道)만을 주장하는 것과는 다름을 알도록 하기 위함이다. 또 지금 행해지는 노장(老莊)의 가르침과는 다름을 알게 하기 위함이다."[6]

이처럼 불교의 모든 수행법을 열 가지에 모아 '승(乘)' 즉, '반드시 깨달음에 이르게 하는 올바른 수레'라 이름한 것은 당시의 치우친 불교수행자들을 경계함과 동시에 노장과 같은 사상이 불교와 같지 않음을 열 가지 요소로써 분명히 밝히기 위함이었음을 알 수 있다.

---

5 『마하지관』 7하(『대정장』 46권, 100상중)

6 智顗 撰, 『三觀義』 하(『卍속장경』 99권, 0089상하); 『법화현의』 8하(『대정장』 33권, 790하)와 『유마경현소』 2(『卍속장경』 27권, 0788하~0789상)에서도 동일한 맥락으로 설하고 있다.

2. 십경십승관법의 형성과정

원돈지관의 구체적 행법인 십경십승관법의 내용은 일찍이 지의의 전기(前期) 강설에서부터 보여진다. 열 가지 경계와 열 가지 관법으로 정리하여 강설한 것은 주로 천태삼대부의 강설기 이후이지만, 십경십승관법의 구체적 내용들은 이미 『석선바라밀차제법문(釋禪波羅蜜次第法門 : 이하 차제선문)』에서 설해진 것들과 맥을 같이 하며, 그것이『천태소지관(天台小止觀: 修習止觀坐禪法要)』을 거쳐 『마하지관』에 이르러 비로소 완성되었다고 할 수 있다.

『차제선문』은 지의가 세간과 출세간의 모든 선법(禪法)을 망라하여 그것을 행하기 쉬운 차제에 따라 강설한 것이다. 총 10권의 내용 가운데 2권부터 4권에 걸쳐서 선바라밀의 전방편(前方便)을 설하고, 5권부터 끝까지가 선바라밀을 닦아 증득함을 설한다. 이 저술의 전반부에 해당하는 '방편(方便)'은 '외방편'과 '내방편'으로 나뉜다. '외방편'은 흔히 이십오방편이라 불리는 것으로, '다섯 조건을 갖춤[具五緣]', '다섯 욕망을 꾸짖음[呵五欲]' '다섯 덮개를 버림[棄五蓋]', '다섯 현상을 고르게 함[調五事]' '다섯 법을 행함[行五法]'이다. 이것은 『차제선문』, 『천태소지관』, 『마하지관』에 모두 공통적으로 설해져 있다. 단지, 『마하지관』에서는 앞의 두 저술에서와 명칭은 같으나 전적으로 원교(圓敎)의 시각에서 강설한 점이 다를 뿐이다.

'내방편'도 '지문(止門)' '선악의 근성을 증험함[驗善惡根性]', '상황에 알맞은 방법으로 선법을 행함[安心禪門]', '병을 다스리는 방법[治病方法]', '마사(魔事)'의 다섯 부분으로 이루어져 있다. 이것이 『차제선문』에서는 선바라밀의 전방편(前方便)으로 설해졌으나, 『천태소지관』과 『마하지관』에 이르러서는 정수행(正修行)의 내용으로 자리잡아 간다는 점에서 '외방편'과 전혀 다른 양상을 보인다.

『천태소지관』은 전체가 10절로 이루어져있다. 1절부터 5절까지는 수행의 전방편(前方便)이며, 각 절의 내용은 이십오방편의 다섯 부분 각각에 해당한다. 6절은 정수행(正修行), 7절은 지관행을 통하여 일어나는 좋은 모습[善發]이며, 8절은 마사(魔事)를 자각함[覺魔], 9절은 병을 다스림[治病] 그리고 10절은 증과(證果)이다. 6절 이하의 내용은『차제선문』의 내방편과 밀접한 관련이 있다. 6절은 내방편의 첫 부분인 지문(止門)과 『차제선문』에서 자세히 설하지 못했던 관문(觀門)을 아울러 설하며, 지관의 균등을 강조하였다. 7절은 내방편의 두 번째 부분인 험선악근성의 악(惡)을 제외한 선(善)

부분만 설한 것이며, 8절은 내방편의 마지막인 마사(魔事)와 통하며, 9절은 내방편의 치병방법과 통한다. 이처럼 『차제선문』에서는 내방편으로 설해졌던 내용들이 『천태소지관』에서는 정수행 및 그에 수반되는 여러 현상들을 기술하는 내용으로 전개되고 있음을 알 수 있다.

『차제선문』의 내방편이 『천태소지관』에서는 평면적 관련성을 가졌다면, 『마하지관』에 이르러서는 더욱 입체적 관련성을 가지면서 십경십승관법 안에 자리 잡게 된다.

내방편의 첫째 항목인 '지(止)'는 『마하지관』에서 삼지삼관(三止三觀)·일심삼관(一心三觀)과 같은 원돈지관의 모습으로 자세히 설해졌으며, 그것을 실제로 수행하는 방법과 내용이 바로 십승관법의 첫 번째인 관부사의경(觀不思議境)이라 할 수 있다. 즉 한 마음에 공·가·중의 삼관(三觀)이 갖춰진다는 것은 곧 한 마음에 삼천세계가 갖춰진 존재의 실상을 올바르게 관(觀)하는 것이라고 설하였다. 나아가 번뇌경, 병환경 등의 모든 십경에 대하여 '관부사의경'을 적용하면, 일심삼관의 뜻에 따라 모든 경계의 참 모습을 살피게 되는 것이다.

다음, 내방편의 '험선악근성'은 수행 과정에서 선근이나 악근이 발현되는 것이다. 이때 선근을 잘 이어가고 악근은 올바른 방법을 써서 끊어야 한다. 『차제선문』에서는 수행시 일어나는 선근으로서 보시·지계·부모나 스승에게 효순함·삼보를 믿고 공양함·경전을 읽고 배움의 다섯 가지 외선(外善)과 오문선(五門禪)을 세분하여 15문선으로 분별되는 선정을 닦은 내선(內善)으로 나눈다. 『마하지관』에서는 외선(外善)과 악근(惡根)은 십경 중 4. 업상경에서 다루었다. 특히 선업(善業)으로는 『차제선문』에서와 달리 '육바라밀'을 설하며, 그 중 선정바라밀은 6. 선정경, 지혜바라밀은 10. 보살경으로 설명을 미루고 있다. 또 내선(內善)은 6. 선정경에서 15문선을 통합한 10문의 선정으로 분별하여 설하고 있다.

'안심선문'이란, 자신의 선악 근성을 파악하여 좋아하는 것에 따르거나[隨樂欲] 편리함에 따르거나[隨便宜] 대치함에 따르거나[隨對治] 혹은 선정의 순서에 따르거나[隨次第] 존재의 참모습에 따라[隨第一義] 상황에 알맞게 선정을 행하는 것이다. 『마하지관』에서는 십승관법의 3. 선교안심지관(善巧安心止觀)에서 그 내용이 다루어진다. '안심선문'의 취지를 그대로 유지하되 실제 수행법은 지관(止觀)으로 하며 다만, 원돈지관의 경우이므로 '수차제(隨次第)'를 제외한 네 가지 방법에 대하여 자세히 설하고 있다. '선교안심지관'은 실질적이고도 구체적인 원돈지관의 실천법으로서 십승관법에서 중요한 의의를 갖는 항목이다.

'치병방법'은 선정 중에 일어나는 병과 그 치료법을 알아서 대처하는 것이다. 치료법은 기식법(氣息法)·가상법(假想法)·주술법(呪術法)·병이 난 부위에 마음을 집중함[用心住境]·관하여 분석함[觀析] 등이다. 『마하지관』에서는 십경 중 3. 병환경에 해당하며, 치병법은 지(止)·기(氣)·식(息)·가상(假想)·관심(觀心)·방술(方術)의 여섯 가지로 설해져있다. 여기서 지(止)는 내방편에 설해진 용심주경(用心住境)과 같은 내용이어서, 치병방법은 거의 동일하게 설해져있음을 알 수 있다.

'마사'에서는 번뇌마(煩惱魔)·음입계마(陰入界魔)·사마(死魔)·천자마(天子魔)로 구분하여 주로 천자마가 나타나는 모습과 그 대치법을 설명하였다. 『마하지관』에서도 5. 마사경에서 네 가지로 분별하여, 음입계마는 1. 음입계경에 속하며, 번뇌마는 2. 번뇌경에 속하며, 사마는 3. 병환경에 속하므로 여기에는 네 번째의 천자마에 대해서만 설명하고 있다.

이렇게 내방편의 다섯 가지 항목은 두 가지는 십승관법으로, 나머지 세 가지는 십경 가운데 일곱 가지 경계의 내용으로서 원돈지관의 교설로 자리 잡았다. 즉, 『차제선문』에서 설한 내방편은 『천태소지관』과 『마하지관』에 이르러서 '방편'이 아닌 '정수행'의 중요한 내용을 구성하는 교설이 된 것이다. 아마도 『차제선문』을 강설하면서 모든 선정수행의 차제를 밝히기 이전에 설한 '내외의 방편'은 사실상 지의가 모든 수행에 필수적으로 갖추어져야 하는 것이라고 생각하는 자신의 일관된 견해였으며, 그것이 만년에 이르러 수행법 자체로 자리 잡게 된 것이라 할 수 있을 것이다.

『차제선문』의 내방편	止門	험선악근성	안심선문	치병방법	마사
『마하지관』의 십경십승관법	1.관부사의경 (10승)	4. 업상경 (6. 선정경 10. 보살경)	3. 선교안심 지관(10승)	3. 병환경	5. 마사경 (2. 번뇌경 1.음입계경 3. 병환경)

3. 십승관법의 수행규정

'십경'은 수행자가 만나게 되는 경계라면, '십승'은 각 경계에서 실제로 행해나가는 수행의 내용이다. 모든 경계에서 모든 사람이 이 '십승'의 관법을 모두 행하여야 하는가? 이 문제에 대해서는 예부터 많은 논란이 있어왔다. 여러 주장들 가운데 세 가지 정도 대표적인 견해를 들면 다음과 같다.

첫째, 형계 담연은『지관대의(止觀大意)』에서 이렇게 말하였다.

> "열 가지 법이 비록 모두 원만하고 늘 원만하지만 사람에게는 다시 세 근기가 같지 않다. 상근기는 한 법, 중근기는 두 법이나 일곱 법 그리고 하근기는 열 가지를 다 갖추어야만 바른 관(觀)을 이룰 수 있다."[7]

즉 상근기는 맨 처음의 관부사의경만 관하더라도[上一] 충분하며, 중근기는 기자비심(起慈悲心)에서부터 대치조개(對治助開)를 행하여야 하며[中七], 하근기는 열 가지를 모두 행하여야 된다[下十]고 하였다. 이러한 견해는 담연 이후 천태종이 산가파와 산외파로 나뉘기까지 널리 통용되었다. 심지어 여러 가지 문제에 대해 견해를 달리하던 산외파까지도 이에 대해서는 이견(異見)이 없었다.

둘째, 제관(諦觀)의『천태사교의』나 지욱(智旭)의『교관강종(教觀綱宗)』에서는 상근기와 하근기는 담연의 경우와 같으나, 중근기는 제6 수도품(修道品)까지 닦아야 한다는 입장이다.

셋째, 명광(明曠)의『천태팔교대의(天台八教大意)』에서는 중·하근기는 열 가지 법을 모두 닦고, 상근기는 제3 교안지관까지 닦아야 한다는 입장이다. 명광은 교안지관이 바로 십승관법의 행체(行體)이며, 관부사의경과 기자비심은 십승관법의 법체(法體)라고 말한다.

위의 두 견해는 형계 담연 이외의 여러 설들을 대표하는 것들이다. 실제로『마하지관』의 본문을 살펴보면, '만약 여기에서 깨닫지 못한다면 이는 근기가 아주 둔한 것이다[若不悟者 是大鈍根]'라거나 '더 나아짐을 얻지 못한다면[未得差者]' 혹은 '만일 이 관법(觀法)으로 깨닫지 못한다면[若觀未悟]' 등의 표현이 자주 나온다. 이처럼 지의도 수행자의 근기가 같지 않음을 염두에 두고서 각자에게 알맞은 방법으로 십승관법을 수행할 수 있도록 배려하였음을 알 수 있다. 그러한 부분에 주목하여 십경(十境)의 각 경에서 설해진 수행자의 근기와 십승관법의 수행규정을 도표로 나타내면 다음

7 湛然 述,『止觀大意』(『대정장』46권, 460상)

과 같다.[8]

<각 경에서 근기에 따른 십승관법의 수행규정>

	觀陰入界境 (煩惱境)	病患境 (業相境) (魔事境)	禪定境 (諸見境)	增上慢境 二乘境 菩薩境
上根	前3法	前1法	前1法	不說
中根	前6法	前6法	前7法	
下根	十法	十法	十法	

표에서 보듯이, 각 경마다 십승관법의 수행규정이 모두 같지 않다. 그것은 아마도 십경 각각의 성격이나 관(觀)의 난이도가 모두 다르기 때문일 것이다. 또한 십경을 관음입계경·병환경·선정경의 세 그룹으로 나누었을 때 위의 세 가지 견해와 비교해보면 각각 명광의 설·제관과 지욱의 설·담연의 설과 일치하고 있음을 알 수 있다. 결과적으로 상근기가 닦으면 충분한 것으로 설해진 '관부사의경'의 1법을 비롯하여 '기자비심'·'교안지관'의 2법은 십승관법의 열 가지 법 가운데서도 가장 핵심적인 위치에 있으며, 명광의 해석과 같이 십승관법의 법체(法體)와 행체(行體)라고 할 수 있을 것이다.

4. 십승관법의 완성

지의는 십승관법이 성취된 모습을 육즉(六卽)[9]으로 설하였다. 육즉이란 이즉(理卽)으로부터 구경즉(究竟卽)에 이르기까지 어느 상황에서나 그대로 모두 깨달음이라는 뜻인데, 십승관법에 대해서는 '육승(六乘)'으로 바꾸어 설한다.

먼저 모든 법이 다 일승(一乘)이므로, 마음이 있는 사람이라면 누구나 십승관법이 모두 갖춰져 있다고 하면 곧 '이승(理乘)'이다. 하지만, 설한 바가 없으면 알 수 없으므로 가르침에 따라 기꺼이 배운다면 곧 '명자승(名字乘)'이다. 그 가르침을 따라 수행하여 오품제자위에 들어가면 이것은 '관행

8 安藤俊雄, 『天台學』, 280면~292면 참조.

9 육즉(六卽)이란, 진리에 상즉(相卽)하고 그것과 일체가 되어 가는 단계를 이즉(理卽)·명자즉(名字卽)·관행즉(觀行卽)·상사즉(相似卽)·분신즉(分身卽)·구경즉(究竟卽)의 여섯 으로 나눈 천태 지의의 교설.

승(觀行乘)'이고, 계속 행하여 육근청정위를 얻으면 '상사승(相似乘)'이다. 다음, 삼계(三界)를 벗어나 초주(初住)에 들어가고 나아가 십주(十住)까지 이르면 '진실승(眞實乘)'이고, 이어서 십행(十行)·십향(十向)·십지(十地)까지 이르고 마침내 구경(究竟)의 공(空)을 얻으면 곧 묘각(妙覺)이 된다[究竟乘]. 즉, 십승관법을 행하려 시도하는 순간부터 수행해 나아가 궁극의 깨달음을 이루기까지 모든 순간이 다 진실과 상즉(相卽)하여 다름이 없다는 의미이다.

결국 이 육승(六乘)의 해석에 따르면, 십승관법은 모든 존재의 이치로 보거나, 부처님이 설한 여러 경전의 뜻에 맞춰보거나, 직접 실천하는 면에서나 모두 바른 깨달음으로 이끄는 데에 부족함이 없는 수레[乘]가 된다. 더구나 지의는 당시에 공(空)에 치우치게 집착하면서도 스스로 대승(大乘)이라 일컫는 이들을 가리켜 '사견(邪見)의 수레를 이끌어 험난하고 나쁜 길로 이끄는 부숴진 나귀 수레'[10]라고 말하였다. 그에 반하여 십승관법은 모든 사람들을 각자의 상황에 알맞게 어디서나 진실한 일불승의 길로 이끄는 진리의 수레인 것이다. 이것이 바로 십승관법을 『법화경』의 '희고 큰 소 수레'에 비유한 뜻이기도 하다.

5. 텍스트별 용례

'십경십승관법'은 흔히 줄여서 '십승관법'이라 부른다. 그것은 '십경'과 '십승' 가운데 천태 지의가 보편적으로 다루었던 것이 선정의 방법인 '십승'이기 때문이다. '십승관법'이라는 용어는 『법화현의』·『마하지관』·『유마경현소』·『삼관의』·『사교의』 등 지의(智顗)의 강설 및 저술에서 장·통·별·원교의 수행법을 설명하는 주요한 범주이다. 이들 저술에 설해진 십승관법의 내용과 특징을 살펴보면 다음과 같다.

1) 『법화현의』의 십승관법

『법화현의』10권 상하는 『묘법연화경』의 제목을 강설한 것이다. 내용은 크게 칠번공해(七番共解)라는 통석(通釋)과 오중현의(五重玄義)라는 별석(別釋)의 두 부분으로 이루어져있다. 그 중 '별석'이 강설의 대부분을 차지

10 『마하지관』 7하(『대정장』 46권, 100중)

한다. '오중현의'는 1.경의 제목을 풀이함[釋名], 2.체를 드러냄[顯體], 3.종지를 밝힘[明宗], 4.효용을 논함[論用], 5.교상을 가름[判敎相]의 다섯 부분으로 이루어져있다. 그 중 '십승관법'이 자세히 설해진 곳은 '2.체를 드러냄의 제4 실상에 들어가는 문을 밝힘[明入實相門]' 부분이다.[11] '실상에 들어가는 문'을 설함에, 장·통·별·원교의 사람이 유(有)·무(無)·역유역무·비유비무의 네 가지 문을 관(觀)하는 경우로 나누어 설한다. 사교(四敎)의 사람 가운데도 경전의 가르침을 듣고 바로 실상에 들어갈 수 있는 사람을 '신행인(信行人)'이라 하고, 차례로 법을 관(觀)해 실상에 들어가는 경우를 '법행인(法行人)'이라 하는데, 이 십승관법은 법행인의 관문으로 설해진 것이다. 여기에서는, 사교인이 행하는 십승관법은 이름은 서로 비슷하지만 그 내용은 서로 다르다는 데에 중점을 두고 비교하며 설하고 있는 점이 특징이다. 사교의 십승관법은 다음과 같다.

(1) 사교의 십승관법

먼저, 장교[三藏敎]의 유문관(有門觀)인 십승관법은 첫째 관하는 바의 경계를 앎[識所觀境], 둘째 참되고 바르게 마음을 냄[眞正發心], 셋째 선정과 지혜를 따르고 닦음[遵修定慧], 넷째 능히 두루 법을 타파함[能破法遍], 다섯째 통함과 막힘을 잘 앎[善知通知塞], 여섯째 삼십칠도품을 잘 운용함[善用道品], 일곱째 대치법을 잘 씀[善用對治], 여덟째 계위를 잘 앎[善知次位], 아홉째 능히 편안히 잘 참음[善能安忍], 열째 법애가 생겨나지 않음[法愛不生]이다.

첫 번째의 '식소관경'이란 무명(無明)으로 인연하여 일체법이 생겨났음을 바르게 잘 아는 것이다. 이것은 외도(外道)들이 삿된 인연[邪因]이나 인연없이 생겨났다[無因生]고 하는 견해와 구별된다. 둘째 '진정발심'이란 괴로움[苦]과 괴로움의 원인[集]을 더 이상 증장시키지 않으며 바르게 열반을 구하고자 이승(二乘)의 마음을 일으켜 견애(見愛)를 벗어나 여의는 것이다. 셋째 '준수정혜'란 오정심(五停心)을 닦음이 선정(定)이며 그로 인하여 사념처의 지혜[慧]가 생겨나 선정과 지혜가 균등해짐을 말한다. 지혜가 많고 덕이 모자라면 미친 사람이며, 덕이 많고 지혜가 모자라면 어리석은 사람이니 모두 현인(賢人)이라 할 수 없다. 넷째 '파법편'은 오정심과 사념처로

11 『법화현의』 8하 785중~790하

정혜가 구족하여 어떠한 법에 막히더라도 두루 타파하여 현상[事]과 이치(理)를 다 이루게 되는 것이다. 마치 부처님께서 초전법륜시에 오직 무상(無常)의 한 가지 법으로 일체외도의 62 가지 삿된 견해를 두루 타파한 것과 같음을 말한다. 다섯째 '막히고 통함을 앎'이란 앞의 파법편에서 모두 타파한 것과는 달리 모든 견해 가운데 허물과 덕(德)을 잘 알아서 허물은 막아서 타파하고 덕은 잘 통하게 함이 여타의 외도와 다르다.

여섯째 '선수도품'은 통함과 막힘을 알 뿐 아니라, 삼십칠도품을 잘 닦아 모든 법문에 나아간다. 오정심의 한 법에서도 삼십칠품이 모두 갖추어지니, 아비담론의 '도제(道諦)'에서 널리 분별한 것과 같다. 일곱째 '선수대치'는 근기가 날카롭지 못하여 바로 도에 들어가지 못하면 갖가지 조도법(助道法)을 쓰는 것이다. 여덟째 '선지차위'는 갖가지 법을 닦더라도 내가 성인이 아님을 알아 증상만을 내지 않으니, 외도들과 같지 않다. 아홉째 '선능안인'이란 사념처 각각을 관하는 힘이 약하더라고 계속 사념처를 총체적으로 관하여 편안히 견뎌 난법(煖法)으로 들어가고, 다시 정법(頂法)을 이룬다. 만일 여기서 편안히 참지 못하면, 정법(頂法)에서 물러나 오역죄인이 되고, 난법에서 물러나 일천제가 되기도 한다. 열 번째 '법애불생'이란 네 가지 선근[四善根位: 煖法·頂法·忍法·世第一法의 네 가지 계위를 얻음]이 생하였으면 만일 법에 대한 애착을 일으키더라도 오역죄인이나 일천제로 떨어지지는 않으나 견도(見道)에 들 수 없다. 여기서 나아가 초과(初果)로부터 무학(無學)을 이루려면 유(有)·공(空) 등의 4문에 취착하지 않아야 능히 도를 이룰 수 있으니, 이것은 외도와 같지 않음이다. 이상의 내용이 유문(有門)의 입진관(入眞觀)이다. 나머지 공문(空門)이나 역공역유문(亦空亦有門)·비공비유문(非空非有門)은 방편은 다르지만 삼계의 미혹을 끊음은 다르지 않으니, 유문에 준하여 생각하면 된다.

통교(通教)의 유문관(有門觀)이 장교와 다른 점은 다음과 같다. 통교인은 일체법이 환화(幻化)와 같음을 체득하여 알아서 비록 정혜(定慧)를 얻지는 못하였으나, 두 가지 법에 마음을 편안히 하여 환화와 같은 지혜로써 온갖 견해를 두루 타파한다. 환화와 같은 지혜로써 외도나 마구니에 동요되지 않으며 내면의 장애로 인해 물러나지 않는다. 모든 법은 생하지 않되 반야가 생함을 알며, 또한 법에 대한 애착을 내지 않아서 곧 참된 계위에 들게 된다.

별교(別教)의 유문관(有門觀)에도 열 가지 뜻이 있다. 첫째 관경(觀境)은 범부나 외도 혹은 이승(二乘)이나 통교(通教)의 사문(四門)이 아니라 모든 사문법(諸四門法)을 경계로 하되, 경계가 곧 실상(實相)이라 하지는 않는다. 여래장을 묘유(妙有)라 하며, 이와 같은 묘유로부터 일체법이 생겨난다고 관(觀)한다. 둘째 '발심'이란 보살이 깊이 실상(實相)을 관할 때 이를 위하여 대자비와 사홍서원을 일으킨다. 발심하고 나서 갖가지 선정과 지혜를 닦으며 안심(安心)으로 나아가 행한다. 묘유의 지혜로써 생사의 일체제견을 두루 타파하며, 낱낱의 법 가운데 막히고 통함을 밝게 알며, 삼십칠도품을 잘 행하며, 늘 온갖 대치(對治)문을 닦아서 실상(實相)문이 열리도록 돕는다. 모든 계위의 깊고 얕음을 잘 알아서 틀림이 없으며, 끝내 내가 최상위에 도달했다고 말하지 않는다. 안팎의 모든 장애에도 흔들리지 않아 잘 참아내며, 비록 깨달음과 유사한 법[相似之法]을 증득했더라도 법애(法愛)를 일으키지 않는다. 그러므로 보살의 계위에 들어가 불성(佛性)을 보고 실상(實相)에 들어가니, 이것이 유문(有門)에서 입실관(入實觀)을 닦음이다. 나머지 세 문은 이에 준하여 알 수 있다.

끝으로, 원교(圓教)의 사람이 실상에 들어가는 문을 밝힌다. 내용을 설하기 앞서서 앞의 삼교와 원교의 문이 다름을 가려보인다. 장교와 통교는 이미 중도(中道)에 통하지 않으므로 분별할 여지가 없으며, 별교와 원교는 모두 중도에 통하므로 둘의 같고 다름을 분별해 보인다. 첫째는 원융함과 원융하지 않음[融不融]의 차이이며, 둘째는 법에 즉함과 법에 즉하지 않음[卽法不卽法]의 차이, 셋째는 불지인가 아닌가[佛智非佛智], 넷째는 차제행인가 아닌가[次第行不次第行], 다섯째는 끊고서 미혹을 끊는가 끊지 않고서 미혹을 끊는가[斷斷惑不斷斷惑], 여섯째는 진실한 계위인가 진실하지 않은 계위인가[實位不實位], 일곱째는 수행의 인과가 종횡으로 나타나는가 그렇지 않은가[果縱果不縱], 여덟째 원만함을 설하는가 원만함을 설하지 않는가[圓詮不圓詮]의 차이이며, 아홉째 원교인지 별교인지 판별해놓지 않더라도 갖가지로 문답하는 가운데 자연히 원교와 별교가 판별되며[約難問], 열째 비유를 통해서 별교인지 원교인지[約譬喻]를 알 수 있다. 특히 『법화경』은 이 열 가지 조건을 모두 만족하므로 원교문(圓教門) 이라 한다.

다음은 실상(實相)에 들어가는 원교(圓教)의 관문(觀門)이다. 첫째, 앞 삼교의 사의문(思議門)에 상대하여 부사의경(不思議境)이라 한다. 부사의경이란 '하나의 진실한 사제[一實四諦]'이니, 고·집·멸·도의 사제가 모두 즉공(卽空)·즉가(卽假)·즉중(卽中)임을 말한다. 둘째, 발진정심(發眞正心)이란, 일체중생이 곧 대열반이므로 대비심(大悲心)을 내어 '아직 건너지 못한 자는 건너도록 하며, 아직 끊지 못한 자는 끊어지이다'라고 서원한다. 또 일체 번뇌가 곧 깨달음이므로 대자심(大慈心)을 일으켜 '알지 못하는 자는 알게 하며, 얻지 못한 자는 얻어지이다'라고 서원한다. 이러한 무연(無緣)의 자비와 청정한 서원의 선근력으로써 일체 중생을 자연스레 거두게 됨을 말한다. 셋째 안심(安心)이란, 선정과 지혜의 두 날개를 구족하는 것이다. 생사 즉 열반임을 체득하는 것을 '선정[定]'이라 하며, 번뇌 즉 보리임을 통달하는 것을 '지혜[慧]'라 하니, 한 마음에 선정과 지혜를 잘 닦으며 일체의 행을 모두 구족하게 된다. 넷째 파법편(破法遍)이란, 이 미묘한 지혜로써 일체의 고통과 고통의 원인을 두루 타파한다. 비록 타파하되 타파되는 바가 없으니, 생사가 곧 열반이기 때문에 타파되는 바가 없는 것이다. 다섯째는 식통색(識通塞)란, 생사의 허물과 근심이 곧 '막힘'이고 열반에 즉함이 곧 '통함'이다. 번뇌의 어지러움은 곧 '막힘'이고, 그것이 즉 보리임은 '통함'이다. 만일 모든 법의 막힘과 통함을 알지 못하면 비단 행법만 진전이 없을 뿐 아니라 갖가지 보배를 잃게되는 것이다. 여섯째 선식도품(善識道品)이란, 생사즉 열반을 관하여 능히 여덟 가지 뒤바뀜을 타파하면 곧 법성(法性)의 사념처이니, 이 법성의 사념처 가운데 삼십칠도품 및 삼해탈과 일체법을 모두 구족함을 말한다. 일곱째 선수대치(善修對治)란, 바른 수행[正道]에는 장애가 많으므로 조도(助道)를 써야 하니, 생사 즉 열반을 관(觀)함으로써 보장(報障)을 대치하고, 번뇌즉 보리를 관함으로써 업장(業障)과 번뇌장(煩惱障)을 대치한다. 여덟째는 선지차위(善知次位)이다. 먼저 생사법이 본래 곧 열반이라 하면 '이치의 열반[理涅槃]'이며, 생사가 곧 열반임을 이해하여 알면 '명자열반(名字涅槃)'이다. 생사즉 열반을 부지런히 관하면 '관행열반(觀行涅槃)'이며, 선근 공덕이 생겨나면 '상사열반(相似涅槃)'이고, 진실한 지혜가 일어나면 '분진열반(分眞涅槃)'이고, 생사의 바닥을 다하면 곧 '구경열반(究竟涅槃)'이다. 아홉째는 선안인(善安忍)이란, 생사 즉 열반을 관하면 음입계경·병환경·업상경·마사경·선정경·이승(二乘)경·보살경 등의 경계에 동요되지 않으며, 만일 번뇌 즉 보리를 관하면 제견(諸見)경이나 증상만 등의 경계에 움직이거나 무너지지 않음을 말한다. 열 번째 무법애(無法愛)이다. 이미 장애와 어려움을 지나면 도의 근본이 성립되어 여러 공덕이 생겨나게 된다. 이때 법에 대한 애착이 일어나면 곧 바로 사라지게 해야한다. 그러면 무명이 타파되고 불지견(佛知見)이 열리며 실상(實相)의 체를 증득하여 법신·반야·해탈의 삼덕을 구족하게 되는 것이다.

(2) 십승관법의 경전 근거

다음은 『법화경』 가운데 십승관법의 각각에 해당하는 경문을 간단히 인용한 것이다.

> 부사의경 : "이 법은 보일 수 없으니 말로 표현할 모습이 다 고요하다. 여러 다른 중생들은 능히 이해할 수 없다." 또 "내 법은 미묘하여 생각하기 어렵다."
>
> 진정발심 : "일체 중생 가운데서 대자심을 일으키며, 보살 아닌 이들 가운데서 대비심을 일으킨다." "내가 아뇩다라삼먁삼보리를 얻을 때에 신통의 힘과 지혜의 힘으로써 그들을 이끌어 이 법 가운데 머무르도록 하였다."
>
> 안심 : "부처님께서는 스스로 대승에 머물러 그 증득하신 바의 법인 선정과 지혜의 힘으로 장엄하셨다."
>
> 파법편 : "스스로 이루고 남을 이루도록 하며, 유(有)를 타파하여 법의 왕이 되었다." "마치 해와 달의 광명이 능히 모든 어둠을 제거하듯이, 이 사람은 세간에 다니며 능히 중생의 어둠을 타파한다."
>
> 식통새 : "어떤 스승이 여러 사람들을 이끄는 데에 밝고 분명하며 마음이 결정되어 험난한 곳에서도 뭇 어려움을 건네준다."
>
> 선식도품, 선수대치 : "정장(淨藏)과 정안(淨眼)이 삼십칠도품과 여러 바라밀을 잘 닦았다."
>
> 식차위 : "도를 증장시키고 생사를 줄이며 사방에 노닌다."
>
> 능안인 : "편안히 머물러 움직이지 않음이 마치 수미산과 같다." "여래의 옷을 입고서"
>
> 무법애 : "비록 여러 소리를 듣더라도 그것을 듣고서 집착하지 않는다." "육근이 모두 청정함이 이와 같다고 말한다."

이상과 같은 십승관법의 뜻을 담은 문구는 법화경 외에도 대소승의 여러 경전과 논서에 산재해 있다. 실제로 외도의 4베다나 당시 세간에 풍미하는 노장(老莊)의 전적에 실린 내용과는 다른 것이다. 그러나 똑같이 문장을 읽더라도 사람들이 그 뜻을 파악하지 못하므로 천태 지의는 이를 안타깝게 여겨 위와 같이 '열 가지의 관법'으로 정리하여, 도에 들어가는 방편으로 삼도록 한 것이다. 그러므로 이 열 가지 뜻만 바르게 알면 소승의 4문 가운데서도 진실에 들어가며, 대승의 4문 가운데서도 진실에 들어갈 수 있는 것이다.

2) 『유마경현소』의 십승관법

지의는 『유마경현소』에서도 경전의 해석하는 데에 오중현의(五重玄義)의 형식을 취하였다. '십승관법'은 오중현의의 첫 번째인 '석명(釋名)' 가운데 '삼관(三觀)을 써서 유마힐의 이름을 풀이하는 부분'에 설해지고 있다. 그중 첫 번째는 '삼관에 의거하여 삼승을 여는 것'이며, 두 번째는 '십법으로 삼승(三乘)을 이룸을 밝히는 것'이다. 십승관법의 내용은 바로 이 두 번째 부분에서 찾아볼 수 있다. 『법화현의』에서는 '사교의 십승관법'을 설한 반면, 여기서는 '삼승을 이루는 십승관법'과 '일불승인 십승관법'으로 구분하여 설하고 있는 점이 특징이다. 내용을 비교해보면, 결국 사교 가운데 장·통·별교는 삼승을 이루는 십승관법을 행하며, 원교는 일불승을 이루는 십승관법을 행하는 것임을 알 수 있다. 구체적인 내용은 다음과 같다.

(1) 십법을 갖추어 삼승을 이룸[具十法成三乘]

삼관 가운데 석법관(析法觀)에 의거하여 '삼장의 삼승[三藏三乘]'을 열고, 체법관(體法觀)에 의거하여 '통교의 삼승[通敎三乘]'을 열고, 석체별상삼관(析體別相三觀)으로 '별교대승(別教大乘)'을 이룬다. 삼승의 수행자가 삼관을 배워 닦음에 만일 다음의 열 가지 법을 갖춘다면 곧 삼승을 이루어 열반에 들어가게 된다.

열 가지 법이란 첫째, 바른 인연으로 생겨나는 법을 아는 것[識正因緣生法] 둘째, 참되고 바르게 마음을 냄[眞正發心], 셋째 지와 관을 닦아 익힘[止觀修習], 넷째 여러 법을 두루 타파함[破諸法徧], 다섯째 통함과 막힘을 잘 앎[善知通塞], 여섯째 도품을 알맞게 조절함[道品調適], 일곱째 대치법으로써 삼해탈문을 도와 엶[對治助開三解脫門], 여덟째 계위의 순서를 앎[識次位], 아홉째 강하고 연한 두 가지 적을 편안히 견딤[安忍强軟兩賊], 열째 도를 따르는 법에 대하여 애착이 생기지 않음[順道法愛不生]이다.

열 가지 법이 차례대로 일어나 결국 삼승을 이루게 되니, 자세한 내용은 『법화현의』에서 언급한 앞 삼교의 십승관법 내용과 대동소이하다. 다만, 여기서는 '승(乘)'의 뜻을 밝혀 여섯 가지로 같지 않음이 있다고 말한다. 첫째는 이승(理乘)이니, 삼승의 수행자가 모두 사제·십이인연·육바라밀의 이치가 있어서 삼승의 근성이 같지 않음을 말한다. 둘째는 교승(教乘) 혹은 명자승(名字乘)이니, 부처님께서 삼승의 가르침을 열어서 삼승의 제자들에게 삼계의 고통을 벗어나도록 함이다. 셋째는 관행승(觀行乘)이니, 삼승의 수행자가 오정심관(五停心觀)을 비롯한 갖가지 수행을 행함이다. 넷째는 상사승(相似乘)이니, 사선근인(四善根人)이 얻은 바의 착하지만 아직 번뇌가 남아있는 오음[有漏五陰]이다. 다섯째는 분증진실승(分證眞實乘)이며, 여섯째는 구경승(究竟乘)이니 곧 이것은 무학의 지혜[無學智]와 아라한, 벽지불이 얻는 무생의 지혜[無生智]이며 부처의 여실지[如實智]로서 능히 무열열반으로 들어가도록 하는 것이다. 이것이 곧 삼장교의 석법관과 통교의 체법관이 십법을 갖추어 삼승을 이룬다는 뜻이다. 단, 별교 삼관의 십법성승이 갖추는 여섯 승의 뜻을 밝히자면 이와 같지 않으나 분별하기 번거로우므로 생략한다. [앞의 『법화현의』에 설해진 별교의 십승관법을 참조」

(2) 십법으로 삼승 이룸을 밝히는 이유

지의는 『유마경현소』에서 십법성승(十法成乘)을 밝히는 이유를 다음과 같이 말한다.

> "여러 대소승 경론에서 밝히는 바 '승(乘)'의 뜻을 이루는 것은 모두 이 열 가지 뜻을 갖추고 있음이 분명하다. 다만 인연따라 설하여서 여기저기 흩어져 한 곳에 모아져 있지 않을 따름이다. 지금 열 가지 뜻을 모아서 '승'을 이룸을 밝히는 까닭은, 첫째 불가(佛家)의 뜻을 배우는 이나 좌선을 행하는 이들로 하여금 불법의 대소승 경론에서 밝히는 바 도에 들어가는 바른 뜻을 알도록 하고자 함이다. 둘째, 외국(外國)이나 외도(外道)들이 각각 말하는 궁극의 길과는 다름을 보이고자 함이다. 셋째, 말대(末代)에 마치 사자의 몸 속에 생겨나는 벌레처럼, 불교 교단 내부의 법사나 선사가 노장사상과 불교가 같은 것이라고 말하는 이가 있다면 이 열 가지 법으로 비교해보도록 한다. 만일 십법을 갖추고 있다면 명칭과 뜻이 통하겠으나, 갖추고 있지 않다면 이름과 뜻이 비슷하더라도 가로나 세로로 통하지 않으며, 이름에도 빠짐이 있고 뜻도 성립되지 않음을 알도록 하기 위함이다. 반면, 아비담이나 성실과 같은 논서는 비록 불법에서는 소승의 논서이지만, 공(空)을 밝혀 도에 들어가며 열 가지 뜻을 모두 갖추어 이름이나 뜻에서 빠지는 것이 없다. 하물며 소승논서가 그럴진대 대승의 경론은 말할 것이 없다. 이처럼 다른 사상가[外人]들의 서적들에는 이러한 이름과 뜻이 없으므로 가히 모두 불법과 같다고 말할 수 없는 것이다."

이처럼 지의는 불교를 배우는 이들의 바른 지침으로서 십법성승을 설했을 뿐 아니라, 불교 이외 여타의 사상들과 혼동하여 같은 것으로 여김을 막기 위한 기준으로서 십법성승을 설한 것이다. 즉, 이 열 가지 법은 대소승의 모든 경론에 갖춰진 바로서, 그것이 붓다의 가르침인지 아닌지를 판가름하는 기준인 것이다.

(3) 여섯 가지 대승(大乘)의 뜻으로 원교(圓教)의 일불승(一佛乘)을 밝힘

만일 인연과 삼제(三諦)를 관(觀)하여 초심에 곧 일심삼지(一心三智)를 얻어서 불지견(佛知見)을 열면, '불성을 보는 것[佛性]'이라 이름하며 그것이 곧 '대승(大乘)'이다. 일심삼지는 곧 원교(圓教)의 반야바라밀이니, 이것이 곧 대승이다. 『대품반야경』「회종품(會宗品)」에서는, "반야바라밀은 곧 마하연이며, 마하연은 곧 반야바라밀이니, 반야바라밀과 마하연은 둘도 없고 다름도 없다"고 하였다. '일심삼관이 대승을 이룬다'는 뜻을 밝히면, '대(大)'라는 것은 불가사의(不可思議)를 이름하는 것이며, '승(乘)'은 능히 운반함을 뜻으로 삼는다. 즉, 일심삼관의 경계와 지혜는 모두 불가사의한 법으로서 능히 보살을 데려다 보리도량으로 이르게 하므로 '대승'이라 하는 것이다.

이제 육즉(六卽)에 의거하여 원교의 일불승을 밝히니 곧 이것은 '여섯 가지 대승의 뜻'이다. 첫째는 이즉대승(理卽大乘)이니, 『열반경』에서 '일체중생이 모두 대승이다'라고 함과 같다. 둘째는 명자즉대승(名字卽大乘)이니, 이즉(理卽)으로 인하여 대승의 마음을 일으키는 것이다. 셋째는 관행즉대승(觀行卽大乘)이니, 부사의한 십법을 닦아서 통달 무애함이다. 자세한 내용은 아래에서 자세하게 밝힌다.[아래 (4)의 내용 참조] 넷째는 상사즉대승(相似卽大乘)이니, 『법화경』에서 설한 것과 같이 '육근청정(六根清淨)'을 얻음과 같다. 다섯째는 분증진실즉대승(分證眞實卽大乘)이니, 곧 이것은 초발심주 내지 등각에 이르는 것과 같다. 여섯째는 구경즉대승이니 곧 이것은 묘각지(妙覺地)이다.

(4) 부사의(不思議)한 십법으로 일불승(一佛乘)을 이룸

'부사의한 십법으로 일불승을 이룸'을 밝히면 다음과 같다. 첫째는 부사의한 바른 인연을 아는 것이다. 마치 잠자는 한 생각의 마음에 온갖 꿈의 내용이 다 갖춰지듯, 한 생각 무명(無明)에 일체법의 삼제(三諦)의 이치가 완

연히 갖춰짐이 바로 그 뜻이다. 둘째는 진정발심(眞正發心)이니, 곧 무연의 자비[無緣慈悲]와 무작의 사홍서원[無作四弘誓願]으로 일체중생을 덮어주는 것을 말한다. 셋째는 보살도를 행하여 부지런히 지관(止觀)을 닦음이란, 생사 즉 열반임을 알면 곧 '지'를 잘 닦음이며, 만일 번뇌 즉 보리임을 알면 '관'을 잘 닦는 것이다. 마치 음과 양이 조화로우면 만물이 잘 자라듯이, 지와 관을 교묘히 잘 닦으면 곧 능히 한마음에 온갖 행을 잘 갖추게 되는 것[一心具萬行]이다. 넷째, 모든 법을 두루 타파함이란, 만일 생사가 곧 열반임을 알면 분단(分段)과 변역(變易)의 두 가지 생사를 타파함이 두루하고, 만일 번뇌가 곧 보리임을 알면 일체의 삼계 안팎의 번뇌를 타파함이 두루하다. 마치 전륜성왕은 능히 일체의 강적을 타파하고도 또한 타파한 바가 없듯이, 반야바라밀 또한 그와 같아서 능히 일체법을 타파하되 타파한 바가 없다. 다섯째는 통하고 막힘을 잘 아는 것이란, 생사 즉 열반과 번뇌 즉 보리를 아는 것은 일체가 통함이며, 열반 즉 생사와 보리 즉 번뇌를 알면 일체가 모두 막힘이다. 여섯째는 도품을 잘 닦음이다. 십법계의 오음과 생사가 곧 법성오음(法性五陰)이라고 관(觀)하니, 법성오음은 곧 성품이 청정한 열반[性淨涅槃]이다. 곧 이 사념처가 여덟 가지 뒤바뀐 생각[八倒]을 타파한다. 이 사념처로 인하여 오정근, 사여의족, 오근, 오력, 칠각지 등을 닦으니 이것이 곧 도품선지식이며, 이로 말미암아 바른 깨달음을 이룬다. 일곱째는 대치법으로 도와 모든 바라밀을 닦음이다. 보리(菩提)가 곧 여러 나쁜 번뇌임을 알면 그로 인하여 생사가 곧 열반임을 알아 여러 바라밀로써 대치한다. 여러 바라밀 등의 법이 도와서 삼해탈문을 열도록 하니, 대치가 이루어지면 곧 번뇌가 바로 보리인 것이다. 여덟째는 계위의 순서를 바르게 앎이다. 열반 즉 생사이며 보리 즉 번뇌임은 곧 이즉(理卽)이며, 생사 즉 열반이며 번뇌 즉 보리임을 알면 이것은 곧 명자즉(名字卽)이다. 이로 인하여 관행(觀行)이 분명하여 오품제자(五品弟子)를 이루면 이것은 관행즉(觀行卽)이며, 육근청정을 얻으면 상사즉(相似卽)이며, 41지(地)를 이루면 곧 분증진실즉(分證眞實卽)이고, 묘각(妙覺)의 과위를 증득하면 곧 구경즉(究竟卽)이다. 만약 능히 이와 같은 순서와 계위를 잘 이해하면 대승의 증상만을 일으키지 않을 것이다. 아홉째는 안인성취(安忍成就)이다. 만일 생사 즉 열반임을 알면 곧 음입계경·병환경·업상경·마사경·선문경·이승경·보살경에 무너지는 바 되지 않으며, 만일 번뇌 즉 보리임을 알면 번뇌경·제견경·증상만경에 무너지지 않는다. 능히 이러한 지음 없는 괴로움과 괴로움의 원인

[無作苦集]을 참아서 무너지지 않아 마침내 도를 이루는 것이다. 열 번째는 순도법애불생(順道法愛不生)이니, 생사 즉 열반임을 관하면 일체의 모든 선정 삼매 등의 공덕이 생하며, 번뇌 즉 보리임을 관하면 여러 다라니문과 사무소외·십팔불공법·사무애지·일체종지가 생겨나되 이와 같은 도에 따르는 법에 대하여 애착을 일으키지 않음을 말한다.

이상으로 『유마경현소』의 십승관법 내용을 살펴보았다. 지의는 십법으로써 불교수행의 기준으로 삼았으며, 그것을 통하여 '삼승' 내지는 '일불승'에 이르는 결과를 가져온다고 설하였다. 특히, 장교·통교·별교인이 '삼승'을 행할 때도 각자의 상황에 따라 '승'의 뜻이 여섯 가지로 다름을 육즉의 가르침에 근거하여 말하고, 원교 수행인이 이루는 '일불승'에도 여섯 가지 대승의 뜻을 내포하고 있다고 설하였다.

3) 『마하지관』의 십경십승관법

위의 저술들과는 달리, 『마하지관』에서는 오직 원교(圓敎)의 십승관법에 대해서만 설하였다. 즉, 원교의 수행법인 원돈지관의 정수행(正修行)으로서 설해진 것이 『마하지관』의 '십경십승관법'이다. 위의 저술들에 설해진 '삼교의 십승관법'이나 '삼승의 십승관법'에서는 '십경'이라는 '수행의 대경(對境)'에 관한 언급은 찾아볼 수 없다. '십경'은 원돈지관을 행할 때 반연(攀緣)할 대상 경계로 설해진 것이기 때문이다. 사실상, 이 열 가지 경계는 모두 수행을 가로막는 경계이다. 즉, 세 가지 장애[三障]로 보면, 음입계경과 병환경은 보장(報障)에 해당되며, 번뇌·제견·증상만경은 번뇌장(煩惱障)이고, 업상·마사·선정·이승·보살경은 업장(業障)에 속한다. 또 네 가지 마[四魔]로 보면, 음입계경은 바로 음마(陰魔)이며 업상·선정·이승·보살경도 행음(行陰)이므로 음마(陰魔)에 속한다. 번뇌·제견·증상만경은 번뇌마(煩惱魔)이며, 병환경은 결국 죽음으로 이끌기 때문에 사마(死魔)이며, 마사경은 곧 천자마(天子魔)이다. 이렇게 십경은 그대로 깨달음을 방해하는 장애와 마군(魔軍)으로 나타나는 것이다. 지의는 이들 장애에 대하여 이렇게 말하였다.

> "세 가지 장애와 네 가지 마군은 따라서도 안되며 두려워해서도 안된다. 따르면 그것은 사람을 나쁜 길로 이끌며, 두려워하면 바른 법 닦는 것을 방해한다. 마땅히 관(觀)으로써 어둠을 살피면 어둠 그대로 밝아지며, 지(止)

로써 산란함을 그치면 산란함 그대로 고요하다."[12]

결국, 지의는 범부의 현실로부터 보살의 경계에 이르기까지 깨달음에 걸림이 되는 온갖 상황을 들어서 열 가지 경계로 설정하였다. 그리고 이러한 장애를 경계로 삼아 지관을 행하여 장애 그대로가 실상임을 깨달을 수 있도록 이끌고 있는 것이다.

『마하지관』에서 원돈지관을 간략히 설해보인 것으로 사종삼매(四種三昧)가 있다. 사종삼매는 앉거나 서서 행하는 것과 같은 자세를 기준으로 불교의 모든 수행을 구분한 것이다. 마찬가지로 이 '십경십승관법' 또한 행(行)·주(住)·좌(坐)·와(臥)·어(語)·작작(作作)의 육작(六作)으로 표현되는 일상의 모든 순간에 행해져야 한다고 설한다. 그것을 '좌(坐) 수행으로서의 십경십승관법'과 '역연대경(歷緣對境)의 십경십승관법'으로 나누어 살펴보기로 한다.

(1) 좌(坐) 수행으로서의 십경십승관법

앞서의 저술들에서 살펴본 원교의 수행법에 준하여 알 수 있다.

(2) 일상 속의 십경십승관법

지의는 좌선만이 아니라 일상생활이 모두 깨달음의 도량(道場)이라는 생활선(生活禪) 혹은 일상선(日常禪)을 강조하였다. 그러한 그의 관점을 『마하지관』에서는 이렇게 말하였다.

> 반주삼매처럼 항상 다니거나, 법화나 방등삼매처럼 반은 다니고 반은 앉는다 하더라도, 도량을 청소하거나 일을 하거나 하는 경우는 모두 여러 움직임이 있게 된다. 즉, [사종삼매 가운데] 수자의삼매[에 해당하는 경우]가 가장 많다. 만일 다니는 가운데 관(觀)을 익히지 않으면 어떻게 빨리 도의 이치와 상응하겠는가?[13]

일상 생활 가운데 행하는 십경십승관법의 예로서, 십경(十境)의 첫 번째

12 『마하지관』 5상(『대정장』, 49상)

13 지의 설, 『마하지관』 7하(『대정장』 46권, 100중). "若般舟常行 法華方等半行 或掃灑執作皆有行動 隨自意最多. 若不於行中習觀 云何速與道理相應."

관음입계경에 대하여, '역연대경(歷緣對境)'의 관음입계경을 설한다. '연(緣)'이란 행(行)·주(住)·좌(坐)·와(臥)·어(語)·작작(作作)의 여섯 가지 활동이며, '경(境)'이란 눈·귀·코·혀·몸·뜻의 육근이 빛깔·소리·냄새·맛·감촉·법 등의 육경을 상대하여 받아들이는 것을 말한다. 즉 이 육작(六作, 六緣)과 육경(六境)은 우리 일상의 갖가지 활동과 모든 감각이나 인식작용을 다 포함한다. 이 모든 순간을 대상으로 관법을 행하지 않으면 결코 진리를 깨칠 수 없다는 것이다.

육연(六緣) 중에서 '다니면서[行] 십승관법을 갖춤'에 대하여 살펴본다.[14] 처음에, 다니는 가운데 부사의한 경계를 관(觀)한다. 다닐 때 다리를 들고 내리는 행위에 이미 오음·십이입·십팔계가 모두 갖춰져 있다. 걷는 육체적 행위[色]는 모두 마음으로 말미암는다. 걷는다고 느끼고[受] 그것을 나[我]라고 헤아리며[想] 그로 인해 선악의 여러 행위를 낳고[行] 또 그 가운데 인식한다[識]. 이러한 음·입·계는 무명(無明)으로 말미암은 것이므로, 음·입·계와 무명은 다르지 않다. 다시 무명 그대로가 법성(法性)이며, 법성은 곧 법계이다. 따라서 이 걷는 행위가 곧 법계(法界)이며, 한 음·입·계가 곧 일체의 음·입·계이며 서로 방해함이 없다. 이것이 바로 걷는 가운데 부사의경(不思議境)을 관(觀)함이다.

이렇게 관(觀)할 때 자비(慈悲)가 함께 일어나 자신와 더불어 일체 중생이 모두 일승(一乘)이므로 함께 무명을 타파할 수 있기를 서원(誓願)한다. 이에 마음을 편안히 선정과 지혜 가운데 머무른다. 마음이 편안해지면 갖가지 사견과 장애를 두루 타파하게 되고, 막힘과 통함을 잘 알며, 도품(道品)을 잘 알고 대치(對治)하고 돕는 법으로써 열반문을 열리도록 한다. 또 자신의 위치를 잘 알아 걷는 가운데 부지런히 정진하며 증상심을 내지 않는다. 욕이나 비방도 잘 참아내며, 법에 애착심을 내어 다시 아래로 떨어지는 일이 없다. 이와 같이 열 가지[十乘] 법을 모두 갖추면 곧 동륜위(銅輪位)[15]에 들어가 무생법인을 증득한다. 이렇게 다니는[行] 가운데 십승관법을 갖춘다. 그것은 바로 움직임[行動] 가운데서 움직임 없고[不動] 남이 없

14 지의 설, 『마하지관』 7하(위의 책, 100중~하) 참조.

15 남악 혜사는 '일생동안 銅輪位에 들고자 하였으나, 대중을 이끄는 것이 너무 급해 구하는 바에 이르지 못하였다'고 탄식하였다. 지의는 이 말씀을 들어 보이며, '수행이 여기에 이르렀는지 잘 살피라. 그렇지 않으면 다시 마땅히 잘 참으며 삼매를 닦아야 한다. 수행이 이루어지고 힘이 붙고 나서 대중을 교화하여도 늦지 않다'고 각별히 주의를 주었다(『마하지관』 권7하, 위의 책, 99중을 참조).

는[無生] 존재의 참모습을 깨닫는 것이다.

계속해서 지의는 모든 행동 중 특히 누워서도 관법(觀法)을 행하여 깨달음을 얻을 수 있다고 강조한다. 사종삼매 가운데서도 수자의삼매를 제외한 앞의 세 가지 삼매는 결코 누워서 행할 수가 없다. 그러나 수자의삼매는 누워 있을 때도 마찬가지로 끊어지지 않고 행한다. 이처럼 깨어 움직이는 모든 순간 뿐 아니라 특히 누워 쉬거나 잠잘 때까지 수행의 마음을 늦추지 않도록 한 것은 바로 오매일여(寤寐一如)의 정신에 다름 아닐 것이다.

다음, '육경(六境)' 가운데 눈이 대상을 볼 때의 십승관법을 설한다.[16] 눈이 인연으로 생겨난 거친 대상을 파악하면 육안(肉眼)이고, 인연으로 생긴 미세한 대상을 비추면 천안(天眼)이라 하며, 인연으로 생겨난 물질의 공(空)을 비추어 보면 혜안(慧眼)이라 하고, 물질이 임시로 있는 모습[假]을 비추어보면 법안(法眼)이라 하며, 물질이 중도(中道)의 법임을 비추어보면 불안(佛眼)이라 한다. 이렇게 다섯 가지 눈을 한 마음, 한 눈 가운데 갖추는 것이 바로 눈에 대한 부사의경(不思議境)을 보는 것이다. 동시에, 자기 눈의 이러한 이치가 뭇 중생의 눈과 다르지 않음을 아니, 이 뜻을 모르는 중생을 가엾이 여겨 자비(慈悲)의 마음으로 모두 제도하여 해탈시키리라는 서원(誓願)을 세운다. 이렇게 계속해서 나머지 관법(觀法)을 행하여 십승(十乘)의 법을 모두 갖춘다.

눈에서만이 아니라 나머지 오근(五根)에서도 열 가지 법을 갖추어 모든 번뇌를 타파하고, 모든 불사(佛事)를 지어 모든 작용 가운데 온갖 중생을 이익 되게 한다. 이것이 곧 온갖 활동[六緣] 온갖 상황[六境] 속에서 십승관법(十乘觀法)을 갖추는 것이다.

지의는 이 모든 법을 설하고 나서, 반드시 부지런히 바르게 행할 것을 당부한다. 알면서도 쓰지 않거나 쓰더라도 상황에 맞지 않다면, 자신의 미혹도 타파하지 못할 뿐 아니라 다른 사람에게도 아무런 이익을 줄 수가 없다.

그리고 이 가르침은 작은 선사(禪師)를 만들기 위한 법이 아니라, 큰 선사(禪師)를 만들기 위한 법이다. 각자가 좋아하는 작은 수레가 아니며, 하나의 커다란 흰 소 수레이다. 몇 가지 병만을 고치는 작은 의사가 아니라, 온갖 병을 환히 알고 바르게 치유할 수 있는 큰 의사의 법이다. 이러한 취지를 지의는 다음과 같이 말한다.

16 지의 설, 『마하지관』 7하(위의 책, 100중~101중) 참조.

큰 선사가 되어 큰 번뇌를 타파하고 한량 없는 좋은 법을 나타내어 한량 없는 인연을 이롭게 하면, 마땅히 열 가지 법의 지관을 배워 그 뜻에 통달하여 여섯 가지 활동과 여섯 가지 받아들임 가운데서 행함과 작용이 서로 맞아야 한다. …… 만약 그렇지 않다면, 온갖 마군을 어떻게 타파하며, 번뇌의 무거운 병을 어떻게 없애며, 법성의 깊은 이치를 어떻게 드러내겠는가. 이 세 가지가 갖추어지지 않으면 겪는 일마다 힘들고 어려울 터이니, 이것은 생사에 윤회하는 범부일 뿐, 도의 방편을 배우는 이가 아니다.[17]

위의 인용은 십경(十境) 가운데 첫 번째인 관음입계경의 십승관법을 모두 설한 후에 덧붙인 내용이다. 만일 지의가 지관법을 설하면서 우리의 현실인 음입계경(陰入界境)의 참모습만 깨닫게 하려 했다면, 법문은 여기에서 마쳤을 것이다. 그러나 계속해서 번뇌경, 병환경, 업상경, 마사경 등의 온갖 경계를 들어 보인 이유는 바로 위와 같은 취지에서이다.

즉 지관 수행을 통해서 단지 존재의 참모습만을 보려는 것이 아니다. 온갖 생활이나 수행 가운데서 만나는 갖가지 번뇌나 병환 등의 모든 장애의 본질을 바르게 알아, 자신은 물론 모든 이들의 장애까지 함께 극복할 수 있도록 하기 위함이다. 그래서 한 가지 경계가 아닌 열 가지 경계[十境]를 열어 보였다. 나아가 이러한 지관의 행법은 온갖 행위 작용과 온갖 인식활동의 순간에서 끊어짐 없이 행해져야 한다[歷緣對境]고 설한다. 심지어는 먹거나 잠잘 때에도 끊어져서는 안 된다. 이렇게 철저하게 익혀진 법은 반드시 적재적소에서 쓰여져야 한다. 여기까지 이루는 것이 바로 『마하지관』에 설해진 십경십승관법이 목표하는 바이다. 『마하지관』이 지향하는 지관행자(止觀行者)는 이 법을 충실히 행할 뿐 아니라 바르게 적용하는 사람이다. 그러므로 이것은 작은 선사를 위한 법이 아니라 대선사를 위한 법이며, 보디사트바에서 나아가 마하사트바를 지향하는 법이다.

17 지의 설, 『마하지관』 7하(위의 책, 101하), "欲作大禪師 破大煩惱 顯無量善法 益無量緣 當學十法止觀 洞達意趣 於六緣六受 行用相應 …… 若不如是 魔軍何由可破 煩惱重病何由可除 法性深義 何由可顯 三事不辦 區區困役 秖是生死凡夫 非爲學道方便也"

Ⅲ. 인접 개념과의 관계

1. 십경십승관법과 천태지관(天台止觀)

'천태지관'이란 천태의 교문(教門)과 관문(觀門) 2문 가운데 실천 수행에 해당하는 '관문'을 통틀어 일컫는 말이다. 천태지관이라 하면 점차지관(漸次止觀)·부정지관(不定止觀)·원돈지관(圓頓止觀)의 삼종지관(三種止觀)을 말한다. 삼종지관에 관하여, 『마하지관』 권1상에서 '천태스님은 남악 대사로부터 삼종지관(三種止觀)을 전해받으셨다'고 하고, 『법화현의』 권10상에서도 삼종지관을 설하면서 '남악대사가 마음으로 증득한 바가 계셨으며, 『법화경』및 론을 살펴 부처님의 말씀을 따라 천태스님이 설하시니 그를 좇아서 쓴다'고 하였다. 이에 근거하여 천태지관을 곧 삼종지관이라고 한다.

점차지관과 부정지관은 각각 지의의 전기(前期) 저술인 『석선바라밀차제법문(釋禪波羅密次第法門)』 10권과 『육묘법문(六妙法門)』 1권에 설해져 있고, 원돈지관은 그의 만년의 저술인 『마하지관』 10권(상하)에 설해져있다. 세 가지 지관의 행법에 관하여 『마하지관』 권1상에서는, '점차지관은 처음은 얕고 나중에는 깊어지는 것이 마치 사다리와 같고, 부정지관은 앞과 뒤가 서로 함께 있는 것이 마치 금강보배가 해 가운데 놓여있는 것과 같으며, 원돈지관은 처음과 나중이 둘이 아닌 것이 마치 신통을 갖춘 이가 허공을 날아오르는 것과 같다.'[18]고 하였다.

세 지관은 이렇게 행하는 방법이 서로 같지 않으나, 세 가지 수행 모두가 대승의 법이며 모두 존재의 실상을 반연하므로 모두 '지관(止觀)'이라 이름하는 것이다. 『불조통기』 권25에서는 그 뜻을 이렇게 말하였다.

> '점차지관은 앎[解]을 단박 이루지만 행(行)은 점차 이루어지게 한 것이며, 부정지관은 앎을 단박 이루지만 행은 단박 이루어지기도 하고 점차 이루어지기도 하며, 원돈지관은 앎과 행을 모두 단박 이루게 하는 지관법이다. 이 세 가지 지관은 근기에 따라 같지 않은 것이다. 실천의 모습이 비록 다르지만, 모두 원만한 이치에 의지하여 그것을 으뜸가는 근본을 삼는다.'[19]

---

18 『마하지관』 권1상(『대정장』 46권, 1하)
19 『불조통기』 권25(『대정장』 49권, 258하)

『석선바라밀차제법문』에서 설하는, 깨달음의 점진적인 완성을 가리키는 점차지관의 체계를 구체적으로 말하면 식(息)-색(色)-심(心)으로 나아가면서 차례대로 관찰하는 것이다. 대소승의 경론에 설해진 불교의 모든 수행을 총망라하여 위의 순서에 따라 모든 선법(禪法)을 체계적으로 행해가는 것이다. 『육묘법문』에서는 불교의 여러 수행법 가운데 수(數)·수(隨)·지(止)·관(觀)·환(還)·정(淨)의 육묘문(六妙門)을 들어서 부정지관 수증(修證) 방법의 요체를 밝히고 있다. 먼저 불교의 모든 선법을 위의 6문에 거둬들인 다음, 차제상생(次第相生)·수편의(隨便宜)·수대치(隨對治)·상섭(相攝)·통별(通別)·선전(旋轉)·관심(觀心)·원관(圓觀) 등 수행시 일어나는 온갖 수행의 양상을 설해보이고 있다. 수행자에 따라 이렇게 갖가지 다른 양상으로 행하게 되는 것은, 근기의 다름 뿐아니라 현재의 수행력과 지난 여러 생의 각종 선악근성(善惡根性)으로 말미암은 것이라고 한다. 마찬가지로 『석선바라밀차제법문』에서도 반드시 모든 수행자가 반드시 그와 같은 순서대로 수행하게 되는 것이 아니라, 지난 세상의 각종 선악근성과 수행력 등의 업상(業相)에 따라 부정(不定)이나 비차제(非次第=頓) 등의 수행상이 나타난다고 설한다.

『마하지관』에서는 원돈지관의 방법과 내용을 구체적으로 설한다. 원돈지관의 수행법으로 간략하게 설한 것이 '사종삼매(四種三昧)'이고, 자세하게 밝힌 것이 '십경십승관법'이다. 사종삼매란 상좌(常坐)·상행(常行)·반행반좌(半行半坐)·비행비좌(非行非坐)삼매의 네 가지 삼매이다. 이것은 천태지의가 불교의 모든 수행을 행할 때의 몸의 자세[身儀]를 기준으로 넷으로 나눈 것이다. 상좌삼매는 좌선을 중심으로, 상행삼매는 아미타불 염불을 중심으로, 반행반좌삼매는 경전독송과 다라니·참법 등의 수행을 중심으로 하며, 비행비좌삼매는 앞의 세 가지에 빠진 모든 수행을 포괄하며 나아가 앞의 모든 수행까지 다 아우르는 넓은 의미를 담고 있다. 삼종지관과 마찬가지로 이 사종삼매 또한 스승인 남악혜사와 불가분의 인연이 있다. 남악혜사의 수행과정을 흔히 '십년 동안 오로지 경전을 독송하고, 칠년 동안 방등참법을 행하며, 구십일을 늘 좌선하여 한 순간에 원만한 깨달음을 증득하였다'[20]고 말한다. 또 입적시에도 제자들에게 만일 법화와 반주삼매, 염불삼매, 방등참법 그리고 좌선의 고행을 닦는다면 그들이 필요로 하는 것

20 『마하지관』 권1상(『대정장』 46권, 1중)

을 늘 공급해주리라고 설하였다. 이렇게 사종삼매는 남악 혜사가 행했던 수행 자체이며, 제자들에게 가장 중요하게 전수한 수행의 내용이라 할 수 있다. 지의는 원돈지관의 행을 약설(略說)함에 그것으로써 한 것이다. 사종삼매 또한 앞에서 살펴본 십승관법과 같이 장통별원의 사교에서 서로 달리 행할 수 있겠지만,『마하지관』에서는 원교의 관점에서 설한 것이라 할 수 있다.

사종삼매가 수행의 개괄적인 방법을 보인 것이라면, '십경십승관법'은 원교 수행의 구체적인 내용에 해당한다. 점차·부정·원돈의 세 가지 수행법 모두 존재의 실상을 반연한다고 할 때, 그 실상(實相)의 구체적인 내용을 최대한 자세히 설해보이며 그것을 증득하는 방법 또한 가장 자세히 설해보인 것이 '십경십승관법'이다.

2. 원돈교상(圓頓教相)과 십경십승관법 – 제법실상, 원융삼제, 일념삼천

천태교관은『법화경』을 소의(所依)로 한다. 즉 원돈의 교문과 관문은『법화경』의 '제법실상(諸法實相)'사상에 근거한 것이다. 천태 지의는 그것을 원융삼제(圓融三諦)와 일념삼천(一念三千) 등의 교리로 전개하였으며, 그러한 원돈의 교상을 체득하는 방법이 곧 원돈의 관법인 십경십승관법이다.

'제법실상'이란『법화경』「방편품」에서 오직 부처와 부처만이 알 수 있는 불지견(佛知見)의 내용으로 설해진 것이다. '제법이 곧 실상' 혹은 '제법의 실상'이라는 의미로서, 연기된 일체 만물이 그대로 참된 모습[實相]임을 말한다. 즉, 삼라만상의 모습은 그대로가 현상차별의 모습이지만, 그자체로 본체의 평등상이어서 평등 가운데 차별을 포섭하고 차별 가운데 평등을 포섭하고 있다는 것이다. 차별과 평등을 내포한 동시에 평등과 차별을 너머서는 모든 존재의 참된 모습을 '제법실상' 혹은 '중도실상'이라 말한다. 이로부터 '한 가지 빛깔 한 가지 향기가 모두 다 중도이다[一色一香悉皆中道]'라는 천태 원교(圓教)의 가르침이 전개되는 것이다.

지의는 제법실상을 구체화하여 '원융삼제'로 말한다. 삼제(三諦)는 공제(空諦)·가제(假諦)·중제(中諦)이다. 공제는 모든 존재가 인연소생이므로 자성이 없다는 평등의 원리이며, 가제는 인연으로 말미암아 드러난 모습을 긍정하는 차별의 원리이며, 중제는 평등과 차별이 궁극에 불이일체(不二一體)라는 차별 즉 평등의 원리이다. 화법사교인 장교·통교·별교·원교에서 삼제를 이해함이 서로 다르다. 장교(藏教)는 삼제 가운데 공제를 알되 분석적으로 이해하며[析空觀], 통교(通教)는 체득적으로 공을 파악한다[體空觀]. 별교에서는 공제뿐 아니라 가제와 중제도 알지만 차례대로 파악하므로 차제삼제(次第三諦)라 하며, 그러한 관법을 차제삼관(次第三觀)이라 한다. 또 삼제 사이에 간격이 있다고 이해하므로 격력불융(隔歷不融)의 삼제라 한다. 이에 반하여 원교에서는 삼제 사이에 간격이 없이 공제 가운데 가제와 중제가 있고, 가제 가운데 공제와 중제가 있어서 삼제가 서로 갖추어지고 원융하므로 원융삼제(圓融三諦)라 하며, 삼제를 이해하는 데도 전후 순서가 없으므로 불차제삼제(不次第三諦)라 한다.

'원융삼제'의 뜻을 공제를 예를 들면 다음과 같다. 공제는 먼저 공의 뜻으로 유를 타파하는 의미가 있다[破有]. 유를 부정하는 것은 곧 공(空)을 긍정하는 것이다[立空]. 유를 부정함과 공을 긍정함이 서로 모순되지 않고 동시에 성립한다[破立不二]. 그러므로 공제 하나에도 공·가·중 삼제의 진리가 갖춰진다고 하며, 마찬가지로 가제나 중제에도 삼제의 이치가 갖춰진다. 그러므로 삼제가 모두 공을 갖추며[俱空] 모두 가를 갖추며[俱假] 모두 중을 갖춘다[俱中]고 말하고, 하나의 공이 바로 일체의 공이고[一空一切空] 하나의 가가 바로 일체의 가이며[一假一切假] 하나의 중이 바로 일체의 중[一中一切中]이라 하는 것이다. 나아가 공·가·중이 서로 상즉하므로 즉공즉가즉중(卽空卽假卽中)이라 하는 것이다. 이것을 원융삼제, 불차제의 삼제 또는 부사의삼제(不思議三諦)라 한다.

이러한 원융삼제의 뜻을 실제의 수행 가운데서 설해 보인 것이 바로 '일념삼천'이다. 『법화경』에서는 '제법실상'의 구체적 내용을 '십여시(十如是)'로 설하였다. 천태 지의는 이를 직접 수행에 적용하여 원교의 십승관법인 '관부사의경'의 내용 가운데서 '일념삼천'으로 설한 것이다. '삼천'이란 지옥·아귀·축생·수라·인간·천상·성문·연각·보살·부처의 십법계 각각이 또 십법계를 갖추고 있으며, 그 각각에 여시상(如是相)·여시성(如是性)·여시체(如是體)·여시력(如是力)·여시작(如是作)·여시인(如是因)·여시연(如是緣)·여시과(如是果)·여시보(如是報)·여시본말구경등(如是本末究竟等)의 십여시를 갖추며, 다시 그 각각에 오음(五陰)·중생·국토의 삼세간이 갖춰짐을 말한다. 이 삼천세계는 모두 경전에 근거한 것이다. 『화엄경』에 설해진 십법계와 『법화경』의 십여시와 『대품반야경』의 삼세간의 교설이 모두 어우러져 이와 같은 삼천세계가 이루어진다. 십법계에 십법계가 갖춰짐 즉 '십계호구

(十界互具)'란, 십법계가 각각이 공(空)하되 차별성을 띠고 있으며 또한 공함과 차별이 둘이 아님을 보여주는 교설이다. 결국 십법계는 서로 우열이 없이 하나하나가 그대로 법계라는 뜻이다. 각 법계에 나머지 법계를 모두 갖추므로, 지옥계에도 부처의 성질이 갖춰져 있으며, 부처의 세계에도 지옥계의 성품이 잠재해 있다고 하여 이것을 천태의 성구설(性具說)이라 한다.

십여시에 대해서도 지의는 세 가지로 바꾸어 읽어[三轉讀] 삼제로 이해한다. 즉 '시상여(是相如)', '여시상(如是相)', '상여시(相如是)'로 읽는 것이다. '이 모습이 여여하다'고 함은 공의 뜻이며, '이와 같은 모습'이라함은 가의 뜻이며, '모습이 이와 같다'함은 중도의 뜻이다. 이처럼 십여시를 세 가지로 읽음으로써 십여시의 삼제가 원융한 실상을 밝힌 것이다.

이 백계 천여시의 모습은 홀로 일어나는 것이 아니라 미세하게는 정신과 물질적 현상인 오음으로 말미암으며, 나아가 온갖 중생들의 얽힘과 국토라는 환경 가운데서 펼쳐짐을 보여주는 것이 삼세간의 가르침이다.

수행자의 한 생각[一念] 가운데 이러한 삼천세계가 갖춰지므로, 한 생각 그대로가 삼제원융한 법계의 참모습이라는 것이다. 여기서 삼천세계라고 함은 구사나 유식에서 오위 칠십오법이나 오위 백법 등으로 말할 때 법수의 취지와는 다르다. 삼천세계는 곧 만물의 총칭임과 동시에 일체 만물이 상호 원융무애한 묘법(妙法)임을 상징하는 것이기 때문이다.

'일념삼천'에서의 '일념'은 어떤 마음인가에 관해서도 논란이 되어 왔다. 천태의 관심(觀心) 대상은 망심(妄心)인가 진심(眞心)인가 하는 문제이다. 십경십승관법에서 십경의 첫 번째가 관음입계경이며 그에 대한 수행법이 '관부사의경'임을 감안한다면, 일념삼천의 대경(對境)인 '일념'은 평범한 일상의 한 생각이라 할 수 있다. 그러나 송(宋)대에 화엄학이 성하였으므로 그 영향을 받은 천태학계에서 이에 대한 논란이 일었던 것이다. 망심관을 주장한 산가파(山家派)와 진심관을 주장한 산외파(山外派)의 대립이 있었으나, 대체로 망심관을 천태의 정통설이라 보는 경향이 강하다.

천태의 교문과 관문은 새의 두 날개와 같고 수레의 두 바퀴와 같다는 말처럼, 천태 원교의 교문과 관문 또한 그러하다. 삼제원융한 제법실상은 그대로 원돈지관인 십경십승관법 가운데서 일념삼천의 모습으로 구현되고 체험되는 것이다.

오지연 (동국대)

육자진언

범 Vidyā-ṣaḍakṣarī 장 yi ge drug pa'i rig sñags chen mo
[yi ge drug pa'i rig sñags chen mo ki rgyal mo chen mo]
한 觀自在菩薩微妙本心六字大明王眞言[六字大明呪]

Ⅰ. 육자진언의 명칭과 의미

1. 육자진언의 명칭

육자진언은 본래 티벳 등지의 라마교도들이 칭명하는 관세음보살의 진언, 옴마니반메훔(唵麽抳鉢訥銘吽, oṁ maṇi padme huṁ)을 가리킨다. 이 육자진언은 산스크리트본에는 **ṣaḍakṣarī**mahāvidyā(육자대명) 또는 **ṣaḍakṣarī**mahāvidyārājñī(육자대명왕)로 명칭되며, 티벳본에서는 yi ge drug pa'i rig sñags chen mo(육자대명진언) 또는 yi ge drug pa'i rig sñags chen mo ki rgyal mo chen mo(육자대명왕진언) 등으로 표현된다. 또한 한역에서는 관자재보살미묘본심육자대명왕진언(觀自在菩薩微妙本心六字大明王眞言), 미묘본심육자대명왕진언(微妙本心六字大明王眞言), 육자대명왕진언(六字大明王眞言)으로 불리운다.

이 육자진언은 아미타불이 관세음보살을 찬탄하는 보배스런 호칭으로, 육도의 생사윤회의 문이 닫히고, 일체의 복덕과 지혜가 찾아오며, 일체행의 근본이 된다. 때문에 이것을 외워 칭명하거나 서사하여 마음속에 간직하는 것은 무량한 공덕으로 일체의 선행 가운데 가장 수승한 것으로 여긴다. 티벳인들은 연화 위에 태어나신 개조를 찬탄하고 보은하는 행동으로 간주하여 출가와 재가를 막론하고 모두 깊게 믿는다.

그래서 항상 명호를 부르거나, 혹은 금속, 돌, 나무판에 새겨 길가에 세워두기도 하고, 헝겊에 써서 집 위에 걸어두기도 하며, 수차나 풍차에 매달아 돌게 하기도 하고, 혹은 작은 원통에 넣어서 칭명하며 돌리기도 한다.

이 육자진언의 유래와 공덕 등에 관해서는 라마교의 보전(寶典)인 『마니칸붐[Maṇi bkaḥ hbuṃ]』과 『대승장엄보왕경(大乘莊嚴寶王經)』 등에 그 내용이 자세히 기술되어 있다.[1]

2. 육자진언의 유래

육자진언의 유래에 관하여 『대승장엄보왕경』에는 다음과 같이 기술하고 있다.

> 부처님이 과거세에 보상여래(寶上如來) 앞에 가서 육자대명(六字大明)을 구하였으나 얻지 못하였다. 다시 연화상여래(蓮華上如來)에게 가서 구하였는데, 연화상여래는 육자대명의 공덕이 무량함을 밝히고 관자재보살(觀自在菩薩)만이 이 대명(大明)에 주한다고 설명하고, 다시 이 여래는 무량수여래(無量壽如來)에게 이 대명을 구하였다. 무량수불은 또 관자재보살에게 이 대명을 설할 것을 요청하였다. 그때에 관자재는 아직 만다라를 보지 못한 자는 이 대명을 들을 수가 없다고 말한 후 만다라의 작단법을 설하고 나서 '옴마니반메훔'의 육자대명다라니(六字大明陀羅尼)를 연화상여래에게 설하였다. 연화상여래는 육자대명을 수지하고 본토연화상세계에 돌아왔는데, 부처님은 지난 과거세에 이 연화상여래로부터 이 육자대명을 들었다고 말한다.

1 『밀교대사전』(법장관, 1969), 2314면 중.

또 부처님은 제개장보살(除蓋障菩薩)을 위하여 이 대명의 공덕을 설하고, 지금 바라나대성에 이 대명을 가진 한 법사가 있었는데 계행을 범하여 처자가 있었다. 그러나 그 법사는 만나기 어려우며 그를 여래와 같이 보고 경만하게 의혹심을 내지 말라고 하니, 제개장보살이 법사가 있는 곳에 가서 공양하고 육자대명다라니(六字大明陀羅尼)를 구하였다. 그 때 허공에서 관자재가 소리를 내어 법사에게 제개장보살을 위하여 육자대명을 주도록 하였다. 제개장보살은 육자대명을 받아서 석존의 처소로 돌아왔다. 그 때 칠십칠 구지 여래가 다 모여서 칠 구지 불모다라니를 설하였는데, 관자재보살 몸의 모공에서 여러 가지 기이하고 상서로운 모습이 나타났다.[2]

또한『마니칸붐』에서도 육자진언의 성립배경에 대하여 다음과 같이 서술하고 있다.

서방 극락정토에 계시는 아미타부처님의 화신인 관세음보살께서 중생들에게 이익을 베풀기 위한 보배로운 가르침을 얻고 나서 육도를 윤회하는 중생들에 대하여 자비의 눈으로 끊임없이 관찰하고 계셨다. 그때 화신으로 이 땅에 나타나시어 불교의 가르침을 베풀어주신 석가모니부처님께서 북쪽 카바첸지방을 관찰하시고 그 곳의 혼탁한 다섯 왕을 조복시키려고 관세음보살에게 대자대비의 가르침을 설하셨다. 관세음보살의 주처인 포타라산의 정상에 있는 궁전에 머무시다 자비에 의한 선교방편을 가지고 카바첸의 왕들을 조복시키려고 강림하셨다.

그리고 티벳 로불지방의 왕인 라토토리넨첸이 윰부리캉궁전에 머물고 있을 때 관세음보살이 대자대비의 가지력으로 형성된 다섯 줄기의 광명을 발산하셨다. 그 광명 속에는『대승장엄보왕경』과 인(印)과 열 두 가지 자비의 말씀과 십 선경과 네 가지 방편법이 들어 있었다.

그들은 다섯 가지를 지극정성으로 모셨다. 그 후 관세음보살께서 직접 라토토리넨첸왕이 머무는 궁전에 강림하시자 왕은 금으로 된 좌석을 권하고, 금은과 옥으로 된 공양물을 바치고, 가족들과 함께 정성을 다하여 공양했다. 이때부터 티벳에는 불법의 광명이 비치게 되었고, 모든 곳에서 불가사의한 일들이 일어났다.

2『대정장』20, 59하 - 63중.

관세음보살의 가지력에 의해서 나이가 지긋한 왕의 아버지의 흰 머리카락이 검은색으로 되고, 추한 모습도 정결하게 되면서 젊어졌고, 한 몸을 가지고 두 가지 삶을 영위할 수 있게 되었다. 이런 신통한 일들이 일어나는 것을 알아차린 왕은 자신들에게 바라는 것들이 있을 경우에는 언제나 관세음보살에게 일체의 이익을 얻게 해달라고 기원했다. 그 때부터 그들은 모든 죄를 벗어나서 영광과 즐거움으로 가득한 생활을 하고, 모든 지역의 환란은 사라지게 되었다.[3]

3. 육자진언의 의미

육자진언은 산스크리트 **Oṃ maṇi** padme **hūṃ**으로 표기되며 '옴 연꽃 속의 보석이여'라고 일반적으로 말하는데, 우주에 충만하여 있는(**Oṁ**), 지혜(maṇi)와 자비(padme)의 덕성이 지상의 모든 존재에 그대로 실현될 것이다(huṁ)는 문자적 의미를 가지고 있다. 또한 육자진언은 호격의 형태를 가짐으로서 진언 그 자체에 '지혜(maṇi)와 자비(padme)를 함께 갖춘 자'인 본존의 의미도 함께 제시하고 있다. 그 때문에 '지혜(maṇi)와 자비(padme)를 함께 갖춘 자'인 본존에 대한 신앙과 수행에 따른 다양한 의미를 가지게 되었다.

보다 자세하게 설명하면 다음과 같다.

먼저 옴(Oṃ)과 훔(hūṃ)의 의미를 보면, **Oṃ**(옴)은 모든 존재를 머금고 있는 무한한 법계의 원리를 상징한다.'옴'은 우주에 두루한 덕성, 즉 우주적 법칙, 생명력, 창조, 지혜 등을 전체적으로 상징하고 있는 것이다. 그래서 '옴'은 불교에서는 삼신불을 상징하고, 나아가 비로자나불을 상징하게 된다. 그런데 '옴'과 '훔'은 하나의 정형화된 형식으로 진언의 앞과 뒤에 위치한다. '옴'이 우주법계를 상징한다면 '훔'은 개별상이 가지고 있는 우주적 원리를 상징한다. 즉 '옴'이 우주의 무한상을 상징한다면 '훔'은 유한상 속에 있는 무한상, 현실 속의 영원성, 찰라 속의 무한시간, 현상 속의 실상, 유상 속에서 활동하는 무상 등을 상징한다. 그래서 '옴'을 태양에 비유하면, '훔'은 그 태양 빛이 받아들이는 땅에 비유된다. 결국 '옴'이 우주적 생명력 그 자체라면, '훔'은 개별적 존재 속에 활동하는 우주적 생명력과 같은 것

---

3 허일범, 「마니칸붐 해제」(불교진각종종학연구실, 2000), 11면-12면. 재인용.

이다. 따라서 '옴'은 우주를 향하여 상승하는 것이고, '훔'은 인간의 마음을 향하여 하강하는 원리이다.

다음으로 maṇi(마니)는 ratna와 동의로서 보주(寶珠)를 가리킨다. 불교에서는 이것을 정신적 재보의 상징으로 삼고, 신앙의 기본 대상인 불·법·승(佛·法·僧)의 세 가지 재보, 삼보(三寶)라 불러왔다. '마니'는 인간정신의 원형, 즉 의식활동 그 자체의 원형을 지칭하여 왔다.[4] 그리고 인도의 후기대승불교에서는 지속적인 의식의 흐름, 즉 변함없는 지혜를 상징하는 Vajra와 동일시되어 있다. 그러므로 maṇi는 마음의 본성, 즉 모든 의식의 요소들을 깨달음의 방법과 도로 전환시키는 현자의 돌과 같은 보리심(菩提心)을 상징하게 되었다.

padme(반메)는 연꽃을 말한다. 연꽃은 진흙에서 자라나서, 수면 밖으로 올라와 꽃을 피운다. 그리고는 그 진흙과 물에 물들지 않고 깨끗함을 유지한다. 그래서 연꽃은 세속에 처하여 있는 순수성을 상징한다[處染常淨]. 그리고 만개한 연꽃은 때묻지 않은 정신적 활동을 나타낸다. padme는 의식적으로 깨어나서 마치 연꽃잎처럼 그 자신을 활짝 열고, 마치 태양 빛처럼 널리 비추는, 심리적 활동의 중심처이다.[5] 그러므로 maṇipadme, '연꽃 속의 보주(寶珠)'는 인간의 심장에 잠자고 있는 깨달음 의식의 순수한 원질로 해석된다.

또한 수승한 지혜이고, 대승불교 안에 포함되어 있는 밀교의 깊고 비밀스러운 지혜이며, 중생 마음속의 마음, 심장 안의 부처, 각각 목적[최고의 지혜]과 방편[자비] 등의 의미이며, 세속 가운데서 성취한 열반을 지칭하기도 한다. 마치 많은 잎을 가진 연꽃이 그 잎으로 숨기고 있는 보석을 덮고 있듯이, 깨달음이 있으면 열반[보석, maṇi]이 있고, 열반을 가리는 무명이 있으면 윤회[연꽃, padme]가 있기 때문이다.[6]

이러한 maṇipadme를 해석함에 있어서, 두 가지로 살펴볼 수 있다.

하나는 padme를 padma의 처격(처소격)으로 보는 경우와 padme가 호격

---

4 Lama Anagarika Govinda, *Foundation of Tibetan Mysticism*(London: Rider and Company, 1960), p.59.

5 Lama Anagarika Govinda, *Creative Meditation and Multi-Dimentional Conciousness* (New Delhi: Vikas Publishing House, 1977), p.92.

6 Allenxandra Daivid-Nill, tran. by Fored Rothwell, *Initiation and Initiates in Tibetan Eye Witness Account of Tibetan Ritual and magic Practice*(London: Rider, 1931, Reprint, 1986), p.80.

으로 해석되는 경우이다. 처격으로 볼 때에는 maṇipadme는 '연꽃 속의 보주'라는 의미로 해석된다. 호격의 경우는 '지혜와 자비를 함께 갖춘 자여'로 해석할 수 있다. 이리하여 육자진언에 대한 믿음과 수행은 이 진언의 본존, 즉 '지혜와 자비를 함께 갖춘 자'를 찬미하고, 그 덕성의 실현을 기원하는 것이 되는 것이다.[7]

Ⅱ. 상징적 의미와 공덕

1. 육자진언의 상징성

다음으로는 보다 구체적으로 내용과 그 상징성에 대하여 한역 『대승장엄보왕경』과 『마니칸붐』을 중심으로 하여 살펴보기로 한다.

『대승장엄보왕경』에서는 육자진언에 대하여 육자진언은 관자재보살의 미묘본심이며, 본심을 아는 자는 즉시 해탈한다[8]고 말한다. 또한 일체여래의 불모인 반야바라밀다가 이 진언을 널리 설하셨다[9]고 말하며, 육자진언은 모든 대승경전의 진수로서 마치 대승은 껍질과 같고 육자진언은 백미와 같다[10]고 말한다. 따라서 이 진언을 염송하면 청정한 지혜와 큰 자비를 얻고, 육바라밀다를 완성한다[11]고 강조하고 있다.

『마니칸붐』에서는 보다 자세하고 다양한 측면에서 그 내용을 설명하고 있다.

육자진언은 관자재보살의 본심이다[12]라고 하여, 육자진언이 관자재보살의 본심이라는 것을 역시 강조하고 있는 것이다. 그래서 마니카붐에서는 육자진언은 여래의 무량하고 수승한 지혜를 담고 있는 말로 보고 있다. 왜냐하면 육자진언은 삼세의 모든 부처님의 설법을 나타내는 진언이기 때문이다.

---

7 김무생, 「육자진언의 상징의미」, 『밀교학보』 제1집, 1999, 11면-16면.
8 『대정장』 20, 59중.
9 『대정장』 20, 62중.
10 『대정장』 20, 62하.
11 『대정장』 20, 59하.
12 *Maṇi bkaḥ hbuṃ*(Daramsala: Tibetan Cultural Printing Press, 1984), vol.1. 77, 83면.

『대승장엄보왕경』에서는 이 진언에 대하여 '관자재보살미묘본심처(觀自在菩薩微妙本心處)'[13]라 칭하지만, 그 명칭은 관자재진언(觀自在眞言)이 아니라 어디까지나 육자대명다라니(六字大明陀羅尼)이다. 이 경의 4권 전반부에 석가모니불이 과거세에 연화상여래(蓮華上如來)로부터 이 육자대명다라니를 얻은 인연을 제개장보살(除蓋障菩薩)에게 설하고 있다. 그 내용은 이 법을 얻기 위하여 연화상여래가 무수백천만 구지나유타의 세계를 가행하여 무량수여래(無量壽如來)가 계신 곳에 도착하여 눈물을 흘리자 무량수여래는 일찍이 자신이 관자재보살마하살에게 주었던 육자대명을 연화상여래에게도 주라고 한 것이다.

즉 관자재보살이 지송하는 진언으로 이 법을 모든 여래와 일체 보살에게 수여하지만, 무량수여래 → 관자재보살 → 연화상여래 → 석가모니여래 → 제개장보살이라는 전법(傳法)의 계보에서 보듯이 그 시원은 무량수여래에게 있다. 또한 여기에서 '관자재보살미묘본심처'라 함은 곧 관자재보살상(觀自在菩薩像)에서 정수리 위에 무량수여래를 모시는 것으로 비유되며,[14] 또한 불국토에 머물면 여래이고 오탁세계에 머물면 보살[15]이라는 관자재왕여래와 관자재보살의 관계와 결부시켜 볼 때 관자재보살이 생사 가운데 처하나 변함없이 미묘한 본심이 바탕이 된다는 점으로 이해된다.

육자진언이 관음의 미묘본심, 더 나아가 제불의 미묘본심을 상징하기 때문에, 육자진언의 한 글자 한 글자를 염송하는 자는 육바라밀을 완성하게 된다는 것이다. 즉 '옴'자를 관하면 지혜바라밀을 성취하고, '마'자는 선정바라밀을, '니'자는 지계바라밀을, '반'자는 정진바라밀을, '메'자는 보시바라밀을 '훔'자는 인욕바라밀을 각각 성취할 수 있다. 그래서 이 육자진언을 실천하는 자는 다섯 지혜와 자비희사의 사무량심을 얻게 되고, 나아가 일체 중생을 위한 마음을 성취할 수 있다. 이처럼 사무량심을 밝혀서 번뇌를 소멸하고, 진언의 수행에 의하여 육도의 윤회를 벗어나게 된다. 이처럼 육자진언에 관련한 상징적인 의미를 정리해 보면 다음과 같다.

① 육자진언과 오불, 오지와의 관련을 보면, 육자진언의 염송에 의해서 오지(五智), 즉 법계체성지, 대원경지, 평등성지, 묘관찰지, 그리고 성소작

13 『대정장』 20, 59중.

14 김영덕, 「밀교경궤를 통해 본 관세음보살」, 『천태학보』 제4집, 천태문화연구원, 646면-647면.

15 『대락금강불공진실삼매야경반야바라밀다이취석』 권2(『대정장』 19, 612상).

지를 성취한다고 말한다. 이 다섯 지혜를 성취함으로써 행자는 오불(五佛)의 경지, 즉 대자비존, 비로자나불, 금강살타, 보생불, 아미타불, 불공성취불의 경지를 체득하게 된다. 육자진언과 오불의 관계는 육자진언과 불부, 금강부, 보부, 연화부, 갈마부 등 오부족(五部族)의 관계에 바탕을 두고 있다. 따라서 이와 같이 육자진언의 진언자를 통하여 오불, 오지를 관하면 여섯 가지 미세신(微細身), 즉 법신(法身), 보신(報身), 화신(化身), 자수용신(自受用身), 현등각신(現等覺身), 금강신(金剛身)을 증득한다. 이러한 육자진언의 다양한 신행상의 상징적인 의미는 결국 육자진언이 비로자나불의 진언으로 실천될 수 있는 길을 보여주는 것이기도 하다. 한편 『성관자재구수육자선정(聖觀自在求修六字禪定)』과 『육자대명왕신주경(六字大明王神呪經)』에서는 '옴'자는 중명왕(衆明王), '마'자는 동방의 부동불(不動佛), '니'자는 남방의 보생불(寶生佛), '반'자는 서방의 무량수불(無量壽佛), '메'자는 의성취불(意成就佛), '훔'자는 집금강(執金剛)으로 배대하고 있다.

② 삼신(三身)과의 관련을 보면, 여기서 '옴'의 관상에서 신비한 우주적 진리의 몸인 법신(Dharma-Kāya)을 경험하고, '마니'를 관상하여 축복받은 환희 몸은 보신(Sambhoga-Kāya)을 경험하며, '파드메'를 관상하여 정신적 깨침의 몸인 화신(Nīrmaṇ-Kāya)을 경험하고, '훔'을 관상하여 앞의 세 가지 몸의 경험적 통합으로서 금강신(Vajra-Kāya)을 경험한다.[16]

③ 육신(六身)에 배대하면, '옴'은 법신, '마'는 수용신, '니'는 변화신, '파드'는 자성신, '메'는 현전보리신(現前菩提身), '훔'은 불변금강신(不變金剛身)에 해당된다.

④ 불격(佛格)에 배대시키면, '옴'은 일체중생을 섭수하는 대자대비존(大慈大悲尊), '마'는 비로자나불, '니'는 금강살타불, '파드'는 보생불, '메'는 무량수불, '훔'은 불공성취불에 해당된다.

⑤ 육지(六智)와의 관련해 보면, '옴'은 법계지(法界智), '마'는 원경지(圓鏡智), '니'는 평등지(平等智), '파드'는 관찰지(觀察智), '메'는 성소작지(成所作智), '훔'은 구생자연생지(俱生自然生智)에 해당된다.

⑥ 육발심(六發心)과 관련지어 보면, '옴'에 의해서 원보리심(願菩提心)을 일으키고, '마'에 의해서 입보리심(立菩提心)을 일으키고, '니'에 의해서 불

---

16 Lama Anagarika Govinda, *Creative Meditation and Multi-Dimentional Conciousness* (New Delhi: Vikas Publishing House, 1977), 92면.

이보리심(不二菩提心)을 일으키고, '파드'에 의해서 법성보리심(法性菩提心)을 일으키고, '메'에 의해서 지혜보리심(智慧菩提心)을 일으키고, '훔'에 의해서 승의보리심(勝義菩提心)을 일으킨다.

⑦ 육바라밀과의 관련을 확인해 보면, 옴마니반메훔을 육바라밀을 배당하면 '옴'은 보시바라밀다, '마'는 지계바라밀다, '니'는 인욕바라밀다, '파드'는 정진바라밀다. '메'는 선정바라밀다, '훔'은 지혜바라밀다에 해당된다.

⑧ 육종심(六種心)과의 관련을 언급하면, 『마니칸붐』에서는 '옴'에 의해서 우치를 소멸시키고, '마'에 의해서 진에를 소멸시키고, '니'에 의해서 자만심을 소멸시킨다. '파드'에 의해서 탐욕을 소멸시키고, '메'에 의해서 질투를 소멸시키고, '훔'에 의해서 일체의 번뇌를 소멸시킨다.

⑨ 사무량심(四無量心)과의 관련시켜 살펴보면, 『마니칸붐』에서는 '옴'은 경계가 없이 평등한 무량한 자비, '마'는 무량한 자(慈), '니'는 무량한 비(悲), '파드'는 무량한 희(喜), '메'는 무량한 사평등(捨平等), '훔'은 무량한 법성이다.

⑩ 육도윤회(六道輪廻)와의 관련을 언급하면, 육자진언의 염송과 실천을 통하여 '옴'에 의해서 천에서 윤회하여 떨어진다는 괴로움을, '마'에 의해서 싸워 다투는 아수라의 괴로움을, '니'에 의해서 아귀가 갈증과 배고픔의 괴로움을, '파드'에 의해서 사람이 죽음에 떨어진다는 괴로움을, '메'에 의해서 축생이 무지몽매한 괴로움을, '훔'에 의해서 뜨겁고 차가운 괴로움을 소멸한다.

그 외에 육자진언 한 글자 한 글자의 염송을 통하여 일체장애를 제거한다는 설명도 있다. 즉 '옴'에 의해서 신체의 장애를, '마'에 의해서 언어의 장애를, '니'에 의해서 의'意'의 장애를, '파드'에 의해서 번뇌의 장애를, '메'에 의해서 훈습의 장애를, '훔'에 의해서 지식의 장애를 제거한다. 또한 '옴'에 의해서 신'身'의 가피가 몸에서 일어난다. '마'에 의해서 어'語'의 가피가 입에서 나온다. '니'에 의해서 심'心'의 가피가 마음에서 생한다. '파드'에 의해서 공덕의 가피가 자신에게서 일어난다. '메'에 의해서 사업의 가피가 바람[慾]에서 일어난다. '훔'에 의해서 일체의 가피가 장애 없이 일어난다.

2. 육자진언의 공덕

1) 염송(念誦) 공덕

경전에서는 이 육자진언의 염송이나 서사 등을 통하여 무량하고 무진무변한 공덕을 성취하게 된다고 말한다. 먼저 육자진언의 염송에 의한 공덕에 대하여 『대승장엄보왕경』에서는 "능히 법에 의해서 이 육자대명다라니를 염송하는 사람은 다 함 없는 변재를 얻고 청정한 지혜와 큰 자비를 얻어서 나날이 육바라밀다를 갖추어 원만 공덕을 얻는다"[17]라고 말하고 "육자진언을 염송하면 마땅히 불퇴전의 보살위를 얻으며, 속히 아뇩다라삼먁삼보리를 증득한다. 이러한 사람은 생로병사와 애별리고를 받지 않는다"[18]고도 말한다.

『마니칸붐』에서도 육자진언의 염송에 관하여 "옴마니반메훔을 염송하면 과거부처님께서 법계에 머무시고, 현세부처님께서 중생을 이롭게 하시며, 미래부처님께서 일체중생의 이익을 호념하시기 때문에 삼세천불의 상서로움이 온 세상에 깃든다고 한다. 그리고 옴마니반메훔 육자존의 자비로운 변화신은 육도중생의 장애를 단제하여 정화하고 깨달음의 길로 이끈다고 본다"[19]라고 염송의 공덕을 기술하고 있다.

한편 『대승장엄보왕경』을 전승하고 있는 『현밀원통성불심요법문(顯密圓通成佛心要法門)』에서도 염송공덕에 대하여 "그 다음은 육자대명진언을 백 팔편 염송하라. 진언은 '옴마니반메훔'이다. 만약 이 진언으로 머무는 곳마다 염송을 하게되면 무량한 제불보살들과 천룡팔부 신장들이 집합하고, 또한 무량 삼매법문을 갖추게 된다. 수지하고 염송하는 수행인의 칠대 종족까지 모두 해탈을 얻게 되고, 뱃속에 있는 모든 기생충까지도 모두 보살위를 얻게 된다. 이런 사람은 나날이 육바라밀의 원만공덕을 얻게 되고 무진변재를 얻어 청정지를 얻게 되고, 그 사람의 입에서 나오는 기를 타입이 접촉하게 되어도 일체 모든 성냄의 독소를 여의어 보살위를 얻게 된다. 가령 전 세계(사천하)의 사람들을 모두 칠지보살위를 얻게 한 저 모든 공덕이 육자주 1편을 염송한 공덕과 다를 바가 없다. 이 주는 관세음보살의 미묘한 본심이기 때문이다"[20]라고 기술하고 있다.

---

17 『대승장엄보왕경』(『대정장』 20, 59하)
18 『대승장엄보왕경』(『대정장』 20, 59하)
19 Vaṃ 42b-43a3.
20 『현밀원통성불심요법문』(『대정장』 46, 994중하)

2) 서사(書寫) 공덕

『대승장엄보왕경』에서는 육자진언의 서사공덕에 관하여 "만약 사람이 이 육자대명왕다라니를 서사하면 팔만 사천 법장을 서사한 것과 동등하여 다름이 없고, 만약 사람이 하늘의 금과 보배로써 미진수 여래상을 조성하고 나날이 공양 칭찬하여도, 이 육자대명다라니 한자를 서사하여 얻는 공덕과 같지 못하니라"[21]라고 하여 육자진언 한글자의 서사공덕이 팔만 사천 법장의 서사와 같고, 또한 헤아릴 수 없을 만큼 많은 수의 불상을 조성하고 공양 찬탄하는 것보다 큰 공덕이 된다고 설한다.

『현밀원통성불심요법문』에서도 서사공덕에 관하여 "만약 어떤 사람이 이 육자대명주를 책으로 썼다면 그 책은 팔만 사천 법장을 써 얻은 공덕과 다를 바가 없다. 만약 금·은·보배로 여래의 불상을 미세한 먼지 수만큼 만들었다 해도 이 육자 가운데 하나의 글자를 쓴 책의 공덕만 못하니라. 만약 어떤 사람이 이 육자대명주를 얻었다면 이 사람은 탐진치 악에 물들지 않을 것이고, 만약 이 주를 몸에 지니고 다니는 사람도 탐진치의 병에 들지 않을 것이다. 이 주를 지니고 다니는 사람의 몸이나 손이 닿는 곳마다 눈으로 보는 곳마다 일체 유정들이 모두 속히 보살위를 얻을 것이고, 영원히 다시 생로병사 등의 고를 당하지 않을 것이다"[22]라고 하여, 이 육자진언의 서사공덕에 대하여 앞의 『대승장엄보왕경』의 내용과 같은 설명을 하고 있다.

Ⅲ. 육자진언의 전개

1. 티벳의 전승

티벳의 전지역에는 육자진언을 새긴 마니석과 마니단이 있으며, 사원입구에는 목제나 금속제의 마니륜[마니통]이 설치되어 있는데, 참배자들은 반드시 이 마니륜을 돌리고, 이 마니륜 속에는 경문이 들어 있어서 이것을 한번 돌리면 경문을 한번 읽는 것과 같은 공덕이 있다고 한다. 이와 같은 티벳에서의 육자진언 신앙에 대하여 그 의미를 다음과 같이 몇 가지로 나누

21 『대승장엄보왕경』(『대정장』 20, 61하)
22 『현밀원통성불심요법문』(『대정장』 46, 994중하)

어 볼 수가 있다.

첫째, 육자진언은 육자관음으로 상징하는 것이다. 육자관음은 사비관음(四臂觀音)으로 티벳의 대표적인 관음으로 본사아미타불의 본원실현을 위해 활동하는 보살이다. 여기서 육자진언을 창하는 것은 관음신앙을 통하여 불교의 이상을 실현하려는 것인데, 이는 티벳불교신앙의 한 특징이라 볼 수 있다.

둘째, 『마니칸붐』에서 육자진언의 육자구제의 설은 육취구제를 육관음의 교화로 보던 전통적 신앙을 육자진언의 교화로 흡수함으로써 육자진언은 모든 관음보살을 수용하고 대표하는 보살로서 신앙되어 있다.

셋째, 육자진언을 외우면 모든 경문을 지송하는 공덕과 같다는 마니륜의 실천생활과 육자진언을 상징하는 관음을 구밀의 상징으로 받드는 것은 육자진언이 단순히 한 보살의 본서(本誓)의 진언이라기보다 모든 진언다라니와 경문을 함축하고 대표하는 진언으로 신앙되고 있다는 증거이다.

넷째, 티벳 불교는 인도후기밀교적인 수행이론을 상당히 체계화하고 있는데도 불구하고 육자진언에 대한 교의적 체계와 설명을 보여주지 않고 있는 것은 티벳인들의 신앙관에 연유한 것이다. 그러나 육자진언은 이들 교의적인 범주를 초월한 차원에서 신앙되고 있다.

다섯째, 법회, 염불, 일상 신행에서 육자진언을 창하는 것이 주가 되어 있고, 육자진언을 통하여 종교적 이상을 성취하기 때문에 육자진언 신앙은 그들의 생활이요, 삶의 원동력이 되어 있다.

이와 같은 내용은 티벳의 관음경이라고도 하는 『마니칸붐(Maṇi bkaḥ hbuṃ)』을 통해서 알 수가 있다. 이 『마니칸붐』은 티벳을 통일한 송첸감포왕(Sroṇ btsan sgam po, 재위 A.D.581-649) 재위시에 편찬된 것으로 육자진언에 관한 티벳 국내외의 경전과 찬술을 총집대성한 것으로 편찬 후 매장한 매장보전(埋藏寶典, gter ma)으로 아사리성취자(阿闍梨成就者, slop dpon grub thob) 괴둡(dṇos grub)이 찾아낸 것으로 기록되어 있다.

이 『마니칸붐』에 의하면 육자진언의 독송법을 모든 존재에 대한 칭송, 만다라제존의 공덕에 대한 칭송, 다함 없는 육자진언의 공능에 대한 칭송, 신구의(身口意) 삼밀에 대한 칭송, 상서로운 서원성취에 대한 칭송 등으로 규정하였다. 그리고 공양을 바치는 데 인색하지 않으면 자신에게 복덕이 있을 것이며, 재보를 모으는 길이 열린다고 했다.

2. 중국의 육자진언 신앙

중국에 있어서 송(960-1126)대 이후의 불교는 이전의 상류계층을 중심으로 한 이론적 교학연구중심의 주류에서 일반 대중과 밀접한 염불(念佛), 선(禪), 다라니(陀羅尼)신앙 등이 중심을 이루게 된다. 그것은 이전의 깊이 있는 교리의 탐구나 체계적 의궤실천 위주에서 일반인들이 쉽게 다가갈 수 있는 현세이익적, 나아가서 내세지향적인 신앙위주의 불교로 변화해 간 것이다.

특히 다라니신앙 가운데 육자진언의 신앙은 『대승장엄보왕경(大乘莊嚴寶王經)』의 한역[송(宋)의 천식재(天息災)가 980-1001 사이에 번역함]과 이후 이것을 계승한 『현밀원통성불요문집(顯密圓通成佛要門集)』과 『밀주원인왕생집(密呪圓因往生集)』의 등장, 그리고 중국을 지배한 원(元)의 라마교(喇嘛教)의 유입을 통하여 확산되었다.

중국불교신앙에 있어서 최대 신앙처 가운데 한 곳인 오대산을 중심으로 하는 불공삼장(不空三藏, 705-774)계통의 밀교와 현교의 화엄교리가 융합되었다. 그러한 전통의 영향으로 찬집된 『현밀원통성불요문집(顯密圓通成佛要門集)』에서는 '현교는 제승(諸乘)의 경율론이요, 밀교는 제부(諸部)의 다라니이다'[23]고 말하며, '육자대명준제신주가 원교(圓教)'[24]라고 설명한다.

한편 『현밀원통성불요문집』의 영향을 받은 『밀주원인왕생집(密呪圓因往生集)』에서는 "총지는 천 가지 문의 묘리를 통합하고 오부의 종지가 다 돌아와서 중덕을 갖추어 전하고, 여러 중생이 첨앙하여 수지하는 자는 마음을 통하고, 지송하는 자는 이 생의 죄업을 멸하므로, 제경의 신험비주를 뽑아서 하나로 모으고 제명을 밀주원인왕생(密呪圓因往生)이라 하였다"[25]고 설하기도 한다.

이후 중국을 지배한 원(元)은 그들의 라마교를 국교로 하였고, 육자진언 신앙을 적극적으로 전파하여 위로는 왕과 대신들을 비롯하여 아래로는 일반 백성에 이르기까지 널리 지송되었다.

---

23 『현밀원통성불요문집』(『대정장』 46, 989하)
24 『현밀원통성불요문집』(『대정장』 46, 1004상)
25 『밀주원인왕생집』(『대정장』 46, 1007상)

3. 한국의 육자진언 신앙

우리나라에서의 육자진언 신앙을 확인할 수 있는 여러 예증 가운데 대표적인 적인 경우는 육자진언에 관련된 문헌을 통하여서 일 것이다. 먼저 현재까지 우리나라에서 확인된 육자진언 관련문헌을 그 간행연대 순으로 나열해 보면 아래와 같다.

① 『성관자재구수육자선정(聖觀自在求修六字禪定)』: 가정(嘉靖) 39년 5월(三十九年五月) 간행본(刊行本) 조선 명종(明宗) 15년(1560)
② 『관세음육자대명왕신주경(觀世音六字大明王神呪經)』: 대한제국 융희(隆熙) 2년(1908), 무신(戊申) 중간본(重刊本)
③ 『육자대명왕다라니경(六字大明王陀羅尼經)』: 대한제국 융희(隆熙) 2년(1908), 국역본(國譯本)
④ 『육자대명왕경(六字大明王經)』: 소화(昭和) 11년(1936), 간행본, 용성(龍城) 백상규 역(白相奎譯)
⑤ 『육자대명왕지송법(六字大明王持誦法)』: 소화(昭和) 11년(1936), 간행본, 용성(龍城) 백상규 역(白相奎譯)
⑥ 『육자영감대명왕경(六字靈感大明王經)』: 소화(昭和) 11(1936), 간행본, 용성(龍城) 백상규 역(白相奎譯)

티벳의 마니칸붐과 같은 체계를 가진 것은 아니지만 우리나라에 현존하는 『성관자재구수선정』에도 '육자진언육자대명왕의 광대한 공덕을 자사태마(刺思駄麻)가 전수하고, 그것을 다시 사팔자(思八剌)가 전수했다'는 사실이 수록되어 있다. [성관자재구수육자선정(聖觀自在求修六字禪定) 1621년 간행, 관세음육자대명왕신주경(觀世音六字大明王神呪經) 1908년 간행본]

우리나라에 육자진언 신앙이 전래된 것은 고려 초로 볼 수 있다. 그것은 육자진언에 관한 내용으로 일관된 『대승장엄보왕경(大乘莊嚴寶王經)』이 고려대장경에 들어 있다는 사실이다.[26] 현재 전하는 기록 가운데 『대승장엄보왕경』의 우리나라 전래에 관한 명확한 기록은 없다. 그러나 고려대장경의 조판은 고려 고종13년(1236)에 시작하여 고종38년(1251)에 완성되었다는

26 『대승장엄보왕경』(『고려대장경』 1088, 33-766)

점을 감안할 필요가 있다.

중국에서 『대승장엄보왕경』의 역출이 982년에서 1001년에 이루어진 것으로 볼 때, 그 이후에 우리나라에 전래되었으며 그것이 고려대장경에 입장되었다는 점은 이 경전이 적어도 고려대장경의 조판이 완성되기 전에 고려에 유입되었다는 것이다.

그러므로 『대승장엄보왕경』의 우리나라 전래는 늦어도 13세기 중반 이전으로 볼 수 있다. 한편으로 『대승장엄보왕경』의 우리나라 전래시기에 관해서 고려대장경 조판 이전에 유입되었을 것으로 짐작하게 되는 역사적 사실은 『고려사(高麗史)』 세가 권제8(문종 17년, 1063)의 보이는 거란에서의 대장경전래와 대각국사 의천이 송나라에서 불전을 가져온 일이다.

이 중 거란에서 대장경이 고려에 전해진 사실에 의거해 보면, 11세기에는 대장경을 전해 준 요(遼)나라 불교는 밀교가 위주였으므로 그 장경 속에는 『대승장엄보왕경』이 포함되어 있을 가능성이 크기 때문이다.

한편 우리나라에서의 육자진언 신앙을 엿볼 수 있는 사물로는 향완, 범종, 기와, 탑 등에 새겨진 범자(梵字) 육자진언을 들 수 있다. 현재 최고의 향완은 표충사의 대정(大定) 7년(1177)이라 기록된 향완이다. 부처님께 향을 사르고 소원성취를 기원하는 불구(佛具)인 향완은 그 조성자의 발원과 서원이 발원문과 범자진언으로 표시된다는 점에서 신앙적인 측면을 확인할 수 있는데 육자진언이 새겨져 있다는 것은 곧 육자진언 신앙의 한 단면을 보여주는 것이 할 수 있다. 이 표충사청동은입사향완 이외에도 고려 공민왕 17년(1368)에 만들어진 표훈사 향완, 조선 태조 6년(1397)에 만들어진 청곡사보광전청동은입사향완 등에서 육자진언의 범자가 새겨져 있다.

사물(四物)의 하나로 지옥중생을 구제한다는 의미로 쓰이는 범종(梵鐘)에도 육자진언의 범자가 새겨진 예가 많다. 그 중 몇 가지를 열거하면 고려 의종 11년(1157)에 만들어진 정풍(正豊) 이년 명(二年銘) 동종, 조선 세조 15년(1469)에 만든 봉선사(奉先寺) 동종, 효종 4년(1653)에 만든 마곡사(麻谷寺) 동종 등에서 육자진언의 범자가 확인된다. 범종에 육자진언이 새겨져 있다는 것은 지옥중생구제를 기원하는 범종의 의미와 연관되어 육자진언이 지옥을 비롯한 육도윤회를 벗어나게 한다는 경전의 교설이 불구(佛具)에서 확인되는 예라고 할 수 있다. 향완이나 범종 이외에도 선원사지(禪源寺址)에서 출토된 기와에 양각되어 있는 육자진언이나 광주(光州) 등심사(燈心寺)의 7층 석탑에 각층에 한 자씩 육자진언이 새겨져 있는 경우 등에서 육자진언의 신앙적 측면을 확인해 볼 수 있다.

다음으로 육자진언에 관한 내용은 조선시대에 많이 간행된 여러 가지 진언집(眞言集)과 의궤집(儀軌集) 등을 통해서 살펴볼 수가 있다.

조선시대에 간행된 진언집 가운데 육자진언과 관련된 것으로는, 선조 2년(1569) 안심사(安心寺)본, 효종 9년(1658) 신흥사(神興寺)본, 숙종 14년(1688) 불영사(佛影寺)본, 영조 9년(1733) 통도사(通度寺)본, 정조 1년(1777) 만연사(萬淵寺)본, 정조 24년(1800) 망월사(望月寺)본이 있다. 이중 망월사본을 제외한 다른 진언집에는 육자진언이 오대진언의 하나인 불정심관세음보살다라니(佛頂心觀世音菩薩陀羅尼) 부분의 '관세음보살미묘본심육자대명진언(觀世音菩薩微妙本心六字大明眞言)'으로 지칭되어 있다. 망월사본에는 '육자대명왕진언(六字大明王眞言)'의 명칭으로 수록되어 있다.

한편 진언의 수행법에 대한 내용을 담고 있는 의궤집(儀軌集) 가운데 육자진언을 살펴보면, 명종 15년(1560) 숙천부(肅川部)에서 간행된 『성관자재구수육자선정(聖觀自在求修六字禪定)』에서는 육자진언에 의한 선정(禪定) 수행법과 그 공덕을 설명하고 있다.

『육자선정』의 구성내용을 보면, ① 몸과 마음을 청정하게 하고, 삼보를 공양함. ② 진언을 염송함(일백 편 내지 일천 편). ③ 육자관음상을 관상하며, 육자를 유현(流現)함. ④ 육자공덕상(六字功德想)을 관념한다는 차례로 내용으로 기술되어있다.

또한 『육자선정』의 내용 가운데 육자진언의 관념을 통한 공덕 10가지를 기술하고 있다. 그 공덕의 내용은 ① 육도에 태어날 종자가 파괴된다. ② 육도의 문이 닫혀진다. ③ 육도에 태어나지 않는다. ④ 육도에 태어나는 괴로움이 없어진다. ⑤ 육바라밀을 이루게 된다. ⑥ 오불국토에 태어난다. ⑦ 오불의 몸을 얻는다. ⑧ 오불국토에서 깨달음을 얻는다. ⑨ 십지보살이 앞에서 법을 설한다. ⑩ 육종신의 몸으로 변하여 육도중생을 위하여 법을 설하게된다는 것 등이다.

한편 이러한 『육자선정』을 바탕으로 순종 2년(1908)에 박선묵(朴銑默)이 증집한 『육자대명왕신주경(六字大明王神呪經)』('거룩하신 관자재보살께 육자선정을 구하여 닦는 법이라'는 의미)은 다음과 같은 내용으로 구성되어 있다. ① 진언, ② 계청, ③ 육자대명왕진언, ④ 육자관념법, ⑤ 권념가(勸念歌), ⑥ 불설해원가부(佛說解寃家符), ⑦ 불설호신부(佛說護身符), ⑧ 금강반야바라밀경찬, ⑨ 불설명당경 등의 차례로 내용이 구성되어있다. 이와 같은 『육자대명왕신주경』의 내용 중에서 특히 『육자관념도(六字觀念圖)』가 보이고 있는 데 그 내용만 도시해 보면 다음과 같다.

육자진언	오부(五部)	방위(方位)	오불(五佛)	오지(五智)	장부(臟腑)	
옴(唵)	불부 (佛部)	중앙(中央)	대일여래 (大日如來)	법계체성지 (法界體性智)	제(臍)	비장(脾臟)
마(嘛)	금강부 (金剛部)	동방(東方)	아촉불 (阿閦佛)	대원경지 (大圓鏡智)	좌복(左腹)	간장(肝臟)
니(呢)	보부 (寶部)	남방(南方)	보생불 (寶生佛)	평등성지 (平等性智)	명문(命門)	심장(心臟)
반(口半)	연화부 (連華部)	서방(西方)	아미타불 (阿彌陀佛)	묘관찰지 (妙觀察智)	우복(右腹)	폐장(肺臟)
메(口爾)	갈마부 (羯磨部)	북방(北方)	불공성취불 (不空成就佛)	성소작지 (成所作智)	단전(丹田)	신장(腎臟)
훔(吽)	·	간방(間方)	지금강 (持金剛)	·	인후(咽喉)	

이 『육자관념도』는 옴마니반메훔의 여섯 자를 각각 오부(五部), 오지(五智) 및 오방(五方) 및 간방(間方), 오불(五佛)과 지금강(持金剛), 그리고 오장(五臟)과 인후(咽喉)에 배대시켜 육자진언의 실천수행에 대하여 그 각각의 의미를 도상적으로 표현한 것이다.

그 외에 근세에 보이는 육자진언 관련 자료로는 용성(龍城) 백상규 역(白相奎譯)의 『육자영감대명왕경(六字靈感大明王經)』이 있다.

이 『육자영감대명왕경』에서도 육자진언의 의미에 대하여 "'옴'자는 본성을 표시하는 것이니, 중방비로법신각이라 하며, '마'자는 비로법신 성품의 대용(大用)을 표시하는 것이니 동방부동존각이라 하며, '니'자는 중도를 표시하는 것이니 남방보생각이라 하며, '반'자는 대체(大體)를 표시하는 것이니 서방무량수각이라 하며, '메'자는 만물이 본원에 돌아감을 표시하는 것이니 북방불공성취각이라 하며, '훔'자는 대집지정사(大執持正士)와 금강정사(金剛正士)이다. 이 여섯 글자가 다 미묘본심이다"[27]라고 설명하여 불존과 그 표시 내용 등을 기술하고 있다.

또한 "육자주는 삼세대각과 모든 정사의 본심이며, 산하대지와 삼라만

27 용성 백상규 역, 『육자영감대명왕경』(경성: 삼장역회, 소화 12), 7면-8면.

상의 본원성품이다"[28] 내지 "이 육자주는 모든 대각의 심인이며 모든 정사와 육도중생의 본심이다"[29] 라고 하여 일체 삼라만상의 본원성품임과 동시에 일체중생의 본심으로까지 설명하고 있다.

이와 같은 우리나라 육자진언 신앙의 특징을 요약해 보면 다음과 같은 몇 가지로 그 내용을 설명할 수 있다.

첫째는 신앙 실천적인 면이 강하다는 것이다. 그것은 경전에서 말하는 진언다라니의 공덕에 대한 믿음에서 찾을 수 있다. 그것은 진언을 지송하거나 서사수지한다면 그것은 경전을 수지독송하는 것과 같다는 생각이다. 『성관재구수육자선정』의 발문에는 "이 관세음보살의 육자신주 공덕은 광겁을 초월하고 모래알 보다 많기 때문에 한번을 염하면 열을 알고, 백 번을 외우면 천 가지를 얻게 된다. … 진실로 관음부처님의 본원을 계승하여 우리나라 사람들의 마음과 눈을 뜨게 하였다"는 기록이 있다.

둘째는 대중적인 신앙, 서민신앙의 모습을 가지고 있다는 점이다. 진언다라니신앙은 이행도(易行道)의 현세이익적인 면과 그 이면에는 고도로 체계화된 수행법에 의한 성불의 목적을 갖추고 있다는 점이다. 이것은 밀교가 가지는 심비적(深秘的)인 면과 주술적(呪術的)인 측면인 것이다. 출세간의 실지성취(悉地成就)를 위한 방편으로 세간적인 성취법으로서의 재난을 멈추게 하거나[息災], 수명을 연장시키거나[延命], 질병을 낫게 하거나[治病], 복덕을 증장시키는 내용을 설하고 있는 것이다.[30] 이러한 출세간과 세간의 성취가 일여평등한 형태로 이루어져야 가장 바람직한 신앙 형태가 되는 것이다.

『진언집』의 발문에는 "진언은 법보이다. … 천가지 경전의 골수가 일심에 본래 갖추어져 있다. … 부처의 마음과 모든 진언이 성불의 첩경이며 출세간의 긴요한 율이다" 라는 기록이 있다. 이것은 진언다라니 신앙은 현세이익적인 것뿐만 아니라 보리를 증득하여 성불에 이르는 길임을 설명하고 있는 것이다. 따라서 육자진언 신앙도 세간적 성취를 위한 다양한 전개를 보였으나 그 이면에는 이 세간적 성취를 나타낼 수 있는 출세간적인 바탕이 마련되어 있는 것이다.

이러한 연원은 『대승장엄보왕경』에서 "제개장보살이여, 일체여래의 반

---

28 용성 백상규 역, 『육자영감대명왕경』(경성: 삼장역회, 소화 12), 6면.
29 용성 백상규 역, 『육자영감대명왕경』(경성: 삼장역회, 소화 12), 10면.
30 김동화, 『불교교리발달사』(서울: 보련각, 1977), 673면.

야바라밀다 어머니가 이 육자대명왕을 잘 말씀하셨느니라"[31]라 하여 육자진언은 반야모(般若母)가 설하고 있는 부분과 "법에 따라 이 육자대명다라니를 염하면 반드시 삼마지를 얻는다"[32] 고 기술하고 있는 부분 등에서 확인할 수 있다.

또한 『보리심론(菩提心論)』에서는 "이 삼마지는 능히 모든 부처의 자성에 통달하고, 모든 부처의 법신을 깨쳐서 법계체성지를 증득한다"[33], "오직 진언법 가운데에서만 즉신성불하는 까닭에 이 삼마지 법을 설하고 [다른] 모든 가르침 중에는 빠져있고 기록되지 않았다.[34]"고 설명한다. 진언법에서는 이 삼마지를 통해서 즉신성불하는 것임을 밝히고 삼마지의 중요성을 설명하고 있는 것이다.

따라서 육자진언을 염송하여 삼마지를 얻으며, 이것이 곧 깨달음을 성취하는 것이다. 『육자선정』에서 "이 진언은 모든 부처님의 어머니이다. 만약 사람이 부처님의 어머니를 염하면, 모든 부처님과 한 몸이 되어 다르지 않게 된다"라고 하는 것이다.

육자진언을 염송하면 삼마지를 얻으며, 삼마지를 얻는 다는 것은 모든 부처와 동체동생의 경지를 체험하는 것이며, 범부와 부처가 둘이 아님을 확인하게 되는 것이라는 의미이다.

따라서 육자진언을 지송하고 서사하여 현세이익을 얻는 것은 자심을 깨달아가는 길의 하나이다. 이렇게 출세간, 세간적 성취를 평등하게 성취하려는 것이 우리나라 육자진언 신앙의 또 하나의 특징이라 보는 것이다.[35]

Ⅳ. 육자진언의 현대적 의의

진언은 상징언어이다. 상징언어란 많은 의미 내용을 제한된 언어문자로써 상징하는 것을 말한다. 하나의 명확한 의미를 표현하는 일반적인 언어와 다른 점이 여기에 있다. 그 때문에 상징언어는 지식적인 학습에 의하여

31 『대승장엄보왕경』(『대정장』 20, 62중)
32 『대승장엄보왕경』(『대정장』 20, 61하)
33 『보리심론』(『대정장』 32, 574하)
34 『보리심론』(『대정장』 32, 572하)
35 김무생, 『육자진언 신앙의 사적 전개와 그 특질』 585면.

이해하는 것이 아니라, 관행을 통하여 직관적으로 그 언어가 상징하고 있는 경지[의미]를 체험하는 것이다. 그리고 이러한 상징언어는 일상적인 언어의 방법을 통하여 표현할 수 없는 경지[의미]를 일상적인 언어문자를 빌려서 상징함으로써 성립된다.

육자진언도 상징언어로서 육자, 그 각각에 상징성을 내함하고 있다. 그러한 육자진언의 상징성을 요약해 보면 다음과 같다.

'옴'자에는 중생에게 모든 이익을 베풀 수 있는 힘, 그 무엇과도 비할 수 없는 최상의 것들을 일으킬 수 있는 힘, 불변의 진리, 다섯 부처님이 갖추신 다섯 가지 자재함을 발생시키는 힘, 모든 이들이 바라는 바 이익을 이루게 하는 힘이 있다.

다음에 '마'자에는 자유자재함을 이루게 하는 힘, 번뇌를 쌓는 인연을 떠나게 하는 힘, 사변을 떠나서 한계성을 벗어나게 하는 힘, 무변광대한 법계와 하나가 되게 하는 힘이 있다.

다음에 '니'자에는 무시이래 지어온 죄과를 떠나게 하는 힘, 무엇이든 변하게 하는 것이 없다거나 반대로 변하는 것만이 있다는 극단적인 생각을 떠나게 하는 힘, 여여한 진리의 세계를 보게 하는 힘, 헛된 탐욕을 떠나게 하는 힘, 항상 만족한 마음을 가지게 하는 힘, 산란한 마음을 잠재울 수 있는 힘이 있다.

다음에 '파드'자에는 집착을 떠나게 하는 힘, 부질없이 성내는 마음을 떠나게 하는 힘, 한량없는 방편을 나타내게 하는 힘, 모든 잘못을 일으키지 않게 하는 힘, 온갖 속박을 떠난 광대한 세계로 이끌 수 있는 힘, 부질없이 두려워하는 마음을 없애 주는 힘이 있다.

다음에 '메'자에는 부질없는 의심을 없애주는 힘, 스스로의 이익을 주는 만족시켜주는 힘, 다른 사람들의 이익을 베풀어 줄 수 있게 하는 힘, 불보살들의 공덕을 입게 하는 힘, 맑고 깨끗하지 못한 마음을 없애 주는 힘, 온갖 장애되는 것을 여의는 힘이 있다.

끝으로 '훔'자에는 마음에 평안을 주게 하는 힘, 육도의 윤회로부터 벗어나게 하는 힘, 청정한 자성을 밝혀주는 힘, 무위의 세계에 이르게 하는 힘, 틀에 박힌 생각을 벗어나게 하는 힘, 한 곳으로 정신을 모으게 하는 힘, 법성을 두루 갖추고 있다.

문헌적으로는 『대승장엄보왕경』과 『마니칸붐』 등의 전적에서 육자진언의 유래와 그 상징적 의미 및 그 지송공덕 등을 확인할 수 있다.

우리나라 육자진언 신앙의 형태는 일반 서민대중에 의한 신앙실천적인 경향이 주류를 이루고 있으며, 조선중기부터 다소의 수행의궤집이 전래되어 새로운 양상을 가지기도 하였다. 그 중에서 『현밀원통심요집』의 육자진언 염송차제는 준제사대주로서 수용되어 의식집 등에서 하나의 주송차제의 진언으로 상승되고 있으며, 『성관자재구수육자선정』에 있어서 육자진언의 오불 상징설이 『관세음보살육자대명왕신주경』에서 『육자관념법』으로 상승되고 전개되면서, 육자진언은 제불보살의 대표적인 진언 및 총진언으로 심화되고 신앙되기에 이른 것이다.

육자진언의 오불의 상징, 제불보살의 총진언으로 신앙되는 것은 육자진언 신앙의 한국적 전개라 볼 수 있으며 육자진언 신앙의 새로운 전개라 할 수 있다. 또한 육자진언의 육자관념설은 진언다라니의 본래적 의미와 육자진언의 함장한 내용 등 다방면에서 교의적인 당위성을 가지고 있으며, 육자진언 신앙의 전개에 무한한 가능성을 내포하고 있는 것이다. ❁

이정수 (동국대)

우리말 불교개념 사전

가지

범 adhiṣṭhāna 빠 adhiṭṭhāna 한 加持 영 empowerment

Ⅰ. 어원적 근거 및 개념풀이

1. 가지의 개념

"가지"에 해당하는 범어는 adhiṣṭhāna이며, 빠알리어로는 adhiṭṭhāna이다. 범어 adhiṣṭhāna 또는 빠알리어 adhiṭṭhāna는 초기불교 문헌에서부터 대승불교의 문헌 그리고 밀교의 문헌에 이르기까지 일관되게 존재하고 있었으며, 그래서 가지사상은 불교전체를 통하여 주요개념의 하나로서 나타나고 있다. 그런데 한역경전상에서 "가지(加持)"라는 말이 나타나기 시작하는 것은 7세기 중엽의 일로서 그 이전에는 다양한 번역어들이 사용되고 있었다. 그러므로 한역어 "가지"만으로 보면 적어도 7세기 이전에는 "가지"의 개념이 존재하지 않은 것처럼 보인다. 그러나 이것은 "가지"의 개념이 다양한 의미의 변천과정을 거치고 있었음을 나타내는 것으로, 7세기 이후 밀교경전에서 "가지"라는 술어가 범어 adhiṣṭhāna의 대표적 한역어가

된 것은 가지사상의 정립이 이루어졌음을 뜻하는 것이다. 그러므로 "가지"의 개념에 대한 설명은 이러한 다양한 번역어들의 용례를 살펴봄으로써, 가지사상의 성립과정을 보는 것으로 가능하다 하겠다.

2. 가지의 어원과 정의

"가지"에 해당하는 범어는 adhiṣṭhāna이며, 빠알리어로는 adhiṭṭhāna, 한문으로는 加持(가지), 서장어는 byin gyi[s] [b]rlabs pa이다. 그리고 영어로는 empowerment이다. 범어의 adhiṣṭhāna라는 말은, '서다(stand)'라는 기본적인 의미를 가진 동사어근 √ṣṭhā[1]에 강조를 나타내는 접두사 adhi-가 첨가되어진 동사 adhi-ṣṭhā로부터 이루어진 중성명사이다. 그러므로 adhiṣṭhāna의 기본적 의미는, '강력히 세우는 것'이 된다.[2] 그런데 접두사 adhi-는 다양한 뜻을 내포하고 있다. 그러므로 이러한 접두사와 합성되어 이루어진 동사 adhi-ṣṭhā 및 명사 adhiṣṭhāna 또한 다양한 의미를 가진다. 우선 adhi-는 부사로서 '위에[over], 위쪽으로[above]'가 기본적인 의미인데, 비교의 의미로 사용되어져 '그 이상으로, 그 이외에'라는 의미도 있으며, '높은 곳에서'라는 용례도 있다. adhi-가 전치사로 사용되어질 때는 대격[acc.], 구격[instr.], 탈격[abl.], 처격[loc.]의 네 가지 경우에 따라 각각 다르게 나타난다.[3]

동사 adhi-ṣṭhā가 불교에서 말하는 "가지"의 의미와 연관성을 갖게 되는 경우는, 특히 접두사 adhi-가 탈격[abl.]의 의미로 사용될 때 그 단초를 제공하는 역할을 하게 된다. 접두사 adhi-가 탈격[abl.]이 되는 경우 '①-의 위에

---

1 Vaman Shivram Apte, *The Practical Sanskrit-English Dictionary.* (Deli: Motilal Banarsidass Publishers, 1965) 1007면. ; 동사어근 √ṣṭhā에 대해서 Apte는 ① 서다 ② 머물다 ③ 잔류하다 ④ 연기하다, 기다리다 ⑤ 멈추다 ⑥ 옆에 두어두다 ⑦ 존재하다 ⑧ 복종하다 ⑨ 제지하다 ⑩ 획득하다 ⑪ 숨쉬다 ⑫ 옆에 서다 ⑬ 의존하다 ⑭ 실행하다 ⑮ 호소하다 ⑯ 스스로 제공하다. 등의 16가지 의미를 제시하고 있다.

2 渡邊照宏, 「Adhiṣṭhāna (加持) の 文獻學的試論 (A philological Essay on Adhiṣṭhāna)」, 『成田山佛教研究所紀要2』, 1977. 11) 5면-7면; 渡邊照宏은 adhiṣṭhāna의 사전적 의미에 대하여, 명사인 adhiṣṭhāna 뿐만 아니라, 동사인 adhiṣṭhā, 과거수동분사 adhiṣṭhita의 의미에 대해서도 상세히 조사해서 밝히고 있다.

3 渡邊照宏, 前揭書, 5면-7면. ; 渡邊照宏은 이 부분을 O. Böhtlinka와 R. Roth의 Sanskrit-Wörterbuch(1872-1875)의 사전을 근거로 하여 설명하고 있다. 이에 대해 Apte는 탈격[abl.]의 용례에 대해 간단한 설명에 그치고 있다. Monier Monier Williams의 설명은 체계성을 결여하고 있다.

② -로부터 [이동의 의미] ③-로부터 떨어져, -와 달리하여 ④ -로부터, -에서 유래한다 [기원, 기점] ⑤-를 위하여, -에 대한 호의 애원 총애를 위해' 라는 다섯 가지의 의미를 나타낸다. 그래서 동사 adhi-ṣṭhā의 불교적 의미는 '영력(靈力), 영감(靈感), 초능력(超能力)을 준다' 등의 의미로 설명되고 있다. 과거수동분사인 adhiṣṭhita는 능동적 의미와 수동적 의미로 사용되어지고 있는데, 이 가운데 수동적 의미와 용례는 "가지"의 개념을 밝히는데 도움을 주게 된다. adhiṣṭhita의 수동적 의미는 '① -에 점유되어져 있다, [門 등이] 지켜지고 있다, -중에 정지해 있다, ② 왕후 등의 은총을 받다 ③ 지배, 관리 아래에 있다 ④ 지도, 지휘의 아래에 있다' 등이다. 이 가운데 ②와 ③과 ④는 불교에서 말하는 adhiṣṭhita의 용례에도 합당하다. 또한 ②의 경우 불교경전에서는 '불, 보살의 은총을 받고 있다[가지되고 있다]'라는 용례로 널리 사용되고 있다. 그래서 명사 adhiṣṭhāna의 여러 의미[4] 가운데 불교에서는 수행자의 기초[住處, 依處]로서의 '덕성(德性)'이나 '호념(護念)', '가호(加護)' 또는 [상대나 대상물에 대하여] 초자연적인 능력을 사용하여 강렬한 영향을 주는 '은총', '초능력'의 의미로 사용되어지고 있다.

또한 빠알리어의 동사 adhiṭṭhāti (adhiṭṭhahati, adhitiṭṭhahati)와 과거분사 adhiṭṭhita 그리고 명사 adhiṭṭhāna는 범어와 어원적 근거를 같이 하고 있으므로 그 의미가 대동소이하다.[5] 빠알리어의 경우 주목해야 하는 사전적 의미는 '의욕적 [마법적] 행위를 하다'는 뜻을 가지고 쓰이는 용례이다.[6] 이

4 Monier Monier Williams, *Sanskrit-English Dictionary*. (Deli: Motilal Banarsidass, 1993), 22면. ; 명사 adhiṣṭhāna의 의미는 '① 옆에 서서 대기함[standing by], 옆에 있음[being at hand], 접근[approach] ② 의존하는 것, 相應하여 관계하는 것[standing or restin upon] ③ 기초, 근거[a basis, base] ④ 지위[a position], 거주지, 住處[site, residence, abode], 座[seat] ⑤ 도시[settlement, town] ⑥ 감독[standing over], 통치[government], 지배[authority] ⑦ 護念, 加護 ⑧ 은총[benediction]' 등의 뜻으로 쓰여지고 있다. ; 이 부분은 O. Böhtlinka와 R. Roth의 Sanskrit-Wörterbuch를 근거한 渡邊照宏의 정리와 Apte의 것이 대동소이하다.

5 R. C. Childers. *Dictionary of the Pāli Languge*. (Kyoto: Rinsen Book Company, 1875), 13면. ; Davids, T. W. Rhys and William Stede. *Pāli-English Dicitionary*. (London: PTS, 1979), 28면.; V. A. Trenckner, *A Critical Pāli Dictionary*. I (Copenhagen: Royal Danish Academy, 1924) 132면. ; *Encycolpaedia of Buddhism*. Vol.I. G. P. Malalasekera, (Government of Ceylon:1961), 207면-208면.

6 빠알리어 사전중 유일하게 신뢰할 수 있는 것으로 V. A. Trenckner의 *A Critical Pāli Dictionary*를 들고 있는데, 여기에서 adhitiṭṭhahati의 사전적 의미를 다음의 8가지로 정리하고 있다. ① 밟다 들어가다, 체류하다 ② 서다, -위에 두다, 오르다 ③ -에 몰두하다, 유지하다, 지속하다 ④ 고용하다 ⑤ 관리하다, 감독하다 ⑥ 고정시키다, 정리하

것이 불교에서 말하는 "가지"의 의미와 맥을 같이 하고 있다.

범어의 adhiṣṭhāna에 해당하는 서장어역으로 rten, gnas, gźi[7]등과 byin gyi[s] [b]rlabs pa[8]의 두 종류가 있다. rten, gnas, gźi등의 경우는 범어의 접두사adhi-가 단순히 강조의 의미로 쓰는 경우다. 이에 반하여 byin gyi[s] [b]rlabs pa는 "은혜(恩惠)", "위력(威力)", "가지(加持)"로 한역된다. 어원적으로 byin은 '장엄한[magnificient], 광채[splender]' 또는 '축복, 은총[blessing]'의 뜻이며, gyis는 속격으로 '-에 의해서', '- 때문에'라는 의미이며, rlab는 '물결, 흐름[wave, billow]'의 뜻이다. 때문에 byin gyis rlab pa는 '축복과 은총에 의해 충만되어진 것'이라고 할 수 있다. 이것은 범어의 adhiṣṭhāna가 불보살의 능력을 가리킬 때에 해당하는 번역어이다. 때문에 불교적 의미로 해석할 때는 후자(後者) 즉 byin gyi[s] [b]rlabs pa를 adhiṣṭhāna의 번역어로서 택하고 있다. byin gyi[s] [b]rlabs pa는 특히 '부처님의 위신력'을 카리키고 있다.[9] 그래서 모든 티베트경전에서는 범어의 adhiṣṭhāna의 번역어로 byin gyis rlab pa를 일관되게 사용하고 있다.

범어 adhiṣṭhāna를 번역하고 있는 한역어(漢譯語)들을 잘 파악하는 것은 "가지"의 개념을 이해하는데 도움이 될 수 있다. 산스크리트의 adhiṣṭhāna의 한역어에 해당하는 "가지(加持)"라는 말이 최초로 사용되기 시작한 것은 7세기 중엽 실차난타(實叉難陀)가 『대방광불화엄경십지품』[Daśabhūmika Sūtra]을 번역하면서 비롯된다.[10] 그 이전에는 "섭지(攝持)", "덕처(德處)"[11]

다, 지도하다 ⑦ 결심하다, 희망하다, 의욕적 (마법적) 행위를 하다 ⑧ 생각하다, 상기하다.

7 rten은 "依處(support)" gnas은 "住處(place)" gźi는 "根本, 光彩(shine, splendour)"의 뜻이다.

8 H. A. Jäschke, *A Tibetan-English Dictionary.* (London: Routledge & Kegan Paul Ltd., 1968).; Sarat Chandra Das, *A Tibetan-English Dictionary.* (Delhi: Motilal Banarsidass Publishers, 1991) 참조

9 Tsepak Rigzin, *Tibetan-English Dictionary of Buddhist Terminology.* (Delhi: Library of Tibetan Works and Archives, 1993) 185면 ; 여기에서 byin gyis brlabs pa'i bkaḥ를 '부처님의 은총이 충만한 말씀(Blessed words of the Buddha)'라하고 설명하고 있다.

10 八十卷本『大方廣佛華嚴經』「十地品」(『大正藏』 10권, 279) 669년譯. 여기에서는 "加持, 加, 持, 所加"등이 산발적으로 나타난다. 그 이후 704년 實叉難陀가 번역한 七券本『大乘入楞伽經』(『大正藏』 16권, 672) 에서도 "加持"라는 번역어가 산발적으로 사용되고 있는데, 789년에 번역된 尸羅達摩역의 九券本『佛說十地經』(『大正藏』10권, 287)에는 "加持"라는 용어가 한층 더 많이 사용되어지고 있다. 그러나 여전히 "神通, 威神力, 不思議力"등의 번역어를 답습하고 있다.

"건립(建立)" "위신(威神)" "신력(神力)" 등의 번역어들이 adhiṣṭhāna를 위해 쓰여졌다. Lalitavistara의 한역경전인『보요경』『방광대장엄경』『과거현재인과경』『불본행집경』에서는 "가지(加持)"의 역어를 대신하여, 신력(神力), 신통(神通), 신통력(神通力), 신통지력(神通之力), 위가(威加), 위신력(威神力)[이상 唐譯] 등의 역어들과 위신(威神), 신족(神足)[이상 舊譯] 등의 역어들이 쓰이고 있으며, 구마라집역『묘법연화경』에서는 adhiṣṭhāna를 호념(護念), 신통원력(神通願力), 신력소호(神力所護), 비밀신통지력(秘密神通之力), 증(增), 신통력(神通力) 등으로 역어들이 쓰여지고 있다. 또한『정법화경』에서는 입(立), 건립(建立) 등과 서원(誓願), 옹호(擁護), 위신(威神), 위덕(威德)등의 번역어를 사용하고 있다. 이러한 번역어들은 "가지(加持)"가 나타나는『대방광불화엄경』을 비롯한 그 이후의 경전들에서도 계속적으로 나타나 "가지(加持)"와 함께 쓰여지고 있다. 이들 번역어들은 신통(神通), 신력(神力), 신통력(神通力)이라고 하는 개념에 원(願), 호(護), 수호(守護) 등의 문자를 첨가시켜 다양한 번역어를 형성시키고 있는데, 이것은 범어 원어인 adhiṣṭhāna의 어원적 근거에 기초한 다양한 가지의 개념과 내용을 나타내 주고 있다고 할 수 있다. 이후 "가지"는 이들 번역어와 같이 쓰여지고 있는데, 이러한 경향은 같은 시대에 번역된 밀교경전인『대일경』에도 같은 양상을 띠게 된다.『대일경』에서는 adhiṣṭhāna를 가지(加持), 호지(護持), 가호(加護), 위신(威神), 위험현전(威驗現前), 염(念), 주(住), 신력(神力), 위신소가지(威神所加持), 위신소동(威神所同), 소호지(所護持), 소가지(所加持), 소지(所持)등 다양하게 번역되고 있다.[12] 한역어 "가지"가 adhiṣṭhāna의 번역어로서 확고한 지위를 확보하게 되는 것은『초회(初會) 금강정경』의 번역에 이르러서이다.[13]

번역어 "가지"의 정착은 범어 adhiṣṭhāna에 대한 개념의 정착이라고 할 수 있다. 한역어 "가지"에 대한 밀교적 설명으로, "광명[佛日]의 그림자가 중생의 마음의 물[心水]에 나타나는 것을 가(加)라고 하고, 수행자의 마음의 물[心水]위에 능히 부처님 광명[佛日]을 느끼는 것을 지[持]라고 하므로

11 『成實論』2「四法品」16(『大正藏』32권, 250하)

12 『大毘盧遮那成佛神變加持經』(『大正藏』18권, 848) ; 越智淳仁,「『大日經』の神變加持思想」,『高野山大學論文集』, 1996. 9. 30, 173면.

13 越智淳仁,「初會金剛頂經』の神變加持思想」,『高木神元博士古稀記念論集: 佛教文化の諸相』, 2000, 274-277

가지는 곧 여래의 대비[加]와 중생의 신심[持]을 나타낸다"라는 설명이 일반적이다.[14] 이러한 설명은 한역어 "가지"가 부처님의 위신력과 가피[加]를 받아 가지기 위해, 그에 상응하는 근기[持]가 되어야 함을 의미하고 있다. 이것은 가지의 개념이 단지 불보살의 위신력이나 신통력이 일방적으로 중생에게 주어지는 것이 아니라, 부처님과 중생 사이에 불이(不二)의 체험을 위한 수행에 의해, 스스로 그에 대등한 근기를 성숙시켜가는 자신가지[svakāyādhiṣṭhāna]의 입장이 포함되어야 함을 뜻하는 것으로, 밀교의 입장에서 삼밀가지(三密加持)의 수행적 측면을 강조한 것으로 이해해야 할 것이다. 그러므로 adhiṣṭhāna의 여러 한역어 가운데 밀교의 한역경전들은 "가지"를 대표적 역어로 사용하고 있다. 아울러 "가지"를 영어로 사용할 때는 empowerment가 될 것이다. 범어 adhiṣṭhāna를 사전적 의미로 설명할 때 blessing을[15] 주로 사용하고 있으나, 밀교적 용례에 의하면 empowerment가 더욱 적절한 역어가 된다.[16]

따라서 "가지"의 어원적 의미는 '부처님의 불가사의한 초능력인 위신력'이라 할 수 있으며, 밀교적 의미로는 '여래의 대비와 중생의 신심이 불이(不二)가 되는 경계'라고 정의될 수 있다. 이것은 초기불교경전에 해당하는 빠알리어 경전 및 불교의 설화문학인 『자타카』를 비롯하여, 『방광대장엄경』[Lalitavistara], 『법화경』[Saddharmapuṇḍarīka sūtra], 『능가경』[Laṇkāvatāra sūtra], 『금광명경』, 『유마경』, 『화엄경십지품』[Daśabhūmika sūtra], 『화엄경입법계품』[Gaṇḍavyuūha sūtra] 등의 대승경전에서 '불보살이 시현하는 불가사의한 힘'이라는 의미의 범주 안에서 일관되게 나타난다. 그리고 "가지"는 『대일경』과 『금강정경』 등의 밀교경전에서는 불보살과 중생이 하나

14 『弘法大師全集: 卽身成佛義』(京都: 吉川弘文館, 大正 12), 516면.

15 Lesssing F. D. and Alex Wayman. Trans. *Introduction to the Buddhist Tantric Systems.* (Delhi: Motiala Banarsidass, 1993.), Index of Names and Subjects, 355면.

16 Snellgrove, David. *Indo-Tibetan Buddhism.* vol. II (Boston: Shambhala Publications, 1987.), Index, 634면.; Empowerment를 종종 consecration으로 번역하는 사례가 있으나, consecration은 가지의 형식을 나타내는 것으로 "관정"(abhiṣeka)에 해당하는 말이다.; 이것은 많은 서양학자들의 번역 사례에서도 나타난다. Farrow와 Menon은 adhiṣṭhāna를 empowerment 라고 번역하면서 다음의 설명을 붙이고 있다. 'Previously used in the sense of a firm reslove, a firm basis, mastery or power' [Farrow, G. W. and I. Menon. trans. and ed. *The Concealed Essince of the Hevajra Tantra.* (Deli: Motilal Banarsidass Publishers, 1992.), A Grossary of Important Terms, 297면.]; Wayman, Alex, *Yoga of the Guhyasamājatantra.* (Delhi: Motiala Banarsidass, 1991) Index, 373면.

가 되는 경계[生佛不二]의 체험을 위한 의궤와 수행에 필수적인 중요한 개념으로 발전하여, 밀교 수행의 근간이 되는 삼밀가지사상의 성립을 보게 한다. 이것은 가지가 불교전체를 통하여 주요개념의 하나임을 알 수 있는 근거가 된다.

가지의 주체는 원칙적으로는 부처님 또는 보살이지만, 제석천이나 범천과 같은 유력(有力)한 신들을 비롯하여 수신(樹神)이나 천녀, 혹은 우수한 인물도 때로는 그 자격이 있다. 가지의 목적은 원칙으로 상대의 이익을 목적으로 한다. 그러므로 "가지한다"라 함은 '자비로써 축복을 준다'는 뜻을 가진다. 그러나 때에 따라 상대를 굴복시킬 목적으로 행하는 경우도 있다.

"가지되어지고 있다"[adhiṣṭhita]라는 동사의 과거수동분사의 경우 '부처님의 수호를 받고 있다'라는 의미로 쓰이고 있다. 일반 중생뿐만 아니라 이미 수행이 앞서 가고 있는 보살에게도, 부처님의 가지를 받지 않으면 활동을 할 수 없는 것으로 되어 있다. 또한 "가지한다"고 하는 것은 가지자(加持者)의 강렬한 의욕이 일어나 "가지"와 "서원"과는 밀접한 관계를 가진다. 가지의 결과로서 당사자 혹은 상대를 변신시키고, 환경을 변모시켜, 시간적 공간적으로 자연원칙에 위반하는 사태를 일으키므로 "가지"는 "기적"의 의미도 가진다. 또한 상대로 하여금 이익이 되는 것이 원칙이므로 "가지"는 "은총"이기도 하다. 요컨대 가지는 모든 종교의 성립에 불가결한 요소인 서원 및 기원, 기적, 은총 등의 의미를 모두 포함하는 개념이다.

그러므로 "가지"란 '부처님 혹은 보살이 중생을 수호하고 교화하고 지도할 목적으로, 자비심에서 초자연적인 현상을 일으키는 것인데, 신들이나 사람들도 때로는 그 능력을 가질 수 있으며, 서원 및 기도, 기적, 은총 등의 의미가 포함되어져 있으며, 이러한 초자연적 현상을 위해 삼밀가지에 의한 수행을 전제로 하는, 불교 전체에 있어 기본적인 개념의 하나'라고 정리할 수 있다.

Ⅱ. 역사적 전개 및 텍스트별 용례

1. 초기불교 및 부파불교에서의 가지

초기불교 및 부파불교에서의 가지의 개념을 나타내어 주는 대표적인 것이 '네 종류의 adhiṣṭhāna[四加持]'이다.[17] 이것은 범어 문헌과 빠알리어 문헌 그리고 서장어 문헌뿐 아니라 대소승 경전에 공통으로 나타나는데, 그 네 가지는 prajňādhiṣṭhāna[지혜가지], satyādhiṣṭhāna[진실가지], tyāgādhiṣṭhāna[보시가지], upaśamādhiṣṭhāna[적정가지]로서 각각 혜섭수(彗攝授), 진섭수(眞攝授), 시섭수(施攝授), 소제섭수(消除攝授) 등으로 번역되거나,[18] 혜처(慧處), 제처(諦處), 사처(捨處), 적정처(寂靜處) 등으로 번역되기도 한다.[19] 이 '네 가지 adhiṣṭhāna'[四加持]는 특정한 인물만이 가지고 있는 네 가지 덕성을 말한다. 즉 불교수행의 기초[住處, 依處]가 되는 네 가지 덕성인 것이다. 여기에 두 가지 입장이 있게 되는데, 남방상좌부와 유부(有部)의 전통에 따른 입장과 『성실론(成實論)』에 의한 입장의 두 가지이다.

먼저 남방 상좌부나 유부의 전승에 의하면, 첫째의 혜처 즉 지혜가지는 아라한과의 지혜로서 자신이 지은 업을 아는 지혜 혹은 관찰[vipassanā]의 지혜를 비롯한 과(果)의 지혜이며, 둘째 제처 즉 진실가지는 언어의 진실[vacī-saccaṃ]이고, 셋째 사처 즉 보시가지는 재물의 보시[āmisa-pariccāga]이며, 적정처 즉 적정가지는 번뇌의 적멸이라고 설명한다. 즉 혜처는 아라한과의 지혜이며, 나머지 제처, 사처, 적정처의 셋은 승의제(勝義諦)로 설하고 있는 입장이다.

『성실론』의 입장은 산스크리트의 접두사 adhi-를 "우수(優秀)"라는 의미로 해석하여 adhiṣṭhāna를 "덕처(德處)"라고 번역하고, 혜덕처(慧德處), 실덕처(實德處), 사덕처(捨德處), 적멸덕처(寂滅德處)의 네 가지를 언급한다. 이것은 공관(空觀)의 입장에서 '네 가지[adhiṣṭhāna, 四加持]'를 설명하고 있다. 즉 혜덕처란 경전 즉 법을 배워 지혜가 나타난 것이며, 그 지혜에 의해 진제(眞諦)의 공(空)을 관찰하는 것이 두 번째의 실덕처이며, 참된 공을 관찰함으로써 번뇌를 끊어버릴 수 있으므로 세 번째의 사덕처가 이루어지며, 번뇌가 다하였으므로 마음이 적멸하므로 네 번째의 적멸덕처라고 한다.[20] 이러한 『성실론』의 설명은 남방 상좌부나 유부의 전승과는 다른 입장을 바탕으로 하고 있다. 이에 따라 '네 종류의[adhiṣṭhāna, 四加持]'에 대한

---

17 J. Estlin Carpenter, *Dīgha-nikāya* III. ed. London: PTS, 1976, 229면.

18 榊亮三郎, 『梵藏漢和四譯對照飜譯名義大集』 참조. ; 빠알리어로는 각각 paňňādhiṭṭhāna, saccādhiṭṭhāna, cāgādhiṭṭhāna, upasamādhiṭṭhāna 이다. ; 섭수(攝授)는 섭지(攝持)라는 역어와 혼용되기도 한다.

19 『衆集經』(『大正藏』 1권, 51상)에는 智處, 實處, 施處, 止息處 등으로, 『大集法門經』(『大正藏』 1권, 228하)에는 "一切行安住, 捨行安住, 寂靜行安住, 慧行安住."로 번역되어 있다.

20 『成實論』「四法品」 16(『大正藏』 32권, 250하).

설명을 정리하면 다음과 같다.

Prajňādhiṣṭhāna[지혜가지]란 '신통한 지혜[神通智]에 의한 가지'란 의미이다. 즉 번뇌와 어리석음[無明]을 사라지게 하는 지혜에 의해 나타나는 신통력 또는 초능력을 말한다. Paṭisambhidāmagga에서는 여러 가지 adhiṣṭhāna에 의해 번뇌 등이 사라지게 됨을 설하고 있는데, 그 여섯 번째로 ňāṇādhiṭṭhāna를 들고 있다. 이에 의해 어리석음[無明]이 사라지게 된다는 것이다. 이것이 소위 paňňādhiṭṭhāna (prajňādhiṣṭhāna)를 설명하는 근거가 된다. 여기에서는 adhiṭṭhāna iddhi를 열 가지 종류의 신통력[iddhi-bala] 중 첫 번째로 들고 있다.[21] 이것은 신통지(神通智)에 의해 가지함을 말하는 것이다. 이에 의해 하나의 몸[一身]이 여러 몸[多身]이 되고, 여러 몸[多身]이 하나의 몸[一身]이 되는 등의 열 가지 신통변화를 실현하는데,[22] 이 열 가지가 아라한의 능력에 속하는 것이라고 원시불전에서는 설하고 있다. 그러므로 이 혜처 즉 지혜가지는 아라한 또는 누진비구(漏盡比丘)의 특성이 된다. 이에 대해 『성실론』에서는 지혜 그 자체를 혜처라고 하는 설명에 대해서만 정당성을 부여하고 있다.

Satya는 헛된 말이 아닌 '진실한 말'이라는 의미와 '종교적 최고의 진리'라는 의미를 모두 포함한다. 그래서 인도의 전통적 관념에 의하면 진실한 말에는 신비한 힘을 수반하고, 기적을 일으키는 힘이 있다는 개념을 가지고 있다. 이러한 개념이 초기불교에도 그대로 이어져 satyādhiṣṭhāna는 '진실한 서원의 위력' 또는 '진실과 진실한 말에 의한 가지'라는 의미를 가지고 쓰여 지게 되었다. Paňňāsa Jātaka에서는 이러한 satyādhiṣṭhāna[진실가지]에 관해 11가지의 사례로서 이야기하고 있다.[23] 이렇게 '진실한 말이 가

---

21 *Paṭisambhidāmagga,* ed. Bhikkhu J. Kashyap, (Bihar: Pali Publication Board, 1960), 467면.; *The Path of Discrimination(Paṭisambhidāmagga),* trans. Bhikku Ňāṇamoli, (Oxford: The Pali Text Dociety, 1997) 377면.

22 『청정도론』(*Visuddhimagga*), 대림 譯, 2권, 제12장, 281면-333면(서울: 초기불전연구회, 2004).; ①하나인 상태에서 여러 몸을 나투는 신통, ②여러 몸이 되었다가 하나의 몸을 나투는 신통, ③나타내는 신변, ④숨기는 신변, ⑤장애가 없는 신변, ⑥땅 속으로부터 출몰하는 신통, ⑦물 위에서 침몰하지 않는 신통, ⑧날아가는 신통, ⑨손으로 해와 달을 만지는 신통, ⑩몸이 자유자재한 신통

23 田辺和子, 「Paňňāsa にみられる Adhiṣṭhāna について」, 『印度學佛敎學研究』 第39卷, 第2號, 平成3年 3月, 111-115면.; 이중 Sammājivakumāra jāraka의 한 예를 들어보면, 어느 가난한 남자(보살)가 바라문의 모습으로 제석천에게 죽음이 가까운 어머니의 목숨을 구하기 위해 자신의 가슴을 잘라 가지바라밀[adhiṭṭhānapāramiṃ]을 행하여 어머니의 목숨을 구한 후, 다시 그 어머니가 자식을 구하기 위해 "내가 오계를 수지한 것

진 초자연적 힘의 신념' 즉 '진실한 서원과 그것에 의한 기적 또는 신통력의 발휘'[satya-kriyā]는 『법화경 약왕본사품』, 『화엄경 입법계품』에도 나타난다. 그래서 satya를 종교적 진리 즉 제(諦)의 의미로 해석하여 '진제(眞諦)의 공(空)을 관찰하는 것'이라는 『성실론』의 입장으로 발전하였던 것이다. Tyāgādhiṣṭhāna[보시가지]란 '재시(財施)의 공덕에 의한 초자연력[가지]'이라는 의미이다. 즉 보시에 의해 무상보리를 증득하여 부사의한 힘을 가지게 되는 것이다. 여기에 출가자는 재물을 가질 수 없으므로 tyāga를 "집착을 버린다"라는 의미로 한정하여 『성실론』에서는 '참된 공을 관찰함으로써 번뇌를 끊어버리는 것'으로 해석하였던 것이다.

Upaśamādhiṣṭhāna[적정가지]란 '적정에 의한 가지'란 의미이다. 감정을 제어하여 적정한 경지에 도달하면, 비를 내리거나 내리지 않거나 하는 것을 자유자재로 할 수 있는 기적을 행할 수 있다는 관념을 바탕으로 한 개념이다. 따라서 적정에는 초자연적 능력을 수반한다는 것이다.

이상의 '지혜[예지], 진실[불망어], 보시, 적정에 의한 초자연적 위력의 발동' 즉 '네 종류의[adhiṣṭhāna, 四加持]'는 인도 전통의 민속적 신념에 기원을 두고 불교적으로 수용된 것인데, 초기불교에서 가지의 개념을 대표적으로 보여주는 것이라 할 수 있다.

2. 대승불교에서의 가지

초기 및 부파불교의 문헌에서는 비록 "가지(加持)"라고 하는 한역어는 보이지 않으나, 범어의 adhiṣṭhāna 또는 빠알리어의 adhiṭṭhāna라는 "가지"의 원어(原語)가 나타나는 것으로 "가지"의 개념이 이미 성립되어 있음을 알 수 있었다. 그런데 대승불교에서는 adhiṣṭhāna는 용례와 내용면에서 대단히 풍부한 양상을 띠고 있다. 『방광대장엄』,[24] 『법화경』,[25] 『능가경』,[26]

은 진실이다. 이 진실한 말을 행하였으므로 나의 아들이여 살아나라"라고 자신의 말의 진실로써 서원을 행하였다. 즉 sacckiriyā[satya-kryā]를 행한 것이다. 그래서 서원을 이루었다고 되어 있다.

24 *Lalitavistara,* (ed. Lefmann, Halle: 902); 『佛說普曜經』(『大正藏』 3권, 186) ; 『方廣大莊嚴經』(『大正藏』 3권, 187)

25 *Saddharmapuṇḍarīka,* (ed. Kern and Nanjio, St. Peterburg: 1912.); 『正法華經』(『大正藏』 9권, 263) ; 『妙法蓮華經』(『大正藏』 9권, 262)

26 *Laṇkāvatāra,* (ed Nanjio, Kyoto: 1923); 『楞伽阿跋多羅寶經』(『大正藏』 16권, 670);

『십지경』,[27] 『화엄경입법계품』,[28] 『금광명경』, 『유마경』 등이 가지사상을 담고 있는 주요한 대승경전인데, 이 가운데 특히 『화엄경 입법계품』은 “가지”의 풍부한 용례를 보여주는 경전으로서, 『십지경』은 가지설에 대한 조직적 설명을 하고 있는 대표적 경전으로서 평가되고 있다.

1) 『방광대장엄경』[Lalitavistara]에서의 가지

이 경전은 석가모니 부처님이 도솔천에서 하강하여 탄생, 출가, 성도, 초전법륜하기까지의 내용을 기술하고 있다. 여기에서도 adhiṣṭhāna의 역어로서 “가지”는 나타나지 않으나,[29] 그 용례는 16군데에서 나타나고 있다. 당대(唐代) 번역된 『방광대장엄경경』의 “대신통력지소호념(大神通力之所護念)”이라는 adhiṣṭhāna의 번역어가 이 경전의 가지사상을 여실히 나타내고 있다. 즉 “신통력”에다 “소호념(所護念)”을 더한 것이 “가지”의 의미가 된다. “가지”에 의해 모든 보살을 볼 수 있고, 복덕의 이숙(異熟)도 가능하며, 출가의 의욕을 일으키는 발심도 가능하다고 설하고 있다. 여기에서는 또한 “가지”의 기능으로서 두 가지의 대격을 지배하는 용례도 보이고 있다. 즉 석가모니 부처님이 탄생 직후 일곱 걸음을 걸을 때에 “시방의 모든 세계에 머물고 계시는 모든 불세존은 이 땅을 가지하여 금강의 장소를 이루었다”는 것인데, 이것은 “가지하여 A를 B로 되게 한다”는 용례이다. 또한 가지를 행하는 것은 원칙적으로 불 또는 보살이지만, 경우에 따라 천녀가 자기 자신을 가지하고, 또한 범천, 수신, 지거천(地居天)이 각각 가지에 의해 기적을 나타내기도 한다고 설하고 있다.

2) 『법화경』에서의 가지

한역 『법화경』에서도 “가지”라는 술어는 나타나지 않으나, 그 원전인

『入楞伽經』(『大正藏』 16권, 671); 『大乘入楞伽經』 (『大正藏』 16권, 672)

27 *Daśabhūmika,* (ed. Ryūkō Kondō, Tokyo: 1936); 『漸備一切智德經』 (『大正藏』 10권, 285), 『十住經』 (『大正藏』 10권, 286); 『大方廣佛華嚴經』 「十地品」 (『大正藏』 10권, 279); 『佛說十地經』 (『大正藏』 10권, 287)

28 *Gaṇḍavyūha,* (ed. D. T. Suzuki and H. Idzumi, Kyoto: 1949); 『大方廣佛華嚴經』 「入法界品」 (『大正藏』 10권, 279)

29 『方廣大莊嚴經』 (『大正藏』 3권, 186)에는 신력, 신통력, 신통지력, 威加, 위신력 등이 역어를, 『佛說普曜經』(『大正藏』3권, 186)에는 위신, 신족 등의 역어를 사용하고 있다.

Saddharmapuṇḍarīka sūtra에는 adhiṣṭhāna와 관계된 부분이 19곳 정도 된다. 『묘법법화경』[30]의 번역자는 최초 "호념"을 사용하였으나, 번역을 계속해 나가면서, 그것으로는 불충분하다고 느끼고 "신통, 신력, 신통력"의 개념을 포함시키고 있다. 그 위에 "비밀, 원(願), 호, 수호" 등의 문자를 더하여 다양한 역어를 사용하고 있다. 『묘법법화경』 이전의 『정법화경』에는 "입(立), 건립" 등의 역어가 주(主)가 되어, 강력한 의지를 나타내는 "서원" 및 "옹호" 혹은 "위신, 위덕" 등의 말을 더하는 형태로 adhiṣṭhāna의 번역이 이루어지고 있다.

여기에서 가지의 원어인 adhiṣṭhāna는 불 혹은 보살이 그의 위력을 발휘하여, 상대를 수호하고 후원하기 위해, 자기, 상대 혹은 환경에 초자연적인 변화를 일으키는 것을 의미하고 있다. 상대에 대한 수호나 후원은 정신적, 영적영향력도 포함하고 있다. 여기에서도 부처님과 보살 외에 신이나 천녀가 주동력이 된 경우도 나타난다. 그렇지만 이것은 어디까지나 불 아니면 보살에 속하는 특질이다.

3) 『능가경』에서의 가지

『능가경』에서는 『방광대장엄경』[Lalitavistara]이나 『법화경』보다 더욱 조직적으로 "가지"를 설명하고 또 그 중요성을 더하고 있다. 이 경전의 원전인 Laṇkāvatāra sūtra의 한역경전 중 704년 실차난타(實叉難陀)가 번역한 7권본 『대승입능가경』에서 "가지(加持)"라는 말이 나타나는데, 이것은 실차난타가 669년 번역한 80권본 『대방광불화엄경 십지품』에서 최초로 "가지"라는 역어를 사용한 것을 이어받은 것이다.

여기에서는 두 가지 종류의 "가지"를 말한다. 첫째는 보살의 초지인 환희지에서 "대승광명[mahayāna-prabhāsa]" 혹은 "대지혜광명[mahājňāna-prabhāsa]"이라는 삼매에 들어갈 때에 주는 것으로, "삼매에 등지(等至)하는 가지[samādhi-samāpatty-adhiṣṭhāna]"라고 이름한다. 두 번째는 보살지의 단계를 지나 제십지인 법운지에 도달하여 대보련화좌에 앉을 때 주는 "관정의 가지[abhiṣkādhiṣṭhāna]"이다. 보살은 항상 제불의 가지를 받고 있다는 점을 여기에서 강조하고 있는 것이다. 이 경전 전체를 통하여 "가지"는 부처님 혹은 보살에 의한 수행에 있어서도, 교화활동에 있어서도 필수

30 『妙法蓮華經』(『大正藏』 9권, 262)

적 요건이 되는 중요한 지위를 점하고 있음을 밝히고 있다. 이『능가경』의 가지설은『화엄경십지품』즉『십지경』[Daśabhūmika sūtra]에 의거하고 있다.

4)『십지경』에서의 가지

『십지경』에서의 가지설은 모든 대승경전의 가지설의 요점을 총괄하고 있다고 해도 과언이 아닐 정도로 조직적으로 가지설을 서술한 경전으로 평가된다. 또한 이 경전의 원전인 Daśabhūmika sūtra를 실차난타가 669년에 번역한 80권본『대방광불화엄경십지품』에서 최초로 "가지"라는 역어가 사용되기 시작하였다는 점 또한 주목할 일이다. 그러나 여기에서도 기존의 역어들을 혼용하여 "가지"라는 말은 산발적으로 나타나고 있는데, 이후 번역된 한역경전들에도 동일한 양상을 보이고 있다. 원전인 Daśabhūmika sūtra의 한역경전에는 다섯 종류가 있는데,[31] 이 다섯 경전들의 번역시기가 3세기로부터 8세기에 걸쳐 있어, 이들 한역경전들의 비교를 통해 산스크리트 adhiṣṭhāna에 대한 한역어의 변천과정의 사례를 보여주고 있다.

원전인 Daśabhūmika sūtra[32]에는 adhiṣṭhāna[또는 동사 adhi-ṣṭhā]에 관하여 44군데에서 용례가 보여지고 있다. 이것은 다른 어떤 대승경전보다도 "가지"를 이 경전의 주요한 개념으로 다루고 있음을 나타내고 있다. 여기에서는 보살십지 가운데 특히 초지와 제팔지 및 제십지의 세 가지 경계에 관한 서술에서 이 문제가 집중적으로 논의되고 있다.

「서품」에서는 "가지"가 보살이 갖추어야 할 자격의 하나로서 언급된다. 즉 보살은 가지의 힘에 의해 발심을 일으키고, 이에 의해 중생을 교화할 수 있다는 것이다. 그러므로 보살의 활동은 반드시 비로자나부처님의 본원력(本源力)에 기초해야 한다. 아울러 그 본원력에 보살 자신의 우수한 지혜의 능력이 더해졌을 때 보살의 활동은 원만한 성취를 이룰 수 있음을 말한다. 가지의 성립근거로서 비로자나부처님의 위신력과 보살 자신의 수승한 공덕력을 들고 있는 것이다. 이러한 서술은 한역어 "가지(加持)"를 "가(加)" [비로자나부처님의 위신력]와 "지(持)"[보살 자신의 공덕력]로 분리하여 그 개념을 설명한 밀교사전적 해석에 기초를 제공하고 있다고 할 수 있다.

---

31 ①『漸備一切智德』(『大正藏』10권, 285) ②『十住經』(『大正藏』10권, 286) ③『大方廣佛華嚴經』六十卷(『大正藏』10권, 278) ④『大方廣佛華嚴經』八十卷(『大正藏』10권, 279) ⑤『佛說十地經』九卷(『大正藏』10권, 287)

32 Daśabhūmīśvaro nāma mahāyānasūtra, (ed. Ryūkō Kondō, Tokyo: 1936.)

동시에 범어 adhiṣṭhāna의 역어(譯語)로서 "가지(加持)"라는 말이 가장 적합한 것임을 나타내는 근거를 제공하고 있다. 가지의 목적으로 '불법의 광명을 펴기 위한 것'이 대전제가 되고, 그 세부적인 내용으로 '지혜의 자리에 들게 하려는 것, 일체의 선근을 포섭하려는 것, 일체불법을 잘 분별하려는 것'등의 20가지가 있다. 또한 이『십지경』을 설하는 것도 여래의 가지에 의하고, 보살이 기억력을 확보하는 것도 여래의 가지에 의하며, 아울러 보살은 여래의 가지에 의해 수호되어 설법할 수 있게 된다. 그리고 설법자뿐만 아니라, 이 법문을 청문(聽聞)하는 자도 제불의 가지에 의해 비로소 들을 수 있다고 한다.

그러므로 초지인 환희지에 들어간 보살은 모든 부처님을 만나 모든 부처님의 가지를 알며, 또한 그 가지를 자신에게 받도록 하고 있다는 것이다. 이것은 제2지 이상의 보살에게도 같다. 이렇게 가지를 받은 보살이 제2지 이구지에 들게 되면 스스로 진리를 얻기 위해 지혜를 성숙시키는 열가지 마음가짐[33]을 갖게 되어 십선업을 수행하게 되며, 제3지인 발광지에 들게 되면 모든 존재가 무상함을 관찰 할 수 있게 되며 그래서 사섭사(四攝事) 가운데 이행섭(利行攝)을 실천하며, 제4지 염혜지에 들게 되면 열가지 진리[34]를 얻게 되며 그래서 사섭사(四攝事) 가운데 동사섭(同事攝)의 실천에 뛰어나게 된다. 이어 제5지 난승지에 들게 되면 부처님의 가지에 의해 념(念)을 갖추고 혜(彗)와 각(覺)을 얻어 사제법을 남김없이 통달하며, 보시, 애어 이행, 동사의 사섭사에 의해 모든 중생을 교화한다. 그리고 제6지 현전지에 이르게 되면 열가지 진리의 평등성에 도달하게 되는데 공무성(空無性)과 무상의 깨달음[無相解脫門]을 열게 된다. 또한 제7지 원행지에 들어간 보살에게는 십바라밀, 사섭사(四攝事), 사종의 가지, 삽십칠품보리분법, 삼해탈문 등의 일체의 각분법(覺分法)이 찰나 찰나에 구족되고 있다고 언급한다.

제8지 부동지(不動地)에서 보살은 비로소 '자신의 가지력'을 충분히 발휘할 수 있게 된다. 이 때에는 앞의 제7지에 머물 때와는 비교가 되지 않을 정도의 대활약을 하게 된다. 그 활동의 기조가 되는 것이 바로 보살이 발휘

---

33 『화엄경』,김지견 譯(서울: 민족사, 2002), 238면.

34 『화엄경』, 김지견 譯 241면: ①퇴전하지 않는 생각을 지닐 것, ②삼보에 대한 궁극의 신앙에 도달할 것, ③존재의 생멸을 관찰할 것, ④모든 것의 자성은 不生임을 관찰 하는 지혜, ⑤세계의 생성과 소멸을 관찰하는 지혜, ⑥業에 의한 생존이 생김을 관찰하는 지혜, ⑦윤회와 열반을 관찰하는 지혜, ⑧중생의 국토와 업을 관찰하는 지혜, ⑨원초와 종말을 관찰하는 지혜, ⑩非存在와 소멸을 관찰하는 지혜.

하는 가지의 힘이다. 이러한 대활약의 내용은 "가지"의 개념이 '초자연적 능력에 의해 [자신 혹은 타자의] 상태를 변화시킨다'라는 의미로 사용되어지고 있기 때문에 가능한 것이다. 그 내용을 정리해 보면, 우선 보살이 일체지지(一切智智)를 관찰하여 세계의 생성과 괴멸(壞滅)를 관찰한 후, 그것을 요지(了知)하고, 자신의 몸을 가지한다. 이어서 자신의 몸을 인발(引發)한다. 그리고 여러 가지 몸을 시현한다. 다시 모든 몸을 요지하고, 가지한다. 즉 ①관찰, ②요지, ③가지, ④인발, ⑤시현이라는 일련의 기조가 나타나고 있다. 여기서 가지, 인발, 시현의 세 가지 말은 동의어 내지 비슷한 의미를 가진 말로서 사용되어지고 있다. 그래서 보살이 중생제도를 위해 선교방편으로서 가지에 의해서 교화하고자 하는 대상과 동류(同類)의 몸으로 자유로이 변신하여 여러 가지 모습을 나타낼 수 있게 된다. 이것이 "가지신(加持身)"[35]인데, 이와 함께 원신(願身), 화신, 색신(色身)이란 말도 나란히 사용되어지 있다. 그리고 수자재(壽自在) 내지 지자재(智自在)에 이르는 열가지 자재를 얻게 되는데, 첫째의 "수명의 자재"는 가지에 의해서 자신의 수명을 자유로이 연장할 수 있음을 말한다. 나아가 가지력에 의해 자구장식(資具裝飾)에 대해서도, 업의 과보에 대해서도 자재로 변화가 가능하게 된다. 그러므로 제8지 보살의 특성을 "일체의 활동에 있어서 일체지지에 취향(趣向, abhimukha) 하는 고로, 여래의 가지력에 잘 안주하고 있다"라고 일컬어진다. 이것은 여래의 가지에 의해 잘 가지되고 있음을 나타내는 것으로, 제8지의 열가지 이명(異名) 가운데 "가지지(加持地)"라는 명칭이 있을 정도로 제8지에서 가지의 중요성이 강조 된다. 이것은 특히 '보살 자신이 발휘하는 가지의 힘'이 강조되기 때문이다. 여기에서 "가지"의 개념에 자신의 본원력을 발하는 서원이라는 의미가 포함되어진다. 이 본원력으로

35 加持身의 개념은 밀교의 "법신설법"의 근거를 제공하고 있다. 가지신에 대한 논의는 다음의 논문들에서 활발하게 이루어지고 있다. ①橘信雄,「加持身說の源流」,『新義眞言教學の研究; 賴瑜僧正七百年御遠忌記念論集』, 大藏出版, 2002, 229면-246면. ; ②小山典勇,「加持身考 -ヒンドゥ-教.化身思想を視點に-」,『新義眞言教學の研究; 賴瑜僧正七百年御遠忌記念論集』, 大藏出版, 2002, 937면-953면. ; ③榊義孝,「加持身說の典據についての一考察」,『印度學佛教學研究』 第27卷 第2號, 1979, 152면-153면. ; ④吉田宏晳,「本地身說法と加持身說法」,『佛教研究の諸問題』, 1987, 199면-220면; ⑤渡辺新治,「加持身と本地身について」,『佛教文化論集 (川崎大師教學研究所研究紀要)』 7, 1995, 217면-247면. ; ⑥榊義孝,「加持身說の成立過程について」,『豊山教學大會紀要』 5, 1977, 31면-44면. ; ⑦加藤精一,「本地身.加持身說の原流」,『豊山教學大會紀要』 4, 1976, 17면-32면.

말미암아 지혜와 방편에 의해 중생을 교화하고 제도하는 보살의 본분을 다하게 되는데, 그래서 제8지의 보살은 제석, 범천들에 의해 경례되어지고 있는 것이다.

제9지에 들 때도, 보살은 부처님의 가지를 받고 있는데, 이로 인해 "대비의 힘[대비의 가지]"을 얻는다. 그래서 일불 내지 무수한 부처님의 면전(面前)에서 많은 법을 듣고, 다양하게 변화된 음성으로 설법하여 일체 유정으로 하여금 그 설법을 잘 듣도록 하는 능력을 얻게 된다. 또한 설법의 자리에 앉을 때에는 부처님의 가지를 받아, 부처님을 대신하여 필요한 불사를 행하는 것이 제9지에 주한 보살의 본분이다.

제10지 법운지에 이르면, 열 가지 혹은 열 한가지의 가지[36]를 여실히 파악[了知]하는 능력을 갖게 된다. 법운지에 이른 보살은 많은 점에서 부처님에 준하는 능력을 갖게 되는데, 십일종의 가지를 받아 몸에 실현시키고, 부처님의 지혜를 알게 되는 것이 그것이다. 십일종의 가지란 ①불가지 ②법가지 ③승가가지 ④업가지 ⑤번뇌가지 ⑥시(時)가지 ⑦서원가지 ⑧공양가지 ⑨소행(所行)가지 ⑩겁(劫)가지 ⑪지혜가지 등이다. 제7지 원행지의 보살이 네 가지의 가지[四加持]를 구족하고 있음에 반해, 제8지 부동지 이상의 보살은 활동이 급격히 약진을 하여 열 가지 내지 열한 가지로 종류가 급격히 증가하게 된 것이다. 이 '열한 가지의 가지(加持)'는 앞에서 언급한 빠알리어 성전중의 네 가지의 가지[四加持]와 거의 일치하지 않으나, 마지막의 지혜가지는 관련성이 있는 것으로 보인다.

제1의 불가지는 부처님에 의한 가지를 말하는 것으로 모든 경전의 대부분을 차지한다. 제2의 법가지는 불의 교법을 가지하여 영원히 그 곳에 안주하려고 하는 것을 말하며, 제3의 승가가지란 보살 스스로가 가지하는 것으로, 이것은 생략될 경우도 있다. 그렇게 되면 전체적으로 열가지의 가지가 된다. 제4의 업가지란 업이숙가지(業異熟加持) 내지는 복덕이숙(福德異熟)의 가지와 관련이 있다. 제5의 번뇌가지는 가지에 의해 번뇌를 조복한다는 의미이고, 제6의 시(時)가지라고 함은 오랜 시간의 경과를 짧은 시간같이

---

36 열 가지 종류의 가지에 대해서는 구마라집譯의 『十住經』(『大正藏』 10권), 불타발타라譯의 六十卷本 『大方廣佛華嚴經』(『大正藏』 10권)에서 언급하고 있고, 열한가지 종류의 가지에 대해서는 범어 원전 및 서장어역과 그리고 실차난타譯의 八十卷本 『大方廣佛華嚴經』(『大正藏』 10권)과 시라달마譯의 『佛說十地經』 九卷(『大正藏』 10권)에서 언급하고 있다. 이것은 세 번째 승가가지를 포함하느냐 그렇지 않느냐에 따른다.

생각하는 신통력을 말하며, 제7의 서원가지는 보살 자신의 서원이 곧 가지를 성립시키는 원동력이 되는 것을 나타내는 것이다. 다음에 제8의 공양가지는 공양에 의한 가지로서, 『법화경』의 일체중생희견보살(一切衆生喜見菩薩)의 소신공양(燒身供養)이 그 예가 될 것이다[37]. 제9의 소행(所行)가지는 모든 보살들의 소행(所行)의 경계에 대한 가지를 말하며, 제10의 겁가지는 불보살이 가지에 의해 자기의 수명을 연장할 수 있는 것을 말한다. 이것은 또한 수량가지(壽量加持)라고도 한다. 최후의 지혜가지는 사종의 가지에서 이미 언급되었다.

이러한 가지에 의해 제10지 법운지에 안주한 보살은 부처님과 상응하는 활동을 나타내는데, 이에 대해 16가지로 활동모습을 묘사하고 있다.[38] 이러한 제10지 법운지에 안주한 보살이 나타내는 가지 활동의 여러 가지 모습은 한량없는 신변(神變)과 신력(神力)의 나타남[示現]을 말한다. 이 신변과 신력의 시현이 가지의 활동으로 나타나는 정황은 다음에 언급할 『화엄경 입법계품』과 밀교 가지사상에 보다 분명하게 체계화 되어진다. 하여간 제10지 법운지에 안주한 보살은 제9지의 보살은 이해할 수 없을 정도의 수승한 근기로 부처님에 준한 활동의 모습을 갖게 된다. 그러나 이러한 제10지의 보살도 삼매의 수행을 게을리 하고 제불을 공양하려는 노력이 부족하여, 제불의 가지의 광명을 받지 못하고 제불로부터 불의 일체지지에 대해 설법을 듣지 못하게 되면, 도로 퇴전하게 되는 것이다. 이것이 보살의 활동과 부처님의 활동의 차이이다. 그러므로 보살의 모든 활동은 가지에 의하게 되고 그러므로 가지가 보살의 자격을 갖추는데 필수조건이 되는 것이다.

이상 『십지경』에 의한 가지설의 대요를 살펴보았는데, 이것은 모든 대승경전에 나타나는 가지사상의 요점을 총괄한 것으로, 『십지경』정도로 가지설을 조직적으로 서술한 경전은 밀교경전 외에는 찾아보기 어렵다고 할 수 있다.

5) 『화엄경입법계품』에서의 가지

『화엄경입법계품』의 범어 원전인 Gaṇḍavyūha에는 adhiṣṭhāna의 용례

---

37 『妙法蓮華經』(『大正藏』 10권, 53중); 『正法華經』(『大正藏』 9권, 125중)

38 『佛說十地經』 9(『大正藏』 10권, 570상하 ; 573중하); 『漸備一切智德』 5(『大正藏』 10권, 492상하); 『十住經』 4(『大正藏』 10권, 530중-하); 『大方廣佛華嚴經』 39(『大正藏』 10권, 207중하)

가 130여 곳에서 보여진다.[39] 이러한 adhiṣṭhāna 즉 가지의 용례는 주로 첫째는 가지의 주체가 부처님이 되는 경우와 둘째 보살이나 선지식 또는 선재동자[수행자]가 되는 경우의 두 가지로 분류할 수 있다.

그 첫째인 '불의 가지'의 경우, 가지의 결과에 따라 세 종류의 용례가 나타나는데, 우선 ①불의 가지에 의해 해탈의 경계를 설하고 그 경계를 관찰하고 이해하는 용례이다. 이것은 곧 불의 가지를 받지 않으면 해탈의 경계를 이해할 수 없다는 것이다. 그리고 ②불의 가지를 받아서 보살이나 선지식이 신변이나 신통을 하는 용례가 있으며, ③불의 가지에 의해 보살이나 선지식, 선재동자[수행자]가 해탈을 체득하고 성취한다는 용례가 나타난다. 마지막의 용례도 신변과 유사한 용례가 된다. 둘째 보살이나 선지식, 선재동자가 가지를 발동하는 경우이다. 여기에는 가지의 내용에 따라 세 가지로 분류할 수 있다. 즉 ①화현(化現)한다, 화작(化作)한다, 변화한다, 나타난다[現] ②체득한다 ③해탈의 경계나 신변 등을 본다, 지각한다 등이다. 이러한 가지의 용례는 거의 모두 "신변"의 요소로서 언급되어지고 있다. "신변"이라함은 불, 보살 등이 시현하는 불가사의로서 ①국토를 육종을 진동시키고, ②광명으로써 편만케하며, 중생에게 불보살의 세계의 모습을 보여주고, ③어느 곳이라도 자유로이 왕래하며, ④일체를 하나로 압축하며, ⑤하나를 일체로 넓히고, ⑥모든 사물을 자신의 신체 속에 들어가게 하며, ⑦모습이나 말을 상대와 같게 하는 등의 초능력적 활동을 말한다.

"신변"과 "가지"와의 관계는 "신변과 가지"와 같이 동격(同格)으로 볼 수도 있고, "신변의 가지"와 같이 속격(屬格)으로 볼 수 도 있으나, "가지에 의해서 신변을 나타낸다"는 구격(具格)의 의미로 해석하는 것이 보편적이라고 할 수 있다. 『화엄경』에서는 유심(唯心)사상에 기초하여, 제법의 본성은 공(空)하며, 모두가 환영(幻影)과 같다고 한다. 따라서 불보살의 모습이나, 신변, 깨달음의 경계등이 환(幻)과 같은 영상으로서 보리심에 나타나나고 있다는 것이 『화엄경입법계품』의 입장이다. 결국 신변이 나타나는 것은 청정한 보리심에 의하는 것이므로, 신변을 보는 입장에서 말하면 '가지되었다'라는 것은 '신변을 본다'라고 하는 것이 된다. 그래서 "신변가지[vikruvitādhiṣṭhāna]"라는 술어의 성립이 가능한 것이다. 그래서 밀교의 대표적 경전인 대일경의 갖춘 이름이 『대비로자나성불신변가지경』이라고

39 田口秀明, 「『華嚴經』「入法界品」における神變, 加持について」, 『密教文化』 198, 1997, 38면.

하여 신변가지가 밀교의 대표적 개념의 하나로 자리하게 된다. 그래서『화엄경』의 가지사상은 밀교의 가지사상을 성립시키는 바탕이 되고 있다. 그러나『입법계품』에서의 "가지"는 아직 '불보살이 시현하는 불가사의한 힘' 이라고 하는 범주를 벗어나지 못하고 있다.

3. 밀교에서의 가지

밀교의 가지사상은『화엄경』의 사상을 강하게 수용하고 있다. 그래서 밀교의 두가지 대표적 경전인『대일경』과『금강정경』에는『화엄경』의 가지사상과 많은 부분에서 공통점을 갖고 있다.

1)『대일경』에서의 가지

『대일경』의 갖춘 이름은『대비로자나성불신변가지경』이다. 이것은 '대비로자나부처님이 성불하여 중생구제를 위해 신변을 가지하는 경전'이라는 의미이다. 경제(經題)에서 나타나는 바와 같이『대일경』은 신변가지(神變加持)가 테마가 되고 있다.『대일경』의 범어 원전은 존재하지 않는데, 원전의 내용을 충실하게 번역하고 있는 서장어 번역본에 의하면, "신변가지"의 용례가 단 한번만 나타나고 있을 뿐이다.[40] 그럼에도 불구하고『대일경』이 신변가지가 중심테마가 된다는 것은 경전의 전체 내용 그 자체가 신변가지의 용례가 되고 있기 때문이다.

먼저 "신변"의 용례를 보면,『대일경』에서는 12회 정도가 나타나는데, 이와 관련하여 '광명' '모공여래출생(毛孔如來出生)', '광장설상(廣張舌相)', '불찰육종진동(佛刹六種震動)', '광대법계가지(廣大法界加持)', '신통' '라[ra] 바[va]자 신변', '화운편만(化雲遍滿)', '모공중출무량불(毛孔重出無量佛)', '마정(摩頂)', '보현보살행원', '화장장엄세계(華藏莊嚴世界)', '보리도량', '신변' 등의 용어가 보이다. 이러한 것은『화엄경』에 자주 나타나는 "신변"의 내용과 별반 차이가 없이 그 내용을 계승하고 있다. 그리고『화엄경』에서 가지의 수단으로 빛[光]을 이용하여, 그 빛 중에 신(身), 음[口], 지혜[意]의 삼밀활동이 포함되어,[41] 가지에 의해 그 빛을 비추어가면서 중생구제를

40 越智淳仁, 「『大日經』の神變加持思想」,『高野山大學論文集』, 1996, 139-179면 ;『大毘盧遮那成佛神變加持經』2(『大正藏』18권, 14중)

41 『大方廣佛華嚴經』1(『大正藏』10권, 1하)

위해 갖가지 신변을 나타낸다고 하는데, 『대일경』 또한 가지의 수단으로 빛을 이용하여, 그 빛 중에서 신어의(身語意) 삼밀의 활동을 포함시켜, 부처님이 중생을 구제하는 대비행을 행하고 있다고 하는 점 또한 같은 입장을 유지하고 있다. 따라서 '중생구제를 위해 가지의 힘[加持力]에 의해서 나타난 불가사의한 현상'을 "신변"으로 언급하고 있다.

"가지"의 경우 『대일경』에서는 42회의 용례가 나타난다. 그러나 『대일경』이 번역된 724년에서 725년경 까지는 아직 adhiṣṭhāna의 역어가 "가지(加持)"라는 한 가지 말로 통일되어 있지 않고, 『화엄경』과 마찬가지로 다양한 역어가 사용되어지고 있다. 그 내용상에 있어서도 『화엄경』의 것을 계승하고 있으나, 『대일경』에서는 "가지"의 의궤화가 이루어지고 있다는 차이가 있다. 『대일경』에 나타나는 "가지"의 용례를 내용상으로 정리해 보면 다음과 같다. ①"가지에 의해 가지되는 것[adhiṣṭhānādhiṣṭhita]"의 용례이다. 이것 또한 『화엄경』「입법계품」이나 『십지경』에서 자주 볼 수 있는 용례이다. 여기에서 '가지에 의해'라고 하는 부분을 『대일경』에서는 가지의 수단인 인(印), 진언(眞言), 만다라(曼荼羅) 등의 삼밀행법으로 구체화하고 있으며, '가지되는 것'은 가지의 자체 활동을 나타내는 용례로 사용되고 있다.[42] ② "세존이 일체여래가 가지한 광대한 금강법계궁전에 머물 때"라는 용례와 같이 장소의 가지에 대해 언급한 경우이다.[43] 그 외에도 법계의 가지, 땅의 가지, 제존이 머무는 곳에 대한 가지, 본존의 좌위(座位)에 대한 가지 등 장소를 가지하는 용례 또한 『화엄경』과 같으나 『대일경』에서는 인(印), 진언, 만다라의 가지에 의한다는 밀교적 요소를 많이 포함하고 있다는 차이가 있다. ③비로자나부처님의 가지에 의한 신,구,의 삼밀유가의 용례이다. 이것은 『화엄경』에서 말하는 비로자나부처님의 빛에 의한 가지를 밀교적 삼밀의 활동으로 승화하고 있는 것이다. ④자신을 금강살타와 가지하는 등의 두 가지 목적어를 가지는 용례이다. A를 B와 가지하는 경우 『대일경』에서는 금강살타의 종자인 va자를 자신의 가슴에 관상하고, 그것을 오고금강저의 삼매야형[44]으로 바꾸고, 다시 그 삼매야형을 금강살타의 모습으로 바꾸는 관상을 서술하고 있는데, 이것은 va자를 어밀, 심볼을 의밀, 모습을 신밀로 하여, 이 삼밀을 통하여 자신이 금강살타와 유가하는 삼밀유가를 나타낸

42 『大毘盧遮那成佛神變加持經』 5(『大正藏』 18권, 36하)
43 『大毘盧遮那成佛神變加持經』 1(『大正藏』 18권, 1상)
44 심볼(Symbol)

다.[45] 이상이 『대일경』에 나타나는 가지의 내용이다. 그러므로 『대일경』에서 "가지"라 함은 '삼밀의 인(印), 진언, 만다라를 수단으로 하여 신변을 나타내는 힘'이며, 그 결과 나타나는 '마하부사의한 현상'이 "신변"이라고 정의된다.

『대일경』에서 단 한번 나타나는 "신변가지"의 용례는 문수보살이 가지신변삼매 [adhiṣṭhāna-vikurvita-samādhi]라는 삼마지에 들 때 비로자나부처님의 가지력을 받아 그 가지의 힘[加持力]에 의해 심주(心呪: hṛdaya)를 설하는 신변을 나타낸다는 내용으로 되어 있다. 이것은 비로자나불이 가지의 힘에 의해 자신의 설법을 다른 보살을 통해 간접적으로 나타내는 『화엄경』의 형태와 비슷하다. 그러나 일반적으로 비로자나불이 불의 입장에서 자신의 신변을 보살을 매개로 하여 나타내고 있음에 비하여, 『대일경』의 "신변가지"의 용례는 문수보살이라는 보살의 입장에서 부처님의 가지를 받아 신변을 나타낸 용례라는 점에서 차이가 있다. 보살 즉 수행자가 신변가지를 위한 주체적 입장에서 구체적 실천행의 성취를 하고 있음을 나타내고 있는 것이다.

『대일경』의 가지사상은 『화엄경』의 신변가지사상을 계승하여 그것을 의궤화하고 있는 면에서 구체성을 가지고 있다. 그러므로 "신변가지"라고 하는 것은 문맥상 '가지에 의해 신변이 나타나는 것'라고 풀이되며, 구체적으로는 '인(印) 진언, 만다라에 의해 보리도량 등의 장(場)을 출현시키고, 비로자나불로부터 중생, 비로자나불로부터 보살, 아사리에서 제자에게 나타내는 마하부사의(摩訶不思議)한 힘을 가하는 것'을 의미한다고 있다. 이것은 삼밀유가에 의해서 입주하는 가지의 세계가 『대일경』에서 추구하는 구경의 경지임을 나타내고 있는 것이다.[46] 따라서 『대비로자나성불신변가지경』이 의미하는 바는 '대비로자나가 성불하여 중생구제를 위해 신변을 가지하는 경전 즉 위대한 비로자나불이 삼밀을 수단으로 하는 가지에 의해 마하부사의한 힘을 나타냄을 설하는 경전'이라고 하면 좋을 것이다. 『대일경』의 가지사상은 『화엄경』의 신변가지사상을 근간으로 해나가면서 밀교적 명상법 속에서 실천적으로 승화된 삼밀가지사상의 바탕을 제공하고 있는 점에서 그 특색이 있다.

---

45 越智淳仁, 『初會金剛頂經』の神變加持思想」『高木神元博士古稀記念論集; 佛教文化の諸相』, 2000, 270면.

46 栗山秀純, 『大日經』における加持の世界」, 『豊山教學大會紀要』, 1981, 3면.

2) 『금강정경』에서의 가지

『금강정경』에 나타나는 가지사상(加持思想)또한 『화엄경』의 가지사상을 강하게 수용하고 있으면서 삼밀가지의 밀교적 명상법 속에서 실천적으로 승화시키고 있는데, 『대일경』의 신변가지사상을 더욱 합리적으로 정리하고 있는 점을 특색으로 하고 있다.

『금강정경』에는 adhiṣṭhāna와 관련하여 총146회의 용례가 나타나는데,[47] 불공(不空)의 한역본[48]에는 "가지호념(加持護念)"이라는 역어가 오직 한번 나타날 뿐 adhiṣṭhāna의 한역어로서 오로지 "가지(加持)"라는 역어로 통일하고 있다. 시호역(施護譯)[49]의 경우 또한 『대일경』한역본의 경우와 같이 다양한 역어를 사용하고 있으나, "가지(加持)"가 상대적으로 많이 나타난다.[50] 이것은 가지사상이 『금강정경』에 이르러 하나의 체계성을 갖고 정리되고 있음을 시사하고 있다. 가지에 관한 개념이 보다 분명해지고 가지에 관한 실천법이 구체화되었다고 말할 수 있는 부분이다.

여기에서 특징적인 것은 가지의 대상이 만다라 제존(諸尊)의 삼매야(三昧耶)나, 인, 진언, 만다라, 일체여래의 집회(集會), 십육대보살, 금강계여래로서의 자신(自身)이며, 나아가 일체여래의 성질이나 지혜라는 점이다. 또한 가장 빈도가 높은 용례로서는 'A를 가지하는 삼마지'와 같은 형태인데, 이것은 '살타를 가지하는 금강' '금강을 가지한다라는 삼마지' 등과 같은 것이다. 여기에서 금강이라 함은 지혜의 활동을 말하는 것이다.

"가지"의 용례는 주로 오상성신관(五相成身觀)과 십육대보살출생(十六大菩薩出生)의 단(段)에서 나타나고 있으며, "신변"에 대해서는 십육대보살의 출생단에서 주로 나타나고 있다. 이것은 『금강정경』에 나타나는 가지사상의 실천적 체계성의 특징이 오상성신관과 십육대보살의 출생 부분에서 가장 잘 나타나고 있음을 보여주는 것이라 할 수 있다.

오상성신관(五相成身觀)은 석가모니부처님의 어릴적 이름에 비유된 일

---

47 堀內寬仁 編著, 『梵藏漢 對照 初會金剛頂經の 硏究』(大阪: 密教文化硏究所, 1983).

48 『金剛頂一切如來眞實攝大乘現證大教王經』(『大正藏』 18권, 865)

49 『佛說一切如來眞實攝大乘現證三昧大教王經』(『大正藏』 18권, 882)

50 越智淳仁, 「『初會金剛頂經』の神變加持思想」, 『高木神元博士古稀記念論集: 佛教文化の諸相』, 2000, 274면-277면; 여기에서 越智淳仁는 堀內寬仁의 편저인 범어본과 델게판의 서장어본, 不空譯과 施護譯의 『초회금강정경』속에 나타난 가지의 용례를 비교하여 도표로서 제시하고 있다.

체의성취보살(一切義成就菩薩, Sarvārthasiddhi)이 색계의 색구경천(色究竟天)의 보리도량에서 아스파나가삼마지(āsphānaka-samādhi)에 들어 수행하고 있을 때, 금강계의 모든 여래가 두상(頭上)에 금강계만다라의 모습으로서 나타나 그 모든 여래로 부터 받은 명상법이다. 그것은 다섯 단계의 보리심을 성취해가는 실천법으로서 ① 통달본심(通達本心), ② 수보리심(修菩提心), ③ 성금강신(成金剛身), ④ 증금강신(證金剛身), ⑤ 불신원만(佛身圓滿)의 다섯 단계를 말한다.

① 통달본심의 단계는 번뇌에 덮혀진 일체의성취보살[수행자]의 마음이 삼밀유가의 명상에 의해 흐릿하게 가슴 위에 나타나도록 하는 것이다. ② 수보리심의 단계에서는 그 흐릿하게 나타난 둥근 모양의 마음이 가을의 만월(滿月)과 같이 분명하게 변해 나타난다. 이것은 번뇌에 덮혀진 마음이 번뇌가 없는 본래의 마음[菩提心]으로 변해진 상태를 상징하는 것인데, 이 시점의 수행 계위를 법신에 도달한 경지라고 한다. ③ 성금강심의 단계는 이렇게 가슴에 나타난 월륜 위에 오고금강저(五鈷金剛杵)를 관상하는 단계이다. 이것은 법신을 얻은 순간의 경지에는 중생구제의 활동이 없이 적정 그 자체를 유지하기 때문에, 그 적정의 상태에서 중생구제의 활동의 모습으로 나아가기 위해 오지(五智)[51]의 상징인 오고금강저를 나타나게 하는 것이다. ④ 증금강신의 단계에서는 금강명(金剛名)관정이 이루어지는데, '옴 나는 금강 그 자체이다'라는 진언을 염송하면, 비로자나부처님으로부터 법계에 출생되어 허공에 편만하여 활동하는 일체여래가 금강계만다라의 신체적 활동[신밀]과 진언적 활동[구밀]과 심적 활동[의밀]을 가지고, 보살[수행자]의 마음에 나타난 월륜(月輪)에 있는 오고금강저의 중심에 들어가게 된다. 그리고 최후까지 허공에 남아 있던 아축불, 보생불, 아미타불, 불공성취불의 사여래로 부터 '너는 금강계여래다'라고 관정되어진다. 이로부터 수행자는 "금강계여래"라 불리워진다. 그래서 금강계만다라의 제존(諸尊)과 나의 신체가 일체가 되었음을 자각한다. 이것이 오상성신관에서의 최초의 가지의 내용이다.

오상성신관의 마지막인 ⑤ 불신원만의 단계에서는 성취의 완성단계이다. 제2와 제3의 단계에서는 가슴에 나타난 월륜으로 인해 마음이 정화되

51 五佛의 지혜로서, 法界體性智[비로자나불], 大圓鏡智[아축불], 平等性智[보생불], 妙觀察智[아미타불], 成所作智[불공성취불] 등이다.

어진 것이라면, 제4와 그리고 지금의 제5의 단계에서는 신체가 정화되어지는 것이다. 제5 불신원만의 단계에서는 일체의성취보살[금강계여래, 수행자]이 일체여래로부터 가지되어지고 진언을 염송해 나가면서 마음의 중앙에 있는 오고금강저가 비로자나불의 모습으로 변해 나가기까지 명상하고 있으면, 그대로 성불은 완성된다. 이어 사여래로부터 가지되어지고 이미 비로자나부처님과 일체여래가 입주하고 있는 오고금강저의 사방에 사여래가 각각 자신들의 가지에 의해 입주하게 되면 깨달음은 완전한 성취를 이루게 되는 것이다. 여기에서 비로자나여래를 비롯한 모든 여래와 행자와의 합일에 의해 자리(自利)를 깨닫고, 이어서 사여래와의 합일에 의해 중생을 이익케하는 이타행(利他行)의 깨달음을 완전히 성취하여 대승의 깨달음과 보살도를 완성하게 된다. 이것은 오고금강저의 중심에 비로자나여래, 동쪽에 아축여래, 남쪽에 보생여래, 서쪽에 세자재왕여래[아미타여래], 북쪽에 불공성취여래의 오불이 입주(入住)하게 되는 것으로, 이렇게 되면 수행자는 오불이 가진 오지를 완전히 자신의 것으로 하여 자리와 이타의 행을 완성하게 된다. 따라서 제4의 증금강신의 단계에서 행자가 관정되었을 때는 비로자나불의 가지가 활동하여, 행자의 마음에 관상된 오고금강저의 중심에 비로자나가 입주하게 되는 것이라면, 제5의 불신원만의 단계는 오고금강저에 비로자나불과 일체여래 및 사불의 입주에 의해 완전한 이타행을 완성한 수행자가 그 이타행을 실천하기 위해 사여래 및 모든 여래에게 인도되어 욕계의 수미산정에 있는 누각으로 이동하게 되는 단계를 말하는 것이다.

오상성신관의 최후에 받게 되는 허공대마니보관정(虛空藏大摩尼寶灌頂)에서 금강계여래 즉 수행자는 색구경천의 보리도량으로부터 중생구제에 필요한 보배의 창고나 모든 중생을 빠뜨리지 않고 완전하게 볼 수 있는 법을 설할 예지(叡智)를 얻거나, 중생의 이익을 완전하게 성취하는 구제자로서의 자격을 모든 여래들로부터 부여받게 되는 것이다. 이렇게 자격을 부여받는다는 것은 곧 일체여래의 성질이 그대로 금강계여래 즉 수행자에게 가지되는 것이다. 여기에서 『화엄경』에서 말하는 모든 보살은 비로자나부처님의 가지력을 반드시 받지 않으면 어떠한 활동도 할 수 없다고 하는 사상을 『금강정경』에서는 오상성신관과 십육대보살출생의 체계로서 체계화시키고 있음이 나타난다. 또한 보관정(寶灌頂)에서 중생의 바램에 필요한 보장(寶藏)으로써 관정을 받고, 수미산 봉우리의 금강과 보석으로 장식된

누각으로 이동하여 사여래로부터 일체여래의 성질 그대로 가지를 받아, 일체여래의 사자좌에서 시방의 일체를 향하도록 자리한다는 『금강정경』의 서술은 『화엄경입법계품』의 표현을 답습하고 있다. 제4단계에서 비로자나불과 함께 우주에 편만하여 있는 금강계의 일체여래들이 오고금강저의 중앙에 들었을 때가 '비로자나불의 가지'가 되며, 그 가지에 의해 얻은 깨달음을 완전하게하기 위해 최후에 사불에게 가지를 청하여, 사불이 오고금강저의 사방에 들었던 때가 '사불의 가지'이다. 이 사불의 가지는 사불이 각각 자신을 일체여래의 자질 그대로 가지한 것이기 때문에 '자가지[svādhiṣṭhāna]'에 해당된다.

오상성신관에 의해 가지되어진 금강계여래 즉 수행자는 이 때부터 "비로자나여래"라 불리워지면서 십육대보살의 가지와 신변을 나타낸다. 이것은 수미산의 누각으로 이주(移住)한 비로자나여래가 사불에 대하여 십육대보살을 가지하는 단계인 것이다. 이러한 가지의 과정에서 수행자는 금강살타보살로서, 일체중생[發心]과 일체여래[菩提心] 사이에 매개자로서, 위치하게 된다. 금강살타가 수행자의 보리심을 상징하기 때문이다. 이는 "일체중생의 최초의 발심은 모두 금강살타의 가지에 의하는 고로, 금강살타를 일체여래의 보리심이라고 이름한다. 이 보살을 근본으로 하여 삼십칠존 사종법신등을 출생한다. 그 상수(上首)의 존(尊)을 비로자나불이라 이름한다" 고 설한 『금강정경개제』의 내용에서 확인이 된다.[52] 여기에서 "가지"의 개념은 다음의 세 가지 의미로 정리된다. 첫째는 금강살타가 일체중생을 발심케 하기 위해 불가사의한 힘을 일체중생에게 가하는 의미이며, 둘째는 일체여래의 보리심인 금강살타가 스스로를 근본으로 하여 비로자나불을 우두머리[上首]로 하는 삼십칠존 및 네 가지 법신[四種法身] 등 이른바 금강계만다라[智의 세계]를 출생하는 가지 즉 자가지(自加持)의 의미이며, 셋째는 금강살타가 일체여래의 보리심이기 위한 대전제로서, 일체여래와 금강살타가 일일이 삼밀로서 동등하게 구비하여 서로[相互] 들고[加入] 서로[彼此] 머문다[攝持][53]는 삼밀가지의 의미이다. 여기에서 일체여래의 가지를

52 村上保壽, 「空海の『開題』を讀む(四)-加持の概念と加持祈禱」, 『密教文化』 208, 2002, 9면-10면.

53 『密教大辭典』(京都: 法藏館, 增訂版, 昭和44) 234면; 밀교사전에서는 "가지"의 설명을 다음과 같이 하고 있다. "가"는 '往來涉入, 가피' 또는 '증가'등의 뜻이며, "지"는 '彼此攝持, 攝而不散), 任持'등의 뜻이라고 설명하고 있다.

받아 중생을 교화하는 보살 [金剛薩埵]의 가지에 대한 개념에 대해서 『화엄경』의 영향을 받고 있음을 알 수 있다. 그러나 금강계만다라를 출생하는 대전제로서 금강살타가 일체여래와 상호섭입하는 삼밀가지의 측면에 대해서는 『화엄경』과는 본질적인 차이를 보이고 있다. 그것은 『금강정경』의 가지사상은 『화엄경』을 근간으로 하고 『대일경』의 신변가지사상을 삼밀가지의 밀교적 명상법 속에서 더욱 합리적으로 승화시켜가고 있는 점에 특색이 있기 때문이다.

Ⅲ. 인접개념 간 관계 및 현대적 논의

1. 인접개념 간 관계

'가지'는 밀교의 수행과 기도의 원리를 구성하는데 바탕이 되는 밀교의 대표적인 개념 중 하나이다. 그래서 삼밀수행이라고 불리워지는 밀교의 수행을 '삼밀가지수행'이라고도 하며, 밀교의 기도법을 '가지기도법'이라고도 한다. 이것은 밀교교리의 모든 개념이 가지와 관계되어져 있다고 볼 수 있다. 그 중에서 삼밀, 서원, 보리심, 신변 및 신통 등의 개념들이 가지와 직접적으로 연관되어 있다고 볼 수 있다. 이들 개념과의 관계를 파악하는 것은 가지의 의미를 보다 명확하게 하는데도 도움이 된다.

첫째, 삼밀과 가지와의 관계는 '삼밀의 인계[신밀], 진언[구밀], 만다라[의밀]를 수단으로 하여 신변을 나타내는 힘이 가지이다'라고 하는 설명에서 잘 나타나고 있다. 일반적으로 불교에서는 인간의 행동유형을 신체[身], 언어[口], 의식[意]의 세 방면으로 나누고 이를 삼업(三業)이라고 한다. 그러나 밀교에서는 이것을 삼밀(三密)이라고 한다. 삼업과 삼밀의 차이는 신, 구, 의를 실재적 진실의 경지에서 보느냐, 범부중생의 입장에서 보느냐에 따라서 나타난다.[54] 그러니까 삼밀은 실재(實在)에서의 진실의 활동이고, 삼업은 현상적인 미망(迷妄)의 활동을 말하고 있는 것이다. 이러한 실재적 진실은 가지의 유무(有無)에 있다. 그러므로 중생의 삼업은 가지에 의해 삼밀이 되어진다.

54 「卽身成佛義」, 『弘法大師全集』(京都: 吉川弘文館, 大正 12), 513면.

삼밀의 각각과 가지와 결부되는 예는 구밀이 우선이다.[55] 즉 '네 가지 가지'[56] 중 '진실어에 의한 가지[진실가지; satyādhiṣṭhāna]'가 그것이다. 이것은 가지의 바탕으로서 진실을 들고 있는 예가 될 수 있다. 이 때 진실이라 함은 말의 진실을 의미하는 것으로 이것은 진언의 내용이 된다. 불교에서의 mantra 즉 진언은 '말' 그 자체가 가진 주력성(呪力性)이라고 하기 보다는 진리 및 그 체현자의 서원에 의한 가지력에 근거를 두고 있다. 수행자에 의해서 '주구(呪句)'는 진리의 인식에 바탕하는 한에서 진언이 되는 것인데, 그것이 진리와 합치하고, 그래서 '가지자의 본서(本誓)'에 합치할 때 절대적 행위인 '삼밀'로 전환하게 되는 것이다.[57] 의밀과 관련하여『화엄경십지품』또는「입법계품」에서 그 전형적인 예를 찾아볼 수 있다. 여기에서는 '법신비로자나불의 본원력'과 '보살 자신의 지혜력' 사이에 가지가 비로소 성립함을 나타내고 있다.[58]

신밀과 관련해서는 자신가지(自身加持; svakāyādhiṣṭhāna)라는 술어에서 의미하는 바와 같이 '자신을 능동적으로 가지한다'라는 측면이 구체적으로 나타난다. 삼밀 모두가 능동적으로 수행자의 행위에 변화를 주지만, 특히 신밀로서의 자신가지(自身加持)는 스스로의 육체적 구체성 속에 가지를 나타내어, 여래의 가지력에 의해 스스로 가지신(加持身)[59]을 현증(現證)한다는 밀교의 전형적인 가지의 존재 방식을 나타내기 때문이다.[60] 그래서 구밀은 절대적 진리 그 자체와 관계하고, 의밀은 보리심이라고 하는 '피가

55 生井智紹,「眞言異趣による行の確立 -大乘佛教にお·ける密教の形成についての一視座-」, 松長有慶 著,『インド密教の形成と展開』(京都: 法藏館, 1988), 126면.

56 '네 가지 종류의 가지'란 prajňādhiṣṭhāna[지혜가지], satyādhiṣṭhāna[진실가지], tyāgāadhiṣṭhāna[보시가지], upaśamāadhiṣṭhāna[적정가지]의 네 가지이다.

57 生井智紹, 前揭書, 127면.

58 上揭書, 128면.

59 橘信雄,「加持身說の源流, 新義眞言教學の硏究」,『賴瑜僧正七百年御遠忌記念論集』(東京: 大藏出版, 2002), 234면.

60 上揭書 pp. 128-129; 生井智紹,「自身加持 -その語義と諸形態-」,『印度學佛教學硏究』, 第44卷, 第2號, 1993, 151면 ; 自身加持는 자신의 신체에 실제 가지의 현상이 나타나는 것으로, 보살의 경지에서도 十地 중 八地 이상의 보살에게서 나타난다.『십지품』에서 묘사하고 있는 八地 이상의 보살은 "모든 불국토와 모든 도량에서 자신의 신체 [svakāyam]를 가지하여 [adhiṣṭhāna], 인발하고 [abhinirharati], 여러 가지 모습을 시현한다 [ādarśayati]" 라고 설한다. 또한 "여래가 願身, 化身, 加持身, 色身으로서 나타날 때, 이 '신체[kāya]를 가지한다'라고 서술하고 있다. 그 때 '자신' 속에 '불국토의 장엄' '여래신'이 '가지하고 나타나고' '불국토의 장엄 [여래신]' 속에 '자신'을 가지하고 시현한다"라고 설하고 있다.

지자 측의 주체적 의사(意思)'가 '가지하는 주체인 절대자'와의 관련에 있어서 비로소 효과를 발함에 대하여, 신밀은 자신을 '능동적으로 가지한다'라고 하는 측면을 나타내게 된다. 그러므로 세간의 언어가 진리와 합치하고[口密], 그래서 가지자의 본서(本誓)[意密]에 능동적으로 합치[身密]할 때 절대적 행위인 삼밀로 전환하게 되는 것이다.[61] 그러므로 삼밀의 개념은 가지에 의해 비로소 가능하게 되며, 더불어 실재적 진실과 합치하는 행동원리로서의 인(印), 진언, 만다라의 삼밀행이라는 수단에 의해 가지가 가능하게 되는 것이다.

둘째, 보리심과 가지와 관계는 자심가지(自心加持)라는 술어 속에 잘 나타나고 있다. 『화엄경입법계품』에는 보리심을 108가지 종류에 비유하고 있는데, 보리심의 성격은 그 기능적 관점에서 다음과 같은 세 가지 측면으로 정리되어진다. ①보리심의 인과 연으로서의 원인성[62] ②보리심이 가진 신비적 기능[63] ③보리심이라고 하는 수행의 장의 공간성[64] 등이다. 이 세 가지 측면 모두는 자심을 장(場)으로 하여 나타나는 의미를 가지고 있는데, 이것은 adhiṣṭhāna가 가진 말뜻의 거의 모든 것을 조망하여, 자심과 깨달음의 세계[보리]의 모든 현상, 즉 보리심과 보리로부터의 활동[菩提行]의 존재모습을 표현하고 있다. 이러한 보리심은 '보리 즉 무상(無上)의 정각(正覺)을 지구(志求)하고자 하는 마음'[65]이라고 정의되는데, 이것은 순백무구(純白無垢)한 마음으로서『대일경소』에는 백정신심(白淨信心)이라 하고,『삼매야계서』에는 신심(信心)이라고 한다. 이 신심이 보리심의 체(體)가 된다. 이 체(體)로부터 보리심의 행상(行相)인 행원심, 승의심, 삼마지심을 일으키는 것이 밀교에서 말하는 수행이 되는 것이다. 그러므로 수행이라는 것은 보리심을 발하여 '마음이 곧 보리(菩提)의 상(相)'임을 수습해 나가는 차제가 되는 것이다. 이것은 마음의 장(場)에 보리 즉 무상의 정각이 나타나는 것이 된다. 이것을 자심가지(自心加持)라고 한다. 자심은 이러한『화엄경』의 주요사상인 '법계즉일심'의 사상이 구체적으로 수행자에게 관해질 때, 그

---

61 生井智紹,「眞言異趣による行の確立 -大乘佛教にお·ける密教の形成についての一視座-」, 松長有慶 著,『インド密教の形成と展開』(京都: 法藏館, 1988), 127면.
62 ①보리심이라고 하는 因, ②중생을 양육하는 緣, ③중생의 자심과 安心
63 ①보리심이 가진 주술성, ②청정성과 정화작용, ③더러움을 끊어버리는 작용
64 ①安住하는 장소 즉 귀의처, ②길을 밝히는 것, ③깨달음에 이르는 운송수단
65『密教大辭典』(京都: 法藏館, 增訂版, 昭和44), 2051면.

존재 모습은 '자심'이라는 말로 집약된다. '여실지자심'[66]의 자심이다. 그러므로 그 자심이라함은 보리심이라는 관념에 환치되어진다. 따라서 자심이라는 말은 보리심 즉 보리의 특질을 갖춘 마음으로서 '스스로의 본원(本源)'을 의미하게 된다. 이것이 '행자의 청량한 마음의 물에 부처님의 영상이 비치고 수행자는 그 부처님의 그림자를 능히 받아가진다'[67]는 '가지'의 밀교적 해석과 상통하고 있다.

셋째, 서원과 가지와의 관계는 보리심사상에 연원을 두고 있다. 보리심은 '보리 즉 무상(無上)의 정각(正覺)을 지구(志求)하고자 하는 마음'이라는 사전적 정의에서 볼 때 보리심은 보리를 구하고자 하는 마음 즉 자신의 본원력에서 출발하고 있다. 이 본원력이 바로 서원이다. 그러므로 서원은 가지를 위한 가장 근원적인 출발점이 되고 있다.

넷째 신변은 가지의 범어 원어인 ādhiṣṭhāna의 번역이기도 하므로 가지라는 말과 같은 의미라고 보아도 좋을 것이다. 그러나 신변의 의미로는 vikurvita를 비롯해서 anubhāva, ṛddhi, prātihārya 등의 범어 원어도 같이 쓰여지고 있어서 엄격하게는 가지와 다른 양상을 가지고 있다. 가지와 신변의 차이는 첫째, 그 규모의 차이를 들 수 있다. 신변이라 하는 말은 '주변도 중앙도 없이' '광대한' '무변의'라는 말이 수식되어지고 있음과 같이 대단히 대규모적인 현상을 나타내고 있으나, 가지는 신변의 여러 가지 요소 중 어떤 하나의 요소를 나타내는 경우가 많다. 그 중에는 규모가 커서 신변과 유사한 용례도 있으나 가지의 결과적인 역할은 '중생에게 해탈의 경계를 이해시키기 위한 힘'이나 '보살에게 신변을 나타내게 하는 힘' '어떤 것을 중생을 위해 화현하고, 변화하게 함' 등의 한정된 것이라 할 수 있다. 두번째 차이는 양자가 원인과 결과의 관계라는 것이다. 신변은 가지의 결과로서의 의미를 가지고 있다.

이상의 삼밀, 보리심, 서원, 신변 등의 개념을 가지와 관계지어 볼 때, 가지라 함은 '서원을 세우고 보리심을 발하여 삼밀의 인, 진언, 만다라를 수단으로 하여 보리행을 닦아 신변을 나타내는 힘이다'라고 정의할 수 있으며, 이러한 가지의 정의에서 가지와 이들 개념과의 관계를 엿볼 수 있다.

---

66 "實相같이 自心의 本源을 알아차린다"는 뜻이다.

67 『弘法大師全集:卽身成佛義』(京都: 吉川弘文館, 大正 12), 516면.

2. 현대적 논의

가지에 관한 현대적 논의는 두 가지 큰 개념의 틀을 말할 수 있다. 하나는 "가지"라는 술어가 범어 adhiṣṭhāna의 번역어로서 완전히 정착되기 이전의 개념으로서 '서원 및 기원, 기적, 은총 등의 초자연적인 힘을 일으키는 힘 즉 불보살의 위신력'이라는 것이고, 다른 하나는 범어 adhiṣṭhāna의 용례와 의미가 "가지"라고 번역되는데 합당한 개념으로 정착된 이후의 것으로서, 밀교의 의궤와 수행에 필수적인 개념인 '삼밀의 인, 진언, 만다라를 수단으로 하여 보리행을 닦아 자신가지하는 신변을 나타내는 힘'이라는 것이다. 이러한 점에서 가지에 관한 현대적 논의는 첫째, 가지의 결과인 신변과 신통, 기적 등의 초자연적인 힘이 현대 과학의 입장에서 어떤 근거를 가지고 있느냐 하는 것이고, 둘째는 인(印), 진언(眞言), 만다라(曼荼羅)의 삼밀을 수단으로 하는 가지의 수행체계인 밀교의 명상법이 현대의 의학 및 심리학의 정신요법과 어떠한 관련성이 있느냐 하는 것이다.

먼저 가지의 결과인 신변과 신통, 기적 등의 초자연적인 힘이 현대 과학의 입장에서 어떤 근거를 가지고 있느냐 하는데 대해서는 일반적으로 세 가지 입장이 있다. 첫째는 기도배척론자의 입장으로서 초자연적 신변의 현상을 배척하고 가지기도의 효험을 미신이라고 부정하는 경우이고, 둘째는 기도만능론자의 입장으로서 진실한 기도의 결과에 대한 절대적인 믿음을 가지고 있는 경우이며, 셋째는 기도유한론자의 입장으로서 기도를 한다고 해서 반드시 신변의 성취를 이룬다고 할 수는 없으나 성의를 다한 결과로서의 부사의한 현상을 부정하지 않는 경우이다.[68] 이러한 세 가지 입장은 결국 ①가지기도는 가능한가 ②가능하다면 어떤 점에서 또는 어떠한 범위에서 가능한가 ③또한 현대과학에 의해서 가지기도는 어떠한 근거를 부여받고 있는가라는 세 가지 질문으로 정리된다. 이러한 질문에 대한 해답을 찾는 여러 가지 시도가 있으나[69] 아직 학문적 체계로서 구체적 모습은 없다.

---

68 平井巽, 「加持祈禱の科學的根據」, 『密教文化』14, 1951, 38면.

69 이러한 질문에 대한 해답의 시도로서 平井巽의 「加持祈禱の科學的根據」, 『密教文化』 14(1951.6.25)이라는 논문을 소개한다. 여기에서는 논의의 초점을 두 가지로 나누어 첫째 가지기도에 의해 병을 치료하고 운명을 개척할 수 있는 근거를 논하고, 둘째 천리안(千里眼)과 여타 신비적 현상등 신통력의 가능적 근거 등에 관해 시도를 하고 있다.

둘째는 밀교의 명상법과 현대의학 및 심리학적 정신요법과의 관련성에 관한 것이다. 1932년 서독의 정신의학자 슐츠(J. H. Schultz)에 의해 제창되어 오늘날에 이르기까지 연구를 거듭해 활용되고 있는 일종의 명상법이라고 할 수 있는 자율훈련법[70]은 밀교의 명상법인 삼밀가지수행법과 많은 부분에서 유사점을 갖고 있다. 그래서 밀교의 명상법과 현대의 의학 및 심리학적 정신요법과의 관련성을 논함에 있어, 이러한 자율훈련법과 밀교의 명상법을 비교하는 것이 적절한 논의가 될 것이라고 본다. 자율훈련법은 그 방법이 과학적이며, 비종교적이어서 밀교의 명상법과는 대체로 무관계한 것처럼 보이지만, 자세를 가다듬고[調身], 호흡을 고루고[調息], 마음을 고요히 하여 어떤 이미지를 상념하고 자기를 관찰하는 등 어떤 종류의 관념을 모으고[調心], 여러 가지의 집착에서의 해방을 이룬다고하는 점에서 신밀, 구밀, 의밀의 삼밀가지의 수행체계를 가지고 있는 밀교의 명상법과 공통된 점을 갖추고 있다고 말할 수 있다. 또한 밀교명상법의 과정에서 행해지는 정신집중의 위치[71]와 현대 서양의학 특히 근년 현저한 발달을 하고 있는 신경학·대뇌생리학의 성과를 볼 때, 동양의 종교체험에 의한 성취와 서양의 분석학적 지식의 결과 사이에 깊은 관계가 있음을 발견한다.[72] 그리고 신앙에 의한 치료적 효과도 보고되고 있다. 밀교의 명상법이 궁극적 해탈을 위한 길인 동시에 스트레스 해소, 정신병의 예방적, 치료적 효과마저 가지는 것이다.[73] 이점 또한 두 명상법 사이에 공통점을 갖고 있다고 말할 수 있는 점이다. 그러므로 현대 정신의학과 밀교의 명상법은 비정상적인 정신상태를 정상으로 회복하려고 노력하는 점에서 공통되어 있다.

그러나 서양에서의 현대 정신의학의 역사가 히스테리나 신경증, 정신분

---

70 "슐츠(J. H. Schultz)는 포그트(O. Vogt)의 자기최면 연구에 자극되어 최면의 정신생리학적인 매카니즘에 관하여 검토를 시작했으나 근력과 혈관의 강온이 본질적인 원인이라는 것을 알아내고 1932년에 이 방법을 제창했다. 이것은 주의 집중 자기암시의 연습에 의하여 전신의 긴장을 풀고 심신의 상태를 스스로 잘 조절할 수 있도록 연구된 단계적 훈련법이다. (중략) 임상적으로는 널리 身心症), 신경증, 習癖 증의 치료, 일반인의 건강증진, 스트레스 해소, 정신통일 등 넓은 목적으로 쓰이고 있다" [『정신의학 사전』 316면, 山崎泰廣 著, 朴畢圭 譯, 『密敎瞑想과 深層心理』(대구: 以文出版社, 1983), 144면 재인용]

71 코끝이나 손바닥, 심액, 후정의 네곳[四處]를 비롯하여 五處, 七處, 九處, 十二布字, 十九布字, 三十四布字등.

72 山崎泰廣, 『密敎瞑想法』(京都: 永田文昌堂, 昭和56), 108면-109면.

73 山崎泰廣 著, 朴畢圭 譯, 『密敎瞑想과 深層心理』(대구: 以文出版社, 1983), 137면.

열증 등 정신장애를 일으키고 있는 사람의 치료에서 출발하고 그 목적은 사회생활을 영위할 수 있는 정상적인 사회인으로 복귀시키는 곳에 있는데 대하여, 불교는 이 정상적인 사회인조차도 미혹한 범부로 보고 진정한 해탈을 향하여 불성의 각성을 촉진한다는 것에서 출발하는 것이므로, 밀교의 명상법과 현대 정신의학은 그 출발점, 영역, 목적, 방법에서 입장을 달리하고 있다. 두 명상법을 구체적으로 비교해보면 다음과 같다. 먼저 자세에 있어서 현대 정신요법의 명상법인 자율훈련법에서는 긴장이완[Rlelax]이라는 것이 제일 큰 요소인데 대하여, 밀교의 명상법에서는 ①안정 ②긴장이완[Relax] ③생기의 충실 등의 세 가지 요소를 충족하는 자세가 필요하다. 즉 자율훈련법의 자세는 최면에 알맞고 수동적인 주의집중에 적합한 자세인데, 밀교의 명상법에서의 좌법은 주체적 전신적(全身的) 관법에 적합한 자세라고 말할 수 있다. 그리고 호흡법에 있어서는, 자율훈련법의 호흡은 몸과 마음의 긴장을 이완하기 위한 것인데 반하여, 밀교 명상법의 호흡은 진언이 상징하고 있는 불보살과 중생이 하나가 되는 경계[生佛不二]를 적극적으로 관하는 것이므로 그 호흡법도 자연히 달라진다. 즉 자율훈련 때의 호흡은 깊고 천천히 하게 되고 복식호흡이 되며, 들숨과 날숨의 비례가 증가하는데 비교적 들숨의 시간이 길어지는 형식이다. 이에 반해 밀교의 명상법은 일반적으로 깊고 천천히 복식호흡을 하되, 들숨과 날숨의 비례는 훨씬 줄어서 날숨의 시간이 들숨의 시간보다 3-4배 길게 하는 형식이다.

관념법의 경우 자율훈련에서는 표준연습에 이어 행해지는 묵상 연습은 제1에서 제6까지의 공식을 수동적 주의집중의 자기 최면에 의해 온몸의 긴장을 이완하도록 하는데, ①색채심상관 ②구체물심상관 ③추상물심상관 ④감정체험의 시각화 ⑤인물의 시각화 ⑥무의식으로부터의 응답 등의 여섯 단계로 구성되어 있다. 이 가운데 ①②③은 밀교의 명상법의 하나인 아자관(阿字觀)에서 백색의 월륜(月輪) 위에 홍련화 또는 백련화와 금빛 아자(阿字)를 본존으로 하여 명상하는 과정에 해당한다. 그것은 색채와 구상을 갖추어 있고 추상적인 아자본불생(阿字本不生)을 관한다는 뜻이다. 또한 묵상연습에서는 색채에서 구체물 추상물의 심상화에로 단계적으로 들어가는데, 아자관에서도 아자의 소리[聲], 글자[字], 실상(實相)을 관하며, 글자는 곧 아자라는 문자와 연꽃 만월의 형상이라는 구체물에서 실상 즉 본불생(本不生)이라고 하는 추상에로 관념하는 점은 유사하다. 그러나 묵상연습에서는 어느 것이나 자유로이 생각에 떠오른 것을 기다리는 것인데 반해,

아자관 즉 밀교 명상법에서는 이미 일정하게 규정된 것으로서 본존의 형태나 색깔 또는 관념내용이 주어진다. 아자관과 같이 밀교의 명상법은 자율훈련법의 묵상연습처럼 일단 자유로운 형태와 색깔을 떠올리는 것은 허용되지 않으므로 한정된 부자유함을 느끼게 될지 모르나, 이것은 이미 깨달음을 얻은 자들의 마음에 떠오른 본불생(本不生)의 생생한 이미지를 나타낸 것으로서, 많은 선인(先人)들이 걸어온 깨달음에 이르는 바로 그 길을 나타낸 것이어서, 외형은 설사 규정되어 있다손 치더라도 각자 수행에 따라서 자재한 세계를 열 수 있게 되어 있다. 묵상연습의 ④감정체험의 시각화는 바다와 산 위에서 넓고도 멀리 내려다 볼 수 있는 장소에서 당시의 일관된 어떤 기분을 음미하려고 하는 단계이다. 이것은 아자관에서 본불생의 상징, 본불생의 심상화로서의 월륜이나 연화에서 느껴오는 감정이나 기분을 느끼는 단계에 해당한다고 할 수 있다. 묵상연습의 ⑤인물의 시각화는 남이나 자기를 훈련해 보는 것으로, 이제까지 알지 못했던 여러가지 면을 보게 하는 것이다. 이것은 밀교에서 자심(自心)과 부처님 및 중생의 셋이 평등하다고 관하는 것[三平等觀]이나, 자기와 중생을 일체로 관하는 것[四無量心觀]등이나, 『대일경』「주심품」에서 설하는 여덟 가지 마음[八心], 육십가지 마음[六十心], 삼겁(三劫) 등의 교의에 의한 자심의 분석이나, 삼매에 의하여 자심을 객관시 한 만다라의 모든 불보살의 모습을 관하는 과정에 해당한다. 만다라의 모든 불보살은 바로 깨달은 경계에서 본 타인의 시각화이며 그것은 동시에 본래의 자신의 시각화이기도 하기 때문이다. 그리고 묵상연습의 ⑥무의식으로부터의 응답은 특별한 응답에 대한 규정 없이 극히 자유로이 자기의 심층에다 '자신은 대체 무엇인가?', '자기는 무엇을 해야 하는가?' 등의 질문을 하고 무의식으로부터의 대답을 수동적으로 기다리는 것이다. 이에 대해 아지관에서는 '현세의 몸으로부터 불신(佛身)에 이르기까지 삿된 것을 바꾸어 삼보에 귀의하고 불도를 구하라. 이는 곧 진언의 사중금계(四重禁戒)이다'라는 등의 수행자로서 해야 할 사명관을 주체적 입장에서 제시하고 있다.

이와 같이 자율훈련이 과학적 비종교적 대증요법적(對症療法的인데 대하여, 밀교의 명상법은 초과학적 종교적이며 근원적 해탈을 목적으로 하는 것이다. 그러므로 양자(兩者) 사이에는 공통점도 있으나 본질적으로는 서로 다른 것이다.[74] 그러나 밀교의 세계에서는 생리적 유한의 육체와 불이(不二)의 관계에 있는 본래의 대생명[우주의 절대성]과 여러가지 마음의 문제[정신적 측면]를 다루고 있음을 생각해 볼 때, 이들 연구는 과학적 방법을 사용한 해석적 혹은 대증요법적(對症療法)인 과학으로 아직 한 세기도 지나지 않은 새로운 분야이며, 금후 학적인 체계를 세우기 위해서는 몸과 마음의 불이성(不二性)에 관해 더욱 많은 학문적인 축적이 필요하다. ❁

선상균 (위덕대)

74 밀교의 명상법과 서양의 현대 정신의학과의 연관성에 관해서는 山崎泰廣, 『密教瞑想法』(京都: 永田文昌堂, 昭和56), 108-135쪽 및 山崎泰廣 著, 朴畢圭 譯, 『密教瞑想과 深層心理』(대구: 以文出版社, 1983), 134면-164면에 상세히 서술되어 있다.

화엄관법

범 Avataṃsaka-dharma-parīkṣā 한 華嚴觀法
영 The Meditation of Hua-yen Study

Ⅰ. 어원적 근거 및 개념 풀이

1. 어원적 근거

화엄관법(華嚴觀法)이라는 용어는 중국의 화엄종(華嚴宗)에서 제창된 화엄교학의 교리를 실천적으로 수행하기 위하여 수대(隋代)와 당대(唐代) 및 신라의 화엄학자들에 의하여 사용된 언어이다. 이 화엄관법의 개념은 예전은 물론 지금도 명확하게 규정되어 있지 않다. 그 자세한 이유는 이하에서 살펴보는 여러 가지 화엄관법에서 개별적으로 파악되겠지만, 그것은 곧 '『화엄경(華嚴經)』의 사상에 대한 관법'이라는 의미보다는, 대개 화엄학자들이 제창한 '화엄교학에 대한 관법'이라는 의미가 강하게 나타난다. 결론적으로 요약하자면, 화엄관법이란 화엄학자들이 제창한 여러 가지 화엄교학을 관하는 것과, 화엄종의 소의경전인 『화엄경』의 내용을 관하는 것으로 구성되어 있다고 말할 수 있다.

이 용어의 표기는 중국어로는 Hua-yen kwanpou, 영어로는 The Meditation of Hua-yen Study이다. 이 용어는 대개 화엄종의 문헌에서 사용되었으며, 나중에 화엄학의 영향을 수용한 일부의 선어록에도 화엄관법이 거론되었다.[1]

화엄관법은 인도에서 찬술된 문헌에서는 사용되지 않았으나, 굳이 범어로 표기하자면 Avataṃsaka-dharma-parīkṣā 정도가 될 것이다. 다만 이 경우는 『화엄경』을 뜻하는 Avataṃsaka라는 언어가 의미하는 대로, '『화엄경』의 법에 대한 관찰'이라는 의미로 수용해야 할 것이다. 화엄종의 소의경전인 『화엄경』은 인도에서 성립되고 서역에서 증광된 것으로 추정되고 있다. 그러나 인도에서 찬술된 몇 가지의 화엄관계 주석서에서 화엄관법이라는 용어가 사용된 흔적도, 화엄관법을 논의한 저술도 보이지 않는다. 티베트 불교에서도 이 용어는 역시 사용되지 않았던 것으로 사료된다.

2. 개념 풀이

화엄관법이라는 용어는 많은 화엄관계의 문헌에서 구사되어 있으나, 이 용어의 의미는 통일적으로 규정되어 있지 않다. 대개 화엄교학의 관법이라고 하면 될 것 같으나, 이것은 추상적이고 또한 포괄적인 개념에 지나지 않는다. 왜냐하면 이 용어는 관법의 내용이 다양한 십여 가지 문헌에 걸쳐있을 뿐만 아니라, 그 의미도 관법에 따라서 여러 가지로 사용되어 있기 때문이다. 따라서 이 화엄관법이라는 용어의 정확한 의미는 다양한 관법을 주장한 화엄학자들의 개별적인 저술에 의거하여 살펴보아야 한다.

그런데 근대 이후 지금까지 화엄교학을 연구한 저서와 관계 논문에서 화엄관법은 구체적으로 설명되거나 연구되지 않았다. 그 까닭은 무엇보다 화엄관법의 종류를 어디까지 설정해야 하는가라는 문제와, 그 화엄관법을 설하는 화엄종의 연구문헌은 무엇인가라는 문제가 놓여있었기 때문이다.

이 용어와 관련하여 일본의 응연(凝然, 1240-1321)은 『화엄법계의경(華

1 예를 들면, 『선종송고련주통집(禪宗頌古聯珠通集)』(『卍續藏』, 2-20-1, 29상)에 '華嚴經法界觀'이라 표현하였고, 『혜림종본선사별록(慧林宗本禪師別錄)』(『卍續藏』, 2-31-3, 260상)에 '華嚴法界觀序云'이라 하여, 법계관에 의거하여 화엄관법을 논의하였다. 또한 화엄학자이면서 선종과도 관계 깊은 후대의 징관(澄觀)이나 종밀(宗密)의 저서를 고려하면, 선종에서도 화엄관법을 알고 있었던 것이 분명하다.

嚴法界義鏡』의 「제5 관행상모(觀行狀貌)」에서 화엄관법의 종류를 다음의 열 가지로 분류하였는데,[2] 이것이 화엄관법의 종류를 분류한 최초의 설이다. 그 열 가지 화엄관법은 다음과 같다.

1. 법계관(法界觀)	2. 화엄삼매관(華嚴三昧觀)
3. 망진환원관(妄盡還源觀)	4. 보현관(普賢觀)
5. 십중유식관(十重唯識觀)	6. 화장세계관(華藏世界觀)
7. 삼성원융관(三聖圓融觀)	8. 화엄심요관(華嚴心要觀)
9. 오온관(五蘊觀)	10. 십이인연관(十二因緣觀)

그 후 율장(律藏)은 『유심법계기강변(遊心法界記講辯)』에서 앞의 분류를 개정하여 크게 다음의 세 부문으로 구분하고, 그 세 부문에 다음의 11종류의 관법을 분배하였다.[3] 곧 제1 약교천심문(約教淺深門)에는 오교지관(五教止觀)·유심법계기(遊心法界記)·탐현유식관(探玄唯識觀)을, 제2 직현오지문(直顯奧旨門)에는 법계관문(法界觀門)·망진환원관(妄盡還源觀)·보현관(普賢觀)·화장세계관(華藏世界觀)·삼성원융관(三聖圓融觀)·화엄심요관(華嚴心要觀)을, 제3 기현염정문(寄顯染淨門)에는 오온관(五蘊觀)·십이인연관(十二因緣觀)을 분배하였다.

이러한 분류는 예전부터 화엄관법의 범위를 논하는데 많은 참고가 되어 왔으며, 지금도 화엄관법을 담론할 때 이러한 분류를 바탕으로 연구 관찰하고 있다.

그런데 이상의 십여 가지 화엄관법을 저자별로 분류하면, 중국 화엄종의 초조 두순(杜順, 557-640)과 제3조 법장(法藏, 643-712), 제4조 징관(澄觀, 738-839)의 저술에서 설해진 것들이다. 이것을 화엄학자들의 개별적인 학설에 따라서 배치하면 다음과 같다.

1. 두순 : 법계관문
2. 법장 : 오교지관·유심법계기·망진환원관·탐현유식관·보현관·화장세계관

2 凝然, 『華嚴法界義鏡』(『日本大正藏』, 「華嚴宗章疏」下, 590하)
3 律藏, 『遊心法界記講辯』(『日本大正藏經』, 「華嚴宗章疏」上, 587하)

3. 징관 : 화엄심요관·삼성원융관·오온관·십이인연관

그러므로 화엄관법은 고정된 한 가지 관법이 아니라, 다수의 화엄학자들에 의하여 주장된 여러 가지 관법을 총칭하는 것이라 볼 수 있다.

그러나 화엄관법의 종류는 앞에서 거론한 것들이 전부는 아니다. 앞에서 소개한 분류목록에는 포함되지 않았으나, 오늘날 우리에게 친숙한 징관의 사종법계관(四種法界觀)도 있고, 제5조 종밀(宗密, 780-841)의 일진법계관(一眞法界觀)도 거론된다. 또한 크고 작은 여러 가지 관법을 주장한 제2조 지엄(智儼, 602-668)에서 비롯하여 법장에 의하여 정비된 십현연기설(十玄緣起說)을 이제는 화엄관법으로 간주하기도 하며, 법장이 만년에 저술한 『화엄의해백문(華嚴義海百門)』도 관법의 일환으로 다루기도 한다. 그리고 이통현(李通玄, 635-730)에게서 발원하는 불광삼매관(佛光三昧觀)도 여기에 해당한다. 그 외에 저술이 산일되어 전해지지 않기 때문에 자세한 설명은 알 수 없지만, 신라의 화엄학자 의상(義湘, 625-702)에게도 한 종류의 화엄관법서가 있었으며, 원효(元曉, 617-681)에게도 그러한 저술이 있었는지 모른다.

여하튼 예전에 분류한 화엄관법과 근래에 추가하는 것들을 합하면, 고금을 통하여 거론된 화엄관법은 대략 15가지를 상회한다. 화엄관법의 종류와 주장한 이들이 이렇게 다양하기 때문에 화엄관법의 의미를 한두 가지로 규정하기는 곤란하며, 그 각각의 관법에 따라서 개별적으로 고찰할 수밖에 없는 형편이다. 여기에서 설명되는 화엄관법의 내용은 수당(隋唐)과 신라 화엄학자들의 주장과, 그것을 연구한 근현대의 여러 연구서들의 설명을 종합하여 요약한 것이다.

Ⅱ. 역사적 전개 및 텍스트별 용례

1. 역사적 전개

1) 두순(杜順)의 화엄관법

(1) 법계관문(法界觀門)

화엄관법을 고찰할 때 제일 먼저 화엄 초조로 간주되는 두순(557-640)을 취급하는 이유는,『법계관문(法界觀門)』이라는 저서가 두순의 저작이라 여겨지고 있기 때문이다. 그러나 사실 두순이 화엄 초조인지, 또『법계관문』이 두순의 저작인지 아닌지는 아직 확실하게 판명되지 않았다. 이에 대한 견해는 논의하는 학자마다 다르며, 그 결론은 아직도 완결되지 않았다. 그러나 일단『법계관문』을 두순의 저작이라 보고 그 관법의 내용을 살펴보기로 한다.

『법계관문』은『망진환원관』과 함께 당나라 중기부터 중국불교계에 매우 큰 영향을 끼친 것으로 알려졌다.[4] 현재『법계관문』의 원본은 전해지지 않지만, 징관의『화엄법계현경(華嚴法界玄鏡)』중에 주석본으로 전해지고 있다.『법계관문』의 주석서는 원래 약 20종류가 있었으나, 지금은 징관의『화엄법계현경』과 종밀의『주화엄법계관문(注華嚴法界觀門)』, 그 밖의『법계관문지등소(法界觀門智燈疏)』·『법계관피운집(法界觀披雲集)』·『주화엄법계관문송(註華嚴法界觀門頌)』의 다섯 가지가 전해지고 있다.[5]

①『법계관문』의 내용

『법계관문』은 삼관(三觀) 30관문이 기본 골격을 이루고 있다. 기본 관법은 제1 진공관(眞空觀), 제2 이사무애관(理事無碍觀), 제3 주변함용관(周遍含容觀)의 삼관으로 구성되어 있고, 그 삼관은 각각 열 관문씩 총합 30가지 관문으로 구분되어 있다. 이후의 화엄학에서 차지하는 그 내용의 중요성을 고려하여 전체 삼관 30관문의 명칭을 표현하면 다음과 같다.[6]

> 제1 진공관은, 1. 회색귀공관(會色歸空觀)은 ① 색부즉공이즉공고(色不卽空以卽空故) ② 색부즉공이즉공고(色不卽空以卽空故) ③ 색부즉공이즉공고(色不卽空以卽空故) ④ 색즉시공(色卽是空)의 네 가지가 있고, 2. 명공즉색관(明空卽色觀)은 ① 공부즉색이공즉색고(空不卽色以空卽色故) ② 공부즉색이공즉색고(空不卽色以空卽色故) ③ 공부즉색이공즉색고(空不卽色以空卽色故) ④ 공즉시색(空卽是色)의 네 가지 있으며, 3. 공색무애관(空色無碍觀), 4. 민절무기관(泯絕無寄觀)으로 구성되어 있다.
>
> 제2 이사무애관은, 1. 이편어사문(理遍於事門) 2. 사편어리문(事遍於理門)

4 吉津宣英,「澄觀の華嚴敎學と杜順の法界觀門」(『駒大佛敎學部硏究紀要』제38호, 1980)
5 木村淸孝,『初期中國華嚴思想の硏究』(東京: 春秋社, 1977), 329면.
6 澄觀,『華嚴法界玄鏡』(『大正藏』45권, 672이하)

3. 의리성사문(依理成事門) 4. 사능현리문(事能顯理門) 5. 이리탈사문(以理奪事門) 6. 사능은리문(事能隱理門) 7. 진리즉사문(眞理卽事門) 8. 사법즉리문(事法卽理門) 9. 진리비사문(眞理非事門) 10. 사법비리문(事法非理門)으로 구성되어 있다.

제3 주변함용관은, 1. 이여사문(理如事門) 2. 사여리문(事如理門) 3. 사함이사무애문(事含理事無碍門) 4. 통국무애문(通局無碍門) 5. 광협무애문(廣狹無碍門) 6. 편용무애문(遍容無碍門) 7. 섭입무애문(攝入無碍門) 8. 교섭무애문(交涉無碍門) 9. 상재무애문(相在無碍門) 10. 보융무애문(普融無碍門)으로 구성되어 있다.

『법계관문』의 제1 진공관은 회색귀공관부터 민절무기관까지 네 부문으로 구성되어 있다. 여기서 말하고자 하는 바는, 현상계의 모습을 표현한 색(色)과 본질의 속성을 지시한 공(空)의 무애와, 나아가 그 색과 공의 구별조차 두지 않는 데에서 진공(眞空)의 관문이 시현된다는 것이다. 그 다음 제2 이사무애관은 열 부문으로 구분하여 이사(理事)의 무애를 관하는 것이다. 색과 공이 존재와 비존재, 또는 유(有)와 무(無)의 문제라면, 이(理)와 사(事)는 현상과 이법, 또는 역용(力用)과 체성(體性)의 관계이다. 현상은 이법에 근거하여야 현상으로 성립하고, 이법은 현상으로서 시현되어야 이법으로서 의미가 있다. 이 현상과 이법이 무애하게 상통하는 관계를 이사무애라 하고, 그것을 열 부문으로 설명한 것이 이사무애관이다. 그 다음의 제3 주변함용관은 이사무애의 기초 위에서 사사물물(事事物物)의 모든 존재가 무애자재한 것을 설명한다. 주변함용의 열 부문은 다름 아닌 사법(事法)의 무애자재한 모습을 표현한 것으로, 나중에 화엄일승교학의 중심철학인 십현문(十玄門)을 성립시키는 근간이 된다.

『법계관문』 삼관에서 제1을 진공관으로 삼은 것은, 반야(般若) 사상의 출현 이래 대승의 공관에 그 기원을 두고 있는 것이라 하겠다. 법계관문이 화엄 관법 중에서 가장 중요한 관법이라면, 그 관법의 기원을 공관에 두고 있다는 것은 화엄 관법에서 공관의 중요성을 의미하는 것이라 볼 수 있다. 그리하여 이 공관을 기본으로 하여 이사무애관과 주변함용관이 더해져 삼중관이 성립된 모습을 보여준다. 제1 진공관의 기초 위에 성립된 제2 이사무애는, 나중에 성립된 징관의 사종무애법계를 예로 들어보아도 화엄교학의 가장 중요한 개념에 해당한다. 인도불교가 공유(空有)에 관하여 깊이 논구하였다면, 중국불교는 이사(理事)의 추구에 의하여 중국적 특징을 형성하였다고 볼 수 있는데, 그 이사무애의 전형적인 이론이 바로 『법계관문』의 제2 이사무애관이라 할 수 있다.

『법계관문』의 증광이라 말해지는 법장의 저술 『발보리심장』에는 제4 표덕(表德)에서, 1. 진공관, 2. 이사무애관, 3. 주변함용관, 4. 색공장십문지관(色空章十門止觀), 5. 이사원융의(理事圓融義)를 논하여, 『법계관문』의 삼관을 수용한 다음에 이사원융(理事圓融) 등을 더 첨가하였다. 그 제2 이사무애관과 제5 이사원융의에는 각각 열 부문이 있는데, 그 둘을 비교한 결과 전자는 인법(因法)으로서 여래장의 이사무애관이고, 후자는 과법(果法)으로서 관하는 것이라 간주하기도 한다.[7]

이러한 이사의 무애 위에 성립된 것이 제3 주변함용관이다. 이 주변함용은 모든 것을 내포하여 사사무애의 화엄법계를 전개하여 나간다. 이와 같이 『법계관문』은 삼관을 중심으로 화엄의 법계관을 구축하고 있다는 것을 알 수 있다.

② 『법계관문』의 사상적 근원

이 『법계관문』의 삼중 관문에 대하여 징관의 『화엄법계현경』과 종밀의 『주화엄법계관문』의 『법계관문』을 천태삼관(天台三觀)과 대비하여 고찰한 일이 있는데, 『법계관문』의 제1 진공관 4문의 1. 회색귀공관은 천태 삼관의 제1 종가입공관(從假入空觀), 진공관의 제2. 명공즉색관은 종공입가관(從空入假觀), 제3. 공색무애관은 역색역공(亦色亦空)의 쌍조(雙照), 제4. 민절무기관은 비색비공(非色非空)의 쌍차(雙遮)의 중도제일관(中道第一觀)이 그것이라 보았다.[8] 곧 징관과 종밀의 주석서를 별도로 하고 『법계관문』을 읽어보면, 먼저 현상계의 색(色)과 본성인 공(空)의 무애함을 논하고, 그 다음 이 색과 공의 속성을 대변하는 이(理)와 사(事)의 무애함을 논하고, 그 뒤에 사(事)는 이(理)가 되고 이(理)는 사(事)가 되는 이사무애한 삼관을 논하였다는 것을 알게 된다. 그 제3 주변함용관이야말로 나중에 화엄학의 원융무애사상의 기초가 되었다. 결국 천태의 삼관은 『법계관문』의 삼관 중에서 제1 진공관에 포함된다는 해석이다. 이 화엄의 삼관을 천태의 삼관과 비교하

7 小林實玄, 「華嚴三昧觀の硏究」, 『印度學佛教學硏究』 제24-1호, 昭和 54년, 325면.
8 結城令聞, 「隋唐の中國的新佛教組織の一例としての華嚴法界觀について」, 『印度學佛教學硏究』 제6-2호, 昭和33년, 278-280면.

면, 화엄의 삼관은 원융하다는 측면 외에도 무애하다든가 자재하다는 개념을 더 보강한 것처럼 여겨진다.

천태의 공(空)·가(假)·중(中) 삼제와 종가입공관· 종공입가관·중도제일관 삼관의 교의적 출전은, 천태 지의(智顗)의 『묘법연화경현의(妙法蓮華經玄義)』나 『천태사교의(天台四教儀)』 등에 의하면 『보살영락경(菩薩瓔珞經)』과 『인왕경(仁王經)』에서 구하였다고 하는데, 현대의 연구에 따르면 그 삼제의 사상적 근원은 또한 용수(龍樹)의 저서 『중론(中論)』의 삼제게(三諦偈)에서 찾아진다.[9] 『법계관문』의 저자가 두순이든 그 밖의 다른 사람이든, 천태보다 약 20년 이후에 출생하였으므로 천태삼관을 모르지 않았을 것이며, 천태삼관 이외에도 『중론』의 삼제게에 근거하여 화엄의 삼관을 구축하였을 것이다. 천태의 삼관과 『법계관문』의 삼관은 모두 공통적으로 『중론』의 공관이라는 토대 위에서 구축되었는데, 『법계관문』의 삼관은 천태의 삼관을 참고하면서 동시에 보완하여 원융무애한 화엄적 법계를 나타내려한 것이라 고려된다. 천태의 삼관과 『법계관문』의 삼관을 직접 연계하여 논의한 것은 후대의 징관으로, 징관은 천태의 삼관을 채용하면서도 한편으로는 화엄교학을 천태의 위에 두려고 노력하였다.

『법계관문』의 삼관 성립에 대하여. 일부에서는 선종의 관법과 연관지어 고찰하였다. 곧 『법계관문』의 삼관을 달마급다(達摩笈多)의 사교판(四教判)에 배당하여, 진공관은 무상교(無相教), 이사무애관은 법상교(法相教), 주변함용관은 관행교(觀行教)에 상응하게 배대하였다고 한다.[10] 그리하여 『법계관문』의 사상은 두순 자신이 선정 중에 『화엄경』의 법문을 파악하여 그것을 실천적으로 체계화하여 논리 부여한 것으로, 두순의 독자적 계발이라고 논하고 있다.

③ 『법계관문』의 후대의 영향

화엄관법 가운데 『법계관문』은 그 영향력이 적지 않아 이후의 화엄학자들에게 전승되어 주석되었고, 나아가 선종에서도 관심을 보여 몇 가지 문헌에서 인용되었다.

그런데 이상하게도 두순의 제자라는 지엄은 『법계관문』을 그렇게 중시

9 龍樹, 『中論』 (『대정장』 30권, 33중). "衆因緣生法 我說即是空 亦爲是假名 亦是中道義."
10 高峯了州, 『華嚴思想史』(京都: 百華苑, 昭和17년), 153-154면.

하지 않았던 모양이다. 학계에서 이『법계관문』을 두순의 저작인가 아닌가 의심 하는 이유 가운데 하나는, 두순의 제자 지엄에게『법계관문』의 영향이 보이지 않는다는 것이다.[11] 지엄도 화엄사상에 기초하여 실천수행을 추구하였으나, 그 사상적 내용은『법계관문』과는 다른 화엄의 보현행(普賢行), 혹은 회향(迴向)의 강조였다는 것이다.

그러나 지엄의 제자 법장은『법계관문』을 적극 수용하였을 뿐 아니라, 한편으로는『법계관문』의 토대 위에서 화엄관법을 더욱 발전시켰다. 법장의 저술 중에서『법계관문』의 삼관이 보이는 것은『발보리심장(發菩提心章)』과『화엄삼매장(華嚴三昧章)』이다.『화엄삼매장』에는『법계관문』의 삼관 명칭만 보이지만,『발보리심장』에는 삼관 문장 전체가 보인다. 곧 제1 발심(發心), 제2 간교(簡敎), 제3 현과(顯過), 제4 표덕(表德)의 네 조항으로 구성된『발보제심장』의 제4 표덕의 다섯 부문 중 앞의 셋은『법계관문』의 삼관 그대로이다. 그리고 그 삼관 뒤에 제4 색공장십문지관과 제5 이사원융의를 추가하였다.[12] 이것은『법계관문』의 논리적 전개에 다시 실천적인 지관(止觀)의 수행과 원융한 관법을 보충한 것으로 보인다. 또『법계관문』의 제3 주변함용관의 열 부문의 내용과 법장의『화엄경지귀(華嚴經旨歸)』의 십무애(十無碍)의 내용은 서로 관계가 있는 것으로 지적되고 있다.[13]『화엄경지귀』의 십무애의 내용은 화엄일승의 십현문(十玄門)과 관계가 있는 것으로 고찰되고 있다. 따라서 법장의 화엄교학 형성에『법계관문』의 사상이 일부분을 차지한 것으로 판단된다.

그 다음 징관의 저술 중에는『법계관문』의 주석서인『화엄법계현경』이 있고, 또한『화엄법계현경』보다 먼저 저술한『화엄경소(華嚴經疏)』와 그『수소연의초(隨疏演義鈔)』에도『법계관문』의 인용이 부분적으로 나타난다. 징관은『화엄법계현경』에서『법계관문』을 주석하며, 그의 대표적 화엄사상의 하나인 사종법계를 확립하였다. 징관이 사종법계를 제창한 배경에는 당시의 선불교에 대항하기 위하여 화엄적인 실천교학을 나타낼 필요가 있었다고 하는데,[14] 징관은 그것을『법계관문』을 채용하여 그 위에서 사종법

11 木村清孝,『初期中國華嚴思想の研究』(東京: 春秋社, 1977), 354면.
12 法藏,『發菩提心章』, (『대정장』 45권, 652중)
13 吉津宜英,『華嚴禪の思想史的研究』(東京: 大東出版社, 1985), 129면.
14 吉津宜英,「澄觀の華嚴教學と杜順の法界觀門」,『駒大佛教學部研究紀要』 제38호, 1980, 158면.

계를 주장한 것이 아닌가 여겨진다. 또한 『화엄경소』의 제3 의리분제(義理分齊)에서 별교일승(別教一乘)을 설명하는 곳에서, 제1 명소의체사(明所依体事), 제2 섭귀진실(攝歸眞實), 제3 창기무애(彰其無碍), 제4 주변함용(周遍含容)의 넷을 각각 열 부문으로 표현하였는데, 그 제2 섭귀진실의 내용은 『법계관문』의 내용과 같다고 하여 『법계관문』의 제1 진공관을 의미하고, 제3 창기무애는 완전히 『법계관문』의 제2 이사무애관의 내용에 의하여 설명하였다. 또 제4 주변함용의 명칭은 『법계관문』의 제3 주변함용관에 의거하였으나, 그 내용은 주변함용관의 열 부문을 무시하고 법장의 십현문으로써 설명하였다.[15] 그 까닭에 대하여, 징관은 『화엄경탐현기』의 의리분제 내용을 『법계관문』에서 보강하여, 법장의 십현설과 『법계관문』을 결합한 곳에서 『화엄경소』의 의리분제의 사법계(事法界)와 이법계(理法界) 등의 사종법계가 성립한다고 보고 있다.[16]

징관의 제자 종밀도 『주화엄법계관문(注華嚴法界觀門)』을 저술하여 두순의 『법계관문』을 주석하였다.

이 밖에도 『법계관문』은 선어록에도 인용되고 있다. 그 인용 빈도는 그렇게 많지는 않고, 대략 열군데 정도에 이른다. 그 목록은 이미 정리되어 있으므로,[17] 여기서 일부의 출전만 열거하면, 「신정산(神鼎山) 홍인선사법계삼관육송(洪諲禪師法界三觀六頌)」, 『선종송고련주통집(禪宗頌古聯珠通集)』, 『종경록(宗鏡錄)』, 『정법안장(正法眼藏)』 등이 있다. 그것을 내용별로 구별하면, 『법계관문』으로 인하여 게송을 읊은 것, 천태삼관과 비교하여 취급한 것, 화엄법계의 사사무애의 관법으로서 충실히 인용한 것 등이다. 그 인용 내용은 대부분 단편적이기 때문에 초기의 선종사에 사상적으로 큰 영향을 끼쳤다고 보기는 곤란한 것 같다. 다만 영명연수(永明延壽)가 961년 저술한 『종경록』에는 몇 군데에 분할하여 『법계관문』의 전체를 인용하고 있고, 또 같은 책 99권에 종밀의 『주화엄법계관문』의 서문이 실려 있어,[18] 연수는 『법계관문』을 관법으로서 중시하였던 듯하다. 그러나 선종에서는 이 『법계관문』의 삼관보다 징관의 사종법계관을 화엄교학의 관법으로 중시하고, 더러는 『법계관문』의 관법을 사종법계관과 동일시하였던 것으로 보인

15 澄觀, 『華嚴經疏』 (『대정장』 35권, 514상)
16 吉津宜英, 「澄觀の華嚴教學と杜順の法界觀門」, 153면.
17 鎌田茂雄, 『禪典籍內華嚴資料集成』(大藏出版社, 1984)
18 永明延壽, 『宗鏡錄』 (『대정장』 48권, 458상, 460상, 484상, 950하 등)

다. 징관 이후 화엄과 선종의 관계가 심화되었던 것을 말해주고 있어, 당말송초(唐末宋初)에 걸쳐서 화엄과 선이 사상적으로 상통하는 영역을 보유하였던 것으로 추측된다.

2) 지엄(智儼)의 화엄관법

화엄교학의 실질적 기초를 구축한 인물은 지엄(602-668)으로, 전통적으로 중국 화엄종의 제2조에 열거된다. 그러나 초조 두순과 지엄의 사제관계는 교학적인 측면에서 볼 때 그렇게 명료하지 않다. 실제로 지엄의 전기가 전해지는 『속고승전』과 『화엄경전기(華嚴經傳記)』의 기록만으로 두순과 지엄의 관계를 확정하기에는 단편적일 뿐이다.

전래되는 화엄관법의 분류에 따르면, 예전에는 지엄에게 특별한 관법이 없었다고 보았는지, 지엄의 화엄관법이나 저작 같은 것은 거론하지 않았다. 그러나 오늘날 가장 대표되는 화엄교학으로 십현연기설(十玄緣起說)이 주목받고 있고, 그 십현연기설이 최초에 지엄에게서 설해진 사실을 간과할 수 없어, 십현설(十玄說)의 기원과 변천에 대하여 간략하게 언급해 본다.

아울러 이 십현설을 비롯하여 지엄이 설명한 교의 가운데, 오늘날 화엄관법과 연관되어 논의되는 관법도 몇 가지 소개한다.

(1) 십현문(十玄門)의 관법

십현연기설이 본질적으로 『화엄경』의 사상을 표출하는 화엄관법의 성격을 내포하고 있다고 본다면, 종래의 관법 목록에서 명시되지 않은 십현연기설을 이제는 화엄관법의 하나로 취급하여야 마땅하다. 그 이유는 몇 가지가 제시될 수 있다.

우선 지엄이 설한 십현문의 화엄관법적 성격은 각 십문에서 구족하는 십의(十義)에서 찾아진다고 한다. 곧 십현문마다 각각 교의(敎義), 이사(理事), 해행(解行) 등의 십의를 구족하여, 원융무애한 사상을 생출하는 모체가 되고 있고, 특히 해행은 화엄관법의 실천체계로서 주목되는 개념이라 한다.[19] 그 다음 지엄에게서 명칭만 설해진 십현문은 법장에 이르러 화엄원교의 법문으로 강조되었다. 그런데 법장에 의하여 체계화된 이 십현설은 유식학의 삼성설(三性說)과 용수(龍樹)의 중관사상에 기초하여 성립된 사실이 밝혀

19 陳永裕, 『華嚴觀法の基礎的研究』(서울: 民昌文化社, 1995), 69-70면.

졌다.[20] 여기에서도 십현설의 교의에 관법적 요소가 더해진 것이 나타난다.

또한 법장 이후 징관에 이르러 이 십현설은 화엄관법의 한 부분으로 취급되기에 이르렀다. 곧 두순의 『법계관문』은 징관의 『화엄경소』에 채용되어 제1 진공관과 제2 이사무애관은 『법계관문』의 설을 그대로 수용하고, 제3 주변함용관은 그 내용을 법장의 십현설로 치환하여,[21] 십현설을 화엄관법의 대상으로 부각시켰다. 그런 여러 사유로 인하여 종래부터 대표적인 화엄교학으로 인식되고 연구되어 온 십현연기설을, 이제는 화엄관법의 측면에서 연구하기도 하는 것이다.

지엄이 찬술한 저작은 원래 20여부가 있었으나 대부분 산일되어 없어지고, 지금은 화엄관계의 『화엄경수현기(華嚴經搜玄記)』·『화엄경오십요문답(華嚴經五十要問答)』·『화엄공목장(華嚴孔目章)』·『화엄십현문(華嚴十)』 4부와 『금강반야경약소(金剛般若經略疏)』등 전체 5부가 현존하고 있다. 이 가운데 십현설은 『화엄경수현기』와 『화엄십현문』에 나온다. 그러나 『화엄십현문』 또는 『화엄일승십현문』은 종래에 지엄의 저작이라 보았으나, 일부에서는 고려의 균여(均如, 923-973)가 『화엄십현문』은 지엄의 찬술이 아닐지도 모른다고 지적한 것에 의거하여,[22] 지엄 자신의 찬술이 아니라고 단정하였다.[23] 또 다른 연구자도 이 『화엄일승십현문』을 지엄의 저작에서 제외하였다. 이렇게 『화엄십현문』은 지엄의 저작으로서 의심받고 있지만, 십현문이 화엄교학에 미친 영향은 매우 커서, 이 문헌의 자료적 가치를 무시할 수 없는 형편이다. 여하튼 이 저서를 논의에서 제외하더라도 십현설의 최초의 출처가 되는 『화엄경수현기』가 남아 있어, 이에 근거하여 십현설의 관법적 성향을 찾아볼 수 있다.

『화엄경수현기』는 지엄의 이십대 후반의 저작으로 전체가 다섯 부문으로 구성되어 있는데. 이 가운데 제5 수문해석(隨文解釋) 중에 십문현(十門玄)이 설해져 있으며, 이것이 나중에 십현문(十玄門)으로 불리게 된다. 그 지엄이 설한 최초의 십현문의 명칭은, 1. 동시구족상응문(同時具足相應門), 2. 인다라망경계문(因陀羅網境界門), 3. 비밀은현구성문(秘密隱顯俱成門),

20 이 뒤의 주석 139), 140) 참조.

21 이 뒤의 (6)-1) 징관의 화엄관법 참조.

22 均如, 『一乘法界圖圓通記』 하권(金知見編註, 『均如大師華嚴學全書』 상, 681). "至相十玄章一卷別行 或云非至相所述…."

23 石井公成 「一乘十玄門の諸問題」 (『佛教學』 제12호, 昭和 56년, 104면)

4. 미세상용안립문(微細相容安立門), 5. 십세격법이성문(十世隔法異成門), 6. 제장순잡구덕문(諸藏純雜具德門), 7. 일다상용부동문(一多相容不同門), 8. 제법상즉자재문(諸法相卽自在門), 9. 유심회전선성문(唯心廻轉善成門), 10. 탁사현법생해문(託事顯法生解門)이다. 이상의 십현문은 각각 교의(敎義), 이사(理事), 해행(解行), 인과(因果), 인법(人法), 분제경위(分齊境位), 사제법지(師弟法智), 주반의정(主伴依正), 역순체용(逆順體用), 수생근욕시현(隨生根欲示現)의 십의를 구족하고 있다고 하였다.[24] 십현문 하나하나가 모두 각각 교의, 이사, 해행 등의 십의를 구족한다는 것은, 여러 가지 상대적 개념 중에서 원융무애한 경지를 출생하는 토대가 된다고 보는 것이다. 지엄은 이 십현문을 일승원교 및 돈교의 법문이라 규정하였으나,[25] 십현문의 명칭만을 열거하고 그 내용은 해설하지 않았다.

이와 같이 십현문은 지엄에게서 그 명칭만이 거론되었지만, 후대에 이르러 화엄교학의 대표적 일승법문으로 자리 잡았다. 곧 십현문은 법장에 이르러 오직『화엄경』으로 대표되는 화엄원교의 법문으로 강조되었으며, 오늘날에도 역시 그렇게 보고 있다. 그러한 결과를 불러온 근거는, 지엄의 신라 제자 의상이 지은『화엄일승법계도(華嚴一乘法界圖)』에서 일승원교로서『화엄경』을 중시한 것이 법장에게 영향을 끼쳐 그러한 역할을 이행하였을 것이라 보고 있다.[26] 이렇게 지엄의 십현문은 의상의『화엄일승법계도』와『화엄일승십현문』을 경유하여 법장에 이르러 화엄일승의 원교법문으로 고조되었으며, 무애법계를 표현하는 화엄교학의 근본 교학으로 자리 매김하게 된다.

이 지엄의 십현문은 그의 제자 의상과 법장에게 계승되었고, 그 이후의 화엄학자에게도 계속 전승되었다. 의상의『화엄일승법계도』에 설해진 십현문은 그 순서와 내용이 지엄의 설명과 거의 동일하다.[27] 이에 비하여 법장의 여러 저술에는 비교적 자세하게 언급되고 있는데,『화엄오교장(華嚴五敎章)』의 십현문은 고십현문(古十玄門),『화엄경탐현기』의 십현문은 신십현문(新十玄門)이라 불린다.『화엄오교장』의 십현문은 지엄의 십현문을 그대로 추종하되 그 열거하는 순서만 다를 뿐이다.『탐현기』의 십현문은

24 智儼,『華嚴經搜玄記』(『대정장』35권, 15상-중)
25 앞의 책, 15중.
26 陳永裕,『華嚴觀法の基礎的研究』(民昌文化社, 1995), 70면.
27 義湘,『華嚴一乘法界圖』(『대정장』45권, 715하)

지엄설의 제장순잡구덕문과 유심회전선성문이 각각 광협자재무애문(廣狹自在無碍門)과 주반원명구덕문(主伴圓明具德門)으로 바뀌었다. 이에 대하여 징관은 그 까닭을 이렇게 해명하였다. 먼저 제장순잡구덕문은 일행(一行)이 순수하면 만행(萬行)이 잡되어 사사무애(事事無礙)가 되지만, 만약 일리(一理)가 순수하면 만행이 잡되어 사리무애(事理無礙)가 되기 때문에, 이것이 혼동되는 것을 방지하기 위함이라고 하였다. 그리고 유심회전선성문은 십현문의 총체적인 부문이기 때문에 수립하지 않은 것이라고 하였다.[28]

(2) 진여관(眞如觀)과 사관(事觀)

지엄의 『수현기』에는 이 십현문 외에도 관법으로 추정되는 진여관(眞如觀)과 사관(事觀)이라는 말이 등장한다. 그 의미는 진여관에 수순하여 보리의 과보를 획득하고, 사관을 수습하여 법신의 과보를 획득한다는 것으로, 수행과 득과의 문제를 논의한 것이다.[29] 더 이상의 설명이 없어 지엄의 전체 교학에 의하여 해석해야 하겠지만, 여기서 언급한 사관은 훗날의 화엄교학에서 말하는 이(理)에 대비되는 사(事)로서, 이사(理事)의 관찰을 의미하는 것일 수도 있다고 본다.

그 밖에도 『수현기』에는 내용적으로 화엄관법과 연관되는 사항들이 몇 가지 더 설해져 있다. A: 그 중에서 『수현기』 여러 곳에서 부분적으로 설명하는 보현보살행(普賢菩薩行)은 관법의 수행에 의하여 획득된다고 하여,[30] 실천적 관법의 중시로 연결한 것으로 보인다. 또한 지엄이 보현보살을 중시한 태도는 『화엄공목장』에서 18관(十八觀)을 설하는 곳에서 제9회향을 보현법(普賢法)으로 포착하여 관법을 설명한 데에서도[31] 발견된다. 그 때문에 법장은 이 지엄의 보현보살 중시와 관법의 연관성을 수용하여 보현관행(普賢觀行)을 관법의 저서로서 성립시킨 것이 아닌가 여겨진다. 이렇게 『수현기』는 화엄교학의 이론적 기초를 구축하였을 뿐만 아니라, B: 실천이라는 측면에서도 화엄의 관법을 논의한 저서인 것이다.

여기에서 두순과 지엄의 관계를 살펴보면, **두순은 항상** 『화엄경』을 지송

---

28 澄觀, 『大方廣佛華嚴經隨疏演義鈔』, (『대정장』 36권, 74중)
29 智儼, 『華嚴經搜玄記』, (『대정장』 35권, 27중)
30 앞의 책, 78하. 「普賢菩薩行品」.
31 智儼, 『華嚴孔目章』, (『대정장』 45권, 559상)

하고 **보현행자로서 실천적인 삶을** 살았다고 하는데,[32]이 점에서 보현행을 실천적 관법으로 중시한 지엄의 태도와 공통점이 있어 보인다. 그럼에도 가장 중요한 두순의『법계관문』에 지엄이 아무런 주석도 하지 않았기 때문에, 그 둘의 관계는 학계에서 바라보듯 여전히 풀리지 않는 의문으로 남아 있다.

(3) 사심사관(四尋思觀)

사심사관(四尋思觀)은『화엄경오십요문답』에 설해져 있는 관법이다.『화엄문답(華嚴問答)』 또는『요의문답(要義問答)』,『오십요문답(五十要問答)』 등으로도 불리는 이 저서는 지엄의 59세 이후의 저작으로 판단된다.[33] 이『오십요문답』은『수현기』와는 달리『화엄경』의 중요한 의미를 전체 53항목으로 적출하여, 하나하나의 문제를 화엄종의 오교판(五教判)이나 소승·삼승·일승의 삼교(三教)의 관점에 입각하여 상세히 논의한 저서이다. 이 저서에서 화엄관법은 먼저 제42항목에 설해진 사심사관이 주목된다.

지엄은『오십요문답』 중에서 화엄십지의 제3지에서 설하는 제4선(四禪)에 들어가는 해석에 대하여, 법상종(法相宗)의 문헌인『섭대승론(攝大乘論)』의 사심사(四尋思)에 의하여 설명하였다.[34] 사심사는 원래『유가사지론(瑜伽師地論)』에서 설해진 명심사(名尋思)·의심사(義尋思)·자성심사(自性尋思)·차별심사(差別尋思)의 네 가지를 말하며,[35] 심사(尋思)란 심구사찰(尋求思察)이라는 의미이다. 이 사심사는 법상종이 수립한 오위(五位)의 수행 중에서 두 번째 가행위(加行位)에서 수습하는 관법이다. 그 주요 내용은 모든 법은 명(名)·의(義)·자성(自性)·차별(差別)의 네 가지에 지나지 않으며, 그 네 가지도 또한 내면의 마음에 의하여 나타난 것이기 때문에 가유(假有)이며 진실하지 않다고 사찰하는 관법이다.[36]

이렇게 지엄이 법상종의 유식교학을 사용한 것은, 사심사관이라는 유식학의 관법에 의하여 보살이 십지에 들어가 법계를 잘 통달하여 평등한 마음을 획득한다고 설한 것을 수용한 것으로 해석된다. 지엄의 주장에 따르

32 海住,『화엄의 세계』(서울: 민족사, 2000), 151면.
33 坂本幸男,「智儼教學に於ける唯識説」(『日本佛教學協會年報』 제10호, 200면)
34 智儼,『五十要問答』(『대정장』 45권, 529상)
35『瑜伽師地論』(『대정장』 30권, 345중)
36『成唯識論』(『대정장』 31권, 49중)

면, 이 사심사관은 삼승의 교의에 해당하지만, 또한 화엄학 같은 일승에서의 작용도 지니고 있다고 보았으니, 이 관법을 일체의 처소에서 활용하여 법계에 상응할 수 있기 때문이라고 하였다.[37]

이 외에도 지엄은 유식관(唯識觀)과 공관(空觀)을 설명하였는데, 이 관법들도 앞에서 설명한 사심사관과 마찬가지로 삼승과 일승에 통용된다고 보았다. 곧 유식관의 경우도 처음에는 삼승을 따르지만, 나중에 관법이 원숙해지면 주반(主伴)을 구족하기 때문에 화엄원교의 일승을 수순한다고 하였다.[38]

(4) 십팔관(十八觀)

『화엄공목장』은 지엄 만년의 저작으로 추정되며, 그 내용은 『화엄경』의 각 품에서 중요한 교의를 추출하여 주제별로 주석한 것이다. 화엄관법을 고찰할 때 특히 주목되는 사항은 제9 회향의 주석에서 말하는 18관이다.

그 18관의 명칭은 진여관(眞如觀)·통관(通觀)·유식관(唯識觀)·공관(空觀)·무상관(無相觀)·불성관(佛性觀)·여래장관(如來藏觀)·벽관(壁觀)·맹관(盲觀)·고무상관(苦無常觀)·무아관(無我觀)·수식관(數息觀)·부정관(不淨觀)·골관(骨觀)·일체처관(一切處觀)·팔승처관(八勝處觀)·팔해탈관(八解脫觀)·일체입관(一切入觀) 등이다.[39] 연구에 따르면 앞의 11가지는 이관(理觀)이고, 나중의 7가지는 사관(事觀)이라 구분하기도 한다.[40] 이상의 관법들은 일승진여와 삼승진여로 구분하여 고찰하는 진여관처럼, 대개 일승과 삼승을 융회하고, 삼승과 함께하는 동교와 화엄원교만의 별교를 융통하고자 하는 모습으로 설명되고 있다.

그 십팔관 가운데 특이한 것으로 통관이 있다. 통관은 모든 미혹을 복종시키고, 미혹의 종자를 전부 소멸시키고, 모든 실천적 행위를 수행하고, 모든 이치를 관찰하기 때문에 통관이라 이름한다.[41] 이 통관은 진여를 일미로 관찰하는 것을 본질로 삼는 『불성론(佛性論)』의 설명을 수용하여, 진리를 관찰하여 일체의 번뇌를 멸진하는 방법에 비중을 두고 설한 실천적 관법이

37 智儼, 『五十要問答』(『대정장』 45권, 530하)
38 앞의 책, 532상.
39 智儼, 『華嚴孔目章』(『대정장』 45권, 559상)
40 高峰了州, 『華嚴孔目章解說』, 南都佛教研究會, 昭和39년, 106하.
41 智儼, 『華嚴孔目章』(『대정장』 45권, 550상)

라 보인다.

그리고 사상사적으로 중시되는 것에 벽관과 맹관이 있다. 벽관은 선종의 달마선(達磨禪)의 벽관과 연관이 고려되고,[42] 또는 지엄이 생존한 당대에 적지 않은 사람들이 달마선의 벽관을 실천한 세태를 반영한 것이라고 본다.[43] 맹관은 『화엄공목장』에 아무런 해석이 없으나, 일부 연구 결과, 눈을 감고 바라보지 않으며, 마음속으로 아름다움과 추함을 사량분별하지 않는 등관(等觀)과 같은 의미로 파악하기도 한다.[44]

또한 고무상관·무아관·수식관·부정관·골관 같은 관법은 내용적으로 원시불교에서 말하는 관법으로서, 이른바 오정심관(五停心觀)과 연관되기도 한다. 오정심관은 원래 소승의 관법이지만, 그 관하는 대상이 정해진 것이 아니라, 사람의 근기와 수행의 고하에 따라 그대로 원교나 일승의 목표에까지 포섭된다고 보는 것이 지엄의 견해였다.[45]

이상의 고찰에 의거하면, 지엄의 관법에 대한 태도는 실천을 중시하는 자세로, 모든 관법이 사람의 근기에 따라 적용되고, 필요에 따라 소승이나 삼승에만 국한되지 않고 일승에도 포섭될 수 있다는 사고방식이 강조된다.

3) 의상(義湘) 등의 화엄관법

중국 화엄종의 계보에 따르면 지엄 이후의 화엄조사는 현수 법장이다. 그러나 해동 화엄종의 초조는 법장과 동문수학하고 신라로 귀국한 의상(625-702)이다. 전해지지는 않지만 의상에게도 화엄관법에 대한 저서가 있어, 의상 역시 화엄관법을 논의하였음을 알 수 있다. 화엄관법에 관한 의상의 저작으로 『화엄십문간법관(華嚴十門看法觀)』 1권[46]이 있었으나, 현존하지 않아 그 자세한 내용은 알 길이 없다.

의상의 화엄관법은 어떠한 것이었을까? 기록에 의하면 지엄 문하의 제자 가운데 의상은 의지(義持), 법장은 문지(文持)라는 호칭을 지엄으로부터 하사받았다고 하는데,[47] 이로 미루어 보아 의상은 의지적인 화엄사상 또는

---

42 鎌田茂雄, 『中國華嚴思想史の硏究』(東京:東京大學東洋文化硏究所, 1965), 101면.
43 木村清孝, 『初期中國華嚴思想史の硏究』, 春秋社, 607면.
44 高峰了州, 『華嚴孔目章解說』(南都佛教硏究會, 昭和39년), 107면.
45 智儼, 『華嚴孔目章』(『대정장』 45권, 552중)
46 義天錄, 『新編諸宗教藏總錄』(『대정장』 55권, 1166하)
47 体元, 『白花道場發願文略解』(『한불전』 6책, 570하)

실천을 중시하는 화엄관법의 특색을 형성하였고, 그러한 관행에 의거하여 『백화도량발원문(白花道場發願文)』 같은 저서에서 그 화엄 신앙이 관세음보살을 통하여 꽃피운 것이라 추측한다.[48]

현재 남아 있는 의상의 저술 가운데 화엄사상을 전하는 『화엄일승법계도』가 있는데, 이것은 법성게(法性偈)를 중심으로 그 해석을 시도한 것으로서, 이 저서의 내용을 관법의 입장에서 해석하는 것도 불가능하지는 않다. 그 주석서인 후대의 『법계도기총수록(法界圖記叢髓錄)』에 따르면, 의상의 제자 표훈(表訓)은 법성게의 내용을 실상관(實相觀)·무주관(無住觀)·성기관(性起觀)·연기관(緣起觀)·인연관(因緣觀)의 5관으로 해석하여 의상의 인가를 받았다고 전하고 있다.[49]

『화엄일승법계도』에 의거하여 의상의 화엄관법의 중심 내용을 추출해 보면, 이 저서에 언급되는 연기실상다라니법에 있는 것으로 해석하고, 이것은 다시 연기(緣起)·실상(實相)·다라니(陀羅尼)의 셋으로 구분하여 그 세 가지의 관법이 될 수 있다고 보기도 한다.[50] 이에 의하면 먼저 연기법을 통하여 실상을 보고, 그것을 다라니법으로 총괄하는 관법이라고 보는 것이다. 실제로 법계도의 문장에는 연기다라니법이라고 표현하여, 연기법과 다라니법에 초점을 맞추어 해명하고 있다.[51] 이것은 해석에 따라 앞에서 소개한 세 가지, 또는 의상의 제자 표훈의 견해처럼 다섯 가지 관법으로 구별하여 볼 수 있는 여지가 있다고 할 수 있다.

의상의 화엄관에서 특기할 사항은 연기다라니법을 관찰하기 위하여 수십전법(數十錢法)이라는 비유를 사용하였는데, 이 수십전법은 화엄의 연기법이 서로 상즉상입(相卽相入)하다는 의미를 표현하기 위하여 동전을 하나부터 열까지 셈하는, 이른바 일중십(一中十) 또는 십중일(十中一) 등의 양방향으로 헤아리는 방법을 말한다. 이 수십전법은 의상의 저서 이외에 현존하는 문헌 가운데 지엄 저작이라 가탁되는 『화엄일승십현문』과 법장의 『화엄오교장』에서도 발견되는데, 그 근원은 의상이 계발한 것이 법장 등에게 수용되어 동체(同體)와 이체(異體)의 양면으로 설명된 것으로 추측되고 있다.[52]

---

48 高翊晋, 『韓國古代佛教思想史』(서울: 동국대출판부, 1989), 311면.
49 『法界圖記叢髓錄』(『대정장』 45권, 721상)
50 陳永裕, 『華嚴觀法の基礎的研究』(서울: 民昌文化社, 1995), 124면.
51 義湘, 『華嚴一乘法界圖』(『대정장』 45권, 712상하)

의상과 동시대의 신라 학승 원효(617~686)는 삼론학과 유식학 인명학 등을 포괄적으로 연구하였고, 또한 화엄학의 대가이기도 하였다. 원효가 저술한 방대한『화엄경』의 주석서는 오늘날 단편적인 일부분만 남아 있고, 기타의 화엄관계 저술도 다른 사람의 저서에 부분적으로 전해지고 있다. 그러나 이에 의하여 원효의 화엄관법을 논의하기에는 자료가 부족하다. 현존하는 원효의『화엄경소』서문이나「여래광명각품」에 의거한 원효의 화엄관법에 관한 내용은 보고되지 않고 있다.

이와 관련하여 주의할 사항이 있는데, 최초의 화엄관법이라 볼 수 있는 두순의『법계관문』이외에, 후대에 주목받은 나머지 대부분의 화엄관법들은 법장 이후에 계발된 것들이라는 것이다. 따라서 법장의 사형에 해당하는 의상과, 의상보다 나이가 약간 많은 원효에게서 법장 이후에 계발된 여러 화엄관법의 해석을 기대할 필요는 별로 없어 보인다.

그 밖에 역시 신라의 표원(表員)이 편집한『화엄경문의요결문답(華嚴經文義要決問答)』4권이 전해지는데, 이 저서는 화엄교학에 관련되는 문제들을 18과목으로 분류하여 고찰하였다.[53] 그러나 그 18과목 가운데 화엄관법이라는 독립된 항목은 설정되어 있지 않다. 이 저서를 편집한 황룡사 출신의 표원은 청량 징관의 저서가 신라에 전래되기 이전에 활동한 인물이었다는 사실에 비추어 보아도,[54] 신라의 불교학계에서 화엄관법에 대한 논의는 거의 이루어지지 않았던 것으로 추정된다.

4) 법장(法藏)의 화엄관법

중국 화엄종의 제3조 법장(643-712)의 화엄관법으로는『오교지관』·『유심법계기』·『망진환원관』·『탐현유식관』·『보현관』·『화장세계관』 등이 거론되어, 법장의 화엄관법이 매우 다양하다는 것을 알 수 있다.

그러나 관법을 설하는 법장의 저서들이 상당수 그 저자의 의심을 받고 있는 문제점이 남아 있다. 법장의 저서 중에서『화엄삼매장』과『발보리심

---

52 吉津宜英,『華嚴禪の思想史的硏究』(東京: 大東出版社, 1985), 86면.
그러나 신라의 표원은 원효의 수십전법의 표현이 의상보다 더 적합하다고 지적하여, 원효에게도 이에 대한 저술이 있었음을 말해준다. (金仁德,「表員의 華嚴學」,『韓國華嚴思想硏究』(서울: 동국대출판부, 1982), 120면.

53 表員集,『華嚴經文義要決問答』, (『한불전』2권) 표원은 신라 황룡사의 승려로서, 그 생몰연대는 자세하지 않다. 그가 편찬한『華嚴經文義要決問答』4권이 현존한다.

54 金仁德,「表員의 華嚴學」,『韓國華嚴思想硏究』(서울: 동국대출판부, 1982), 108면.

장』은 내용적인 면에서 『법계관문』의 삼관을 공유하고 있어 저자가 문제시되고, 찬술 시기도 확정하기 곤란하여 오랫동안 논쟁되어 왔다. 『오교지관』은 종래 여러 문헌에서 두순의 찬술이라 하였으나, 지금의 연구 결과 두순 찬술이 부정되는 점에서 같으나, 법장의 『유심법계기』의 초고라고 추정하거나,[55] 또는 그 반대로 『유심법계기』로부터 『오교지관』이 파생하였다고 주장되기도 한다.[56] 『망진환원관』도 법장 이후에 저작되어 법장에게 가탁된 것이라는 의문이 남아 있고,[57] 『보현관』을 설하는 『보현관행법문(普賢觀行法門)』은 저자와 찬술시기에 대하여 의문이 남아 있다.[58] 『화장세계관』은 징관의 『연의초』에 기술되어 있어 법장의 저술로서 의심이 없지만, 현존하지 않는 것이 문제점이 되고 있다. 이러한 문제점들을 접어두고 여러 관법서들의 주요 내용을 요약하여 살펴보기로 한다.

(1) 『화엄삼매장(華嚴三昧章)』과 『발보리심장(發菩提心章)』의 관법

『화엄삼매장』과 『발보리심장』은 내용적으로 공통부분이 상당히 많은 문헌이다. 그 내용은 발심(發心)·간교(簡敎)·현과(顯過)·표덕(表德)의 네 항목으로 구성되어 있다. 그 가운데 제4 표덕에서 1.진공관, 2.이사무애관, 3.주변함용관, 4.색공장십문지관, 5.이사원융의를 논하여, 『법계관문』의 삼중관을 수용한 다음에 색공장(色空章)과 이사원융(理事圓融)을 더 첨가한 형태라서 『법계관문』의 증광이라 말해진다. 이 점에서 두 저서는 관법서로서 의의를 충분히 지니고 있다고 보인다. 두 저서의 큰 차이점은, 『화엄삼매장』은 그 제4 표덕에서 설하는 다섯 부문 중에서 처음의 삼관에 대하여 명칭만 거론하고 설명을 하지 않는다는 점이다.

그 주요 내용은 발심부터 진리의 증득에 이르기까지의 과정을 상세히 제시한다. 곧 『대승기신론』의 삼심(三心 ; 직심(直心), 심심(深心), 대비심(大悲心)을 말함)이 각각 세부적인 열 가지를 구족한 것에서 출발하여, 대연기의 무장애법계를 시현하는 그 전체적인 모습을 화엄삼매(華嚴三昧)라는 명칭으로 결합한 것으로서, 그 전체적인 의미는 공(空)과 유(有), 진(眞)과 속(俗),

55 結城令聞, 「華嚴五教止觀 撰述者論考」, 『宗教研究』 제7권-2, 1930.
56 鈴木宗忠, 『原始華嚴哲學の研究』(東京: 大東出版社, 1934), 47면.
57 鎌田茂雄, 「妄盡還源觀の思想史的意義」, 『中國佛教思想史研究』(東京: 春秋社, 1968), 379면. 小島岱山, 「妄盡還源觀の撰者をめぐる諸問題」, 『南都佛教』 제46호, 1982, 13-14면.
58 鎌田茂雄, 「『華嚴經普賢觀行法門)』について」, 『中國佛教思想史』, 1968.

이(理)와 사(事), 범부의 미혹과 성인의 지혜 등 모든 대립적인 개념을 망라하여 초월하는 곳에 화엄삼매의 근본을 두는 것이라고 지적할 수 있다.

(2)『오교지관(五教止觀)』과『유심법계기(遊心法界記)』의 관법

『오교지관』과『유심법계기』도 그 내용이 서로 비슷하다.『유심법계기』는 고려의『의천록(義天錄)』에는 보이지 않고 일본 문헌에만 나타나는 서명으로,[59]『화엄오교장지사(華嚴五教章指事)』에도 인용되어 있고,『원초록(圓超錄)』에는 법장의 저작으로 기재되어 있다.[60] 이 두 저서는 법장이 수립한 오교(1.소승교, 2.대승시교, 3.대승종교, 4.돈교, 5.원교)의 명칭을,『오교지관』에서는 1. 법유아무문(法有我無門), 2. 생즉무생문(生卽無生門), 3. 사리원융문(事理圓融門), 4. 어관쌍절문(語觀雙絕門), 5. 화엄삼매문(華嚴三昧門)으로,『유심법계기』는 1. 법시아비문(法是我非門), 2. 연생무성문(緣生無性門), 3. 사리혼융문(事理混融門), 4. 언진리현문(言盡理顯門), 5. 법계무애문(法界無碍門)으로 표현하였으며, 그 의미는 내용적으로 서로 비슷하다.

『오교지관』과『유심법계기』는 모두 법장이 수립한 오교의 관법을 설명하였다. 양자의 차이점을 일부 지적하자면,『오교지관』에서는 생문(生門)이라는 상시교(相始教)와 무생문(無生門)이라는 공시교(空始教)를 모두 설명하는데 비하여,『유심법계기』는 오로지 공시교 쪽을 역설하는 것을 볼 수 있다. 그리고『유심법계기』는 위에서 열거한 오교의 다섯 부문 중에서 앞의 네 부문과 제5 법계무애문을 확연히 구별하고, 또 해인삼매(海印三昧), 연기상유(緣起相由), 이성융통(理性融通), 법계연기(法界緣起) 같은 법장의 화엄교학의 중심주제가 거의 다 출현한다. 그 때문에『유심법계기』는 법장의 화엄교학이 확립된 이후에 저작되었을 것이라는 근거가[61] 되기도 한다.

『유심법계기』를 중심으로 그 관법적인 의미를 개관하면,『오교지관』과 동일하게 화엄의 오교를 다섯 부문으로 구별하여 단계적으로 관법이 전개되어 있다. 제1 법시아비문에서는 오온, 십이처, 십팔계를 오정심관에 의하여 관찰하여 무아를 체득하는 것을 설한다. 제2 연생무성문에서는 무생관

---

59 常盤大定,『支那佛教の研究』(東京: 春秋社, 1938), 353면.
60 壽靈,『華嚴五教章指事』(『大日本佛教全書』10, 262하)
圓超錄,『華嚴宗章疏并因明錄』(『대정장』55권, 1133하)
61 陳永裕,『華嚴觀法の基礎的研究』(東京: 民昌文化社, 1995), 184면.

(無生觀)과 무상관(無相觀)을 설하여, 이 두 관법에 의하여 제법이 모두 공하다는 도리를 체득하는 것이다. 제3 사리혼융문에서는 심진여문(心眞如門)은 이(理)에, 심생멸문(心生滅門)은 사(事)에 배당하여, 그 두 가지가 원융하여 평등하다는 것을 주장한다. 이것은 다름 아닌 『대승기신론』의 교의에 따라서 사리원융을 기도한 것이다. 제4 언진리현문은 원융하게 모든 모습을 떠나고, 일체를 따라서 여의하게 마음을 움직여, 오직 진여와 진여의 지혜만 독존하는 단계이다. 이것은 언어로도 표현할 수 없고 마음으로도 분별할 수 없는 경지로서, 지극히 선관적인 측면에서 돈교의 수행의 경지를 표현한 것이다. 제5 법계무애문에서는 화엄교학의 관법을 말하는데, 그 내용은 해인삼매와 화엄삼매에 의하여 법계연기를 설하는데 있다. 그 화엄삼매에 들어가는 방편으로 해행(解行)의 두 가지 문을 개시하며, 해문(解門)에서 연기가 서로 유래함과 이성(理性)이 융통함을 말한다. 『오교지관』에서는 이것을 화엄삼매문(華嚴三昧門)이라 명칭하여, 화엄삼매는 법계연기를 관하는 것이라고 하였다.

(3) 『망진환원관(妄盡還源觀)』의 관법

『망진환원관』은 『대승기신론』의 교리 위에 화엄사상을 이식하여 관법을 조직한 화엄관법서이다. 그 전체적인 조직은 일체(一體), 이용(二用), 삼편(三遍), 사덕(四德), 오지(五止), 육관(六觀)으로 구성되어 있어, 법장이 『기신론의기(起信論義記)』에서 일심(一心), 이문(二門), 삼대(三大), 사신(四信), 오행(五行)으로 구성한 『기신론』 주석의 영향을 강하게 받아 작성된 문헌이다. 그 저자에 대하여 중국의 자료에는 두순이거나 법장이라는 두 가지 설이 전래되고 있으며, 이것은 아직도 확정되지 않았다. 다만 고려의 『의천록』에 법장의 찬술로 기재되어 있고, 그 『의천록』을 참고한 『화엄법계의경』에도 법장의 저작으로 거론되어 있어, 저자의 문제가 잔존하기는 하여도 한국과 일본에서는 법장의 저작이라고 취급되어 왔다.

『망진환원관』의 전반적인 내용을 요약하면 다음과 같다.[62]

> 일체는 자성청정원명체(自性淸淨圓明體)를 말한다. 이것은 여래장(如來藏)에 들어 있는 법성의 체로서, 자성이 스스로 만족하여 오염에 처하여도

62 法藏, 『妄盡還源觀』(『대정장』 45권, 637중-640하)

물들지 않고 부정한 것을 닦아 버리기 때문에 자성청정이라 하고, 자성의 체가 두루 비추어 밝히지 않음이 없기 때문에 원명이라 하였다. 이용은 해인삼라상주용(海印森羅常住用)과 법계원명자재용(法界圓明自在用)을 말한다. 전자는 해인삼매 후자는 화엄삼매를 말하며, 이 두 삼매는 표리의 관계를 이룬다. 『유심법계기』에서는 인위(因位)에서의 명칭을 화엄삼매라 하고, 과위(果位)에서의 명칭을 해인삼매라 하였다.[63]

여기서는 하나의 체(體)에 구비되어 있는 두 가지 용(用) 중에서 해인삼매를 진여본각(眞如本覺)이라 취급하여, 허망한 생각이 다 없어지면 마음이 청정해져 만상이 가지런히 나타난다고 설하였다. 따라서 이 해인삼매를 인위와 과위에 모두 작용하는 삼매로 보고 있다.[64]

삼편의 첫째 일진보주법계편(一塵普周法界遍)은 한 티끌마다 법계가 두루 편만하게 존재한다는 의미이고, 둘째 일진출생무진편(一塵出生無盡遍)은 한 티끌 속에 항하사의 모래알처럼 많은 공덕을 구족한다는 의미이다. 셋째 일진함용공유편(一塵含容空有遍)은 한 티끌에 공(空)과 유(有)가 갖추어져, 색즉공(色卽空)을 관하여 큰 지혜를 이루어 생사에 머물지 않고, 공즉색(空卽色)을 관하여 큰 자비를 이루어 열반에 머물지 않는다는 의미이다.

사덕의 첫째 수연묘용무방덕(隨緣妙用無方德)은 진리에 의거하여 작용을 일으켜 널리 중생을 이롭게 하되, 중생들의 근기에 따라 법을 베풀어주는 것이다. 둘째 위의주지유즉덕(威儀住持有則德)은 다니고 머물고 앉고 눕는 사위의(四威儀) 중에서 계율을 지키면, 곧 삼계를 벗어나는 사다리나 고해를 초월하는 배처럼 덕을 이룬다는 것이다. 셋째 유화질직섭생덕(柔和質直攝生德)은 큰 자비로 중생을 구제하는 유화와 큰 지혜로 진리를 비추는 질직으로 교화하는 것이다. 넷째 보대중생수고덕(普代衆生受苦德)은 보살은 자신 때문이 아니라 타인을 위하여 대신 고통을 받으며 수행을 하는 것이다.

오지는 조법청허이연지(照法淸虛離緣止), 관인적파절욕지(觀人寂怕絶欲止), 성기번흥법이지(性起繁興法爾止), 정광현현무념지(定光顯現無念止), 이사현통비상지(理事玄通非相止)이다. 육관은 섭경귀심진공관(攝境歸心眞空

63 法藏, 『遊心法界記』(『대정장』 45권, 646중)
64 鎌田茂雄, 「海印三昧の世界」, 『中國佛敎思想史硏究』(東京: 春秋社), 419면.

觀), 종심현경묘유관(從心現境妙有觀), 심경비밀원융관(心境秘密圓融觀), 지신영현중연관(智身影現衆緣觀), 다신입일경상관(多身入一鏡像觀), 주반호현제망관(主伴互現帝網觀)이다. 이들 오지와 육관은 다름 아닌 다양한 지(止, samatha)와 관(觀, vipaśyanā)으로, 그 두 가지는 서로 떨어질 수 없으며, 지관을 수행하지 않으면 보리의 길에 들어설 수 없다고 하였다. 그 내용은 종래의 경론에서 말한 지관(止觀)의 의미와 크게 다르지 않다. 다만 지관 가운데 오지의 제3 성기번흥법이지[진여의 법이 인연을 따라 만 가지로 차별되어 일어나서 진여의 성품으로 돌아가는 것]와 제5 이사현통비상지[이사(理事)가 서로 은현(隱顯)하고 대지(大智)와 대비(大悲)가 융용하여 성상(性相)이 함께 소멸하는 것], 육관의 제1 섭경귀심진공관[모든 경계가 오직 마음에서 현현한 것이라, 일체의 분별을 그치고 평등한 진공을 깨닫는 관찰]부터 제6 주반호현제망관[자신과 타자가 서로 주체와 객체가 되어 현현함이 제석천의 그물에 비치는 영상처럼 중중무진하다는 관찰]은 화엄교학의 근본 도리가 수행덕목으로서 지관으로 대체되어 제시되고 있어, 『망진환원관』의 독자적 특색이 나타나 있다. 지식하고 관찰하는 의미는 다른 경우와 동일하지만, 그 수행하는 범위는 이사현통하고 주반호현하는 것처럼 지극히 광대하게 화엄적으로 전개되었음을 볼 수 있다.

(4) 탐현유식관(探玄唯識觀)

① 십중유식(十重唯識)의 성립

법장은 『화엄경탐현기』에서 『화엄경』, 「십지품」의 제6 현전지(現前地)에 나오는 "삼계는 허망하여 단지 마음으로 지을 뿐이며, 십이연기 지분은 모두 마음에 의거한다[三界虛妄 但是心作 十二緣分 是皆依心]"[65]라는 삼계유심(三界唯心)의 의미를 주석하며 십중유식을 전개하였다. 이것은 화엄교학의 심식설로서, 법상종의 유식사상에 대하여 별교일승의 무진연기관을 피력한 것이다.

지엄은 『화엄경수현기』에서 그 현전지에 나오는 연기설을 법계연기(法界緣起)라고 명명하며, 그것을 범부의 염법연기(染法緣起)와 보리의 정분연기(淨分緣起)로 구분하고 그 각각을 자세히 논의하였다.[66] 그러나 이를 이

65 『華嚴經』(『대정장』 9권, 558하)
66 智儼, 『華嚴經搜玄記』(『대정장』 35권, 62하)

어 받은 법장은『탐현기』에서 그 법계연기를 염법연기(染法緣起)·정법연기(淨法緣起)·염정합설(染淨合說)의 세 부문으로 재구성하여 수립하였다. 이 세 부문 가운데 염정합설은『수현기』에는 없는 법장의 독자적인 해석이다.

그런데 법장은 이 법계연기를 주석하며, 그 염정합설의 해석 말미에 "별설(別說)과 같다"[67]라고 하였다. 그 별설이『수현기』를 지적한다는 주장도 있고,[68] 그 이후의 십중유식을 지시한다는 견해도 있다.[69] 그런데 후자의 견해를 따르면 십중유식의 내용은 염법연기와 염정합설에 해당하여, 처음의 삼중은 염법연기에, 중간의 사중은 염정합설에, 나중의 삼중은 성기법문으로서 정법연기에 배당된다는 것이다. 이에 대한 지엄의 주석을 살펴보면, 정법연기는 성기법문으로서 포착하여 여래장을 발현하는 수행의 방법으로 보았고, 염법연기는 아뢰야식에 기초하는 유식교학을 수행하는 방법으로 보고 여기에 독자적인 지위를 부여하였다.[70] 그러나 이에 대하여 법장은 정법연기는 지엄을 추종하여 성기법문으로 간주하였으나, 염법연기에 있어서도 종내에는 화엄교학의 상즉상입과 원융무애의 교의야말로 원교 최고에 위치한다는 것을 십중유식설에 의하여 시사한 것이 아닐까 여겨지는 것이다.[71]

이와 같이 십중유식설의 성립 배경에는, 화엄교학이 연기설의 정법(淨法)에 있어서 성기법문일 뿐만 아니라 염법(染法)에 있어서도 최고의 교의라는 것이며, 이에 비하여 유식교학은 상대적으로 저급한 교의라는 것을 암시하는 의도가 있었던 듯하다.

② 십중유식의 내용

십중유식의 근원은 원래 법상종의 자은기(慈恩基, 632-682)가『대승법원의림장(大乘法苑義林章)』에서 말한 오중유식(五重唯識)에 있다고 말해진다.[72] 이것을 법장이 비판적으로 취급하여 화엄의 입장에서 개조하여『화

---

67 法藏,『華嚴經探玄記』(『대정장』35권, 344상중)

68 坂本幸男,『國譯華嚴經探玄記』(『國譯一切經』經疏部9, 68의 주석)

69 吉津宜英,『華嚴禪の思想史的研究』, 大東出版社, 1985, 57면.

70 智儼,『華嚴經搜玄記』(『대정장』35권, 63상하)

71 陳永裕,『華嚴觀法の基礎的研究』, 民昌文化社, 1995, 403면.

72 慈恩基,『大乘法苑義林章』(『대정장』45권, 258중) 그 오중유식은 1. 견허존실식(遣虛存實識), 2. 사람유순식(捨濫留純識), 3. 섭말귀본식(攝末歸本識), 4. 은열현승식(隱劣顯勝識), 5. 견상증성식(遣相證性識)이다.

엄경탐현기』에서 수립한 것이 십중유식이라 추측되고 있다.[73]

이 십중유식의 명칭은 1. 상견구존고설유식(相見俱存故說唯識), 2. 섭상귀견고설유식(攝相歸見故說唯識), 3. 섭수귀왕고설유식(攝數歸王故說唯識), 4. 이말귀본고설유식(以末歸本故說唯識), 5. 섭상귀성고설유식(攝相歸性故說唯識), 6. 전진성사고설유식(轉眞成事故說唯識), 7. 이사구융고설유식(理事俱融故說唯識), 8. 융사상입고설유식(融事相入故說唯識), 9. 전사상즉고설유식(全事相卽故說唯識), 10. 제망무애고설유식(帝網無碍故說唯識)으로 되어 있다. 『탐현기』에서 설명되는 십중유식의 내용을 요약하면 다음과 같다.[74]

1. 상견구존고설유식: 팔식(八識)과 여러 심소(心所)를 통하여, 견분(見分)과 그것이 변화한 상분(相分)은 본영(本影)을 구족하고, 훈습의 세력으로 말미암아 삼계의 의보(依報)와 정보(正報)를 변현한다. 『섭대승론』·『유식론』 등에서 설하는 바와 같다.
2. 섭상귀견고설유식: 팔식의 심왕(心王)과 심수(心數)의 차별을 통하여 변화한 상분은 별도의 종자에서 생기지 않고, 능변(能變)의 식이 생길 때 그 영상을 수반하여 일어난다. 『해심밀경(解深密經)』·『이십유식론(二十唯識論)』·『관소연론(觀所緣論)』에서 자세히 설명한다.
3. 섭수귀왕고설유식: 또한 팔식의 심왕에 통합을 구족하니, 그 심소(心所)는 모두 심왕에 의지하여 자체가 없기 때문이다. 『장엄론(莊嚴論)』에서 설하는 바와 같다.
4. 이말귀본고설유식: 이른 바 칠전식(七轉識)은 모두 본식(本識)의 차별 공능(功能)으로서, 별도의 자체가 없기 때문이다. 『능가경(楞伽經)』에서 설하는 바와 같다.
5. 섭상귀성고설유식: 팔식은 모두 자체가 없어 오직 여래장이 평등하게 현현한 것이며, 나머지 상분은 모두 다하였기 때문이다. 『능가경』에서 설하는 바와 같다.
6. 전진성사고설유식: 여래장이 자성을 지키지 않고 수연하여 팔식의 심왕과 심수와 상분과 견분의 종자와 현행을 현현하기 때문이다.

73 吉津宜英, 「華嚴教學における生死觀序說」, 『日本佛教學會年報』 제46호, 1981, 175면.
74 法藏, 『華嚴經探玄記』 (『대정장』 35권, 346하-347중)

『능가경』·『밀엄경(密嚴經)』·『승만경(勝鬘經)』·『보성론(寶性論)』·『대승기신론』 등에서 설하는 바와 같다.

7. 이사구융고설유식: 여래장의 자체가 수연하여 모든 현상을 성변하여도, 그 자성은 본래부터 생하고 멸함이 없다. 곧 이사(理事)가 혼융하여 무애하므로, 일심(一心)의 진제와 속제의 이제(二諦)는 장애가 없다. 『승만경』·『인왕반야경(仁王般若經)』·『대승기신론』 등에서 설하는 바와 같다.
8. 융사상입고설유식: 이성(理性)이 원융하여 무애함으로 말미암아, 이(理)로써 사(事)를 이루면 사(事)도 역시 용융하고 상호 무애하여, 혹은 하나는 일체에 들어가고 일체는 하나에 들어가는데 장애가 없다. 『화엄경』에서 자세히 설한다.
9. 전사상즉고설유식: 이(理)에 의지하는 사(事)는 사(事)로서 별도의 사(事)가 없고, 이(理)에 이미 피차의 다름이 없어, 사(事)로 하여금 또한 하나가 곧 일체가 되게 한다. 『화엄경』에서 말하는 바와 같다.
10. 제망무애고설유식: 하나 중에 일체가 있고, 그 일체 중의 하나에도 다시 일체가 있다. 이미 한 부문 중에 이와 같이 중중하여 무진하듯이, 나머지 하나하나의 부문에도 모두 각각 이와 같다. 『화엄경』에서 설하는 바와 같다.

이상의 설명에 계속하여 법장은 십중유식 가운데 처음의 삼중은 초교(初教)에 의하고, 다음의 사중은 종교(終教)와 돈교(頓教)에 의하고, 나중의 삼중은 원교(圓教) 중의 별교(別教)에 의한다고 하였다. 그리고 이 십중유식은 교해(教解)에 대하여 설명한 것이고, 만약 관행(觀行)에 취한다면 또한 십중이 있으니, 1권의 『화엄삼매(華嚴三昧)』 중에서 말하는 바와 같다고 하였다.[75]

법장의 판정에 의하여 밝혀지듯이 십중유식은 삼단계의 교의로 나뉘어 있다. 처음의 삼중은 초교에 해당하는 유식학의 아뢰야식연기를 의미하는 법상종의 교의이고, 나중의 삼중은 화엄교학을 의미하는 원교의 교의라고 하였다. 중간의 사중은 대부분 종교에 해당하는 여래장사상의 교의라고 보고 있다. 이러한 판정에 의하면, 법상종의 오중유식은 화엄종의 십중유식 가운데 처음의 삼중에 해당한다는 말이 된다. 따라서 법장은 이 십중유식

75 法藏, 『華嚴經探玄記』 (『대정장』 35권, 347중하)

설을 통하여 유식학을 낮게 평가하고 화엄학을 최고로 인정하려고 하였던 의도가 드러난다.

그런데 십중유식 전체의 구조적 문제를 고려할 때, 제6 전진성사(轉眞成事)를 중추로 하여 전후의 교의의 전환을 기도하였다고 보기도 한다.[76] 곧 십중유식에 대한 법장의 설명을 보면, 앞의 사중은 아뢰야식연기이고, 가운데 삼중은 여래장연기, 나중의 삼중은 화엄의 법계연기라고 하는 삼중의 구조로 되어 있다. 그리하여 여래장연기의 두 번째에 해당하는 전진성사라는 명칭대로 여래장연기로부터 법계연기에로 전환점이 설정되었다고 해석되는데, 그 근본적 이유는 나중의 화엄의 법계연기의 사사무애법계의 전개를 유도하기 위한 것이라고 하였다. 그래서 이 지점에서 아뢰야식과 여래장의 표리적 교의에 따른 연기설과 결별하고, 제7 이사구융(理事俱融)이라는 본체와 현상의 융회를 경유하여 화엄의 법계연기에로 도약을 시도하였다는 것이다. 또 법장의 십중유식의 구조는 현상과 본체의 한없는 왕복작용에 의하여 구성되었고, 그것은 법장교학의 '연기상유(緣起相由)' 중시와 관련 있는 연기관은 아닌가라고 보기도 한다.[77]

③ 십중유식설의 문제와 변천

이 십중유식에는 두 가지의 문제점이 있다. 그 하나는 법장이 『탐현기』에서 말한 『화엄삼매(華嚴三昧)』 1권의 행방에 관한 것이다. 법장의 주장에 따르면, 앞에서 설명한 십중유식은 교해에 대하여 설명한 것이고, 관행에 대해서는 『화엄삼매』의 설명과 같다고 하였다. 곧 법장 스스로 십중유식의 교해와 관법을 별도로 구별하여 설하였다는 말이다. 그러나 현재 『화엄삼매』라는 저서가 전해지지도 않고, 또한 법장 이후에 저작된 징관을 비롯한 여러 명의 관련 주석서에도 그 『화엄삼매』에 대한 설명이 언급되지 않아, 그 내용은 지금까지 명확하게 알려지지 않는다.

또 하나의 문제는 십중유식 내용의 변천에 관한 것이다. 법장이 밝힌 바와 같이 이 십중유식은 처음 법장이 제창한 당시에는 관법이라기보다 교의로서 간주되었으나, 징관과 종밀에 의하여 십중유식의 관법으로 취급되었다고 한다. 그러나 십중유식의 내용은 이미 다소간 변질되어 있었다. 법장

76 陣永裕, 「華嚴十重唯識における轉眞成事の一考察」, 『인도학불교학연구』 제38-1호, 平成元年.

77 吉津宜英, 『華嚴禪の思想史的硏究』(東京: 大東出版社, 1985), 121-139면.

이 자은기의 오중유식을 토대로 화엄원교의 십중유식을 제창한 배경에는, 확실히 법상종의 오중유식을 폄하하는 동시에 화엄별교의 사상이 유식교의를 능가한다는 것을 입증하려는 의도가 엿보인다. 그러나 화엄원교의 십중유식을 다만 유식 가운데 포함시켜 취급한 것에서 문제점이 발생한 것으로 추정된다. 그 때문에 징관과 종밀은 십중유식을 계승하였으면서도 그것을 십중유식이라 표현하지 않고 십중일심(十重一心)이라는 말로 대치하였다.

법장은 십중유식의 처음을 '상견구존고설유식(相見俱存故說唯識)'이라 하였으나 징관은 이를 수정하여 '상견구존고설일심(相見俱存故說一心)'이라 개조하였으며, 나머지도 이와 같이 후반부를 모두 '일심(一心)'이라 표현하였다.[78] 징관이 이렇게 십중유식의 유식이라는 말을 버리고 일심으로 변경한 까닭은, 징관 이후에는 법상종의 세력이 소진하여 반드시 유식학의 표현을 의식할 필요가 사라졌고, 또한 바야흐로 시대는 바뀌어 개개인의 마음의 본성을 문제시하는 선종이 득세한 때라, 징관도 화엄학적 관점에서 일심을 중시한 것으로 추측한다. 그리고 징관은 십중유식의 제6 전진성사를 제거하고 그 대신 처음에 '가설일심(假說一心)'을 수립하였는데, 후대의 주석에서는 징관이 제창한 사종법계를 기반으로 삼아 모든 교의를 통괄할 필요에 따라서 일심을 사용하였다고 해석하였다.[79]

종밀이 계승한 십중유식도 징관이 개조한 '십중일심'이라는 표현을 사용하였다. 그러나 종밀은 자신이 수립한 성문교(聲聞教)·대승권교(大乘權教)·대승실교(大乘實教)·대승돈교(大乘頓教)·총해만유즉시일심(總該萬有卽是一心)의 화엄 오교에 근간을 두고, 십중일심 전체를 그 오교에 적절하게 분배하였다.[80] 이렇게 개조된 종밀의 '십중일심'은 대부분 종밀이 전적으로 중시한 '일진법계(一眞法界)'라든가 '원각묘심(圓覺妙心)' 같은 일심을 표현하는데 주력한 것으로 추정하고 있다.

중국의 징관과 종밀 외에 부분적으로 십중유식을 주석한 인물로 신라의 견등(見登)이 지은 『기신론동이약집(起信論同異略集)』[81]이 있다. 일본에서는 여러 명이 십중유식에 대하여 주석하였으나, 이에 대한 독립된 주석서는 응연(凝然)의 삼부작뿐이라고 한다.[82] 그가 그 삼부작과 『화엄법계의경』,

78 澄觀, 『華嚴經疏』(『대정장』 35권, 806중)
79 凝然, 『華嚴十重唯識瑺鑑記』(『日本大藏經』, 「華嚴宗章疏」下, 511하)
80 宗密, 『華嚴經行願品疏鈔』(속장경』 1-7-5, 422좌-423우)
81 見登 起信論同異略集』 (속장경』 1-7-4, 373좌)

『동유초(洞幽鈔)』에서 십중유식을 설명할 때, 징관이나 종밀이 사용한 십중일심이 아니라 법장의 십중유식을 사용하였는데, 그 이유는 당시에 흥성하던 남도(南都) 법상종의 세력을 의식하였기 때문이라고 한다.

(5) 보현관(普賢觀)

고려 의천(義天)이 편찬한 『의천록』에 『보현관(普賢觀)』 1권은 법장의 찬술로 기재되어 있으며, 현존하는 속장경에는 『화엄보현관행법문(華嚴普賢觀行法門)』이라는 제명으로 수록되어 있다. 이 저서의 내용은 『화엄경』에 설해진 보현보살의 수행관을 해명하는 것으로, 보현관(普賢觀)과 보현행(普賢行)의 두 가지를 주축으로 구성되어 있다.

먼저 보현관은 열 가지 관법으로 설명하고 있다. 제1 회상귀성문(會相歸性門), 제2 의리기행문(依理起行門), 제3 이사무애문(理事無碍門), 제4 이사구민문(理事俱泯門), 제5 심경융통문(心境融通門), 제6 사융상존문(事融相存門), 제7 제법상시문(諸法相是門), 제8 즉입무애문(卽入無碍門), 제9 제망중현문(帝網重現門), 제10 주반원비문(主伴圓備門)이다.[83] 이 십문(十門) 전체는 내용적으로 보현으로 상징되는 보살의 지관(止觀)을 제시한 것이다. 그리하여 이 보현관의 십문의 구조에 대하여, 한편에서는 전체 십문을 보살의 지관으로 해석하여, 천태의 지관에 열등하지 않은 화엄의 지관행법을 나타낸 것이라고 본다.[84]

그러나 또 한편으로는 십문 가운데 앞의 일곱까지만 보살의 지관을 설하고, 나중의 삼문에서는 화엄교학의 상즉상입, 중중무진, 주반원명 같은 교의를 논의한 것이라고 해석하기도 하는데, 이러한 구조는 『망진환원관』에서 지관을 나중에 배치하고, 그 지관 속에 화엄교학을 넣어 조직한 것과 대조된다고 본다. 나중 삼문에서 지관을 사용하지 않은 것은, 화엄의 지관과 비슷한 천태지관과 화엄의 특성을 구별하려는 의도가 작용하였기 때문일 것이라고 보는 것이다.[85] 그런데 이 보현관의 십문은 법장의 저서 『발보리

82 凝然의 삼부작은 『華嚴十重唯識瑺鑑記』, 『華嚴十重唯識圓鑑記』. 『華嚴十重唯識瓊鑑章』을 말한다. 凝然의 전기와 저작에 관한 연구논문은, 北留典生, 『華嚴法界義鏡講義』 上卷(東京: 永田文昌堂, 1990) 참조.

83 『華嚴普賢觀行法門』 (『속장경』 2-8-1, 73좌-74우)

84 石井敎道, 『華嚴敎學成立史』(京都: 平樂寺書店, 1961), 308면.

85 陳永裕, 『華嚴觀法の基礎的硏究』(서울: 民昌文化社, 1995), 207, 210면.

심장』과 『화엄삼매장』의 색공장십문지관(色空章十門止觀)의 십문과 대조하여 보면 거의 비슷하다는 결과도 발표되었다.[86] 그러므로 후자의 해석에 따르면, 『화엄보현관행법문』은 자연히 『발보리심장』과 『화엄삼매장』의 내용을 답습하면서, 천태지관과 구별되는 화엄교학과 보현행법을 드러내는 의도에서 저작된 것이라 간주되는 것이다.

그 다음 보현행은 제1 선기신심(先起信心), 제2 귀의삼보(歸依三寶), 제3 참회숙죄(懺悔宿罪), 제4 발보리심입대서원(發菩提心立大誓願), 제5 수보살삼취정계(受菩薩三聚淨戒), 제6 수리과행(修離過行), 제7 수선행(修善行), 제8 수인욕행(修忍辱行), 제9 구섭중생행(救攝衆生行), 제10 수평등행(修平等行) 열 가지로 구성되어 있고, 각각에 세 가지의 행이 있어 도합 30행으로 구성되어 있다.[87] 그런데 이 열 가지 보현행의 사상은 「보현행원품(普賢行願品)」의 열 가지 행원과 비교하면, 삼보의 예경, 숙업의 참회, 선행실천, 중생구제 등이 공통적으로 열거되어, 그 기본 토대는 내용적으로 상통하는 바가 많다고 본다. 이 보현행은 교학적으로 보현보살행의 실천을 대표하는 사상이다. 『화엄경』에서 지혜로 대변되는 문수보살을 대신하여 보현보살이 최고의 위상을 차지하는 것도 보살의 실천에 비중을 두기 때문이다. 『화엄보현관행법문』은 보현의 관법과 행법으로 이등분하여, 보현행은 법계를 관찰하는 지혜에 기초하여 행하는 실천적 법이라고 명시한 것이다.

(6) 화장세계관(華藏世界觀)

화장세계(華藏世界)는 『화엄경』의 세계관을 기본으로 한 것으로, 화엄경의 주불인 비로자나불의 정토를 의미한다. 이 화장세계는 60권 『화엄경』에서는 「세간정안품(世間淨眼品)」과 「노사나불품(盧舍那佛品)」에서 연화장장엄세계해(蓮華藏莊嚴世界海)로서 설명되고 있고, 80권 『화엄경』에서는 「화장세계품(華藏世界品)」에서 설해지고 있다. 법장은 이 비로자나불의 화장세계를 관찰하는 의도에서 『화장세계관』을 저술하였으며, 이것도 화엄의 관법으로 취급하게 되었다. 이 저서는 현존하지 않아도, 징관의 『연의초』에 법장의 저서로 소개되어 있고[88] 또 『화엄법계의경』에도 법장의 저서로

86 鎌田茂雄, 「華嚴經普賢觀行法門について」, 『中國佛教思想史研究』(東京: 春秋社), 386-389면.
87 『華嚴普賢觀行法門』 (『속장경』 2-8-1, 74우)
88 澄觀, 『演義鈔』 (『대정장』 36권, 196상)

열거됨과 동시에 그 기본적 내용이 설명되어 있다.[89]

화장세계는 비로자나여래가 옛날 보살행을 수행할 때, 한량없는 부처님들을 친근하여 한량없는 보살의 서원을 발하여 장엄한 것으로, 그 구조는 수미산(須彌山)을 중심으로 하여 풍륜(風輪)을 기반으로 조성되어 있다고 설해진다.[90] 『화엄경』에서 말하는 이 화장세계는 인도의 고대문헌 마하바라타(Mahābhārata)의 세계창조설에 기원하고 있지만, 그 세계의 구조와 표현은 『화엄경』의 독자적 전개를 나타낸다고 보고 있다.[91] 『화엄경』에서는 세계창조설에 관계한다기보다 비로자나여래의 원력에 상응하는 보토(報土)로서 설해진다고 보는 의미가 더 적절하다. 화장세계관은 이 세계를 관상하는 대상으로 의보(依報)와 정보(正報)가 원융하다는 것을 관상하는 것이다. 이것은 중중무진한 십세(十世)가 원융한 화엄교의에 기초한 화엄관법이라 여겨진다.

이 화장세계관의 근원을 소급하여 말하자면, 법장의 스승 지엄이 그 전기에서 『연화장세계도(蓮華藏世界圖)』 일포(一鋪)를 지었다는 기록과, 영간(靈幹, 535-612)이 『화엄경』에 근거하여 『연화장세계해관(蓮華藏世界海觀)』과 『미륵천궁관(彌勒天宮觀)』을 지었다는 기록이 발견된다.[92]

(7) 『화엄의해백문(華嚴義海百門)』

『화엄의해백문』은 법장이 만년에 찬술하였으며, 『의천록』과 『영초록(永超錄)』에는 『법계의해(法界義海)』,[93] 『원초록(圓超錄)』에는 『화엄법계의해(華嚴法界義海)』로[94] 기재되어 있다. 이 저서를 『화엄의해백문』이라고 부르는 이유는, 그 골격이 기본적으로 열 부문으로 구성되어 있고, 각 부문마다 열 가지 의미를 구족하여 전체적으로 백문(百門)이 되기 때문이다.

이 『화엄의해백문』은 종래의 목록에서 전문적인 화엄관법으로 선정되지는 않았다. 그러나 오늘날에는 그 백문의 처음 '연기를 해명함[明緣起]'부터 마지막의 '불지를 증득함[證佛地]'에 이르기까지 화엄관법의 과정을

---

89 凝然, 『華嚴法界義鏡』 (『日本大藏經』, 「華嚴宗章疏」下, 593하-594상)
90 『華嚴經』 (『대정장』 10권, 39상)
91 塚本啓祥, 「蓮華生と蓮花座」, 『印度學佛教學研究』 제28-1호, 1979, 4.
92 法藏, 『華嚴經傳記』 (『대정장』 51권, 163하)
93 『義天錄』 (『대정장』 55권, 1166하)『永超錄』 (『대정장』 55권, 1146상)
94 『圓超錄』 (『대정장』 55권, 1133하)

설명하는 측면에서 논의되기도 한다.[95]

그 처음과 마지막의 내용만을 요약해 보면, 먼저 처음의 제1 연생회적문(緣生會寂門)은 1 명연기(明緣起), 2 입법계(入法界), 3 달무생(達無生), 4 관무상(觀無相), 5 요성괴(了成壞), 6 시은현(示隱顯), 7 발보리(發菩提), 8 개열반(開涅槃), 9 추거래(推去來), 10 감동정(鑑動靜)으로 구성되어 있다. 처음에 연기를 해명한다는 것은, 자신의 마음이 현현한 한 티끌을 연기법이라 이름하는데, 그 티끌은 가립하여 실체가 없고 취하거나 버릴 수 없어 공하여 무소유임을 알 것이며, 연기의 실체는 적적하여 일어나도 항상 일어남이 없고, 실체가 수연하면 일어나지 않으면서 항상 일어난다고 보는 것을 참된 지견이라 이름한다고 하였다.[96] 연기에 대한 이러한 해석은 중관사상의 연기설에 근거한 면이 나타나는데, 후반부의 연기설은 법장이 거기에 그치지 않고 지엄에게서 비롯된 성기(性起)의 이론에 뒷받침하여 해석하였음을 말해준다. 그 뒤에 이어지는 3. 무생을 체달함이나, 4. 무상을 관찰함도 그 해석하는 양상이 이와 유사하게 진행된다.

마지막 제10 결택성취문(決擇成就門)은 1 간정견(簡正見), 2 변염정(辯染淨), 3 현무지(顯無知), 4 불출세(佛出世), 5 변사의(辯四依), 6 제업보(除業報), 7 정권실(定權實), 8 명돈점(明頓漸), 9 입불해(入佛海), 10 증불지(證佛地)로 되어 있다. 그 최후의 불지(佛地)를 증득한다는 것은, 한 티끌을 공(空)·무상(無相)·무아(無我)로 보는 것도 아직 청정하지 못하고, 또한 공·무상·무생의 생각을 멀리 여읜 것도 여전히 때가 묻은 마음이며, 이 불지의 자리는 공중을 나는 새의 자취처럼 그 체상을 얻을 수는 없어도 그 자취마저 없는 것은 아닌 것과 같다고 하였다. 그런데 이 불지에 증입하는 것은 전적으로 적멸에 머무는 것이 아니며, 마땅히 부처님의 지혜와 방편을 학습해야한다고 결론지었다.[97] 여기서도 중관사상적인 해석이 엿보인다. 그런데 최후에 지적한 부처님의 자리는 적멸에 머무는 것이 아니라 부처님의 지혜와 방편을 학습해야한다는 내용은, 혹시 당시에 일체의 집착이 없다는 생각이 지나쳐서 발생한 무집착의 폐해를 방지하려는 의도가 느껴진다고 보기도 한다.[98]

95 小林實玄, 「『義海百門』に於ける法藏の觀·行の說示について」, 『印度學佛教學研究』 제27-2호, 昭和 54년.

96 法藏, 『華嚴經義海百門』 (『대정장』 45권, 627중)

97 앞의 책, 636중.

이렇게 처음과 나중의 부분적인 내용만 보아도 『화엄의해백문』은 순수한 한 종류의 관법을 설명한 것이라고 할 수는 없어도, 시초부터 연기법을 해명하고 그것과 관련된 공·무상·무생 등의 여러 항목을 설정하여 다방면으로 관찰하고, 최후로 부처님의 지혜와 방편을 학습하고 불지의 증득을 논의하였다. 그 관법의 내용에는 중관사상이나 반야사상의 자취가 강하게 감지되며, 여기에 화엄적인 학설을 더하여 변모시킨 모습이 곳곳에서 드러난다.

5) 이통현(李通玄)의 화엄관법

이통현(635-730)은 세속의 거사로서, 독자적인 화엄교학을 전개하며 실천한 인물이다. 종래에 작성된 화엄관법의 목록에 이통현의 관법은 들어있지 않다. 그러나 독립적인 화엄관법서를 저술한 정도는 아니지만, 이통현에게도 화엄교학과 관련된 관법이 전혀 존재하지 않은 것은 아니다. 근래의 연구에 따르면, 이통현의 저작에서 징관의 삼성원융관(三聖圓融觀)의 형성에 영향을 끼친 삼성원융사상이 발견된다고 보고되었다. 또한 종밀의 화엄관법으로 거론되는 일진법계관(一眞法界觀)도 그 사상적 근원이 이통현에 있다고 하며, 주로 일본에서 거론되는 불광삼매관(佛光三昧觀)의 사상적 근원도 역시 이통현에 있다고 말해진다.

(1) 삼성원융사상(三聖圓融思想)

이통현의 삼성원융사상에는 세 부류가 있는데, 첫째는 비로자나(毘盧遮那) 여래와 문수보살(文殊菩薩)과 보현보살(普賢菩薩)의 삼성원융사상이고, 둘째는 비로자나 여래 대신에 『화엄경』「입법계품」에 등장하는 미륵(彌勒)과 문수 보현의 삼성사상이며, 셋째는 비로자나 문수 보현 관음보살의 사성원융사상이다. 셋째의 원융사상에서 비로자나에는 독립적인 개별적 의미를 부여하지 않고 나머지 세 보살의 원융함을 가리켜 비로자나라고 말하기 때문에, 결국은 이것도 삼성원융을 의미한다는 것이다.[99]

비로자나, 문수, 보현의 삼성원융에도 두 가지가 있는데, 그 하나는 문수와 보현에게는 개별적인 의미를 부여하고, 그 두 성인이 원융하여 둘이 아

98 陳永裕, 『華嚴觀法の基礎的硏究』(서울: 民昌文化社, 1995), 224면.
99 小島岱山, 「李通玄における三聖圓融思想の解明」, 『華嚴學硏究』 創刊號, 1987, 144, 152면.

닌 것을 비로자나여래로 간주하는 사상이며, 또 하나는 비로자나 문수 보현의 삼성에 각각 개별적인 의미를 부여하고 그 삼성이 평등하게 원융하다는 것이다.[100] 전자의 삼성사상은 비로자나여래의 과보는 설명할 수 없다는 것이며, 후자의 삼성사상은 비로자나여래의 과보는 설명할 수 있다는 것이다. 이와 같이 이통현은 양쪽의 삼성사상을 사용하였으나, 징관은 전자의 삼성사상만을 수용하여 논의하였다고 한다. 『신화엄경론(新華嚴經論)』에 기술되어 있는 이러한 삼성사상에 따르면,[101] 문수보살은 출리지혜(出離智慧)와 법신묘지(法身妙智)의 근본지(根本智) 쪽에, 보현보살은 입속행주(入俗行周)와 만행위덕(萬行威德)의 차별지(差別智) 쪽에 의미를 두고 있다고 정리한다.[102]

이통현의 삼성원융사상은 그 후 화엄 4조 징관의 삼성원융관의 형성에 영향을 끼쳤으며, 그것이 보다 확실하게 수용되어 표출된 것은 명혜(明惠)라고 한다. 그가 저술한 『화엄수선관조입해탈문의(華嚴修禪觀照入解脫門義)』는[103] 삼성과 십신의 결부에서 징관의 삼성사상도 절충하였지만, 전체적으로 이통현의 삼성원융사상을 기조로 하여 수선(修禪)에 대한 관조를 논의한 것이라 말해진다.

(2) 일진법계관(一眞法界觀)의 사상적 근원

일진법계관은 화엄 5조 종밀의 화엄관법으로 지적된다. 그런데 근래의 연구에 따르면 이 일진법계 사상의 근원은 이통현에게서 비롯되었으며, 그것이 먼저 징관에게 수용되었고, 나중에 다시 종밀에게 계승되었다고 한다. 이에 대한 설명은 이후의 종밀의 화엄관법을 참조하기 바란다.

(3) 불광삼매관(佛光三昧觀)의 사상적 근원

불광삼매관은 『화엄경』에 등장하는 부처님이 신체에서 광명을 발산하는 것에 연원을 두고, 그것을 수행하는 방법으로 형성된 관법이다. 불광삼매관이라는 용어를 확실히 사용하여 그 사상과 실천관법을 저술한 것은 일본의 명혜(明惠, 1173-1232)가 최초이기 때문에, 불광삼매관은 명혜에 의

100 앞의 논문, 108면.
101 李通玄, 『新華嚴經論』(『대정장』 36권, 739상)
102 稻岡智賢, 「李通玄の普賢觀」, 『印度學佛教學研究』 제32-2, 1984년, 408면.
103 明惠, 『華嚴修禪觀照入解脫門義』(『대정장』72권)

하여 제창된 화엄관법이라 말해진다. 그러나 이 불광삼매관의 사상적 근원은 이통현에 두고 있다고 한다.

명혜는 여러 저서에서 불광삼매관에 대하여 논의하였는데, 그의 불광삼매관은 화엄사상에 선과 밀교의 실천을 융합한 것이라고 보고 있다.[104] 그의 저서에 의하면, 문수보살의 대승에 대한 믿음과 보현보살의 대승에 대한 원행을 실천하는 것이 불광삼매관의 대체적인 의미로 제시되며, 그 궁극의 목표는 부처님의 광명을 추종하여 삼천대천세계를 비추고, 그 종국에는 불광(佛光)이라는 외경(外境)과 심광(心光)이라는 내심(內心)이 합일하여 내외의 견해가 없는 경지에 이르러 불광명에 집착하는 마음조차 없어지는 것이라고 표명하였다.[105] 그가 표명한 불광삼매관은 『화엄경』의 「광명각품(光明覺品)」에 기초하였다고 하는데, 그 외에 「현수품(賢首品)」의 영향도 많은 것으로 보고 있다.

불광삼매관의 사상적 연원에 대하여 고찰한 결과, 그 불광삼매관의 실천자로서 중국의 해탈선사(解脫禪師)와 명요(明曜), 그리고 이통현의 계보가 소개되었으며,[106] 이러한 사실은 『화엄불광삼매관비보장(華嚴佛光三昧觀秘寶藏)』에서도 확인된다.[107] 명혜가 이러한 전승을 취한 것에 대하여, 불광삼매관이 화엄의 실천 중에 있어 그 전통을 갖는 것이며, 그 자신이 이 관법을 행하는 데에서 실천적 근거를 제시하기 위한 것이라고 지적된다.[108] 그 중에서 명혜는 특히 이통현을 실질적인 불광삼매관의 실천자로 고려하여, 이통현의 화엄사상에서 불광삼매관의 행법을 구하였다고 본다. 그런데 이통현의 전기와 사적은 물론, 모든 저작에서도 불광삼매관이나 불광관(佛光觀)이라는 언어는 보이지 않는다고 한다. 그럼에도 명혜가 불광삼매관의 연원을 이통현에게서 구한 이유는, 이통현의 저서 『해미현지성비십명론(解迷顯智成悲十明論)』·『약석화엄경수행차제결의론(略釋華嚴經修行次第決疑論)』·『화엄경』「광명각품」의 주석에 나타난 이통현의 불광명사상에 촉발되어, 그 자신의 독특한 관법으로 형성하는 근거가 되었다고 보기 때문이다.

104 小林實玄, 「明惠の實踐佛教について」, 『印度學佛教學研究』 제18-1호, 1969, 256면. 명혜의 저술로서 『佛光觀法門』·『華嚴佛光三昧觀秘寶藏』·『華嚴修禪觀照入解脫門義』 등이 거론된다.

105 明惠, 『華嚴佛光三昧觀秘寶藏』(『대정장』 72권, 90중하)

106 鎌田茂雄, 「佛光三昧觀の實踐方法」, 『佛教の實踐原理』(東京: 山喜房出版, 昭和52년), 242면.

107 明惠, 『華嚴佛光三昧觀秘寶藏』(『대정장』 72권, 93중하)

108 柴崎照和, 「明惠と佛光三昧觀(1)」, 『南都佛教』 제65호, 平成3년, 46면.

이와 같이 불광삼매관은 이통현의 불광명사상에 기초하여 명혜에 의하여 제창된 관법이지만, 불광삼매관의 사상이 의거하는 바가 신(信)이라는 데에서 양자의 차이점이 발견된다고 한다. 이통현이 주석한 「광명각품」에서 말하는 불광명의 내용은, 『결의론』이나 「광명각품」의 주석을 보면 십신의 처음인 십신초심(十信初心)의 법문이라고 본다.[109] 명혜는 불광삼매관에 의하여 신만성불(信滿成佛)을 목적으로 삼았다고 지적된다.[110] 그런데 명혜의 경우는 십신의 최후인 십신종심(十信終心)의 법문으로서 신만성불을 조장하는 관법으로, 밀교사상과 연결된 점이 있어 순수한 화엄관법이라 말하기는 곤란하다고 본다.

6) 징관(澄觀)의 화엄관법

법장의 문하에 혜원(慧苑)이 있었지만 그 학설에 이전의 화엄조사와 상이한 바가 있어 배척되고, 화엄학 외에도 천태학·삼론학·선학 등을 여러 스승에게 두루 학습한 징관(738-839)이 화엄종의 제4조에 오르게 되었다.

현재 전해지는 징관의 저작 38종류 가운데 관법과 관련 있는 저서로는 『화엄경소(華嚴經疏)』·『화엄법계현경(華嚴法界玄鏡)』·『심요법문(心要法門)』·『삼성원융관문(三聖圓融觀門)』·『오온관(五蘊觀)』·『십이인연관(十二因緣觀)』이 있으며, 종래에 거론된 징관의 화엄관법으로는 화엄심요관·삼성원융관·오온관·십이인연관이 있다. 이 가운데 『오온관』과 『십이인연관』은 모두 고려의 의천록에 보이며, 그 이후 일본에서 징관의 저작으로 취급되었다. 그 밖에 징관에 의하여 제창되었으나 종래의 분류에서 거론되지 않았던 사종법계관이 추가로 논의될 수 있다.

(1) 『화엄경소(華嚴經疏)』와 『화엄법계현경(華嚴法界玄鏡)』의 관법

『화엄법계현경』은 『법계관문』의 주석서라는 점에서 징관이 관법을 중시한 것을 알 수 있다. 그 『법계관문』은 또한 『화엄경소』에도 채용되어 십현문과 연관되어 논의되고 있어, 징관의 화엄관법의 근간을 이루는 것으로 사료되고 있다. 곧 『화엄경소』 제3 의리분제(義理分齊)에서 화엄일승을 동교와 별교로 구분하고, 그 별교의 의리(義理)를 제1 소의체사(所依体事), 제

109 陳永裕, 『華嚴觀法の基礎的研究』(서울: 民昌文化社, 1995), 498~499면.
110 柴崎照和, 「明惠上人の實踐觀と『佛光觀法門』」, 『佛教學』 제21호, 1987, 73면.

2 섭귀진실(攝歸眞實), 제3 창기무애(彰其無碍), 제4 주변함용(周遍含容)의 네 부문으로 설명하는 과정에서 『법계관문』의 내용에 의거하여 주석한 것이다.[111] 곧 제1 소의체사에서는 교의(敎義)·이사(理事)·경지(境地) 등의 열 가지를 열거하였을 뿐이지만, 제2 섭귀진실에서는 그 섭귀진실을 진공절상(眞空絕相)이라 말하며, 그 진공절상의 열 가지 의미는 『법계관문』의 제1 진공관에 이양하였다. 제3 창기무애에서는 제1 소의체사에서 열거한 열 가지 의미가 모두 무애하지만, 특히 이사(理事)의 무애를 표현하는데 있어서 『법계관문』의 제2 이사무애관의 열 가지 부문을 그대로 사용하고 있다. 그리고 제4 주변함용에서는 『법계관문』의 제3 주변함용관을 연상하기 쉽지만, 실제로 『화엄경소』에서 설해지는 주변함용의 내용은 『법계관문』에 설해진 1. 이여사문(理如事門), 2. 사여리문(事如理門) … 10. 보융무애문(普融無碍門) 등의 열 가지에[112] 의존하는 것이 아니라, 법장이 설한 십현문에 의하여 설명되고 있다. 이 십현문은 화엄의 사사무애를 연설하는 일승교의로 간주되고 있다. 따라서 징관의 저서에서 이루어진 『법계관문』의 해석을 살펴보면, 결국 징관이 제창한 사법계(事法界)·이법계(理法界)·이사무애법계(理事無碍法界)·사사무애법계(事事無碍法界)라는 사종법계에 의하여 차례로 안배되었다는 사실을 발견하게 된다. 이 사종법계를 앞에서 설명한 『화엄경소』의 해석과 『법계관문』의 삼관과 연관하여 고찰하면 다음과 같다.

圓教一乘 ― 1. 同教一乘
2. 別教一乘 ― 1. 所依体事 ― 1. 事法界
2. 攝歸眞實 ― 2. 理法界 ――― 1. 眞空觀
3. 彰其無碍 ― 3. 理事無碍法界 ― 2. 理事無碍觀
4. 周遍含容 ― 4. 事事無碍法界 ― 3. 周遍含容觀

징관에 이르러 시도된 이러한 설정은 화엄사상의 교학적 전개에 있어서 대단히 중요한 의미를 갖고 있다고 본다. 징관이 제창한 사법계·이법계·이사무애법계·사사무애법계라는 사종법계는 화엄교학에 있어서 이(理)와 사(事)의 관계가 원융무애함을 규명하는 이치로서, 화엄의 법계관과 밀접한

111 澄觀, 『華嚴經疏』(『대정장』35권, 514상)
112 澄觀, 『華嚴法界玄鏡』(『大正藏』45권, 672이하)

관계를 갖고 있어 오늘날 대부분 사종법계관으로 취급하고 있다. 신라의 표원이 편찬한 『화엄경문의요결문답』에 따르면, 여기에서 거론하는 사종법계는 원래 법장의 제자 가운데 한 명인 정법사(靜法寺) 혜원(慧苑)이 수립한 사실이 드러난다.[113] 그것이 징관에 이르러 『법계관문』과 연관되어 관계를 맺은 것이라 보인다.

징관이 『화엄경소』와 『화엄법계현경』에서 두순의 『법계관문』을 사용한 목적은 우선 별교일승의 중중무진한 화엄원교의 교리를 충실히 확립하는 데에 있었다. 그리고 징관시대에 활성화된 천태종의 관법과 실천을 중시한 선종의 대두는, 화엄교학에도 교의와 관계되는 실천적인 요소가 필요하게 되었다. 그 때문에 이론적으로 정연한 체계를 갖는 『법계관문』의 삼관을 혜원이 수립한 사종법계와 대비하여 해석하였으며, 그 내용으로 다시 법장이 설한 화엄의 십현문을 취입시켜 논의하였다. 그리하여 마침내 사종법계관이라는 화엄원교의 관법을 구축하게 되었다고 추정한다.

이와 같이 두순의 『법계관문』은 징관의 『화엄경소』에 채용되어 제1 진공관과 제2 이사무애관은 『법계관문』의 설을 그대로 수용하고, 제3 주변함용관은 그 내용을 법장의 십현설로 치환하여, 그 결과 『법계관문』이 화엄관법의 정점에 오르게 되었다. 그리고 이 『화엄경소』 주석이 끝난 시기에 징관이 찬술한 본격적인 『법계관문』의 주석서가 『화엄법계현경』이라 보인다.[114] 『화엄법계현경』이 『법계관문』을 주석한 자세는 『화엄경소』와 거의 다를 바가 없다고 한다. 다만 전자는 『법계관문』의 내용을 보다 충실히 주석하였고, 그 위에 천태의 삼관과 비교하였으며, 다시 원융무애한 화엄의 세계를 나타내는 경우에 십경(十鏡)의 비유를 사용하여 주석한 점이 특징이다.

(2) 화엄심요관(華嚴心要觀)

화엄심요관은 『심요법문』에 설해진 관법을 말한다. 『심요법문』의 자세한 명칭은 『답순종심요법문(答順宗心要法門)』으로, 당나라 순종(順宗)이 태자 시절 징관에게 법을 질문한 것에 대하여 답변한 것이다. 그 원문과 그것

113 表員, 『華嚴經文義要決問答』 (『한불전』 2책, 372중)
혜원의 사종법계설은 본래 그가 저술한 『간정기(刊定記)』 「입법계품」에 나오는데, 현재는 그 부분이 누락되어 전하지 않으며, 표원의 저작을 통하여 알 수 있는 정도이다.

114 澄觀, 『華嚴法界玄鏡』 (『대정장』 45권, 672하. 서문 참조)

을 주석한 종밀의 주석서가 전해지고 있으며,[115] 그 분량은 모두 단편에 불과하다. 이 단문의 『심요법문』은 종밀의 주석서 외에 여러 문헌에 그 전문이 수록되어 전해지고 있으며, 일본에서도 몇 가지의 주석서가 지어졌다.[116] 그 중에서 이 『심요법문』의 본문은 대개 『답순종심요법문』과 『경덕전등록』의 인용본으로 구별된다고 한다.

선종의 여러 문헌에 인용되는 것에서 알 수 있듯이 『심요법문』은 징관의 저작 가운데 선사상이 가장 집약적으로 표출된 저서로 지적되며,[117] 그 내용을 통하여 선과 화엄사상의 관계를 고찰하고 있다. 이 『심요법문』의 서두는 "지도(至道)는 그 마음을 근본으로 삼고, 심법(心法)은 무주(無住)를 근본으로 삼는다. 무주심체(無住心体)는 영지불매(靈知不昧)하여, 성상(性相)이 적연(寂然)하고, 덕용(德用)을 포함하며, 내외를 해섭(該攝)한다"로 시작되고 있다.[118] 여기에 사용된 지도와 무주는 선종의 언어이며, 영지불매는 나중에 종밀이 자주 사용한 말이다.

또 징관은 『연의초』에서, "수남선지식(水南善知識)이 말하기를, 체(体)에 즉한 용(用)을 지(知)라 하고, 용(用)에 즉한 체(体)를 적(寂)이라 하며 … [그 둘은] 둘이 아니면서 둘이라. 지(知)라는 한 글자는 중묘(衆妙)의 문이며, 역시 수남(水南)이 한 말이다"고 하였는데,[119] 지금의 연구에 따르면 여기서 말하는 수남선지식(水南善知識)은 신회(神會)라고 지적되고 있다. 징관은 화엄학 외에도 남종(南宗)과 북종(北宗)의 선을 두루 학습하였는데, 이 저서에 나타난 선사상은 남종선의 일파인 신회 계통에 의거하여 남북양종의 선사상을 융회하였으며, 영지(靈知) 또는 지(知)라는 한 글자를 중시한 것이 드러난다. 따라서 『심요법문』에서도 신회의 선사상에 의거하여 징관 화엄사상의 근본을 이루는 무주심체(無住心体)로서의 일심(一心)을 표출한 것으로 파악된다. 다만 징관의 선사상은 단순히 남북양종의 선이 아니라 화엄의 성기사상에 근거한 것이라고 지적된다.[120]

---

115 澄觀, 『答順宗心要法門』(『속장경』 1-2-8-4, 303좌)

116 『景德傳燈錄』 제30권 「五台山鎭國大師澄觀答皇太子問心要」(『대정장』 51권, 459중), 大慧의 『正法眼藏』(『속장경』 1-2-23-1, 11좌하), 祖琇의 『隆興編年通論』 제20권(『속장경』 2을-3-3-4.), 瞿汝稷의 『指月錄』(『속장경』 1-2-16-1, 28좌상-하), 鎭澄의 『清涼山志』 제3권, 凝然의 『華嚴法界義鏡』(華嚴宗章疏下. 594상) 등이 거론된다.

117 鎌田茂雄, 『中國華嚴思想史の研究』(東京: 東京大學東洋文化研究所, 1965), 209면.

118 『答順宗心要法門』 및 『景德傳燈錄』(『대정장』 51권, 459중)

119 澄觀, 『演義鈔』(『대정장』 36권, 261하-262상)

(3) 삼성원융관(三聖圓融觀)

삼성원융관은 『삼성원융관문(三聖圓融觀門)』에 설해진 관법을 말한다. 그 성립 근거는 『화엄경』「입법계품」이다. 그 「입법계품」 말미에서 말하기를, 구도자 선재동자(善財童子)가 비로자나장엄장대누각(毘盧遮那莊嚴藏大樓閣)에 거주하는 미륵보살의 교시에 의하여 문수보살을 친견하고, 다시 문수보살의 지도에 따라서 보현보살의 불가사의한 경계에 들어간다고 하였다.[121] 『삼성원융관문』은 이 「입법계품」에 등장하는 본사(本師) 비로자나여래와 문수보살 보현보살의 세 성인을 통하여 화엄의 원융사상을 전개한 것이라고 생각된다.

징관의 삼성사상은 본래 이통현의 삼성원융사상에 빚진 바가 많다고 말해지지만, 징관 자신은 결코 이통현의 영향을 받은 사실에 대하여 표현하지 않았다고 한다. 여기에는 징관의 독자적인 화엄사상의 전개가 결부되었기 때문인지도 모른다. 예를 들면 징관은 보현을 이적(理寂)의 심체(心體)에 해당한다고 한데 비하여, 이통현은 결코 보현을 이(理)에 배정하지는 않았다고 지적한다.[122] 그 밖에도 상이한 바가 없지 않다.

『삼성원융관문』의 중국주석서는 없으며, 일본에서 주석된 『삼성원융관문의현(三聖圓融觀門義顯)』에 전체의 일부분이 남아있다.[123]

『삼성원융관문』의 기본 내용은 크게 제1 상대명표(相對明表)와 제2 상융현원(相融顯圓)으로 구분된다.[124] 제1 상대명표에서는 비로자나여래를 수행의 과위(果位)로 보고, 보현보살과 문수보살을 수행의 인위(因位)로 구별하는데, 그 인위의 두 보살은 세 가지가 상대적이라고 말한다. 첫째는 보현을 소신(所信)의 법계라 하고, 문수를 능신(能信)의 마음이라 한다. 둘째는 보현을 소기(所起)의 만행(萬行)이라 하고, 문수를 능기(能起)의 이해(理解)라고 한다. 셋째는 보현을 법계를 소증(所證)하는 이치라 하고, 문수를 능증

---

120 鎌田茂雄, 『中國華嚴思想史の研究』(東京:東京大學東洋文化研究所, 1965), 490면. 이 『심요법문』에서 징관이 언급한 무주(無住)나 용(用)과 적(寂) 같은 것은, 연구 결과 신회의 말을 인용한 것이라고 한다. 이 용(用)과 적(寂)의 관계에 대해서는 의상의 『화엄일승법계도』에서도 찾아진다고 보는데,(海住, 『화엄의 세계』(서울: 민족사, 2000), 309면 이하 참조.) 이 경우 신회와 징관 의상의 관계가 검토되어야 할 것이다.

121 『화엄경』「入法界品」(『대정장』 10권, 439중)

122 小島岱山, 「李通玄における三聖圓融思想の解明」, 128면.

123 凝然, 『三聖圓融觀門義顯』(『日本大藏經』, 華嚴宗章疏下, 549하)

124 澄觀, 『三聖圓融觀門』(『대정장』 45권, 671상-672상)

(能證)하는 대지(大智)라고 한다.

그 다음 제2 상융현원에서는 먼저 문수보살과 보현보살이 각자 원융한 것을 설명하고, 나중에 그 두 성인의 법문이 서로 원융하여 둘이 아니라는 것을 능소(能所), 해행(解行), 이지(理智), 정혜(定慧), 체용(體用)의 다섯 가지로 논의한다. 끝으로 삼성을 『화엄경』의 제목에 해당시켜, 보현을 대(大)로서 이체(理體)에, 문수를 방광(方廣)으로서 업용(業用)에, 비로자나는 불(佛)로서, 화엄은 만행(萬行)에 비유하였다. 결론적으로 여래 일대의 가르침은 이지(理智)·해행(解行)·체용(體用)을 떠나는 것이 아니고, 이것들은 다시 마음을 여의는 것이 아니며, 그 마음과 부처와 중생의 셋은 차별이 없기 때문에, 자기의 마음속에 항상 부처님이 존재하여 정각을 성취한다고 요달해야 한다는 것이다.

이 『삼성원융관문』의 내용은 여러 부분에서 『심요법문』과 사상적으로 합치하는 점이 있으며, 『심요법문』에 비하여 보다 구체적으로 논의되고 있다고 본다. 또 선사상과 연관하여 보면 화엄의 원융사상 외에, 자심(自心)으로 염념 성불한다는 사상도 본문 말미에서 거론된다.

(4) 『오온관(五蘊觀)』과 『십이인연관(十二因緣觀)』

『오온관』과 『십이인연관』은 징관의 여러 전기에는 기록이 보이지 않고, 그 명칭이 최초로 나타나는 문헌목록은 고려의 『의천록』이며, 그 이후 징관의 관법서로서 취급되었다. 『오온관』은 그 저본을 알지 못하지만 어찌됐든 현재 속장경에 수록되어 있고,[125] 『십이인연관』은 『법계도기총수록』 가운데 그 본문의 대부분이 인용되어 있는 것이[126] 이미 지적되었다.[127] 또 『십이인연관』은 두 가지 사본이 발견되어, 『오온관』의 사본과 함께 합철되어 문고본(일본의 金澤文庫本을 말함)으로 소장되어 있다.[128]

① 『오온관(五蘊觀)』

『오온관』은 범부들이 해탈을 구하려면 마땅히 색(色)·수(受)·상(想)·행

125 『五蘊觀』(『大日本續藏經』, 第2編 第8套 第4册, 303상-하)
126 『法界圖記叢髓錄』(『대정장』 45권, 746상-하)
127 高峯了州, 「澄觀の十二因緣觀門について」(『華嚴論集』, 國書刊行會, 1976, 531하)
128 納富常天, 「(称名寺所藏金澤文庫保管) 稀覯本華嚴小部集本文並びに解題」, 『金澤文庫研究紀要』 제8호, 1971, 62면.

(行)·식(識)의 오온이 모두 공하다는 것을, 인공관(人空觀)과 법공관(法空觀)의 두 가지 공관으로 수행할 것을 논의한 글이다. 먼저 인공관은 오온이 모여 화합하여 가명으로 인아(人我)라고 칭하는 것이라, 인아의 모습을 구하여도 끝내 얻지 못하는 것을 관조하는 것이다. 이 인공관을 수행하면 분단생사(分段生死)를 벗어나서 이승해탈(二乘解脫)이라 한다. 법공관은 그 낱낱의 오온이 모두 인연으로 발생한 것이라 자성이 없어, 오온이 모두 공함을 관조하는 것이다. 이 두 가지 공관을 쌍조하면 변역생사(變易生死)를 벗어나서 구경해탈(究竟解脫)이라 이름한다.

이와 같이 『오온관』은 오온개공(五蘊皆空)을 철견하는 것을 골자로 하는 관법이다. 따라서 이 『오온관』은 화엄사상의 관법이라기보다 근본적인 수행의 관법이라고 평가할 수 있다. 그럼에도 종래에 이 관법이 화엄관법에 소속되어 분류된 사실은, 화엄사상적으로 볼 때 반야와 중관의 이공관이 차지하는 비중이 작지 않다는 것을 가늠하게 한다.

② 『십이인연관(十二因緣觀)』

『십이인연관』은 그 내용이 크게 세 부분으로 구성되어 있다.[129] 첫째는 십이인연이 생사의 큰 나무[大樹]이고 큰 물결[大河]이라 한다. 세간의 나무에는 뿌리·줄기·가지·잎·꽃·열매가 있어 상속하여 생기는 것처럼, 십이인연도 역시 그러하다는 것이다. 그 때문에 수도하여 그것을 단절하여 제거해야 한다는 것이다.

둘째는 십이인연은 생사 계박의 인연이기 때문에 반드시 이 인연을 소멸시켜야 생사를 벗어날 수 있으며, 십이인연이라는 생사의 큰 나무를 단절하고 큰 물결을 고갈시켜는 것을 열반이라 이름하며, 이것을 자각하는 것을 보리라고 한다. 이 때 십이인연의 근본인 무명은 불각(不覺)의 마음으로, 이 불각으로 인하여 일체의 망념이 홀연히 일어나는데, 이것을 지각하여 일체 망상 번뇌를 발생시키지 않는 것이 요긴하다고 한다. 이러한 해석에는 『대승기신론』의 사상이 결부되어 있는 것이 엿보인다.

셋째는 이 인연에 의하여 수행하는데 삼관이 있으니, 하나는 성기관(性起觀), 둘은 연기관(緣起觀), 셋은 인연관(因緣觀)을 말한다. 이 세 가지는 각각 상근기·중근기·하근기에 배당하여 제시한 것이다. 성기관은 십신(十信)

129 『十二因緣觀』, 앞의 『法界圖記叢髓錄』 인용문과 金澤文庫本 참조.

중에서 부동의 범부가 그대로 성불한다는 것이고, 연기관은 화엄교학에서 말하는 수행도 51위 중에서 일위(一位)를 수행하는 것에 의하여 일체위(一切位)를 구족하여 성불한다는 것이며, 인연관은 하나하나의 수행위를 차례로 수증하여 51위를 모두 만족한 때에 성불한다는 것이다. 이 삼관은 다시 인연관은 속제로서 태허공정(太虛空定)에 포섭되고, 연기관은 진제로서 제일공정(第一空定)에 포섭되며, 성기관은 중도제일의제로서 법성무주정(法性無住定)에 포섭된다고 한다. 그리하여 차별을 나타내는 인연관과 평등을 표현하는 연기관의 근저에 성기관이 자리하고 있다고 말하여, 성기설에 의하여 삼관·삼제·삼정을 총괄하고 있다.

이와 같이 『십이인연관』은 수행법을 삼관으로 분류하고, 결국은 화엄의 성기관에 의하여 총괄하고 있다. 그런데 그 성기관에 해당하는 것은 상근기로서 십신 가운데 부동의 범부를 지적하는 것은, 『화엄경』에서 말하는 "처음 발심할 때에 문득 정각을 이룬다"는[130] 사상을 수용한 것이다. 이 점에서 이 관법은 전통적인 화엄의 신만성불론(信滿成佛論)과 관련이 있다고 본다.[131]

7) 종밀(宗密)의 화엄관법

화엄종의 제5조 종밀(780-841)은 화엄학 외에 『원각경(圓覺經)』의 연구와 선교일치(禪敎一致)의 주장자로 유명하다. 유교 집안에서 태어난 종밀은 어려서부터 유학을 배워 정통하였으며, 장성하여 출가하고 『원각경』에 의하여 지견을 열었고, 그 이후 주로 남종 계통의 선법을 연마하고, 나중에 징관에게 나아가 화엄학을 사사하였다. 종밀의 저작은 현재 약 20종류가 전해지는데, 종래의 분류에 의하면 단독적인 화엄관법은 별도로 열거되지는 않았다. 그러나 종밀의 저작 가운데 『주화엄법계관문』 1권이 있는데,[132] 이것은 앞에서 소개한 두순의 『법계관문』을 주석한 것이다. 그 밖에 현재의 연구에 의하면, 종밀의 화엄관법으로는 일진법계관(一眞法界觀)이 거론된다.

일진법계관은 징관의 『화엄경행원품소(華嚴經行願品疏)』를 주석한 『화엄경행원품소초(華嚴經行願品疏鈔)』에 나오는 관법이다. 종밀은 『화엄경행

---

130 60권 『화엄경』(『대정장』 9권, p.449하); 80권 『화엄경』(『대정장』 10권, 89상)
131 吉津宜英, 『華嚴禪の思想史的研究』(東京: 大東出版社, 1985), 76면, 98면.
132 宗密, 『注華嚴法界觀門』(『대정장』 45권, 684중-692중)

원품소』의 서문을 주석하여 네 부문으로 분과하였는데, 그 첫 번째 총서문의(總敍文意)에서 징관이 말한 '대재진계(大哉眞界)'를 주석하여, "진계(眞界)는 곧 진여법계(眞如法界)"라고 하였다. 그 진여법계의 내용을 들어보면, "제불과 중생의 본원이 되는 청정한 마음의 일진법계(一眞法界)로서, 그것은 곧 일심법계(一心法界)"를 의미한다는 것이다. 계속하여 이 일진법계로서의 일심은 중생의 본심이고 만법의 근본이며, 그것은 『기신론』에서 일심으로부터 진여문과 생멸문이 전개되는 것에 의하여 알 수 있다고 하였다.[133]

그리고 이 법계의 본체인 일심으로부터 만법이 발생하는 데에는 성기문과 연기문이 있다고 하였다. 종밀은 이 별교의 성기문과 동교의 연기문의 의미에 의하여 교학과 선학을 통합하려고 하였다. 성기문에 의하여 법계의 성품이 전체적으로 흥기하고, 연기문에는 염연기(染緣起)와 정연기(淨緣起)의 두 부문을 두고, 정연기에 다시 분정(分淨)과 원정(圓淨)을 전개하여, 원정(圓淨) 중에서 돈오(頓悟)와 점수(漸修)를 배당하였다.[134] 이것은 종밀이 화엄과 교의 융합을 위하여 일진법계 중에서 교학과 선을 통괄하려고 기도한 것이라 본다.[135]

그런데 근래의 연구에 따르면 이 일진법계 사상의 근원은 이통현에게서 비롯되었다고 한다.[136] 종밀보다 앞서 이 용어를 사용한 징관은 이통현의 일진법계 사상을 수용하여 교학의 근본을 표현하기에 이르렀으나, 양자의 일진법계 취급 개념에는 상위가 있었던 듯하다. 이통현의 경우는 중중무진한 이 세계도 진여 그 자체이기에, 그 진여를 강조하기 위하여 중중무진한 이 세계를 일진법계라고 명명하였다. 그러나 징관은 『연의초』 처음 부분에서 노자(老子)가 말한 현묘(玄妙)하다는 언어를 채용하여 그 현묘한 체(体)를 일진법계로 삼았다고 하였듯이,[137] 근본적인 절대적 세계를 표현하는 언어로서 사용하였다고 지적된다. 징관은 계속 주석하며 법계의 의미를 부연하면서, 법계의 최후에 해당하는 무장애법계를 일진법계의 위치에 부여하였다. 그러나 종밀은 『화엄경행원품소초』에서 징관이 사용한 그 무장애법

133 宗密, 華嚴經行願品疏鈔』(『속장경』 1-7-5, 399우)
134 앞의 책, 399좌.
135 鎌田茂雄, 「圭峯宗密の法界觀」, 『佛教における法の研究』, 1975, 359면.
136 小島岱山, 「李通玄の根本思想」, 『印度學佛教學研究』 제31-2, 1974, 138면.
137 澄觀, 『演義鈔』(『대정장』 36권, 26)

계라는 표현을 버리고 일진법계라는 용어로 교체하여 주석하였다.[138] 이것은 일진법계는 바로 일심이라고 정의한 것이다.

종밀은 또한 법장이 『화엄경탐현기』에서 설명한 십중유식을 징관이 다시 십중일심의 형태로 개정한 것을 수용하였는데, 그것을 종밀은 자신이 수립한 오교에 적절히 안배하여 전개하였고, 또한 제5교에 해당하는 '총해만유즉시일심(總該萬有卽是一心)'의 본문을 주석하는데 사용하였다.[139] 이와 같은 것을 보면, 종밀이 의도한 일진법계는 일심의 의미가 강하거나, 혹은 영지를 중시하는 종밀 특유의 교학사상의 일단이 보이는 듯하다.

Ⅲ. 인접 개념과의 관계 및 현대적 논의

1. 인접 개념과의 관계

앞에서 열거한 여러 가지 화엄관법의 주요 내용을 살펴보면, 관법들마다 화엄학 이외에도 많은 불교학파의 교의와 관법이 자주 나온다는 것을 볼 수 있다. 이것을 지금까지의 설명에 근거하여 정리해 보는데, 다만 관법의 종류가 많고 거론된 교의도 많기 때문에 일부 요점만을 지적해 본다.

먼저 가장 일찍 제창된 두순(杜順)의 화엄관법인 『법계관문』의 성립 배경으로는, 이미 천태의 공·가·중 삼제와 종가입공관·종공입가관·중도제일관의 천태삼관을 지적한 이도 있고, 또한 공·가·중을 최초로 설한 용수의 저서 『중론』의 삼제게에 영향 받았을 것이란 지적도 있으며, 일부에서는 『법계관문』의 삼관을 선종의 달마급다(達摩笈多)의 사교판에 배당하기도 하였다. 그렇다면 『법계관문』의 사상은 이 두 세 가지 학파의 관법에 영향받아 계발된 것이라고 볼 수 있지 않을까.

여러 가지 실천적 관법을 제시한 지엄(智儼)의 관법에 대한 태도는, 유식학과 중관학 선종 등의 여러 관법이 사람의 근기에 따라 적용되고, 필요에 따라 소승이나 삼승은 물론 일승에도 적용될 수 있다는 사고방식이 엿보인다. 예를 들면 지엄이 『화엄경오십요문답』 에서 수립한 사심사관(四尋思觀)

138 宗密, 『華嚴經行願品疏鈔』(『속장경』 1-7-5, 236)
139 앞의 책, 422우.

은 원래 법상종이 수립한 오위의 수행 중 두 번째 가행위에서 수습하는 관법이다. 하지만 지엄은 이 법상종의 관법을 이끌어와 또한 화엄교학 같은 일승에서 법계에 상응하게 활용할 수 있는 관법이라고 해석하였다.

화엄교학의 대표적 일승법문으로 자리 잡은 십현연기설의 원형 십현문은 지엄이 그 명칭만을 거론하였지만, 그 십현문은 법장(法藏)에 이르러 화엄원교의 법문으로 강조되었다. 법장에 의하여 체계화된 이 십현연기설은 유식학의 삼성설(三性說)과 종자육의(種子六義)라는 교의와 용수의 중관사상에 힘입어 성립되었다. 그런데 연구에 의하면 법장의 삼성설에 대한 이해는 본래의 유식사상과 일치하지 않는다고 보고되었다.[140] 그러나 조금 더 깊이 추구해보면,『화엄오교장』에서 십현연기설의 원융자재함을 가능하게 하는 가장 기초적 교의를 논의하는 삼성설의 경우에도, 그 표현은 유식학의 삼성설을 그대로 통용하되, 그 관통하는 이치는 유식사상이 아닌 용수의 중관사상으로 해석하는 특징을 나타내었다.[141] 법장은 여기에 여래장사상을 더하여 그것을 원융한 화엄교학으로 이끌었다고 추정된다. 이것은 화엄교학의 십현설이 중관사상에 기초하여 유식학의 형태를 걸치고 여래장사상에 의하여 구축되었다는 사실을 보여주는 것이라 하겠다.

법장의 화엄관법 가운데 인접사상이 등장하는 것은 앞에서 설명한 십현연기설에 한정되지 않는다.『망진환원관』의 관법은『기신론의기』에서 일심, 이문, 삼대, 사신, 오행으로 구성한『대승기신론』주석의 교리 위에 화엄사상을 이식하여 조직한 관법이라 말해진다.『화엄경탐현기』에서 주장한 십중유식은『화엄경』「십지품」에 나오는 삼계유심의 의미를 주석하며 십중유식으로 전개한 것인데, 이것은 법상종에서 수립한 오중유식을 개조하여 화엄일승의 무진연기관을 피력한 것이다. 여기에서 오중유식은 십중 가운데 처음의 삼중 내지 사중에 내포되었으며, 그 위에 여래장연기설이 더 추가되어 화엄의 관법으로 변질되었다고 본다.

『오교지관』과『유심법계기』이 두 저서는 법장이 설정한 오교에 의거하여 단계적으로 관법을 전개하였다.『유심법계기』에 따르면, 제1 법시아비문에서는 오온과 십이처 등을 관찰하여 무아를 체득하는 원시불교의 관법

140 長尾雅人,「法藏の三性說に對する若干の疑問」,『中觀と唯識』(東京: 岩波書店, 1978), 502-525면.

141 朴商洙,「華嚴學의 三性說에 나타난 龍樹의 中觀思想」,『佛敎學報』제40집, 동국대 불교문화연구원, 186-193면.

을 설하였고, 제2 연생무성문에서는 무생관과 무상관 같이 제법이 모두 공하다는 도리를 강조하는 공관을 설하였고, 제3 사리혼융문에서는 이사가 원융하여 평등하다는 것을, 『대승기신론』의 교의에 따라서 심진여문은 이(理)에, 심생멸문은 사(事)에 배당하여 사리원융을 도모하였다. 제4 언진리현문은 언어로도 표현할 수 없고 마음으로도 분별할 수 없다는 지극히 선관적인 측면에서 돈교의 수행의 경지를 표현하였고, 제5 법계무애문에서는 해인삼매와 화엄삼매에 의하여 화엄교학의 관법을 설하였다. 따라서 『오교지관』과 『유심법계기』는 오교에 속하는 여러 관법을 하부에 차례로 배열하고, 맨 위에 화엄관법을 놓아두는 체제를 갖추었다고 볼 수 있다.

화엄교학에서 말하는 이(理)와 사(事)의 관계가 원융무애함을 규명하는 사법계·이법계·이사무애법계·사사무애법계라는 사종법계는 징관(澄觀)이 제창한 법계설로, 화엄의 법계관과 관계가 밀접하여 오늘날 사종법계관으로 취급하고 있다. 이 사종법계관은 『법계관문』의 삼관을 이끌어와 응용한 것이라서 화엄 이외에 다른 학파나 종파의 관법이 직접 거론되지는 않는다. 그러나 『법계관문』이 이미 중관사상이나 천태삼관에 영향 받아 성립된 관법이라면, 이 사종법계관도 역시 내용적으로 그러한 사상적 배경 아래에서 고찰될 수 있으리라 본다.

징관의 관법 가운데 화엄심요관은 남종선의 일파인 신회(神會)의 선사상에 의거하여 무주심체로서의 일심을 표출하였는데, 징관의 근본적인 사상은 단순히 남북양종의 선을 표현한 것이 아니라 화엄의 성기설에 근거한 것이라고 지적된다. 『십이인연관』은 십이인연이 생사 계박의 인연이기 때문에 반드시 이 인연을 소멸시켜야 생사를 벗어날 수 있다고 하였는데, 그 근본인 무명을 불각으로 해석하고, 이 불각으로 인하여 일어나는 일체의 망념을 지각하여 망상 번뇌를 발생시키지 말아야 한다는 해석에는 원시불교의 연기설에 『대승기신론』의 사상이 결부되어 있는 것으로 보인다. 또한 이 인연에 의하여 수행하는 성기관·연기관·인연관의 삼관은 각각 상근기·중근기·하근기에 배당하여 제시한 것이며, 이 삼관의 수행법은 결국 성기관에 의하여 총괄된다고 하였다.

이상의 몇 가지 화엄관법의 예에서 드러나듯이, 화엄관법들은 불교의 여러 학파나 종파의 교의와 관법을 수용하여 응용하거나 개조한 흔적이 역력히 드러난다. 여기서 재론하지 않은 나머지 대부분의 화엄관법들도 그 성립 과정에서 이와 대동소이한 내막을 갖고 있는 것으로 판단된다.

다양한 화엄관법에 대한 모습은 현재까지 연구되어 해명된 것도 있고, 아직 충분히 검토되지 않은 것도 남아 있는 상황이다. 그러나 대부분의 관법들을 유심히 고찰하여 보면, 화엄교학 이외의 다른 학파나 종파의 사상, 특히 중관사상과 유식사상을 비롯하여 여래장사상 선사상 등을 수용하여 그 하부구조로 삼아, 복합적으로 융화시켜 화엄학적으로 전개된 양상을 보여주고 있다. 수많은 화엄관법마다 차용되거나 구사된 다른 학파의 사상이 매우 많고 다양하여, 화엄관법의 성립과정에 세밀한 주목이 필요하다.

2. 현대적 논의

전통적인 화엄종의 목록에서 열거한 화엄관법은 약 열한 가지가 되지만, 거기에 포함되지 않은 오늘날 중시하는 몇 가지 관법까지 헤아리면, 중요한 화엄관법의 수효는 대략 15가지 전후에 이른다. 여기에 지엄의 여러 가지 기초적 관법을 더하면 그 수효는 더욱 증가한다.

이렇게 거론되는 화엄관법의 종류가 많다 보니, 그 명확한 의미 규정이 새삼 문제가 된다. 그런데 지금까지 앞에서 설명해온 여러 관법들의 내용을 유사 개념별로 분류해 보면 크게 두 부류로 구분된다.

그 하나는 화엄학자들이 제창한 화엄교학에 대한 관법이다. 우선 두순의 『법계관문』을 비롯하여 그 주석서인 법장의 『발보리심장』과 『화엄삼매장』, 징관의 『화엄경소』와 『화엄법계현경』, 종밀의 『주법계관』의 관법이 거론된다. 그 다음 법장의 오교지관·유심법계기·망진환원관·탐현유식관, 징관의 사종법계관·화엄심요관·오온관·십이인연관, 종밀의 일진법계관 등이 있으며, 지엄에서 발원하여 법장에 의하여 성립된 십현연기설도 여기에 해당할 것이다.

이 관법들은 화엄학자들이 특정한 교의나 사상에 관심을 두고 개별적으로 수립하거나 주장한 관법들이라 볼 수 있다. 이 관법들은 원시불교의 기본 교의부터 인도대승의 유식사상과 중관사상, 중국 대승불교의 천태관법과 삼론학파나 반야사상의 공관, 선종의 사상과 관법 등 여러 대승학파의 폭넓은 불교교의를 관법의 대상으로 삼고, 거기에 상응하는 실천적인 관법을 결국에는 화엄학적으로 귀결시켰다는 공통점을 내포하고 있다. 그 과정에서 기존의 중요한 학파나 종파의 다양한 교의와 관법을 수용하여, 그것을 바탕으로 삼아 환골탈태시켜 원융무애하고 중중무진한 화엄원교의 관법을 수립한 것이다.

또 하나의 부류는 화엄교학에 대한 관법이라기보다 『화엄경』 자체의 교의에 대한 관법이다. 여기에는 법장의 보현관과 화장세계관, 이통현의 삼성원융사상이나 징관의 삼성원융관이 포함된다. 또한 이통현에서 발원하여 명혜에 의하여 제창된 불광삼매관도 여기에 포함될 것이다.

보현관의 내용은 『화엄경』에 설해진 보현보살의 수행을 해명하는 것으로, 보현관과 보현행의 두 가지를 주축으로 구성되어 있다. 그 중에서 후반부 보현행의 사상과 「보현행원품」의 행원을 비교하여 내용적으로 서로 상통하는 점이 많다는 것은 당연할 것이다. 화장세계관은 80권 『화엄경』에서는 「화장세계품」에 설해지고 있는 『화엄경』의 세계관을 기본으로 한 것으로, 화엄경의 주불인 비로자나불의 정토를 관상하는 관법이다. 삼성원융관은 『화엄경』 「입법계품」에 등장하는 본사 비로자나여래와 문수보살 보현보살의 세 성인을 통하여 화엄의 원융사상을 전개한 것이다. 따라서 이 관법들은 방대한 『화엄경』의 일부분이긴 하지만 직접적으로 『화엄경』의 내용을 관법의 대상으로 한 것이다. 불광삼매관도 주로 『화엄경』의 「광명각품」을 기반으로 하여 전개된 것이기 때문에, 이 관법도 역시 이 범주에 해당될 것이다.

따라서 화엄학자들이 제창한 화엄교학을 관하는 것과, 화엄종의 소의경전인 『화엄경』의 내용을 관하는 것으로 구성되어 있는 화엄관법을 종류별로 구분할 때, 『화엄경』의 내용에 대한 관법이라고 규정할 수도 있지만, 이에 해당하는 관법은 지난날의 화엄학자들이 수립한 여러 관법들 가운데 일부분이라는 사실을 보게 된다. 그 보다 더욱 많은 종류의 관법들은 『화엄경』이 아니라 화엄학자들이 창안한 갖가지 화엄교학에 대한 관법들이라는 것도 밝혀진다. 여하튼 화엄종의 관법이 이렇게 많은 종류로 구성되어 있다는 것은, 화엄종이 의도하는 목적은 화엄교학에 대한 학습과 이해에 머무는 것에 만족할 수 없으며, 그 원융무애한 이치와 경계를 직접 관찰하고 수행하여 실천해야 한다는 것을 역설하는 것이리라.

근대 이후 많은 학자들의 연구와 노력 덕분에 적지 않은 발견과 정보를 알게 되었다. 이로부터 종래의 화엄관법에 대한 세밀한 연구 말고도 몇 가지 의문사항이 대두된다. 『화엄경』의 내용은 그 품수가 매우 방대한데, 『화엄경』에 대한 관법은 예전에 제창된 그 정도로 충분하다는 것인가? 또 화엄교학에 대한 관법들을 통해서도 『화엄경』의 내용이 잘 파악된다는 것인가? 그렇다면 이 두 부류의 관법들이 지향하는 목표는 같은 것일까, 아니면 서로 다른 바가 있는 것일까? 수많은 불경 중에서도 그 난해함으로 인하여 『화엄경』은 예로부터 『불가사의해탈경(不可思議解脫經)』이라고 말해져왔다.[142] 그 때문에 화엄관법도 불가사의하게 다양해진 것인가? 이에 대한 연구는 향후 우리에게 남겨진 과제라 생각된다.

박상수 (동국대)

142 『대지도론(大智度論)』·『대승집보살학론(大乘集菩薩學論)』·『화엄경전기』 등에서 이렇게 말해지고 있다. (朴商洙, 「龍樹의 華嚴十地思想 考證(II)」, 『韓國佛敎學』 제16집, 1991, 387-390면)

우리말 불교개념 사전

무애

범 apratigha; anāvṛti; apratihata, asaṅga 장 mi sgrib pa; thogs pa med pa 한 無礙 영 unobstacle

Ⅰ. 어원적 근거 및 개념 풀이

1. 어원적 근거

무애는 첫째, 범어로는 apratigha 혹은 anāvṛti이며, 티벳어로는 mi sgrib pa이고 '물질적으로 장소를 점유하지 않음, 다른 것을 거부하지 않음, 장애를 주지 않음'의 의미를 갖고 있다. 이것은 『구사론』에서 주로 쓰이는 의미이다. 둘째, apratihata, asaṅga 티벳어로는 thogs pa med pa로서 '방해가 없음, 원만함, 어떤 것에도 속박되지 않고 자유자재함' 등의 의미로 사용된다.[1] 이것은 주로 대승경론에서 사용하는 의미이다. 본고에서 사용하는 무애는 주로 두 번째 의미이다.

무애개념은 중국 불교에서 전문적인 불교 개념으로 자리한다. 무애의

1 中村元, 『仏教語大辞典』, '無礙' 항목(東京: 東京書籍, 1981), 1320면.

용법은 경전에서는 일반적으로 '능설무애(能說無礙)'나 '지무애(智無礙)'처럼 설법 등의 행위나 사고 등을 하는데 걸림 없고 자유자재한 것을 의미한다. 그것이 중국불교에서 각 학파의 논소가 저술되면서, '인과무애'처럼 2항의 무애를 논하거나, '대총상법문의 원융무애'처럼 다수의 존재들의 무애를 논하는 경우 등으로 술어화 된다. 이러한 중국불교에서의 무애 개념이 사상적으로 의미를 갖게 되는 것은 화엄학파에 이르러서이다. 따라서 여기서는 주로 화엄가들이 사용하는 무애 개념을 고찰한다.

2. 『화엄경』의 용례

무애개념이 사용되는 용례를 화엄종의 소의경전인 『화엄경』에서 보면, 화엄사상을 배태한 2항 혹은 다항간의 무애의가 없는 것은 아니지만, 명확하지 않으며, 위에서 언급한 무애의 일반적 용법이 가장 많이 보인다. 그 중 「십지품(十地品)」의 예를 들면, 제9 선혜지(善彗地)에 머무는 보살이 지니는 사무애지(四無礙智: 네 가지 종류의 걸림 없는 지혜)가 있다. 이 네 가지 종류의 걸림 없는 지혜는 『화엄경』뿐만 아니라 『법화경』 등 경전에서 불보살의 걸림 없는 이해력과 표현력을 의미하는 용어로 널리 사용된다. 「십지품」에서는 10번에 걸쳐 각 명목의 뜻을 설하고 있다. 즉 한 항목에 대해 10가지로 설명하는 것이다. 여기서는 편의상 첫째와 마지막 설명만을 붙여본다.[2]

첫째, 법(法)무애지이다. 첫째, 모든 법 자체의 모습[自相]을 아는 것이다. 열째, 모든 부처의 언어와 힘, 두려움 없음, 다른 이는 갖추지 못한 특별한 능력, 대자대비, 무애 지혜로의 행위, 법륜을 굴림, 일체지혜가 증득한 바에 따르는 것임을 아는 것이다.

둘째, 의(義)무애지이다. 첫째, 모든 법의 차별을 아는 것이다. 열째, 8만 4천 중생의 마음, 근기와 믿음의 차이에 따른 여래의 언어를 아는 것이다.

셋째, 사(辭)무애지이다. 첫째, 모든 법에 대해 잡스러움이 없이 설할 줄 아는 것이다. 열째, 일체 중생의 실천이 혼잡스럽지 않게 여래의 여러 가지 음성을 갖춰 설하는 것이다.

---

2 『華嚴經』(『大正藏』 9권, 568하~569상; 『大正藏』 10권 202하-203상): 『十地經論』(『大正藏』 26권, 190중~192상): 龍山章眞 譯註, 「梵文和譯 十地經」(名古屋: 破塵閣書房, 1938) 「第十章」, 192-194면.

넷째, 요설(樂說)무애지이다. 첫째, 모든 법에 대해 간단없고 끝없이 설할 줄 아는 것이다. 열째, 중생의 믿음과 이해에 따라서 여래 지혜의 청정한 행위와 원만함으로써 법을 설하는 것이다.

『화엄경』의 무애의는 위의 4가지 걸림없는 지혜의 예처럼 어의(語意)에 따르는 무애의가 대표적이고, 화엄사상에서와 같은 역동적 무애의는 거의 볼 수 없다. 『화엄경』의 설이 화엄사상의 무애의를 담고 있는 것은 물론이지만, 무애 개념은 화엄사상사의 범주 내에서 구체화된다.

Ⅱ. 역사적 전개와 텍스트별 용례

1. 역사적 전개

1) 인도

무애라는 개념이 위에서 언급한 것처럼 물질적으로 장소를 점유하지 않는다거나, 어떤 것에도 속박되지 않는 등의 의미로 사용되지만, 인도불교사상사에서는 이른바 무애사상이라고 할 때처럼 철학적 의미를 띠고 전개되지는 않는다.

인도사상가 중에서는 중국불교에 많은 영향을 끼친 무착(無着, Asaṅga, 395-470년경)과 세친(世親, Vasubandu)의 무애의를 고찰할 필요가 있다. 그런데 무착의 주저『섭대승론(攝大乘論)』은 유식학파 형성에 커다란 영향을 미쳤지만, 여기에서는 위에서 설명한 무애의 어원적 개념이나 경전에서 제시된 무애의를 넘어서는 색다른 무애의를 찾을 수 없다.

한편, 세친의 저술에서도 새로운 무애의를 찾아보기 힘들다. 그의 저술에는 『구사론(俱舍論)』이 있고, 그의 주저로 손꼽히는 『유식삼십송(唯識三十頌)』은 그 후 많은 논사들이 주석하여, 중국에 와서 『성유식론(成唯識論)』으로 편집되기에 이른다. 또한 그의 저술 중 『십지경론』은 지론학파의 소의경론으로 된다. 뒤에서 설명하듯 지론학파의 무애의는 화엄학파로 이어지지만, 세친 자체는 『십지경론』에서 특별한 무애의를 설하지 않는다. 세친의 무애의는 그의 다른 저술인 『불성론』에서는 조금 새롭게 구사된다.

『불성론』은 6세기에 진제(眞諦)가 역출하였으며, 중국과 일본불교에서 중요시된 논서이다.[3] 여기에서는 초지보살이 얻는 지혜인 여리지(如理智)

와 여량지(如量智)[4]에 내포된 양상으로 무착(無着)과 무애(無礙)를 들고 있다. 그 중 무착은 중생계의 자성(自性)이 깨끗한 것을 보는 것이다. 이것은 여리지의 양상이다. 무애는 무량무변의 세계를 통달하여 관찰하는 것이다. 이것은 여량지의 양상이다. 여리지가 원인이 되어 생사와 열반이 만들어지는데, 여량지는 그러한 사태를 꿰뚫어 아는 것이며, 이 여량지에 내포된 양상이 무애인 것이다.[5] 그런데 세친의 이러한 사유는 견혜(堅慧, Sāramati)의 저술이라고 하는 『구경일승보성론(究竟一乘寶性論)』에 장애가 없음[無障]과 걸림없음[無礙]으로써 설명하여 계승된다.[6] 이와 같이 무애가 관법으로서 제시되고 있음을 알 수 있다.

2) 중국

(1) 화엄학파 성립 이전

지론학파

『십지경론(十地経論)』을 중심으로 연구하는 그룹이 지론학파이다. 그 중 불타(佛陀)삼장이 찬한 『화엄경양권지귀(華嚴經兩卷旨歸)』에서는 '상융무애(相融無礙)', '체융무애(體融無礙)'의 용어가 사용된다. 이것은 다수의 형상과 다수의 본체가 상호 융합되어 걸림 없음을 나타내는 용어이다.[7]

『십지경론』에서는 위에서 설명한 네가지 걸림없는 지혜를 설명하는 과정에서 모든 법에 차별이 없음을 아는 것, 그것은 일승에 속하는 경지라고 한다.[8] 법상(法上, 495-580)은 가명보살과 진실보살의 대비를 통하여 『십지경론』의 이와 같은 사유를 더욱 공고히 한다. 즉 『십지론의소(十地論義疏)』에서 진실보살이 알 수 있는 경계로서 법계에 대한 원통무애(圓通無礙)를 든다. 법상에 따르면, 가명(假名)보살에게 이해와 실천은 있더라도 명칭과 모습에 집착하기 때문에 법계가 원만하고 융통한 사실을 깨달을 수 없지만

---

3 『岩波仏教辞典』 第二版의 仏性論 項目.

4 『佛性論』(『大正藏』 31권, 802상중). 『불성론』에 따르면, 여리지란 마음과 번뇌가 서로 저촉[觸]하지 않으면서도 마음이 물드는 것을 아는 지혜이다. 보통은 근본지, 절대지라고 풀이된다. 여량지란 일체경계를 완전히 아는 지혜이다. 이와같은 일체경계를 아는 지혜와 괴리될 때 생사고가 성립한다.

5 『佛性論』(『大正藏』 31권, 802상중)

6 『究竟一乘寶性論』(『大正藏』 31권, 827중)

7 石井公成, 『華厳思想の研究』(東京 : 春秋社, 1996)부록 참조.

8 『十地經論』(『大正藏』 26권,191중)

진실보살은 법계가 원만하게 융통하여 걸림 없음을 깨달아 안다고 한다.[9]

지론학파에서는 무애의가 상융무애, 체융무애, 원통무애로서 표현되듯이 복수의 사태를 융합하여 걸림 없음을 나타내는 개념으로 전개된다.

길장(吉藏, 549-623)

길장은 신삼론사로서 잘 알려져 있는데, 그의 저술 중에 화엄사상을 보여주는 『화엄유의(華嚴遊意)』가 있다. 여기에서 길장은 인과 과의 무애, 정보(正報)와 의보(依報)의 무애 등 주체와 객체의 무애성, 즉 2항 관계의 무애를 주로 논하고 있다. 한편 『법화현론(法花玄論)』에서는 무애관이란 용어를 사용한다. 길장은 공문과 유문이 원만하게 하나가 된다고 관상하는 것을 공유무애라고 한다. 그것이 무애관이다.[10] 2항 관계를 벗어나는 무애의 사용은 아니지만, 독립적인 관법의 술어로 사용한 것은 특기할 만하다. 길장은 무애관을 성취하고 나면, 무애통(無礙通: 걸림없는 자재)와 무애변(無礙辯: 걸림없는 언변구사)를 얻는 다고 한다. 그리고 무애관으로 인하여 마음이 걸림없고, 무애통으로 인하여 몸이 걸림없으며, 무애변으로 인하여 언변에 걸림없어 삼업이 걸림없기 때문에 우리의 감각과 감각 기관이 청정을 얻는다고 한다. 이러한 무애의는 『이제의(二諦義)』에서도 그대로 적용되어, 길장의 무애에 대한 관점의 일면을 보여준다.[11]

(2) 화엄학파

지엄(智儼, 602-668)

화엄학파의 무애를 본격적으로 설한 것은 지엄이다. 지엄은 일승의 걸림없는 다라니문을 표방하였다. 일승의 무애는 다라니와 같이 신비한 관계를 나타내는 개념이다.[12] 지엄의 사상이 바탕이 되어 후에 내용이 첨가되었다고 생각되는 『일승십현문(一乘十玄門)』에서 무애는 진실세계의 존재양상인 연기적 관계를 나타내는 개념으로 나타난다. 연기 자체의 작용은 무애하며 이를 근거로 시간적, 공간적, 계기적(繼起的) 상호 포섭과 상호 동일화가 성립된다. 이런 점에서 2항관계의 무애를 주로 논했던 이전의 무애의를

9 『十地論義』(『大正藏』 85권, 236하)
10 『法花玄論』 (『大正藏』 34권, 361하)
11 『二諦義』 (『大正藏』 45권, 85중)
12 『華厳経内章門等雑孔目章』(『大正藏』 45권, 586상)

완전히 극복하여 화엄사상의 무애의를 정착시켰다고 평가할 수 있다. 이후 지엄의 무애개념은 제자 의상(義相)과 법장(法藏)에 의해 다양하게 전개된다.

특히 지엄이 처음 제창한 십현문(十玄門)은 징관(澄觀) 이후 화엄종 최고의 경지를 드러내는 무애 개념인 사사무애(事事無礙)를 대표하는 무애문으로서 자리한다. 십현의 무애문은 전통적으로 지엄과 의상의『법계도』, 그리고 법장의 초기저작인『오교장』의 십현문을 고십현(古十玄), 법장의 후기 저작인『탐현기(探玄記)』십현문을 신십현(新十玄)으로 나눈다. 여기서는 비교를 위해 고십현문과 신십현문을 나란히 병기하고『일승십현문』을 통하여 각 항목을 설명한다.

<고십현문과 신십현문>

	고십현문	신십현문
1	동시구족상응문(同時具足相應門)	동시구족상응문(同時具足相應門)
2	인다라망경계문(因陀羅網境界門)	광협자재무애문(廣狹自在無礙門)
3	비밀은현구성문(秘密隱顯俱成門)	일다상용부동문(一多相容不同門)
4	미세상용안립문(微細相容安立門)	제법상즉자재문(諸法相卽自在門)
5	십세격법이성문(十世隔法異成門)	은밀현료구성문(密隱顯了俱成門)
6	제장순잡구덕문(諸藏純雜具德門)	미세상용안립문(微細相容安立門)
7	일다상용부동문(一多相容不同門)	인다라망경계문(因陀羅網境界門)
8	제법상즉자재문(諸法相卽自在門)	탁사현법생해문(託事顯法生解門)
9	유심회전선성문(唯心廻轉善成門)	십세격법이성문(十世隔法異成門)
10	탁사현법생해문(託事顯法生解門)	주반원명구덕문(主伴圓明具德門)

<십현문의 해설>

	십현문	해설
1	동시구족상응문 (同時具足相應門)	십현문 전체의 총설에 해당한다. 여래 해인삼매의 역용으로 모든 법이 동시적 연기로 존재한다. 따라서 원인으로서의 첫발을 내딛으면, 동시에 결과로서의 목적지에 이르는 것과 같다. 이것은 단지 인과동시일 뿐 아니라, 무진의 무량법문을 갖추는 것이며, 다함없고 또 다함없음[無盡復無盡]을 성취한다.

2	인다라망경계문 (因陀羅網境界門)	제석천 궁전의 망에 달린 무수한 구슬처럼 하나의 구슬에 무수한 구슬이 다 비치는 것이 연기의 다함없고 또 다함없음과 같다.
3	비밀은현구성문 (秘密隱顯俱成門)	석가모니가 일념에 8상의 성도를 성취하는 것과 같이 숨음과 드러남[隱顯]이 동시에 성취되며, 숨음과 드러남의 본체에 전후의 순서가 없는 것을 비밀이라고 한다.
4	미세상용안립문 (微細相容安立門)	작은 것이 큰 것에 들어가거나 큰 것에 작은 것이 들어가도 늘거나 줄거나, 또는 엉클어짐이 없다.
5	십세격법이성문 (十世隔法異成門)	십세의 시간이 비록 서로 떨어져 있는 존재이지만 상입하고 상즉하며, 그럼에도 불구하고 각각의 특징들을 잃지 않는다.
6	제장순잡구덕문 (諸藏純雜具德門)	하나의 실천이 다름아닌 일체의 실천이 된다. 예를 들어 하나의 보시에 일체의 만법이 다 보시가 되는 것이 순수함[純]이고, 그 보시문에 모든 바라밀을 갖춘 것이 혼합[雜]이다.
7	일다상용부동문 (一多相容不同門)	하나가 많음에 들어가고, 많음이 하나에 들어가는 것이 상용이다. 이것은 실제로 서로 들어간다는 뜻이 아니고, 도리로써 말하면 그렇다는 것이다.
8	제법상즉자재문 (諸法相卽自在門)	모든 세계가 원융무애하고 자재하기 때문에, 하나가 일체를 포섭하여 '다함없고 또 다함없음'이 성립하는 것이다.
9	유심회전선성문 (唯心廻轉善成門)	마음에 의해 악과 선이 성립하지만 착한 쪽으로 회전시킨다. 마음은 여래장성으로서의 청정한 진심을 가리킨다.
10	탁사현법생해문 (託事顯法生解門)	실천의 체상으로서의 사상[事]에 의거하여 법을 드러내어 하나의 사상에 법을 포섭함이 끝이 없다.

이상과 같은 십현문의 명칭과 해설을 통해 본다면, 모든 법이 동시에 상즉하고 상입함으로써 무애라고 할 수 있는데, 이를 극한까지 밀고 나가 '다함없고 또 다함없음'이 무애의 궁극적 사태가 됨을 알 수 있다. '다함없고 또 다함없는' 무애의 법계연기는 여래의 해인삼매에 의한 능력으로 발현된다. 무애의 궁극적 사태로서의 이러한 무진(無盡: 다함없는) 연기는 법장에게 계승된다.

법장(法藏)

법장은 다양한 무애론을 펼친다. 경전을 설하는 부처의 10중무애,[13] 경전

13 『華嚴經指歸』(『大正藏』45권, 591상하)

에서 설해진 도리를 나타내는 10중무애,[14] 일승의 10중무애,[15] 연기의 십법을 다섯 쌍으로 만들어 논하는 십사오대(十事五對)의 무애[16] 등 다양하다. 그 기본 기조는 다양한 측면에서 법계연기가 그대로 무애하다는 것을 드러내는 것이다. 여기서는 첫 번째에 예를 들은『화엄경지귀(華嚴經指歸)』의 무애의를 소개한다. 이것은 비로자나불에 관련된 10가지 무애의이다.

첫째, 용주무애(用周無碍)이다. 노사나불이 하나의 띠끌 가운데 모든 세계를 나타내고, 일체의 티끌 또한 그러하여 '다함없고 또 다함없다.' 이것은 무애의 총론에 해당한다. 무애를 작용으로써 다루고 있다. 둘째, 상편무애(相遍無碍)이다. 하나하나의 다른 작용 가운데 각각의 하나하나가 모든 작용을 포섭한다. 셋째, 적용무애(寂用無碍)이다. 삼매 중에 작용을 일으키되 걸림이 없다. 넷째, 의기무애(依起無碍)이다. 해인(海印)삼매의 역용으로 일체가 나타난다. 다섯째, 진응무애(眞応無碍)이다. 법신이 평등한 한 맛이면서 무한의 업용을 나타내는데 걸림이 없다. 여섯째, 분원무애(分円無碍)이다. 하나하나의 부분적인 것에 일체의 것을 갖춘다. 일곱째, 인과무애(因果無碍)이다. 과에서 인을 나타내는 데, 인으로 과를 드러내는 데 장애가 없다. 여덟째, 의정무애(依正無碍)이다. 정보인 여래의 몸에서 의보인 대상 세계를 드러내는데 장애가 없고, 각 미세의 대상세계에 여래의 몸이 편만하다. 아홉째, 잠입무애(潛入無碍)이다. 불신이 중생세계에 들어간다. 여래장이 중생을 만들어도 자성을 잃지 않는 것과 같다. 열번째, 원통무애(円通無碍)이다. 이 불신이 진리에 즉하고, 사상에 즉하며 등등 모든 상황, 사태에 즉하여 늘 화엄을 설한다.

이처럼 법장이 분류한 무애의 10가지 의미는 첫 번째의 용주무애에서 '다함없고 또 다함없는' 존재세계를 드러냄에서도 알 수 있듯이 무한히 중첩되어 이어지는 관계에 의해 성립된다. 이로써 법장의 무애의가『일승십현문』에서 설하는 무애의의 연장선상에 있음을 알 수 있다.

법장은『오교장』,『탐현기』등 화엄관련 전 저술에서 연기의 무애에 대해 구체적으로 논리를 전개한다. 그 중에서『탐현기』에서는 제법의 무애가 성립하는 10가지 이유를 제시하는데,[17] 그 첫째가 연기상유이다. 연기

14『華嚴經指歸』(『大正藏』45권, 594상)
15『探玄記』(『大正藏』35권, 160중)
16『探玄記』(『大正藏』35권, 191중)
17『探玄記』(『大正藏』35권, 124상)

가 서로 의존하기 때문에 제법의 무애함이 성립하는 것이다. 법장은 연기가 끝없이 서로 개별을 유지하면서 녹아들어가 화합하는[鎔融] 것을 무진의 연기 또는 법계의 무궁함으로 표현하였다. 나아가 하나에 일체가 상즉하고 있고, 하나에 포함된 일체의 일에 다시 '일이 곧 일체'인 관계가 성립하는 '끝없이 중첩되고 다함이 없음[重重無盡]'을 강조하고, 이것을 무궁(無窮)의 한 형태로 인식하였다.[18] 결국 무애의 사태가 시간, 계기, 역용, 존재론 등의 관점에서 중층적이면서, 각각이 무한히 상호 관련되는 구조로 성립함을 말해주는 것으로, 『일승십현문』보다 더 극한까지 무애의 이론을 밀고 나간 것이라 평가할 수 있다. 한편 법장의 무애론에서 간과할 수 없는 것이 법성융통문(法性融通門)이다. 즉 존재의 본성 그대로 걸림없이 무애하다는 것인데, 앞의 연기상유문과 함께 법장의 무애논증의 2대 사유기조라고 이해된다.[19]

나중에 무애와 혼동되기도 하지만, 상즉과 상입 개념은 본래 무애한 연기에 내포된 작용이다. 위의 십현연기의 무애문에서는 상즉과 상입, 상용 등의 술어가 항목 혹은 설명문에 사용되는데, 그러한 작용의 결과로 무진의 연기가 성립하는 것으로도 알 수 있다. 『탐현기』에서는 '삼계는 허망하고 단지 일심이 만들어 낸 것뿐이다'라는 경전의 문구에 대한 다양한 이해를 10가지 유식설로 요약한다. 그 중에서 법장은 8, 9, 10째의 유식설을 별교, 즉 화엄교판 상에서 가장 높은 단계에 있는 원교의 유식설이라고 한다. 제8은 사상(事象)이 융합하여 상입하는 유식설을, 제9는 일체의 사상이 상즉하는 유식설을 제시하였고, 이런 것을 종합한 제망무애(帝網無礙), 제석천의 인드라망의 구슬이 서로를 끝없이 비추는 것의 무애의를 제10의 유식설로 제시한다.[20] 상즉과 상입의 종합을 최종적으로 제망무애로 표현하는 것으로도 상즉과 상입을 무애에 내포된 개념으로 이해했음을 엿볼 수 있다. 화엄에서는 이러한 상즉상입의 이론체계를 통하여 화엄 원교의 무애의가 성립하는 것이다.[21]

---

18 石井公成, 앞의 책, 제1부 제4절 '法藏の華嚴教学' 317면.

19 龜川教信 『華嚴學』(京都: 百華苑, 1949), 26면.

20 『探玄記』(『大正藏』 35권, 346하-347중)

21 陳永裕(本覺), 「相即論の思想的な考察」, 『三論教学と仏教諸思想』(東京: 春秋社, 2000), 322면.

혜원(惠苑, 673-743 무렵)

화엄의 대명사처럼 불리는 사사무애(事事無礙)라는 용어를 처음으로 사용한 사람은 법장의 제자 혜원이다. 그는 그것을 이사무애(理事無礙)와 가치적으로 동등한 개념으로 이해하였다. 물론 이러한 이해는 법장의 의도를 그대로 따른 것이라고 보기는 어렵다. 단적으로 앞에서 예를 들은 10가지 유식설 중에서 이사무애는 제6에 해당한다. 법장은 제7, 8, 9의 유식설을 별교에 해당한다고 명언하고 있기 때문에 이사무애는 교판상으로 별교가 될 수 없다. 그럼에도 불구하고 혜원이 이사무애를 사사무애와 동등하게 다룬 까닭은 그의 진리관이 법장과 상위를 보이고 있기 때문이다.

혜원이 설명하는 이사무애는, 진여가 조건에 따라서 일체의 법을 만들지만 무자성(無自性)의 자체를 잃어버리는 것이 아님을 표현하는 개념이다. 혜원은 『속화엄약소간정기(續華嚴略疏刊定記)』에서 이사무애를 3측면으로 나눈다.[22] 첫째, 진리에 의거하여 사상이 성립한다[依理成事]. 둘째, 사상을 모아 진리에 회귀시킨다[會事歸理]. 셋째 진리와 사상이 상호 성립한다[理事互成]이다. 혜원은 각 측면에 대해 경전을 인용하여 설명을 대신하는데, 인용한 경전의 문장을 종합하면 세 측면을 다음과 같이 정리할 수 있다. 진리(理)에는 법성(性), 여래장(如來藏), 장식(藏識), 일심(一心)이 해당한다. 혜원은 경전을 통하여 이와 같은 진리에 의해 일체 존재가 성립함을 증명한다. 둘째, 사상은 진여(如), 법성(法性), 해탈상(解脫相), 실성(實性), 여래비장(如來秘藏), 무성(無性) 등으로 표현되는 진리와 둘이 아닌 관계임을 증명한다. 그리고 마지막으로 진리와 사상이 서로 필수불가결한 관계에 있으며, 또한 '하나도 아니고 둘도 아닌' 관계에 있음을 증명한다. 이어, 사사무애에 대해서는 사상이 법성력 혹은 신통 등에 의해 전변되었다고 한다.

혜원에 따르면, 진여에 의해 사상이 존재하기 때문에 이 사상의 본래 모습은 진여와 동일하여 무애자재하다. 따라서 사상과 사상은 무애한 관계로 설명될 수 있는 것이다. 다시 말하면 사상의 근원이 여래 또는 진여이며, 그로 인해 사상과 사상의 무애 관계가 성립하는 것이다. 혜원의 사사무애에 대한 설명은 사상과 사상 간의 무애관계를 명백히 하였다는 데서 주목할 만하다. 하지만, 사사무애가 법성[理]의 역용 외에 여래의 신통을 근거로 성립한다고 한 것은, 연기의 무애를 연기본래의 존재법칙으로 인식하는 법

22 『續華嚴略疏刊定記』(『新纂卍續』3권, 583상-584상)

장과는 달리 해석하는 사례이다.[23]

이통현(李通玄, 635-730 무렵)

이통현은 중국 오대산에서 빗장을 잠그고『화엄경』에 대해서 실천적 주석을 하였다고 평가된다.[24] 이통현은 법장의 중중무진의 무애관을 수용하였다. 그런데 중중무애라고 할 때 단지 중중이 아니라 "이 경은 10처 10회이며, 일체의 티끌 가운데 불국토와 불신이 중중중중중중 무진무진무진으로 항상 법륜을 굴리신다" 라는 표현처럼 중(重)자를 반복하고, 무진(無盡)자를 반복함으로써 무애의 사태가 무한히 중첩되고 그 무한 역시 끝이 없이 무궁함을 드러내는 것이 특징이다.[25] 그리고 이러한 무애의 경지는 상식으로는 이해할 수 없으며, 그것은 한 찰나, 일미진, 하나의 법신, 하나의 지혜, 말 한마디, 하나의 해탈, 하나의 신통, 하나의 부사의, 하나의 경계, 하나의 연화좌가 함께 머물러 있어 무한히 중첩되며 걸림이 없는 사태임을 이야기한다. 이것은 이통현의 한 용어를 빌려 표현하면 일진법계에 다름 아니다.[26] 그에 따르면 이러한 무애의 사태는 지혜의 눈으로 실제로 볼 수 있다.[27]

징관(澄觀, 738-839)

화엄전통의 사법계(四法界)를 제창한 사람은 징관이다. 이른바 사법계(事法界), 이법계(理法界), 이사무애법계(理事無礙法界), 사사무애법계(事事無礙法界)이다. 이것은 존재 세계의 양상을 네 종류로 나눈 것이다. 그 중에 사법계는 사상의 세계이다. 여기서 사상이라 하는 것은 정신과 물질이 다 포함된다. 이법계는 진리의 세계를 의미한다. 이사무애법계는 진리와 사상 간에 교류·융합이 성립하는 세계이다. 다음의 사사무애법계는 사상과 사상 간의 교류·융합이 성립하는 세계이다.

징관은 법계의 무애한 존재양상에 대해서『화엄경략책(華嚴經略策)』에서 "이법과 사법이 교류하고 긴밀히 연결되어 이사무애법계를 형성한다.

---

23 石井公成, 앞의 책, 제1부 제4절 '法藏の華嚴教学' 306면.

24 木村清孝,『中國華嚴思想史』第 6 章 '李通玄の華厳思想'(京都: 平樂寺書店, 1992); 정병삼 외 옮김,『중국화엄사상사』(서울: 민족사, 2005)

25『新華嚴經論』(『大正藏』 36권, 757하)

26『新華嚴經論』(『大正藏』 36권, 140하)

27『新華嚴經論』(『大正藏』 36권, 944중)

즉 사상은 진리에 의거하여 성립하고, 진리는 사상으로 인하여 드러난다. 진리와 사상이 상호 갈등하면 사상과 진리는 둘 다 없어진다. 만약 상호 성립하면 사상과 진리는 늘 존재한다. 네 번째 사사무애법계는 진리로써 저들 사상을 융합하기 때문이다[28]"라고 한다.

법장의 제자 혜원도 이법계와 사법계가 하나도 아니고 둘도 아닌 관계에 있다고 한다.[29] 또 앞에서 이사무애법계와 사사무애법계에 대해서 리(理)가 매개되어 성립하는 것도 보았다. 즉 징관의 사법계의 틀은 혜원의 사유에 기초한다고 볼 수 있다. 그것을 하나의 구조로 하여 법계론을 구성한 것이 징관이다.

징관은 혜원보다 이사무애를 더 강조하여, 사사무애는 이사무애가 성립해야 비로소 성립한다고 한다.[30] 따라서 징관의 사유에서 리를 배제하고 사상과 사상간의 무애를 논할 수 없게 된다.[31] 징관의 사상이 도생(道生)의 영향으로 리의 강조를 통하여 이사무애를 중시한다는 해석은[32] 이러한 사사무애의에서도 읽을 수 있다. 나아가 이와같은 징관의 사유의 배후에 이통현의 영향도 무시할 수 없다.[33]

종밀(宗密, 780-841)

종밀은 징관의 제자로서 화엄종의 제5조로 인정되지만, 하택종(菏澤宗)의 선을 잇고 『원각경(圓覺經)』을 중심으로 한 화엄사상을 형성한 인물로서 알려져 있다. 종밀은 근원으로서의 일심을 최고의 경지에 놓고, 그 일심에 의해 화엄의 무장애법계가 성립한다고 주장한다. 그는 『도서(都序)』에서 화엄의 무장애법계에 대해서, "모든 존재는 일심을 완전히 갖춘 증득의 존재이며, 일심은 모든 존재를 완전히 갖춘 일심이다. 본성과 양상이 원만하게 융합하여 자유롭게 하나가 되기도 하고, 다(多)가 되기도 하며 전개한다. 따라서 거기에는 부처와 중생이 완벽히 교류하고, 정토와 예토가 융화하여 서로 통해있다. 존재하는 것들은 모두 서로 간에 거둬들이며, 하나하나의

28 『華嚴經略策』(『大正藏』 36권, 707하)
29 『續華嚴略疏刊定記』12권(『新纂卍續』 3권, 812상)
30 『大方廣佛華嚴經隨疏演義鈔』(『大正藏』 36권, 9중)
31 조윤호 『동아시아 불교와 화엄사상』(서울: 초롱, 2003), 200면.
32 鎌田茂雄 『中國華嚴思想史の研究』(東京: 東京大學出版會, 1965), 421면.
33 石井公成, 앞의 책, 제1부 제4절 '法藏の華嚴教学' 327면.

티끌은 세계를 다 포함하고, 서로 상호 포섭하고 상호 동일화하여 어떠한 장애도 없이 서로 녹아들어가 융합한다. 그리하여 십현문이라는 중층적으로 다함없음을 갖춘 것, 이것을 무장애법계라 한다"고 한다.[34]

그런데 종밀은 원교의 일심이 아니라 돈교의 일심에 중심을 두고 있으며, 그럼으로써 원교의 이념적인 진리의 세계를 조망하면서도, 동시에 현실세계에 대한 발판을 마련하려고 하였다.[35] 종밀이 이러한 입장을 견지할 수 있었던 것은 그가『원각경』과 『기신론』에 관심을 두었고, 나아가 『화엄경』만을 최고의 경전으로 간주하지 않았기 때문으로 이해된다.[36]

자선(子璿, 965-1038)

송의 자선은 정원(淨源)에 의한 송대의 화엄중흥 직전의 인물로서 주로 『능엄경』을 강의한 것으로 유명하며, 『기신론』에 화엄원교의 요소를 인정하였다.[37] 그는 징관의 무애관을 계승하여, 이사무애를 화엄사상의 중심에 위치시켰다. 그의 『기신론필삭기(起信論筆削記)』에서는 사종법계 중 이사무애와 사사무애법계에 대해서 다음과 같이 이야기한다.

> "무애는 이사무애법계이다. 연기사법은 모두 진리로부터 성립하기 때문이다. 연기는 자성이 없어 진리와 상충하지 않는다. 진리는 능동적으로 연기에 따르되 사상과 상충하지 않는다. 그러므로 진리와 사상 둘은 장애 없이 상즉하고 상입한다. 다음은 사사무애법계이다. 모든 사상은 각기 완전히 진리를 갖추고 있으므로, 진리에 의거한 사상이 서로 걸림 없음을 말한다. 그러므로 하나하나의 사상에 상호동일화와 상호 포섭이 성립하고, 하나가 일체이며, 일체가 하나이며, 하나가 일체에 들어가고, 일체가 하나에 들어가, 상호 중심과 주변이 겹겹으로 중첩되어 다함이 없다. 제석천 인드라망의 구슬의 빛이 서로 들어가 걸림 없이 끝없는 것과 같다."[38]

---

34 『禪源諸詮都序』(『大正藏』 48권, 407하)

35 조윤호 『동아시아 불교와 화엄사상』(서울: 초롱, 2003), 124-125면.

36 木村清孝, 앞의 책, 제7장 '宗密とその思想'

37 吉田 剛, 「長水子璿における宗密教學の受容と展開」, 『南都佛教』第80号 , 南都佛教研究會, 2001.

38 『起信論筆削記』(『大正藏』 44권, 307하)

자선은 사상을 진리에 의거한 사상으로 규정하고, 나아가 사사무애가 진여의 수연으로부터 연유한다고 한다.[39] 따라서 그의 무애관이 『기신론』을 기반으로 한 이사무애법계에 근본을 두고 있음을 알 수 있다.

선연(鮮演)

요(遼)나라의 화엄사상도 징관의 화엄사상을 근본으로 전개된다. 그 중 징관의 『화경경소』와 『화엄경연의초』의 복주인 선연의 『화엄경담현결택(華嚴經談玄決擇)』이 유명하다. 선연은 요나라 도종시대(1055-1101)에 활약하였으므로, 고려 대각국사 의천(義天)과 같은 시대에 활동한 셈이다. 그는 진리와 사상의 관념을 통해 궁극적인 하나의 진리를 파악하려고 하였다는 점에서 징관보다 이사무애의 방향으로 철저히 밀고 나가는 사상적 입장을 견지하였다고 평가된다.[40]

선연은 "하나가 성립하면 일체가 모두 성립한다"는 의미는 사사무애에 의거해서도, 사리무애에 의거해서도 설할 수 있다고 한다. 사사무애의에 의하면 부처가 중생을 포섭하면서도 그 사상을 파괴하지 않기 때문에, 하나가 성립하면 일체가 성립한다. 사리무애의에 의하면, 부처가 시각을 일으켜 본각을 증득했을 때, 중생의 망상이 본래 공함을 완전히 알기 때문에 모든 것이 성립한다는 것이 그 취지이다. 선연은 경에서 "모두 본성이 동일하다"고 한 것이나, "여래가 정각을 증득했을 때, 그 몸 안에서 일체 중생이 모두 성불하였음을 널리 보았다"고 한 것을 이러한 취지의 교증으로 제시한다.[41]

이렇게 "하나가 성립하면 일체가 모두 성립한다"는 화엄의 명제에 대해서 사사무애와 사리무애의 입장에서 설명이 가능하다는 것은 선연에게 두 무애가 관점 내지 설명 방법의 차이일 뿐 가치적으로 동일하다는 것을 의미한다.

소결

중국 화엄의 무애설이 지론학파의 무애설을 섭취하는 것은 주지의 사실이다. 그런데 길장의 상즉설이 화엄의 상즉설에 중요한 영향을 끼치게 됨

---

39 『起信論筆削記』(『大正藏』 44권, 308중)

40 木村清孝, 앞의 책, 제8장 '鮮演の華嚴思想' 참조.

41 『華嚴經談玄決擇)』3권 (『卍續藏經』 11권, 894중-895상)

으로써, 결국 화엄의 무애설에도 상당한 영향력을 행사하게 되는 것에 주의를 기울일 필요가 있다.[42] 그것은 의상과 법장이 지엄의 무애설을 구체화하는 단계에서 수용된다. 법장은 연기본래의 존재법칙에 비중을 두며, 이를 극한까지 밀고가 별교의 성격이 강한 무진의 연기를 창출한다. 법장의 제자 혜원에 이르러 이전의 화엄 무애사상과는 일선을 긋고 이사무애와 사사무애의 동등한 가치를 인정한다. 한편 징관의 사법계론 내지 무애사상은 혜원과 이통현의 무애사상에 힘입은 바 크다. 징관 이후의 중국 화엄은 징관을 중심으로 전개되면서, 징관의 이사무애법계를 기반으로 하여 그것을 한 층 극한까지 밀고 나간다는데 그 특징이 있다. 그리고 거기에는 『기신론』의 사상이 한 몫 하는 것을 알 수 있다.

(3) 한국

지론계통의 무애설

한국에서 무애사상이 최초로 전개된 것은 지론계의 영향을 받은 학파의 의해서이다. 의상의 어록인 『화엄경문답(華嚴經問答)』에는 오문론자(五門論者)의 무애설이 소개되어 있다. 오문론자는 지론계의 문헌 『대승오문십지실상론(大乘五門十地實相論)』의 내용을 근본 논서로 삼는 학파를 지칭하며, 그들은 자체연기(自體緣起)에 근거하여 완전하게 밝은 덕을 갖춘 무애자재의를 주장하고 있다. 그리고 이러한 무애설을 여여무애(如如無碍)로 표현한다. 그러나 이러한 주장은 의상계의 화엄학파에 의해 "양상을 융합하되 양상과 본성 자체와는 분리하여 설명한 이해로써 동교(同教)에 속한다" 고 폄하된다.[43] 지론계를 잇는 신라의 인물들은 여(如), 즉 진리에 환원시켜서만 무애를 설명한다고 이해된 것이다.

이와 같은 무애설은 지엄, 법장과는 다른지만, 혜원, 징관 이후의 무애설과는 상통하는 일면을 보여주고 있음을 지금까지 중국의 무애설을 통해서 보았을 때 충분히 수긍할 수 있다.

화엄의 두 거장 - 원효와 의상

원효(元曉, 617-686)의 무애설은 화엄경주석서와 기신론주석서 등을 통

42 석길암, 「화엄의 상즉상입설 그 의미와 구조」, 『불교학연구』第10号, 불교학연구회, 2005.

43 『華嚴經問答』(『大正藏』 45권, 602중)

해서 살펴볼 수 있다. 우선, 『기신론별기』를 통해서 간략히 본다.

> "임시의 유는 유라고 할 수 없기 때문에, 무를 움직일 수 없으며. 임시의 무는 무라고 할 수 없기 때문에, 유를 무너뜨리지 않는다. 유를 무너뜨리지 않기 때문에 유는 완연히 유이며, 무를 움직일 수 없기 때문에 무는 완연히 무이다. 그러므로 이와 같은 깊고 깊은 인연의 도리는 고요하며 의거하는 곳이 없으며, 넓고 시원하여 걸림이 없는 것이다."[44]

원효는 '깊고 깊은 인연의 도리'를 무애로 표현하였다. 무애는 유와 무가 관계하면서도, 서로가 엄연히 개별의 존재임을 드러내는, 연기하는 존재법칙에 대한 표현 형태의 하나인 것이다. 원효의 화엄주석서에서는 보다 역동적으로 무애를 표현한다. 그 예로 표원(表員)이 인용한 원효의 대소론(大小論)에서는, 지극히 큰 것과 지극히 작은 것이 균등한 이유를 최대의 크기와 최소의 크기의 관계를 통해 이야기하면서, 그것을 아는 것이야말로 일체의 존재양상에 막히거나 걸림이 없는 것이며 사유를 초월해 있는 해탈이라고 단언한다.[45] 이러한 원효의 무애론은, 『화엄경』이 무장무애법계를 설하는 사유를 초월해있는 진리법임을 강조하며 그러한 진리법문을 대소 등의 연기적 상호 포용관계로 설명하는 『화엄경소서(華嚴經疏序)』의 무애론과 일맥상통한다.[46]

위의 원효의 연기 논리에 따르면 무애는 연기하는 존재들의 진리태에 의해 성립된다. 나아가 무애는 바로 해탈인 것이다. 말하자면 무애는 우리 존재 본래의 존재양상이며 방식인 셈이다. 다만, 그것은 우리 일상의 사유를 초월해있는 존재 양상이다. 그래서 원효는 『화엄경소서』에서 무장무애의 법문은 모든 큰 보살들이 들어가는 곳이며, 삼세의 모든 부처가 나오는 곳이라고 한다.

원효는 『화엄경』을 최고 경전으로 간주하지는 않는다. 『유마경』에서 대소논리를 따온 만큼, 그가 『유마경』도 『화엄경』 못지않게 수준 높은 경전으로 인정했다고 보는 것이 타당하다. 물론 원효 역시 『화엄경』을 사교판 중에서 제일 정점에 두고 최종적으로 화엄사상을 증득한다는 사상의 틀을 보

---

44 『起信論別記』(『大正藏』 44권, 236중)
45 『華嚴經文義要決問答』(『韓佛全』 2권, 367상)
46 『華嚴經疏序』(『韓佛全』 1권, 495상)

여주지만,[47] 『화엄경』만을 교판적으로 최고의 위치에 두고 화엄교리에 의거해 화엄의 무애설을 주장하는 화엄가들과는 다르다.

의상(義相, 625-702)

의상은 『일승법계도』에서 지엄의 사유를 계승하여 일승의 연기법을 대다라니연기법으로 표현한다. 그러한 대다라니로서의 연기법은 연기의 본질인 무장애법으로서의 법계를 의미한다.[48] 그리고 무애변재의 본질과도 상통한다.[49] 즉 무애는 연기법 자체의 존재방식이며, 연기법을 설하는 주체의 언어구사력까지도 범주로 포함한다.[50] 이러한 무애의 존재방식을 진리와 사상의 구조로서 표현한 것이 상즉과 불상즉설이다. 의상의 별교일승(別教一乘)의 범주에는 이사상즉(理事相卽), 이이상즉(理理相卽), 사사상즉(事事相卽), 각각의 불상즉(各各不相卽)이 성립한다. 이것이 의상이 보는 무장애법계이다. 그리고 부처와 보살의 법계에서만이 인식 가능한 존재세계이기도 하다.[51]

『법계도』에 말하는 상즉과 불상즉에 대해서는 전후 문맥을 종합했을 때 다음과 같이 풀이할 수 있다.

이사상즉의 개념은 삼승의 차원에 머문다. 그것은 진리를 중심으로 사상을 귀일시키려는 지향성이 있기 때문이다. 이사상즉이 일승으로부터 제외되는 이유는 명백하게 제시된다. 진리에만 즉해야 한다는 편중된 상즉개념이기 때문이다. 그것은 사상에 즉한다는 사유는 없기 때문에 자재하지 못하다. 자재하지 못하다는 것은 걸림이 있음이고, 그것은 무애의 세계상이 아니라는 말이 된다. 그렇다면, 그동안 고찰했던 징관 이후의 화엄의 무애를 상징하는 이사무애의 구조는 의상의 사유에 따르면 화엄일승무애로서 성립할 수 없다. 의상의 사유를 원용하면 인드라의 세계가 아니기 때문이다.

다음, 이이상즉의 개념이다. 진리를 단 하나로 보지 않고, 진리의 다양성을 인정하면서 진리간의 무애한 관계를 상정하는 개념이다. 이와 같은 사유는 이미 지론종에서 비롯되고 의상이 스승 지엄의 영향을 받아 그것을

47 남동신 『영원한 새벽 원효』(서울: 새누리,1999), 242-245면.
48 『華嚴一乘法界圖』(『大正藏』 45권, 712중)
49 『華嚴一乘法界圖』(『大正藏』 45권, 756중)
50 金知見 譯, 『一乘法界圖合詩一印』(서울: 초롱,1997) 98면, 각주 250.
51 『華嚴一乘法界圖』(『大正藏』 45권, 755중)

구체화한 표현이며, 나아가 의상이 이이상즉을 특히 강조하려는 의식은 없었다고 평가된다.[52]

위의 지적처럼 리와 리가 상즉한다는 발상은 이전에도 존재했고, 아울러 사와 사의 상즉이라는 사태에 대한 인식도 이전에 존재했다. 하지만 그 경우 대체로 '일즉일체' 또는 '일체즉일'이라는 명제로 사사상즉의 사태를 표현하거나, '제리(諸理)'정도의 표현으로 진리의 복수성을 표현하는데 데 그친다. 적어도 사사(事事)나 이이(理理)라는 표현을 통해 상즉 내지 무애를 논하는 것은 의상 독자의 구상이다. 이것은 각 사상과 진리를 연속해서 표현함으로써 사상과 사상이, 그리고 진리와 진리가 역동적으로 상호동일화하는 사태를 표현한다. 그와 같은 사태의 다른 표현이 이인다라(理因陀羅), 사인다라(事因陀羅)이다.

법장의 제자 혜원이 제창한 사사무애의 원형이 이미 의상의 사사상즉에 있다고 보아야 한다. 이이상즉 개념은 지론종 계통의 여여무애의와 비슷하다는 것을 알 수 있다. 즉 여(如)를 이(理)로 환원하면 이이무애가 되는 것이다. 이것은 동교분제에 속한다고 한 만큼, 적어도 의상의 사유 속에서 삼승으로 이해되지는 않았다고 이야기할 수 있다.

다음, 사사상즉의 개념이다. 사와 사를 연결하여 상즉을 표현한 것은 이이상즉과 마찬가지로 의상이 창안한 용어이다. 사사상즉은 사상과 사상 그대로가 상호동일화한다고 보는 개념으로, 사상의 근원으로서의 진리를 굳이 상정하지 않는데 그 특징이 있다.

그런데, 의상이 불상즉을 별교일승의 존재세계에 포함시킨 것을 어떻게 이해해야 할까. 『총수록(叢髓錄)』의 「법기(法記)」에서는 이를 중문(中門)의 상입으로 해석한다.[53] 균여(均如)는 법장의 『삼보장』 중 이사(理事)에 관한 사구(四句)의 상즉불상즉 중에서 불상즉의 사구를 의미한다고 해석한다.[54] 법장의 『삼보장』 중 이사(理事)에 관한 사구(四句)의 상즉불상즉은 의상의 영향을 부정할 수 없는 논의이기 때문에, 균여의 해석이 설득력이 있다.[55]

52 石井公成, 앞의 책, 제3장 제4절.

53 『法界圖記叢髓錄』「法記」(『大正藏』 45권, 750상)

54 『華嚴經明法品內立三宝章』(『大正藏』 45권, 625중), 均如 『一乘法界圖圓通記』(『韓佛全』 4권, 23중)

55 김천학, 「의상과 동아시아 불교사상」, 『義相萬海硏究』 제1집, 의상만해연구원, 2002, 32~37면.

중문이라는 해석을 수용하더라도, 균여의 해석을 수용하더라도 적어도 불상즉이란 불협화음을 일으킨다는 의미는 아니다. 법장에 있어 불상즉의 사구상즉은 결국 상즉으로 포섭하기 위한 사전 작업 외에 다름이 아니기 때문이다.

의상은 『법계도』에서 진리가 아닌 사상에 즉하여 자재한 것이 일승의 법임을 강조한다.[56] 이처럼 사법(事法)를 존중하는 태도는 『화엄경문답(華嚴經問答)』에도 이어진다. 『화엄경문답』에서는 현존재에 근거하여 무애를 논하는 것이 특징이다. 화엄의 보법에서는 무애의를 진리로서 이해하고 우리 몸을 사상으로 이해하는 것도, 그 역도 성립한다고 한다. 즉 우리의 존재방식이, 그리고 능설자가 연기법의 범주에 있다는 의미에서 무애인 이상, 무애의가 진리이고 우리의 존재방식이 사상이 되는 것이 아니다. 그러한 구분은 다만 필요에 따른 선교방편일 뿐이다.[57] 중생의 소질에 맞추어야 할 필요가 있기 때문이다. 무애의를 연기법의 존재법칙으로써만 이해하는 그간의 관념적, 객체적 성격을 넘어, 우리 몸을 통하여 구상적, 주체적으로 무애의를 전개하는 의상의 사유는 이후 의상계 화엄에 줄 곧 계승된다.

원효와 의상 이후

표원(表員, 740년대 활동)

우리나라 최초의 화엄학개론서인 『화엄경문의요결문답(華嚴經文義要訣問答)』을 저술한 표원이지만, 실은 자신의 말은 거의 없다. 거의 인용문으로 구성되었기 때문이다. 다만, 법장이 무애의 원리로서 가장 중요시한 연기가 서로 의존한다[緣起相由]는 원리를 권교대승 혹은 소승의 설로 낮추고, 존재의 본성이 융합하여 서로 통해있다[法性融通]는 원리를 내세운 혜원의 사사무애법계의에 대해서 아무런 비판 없이 인용하는 점은 특기할만하다. 『요결문답』에서 법장의 연기상유의를 길게 인용하기 때문에, 위 인용으로 바로 혜원의 설을 따랐다고는 볼 수 없지만, 적어도 혜원의 설의 타당성을 인정한 것으로 봐도 좋을 것이다.[58] 그렇게 본다면, 표원 역시 이사무애에 중심으로 두고 무애설을 이해한 것으로 볼 수 있다.

---

56 『華嚴一乘法界圖』(『大正藏』 45권, 714중)
57 『華嚴經問答』 (『大正藏』 45권, 598하)
58 『華嚴經文義要決問答』 (『韓佛全』 2권, 376상하)

진숭(珍崇, 8세기 중후기 활동?)

의상계의 인물로 사료되는 진숭에 대해서는 일문을 검토한 연구가 있어, 그 사유의 대강을 파악할 수 있다.[59] 그 중에 진숭의 독특한 무애 해석을 볼 수 있다. 일본 화엄학자 증춘(增春)의 『화엄일승의사기(華嚴一乘義私記)』에서는 동교에서 무진의를 설할 수 있는가 없는가를 두고 논쟁이 벌어진다.[60] 그 중에서 『탐현기』의 유식의 중에 제10에 제망무애를 설한 다음, "총괄하면 10을 전부 갖춘다. 이는 동교에 기준을 둔 교설이다"라고 한 곳이 있다. 이에 대해 이미 제망무애가 동교 안에 포섭되어 있으므로, 동교에도 역시 무진의가 있다고 봐야한다는 견해에 대한 반대의견으로써 진숭의 저술을 인용한다. 진숭은 『탐현기』의 '동(同)' 자는 '원(圓)'자의 오류라고 단언한다. 즉 『탐현기』의 글자를 자의적으로 바꿔가면서 동교의 교설에서는 무진의를 설 할 수 없다는 견해를 견지하고 있음을 알 수 있다. 이는 『탐현기』설의 애매함을 극복하기 위한 적극적인 해석이며, 무애의 사태는 별교일승에서만 설할 수 있음을 강조하려 했던 의도로 해석할 수 있다.

견등(見登, 9세기 초 활동)

견등은 『화엄일승성불묘의(華嚴一乘成佛妙義)』에서 일승의 성불설을 무애와 연결시켜 논한다. 『오교장』에서는 십주(十住)에서 불지에 이르는 6위가 하나의 위를 얻을 때 나머지 일체위를 얻는다고 하며, 그 이유 중에 '상즉·상입·원융' 등을 들고 있다. 견등은 그 중 원융을 체용(體用)이 무애한 것으로 풀이한다. 견등에 따르면 상즉은 체에, 상입은 용에 근거한 것이다. 즉 원융은 상즉과 상입에 의한 무애의를 나타내는 것이다. 견등은 이렇게 상즉과 상입이 섞여 다항의 중층적인 관계가 장애가 없이 겹겹으로 충첩되어 다함이 없는 원융무애의 사태로써, 성불이 동시에 이루어짐을 드러낸다. 따라서 초발심의 위(位)가 중심이 되면 나머지 위가 주변이 되고, 불과가 중심이 되면 나머지 위가 주변이 되는 등 모든 위계가 서로 포섭하는 무애가 가능한 것이다.[61]

---

59 崔鈆植, 「珍嵩の「孔目章記」の逸文に対する研究」, 「韓国佛教學SEMINAR」9, 韓國留學生印度學佛教學研究會, 2003.
60 『華嚴一乘義私記』(『大正藏』72권, 32하)
61 『華嚴一乘成佛妙義』(『大正藏』45권, 776상)

『법계도기총수록(法界圖記叢髓錄)』

『법계도기총수록』은 의상의 『일승법계도』 주석서를 편집한 책이다. 『법기(法記)』, 『진수기(眞秀記)』, 『대기(大記)』가 중심이 된 이 편저에서는 『대기』의 무애설이 특이하다. 『대기』에서는 육상(六相)을 다음과 같이 해석한다. "육상이란, 총별 2상은 법의 무진(無盡)을 나타낸다. 동이 2상은 법의 무애(無礙)를 드러낸다. 성괴 2상은 법의 무측(無側)을 보인다. 일승의 법의는 이 세 쌍을 넘지 않는다" 이처럼 『대기』에서는 육상을 세 쌍으로 나누어 무진, 무애, 무측으로 해석하는데, 무진의 범주 안에 무애가 있다.

육상을 별도로 해석한 문구에서는, "총상은 무주법(無住法) 자체를 직접 나타내는 것이다. 별상은 무주로서의 총상이 무진함을 가리킨다. 동상은 무진의 무애를 드러낸다. 이상은 무애의 무위(無違)함으로 풀이한다 "라고 한다. 여기서 무진과 무애의 관계를 파악하기 위해 별상과 동상의 의미를 좀 더 구체적으로 보면, 별상은 '총상으로서의 집'에 있는 무수한 구조물이고, 동상은 집의 무수한 구조물이 집을 만드는 조건이라 점에서 모두 동일하기 때문에 서로 걸림없음을 드러낸다. 이러한 구조물의 관계를 볼 때, 동상의 무애한 사태가 존재해야 별상의 무진의가 비로소 의미를 갖는다고 이해한 것으로 볼 수 있다. 이처럼 무애를 극한까지 밀고 나가 무진의 사태가 드러나는 것이다. 이것은 법장의 무애개념에 대한 타당한 이해이다. 그런데, 무진과 무애의 근원에 총상의 무주의를 두는 것은 『대기』에서만 볼 수 있는 독자적 해석이다.[62]

균여(均如, 923-971)

균여는 신라 의상의 사상을 잇는 화엄학자이면서, 지엄, 법장, 의상 저술의 주석서를 남겼다. 각각 저술에서 균여 무애설이 갖는 특징을 찾을 수 있다.

우선, 『법계도』의 주석서인 『일승법계도원통기』에서 "이이상즉 등 이인다라, 사인다라 등은 나란히 이것은 주변함용관인 사사무애법계에 해당한다. 이법계는 이 중에 삼승의 도리에 속한다. 이사무애법계는 이 중에 이사상즉에 해당한다. 이와 같은 의의가 있기에 사사상즉이 아니라고 한 것이다."[63] 이처럼 이이상즉을 사사무애법계에 소속시키고 있다. 이와 같은 균

62 『法界圖記叢髓錄』「大記」(『大正藏』 45권, 734중). 의상계 화엄에서는 무주의가 높은 경지의 가르침을 나타낸다. 佐藤 厚, 「『大記』の五重海印説について」, 『印度學佛教學研究』第44-2号, 印度學佛教學研究會, 288면.

여의 해석은 특히 전대의 이이상즉 해석에 대한 비판적 이해에서 비롯된다.

우선『총수록』에서는『법기』에서 이이상즉에 대한 해석을 볼 수 있다. 하지만,『법기』에서는 "이공(二空)이 나란히 있지 않는 것이다. 나란히 있으면 상즉하지 않기 때문이다"[64]라고 간략히 해석한다. 이러한 설명으로는 의미가 명확하지 않지만, 법에 자성이 없다는 근원적 동일성을 통해 이이상즉을 해석하려 했던 것으로 보인다.

다음 의상의 직제자인 표훈(表訓)은 법장의『삼보장』에 사구 중에서 이사의 리(二事之理=理理相卽)를 종교와 돈교로 본다. 표훈의 시대에 이미 법장의 영향으로 의상의 본의와는 어긋남을 알 수 있다.[65] 손제자에 해당하는 신림(神林)은 사구를 전부 원교로 보고 있다. 이에 대해 균여는 이이상즉설이 원래는 종교와 돈교에 해당하나, 별교로 동교를 포섭한다는 의미에서 사구가 전부 원교일수도 있다고 하여, 표훈과 신림의 설을 회통한다.[66] 그렇다면 앞에서 '이이상즉 등['등'에는 이사상즉과 불상즉도 포함된다.]'이 사사무애법계에 해당하는 경계라고 한 것은, 신림과 같은 관점에 입각하여 해석한 것임을 알 수 있다. 다음와 같은 균여의 설명을 들으면 더욱 확실해진다.

"삼승 중에서는 리(理)를 거론해 무애를 설하고, 이사(理事)를 거론해 무애를 설하나, 사사무애를 설하지 않는다. 따라서 삼승과는 구별하기 위해 사사무애를 설한 것이다. 그런데 실제의 입장에서 보면, 십현문의 십법(十法)이 이사 등의 제법을 구족하여 무애자재하기 때문에, 이이무애, 이사무애 등을 설할 수 있는 것이다"[67]고 한다.

여기서 '리를 거론해 무애를 설한다'는 것은 이이무애를 의미한다. 그래서 균여는『법계도원통기』에서 "삼승에서는 단지 이이상즉, 이사상즉, 사리상즉의 3구를 설한다. 사사상즉은 논할 수 없다"고 하여 이이상즉을 삼승에서 설하는 상즉임을 명백히 한다.[68]

한편,『교분기원통초』에서도 징관의『화엄경소』의 문구를 해석하면서 이 문제를 다루고 있는데,『법계도원통기』와 마찬가지로『화엄경』은 삼승에

63『一乘法界圖圓通記』(『韓佛全』4권, 3중)
64『法界圖記叢髓錄』「大記」(『大正藏』45권, 760상)
65 金天鶴,「東アジア華厳思想における無碍説」,『インド哲学仏教学研究』12, 東京大学大学院 インド哲学仏教学研究室, 59면.
66『三寶章圓通記』(『韓佛全』4권, 263하-267상)
67『一乘法界圖圓通記』(『韓佛全』4권, 3중)
68『一乘法界圖圓通記』(『韓佛全』4권, 23중)

대비적으로 사용하여 사사무애교가 된다. 그 삼승이란 이이상즉, 이사상즉을 논하는 교설을 의미함을 밝힌다. 나아가 사사무애 교설의 대명사로서의 십현문에는 이이상즉, 이사상즉을 갖추고 있다. 그것은 별교의 포섭능력에 속한다. 그럼에도 불구하고, 그 본래의 위치를 논하자면, 이이상즉, 이사상즉은 삼승이라고 이야기하고 있다.[69]

이렇게 본다면, 균여는 이이상즉에 대해서 표훈과 마찬가지로 삼승으로 이해한 것이 된다. 다만, 일승의 입장이라면 모든 것을 갖춘다는 표현에서는 신림과 같은 입장임도 파악할 수 있다. 즉 표훈과 신림의 입장을 둘 다 포섭하여 무애론을 펼치고 있는 것이다.

다른 한편으로 『법계도원통기』에서는 이이상즉과 사사상즉은 법성융통의 측면에서도, 연기상유의 측면에서도 설명할 수 있다고 한다. "법성문을 볼 때, 배후의 진리가 융통하기 때문에, 전면의 사상이 진리를 좇아 융통한다. 그러므로 하나의 티끌 가운데 배후의 진리를 포섭하여 다하지 않음이 없을 때, 전면의 모든 사상이 배후의 진리를 따라 하나의 티끌에 동일화되는 것이 사사상즉이다. 전면의 모든 사상이 배후의 진리를 따라 융통하면, 피차의 진리가 상즉하는 것이 이이상즉이다."[70] 이처럼 배후의 진리가 융통하는 것이 전제가 되어 '일즉일체'가 되는 것이 사사상즉이고, 제법의 배후에 있는 진리들이 서로 즉의 관계에 있는 것이 법성융통문으로 풀이한 이이상즉이다.

연기상유에 의하면, "하나가 존재하지 않으면, 많음 역시 존재하지 않고, 많음이 존재하지 않으면 하나 역시 존재하지 않는다. 하나와 많음이 서로 의존함으로써 성립하는 것이 사사상즉이다. 사상이 차별되기 때문에, 진리 역시 차별된다. 사상과 사상 가운데의 차별의 진리가 상호 동일화하는 것이 이이상즉이다."[71] 사상의 차별을 전제로 하나 하나의 사상 가운데 존재하는 진리가 상즉하는 것이 연기상유의 입장에서 본 이이상즉인 것이다.

앞에서 소개하였던 이이상즉, 이사상즉은 삼승에서 논할 수 있다는 주장은 사사상즉은 삼승에서 논할 수 없다는 표현에 다름 아니다. 그런데, 법성융통문과 연기상유문으로서 이이상즉과 사사상즉을 논하면서 두 유형의 상즉이 동전의 양면처럼 묘사되는 것을 볼 때, 이이상즉과 사사상즉은 같

69 『敎分記圓通鈔』(『韓佛全』 4권, 478상하)
70 『一乘法界圖圓通記』(『韓佛全』 4권, 23하)
71 위와 같음.

은 사태의 다른 시각에 지나지 않는 다는 의미로 볼 수 있을 것이다. 그렇다면 이이상즉은 사사상즉과 마찬가지로 별교일승의 상즉이 되어야 한다. 게다가 법성융통문과 연기상유문이 적어도 법장의 사유에서는 일승의 무애가 성립하는 근거로 제시되었다. 그럼에도 불구하고 이이상즉을 삼승으로 해석하는 것은 적어도 의상 본래의 의도와는 다르다고 할 수 있다.

이처럼 균여는 비록 전대의 해석이 갖는 모호함과, 특히 이이상즉에 대한 교판적 해석을 극복하려 했지만 모호함을 여전히 남기고 말았다. 다만, 이이상즉을 삼승에서도 논할 수 있다고 본다면, 이는 지엄과 의상의 의도한 바와는 다르다고 볼 수 밖에 없다. 왜냐하면 지엄에 따르면 다라니법은 일승에서만 논할 수 있기 때문이며, 의상도 이를 계승하기 때문이다.

소결

한국의 화엄사상에서의 무애의는 원효와 의상의 시대에 확립되고, 그 이후 그 전개와 변용으로 해석할 수 있다. 원효의 무애의는 『화엄경』뿐 아니라, 『기신론』과 『유마경』의 영향을 받아 형성되었다. 의상은 순수한 『화엄경』에 의거하여 무애론을 펼친다. 일승의 무애를 다라니의 세계로 정의한 것은 스승 지엄의 영향인데, 지엄을 넘어 사상[事]을 통해서 무애의를 전개하고, 그것을 더욱 밀고 나가 우리의 몸을 통하여 무애를 파악하는 것은 특기할만하다.

의상계의 무애의는 『대기』에서 볼 수 있듯이, 무진의 세계의 구조를 나타내는 개념으로 무애를 사용하였으며 무주 개념을 설정하여, 무애와 무진을 통합한다. 진숭은 『탐현기』의 글자를 임의로 바꾸면서까지 별교일승의 무애의를 강조한다. 견등은 성불론과 무애의를 결합하려 한다. 한편, 원효계로 파악되는 표원은 애매하긴 하지만 정법사 혜원의 입장을 견지하는 것으로 이해된다.

이처럼 법장의 저술이 신라에 들어온 이후, 의상계에서는 의상과 법장의 통합을 꾀한다. 그러한 모습은 표훈과 신림의 시대부터 이미 확인되며 고려시대의 균여는 그럼으로써 벌어진 해석의 상위를 회통하려 한다. 그러나 이이상즉의 해석에서 보았듯이 모호한 채로 남아 있음을 알 수 있다. 그것은 사상을 강조하는 의상을 계승하면서도, 이사무애적인 바탕 하에 무애의를 전개하려는 데서 오는 모순의 결과로 보인다.

(3) 일본

수령(壽靈, 8세기 말 활동)

일본의 화엄사상은 심상(審祥)부터 시작한다. 이후 법장의 『오교장』에 대한 주석서인 수령의 『오교장지사(五教章指事)』에서 그 구체적인 사상을 처음 접할 수 있다.

수령은 혜원의 『간정기』를 인용하지만, 사사무애라는 용어는 도입하지 않았다. 수령은 십불(十佛)의 설명 중 제6불인 법계불이 다름아닌 무애법계라고 한다. 그것은 무애법계가 부처의 본체이기 때문이며, 법계불의 지혜 광명이 구석구석 미치지 않는 곳이 없어 법계와 동일하기 때문이다.[72] 이로써 수령이 법계 그 자체를 무애한 부처라고 보았음을 알 수 있다. 또한 화엄원교는 원통무애자재함으로 세워진 것이라고 명언함으로써, 화엄원교가 그대로 무애자재하다고 인식하였음도 알 수 있다.[73]

증춘(增春, 10세기 중엽 활동)

증춘은 『화엄일승의사기(華嚴一乘義私記)』에서 천태종의 사거(四車)와 화엄종의 사거의 동이를 설명하기 위해, 4종류의 사거론을 펼친다. 그 중 4번째 사거가 본말무애문이다. 이 문에 의해 삼일무애사거(三一無礙四車)를 세운다. 일승이 다름아닌 삼승이고, 삼승이 다름아닌 일승이라는 취지에서 비롯한다. 화엄종은 네 종류의 사거를 전부 포함하는 반면에, 천태종은 제3의 섭말귀본문(攝末歸本文)의 사거만을 세운다고 평한다. 즉 사거론을 통해 천태종까지는 화엄에 미치지 못하는 사거이고, 화엄종에 이르러 앞의 세 종류의 사거를 포함하여 제4의 무애사거를 설한다고 한다.[74] 일본의 초기 화엄종에 있어, 수령에서 보이듯이 화엄과 법화는 동등한 가치를 지닌다. 그런데, 증춘의 시대에 와서는 무애의를 통하여 종파로서의 화엄종과 천태종의 교설에 차별을 두고 있음을 알 수 있다.

『화엄오교십종대의약초(華嚴五教十宗大義略抄)』

작자 미상의 『대의약초』에서는 일승 원융무애법계의 성불 도리를 직접 설하는 경론으로 『화엄경』, 『화엄론』 이외에 『기신론』을 들고 있다. 『기신

72 『五教章指事』(『大正藏』 72권, 203상)
73 『五教章指事』(『大正藏』 72권, 230중하)
74 『華嚴一乘義私記』(『大正藏』 72권, 37하)

론』이 화엄원교의 무애도리를 직접 드러낸다는 교판적 규정은 『대의약초』에서 처음 보인다. 이것은 일본 화엄종이 심상이 활동하던 시대부터 지경(智憬) 등 『기신론』을 중시해온 결과이다. 그리고 무애의 별명으로 볼 수 있는 일승의 원융도리에 대해서 사리원융, 이이원융, 사사원융이 있다는 짤막한 인용도 주목할 만하다.[75] 일승에는 사사원융, 즉 사사무애만 포함되는 것이 아니라, 사리원융, 이이원융이 다 포함된다는 뜻으로, 화엄의 포용성을 드러낸 진술이다.

의성(義聖, 856-929)

의성은 『오교장』 인문육의(因門六義)의 주석서인 『종사의사기(種子義私記)』에서 종자개념을 통해 무애설을 펼친다. 원교의 종자는 일체법을 종자로 하는데, 그것은 인문을 세우면 법 전체가 인이 되고, 과문을 세우면 법 전체가 과가 되기 때문이다. 이러한 종자설은 이사무애를 설하는 것이 아닌 사사무애를 설하는 것이라고 한다.[76] 보기(普機)는 『화엄일승개심론(華嚴一乘開心論)』(830년경저술)에서 혜원의 사사무애종에 관한 문장을 그대로 인용함으써 일본 화엄에서는 최초로 사사무애설을 도입하였다. 그런데, 의성은 약사사(藥師寺) 화엄종 인물로써 사사무애설을 처음으로 도입하여 독자의 사사무애 인식을 보인다는 점에서 중요하다.

의성이 이사무애설과 사사무애설을 구분하고, 화엄교리에서 비로소 사사무애설을 설한다는 것으로 보아, 두 무애를 동등한 차원에서 본 혜원과는 다른 교판적 의식을 갖고 있음을 알 수 있다.

『화엄십현의사기(華嚴十玄義私記)』(9세기 중엽)

『십현의사기』는 작자 미상의 사기이다. 여기서는 광협문(廣狹門)을 설명하면서, 사상은 진리와 다르지 않기 때문에 사사상융이며, 그렇기 때문에 진리와 사상이 융통함을 드러낸다고 한다.[77] 또 한가지 주목할 만한 것은

---

75 『華嚴五教十宗大義略抄』(『大正藏』 72권, 199중)

76 『五教章中卷種子義私記』(23,ウ-オ). "「圓教中以何為種子. 答. 以一切法為種子. 問. 何故云爾. 答. 此教中因位之果 乃至佛立. 因門見時 皆唯因也. 若立果見時, 依之法皆唯果也. 非半因半果是即全因全果. 前教之中説理事無碍. 此教之中説事々無碍."(원문: 金天鶴, 「平安時代における東大寺·薬師寺の華厳学の相違」, 『南都仏教』第86号)

77 『華嚴十玄義私記』. "問. 此文説広狭事々相融. 答事不異理故. 事事相融 故顕理事融通也."(上93丁)

일승의 법계연기를 세속제로 본다는 것이다. 연기법에는 별다른 본체가 있는 것이 아니며, 진여에 의해 성립하였기 때문이다. 따라서 진리와 사상이 상융무애하는 것이라고 한다. 이러한 근거에 의해 시간이라는 세속제의 무애가 성립할 수 있는 것이다 그리고 이와같은 설명이 법성융통문에 의한 것이라고 밝히고 있다.[78] 그러나 사사상융을 설명하면서, 결과적으로 '진리와 사상이 융통'함을 알 수 있다고 사리무애적인 발상을 함으로써 두 무애에 대한 확실한 차별을 두지 않았음을 알 수 있다.

친원(親圓, 990-1063)

친원은 『화엄종성의사기(華嚴種姓義抄)』를 저술한다. 여기에서는 원교의 무애도리로 인해 초목성불이 가능하다고 주장한다. 화엄교학의 무애의 도리로 모든 환경세계가 성불해있다고 주장하는 것은 화엄교학의 상식일 수도 있겠지만, 구체적으로 초목성불을 거론하는 것은 친원이 처음이며,[79] 또한 즉신성불도 주장한다. 이 두 성불론은 일본 천태종의 영향으로 주장된 것이다. 화엄학에서 무애설을 기반으로 성불론이 설해지는 것은 당연하지만, 무애설을 통하여 초목성불과 즉신성불을 거론한 것에 주목할 만하다.

경아(景雅, 1103-1189)

경아의 『화엄론초(華嚴論抄)』에는 앞에서 다룬 『대의약초』에서 명목만 보였던 삼종원융(三種圓融)에 대해서 구체적으로 설명한다. 진리와 사상이 서로 융합되어 상입상즉하는 것이 사리원융이다. 법계는 일미로써 오직 진리만 있고 헛된 것이 없는 것이 이이원융이다. 사상에 즉하여 원융하므로 연기를 기다릴 필요도 없는 것이 사사원융이다. 각각은 종교, 돈교, 원교의 삼교에 교판적으로 배분되지만 어느 것이나 할 것 없이 사상과 사상이 원통자재무애한 상태에 있기 때문에, 육상이 성립하고, 십현으로 증명하며, 그러한 원융에 의해서 불세계와 중생계가 상입하고 상즉한다.[80]

이이원융을 설명할 때 '오직 진리만 있다'고 하기 때문에 이법계의 원융

78 『華嚴十玄義私記』. "問就一乘門以法界緣起為世体云意何. 答無別体, 假立緣起法 無別体於眞如立, 所以理与事相融無碍也. 所以時亦随無碍也. 所以云以法界緣起為世体. 此就法界融通門云九世法相由."(下38丁)

79 『華嚴種姓義抄』(『大正藏』 72권, 61하)

80 『華嚴論抄』(『大正藏』 72권, 67중하)

상태로 보면 될 것이다. 다음 사사원융설에서는 연기를 기다리지 않는다고 한다. 이와 같은 사사원융설은 십현연기로서 법계연기의 전형으로 파악하는 전통적 화엄의 사사무애설과는 취지가 다르다. 또 각 교판을 나눔에도 불구하고 이미 사상과 사상이 무애한 사태에 놓여있다 함은 그것이 화엄의 경지에서 논해지기 때문일 것이다.

또 이이원융은 일본의 논기[論義: 교리문답]의 항목에 포함되어 있다. 거기서는 이이원융을 지엄에서 출발했다고 보고 있는데,[81] 그 인용문은 의상의 『법계도』에서의 별교일승에 의하면 이이상즉, 사사상즉, 사리상즉을 성립한다는 문을 제시한다.[82] 이이원융설이 의상에서 출발한 설임을 추정하게 하는 증거이지만, 한편으로는 의상의 『법계도』에 대한 저자문제와도 관련이 있다.

응연(凝然, 1240-1321)

일본의 화엄에 관한 저술로서 응연의 『오교장통로기(五教章通路記)』는 일본 화엄종에서 본격적으로 사사무애설을 논하는 저술로 유명하다. 그 사유는 법장과도 다르고 징관과도 다르면서도 중국 법장을 계승하는 의식을 갖고 있었던 것은 확실하다. 사사무애의 대명사로 불리는 「십현연기무애문」에 대한 주석을 통해 간단히 예를 본다면, 응연은 십현연기의 사사무애세계를 나머지 삼법계와 확실히 선을 긋고 구별하는 의식을 보인다. 이것은 법장과 다른 점이다. 또 징관에게는 중요시되었던 이사무애법계에 대해서도 천태종의 원돈지관의 설과 동일하다고 하여, 화엄의 사사무애설과는 일선을 긋는 태도를 보인다.[83] 이처럼 응연의 법장의 의도에 충실하려고 하면서도 법장의 무애관에 대해서 별교일승적인 사유만을 취하고, 모든 법, 모든 승을 아우르는 사유에 대해서는 간과한다. 또한 이사무애를 중시하는 징관의 사유와는 어느 정도 거리를 두는 결과를 낳았다.

소결

당시 불교의 흐름은 중국과 한국을 통해 일본에 수입된다. 이러한 과정

81 蓑輪顕量, 「日本における華厳思想の受容-理理相即 · 理理円融 · 理理無碍を中心に-」『東大寺の歴史と教学』(奈良: 東大寺, 2003), 44면.

82 "其至相大師 若依別教一乘 理々無礙亦得 事々無礙亦得 事理無礙亦得列 得理々無礙."

83 凝然, 『五教章通路記』 (『大正藏』 72권, 489상)

은 불교 사상면에서도 마찬가지다. 무애설의 면에서 볼 때 중국의 법장, 혜원과 신라의 원효, 의상의 무애설은 나란히 일본에 수용된다. 이 중에서 수령은 혜원을 인용하나 사사무애설에 대해서는 언급이 없다. 법장의 사유를 계승하는 입장에 서있기 때문으로 보인다. 사사무애설에 대한 독자의 해석은 의성의 『종자의사기』나, 작자미상의 『십현의사기』에서 처음 나타난다. 의성이 이사무애와 사사무애를 구분하는 반면, 『십현의사기』에서는 이사무애와 사사무애의 구분이 명확하지 않다. 『대의약초』에서는 삼종원융이라는 일본 독특한 화엄의 무애설이 처음 나타난다. 이것은 후에 경아가 다시 인용하여 구체적인 설명을 볼 수 있다. 또한 이이원융를 제목으로 하는 교리문답에서는 이이원융의 연원을 지엄에 두고 있으나, 인용문은 의상의 『법계도』인 것에 주의를 기울일 필요가 있다. 증춘의 설에서는 천태종과의 대립적 의식 하에서 화엄의 무애의가 강조됨을 볼 수 있는 반면에, 친원의 『종성의초』에서는 천태종의 초목성불의 영향으로 무애의에 기반을 둔 초목성불과 즉신성불을 주장한다. 마지막으로 응연은 법장 화엄을 계승하는 의식이 있지만, 그 중 별교일승적 사유만을 계승하고, 모든 법과 승을 아우르는 법장의 사유는 계승하지 않는다. 이처럼 일본의 화엄은 중국과 한국의 화엄에 비해 사상적으로 다양한 모습을 보이고 있음을 알 수 있다.

Ⅲ. 인접 개념과의 관계 및 현대적 논의

1. 인접 개념과의 관계

징관 이후 화엄과 선의 관계가 깊어진다는 것은 주지의 사실이다. 그러면서 선가에 화엄의 교설은 방편으로서 도입되는 경향이 있다. 여기서는 『종경록(宗鏡錄)』의 저자 영명 연수(永明延壽, 904-975)와 『벽암록(碧巖錄)』의 저자 원오 극근(圜悟克勤, 1063-1135) 그리고 고려시대의 지눌(知訥, 1158-1220)의 무애설에 대해서 고찰한다.

영명 연수

연수는 법계관문의 사법계를 논하면서, 사법계의 융통을 일심으로 수렴한다. 즉 일심은 모든 법계와 동등하기 때문이다.[84] 이 중 사사무애관은 사법이 진리에 의해 융통하기 때문에 상호 동일화하고 상호 포섭하는 것이 중중무진함을 관찰하는 것을 말한다. 그것이 바로 일심의 무애관인데, 그에 따르면, 찰나가 즉 화엄법계이고, 비로자나법계이다.[85] 일심을 중시하여 무애를 설하는 태도는 종밀의 무애의에서 보았다. 연수는 선과 교의 관계에 대해서도 종밀과 같이 이 둘을 화회하려는 의식이 있다.[86]

원오 극근

극근은 『벽암록』에서 사법계에 대해서 설하면서, 특히 사법계에 대해서는 진리 그 자체가 현성한 것으로서의 사상의 세계로 보았다. 또 이사무애법계의 단계에서는 법계라는 인식이 남아 있기 때문에 선을 논할 수 없지만, 사사무애법계에 도달해서 비로소 법계가 소멸해 비로소 선을 논할 수 있다는 입장을 보인다. 그러나 그것을 논하기 시작하면 이미 선과는 멀어진다는 선사상의 입장에 서있다.[87] 이와 같이 극근은 화엄교리의 사사무애법계 이론 자체에 대해서는 높이 평가하면서도, 그것이 실천적 의미를 띠고 있지 않을 경우 의미를 잃어버린다는 입장이다.

지눌(知訥, 1158-1220)

지눌의 화엄저술로서 이통현의 『신화엄경론』을 수용한 『원돈성불론(圓頓成佛論)』이 있다.[88] 지눌은 특히 사사무애라는 용어를 자주 사용한다. 기본적으로는 화엄사상과 마찬가지로 인다라망의 비유를 들어 연기문의 사사무애상을 논하는데, 다만, 사사무애가 화엄학파에서와 같은 무게를 갖고 있지는 않다. 예를 들어 『원돈성불론』에서는 임제(臨濟)의 삼현(三玄)에 대해서 이야기하면서, 그 첫째구인 체중현(體中玄)의 근기를 이끄는 것이 사사무애법문이라고 한다.[89] 즉 화엄사상의 무애의는 임제삼현의 첫 구에 해당하는 근기를 이끌기 위한 방편에 지나지 않음을 알 수 있다.

그러나 지눌은 화엄의 교리가 선과 동등한 취지임을 인정하고 있다. 그

84 『宗鏡錄』(『大正藏』 48권, 435하)
85 『宗鏡錄』(『大正藏』 48권, 621중)
86 『宗鏡錄』(『大正藏』 48권, 614상)
87 위와 같음.
88 인경지음, 『화엄교학과 간화선의 만남』(서울: 명상삼당연구원, 2006) 부록 『원돈성불론역주』 주177.
89 『圓頓成佛論』(『韓佛全』 4권, 728중)

는 대혜선사가 불성의(佛性義)를 알려거든 시절인연을 잘 관찰해야 한다고 한 것을 예를 들며, 그렇게 시절인연을 믿는 때에 바로 자심의 거울에 제망중중의 무진법계가 펼쳐지는 것을 얻는다고 한다. 나아가 이러한 취지가 옛 선어록이나 이통현의 『신화엄경론』에 있다고 주장한다. 그러면서, 화엄의 교문이 이치가 미진 한 것이 아니라, 학자들이 언교에 매달리는 것이 문제로 본다.[90] 『법집별행록절요병입사기(法集別行錄節要并入私記)』에서는 이와같은 취지에서 교학자에게는 관행(觀行)의 필요성을, 선자들에게는 계제를 밟을 필요성을 강조한다.[91] 그러나 수행의 속도 면에서 교외별전인 선문이 빠르고, 교내의 관문인 사사무애관으로서 수행하면 그만큼 느리다는 차이가 있다.[92]

지눌에게 있어 사사무애법문은 화엄사의 전유물이 아니다. 선종사 역시 사사무애법문을 펼친다. 그런데, 그 활용이 다르다. 선종사는 사사무애법계법문을 설하되 가장 간결하게, 들은 즉시 깨달음에 이르도록 설할 뿐이다.[93]

이처럼 지눌은 선사이면서 한국의 화엄사상가 중에서 처음으로 이통현의 화엄관을 높이 평가해 화엄과 선의 무애의를 동등한 위치에 놓으면서도, 대혜의 영향으로 그 방법적인 차이를 인정하여 교문의 무애의는 선문의 낮은 근기를 유도하기 위한 설로서 본다.

2. 현대적 논의

지금까지 화엄사상을 중심으로 무애의 사상사를 정리해보았다. 과연 무애의는 현대에 어떤 의미를 가질까? 한 물리량의 관측이 먼 곳에 떨어져 있는 다른 물리량에 대한 관측에 중요한 영향을 미치게 되는 것이 상호연관을 설하는 사사무애법의 사유와 비슷하다고 하는 것처럼[94] 화엄사상의 무애연기의 논리가 과학자들의 관심이 대상이 된 것은 주지의 사실이다. 또한 화엄에서 물과 물결로서 상즉상입을 표현하는 것에 대해서, 신과학운동

90 『圓頓成佛論』(『韓佛全』 4권, 728상)
91 『法集別行錄節要并入私記』(『韓佛全』 4권, 746중하)
92 『看話決疑論』(『韓佛全』 4권, 736중)
93 『看話決疑論』(『韓佛全』 4권, 736하)
94 양형진, 「과학속의 불교 불교속의 과학」, 『현대불교』, 1996년 3월 20일자.

의 주자들은 불교가 은유로서 표현한 세계를 사실로서의 존재함을 밝히려고 한다.[95] 그리고 부분 속에 전체의 정보가 들어있다는 홀로그램 개념을 이용한 의상의『법계도』분석도 시도된다.[96] 주변의 사물을 들어 설명을 하든, 추상적으로 설명을 하든, 근본적으로는 관념의 세계 위에 구성된 화엄의 무애의와 물리학의 접목이 얼마나 성공할지는 미지수이다.

그런데 불교는 실천에 의한 증득을 우선 과제로 하는 종교이다. 그런 점에서 무애를 세계관과 그에 의한 실천이라는 시각에서 조명할 때 현재적 의미로 다가온다. 앞에서 고찰한 것처럼 무애는 연기하는 세계 자체를 표현하는 개념이다. 화엄의 최고의 경지로 표현되는 사사무애는 의상이 이야기하는 사상에 즉한 세계라는 점에서 리(理)적 관계주의의 반대 개념으로서의 '사적 관계주의'로 표현할 수 있다. 의상이 진리와 사상은 깜깜한 듯 분별이 없다고 했기 때문에, 사(事)를 든다고 리(理)가 사라지는 것은 아니다.

그런 점에서 히로마쓰 와타루(廣松涉, 1933-94)가 제기한 새로운 세계관이 주목된다. 그는 유럽의 사상을 지배했던 실체주의에 대신해서 '관계주의'가 기조가 되어야 한다고 말한다. 현대수학이나 현대물리학에서 주관적인 것과 객관적인 것을 분석한 후의 객관의 측면에서의 관계의 일차성이 아닌, 주객의 분단을 지양한 관계성이 되어야 한다는 것이다. 그는 이와 같은 사유를 '사적 세계관'이라고 명명하였다.[97] 이것은 근본적으로는 인식의 새로운 도식을 의미한다.[98]

이러한 관계주의에서의 입장에서 본다면 진리를 근본으로 하여 사상과의 무애한 성립을 상정하는 이사무애적인 사유와 사상의 배후인 진리성에 무게중심을 두는 사사무애의 해석은 실체주의에 빠질 위험성이 있다. 사상[事]의 배후가 아니라, 사상 자체가 이미 무애를 현성하고 있다는 의식의 이동이 필요하다. 그리고 그것을 실천의 모체로 삼는 것이 '사적 세계관'의 실천으로 볼 수 있다. 그런 점에서 의상이 사(事)에 즉하여 관계의 무애를 논하는 화엄

---

95 김상일,「홀로그래피와 화엄일승법계도」제10회 국제학술회의『아세아에 있어서의 화엄의 위상』(서울: 대한전통불교연구원, 1991), 127면.

96 김상일, 위의 논문.

97 木村清孝,『『華厳經』をよむ』NHK出版, 1997, 32-33면. ; 김천학, 김경남 옮김,『화엄경을 읽는다』(서울: 불교시대사. 2002)

98 広松渉『世界の共同主観的存在構造』(東京: 勁草書房, 1972), 3-10쪽.

사상은 징관의 사사무애설보다 더 현재적 의미를 지닌다. 이런 점에서 의상과 의상계 문헌에 자주 등장하는 오척신(五尺身)에 관한 표현들에 대해 주목할 만하다. 오척신은 제법이 현성한 바로 모습이다. 그래서 나의 오척신에 이미 십현의 무애문이 만족스럽게 갖추어져 있다고 한다.[99] 자기의 당처를 떠나서 무애의 객관적 타당성이 보증될 수 없고, 종교적으로 사상[事]에 철저해야 무애가 체득된다는 주장[100]도 이런 관점에서 봤을 때 타당성을 담지한다. 무애가 현성되어 있는 사상에 즉해서 관상하는 것이 실천적 의미이며, 진정한 사적 관계주의는 그러한 의식의 이동으로부터 탄생한다. ❁

김천학 (동국대)

99 『法界圖記叢髓録』(『大正藏』 45권, 764상)
100 荒木見吾, 『佛教と儒教』(京都: 平楽寺書店, 1976), 27~29면.

우리말 불교개념 사전

간화

한 看話 영 Observing the Hwadu; 'Investigation of the Hwadu; Ganwha Meditation

Ⅰ. 어원적 근거 및 개념 풀이

1. 어원적 근거

간화(看話)란 동북아시아 불교수행을 대변하는 간화선수행의 핵심된 개념이다. 간(看)이란 '자세하게 본다'라는 뜻이고, 화(話)는 화두를 말로, 간화란 '화두를 참구한다'는 의미가 된다. 간화의 영어번역으로는 'Observing the Hwadu', 혹은 'Investigation of the Hwadu'이며, 일반적으론 'Ganwha Meditation'이란 표현이 사용된다.[1]

간화선에서 사용되는 화두(話頭)는 직역하면 '말의 머리' 혹은 '이야기의 실마리'로 번역한다. 이런 해석은 전혀 잘못된 것은 아니다. 그렇지만 화

1 R.E. Buswell, The Korean Approach to Zen-the collected works of chinul, university of hawii press, honoluu., 1983, 238면, 263면.

두에서 두(頭)는 동사의 뒤에 쓰여 추상명사로 만들어주는 조사로서 일의 가치를 나타낸다. 이를테면 염두(念頭)가 '생각할 만한 가치'를 의미하듯이, 화두(話頭)는 '이야기할 만한 가치', 정확하게는 부처와 조사의 깨달음에 관한 이야기, 곧 선문답을 가리킨다. 이런 이유로 화두는 공안(公案)과 동일한 의미로 사용되는 경우도 있지만,[2] 양자는 엄밀하게 말하면 구별된다. 공안이 일반적인 선문답의 사례를 가리키는 말이라면, 화두는 문답의 사례에 내재된 의심을 불러일으키는, 핵심적이며 간결한 한 개의 글자나 언구를 가리킨다. 예를 들면 '조주가 개에게도 불성이 있는가' 하는 질문에 대해서, '무(無)'라고 대답했다. 이것은 조사의 문답으로서 하나의 공안이다. 하지만 화두는 문답에서 의심을 일으키는 핵심된 일구(一句), 바로 '무'라는 한 글자를 가리킨다.[3] 이 공안에서 '무'란 대답은 모든 유정에게는 불성이 있다는 대승경전의 일반적인 가르침과는 정면으로 위배되는 것이다. 우리는 매우 당혹스런 상황에 직면하게 된다. 대승경전에서 설한 부처님의 가르침을 따라야할지, 아니면 조사의 말씀이 옳은지 난감하다. '무' 한 글자와 함께 이런 의심이 발생하게 되는데, 이것이 화두의 본질이다.

2. 개념 풀이

간화에서 간(看)은 본다(observe)고 번역할 수 있지만, 초기불교 수행에서 현상이나 사물을 '존재하는 그대로 본다'고 하는 것과는 다른 의미이다. 오히려 간화에서의 간(看)은 부처와 조사의 문답에 내재된 모순과 갈등에 의해서 발생된 의심을 '참구한다(investigate)'라는 의미가 더 정확하다. 이것은 존재를 그대로 본다는 것은 관찰의 대상이 현상[法]에 초점을 둔 것이다. 반면에 대승불교에 기초한 간화선에서의 참구한다는 것은 어떤 현상을 참구한다는 의미가 아니라, 사람마다 본래 구족한 본성, 자성[性]을 그 대상으로 한다는 점에서 차이점이 있다. 이점은 초기불교와 대승불교의 교설에서 보여주는 심성론의 차이점이기도 하다.

한편 화두와 유사한 개념인 공안(公案)이란 '공공의 공문서'란 의미로서,

2 禪學大辭典編纂위원회編, 『新版禪學大辭典』(東京: 駒澤大學, 2000年), 1326면.

3 불광대장경편수위원회 편, 『佛光大辭典』(대만: 불광출판사, 1988), 1314면. "公案中大多有一個字或一句話供學人參究之用者, 稱爲「話頭」. 如問:「狗子還有佛性也無？」答:「無!」此一對話卽爲一則公案, 而「無」字卽是話頭. 參禪時, 對公案之話頭下工夫, 稱爲參話頭"

누구에게나 공정하게 열려져 있으며 공식적인 문서로서 집행되어야할 권위를 상징한다. 공안의 어원은 재판관의 책상[案]을 말한다. 재판관이 심리를 할 때 사사로운 감정으로 판정하는 것이 아니라, 판례에 근거하여 공정하게 기준을 세운다는 것에서 비롯된 말이다. 공안에 대해서 원대의 중본명본(中本明本, 1233-1323)은 다음과 같이 말한다.

> 관공서[公府]의 안독(案牘)에 비유되는 말이다. 나라에 법이 있어야 왕도정치가 올바로 실현될 수 있듯이, 공(公)이란 성현들이 깨달음으로써 세상의 모든 사람과 함께 갈수 있도록 하는 참된 이치를 말하며, 안(案)이란 이치를 깨달아 도에 나아가고 올바른 수행의 방법을 기록한 것이다.[4]

여기에 의하면 공안이란 성현들이 경험한 깨달음의 이치와 수행의 방법을 총칭하는 말이다. 이런 성현들의 깨달음을 얻게 된 인연과 그 사례들을 모아놓은 것을 '공안집(公案集)'이라고 한다. 보통 천 칠백 공안이라고 하는 것은 송나라 때인 1004년에 간행된『경덕전등록』에 기록된 문답의 숫자에서 생겨난 말이다. 이런 조사의 문답을 고칙이라고 부르기도 한다. 고칙(古則)은 고인의 언행을 궤범, 규칙에 비유한 용어로서, 간단하게 줄여서 칙(則)이라고도 한다.

송대에 들어와 출판기술의 발전과 더불어 공안집의 간행이 유행하면서『송고백칙(頌古百則)』간행되었다. 대표적인 것은 원오 극근(圜悟克勤, 1063-1125)의『벽암록(碧巖錄)』이다. 이것은 설두 중현(雪竇重縣, 980-1052)이『경덕전등록』의 1700공안 가운데서 요긴한 100칙을 가려 뽑아서 송을 붙였다. 원오극근이 여기에 다시 각 칙마다 서문에 해당되는 수시(垂示), 간단한 논평인 착어(著語)와 평창(評唱)했는데, 이것을 그 제자들에 의해서 편집하여 간행하였다. 또한 굉지 정각(宏智正覺, 1091-1157)의『종용록(從容錄)』이 있다. 이것은 굉지 정각이 송 소흥 연간에 고덕의 고칙 100칙을 모아서 송고하였고, 이것을 만송 행수(萬松行秀, 1166-1246)가 가정18년(1223)에 야율 초재(耶律楚材)의 청을 받아서 시중(示衆), 평창(評唱), 착어(著語)를 붙인 것이다.『벽암록』이 임제종의 가풍을 널리 선양한 공안집이라면,『종용록』은 조동종 선풍을 거양하는데 널리 이용되었다. 한편 간화선을 선양

4 중봉 명본,『선림고경총서 2: 山房夜話』(서울: 장경각, 1993), 45면.

하는데 중요한 역할을 한 『무문관』(無門關)이 있는데, 송대의 무문 혜개(無門慧開, 1183-1260)가 1228년에 지은 것으로 공안 48칙과 간단한 논평과 해설을 한 평석으로 구성되었다. 『무문관』은 대혜 이후에 대세가 된 무자화두를 정착시키는데 결정적으로 공헌한 공안집으로 평가된다.

간화선과 관련된 주요 용어의 역사적인 용례를 찾는 일은 간화선의 출현의 시기와 관련된다. 일반적으로 간화선의 성립은 송대 임제종파에 의해서 형성된 것으로 알려졌다. 역사적으로 보면 공안선은 원오 극근에 의해서 성립되었고, 대혜 종고에 의해서 간화선은 공안선의 병폐를 극복하는 대안으로서 확립되었다.

Ⅱ. 역사적 전개 및 텍스트별 용례

1. 역사적 전개

1) 공안의 의미

공안을 어떻게 정의하고, 이해할 것인가 하는 문제는 매우 중요한 과제이다. 역사적인 전개 과정에서 보면, 선종사 시대구분의 문제와도 겹치는 부분이다. 일반적으로 공안을 이해하는 데는 다음과 같은 세 관점이 있다.

첫째는 공안을 '진리에 들어가는 인연'으로서 선문답을 가리킨다. 이런 경우는 공안의 성립이 달마와 혜가의 문답을 비롯하여, 부처님 당시까지로 거슬러 올라간다. 성현들은 제자를 흔들어 일깨우고, 진리에 들어가는 인연을 위해서 질문과 문답법을 자주 사용하였기 때문이다. 이것은 간화선의 출발을 부처님에게까지 올려서 그 정통성을 확보하는 장점이 있다. 하지만, 문답은 다른 모든 문화와 수행법에도 나타나는 현상이기에 변별력이 없다는 약점도 가진다.

두 번째는 공안을 진리에 들어가는 인연으로서 문답을 의미하되, 논리적으로 설득하고 이해하는 과정이 아니라, 직관적이고 직설적인 대화법을 통해서 제자를 일시에 일깨우는 방법으로 바로 선문답을 가리키는 경우이다. 이것은 중국 선종이 성립되면서 발전되었으며, 마조 도일(馬祖道一, 709-788) 이후 황벽, 임제 등에 의한 조사선(祖師禪)이 유행하면서 본격화되었다. 이런 의미에서 공안의 형태가 8세기 중엽 이후에 출현했다고 본다.

세 번째는 공안을 진리에 들어가는 인연으로서 수행의 한 방법으로 삼는 경우이다. 이것은 옛 선사의 많은 기연 가운데 하나를 결택하여 참구의 대상으로 삼는 것을 말한다. 이런 경우는 간화선의 출현은 송대에 와서 성립되었다고 본다. 간화선은 화두를 참구하는 것이기 때문에 먼저 화두로서 선문답이 먼저 존재해야 한다. 이런 공안의 성립은 당대에 활발하게 이루어졌고, 송대에 들어와 『벽암록』이나 『무문관』 등에 의해서 체계화되었다.

하지만 현실적으로 수행자는 당대에 이루어진 이런 모든 고칙을 참구의 대상으로 하지 않고, 대부분 문답을 통해서 스승으로부터 제시된 하나의 공안을 의심으로 결택한다. 때문에 공안의 형태는 당대에 출현하였지만, 공안을 수행의 방법으로 발전시킨 것은 송대에서 비롯되었다는 시각이다. 다시 말하면 선문답을 체계적으로 기록한 공안집의 출현과 그것을 배경으로 현성된 간화선의 성립을 구별하는 것이다.

이들 세 입장 가운데 어느 경우를 선택할 것인가? 위의 견해는 나름대로 장점이 있다. 첫째는 간화선의 전통성을 확보하는데, 둘째는 간화선의 배경을 해명하는데, 셋째는 간화선 수행의 실제적인 방식을 탐색하는데 도움을 준다. 이런 문제는 역사를 바라보는 시각에 따라서 다양한 견해를 가진다. 이 부분은 앞으로 정밀한 문헌적인 검토가 필요한 부분이다. 이를테면 『선관책진(禪關策進)』에 실린 아래의 법문, 「황벽선사(黃檗禪師)의 시중(示衆)」은 문제점이 있다.

> 오직 저 공안(公案)을 간하라. 어떤 승려가 "조주(趙州)에게 개에게도 불성이 있습니까?"라고 묻자 조주가 "무(無)"라고 대답했으니, 다만 일상의 십이시중(十二時中)에 이 무자(無字)를 간(看)하라. 낮이든 밤이든지 행주좌와와 옷 입고 밥 먹고 화장실 가는 곳곳마다 마음과 마음이 서로 돌이켜보아 맹렬하게 채찍질하라. 다만 '무'한 글자를 지키다 보면, 날이 가고 해가 깊어지고 타성일편(打成一片)하여 홀연히 마음의 꽃이 피어나 불조(佛祖)의 기틀을 깨닫게 되리라.[5]

이것의 핵심은 공안을 간(看)하라는 것이다. 이 자료에 근거하여 간화선

5 雲棲 袾宏, 『禪關策進』(『大正藏』 48권, 1098상중). "看箇公案 僧問趙州 狗子還有 佛性也無 州云無 但二六時中看箇無字 晝參夜參 行住坐臥 著衣吃飯處 屙屎放尿處 心心相顧 猛著精彩 守箇無字 日久歲深 打成一片 忽然心華頓發 悟佛祖之機."

의 출현의 시기를 설정하면, 결과적으로 간화선의 출현은 조사선과 같은 시기가 된다. 이는 선종사를 혼란에 빠뜨리는 중대한 실수 가운데 하나이다. 이것은 간화선의 정형적인 법문으로 무문혜개의 『무문관(無門關)』의 내용을 그대로 옮겨놓은 것이다. 결론부터 말하면 이 시중은 분명하게 후세에 첨가된 내용이다.[6] 그 이유는 첫째로, 실제로 현존하는 황벽(黃蘗)의 법어인 『전심법요(傳心法要)』나 『완릉록(宛陵錄)』에는 위와 같은 법문의 내용을 찾아볼 수 없고, 둘째로 무자화두의 시원이 된 조주(趙州, 778-897)는 황벽(黃蘗, ?-850)과 동시대인이지만, 조주가 황벽보다 50년이나 더 오래 살았다. 그렇기 때문에 먼저 입적한 황벽이 조주의 무자(無字)를 간하라고 하는 것은 현실적으로 불가능한 내용이며, 셋째로 1600년에 출간된 명대의 『선관책진(禪關策進)』은 남송 시대에 간행된 『무문관(無門關)』보다 400년이 지난 다음에 출간되었고, 황벽(黃蘗)이 입적한 해로부터 750년이 지난 이후의 기록이다. 때문에 우리는 『선관책진』에 보이는 공안참구에 관한 황벽의 법문을 신뢰할 수 없다. 분명하게 나중에 삽입된 내용이다.

이것은 공안에 의한 참구법, 곧 간화선의 출현 시기를 중국 선종사에서 어떻게 볼 것인가 하는 문제를 제기한다. 다시 말하면 공안의 형태가 출현한 것이 그대로 간화선의 출현으로 보아야 하는 관점에 재검토가 요청되는 것이다. 이것은 공안을 어떻게 정의하느냐 하는 문제와 직결된다.

2. 텍스트별 용례

1) 『벽암록』의 공안선

송대에 들어서면서 공안이란 용어는 매우 빈번하게 사용된다. 그 대표적인 경우가 바로 『벽암록』이다. 여기 서문에서는 '공안을 조사의 가르침이라고 정의하고, 당에서 시작되어 송에서 번성하였음을 지적하면서'[7] 그 용례를 다음과 같이 세 가지로 체계화시키고 있다.

---

6 인경, 『몽산 덕이와 고려후기 선사상연구』(서울: 불일출판사, 2000), 208면.

7 圜悟 克勤, 『碧巖錄』(『大正藏』48권, 139). "嘗謂祖敎之書 謂之公案者 倡於唐而盛於宋 其來尙矣 二字乃世間法中吏牘語 其用有三 面壁功成 行脚事了 定槃之星難明 野狐之趣易墮 具眼爲之勘辨 一呵一喝 要見實詣 如老吏據獄讞罪 底裏悉見 情款不遺一也. 其次則嶺南初來 西江未吸 亡羊之岐易泣 指海之針必南 悲心爲之接引 一棒一痕要令證悟 如廷尉執法平反 出人於死二也. 又其次則犯稼憂深 繫驢事重 學弈之志須專 染絲之色易悲 大善知識爲之付囑 俾之心死蒲團 一動一參 如官府頒示條令 令人讀律知法 惡念才生 旋卽寢滅三也."

하나는 좌선 수행을 통해서 공력이 이루어지고 행각으로 일을 다 하였지만, 깨달음을 밝히지 못하고 쉽게 사량과 분별에 떨어질 때, 바른 눈을 갖추어서 감옥에 갇힌 죄인의 죄를 감변(勘辨)하듯이, 실다운 지혜를 보일 때에 사용된다. 이것은 죄인에게 꾸짖고, 소리쳐서 교훈을 주는 것과 마찬가지로, 공안이 수행에서 만나는 무거운 장애를 판별하는 기준으로 되었다는 것이다. 둘째는 강남의 조사선을 처음 접하였지만 여전히 조사의 깊은 취지를 파악하지 못하여 망연해하는 자를 위해서 자비의 마음으로 학인을 접인(接引)하는데 사용되었다. 이것은 내리치고 상처를 주어서 증오(證悟)로 이끄는 바로서 마치 관리가 죽어가는 죄인을 구하는 것과 같다. 셋째는 아직 베지 못한 벼로 인하여 나귀를 계박하는 일이 중요하지만 여전히 노름에 전념하는 것을 불쌍히 여겨서 대선지식이 부촉하고 좌복 위로 내몰아서 더욱 수행하도록 하였다는 것이다. 이것은 감옥을 벗어난 죄인을 현실 속으로 동참하도록 흔들어 내모는 것이다. 마치 관리가 정부의 조령을 사람들에게 잘 알게 하여 잘못된 생각이 일어나면 곧장 그것을 소멸하게 하는 것과 같다.

여기서 말하는 공안의 세 가지의 용례는 수행의 과정을 모두 포섭하고 있음을 본다. 먼저 감옥의 은유에서 보여주듯이, 처음 발심하여 수행을 시작하였지만 숙세의 업장으로 힘들어할 때, 고인의 언행으로서 공안은 용기와 더불어서 자신의 과제를 명료하게 하는 나침판의 역할을 하며, 두 번째는 조사선에서 출발하여 마침내 고통의 감옥을 벗어나는 깨달음을 성취하는데 있어서도 고인의 공안을 통해서 이루어짐을 말하고, 마지막으로 감옥을 벗어나 일상으로 돌아 와서 계속적으로 수행하여 갈 때, 역시 공안의 역할은 강조되는데, 이때는 업장을 곧장 소멸하는 수단으로서 공안이 활용된다는 것을 보여준다. 이런 점에서 『벽암록』의 특징적인 수행론은 바로 공안을 활용한 '공안선'이라고 정리할 수가 있겠다.

그러면 공안과 공안선은 어떻게 구별되는가? 이점에 대한 구체적인 예는 수없이 많지만, 그 가운데 하나의 예를 보면, 『벽암록』제3칙에서 이렇게 말한다.

> 마조스님이 매우 아팠다. 그때 원주가 "스님, 몸은 좀 차도가 있습니까?" 그러자 대사가 "일면불(日面佛) 월면불(月面佛)"이라고 대답하였다. 만약 조사께서 본분사로서 상견하지 않았다면 어떻게 이 도가 빛날 수 있었겠는

> 가? 이 공안에서 만약 낙처를 안다면, 홀로 붉은 하늘을 걷게 될 것이다. 만약 낙처를 모른다면 마른 나무와 바위 앞에서 잘못된 길을 갈 것이다. 요즈음 사람들은 참으로 옛 사람의 뜻을 잘못 이해하고, 왼쪽 눈은 일면이고 오른쪽 눈은 월면이라고 한다. 이것과는 아무 관계가 없다. 그러면 마조스님이 말씀하신, 본래의 뜻은 어디에 있을까?

여기의 실례는 공안과 공안선의 의미를 구별 짓는 중요한 단서를 제공하여 주고 있다. 일단 공안의 의미는 옛 조사의 가르침, 선문답이다. 구체적으론 마조와 원주와의 문답을 가리킨다. 이것은 일차적인 문답이다. 반면에 『벽암록』에서 사용된 방식은 이런 문답에 대한 잘못된 해석과 견해를 비판하고, 본래의 낙처를 묻는다. 이것은 일차적인 공안을 활용한 이차적 성격을 가진다. 물론 참구자의 입장에서 보면 양자는 동일한 의미를 가질 수도 있다. 하지만 사용자의 입장에서 볼 때, 마조는 '일면불 월면불'을 그 자체를 드러낼 뿐, 그것을 참구의 대상이나 수행의 방법으로 활용하라고 권하거나 스스로 사용한 흔적은 없다. 가장 잘 알려진 조주의 '무자'도 마찬가지이다. '개에게도 불성이 있는가'라는 질문에 대해서 조주는 다만 어쩔 땐 긍정으로 어쩔 때는 부정으로 대답을 했을 뿐이다. 오직 무자, 그것을 온종일 앉을 때나 갈 때나 참구의 대상으로 삼으라고 적어도 조주는 말하지 않았다. 무자를 참구의 대상, 수행의 방법으로 삼는 것은 후세, 송대에서 발전된 것이다. 당대의 공안은 1차적인 문답이라면 송대에서 새롭게 발견된 공안은 2차적인 활용이다. 이것이 『벽암록』에서 원오극근이 강조한 공안선이다.

다시 말하면 '공안선은 깨닫지 못한 이들을 위해서 선대의 고칙공안을 활용하여 학인들을 지도하는 공부법'이라고 정의할 수가 있다. 물론 당대에 성립된 공안이 가지는 수행방법론적인 의미를 자각한 이는 원오 극근 이전에도 있었다. 이점을 잘 보여주는 실례가 여기에 있다.

> 옛 스님들은 도를 위하여 산을 오르고 바다를 건너면서 살고 죽음을 무서워하지 않았다. 수행에서 한 번의 전환을 이루게 하는 옛 조사의 기연(機緣)에 조금이라도 의심이 있으면, 그것을 일로 삼아 반드시 결택(決擇)하여 분명하게 하는 것을 귀중히 여겼다. 그래서 참과 거짓의 기준이 되고 인천의 안목을 이루었다. 그런 뒤에야 비로소 종지를 높이 제창하고 진실한 가풍을

> 널리 떨쳤다. 선대(先代)의 논의(論議)를 인용하여 따져 묻고 깨닫지 못한 공안(公案)으로 채찍질했다. 만일 수행을 거치지 않고 고금(古今)을 억측으로 단정한다면, 그것은 마치 검술을 배우지 않고 억지로 태아의 보검으로 춤을 추는 것과 같다.[8]

이것은 송대 이전인 당말(唐末)에서 오대(五代)의 혼란한 시기를 살았던 법안 문익(法眼文益, 885-958)이 쓴, 당시 수행승들의 병폐를 10가지로 나누어서 경책하는 『종문십규론(宗門十規論)』에 나오는 여섯 번째의 글이다. 당시의 납자들이 선대의 공안(公案)을 어떻게 취급하고 있는지를 엿볼 수 있는 대목이 있다. 여기에 의하면, 법안은 당시의 수행자들이 옛 조사의 기연인 공안(公案)을 공부의 길잡이로 삼지 않음을 한탄하고 있다. 다시 말하면 그는 옛 조사가 도에 들어가는 '기연(機緣)에 조금이라도 의심이 있으면' 그것을 '일로 삼아 반드시 결택(決擇)하여 분명히 하라'는 것이고 '공안(公案)으로써 공부의 길을 채찍질하라'는 것이다. 이것은 공안을 이차적인 활용법, 곧 수행의 방법으로 이해한, 좋은 전거이다. 모든 공안은 그 자체로 진리를 드러내는 1차적인 현성공안이다. 그렇지만 그것에 막히고 의심이 생길 때, 그것은 2차적(메타)으로 수행과제로서 중요한 의미를 가진다는 것이다. 여기서 수행의 방법으로 두 가지의 요소를 지적하고 있다. 하나는 고인의 공안에 대해서 일로 삼아 의심해야 한다는 것과 다른 하나는 사량과 분별에 의한 억측으로 단정해 버리는 것을 금지한다는 것이다.[9] 이런 요소는 바로 송대에 들면서 『벽암록』에 의해서 비로소 체계적이고 구체적인 방법론으로 확립되었다는 것이다. 다시 말하면 공안은 현성공안으로 진리 자체를 보인 것이지만, 그것을 그 자체로 이해하지 못하고 의심이 있다면, 그것을 결택하여 수행의 길로 삼으라는 것이다. 이런 공안공부를 비판하고 화두수행법으로 체계화시킨 이는 원오 극근의 제자인 대혜 종고였다.

2) 현성공안

원오 극근이 공안과 함께 자주 사용한 용어는 '현성공안(現成公案)' 혹은 '현성공안(見成公案)'이란 용어이다. 현성공안이란 현성된 공안이란 의미

8 法眼 文益, 『선림고경총서12: 宗門十規論』(서울: 장경각, 1993), 239면.
9 인경, 앞의 책, 201면.

이다. 현성(現成, 見成)에서 현(現, 見)은 지금 현재에 나타남을 의미하고, 성(成)은 완성되어 이루어짐을 의미하는 바로서, 곧 어떤 노력 이전에 이미 완성되어짐을 뜻한다. 진리가 감추어진 바가 없이 그대로 현성되었다는 것인데, 수행이나 어떤 인위적인 노력에 앞서 이미 현실 그대로가 진리임을 강조한 말이다. 그래서 원오 극근은 현성공안을 다음과 같이 말한다.

> 현성공안은 말하기 이전에 이미 드러나 있고, 근원에 철저하여야 비로소 계합하게 된다. 그래서 덕산(德山)은 문득 방을 들었고, 임제(臨濟)는 문득 할을 했으며, 목주(睦州)는 문득 현성공안이니, 그대에게 30방을 쳐야겠다고 했다.[10]

여기서 원오 극근이 말하는 현성공안은 말하기 이전에 이미 드러난 진리로서 그것은 말할 수 없기에 덕산은 방을 했고, 임제는 할을 한 것이다. 당대에 유행한 방[棒]과 할[喝]은 학인을 일깨우는 수단이지만, 그 자체로 진리를 드러내는 양식이기도 하다. 계속해서 원오극근은 현성공안에 대해서 다음과 같이 말한다.

> 현성공안은 천지와 조금도 차이가 없는 대해탈문이며 일월처럼 밝아서 허공과 같고 부처와 조사와 별개가 아니며 고금에 한결같은 정견이다. 설사 미혹과 깨달음이 있다곤 하지만 다만 이것은 배우는 사람을 위한 방편일 뿐이다. 그래서 달마조사가 서쪽에서 오시어, 문자를 세우지 않고 곧장 사람의 마음을 가리키어 성품을 보아서 성불하게 한 것이다. 나중에 육조대사도 역시 한결같이 이 도를 말씀하신 것이다.[11]

---

10 圜悟 克勤, 『圜悟克勤語錄』(『大正藏』48권, 732중; 744하). "住東京天寧寺宣和六年四月十九日 於當寺爲國開堂 師拈疏云 **現成公案**未言時 文彩已彰 洞徹根源才擧處 故德山入門便棒 臨濟入門便喝 睦州見僧便道**現成公案**", "資福道隔江見刹竿便去 脚跟下好與三十棒 豈不是壁立萬仞處透得大丈夫漢."

11 圜悟 克勤, 위의 책(『大正藏』48권, 769). "師云**現成公案** 不隔一絲毫 普天匝地 是一箇大解脫門 與日月同明 與虛空等量 若祖若佛無別元由乃古乃今同一正見 若是利根上智 不用如之若何 直下壁立萬仞 向自己根脚下承當 可以籠罩古今 坐斷報化佛頭 更無纖毫滲漏 威音王已前無師自悟 是大解脫人 威音已後因師打發 不免立師立資 有迷有悟 雖然如是 要且只是方便垂手接人 所以達磨西來不立文字 直指人心 見性成佛 後來六祖大鑑禪師 向自道只這不立兩字 早是立了也."

여기서 현성공안은 말하기 이전에 이미 드러난 진리로서 그것은 대해탈문으로서 부처와 조사의 경지와 전혀 다르지 않는 고금의 정견(正見)이라고 말한다. 이런 설명은 대혜의 경우에서도 마찬가지로 발견된다. 그는 상당하여 "내게 현성공안이 있다. 그대들에게 던지노니 풀이를 해보라. 이것을 '죽비'라고 말하면 번뇌가 일어남이요, '죽비'라고 부르지 않으면 어긋난다"고 말하고 있다.[12] 이때의 현성공안의 의미는 결코 원오 극근과 다르지 않다. 이점은 조주가 '무엇이 부처인가?'라는 질문에,'뜰 앞의 잣나무'라고 대답한 것과 같다. 뜰 앞의 잣나무는 그 자체로 현성공안이다.

그런데 여기서 공안의 의미를 노력하기도 이전에, 진리가 이미 완성되어 눈앞에 현성되었다는 의미라면, 우리는 왜 다시 고인의 공안을 문제 삼고, 그것을 수행의 도구로서 활용하는 공안선이 있는가 하는 질문이 생겨난다. 이미 깨달았다면 공안 자체도 이미 필요하지 않을 것이다. 하지만 문답의 상황에서 깨달은 조사들은 본분사의 입장에서 대답할 수밖에 없고, 그 응답이란 필연적으로 진리를 그대로 드러내는 경절처로서, 현성공안의 성격을 가질 수밖에 없다. 이것이 당대에 성립된 1차적인 문답으로서의 공안이다. 그래서 이미 나에게 진리가 현성되었다면 우리는 공안을 탐구의 대상으로 삼을 필요가 없다. 하지만 반대로 그곳에서 뚫리지 않고 막힌 부분이 있다면, 그래서 의심이 있다면, 우리는 그것을 문제로 삼아서 공부를 해야 한다는 것이다. 바로 이것이 송대에서 강조한 공안이 가지는 2차적인 방법론적 의미이다.

이점은 대혜 종고의 경우에도 마찬가지이다. 하지만 대혜는 공안에 대한 더욱 철저한 자기 의심으로써 화두를 강조한 점에서 원오 극근과 구별된다. 외형적으로 볼 때에도, 공안이란 용어가 『원오어록』에는 34회, 『벽암록』에는 96회 사용되어 모두 130회가 되었지만, 화두란 용어는 『벽암록』에서는 19회, 『원오어록』에서는 9회가 사용되어 모두 28회이다. 원오 극근에게 있어서 공안의 사용용례는 화두보다 상대적으로 상용빈도(28/130)가 훨씬 높다. 하지만 대혜 종고의 경우는 『대혜어록』에서 보면, 공안은 34회가 사용되고 있고, 화두는 37회 사용되어서 상대적으로 화두란 용어를 더 많이 사용하고 있다. 이런 점은 원오극근에 의해서 '공안'이란 용어가 일반

12 大慧 宗杲, 『大慧語錄』(『大正藏』48권, 827하). "徑山將**現成公案** 爲爾諸人下箇註脚 喚作竹篦則觸 不喚作竹篦則背."

화되었다면, 대혜 이후에는 공안보다는 화두라는 용어가 정착되었다는 흔적이다.

Ⅲ. 인접 개념과의 관계 및 현대적 논의

1. 인접 개념과의 관계

1) 화두의 성립

화두란 용어의 최초 사용은 임제(臨濟, ?-867)의 『임제록』에서 보인다. 「행록」17번째 명화화상과의 문답은 다음과 같다.

> 명화화상이 물었다. '왔다 갔다 해서 무엇을 하겠다는 것이냐?' 임제가 말하였다. '그저 짚신만 밟고 다니죠.' '그래서 결국 어쩌겠다는 것이냐?' 이에 임제가 말하였다. '화상께서 말귀[話頭]를 못 알아듣는 군요.'[13]

위에서 말한 '말귀'란 화두(話頭)의 번역어이다. 이것은 송대 간화선에서 수행의 방법 혹은 수행에서 반드시 풀어야 할 과제라는 의미로 사용되는 화두와는 다른 용례이다. 간화선에서 말하는 수행과제로서 화두의 의미는 송대 양기파에서 확립되었다. 이것은 양기 방회(楊岐方會, 992-1049)의 어록에서도 보인다.

> 양기스님이 말하였다. '발아래 일구(一句)가 있다. 그것이 어떠한지 말해 보라.' 그러자 승려가 말하였다. '삼배하고 허리를 펴지 않는다면 어떻게 나의 스승의 기틀을 드러내겠습니까?' 다시 양기스님이 물었다. '다시 어떤 일이 있는가?' 그러자 그 승려가 예배하였다. 양기스님이 말하였다. '기억하여 지닐 것은 스님의 화두이다.'[14]

---

13 臨濟 義玄, 『臨濟錄』. "至明化 化問來來去去作什麽 師云紙徒踏破草鞋 化云畢竟作麽生 師云老漢話頭也不識."

14 楊岐 方會, 『楊岐方會語錄』. "師云脚跟下一句 作麽生道 僧云若不伸三拜 爭顯我師機 師云更有什麽事 僧禮拜 師云記取者僧話頭."

여기서 간화선의 성립과 관련하여 중요한 것은 이치로서는 '일구'이고 방법론상으로는 기억하여 지닐 대상으로서 화두가 강조되는 것이다. 일반적으로 특히 임제종에서 주된 논의 축은 삼구(三句)였다. 당시 임제종 승려들은 임제 스님이 설했던 삼구나 삼현에 대해서 그 의미가 무엇인지를 끊임없이 탐구했다. 그리고 삼구에 대한 게송을 검증받으면서 전등이 이루어졌다. 오대와 북송 시대를 살았던 분양 선소(汾陽善昭, 947-1024)는 상당하여, 임제의 삼현 삼요(三玄三要)를 거론하고 '무엇이 삼현 삼요에 철저한 구(句)인가'를 묻는 다음에 스스로 다음과 같이 말한다.

> 양기 삼현과 삼요는 그 현상을 분별하기 어렵네. 뜻을 얻고 말을 잊어야 도에 친근해진다. 일구(一句)에 명명하다면 온갖 모양을 다 포괄하니, 가을날 축제일에 국화꽃이 새롭다.'[15]

이 게송에서 말하고자 하는 점은 삼현과 삼요는 말로써는 이해하기 어려운 것이며, 다만 일구에 분명하게 현전한다면, 청명한 가을날 국화꽃과 같다고 했다. 또한 분양은 스스로의 가풍을 묻는 질문에 '삼현으로써 바른 도를 나타내고 일구로써 삿된 종지를 파한다'[16]고 했다. 이점은 임제종뿐만 아니라, 당시에 강성했던 운문종의 운문삼구(雲門三句)나 조동종의 조동오위(曹洞五位)처럼 몇 가지 구절을 통하여 제자들을 가르치고 서로를 탁마하는 수단으로 삼았던 것과 같다. 바로 이러한 것들이 간화선을 형성하는 사상적인 토양이 되었다고 보여진다. 결국 간화선도 고인이 남긴 구에 의한 문제의식이 다름 아니기 때문이다.[17]

일구에 관한 이러한 대화는 남송 시대에 성립된 황룡파뿐만 아니라 양기파에서 더욱 활발하게 논의가 되었다. 이를테면 원오는 어느 날 임제의 삼구를 들어서 설법을 하였다. 그런데 같은 오조 법연의 제자인 불안선사가 원오를 찾아와 "내가 너에게 삼구를 보여 주겠다"하고는 손가락을 꼽으면서 "이것은 제이구, 이것은 제삼구이다"하고는 그냥 가버렸다. 이 일을 오조 법연에게 말하니, 오조는 "그것 좋구나"라고 했다.[18]

---

15 汾陽 善昭, 『汾陽善昭禪師語錄』, 『古尊宿語錄』 卷第10(中國佛教典籍選刊, 中華書局, 1994), 160면.

16 汾陽 善昭, 위의 책, 121면.

17 인경, 「대혜 간화선의 특질」, 앞의 논문.

여기서 보듯이 이것은 임제의 삼구에 대한 송대 선승들의 관심과 그것을 둘러싼 선문답의 일단을 보여준다. 하지만 이것은 각각 삼구에 대한 동등한 관심이 아니다. 그것은 삼구 모두를 총괄하면서도 언어적인 분석을 벗어난 안목으로써 일구에 대한 관심이다. 이때의 일구는 삼구에 가운데 하나로서의 제일구가 아니다. 그것은 삼구의 본질을 꿰뚫는 깨달음의 일구이다. 이런 일구에 대한 의심, 탐색이 바로 화두의 본질이다.

하지만 일구를 본격적으로 공부의 방법으로 삼은 것은 오조법연이 아닌가 생각된다. 특히 그는 무자화두를 강조하였다. 하나는 그의 상당법문이고 다른 하나는 『대혜어록』에 인용한 것이다. 상당법문에서 그는 다음과 같이 말하고 있다.

> 대중 여러분, [趙州의 狗子無佛性話를] 평소에 어떻게 알고 있는가? 노승은 다만 무자(無字)를 들어 문득 쉰다. 그대들이 만약 이 무자만을 투득(透得)한다면, 천하의 사람들도 그대를 어떻게 할 수 없을 것이다. 여러분은 어떻게 [이것을] 투득해야 하는가? 투득한다면, 그것은 철두철미해야 한다. 투득했다면 와서 말해 보라. 나는 있다고 말하는 것도 없다고 하는 것도 바라지 않는다. 또한 있지도 않고 없지도 않다고 말하는 것도 원하지 않는다. 그렇다면 그대들은 어떻게 대답할 것인가?[19]

이것은 중국 선종사에서 무자 화두(無字話頭)의 참구를 제시하는 최초의 유명한 법문이다. 그 중요한 요점은 화두를 드는 것은 사량 분별을 금지하여 '문득 쉼에' 있음을 밝히고 있다. 우리는 대혜의 『서장』을 통해서도 역시 오조법연이 무자화두를 강조하고 무자화두로써 학인들을 지도했음을 확인할 수가 있다. 대혜는 고산 체장로(鼓山逮長老)에게 임제의 양기가풍(楊岐家風)을 철저하게 잘 이어가기를 당부하는 편지에서 다음과 같이 말하고 있다.

> 오조법연화상이 백운선사(白雲禪師)에게 머물고 있을 때, 영원(靈源)화상

---

18 『宗門武庫』, 위의 책, 44면.

19 앞의 책, (『大正藏』47권, 665중하). "大衆爾諸人 尋常作麽生會 老僧尋常只擧無字便休 爾若透得這一箇字 天下人不柰爾何 爾諸人作麽生透 還有透得徹底麽 有則出來道看 我也不要爾道有 也不要爾道無 也不要爾道不有不無 爾作麽生道 珍重."

> 의 편지에 다음과 같이 대답했습니다. "올 여름 농장에서 벼를 수확하지 못할까 걱정하지는 않습니다. 단지 걱정 되는 것은 수백 명의 수행자 가운데 여름 안거가 다 가도록 '개에게 불성이 없다'는 화두를 투득한 자가 한 사람도 없어서 불법이 장차 소멸될까를 걱정합니다."[20]

이것은 오조 법연이 영원 유정(靈源惟淸, ?-1117) 화상에게 보낸 편지이다. 영원화상은 임제종 황룡파 세 번째 조사로, 『종문무고』에 의하면,[21] 오조 법연의 제자인 불감 혜감(佛鑑慧懃)도 영원스님을 참방한 적이 있는, 당시에 널리 알려진 고승이다. 당시는 임제종이 황룡파와 양기파로 분열되어 있었지만, 서로 간에 매우 활발한 교류가 있었다. 이 편지의 내용은 이미 임제종 양기파 내부에서는 무자화두에 대한 방법적인 인식이 깊게 자리 잡고 있음을 보여 준다.

2) 공안과 화두의 구별

공안과 화두의 의미는 어떻게 다른가? 이것을 정확하게 파악하기 위해서는 원오 극근과 대혜 종고의 어록에서는 어떻게 사용하였는지를 살펴볼 필요가 있다. 특히 공안과 화두란 용어가 함께 사용되는 문맥을 찾아내어서 그 낱말들이 가지는 의미를 대조하여 보면, 이점은 분명해질 것이다.

먼저 원오 극근의 경우를 살펴보면, 『벽암록』에서는 공안이란 용어가 96회, 화두가 19회 사용되고, 그의 『원오어록』에서는 공안이 34회, 화두가 9회 사용되고 있다. 이것으로 보면 원오 극근은 공안이란 용어를 화두보다 압도적으로(130/28) 많이 사용하고 있음을 볼 수가 있다. 그 가운데서 공안과 화두가 같은 문맥에서 함께 사용된 예를 살펴보면, 아래와 같은 『벽암록』 제76칙에서 발견된다.

> A. 단하스님이 어떤 승려에게 물었다. "어느 곳에서 왔습니까?" 그 승려가 "산 아래서 왔습니다"라고 대답했다. 단하스님이 다시 "밥은 먹었습니까?"라고 물었다. 그러자 그 승려는 "먹었습니다"라고 대답하였다. 단하스

20 大慧 宗杲, 『大慧語錄』30(書狀), (『大正藏』47권, 942하). "五祖師翁住白雲時 嘗答靈源和尙書云 今夏諸莊 顆粒不收 不以爲憂 其可憂者 一堂數百衲子 一夏無一人透得箇狗子無佛性話 恐佛法將滅耳."

21 『선림고경총서25: 宗門武庫』(서울: 장경각), 98면.

님은 "밥을 가져다 그대에게 밥을 준 그 사람은 눈을 갖추었습니까?"라고 묻자, 그 승려는 말문이 막혔다.

B. 장경스님이 보복스님에게 물었다. "밥을 가져다 먹인 것은 보은이 있는데, 어찌하여 눈이 없다고 했을까?" 보복스님이 "주는 사람이나 받는 사람이나 모두 애꾸눈이다"고 대답하였다. 장경스님이 "그 기틀을 다했어도 애꾸눈이었을까?"라고 반문하였다. 보복스님이 "나를 애꾸눈이라고 말할 수 있을까?"라고 대답했다.[22]

C. 장경스님과 보복스님은 설봉스님의 문하에서 고인의 **공안**을 들어서 자주 논의하였다. 장경스님이 보복스님에게 물었던, '밥을 가져다 그 사람에게 주어서 보은이 있는데, 어찌하여 눈이 없다고 했을까'하는 것은, 필히 **공안**의 일을 묻는 것이 아니라, 이 말을 빌려서 **화두**를 만들어 보복이 체득한 당처를 시험하고자 했다. 보복스님이 '주는 자나 받는 자나 모두 애꾸눈이다.'라고 대답하였는데, 이것은 통쾌한 대답이다. 다만 기틀에 당면한 일만을 논의하였는데, 이것이 우리 가문에 있는 출신의 길이다.[23]

이것은 단하끽반(丹霞喫飯)의 공안이다. 위에서 A문단은 단하스님과 어떤 승려와의 문답이고, B문단은 공안A에 대한 장경스님과 보복스님의 대화이며, C문단은 원오 극근의 논평글이다. 이것은 역사적으론 당대, 당말, 송대의 순서로 이루어진 문답이다. 단하스님(738-823)과 설봉스님(822-908)은 당대의 뛰어난 선승들이고, 장경스님(854-932)과 보복스님(?-928)

---

22 圜悟 克勤, 『벽암록』, 앞의 책, 203중하. "【七六】 **擧** 丹霞問僧 甚處來[正是不可總沒來處也 要知來處也不難] 僧云 山下來[著草鞋入爾肚裏過也 只是不會 言中有響諳含來 知他是黃是綠 霞云 喫飯了也未(第一杓惡水澆. 何必定盤星. 要知端的] 僧云 喫飯了[果然撞著箇露柱 卻被旁人穿卻鼻孔 元來是箇無孔鐵鎚] 霞云 將飯來與汝喫底人 還具眼麼[雖然是倚勢欺人也 是據款結案當時好掀倒禪床 無端作什麽] 僧無語[果然走不得 這僧若是作家 向他道與和尙眼一般] **長慶問保福** 將飯與人喫 報恩有分 爲什麽不具眼[也只道得一半 通身是遍身是 一刀兩段 一手抬一手搦] 福云 施者受者二俱瞎漢[據令而行 一句道盡 罕遇其人] 長慶云 盡其機來 還成瞎否[識甚好惡 猶自未肯 討什麽碗] 福云 道我瞎得麽[兩箇俱是草裏漢 龍頭蛇尾 當時待他道盡其機來 還成瞎否 只向他道瞎 也只道得一半 一等是作家 爲什麽前不搆村 後不迭店]."

23 圜悟 克勤, 위의 책. 204면. "保福長慶 同在雪峰會下 常擧古人公案商量 長慶問保福 將飯與人喫 報恩有分 爲什麽不具眼 不必盡問公案中事 大綱借此語作話頭 要驗他諦當處 保福云 施者受者二俱瞎漢 快哉到這裏 只論當機事 家裏有出身之路 長慶云 盡其機來 還成瞎否 保福云 道我瞎得麽 保福意謂 我恁麽具眼 與爾道了也 還道我瞎得麽 雖然如是 半合半開 當時若是山僧 等他道盡其機來 還成瞎否."

은 당말에 활동한 선승들이다. 원오 극근(1063-1125)은 송대에 활동한 거목이다.

여기서 문제가 되는 것은 공안과 화두란 용어가 동시에 사용된 논평글 문단C이다. 이것을 보면, 원오 극근은 공안과 화두을 명백하게 구별하여 사용하고 있음을 본다. 공안은 '단하끽반'이고, 화두는 장경스님이 보복스님에게 했던 '어찌하여 눈이 없다고 했을까'하는 질문이다. 이것을 원오 극근은 <필히 **공안**의 일을 묻는 것이 아니라, 이것을 빌려서 **화두**를 만들어 보복이 체득한 당처를 시험하는 것>으로 규정한다. 공안은 단하스님과 어떤 승려와의 일차적인 문답이라면, 화두는 장경이 일차적인 단하끽반의 공안을 근거로 하여, 상대방 보복이 체득한 당처를 묻고, 점검하는 질문이나 언구로서 2차적인 사용이다. 그렇기 때문에 공안은 고인의 문답인 점에서 **과거의 사건사례**이지만, 화두는 공안으로부터 비롯된 것이지만, **현재의 시점에서 나에게** 적용되는 공부법인 점에서 차이가 난다. 공안집에 수록된 공안들은 과거의 사건으로써, 나의 삶과는 무관하게 저기에 놓여진 것이지만, 화두는 내게 직접적으로 대답을 요청하는 절박한 실존적 과제이다.

이것을 보면 원오 극근은 공안과 화두는 명백하게 구별하여 사용하였다. 이점은 양자를 별도로 사용할 때에도 마찬가지로 적용된다. 단독으로 화두란 용어를 사용할 때의 실례를 들어보면 아래와 같다.

> [제2칙] 조주가 대중에게 법문을 하였다. '지극한 도는 어렵지 않다. 다만 간택(揀擇)하지 않으면 된다. 말하는 순간 간택이요, 혹은 명백함이다. 노승은 명백 속에도 있지 않다. 그런데 그대들은 보호하고 아끼려 하지 않는가?' 이때 승려가 질문하였다. '명백 속에도 존재하지 않다면, 보호하고 아끼는 것은 무엇입니까?' 조주가 나는 '모른다'고 대답하자, 다시 '화상께서 이미 모른다면 어찌하여 명백 속에도 존재하지 않는다고 하였습니까?' 그러자 조주는 '묻는 것을 끝냈으면 물러가라'고 하였다.
>
> [평창] 조주는 평소에 이 **화두**를 자주 제시하였다. '다만 간택을 하지 않을 뿐이다.'이것은 3조의 『신심명(信心銘)』에서,'지극한 도는 어렵지 않다. 다만 간택을 하지 않을 뿐, 미움과 사랑을 떠나면 통연 명백하다'고 했다. 시비를 하는 순간 이것은 간택이고, 명백이다.[24]

24 圜悟 克勤, 위의 책, 141하. "擧趙州示衆云 至道無難 唯嫌揀擇 纔有語言 是揀擇是明白 老

이것은 『벽암록』 제2칙으로, 조주와 어떤 승려와의 문답을 제시한 것이다. 이때 핵심된 주제는 3조 승찬의 『신심명(信心銘)』에서 사용된 간택(揀擇)과 명백(明白)이다. 이때에도 역시 원오 극근은 공안과 화두를 구분하여 사용하고 있음을 본다. 공안이 간택과 명백에 관한 어떤 승려와 조주의 문답이라면, 화두는 3조승찬의 『신심명』에 나오는 언구를 가리킨다. 이상으로 정리하면, 원오 극근은 선대의 선문답을 가리킬 때는 공안이란 용어를 사용하고, 공안을 관통하는 핵심된 언구를 가리킬 때는 화두란 용어를 사용하였음을 알 수가 있다.

이런 구별은 대혜 종고의 경우에도 그대로 계승된다. 하지만 대혜는 화두의 개념에 새로운 선사상적인 의미를 부여한다. 그의 어록에는 공안이 34회, 화두가 37회 사용되고 있다. 이 점은 원오 극근이 상대적으로 공안이란 용어를 더 많이 사용하였고, 대혜 종고는 화두를 더 많이 사용하고 있음을 보여준다. 하지만 대혜는 공안을 비판하고, 화두 참구를 역설한 점에서 원오 극근과는 전혀 다른 성격을 가진다. 대혜에게 있어서 공안은 재판의 판례처럼 과거의 선문답의 단순한 기록일 뿐이다. 공안이 필요한 것이 아니라, 절박한 자기문제로서 화두가 요청된다.

대혜 종고는 공안을 비판적으로 말할 때, '這一則公案'[25], '舊公案'[26], '古人公案'[27]이란 표현을 사용한다. 이것은 과거 선대의 선문답의 사례를 가리킬 때 사용되는 어법들이다. 공안은 저기[這]에 놓여 있고, 그것은 과거[舊]의 사태이고, 옛 사람들[古人]이 사용한 것들이다. 하지만 화두는 저기가 아니라 여기에 있고, 과거의 사태가 아니라 지금 여기의 과제이며, 옛 사람들이 아니라 나의 절박한 과제이다. 그래서 대혜는 화두에서 의심을 일으키는 것이지, 공안에서 의심을 일으키는 것은 삿된 마귀라고 극언한다. 바로

僧不在明白裏 是汝還護惜也無 時有僧問 旣不在明白裏護惜箇什 麽州云我亦不知 僧云和尙旣不知 爲什麽卻道不在明白裏 州云問事卽得 禮拜了退 趙州和尙。尋常擧**此話頭**。只是唯嫌揀擇 此是三祖信心銘云 至道無難 唯嫌揀擇 但莫憎愛 洞然明白 纔有是非 是揀擇 是明白 纔恁麽會 蹉過了也."

25 大慧 宗杲, 『大慧語錄』, 앞의 책, 814중. "南泉遂指庭前華謂大夫日 時人見此一株華 如夢相似 師云 **這一則公案**流布叢林近三百載 中間有無數善知識出世 只是未嘗有一人與伊分明判斷."

26 大慧 宗杲, 위의 책, 822상. "上堂 今朝正月半 有則**舊公案** 點起數碗燈 打鼓普請看 看卽不無 忽爾油盡燈滅時 暗地裏切忌撞著露柱."

27 大慧 宗杲, 위의 책, 931상. "妙喜不可只恁麽休去 亦放些惡氣息 卻去熏他則箇 渠教不要引經教及**古人公案** 只據目前直截分明."

이점이 원오 극근과 다른 점이다. 다음 인용문은 이것을 단적으로 보여주는 경우이다.

> 천 가지 만 가지 의심이 다만 모두 하나의 의심이다. 화두에서 의심을 타파하면 천 가지 만 가지 의심이 일시에 무너진다. 만약 화두를 타파하지 못했다면, 화두와 함께 벼랑 끝을 가라. 만약 화두를 버려두고, 따로 문자에서 의심을 하거나, 경전에서 의심을 하거나, **고인의 공안**에서 의심을 하거나, 일상의 번뇌에서 의심을 일으키는 것은, 모두 **삿된 마귀**의 권속이다.[28]

이것의 초점은 공안을 부정하고, 화두에서 의심을 일으키라는 것이다. 이것은 선사상사에서 중요한 사상적 전환점이다. 그는 화두의 본질을 '의심'이라고 규정하고, 그 의심을 '화두'에서 일으키라고 말한다. 만약에 '문자', '경전', '고인공안', '일상사'에서 의심을 일으킨다면 삿된 마귀의 권속이라고 단언한다. 여기서 배척해야할 대상 가운데, 문자, 경전, 일상사 가운데 공안(公案)을 분명하게 포함시키고 있다.

이것을 보면 대혜에게 있어서는 화두와 공안은 동일한 개념이 결코 아닐 뿐만 아니라, 공안은 배척의 대상이 된다. 공안은 단지 저기에 놓여있는 과거의 사례에 불과하지, 정확하게는 나와는 무관한 사건일 수밖에 없다. 공안의 갯수를 따지자면 천만 가지일 것이다. 그러나 이 모든 의심은 하나의 화두로 귀착된다. 이 하나의 화두란 바로 내가 실제로 의심을 일으키는 바로 나 자신을 가리킨다. 그러므로 개인의 내면에 자리 잡은 화두는 오직 한 개일 수밖에 없다. 옛 조사의 공안들을 조사해 보고 이해하고자 하나, 그 속에서 주체적으로 자기 실존의 문제로서 의심하지 않는다면, 그것은 또 하나의 지식을 첨가하는 것에 불과하기 때문이다.

공안을 배격하는 이런 대혜의 태도는 당시 사대부와 납자들이 조사의 공안을 시험과목처럼 암송하거나 단순하게 공안의 문답을 흉내만 내는 사례를 목격하고서 비롯되었다. 아래 대혜 종고의 법문은 당시 지식인 계층인 사대부에게 보인 글이다.

---

28 大慧 宗杲, 위의 책, 930상. "千疑萬疑只是一疑 話頭上疑破 則千疑萬疑一時破 話頭不破 則且就話頭上與之廝崖 若棄了話頭 卻去別文字上起疑 經教上起疑 古人公案上起疑 日用塵勞中起疑 皆是邪魔眷屬 又不得向擧起處承當 又不得思量卜度 但只著意就不可思量處思量 心無所之 老鼠入牛角便見倒斷也 寫得如此分曉了."

> 사대부들은 구경의 일을 참구할 때, 처음에 그 본질을 알지 못한 채로, 다만 **고인의 공안**에 천착하여 지식과 이해만을 구한다. 이렇게 해가지고는 설사 일대장교를 모두 알고 다 이해한들 납월 삼십일에 생사가 도래해서는 전혀 붙잡을 곳도 없을 것이다. 또 어떤 이들은 선지식이 설한 이런 구경의 일을 듣고서 심의식(心意識)으로 사량하여, '만약 그렇다면 공에 떨어지지 않을까'(두려움을) 낸다. 사대부 가운데 열 가운데 오쌍이 이런 견해를 낸다.[29]

> 제방의 기특하고 묘한 언구에 애착을 내지 말라. 종사들께서 각자 주장하여 밀실에서 전수한 **고인공안**의 유형들은 모두 잡다한 **독**[雜毒]이다. 이런 것들은 아뢰야식 가운데 겁겁생생 생사를 벗어나지 못한 것들로 그것으로 힘을 얻을 수가 없는 것은 아니지만, 일상에서 장애를 입어서 끝내는 도의 안목을 어둡게 한다. 고인들께서 불가피하게 배우는 자를 위해서 차별의 허다한 지해를 보인 것이지만, 그것들은 모두 도에 위배되는 **쓰레기 같은 말**이다. 대중의 근기에 따른 차별된 약이란 차별된 병을 치료하고, 그대의 심지가 안락하여 차별이 없는 경계에 이르게 하고자 함이다. 그런데 오늘날 오히려 이런 차별의 언어를 기특하게 생각하고, 다시 그 약에 집착하여 병이 되니, 참 가엽다.[30]

대혜 종고는 공안집의 병폐를 통렬하게 비판한다. 그것은 궁극의 일구를 참구하는 수행자에게 쓰레기 같은 말이고, 도의 안목을 멀게 하는 독이다. 진실한 자기 내적인 의심 없는 단순한 공안집(公案集)의 병폐를 목격한 그는 마침내 스승의 저술인 『벽암록』을 불태워버렸다.[31] 이는 공안보다는 화두를 강조하는 상징적 사건이다. 물론 대혜가 현성공안으로서 공안 자체를 부인하는 것이 아니다. 하지만 이런 공안도 또 하나의 지식이고, 사량과 분

---

29 大慧 宗杲, 위의 책, 899중. "士大夫要究竟此事 初不本其實 只管要於古人公案上 求知求解 直饒爾知盡解盡一大藏教 臘月三十日生死到來時 一點也使不著 又有一種 纔聞知識說如是事 又將心意識 摶量卜度云 若如此則莫落空否 士大夫十箇有五雙 作這般見解."

30 大慧 宗杲, 위의 책, 892하. "莫愛諸方奇言妙句 宗師各自主張 密室傳授底 **古人公案**之類 此等**雜毒** 收拾在藏識中 劫劫生生取不出生死岸頭 非獨不得力 日用亦被此障礙 道眼不得明徹 古人不得已 見汝學者差別知解多而背道泥語言 故以差別之藥 治汝差別之病 令汝心地安樂 到無差別境界 今返以差別語言爲奇特 執藥爲病 可不悲夫."

31 大慧 宗杲, 위의 책, 139상. "碧巖集者 圜悟大師之所述也 其大弟子大慧禪師 乃焚棄其書 世間種種法皆忌執著 釋子所歸敬莫如佛 猶有時而罵之 蓋有我而無彼 由我而不由彼也 舍己徇物 必至於失己 夫心與道一 道與萬物一 充滿太虛 何適而非道 第常人觀之 能見其所見而不見其所不見 求之於人 而人語之 如東坡日喩之說 往復推測 愈遠愈失 自吾夫子體道."

별에 의한 또 하나의 집착의 대상이라면, 그것은 잡독으로써 생사의 언덕을 건널 수가 없으니,[32] 쓰레기이고, 불태워야 하는 것에 불과하다. 이때야 비로소 간화수행이 이루어지지 않겠는가? 이것이 바로 원오 극근의 공안선과 구별되는 대혜 종고의 화두선이다.[33]

3) 화두의 수행론적인 의미

사상사적인 관점에서 보면, 대혜의 간화선은 밖으로는 묵조선과 안으론 공안선의 병폐를 비판하고, 화두에 대한 의심을 강조함으로써 성립되었다고 말할 수가 있다. 이는 간화선이 선문답의 공안을 관통하는 핵심된 일구, 곧 화두에 대한 의심부터 시작된다는 것을 말한다. 화두에 대한 의심이 없다면, 그것은 수행의 방법론으로 자리 잡을 수 없다. 그렇다면 화두는 수행하는 실제에서 구체적으로 어떻게 작용하는가? 실제로 이 점이 제시되어야 완결된 수행법이 된다. 바로 이점이 원오극근의 공안선과는 구별되는 대혜 간화선의 성과가 아닌가 생각한다. 대혜는 여러 가지 화두를 제시하곤 하지만, 일구(一句)에 대한 의심을 강조하는 '상당법문'을 제외한 거의 대부분의 법문에서, 이를테면 '보설', '법어', '서장'등에서 주로 무자화두를 권하고 있다. 대혜가 화두를 권하는 방식을 보면, 크게 세 가지로 분류할 수 있다.

첫째는 먼저 정혜의 개발로서, 화두는 산란심으로서의 혼침(昏沈)과 도거(掉擧)를 제거하는 수단으로 사용된다. 초기불교 이래로 한결같이 언급한 장애는 바로 혼침과 도거이다. 혼침은 수마(睡魔)로 발전하고 도거는 망상(妄想)으로 자라난다. 이런 장애를 극복하여 정혜를 개발하는 것이 수행이라고 할 수 있다. 수행법이라면 그것이 무엇이든 모두 정혜를 바탕으로 해야 한다는 것을 의미한다. 만약 정혜를 개발하는 방식이 없다면 그것은 불교의 수행법이라고 부를 수 없다. 대혜는 다음과 같이 말한다.

---

32 大慧 宗杲, 위의 책, 892하. "莫愛諸方奇言妙句 宗師各自主張 密室傳授底 **古人公案**之類 此等**雜毒** 收拾在藏識中 劫劫生生取不出生死岸頭 非獨不得力 日用亦被此障礙 道眼不得明徹 古人不得已 見汝學者差別知解多而背道泥語言 故以差別之藥 治汝差別之病 令汝心地安樂 到無差別境界 今返以差別語言爲奇特 執藥爲病 可不悲夫."

33 현재 학계에서 공안에 대한 대혜의 비판부분은 주목되지 못한 부분이다. 대부분 묵조선에 대한 대혜의 비판에 초점이 모아지면서 국내외에서 많은 논문이 발표되었지만, 묵조선만큼 강력하게 비판하는 공안선에 대한 대혜의 시각은 별로 논의되지 못했다. 이것은 공안과 화두를 동일하게 취급하는 선입관 때문에, 주목받지 못한 부분이 아닌가 생각한다.

> 고요하게 앉아 있을 때, 혼침에 빠지거나 도거에 휩쓸리지 말라. 혼침과 도거는 성현이 경계한 바이다. 조용하게 앉아서 이들이 현전하면 곧 깨닫고, 오로지 개에 불성이 없다는 화두(話頭)를 들라. 그러면 두 가지의 병폐가 애써 힘을 사용하지 않아도 금방 가라앉을 것이다. 오랫동안 지속하다보면, 힘이 덜어지는 것을 느낄 것이니, 이때가 바로 힘을 얻는 곳이다. 또한 이것이 고요한 곳에 공부하는 것에 집착하지 않는 공부이다.[34]

혼침은 지혜의 상실을 표시하고, 도거는 선정의 부재임을 말한다. 이것들을 극복하는 것은 곧바로 정혜의 개발을 의미한다. 이런 점에서 간화선은 화두로써 혼침과 도거를 일시에 치유하고, 정혜를 개발하는 방법 가운데 하나임을 제시한 것이다.

둘째는 화두는 깨달음에 이르는 길이다. 닦음이 아니라, 무명으로부터 깨어남을 중요시한다. 이것은 묵조선 비판으로 나타났으며 묵조선의 비판을 통해서 화두의 의미는 더욱 구체화되었다. 묵조(默照)란 말은 그대로 '침묵한 가운데 비추어 본다'는 의미이다. 그러나 이 같은 수행법은 정좌만 있고 묘한 깨달음[妙悟]은 없다고 대혜는 비판한다.

> 한 부류의 삿된 스승[邪師]이 있으니, 그들은 묵조선을 설한다. 그들은 온종일 일에 관여하지 말고 쉬어가라고만 가르친다. 소리도 내지 말라 금시에 떨어질까 두렵다고 말한다. 총명하고 영리한 사대부들이 시끄러운 곳을 싫어하여 삿된 스승이 가르친 고요함에 이끌려서 힘을 더는 곳을 만나면 곧 이것이구나 하고서, **묘한 깨달음**을 구하지 않고 묵묵하게 비춤만을 모토로 삼는다. 그 동안 구업을 짓는 것을 애석하게 생각하지 않고, 이 병폐를 구하려고 애썼다. 이제 묵조선의 병폐를 아는 이들이 점점 늘어가고 있다. 원컨대 공께서는 다만 의정(疑情)을 타파하지 못하는 곳을 향하여 한결같이 참구하되, 행주좌와에서 조주의 구자무불성화(狗子無佛性話)를 놓지 말라. 이 무자는 생사의 의심을 타파하는 한 자루의 칼이다."[35]

---

34 大慧 宗杲, 위의 책, 922中. "坐時不得令昏沈 亦不得掉擧 昏沈掉擧先聖所訶 靜坐時纔覺此兩種病現前 但只擧狗子無佛性話 兩種病不著用力排遣 當下怗怗地矣 日久月深纔覺省力便是得力處也 亦不著做靜中工夫 只這便是工夫也靜坐時纔覺此兩種病現前 但只擧狗子無佛性話 兩種病不著用力排遣."

35 위의 책. 923상. "有一種邪師 說默照禪 敎人十二時中是事莫管 休去歇云 不得做聲 恐落今時 往往士大夫 爲聰明利根所使者 多是厭惡鬧處 乍被邪師輩指令靜坐 卻見省力 便以爲是 更

수행에서 묵조선자들은 묵조하는 것으로 극칙(極則)으로 삼고 있는데, 이것이 크게 잘못되었다고 대혜는 본다. 말하자면 정혜 가운데 정은 있으나 혜가 부족하다고 본 것이다. 그래서 그곳에는 깨달음이 존재하지 못한다. 화두를 의심함으로써 깨달음의 지혜를 발견할 수 있다고 본다. 그러므로 화두가 없으면 그것은 묵조이고 끝내는 혼침에 떨어진다는 것이다. 대혜의 간화선은 '깨달음[悟]'이 강조되는 반면에, 묵조선은 '고요함[黙]'이 강조되는 수행이라고 할 수 있다.

셋째는 화두는 다만 화두일 뿐, 어떤 사량분별도 배제한다. 이것은 잘못된 화두참구를 경계한 것으로 대혜가 자주 강조하는 무자화두와 관련된 십종병(十種病)과 관련된다. 무자화두를 참구하는 과정에서 발생되는 병통에 대한 규정이다. 이것 역시 간화선의 태생적인 특징이다. 대혜는 다음과 같이 말한다.

> 바로 그때에 단지 의심하는 화두를 들라. 조주의 구자무불성화(狗子無佛性話)의 **화두를 들고서 깨어 있기만 하라**. 왼쪽으로 가도 옳지 않고, 오른쪽으로 가도 옳지 않다. 마음을 가지고 깨달음을 구하지도 말고, 일어나는 곳을 들고서 그곳으로 인정하지도 말고, 현묘하다는 것을 짓지도 말고, 있고 없음으로 헤아리지 말고, 참된 없음의 없음[眞無之無]이라고 따지지 말라. 또한 일없는 것으로 앉아 있지도 말고, 돌이 부딪치어 섬광이 일어나는 곳으로 알지 말고, 다만 마음을 쓰지 말고, 마음을 쓰는 곳이 없을 때에 공(空)에 떨어짐을 두려워하지 말라. 이곳이 바로 좋은 곳이다. 홀연히 늙은 쥐가 소뿔에 들어가 곧 고꾸라지는 것을 보게 되리라.'[36]

이상과 같이 간화선은 '이야기[話]'와 관련된 '언구'를 지켜보는 방법론이기 때문에 잘못하면, 언어적인 유추나 분별로써 수행한다고 착각하는 경우가 있을 수 있다. 이런 오류를 사전에 부정함으로써 올바른 화두 참구법을 제시한 것이라고 할 수가 있다.

不求妙悟 只以黙然爲極則 某不惜口業 力救此弊 今稍有知非者 願公只向疑情不破處參 行住坐臥不得放捨 僧問趙州 狗子還有佛性也無 州云無 這一字子 便是箇破生死疑心底刀子也."

36 위의 책, 941中. "只以所疑底話頭提管 如僧問趙州 狗子還有佛性也無 州云無 只管提撕擧覺 左來也不是 右來也不是 又不得將心等悟 又不得向擧起處承當 又不得作玄妙領略 又不得作有無商量 又不得作眞無之無卜度 又不得坐在無事甲裏 又不得向擊石火閃電光處會 直得無所用心 心無所之時 莫怕落空 這裏卻是好處 驀然老鼠入牛角 便見倒斷也."

2. 현대적 논의

고려에서 공안이란 용어는 간화선이 전래된 고려후기에 발견된다. 특히 간화선을 처음 주창했던『보조어록』에서 발견된다. 이점은 보조가 입적한 1210년보다 80년 이후에 출현한 대표적인 선어록인『선문보장록』(지원30년, 1293)에는 간화, 공안, 화두의용어를 발견할 수 없음을 보면 분명해진다.『수심결』에서 공안이란 용어는 1회 사용되고, 화두란 용어는『간화결의론』에서 19회 사용되고 있다. 이것은 국내에서는 공안이란 용어보다는 화두란 용어가 훨씬 보편화된 이유 가운데 하나가 아닌가 생각된다.

『수심결』에서 인용된 공안은 귀종화상과 어떤 승려가 나눈 문답이다. 어떤 승려가 귀종화상에게 '무엇이 부처인지'를 물었다. 그러자 귀종화상은 '너에게 말을 해줄 수가 있지만 너가 믿을 수 있을지 의심스럽다'고 말하자, 그 승려는 '화상의 말씀을 왜 믿지 않겠습니까' 대답한다. 그러자 귀종화상은 '부처는 바로 너다'라고 대답한다. 그러자 그 승려는 '그것을 어떻게 알 수가 있습니까'라고 묻자, 귀종화상은 다음과 같이 말한다. '티끌이 눈을 가리면 허공 꽃이 난무한다.' 이에 그 승려는 깨닫는 바가 있었다.[37]

이런 문답을 소개하고 보조는 공안의 의미를 '옛 성인이 도에 들어가는 인연'으로 정의하고 공안을 통해서 깨닫는 바가 있다면, '옛 성인과 함께 손을 잡고 함께 걷게 된다'라고 말한다. 공안을 '도에 들어가는 인연'이란 보조의 정의는 매우 간결하면서도 선문답의 성격을 잘 대변하는 표현으로 평가된다. 하지만『수심결』에서는 화두란 용어를 사용하지 않고 있지만, 의미상 '이뭣고'에 해당되는 화두를 4회 가량 제시하고 있다. 또한 대혜 종고의 어록을 인용한 것으로 보아서도 수심결은 보조의 나이가 40세 이후의 저작으로 판단된다. 간화선과 화두에 관한 본격적인 논의는『간화결의론』에서 이루어진다.『간화결의론』에서는 공안이란 용어는 사용하지 않고, 주로 화두라는 용어를 사용한다. 이때의 화두는 단순하게 공안으로서 선문답화가 아니라, 사량과 분별의 타파라는 수행도구로서 사용된다. 이런 점에서 보조의 간화선은 원오 극근의 공안선보다는 대혜 종고의 간화선에 영향

37 『修心訣』(『普照全書』, 보조사상연구원, 1989), 33면. "又僧問歸宗和尙 如何是佛 宗云我今向汝道 恐汝不信 僧云和尙誠言 焉敢不信 師云卽汝是 僧云如何保任 師云一翳在眼 空華亂墜 其僧言下有省 上來所擧古聖入道因緣 明白簡易 不妨省力 因此公案 若有信解處 卽與古聖 把手共行."

받고 있음을 알 수가 있다.

대혜의 간화선을 수용한 보조의 경우는 간화의 사용법이 대부분 대혜의 용례를 따르고 있지만, 고려 후기 불교계의 상황을 반영한다는 점에서 주목된다. 그것은 첫째는 화엄교학에 대한 비판이고 둘째는 선종 내부의 잘못된 견해를 비판하는데 초점이 맞추어져 있다.

첫째, 보조는 화엄교학을 『원돈성불론』에서 선종의 수행론에서 수용하기도 하지만, 화두법을 수용한 『간화결의론』에서는 비판적인 입장을 보여준다. 그것은 화엄의 교학이 뛰어난 것은 사실이지만, 결국은 그것은 진리에 대한 개념적인 이해인 의리분제(義理分際)로서 원돈(圓頓)의 가르침은 죽은 말[死句]이라고 혹평한다.

> 물론 화엄에서 말하는 뜻과 이치[義理]가 비록 가장 완전하고 오묘한 것이지만, 결국은 식정(識情)에 의해서 듣고 이해하여 헤아리는 것이므로, 선문의 화두를 참구하여 깨달아 들어가는 경절문(徑截門)에서는 불법을 이해하는 언어적인 개념[知解]의 병통이라고 하나하나 모두 버리는 것이다. 무자 화두(話頭)는 하나의 불덩어리와 같아 가까이 가면 얼굴을 태워버리는 까닭에, 불법에 관한 지적인 이해를 둘 곳이 없다. 그래서 대혜선사(大慧禪師)는'이 무자는 잘못된 앎과 지적인 이해[惡知惡解]를 깨뜨리는 무기이다'[38]고 말했다. 만일 깨뜨리는 주체[能破]와 깨뜨려지는 대상[所破]을 구별하고 취하고 버리는 견해가 있다면, 이것은 여전히 말의 자취에 집착하여 자기의 마음을 어지럽히는 것이다. 어찌 뜻을 얻어[得意參詳] 다만 화두를 드는[提撕] 사람이라고 이름 할 수 있겠는가.[39]

의리분제는 이치와 뜻을 구별하여 그 우열을 가리는 교학의 방법론이다. 하지만 이런 방법론은 대상을 구별하여 취하고 버림이 있고, 대상을 깨뜨리는 주체와 개체가 이원론적으로 분열되는 약점을 가진다. 하지만 화두는 이런 지적인 이해를 깨뜨리는 무기이고, 불법에 대한 이해를 불태우는 불

38 『大慧普覺禪師書』(大正藏47권, 921하). "僧問趙州狗子還有佛性也無 州云無 此一字子乃是摧許多惡知惡覺底器杖也."

39 『간화결의론』, 앞의 책, 91면. "然此義理雖最圓妙 摠是識情聞解思想邊量故 於禪門話頭參詳徑截悟入之門 一一全揀佛法知解之病也. 然話頭無字 如一團火 近之則燎却面門故 無佛法知解措着之處 所以云此無字 破惡知惡解底器仗也. 若有能破所破 取捨揀擇之見 則宛是執認言迹 自擾其心 何名得意參詳但提撕者也."

덩이라고 말한다. 화두에 의한 공부법이 진정한 수행법임을 역설한 것이다. 고려후기는 화엄교단과 선종의 갈등이 심하게 대두하게 된 시기로서, 『간화결의론』은 '왜 화엄이 아니고 간화선인가'라는 보조의 입장을 잘 보여준다. 이점을 강조할 목적으로 보조는 화엄의 가르침을 체중현에 두고, 화두에 의한 가르침을 구중현, 방과 할에 의한 침묵의 가르침을 현중현 등의 교판론으로서 삼현문을 제시한다. 이것은 결국은 화엄의 교학에서 간화의 수행론으로 옮겨가는 보조의 입장을 대변하는 교판론이다.[40]

둘째는 선종 내부에서 화두에 대한 잘못된 비판하는 것이다. 이점은 화두를 어떤 언어적인 개념으로 파악하여 이해하는 것에 대한 비판으로, 화두를 남악이나 천태의 선문답과 같은 공안으로 이해한 경우, 임제종 내부에서 존재했던 삼구와 일구의 논쟁, 파병과 전제 등과 관련한 모든 해석들은 잘못된 이해라고 비판한다. 화두를 전제와 파병으로 이해한 경우에 대해서는 다음과 같이 말한다.

> 또한 선종에서도 공부하는 사람들이 이와 같은 화두에 두 가지 뜻이 있다고 한다. 하나는 진리를 온전히 드러내는 말[全提之語]이고, 다른 하나는 잘못된 이해를 깨뜨리는 말[破病之談]이라고 한다. 그러나 화두를 잘 알고 화두를 드는[提撕] 사람은 진리를 드러낸다는 생각[全提之解]도 없는데, 하물며 잘못된 이해를 깨뜨린다는 마음[破病之念]을 가져 비밀한 뜻을 매몰시키겠는가. 한 생각이라도 진리를 온통 드러낸다든지, 잘못된 이해를 깨뜨린다든지 하는 견해를 낸다면, 곧바로 의식으로 헤아리는 병에 떨어진다. 어찌 활구(活句)을 참구하는 자가 되겠는가.[41]

여기서 전제(全提)란 '일체가 그대로 드러남'을 의미하는 전분제기(全分提起)의 준말이고, 파병(破病)은 '병통을 깨뜨린다'는 의미이니, 화두의 기

40 위의 책, 95면. "禪門亦有多種根機 入門稍異. 或有依唯心唯識道理入體中玄 此初玄門 有圓教事事無碍之詮也 然此人 長有佛法知見 在心不得脫洒. 或有依本分事祇對 洒落知見 入句中玄 破初玄門 佛法知見 此玄有徑截門 庭前栢樹子 麻三斤等話頭. 然立此三玄門 古禪師之意 以本分事祇對話頭 爲破病之語故 置於第二玄. 然未亡洒落知見言句 猶於生死界 不得自在故 立第三玄中玄 良久黙然 棒喝作用等 破前洒落知見 所以云 三玄施設 本由遣病."

41 위의 책. "又禪宗學語者 論此話頭 有二義 一全提之語 二破病之談 話頭知微 但提撕做工夫者 都無全提之解 況有破病之念 埋沒密旨耶. 纔擬一念全提破病之解 便落意根下卜度之病 豈爲參詳活句者耶."

능을 설명하는 말이다. 하지만 이런 이해도 분별적인 개념적인 이해이지 화두에 의한 진리에의 체득이 아님을 말한 것이다. 일구와 삼구에 대해서는 다음과 같이 말한다.

> 선(禪)에서 뜻을 얻지 못한 자들은 화두에 대하여 파병(破病), 전제(全提), 구내(句內), 구외(句外) 등을 말하지만 이는 모두 사어(死語)로서 올가미가 된다. 삼구(三句)의 부림을 받고 열 가지 병에 빠진 것이니, 어찌 활구(活句)를 참구하는 것이 되겠는가. 선을 오롯이 공부하는 사람도 이와 같은데 하물며 교학을 하는 사람이 어찌 의심이 없겠는가.[42]

보조는 화두에 대한 어떤 설명도 사어(死語)라고 말하고, 전제(全提)나 파병(破病)이란 해석을 비롯하여 일구에 대한 내외, 혹은 삼구에 대한 이해도, 역시 사어임을 말한다. 뿐만 아니라 선대의 선문답으로써 공안도 역시 활구가 아니라, 사어임을 아래와 같이 말한다.

> 승고선사는 '근래의 수도하는 사람들이 모두 천태화정(天台華頂)과 조주석교(趙州石橋)[43]를 향상일로(向上一路)라고 생각하지만, 이것은 잠깐 머물 곳이지 최종적으로 몸을 쉴 수 있는 곳이 아니다'고 말하였다. 그러나 보안도선사(普安道禪師)는 소양(昭陽)[44]의 뜻을 이어서 삼구(三句) 외에 별도로 일구(一句)를 두어 말하였다. "딱 맞아 떨어진 그 사람이 일어나 외친다면 삼구(三句)로 어찌 다 포괄할 수 있겠는가? 누가 무슨 일인가 묻는다면 남악(南嶽)과 천태(天台)라 하리라."[45]

---

42 위의 책. "禪學不得意者 必以話頭 爲破病 爲全提 爲句內 爲句外等 皆認定死語 成於絡索 竝爲三句所使 滯在十種病 豈爲參詳活句者耶. 專精禪學者 尙如 況敎學者 豈無疑念耶."

43 天台華頂趙州石橋: 雲門文偃은 槃山의 '光非照境 境亦非存 光境具亡 復是何物'이라는 게송도 아직 한 길을 뚫어 벗어난 것이 아니라고 한 후, 그 한 길을 뚫어 벗어나는 것을 '天台華頂 趙州石橋'라고 하였다. '天台華頂'은 天台宗의 개창자인 智者大師는 天台山의 華頂峯에서 깊이 禪定을 닦다가 부처의 보리수 아래의 깨달음과 같은 체험을 한 것을 가리키고, '趙州石橋'는 趙州 스님이 승려들을 지도할 때 사용한 石橋의 公案을 가리킨다.

44 昭陽: 五代의 南漢에서 활약한 禪師 雲門 文偃(864-949)으로서 雪峯 義存에게 참학하여 깨달음을 얻은 후 雲門山에서 교화하였고 雲門宗의 개창자로 추앙된다.

45 『雲門匡眞禪師廣錄』下, 「頌雲門三句語」(『大正藏』47권, 576하) 그런데 여기에서는 이 頌을 普安道禪師의 스승인 緣密이 말한 것으로 되어 있다.

이 천태와 남악이라는 담백한 말은 삼구의 안에 있으면 병을 깨뜨리는[破病] 말이 되고 삼구의 바깥에 있으면 병을 깨뜨리는 것이 아니라 이 일을 온전히 드러내는[全提] 말이 된다. 그래서 장로스님[長蘆師]은 "산승이 때로 절반으로 나누고 셋으로 쪼갰지만, 종문(宗門)의 일을 제대로 깨닫지 못하였다. 이제 절반을 잇고 셋을 깨뜨려 버리니 온전히 드러났다"고 하였다. 또 말하기를 "운문대사(雲門大師)는 어느 때는 삼구 안에서 설법하였고, 어느 때는 삼구 밖에서 핵심을 보였다"고 말하였다. 이로써 옛 사람도 또한 하나의 화두를 가지고서 혹은 삼구 안의 병을 깨뜨리는 말로 여기기도 하고, 혹은 삼구 바깥의 온전하게 드러내는 말로 여기기도 한 것을 알 수 있다. 그런데 지금 사람들이 경절문(徑截門)의 화두를 가지고 병을 없애는 것이다[破病], 온전히 드러내는 것이다[全提], 삼구의 안에 있다[句內], 바깥에 있다[句外]고 하는 올가미를 만드는 것이 어찌 이상한 일이겠는가.

그러나 지금 근본으로 삼는 경산대혜화상(徑山大慧和尙)은 조계(曹溪)의 바로 밑으로 이어진 정통계승의 제17대 본분종사(本分宗師)인데, 그가 세우신 경절문의 어구로써 깨달음에 들어가는 것은 이와는 크게 다르다. 무엇인가 하면 스님이 제시한 '뜰 앞의 잣나무', '마삼근', '개에게는 불성(佛性)이 없다'는 등의 화두는 모두 제시하는 법의 단서가 없으며, 다만 맛도 없고 만질 수도 없는 화두를 준 후에 곧 [십종선병]을 다음과 같이 경계하였다.[46]

보조는 화두에 대한 어떤 설명도 사어(死語)라고 말하고, 선대의 공안에 대한 이해의 방식을 모두 배격할 사량분별로 규정한다. 이런 사상은 대체

46 普照 知訥, 『看話決疑論』, 앞의 책, 96면. "若望上祖初宗卽未可. 故此師云 近來行脚人 皆以天台華頂 趙州石橋 將謂爲?向上一路 此是暫時行李之處 非究竟安身立命之地. 然普安道禪師 承昭陽之意 立三句外 別置一句曰 當人如擧唱 三句豈能該. 有問如何事 南嶽與天台 然此天台南嶽等 無味之談 在三句內 則爲破病之言 在三句外 則非謂破病 乃全提此事言也. 故長蘆師云 山僧有時 裂半拆三 未嘗擧着宗門中事 如今紐半破三 全提此事去也 又云雲門大師 有時三句內說法 有時三句外提綱 以是故知古人 亦以一例話頭 或爲三句內破病之言 或爲三句外全提之句 豈可足怪 今時人認徑截門話頭 成絡索者耶. 然今所宗 徑山大慧和尙 是曹溪直下正脈相傳 第十七代本分宗師所立 徑截門語句參詳得入 迴異於此 何者. 宗師所示庭前栢樹子·麻三斤·狗子無佛性等話頭 都無端的所示之法 但給沒滋味無摸索底話頭然後隨而誡之 日情識未破 則心火熠熠地 正當恁麽時 但只以所疑底話頭提撕. 如僧問趙州狗子還有佛性也無 州云無 只管提撕擧覺 左來也不是 右來也不是 不得作有無會 不得作眞無之無卜度 不得作道理會 不得向意根下思量卜度 不得向揚眉瞬目處 挅根不得向語路上作活計 不得颺在無事甲裏 不得向擧起處承當 不得文字中引證 不得將迷待悟 直須無所用心 心無所之時 莫怕落空 這裏却是好處. 驀然 老鼠入牛角 便見倒斷也."

로 대혜종고의 선사상을 계승한 바로서 화두에 대한 일체의 이런 분별을 보조는 '선문십종병(禪門十種病)'이라고 말한다. 화두를 참구하면서 발생하는 잘못된 이해를 열 가지로 나열한 것은 대혜였지만, 그것을 선문십종병으로 명명한 것은 보조였다. 이런 대혜 간화선의 수용은 이후 불교계의 흐름을 교학에서 선종으로 방향을 바꾸는 데 결정적인 영향을 미쳤음은 주지의 사실이다. ❁

김인경 (동방대학원대)

우리말 불교개념 사전

출전 근거와 참고문헌

삼도

1. 일차자료

『大乘法苑義林章』卷2末
『大乘阿毘達磨雜集論』卷9, 卷14
『大乘義章』卷10, 卷17本末
『攝大乘論本』卷中
『成唯識論』卷8, 卷9
『成唯識論述記』卷10本
『阿毘達磨俱舍論』卷2, 卷21, 卷22, 卷25
『阿毘達磨俱舍論光記』卷21-23, 卷24, 卷25, 卷26
『阿毘達磨俱舍論寶疏』卷23, 卷26
『阿毘達磨大毘婆沙論』卷51, 卷94, 卷101
『阿毘達磨發智論』卷1, 卷2, 卷3, 卷4, 卷14
『阿毘達磨順正理論』卷64, 卷74
『阿毘達磨識身足論』卷4
『阿毘達磨藏顯宗論』卷31
『阿毘達磨品類足論』卷1, 卷3, 卷4, 卷7
『五教章纂釋』卷下之六,
『瑜伽師地論』卷7, 卷12, 卷27
『雜阿毘曇心論』卷5
『天台四教儀集註』卷中末.
『顯揚聖教論』卷2

2. 이차자료

Edward Soothill, William & Hodous, Lewis, 『中英佛學辭典(*A Dictionary of Chinese Buddhist Terms*)』, 高雄: 佛光出版社, 民國 51年.

Ejima. Yasunori (ed.), *Abhidharmakośabhāṣya of Vasubandhu -Chap. 1. Dhātunirdeśa-*, Bibliothec Indologica et Buddhologica 1, Tokyo, 1989.

Louis de la Vallée Poussin, *L'Abhidharmakośa de Vasubandhu*. traduction et annotations, 7 vols, Paris, 1923-1931; rev. Nouvelle édition anastatigue présentée par É. Lamotte,

Melanges Chinois et Bouddhiques, Vol. 16, 6vols, Bruxelles, 1971.
Macdonell, Arthur Anthony, *A Practical Sanskrit Dictionary*. London: Oxford University Press, 1924.
Malalasekera, G. P., *Dictionary of Pali Proper Names*. two volumes, First Indian edition, New Delhi: Munshiram Manoharalal, 1983 (Originally Published in 1937).
Malalasekera, G. P., *Encyclopaedia of Buddhism*. ed., Colombo: The Government of Ceylon, 1971.
Monier Williams, Monier. *A Sanskrit-English Dictionary*. London: Oxford University Press, 1899; reprint Delhi: Motilal Banarsidass, 1956.
Nyanaponika Thera, *Abhidhamma Studies: Buddhist Explorations of Consciousness and Time*. Kandy, Sri Lanka: Buddhist Publication Society, 1965, 1998. Originally published, Colombo: Frewin, 1949.
Pradhan, Prahlad. (ed.), *Abhidharmakośabhāṣyam of Vasubandhu*, Tibetan Sanskrit Works Series Vol. 8, Patna, 1967; Patna: K. P. Jayaswal Reseach Institute, 1975.
T. W. Rhys Davids & William Stede, *The Pali Text Society's Pali-English Dictionary*, London: PTS, 1921-1925.
Thedore Stcherbasky 지음·권오민 옮김, 『小乘佛敎槪論: 說一切有部의 中心槪念』(서울: 경서원, 1986).
Wogihara, U. (ed.), *Sphuṭārthā Abhidharmakośa-vyākhyā by Yaśomitra,* Tokyo, 1932-1936; reprint Tokyo: Sankibo Press, 1971.
곽철환 편저, 『시공 불교사전』(서울: 시공사, 2003).
권오민 역주, 『아비달마구사론』, 전4권(서울: 동국역경원, 2002).
______, "經量部哲學의 批判的 體系硏究", 博士學位論文(서울: 동국대학교대학원, 1991.08).
______, 「아비달마불교의 수행론」, 『靑祐佛敎論集』. 제1집(서울: 청호불교문화원, 1996.02).
______, 「유부 아비달마의 번뇌론」, 『(彌天睦楨培博士華甲記念論叢) 未來佛敎의 向方』 (합천: 藏經閣, 1997).
______, 『아비달마불교』 (서울: 민족사, 2003).
______, 『有部 阿毘達磨와 經量部哲學의 硏究』(서울: 경서원, 1994).
金東華. 『俱舍學 : 小乘佛敎의 有哲學思想』, 雷虛 金東華 全集 5(서울: 雷虛佛敎學術院, 2001).
______, 『俱舍學 : 小乘佛敎의 有哲學思想』(서울: 文潮社, 1971).
다케무라 마키오(竹村牧男) 지음·정승석 옮김, 『유식의 구조』(서울: 민족사, 1989).
望月信亨 編, 『望月佛敎大辭典』, 增補增訂版(東京: 世界聖典刊行協會, 1974).
木村泰賢, 『小乘佛敎思想論』 (東京: 明治書院, 1927), 復刊, 木村泰賢全集 第4巻(東京: 大法輪閣, 1968).
_______, 『阿毘達磨の硏究』 (東京: 明治書院, 1911), 增訂改版, 復刊, 木村泰賢全集 第4巻(東京: 大法輪閣 , 1968).
木村泰賢·荻原雲來, 『國譯阿毘達磨俱舍論』, 『國譯大藏經』 論部 Vols. 11-13(東京, 1920-1921; reprint 東京, 1974).
梶川乾堂·慈明 原著, 韓定燮·景鐵 編譯, 『구사론·유식론』 (서울: 법륜사, 1979).
佛光大藏經編修委員會 編, 『佛光大辭典』(高雄: 佛光出版社, 1988).
李鍾徹, 「일본의 구사학·유식학 연구현황 개관」, 한국유학생 인도학불교학연구회 편, 『일본의 인도철학·불교학 연구: 그 역사와 현황』(서울: 아세아문화사, 1996).
불교교재편찬위원회 편, 『불교사상의 이해』(서울: 불교시대사, 1997).
山口益·舟橋一哉, 『俱舍論の原典解明·世間品』(京都: 法藏館, 1955).
釋一如 編, 『三藏法數』(新莊: 慈雲山莊·三慧學處, 中華民國 84年).
水野弘元, 『原始佛敎』(京都: 平樂寺書店, 1956).
櫻部建·上山春平 지음, 정호영 옮김, 『아비달마의 철학』(서울: 민족사, 1989..
李智冠 編, 『伽山佛敎大辭林』(서울: 가산불교문화연구원, 1998-2005).
李芝洙, 「'Abhidharma-kośa, 俱舍論)'의 存在分析: 界品(dhātu-nirdeśa)을 중심으로」, 『佛敎學報』 제37집(서울: 동국대학교불교문화연구원, 2000), pp.147-181.
赤沼智善 編, 『印度佛敎固有名詞辭典』, 復刊(京都: 法藏館, 昭和42年).
荻原雲來, 『日本語譯稱友俱舍論疏(一)』(東京, 1933).
荻原雲來·山口益, 『日本語譯稱友俱舍論疏(二. 三)』(東京, 1934, 1939).

佐伯旭雅,『冠導阿毘達磨俱舍論』(京都, 1896; reprint 京都, 1978).
舟橋一哉,「梵文稱友造『俱舍論疏』睡眠品の缺落箇所について」,『佛教學業セミナー』44, 1986, pp.1-6.
_______,「阿毘達磨俱舍論睡眠品荻とその稱友疏との日本語譯 [初めの部分]」,『煩惱の研究』(東京, 1975), pp.129-147.
_______,「優婆塞の五戒について-阿毘達磨俱舍論業品とその稱友疏との日本語譯一」,『業思想研究』(京都, 1979), pp.265-284.
_______,「荻原雲來譯註『日本語譯稱友俱舍論釋疏 1 界品』の改訂試譯」,『大谷學報』53-1, 1973, pp.1-20.
_______,『俱舍論の原典解明·業品』(京都: 法藏館, 1987).
최봉수 편,『部派佛教 原典의 理解』(서울: 불교원전번역연구소, 1997).
韓國佛教大辭典編纂委員會 編,『韓國佛教大辭典』, 전7권(서울: 寶蓮閣, 1982).
후지타 코타츠 外·권오민 옮김,『초기·부파불교의 역사』(서울: 민족사, 1989).
荻原雲來 編,『漢譯對照 梵和大辭典』, 新裝版(東京: 講談社, 1986).

증지

1. 일차자료

DhP *Dharmottarapradīpa* of Durveka Miśra with Dharmakīrti's *Nyāyabindu* and Dharmottara's *Nyāyabinduṭīkā*, ed. D. Malvania, Patna: Kashi Prasad Jayaswal Research Institute, 1971.
NB *Nyāyabindu* of Dharmakīrti, in DhP.
NBT *Nyāyabinduṭīkā* of Dharmottara, in DhP.
NBhus *Nyāyabhūṣaṇa* of Bhāsarvajña, ed. S. Yogīndrānandaḥ, Vārāṇasī: Saḍdarśana Prakāśana Pratiṣṭhānam, 1968.
NK *Nyāyakaṇikā* of Vācaspatimiśra, ed. M. Goswami, Varanasi: Tara Publications, 1978.
PS *Pramāṇasamuccaya* of Dignāga, in Hattori (1968).
PV *Pramāṇavārttika* of Dharmakīrti with *Pramāṇavārttikavṛti* of Manorathanandin, ed. R. Ch. Pandeya, Delhi: Motilal Banarsidass, 1989.
PVBh *Pramāṇavārttikabhāṣya* of Prajñākaragupta, ed. R. Sāṅkṛtyāyan Patna: Kashi Prasad Jayaswal Research Institute, 1953.
PVin*Pramāṇaviniścaya* of Dharmakīrti, Chapter I, ed. and tr. T. Vetter, Wien: Österreichische Akademie der Wissenschaften, 1966; Chapter II, ed. and tr. E. Steinkellner, Österreichische Akademie der Wissenschaften, 1973.
ŚV *Ślokavārttika* of Kumārila with Commentary *Nyāyaratnākara* of Pāthasārathi Miśra, ed. S. D. Śāstrī, Varanasi: Tara Publications, 1978.
TSP *Tattvasaṅgrahapañjikā* of Kamalaśīla, in Pemwieser (1991): 53-65.
YNP *Yoginirṇayaprakaraṇa* of Jñānaśrīmitra, in Thakur (1987): 323-343.

2. 이차자료

Bühnemannn, G., *Der Allwissende Buddha, ein Beweis und seine Probleme: Ratnakīrtis Sarvajñasiddhi, übersetzt und kommentiert*. Wiener Studien zur Tibetologie und Buddhismuskunde 12, Wien: Universität Wien, 1980.
Dreyfus, G., *Recognizing Reality*, Albany: State University of New York Press, 1997.
Hattori, M., *Dignāga, On Perception, Being the Pratyakṣapariccheda of Dignāga's Pramāṇasamuccaya*, Cambridge: Harvard University Press, 1968.
Kajiyama, Y., "An Introduction to Buddhist Philosophy - an Annoted Translation of the *Tarkabhāṣā* of Mokṣākaragupta," *Studies in Buddhist Philosophy*, Kyoto: Rinsen Book Co., LTD, pp.189-360, 1989.

McClintock, S., "Knowing All through Knowing One: Mystical Communion or Logical Trick in the *Tattvasaṅgraha* and *Tattvasaṅgrahapañjikā*," *Journal of the International Association of Buddhist Studies* 23/2, 2000.
Pemwieser, M., *Materialien zur Theorie der yogischen Ekenntnis im Buddhismus*, Wien (M. A. Thesis at University of Vienna), 1991.
Prévèreau, R., *Dharmakīrti's Account of Yogic Intuition as a Source of Knowledge*, Montréal (M. A. Thesis at Mcgill University), 1994.
Steinkellner, E., 'Yogische Erkenntnis als Problem im Buddhismus,' in G. Oberhammer (ed.). *Transzendenzerfahrung, Vollzughorizont des Heils*, pp.121-134. 1978.
Thakur, A., *Jñāśrīmitranibandhāvaliḥ*. Patna: Kashi Prasad Jayaswal Research Institute, 1987.
Woo, J., "Dharmakīrti and His Commentators on *yogipratyaka*," *Journal of Indian Philosophy* 31: 121-134, 2003.
戸崎宏正,『佛教認識論の研究』(東京: 大東出版社, 上 昭和 54; 下 昭和 60, 1979/85).
岩田孝,「Prajñākaraguptaによるヨ-ガ行者の知の無散亂性證明の一時點」,『印度佛教學研究』第35卷, 第1號, pp.357-371, 1976.
______, 佛教論理學派の現量除分別性の證明における時間要素」, 日本佛教學會編,『佛教における時機觀』(京都: 平樂寺書店, 1984), pp.91-113.
禹濟宣,「불교 쁘라마나학파에서의 요가수행자의 證知」,『佛教原典研究』第1號(서울: 東國大學校 佛教文化研究院, 2001).

지관

1. 일차자료

경전과 경전번역물

Aṅguttaranikāya.	5 vols. ed. R. Morris and E. Hardy. London : Pali Text Society (PTS), 1985-1990.
Atthasālini	ed. Edward. Muller. London : PTS. 1979.
Dhammapada.	ed. S. Sumangala Thera. London : PTS. 1914.
Dhammasaṅgani	ed. Edward. Muller. London : PTS. 1978.
Dīghanikāya.	3 vols. T.W. Rhys Davids and J.E. Carpenter. London : PTS., 1890-1911.
Jātaka	7 vols. ed. V. Fausboll. London : PTS. 1962.
Majjhimanikāya.	3 vols. ed. V. Trenkner and R. Chalmers. London : PTS. 1948-1951.
Paramatthamañjūsā.	2 vols. Dhammapāla. *Nāma Visuddhimagga Mahāṭīkā* Burmese Chatta Saṅghayana edition. Vols. 2, Yangon, 1960.
Papañcasūdanī	5 vols. ed. J. H. Woods and D. Kosambi. London : PTS. 1977.
Paṭisambhidāmagga	2 vols. ed. Arnold C. Taylor. London : PTS. 1979.
Puggalapaññatti	ed. R. Morris, London : PTS. 1883.
Saṃyuttanikāya.	6 vols. ed. M. Leon Feer. London : PTS. 1884-1904.
Sumaṅgalavilāsinī	3. vols. ed. T.W. Rhys Davids and J. Estlin Carpenter. London : PTS. 1968.
Sutta Nipāta.	ed. D. Anderson and H. Smith. London : PTS. 1948\1965.
Visuddhimagga	ed. C.A.F. Rhys Davids and D. Litt. London : PTS. 1975.

- Pāli Text의 略語는 Pāli English Dictionary(PED)의 List of Abbreviations 참조.
『阿毘達磨俱舍論』(『大正新脩大藏經』29권)
Bodhi, Bhikkhu. and Ñāṇamoli, Bhikkhu. trans. *The Middle Length Discourses of the Buddha. A New Translation of the Majjhima Nikāya.* Kandy : Buddhist Publication Society(BPS). 1995.
Bodhi, Bhikkhu. trans. *The Connected Discourses of the Buddha. A New Translation of the*

Saṃyutta Nikāya. 2 vols. Boston : Wisdom Publications, 2000.
Horner. I. B. trans. *The Book of the Discipline*. (*Vinaya-piṭaka*) London : PTS. 1982.
______________. *The Middle Length Sayings*. London : PTS. 1976.
Jayawickrama, N. A. trans. *Suttanipāta, Text and Translation*. Colombo, Sri Lanka : The Postgraduate Institute of Pali and Buddhist Studies Pub, University of Kelaniya, 2001
Muller, Max. *The Upanishadds. Translation of the Upaniṣads*. Delhi : Motilal Banarsidass. 1981. The Sacred Books of the East. (S.B.E)
Nārada, Mahā Thera. *The Dhammapada*. Taiwan : The Corporate Body of the Buddha Educational Foundation. 4th edition. 1993
Ñāṇamoli, Bhikkhu. trans. *The Path of Purification*. (Visuddhimagga). London : Shambhala Publications, 1976.
____________________. *The Path of Discrimination*. Oxford : PTS. 1991
Rhys Davids, T. W. and Rhys Davids, C.A.F. *Dialogues of the Buddha*. London : PTS. 1977.
Rhys Davids, C.A.F. and Aung Shwe Zan. trans. *Compendium of philosophy*. *(Abhidhammattha-Sangha)* London : Luzac. PTS. 1963.
Tin, Pe Maung. *The Expositer* (*Atthasālinī*) vol. 2. London : PTS. 1976.
Walshe, Maurice. trans. *The Long Discourse of the Buddha. A Translation of the Dīgha Nikāya*. Kandy : Buddhist Publication Society. 1996.
Woodward. F. L. *The Book of the Gradual Sayings*. vol. 5. London : PTS. 1979.
____________. *The Book of the Kindred Sayings*. vol. 5. London : PTS. 1954.
각묵스님, 『네 가지 마음챙기는 공부』(서울: 초기불전연구원, 2003).
대림스님, 『청정도론』(서울: 초기불전연구원, 2004).
임승택, 『초기불교수행론의 집성 : 빠띠삼비다막가 역주』(서울: 가산문화연구원, 2001).
전재성, 『쌍윳따 니까야』(서울: 한국빠알리성전협회 1999).
_____, 『맛지마 니까야』(서울: 한국빠알리성전협회 2002).

2. 이차자료

1) 참고문헌

Conze, Edward. *Buddhist Meditation*. New Delhi : Munshiram Manoharlal Publisher 1997.
Cousins, Lance S. *Buddhist Jhāna : Its Nature and Attainment According To The Pāli Sources Religion 3*, 1973.
______________. *Samatha-yāna and Vipassanā-yāna*, University of Jayewardenepura, Nugegoda, Sri Lanka, 1984.
_____________. The Origins of Insight Meditation, *The Buddhist Forum* IV, ed. by Tadeusz Skorupski, New Delhi: Heritage Publishers, 1996.
Dhammananda, K. Sri. *Satipatthāna Sutta*. Kuala Lumpur, Malaysia : The Buddhist Missionary Society Pub. 1982.
Gethin, R. M. L. *The Foundations of Buddhism*. Oxford, New York : Oxford University Press. 1998.
____________. *The Buddhist Path to Awakening*. Oxford : One world Publications. 2001.
Goenka. S. N. *Mahāsatipaṭṭhāna Suttaṃ*. Bombay, India : Vipassana Research Publications. 1993.
Gunaratana Henepola. *The Path of Serenity and Insight*. Motilal Banarsidass pub. 2002.
_________________. *The Jhanas in Therāvāda Buddhist Meditation*. Kandy. BPS. Wheel Pub. 1988.
Hume, Robert Ernest. *Thirteen Principle Upaniṣads*. Delhi : Oxford University press (9th impression) 1993
Jayatilleke, K.N. *Early Buddhist Theory of Knowledge*. Delhi : Motilal Banarsidass Pub, 1980.
Jun Young, Jeong. *A textual study of material relating to Vipassanā meditation as found in Pāl Buddhist scriptures*. Ph.D Thesis. PGIPBS. University of Kelaniya. 2002.

Khantipalo, Bhikkhu. *Calm and Insight*. London and Dublin : Curzon Press Ltd. 1981.
Kheminda, Thera. *The Way of Buddhist Meditation.* Colombo : Lake House Pub, 2nd and enlarged edition. 1982.
King, Winston L. *Theravāda Meditation.* (*The Buddhist Transformation of Yoga.*) Delhi : Motilal Banarsidass Pub. 1992.
Mahasi Sayadaw, ven. *Satipatthāna Vipassanā Insight through Mindfulness*. Kandy, Sri Lanka : BPS. 1990.
______________. *Practical Insight Meditation*. Kandy, Sri Lanka : BPS. 1984. (4th printing).
Myanaung U Tin ed. *Satipaṭṭhāna Vipassanā Meditation : Criticisms and Replies*. Rangoon : Buddha Sasana Nuggaha Organization. 1979.
Ñāṇamoli, Bhikkhu. *Mindfulness of Breathing*. Kandy : BPS. 1981. (4th edition)
Nārada, Mahā Thera. *A Manual of Abhidhamma*. Singapore : Singapore Buddhist Meditation Centre. 1989 (5th edition).
Nyanaponika Thera. *The Five Mental Hindrance*. Kandy : BPS. 1991. wheel. No. 26.
______________. *The Heart of Buddhist Meditation*. Kandy. Sri Lanka : BPS. Reprinted 1996.
Pandita Sayadaw, U. *In this Very Life*. Kandy, Sri Lanka : BPS. 1993. (2nd edition)
Paravahera, Vajirañāṇa Mahathera. *Buddhist Meditation in Theory and Practice.* Kuala Lumpur. Malaysia : Buddhist Missionary Society. 1975. (2nd edition)
Rahula, Walpola. *What the Buddha Taught*. Dehiwala : Buddhist Cultural Centre, 1996.
Schmithausen, L. *On Some Aspects of Descriptions or Theories of 'Liberating insight' and 'Enlightenment' in Early Buddhism*, Studien zum Jainismus und Buddhismus, Wiesbaden : Steiner-Verlag-Wiesbaden-Gmbh. 1981.
Silananda, Venerable. U. *The Four Foundations of Mindfulness*. Boston : Wisdom Publications. 1990.
Sole-Leris, Amadeo. *Tranquillity & Insight.* Kandy, Sri Lanka : BPS. 1992.
Soma Thera. *The Way of Mindfulness*. Kandy. Sri Lanka : BPS. 1981 (5th revised edition).
Tiwary Mahesi. *Vipassanā Its Relevance to the Present World.* :
Vetter, T. *The Ideas and Meditative Practices of Early Buddhism*, Leiden: E.J. Brill. 1988.
김재성, 「남방상좌부불교의 수행 체계」, 『불교평론』 2002. 겨울.
_____, 「최근 한국불교 수행 경향에 대한 고찰 - 위빠사나 수행의 위상을 중심으로」, 『한국종교연구』 제5집, 2003. 10.
_____, 「위빠사나의 이론」, 『불교학연구회 여름워크샵 발표』 2002. 7.
_____, 「순관(純觀, suddha-vipassana 대하여」, 『불교학연구』 제4호 2002. 6.
김준호, 「초기불전에 나타난 지관개념」, 『한국선학회』 창간호.
오지연, 『천태지관이란 무엇인가』(서울: 연기사, 1999).
임승택, 「초기불교의 경전에 나타난 사마타와 위빠싸나」, 『인도철학』 제11집 제1호 2001.
_____, 「선정(jhāna)의 문제에 관한 고찰」, 『불교학연구』 제5호 2002.
_____, 「첫 번째 선정(初禪)의 의의와 위상에 대한 고찰」, 『불교학연구』 제6호 2003.
_____, 「위빠사나 수행의 원리와 실제」, 『불교연구』 제20집 2004.
정준영, 「대념처경에서 보이는 수념처(受念處)의 실천과 이해」, 『불교학연구』 제7호. 2003.
_____, 「상수멸정의 성취에 관한 일고찰」, 『불교학연구』 제9호. 2004.
조준호, 「초기불교에 있어 止觀의 문제」, 『한국선학』 제1호 2000. 12.
_____, 「초기불교경전에 나타난 수행에 관한 용어와 개념의 검토(Ⅰ)」, 『한국선학』 제3호 2001, 12.
_____, 「위빠사나 수행의 인식론적 근거」, 『보조사상』 제16집, 2001.
_____, 「사띠(sati, 念) 이해에 대한 비판적 검토」, 『한국불교학』 제35집 2004.
이상섭, 「大乘止觀法門 硏究 : 理論과 實踐體系를 中心으로」, 서울 동국대석사논문. 1995.
이영자, 『韓國天台思想의 展開』(서울: 민족사, 1988).
일중스님, 「상좌불교 전통에서의 사마타(止) 위빠사나(觀) 수행」 제8차 세계여성불자대회, 2004.

2) 참고사전

Andersen, Dines and Helmer, Smith. ed. *A Critical Pali Dictionary.* Copenhagen : The Royal Danish Academy Pub. 1924-1948.

Buddhadatta. A. P. Mahathera. *Concise Pali-English Dictionary.* Delhi, Motilal Banarsidass Pub. 1989.

Caesar Chilbers, Robert. *A Dictionary of the Pali Language.* Kyoto Rinsen Book Company 1987.

Cone, Margaret. *A Dictionary of Pāli.* Oxford : PTS. 2001.

Hare. E. M. *Pali Tipiṭakaṃ Concordance.* London : PTS. 1953.

Malalasekera. G. P. ed. *Encyclopedia of Buddhism.* Vols. Colombo, Government of Sri Lanka.

Ñāṇamoli, Bhikkhu. *A Pali-English Glossary of Buddhist Technical Terms.* Kandy. BPS. 1994.

Nyanatiloka Thera. *Buddhist Dictionary.* The Corporate Body of the Buddha Educational Foundation. 1987.

Rhys Davids, T. W. and Stede, William. *Pali-English Dictionary.* Delhi : Motilal Banarsidass Pub, 1993.

Vaman Shivaram Apte. *The Practical Sankrit-English Dictionary.* Kyoto Rinsen Book Company 1986.

Williams Monier. *Sanskrit-English Dictionary* Oxford : 1899. Reprint 1951.

吉祥 편집, 『佛教大辭典』(서울: 弘法院, 1998).

雲井昭善, 『パーリ語佛教辭典』(東京: 山喜房佛書林, 1997).

운허스님, 『佛教辭典』(서울: 동국역경원, 2002).

전재성, 『빠알리語辭典』(서울: 한국불교대학출판부, 1994).

정승석 편저, 『佛教解說事典』(서울. 민족사, 1991).

유식오위

1. 일차자료

『잡아함경』(대정2, No.99).

『대반야경』(대정5, No.220).

『승천왕반야바라밀경』(대정7, No.231).

『대보적경』(대정11, No.310).

『설무구칭경』(대정14, No.476).

『금광명최승왕경』(대정16, No.665).

『발지론』(대정26, No.1544).

『구사론』(대정29, No.1558).

『유가사지론』(대정30, No.1579).

『성유식론』(대정31, No.1585).

『섭대승론본』(대정31, No.1594).

『섭대승론석』(대정31, No. 1597).

『섭대승론석』(대정31, No.1598).

『대승장엄경론』(대정31, No.1604).

『대승아비달마집론』(대정31, 1605).

『대승아비달마잡집론』(대정31, 1606).

『瑜伽論 聲聞地 第一瑜伽處』 聲聞地研究會(山喜房佛書林, 1998).

AKBh Vasubandhu, *Abhidharmakośabhāṣya*, ed., by P. Pradhan, Tibetan Sanskrit Work Series 8, Patna, 1967(repr. 1975).

AS *Abhidharmasamuccaya*, ed., by P. Pradhan, Visva-Bharati Series 12,

Santiniketan, 1950.
ASBh *Abhidharmasamuccaya-bhāṣya*, ed., by N. Tatia, Tibetan Sanskrit Work Series 17, K. P. Jayaswal Research Institute, Patna, 1976.
BoBh(D) *Bodhisattvabhūmi*, ed., by N. Dutt, K. P. Jayaswal Research Institute, Patna, 1978.
BoBh(W) *Bodhisattvabhūmi*, ed., by U. Wogihara, Tokyo, 1930-1936(repr. Tokyo, 1971)
MS 長尾雅人,『攝大乘論 和譯と注解』上 下, 東京: 講談社, 1982-1987(repr. 2001)
MSA *Mahāyānasūtrālaṁkāra*, tome Ⅰ texte, éd., par Sylvain Lévi, Bibliothèque de l'Ecole des Hauts études, Paris, 1907.
SN *Saṃyutta-Nikāya*, ed. by Leon Feer, London, PTS.
SNS *Saṃdhinirmocanasūtra*, ed. by Étienne Lamotte, 1935.
ŚrBh*Śrāvakabhūmi of Ācārya Asaṅga*, ed., by Karunesha Shukla, J. P. Jayaswal Research Institute, Patna, 1973.
TrBhSthiramati, *Triṃśikā-Bhāṣya*, ed., by S. Levi, Paris, 1925.

2. 이차자료

안성두,「<禪經>에 나타난 유가행 유식파의 단초」,『불교학연구』6, 2003, pp.249-280.
_____,「유가행파의 견도(darśana-mārga)설(Ⅱ)」,『보조사상』22, 2004, pp.73-105.
荒牧典俊,「十地思想の成立と展開」,『講座 大乘佛教 3 華嚴思想』, 春秋社, 1983, pp.79-120.
_______, Toward an Understanding of the Vijñaptimātratā, *Wisdom, Compassion, and the Search for Understanding - The Buddhist Studies Legacy of Gadjin M. Nagao.* ed., by Jonathan A. Silk, Univ. of Hawaii Press, Honolulu, 2000, pp.39-60.
岩本明美,「『大乘莊嚴經論』第6章第6~10偈について-テキストの訂正及び「五道」に對する疑問」,『印度學佛教學研究』44-2, 1996.
小谷信千代,『大乘莊嚴經論の硏究』(京都: 文榮堂, 1984).
_________,『法と行の思想としての佛教』(京都: 文榮堂, 2000).
樓部建·小谷信千代,『俱舍論の原典解明(賢聖品)』, 1999.
竹村牧男,『唯識の構造』(東京: 春秋社, 1995).
兵藤一夫,「四善根について-有部に於けるもの」『印度學佛教學研究』38-2(京都, 1990).
阿理生,「四善根位」,『印度學佛教學研究』, 24-2(京都, 1976).
山口益·野擇靜證,『世親唯識の原典解明』(京都: 法藏館, 1953).

Frauwallner, *Studies in Abhidharma Literature and The Origins of Buddhist Philosophical systems*. tran, by Sophie Francis Kidd, New York, State of New York Press, 1995.
Schmithausen, On Some Aspects of Descriptions or Theories of 'Liberating Insight' and 'Enlightenment', *Studien zum Jainismus und Buddhismus, Gedenkschritf für L. Asldorf*, Wiesbaden, 199-250, 1981.
__________, Versenkungspraxis und erlösende Erfahrung in der Śrāvakabhūmi, *Epiphanie des Heils - Zur Heilsgegenwart in indischer und christilicher Religion* ed. by G. Oberhammer, Wien, 59-85, 1982.

바라제목차

1. 일차자료

Kankhāvitaraṅi (PTS.)
Sammantapāsādikā (PTS.)
Suttanipāta (PTS.)
Vinayapiṭaka (PTS.)
『高僧傳』(『大正藏』50권)
『根本薩婆多部律攝』(『大正藏』24권)

『根本說一切有部毘奈耶』(『大正藏』23권)
『大智度論』(『大正藏』25권)
『摩訶僧祇律』(『大正藏』22권)
『梵網經』(『大正藏』24권)
『菩薩善戒經』(『大正藏』30권)
『菩薩瓔珞本業經』(『大正藏』24권)
『菩薩地持經』(『大正藏』30권)
『毘尼母經』(『大正藏』24권)
『四分律』(『大正藏』22권)
『薩婆多部毘尼摩得勒伽』(『大正藏』23권)
『善見律毘婆沙』(『大正藏』23권)
『續高僧傳』(『大正藏』50권)
『十誦律』(『大正藏』23권)
『十住毘婆沙論』(『大正藏』26권)
『阿毘達磨俱舍論』(『大正藏』29권)
『五分律』(『大正藏』22권)
『優婆塞戒經』(『大正藏』24권)
『瑜伽師地論』(『大正藏』30권)
『雜阿含經』(『大正藏』2권)
『長阿含經』(『大正藏』1권)
『中阿含經』(『大正藏』1권)
『增一阿含經』(『大正藏』2권)
『出三藏記集』(『大正藏』55권)
각훈, 『海東高僧傳』(『大正藏』50권)
기화, 『顯正論』(『韓佛全』7권)
원효, 『梵網經菩薩戒本私記』(『韓佛全』1권)
원효, 『梵網經菩薩戒本持犯要記』(『韓佛全』1권)
의적, 『菩薩戒本疏』(『韓佛全』2권)
지눌, 『誡初心學人文』(『韓佛全』4권)
지눌, 『勸修定慧結社文』(『韓佛全』4권)
태현, 『梵網經古迹記』(『韓佛全』3권)
태현, 『梵網經菩薩戒本宗要』(『韓佛全』3권)
휴정, 『禪家龜鑑』(『韓佛全』7권)

2. 이차자료

荻原雲來 編纂, 『梵和大辭典』(東京: 講談社, 1986)
『佛教大辭林』(서울: 가산불교문화연구원, 1998))
홍법원편집부 編, 『佛教學大辭典』(서울: 홍법원, 1996)
水野弘元, 『パーリ語辭典』(東京: 春秋社, 1981)

K.S. 케네스 첸, 박해당 譯, 『중국불교』(서울: 민족사, 1991)
鎌田茂雄, 장휘옥 譯, 『중국불교사』(서울: 장승, 1993)
________, 정순일 譯, 『중국불교사』(서울: 경서원, 1996)
김상현, 『원효연구』(서울: 민족사, 2000)
김영태, 『한국불교 고전명저의 세계』(서울: 민족사, 1994)
______, 『한국불교사』(서울: 경서원, 1997)
목정배, 『계율론』(서울: 동국역경원, 1988)
박호남, 「불교율장의 성립과 대승율의 발달 연구」, 한국정신문화연구원 박사학위논문, 1992.
백도수, 「比丘戒經에 대한 연구」, 동국대학교대학원 박사학위논문, 2001.
불교신문사 編, 『한국불교인물사상사』(서울: 민족사, 1997)
石田瑞麿, 이영자 譯, 『일본불교사』(서울: 민족사, 1995)
신성현, 「열반경의 계율사상 연구」, 동국대학교대학원 박사학위논문, 1994.

심재열, 『원효사상』(서울: 홍법원, 1991)
이지관, 「南北傳六部律藏比較硏究」, 동국대학교대학원 박사학위논문, 1975.
이태원, 『초기불교 교단생활』(서울: 운주사, 2000)
자각종색선사, 최법혜 譯, 『고려판 선원청규 역주』(서울: 가산불교문화연구원, 2002)
정승석 編, 『불전해설사전』(서울: 민족사, 1994)
佐藤密雄, 김호성 譯, 『초기불교교단과 계율』(서울: 민족사, 1991)
佐藤密雄, 『原始佛教教團の 研究,』(東京: 山喜房佛書林, 1972)
최법혜 編譯, 『불교윤리학논집,』(서울: 고운사본말사교육연구원. 1996)
최원식, 『신라보살계사상사 연구』(서울: 민족사, 1999)
平川彰 外, 정승석 譯, 『대승불교개설』(서울: 김영사, 1999)
平川彰, 박용길 譯, 『율장연구』(서울: 토방, 1995)
_____, 석혜능 譯, 『비구계의 연구』 I (서울: 민족사, 2002)
_____, 석혜능 譯, 『원시불교의 연구』(서울: 민족사, 2003)
_____, 심법제 譯, 『초기대승불교의 종교생활』(서울: 민족사, 1993)
_____, 『比丘尼律の 研究』(東京: 春秋社, 1998)
_____, 『初期大乘佛教の 研究』(東京: 春秋社, 1992)
한종만, 『한국 불교사상의 전개』(서울: 민족사, 1998)
黃有福 外, 권오철 譯, 『한중불교문화교류사』(서울: 까치, 1995)
_____, 『한국불교계율사상연구』(서울: 토방, 1997)

포살

1. 일차자료

『高僧傳』(『大正藏』50권)
『根本薩婆多部律攝』(『大正藏』24권)
『法苑珠林』(『大正藏』53권)
『法海經』(『大正藏』1권)
『別譯雜阿含經』(『大正藏』2권)
『毘尼母經』(『大正藏』24권)
『薩婆多部毘尼摩得勒迦』(『大正藏』23권)
『十誦律』(『大正藏』23권)
『律宗綱要』(『大正藏』74권)
『雜阿含經』(『大正藏』2권)
『長阿含經』(『大正藏』2권)
『中阿含經』(『大正藏』1권)
『增一阿含經』(『大正藏』2권)
『國譯一切經』史傳部 24(東京: 大東出版社, 1980 개정발행)
『大日本佛教全書』118권(東京: 名著普及會, 1980)

Aṅguttara-nikāya, vol.1, ed by Richard Morris, revised by A. K. Warder (2nd ed: London: PTS, 1961)
Aṅguttara-nikāya, vol.4, ed by E. Hardy (London: PTS, 1958)
Dīgha-nikāya, vol.1, ed by T. W. Rhys Davids & J. Estlin Carpenter (London: PTS, 1949)
Jātaka, vol.4, ed by V. Fausböll (London: PTS, 1963)
Kaṅkhāvitaraṇī nama Matikatthakatha, ed by Dorothy Maskell (London: PTS, 1981)
Paramatthajotika, vol.2, ed by Helmer Smith (Oxford: PTS, 1989)
Pāṭimokkha, ed by William Pruitt and trans by K. R. Norman (Oxford: PTS, 2001)
Samantapāsādikā, vol.5, ed by J. Takakusu & Makoto Nagai (London: PTS, 1938)
Suttanipāta, New Edition by Dines Andersen & Helmer Smith (London: PTS, 1948)
Vinaya-piṭaka, vol.1, ed by Hermann Oldendberg (London: PTS, 1879)
Vinaya-piṭaka, vol.2, ed by Hermann Oldendberg (London: PTS, 1880)

Vinaya-piṭaka, vol.3, ed by Hermann Oldendberg (London: PTS, 1881)

2. 이차자료

大谷光照, 『唐代の佛教儀禮』(東京: 有光社, 1937)
道端秀良, 『中國佛教史』(京都: 法藏館, 1939)
渡瀬信之, 『マヌ法典』(東京: 中央公論社, 1991)
芳村修基 編, 『佛教教團の研究』(京都: 百華苑, 1968)
石井米雄, 『上座部佛教の政治社會學』(東京: 創文社, 1975)
永村 眞, 『中世東大寺の組織と經營』(東京: 塙書房, 1989)
前田惠學 編, 『現代スリランカの上座佛教』(東京: 山喜房佛書林, 1986)
諸戸立雄, 『中世佛教制度史の研究』(東京: 平河出版社, 1990)
佐々木閑, 『出家とはなにか』(東京: 大藏出版社, 1999)
佐々木教悟, 『インド·東南アジア佛教研究 II 上座部佛教』(京都: 平樂寺書店, 1986)
中村元監修, 上村勝彦·長崎法潤 訳, 『ジャータカ全集』7(東京: 春秋社, 1988)
蔡印幻, 『新羅佛教戒律思想研究』(東京: 國書刊行會, 1977)
平岡定海, 『東大寺辭典』(東京: 東京堂出版, 1980)
平川彰, 『原始佛教の研究』(東京: 春秋社, 1964)

水野弘元, 「Pali, Sanskrit, Prakrit 相互の關係語の語形及び語義の異同について(その二)」, 『佛教研究』제16호, 國際佛教徒協會, 1987.
佐々木閑, 「Uposatha と Pātimokkhuddesa」, 『佛教史學研究』제30권 제1호, 佛教史學會, 1987)
龍口明生, 「阿含經典に見られる布薩の研究」, 『佛教學研究』제53호, 龍谷佛教學會, 1997.
沖本克己, 「布薩について」 『印度學佛教學研究』23-2, 日本印度學佛教學會, 1975.
神子上 惠生 외 4명, 「布薩と布施の研究(2)」, 『佛教文化研究所紀要』제36집, 龍谷大學, 1997.
藤井惠介, 「醍醐寺における布薩と佛堂」, 『中世寺院と法會』佐藤道子 編 (京都:法藏館, 1994)
里道德雄, 「中國南北朝期に於ける八關齋會について」, 『東洋大學大學院紀要』22집, 東洋大學大學院, 1985.
道端良秀, 「中國佛教における在家菩薩と八關齋」, 『奧田慈應先生喜壽記念 佛教思想論集』 (京都: 平樂寺書店, 1976)
안계현, 「八關會攷」, 『東國史學』제4권, 동국대학교 사학회, 1956.
여동찬, 「고려시대호국법회에 대한 연구」, 동국대학교 석사학위논문, 1971.

An International body of Pāli Scholars, *Critical PAli Dictionary*, vol. II, Copenhagen: The Royal Danish Academy of Sciences and Letters, 1960.
Aramaki, N. 'The Development of the Term 「PĀTIMOKKHA」 in Early Buddhism', *Premier Colloque Étienne Lamotte*, Louvain: Peeters Press, 1993.
Dutt, S. *Buddhist Monks and Monasteries of India,* London: Allen & Unwin, 1962.
Dutt, N. *Early Monastic Buddhism*, Calcutta: Calcutta Oriental Book Agency, 1960.
Ganguly, J. *Uposatha Ceremony*, Delhi: Bharathya Vidya Prakashan, 1991.
Max Müller, F., *Sacred Books of the East*, vol.12, The Śatapatha Brāhmaṇa, tr. by Eggeling, J., Richmond: Curzon Press, reprinted 2001.
Max Müller, F., *Sacred Books of the East*, vol.45, Uttarādhyāyana Sūtra, tr. by Jacobi, H., Richmond: Curzon Press, reprinted 2001.
Prasad, N.K. *Studies in Buddhist and Jaina Monachism*, Varanasi: Tara Printing Works, 1972.
Rhys Davids, T. W. and William Stede, *Pali-English Dictionary*, London: PTS, 1921-1925.
Sir Monier Monier-Williams, *Sanskrit-English Dictionary*, London: Oxford University Press, 1899.

보살계위

1. 일차자료

『攝大乘論釋』(『大正藏』31권)
『舊華嚴經』(『大正藏』9권)
『大寶積經』(『大正藏』11권)
『大佛頂首楞嚴經』(『大正藏』19권)
『大毘婆沙論』(『大正藏』27권)
『大乘阿毘達磨雜集論』(『大正藏』31권)
『大乘義章』(『大正藏』44권)
『大乘莊嚴經論』(『大正藏』31권)
『大智度論』(『大正藏』25권)
『大品般若經』(『大正藏』5권)
『梵網經』(『大正藏』24권)
『法華經玄義』(『大正藏』33권)
『法華玄義釋籤』(『大正藏』33권)
『菩薩戒義疏』(『大正藏』40권)
『菩薩十住經』(『大正藏』10권)
『成唯識論述記』(『大正藏』43권)
『成唯識論』(『大正藏』31권)
『十住毘婆沙論』(『大正藏』26권)
『瑜伽師地論略纂』(『大正藏』43권)
『瑜伽師地論』(『大正藏』30권)
『仁王經疏』『大正藏』33권)
『仁王般若波羅蜜經』(『大正藏』8권)
『解深蜜經』(『大正藏』16권)
『華嚴經疏』(『大正藏』35권)
『華嚴經探玄記』(『大正藏』35권)

2. 이차자료

西義雄, 『大乘菩薩道の研究』(京都: 平樂寺書店, 1968)
田上太秀, 『菩提心の 研究』(東京: 東京書籍, 1990)
金東華, 『唯識哲學』(서울: 보련각, 1973).
芳村修基, 『インド大乘佛教思想研究』(京都: 百華苑, 1974)
오형근, 『唯識思想과 大乘菩薩道』(서울: 유가사상사, 1997)
_____, 『唯識思想의 研究』(서울: 불교사상사, 1991)
이호근역, 『印度佛敎의 歷史』(서울: 민족사, 1989)
정승석, 『佛典解說辭典』(서울: 민족사, 1989)
平川彰, 『初期大乘佛教の歷史』(東京: 春秋社, 1968)
横山紘一, 묘주역, 『唯識哲學』(서울: 경서원, 1989)
Nirvana and Ineffability, *Asanga Tilakaratne*, Colombo: Karunaratne &Sons LTD., 1993.

보현행원

1. 출전 근거

『Gaṇḍavyūhasūtra』(『화엄경』 입법계품의 범본)
『大方廣佛華嚴經』 80권본 실차난타 역 (大正藏 10권)
『大方廣佛華嚴經』 60권본 불타발타라 역 (大正藏 9권)
『大方廣佛華嚴經』 40권본 반야 역 (大正藏 10권)
『大般若波羅蜜多經』 현장 역 (大正藏 5-7권)

『金剛頂瑜伽理趣般若經』 금강지 역 (大正藏 8권)
『妙法蓮華經』 구마라집 역 (大正藏 9권)
『觀普賢菩薩行法經』 담무밀다 역 (大正藏 9권)
『佛說一切諸如來心光明加持普賢菩薩延命金剛最勝陀羅尼經』 不空 역(大正藏 20권)
『金剛頂一切如來眞實攝大乘現證大敎王經』 不空 역(大正藏18권)
智儼, 『大方廣佛華嚴經搜玄分齊通智方軌』 (大正藏 35권)
智儼, 『華嚴經內章門等雜孔目章』 (大正藏 45권)
法藏, 『華嚴經探玄記』 (大正藏 35권)
澄觀, 『三聖圓融觀門』 (大正藏 45권)
澄觀, 『華嚴經行願品疏』 (續藏經 1-7-3)
宗密, 『華嚴經行願品疏鈔』 (續藏經 1-7-5)
淨源, 『華嚴普賢行願修證儀』(續藏經 1-95-5)
『禪宗全書』 제97권(文殊文化有限公司, 中華民國79년)
赫連挺, 『大華嚴首座圓通兩重大師均如傳』(『韓國佛敎全書』 제4책, 동국대학교출판부, 1982,)
一然, 『三國遺事』 (大正藏 49권)
明惠, 『華嚴修禪觀照入解脫門義』 (大正藏 72권)
明惠, 『華嚴佛光三昧觀秘寶藏』 (大正藏 72권)
東嶺圓慈, 『華嚴普賢行願品宗通略疏』 (寫本, 駒澤大所藏, 1895
龜川敎信, 『華嚴學』(百華苑, 1949)
『佛敎說話大事典』 下 (한국불교교화원, 1991)
『講座大乘佛敎』 3 華嚴思想, (春秋社, 1983)

2. 참고 문헌

김운학, 『신라불교문학연구』 (서울: 현암사 , 1976)
鄭柄朝, 『文殊菩薩의 硏究』 (서울: 한국불교연구원, 1988)
陳永裕, 『華嚴觀法の基礎的硏究』 (서울: 民昌文化社, 1995)
李道業, 『華嚴經思想硏究』 (서울: 民族社, 1998)
西義雄, 「菩薩とその願praṇidhāna行caritaについて」 (『印度學佛敎學硏究』 제11권 2호, 1963)
芳岡良音, 「普賢菩薩と無量壽經」 (『印度學佛敎學硏究』 제13권 1호, 1965)
橫超慧日, 『法華思想』(平樂寺書店, 1975)
鎌田茂雄, 「『華嚴普賢觀行法門』について」 (『中國佛敎思想史硏究』 春秋社, 1968)
鎌田茂雄, 「華嚴普賢行願修證儀の硏究」 (愛知學院 「禪硏究所紀要」 6.7合併号, 1976)
宇井伯壽, 『寶性論硏究』 (岩波書店, 1979)
高峰了州, 「普賢行」 (『華嚴論集』 國書刊行會, 1976)
高峰了州, 「華嚴經における普賢行願品の地位」 (『華嚴論集』 國書刊行會 1976)
高峰了州, 「普賢行願品解釋の問題」 (『華嚴論集』 國書刊行會, 1976)
中村 薰, 「『華嚴經』の菩薩觀 」(『日本佛敎學會年報』 제51호, 1986)
岩崎日出男, 「不空三藏と『普賢菩薩行願讚』」 (『華嚴學論集』 大藏出版株式會社, 1997)
中村 元, 現代語譯 大乘佛典 5 『華嚴經』 『楞伽經』 (東京書籍, 2003)
權坦俊, 「華嚴의 普賢行願과 觀法에 대한 比較硏究」 (동국대학교 대학원, 1981)
조윤호, 「普賢行願思想 연구를 위한 문헌학적 접근」 (한국불교학결집대회논집, 제1집 상권, 2002)

왕생

1. 일차자료

1) 장경

『증일아함경』(대정장 2권)
『마하반야바라밀경』(대정장 8권)
『묘법연화경』(대정장 9권)

『대방광불화엄경』(대정장 9권)
『불설아미타경』(대정장 12권)
『불설무량수경』(대정장 12권)
『관무량수불경』(대정장 12권)
『불설대승무량수장엄경』(대정장 12권)
『불설반주삼매경』(대정장 13권)
『지장보살본원경』(대정장 13권)
『약사유리광칠불본원공덕경』(대정장 14권)

2) 론소
무착, 『섭대승론』(대정장 31권)
마명, 『대승기신론』(대정장 32권)
용수, 『십주비바사론』(대정장 26권)
세친, 『무량수경우바제사(왕생론)』(대정장 26권)
선도, 『관무량수불경소』(대정장 37권)
가재, 『정토론』(대정장 47권)
혜원, 『악방문류』(대정장 47권)
혜원, 『관무량수경의소』(대정장 37권)
선도, 『관념아미타불상해삼매공덕법문』(대정장 47권)
선도, 『왕생예찬게』(대정장 47권)
도작, 『안락집』(대정장 47권)
담란, 『왕생론주』 (대정장 40)
담란, 『약론안락정토의』(대정장 47권)
원효, 『무량수경종요』(한불전 1권)
원효, 『유심안락도』(한불전 1권)
법위, 『무량수경의소』(한불전 2권)
法然, 『選擇本願念佛集』(眞宗聖教全書 Ⅰ)
親鸞, 『歎異抄』(眞宗聖教全書 Ⅱ)
親鸞, 『末燈鈔』(眞宗聖教全書 Ⅱ)

2. 이차자료

1) 사전
『불교사전』(동국역경원, 2002)
『망월불교대사전』(세계성전간행협회, 1973)
『범화대사전』(영목학술재단, 1986)
『佛教語大辭典』(東京書籍, 昭和56)

2) 논문
교양교재편찬위원회편, 『불교학개론』(동국대학교 출판부, 2000)
장휘옥, 『정토불교의 세계』(불교시대사, 1996)
최봉수, 『원시불교와 초기대승불교 사상』(탄허불교문화재단, 1996)
玉城康四郎 等外, 정순일역, 『중국불교의 사상』(민족사, 1989)
홍윤식, 『정토사상』(한겨레출판사, 1980)
권기종, 『불교사상사연구 上』(한국불교연구원, 2004)
정태혁, 『인도철학과 불교의 실천사상』(민족사, 1998)
불교문화연구원, 『한국정토사상연구』(동국대학교출판부, 1985)
이태원, 『염불의 원류와 전개사』(운주사, 1998)
김영태, 『한국불교사 개설』(경서원, 1986)
길희성, 『일본의 정토사상』(민음사, 1999)
望月信亨, 이태원역, 『중국정토교리사』(운주사, 1997)
坪井俊映, 이태원역, 『정토삼부경개설』(운주사, 1992)
坪井俊映, 한보광역, 『정토교개론』(여래장, 2000)

平川彰外編,『淨土思想』, 講座·大乘佛教5(春秋社, 昭和58)
石田瑞麿著,『往生の思想』(平樂寺書店, 1968)
星野元豊『淨土 存在と意義』(法藏館, 昭和40)
香川孝雄,『淨土教の成立史的硏究』(山喜房佛書林, 1993)
石田充之,『淨土教教理史』(平樂寺書店, 1962)
山口益,『世親の淨土論』(法藏館, 1963)
望月信亨,『淨土教之硏究』(佛書硏究會, 1914)
강동균.「대승불교에 있어서 정토사상의 의미」『정토학연구』 창간호(한국정토학회, 1998)
홍윤식,「정토교와 문화예술」『정토학연구』 창간호(한국정토학회, 1998)
이태원,「중국초기 정토신앙」『정토학연구』 3집(한국정토학회, 2000)

무소유

1. 일차자료

Dīgha-nikāya (London: PTS, 1976)
Majjhima-nikāya (London: PTS, 1976)
Saṃyutta-nikāya (London: PTS, 1976)
Aṅguttara-nikāya (London: PTS, 1976)
Dhammapada (London: PTS, 1976)
Sutta-nipāta (London: PTS, 1976)
『大般若經』(『大正藏』5권)
『大乘玄論』(『大正藏』 45권)
『龍樹菩薩勸誡王頌』(『大正藏』32권)
『法苑珠林』(『大正藏』53권)
『成唯識論』(『大正藏』31권)
『勝鬘寶窟』(『大正藏』37권)
『阿毘達磨俱舍論(』(『大正藏』29권)
『阿毘達磨大毘婆沙論』(『大正藏』28권)
『瑜伽師地論(』(『大正藏』30권)
『維摩詰所說經』(『大正藏』14권)
『唯識三十論頌』(『大正藏』31권)
『中論』(『大正藏』30권)

2. 이차자료

David, Rhys, *The Pali Text Society's Pali-English Dictionary*, London: PTS, 1979.
Nyanatiloka, *Buddhist Dictionary*, Kandy: Buddhist Publication Society, 1997.
Williams, Monier, *Sanskrit-English Dictionary*, London: Oxford University Press, 1956.
『불교대사림』(서울: 가산불교문화연구원)
운허 스님,『佛教辭典』(서울: 동국역경원, 2002)
각묵·대림 역주,『아비담마 길라잡이』상(서울: 초기불전연구원, 2002)
권오민 譯,『阿毘達磨俱舍論』(서울: 동국역경원, 2002)
김성철 역주,『中論』(서울: 경서원, 2001)
Kalupahana, David, *Nagarjuna's Moral Philosophy and Sinhala Buddhism,* Colombo: Karunaratne & Sons LTd., 1995.
Śāntideva (Wallace, Alan Trans.), *A Guide to the Bodhisattva Way of Life,* New York: Snow Lion Publications, 1997.
김동화,『불교윤리학: 인간학으로서의 불교』(서울: 보련각, 1989)
목정배,『계율학개론』(합천: 장경각, 2001)
안옥선,『불교윤리의 현대적 이해: 초기불교윤리에의 한 접근』(서울: 불교시대사, 2002)
藤田宏遠, 최법혜 편역,「原始佛教의 倫理思想」,『불교윤리학논집』(서울: 고운사본말사교육

연수원, 1996)
梶山雄一, 김재천 譯, 『대승과 회향』(서울: 도서출판 여래, 2002)
Aitken, Robert, *The Mind of Clover: Essays in Zen Buddhist Ethics*, San Francisco: Northpoint Press, 1984.
Aronson, Harvey, *Love and Sympathy in Theravāda Buddhism*, Delhi: Motilal Banarsidass, 1986.
Balkrishna Gokhale, 'Early Buddhism and the Urban Revolution.', *Journal of the International Association of Buddhist Studies* vol.5-2, 1982.
Chappell, David, 'Searching for a Mahāyāna Social Ethic.', *Journal of Religious Ethics* vol.24, no.2, 1996.
Dharmasiri, Gunapala, *Fundamentals of Buddhist Ethics*, Antioch; Golden Leaves Publishing Company, 1989.
Dumont, Louis, 'World Renunciation in Indian Religions.', *Contributions to Indian Sociology* vol.4, 1960.
Hallisey, Charles, 'Recent Works on Buddhist Ethics.', *Religious Studies Review* vol.18. no.4, 1992.
Harvey, Peter, *An Introduction to Buddhist Ethics: Foundations, Values, and Issues*, Cambridge: Cambridge University Press, 2000.
__________, *The New Social Face of Buddhism: A Call to Action*, London: Wisdom Publications, 2003.
Kalupahana, David, *Ethics in Early Buddhism*, Honolulu: University of Hawaii Press, 1995.
Keown, Damien, *The Nature of Buddhist Ethics*, New York: St. Martin's Press, 1992.
______, Eds., *Contemporary Buddhist Ethics*, Richmond: Curzon Press, 2000.
King, Winston, *In the Hope of Nibbāna: An Essay on Theravāda Buddhist Ethics*, LaSalle: Open Court, 1964.
Loori, John, *The Heart of Being: Moral and Ethical Teachings of Zen Buddhism*, Boston: Charles Tuttle, 1996.
Morgan, Peggy, 'Ethics and the Lotus Sutra.', *Journal of Buddhist Ethics* 5, 1998.
Nakasone, Ronald, *Ethics of Enlightenment: Essays and Sermons in Search of a Buddhist Ethic*, Freemont: Dharma Cloud Publishers, 1990.
Pardue, Peter, trans., *Buddhism: A Historical Introduction to Buddhist Values and the Social and Political Forms They Have Assumed in Asia*, New York: MacMillan Co., 1971.
Prebish, Charles Eds., *Buddhist Ethics: A Cross-Cultural Approach*, Dubuque: Kendall Publishing Company, 1992.
Premasiri, P.D. *'Ethics'(Encyclopaedia of Buddhism)*, Colombo: Department of Buddhist Affairs, 1991.
Saddhatissa, H., *Buddhist Ethics*, New York: George Braziller, 1971.
Schopen, Gregory, 'On Avoiding Ghosts and Social Censure: Monastic Funerals in the *Mulasarvāstivāda-Vinaya*.', *Journal of Indian Philosophy* 20, no.1, 1992.
Silber, Ilana Friedrich, 'Dissent Through Holiness: The Case of the Radical Renouncer in Theravāda Buddhist Countries.', *Numen*, XXVĪ, no.2, 1981.
Sizemore, Russell & Swearer Donald Eds., *Ethics, Wealth, and Salvation: A Study in Buddhist Social Ethics*, Columbia: University of South Carolina Press, 1990.
Spiro, Melford, *Buddhism and Society*, New York: Harper & Row Publishers, 1970.
Tachibana, S., *The Ethics of Buddhism*, London: Clarendon Press, 1926.
Wawrytko, Sandra et al. Eds., *Buddhist Ethics and Modern Society: A Symposium*, Westport: Greenwood Press, 1991.
Wayman, Alex, *The Ethics of Tibet: Bodhisattva Section of Tsong-kha-pa's Lam Rim Chen Mo*, Albany: State University of New York Press, 1991.

사섭법

1. 일차자료

『大般若波羅蜜多經』(『高麗大藏經』1권)
『大般涅槃經』(『高麗大藏經』9권)
『大方廣佛華嚴經』(『高麗大藏經』8권)
『大方廣佛華嚴經』(『高麗大藏經』36권)
『大方便佛報恩經』(『高麗大藏經』13권)
『大悲經』(『高麗大藏經』9권)
『大智度論』(『大正藏』25권)
『大集大虛空藏菩薩所問經』(『高麗大藏經』37권)
『摩訶般若波羅蜜經』(『高麗大藏經』5권)
『妙法蓮華經』(『高麗大藏經』9권)
『梵網經盧舍那佛說菩薩心地戒品』(『高麗大藏經』14권)
『菩薩善戒經』(『大正藏』30권)
『菩薩善戒經』(『高麗大藏經』14권)
『菩薩地持經』(『高麗大藏經』14권)
『布施經』(『大正藏』16권)
『佛說仁王般若波羅蜜經』(『高麗大藏經』5권)
『勝鬘經』(『高麗大藏經』6권)
『十住經』(『高麗大藏經』8권)
『十住毘婆沙論』(『高麗大藏經』16권)
『阿毘達磨俱舍論』(『高麗大藏經』27권)
『優婆塞戒經』(『高麗大藏經』14권)
『優婆塞戒經』(『大正藏』24권)
『瑜伽師地論』(『高麗大藏經』15권)
『維摩詰所說經』(『高麗大藏經』9권)
『仁王護國般若波羅蜜多經』(『高麗大藏經』37권)
『長阿含經』(『高麗大藏經』17권)
『增一阿含經』(『大正藏』2권)
『集異門足論』(『高麗大藏經』24권)

2. 이차자료

『불교용어사전』(서울: 경인문화사, 1998)
『藏漢大辭典』(北京: 民族出版社,1999)
望月信亨 編纂, 『佛教大辭典』2권(東京: 世界聖典刊行協會)
雲井昭善, 『パ-リ語 佛教辭典』(東京: 山喜房佛書林, 1997)
荻原雲來, 漢譯對照 『梵和大辭典』(東京: 講談社, 1978)
전관응대종사 감수, 『불교학대사전』(서울: 홍법원, 1991)
『總合佛教大辭典』(京都: 法藏館, 2005)

Maria M. Carroll, 'Social Work's Conceptualization of Spirituality, Ram Dass & Paul Gorman, *How Can I Help?* , N.Y: Alfred A. Knopf, 1988.
Ruth R. Middleman, *Skills for Direct Practice in Social Work,* NY: Columbia Univ. 1990.
Spirituality in Social Work :New Directions, The Haworth Press, 1998.

吉田久一, 『日本社會福祉思想史』(東京: 川島書店, 1989)
각묵 譯, 『디가니까야』3권(울산: 초기불전연구원, 2005)
붓다고사 지음, 대림스님 譯, 『청정도론』2권(울산: 초기불전연구원, 2005)
서울대 사회복지실천연구회 譯, 『사회복지실천기법과 지침』(서울: 나남출판, 1998)
윤현숙 외 6인 공저, 『사회복지실천기술론』(서울: 동인출판, 2001)

이인정외 1인, 『인간행동과 사회환경』(서울: 나남출판, 1998)
Joanna Macy, 이중표 譯, 『불교와 일반시스템이론』(서울: 불교시대사, 2004)
森永松信 著, 이혜숙 譯, 『불교사회복지학』(서울: 불교시대사. 1992)
이혜숙, 「불교사회복지학의 체계화를 위한 연구」, 동국대학교대학원 박사학위논문, 1994.
장인협 외, Ralph E. Anderson &Irl Carter, 『인간행동과 사회환경』(서울: 집문당, 1991)
장인협, 『사회사업실천방법론』(상)(서울: 서울대출판부, 1989)
David Howe, 장인협 감역, 『사회사업이론 입문』(서울: 집문당. 1992)
孝橋正一, 『社會事業の基本問題』(京都: ミネルヴァ, 1988)

삼십칠조도품

1. 일차자료

『大乘阿毘達磨雜集論』 10(『大正藏』31권)
『佛說轉法輪經』 (『大正藏』2권)
『阿毘達磨俱舍論』 23(『大正藏』29권)
『阿毘達磨大毘婆沙論』 96·187(『大正藏』27권)
『阿毘達磨法蘊足論』 2·3·4·5·8·9(『大正藏』26권)
『阿毘達磨順正理論』 171(『大正藏』29권)
『阿毘達磨集異門足論』 6·14·16(『大正藏』26권)
『瑜伽師地論』 28·29(『大正藏』30권)
『雜阿含經』 26·30(『大正藏』2권)
『長阿含經』 5(『大正藏』1권)
『中阿含經』 24·58(『大正藏』1권)

2. 이차자료

『가산불교대사전』(서울: 가산불교문화연구원)
望月信亨, 『망월불교대사전』, (東京: 世界聖典刊行協會)
홍법원편집부 編, 『불교대사전』(서울: 홍법원)

십팔불공법

『長阿含經』 권1·4, (『大正藏』 1권)
『中阿含經』 권32, (『大正藏』 1권)
『雜阿含經』 권23·25·26·27·46·50, (『大正藏』 2권)
『增一阿含經』 권2·3·13·19·22·31·42·48·49, (『大正藏』 2권)
『大般若波羅密多經』, (『大正藏』 5-7권)
『摩訶般若波羅蜜經』, (『大正藏』 8권)
『妙法蓮華經』 권2, (『大正藏』 9권)
『大方廣佛華嚴經』, (『大正藏』 9권)
『大般涅槃經』, (『大正藏』 12권)
『大智度論』 권24-26, (『大正藏』 25권)
『阿毘達磨大毘婆沙論』 권30·31, (『大正藏』 27권)
『雜阿毘曇心論』 권6, (『大正藏』 28권)
『阿毘達磨俱舍論』 권27, (『大正藏』 29권)
『阿毘達磨順正理論』 권12·75, (『大正藏』 29권)
『瑜伽師地論』 권49·50, (『大正藏』 30권)
『大乘義章』 권16, (『大正藏』 2권)
『불교사전』 (동국역경원, 2002)
『불교대사전』 상·하 (홍법원, 1998)

『佛光大辭典』(臺灣: 佛光出版社, 1989)
『望月佛教大辭典』(世界聖典刊行協會, 1973)
『梵和大辭典』(東京: 鈴木學術財團, 1986)
노권용, 『불타관의 연구』, 박사학위 논문, 원광대학교 대학원, 1987
平川彰, 李浩根 (역), 『印度佛教의 歷史』 上·下(서울:민족사, 1989)
日本佛教學會 編, 『佛陀觀』(京都: 平樂寺書店, 1988)
山口益, 「佛身觀の思想史的展開」, 『佛教學セミナ』 17號, 大谷大學 佛教學會 1973.5
早島理, 「瑜伽行唯識學派における佛陀觀」, 『日本佛教學會年報』 vol. 53, 1988.3

회향

『대반열반경』 (대정신수대장경 1권)
『팔천송반야경』 (대정신수대장경 8권)
『대품반야경』 (대정신수대장경 8권)
『대방광불화엄경』 (대정신수대장경 10권)
『대지도론』 (대정신수대장경 25권)
『발지론』 (대정신수대장경 27권)
『구사론』 (대정신수대장경 29권)
『대승의장』 (대정신수대장경 44권)
『불교사전』(동국역경원, 2002)
『망월불교대사전』(세계성전간행협회, 1973)
『범화대사전 』(영목학술재단, 1986)
水野弘元 외 4인 編輯, 『불전해제사전 』(東京: 春秋社, 1983)
横山纊一·光澤隆之 編, 『범장한대조 불교어사전 』, 1997
中村 元 等 編輯, 『岩波 佛教辭典 』제2판 (東京: 岩波書店, 2002)
武邑尙邦, 『佛教思想辭典』(東京: 教育新潮社, 昭和 62)
高崎直道 代表編輯, 『佛教·インド 思想辭典』(東京: 春秋社, 1987)
Lokesh Chandra, Tibetan-Sanskrit Dictionary, New Delhi, 1959(Reprint, Kyoto, 1976)
Sir M. Monier-Williams, Sanskrit-English Dictionary, London : Oxford at the clarend press, 1979
『한국민족문화대백과사전』25, 한국정신문화연구원, 1997
平川 彰 등 편집, 『講座 大乘佛教2-般若思想』(東京: 春秋社, 昭和 58)
혜남, 『보현행원품 강설』(부산: 부다가야, 2006)
혜담 지상, 『般若佛教 信行論』(서울: 불광출판부, 1997)
梶山雄一 저, 이기영 역, 『공의 세계-반야경-』, 『현대불교신서』 22 (서울: 동국대학교 부설 역경원, 1979)
白英赫, 『大乘佛教의 廻向思想硏究-般若教說을 中心으로-』, 동국대 대학원 석사학위 논문, 1987.
홍윤식, 「한국축제의 구조적 특성과 영산재, 삼회향놀이」, 『축제의 연원과 특질』(경기도: (사)진단전통예술보존협회, 2005)
중촌 원 저, 김지견 역, 『佛陀의 世界』(서울: 김영사, 1984)
나가오 가진 저, 김수아 옮김, 『중관과 유식』(서울: 동국대출판부, 2005)
가지야마 유이치 저, 김재천 옮김, 『대승과 회향』(서울: 여래, 2002)
渡邊照宏 , 岩波新書『佛教』 제2판 (東京: 岩波書店, 昭和 49)
梶山雄一, 「回向, 功德의 轉移와 轉化 - 空과 관련하여」, 『佛教硏究』1 (한국불교연구원, 1985)
梶山雄一, 『般若經- 空の世界-』 (東京: 中央公論社, 昭和 51)
本多弘之, 「廻向の教學」, 『印度學佛教學硏究』 제23권 1호, 日本印度學佛教學會, 昭和49
山口 益, 『般若思想史』(京都: 法藏館 , 昭和 53)
山田龍城 『大乘佛教成立論序說』 (京都: 平樂寺書店 , 1977)
三枝充悳, 『般若經の眞理』(東京: 春秋社, 1981)
上山春平·梶山雄一 편, 『佛教の 思想』(東京: 中央公論社, 昭和 52)
桑原淨昭, 「他力廻向論理成立の淵源に關する一考察」, 『印度學佛教學硏究』, 日本印度學佛教學

會, 1970
西義雄,『大乘菩薩道研究』(京都: 平樂寺書店, 1968)
櫻部 建,「功德を廻施するという考え方」大谷大學佛教學會編『業思想の研究』(京都: 文榮堂 書店, 1950)
入澤 崇,「廻向の 源流」,『西南 アジア研究』제30호, 京都 大學文學部 西南 アジア研究會, 1989
早島鏡正,「曇鸞の菩薩思想」西義雄博士頌壽記念論集『菩薩思想』(東京: 大東出版社, 昭和 56)
楝溪順忍,「廻向の論理」,『印度學佛教學研究』12-1, 통권23, 日本印度學佛教學會, 1964
平川 彰·梶山雄一·高崎直道,『講座 大乘佛教 2- 般若思想』(東京: 春秋社, 昭和 58)
河波 昌,「往生思想と菩薩道の完成」西義雄博士頌壽記念論集『菩薩思想』(東京: 大東出版社, 昭和 56)

성성적적

1. 출전 근거

『老子化胡經』(『大正藏』 54권).
道謙 編,『大慧普覺禪師宗門武庫』(『大正藏』 47권).
道世 撰,『法苑珠林』(『大正藏』 53권).
妙源 編,『虛堂和尙語錄』(『大正藏』 47권).
裴休 集,『黃檗山斷際禪師傳心法要』(『大正藏』 48권).
紹隆 等 編,『圜悟佛果禪師語錄』(『大正藏』 47권).
守堅 集,『雲門匡眞禪師廣錄』(『大正藏』 47권).
崇岳·了悟 等 編,『密庵和尙語錄』(『大正藏』 47권).
僧旻·寶唱 集,『經律異相』(『大正藏』 53권).
語風圓信·郭凝之 編,『金陵淸凉院文益禪師語錄』(『大正藏』 47권).
語風圓信·郭凝之 編,『袁州仰山慧寂禪師語錄』(『大正藏』 47권).
如卺 續集,『緇門經訓』(『大正藏』 48권).
延壽 集,『宗鏡錄』(『大正藏』 48권).
蘊聞 編,『大慧普覺禪師語錄』(『大正藏』 47권).
惟蓋竺 編,『明覺禪師語錄』(『大正藏』 47권).
才良 等 編,『法演禪師語錄』(『大正藏』 47권).
正覺 頌古·行秀 評唱,『萬松老人評唱天童覺和尙頌古從容庵錄』(『大正藏』 48권).
宗密 述,『禪源諸詮集都序』(『大正藏』 48권).
宗紹 編,『無門關』(『大正藏』 48권).
重顯 頌古, 克勤 評唱,『佛果圜悟禪師碧巖錄』(『大正藏』 48권).
知訥 撰,『誡初心學人文』(『大正藏』 48권).
知訥 撰,『高麗國普照禪師修心訣』(『大正藏』 48권).
知訥 撰,『眞心直說』(『大正藏』 48권).
智昭 集,『人天眼目』(『大正藏』 48권).
智嚴 譯,『佛說法華三昧經』(『大正藏』 9권).
知徹 述,『禪宗決疑集』(『大正藏』 48권).
集成 等 編,『宏智禪師廣錄』(『大正藏』 48권).
楚圓 集,『汾陽無德禪師語錄』(『大正藏』 47권).
慧印 校,『撫州曹山元證禪師語錄』(『大正藏』 47권).
洪應明,『菜根譚』
袾宏 輯,『禪關策進』(『大正藏』 48권).

2. 참고 문헌

김승동,『불교·인도사상사전』(부산: 부산대학교출판부, 2001).
전재성,『빠알리-한글 사전』(서울: 한국빠알리성전협회, 2005).
한국불교대사전 편찬위원회,『한국불교대사전』 3권 (서울: 보련각, 1982).

Sir Monier Monier-Williams, *A Sanskrit-English Dictionary* (Reprint of Oxford University Press Edition, 1899, Delhi: Motilal Banarsidass Publishers, 1990).
中村元,『佛教語大辭典』(東京: 東京書籍, 1988).
平川彰,『佛教漢梵大辭典』(東京: 靈友會, 1997).
강건기,『마음 닦는 길:「수심결」강의』(순천: 불일출판사, 1991).
규봉종밀, 원순 역,『선원제전집도서』(서울: 도서출판 법공양, 2000).
길희성,『지눌의 선사상』(서울: 소나무, 2001).
백련선서간행회 편역,『선림보전』,『선림고경총서』1 (합천: 장경각, 불기 2532).
설두선사 저, 원오선사 편, 송병진 역주,『벽암록연구』(발행자 불명, 2004).
심재룡,『지눌연구: 보조선과 한국불교』(서울: 서울대학교 출판부, 2005).
이기영,『진심직설: 역해 및 강의』(불연 이기영 전집 제22권, 서울: 한국불교연구원, 2001).

오상성신[1]

1. 사전류

慈怡 外,『佛光大辭典』, (臺灣: 佛光出版社, 1988).
望月信亨,『望月佛教大辭典』(東京書籍, 1971).
佐和隆研,『密教辭典』(法藏館, 1975).
中村元,『佛教語大辭典』(東京書籍, 1981).
岩野文世外,『*JAPANESE-ENGHLSH BUDDHIST DICTIONARY*』(東京: 大東出版社, 1984).

2. 단행본류

堀内寛仁,『初會金剛頂經梵本・譯註(二)』(密教文化 第184號, 高野山大學 密教研究會, 1993).
坂野榮範.『金剛頂經に關する研究』(日本 國書刊行會, 1976).
栂尾祥雲,『金剛頂經の研究, 遺稿論文集3』(高野山大學出版部, 1933).
田中海應,『秘密事相の解說』(東:京 鹿野苑, 1962).
栂尾祥雲,『秘密事相の研究』(高野山大學出版部, 1935).
鄭泰爀,『밀교의 세계』(서울: 高麗苑, 1996).
金剛秀友外,『密教の理論と實踐』(春秋社, 1978).
酒井眞典,『金剛頂經研究』『酒井眞典著作集』제3권(京都: 法藏館, 1985).
Lokesh Chandra,『*Sarva-Tathāgata-Tattva-Saṃgraha Sanskrit Text*』, (Narendra Prakash Jain For Motilal Banarsidass, Delhi, India, 1987).
S. B. Dasgupta,『*An Introduction to Tantric Buddhism*』(University of Calcutta, 1974).
鄭泰爀,『밀교의 세계』(고려원, 1996).

3. 논문류

津田眞一,「初會金剛頂經における成佛の構造」,『佛の研究』(東京: 春秋社, 1977).
遠藤祐純,「五相成身觀について」,『高井隆秀教授還曆記念論集 密教思想』, 種智院大密教學會, 1977.
遠藤祐純,「初會金剛頂經における金剛界について」,『密教學研究』第11號, 1979.
八田幸雄,「初會の金剛頂經の哲學的構造」,『密教學研究』第2號(日本密教學會, 1970).
「Tantrārthāvatāraお中心として『金剛頂經』の研究㊀-㊅」,『密教學』제7호(1970년)-제12호(1975년).
田中公明,「金剛界曼荼羅の成立について(三)」,『印度學佛教學研究』V.31, No.2, 1983.
遠藤祐純,「五相成身觀의 實修法과 大乘的 意義」,『東洋學』第21輯, 檀國大學校 附設 東洋學研究所, 1991.
乾仁志,「『初會金剛頂經』の基本にある如來藏思想」,『密教の形成と流轉』『高野山大學密教文化

1 『대정신수대장경』에 수록된 한역 문헌은 본문 가운데 이미 열거하였으므로 생략한다.

研究所紀要』 別册2 (高野山大學密教文化硏究所, 2001).
野口圭也, 「密教におけるサハジャ思想の形成」, 『密教の形成と流轉』, 『高野山大學密教文化研究所紀要』 別册2 (高野山大學密教文化硏究所, 2001).
金永德, 「密教의 五相成身觀 硏究」 (동국대학교 석사학위논문, 1989).
_____, 「金剛界三十七尊의 硏究」 (동국대학교 박사학위논문, 1996).

삼밀

1. 일차자료

원전류

『大方廣佛華嚴經卷』27「十地品」22의 5(『大正藏』9권, 572하).
『佛說除蓋障菩薩所問經』9(『大正藏』14권, 728상).
『十住經』4(『大正藏』10권, 529중).
『十地經』8(『大正藏』10권, 569상).
『大寶積經』10 「密迹金剛力士會」3의 3(『大正藏』11권, 53중).
『佛說如來不思議秘密大乘經』6(『大正藏,』11권, 716하).
『發覺淨心經』상(『大正藏』12권, 45상).
『菩薩胎藏經』2(『大正藏』12권, 1023상).
『大方等無想經』1(『大正藏』12권, 1081하).
『寶雲經』3(『大正藏』16권, 223중).
『大日經』1(『大正藏』18권, 1상중).
『大日經』5(『大正藏』18권, 30상).
『大日經』7 「持誦法則品」(『大正藏』18권, 51중).
『大毘盧遮那經廣大儀軌』하(『大正藏』18권, 107중).
『金剛頂一切如來眞實攝大乘現證大教王經』1(『大正藏』18권, 207상).
『金剛頂瑜伽中略出念誦經』1(『大正藏』18권, 223하).
『金剛峰樓閣一切瑜伽瑜祇經』상(『大正藏』18권, 254중).
『略述金剛頂瑜伽分別聖位修證法門序』(『大正藏』18권, 288상).
『一切如來金剛三業最上秘密大教王經』(『大正藏』18권, 483상).
『一切如來金剛三業最上秘密大教王經』(『大正藏』18권, 504상).
『瑜伽大教王經』 5(『大正藏』18권, 582하).
『瑜伽大教王經』 4(『大正藏』18권, 577중).
『瑜伽大教王經』 5(『大正藏』18권, 579하).
『藥師如來觀行儀軌』(『大正藏』19권, 23상).
『金剛頂一字頂輪王瑜伽一切時處念誦成佛儀軌』(『大正藏』19권, 322중).
『金剛頂瑜伽千手千眼觀自在菩薩修行儀軌經』(『大正藏』20권, 81하).
『大悲心陀羅尼修行念誦略儀』(『大正藏』20권, 128상).
『不空羂索陀羅尼經』(『大正藏』20권, 418하).
『金剛頂瑜伽金剛薩?五秘密修行念誦儀軌』(『大正藏』20권, 539상).
『慈氏菩薩略修愈?念誦法』상(『大正藏』20권, 590상).
『大乘瑜伽金剛性海曼殊室利千臂千鉢大教王經』2(『大正藏』20권, 732상).
『大方光菩薩藏文殊師利根本儀軌經』10(『大正藏』20권, 868중).
『大智度論』10(『大正藏』25권, 127하).
『大智度論』4(『大正藏』25권, 84하).
『金剛頂瑜伽中發菩提心論』(『大正藏』32권, 574중).
『金剛頂瑜伽中發菩提心論』(『大正藏』32권, 574하).
『仁王經疏』상(『大正藏』33권, 393상).
『妙法蓮華經文句』7상(『大正藏』34권, 92중).
『妙法蓮華經文句』(『大正藏』34권, 118하).
『法華經文句記』(『大正藏』34권, 290하).
『法華經文句記』9상(『大正藏』34권, 317상).

『法華玄論』7(『大正藏』34권, 419상).
『法華玄論』10(『大正藏』34권, 447중).
『法華經疏』2(『大正藏』34권, 469상).
『觀音玄義』하(『大正藏』34권, 888중).
『觀音玄義記』3(『大正藏』34권, 915상).
『大方廣佛華嚴經疏』10(『大正藏』35권, 569중).
『大方廣佛華嚴經疏』38(『大正藏』35권, 799중).
『大方廣佛華嚴經疏』44(『大正藏』35권, 836중).
『大方廣佛華嚴經隨疏演義鈔』86(『大正藏』36권, 670상).
『大方廣佛華嚴經隨疏演義鈔』89(『大正藏』36권, 692상).
『大般涅槃經疏』3(『大正藏』38권, 57하).
『大般涅槃經疏』(『大正藏』38권, 87상).
『大般涅槃經疏』(『大正藏』38권, 167상).
『涅槃經遊意』(『大正藏』38권, 237상).
『維摩經略疏』2(『大正藏』38권, 587중).
『維摩經義疏』2(『大正藏』38권, 926중).
『金光明經文句』1(『大正藏』39권, 50하).
『金光明經文句記』2상(『大正藏』39권, 96상).
『金光明經疏』(『大正藏』39권, 160중).
『大日經疏』1(『大正藏』39권, 579중).
『大日經疏』(『大正藏』39권, 583상).
『大日經疏』3(『大日經疏』39권, 606중).
『大毘盧遮那成佛經疏』3(『大正藏』39권, 607상).
『大毘盧遮那成佛經疏』3(『大正藏』39권, 607하).
『大毘盧遮那成佛經疏』3(『大正藏』39권, 609하).
『大毘盧遮那成佛經疏』6(『大正藏』39v, 647상).
『大日經疏』11(『大正藏』39권, 694상).
『大毘盧遮那經供養次第法疏』상(『大正藏』39권, 795상).
『大日經供養次第法疏』하(『大正藏』39권, 803하).
『大日經供養次第法疏』(『大正藏』39권, 807中).
『首楞嚴義疏注經』7(『大正藏』39권, 916상).
『首楞嚴義疏注經』7(『大正藏』39권, 916하).
『十一面神呪心經義疏』(『大正藏』39권, 1007중).
『大日經開題』(『大正藏』58권, 6상).
『大日經開題』(『大正藏』58권, 11하).
『金剛頂經開題』(『大正藏』61권, 4중).
『十住心論』10(『大正藏』 77권, 359중).
『卽身成佛義』(『大正藏』77권, 381중하).
『卽身成佛義』(『大正藏』77권, 383상).
『卽身成佛義』(『大正藏』77권, 383중).
日本賴寶述, 『眞言名目』(『大正藏』77권, 734중).
『秘藏記』, 『弘法大師全集』2권, 686.
Ārya tathāgata acintya guhya nirdeśa nāma mahāyāna sūtra "The Tbetan Tripiṭa, peiking Edition", 22권, 59-5-8(144a)~60-1-1(144b).
Vaidya, P. L., ed., Buddhist Sanskrit Texsts 6, 239면.
Vaidya, P. L., ed., Buddhist Sanskrit Texsts 7, 58면
Snellgrove, D. D.L., ed., The Hevajra Tantra-A Critical Study, London: Oxford University, 1980), vol. 1, 76, 77.
The Guhyasamja Tantra "TheTbetan Tripi a, peiking Edition," vol. 3, fol. 198-3-3 (155b).
Yukei Matsunaga, ed., The Guhyasam ja Tantra(Osaka, Japan:Toho Shuppan,1978), 38,43. 105, 106aus.

2. 이차자료

1) 사전류

『密教大辭典』(京都: 法藏館, 昭和 44), 837-840면, 1403면.

『密教辭典』(京都: 法藏館, 昭和 50), 276-278면, 645면, 447-450면.

『望月佛教大辭典』(東京: 世界聖典刊行協會, 昭和 55, 9판), 1682-1684면, 3134-3136면.

荻原雲來, 『漢譯對照 梵和大辭典』(東京: 講談社, 昭和 62), 431aus, 1119.

Wilson, Horace Hayman, Sanskrit - English Dictionary, Delh: Nag Publishers, 1997, 242, 600면.

Chandra Dass, Tibetan - English Dictionary, Kyoto: Rinsen Book Company, 1985, 1303면.

2) 저술류

김무생, 『현대밀교』(서울: 해인행, 1996), 제5장, 제3절, 81-88면.

那須政雄, 「密教における眞理觀の諸形態」, 宮本正尊編, 『佛教の根本眞理』(東京:三省堂, 昭和 32), 제8장, 제1절, 제2절, 631-637면.

高神覺昇, 『密教槪論』, 『高神覺昇選集』제5권(東京: 歷史圖書社, 昭和 52), 제3장, 제4절, 73-83면, 제5장, 제5절, 243-259면.

高神覺昇『密教槪論』『高神覺昇選集』5(東京: 歷史圖書社), 77면.

金剛秀友, 『密教の哲學』(京都: 平樂寺書店, 1969)

宮坂宥勝, 『密教の眞理』(大阪: 高野山出版社, 昭和 48), 제8절, 163-173면.

宮坂宥勝, 『密教思想の眞理』(京都: 人文書院, 1980), 제1장, 제1절, 17-32면.

渡邊照宏, 「Adhiṣṭthānaの文獻學的試論」『成田山佛教研究紀要』2(1977).

生井智紹, 「svacittādhiṣṭhānaについて」『印度學佛教學研究』43-1(1995).

生井智紹「眞理理趣による行の確立」, 『松長有慶 編著『インド密教の形成と展開』(京都: 法藏館, 1998), 124면.

Yukei Matsunaga, ed., The Guhyasamāja Tantra, Osaka: Toho Shuppan, Inc., 1978, 38면.

Shin'yo Iwano, Japanese-English Buddhist Dictionary, Tokyo:Daito Shuppansha, 1984, 249면.

Miyoru, Kiyoto, Shingon Buddhism, Los Angeles-Tokyo: Buddhist Books International, 1978, 70면.

Snellgrove, D. L., The Hevajra Tantra-A Critical Study, 2권, London: Oxford University, 1980, 1편, 109면.

Farrow, G. W. and I. Menon, ed., The Concealed Essence of Hevajra Tantra with the Commentrary Yogaratnamālā, Delhi:Motilal Banarsidass, 1992, 238면.

Saunders, E. Dale, Mudrā, New Jersey: Princeton University Press, 1985, 19면.

Wayman, Alex, The Buddhist Tantras-Light on Indo-Tibetan Esoterism, New York: Smuel Weiser, INC., 1973, 31면.

Lessing, T. D. & A. Wayman, Introduction to Buddhist Tantric Systems, Delhi: Motilal Banarsidass, 1978, 205-206면.

Wayman, Alex Wayman & R. Tajima, The Enlightenment of Vairocana, Delhi: Motilal Banarsidass, 1992, 274면.

Langer, Susanne K., Philosophy in a New Key, Cambrdge, Massachusetts: Harvard University, 1989, 81-82면.

즉신성불

1. 일차자료

1)경전류

『雜阿含經』189, 『雜阿含經』259, 『雜阿含經』642.

『大般若經』 권578(『大正藏』7, p.986b),

『大樂金剛不空眞實三麼耶經』(『大正藏』8, p.784c).

『大般涅槃經』(『大正藏』12, p.365).
『妙法蓮華經』(『大正藏』9, p.35c).
80권 『華嚴經』 권53(『大正藏』10, p.279a).
『大毘盧遮那成佛身變加持經』(『大正藏』18, p.1).
『金剛頂一切如來眞實攝大乘現證大教王經』(『大正藏』18, p.218a).

2)논소류
世親, 『攝大乘論釋』(『大正藏』31, p.360a).
不空, 『無畏三藏禪要』(『大正藏』18, 908b).
智嚴, 『華嚴經內章門等雜孔目』(『大正藏』585c).
智顗, 『妙法蓮華經文句』(『大正藏』34, p.117a).
空海, 『卽身成佛義』(『大正藏』77, p.381a).

2. 이차자료

1) 단행본
서윤길편저, 『밀교사상사개론』(불교총지종 법장원 2003).
那須政隆, 『卽身成佛義の解說』(成田山新勝寺 1997).
길원형각, 『卽身の哲學』『 密教哲學序說』(理想社 1970).

2) 논문류
勝友俊教, 「卽身成佛義をめぐる問題点」(宗教研究, 1963).
高神覺昇, 「眞言學の立場」(宗教研究, 1933).
澤聖寬, 「卽身成佛義言と『卽身義』」(印度學佛教學研究, 2004.12).

삼매

1. 일차자료

『望月佛教大辭典』(世界聖典刊行協會, 昭和29년).
佛光大藏經編修委員會, 『佛光大辭典』(佛光出版社, 1989).
中村元, 『佛教語大辭典』(東京書籍株式會社, 昭和56년).
SIR M. MONIER WILLIAMS, *SANSKRIT ENGLISH DICTIONARY*, Oxford University Press, 1979.
『長阿含經』(大正藏 권1).
『增一阿含經』(大正藏 권2).
『雜阿含經』(大正藏 권2).
『中阿含經』(大正藏 권1).
『瑜伽師地論』(大正藏 권30).
『俱舍論』(大正藏 권29).
『順正理論』(大正藏 권29).
『大毘婆沙論』(大正藏 권27).
『集異門足論』(大正藏 권26).
『發智論』(大正藏 권26).
『阿毘曇八犍度論』(大正藏 권26).
『雜阿毘曇心論』(大正藏 권28).
『成唯識論』(大正藏 권31).
『般舟三昧經』(大正藏 권13).
『摩訶般若波羅蜜經』(大正藏 권8).
『成實論』(大正藏 권32).
『大方廣佛華嚴經』(大正藏 권9).
『妙法蓮華經』(大正藏 권9).

『大般涅槃經』(大正藏 권12).
『大乘義章』(大正藏 권44).
『大智度論』(大正藏 권25).
『十住毘婆沙論』(大正藏 권26).
『摩訶止觀』(大正藏 권46).
『法華文句』(大正藏 권9).
『華嚴五教章』(大正藏 권45).

2. 이차자료

關口眞大,「止觀の研究』(東京: 岩波書店, 1975).
桐山靖雄,「止觀の源流としての阿含佛教』(東京: 平河出版社, 1999).
川田態太郎,「三昧による眞理認識」,『佛教における三昧思想』(京都: 平樂寺書店, 1976).
山口惠照,「三昧の道-成佛道とヨ-ガの問題-」,『佛教における三昧思想』(京都: 平樂寺書店, 1976).
本多惠,「ヨ-ガ派に於ける三昧の補助手段」,『佛教における三昧思想』(京都: 平樂寺書店, 1976).
武邑尚邦,「原始經典に示ける止觀の意味」,『佛教學研究』n.12, 13, 龍谷大學佛教學會, 1956.
葉德生,「『大毘婆沙論』における三三昧·三解脫門」,『印度學佛教學研究』41-1, 1992.
金東華,『俱舍學』(서울: 文潮社, 1971).
金芿石,『華嚴學概論』(서울: 法輪社, 1986).
뇌허불교학술원,『禪宗思想史』(서울: 불교시대사, 2001).
吳亨根,『印度佛教의 禪思想』(서울: 한성, 1992).
오형근,『유식학입문』(서울: 불광출판부, 1992).
월창 김대현지음, 이영자 역주,『초보자를 위한 선』(서울: 민족사, 1997).
이영자 지음,『천태불교학』(서울: 불지사, 2001).
田上太秀·阿部肇一著, 최현각역,『인도의 선 중국의 선』(서울: 민족사, 1991).
한보광,『부처님을 친견하는 삼매경(般舟三昧經)』(서울: 대각출판부, 1998).
권탄준,「『화엄경』에 나타난 삼매사상(三昧思想)-입법계품(入法界品)의 사자빈신삼매(獅子頻伸三昧)를 중심으로-」,『韓國佛教學』권40, 한국불교학회, 2005.
카마타시게오 지음, 장휘옥역,『화엄경이야기』(서울: 장승, 1993).
김열권 편저,『위빠사나 I』(서울: 불광출판부, 1993).
崔鳳守,「바라문교의 修定과 원시불교의 禪定의 차이에 대하여」,『韓國佛教學』 제20집, 1995.
李惠玉(雲月),『三昧(Samādhi) 修行論 研究』, 東國大 博士學位論文, 1996.
李起雲,『法華三昧의 思想體系 研究』, 東國大 博士學位論文, 1996.
______,「智顗의 法華三昧 修行體系 研究-三種止觀을 중심으로-」,『天台思想과 東洋文化』(서울: 불지사, 1997).
조준호,「초기불교경전에 나타난 수행에 관한 용어와 개념의 검토(I)-止·觀을 중심으로-」,『韓國禪學』제3호, 韓國禪學會, 2001.
______,「초기불교에 있어 止·觀의 문제」,『韓國禪學』제1호, 韓國禪學會, 2000.
김준호,「初期佛典에 나타난 止觀概念」,『韓國禪學』제1호, 韓國禪學會, 2000.
임승택,「불교의 선정과 요가의 삼매에 대한 비교연구:초기불전과 Yoga-sutra를 중심으로」,『회당학보』5, 회당학회, 2000.
강신보,「『阿毘達磨大毘婆沙論』에 나타난 선정에서의 三三昧의 의의」,『한국불교학』제34집, 2003.
崔箕杓, 天台 漸次止觀의 修行體系 研究, 東國大 博士學位 論文, 1999.
______,「天台의 四禪論」,『天台思想과 東洋文化』(서울: 불지사, 1997).
吳知娟,『天台 智顗의 圓頓止觀 研究』, 東國大 博士學位 論文, 1998.
______,『천태지관이란 무엇인가』(서울: 연기사, 1999).
金殷姬,『天台智顗의 淨土觀 研究-常行三昧를 중심으로-』, 東國大 碩士論文, 1991.
______,『四明知禮의 天台淨土觀 研究-觀無量壽經疏妙宗鈔 중심으로-』, 東國大 博士論文, 1997.

삼종지관

1. 일차자료

원전류
梁 曼陀羅仙 譯,『文殊師利所說訶般若波羅蜜經』(二卷)(『大正藏』 8)
姚秦 鳩摩羅什 譯,『摩訶般若波羅蜜經』(27卷)(『大正藏』 8)
姚秦 鳩摩羅什 譯,『坐禪三昧經』(2卷)(『大正藏』 15)
姚秦 鳩摩羅什 譯,『大智度論』(100卷)(『大正藏』 25)
後漢 安世高 譯,『佛說大安般守意經』(2卷)(『大正藏』 15)
陳 慧思 說,『法華經安樂行義』(1卷)(『大正藏』 46)
陳 慧思 撰,『諸法無諍三昧法門』(2卷)(『大正藏』 46)
陳 慧思 說,『法華經安樂行義』(1卷)(『大正藏』 46)
隋 智顗 說,『妙法蓮華經玄義』(20卷)(『大正藏』 33)
隋 智顗 說,『摩訶止觀』(20卷)(『大正藏』 46)
隋 智顗 說,『六妙法門』(1卷)(『大正藏』 46)
隋 智顗 說,『釋摩訶般若波羅蜜覺意三昧』(1卷)(『大正藏』 46)
隋 智顗 說,『釋禪波羅蜜次第法門』(12卷)(『大正藏』 46)
隋 智顗 述,『觀心論』(1卷)(『大正藏』 46)
隋 智顗 撰,『四敎義(12卷)』(『大正藏』 46)
隋 智顗 撰,『法界次第初門』(6卷)
隋 智顗 撰,『四敎義』(12卷)(『大正藏』 46)
隋 智顗 述,『觀心論亦名煎乳論』(1卷)(『大正藏』 46)
隋 灌頂 撰,『觀心論疏』(5卷)(『大正藏』 46)
隋 灌頂 撰,『天台八敎大意』(1卷)(『大正藏』 46)
唐 湛然 述,『止觀輔行傳弘決』(40卷)(『大正藏』 46)
唐 湛然 述,『止觀大意』(1卷)(『大正藏』 46)
唐 湛然 述,『止觀義例』(2卷)(『大正藏』 46)
高麗 諦觀 錄,『天台四敎儀』(1卷)(『大正藏』 46)
宋 延壽 集,『宗鏡錄』(100卷)(『大正藏』 48)
隋 灌頂 撰,『隋天台智者大師別傳』(1卷)(『大正藏』 50)
唐 道宣 撰,『續高僧傳』(30卷)(『大正藏』 50)
宋 贊寧 等 撰,『宋高僧傳』(30卷)(『大正藏』 50)
宋 道原 纂,『景德傳燈錄』(30卷)(『大正藏』 51)
宋 志磐 撰,『佛祖統紀』(54권)(『大正藏』 49)
宋 宗鑑 集,『釋門正統』(8卷)(『卍續藏』 130)

2. 이차자료

1) 저술 및 논문
趙明基,『高麗大覺國師와 天台思想』(서울: 經書院, 1982).
李永子 譯,『天台四敎儀』(서울: 經書院, 1988).
金無得 譯,『摩訶止觀』-大止觀坐禪法-(1권~5권)(서울: 운주사, 1994).
天台宗報社,『天台四敎儀講義』(단양: 天台宗報社, 1980).
天台學硏究會,『天台宗統紀』(단양: 救仁寺, 1983).
吳亨根,『印度佛敎의 禪思想』(서울: 한성, 1992).
李永子,『法華 天台思想 硏究』(서울: 東國大學校出版部, 2002).
崔玄覺,『인도의 선 중국의 선』(서울: 民族社, 1994).
鄭性本,『中國禪宗의 成立史硏究』(서울: 民族社, 1991).
田村芳朗 外著, 李永子譯『天台法華의 思想』(서울: 民族社, 1989).
關口眞大,『天台止觀の硏究』(東京: 岩波書店, 1969).
關口眞大,『天台小止觀の硏究』(東京: 山喜房佛書林, 1954).
關口眞大,『禪宗思想史』(東京: 山喜房佛書林, 1964).

關口眞大,『達磨の硏究』(東京: 岩波書店, 1967).
關口眞大,『達摩大師の硏究』(東京: 春秋社, 1969).
關口眞大,『天台教學の硏究』(東京: 三陽社, 1978).
佐藤哲英,『天台大師の硏究』(京都: 百華苑, 1961).
佐藤哲英,『續·天台大師の硏究』(京都: 百華苑, 1981).
山內舜雄,『禪と天台止觀』(東京: 大藏出版, 1986).
山內舜雄,『天台性具思想論』(京都: 法藏館 1953).
大野榮人,『天台止觀成立史の硏究』(京都: 法藏館, 1994).
玉城康四郎,『心把捉の硏究』(東京: 山喜房佛書林 1975).
安藤俊雄,『天台學』(京都: 平樂寺書店, 1968).
池田魯參,『摩訶止觀硏究序說』(東京: 大東出版社, 1986).
橫超慧日,『中國佛教の硏究』(京都 : 法藏館, 1958).
新田雅章,『天台實相論の硏究』(京都: 平樂寺書店, 1981).
新田雅章,『天台哲學入門』(東京: 第三文明社, 1985).
日比宣正,『唐代天台學序說』(東京: 山喜房佛書林, 1966).
桐山靖雄, <止觀>の源流としての阿含佛教(東京: 平河出版社 1998).
Swanson, Paul Loren, *Foundation of T'ien T'ai Philosophy*, Asian Humanities Press, 1989 (止觀)
Calming the Mind and Discerning the Real(止觀): Buddhist meditation and the middle view, from the Lam rim chen mo Tson-kha-pa, Columbia University Press, 1979.
지창규,「天台四敎儀의 五時八敎 硏究」(동국대학교 박사학위논문, 1996).
오지연,「天台 智顗의 圓頓止觀 硏究」(동국대학교 박사학위논문, 1999).
최기표,「天台 漸次止觀의 修行體系 硏究」(동국대학교 박사학위논문, 2000)
최동순,「宋初 天台의 禪思想 수용과 비판」,『韓國佛教學會』, 2000.
藤井教公,「天台智顗の阿毘達磨教學」,『印佛』35-2, 1987.
新田雅章,「智顗における止觀構想の成立時期」, 日本宗教學會 42-4(199號).
洪鴻榮,「止·觀の語源」- 安那波那念におけるsamatha·vipasyanaとsthapana·upalaksana について - ,『印佛』Vol.50 No.2(100).
洪鴻榮,「中國佛教における止觀の硏究」, 日本宗教學會, 77-4(339號).
關口眞大,「雙峰道信と天台止觀法門」,『印佛』, 1954.
關口眞大,「天台教相論について」『印佛』24卷 1號 (通卷47).
關口眞大,「天台教相論」『印佛』22卷 1號 (通卷43).
關口眞大,「五時八教は天台教判い非ず」『印佛』21卷 1號 (通卷41).
關口眞大,「頓漸五昧論」『印佛』26卷 1號 (通卷51).
佐藤哲英,「關口博士の五時八教廢棄論への疑義」『印佛』23卷 2號 (通卷46).
佐藤哲英,「天台大師における四種三昧の形成過程」『印佛』12卷 2號 (通卷24).
佐藤哲英,「天台五時八教論について」『印佛』24卷 1號 (通卷47).
佐藤哲英,「天台大師における圓教行位の形成」『印佛』10卷 2號 (通卷20).
池田魯參,「天台學から圓頓の觀念について」『印佛』22卷 1號 (通卷43).
池田魯參,「天台智顗の止觀論」『印佛』19卷 1號 (通卷37).
池田魯參,「天台四種三昧の宗要」『印佛』17卷 2號 (通卷34).
池田魯參,「湛然に成立する五時八教論」『印佛』24卷 1號 (通卷47).
大野榮人,「大品般若經, 大智度論より次第禪門への實踐體系の展開」, 日本宗教學會 52卷 3輯(238號).
山內舜雄,『圓頓止觀の硏究』: 十乘觀法の修行規定について」日本佛教學會 Vol.24.
山內舜雄,「天台止觀の中心問題」『印佛』2卷 2號 (通卷4).

2) 사전류
홍법원,『불교사전』상권, p.1233.
정승석 편저.『佛典解說事典』(서울: 민족사, 1989).
望月信亨,『佛教大辭典』2권(京都: 世界聖典刊行協會, 昭和29年), pp.1568-1569.
武邑尙邪.『佛教思想辭典』(東京: 教育新潮社, 昭和57年).
佛光大藏經編修委員會,『佛光大辭典』5권(臺灣: 佛光出版社, 1988), pp.1-649.
龍谷大學,『佛教大事彙』, pp.3-1619.

십경십승관법

1. 일차자료

智顗, 『法華玄義』 권3하(大正藏 46).
智顗, 『法華玄義』 권8하 (대정장 46).
智顗, 『摩訶止觀』 권5하~권10하 (대정장 46).
智顗, 『四教義』 권11 (대정장 46).
智顗, 『三觀義』 권하 (卍續藏經 99).
智顗, 『維摩經玄疏』 권2 (대정장 38).
湛然, 『法華玄義釋籤』 제17 (대정장 36).
湛然, 『止觀輔行傳弘決』 권5의1~권10의2 (대정장 46).
湛然, 『止觀義例』 권상 (대정장 46).
湛然, 『止觀大意』(대정장 46).
明曠, 『天台八教大意』(대정장 46).
諦觀, 『天台四教儀』(韓佛全 4).
智旭, 『教觀綱宗』(대정장 46).

2. 이차자료

『불교사전』(동국역경원, 2002).
『망월불교대사전』(세계성전간행협회, 1973).
『천태학사전』(國書刊行會).
구마라집 역, 『법화경』(『대정장』 9).
지의, 『석선바라밀차제법문』(『대정장』 46).
지의, 『수습지관좌선법요(천태소지관)』(『대정장』 46).
지의, 『육묘법문』(『대정장』 46).
李永子, 『천태불교학』(불지사, 2001).
李永子, 『법화·천태사상연구』(동국대출판부, 2002).
오형근, 『인도불교의 선사상』(한성, 1992).
이병욱, 『천태사상연구』(경서원, 2000).
오지연, 『천태지관이란 무엇인가』(연기사, 1999).
安藤俊雄, 『天台學-根本思想とその展開-』(平樂寺書店, 1968).

육자진언

1. 일차자료

Maṇi bkaḥ hbuṃ(Daramsala: Tibetan Cultural Printing Press, 1984).
『관세음육자대명왕신주경(觀世音六字大明王神呪經)』[대한제국(大韓帝國) 융희(隆熙) 이년(二年) 무신(戊申) 중간본(重刊本) A.D.1908]
『대승장엄보왕경(大乘莊嚴寶王經)』(『대정장』 20).
『밀주원인왕생집(密呪圓因往生集)』(『대정장』 46).
『보리심론(菩提心論)』(『대정장』 32).
『대락금강불공진실삼매야경반야바라밀다이취석(大樂金剛不空眞實三昧耶經般若波羅蜜多理趣釋)』(『대정장』 19).
『현밀원통성불요문집(顯密圓通成佛要門集)』(『대정장』 46).
『성관자재구수육자선정(聖觀自在求修六字禪定)』 가정(嘉靖)삼십구년오월(三十九年五月)간행본(刊行本)[조선(朝鮮) 명종(明宗) 십오년(十五年), A.D.1560]
『육자대명왕경(六字大明王經)』[소화(昭和)십일년(十一年)간행본(刊行本) A.D.1936, 용성(龍城) 백상규 역(白相奎譯)]
『육자대명왕다라니경(六字大明王陀羅尼經)』[대한제국(大韓帝國) 융희(隆熙) 이년(二年) 국역본(國譯本), A.D.1908]

『육자대명왕지송법(六字大明王持誦法)』[소화(昭和)십일년(十一年)간행본(刊行本) A.D.1936, 용성(龍城) 백상규 역(白相奎譯)]
『육자영감대명왕경(六字靈感大明王經)』[소화(昭和)십일년(十一年)간행본(刊行本) A.D.1936, 용성(龍城) 백상규 역(白相奎譯)]

2. 이차자료

『望月佛教大辭典』(東京: 世界聖典刊行會, 1974).
『密教大辭典』(京都: 法藏館, 1969).
『伽山佛教大辭林』(가산불교문화연구원, 1999).
A.L. Vostrokov, tran. by Harish Chandra Gupt, *Tibetan Historical Literature*(Calcutta: Indian Studies, 1970).
Allenxandra Daivid-Nill, tran. by Fored Rothwell, *Initiation and Initiates in Tibetan Eye Witness Account of Tibetan Ritual and magic Practice*(London: Rider, 1931, Reprint, 1986).
John Blofeld, *Mantras-Sacred Words of Powers*(London: George Allen & Unwin, LTD, 1977).
Lama Anagarika Govinda, *Creative Meditation and Multi-Dimentional Conciousness* (New Delhi: Vikas Publishing House, 1977).
Lama Anagarika Govinda, *Foundation of Tibetan Mysticism*(London: Rider and Company, 1960).
김동화, 『불교교리발달사』(서울: 보련각, 1977).
김무생, 「육자진언신앙의 사적 전개와 그 특질」, 불교문화연구원 편, 『한국밀교사상연구』(서울: 동국대학교출판부, 1986).
김무생, 「육자진언의 상징의미」, 『밀교학보』 제1집, 1999.
김영덕, 「密教經軌를 통해 본 觀世音菩薩」, 『천태학연구』 제4집, 천태불교문화연구원, 2003.
목정배, 「관음신앙과 Humanism」, 불교문화연구원 편, 『한국관음신앙연구』(서울: 동국대학교출판부, 1988).
서윤길, 『고려시대밀교사상연구』(서울: 불광출판사, 1993).
서윤길, 『고려시대의 밀교사상연구』, 동국대학교 대학원 박사학위논문, 1987.
서윤길, 『한국밀교사상사연구』(서울: 불광출판사, 1994).
서윤길, 『한국밀교사상사』(서울: 운주사, 2006).
서윤길, 『한국불교사상』(서울: 운주사, 2006).
장익, 「법화경의 다라니에 대한 고찰」, 『천태학연구』 제4집, 천태불교문화연구원, 2003.
허일범, 「육자진언교전(Maṇi bkaḥ ḥbum) 해제」(불교진각종종학연구실, 2000).

가지

1. 일차자료

경전류

『大毘盧遮那成佛神變加持經』(『大正藏』 18권, No. 848).
『金剛頂一切如來眞實攝大乘現證大教王經』(『大正藏』18권, No.865).
『佛說一切如來眞實攝大乘現證三昧大教王經』(『大正藏』18권, No.882).
『梵藏漢 對照 初會金剛頂經の 研究』, 堀內寬仁 編著(大阪: 密教文化研究所, 1983.).
『漸備一切智德』(『大正藏』10권, No.285).
『十住經』(『大正藏』10권, No.286).
『大方廣佛華嚴經』六十券(『大正藏』10권, No.278).
『大方廣佛華嚴經』八十六(『大正藏』10권, No.279).
『佛說十地經』(『大正藏』10권, No.287).
『화엄경』, 김지견 譯(서울: 민족사, 2002).
『楞伽阿跋多羅寶經』(『大正藏』16권, No.670).

『入楞伽經』(『大正藏』16권, No.671).
『大乘入楞伽經』(『大正藏』16권, No.672).
『卽身成佛義』[弘法大師全集 (京都: 吉川弘文館, 大正 12)].
『正法華經』(『大正藏』9권, No.263).
『妙法蓮華經』(『大正藏』9권, No.262).
『佛說普曜經』(『大正藏』3권, No.186).
『方廣大莊嚴經』(『大正藏』3권, No.187).
『衆集經』(『大正藏』1권, No.1 『長阿含經』).
『成實論』(『大正藏』32권, No.1646).
『청정도론』3권(*Visuddhimagga*) 대림 譯 (서울: 초기불전연구회, 2004.).
Paṭisambhidāmagga. ed. Bhikkhu J. Kashyap, (Bihar: Pali Publication Board, 1960.).
The Path of Discrimination(Paṭisambhidāmagga). trans. Bhikku Ňāṇamoli, (Oxford: The Pali Text Society, 1997.).
Dīgha-nikāya. Vol 3, ed. J. Estlin Carpenter, (London: PTS, 1976.).
Lalitavistara. ed. Lefmann, (Halle: 1902.).
Saddharmapuṇḍarīka. ed. Kern and Nanjio, (St. Peterburg: 1912.).
Laṇkāvatāra. ed. Nanjio, (Kyoto: 1923.).
Daśabhūmīśvaro nāma mahāyānasūtra [梵文大方廣佛華嚴經十地品]. ed. Ryūkō Kondō, (Tokyo: 1936.).
Gaṇḍavyūha. ed. D. T. Suzuki and H. Idzumi, (Kyoto: 1949.).

2. 이차자료

1) 사전류

『密敎大辭典』(京都: 法藏館, 增訂版, 1969.).
『望月佛敎大辭典』(東京: 世界聖典刊行協會, 소화49년 改訂版).
Williams, Monier Monier, *Sanskrit-English Dictionary*. (Deli: Motilal Banarsidass, Reprinted in1993.).
Apte, Vaman Shivram, *The Practical Sanskrit-English Dictionary*. (Deli: Motilal Banarsidass Publishers, 1965.).
Davids, T. W. Rhys and William Stede. *Pali-English Dictionary*. (London: PTS, 1979.).
Childers, R. C.. *Dictionary of the Pāli Languge*. (Kyoto: Rinsen Book Company, 1875.).
Trenckner, V.. *A Critical Pāli Dictionary*. 3Vol. (Copenhagen: Royal Danish Academy, 1924.).
Jäschke, H. A.. *A Tibetan-English Dictionary*. (London: Routledge & Kegan Paul Ltd., 1968.).
Das, Sarat Chandra, *A Tibetan-English Dictionary*. (Delhi: Motilal Banarsidass Publishers, 1991.).
Rigzin, Tsepak, *Tibetan-English Dictionary of Buddhist Terminology*. (Delhi: Library of Tibetan Works and Archives, 1993.).
Encycolpaedia of Buddhism. Vol.I. G. P. Malalasekera, (Government of Ceylon, 1961.).

2) 저서류

山崎泰廣,『密敎瞑想法』, (京都: 永田文昌堂, 昭和56.).
_______,『密敎瞑想과 深層心理』, 朴畢圭 譯, (대구: 以文出版社, 1983.).
Welood, John,『동양의 冥想과 서양의 心理學』, 박희준 옮김, (서울: 범양사, 1987.).
Snellgrove, David, *Indo-Tibetan Buddhism*. 2Vol. (Boston: Shambhala Publications, 1987.).
Farrow, G. W. and I. Menon, trans. and ed., *The Concealed Essince of the Hevajra Tantra*. (Deli: Motilal Banarsidass Publishers, 1992.).
Wayman, Alex, *Yoga of the Guhyasamājatantra*. (Delhi: Motiala Banarsidass, 1991.).
Lesssing F. D. and Alex Wayman Trans., *Introduction to the Buddhist Tantric Systems*. (Delhi: Motiala Banarsidass, 1993.).

3) 논문류
渡邊照宏,「Adhiṣṭhāna (加持) の 文獻學的試論 (A philological Essay on Adhiṣṭhāna)」,『成田山佛教研究所紀要2』, 1977.11, 1-91면.
越智淳仁,「『大日經』の神變加持思想」,『高野山大學論文集』, 1996.9.30, 139-179면
栗山秀純,「『大日經』における加持の世界」,『豊山教學大會紀要』, 1981.9, 1-11면.
越智淳仁,「『初會金剛頂經』の神變加持思想」,『高木神元博士古稀記念論集; 佛教文化の諸相』, 2000.12.6, 269- 303면.
田口秀明,「『華嚴經』「入法界品」における神變, 加持について」,『密教文化』198, 1997.3.31, 26-42면.
橘信雄,「加持身說の源流」,『新義眞言教學の研究; 賴瑜僧正七百年御遠忌記念論集』, 大藏出版, 2002.12.6, 229-246면.
小山典勇,「加持身考 -ヒンドゥ-教.化身思想を視點に-」,『新義眞言教學の研究; 賴瑜僧正七百年御遠忌記念論集』, 大藏出版, 2002.12.6, 937-953면.
村上保壽,「空海の『開題』を讀む(四)-加持の概念と加持祈禱」,『密教文化208』, 2002.3.21, 1-26면.
三井英光,「密教は加持祈禱の宗教」,『密教學會報/高野山大學密教學會』25, 1986.3.15, 13-17면.
生井智紹,「眞言異趣による行の確立-大乘佛教における密教の形成についての一視座-」,『インド密教の形成と展開』松長有慶 著(京都: 法藏館, 1988)
_______,「自身加持-その語義と諸形態-」,『印度學佛教學研究』第44卷第2號, 1993.3, 146-152면.
田辺和子,「Paṅñāsa にみられる Adhiṣṭhāna について」,『印度學佛教學研究』第39卷第2號, 1988.3, 111-115면.
榊義孝,「加持身說の成立過程について」,『豊山教學大會紀要』5, 1977.10.15, 31-44면.
_____,「加持身說の典據についての一考察」,『印度學佛教學研究』第27卷第2號, 1979, 3. 31, 152-153면.
吉田宏晳,「本地身說法と加持身說法」,『佛教研究の諸問題』, 1987.4, 199-220면.
渡辺新治,「加持身と本地身について」,『佛教文化論集 (川崎大師教學研究所研究紀要)』7, 1995.12, 217-247면.
平井巽,「加持祈禱の科學的根據」,『密教文化』14, 1951.6.25, 37-53면.
加藤精一,「本地身.加持身說の原流」,『豊山教學大會紀要』4, 1976.10.15, 17-32면.

화엄관법

1. 출전 근거

60권『華嚴經』(『대정장』9권).
80권『華嚴經』(『대정장』10권).
『中論』(『대정장』30권).
『瑜伽師地論』(『대정장』30권).
『攝大乘論』(『대정장』31권).
『成唯識論』(『대정장』31권).
智顗,『妙法蓮華經玄義』(『대정장』33권).
諦觀,『天台四敎儀』(『대정장』46권).
智儼,『華嚴經搜玄記』(『대정장』제35권).
智儼,『華嚴五十要問答』(『대정장』45권).
智儼,『華嚴孔目章』(『대정장』45권).
義湘,『華嚴一乘法界圖』(『대정장』45권).
『法界圖記叢髓錄』(『대정장』45권).
法藏,『發菩提心章』(『대정장』45권).
法藏,『妄盡還源觀』(『대정장』45권).
法藏,『遊心法界記』(『대정장』45권).
法藏,『華嚴經探玄記』(『대정장』35권).
法藏,『華嚴經義海百門』(『대정장』45권).
法藏,『華嚴經傳記』(『대정장』51권).

法藏,『華嚴經普賢觀行法門』(『大日本續藏經』 1輯 2編 8套 1冊).
慧苑,『續華嚴經略疏刊定記』(『속장경』 1-5-1).
李通玄,『新華嚴經論』(『대정장』36권).
李通玄,『略釋新華嚴經修行次第決疑論』(대정장』36권).
李通玄,『解迷顯智成悲十明論』(『대정장』45권).
澄觀,『華嚴法界玄鏡』(『대정장』45권).
澄觀,『大方廣佛華嚴經疏』(『대정장』35권).
澄觀,『大方廣佛華嚴經隨疏演義鈔』(『대정장』36권).
澄觀,『心要法門』(『대정장』51권).
澄觀,『答順宗心要法門』(『속장경』1-2-8-4).
澄觀,『三聖圓融觀門』(『대정장』45권).
澄觀,『五蘊觀』(『속장경』 2-8-4).
宗密,『注華嚴法界觀門』(『대정장』45권).
『華嚴經行願品疏鈔』(『속장경』 1-7-5).
表員集,『華嚴經文義要決問答』(『한국불교전서』2권).
見登,『起信論同異略集』(『속장경』 1-7-4).
体元,『白花道場發願文略解』(『한국불교전서』6권).
均如,『一乘法界圖圓通記』(金知見編註,『均如大師華嚴學全書』)『한국불교전서』4권.
永明延壽,『宗鏡錄』(『대정장』48권).
『景德傳燈錄』(『대정장』 51권).
大慧,『正法眼藏』(『속장경』 1-2-23-1).
義天錄,『新編諸宗教藏總錄』(『대정장』 55권; 『한국불교전서』 제4책).
圓超錄,『華嚴宗章疏并因明錄』(『대정장』 55권).
永超錄,『東域傳燈目錄』(『대정장』 55권).
凝然,『華嚴法界義鏡』(『日本大藏經』,「華嚴宗章疏下」).
凝然,『三聖圓融觀門義顯』(『日本大藏經』,「華嚴宗章疏上」).
凝然,『華嚴十重唯識瑺鑑記』(『日本大藏經』,「華嚴宗章疏下」).
律藏,『遊心法界記講辯』(『日本大藏經』,「華嚴宗章疏上」).
壽靈,『華嚴五教章指事』(『大日本佛教全書』10).
明惠,『華嚴一乘十信位中開廓心境佛佛道同佛光觀法門』(『日本大藏經』,「華嚴宗章疏下」).
明惠,『華嚴修禪觀照入解脫門義』(『대정장』 72권_.
明惠,『華嚴佛光三昧觀秘寶藏』(『대정장』 72권).

2. 참고 문헌

湯次了榮,『華嚴大系』(國書刊行會, 大正4년).
吉津宜英,『華嚴禪の思想史的研究』(東京: 大東出版社, 1985).
坂本幸男,『國譯華嚴經探玄記』(京都: 國譯一切經 經疏部9).
木村清孝,『初期中國華嚴思想の研究』(東京: 春秋社, 1977).
高峯了州,『華嚴思想史』(京都: 百華苑, 昭和17년).
高峰了州,『華嚴孔目章解說』(南都佛教研究會, 昭和39년).
石井教道,『華嚴教學成立史』(京都: 平樂寺書店, 1961).
鎌田茂雄,『禪典籍內華嚴資料集成』(東京: 大藏出版社, 1984년).
鎌田茂雄,『中國華嚴思想史の研究』(東京: 東京大學東洋文化研究所, 1965).
鎌田茂雄,『中國佛教思想史研究』(東京: 春秋社, 1968).
鈴木宗忠,『原始華嚴哲學の研究』(東京: 大東出版社, 1934).
常盤大定,『支那佛教の研究』(東京: 春秋社, 昭和13년. 1938).
北留典生,『華嚴法界義鏡講義』上卷(東京: 永田文昌堂, 1990).
高翊晋,『韓國古代佛教思想史』(서울:동국대출판부, 1989).
陳永裕,『華嚴灌法の基礎的研究』(民昌文化社, 1995).
北留典生,『華嚴法界義鏡講義』上卷(東京: 永田文昌堂, 1990).
高翊晋,『韓國古代佛教思想史』(서울:동국대출판부, 1989).
陳永裕,『華嚴觀法の基礎的研究』(서울: 民昌文化社, 1995).

李道業,『華嚴經思想研究』(서울: 民族社, 1998).
海住,『화엄의 세계』(서울: 민족사, 2000).
吉津宜英,「澄觀の華嚴教學と杜順の法界觀門」,『駒大佛教學部研究紀要』 제38호, 1980.
吉津宜英,「華嚴教學における生死觀序說」,『日本佛教學會年報』 제46호, 1981.
坂本幸男,「智儼教學に於ける唯識說」,『日本佛教學協會年報』 제10호.
小林實玄,「明恵の實踐佛教について」,『印度學佛教學研究』 제18-1호, 1969.
小林實玄,「華嚴三昧觀の研究」,『印度學佛教學研究』 제24-1호, 1975.
小林實玄,「『義海百門』に於ける法藏の觀·行の說示について」,『印度學佛教學研究』 제27-2호, 1979.
小林實玄,「華嚴の教說と通觀について」,『印度學佛教學研究』 제29-2호, 1981.
柴崎照和,「明恵上人の實踐觀と『佛光觀法門』」,『佛教學』 제21호, 1987.
柴崎照和,「明恵と佛光三昧觀(1)」,『南都佛教』 제65호, 1992.
結城令聞,「華嚴五教止觀 撰述者論考」(『宗教研究』 제7권-2, 1930.
結城令聞,「隋唐の中國的新佛教組織の一例としての華嚴法界觀について」,『印度學佛教學研究』 제6-2호, 1958.
高峯了州,「澄觀の十二因緣觀門について」,『華嚴論集』(國書刊行會, 1976.
鎌田茂雄,「妄盡還源觀の思想史的意義」,『中國佛教思想史研究』, 春秋社, 1968.
鎌田茂雄,「『華嚴經普賢觀行法門』について」,『中國佛教思想史研究』, 1968.
鎌田茂雄,「海印三昧の世界」,『中國佛教思想史研究』, 1968.
鎌田茂雄,「圭峯宗密の法界觀」,『佛教における法の研究』, 1975.
鎌田茂雄,「佛光三昧觀の實踐方法」,『佛教の實踐原理』, 山喜房出版, 昭和52년.
塚本啓祥,「蓮華生と蓮花座」,『印度學佛教學研究』 제28-1호, 1979.
長尾雅人,「法藏の三性說に對する若干の疑問」,『中觀と唯識』, 岩波書店, 1978.
小島岱山,「妄盡還源觀の撰者をめぐる諸問題」,『南都佛教』 제46호, 1982.
小島岱山,「李通玄の根本思想」,『印度學佛教學研究』 제31-2, 1983.
小島岱山,「李通玄における三聖圓融思想の解明」,『華嚴學研究』 創刊號, 1987.
稻岡智賢,「李通玄の普賢觀」,『印度學佛教學研究』 제32-2, 1984.
石井公成「一乘十玄門の諸問題」,『佛教學』 제12호, 昭和 56년.
納富常天,「(称名寺所藏金澤文庫保管) 稀覯本華嚴小部集本文並びに解題」,『金澤文庫研究紀要』 제8호, 1971.
金仁德,「表員의 華嚴學」,『韓國華嚴思想研究』(서울: 동국대출판부, 1982).
全好蓮,「新羅義湘의 華嚴教學研究」, 東國大博士學位論文, 1989.
陣永裕,「華嚴十重唯識における轉眞成事の一考察」,『印度學佛教學研究』 제38-1호, 平成元年.
朴商洙,「龍樹의 華嚴十地思想 考證(Ⅱ)」,『韓國佛教學』 제16집, 1991.
朴商洙,「華嚴學의 三性說에 나타난 龍樹의 中觀思想」,『佛教學報』 제40집, 東國大佛教文化研究院, 2003.

무애

1. 출전 근거

『華嚴經疏序』(『韓佛全』 1권).
『華嚴經文義要決問答』(『韓佛全』 2권).
『一乘法界圖記圓通記』(『韓佛全』 4권)
『釋華嚴敎分記圓通鈔』(『韓佛全』 4권)
『三寶章圓通記』(『韓佛全』 4권).
『看話決疑論』(『韓佛全』 4권).
『圓頓成佛論』(『韓佛全』 4권).
『法集別行錄節要并入私記』(『韓佛全』 4권).
『華嚴十玄義私記』(필사본).
『五敎章中卷種子義私記』(필사본).
『理理円融』(필사본).
『華嚴經』60권 (『大正藏』 9권). (『大正藏』 10권).

『十地經論』(『大正藏』26권).
『法花玄論』(『大正藏』34권).
『探玄記』(『大正藏』35권).
『大方広仏華厳経随疏演義鈔』(『大正藏』36권).
『新華厳経論』(『大正藏』36권).
『華嚴經略策』(『大正藏』36권).
『起信論筆削記』(『大正藏』44권).
『二諦義』(『大正藏』45권).
『華嚴經指歸』(『大正藏』45권).
『法界圖記叢髓録』(『大正藏』45권).
『華嚴經問答』(『大正藏』45권).
『法界玄境』(『大正藏』45권).
『宗鏡錄』(『大正藏』48권).
『禪源諸詮都序』(『大正藏』48권).
『華嚴論抄』(『大正藏』72권).
『五教章通路記』(『大正藏』72권).
『華嚴種姓義抄』(『大正藏』72권).
『華嚴五教十宗大義略抄』(『大正藏』72권).
『華嚴一乘義私記』(『大正藏』72권).
『五教章指事』(『大正藏』72권).
『十地經義疏』(『大正藏』85권).
『續華嚴略疏刊定記』(『新纂卍續』3권).
『華嚴經談玄決擇』(『新纂卍續』11권).

2. 참고 문헌

『仏教語大辞典』の無礙項目(東京: 東京書籍, 1981).
『岩波仏教辞典』 第二版(東京: 岩波書店, 2002)
鎌田茂雄『中國華嚴思想史の研究』(東京: 東京大學出版會, 1965).
広松渉『世界の共同主観的存在構造』(東京: 勁草書房,1972)
吉田　剛,「長水子璿における宗密教學の受容と展開」,『南都佛教』第80号, 南都佛教研究會, 2001.
김상일,「홀로그래피와 화엄일승법계도」제10회 국제학술회의『아세아에 있어서의 화엄의 위상』(서울: 대한전통불교연구원, 1991).
金知見,『一乘法界圖合詩一印』(서울: 초롱, 1997).
김천학,「의상과 동아시아 불교사상」,『義相萬海研究』제1집, 의상만해연구원, 2002.
金天鶴,「平安時代における東大寺·薬師寺の華厳学の相違」,『南都仏教』第86号, 2005.
金天鶴,「東アジア華厳思想における無碍説」,『インド哲学仏教学研究`』12, 東京大学大学院 インド哲学仏教学研究室, 2005.
荒木見吾.『佛教と儒教』(京都: 平楽寺書店, 1976); 심경호,『불교와 유교』(서울: 예문서원, 2000).
佐藤　厚,「「大記」の五重海印説について」,『印度學佛教學研究』第44-2号, 印度學佛教學研究會,
남동신『영원한 새벽 원효』(서울: 초롱, 1997)
석길암,「화엄의 상즉상입설 그 의미와 구조」,『불교학연구』第10号, 불교학연구회, 2005.
石井公成,『華厳思想の研究』(東京: 春秋社, 1996).
陳永裕(本覺)「相即論の思想的な考察」『三論教学と仏教諸思想』(東京: 春秋社, 2000).
蓑輪顕量,「日本における華厳思想の受容-理理相即 · 理理円融 · 理理無碍を中心に-」,『東大寺の歴史と教学』(東大寺, 2003).
木村清孝,『『華嚴經』をよむ』(東京: NHK出版, 1997) ; 김천학·김경남,『화엄경을 읽는다』(서울: 불교시대사. 2002).
木村清孝,『中國華嚴思想史』(京都: 平楽寺書店, 1992) ; 정병삼 외 옮김,『중국화엄사상사』(서울: 민족사, 2005).
龍山章眞 譯註,「梵文和譯　十地經」(名古屋: 破塵閣書房, 1938).
崔鉛植,『珍嵩の「孔目章記」の逸文に対する研究」「韓國佛教學SEMINAR」9, 韓國留學生印度學佛教學研究會, 2003.

양형진,「과학속의 불교 불교속의 과학」,『현대불교』, 1996년 3월20일자.
인경지음『화엄교학과 간화선의 만남』(서울: 명상삼당연구원, 2006) 부록 원돈성불론역주 주177.
조윤호『동아시아 불교와 화엄사상』(서울: 초롱, 2003), 200면.

간화

1. 출전 근거

『禪關策進』(『大正藏』48)
『碧巖錄』(『大正藏』48)
『圜悟克勤語錄』(『大正藏』48)
『大慧語錄』(『大正藏』48)
『宗門十規論』(『禪林古鏡叢書』12)
『山房夜話』(『禪林古鏡叢書』2)
『宗門武庫』(『禪林古鏡叢書』25)
『看話決疑論』(『普照全書』)
『圓頓成佛論』(『普照全書』)
『修心訣』(『普照全書』)

2. 참고 문헌

불광대장경편수위원회 편,『佛光大辭典』(대만: 불광출판사, 1988)
禪學大辭典編纂所編,『新版禪學大辭典』(駒澤大學, 2000)
종호,「간화선 형성의 사회적 배경」,『보조사상』제13집, 2000.
혜원,「선종사에서 간화선의 위치」,『보조사상』제13집, 2000.
인경,「대혜 간화선의 특질」,『보조사상』제13집, 2000.
김호귀, 2000, 대혜의 묵조선 비판에 대해서,『보조사상』제13집, 2000.
關口眞大,「公案禪と黙照禪」,『인도학불교학연구』16-2.
廣田宗玄,「大慧宗杲の『弁邪正說』について」,『禪學硏究』第78號, 2000.
대한불교조계종 교육원,『조계종 수행의 길 간화선』(2005)
인경,『몽산 덕이와 고려후기 선사상연구』(서울: 불일출판사, 2000).
柳田聖山,『語錄歷史』,『동방학보』제57, 1985.
R.E. Buswell(1983), **The Korean Approach to Zen-the collected works of chinul**, university of hawii, honoluu.

찾아보기

편자약력

고영섭

동국대학교 불교학과 교수(역사철학)
불교대학 세계불교학연구소 소장

저자약력

성명 가나다 순

강명희(동국대)	서윤길(동국대)
권탄준(금강대)	선상균(위덕대)
김무생(위덕대)	신성현(동국대)
김성철(금강대)	안종철(동국대)
김영덕(위덕대)	오지연(동국대)
김은희(동국대)	우제선(동국대)
김인경(동방대학원대)	윤원철(서울대)
김주경(동국대)	이거룡(선문대)
김천학(동국대)	이자랑(동국대)
류승주(연세대)	이정수(동국대)
마성스님(동국대)	이혜숙(금강대)
박상수(동국대)	정준영(서울불교대학원대)
본 각(중앙승가대)	최성렬(조선대)